Vergessene Zeiten
Mittelalter im Ruhrgebiet

Den Teilnehmern des
Deutschen Historikertages 1990
überreicht von der Thyssen AG

Die Herausgabe des Kataloges
wurde ermöglicht durch eine
Unterstützung der Thyssen AG

Vergessene Zeiten
Mittelalter im Ruhrgebiet

Herausgegeben von

Ferdinand Seibt
Gudrun Gleba
Heinrich Theodor Grütter
Herbert Lorenz
Jürgen Müller
Ludger Tewes

Katalog
zur Ausstellung im
Ruhrlandmuseum Essen

26. September 1990
bis 6. Januar 1991

Band 2

Vorderseite:
Armreliquiar, Domschatzkammer Essen
(siehe Katalog-Nr. 95)

Rückseite:
Zeremonialschwert, Domschatzkammer Essen
(siehe Katalog-Nr. 41)

Printed in Germany

ISBN 3-89355-052-6 (Buchhandelsausgabe)
ISBN 3-89355-053-4 (Museumsausgabe)

Inhalt

Vorwort

Ferdinand Seibt

I

Der Historikertag dieses Jahres gilt dem Thema der historischen Identität. Das ist, wenn wir hier absehen von einem anspruchsvollen Streit über den historischen Identifikationsprozeß überhaupt, doch gewiß Meineckes Schaffender Spiegel, es ist der Ferne Spiegel von Barbara Tuchman und womöglich gar der Herren eigner Geist, in dem die Zeiten sich bespiegeln. Etwas von alldem jedenfalls und noch ein weniges hinzu. Ab und zu taucht einmal die Frage nach dem Sinn auf in unserer Zunft, international unterschiedlich gehandhabt. Sie ist umstritten. Die Frage nach dem Spiegelreflex bei manchen Lichtblicken der Historiker ist es nicht. Ohne Zweifel ist der Historiker immer damit befaßt, in identifikatorischer Sympathie die Vergangenheit, er mag wollen oder nicht, auf die Gegenwart auszurichten und umgekehrt, in der Gegenwart nach den entsprechenden Reflexen zu suchen. Es kommt bei all dem darauf an, wie man mit dem Fluß der Zeiten umgeht, der immer wieder Selbstbildnisse reflektiert.

In diesem Sinn hat die größte Industriekonzentration Europas lange Zeit sich selbst bespiegelt. Die Industrialisierung im Ruhrgebiet war ein zweifellos faszinierendes und ein nicht ganz mit der selben Selbstverständlichkeit immer wiederholtes Thema der Regionalgeschichte in diesem Raum. Daß dieser Raum auch sein Mittelalter hatte, verschwand beinahe als Fragestellung. Das macht den Rückgriff reizvoll.

Man kann die Frage nach den historischen Identitäten getrost auch einmal so betrachten, als wollte man damit der Frage nach dem Sinn der Geschichte ausweichen. Ein berechtigtes Manöver, mag es scheinen. Denn die Frage nach dem Sinn der Geschichte ist noch schwieriger als die Frage nach dem Sinn des Lebens, die Vergangenheit und Zukunft zugleich umfaßt. Ihrer Offenheit wird man sich leicht bewußt. Die Frage nach der Vergangenheit allein liegt dagegen weit hilfloser unter den Federn der Historiker, und es kann leicht sein, daß sie dabei in Vorläufigkeiten ihr Genügen findet. Der nationale Sinn der Geschichte stellt zweifellos eine solche Vorläufigkeit dar, und der europäische könnte dazu werden. Da ist es besser, die große Antwort auf die Frage, wie denn alles zusammenhängt, vorsichtig zu unterlaufen mit der bescheidenen Erkundung, ob und was zusammenhängt und warum.

Eben in diesem Zusammenhang sind alle die historischen Untersuchungen über die Industrialisierung des Raumes, der bei wandernden Grenzen von Süden nach Norden zwischen Ruhr und Lippe doch mit Nutzen nach der südlichen Wasserader benannt wird, unserem eigenen Vorhaben um vieles überlegen. Niemand wird bezweifeln, daß der wirtschaftliche Verbund auf der Basis von Kohle und Stahl seit anderthalb Jahrhunderten das wirtschaftliche Leben bestimmte, die ökonomische Mentalität prägte, die Gesellschaft formte und mehr noch: sie nicht nur organisierte, sondern auch wachsen ließ durch Zuzug vornehmlich aus agrarischen Räumen an der östlichen und südöstlichen Peripherie des alten Königreichs Preußen. Schienennetz und Dampfkraft, Urbanisierung und Formung sozialer Strukturen erscheinen in diesem Gebiet überdies wie die räumliche und zeitliche Konzentration eines weltweiten Prozesses.

Alle die eindringlichen Beobachtungen zur Sozial-, Wirtschafts- und Technikgeschichte der modernen Welt an einem anscheinend überschaubaren Objekt maßen im allgemeinen das Neue freilich nur selten am Alten. Die Entwicklung wurde vielmehr, mit wenigen Ausnahmen, in ihrer Novität begriffen und nicht in ihrem Umbruchscharakter. Unter dem Vorsatz der Formierung einer historischen Identität gewiß nicht zu Unrecht. Denn zweifellos gab es kein Ruhrgebiet im Mittelalter. Aber ebenso ohne Zweifel gab es ein Mittelalter im Ruhrgebiet, und was sich seit den vierziger Jahren des letzten Jahrhunderts um Bergbau, Eisenbahn und Stahlhütten als tiefgreifende Neuerung auf allen Lebensgebieten formierte, bedeutete zugleich den Abbruch oder zumindest die tiefgreifende Umformung vorangehender Lebensformen. Wenn wir im allgemeinen den Kontrast nicht tief genug graben können, der unsere Welt von den alten Zeiten trennt, um „das Mittelalter", eine Epoche, verstanden wie immer, von unserem Lebenshorizont abzugrenzen; wenn wir überall deutlich machen, daß ein Erkenntniswert der Geschichte gerade in der heilsamen intellektuellen Erschütterung durch diesen Kontrast besteht, dann mag sich die Frage nach dem Mittelalter im Ruhrgebiet um so berechtigter einstellen.

II

Nicht nur Kontrast, sondern auch Kontinuität verheißt alle Geschichtsbetrachtung, in welchen Dimensionen auch immer. Der Kontrast in der Formierung einer neuen Gesellschaft auf der Basis von Kohle und Stahl reichte gegenüber ihrer Vorgeschichte so tief, daß selbst die alte Sprache versiegte. Der niederdeutsche Dialekt, der einmal hier gesprochen wurde und den Dörfern und Städten der Region ihre Namen gab, versickerte fast völlig im Laufe der letzten anderthalb Jahrhunderte, selbst in der bäuerlichen Welt, die ihre Kontinuitäten noch am ehesten wahrte. Ruhrdeutsch entstand, natürlich sozial gestaffelt in der neuen, so profilierten gesellschaftlichen Hierarchie, von der Sprache, die Kumpel Anton beherrschte und die Polonismen einschließt, in der Lexik wie in der Phonetik, bis zu der eher westlich orientierten konzentrierten verbalen Kommunikation, „Ruhrschnelldeutsch" sozusagen.

Aber eben da wurden auch Kontinuitäten greifbar. Die Großstadtregion, die im Laufe der letzten anderthalb Jahrhunderte zwar nicht zu einem geschlossenen, aber doch zu einem kohärenten Siedlungsbeet zusammenwuchs, behielt bemerkenswerterweise die alten Namen von Dörfern, Bauerschaften und Einzelsiedlungen. Sie ermöglicht noch heute, manche planmäßige Strukturen zu identifizieren, von Richtungsnamen nach alten Zentren zu fragen, sie läßt auf Bäche schließen, die längst versiegt sind, auf Wege, Gehölz oder Geländeformen, die niemand mehr sehen kann. Einstieg genug für eine detaillierte Siedlungsgeschichte zwischen Lippe und Ruhr, aber gleichzeitig auch ein Beleg für eine funktionale Kontinuität in grundlegenden Lebensbezügen.

Einen ganz anderen Zugang eröffnen die Verwaltungsstrukturen jener Institution, die im allgemeinen als der bedeutendste Kontinuitätsträger zwischen unserer Zeit und dem fernen ersten Jahrtausend unserer Zeitrechnung angesprochen werden kann, der Kirche. Die erste und recht oberflächliche Ausstattung des Raumes mit Urpfarreien vor der Jahrtausendwende, von denen einige nicht nur noch heute kenntlich, sondern selbst in ihren ursprünglichen Baulichkeiten noch faßbar sind, hat sich da ebenso erhalten, wie die großflächige Verwaltungseinteilung nach Archidiakonaten des Kölner Erzbistums sich noch heute erkennen und in ihren Grenzen bestimmen läßt. Die Kontinuität der jüngeren, der Amtsorganisation herzoglicher, fürstbischöflicher oder gräflicher Provenienz hat sich dagegen nur schütter bewahrt. Immerhin lassen sich die Funktionsräume der alten Ämter bestimmen und manches Amtshaus kann man sogar noch in der Landschaft finden, erkerbewehrt oder auf andere Weise in seinem Baustil als „festes Haus" zu erkennen. Was der alten räumlichen Organisation zwischen Lippe und Ruhr dabei gemeinsam war, bestand gewissermaßen in der allgemeinen Diversivität. Bei aller bekannten frühmittelalterlichen Neigung zu Streubesitz und allenfalls additiver Zentralisierung zeigt sich dieser Raum gleichermaßen als das Entwicklungsfeld von vier geistlichen Anstalten, die einen erheblichen Teil ihres Streubesitzes gerade zwischen Lippe und Ruhr angesiedelt hatten, alle miteinander wohl imstande, eine einheitliche territoriale Struktur zu verhindern, aber im Hinblick auf die Behinderungen einer konsequenten klösterlichen Raumpolitik unfähig, selbst nennenswerte zusammenhängende Territorien zu bilden und damit aus der frühmittelalterlichen, eher inselhaften Raumgestaltung in das Zeitalter intensivierter Flächenhaftigkeit seit dem elften, zwölften Jahrhundert einzutreten: Das Kloster Werden, eine der alten deutschen Benediktinerabteien nach Herkunft, Funktion und geistigem Rang sozusagen in der ersten Linie kirchlicher Kulturarbeit; das Damenstift Essen, nicht mehr, wie Werden, dem achten, dem Organisationsjahrhundert der westmitteleuropäischen Kirchlichkeit zugehörig, sondern dem folgenden, dem neunten Saeculum, in dem eher geteilt als gegründet wurde, aber doch noch imstande, über seine Verwandtschaftsbeziehungen zum sächsischen Kaiserhaus im zehnten und elften Jahrhundert ohne den Ausweis der Gründerzeit in die Reichsfürstlichkeit aufzusteigen; das Xantener Chorherrenstift, linksrheinisch, eine der frühen Institutionen kirchlicher Seelsorge, Öffnung also, anstelle der monastischen Abgeschlossenheit, aber doch noch in gleichsam mönchischer gemeinsamer Lebensform, kennzeichnend für die Kirche im zehnten Jahrhundert; und schließlich die rechtsrheinische Benediktinerabtei Deutz, jünger, weniger bedeutungsvoll als Werden aus der Gründergeneration, – diese vier Zentren bilden mit ihrem Streubesitz zwischen Lippe und Ruhr, zwischen dem Rheinufer und dem ostwestfälischen Hügelland die wichtigsten Grundherrschaften aus. Neben dem Klostergut kann sich nicht viel Weltliches entwickeln. Natürlich stellte es ursprünglich die Schenkungsmasse.

Nicht ein Kloster also, sondern vier, und die natürlich nicht mit Ausschließlichkeit, sind in diesem Raum in den frühmittelalterlichen Jahrhunderten als Grundherren maßgeblich vertreten; keines entwickelt daraus ein größeres Territorium, wie etwa die mit Werden einigermaßen gleich alte Reichsabtei Fulda. Selbst das Damenstift Essen beschränkt sich auf einen kleinen, zusammenhängenden Raum und muß bald gegen Entmündigung durch seine Vögte kämpfen. Man fragt vielleicht, ob sich diese Entwicklung mit räumlichen Gegebenheiten in Zusammenhang bringen ließe. Mit aller Vorsicht kann man darauf verweisen, daß dieser Raum zwischen Lippe und Ruhr, zwischen dem ostwestfälischen Hügelland und dem Rhein, immerhin einen besonderen, ansprechbaren Charakter besitzt, der ihn zumindest in jeder Himmelsrichtung von seiner Nachbarschaft abhebt: das ist sein Übergangscharakter zwischen der westlichen Peripherie einer auch morphologisch deutlich nordwärts vorspringenden Schwelle in der nordeuropäischen Tiefebene und einer der großen Wasseradern unseres Kontinents. Die Parallelläufe von Ruhr, Emscher und Lippe machen das sichtbar. Damit bietet sich dieser Raum, abgesehen von lokalen Hindernissen in Sumpfregionen, schon in der Frühzeit als eine Verbindungszone an. Der Hellweg, eine der vielleicht uralten West-Oststraßen im nordalpinen Europa, hat tatsächlich hier seinen Lauf genommen und lenkte die Heere Karls des Großen, wie er noch die preußische Staatsstraße Nummer Eins von Aachen über Berlin nach Königsberg in ihrem Verlauf bestimmte.

Eine solche Gestalt des Landes schien also in west-östlicher Richtung zur Verbindung einzuladen. Die Römer sind daran gescheitert, ihr Vorstoß versank ohne feste Anhaltspunkte in einem barbarischen Waldgebiet, so daß man noch heute die Relikte ihrer Niederlage und die Lokalisierung des grausamen Waldgemetzels nicht nur bei Bielefeld sucht, sondern auch bei Bochum, mitunter mit kuriosen Argumenten. Karl der Große, für unseren Zusammenhang bedeutsamer, ergriff die Gelegenheit besser. Sein Vorstoß gegen die Sachsen orientierte sich an der alten Straße, und seine Logistik ließ hier ein frühes Verbindungssystem entstehen, von Duisburg bis Soest. Als sich in der Nachfolge seiner Dynastie für die nächsten Jahrhunderte nicht Süddeutschland durchsetzte, trotz der bereits gebahnten und für die Entwicklung der nordalpinen Kultur gewiß unvermeidlichen Italienverbindung, sondern die Sachsenherzöge, stieg dieser Raum zwischen dem zehnten und dem zwölften Jahrhundert auf zu seiner ersten großen europäischen Bedeutung. Sie ist nicht so leicht faßbar wie die moderne, die ihn dann tausend Jahre später wieder emporhob, die industrielle. Die erste große Zeit vielmehr war beschränkt auf das Leben jener hauchdünnen frühmittelalterlichen Führungsschicht, die gerade eben in den genannten vier geistlichen Anstalten mit unterschiedlichen zeitlichen wie kulturellen Akzenten sich entfaltete und das agrarische Leben dabei, zur eigenen Versorgung wie auch zu einer wie immer verstandenen Ordnung, in jenem schon angesprochenen vielfach durchwirkten Teppich von Grundherrschaften verhältnismäßig ähnlich organisierte.

Die kulturelle Bedeutung der alten kirchlichen Anstalten läßt sich wohl erst ermessen, wenn man den relativ großen rechtsrheinischen Raum zwischen Nordsee und Alpen ins Auge faßt, im Vergleich zu der dichten Besetzung am anderen Ufer jenes Flusses, der bis ins dreizehnte Jahrhundert als die eigentliche Lebensader von Kultur und Wirtschaft bezeichnet werden muß. Wieviel intensiver ist doch die kulturelle Ausstattung der Kirche auf der linken Rheinseite, besonders jenseits des alten römischen Limes, dessen Bedeutung als langwirkende Kulturgrenze nicht leicht überschätzt werden kann. Dagegen gibt es, südlich der Bremer Bistumsgründung, in gemessenem Abstand zwar vier Bistümer, die den Zwischenraum vom Rhein bis an die besprochene nordwärts vorkragende Mittelgebirgs- und Waldschwelle füllen sollen: Münster, Osnabrück, Hildesheim, Paderborn. Dann aber entsteht gegen Süden eine Lücke, ehe das Bistum Würzburg und das vergleichbar begabte Missionskloster Fulda ihre Ausstrahlung entfalten. Schließlich erfolgte noch die Nachgründung Bambergs für den fränkischen Raum. Dazwischen, in einem Raum von gut zweihundertfünfzig Kilometern nord-südlicher Ausdehnung, klafft eine merkwürdige Leere. Teils unwegsames Waldgelände, als Sieger- oder Sauerland allmählich erst nach dem hydrographischen Netz erschlossen, teils aber eben jenes Übergangsland, in dem Karl der Große die Verbindung sozusagen vom Limes zu den Sachsen schlug, von Haltern nach Pader-

born, wenn man will.
In dieser Leere entwickelte die Werdener Abtei eine der bedeutenden deutschen Schreibschulen bis ins zwölfte Jahrhundert. Danach wurde sie von der gleichen Krise erfaßt, die auch das etwa gleich alte bedeutsame bayerische Kloster Tegernsee lähmte, und auch wieder zur selben Zeit von einem humanistischen Impuls im fünfzehnten Jahrhundert zu einiger Bedeutung gebracht. Da ist der Aufbewahrungsort des ehrwürdigen gotischen Codex Argenteus mit Wulfilas Bibelübersetzung. Da findet man die älteste Krippendarstellung nördlich der Alpen, syrischen Ursprungs. Da gab es schon Großplastik um die Jahrtausendwende und eine immerhin überregional bemerkenswerte Architektur.
Ähnlich muß man das Essener Damenstift einschätzen: bei weitem nicht das einzige seiner Art in Deutschland, sondern eines neben fünfzehn anderen, wuchs es doch durch den sächsischen Schwerpunkt der Kaisermacht in Familienverbindung für ein Jahrhundert zu einem besonderen Refugium einer uns noch heute kaum bekannten Verbindung zwischen weiblichen Fürstlichkeiten und dynastischem Schicksal. Die Zeit sprach nur erst wenig. Aber der Rang des Essener Stiftes läßt sich kaum deutlicher zeigen als in den Essener Schätzen, die Reichtum mit Kultur verbinden, in jener handgreiflichen frühmittelalterlichen Eigenart, die eine archaische Welt umschreibt. Sprechend wird die Verbindung aber auch in dem erst vor kurzem identifizierten ottonischen Kaiserschwert und in der Kinderkrone, die der künftige Otto der Dritte bei seiner deutschen Krönung getragen hat.
All das versank, als sich die Kaisermacht über die fränkischen Salier zu den schwäbischen Staufern verlagerte, in den verheißungsvolleren Süden Deutschlands, der aus dem Mittelmeerraum nicht nur seine Kraft bezog, sondern auch umgekehrt durch die wirtschaftliche Entwicklung des Hochmittelalters für diesen Süden überhaupt erst korrespondenzfähig geworden war. Nur anmerken darf ich, daß über die Einsicht in diesen Zusammenhang der alte Streit über die Ost- oder die Südorientierung des Kaisertums so gut wie alles von seinem angeblichen Entscheidungscharakter verliert. Barbarossa hatte keine Wahl, abgesehen davon, daß der Sachsenherzog Heinrich der Löwe kein Protagonist der östlichen Variante war, so gut er auch in Sachsen saß, im Nordosten des Reiches; er war gleichzeitig Herzog von Bayern und Herr seiner alten Pässe, bis nach Verona.
Im Rahmen der großen Attraktivität des Südens, der offen war, der jede Entscheidung über die Akzente der Kaiserpolitik an sich gezogen hatte, fiel immerhin in unserem Raum eine regionale Veränderung, die diesem Weg auf merkwürdige Weise nachhalf: der Rücktritt der Cappenberger von ihrer Macht. Ein altes Adelsgeschlecht, im neunten Jahrhundert schon in Königsnähe genannt, hatten die Cobbonen eine Hügelburg erbaut, als die Intensivierung der agrarischen Basis in Mitteleuropa im allgemeinen neue, und eben fortan flächendeckende Raumpolitik vorschrieb. Gottfried von Cappenberg hob den künftigen Kaiser Barbarossa aus der Taufe. Deutlicher, besonders im Hinblick auf die Bedeutung eines Taufpaten in mittelalterlicher Religiosität und Sippenbindung, läßt sich die Zugehörigkeit zur ersten politischen Garnitur dieser Dynastie im frühen zwölften Jahrhundert kaum kennzeichnen. Das spätere Geschenk des Stauferkaisers hat einen bekannten Rang in der europäischen Kunstgeschichte; seine Büste vor allem, dazu jene Schale, die man mit dem Taufakt in Verbindung bringt. Gottfried hat das Kaisertum seines Patenkindes nicht mehr erlebt. Aber, weit wichtiger für die machtpolitische Entwicklung zwischen Lippe und Ruhr: er war zuvor aus seiner Gesellschaft „ausgestiegen". Er hatte sich Norbert von Xanten angeschlossen, Vorläufer einer ganzen Generation von Standesgenossen, die alternatives Christentum suchten, auch eine alternative Gesellschaft. Das erste deutsche Prämonstratenserkloster enstand zwischen Lippe und Ruhr, und einer der maßgeblichen Stützpunkte für die künftige Verbreitung des neuen Ordens für Männer und Frauen. Auch Gottfrieds Frau, die Gräfin von Cappenberg, folgte diesem Weg.

III

In die Machtlücke jenes Raumes von allmählich bedeutungslos gewordenen Königshöfen und Pfalzen stieß Territorialpolitik auf einer unteren, auf Landesebene. Der viel berufene föderale Charakter der alten Welt, vorgegeben von Anfang an, fand nun eine neue und für eine lange Zukunft entscheidende Ausprägung in Territorialpolitik. Aber, und das prägt unsere Region bis zum gegenwärtigen Bundesland mit dem Bindestrich: es wuchs, als die römischen Könige und Kaiser sich südwärts engagiert hatten, kein geschlossenes Territorium zwischen Lippe und Ruhr oder auch nur zwischen Köln und Paderborn. Der Kölner Erzbischof, wohl begünstigt durch den Sturz des Löwen und 1180 zum Herzog von Westfalen erhoben, konnte gegen die unruhige kleinere Konkurrenz nicht behaupten, was ihm zugefallen war, wie übrigens die meisten geistlichen Fürsten im Entwicklungsgang des späteren Mittelalters auch. Der Verfall setzte früh ein: zwischen dem Mord am Gevelsberg 1225 und der Schlacht bei Worringen 1288. Innerhalb dieser sechzig Jahre formten sich die künftigen territorialen Grenzen. Die Grafen von der Mark, die Grafen von Berg, die Grafen von Kleve schnitten dem Kölner Erzbischöfen eine fundierte Territorialpolitik ab. Nachdem also die Könige ihre Hand abgezogen hatten und weder ihre eigenen Stützpunkte zwischen Duisburg und Dortmund sonderlich schützten, noch gar die alten Reichsklöster, war auch der Kölner Reichserzkanzler als Territorialherr zwischen Lippe und Ruhr, nicht ganz und gar, aber doch gegenüber der Begabung mit dem neudefinierten Herzogtum Westfalen von 1180, binnen einem Jahrhundert aus dem Felde geschlagen. Weder ein Herzogtum Westfalen, noch später ein Herzogtum Kleve beispielsweise erfaßten den gesamten Raum. Erst die preußische Provinz von 1815 schloß ihn einigermaßen ein.
Gleichzeitig versank er auch in stillere Zeiten als kulturelle und als Wirtschaftsregion. Lediglich die Dortmunder behaupteten sich als Reichsstadt und als Hansekaufleute auf gehobener Ebene. Die Kleinstadtlandschaft am Hellweg erlebte nicht viele Veränderungen, nur Duisburg blieb Umschlagplatz. Vergessene Zeiten vor Kohle und Stahl ...
Nun wollen wir aber der Entwicklung nicht unrecht tun. Auch die „stilleren Zeiten" hatten ihr munteres Leben. Nicht nur Dortmund war Hansestadt, sondern der Landweg war keineswegs bedeutungslos für die Seefahrer. Überdies gab es nicht nur die Fernware zwischen Ost- und Westeuropa zu transportieren und nicht nur das Lüneburger Salz, sondern eine bemerkenswerte Vermarktung innerhalb der Region. Man lebte zudem schiedlich-friedlich, ein wenig entfernt von den großen Auseinandersetzungen seit dem im dreizehnten Jahrhundert die machtpolitischen Entscheidungen gefallen und bis ins siebzehnte nicht mehr verrückt worden waren, und abgesehen von den aufregenden Auseinandersetzungen zwischen Bürgern und Fürsten, der Dortmunder Fehde zu Ende des vierzehnten und der Soester Fehde in der Mitte des fünfzehnten Jahrhunderts, blieb die Region auch von Kriegszügen verschont. Die kleineren Fehden freilich, die

sich gelegentlich Ritter und Kaufleute lieferten, nicht immer so rechtlos, wie das im Rückblick erscheint, sorgten noch immer für aufregende Lokalnachrichten. Die Häuser Jülich und Kleve vereinten sich durch Heirat 1521, und dadurch wuchs, weit über die Grenzen von Lippe und Ruhr, ein respektables Territorium zusammen. Eine territoriale Einheit entstand daraus nicht.
Es gibt eine Handbuchweisheit bei uns, die vom Abstieg des niederen Adels im Spätmittelalter spricht, jener Gesellschaftsgruppe, die gerade zwischen Lippe und Ruhr in den stilleren Entwicklungen zur Oberschicht gehörte. Denn Fürstlichkeiten vermochte die territorialpolitische Entwicklung nicht zu erheben. Der Graf von Kleve, von Karl IV. zum Herzog gemacht, hatte den Schwerpunkt seiner Aktivitäten, seinen kleinen Hof, nun eben links des Rheins. Da bleibt also die Fama vom sozial absteigenden und deshalb räuberischen Niederadel. Man kann sie beiseite legen. Sehr detaillierte Untersuchungen gerade in einem erheblichen Teil des Raumes zwischen Lippe und Ruhr haben deutlich gemacht, daß der Adel aus ehemaligen Fürstendienern, aus Ministerialen des Kölner Erzbischofs und Dienstleuten der Grafen von der Mark, von Berg und von Kleve im großen und ganzen keinesfalls während des fünfzehnten und sechzehnten Jahrhunderts etwa am Hungertuch nagte. Im Gegenteil. Über Amtsdienst, über Soldnahme und nicht zu vergessen auch über Kreditvergabe wußte er offensichtlich ganz beachtliche Positionen zu behaupten, und bei der ersten Ämterorganisation des Territoriums von verschiedenen Herren konnte er sich dem und jenem als Amtmann andienen, war imstande Steuereinnahmen vorzufinanzieren und sie danach wieder einzutreiben, selbstverständlich nicht gerade mit Verlusten. Vielleicht hat dieser Amtsbetrieb ein wenig zum Bild des Raubritters beigetragen. Das war sozusagen der erste Auftritt der Finanzverwaltung.
In den Städten läßt sich wohl eine gewisse Behaglichkeit vermuten, allein im Hinblick auf die verhältnismäßig gut entwickelte Stadthygiene, mit Wasserversorgung und früher Einführung von Ziegeldächern, mit Botendiensten und vor allem mit einer nicht gerade das provinzielle Niveau sprengenden, aber doch markanten Entwicklung in der bildenden Kunst. Vornehmlich Dortmunder Bürger wurden dabei zu Mäzenen.
Wir sind noch weit davon entfernt, jene Angaben, die uns die städtischen Chroniken vorenthalten, etwa aus der Stadtarchäologie oder aus der Grabung an und unter Bauernhäusern zu ergänzen. Gerade das Lebensniveau ließe sich auf diese Weise gewiß besser bestimmen. Solange das fehlt, läßt sich aber mit einem gewissen Wohlwollen doch von einer mutmaßlichen Behaglichkeit bei Bauern und Bürgern reden. Zu den Armutslandschaften dieser Zeit zählt unser Raum jedenfalls nicht. Mit seinem Lebensrhythmus hängt auch zusammen, daß in vieler Hinsicht, trotz des Übergangs an Preußen, im Verkehrswesen, im Rechtsleben, in der städtischen Administration, die alten Zeiten erst am Ende des achzehnten Jahrhunderts zu Ende gingen. Dabei hat sie zuallererst nicht etwa Kohle und Stahl verdrängt, sondern die Energie des erneuerten preußischen Staates. Nicht zufällig und unverdient ging er mit jener Grundlage um, die ihm im siebzehnten Jahrhundert zwischen Lippe und Ruhr, im achzehnten an der oberen Oder zugefallen war: buchstäblich das Monopol auf Kohle und Stahl im nördlichen Mitteleuropa in der Hand zu haben. Darauf aber erwuchs die Großmacht der folgenden anderthalb Jahrhunderte.

Geschichte und Politik

Das Ruhrgebiet im Itinerar der früh- und hochmittelalterlichen Könige

Reinhold Kaiser

Das mittelalterliche ostfränkisch-deutsche Reich war ein „Reich ohne Hauptstadt“[1]. Der König herrschte nicht von einem zentralen Ort aus, er herrschte „vor Ort“. In einer drastisch-saloppen Formulierung hat Aloys Schulte schon vor Jahrzehnten diese Regierungsweise einprägsam gekennzeichnet: „Der deutsche König betrieb sein hohes Gewerbe im Umherziehen[2]“. Doch war der deutsche König nicht der einzige unter den mittelalterlichen Herrschern, der dauernd auf Reisen war. Das „Reisekönigtum“ und damit „die ambulante Herrschaftsausübung erscheint geradezu als ein Charakteristikum des europäischen Mittelalters“, jedenfalls seit der karolingischen Zeit[3]. Der reisende Herrscher war nicht nur eine gemeineuropäische Erscheinung, sondern läßt sich auch in Afrika und auf einigen Südseeinseln nachweisen. Er entsprach einer Herrschaftsform, die weitgehend naturalwirtschaftlich organisiert, durch personelle Herrschaftsbeziehungen relativ locker zusammengehalten und durch magischkultische Vorstellungen und Handlungen gefestigt wurde. Es ist also kein Wunder, wenn dem reisenden Herrscher, vor allem dem reisenden deutschen König, seit langem die gebührende Aufmerksamkeit der Forschung gezollt wird, denn mit dem „reisenden Herrscher“ wird ein Strukturmerkmal mittelalterlicher Königsherrschaft überhaupt erfaßt[4]. Um den Stellenwert des Ruhrgebietes - hier verstanden als der Raum zwischen Dortmund und Duisburg, Ruhr und Lippe, dessen Charakteristikum die West-Ost-Verbindungen der Lippe und des Hellweges und die an den Eckpunkten kreuzenden Nord-Süd-Achsen sind - im Itinerar des Königs, also konkret in seiner ambulanten Herrschertätigkeit gewichten zu können, müssen drei Fragen beantwortet werden, und zwar die nach

1. den Aufenthalten des „Königs auf Reisen“, ihrer statistischen, chronologischen und geographischen Streuung,
2. der „ambulanten Herrschaftsausübung“ des Königs, faßbar in den militärischen, politisch-staatsrechtlichen, religiös-kultischen Handlungen des Herrschers,
3. der „Zurüstung für die Reise und Ausstattung des Aufenthaltortes[5]“. d. h. der Wirtschaftsorganisation zur Versorgung des Hofes durch Gastung, servitium regis, Königsgut und der topographischen und baulichen Gestalt der Herbergsorte.

„Der König auf Reisen“

Die Aufenthalte der Könige im Ruhrgebiet

Aus der Übersicht über die durch Urkundenausstellung oder chronikalische Notiz belegten Aufenthalte der Könige im Ruhrgebiet von karolingischer bis staufischer Zeit (s. Tabelle und Graphik) ergibt sich auf den ersten Blick ein doppeltes Ungleichgewicht, ein chronologisches und ein geographisches. Die Aufenthalte setzen in relativ großer Dichte unter Karl dem Großen ein, fehlen unter seinen direkten Nachfolgern bis zu den spätkarolingischen Königen Zwentibold und Karl dem Einfältigen, die beide als Könige des lotharischen Reiches das westliche Ruhrgebiet (Duisburg und Essen) aufsuchten, dann erreichen sie unter den Ottonen und frühen Saliern den absoluten (Heinrich II.) und relativen (Otto II.) Höhepunkt und fallen seit Lothar III. von Supplinburg und den Staufern rapide ab. Als letzter staufischer König weilte Heinrich (VII.) 1224 in Dortmund; später zog nur noch Karl IV. auf seiner berühmten Reise von 1377 durch das Ruhrgebiet[6].

Die geographische Streuung der Aufenthalte läßt deutlich Dortmund und Duisburg, wozu funktional noch Lippeham an der Lippemündung hinzuzurechnen wäre, als die beiden Eckpfeiler mit 30 bzw. 18 (+ 4) Aufenthalten erkennen; die beiden Kloster- bzw. Stiftsorte Essen (4) und Werden (2) bilden in dem Mittelabschnitt gegenüber den Einzelbelegen für Steele (1) und Hohen-

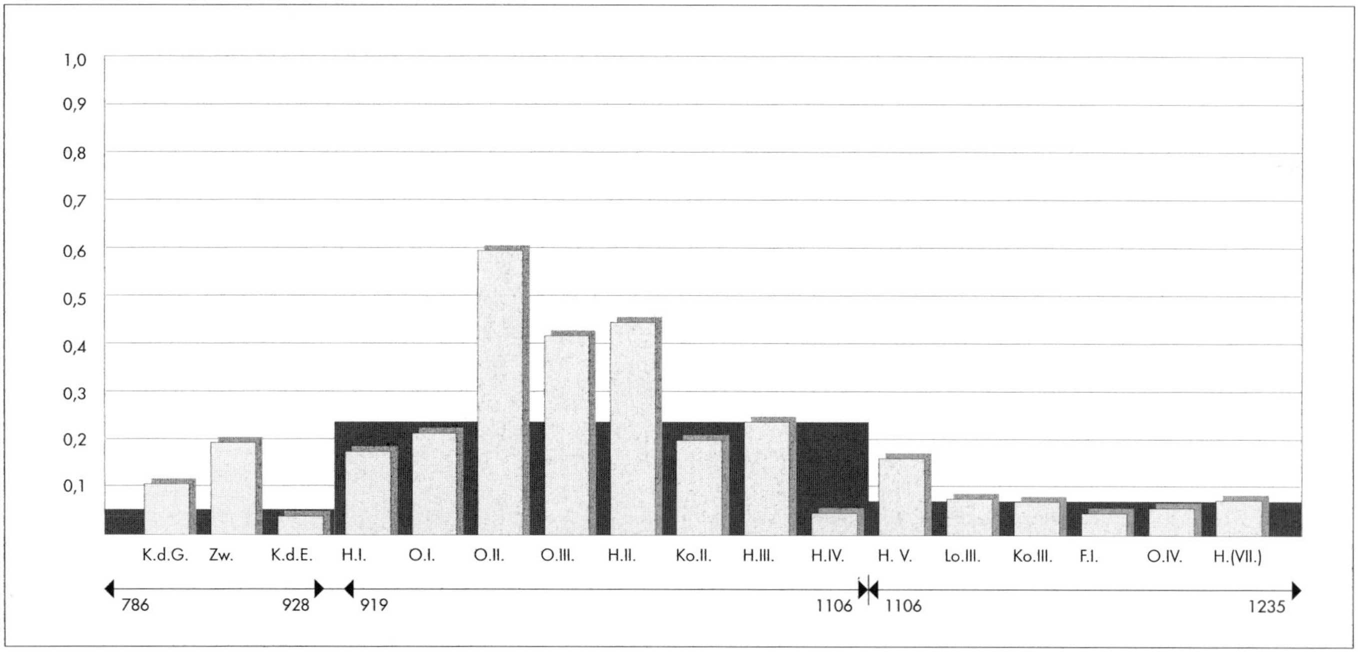

Abb. 1 Aufenthalte der einzelnen Herrscher (nach Orten insgesamt) bis 1235 und durchschnittliche Aufenthaltshäufigkeit pro Jahr und auf der Grundlage der jeweiligen Regierungszeit.

syburg (1) eine eigene Gruppe. Schon ein flüchtiger Blick auf die Itinerarkarten der Karolinger und der deutschen Herrscher zeigt[7], daß selbst Dortmund unter den liudolfingischen Herrschern auch nicht entfernt mit Orten konkurrieren kann, die wie Aachen, Worms, Ingelheim, Frankfurt, Regensburg unter den Karolingern oder Magdeburg, Quedlinburg, Frankfurt, Merseburg, Paderborn, Aachen, Mainz unter den Liudolfingern oder Mainz, Regensburg, Goslar, Worms, Speyer, Köln unter Heinrich IV. oder schließlich Würzburg, Regensburg, Worms, Ulm, Nürnberg unter Friedrich I. durch die höchste Anzahl von Aufenthalten ausgezeichnet sind[8]. Die Königsaufenthalte im Ruhrgebiet erweisen durch ihre niedrige Frequenz, daß das Land zwischen Ruhr, Rhein und Lippe nicht zu den Kerngebieten des Reiches gehörte. Aber läßt sich daraus umgekehrt schließen, daß es allenfalls Durchgangsgebiet in Randlage gewesen sei[9]?

Reisewege, Königsstraßen

Eine Korrektur der Aufenthaltsstatistik ergibt sich, wenn Straßenführung und Reisewege beachtet werden. Die Bedeutung des Hellwegs für die Region braucht kaum betont zu werden[10]. Seit langem ist erkannt, daß die Römer in augusteischer Zeit die Lippelinie als Anmarschweg zur Erschließung und Organisation der zu errichtenden Provinz Germania zwischen Rhein und Elbe benutzten und dafür an der Lippe Kastelle und Lager errichteten wie Holsterhausen, Haltern, Oberaden und Anreppen[11]. In Karls des Großen Sachsenkriegen erscheint die Lippemündung (Lippeham) wiederum als Aufmarsch-Raum, daneben aber auch das Ruhrmündungsgebiet und der Kölner Raum, von dem aus über das Bergische Land die Sachsenfestung Syburg oberhalb der Mündung der Lenne in die Ruhr zu erreichen war. Daß der Hellweg erst im Zusammenhang mit Karls Sachsenzügen i. J. 785 als Verbindungslinie zwischen Paderborn und dem Rhein angelegt worden wäre, wie K. Rübel zu erweisen suchte, ist wenig wahrscheinlich angesichts der germanischen Siedlungsstellen in diesem Raum, in denen viele römische Münzen und Importwaren gefunden wurden[12]. Als Verkehrsweg muß der Hellweg schon in vorkarolingischer Zeit bestanden haben, doch erst im Zuge der Eingliederung Sachsens in das Frankenreich wurde er zur Heer- und Königsstraße par excellence, wirtschaftlich und militärisch gesichert und erschlossen durch eine Kette von Königsgütern, Königshöfen (curtes) und Etappenstationen, auf welche noch heute die ziemlich gleichmäßige Verteilung der Städte am Hellweg hinweist[13].

Wenn seit dem endenden 8. Jahrhundert der Hellweg *die* Verbindung zwischen dem Niederrhein und Niederlothringen und dem östlichen Westfalen und Sachsen bildete, ist zu vermuten, daß ein Ortswechsel des Königs zwischen diesen beiden Räumen, den Kerngebieten des Reiches in ottonisch-salischer Zeit, über diesen Weg erfolgte, d. h. aber, daß sich der König und sein Hof weit häufiger in den Orten des Hellwegs aufgehalten oder sie mindestens durchquert oder berührt haben müssen, als sich in den spärlichen Schriftquellen niedergeschlagen hat. Ein Überblick über Karls Sachsenzüge zeigt nicht nur, daß er viermal sein Heer von Lippeham an der Lippemündung aus nach Sachsen führte (779, 784, 799, 810) und die Syburg wohl direkt von Köln kommend eroberte (775), sondern daß er den Hellweg – oder zumindest Abschnitte des Hellwegs – auf seinen Hin- und Herwegen zwischen Sachsen, Paderborn vor allem, und dem maasländischen-niederrheinischen Raum benutzte, so 776, 777, 779, 782, 789, 795, 796, 797, 804. Auch Ludwig der Fromme dürfte 815 von Aachen zur Reichsversammlung in Paderborn reisend auf dem Wege in Saxoniam den Hellweg benutzt haben, sei es von Duisburg oder von Dortmund aus; ähnliches gilt für Ludwig des Deutschen Reise von Köln in Saxoniam nach Herford und Minden i. J. 852.

Für die Zeit der Ottonen und frühen Salier hat H. J. Rieckenberg den Hellweg als „*die* Straße von der großen sächsischen Königslandschaft zum Niederrhein" nachgewiesen und er verzeichnet für die Zeit zwischen 927 und 1056 41 Benutzungen des Hellweges, darunter 8, bei denen die Orte zwischen Dortmund und Duisburg nicht genannt, aber wegen der Reiseroute zu erschließen sind[14]. Diese Route ergibt sich nur selten in solcher Klarheit

	Dortmund	Duisburg	Essen	Lippeham	Werden	Steele	Hohensyburg	total	Aufenthalt/Jahr
Karl d. Gr.				●●●●			●	5	0,11
Zwentibold			●					1	0,20
Karl d.E.		●						1	0,04
Heinrich I.	●	●	●					3	0,18
Otto I.	●●●●●	●●				●		8	0,22
Otto II.	●●●	●●●						6	0,60
Otto III.	●●●	●●●●	●					8	0,42
Heinrich II.	●●●●●	●●●●			●			10	0,45
Konrad II.	●●●							3	0,20
Heinrich III.	●●●		●					4	0,24
Heinrich IV.	●●							2	0,04
Heinrich V.	●●	●						3	0,16
Lothar III.		●						1	0,08
Konrad III.					●			1	0,07
Friedrich I.	●●							2	0,05
Otto IV.		●						1	0,06
Heinrich (VII.)	●							1	0,08
total	30	18	4	4	2	1	1	60	

Abb. 2 Durchschnittliche Aufenthaltshäufigkeit der einzelnen Herrscher (pro Jahr und für die Zeiträume 768 – 919, 919 – 1106, 1106 – 1235).

wie zu den Jahren 979, 986, 1005, 1009, wo die Quellenbelege den König jeweils in kurzem Abstand an den beiden Eckorten Dortmund und Duisburg nachweisen oder gar wie 993, wofür die drei Stationen Dortmund, Essen, Duisburg urkundlich belegt sind.

Die eindeutig nachgewiesenen Königsaufenthalte und die mit einiger Sicherheit zu erschließenden machen wegen der bruchstückhaften Überlieferung nur mit einem ganz geringen Teil des tatsächlichen Reiseweges bekannt. Für Ottos I. Herrscherzeit hat E. Müller-Mertens unter Berücksichtigung der Aufenthaltsdauer nachgewiesen, daß nur 3,1 % der Aufenthaltszeit unmittelbar überliefert, 9,7 % mittelbar zu erschließen sind, mithin daß über 90 % des Reiseweges im Dunkeln liegen[15]. DieAufenthaltsstatistiken geben also Minimalwerte, dürften aber trotzdem die tendenzielle Entwicklung der Besuchsfrequenz im wesentlichen richtig wiedergeben. Daß es nicht an Versuchen fehlt, die Dunkelzonen aufzuhellen, ist leicht verständlich. E. Müller-Mertens veranschlagt für Otto I. insgesamt eine 30malige Hellwegbenutzung in verschiedenen Richtungen[16]; für Soest hat W.-H. Deus 20 und mehr Aufenthalte Ottos I. angenommen und rechnet damit, daß es insgesamt 150 Gelegenheiten zu Kaiser-Besuchen oder -Durchzügen in Soest gegeben habe, auch wenn nur 8 überliefert sind[17].

Die „ambulante Herrschaftsausübung"

Von den hohen Akten herrscherlicher Selbstdarstellung, die mit der Person des Königs am unmittelbarsten verknüpft sind, wie Taufe, Schwertleite, Wahl, Krönung, Hochzeit oder Grablegung ist keiner je im Ruhrgebiet vollzogen worden. Die Zeugnisse für die „ambulante Herrschaftsausübung" der früh- und hochmittelalterlichen Könige im Ruhrgebiet beschränken sich (1.) auf militärisch-politische Aktionen, bei denen durch akute Veranlassung die königliche Präsenz gefordert war, (2.) auf politisch-staatsrechtliche Akte, die der Integration der Region und der Großen des Landes dienten und (3.) auf die Teilnahme des Königs, der ja durch seine Salbung eine sakrale Überhöhung erfahren hatte, an den kirchlich-liturgischen Handlungen anläßlich der hohen Kirchenfeste.

Aufenthalte aus militärischer, politischer Veranlassung

Die ersten Königsaufenthalte stehen im politisch-militärischen Kontext der Sachsenkriege. Schon die Hausmeier Karl Martell, Karlmann, Pippin der Jüngere und Pippin (auch noch nach seiner Königserhebung im Jahre 751) hatten mehrere Feldzüge in Saxoniam geführt und bei dem einen oder anderen der Züge auf dem Anmarsch oder Rückmarsch vermutlich auch das Gebiet Lippe/Rhein/Ruhr berührt, so etwa 753, als sich König Pippin nach seinem siegreichen Kampf bei der Iburg an den Rhein in die Festung Bonn zurückbegab oder 758, als Pippin nach der Sommerheerfahrt in Saxoniam, die ihn bis südwestlich von Dülmen führte, Mitte September in Düren nachweisbar ist. Diese Züge wie auch Karls des Großen erster Sachsenzug im Jahre 772, bei dem die Eresburg erobert und die Irminsul, das Heiligtum der heidnischen Sachsen zerstört wurde, hatten den Charakter von Strafexpeditionen für Grenzübertritte und Vertragsbrüche[18].

Mit Karls Feldzug von 775 wandelt sich offenbar das Konzept: Ziel des Frankenherrschers wurde nunmehr die zunächst friedliche Christianisierung der Sachsen unter Anerkennung der fränkischen Hegemonie[19]. Die militärische Voraussetzung dafür war die Eroberung der Festung Hohensyburg und die Wiedererrichtung der 774 zerstörten Eresburg. Dieser zweite Sachsenzug Karls ging von Düren aus; der Anmarschweg zur Lennemündung ist nicht genau zu ermitteln[20]. Wichtiger ist, daß in die beiden Burgen fränkische Garnisonen gelegt wurden. Das castrum Hohensyburg, in dem auch eine Kirche gebaut wurde, hielt im Jahre darauf einer sächsischen Belagerung stand und erfüllte seine Funktion als Bollwerk zur Sicherung der vermutlich in dieser Zeit, also um 775, annektierten Hellwegzone; diese war wohl Anfang des 8. Jahrhunderts sächsisch überschichtet worden und wurde nunmehr wieder unter unmittelbare und wirksame fränkische Herrschaft genommen. Man hat vermutet, daß im Anschluß an die Annexion der Hellwegzone dieses Gebiet zu einem „Markengebiet", zu einer „Sachsenmark" des Frankenreichs ausgebaut wurde[21]. Erst nach der militärischen und technischen Sicherung der direkten Straßenverbindung des südlichen Westfalen mit der Rheinschiene konnten jedenfalls Paderborn und die Lippequellen zu *dem* Versammlungsort in Sachsen aufsteigen, der dann seit 777 bis zum Ende von Karls Sachsenkriegen (804) Schauplatz wichtiger reichspolitischer Entscheidungen wurde[22].

Das Ruhrgebiet war somit in der ersten Phase königlicher Präsenz in diesem Raum eine Art Militärzone, Anmarschweg in dem mehr als 30-jährigen Kampf gegen die Sachsen. Mit dem Ende dieses Konflikts und nach der Eingliederung Sachsens in das Frankenreich verlor die Hellwegzone ihre akute militärische Bedeutung – schlagartig geht die Zahl der Königsaufenthalte zurück (vgl. Statistiken). Was blieb, war wichtig genug: fränkische Organisationsformen in Grundherrschaft, Königsgutverwaltung und Grafschaft, christliche Durchdringung und Festigung durch Kloster- und Kirchengründungen wurden jetzt erst möglich.

In der Frühphase von Ottos des Großen Regierung wurde das Ruhrgebiet wiederum Schauplatz des militärischen Wirkens des Königs: 938 erforderte die Fehde zwischen Eberhard von Franken und seinem sächsischen Vasallen Bruning, die auf dem Hoftag in Steele entschieden werden sollte, Ottos I. Eingreifen[23]. Die von seinem Halbbruder Thankmar besetzte Eresburg wurde von Otto eingenommen, Thankmar selber getötet (938); ein Jahr später, im Februar/März 939, rückte Otto im Kampf gegen seinen aufständischen Bruder Heinrich vor die urbs Dortmund, die von Heinrichs Leuten besetzt war. Das Schicksal der Eresburgbesatzung ließ die Aufständischen einlenken, sie ergaben sich. Otto hatte damit den wichtigen militärischen Stützpunkt am Hellweg wiedergewonnen und rückte von dort aus gegen den Rhein vor, wo er bei Birten unweit Xanten die vereinigten Truppen des lothringischen Herzogs Giselbert und seines aufständischen Bruders Heinrich schlug[24]. Im Gegensatz zu den Sachsenzügen Karls des Großen war die Stoßrichtung der frühottonischen Expeditionen ost-westlich orientiert; aus dem sächsisch-liudolfingischen Kernraum heraus galt es nun die Verbindung zur Francia, zum Niederrheingebiet offenzuhalten.

Das letzte militärische Eingreifen des Königs in der Hellwegzone leitete schon den Niedergang der königlichen Präsenz im Ruhrgebiet ein: im Zusammenhang mit dem niederrheinisch-westfälischen Aufstand gegen Heinrich V. wurde im August 1114 Dortmund mit Raub und Brand überzogen, Heinrich veheerte darauf zur Rache Westfalen, befestigte Dortmund und errichtete dort anscheinend eine Burg, zog sich dann ins Mittelrheingebiet zurück. Im Jahre darauf wurde Heinrich am 11. Februar 1115 in der Schlacht am Welfesholz bei Eisleben von den Aufständischen geschlagen. Dortmund wurde von dem Sachsenherzog Lothar im Verein mit den niederrheinisch-westfälischen Fürsten angegriffen und die kaiserliche Burg wieder zerstört[25]. In der

Folge taucht Dortmund, der östliche Eckpfeiler des Ruhrgebiets im Itinerar der Könige, nur noch sporadisch auf.

Politisch-staatsrechlich bedingte Aufenthalte

Erwiesen die durch Krisensituationen provozierten militärischen Expeditionen ins Ruhrgebiet dieses zeitweise als Zielgebiet der königlichen Politik, so lassen die hier veranstalteten Hoftage, Reichsversammlungen, Umritte, Huldigungen und Urkundenausstellungen für regionale Empfänger das Land am westlichen Hellweg als wichtigen politischen Integrationsfaktor des südlichen Westfalens und des Niederrheins erkennen.

Hoftage und Reichsversammlungen wurden mit der einzigen Ausnahme von dem von Steele im Jahre 938[26] nur in den beiden Pfalzorten Dortmund und Duisburg abgehalten. Die Reihe der Dortmunder Hoftage begann 953, als Otto I. in krisenhafter Situation hier statt in Aachen Ostern feierte und bei dieser Gelegenheit einen Hoftag hielt, auf dem ihm seine Mutter Mathilde (?) und die Sachsen Unterstützung und Stärkung im Kampf gegen seinen aufständischen Sohn Liudolf und seinen Schwiegersohn, Konrad den Roten, boten[27]. Auf dem Reichstag von 978 wurde der Vergeltungszug gegen den westfränkisch-französischen König Lothar, der Aachen erobert hatte, beschlossen, 997 bei dem Hoftag mit den sächsischen Großen die Vorbereitungen des Feldzugs gegen die Elbslawen getroffen. Kirchliche Angelegenheiten wurden auf dem Hoftag von 993 verhandelt; im Zusammenhang mit einer Reichssynode schließlich fand der Hoftag von 1005 statt, auf dem ein politisches Bündnis zur Vorbereitung des Polenfeldzugs Heinrichs II. geschlossen wurde[28].

Auf Konrads II. Hoftag im Dezember 1024, auf dem der König, von einer Zusammenkunft mit den ottonischen Prinzessinnen, den Äbtissinnen Adelheid von Quedlinburg und Sophie von Gandersheim und Essen in Vreden kommend, sich mit „westlichen Bischöfen und Großen" traf, wurde vermutlich die Huldigung der Sachsen in Minden vorbereitet[29]. Es war dies für lange Zeit der letzte Hof- oder Reichstag in Dortmund. Erst 1152 und 1153 hielt Friedrich Barbarossa in Dortmund bei seinem Umritt wieder einen Hoftag und ein Hofgericht und scheint bei seinem zweiten Besuch (1154) Verhandlungen mit westfälischen Großen für seinen ersten Italienzug geführt zu haben[30].

War Dortmund für das westliche Sachsen Versammlungspfalz, so spielte Duisburg die Rolle des Pendants für den niederrheinisch/niederlothringischen Raum. 943 hielt hier Otto I. mit Lothringern und Franken einen Hoftag, auf den auch die Mönche von St. Servatius von Maastricht mit ihren Reliquien zur Klage erschienen waren, 986 wurde auf dem Hoftag in Duisburg die politische Situation an der westfränkisch-französischen Grenze mit lothringischen Großen, zu denen die Bischöfe von Lüttich, Utrecht und Cambrai zählten, behandelt, anscheinend auch eine Gesandtschaft des Erzbischofs von Reims und König Ludwigs V. empfangen. Niederlothringer waren es auch, die 1129 König Lothars III. Hoftag in Duisburg besuchten. Deutlicher noch als auf diesen Hoftagen wurde im Jahre 1002 das niederlothringische Bezugsfeld der Pfalz Duisburg unterstrichen, als König Heinrich II. auf seinem Königsumritt hier die Huldigung der Niederlothringer entgegennahm, von den Bischöfen von Lüttich, Cambrai und Köln als König anerkannt und ihm von diesen der Treueid geleistet wurde[31].

Weiteren Aufschluß über die „ambulante Herrschaftspraxis" des mittelalterlichen Königs gibt die Ausfertigung von Urkunden. Zum Großteil läßt sich die „Verwaltungstätigkeit" und „Gerichtstätigkeit" des Hofes nur über den Urkundenniederschlag fassen. Er gibt Auskunft über die Empfänger königlicher Gunst, sei es innerhalb, sei es außerhalb des Ausstellungsgebietes, über die rechtserheblichen Belange der königlichen Regierungstätigkeit wie Gewährung von Immunität, Verleihung von Markt, Münze und Zoll, Güterschenkungen und Bestätigungen von Besitz oder freiem Wahlrecht und Zollbefreiung und dergleichen. Von den 56 Urkunden, die zwischen 898 und 1224 im Raum zwischen Duisburg und Dortmund ausgestellt worden sind, betrafen 12 unmittelbar – durch Empfänger oder Sachbezug – das Ruhrgebiet, 19 Sachsen, 12 Lothringen – meist Niederlothringen –, 7 Rhein-, Mainfranken und Thüringen, 2 Bayern und je 1 Schwaben, Frankreich, Italien und das Gesamtreich (Friedrich Barbarossas). Der regionale Auftrag des Ruhrgebiets, die Mittlerstellung zwischen Saxonia und Francia spiegelt sich in dieser Verteilung sehr deutlich.

Wie die räumliche Königsnähe für die lokalen Belange genutzt wurde, läßt sich an einigen Urkunden für Essen und für Duisburg zeigen. 898 stellte König Zwentibold bei seinem Besuch in Essen dem Kloster eine Urkunde über Schenkungen von Salland u. a. im Kölngau und in der Stadt Köln aus, 966 beurkundete Otto I. in Duisburg die Schenkung des Hofes Erenzell an das Stift Essen, 993 bestätigte Otto III. bei seinem Aufenthalt in dem Kanonissenstift, das unter der Leitung von Ottos des Großen Enkelin Mathilde stand, die Urkunden seiner Vorgänger über das Wahlrecht, den Königsschutz und den gesamten Besitz, 1028 wiederholte Konrad II. auf Bitten der Äbtissin Sophia, der Schwester Ottos III., diese Urkunde, während er in Dortmund weilte, schließlich verlieh Heinrich III. bei seinem Besuch in Essen 1041 der Äbtissin Theophanu, seiner Verwandten, das Recht in der villa Essen einen sechstägigen Jahrmarkt einzurichten. Von den 4 Aufenthalten der ottonisch-salischen Könige in Essen zeichnen sich also drei (898, 993, 1041) dadurch aus, daß für das Stift bei dieser Gelegenheit Urkunden ausgestellt wurden. Vielleicht läßt sich die in einem Diplom Ottos I. von 947, das Otto II. 973 wiederholte, erwähnte Schenkungsbestätigung Heinrichs I., die im Klosterbrand von ca. 947 verlorengegangen war, ebenfalls mit Heinrichs Aufenthalt in Essen, und zwar im Jahre 927, in Verbindung bringen[32]. Besuch in Essen und Beurkundung zugunsten des Stiftes stünden dann in engstem, funktionalen Zusammenhang.

In Duisburg gab es kein Kloster oder Stift, das als Rechtssubjekt für eine Privilegierung durch die Ottonen und Salier in Frage gekommen wäre; hier waren es die Bewohner des Pfalzortes selbst, die – verständlicherweise erst in einem späteren Stadium der Stadtentwicklung – die Anwesenheit der Könige nutzten, um gewisse (Vor)rechte zu erlangen, so vielleicht das Zoll- und Befestigungsrecht schon anläßlich des Aufenthaltes Kaiser Heinrichs V. am 7. Mai 1125[33], sicher aber 1129, als Lothar den Streit zwischen den Einwohnern von Duisburg und dem Verwalter des königlichen Forstes, dem magister forestis, Herzog Walram von Limburg, vor dem Gericht des Königs in Duisburg zugunsten der Bürger entschied; es ging dabei um das Recht, in dem zur Villa Duisburg gehörenden Wald Steine für den eigenen Häuserbau und zu anderen Zwecken zu brechen. Das nächste Privileg, nämlich die Bestätigung der von den Bürgern um die Pfalz und die königliche curia wie auch oberhalb des Marktes erbauten Häuser, erhielten die cives von Duisburg 1145 nicht anläßich eines Besuches von Konrad in der Pfalz Duisburg – die übrigens ausdrücklich nur hier erwähnt wird –, sondern während seines Aufenthaltes in dem benachbarten Kloster Werden. Die späteren Privilegierungen der Bürger von Duisburg wie auch der von

Dortmund mußten in fernen Orten eingeholt werden[34]. Königsaufenthalt und Beurkundung zugunsten von Petenten aus dem Ruhrgebiet fielen nicht mehr zusammen.

Kultisch-liturgisch geprägte Aufenthalte

Höhepunkte herrscherlicher Selbstdarstellung waren zweifellos die kirchlichen Festtagsfeiern. Sie boten Gelegenheit für die „Festkrönungen", bei denen das herrscherliche Zeremoniell im Zusammenhang mit der kirchlichen Liturgie die sakrale Legitimierung des Königtums nachdrücklich unterstrich[35]. Das Feiern der „heiligen Tage" am rechten Ort und zur rechten Zeit muß deswegen im Itinerar beachtet werden, denn daraus ergeben sich nicht nur Rückschlüsse auf die kultisch-liturgische Repräsentativität eines Ortes und seine kirchliche „Ausstattung", sondern auch ein qualitativer Hinweis auf seinen Stellenwert innerhalb der Rangliste der königlichen Aufenthaltsorte[36].

Kirchliche Hochfeste haben die früh- und hochmittelalterlichen Könige im Ruhrgebiet relativ selten gefeiert. Verglichen mit der stattlichen Anzahl von Festtagsaufenthalten in Paderborn etwa, nehmen sich die Festtagsbesuche im Raume zwischen Dortmund und Duisburg eher bescheiden aus[37].

Zwei Pfingstfeiern verbrachten die Könige in Klöstern des Ruhrgebietes: der lothringische König Zwentibold feierte das Pfingstfest 898 in Essen in Begleitung seiner Gemahlin Ota, der Schwester des späteren Königs Heinrich I., und des venerabilis comes Otto; Heinrich II. verbrachte Pfingsten 1017 in Werden, wo der Hof von Abt Heidenreich, den Heinrich im Jahre 1015 auf Rat Erzbischof Heriberts von Köln in sein Amt eingesetzt hatte, aufgenommen und beherbergt wurde.

Obwohl Heinrich I. (928), Otto I. (953), Otto II. (979) je ein Osterfest und Heinrich V. (1113, August 15) das Marienfest in Dortmund feierten, wird man Dortmund nicht unter die ausgesprochenen Festtagspfalzen zählen können, wie der Vergleich mit Paderborn ergibt. Hinzu kommt, daß die Osterfeier Ottos I. in Dortmund eher eine aus der Not geborene Verlegenheitslösung gewesen ist, denn als Festpfalz war zunächst Ingelheim vorgesehen, doch mußte sich Otto wegen des Liudolf- und Konrad-Aufstandes aus dem Gebiet von Mainz zurückziehen und plante deswegen, die Osterfeier in Aachen zu begehen, aber dort war nichts für die würdige Aufnahme des Königs und seines Hofes vorbereitet worden; so kehrte er in seine sächsische Heimat zurück und feierte das Osterfest in dem vicus Dortmund[38].

Synoden wurden im 10. und 11. Jahrhundert zwar auch in Orten abgehalten, die keine Bischofssitze waren, z. B. in Ingelheim 948, aber in der Regel nur in solchen, wo mindestens für zweierlei gesorgt war: für einen angemessenen kirchlichen Versammlungsort und für eine ausreichende Versorgung der Synodalen, des Königs und des Hofes. Daß Duisburg und Dortmund als Synodalorte des 10. und 11. Jahrhunderts bezeugt sind, weist auf dementsprechende Ausstattungen und Zurüstungen hin. Ungewiß ist allerdings, ob König Heinrich I. an der ersten Synode, in Duisburg 929, von der nur die Titel der 13 Canones erhalten sind, überhaupt teilgenommen hat[39]. Besser bekannt sind die Umstände und „geschichtlichen Hintergründe der Dortmunder Versammlung des Jahres 1005[40]". Verhandelt wurden dabei Maßnahmen gegen kirchliche Mißstände und ein politisches Bündnis mit dem Herzog Bernhard I. von Sachsen und dem nordwestdeutschen und sächsischen Episkopat zur Vorbereitung des Feldzugs gegen den polnischen König Boleslaw I. Chrobry, ferner wurde ein Totenbund geschlossen, der nicht nur liturgisches Gedenken, sondern auch umfassende sozialcaritative Leistungen – vermutlich zur Linderung der schweren Hungersnot 1005/6 – vorsah. Als Teilnehmer an dieser Synode und Mitglieder des Totenbundes lassen sich außer dem König Heinrich II. und seiner Gemahlin Kunigunde sowie dem Herzog von Sachsen zahlreiche Bischöfe namhaft machen, die drei Erzbischöfe von Köln, Hamburg/Bremen, Magdeburg und die 12 Bischöfe von Lüttich, Münster, Utrecht, Minden, Osnabrück, Verden, Hildesheim, Paderborn, Merseburg, Schleswig, Ripen und Burchard von Worms, der einzige Bischof aus dem Süden Deutschlands. Es dürften an dieser Synode ferner noch Angehörige des Diözesanklerus der Erzbischöfe und Bischöfe teilgenommen haben, denn auch dieser wurde an liturgischen Leistungen des Totenbundes beteiligt. Wie konnte eine solch stattliche Versammlung in Dortmund beherbergt und versorgt werden?

Die Zurüstungen für die Reise und die Ausstattung der Aufenthaltsorte

Die wirtschaftlichen Grundlagen

Daß in der Phase vorwiegender Naturalwirtschaft die wirtschaftliche Grundlage des Reisekönigtums im wesentlichen in Grundbesitz bestand, braucht kaum betont zu werden. In vielen Studien ist der enge Zusammenhang zwischen Reichsgut, Königsitinerar und Königsherrschaft untersucht worden. Auch wenn der König nicht, wie die „Abweidetheorie" will, von einem Ort zum anderen eilte, um dort die Vorräte aufzubrauchen[41], so ist die Verknüpfung von Reiseweg, Königsgütern, Pfalzen inmitten von Reichsgutkomplexen oder die Möglichkeit der Beherbergung durch eine Bischofs- oder Klosterkirche aus versorgungstechnischen Gründen vorgegeben.

Auch für die Aufenthaltsorte im Ruhrgebiet gilt dies nachweislich. K. Rübel hatte, wenn auch häufig erst aus Quellen des späteren Mittelalters, aufgezeigt, daß praktisch vom Rhein bis Paderborn das Königsgut wie an einer Perlenkette aufgereiht gewesen war, organisiert jeweils um Königshöfe[42]. K. Brandi meinte gar, „daß vermutlich der ganze Höhenrücken des Hellweges in 5 Kilometer Breite durch Karl (d. Gr.) mit einem Königshof neben dem anderen besetzt worden ist[43]". Voraussetzung dafür wären Konfiskationen großen Stils im Laufe der frühen Phase der Sachsenkriege gewesen. Wie dem auch sei: der Nachweis ausgedehnten Königsgutes in der Hellwegzone ist unstrittig, unstrittig ist auch, daß es zur Versorgung des Hofes und des Königs herangezogen wurde, gleichgültig ob dieser Versorgung nun ein „Curtes-System" zugrundeliegt oder nicht[44]. Gut bekannt ist der Reichsgutkomplex, dessen Mittelpunkt Dortmund war. Es gehörten 4 Villikationen dazu, Westhofen, Elmenhorst, Brackel und Dortmund. Ihre Organisation scheint auf die fränkische Zeit zurückzugehen; Teile des Reichsgutes wurden seit Otto III. von den Königen verschenkt, doch bildete der Reichsgutkomplex um Dortmund seit dem 12. Jahrhundert einen Gegenpol gegen die sich festsetzenden Territorialgewalten der Erzbischöfe von Köln und der Bischöfe von Münster. Noch in der Steuerliste von 1241 wurden die 5 Königshöfe bei Dortmund mit Abgaben von 15 Mark geführt, die gleiche Summe, welche die Dortmunder Juden zu zahlen hatten, während die Leistung der Dortmunder Bürger 100 Mark betrug[45].

Am westlichen Ende des Hellwegs dehnte sich in gleicher Weise ein weiträumiger Reichsgutkomplex aus, und zwar der große Forstbezirk zwischen Rhein, Düssel und Ruhr. Die curtis Duisburg mit dem 1145 genannten palatium (= Pfalz) gehörte ebenso dazu wie die wohl zwischen 1045/47 und 1050 errichtete Pfalz in

Kaiserswerth, die Duisburg als niederrheinischen Aufenthaltsort ablöste. Die enge Verbindung dieses Reichsgutkomplexes noch im 13. Jahrhundert zeigt sich darin, daß der Kaiserswerther Burggraf die Reichsgutangelegenheiten in Duisburg mitverwaltete. Auch Duisburg und Kaiserswerth gehörten noch 1241 zu den Reichsstädten, deren Leistungen in der Steuermatrikel erfaßt waren: die Duisburger zahlten 50 Mark, die Kaiserswerther 20 Mark, die Juden in Duisburg 15 Mark und in Kaiserswerth 20[46].
Zwischen diesen beiden in direkter Verwaltung des Reiches stehenden Reichsgutkomplexen lagen die beiden weniger häufig aufgesuchten „geistlichen" Etappenorte Essen und Werden. Die Gründungen Liudgers in Werden und Altfrids in Essen waren unter Ludwig dem Jüngeren (877) oder spätestens unter Arnulf (888) bzw. in spätkarolingischer oder frühottonischer Zeit Reichskloster bzw. Reichsstift und dementsprechend zum Servitium regis, d. h. zur Beherbergung des Königs und seines Hofes oder zu wirtschaftlichen Leistungen in diesem Zusammenhang verpflichtet. Sowohl Werden als auch Essen besaßen ein wohlorganisiertes Grundherrschaftssystem, das gekennzeichnet ist durch die Anlage von je zwei Haupthöfen in unmittelbarer Nähe der Klöster, dem jeweiligen „Viehhof" und „Barghof", und einer Unzahl von Fronhöfen und abhängigen Hufen in näherer und weiterer Umgebung[47]. Die Servitialleistungen wurden auf die Hörigen umgelegt; sie finden sich in Essen noch im späten Mittelalter bei den Gütern, die zum ursprünglichen Bestand von 9 Konventsgütern gehören, darunter Viehof und Eickenscheidt, die zu einem Servitium zusammengeschlossen waren[48].
Für die Beherbergung und Versorgung des Hofes anläßlich des Hoftages in Steele hat R. Jahn angenommen, „daß die Abtei Essen die eigentliche Trägerin der Königsgastung gewesen ist[49]". C. Brühl geht noch einen Schritt weiter und vermutet, daß bei diesem Anlaß von 938 „zumindest zwei Abteien, nämlich Essen und Werden, zusammenwirkten und sehr wahrscheinlich dazu noch die villa Stela selbst[50]". Zu dieser Vermutung veranlaßte Brühl wahrscheinlich der Gedanke an die Größe des königlichen Gefolges, das er mit B. Heusinger „auf mehrere, die Tausend überschreitende Hunderte" einschätzt und an den Tagesverbrauch des Hofes, den eine Quelle des 12. Jahrhunderts, der Annalista Saxo, für das 10. Jahrhundert auf 1000 Schweine und Schafe, 10 Fuder Wein, 10 Fuder Bier, 1000 Malter Getreide, 8 Rinder, außerdem Hühner, Ferkel, Fische, Eier, Gemüse und anderes mehr bezifferte[51].
Für Werden selbst ist die Höhe des abteilichen „Dienstes" durch ein um 1050 abgefaßtes Urbar der Abtei Werden bekannt. Bezeichnenderweise spricht Thietmar von Merseburg anläßlich des Pfingstaufenthaltes König Heinrichs II. in Werden 1017 davon, daß der Abt dem König „voll gedient" habe: abbate Hethenrico sibi pleniter ibidem servienti, was sicherlich auch in einem gastungstechnischen Sinne zu verstehen sein wird[52]. „Das Servitium bestand aus 8 Kühen, 68 Schweinen, 15 Ferkeln, 8 Pfauen, 195 Hühnern, 95 Käsen, 870 Eiern, 41 1/2 Maltern Brot, 95 Scheffeln Hafer, 172 Krügen Bier, 485 Schüsseln und 147 Bechern". Diese Abgabe ist auf elf Fronhöfe der Abtei umgelegt[53]. Angesichts dieser hohen Aufwendungen für die Versorgung des „reisenden Königs" ist der Gedanke eines Zusammenwirkens mehrerer Gastungspflichtiger naheliegend. Bezeichnend für den wirtschaftlichen Wandel und die veränderten Gastungsgewohnheiten des Königs ist es, daß die Servitien der Klöster im Laufe des 12. Jahrhunderts allmählich in Geldzahlungen umgewandelt wurden; für Werden betrug die Abgabe 25 Mark[54].

Die bauliche Ausstattung der Aufenthaltsorte

Fragt man nun genauer, wie und wo der König und sein Gefolge an den jeweiligen Aufenthaltsorten im Ruhrgebiet beherbergt worden sind, so wird in den meisten Fällen die Antwort offenbleiben. Für Karls Sachsenzüge wird man auch eine zeitweilige Unterkunft in Zelten vermuten müssen. Für die Aufenthalte in Essen und Werden standen wohl Klostergebäude – aber welche? für Essen denkt Bettecken an Stiftshäuser im Bereich der Immunität[55] – zur Verfügung, bei dem Gerichtstag in Steele dürfte die villa Stela, also wohl ein einfacher Wirtschaftshof/Fronhof genutzt worden sein. Lediglich in Duisburg und Dortmund war das zu finden, was man nach Wandalbert von Prüm von einer „Pfalz" erwartete: apparatus regiae mansionis et commoditas itineris[56], ein repräsentatives Gebäude für die Aufnahme des Königs und seines engeren Gefolges, das palatium, und Zurüstungen für den Unterhalt und für die Versorgung des reisenden Hofes, ein Wirtschaftshof. In ottonischer Zeit trat zu diesem Grundbestand einer karolingischen Pfalz: palatium+Wirtschaftshof noch die Befestigung hinzu, sei es als Verbindung von Burg und Palatium (I) oder Burg und Wirtschaftshof (II), sei es als Zusammenfassung von Burg, Palatium und Wirtschaftshof (III). Bei den größeren Pfalzen lag zudem regelmäßig eine Kapelle oder Kirche[57].
In Duisburg ist die topographische Situation dank der Grabungen im Stadtkern und der historischen Auswertung ziemlich eindeutig: zu dem Wirtschaftshof, der in Duisburg wohl auf das 8. Jahrhundert zurückgeht, und zu der friesischen Händlerkolonie des 9. Jahrhunderts, trat im 10. Jahrhundert die Pfalz, die hart an der Terrassenkante oberhalb des in dieser Zeit noch an Duisburg vorüberfließenden Rheins erbaut und landseitig von einer halbkreisförmigen Befestigung, die sich noch in der Katasterkarte von 1824 deutlich abzeichnet, umgeben war. Die Salvatorkirche, erstmals zum Jahre 893 erwähnt, schloß sich der Bauflucht der Pfalzgebäude an und lag ebenfalls innerhalb der ottonischen Befestigung. Palatium et curiam regalem erwähnt eine Urkunde Konrads III. von 1145 ganz unzweideutig, gleichzeitig gibt sie zu erkennen, daß Duisburg im Begriff ist, sich von einem Pfalzort zur Stadt zu wandeln[58].
Für Dortmund fehlt ein eindeutiger Palatium-Beleg, weshalb man an der Existenz einer „Pfalz" gezweifelt hat[59]. Doch darf man außer dem Königshof, dem Haupthof der königlichen Villikation eine Pfalz vermuten, und zwar wohl nördlich der Reinoldi-Kirche, der matrix ecclesia, deren Vorgängerbau aus der zweiten Hälfte des 10. Jahrhunderts ergraben ist. Auch eine Befestigung muß es gegeben haben, denn anläßlich des Kampfes von 939 spricht Widukind von Corvey von der urbs und der Besatzung, die sich Otto ergeben habe[60]. Diese Befestigung (urbs) scheint Pfalz, Kirche und Marktsiedlung umgeben zu haben[61].

Vom königlichen Aufenthaltsort zur Reichsstadt

Mit Befestigung, Kirche und Markt werden Faktoren greifbar, die nicht mehr auf das naturalwirtschaftlich geprägte, grundherrliche Versorgungssystem der Könige des frühen Mittelalters beschränkt sind. Die Siedlungen bei den Pfalzen, in geringerem Maße auch bei den Klöstern Essen und Werden entwickelten eine Eigendynamik, die – deutlich vor allem in Dortmund und Duisburg – dank königlicher Förderung zu einem frühen Aufstieg dieser Orte führte. Es ist kein Zufall, daß Dortmund und Duisburg die ersten Städte des Ruhrgebietes sind, deren Bewohner durch königliche Privilegierung begünstigt wurden.
In Duisburg sind Fernhandel treibende Friesen schon zu 893

nachgewiesen; die Münzprägung ab dem 11. Jahrhundert und die Verbreitung der Duisburger Münzen des 11. Jahrhunderts vor allem im Ostseeraum erweisen die weiten Handelsbeziehungen. Markt, Münze und (Markt)zoll sind – ohne eigens durch den König durch Privileg konzessioniert zu sein – im „rheinischen" Duisburg schon in ottonisch-salischer Zeit vorhanden[62]. Im Zusammenhang mit dem Mauerbau von ca. 1120/1125 und dem sich anscheinend intensivierenden Häuserbau dürfte der Streit der Duisburger mit dem Verwalter des königlichen Forstes entstanden sein. Im Jahre 1129 entschied ihn Lothar III. vor dem Königsgericht zugunsten der Duisburger Bürger (cives) und gestattete ihnen, den im Duisburger Wald gelegenen Steinbruch nach ihrem Belieben zu nutzen. Auch das nächste Privileg für Duisburg, Konrads III. Urkunde von 1145, betraf die Siedlungsentwicklung, denn der König genehmigte den von den Bürgern unternommenen Häuserbau um die Pfalz und oberhalb des Marktes, zu welchem Zweck Wall und Graben um die Pfalz eingeebnet und die Pfalz also entfestet werden mußten; die inzwischen errichtete Stadtmauer ersetzte die ottonische Befestigung der Pfalz. Friedrich Barbarossas Förderung der Reichsstadt Duisburg betrafen im wesentlichen die wirtschaftliche Entwicklung, wobei bürgerliches Interesse am Gedeih des eigenen Handels und königliches, nämlich durch Begünstigung von Duisburg (und Aachen) die Kölner Expansion einzudämmen, zusammentraf: 1155 und 1165 reduzierte Friedrich die Zölle für Duisburger Kaufleute in Mainz und Utrecht; 1173 richtete er in Aachen und Duisburg je zwei 14tägige Tuchmessen insbesondere für flandrische Kaufleute ein und regelte die Münzprägung in beiden Orten; 1184 bestätigte er die gegenseitige Zollfreiheit für verschiedene Reichsorte, darunter Duisburg und Dortmund. Kein Zweifel, daß die reichsunmittelbare Stellung der mercatores burgenses Duisburgs Aufstieg im 12. Jahrhundert zu *dem* Handelsplatz am Endpunkt des Hellwegs gefördert hat[63].

Zeitlich parallel verlief die Entwicklung in Dortmund: für die ottonisch-salische Zeit sind Fernhandel, Markt, Münze und Zoll bezeugt. Dortmund wurde gar seit dem 10. Jahrhundert zum Bezugsort für königliche Marktprivilegien und strahlte in die noch wenig urbanisierten östlichen Teil des Reiches aus. Heinrich V. ließ im Kampf gegen den Kölner Erzbischof 1114 Dortmund befestigen, doch wurde das „praesidium imperatoris in Trotmunde" 1115 zerstört; die hochmittelalterliche Stadtbefestigung scheint jedoch vor 1130 errichtet worden zu sein. Die Staufer haben die Stadtentwicklung von Dortmund durch Privilegien der Reichsleute und Bürger sehr gefördert: 1236 erneuerte und bestätigte Friedrich II. die bei einem Brand zerstörten Urkunden seiner Vorgänger seit Konrad III., in denen den Dortmundern u. a. eine günstigere Rechtsstellung, Freiheit vom gerichtlichen Zweikampf und vom Zoll sowie von anderen ungerechtfertigten Abgaben im ganzen Reich eingeräumt wurden. Auch in Dortmund begleitete die königliche Gunst den Aufstieg der Reichsstadt (civitas imperialis). Für Dortmund wie für Duisburg verwandelte sich die Pfalzenpolitik in eine Städtepolitik. Sie zielte darauf, die Städte für die Aufnahme des Hofes und ggfls. für die Durchführung von Hoftagen auszurüsten, sie zur Sicherung des Reichslandes zu befestigen und als Einnahmequelle durch Steuerleistungen, später auch durch Pfandschaften für das Reich zu nutzen[64].

In den fünf Jahrhunderten von den frühen Karolingern bis zu den Staufern hat das Ruhrgebiet eine wechselvolle Rolle im Itinerar der Könige, mithin in der Politik der fränkischen bzw. deutschen Könige gespielt. In karolingischer Zeit, von der zweiten Hälfte des 8. bis zum Anfang des 9. Jahrhunderts, war es Zielgebiet der fränkischen Politik, Anmarschzone für die Sachsenkriege, in spätkarolingischer Zeit nurmehr ein östliches Randgebiet für „lothringische" Herrscher. Erst die enge Verknüpfung von Francia und Saxonia unter den Liudolfingern verwandelte das Randgebiet über das Stadium eines „Durchgangslandes" zu einem regionalen Integrationsraum, in denen die beiden Pfalzorte Dortmund und Duisburg und die Klosterorte Essen und Werden deutlich geschiedene Funktionen erfüllen. Seit dem Investiturstreit, deutlicher aber noch seit staufischer Zeit, geht die Königspräsenz im Ruhrgebiet zurück; es gehört seitdem zu den königsfernen Räumen des Reiches. Doch die Langzeitwirkung ehemaliger Königsnähe sind unübersehbar: die reichsstädtischen Traditionen währten in Duisburg bis zur nicht wiederaufgehobenen Verpfändung an Kleve im Jahre 1290, in Dortmund bis zum Ende des Alten Reiches, mit dem auch erst die reichsunmittelbaren Herrschaften in Essen und Werden untergingen.

Anmerkungen

Vorbemerkung: Die Quellenbelege werden im einzelnen nicht eigens aufgeführt, da sie über die Regesta Imperii, die Jahrbücher der deutschen Geschichte und die Diplomata-Ausgaben der MGH leicht zu ermitteln sind.

1 Berges, Wilhelm: Das Reich ohne Hauptstadt, in: Das Hauptstadtproblem in der Geschichte. Festgabe zum 90. Geburtstag Friedrich Meineckes, Tübingen 1952, S. 1 – 29; Ewig, Eugen: Résidence et capitale pendant le haut moyen âge, in: ders.: Spätantike und fränkisches Gallien. Gesammelte Schriften (1952 – 1973), hrsg. von Hartmut Atsma, Bd. 1, München 1976, S. 362 – 408; Brühl, Carlrichard: Zum Hauptstadtproblem im frühen Mittelalter; ders.: Remarques sur les notions de „capitale" et de „résidence" pendant le haut moyen âge, beide in: ders.: Aus Mittelalter und Diplomatik. Gesammelte Aufsätze I. Studien zur Verfassungsgeschichte und Stadttopographie, Hildesheim/München/Zürich 1989, S. 89 – 114, 115 – 137.

2 Schulte, Aloys: Anläufe zu einer festeren Residenz der deutschen Könige im Hochmittelalter, in: Historisches Jahrbuch 55 (1935), S. 131 – 142, hier: S. 132; ders.: Regensburg und seine Eigenart in der deutschen Geschichte, in: Konen, H./Steffers, J.P. (Hg.): Volkstum und Kulturpolitik. Eine Sammlung von Aufsätzen gewidmet Georg Schreiber zum 50. Geburtstag, Köln 1932, S. 201 – 207, hier: S. 201.

3 Peyer, Hans Conrad: Das Reisekönigtum des Mittelalters, in: Vierteljahrschrift für Sozial- und Wirtschaftsgeschichte 51 (1964), S. 1 – 21, hier: S. 1; zu den Einschränkungen bezüglich des Frühmittelalters vgl. Ewig und Brühl (wie Anm. 1).

4 Müller-Mertens, Eckhard: Die Reichsstruktur im Spiegel der Herrschaftspraxis Ottos des Großen, Berlin (Ost) 1980, mit ausführlichem Forschungsbericht.

5 Dieser Geschichtspunkt ist gewonnen aus der von Wandalbert von Prüm gegebenen Definition von „Pfalz": apparatus regiae mansionis et commoditas itineris (Miracula S. Goaris II, c. 11, MGH SS XV, S. 367), zitiert und kommentiert von Brühl, Carlrichard: Fodrum, Gistum, Servitium Regis. Studien zu den wirtschaftlichen Grundlagen des Königtums im Frankenreich und in den fränkischen Nachfolgestaaten Deutschland, Frankreich und Italien vom 6. bis zur Mitte des 14. Jahrhunderts, Köln/Graz 1968, S. 93 f.

6 Vgl. Spěváček, Jiři: Karl IV. Sein Leben und seine staatsmännische Leistung, Prag 1978, S. 178.

7 Brühl, Fodrum (wie Anm. 5) Kartenanhang.

8 Metz, Wolfgang: Das Servitium regis. Zur Erforschung der wirtschaftlichen Grundlagen des hochmittelalterlichen deutschen Königtums, Darmstadt 1978, S. 126 f. (= Beilagen 1. Die wichtigsten Aufenthaltsorte von Otto I. bis zu Friedrich I.).

9 Balzer, Manfred: Dortmund und Paderborn. Zwei Aufenthaltsorte der fränkischen und deutschen Könige in Westfalen (8. – 13. Jahrhundert), in: Westfälische Forschungen 32 (1982), S. 1 – 20, hier: S. 4; ders.: Ergebnisse und Probleme der Pfalzenforschung in Westfalen, in: Blätter für deutsche Landesgeschichte 120 (1984), S. 105 – 132, hier: S. 105 f.; vgl. insgesamt auch Goetz, Hans-Werner: Das Ruhrgebiet im frühen Mittelalter, in: Jahrbuch des Vereins für Orts- und Heimatkunde in der Grafschaft Mark mit dem Sitz in Witten an der Ruhr 86 (1988), S. 7 – 34.

10 Vgl. Literatur in Anm. 12 und den Beitrag von Paul Leidinger in diesem Band.

11 Kühlborn, Johann-Sebastian: Die Zeit der römischen Angriffe, in: Kohl, Wilhelm (Hg.): Westfälische Geschichte I. Von den Anfängen bis zum Ende des Alten Reiches, Düsseldorf 1983, S. 143 - 166, hier: S. 156 ff.; Kunow, Jürgen: Die Militärgeschichte Niedergermaniens, in: Horn, Heinz Günter (Hg.): Die Römer in Nordrhein-Westfalen, Stuttgart 1987, S. 27 - 109, hier: S. 36 ff., ferner ebd. S. 355 - 359 (Oberaden), S. 392 f. (Anreppen), S. 401 - 403 (Holsterhausen), S. 431 - 438 (Haltern).

12 Rübel, Karl: Reichshöfe im Lippe-, Ruhr- und Diemelgebiete und am Hellwege, Dortmund 1901; Hömberg, Albert K.: Der Hellweg. Sein Werden und seine Bedeutung, in: ders.: Zwischen Rhein und Weser. Aufsätze und Vorträge zur Geschichte Westfalens, Münster 1967, S. 195 - 207; Elmers, D.: Der Hellweg, in: Führer zu vor- und frühgeschichtlichen Denkmälern, hrsg. vom Römisch-Germanischen Zentralmuseum Mainz, Bd. 15, Essen-Düsseldorf-Duisburg, Mainz 1975, S. 112 - 114. Zu den Funden: Winkelmann, Wilhelm: Frühgeschichte und Frühmittelalter, in: Kohl (wie Anm. 11) S. 187 - 230 und Balzer, Manfred: Grundzüge der Siedlungsgeschichte (800 - 1800), ebd. S. 231 - 273, hier: S. 236.

13 Hömberg (wie Anm. 12) S. 198 f.

14 Rieckenberg, Hans-Jürgen: Königstraße und Königsgut in liudolfingischer und frühsalischer Zeit (919 - 1056), in: Archiv für Urkundenforschung 17 (1941), S. 32 - 154, hier: S. 32 - 154, hier: S. 51 (Zitat), 144.

15 Müller-Mertens (wie Anm. 4) S. 85 - 88, nur für die deutschen Reichsteile.

16 Ebd., S. 201.

17 Deus, Wolf-Herbert: Kaiserbesuche in Soest, in: Soester Zeitschrift 73 (1960), S. 7 - 27, hier: S. 13, 27.

18 Da die Rückkehr in Franciam erfolgte und Karl am 20. Oktober 772 in Herstal an der Maas urkundete, ist der Rückmarsch vielleicht durch das südliche Westfalen geführt worden.

19 Kahl, Hans-Dietrich: Karl der Große und die Sachsen. Stufen und Motive einer historischen „Eskalation", in: Ludat,Herbert/Schwinges, Rainer Christoph (Hg.): Politik, Gesellschaft, Geschichtsschreibung. Giessener Festgabe für František Graus zum 60. Geburtstag, Köln/Wien 1982, S. 49 - 130, hier: S. 55 - 60.

20 Hömberg, Albert K.: Die karolingisch-ottonischen Wallburgen des Sauerlandes in historischer Sicht, in: ders.: Zwischen Rhein und Weser (wie Anm. 12) S. 80 - 113, 253 - 268, hier: S. 80 f., 253; Ramackers, Johannes: Die rheinischen Aufmarschstraßen in den Sachsenkriegen Karls des Großen, in: Annalen des Historischen Vereins für den Niederrhein 142/143 (1943), S. 1 - 27.

21 Ewig, Eugen: Das Zeitalter Karls des Großen in: Jedin, Hubert (Hg.): Handbuch der Kirchengeschichte III. Die mittelalterliche Kirche, 1. Halbband, Vom kirchlichen Frühmittelalter zur gregorianischen Reform, Freiburg/Basel/Wien 1966, S. 62 - 118, hier: S. 73; Kahl (wie Anm. 19) S. 73.

22 Balzer, Manfred: Die karolingische und die ottonisch-salische Königspfalz in Paderborn, Paderborn[4] 1987, S. 30 f.

23 S. in diesem Band den Beitrag zum „Hoftag in Steele 938".

24 Balzer, Dortmund und Paderborn (wie Anm. 9) S. 11.

25 Ebd. S. 18 f.

26 Vgl. Anm. 23.

27 Balzer, Dortmund und Paderborn (wie Anm. 9) S. 8 f. mit Anm. 41; Reimann, Norbert: Vom Königshof zur Reichsstadt. Untersuchungen zur Dortmunder Topographie im Früh- und Hochmittelalter, in: Luntowski, Gustav/Reimann, Norbert (Hg.): Dortmund - 1100 Jahre Stadtgeschichte. Festschrift, Dortmund 1982, S. 21 - 50, hier: S. 38; Leyser, Karl J.: Herrschaft und Konflikt. König und Adel im ottonischen Sachsen, Göttingen 1984, S. 21.

28 Wollasch, Joachim: Geschichtliche Hintergründe der Dortmunder Versammlung des Jahres 1005, in: Westfalen 59 (1981), S. 55 - 69.

29 Schmidt, Roderich: Königsumritt und Huldigung in ottonisch-salischer Zeit, in: Vorträge und Forschungen 6 (1961), S. 97 - 233, hier: S. 150 f.

30 Balzer, Dortmund und Paderborn (wie Anm. 9) S. 8, 19; Reimann (wie Anm. 27) S. 47.

31 Bequeme Zusammenstellung der Quellen bei Binding, Günther/Binding, Elisabeth: Archäologisch-historische Untersuchungen zur Frühgeschichte Duisburgs, Duisburg 1969, S. 17 ff., 20 ff.; Rheinischer Städteatlas, Lieferung IV Nr. 21 Duisburg, bearbeitet von Joseph Milz, Köln/Bonn[2] 1985, S. 1.

32 Zur Essener Urkundenüberlieferung vgl. Bettecken, Winfried: Stift und Stadt Essen. „Coenobium Astnide" und Siedlungsentwicklung bis 1244, Münster 1988, S. 37 ff., 43 ff.

33 Milz, Joseph: Pfalz und Stadt Duisburg bis zum Ende des 13. Jahrhunderts, in: Blätter für deutsche Landesgeschichte 120 (1984), S. 135 - 154, hier: S. 148 f.

34 Ebd. S. 149 - 151; Rheinischer Städteatlas (wie Anm. 31) S. 9; Diestelkamp, Bernhard: Staufische Privilegien für Städte am Niederrhein, in: Flink, Klaus/Janssen, Wilhelm (Hg.): Königtum und Reichsgewalt am Niederrhein, Kleve 1983, S. 103 - 144, hier: S. 104 - 108.

35 Klewitz, Hans-Walter: Die Festkrönungen der deutschen Könige, in: Zeitschrift der Savigny-Stiftung für Rechtsgeschichte 59, Kanonistische Abteilung 28 (1939), S. 48 - 96; Brühl, Carlrichard: Kronen- und Krönungsbrauch im frühen und hohen Mittelalter, in: Historische Zeitschrift 234 (1982), S. 1 - 31, hier: S. 6 - 12; von den „Festkrönungen" schwierig zu unterscheiden ist das „Unter Krone gehen", das nicht mit einer liturgischen Handlung verbunden war, ebd. S. 12 f. Zum „Sakralkönigtum" vgl. Leyser (wie Anm. 27) S. 124 ff.

36 Schaller, Hans Martin: Der heilige Tag als Termin mittelalterlicher Staatsakte, in: Deutsches Archiv 30 (1974), S. 1 - 24; Zotz, Thomas: Königspfalz und Herrschaftspraxis im 10. und frühen 11. Jahrhundert, in: Blätter für deutsche Landesgeschichte 120 (1984), S. 19 - 46, hier: S. 34 ff. („II. Kirchliche Feste und königliche Herrschaft").

37 Balzer, Dortmund und Paderborn (wie Anm. 9) S. 13 - 17.

38 Ebd. S. 9.

39 Oediger, Friedrich Wilhelm: Die Regesten der Erzbischöfe von Köln im Mittelalter, Bd. 1, 313 - 1099, Bonn 1954/61, Nr. 324.

40 So der Titel des Aufsatzes von Wollasch (wie Anm. 28).

41 Gegen die „Abweidetheorie" zu Recht Brühl, Fodrum (wie Anm. 5) S. 74, 162, 767 f.

42 Rübel (wie Anm. 12).

43 Brandi, Karl: Karls des Großen Sachsenkriege, in: Lammers, Walter (Hg.): Die Eingliederung der Sachsen in das Frankenreich, Darmstadt1970, S. 3 - 28, hier: S. 14.

44 Gegen ein solches System schon in fränkischer Zeit: Brühl, Fodrum (wie Anm. 5) S. 72; dafür: Balzer, Pfalzenforschung (wie Anm. 9) S. 117 f.

45 Balzer, Dortmund und Paderborn (wie Anm. 9) S. 12; Reimann (wie Anm. 27), S. 38 - 41; Schmale, Franz-Josef: Die soziale Führungsschicht des älteren Dortmund. Beobachtungen und Überlegungen zur hochmittelalterlichen Stadtgeschichte, in: Luntowski/Reimann (wie Anm. 27) S. 53 - 78, hier: S. 56 f. (beide zum Dortmunder Reichsgut).

46 Rheinischer Städteatlas (wie Anm. 31) S. 6; ebd. Lieferung VIII Nr. 46 Kaiserswerth, bearb. von Reinhold Kaiser, Köln/Bonn 1985, S. 4, 10.

47 Rheinische Urbare, Bd. 2 - 4, Kötzschke, Rudolf (Hg.): Die Urbare der Abtei Werden a. d. Ruhr. Einleitung und Register, IV. Band, Bonn 1958, S. CCXCII f.; Weigel, Helmut: Die Grundherrschaft des Frauenstiftes Essen, Essen 1960, S. 13 f.; Bettecken (wie Anm. 32) S. 40 f. vgl. auch die Beiträge von Hans-Werner Goetz und Thomas Schilp in diesem Band.

48 Weigel (wie Anm. 47) S. 15 f., 54 f., 60 f.

49 Jahn, Robert: Der Hoftag König Ottos I. bei Steele im Mai 938, in: Beiträge zur Geschichte von Stadt und Stift Essen 56 (1938), S. 7 - 90, hier: S. 86; vgl. Weigel (wie Anm. 47) S. 15.

50 Brühl, Fodrum (wie Anm. 5) S. 211, Anm. 397.

51 Ebd. S. 170, 175 - 177.

52 Thietmar, Chron. VII, 56, ed. Robert Holtzmann, S. 468.

53 Brühl, Fodrum (wie Anm. 5) S. 200 f. (Zitat), 203 f., nach Kötzschke (wie Anm. 47) II (1906), S. 137 - 167 und IV, S. CCCLI f.

54 Brühl, Fodrum (wie Anm. 5) S. 202 f.

55 Bettecken (wie Anm. 32) S. 191 f.

56 S. Anm. 5.

57 Gauert, Adolf: Zur Struktur und Topographie der Königspfalzen, in: Deutsche Königspfalzen. Beiträge zu ihrer historischen und archäologischen Erforschung II, Göttingen 1965, S. 1 - 60.

58 Zur Pfalz und Topographie von Duisburg, vgl. Binding/Binding (wie Anm. 31); Rheinischer Städteatlas (wie Anm. 31); Milz (wie Anm. 33); 1100 Jahre Duisburg 883 - 1983. Duisburg im Mittelalter, hrsg. vom Stadtarchiv und Niederrheinischen Museum der Stadt Duisburg, Duisburg 1983.

59 Z. B. Schlesinger, Walter: Bischofssitze, Pfalzen und Städte im deutschen Itinerar Friedrich Barbarossas, in: Aus Stadt- und Wirtschaftsgeschichte Südwestdeutschlands. Festschrift für Erich Maschke zum 75. Geburtstag, Stuttgart 1975, S. 1 - 56, hier: S. 44 f.

60 Widukind, Res gestae Saxonicae II 15, ed. Paul Hirsch, Hannover[5] 1935, S. 80.

61 Balzer, Dortmund und Paderborn (wie Anm. 9) S. 10 f.; Reimann (wie Anm. 27); Schmale (wie Anm. 45); die topographischen Einzelheiten sind in Dortmund mangels archäologischer Zeugnisse nicht genau zu rekonstruieren.

62 Rheinischer Städteatlas (wie Anm. 31) S. 7 f.; zur Münze von Duisburg s. Berghaus, Peter: Duisburger Münzen, in: Duisburg im Mittelalter (wie Anm. 58) S. 89 - 113.

63 Milz (wie Anm. 33); Diestelkamp (wie Anm. 34); Oppl, Ferdinand: Stadt und Reich im 12. Jahrhundert (1125 - 1190), Wien/Köln/Graz 1986, S. 65 - 70.

64 Vgl. Literatur in Anm. 61; ferner: Oppl (wie Anm. 63) S. 63 - 65; Reimann, Norbert: „In burgo Tremonia". Pfalz und Reichsstadt Dortmund in der Stauferzeit, in: Blätter für deutsche Landesgeschichte 120 (1984), S. 79 - 104.

Der Hoftag in Steele (938)

Reinhold Kaiser

In seiner um 967/68 verfaßten Sachsengeschichte berichtet Widukind von Corvey nach der berühmten Schilderung von Ottos I. Thronerhebung in Aachen am 7. August 936 zunächst von den auswärtigen Kriegen mit Böhmen, Slaven und Ungarn. Dann geht Widukind über zu den inneren Kämpfen, den bella civilia, die Ottos erste Herrschaftsjahre überschatteten und ihre Ursache in Ottos bewußter Wiederanknüpfung an karolingische Herrschaftstraditionen und in der Individualsukzession hatten – beide machten ihm die Herzöge und die sich benachteiligt fühlenden Mitglieder der Königsfamilie zu Gegnern[1]. Mit einer allgemeinen Reflexion eröffnet Widukind seinen Bericht über die Aufstände gegen Otto I. und geht sofort auf den Streit ein, der dann einer der Verhandlungsgegenstände des Hoftages in Steele werden sollte.

Er schreibt dazu:

„Als aber die Kämpfe mit auswärtigen Feinden aufhörten (937), begannen solche im Innern. Die Sachsen nämlich, stolz geworden wegen der Herrschaft ihres Königs, lehnten es ab, anderen Völkern zu dienen, und verschmähten es, die Lehen, die sie besaßen, durch die Gunst irgendeines anderen als die des Königs zu haben. Darüber ergrimmte Eberhard (Herzog von Franken) gegen Bruning, sammelte eine Schar und brannte dessen Burg Helmern (bei Peckelsheim, nördlich von Warburg) nieder, nachdem alle Bewohner der Burg getötet waren. Als der König diese Anmaßung vernahm, verurteilte er den Eberhard, als Buße eine Anzahl Pferde zu liefern, im Wert von hundert Pfund, und alle Obersten seines Kriegsvolks, die ihm dabei geholfen hatten, zu der Schande, Hunde zu tragen bis zu der königlichen Stadt Magdeburg“[2].

Der König nahm die Friedensstörer (turbatores pacis) wieder in seine Huld auf und ehrte sie durch Geschenke; trotzdem hielten sie weiterhin zu Herzog Eberhard, der sich überdies viele Sachsen zu Freunden machte[3]. Im Frühjahr 938 griff Otto nach dem Tode Herzog Arnulfs in Bayern ein, um die Abhängigkeit des Herzogtums von der Königsgewalt zu stärken; doch war dieser Heereszug wenig erfolgreich[4]. Er scheint den Wiederausbruch des 937 durch Ottos Strafgericht nur zurückgedrängten, aber nicht gelösten Streits zwischen dem fränkischen Herzog Eberhard und seinem Vasallen Bruning begünstigt zu haben. Widukind berichtet darüber:

„Aber der Zwist zwischen Eberhard und Bruning ging so weit, daß offener Totschlag verübt, das Land verwüstet wurde und das Sengen und Brennen nirgends aufhörte. Auch über die Verschiedenheit der Gesetze entstand ein Streit; einige behaupteten, daß die Enkel nicht unter die Söhne gerechnet werden und das Erbe nach dem Gesetz mit den Söhnen teilen dürften, wenn zufällig ihre Väter schon bei Lebzeiten des Großvaters gestorben wären. Deshalb ging ein Befehl vom König aus, daß eine allgemeine Versammlung des Volkes bei der villa Steele stattfinden sollte, und es wurde geurteilt, daß der Rechtsstreit unter den Urteilsfindern geprüft und entschieden werden solle[5].

Der Eberhard-Bruning-Streit führte zu Weiterungen, als sich Herzog Eberhard mit Ottos Halbbruder Thankmar gegen Otto und seinen jüngeren Bruder Heinrich verband. Die Kämpfe in diesem ersten Aufstand gegen Otto fanden im südlichen Westfalen (bei Belecke an der Möhne nördlich von Warstein), bei der Eresburg und bei Laer (an der Ruhr, westlich Meschede?) statt und endeten mit Thankmars Untergang[6].

Widukinds (fast) zeitgenössischer Bericht über den Hoftag in Steele ist nicht das einzige Zeugnis für dieses Ereignis. Eine am 18. Mai 938 „in Stela“ für das Bistum Osnabrück auf Bitten seines Bischofs Thoto ausgestellte Urkunde macht Zeitpunkt und Aufenthaltsort Ottos „in Stela“ zur Gewißheit, sie sagt aber nichts zu dem Hoftag selbst aus[7]. In der Weltchronik Sigiberts von Gembloux (ca. 1030–1112) wird Widukinds Bericht über die Erbrechtsentscheidung zusammengefaßt und fälschlich unter das Jahresdatum 942 eingeordnet; der „modernisierenden“ Lesart Sigiberts ist für den Hoftag von 938 nichts zu entnehmen[8]. Der Widukindbericht ist also der einzige, aus dem Umstände, Verlauf und Entscheidung des Steeler Hoftages zu rekonstruieren sind. Was läßt sich ihm entnehmen für

1. den Streit zwischen Herzog Eberhard von Franken und seinem Vasallen Bruning und das Verfahren vor dem Königsgericht,
2. die Erbrechtsentscheidung, die gleichzeitig Rechtsentwicklung war, durch Zweikampf und für
3. Steele als Hoftagsort?

Die Eberhard-Bruningfehde

Die Auseinandersetzung (dissensio) zwischen Herzog Eberhard von Franken und Bruning erweist sich durch die angewandten Mittel des Schadenzufügens (Burgeroberung, offener Totschlag, Verwüstungen sowie Sengen und Brennen) als Fehde[9]. Nach Widukinds Darstellung scheint die Selbsthilfeaktion des Herzogs gegen den unbotmäßigen Vasallen gerechtfertigt gewesen zu sein, denn Bruning verweigerte mit Hinweis auf die Königswürde der Sachsen seine Lehnsabhängigkeit von dem fränkischen Herzog, er wollte seine im fränkisch-sächsischen Grenzbereich gelegenen Lehen (quaesturas) unmittelbar vom König erhalten. Lehnsrechtlich kämpfte er für seine Immediatstellung und begründete dies mit gentiler Zugehörigkeit und allgemeiner mit einem gesteigerten Selbstbewußtsein des sächsischen Reichsvolkes, das sich gegen die gerade in Aachen bei der Krönungsfeierlichkeit betonte fränkische Komponente der Königsherrschaft und überhaupt gegenüber „anderen Völkern“ absetzte[10]. Der Sachse Bruning, dessen Burg Helmern (bei Peckelsheim, nördlich von Warburg) im fränkischen Hessengau gelegen war, gehörte vermutlich zur Familie der Billing-Amelung, die Mitte des 10. Jahrhunderts südwärts unweit der Diemel nachweisbar ist und wohl in verwandtschaftlicher Beziehung zu dem soeben von Otto I. zu hohen Ehren erhobenen Billungergeschlecht stand[11]. Seine Erhebung gegen seinen fränkischen Lehnsherrn dürfte deswegen im Zusammenhang mit den Umschichtungen im sächsischen Adel und den daraus folgenden Aufständen, die die Frühphase von Ottos Herrschaft kennzeichnen, zu sehen sein. Ottos Reaktion gründet in der neuartigen, an den Karolingern orientierten Auffassung des Königtums, die Otto von seinem Vater Heinrich unterscheidet. Während Heinrichs Herrschaft auf vertragsmäßigem Ausgleich mit den Herzögen beruhte, versuchte Otto, die monarchische Herrschaft in karolingischer Tradition zu stärken[12].

Die verwandtschaftlichen Beziehungen Brunings, die „sächsische“ Komponente seiner Auflehnung, die Reaktion auf die lehnsrechtliche Abschließung der Herzogtümer, mithin die

Mediatisierung der Amtsträger und politische Neuorientierung haben zusammengewirkt und Otto veranlaßt, gegen Eberhard und seine Helfer scharf vorzugehen. Die hohe Strafe von 100 Pfund Silber, ableistbar durch die Lieferung von Pferden, für den Herzog und die Schandstrafe des „Hundetragens" – eine die Todesstrafe (Galgen) ersetzende Ehrenstrafe – für die Anführer des herzoglichen Kriegsvolkes (principes militum) zeigen, daß Otto den Vorfall – die lehnsrechtlich gerechtfertigte Selbsthilfeaktion des Herzogs gegen seinen unbotmäßigen Vasallen – als schweren Friedensbruch ahndete – turbatores pacis nennt Widukind Eberhard und seine Helfer zweimal[13]. Da das Magdeburger Urteil die Fehde nicht beendete, wurden in Steele die Landfriedensbrecher Eberhard von Franken und seine Helfer erneut vorgeladen. Zu einer Verhandlung vor dem Königsgericht (placitum) kam es jedoch nicht, denn mit der Begründung, es handle sich um eine Privatfehde, die sich nicht gegen den König richte, blieben die Geladenen dem Steeler Hoftag fern, eine typische Situation in den sog. „politischen Prozessen" des Mittelalters, wie Heinrich Mitteis gezeigt hat[14]. Vermutlich sind die „Friedensstörer" in contumacia, wegen Ladungsungehorsam, verurteilt worden, doch schob Otto ein Eingreifen mit den Waffen auf, was Widukind Gelegenheit gab, Ottos clementia zu rühmen[15]. Doch dürfte die politische Situation eher dafür ausschlaggebend gewesen sein, denn durch Eberhards Verbindung mit sächsischen Unzufriedenen und mit Ottos Halbbruder Thankmar spitzte sich die Krise zu und mündete in die erste Empörung gegen Otto, den Thankmaraufstand, den Otto im Juli 938 im südlichen Westfalen niederschlug[16].

Die Erbrechtsentscheidung des Steeler Hoftages

Mit größerem Erfolg ist das Königsgericht in Steele ein strittiges Problem des Erbrechts angegangen: waren die Enkel befugt, in das Erbe ihres vorverstorbenen Vaters einzutreten („Eintrittsrecht") oder erbten allein die beim Tode des Erblassers überlebenden Söhne („Anwachsungsrecht")[17]?

Möglicherweise stand hinter dem von Widukind abstrakt formulierten Rechtsstreit ein konkreter Anlaß, weswegen für den weiteren Verlauf des Verfahrens von Planck an eine Urteilsschelte dachte[18], wahrscheinlicher aber ist eine in der Rechtssprechung häufiger auftauchende Rechtsunsicherheit der Schöffen anzunehmen, die zu verschiedenen Schöffenaussprüchen in Sachen des Erbrechts geführt hatte[19]. Da die Frage nicht anders zu entscheiden war, sollte ein gerichtlicher Zweikampf als Gottesurteil den Rechtsstreit lösen, mithin die Richtigkeit der einen oder der anderen Rechtsanschauung ermitteln. Dieser Kampf hätte zwischen den Urteilsfindern, den Schöffen (inter arbitros) bzw. Urteilsscheltern (Planck) stattfinden müssen, d. h. aber zwischen den viri nobiles ac senes populi, die als Urteilsfinder in den Gerichten (Schöffen) fungierten[20]. Hier griff der König ein, nicht, wie häufig dargestellt, indem er sofort die ganze Sache dem Gottesurteil anheimstellte, sondern indem er die viri nobiles ac senes populi vor der persönlichen Übernahme des Zweikampfes bewahrte und statt dessen Lohnkämpfer, sog. Kämpen, streiten ließ, übrigens ein Vorgriff auf die später weit verbreitete, dem Adel und den milites, wie auch den Frauen, Geistlichen und Greisen gegebene Möglichkeit, sich im gerichtlichen Zweikampf vertreten zu lassen[21].

Das Gottesurteil gab der Partei Recht, die für das Eintrittsrecht, also das Erbrecht der Enkel eintrat und brachte damit einen Rechtssatz zur Geltung, der zwar schon in merowingischer Zeit durch Childebert II. im Jahre 595 festgeschrieben worden[22], aber wegen des entgegenstehenden Interesses der erbberechtigten Brüder (Onkel) nur schwer durchzusetzen war, wofür die Kämpfe der Merowinger und Karolinger selbst ein beredtes Zeugnis geben. Die räumliche Wirkung der in Steele mit dauernder Geltung (pacto sempiterno) festgestellten Entscheidung – für einen konkreten Rechtsfall?, für Sachsen? – ist nicht genau zu bestimmen. Daß sich das Eintrittsrecht im sächsischen Recht durchsetzte, erweist der Sachsenspiegel[23]. Daß damit die Rechtsanschauung zum Durchbruch kam, welche auch dem heutigen Erbrecht, nämlich dem § 1924 III BGB, zugrundeliegt, sei nur am Rande vermerkt[24].

Steele als Ort des Hoftages im Jahre 938

Über den Ort des Gerichts- bzw. Hoftages läßt sich Widukind nur unbestimmt aus. Ottos Ladung, d. h. sein Versammlungsbefehl erging, ut universalis populi conventio fieret apud villam quae dicitur Stela; mehr erfahren wir zunächst nicht, und die Datierungszeile der Urkunde für Osnabrück vom 18. Mai 938 bringt über die identische Ortsnamenform hinaus nichts weiter, denn es heißt da nur: actum in Stela. Die Identifizierung des Ortsnamens mit Steele an der Ruhr ist dank der Arbeiten von Robert Jahn und Paul Derks gesichert[25]. Beträchtliche Unsicherheiten tauchen auf, wenn versucht wird, Ottos Aufenthaltsort näher zu charakterisieren. Als „Pfalz" betrachten die Übersetzer des Widukindtextes Steele[26], sicher zu Unrecht, es fehlt jeder Hinweis auf einen Repräsentativbau (palatium), und das quantitative Bestimmungsmerkmal einer „Pfalz", die Besuchsfrequenz der Herrscher, ist negativ[27], denn Steele taucht als Aufenthaltsort nur einmal im Itinerar der mittelalterlichen Könige auf, und zwar eben zu 938. Nicht einmal Königsgut scheint Steele gewesen zu sein, es gehörte vielmehr, wie den spätmittelalterlichen Abgabenverhältnissen zu entnehmen ist, zu dem benachbarten Hof Eickenscheidt[28].

Dieser Hof – in dem Essener Kettenbuch des späten Mittelalters neben dem Viehof als die zweite der curtes integrae bezeichnet – scheint zu der Grundausstattung des Altfridklosters gehört zu haben; das altsächsische Bruchstück einer Essener Heberolle aus der zweiten Hälfte des 9. Jahrhunderts, das die Abgaben an das Brauamt enthält, führt Eickenscheidt an zweiter Stelle nach dem Viehof auf. Diese beiden Höfe – charakteristisch scheint hier wie in Werden die Aufgabenteilung von „Viehof" und „Kornhof" (Eickenscheidt) – waren „die tragenden Pfeiler" des Essener Wirtschaftssystems, und zwar praktisch seit der Gründungszeit des Klosters[29]. Wenn Otto 938 bei der villa Stela Hof hielt, tat er dies, so müssen wir annehmen, auf Kirchengut, vermutlich Reichskirchengut – zu erinnern ist hier an den Aufenthalt des Königs Zwentibold in monasterio ... Astnide nuncopato im Jahre 898[30]. Warum hat Otto seinen Hoftag nicht in Essen abgehalten? Zu Recht vermutet R. Jahn, daß gewichtige Gründe wie die Sicherheit des Frauenklosters (!) und die Immunität des geistlichen Bezirkes eine mit Blutvergießen verbundene Gerichtssitzung im Kloster oder unmittelbar beim Kloster Essen quasi unmöglich machten[31]. Wo genau „in Stela" der König residiert und das Gericht getagt hatten, ist nicht auszumachen – war es bei der curtis Eickenscheidt oder bei dem „Siedlungskern" von Steele unweit der Laurentiuskirche[32]?

Den Unterhalt des Königs und seines Gefolges hatte, wie sich aus dem Gastungsrecht, dem servitium regis, ergibt, entweder die Abtei Essen allein oder vereint mit dem Kloster Werden aus den Abgaben der zum speziellen „Königsdienst" verpflichteten Hintersassen zu bestreiten. Daß dieses keine kleine Leistung war, erweist die hohe Zahl der Personen, die zu beherbergen und mit Lebensmitteln zu versorgen waren[33].

Ottos militärische Operationen im Anschluß an den Hoftag von Steele im südlichen Westfalen zeigen deutlich, daß die Wahl des Ortes für den Hoftag schon im Kontext der Krisenbewältigung stand und daß Otto in kritischer Phase einen wirtschaftlichen und wohl auch politischen und geistlichen Rückhalt in den beiden Abteien Essen und Werden finden konnte, in einem Raum, dessen weltliche Großen offensichtlich gespalten waren und – zum Teil wenigstens – in einem gespannten Verhältnis zum König standen. Es zeichnete sich hier eine Konstellation ab, die charakteristisch für die Unterstützung war, welche die ottonischen und salischen Könige in der Reichskirche finden sollten.

Anmerkungen

1 Widukind von Corvey: Rerum gestarum Saxonicarum libri tres, hrsg. v. Hirsch, Paul/Lohmann, Hans-Eberhard, MGH SS rerum germ. in usum scholarum 60, Hannover [5]1935, II, c. 1–5, S. 63–71. Zu Widukind vgl. Beumann, Helmut: Widukind von Korvey. Untersuchungen zur Geschichtsschreibung und Ideengeschichte des 10. Jahrhunderts, Weimar 1950 (hier: S. 6 Anm. 3, 117 zum Steeler Hoftag); zu Otto I. vgl. Althoff, Gerd/Keller, Hagen: Heinrich I. und Otto der Große, Göttingen/Zürich 1985; Beumann, Helmut: Die Ottonen, Stuttgart/Berlin/Köln/Mainz 1987.

2 Widukind II, 6, S. 71 f.; Übersetzung nach: Quellen zur Geschichte der sächsischen Kaiserzeit, bearb. v. Bauer, Albert und Rau, Reinhold, Darmstadt 1971, S. 93/95; vgl. Widukind von Corvey: Res gestae Saxonicae. Die Sachsengeschichte. Lateinisch/deutsch, übersetzt und herausgegeben von Rotter, Ekkehart und Schneidmüller, Bernd, Stuttgart 1981, S. 115; Böhmer, Johann Friedrich/Ottenthal, Emil von: Regesta Imperii (= RI) II 1: Die Regesten des Kaiserreichs unter Heinrich I. und Otto I. 919–973, mit Ergänzungen von Hans H. Kaminsky, Hildesheim 1967, Nr. 69 a.

3 Widukind II, 7, S. 72; RI II, 1 69 b. Zu Herzog Eberhard von Franken (gest. 939) aus dem Geschlecht der Konradiner vgl. Karpf, E.: Eberhard (2), in: Lexikon des Mittelalters III (1986), Sp. 1512 f.

4 Widukind II, 8, 9, S. 72 f.; RI II, 1 69 a, 75 a.

5 Widukind II, 10, S. 73 f.; Übersetzung nach Bauer/Rau (wie Anm. 2) S. 95/97, Rotter/Schneidmüller (wie Anm. 2) S. 117–119; vgl. die auszugsweisen Übersetzungen bei Jahn, Robert: Der Hoftag König Ottos I. bei Steele im Mai 938, in: Beiträge zur Geschichte von Stadt und Stift Essen 56 (1938), S. 7–90, hier: S. 16; Kroeschell, Karl: Deutsche Rechtsgeschichte 1 (bis 1250), Reinbek bei Hamburg 1972, S. 143.

6 Widukind II, 11, S. 74–77; RI II, 1 76 a–e.

7 MGH D. O. I. 20.

8 MGH SS VI, S. 348: Das falsche Jahresdatum Sigiberts von Gembloux findet sich sehr häufig noch in der modernen rechtsgeschichtlichen Literatur, siehe Anm. 14, 17, 21, 23, 24.

9 Boockmann, A.: Fehde, Fehdewesen, in: Lexikon des Mittelalters IV (1987), Sp. 331–334 (mit weiterer Literatur).

10 Beumann, Ottonen (wie Anm. 1) S. 57 f.

11 Zum Besitz: Jahn (wie Anm. 5) S. 22; zur Familie: Wenskus, Reinhard: Sächsischer Stammesadel und fränkischer Reichsadel, Göttingen 1976, S. 237 ff.

12 Beumann, Ottonen (wie Anm. 1) S. 58; Althoff/Keller (wie Anm. 1) S. 135 ff.; vgl. auch Leyser, Karl J.: Herrschaft und Konflikt. König und Adel im ottonischen Sachsen, Göttingen 1984, S. 22 ff.; Althoff, Gerd: Zur Frage nach der Organisation sächsischer coniurationes in der Ottonenzeit, in: Frühmittelalterliche Studien 16 (1982), S. 129–142.

13 Zur Bestrafung vgl. Jahn (wie Anm. 5) S. 23; Haberer, G.: Schandstrafen, in: Handwörterbuch zur deutschen Rechtsgeschichte (= HRG) IV (1988), Sp. 1353–1455; Widukind II, 7, 10, S. 72, 74.

14 Mitteis, Heinrich: Politische Prozesse des früheren Mittelalters in Deutschland und Frankreich, Darmstadt [2]1974, S. 26 (zu 936!); vgl. Jahn (wie Anm. 5) S. 25–28.

15 Beumann, Widukind (wie Anm. 1) S. 116 f.

16 Köpke, Rudolf/Dümmler, Ernst: Jahrbücher der deutschen Geschichte. Kaiser Otto der Große, Leipzig 1876, S. 72–75; Beumann, Ottonen (wie Anm. 1) S. 59.

17 Erler, Adalbert: Eintrittsrecht, in: HRG I (1971), Sp. 908–910 (mit Hinweis auf den Steeler Hoftag zum falschen Datum von 942, Sp. 909); Bungenstock, W.: Anwachsung, in: ebd. Sp. 181 f.

18 Von Planck, Otto: Der Bericht Widukinds über das Kampfurtheil auf dem Reichstag zu Steele, in: Sitzungsberichte der philosophisch-philologischen Klasse der Bayerischen Akademie der Wissenschaften zu München, München 1886, Heft 2, S. 155–180, hier: S. 165.

19 So Simson, Bernhard: Zu der Stelle über das Kampfurtheil bei Widukind, in: Forschungen zur deutschen Geschichte 25 (1885), S. 369–373, hier: S. 370.

20 So die überzeugende Interpretation von Simson (wie Anm. 19), laut der vor allem nicht arbitri mit „Schiedsrichter" zu übersetzen ist, so aber noch in den Übersetzungen von Bauer/Rau (wie Anm. 2) S. 95, Rotter/Schneidmüller (wie Anm. 2) S. 117, und Kroeschell (wie Anm. 5) S. 143; Jahn (wie Anm. 5) S. 16 übersetzt arbitri als „Urteilsfinder". Von Planck (wie Anm. 18), der einen konkreten Fall als Entscheidungsgrundlage annahm, hatte als Rechtsgrund für den Zweikampf die Urteilsschelte eines sozial niedrig stehenden Mannes vermutet (S. 168, 176 f.), dagegen zu Recht: Jahn (wie Anm. 5) S. 54. Nottarp, Hermann: Gottesurteilstudien, München 1956, S. 153 folgt hier von Planck.

21 Simson (wie Anm. 19) S. 371 f.; die Literatur zum Gottesurteil im allgemeinen und zum gerichtlichen Zweikampf, ursprünglich ein Entscheidungsmittel wie hier, dann auch ein Beweismittel, ist außerordentlich ausgedehnt, vgl. Nottarp (wie Anm. 20); Erler, Adalbert: Gottesurteil, in: HRG I (1971), Sp. 1769–1773 (dort Sp. 1771 der Hinweis auf Ottos Hoftag zu Steele, mit falschem Datum 942); Becker, H. J.: Gottesurteil, in: Lexikon des Mittelalters IV (1989), Sp. 1594 f.; Lanczkowski, Günter/Strätz, Hans-Wolfgang: Gottesurteil, in: Theologische Realenzyklopädie 14 (1985), S. 100–105 (jeweils mit älterer Literatur). Gaudemet, Jean: Les ordalies au moyen âge: doctrine, législation et pratique canoniques, in: La Preuve. Recueils de la Société Jean Bodin t. XVII, 2, Brüssel 1965, S. 99–135, hier: S. 119 f. bezieht den Zweikampf in Steele einmal (zu 938) auf einen politischen Konflikt (gemeint ist wohl die Eberhard-Bruningfehde), dann, zum falschlichen Datum von 942, auf die Erbrechtsfrage. Grippari, Marie-Noelle: Le jugement de Dieu ou la mise en jeu du pouvoir, in: Revue historique 278 (1987), S. 281–291 bringt keine neuen Gesichtspunkte.

22 MGH Capitularia I, S. 15 Nr. 7, c. 1; vgl. Eckhardt, Wilhelm Alfred: Die Decretio Childeberti und ihre Überlieferung, in: Zeitschrift der Savigny-Stiftung für Rechtsgeschichte, Germanistische Abteilung 84 (1967), S. 1–71, hier: S. 28 ff.; zum Datum: Weidemann, Margarete: Zur Chronologie der Merowinger im 6. Jahrhundert, in: Francia 10 (1982), S. 471–513, hier: S. 488–490.

23 Ausführliche rechtsgeschichtliche Untersuchung des Eintrittsrechts der Enkel bei Heusler, Andreas: Institutionen des deutschen Privatrechts, II, Leipzig 1886, S. 579 ff.; Hübner, Rudolf: Grundzüge des deutschen Privatrechts, Leipzig [5]1930, S. 766–768, 772 f., 787 (beide mit dem falschen Datum 942).

24 Vgl. dazu Schmelzeisen, Gustaf Klemens: Rechtsfindung im Mittelalter?, in: Zeitschrift der Savigny-Stiftung für Rechtsgeschichte, Germanistische Abteilung 91 (1974), S. 73–89, hier: S. 74 (mit Hinweis auf den „Reichstag zu Stele" im Jahre 942!).

25 Jahn (wie Anm. 5) S. 59–69; Derks: Paul, Die Siedlungsnamen der Stadt Essen. Sprachliche und geschichtliche Untersuchungen, in: Beiträge zur Geschichte von Stadt und Stift Essen 100 (1985), S. 1–241, hier: S. 97 f., 100 f.

26 Bauer/Rau (wie Anm. 2) S. 95; Rotter/Schneidmüller (wie Anm. 2) S. 117; Kroeschell (wie Anm. 5) S. 143 übersetzt mit „Dorf"; Jahn (wie Anm. 5) mit „Ort". Da beide Bezeichnungen zu unbestimmt sind, wurde oben im Text der Terminus technicus „villa" beibehalten.

27 Brühl, Carlrichard: Fodrum, Gistum, Servitium Regis. Studien zu den wirtschaftlichen Grundlagen des Königtums im Frankenreich und in den fränkischen Nachfolgestaaten Deutschland, Frankreich und Italien vom 6. bis zur Mitte des 14. Jahrhunderts, Köln/Graz 1968, S. 91–94 (zu den Versuchen der Pfalzendefinition).

28 Jahn (wie Anm. 5) S. 72; Van de Loo, Leo: Eickenscheidt. Zur Geschichte des Oberhofes, des Hofes und seiner Unterhöfe sowie der aufsitzenden Familien, zugleich ein Beitrag zur Gründungsgeschichte Essens und zur Geschichte des Essener Bauerntums, in: Beiträge zur Geschichte von Stadt und Stift Essen 56 (1938), S. 91–211, hier: S. 163 f.; Grevel, Wilhelm: Die Anfänge der Stadt Steele, in: ebd. 10 (1887), S. 51–79, hier: S. 69–77.

29 Jahn (wie Anm. 5) S. 72 (Zitat), 72–79; Weigel, Helmut: Die Grundherrschaft des Frauenstifts Essen, Essen 1960, S. 13–16, 54 f.; Bettekken, Winfried: Stift und Stadt Essen. „Coenobium Astnide" und Siedlungsentwicklung bis 1244, Münster 1987, S. 37–42.

30 D. Zw. 22 von 898 Juni 4. Der in dieser Urkunde genannte Graf Otto wird von den einen als Liudolfinger, von den anderen als Konradiner angesehen, vgl. Wenskus, Stammesadel (wie Anm. 11) S. 298, der sich nicht festlegt.

31 Jahn (wie Anm. 5) S. 88; D. O. I. 85 von 947 enthält u. a. eine Bestätigung der Immunität, vgl. Bettecken (wie Anm. 29) S. 61ff.

32 Jahn (wie Anm. 5) S. 89.

33 Vgl. Beitrag „Das Ruhrgebiet im Itinerar der früh- und hochmittelalterlichen Könige".

Das Stift Essen

Grundzüge seiner Geschichte von der Mitte des 9. Jahrhundert bis zum Jahre 1495[1]

Thomas Lux

Anmerkungen zur Gründungsgeschichte des Essener Stiftes
Für die Landschaft zwischen Lippe und Ruhr ist seit der Mitte des 9. Jahrhundert ein "Comitatus Ecberti et Cobbonis" nachgewiesen. Belege lassen sich im wesentlichen für den Raum zwischen Dortmund und Bochum finden. Aber auch der sich weiter westlich anschließende Boroctra-Gau zwischen Emscher und Ruhr gehörte ganz oder doch in wesentlichen Teilen zur Grafschaft Ekberts und Cobbos. Mithin läßt sich vermuten, daß Essen zum äußersten Südwesten des Boruktuarier Pagus gehörte und die weitere Ausdehnung also in einem politisch formierten Rahmen stattfand, der nicht als siedlungsleerer Raum angesehen werden kann[2]. Die Grafen Ekbert und Cobbo zeichneten sich durch verwandtschaftliche und politische Nähe zur Königfamilie aus. Dies trifft auch für Altfrid, den Gründer des Stiftes Essen, zu. Alfrid stammte wahrscheinlich aus einer vornehmen sächsischen Familie – er gilt auch der jüngeren Forschung als Agnat der Luidolfinger – und erreichte im Dienste des fränkischen Königs eine herausgehobene Stellung: seit 851 Bischof von Hildesheim agierte er in den Jahren zwischen 860 und 870 wiederholt als enger politischer Berater und diplomatischer Interessenvertreter des ostfränkischen Königs Ludwig der Deutsche. Wahrscheinlich seit den 40er Jahren des 9. Jahrhundert bereitete Altfrid die Gründung eines Klosters oder Stiftes im Bereich des Broktuarier-Gaus vor; in diesem Zusammenhang reiste er nach Rom. Solche Romverbindungen sächsischer Adelsfamilien lassen sich zu dieser Zeit durchaus beobachten[3]. Über die eigentliche Gründung ist keine originale Urkunde erhalten geblieben, so daß man im wesentlichen auf eine stark verunechtete Urkunde aus der Zeit um 1100 angewiesen ist. Obwohl die Datierung dieser Urkunde restlos verwirrt ist (Wisplinghoff)[4], lassen sich einige Grundzüge der frühen Geschichte der Altfrid Stiftung rekonstruieren. Demnach hat Altfrid 870 anläßlich einer Synode, die in Köln tagte, im Kreise seiner bischöflichen Mitbrüder und in Gegenwart König Ludwigs des Deutschen die offizielle Gründung einer Frauengemeinschaft bekannt gegeben. Obwohl die Urkunde etwa kurz nach 1090 im Kölner Domkapitel gefälscht wurde und entsprechende zeitgenössische Problemkreise berührt, lassen sich wenige Punkte herausstellen, die die eigentliche Gründung des 9. Jahrhundert betreffen. Demnach erbaute Altfrid zur Ehre der Hl. Trinität, der Gottesmutter Maria und der Hl. Märtyrer Cosmas und Damian – deren Richtschwert noch heute im Essener Stadtwappen zu sehen ist – auf seinem Gütchen Essen (in pradolio me Quod Astnide vocatur) eine Kirche[5]. Hier sollte nun eine Frauenkongregation (Sanctimonalium congregationem) ein gemeinsames und gottgefälliges Leben führen. Um ihren Lebensunterhalt, Gottesdienst und Gebetsgedenken zu gewährleisten, stattete er seine Gründung mit weiter nicht genannten Gütern aus. Ferner bestimmte er mit Bezug auf Privilegien der Päpste Sergius und Hadrian, daß den Frauen die freie Wahl einer Äbtissin zustehen sollte. Gerade diese letztere Bestimmung kann als authentisch gelten[6]. Diese knappen Hinweise werden durch eine Angabe zur Baugeschichte der Kirche ergänzt: so findet sich auf dem Vorsatzblatt des Liber Ordinarius ein Hinweis auf das Jahr 852 als eigentlicher Beginn der Bautätigkeit[7]. Dieses Datum gilt allgemein als entscheidendes Datum für den Beginn der Essener Geschichte. Altfrid wurde in Essen begraben, und dort erinnerte man sich an ihn in Gebet und Kultur[8]. Der monastische Status der Gründung läßt sich anhand dieser knappen Daten nicht mehr bestimmen; die einschlägige Literatur geht davon aus, daß die Essener Gründung von Anfang an als freiweltliches Damenstift geplant worden sei, doch noch M. Petry weist darauf hin, daß Altfrids Gründung durchaus als Benediktinerinnenkloster ins Leben gerufen worden sein könnte[9]. So organisierte Altfrid das gemeinsame Leben des Hildesheimer Domklerus nach den Benediktinerregeln und nicht, was nahe gelegen hätte, nach den Regeln Chrodegangs von Metz, wie sie 816 in Aachen festgeschrieben worden sind[10]. Anderseits sind alle vor der Mitte des 10. Jahrhundert gegründeten Frauenkonvente im Bereich der Kölner Erzdiözese hochadelig; in der Regel handelte es sich um Gründungen des Laienadels, die im Laufe des 10. Jahrhundert dem Reich aufgetragen wurden[11]. Die Essener Äbtissinnen gehörten – so weit feststellbar – bis zum Ende des 11. Jahrhundert hochadeligen, königsnahen Familien an.

Materielle Austattung und sozio-ökonomische Organisation
Wie die Urkunde andeutete, muß der Gründer die Frauengemeinschaft mit einer materiellen Basis ausgestattet haben, um ihre soziale, politische und religiöse Funktion zu gewährleisten. Der Umfang dieser Grundausstattung ist allerdings nicht bekannt. Doch gibt es eine altsächsische Heberolle des 9. Jahrhundert, in der die Einnahmen des stiftischen Brauamtes verzeichnet sind, einen Einblick in die Ausstattung des Stiftes vor dem Jahr der Gründungsurkunde 870. Mit den beiden Höfen Viehof (Vehus) und Eickenscheid (Ekanscetha) sind bereits die tragenden Säulen der grundherrlichen Wirtschaftsverfassung eingerichtet worden, die bis zur Säkularisation des Stiftes ihre Bedeutung in sozio-ökonomischer Hinsicht behalten sollten. Weitere Schenkungen stammten dagegen aus dem Königsgut: bereits Lothar II. übereignete dem Stift die Höfe Kassel und Homberg (Duisburg). Der Hof Huckarde (Dortmund) geht auf eine Schenkung Ludwigs des Deutschen um 860 zurück, die in der Zeit zwischen 870 und 876 mit Höfen (Holst, Archem, Irthe) im niederländischen Salland (Prov. Overijssel) ergänzt wurden. Das Weingut Godesberg stammte wohl von einem König Karl. Gegen Ende des 9. Jahrhundert schenkte Herzog Otto der Erlauchte den Hof Beeck (Duisburg) und aus dem Königsgut seines Schwiegersohnes Zwentibold stammte ein Teil des linksrheinischen Besitzes des Stiftes[12]. Der Essener Grundbesitz lag als Streubesitz im Bereich des Ruhrgebietes zwischen Duisburg und Unna, wobei der Essener Raum einen Schwerpunkt darstellte. Aber auch südlich der Ruhr und nördlich der Lippe im Münsterland (schwerpunktmäßig zwischen Ahlen, Beckum und Oelde) lagen Essener Höfe. Weitere Besitzungen lagen in den Niederlanden (s. o.), an der Lahn (Fronhausen, südl. von Marburg), an der Erft (südlich von Bedburg), ferner das „Ländchen Breising" und die Höfe Königswinter und Godesberg[13]. Diese weitverstreuten Höfe wurden auf der Basis personengebundener Herrschaft in Hofverbänden, Hebeamtsbezirken, Herrenhöfen und Villikationen in einem System „zentral geleitete (-r) Dezentralisation" erfaßt und als ein „Institut der Selbstversorgung" auf das „Haus der Herrschaft" (Weigel) und seine Kapitel ausgerichtet[14]. Insgesamt hatte das Stift 72 Präbenden (50 für die Kanonis-

sen, 20 für die Kanoniker und 2 für die Äbtissin) und nimmt damit im Vergleich zu anderen Damenstiften den ersten Platz ein[15].

Die aus diesem umfangreichen Grundbesitz resultierenden Verwaltungs- und Schutzaufgaben übernahmen Dienstmannen (Ministerialen), die sich aus der stiftischen Familia rekrutierten und formal unfrei waren. Sie sind seit der 1. Hälfte des 12. Jahrhundert belegt. Bereits zu dieser Zeit hatten sich die vier Hofämter Drost, Kämmerer, Marschall und Schenke herausgebildet[16].

Die Ministerialen unterlagen einem besonderen Ius ministeriale, das ihre herausgehobene Stellung im stiftischen Dienst berücksichtigte. Neben den Hofämtern nahmen sie aber auch in der Verwaltung eine herausragende Stellung ein: So präsidierte der Schulte im Viehof von 1288 bis 1336 dem frühen Rat der Stadt, er nahm zugleich eine ökonomische und administrative Schlüsselstellung bei der Verwaltung der Grundherrschaft ein und fungierte im Rahmen das Essener Hofrechtes, in dem der Viehof als Appellationsinstanz galt, als Richter[17]. Diese starke Stellung brachte es mit sich, daß die Dienstmannen versuchten, dem Stift Güter und Rechte zu entziehen[18]. Wohl erstmals mit dem Bau einer Mauer 1244 kommt es zu einer sichtbaren bürgerlichen Beteiligung an der politischen Verwaltung der städtischen Siedlung. Obwohl seit dem späten 13. Jahrhundert bereits ratsfähige Bürgerfamilien im stiftischen Dienst nachweisbar sind, kommt es doch zu einer Trennung der Wirkungsbereiche: die Stadt entwickelt sich zur Domäne der Bürger, was nicht ausschließt, daß sie auch in den stiftischen Dienst treten konnten, der aber im wesentlichen den Ministerialenfamilien vorbehalten blieb[19].

Im späten Mittelalter war die Organisation des Kanonissenstiftes im wesentlichen abgeschlossen[20]. Kanonissen und Kanoniker stellten das Stiftskapitel. Die Stiftsdamen wiederum waren in einem Konvent zusammengeschlossen, der im Durchschnitt 20 Damen umfaßte; die Zahl ging während des Spätmittelalters auf 10 bis 13 zurück. Neben der Äbtissin existierten eine Reihe von Ämtern, von denen das der Pröpstin und das der Dechantin sich bereits seit dem 11. Jahrhundert erkennen lassen[21]. Die Äbtissin mußte ein Keuschheitsgelübde ablegen, daß sie nicht mehr aufgeben durfte. Die Kanonissen dagegen konnten ihr geistliches Leben aufgeben und heiraten. Zentral war das gemeinsame Gebet und der Gottesdienst. Der Lebensunterhalt wurde im wesentlichen durch den gemeinsamen stiftischen Grundbesitz gewährleistet, doch stand den Kanonissinnen freiverfügbares Privateigentum und das Testierrecht darüber zu, dem entsprechend lebten die Damen in eigenen Häusern (Kurien)[22]. Das Kanonikerkapitel war nicht hochadelig, seine Mitglieder stammten meist aus den Essener Ministerialenfamilien, erst im letzten Drittel des 14. Jahrhundert wurden auch bürgerliche Kleriker, meist Essener Bürgersöhne, aufgenommen. Es hatte bis zu 20 Mitgliedern (12 Priester, 8 ‹Sub-›diakonen), an ihrer Spitze stand ein Dekan. Auch das Kanonikerkapitel war durch eigene Pfründe wirtschaftlich fundiert; zu seinen Aufgaben gehörte u. a. die seelsorgerische Betreuung der Kanonissen und der städtischen Siedlung. Das Recht bei der Wahl der Äbtissin gleichberechtigt mit zustimmen, ist seit 1292 nachgewiesen[23].

Königsschutz und geistliche Rechte

Im 10. Jahrhundert steht die Essener Frauengemeinschaft unter dem Schutz des Königs. Es ist zu vermuten, daß der Königsschutz von den verwandtschaftlichen Beziehungen Altfrids rührt, der mit den Luidolfingern und/oder mit den Ekbertinern verwandt war, so daß Essen mit dem Herrschaftsantritt Heinrichs I. in die Nähe des Königtums geriet[24]. Die erste erhaltene Königsurkunde des 10. Jahrhundert ist eine Ersatzurkunde für die während eines Brandes 946 vernichteten Privilegien. Vorab wird die königliche Immunität des Klosters durch Otto I. bestätigt. Durch die Verleihung der Immunität wurde das Stift, seine Familia und die Güter der Rechtsgewalt des Judex publicus – also des königlichen Grafen – entzogen und das Stift dem königlichen Schutz unterstellt[25]. Die Äbtissin war Immunitätsherrin und bestimmte einen Advocatus (Vogt), der die Aufgaben des öffentlichen Richters übernahm. 973 bestätigte Otto II. diese Bestimmungen und fügte den Zoll (Theloneum) hinzu: dieser wurde dem Judex entzogen und ging in die Rechtshoheit der Äbtissin über[26]. Eine Urkunde Heinrichs II. aus dem Jahre 1003 modifiziert diese Privilegien dahingehend, daß der Vogt durch die Äbtissin und den Konvent bestimmt wird und zugleich werden die vogteilichen Kompetenzen beschränkt: so muß der Vogt das Hochgericht außerhalb der Stiftsimmunität und der hier zum erstenmal erwähnten "civitas" des Stiftes abhalten[27]. Im 11. Jahrhundert erhält die Äbtissin ein Marktprivileg: Heinrich III. gestattet ihr 1041 einen Jahrmarkt zu Cosmas und Damian abzuhalten; dieser herbstliche Termin orientierte sich an dem Michaelistag, an dem in Essen traditioneller Weise die grundherrlichen Angaben abgeliefert wurden. Allerdings fehlt für Essen ein großes Marktprivileg, das die Verleihung von Markt, Münze und Zoll hätte beinhalten müssen. Die ältere Forschung ging davon aus, daß eine solche Urkunde vorgelegen hättte, aber verloren gegangen sei; eine These die W. Bettecken vehement ablehnt, da es in der Essener Tradition keinerlei Hinweise auf eine solche Urkunde gibt und es angesichts des gut ausgebauten Marktwesen des mittelalterlichen Ruhrgebiets ein Bedarf nicht bestanden habe[28]. Doch kompliziert sich der Sachverhalt durch einen überlieferten Essener Denar, der zweifelsfrei zur Regierungszeit Konrads II. (1027 – 1039) geschlagen wurde. Geht man ferner davon aus, daß die gewiß vermögende Abtei, die ja auch ökonomisches und verwaltungsmäßiges Zentrum einer ausgedehnten Grundherrschaft war, über einen Nahmarkt verfügte, so hat sie dann doch faktisch über Markt, Zoll (s. o.) und Münze verfügt. Diese „königsnahe, ottonische Zeit“ des Stifts endete wohl mit der Amtszeit der Äbtissin Svanhild[29].

Im 10. Jahrhundert baute das Essener Stift nicht nur in weltlicher Hinsicht seine Stellung aus, sondern auch seine geistliche Exemtion: eine Urkunde Agapits II. aus dem Jahre 947 bestätigt dem Stift den Besitz des Zehnten, den es von Erzbischof Gunthar um 860 erhalten hatte; ferner wird die freie Wahl einer aus dem Kreis der Klosterfrauen garantiert[30]. Als markantes Ergebnis ist die direkte Unterstellung des Stiftes unter die päpstliche Gerichtsbarkeit: somit wurde das Stift wohl zunächst der kanonischen Aufsicht und Strafgewalt der Hildesheimer Bischöfe entzogen[31]; später konnte das Stift die Exemtion vor allem gegenüber dem Kölner Erzbischof geltend machen. Weiterhin war das Stift keiner dekanalen und archidiakonalen Obergewalt unterworfen, sondern bildete exemtes Dekanat Essen mit dem Stammpfarrbezirk, der das spätere Stadtgebiet, Rellinghausen, Stoppenberg, Borbeck, Steele und Gelsenkirchen umfaßte[32]. Es gelang der Äbtissin im Laufe der Zeit eine quasi bischofsähnliche Stellung zu erlangen; freilich nur durch die Zwischenschaltung eines geistlichen, also männlichen Jurisdiktionsträgers (Ehrenkaplan, Capellanus honoris). So verfügte die Äbtissin seit dem Ende des 14. Jahrhundert über fast alle geistlichen Rechte inklusive der Investitur der Priester und die geistliche Gerichtsbarkeit[33].

Im 10. Jahrhundert erfolgte der Ausbau des auf Eigenguts begründeten Frauenklosters einer adeligen, sächsischen Familie zu einer Reichsabtei, die in weltlichen Dingen unter dem Schutz des Königs und in geistlichen Sachen dem Papst direkt unterstellt war. Zu den Funktionen des Stiftes zählte die politische, ökonomische und kirchliche Erschließung des Raumes zwischen Ruhr und Lippe. Die kirchlichen Funktionen erstreckten sich auf die Seelsorge und kulturelle Einflüsse: zum Stift gehörten neben der Bibliothek auch je eine Schule für die jungen Kanonissinnen und Kanoniker. Aber auch soziale Funktionen spielten in Bezug auf die Versorgung der unverheirateten Töchter des Adels eine nicht unerhebliche Rolle: so wurde von Essen aus bereits 988 auf dem Boden der Grundherrschaft ein weiteres Frauenstift gegründet, das vor allem den Töchtern der Ministerialen offenstand und dem Essener Stift organisatorisch eng verbunden blieb; auf der Basis des 1073 von Svanhild gegründeten Oratoriums Stoppenberg erwuchs ein Prämonstratenserkloster, welches seit dem 13. Jahrhundert ebenfalls ein Frauenkloster war[34]. Als Reichsstift gehörte auch der Königsdienst (Servitium regis) zu den Aufgaben des Stiftes; hierzu zählten im wesentlichen die Beherbergung des in der Regel reisenden Königs, das Gebetsgedenken und die Heeresfolge. Für das Essener Stift war es sehr förderlich, daß das Ruhrgebiet während der Ottonenzeit eine wichtige Funktion als Verbindungsglied zwischen Sachsen und anderen Reichsteilen wie Lothringen und Rheinfranken fungierte, mithin das Stift zur politischen Erschließung dieser Region im Zuge der königlichen Politik spielte[35]. Dem Essener Beispiel kam wohl eine gewisse Vorbildfunktion zu, denn das Stift wurde in mehreren Königsurkunden neben den Reichsstiftern Gandersheim und Quendlinburg als „Musterkloster" erwähnt[36].

Das Spätmittelalter: Substanzerhalt stiftischer Herrschaft im Feld äußerer und innerer Konflikte

Im 12. Jahrhundert amtieren die Grafen von Altena als Vogte des Essener Stiftes. Zu Beginn des 13. Jahrhundert geriet der Vogt Friedrich von Altena-Isenberg in einen scharfen Konflikt mit dem Stift Essen, das bemüht war, seine freie Vogtwahl zu erhalten und die Kompetenzen seiner Vögte möglichst zu beschneiden; eine Tendenz, die bereits in der Urkunde Heinrichs II. von 1003 greifbar wird.Diese stiftische Politik stieß auf den Widerstand Friedrichs von Isenberg, der sich bemühte, seine Machtbefugnisse zu erweitern und die Erblichkeit seiner Vogtei zu erlangen[37]. Bei dem Versuch diesen und andere Streitpunkte beizulegen, stieß der Kölner Erzbischof Engelbert von Berg auf eine Adelsopposition, der auch Friedrich angehörte. 1225 eskalierte der Streit zu Gewalttätigkeiten, denen der Kölner Erzbischof Engelbert in der Nähe von Gevelsberg (Schwelm) zum Opfer fiel – wohl eher versehentlich, denn normalerweise wurde versucht, einen solchen prominenten Gegener gefangen zunehmen, mit dem Ziel, Lösegeld und politische Zugeständnisse zu erlangen. Nach der Hinrichtung des geächteten Friedrichs von Isenberg, stand die Essener Vogtei zur Disposition. Die Nachfolger Engelberts, der später heilig gesprochen wurde, versuchten nun diesen Umstand im Rahmen ihrer Territorialpolitik zu instrumentalisieren[38]. Ihr politisches Kalkül wurde bestimmt durch die Absicht, eine Landbrücke zwischen ihrem rheinischen Besitz und dem Herzogtum Westfalen zu gewinnen, das als Folge des Lehnsprozesses gegen Heinrich den Löwen 1180 an Köln gefallen war. Die Vogtei Essen fiel zunächst an einen Lehnsmann des Reichs und des Grafen von Jülich, um 1243/44 endgültig in Kölner Hände überzugehen[39]. 1260 unterwirft sich das Stift einer Kölner Visitation und im Sommer 1271 beteiligt sich Essen unter Vorbehalt an der Zahlung eines Lösegeldes für den Erzbischof, der sich zu dieser Zeit im Gewahrsam des Grafen von Jülich befand[40]. Zwar bemühte sich die Äbtissin nach dem Herrschaftsantritt Rudolfs von Habsburg (1273 – 1291) darum, den Königsschutz zur Geltung zu bringen, indem der König von Äbtissin und Kapitel zum Vogt gewählt wurde, doch blieb der Erfolg aus, da offensichtlich innerhalb des Kapitels prokölnische Sympathien bestanden[41]. Der Kölner Erzbischof gab 1282 in Basel formal die Essener Vogtei auf; Rudolf von Habsburg setzte daraufhin eine Untersuchungskommission ein, die die Vogteiverhältnisse klären sollte, doch die kölnische Dominanz berührte dies nicht. Erst mit der Schlacht von Worringen (1288) wurde das politische Gefüge des niederrheinisch-westfälischen Raumes entscheidend beeinflußt: Kölns Versuch seine westfälischen und rheinischen Herrschaften zu vereinigen, war mißlungen. Der Kölner Erzbischof war nunmehr ein geschlagener, aber immer noch mächtiger Mitspieler in einem „System prinzipiell gleichberechtigter Territorien"[42]. Noch 1288 wurde die Vogtei von König Rudolf auf den Grafen Eberhard von der Mark übertragen, der zu den Siegern von Worringen gehörte[43]. Die zunächst auf Lebenszeit vergebene Vogtei wurde seit 1328 befristet vergeben; die Verfügungsgewalt über die Stadt, das Gericht, die Münze und der Judenschutz blieben der Äbtissin erhalten. Der Vogt wurde für seine relativ geringen Befugnisse durch eine jährliche Zahlung (Vogtbede) entschädigt. So hatte die Äbtissin gegen Ende des 13. Jahrhunderts die Hoheit über ihr Territorium behauptet und sogar noch ergänzt: bereits seit 1228 wird sie offiziell als Reichsfürstin angesprochen[44]. Doch sollte dieser Rechtszustand nicht unangefochten bleiben. Im ersten Äbtissinnenstreit (1290 – 1309) betrieb der Kölner Erzbischof im Rahmen seiner Revisionspolitik die Absetzung der gewählten Äbtissin Berta von Arnsberg und stellte mit der Herforder Äbtissin Irmgard von Wittgenstein eine Gegenkandidatin auf. Diese strengte einen Prozeß bei der Kurie an, der erst 1309 mit endgültiger Investitur Bertas endete[45].

In den 30er Jahren des 14. Jahrhunderts machte das Verhältnis von Stadtgemeinde und Äbtissin eine einschneidende Wandlung durch. 1335 führte noch der stiftische Schulte im Viehofe die Namenslisten der Consules opidi an, seit 1336 erscheint er dann nicht mehr in den Zeugenlisten des Rates. Den erzwungenen Äbtissinnenwechsel von 1336/37 nutzten die Bürger, um der neuen Äbtissin Katharina von der Mark die Huldigung zu verweigern. Diese immer noch begrenzten Emanzipationsbestrebungen der Bürger manifestieren sich aber im Ausbau einer Ratsverfassung mit zwei Bürgermeistern und einer eigenständigen Verwaltung[46]. Seit etwa 1370 nehmen die Konflikte zwischen Stift und Stadt zu, da die Bürger der Äbtissin die landesherrliche Huldigung verweigerten. 1375 einigte man sich auf eine, wohl durch märkischen Einfluß vermittelte, befristete Aussetzung der Huldigung. Doch erst 1399 kam es zum sogenannten „Großen Schied", der die Differenzen zwischen Stift und Stadt auf dem Kompromißwege beizulegen suchte. Obwohl die Stadt wichtige Gerechtsame wie z. B. den Weinzapf, die große Waage und andere Verbesserungen erlangte, mußte die Gemeinde doch der Äbtissin als ihrer „vrowe und rechten lantheren" huldigen. Damit wurde der Anspruch auf die Reichsunmittelbarkeit der Stadt faktisch annulliert, wie er in kaiserlichen Privilegien 1377 und 1379 zum Ausdruck gebracht worden war. Dieser wurde prinzipiell aufrecht gehalten und in späteren Jahren erneuert. Insgesamt aber stellte der „Große Schied" einen brauchbaren

Modus vivendi dar, der der Stadt eine weitgehende innere Autonomie einbrachte, aber die Landeshoheit der Äbtissin nicht einschneidend berührte. Auch die Äbtissin hatte sich angesichts dieser vielfältigen Bedrohungen ihre Privilegien ebenfalls vom König bzw. Kaiser erneuern lassen: seinen sinnfälligen Ausdruck fand dies in der sogenannten „Golden Bulle" von 1357, in der die wichtigsten Rechtstitel und Schenkungen aufgelistet sind und der weitere Bestätigungen ihrer Landeshoheit folgen sollten[47].
Für das 15. Jahrhundert, das sich in den Quellen teilweise relativ schlecht erschließt, sind zwei Konflikte markant und kennzeichnen wichtige politische Grundkonstellationen des Stiftes im Kontext der territorialen Entwicklung niederrheinischen Raumes. Seit der Erbvereinigung des Herzogtums Kleve mit der Grafschaft Mark im Jahre 1398 hatte sich der kölnisch-klevische Gegensatz verschärft. Seit 1407 erhob Gerhard, der jüngere Bruder des Herzogs Adolf II. von Kleve, Anspruch auf die ganze Grafschaft Mark. Als Adolf 1417 versuchte, die beiden Territorien durch eine Erbfolgeregelung auf Dauer zu verbinden, und seinen Bruder mit rheinischen Gütern abzufinden suchte, meldete dieser seine Ansprüche auf die Grafschaft Mark an; seit 1423 trugen die beiden Brüder ihren Konflikt mit Gewalt aus. Gerhard kooperierte im wesentlichen mit dem Kölner Erzbischof. Obgleich eigentlich politisch bedeutungslos, aber auch seine geostrategische Lage mitbedingt, wurde das Stift Essen in diesem märkischen Bruderzwist verwickelt. Die seit 1413 amtierende Äbtissin Margarte von der Mark sympathisierte mit Gerhard, während die Stadt weiterhin die faktische Dominanz Kleves respektierte. Als Margarete dem Herzog von Kleve die Vogtei kündigte, erzwang dieser 1426 die Abdankung der Äbtissin. Die Neuwahl führte nun noch im selben Jahr zu einer Doppelwahl: der Damenkonvent entschied sich für Elisabeth von Beeck, aus der Familie der Stecke, die im Dienste des Herzogs von Kleve stand, mithin als klevische Kandidatin galt. Die zahlenmäßige Mehrheit des Herrenkapitels entschied sich – wohl auch in Übereinstimmung eines Teils der Essener städtischen Oberschicht – für die kölnische Kandidatin Margarete von Limburg. 1429 kam es schließlich im Umfeld eines eher interimistischen Friedens zwischen den märkischen Brüdern zu einem Ausgleich, bei dem sich Elisabeth von Beeck durchsetzen konnte. Ihre Kontrahentin wurde abgefunden und residierte fortan in Rellinghausen[48]. Auswirkungen der Soester Fehde, bei der erneut die kölnisch-klevischen Interessen kollidierten, lassen sich für Essen kaum nachweisen. Es fällt allerdings auf, daß die 1445 gewählte Äbtissin Sophia von Daun-Oberstein bereits 1447 resignierte. Es wurde ihr Ungehorsam gegen Papst Eugen IV. vorgeworfen; der Vorwurf, Anhänger des Papstes in Avignon zu sein, macht wahrscheinlich, daß sie mit der kölnischen Seite sympathisierte und so dem Druck Adolfs II. von Kleve weichen mußte[49].
Gegen Ende des Jahrhunderts ereignete sich eine erneute Doppelwahl (3. Äbtissinnenstreit 1489 – 1504): der Damenkonvent wählte Irmgard von Diepenholz, während die Kandidation des Kanonikerkapitels Meina von Oberstein war, letztere wurde von Papst und Kaiser bestätigt. Nachdem Vermittlungsversuche Klevens erfolglos geblieben waren, beanspruchte noch einmal der Kaiser die Essener Vogtei. Doch im Herbst 1495 wurde der Konflikt, bei dem es zeitweise zu Tumulten („wilde Loepe und mannigerley geweltliche Handlungen") gekommen war, durch einen Erbvogteivertrag zwischen Meina von Oberstein und dem Herzog Johann II. von Kleve-Mark entscheidend beeinflußt: Der Äbtissin verblieb das Gericht und die Verwaltung des Stiftes; die formale Selbständigkeit des Stiftes war aufrechterhalten worden. Doch durch die Erblichkeit der Vogtei und die Ausübung der Militärgewalt wurde Essen quasi dem klevisch-märkischen Machtbereich auf Dauer zugeordnet und die Ordnung von 1288 und 1328 radikal revidiert: ein Zustand, der durch die entsprechenden Erbfälle bis zur Säkularisation durch Preußen 1802/03 Bestand haben sollte. Noch 1496 schlossen Stift und Stadt eine Übereinkunft gegen mögliche klevische Übergriffe. Der innerstiftische Konflikt wurde erst durch den Tod Irmgards von Diepholz 1504 beigelegt[50].
Mit diesen beiden markanten Ereignissen wurde das freiweltliche Damenstift im Zuge des Streites der große niederrheinischen-westfälischen territorialen Umstrukturierungen zu einem „politischen Anhängsel" der Herzöge von Kleve. Der politische Bedeutungsverlust führte aber nicht zu einer völligen Aufgabe der Eigenständigkeit: die nicht ganz freiwillige Anlehnung an Kleve ermöglichte dem Stift als lokale Einheit weiter zu existieren. Erst die radikalen Umwälzungen der Revolutionsepoche des späten 18. und frühen 19. Jahrhunderts bedeuteten das endgültige Aus für diese bemerkenswerte Vertreterin der Germania sacra.

Anmerkungen
1 Dieser Überblick bringt keine neuen Forschungsergebnisse, daher wird auf Einzelbelege im wesentlichen verzichtet. Literatur: Bader, Walter: Eine Art Einleitung zur Geschichte des Essener Kanonissenstiftes, in: Bonner Jahrbücher 167 (1967), S. 300 – 322. Bettecken, Winfried: Stift und Stadt Essen. "Coenobium Astnide" und Siedlungsentwicklung bis 1244, Münster 1988, Hegel, Eduard: Kirchliche Vergangenheit im Bistum Essen, Essen 1960. Jahn, Robert: Essener Geschichte 2. Aufl. 1957. Junk, Heinz-K. (Bearb.): Blatt „Essen", in: Stoob, Heinz (Hg.): Deutscher Städteatlas, Lfg. 4, Nr. 6, Altenbeken 1989. Petry, Manfred: Das Stift Essen, in: Berghaus, Peter/Kessemeier, Siegfried (Hg.): Köln – Westfalen 1180 – 1980, Köln 1980, S. 165 – 167. Ribbeck, Karl: Geschichte der Stadt Essen, Teil 1 (mehr nicht erschienen), Essen 1915. Schoppmeyer, Heinrich: Artikel "Essen", in: Lexikon des Mittelalters, Bd. 4, München/Zürich 1989, Sp. 22 – 23. Zimmermann, Walter: Das Münster zu Essen, Essen 1956. Abkürzungen: BE: Beiträge zur Geschichte von Stift und Stadt Essen, MaH: Das Münster am Hellweg, UBN: Urkundenbuch für die Geschichte des Niederrheins, hrsg. v. Theodor Lacombiet, 3 Bde. Neudr. 1960, MGH: Monumenta Germaniae Historica. Diplomata regua Germaniae ex stirpe Karolinorua. Neudr. 1956.
2 Bettecken (wie Anm. 1) S. 10 – 14. In der Zeit zwischen 835 und 850 wurde auf dem Gebiet der späteren Stiftsimmunität eine Quintinus Kapelle erbaut, vgl. a. a. O., S. 14 und S. 187 – 188. Zur Frage der politischen Raumgliederung Derks, Paul: In pago Borahtron, in: BE 99 (1984), S. 1 – 78, hier S. 15, 20 – 23, 38 – 42, 59. Der Siedlungsname Essen ist etymologisch unklärt: Derks, Paul: Die Siedlungsnamen der Stadt Essen, in: BE 100 (1985), S. 1 – 241, hier S. 11 – 12.
3 Götting, Hans: Das Bistum Hildesheim 3: Die Hildheimer Bischöfe von 815 – 1221 (1227), Berlin/New York 1984, S. 85 f., 90 – 92, 97 f. Pothmann, Alfred (Hg.): Bischof Altfrid. Leben und Werk, Essen 1974, darin: ders: Altfrid – Bischof und Staatsmann, S. 11 – 28.
4 Wisplinghoff, Erich: Beiträge zur Geschichte des Damenstiftes Essen, in: Archiv für Diplomatik 13 (1967), S. 110 – 133, hier S. 117 – 118. Bettecken (wie Anm. 1) S. 19 – 41 bestreitet dieser Urkunde jegliche Relevanz in Bezug auf die Gründungsphase.
5 UBN Band I, Nr. 69.
6 Wisplinghoff (wie Anm. 4) S. 122 – 123.
7 Hegel (wie Anm. 1) S. 37. Arens, Franz (Hg.): Der Liber ordinarius der Essener Stiftskirche und seine Bedeutung für die Liturgie, Geschichte und Topographie des ehemaligen Stiftes Essen, in: BE 21 (1901), S. 1 – 156
8 Inwieweit Altfrid in Essen als Heiliger verehrt wurde, was in Hildesheim sehr rasch geschah, ist in der Literatur umstritten, da er in zahlreichen Essener Quellen als „beatus" tituliert wird; ein Offizium ist nicht überliefert. Für die Essener Heiligen Verehrung Cohausz, Alfred: Die Verehrung des Heiligen Altfrid, in: Pothmann (wie Anm. 3) S. 109 – 126, vgl. dagegen Götting (wie Anm. 3) S. 111 – 112.
9 Petry (wie Anm. 1) S. 165. Semmler, Joseph: Corvey und Herford, in: Frühmittelalterliche Studien 4 (1970), S. 289 – 319. Skeptisch: Althoff, Gerd: Das Necrolog von Borghorst. Münster 1978, S. 244.
10 Zimmermann (wie Anm. 1) S. 38.
11 Bader (wie Anm. 1) S. 317. Wisplinghoff, Erich: Der Kampf um die

Vogtei des Reichsstiftes Essen im Rahmen der Allgemeinen Vogteientwicklung des 10 - 12. Jahrhunderts, in: Aus Geschichte und Landeskunde. Franz Steinbach zum 65. Geburtstag gewidmet, Bonn 1960, S. 308 - 332, hier: 317 - 318.

12 Weigel, Helmut: Aufbau und Wandlungen der Grundherrschaft des Frauenstiftes Essen (852 - 1803), in: Das erste Jahrtausend. Kultur und Kunst im werdenden Abendland an Rhein und Ruhr, Bd. 1, Düsseldorf 1962, S. 256 - 295, hier S. 259 - 260 u. ders. Studien zur Verfassung und Verwaltung des Grundbesitzes des Frauenstiftes Essen 852 - 1803, in: BE 76 (1960). Die Urkunde Zwentibolds ist damit die älteste Herrscherurkunde der Essener Tradition. Essen zählte wohl zum lothringischen Teilreich des später im Kampf gegen eine Adelsopposition gescheiterten späten Karolingers, vgl. Goetz, Hans-Werner: Das Ruhrgebiet im frühen Mittelalter, in: Jahrbuch des Vereins für Orts- und Heimatkunde in der Grafschaft mit dem Sitz in Witten 86 (1988), S. 7 - 34, hier S. 13 und MGH DZw 22, ausgestellt in Essen 898.

13 Petry (wie Anm. 1) S. 167; Weigel, Aufbau (wie Anm. 12) S. 264.

14 Weigel, Aufbau (wie Anm. 12) S. 270. Die rheinischen und niederländischen Höfe waren um einen Haupthof und bäuerliche Eigenwirtschaften straffer organisiert (jüngere Villikationsverfassung) ebd., S. 265. Vgl. Weigel, Studien (wie Anm. 12) S. 309 - 311 (Schemata) u. die Karten I - VI.

15 Weigel, Aufbau (wie Anm. 12) S. 266.

16 Bettecken (wie Anm. 1) S. 112 - 118.

17 Bettecken (wie Anm. 1) S. 127.

18 Bettecken (wie Anm. 1) S. 130 f.

19 Vgl. Petry, Manfred: Zur Geschichte des Essener Stadtrates im 14. Jahrhundert, in: MaH 30 (1977), S. 1 - 57, hier S. 51 - 52.

20 Vgl. Bader (wie Anm. 1) S. 317 - 318.

21 Bader (wie Anm. 1) S. 317 - 318, weitere Ämter: Thesauraria (Schatzmeisterin), Cameraria (Kämmerin), Celleraria (Kellnerin), Capellaria (Kaplanin) und die Scholastica (Schulmeisterin).

22 Petry (wie Anm. 1) S. 165. Diese Lebensweise ist bereits in der gefälschten Gründungsurkunde des 11. Jh. faßbar.

23 Vgl. Brandt, Hans-Jürgen: Das Herrenkapitel am Damenstift Essen in seiner persönlichen Beziehung zur Seelsorge (1292 - 1412), in: BE 87 (1972), S. 5 - 145.

24 Vgl. Goetz (wie Anm. 12), S. 13 - 14; Zimmermann (wie Anm. 1) S. 38 - 40; Skeptisch ist hier Althoff (wie Anm. 9) S. 226 - 227.

25 Der Königsschutz wurde erst 1003 und 1028 explizit erwähnt, er war aber in den Privilegien implizit mit enthalten, vgl. Bettecken (wie Anm. 1) S. 60.

26 Bettecken (wie Anm. 1) S. 66 - 69. Der Charakter dieses Zolls ist nicht genau faßbar.

27 Bettecken (wie Anm. 1) S. 65.

28 Bettecken (wie Anm. 1) S. 70 ff.

29 Kahsnitz, Rainer: Die Essener Äbtissin Svanhild und ihr Evangeliar in Manchester, in: BE 85 (1970), S. 13 - 80 hier: S. 37, 79.

30 Vgl. Derks, In pago (wie Anm. 2) S. 58 f.

31 Müller, Ernst: Das Königsurkundenverzeichnis des Bistums Hildesheim und das Gründungsjahr des Klosters Steterburg, in: Archiv für Urkundenforschung 2 (1909), S. 491 - 512, hier: Anhang, S. 511 - 512 (= Bestätigung Hildesheimer Königsurkunden mit Einbezug Essens).

32 Hegel (wie Anm. 1) S. 70 f. vermutet, daß die Exemtion des Essener Dekanates seit der 2. Hälfte des 11. Jh. besteht.

33 Ferner verfügte sie über das Zehnt-(Besteuerungs-)recht, Kollations-, Patronats- und Disziplinargewalt über alle Kirchen des Stiftes, vgl: Haas, Reimund: Die Ausbildung des Essene Offizialates in der Neuzeit, in: Münster am Hellweg 38 (1985), S. 29 - 70, hier: S. 42 - 46.

34 Jahn (wie Anm. 1) S. 63 -64; Hegel (wie Anm. 1) S. 111 - 112.

35 Vgl. Goetz (wie Anm. 12) S. 15 - 21.

36 „Praecipua nostri imperii monasteria" (MGH DHII 40a, a. 1009 für Vilich). Essen kam aber im Kontext dieser Musterklöster eine wohl eher sekundäre Bedeutung zu, Bettecken (wie Anm. 1) S. 60, 73, 82.

37 Vgl. Bettecken (wie Anm. 1) S. 93, 97. Bentheim, Motriz Graf zu: Die kleine, ältere Vogteirolle des Grafen von Isenberg-Altena vor 1220, Rheda 1957, S. III.

38 Vgl. Wisplinghoff (wie Anm. 11) S. 331 - 332 im Gegensatz zur älteren Forschung, die von einem genuinen territorialen Interesse Engelberts an Essen ausging; ebenso Bettecken (wie Anm. 1) S. 101.

39 Ribbeck (wie Anm. 1) S. 112 - 117; Janssen, Wilhelm: „Quod deinceps liberi essent ab archiepiscopo Coloniensi". Der Tag von Worringen und die Grafen von Berg und von der Mark, in: ders. und Stehkämper, Hugo (Hg.): Der Tag bei Worringen 5. Juni 1288, Köln/Wien 1988, S. 407 - 453, hier S. 427 - 430. Bettecken (wie Anm. 1) S. 157 - 161, läßt offen, ob die Essener Vogtei Ziel kölnischer Territorialpolitik oder eher Folge der regionalen Konflikte war.

40 Ribbeck (wie Anm. 1) S. 121 - 128.

41 Ribbeck (wie Anm. 1) S. 131.

42 Scholz, Klaus: Das Spätmittelalter, in: Kohl, Wilhelm (Hg.): Westfälische Geschichte, Bd. 1, S. 403 - 468, hier S. 407.

43 Janssen (wie Anm. 39) S. 444, 446, 451.

44 Die Landeshoheit erstreckte sich auf den ursprünglichen Besitz zwischen Emscher und Ruhr und den Fernbesitz Huckarde und Breisig.

45 Janssen (wie Anm. 39) S. 446 - 448.

46 Petry (wie Anm. 19) S. 3 - 8, S. 39 - 57. Lux, Thomas: Essener Stadtrechnungen des 14. Jahrhundert. Unveröff. Examensarbeit Essen 1989, S. 42 - 54.

47 Floegel-Schorberger, Marlene: Das Verhältnis der Stadt Essen zum Stift Essen und zu den Herzögen von Kleve-Mark im späten Mittelalter, in: MaH 24 (1971), S. 1 - 12 u. S. 167 - 176.

48 Floegel-Schorberger (wie Anm. 47) 167 - 169. Geuer, Franz: Ein Äbtissinnenstreit, in: BE 14 (1892), S. 49 - 68.

49 Floegel-Schorberger (wie Anm. 47) S. 169 - 170.

50 Jahn (wie Anm. 1) S. 101 - 106, Floegel-Schorberger (wie Anm. 47) S. 172 - 173.

Anhang

Äbtissinnenliste bis zum Ende des Mittelalters.

1. Gerswith (I) Schwester Altfrid 845 vor 864 (?).
2. Gerswith (II) um 864 - 878 (?).
3. Adalwi 878/9 - 895 (?).
4. Wicburg 895/6 - 906 (?).
5. Mathilde (I) 907 - 910 (?).
6. Hathwig 910 - 951 (?).
7. Agana 951 - 965 (?).
8. Ida 965/6 - 971 (?).
9. Mathilde [Enkelin Ottos I.] 1011.
10. Sophia [Tochter Ottos II.] 1012 - 1029.
11. Theophanu [Enkelin Ottos II.] 1039 - 1058.
12. Svanhild (von Hückeswagen) 1058 - 1085.
13. Lutgardis ca. 1088 - 1118 (?).
14. Oda (von Calw) 1119 - 1137.
15. Ermentrudis ca. 1140 - 1154.
16. Hadwig von Wied vor 1140 - 1172.
17. Elisabeth (I) 1172 - 1216.
18. Adelheid vor 1216 - vor 1237.
19. Elisabeth (II) um 1237 - um 1241.
20. Berta von Arnsberg vor 1243 - 1292
-Irmgard von Wittgenstein, 1290 - 1298 Gegenäbtissin.
21. Beatrix von Holta 1292 - 1327.
22. Kunigunde von Berg 1327 - resignierte 1337.
23. Katharina von der Mark 1337 - 1360.
24. Irmgard von Broich 1360 - 1370.
25. Elisabeth von Nassau 1370 - resignierte 1412.
26. Margarethe von der Mark-Arensberg 1431 - resignierte 1426.
27. Elisabeth Stecke-von Beeck 1426 - 1445 - Margarethe von Limburg (Broich), 1426 Gegenäbtissin.
28. Sophia von Daun-Oberstein 1445 - resignierte 1447.
29. Elisabeth von Saffenberg 1447 - 1459.
30. Sophia von Gleichen 1459 - 1489.
31. Meyna von Daun-Oberstein 1489 - resignierte 1521 - Irmgard von Diepholz, 1489 - 1504 Gegenäbtissin.

Anmerkung

Maßgebend: Pothmann, Alfred: Die Äbtissinnen des Essener Stiftes, in: Das Münster am Hellweg 40 (1987), S. 5 - 10, hier: S. 5 - 9. Zimmermann (wie Anm. 4) S. 55 - 57. Jahn (wie Anm. 1) S. 331 - 332. Zu den ersten Äbtissinnen vgl. Prinz, Joseph: Der karolingische Kalender der Handschrift Ambros. M 12 Sup, in: Max-Planck-Institut für Geschichte (Hg.): Festschrift für Hermann Heimpel, 3. Band, Göttingen 1972, S. 290 - 327, hier: S. 313 mit Fußnote 117 u. 118, S. 314 Fußnote 122. Harless, Woldemar: Die älteren Nekrologien und Namensverzeichnis des Stifts Essen, in: Archiv für die Geschichte des Niederrheins NF 1, 1 (1867), S. 63 - 84. Ribbeck, Ein Essener Necrologium aus dem 13. und 14. Jahrhundert, in: BE 20 (1900), S. 29 - 135. Seemann, Otto: Die Äbtissinnen von Essen nach dem Brüsseler Katalog mit Varianten, in: BE 5 (1883), S. 1 - 54.

„Civitas Tremoniensis imperialis“

Aspekte der Geschichte Dortmunds im Wandel des Königstums

Thomas Schilp

I

Die erste schriftliche Nennung Dortmunds („Throtmanni") stammt aus dem ältesten Urbar des Klosters Werden; die Erwähnung ist auf den Zeitraum zwischen 880 und 884 zu datieren[1]. Die Anfänge der Besiedlung und der Bezüge des Dortmunder Raumes zu König und Reich liegen im Dunkeln; dennoch konnte die bisherige Forschung wahrscheinlich machen[2]: Archäologische Funde bringen die Besiedlung mit der Entstehung des Hellweges in Zusammenhang. In den Unterwerfungsfeldzügen gegen die Sachsen eroberte Karl der Große im Jahre 775 die das Ruhrtal beherrschende Syburg südlich Dortmunds. Zur Sicherung der eroberten Gebiete und der königlichen Besitznahme legte Karl der Große Burgen und Reichshöfe zur wirtschaftlichen Versorgung von König und Heer an. Es ist davon auszugehen, daß Karl der Große die strategisch bedeutende Straßenkreuzung des Hellwegs mit einer wichtigen Süd-Nord-Straße, die vom Kölner Becken in den norddeutschen Raum führte, durch die Anlage einer Burg sicherte. Aus späteren Quellen ist zu schließen, daß er in der Nähe der Burg – etwa 800 Meter westlich – einen Reichs- bzw. Königshof als Zentrum des Reichsgutkomplexes um Dortmund errichtete, in dessen unmittelbarer Nähe auch die älteste Dortmunder Kirche St. Martin lag.

Der Niedergang des karolingischen Reiches in der zweiten Hälfte des 9. Jahrhunderts ließ auch das Befestigungssystem in Verfall geraten[3]. Mit dem Machtantritt der sächsischen Stammesherzöge als Könige im Jahre 919 verlagerte sich das Reichszentrum nach Osten, eine Entwicklung, die für den gesamten Hellwegraum von außerordentlicher Bedeutung sein sollte, denn das Gebiet wurde zum verbindenden Glied zwischen der sächsischen Hausmacht und den westlichen Reichsteilen. Die karolingischen Befestigungen hatten den Einfällen der Normannen im ausgehenden 9. Jahrhundert und dann der Ungarn nicht standhalten können. Widukind von Corvey beschreibt in seiner Sachsengeschichte[4], wie König Heinrich I. einen Waffenstillstand mit den Ungarn nutzte, um die karolingischen Burgen („urbes") instand zu setzen und in ihrem Umkreis stadtähnliche Siedlungen anzulegen. Die Burgen wurden mit Besatzungen versehen, die in der Befestigung lebten. Zusammenkünfte und Verhandlungen sollten in Zukunft nur noch innerhalb der „urbs“ erfolgen[5]. Wenngleich für Dortmund schriftliche Belege und eindeutige archäologische Funde fehlen, ist davon auszugehen, daß Charakter und Siedlungsschwerpunkt des Reichsstützpunktes Dortmund im Zuge dieser Maßnahmen nachhaltige Modifikationen erfuhren: Das Siedlungszentrum wechselte vom Königshof in den Bereich der zur „urbs“ ausgebauten karolingischen Burg; um diese „urbs“ entstand während des 10. Jahrhunderts eine vorstädtische Siedlung für Dienstleute, Handwerker und erste Kaufleute[6].

Die erhaltenen Quellen haben Dortmund nie mit dem Attribut „palatium“ versehen; dies hat Walter Schlesinger zu dem Urteil verleitet, daß Dortmund nicht als Pfalzstadt bezeichnet werden kann[7]. Neuere Forschungen, vor allem von Norbert Reimann und Manfred Balzer[8], haben ergeben, daß Dortmund von Heinrich I. im Zuge der beschriebenen Maßnahmen zur Pfalz ausgebaut wurde, die den Königen als Residenz und Verwaltungszentrum des Dortmunder Reichsgutkomplexes diente. Heinrich I. hielt sich am 13. April 927 in Dortmund auf[9] – dies ist der erste nachweisbare Königsaufenthalt in Dortmund. In den kommenden 150 Jahren sind weitere 26 Königsbesuche in Dortmund urkundlich belegt, etwa eine gleiche Anzahl läßt sich darüber hinaus erschließen. Mit Ausnahme Heinrichs I. haben sich alle Herrscher dieser Zeit sogar mehrfach hier aufgehalten, Otto der Große und Heinrich II. z. B. je fünfmal[10]. Die Herrscher hielten in Dortmund Hoftage sowie Synoden ab und feierten wiederholt hier auch das Osterfest.

Der sächsische Aufstand des Jahres 1073 läßt die regelmäßigen Königsbesuche in Dortmund abbrechen. Erst mit Heinrich V. kam um 1114 wieder ein König nach Dortmund; wie Chroniken berichten, befestigte er Dortmund neu, da die Stadt kurz zuvor von seinen Gegnern, dem Erzbischof von Köln und führenden westfälischen Adeligen, in Brand gesteckt worden war; er ließ hier ein „praesidium imperatoris“ zurück[11]. 1115 wurde Dortmund von den Gegnern des Königs abermals zerstört[12]. Wenngleich die chronikalische Überlieferung zu diesen Auseinandersetzungen hinsichtlich der Situation in Dortmund vieles offenläßt, ist doch unverkennbar, daß Pfalz und Stadt ein wichtiger Stützpunkt der königlichen Herrschaft blieben.

II

Für mehrere Jahrzehnte ist Dortmund im Itinerar der Könige nicht mehr nachzuweisen, wenngleich wir für Konrad III., den ersten König aus dem staufischen Hause, einen Aufenthalt annehmen dürfen. Er gewährte, wohl im September 1145, Dortmund ein Privileg, das leider nur als Deperditum überliefert ist; dennoch ist das erste nachweisbare königliche Privileg für die „civitas“ Dortmund ein wichtiges Zeugnis für die Herausbildung (reichs)städtischer Autonomie und ein erster Hinweis auf einen Funktionswandel der Reichsgutpolitik. Den Inhalt des Privilegs können wir nur aus einer Bestätigung Friedrichs II. rekonstruieren[13]: 1. Dortmunder haben ihren Gerichtsstand ausschließlich vor dem Gericht in der Stadt in Anwesenheit des Grafen oder dessen Richter. 2. Befreiung vom Zweikampf aus unrechtem Grund, wenn Dortmunder Kaufleute über Land fahren. 3. Zollfreiheit für Dortmunder im gesamten Reich.

Sein Nachfolger Friedrich I. Barbarossa erneuerte dieses Privileg[14], möglicherweise mit Erweiterungen und wahrscheinlich anläßlich eines Aufenthaltes in Dortmund. Augenscheinlich erlangte die Stadt wieder zunehmende Bedeutung für die königliche Politik, bedingt wohl auch durch ihre Lage im Herzogtum Sachsen, in dem Herzog Heinrich der Löwe – der große Widersacher Barbarossas – eine sehr starke Machtposition innehatte. Nur knapp zwei Monate nach seiner Königswahl vom 4. März 1152 kam Barbarossa auf seinem Königsumritt nach Dortmund, wo er einen Hoftag abgehalten zu haben scheint. Darauf weist zumindest eine im folgenden Jahr ausgestellte Urkunde hin: In Anwesenheit zahlreicher Reichsfürsten bestätigt er „in burgo Tremonia“ dem Kölner Erzbischof Arnold II. die Unveräußerlichkeit der erzbischöflichen Tafelgüter[15]. Für unseren Zusammenhang ist hierbei zweierlei in Betracht zu ziehen: Der Terminus „burgus“ bezeichnet in dieser Zeit eine Siedlung, die ihrem Rechtscharakter nach und in ihrer äußeren

Erscheinung einer Stadt entspricht[16]. Die Bezeichnung als „Tremonia" in diesem Diplom löst schlagartig und für einige Dauer die bis dato verwendeten Varianten von „Trotmanni" ab. Reimann hat plausibel gemacht, daß die Namensänderung „sich nicht einer sprachlichen Entwicklung verdankt ... sondern einer dispositiven Entscheidung"[17]. Aus Gründen der Rechtssicherheit benötigte man eine eindeutige Benennung Dortmunds und wollte mit der Namensänderung augenscheinlich an „tria" bzw. „tres moenia", an eine Dreimauerstadt, erinnern und damit vielleicht die gewandelte Funktion der Stadt zum Ausdruck bringen.

1154, kurz vor seinem ersten Italienzug, hielt sich Barbarossa nochmals in Begleitung zahlreicher Reichsfürsten in „Tremonia" auf. Das große Gefolge läßt vermuten, daß er hier abermals einen Hoftag abhielt. Diplome werden am 17. und am 23. Juni in Dortmund ausgefertigt[18]. Der Dortmunder Chronist Johann Kerkhörde berichtet, daß Friedrich I. für zwei Jahre das königliche Hofgericht nach Dortmund verlegt habe[19]. Andere Dortmunder sowie westfälische Quellen deuten weitere Aufenthalte Barbarossas an[20]. Bereits die sicher zu belegenden Aufenthalte des Königs räumen Dortmund eine Vorrangstellung im Rahmen der staufischen Reichspolitik in Westfalen ein. Die Erneuerung des Privilegs Konrads III. nach nur wenigen Jahren zeigt das Interesse des Königs, die Stadt tatkräftig zu fördern. Vielleicht können wir diese Zuwendung mit den engen persönlichen Beziehungen Barbarossas zu seinem Taufpaten Otto von Cappenberg in Zusammenhang bringen, der Mitgründer und zeitweiliger Propst des nördlich von Dortmund gelegenen gleichnamigen Prämonstratenserstiftes war. Mit den Besuchen Friedrich Barbarossas reißt die Kette der Königsaufenthalte in Dortmund ab. In der Zeit der Territorienbildung wanderte das Zentrum des Reiches allmählich in den Bereich der staufischen Hauslande ab. Die Besuche Heinrichs (VII.) 1224 und Karls IV. 1377 sollten eine bloße Episode bleiben. Dies ist freilich auch mit der sich wandelnden Funktion Dortmunds im Rahmen der Reichspolitik in Zusammenhang zu bringen, auf die im folgenden einzugehen ist.

Die Privilegien Konrads III. und Barbarossas für Dortmund sind als erste Ansätze der städtischen Autonomie zu werten; in Verknüpfung mit den Besuchen dieser Herrscher erfolgte ein erstes Aufblühen der Stadt, das zu einer großzügigen Stadterweiterung führte. Möglicherweise noch unter Barbarossa projektiert, sollte der Umfang dieser Erweiterung der städtischen Entwicklung bis weit in das 19. Jahrhundert ausreichenden Raum bieten[21]. Zwar liegen für den Vorgang keine schriftlichen Quellen vor, doch läßt sich die Erweiterung anhand von Urkunden rekonstruieren: Heinrich VI. stiftete 1193 ein in der Nähe des Königshofes gelegenes Grundstück zum Bau der Wirtschaftsgebäude eines Klosters, das er hier zu gründen beabsichtigte, sowie zum Unterhalt der künftig hier lebenden Religiosen[22]; hier sollte mit dem Katharinenkloster das erste Kloster der Stadt entstehen. Damals lag das Grundstück sicherlich extra muros, im 13. Jahrhundert aber intra muros am Nordrand der Stadt. Etwa gleichzeitig muß im Süden Dortmunds die Nicolaikirche entstanden sein, denn sie wird 1238 mit dazugehörigem Friedhof urkundlich genannt[23] – auch sie lag innerhalb der Mauern am Stadtrand. Für unseren Zusammenhang ist vor allem entscheidend, daß der König selbst in seiner Stadt das Katharinenkloster gründete. Dies verdeutlicht, wie dominant seine Stellung als Stadtherr Dortmunds in dieser Zeit noch war. Friedrich II. bestätigte 1218 die Stiftung des Klosters durch seinen Vater[24]. Interessant ist, daß der König in diesem Zusammenhang gestattete, Schenkungen von Reichsgut von den Inhabern an das Kloster zu erlauben, sofern dadurch der Bestand des Königshofes in Dortmund nicht gefährdet wurde. Offensichtlich war der Königshof damals noch voll funktionsfähig. Überhaupt ist davon auszugehen, daß der Dortmunder Reichsgutkomplex bis zur Mitte des 13. Jahrhunderts nicht zersplittert oder in wesentlichen Teilen entfremdet worden war[25].

Friedrich II. erneuerte 1236 der „universitas Tremoniensium civium" ein bereits 1220 von ihm ausgestelltes Privileg, das bei einem Stadtbrand um 1232 vernichtet worden war[26]; es wiederholt die bereits erwähnten Privilegien Konrads III. und Friedrichs I. Bedeutsam erscheint, daß der Herrscher sich an die Gesamtheit der Dortmunder Bürger richtete – die Bürger bildeten also spätestens zu diesem Zeitpunkt „eine rechtsfähige Körperschaft oder Genossenschaft mit Genossen gleichen Rechts"[27]. Die Verbriefung des Gerichtsstandes der Dortmunder Bürger vor dem Gericht des Grafen in Dortmund („in civitate nostra") zeigt einerseits, daß die königliche Herrschaft durch die Person des Grafen in der Stadt präsent war, andererseits aber betont die Zusammensetzung des eigentlichen Gerichts als Kollegium von Bürger-Schöffen das genossenschaftliche Element. Das Spannungsverhältnis zwischen dem Grafen als Vertreter des Königs und den Bürgern sollte in den kommenden Jahrhunderten zu Auseinandersetzungen führen, auf die noch einzugehen sein wird. Wie bereits erwähnt, wurden die Dortmunder „cives" durch das Privileg vor Zweikämpfen aus unrechten Gründen geschützt, wenn sie zu Handelszwecken reisten, und es wurde ihnen für das gesamte „imperium" Zollfreiheit eingeräumt.

Als Heinrich (VII.) Dortmund am 30. September 1232 – offenbar auf ein Hilfeersuchen der Stadt – zu dem traditionellen Jahrmarkt von Himmelfahrt bis Pfingsten das Recht einräumte, ab Michaelistag (29. September) einen zweiten, zweiwöchigen Jahrmarkt abzuhalten, bezeichnete er Dortmund erstmals als Reichsstadt: „civitas noster imperialis"[28]. Mit dieser bescheiden ausgefertigten Urkunde versuchte der König, der Stadt aus einer Katastrophe zu helfen, denn durch einen nächtlichen Brandanschlag war Dortmund – wir nehmen an, auch das Archiv der Stadt – in Schutt und Asche gelegt worden. Der in der Überlieferung deutlich werdende Aufschwung der kommenden Jahre zeigt, daß diese Maßnahme schnelle Erfolge brachte, macht aber auch klar, daß die „civitas imperialis" bereits vor 1232 zu einem herausragenden Wirtschaftszentrum des westfälischen Raumes geworden war.

Die Reichssteuerliste von 1241[29] erfaßt Einnahmen von den vier Königshöfen bei Dortmund mit zusammen 15 Mark; das unterstreicht die volle Funktions- und Leistungsfähigkeit dieser Reichsgut-Villikationen. Alleine die Juden in Dortmund brachten die gleiche Summe auf und die Stadt Dortmund – kaum zehn Jahre nach der Brandkatastrophe – nahezu das Siebenfache, nämlich 100 Mark. Schlaglichtartig verdeutlicht die Reichssteuerliste einen Wandel der Reichsgutverwaltung und -politik: War für das Reisekönigtum bisher Reichsgut und königlicher Grundbesitz *die* Bedingung für die Gastung des Reichsoberhauptes und seines Gefolges, rückte unter den Staufern seit der Mitte des 12. Jahrhunderts in zunehmendem Maße die bloße Geldeinnahme aus Reichsbesitz in den Vordergrund des fiskalischen Interesses – eine Entwicklung, die zur Zeit der Niederschrift der Reichssteuerliste einen gewissen Abschluß erreicht hatte und als Indiz der Auflösung der direkten Herrschaft des Königs über die Stadt gewertet werden kann.

III

Das Ende der Stauferzeit bedeutete für Dortmund jedoch nicht nur die Auflösung der königlichen Herrschaft über die, sondern auch das Ende von Schutz und Fürsorge für die Stadt. Dies sollte sich schon 1248 als Bedrohung erweisen, da König Wilhelm von Holland – noch als Gegenkönig – die Stadt und die umliegenden Reichshöfe für 1200 Mark an den Kölner Erzbischof und Kurfürsten verpfändete[30]. Der Vorgang rückte das rein fiskalische Interesse des Königtums an der Reichsstadt Dortmund vehement in den Vordergrund. Im kommenden Jahrhundert mehrfach wiederholt, blieben die Verpfändungen für die weitere Entwicklung der Stadt praktisch jedoch wirkungslos. Die städtische Autonomie war im Zuge des Aufblühens Dortmunds in der späten Stauferzeit so weit entwickelt worden, daß die auf das eigene Potential beschränkte Stadt diese Bedrohung abwenden konnte. Folgerichtig setzen die Auseinandersetzungen zwischen der Bürgergemeinde und dem Vertreter des königlichen Stadtherrn in der Stadt, dem Grafen von Dortmund, in den dreißiger Jahren des 13. Jahrhunderts ein[31]. Eine auf die Jahre zwischen 1230 und 1240 zu datierende Urkunde dokumentiert einen ersten Vergleich zwischen diesen Kontrahenden[32], bei dem es um Erbrechte bei Nachlässen von Fremden und ohne Erben verstorbenen Bürgern ging. Entscheidender für unseren Zusammenhang ist ein Vertrag, den „burgenses et civitas" 1241 mit dem Grafen schlossen[33]. Dieser verkaufte der Stadt sein Haus am Markt und folgende, vom Reich herrührende Rechte („quam nos a sacro imperio Romano habuimus"): an den Fleisch- und Schuhbänken, am Brothaus sowie an dem Gebäude, das über „tribunal iudiciarum situm". Wenn die Vermutung von Reimann zutrifft, daß hiermit die Bürger ihr erstes Rathaus kauften, das noch in diesem Jahr als „domus burgensium" genannt wird[34], dann ist dies als Erwerb zentraler Herrschaftsrechte zu werten. Das Rathaus wäre danach in seinem Ursprung ein Gebäude des königlichen Stadtherrn und seines Repräsentanten für Gerichtszwecke gewesen. Bedeutsam ist auch die erstmalige Nennung von 18 „consules", von Ratsherren, die sich in dieser Zeit als Körperschaft für die Selbstverwaltung der Stadt formieren. An ihrer Spitze steht noch kein Bürgermeister, sondern allem Anschein nach der Stadtrichter („iudex")[35], was darauf hinweist, daß die Entwicklung vom Schöffen- zum Ratskollegium noch nicht abgeschlossen ist. Bestimmungen der ältesten Aufzeichnungen des Dortmunder Stadtrechts um 1250 legen nahe, daß auch in dieser Zeit der Stadtrichter als Vertreter des Grafen bereits im Einvernehmen mit den Bürgern aus ihrem Kreise eingesetzt wurde[36]. Den Vertrag besiegelten die „consules" für die Stadt. Diese Ausübung des Siegelrechts weist auf weitreichende rechtliche Konsequenzen: Die Stadt als „Genossenschaft gleicher Genossen" nahm damit nämlich anerkanntermaßen das Recht wahr, Urkunden auszustellen und als gleichberechtigter, korporativer Partner Verträge abzuschließen; eine wichtige Voraussetzung für eigenes politisches Agieren war damit unter der Hand erreicht. Der Vertrag zeigt die Reichsstadt somit in einem bahnbrechenden Umbruch: Die städtische Autonomie war um 1240 so weit entwickelt, daß die Bürgergemeinde mit dem Repräsentanten der königlichen Herrschaft über die Stadt als gleichberechtigter Partner einen Vertrag schließen konnte; er ist als Auftakt für die Zurückdrängung der Grafengewalt als Machtfaktor in der Stadt zu werten[37].

IV

Die reichsstädtische Autonomie konstituierte sich als Bemühung um die Freiheit der Bürgergemeinde vor äußeren Einflüssen; sie drängte früh nach unabhängigem politischen Handeln der Reichsstädte. Schon 1226 hatte sich ein Bund mittelrheinischer und wetterauer Städte gebildet. Das staufische Königtum war damals noch so stark, daß Heinrich (VII.) diesen Bund aufhob[38]. Noch vor der Gründung des bedeutenden Rheinischen Städtebundes im Jahre 1254 – mehr als 70 Städte sollten dem Bund beitreten – wurde Dortmund in dieser Richtung aktiv: Im Zuge der allgemeinen Rechtsunsicherheit schlossen am 17. Juli 1253 auf der Lippebrücke bei Werne die Städte Münster, Dortmund, Soest und Lippstadt einen Bund, der zum Ziel hatte, den Bürgern dieser Städte den Frieden gegen Übergriffe der Landesherrschaften und ihres landsässigen Adels zu sichern[39]. Der sich abzeichnende Zusammenbruch der staufischen Reichsgewalt hatte auch die Auflösung der allgemeinen Friedenswahrung durch das Königtum zur Konsequenz. In dieser Situation versuchten die Städte auf der Basis der erlangten Autonomie, das eingetretene Machtvakuum durch eigenes politisches Agieren zu kompensieren. Das Dortmunder Bündnis von 1253 hatte zwar insgesamt einen defensiven Charakter, dennoch ist es als erster Ansatz autonomen, „außenpolitischen" Handelns zu werten.

Auf der Grundlage der erworbenen Autonomie konnte die Stadt in ihren ältesten Statuten um 1250 unter der Überschrift: 'Über die Freiheit unserer Stadt' selbstbewußt erklären: 'Unsere Stadt ist vollständig auf dem Grund und Boden des heiligen Reichs gelegen; daher besitzt jeder (Bürger) seinen Grund und Boden sowie seine Hausstätte frei und ohne Zins und Abgabe'[40]. Das Zitat zeugt von Ansätzen eines Reichsbewußtseins, das in Dortmund über das Mittelalter hinaus prägend wirken sollte: Reichsfreiheit bedeutete für die Stadt Freiheit vor dem Einfluß der umliegenden Landesherrschaften und Garantie für eine selbstbestimmte Entwicklung, die auf königlichen Schutz und Förderung allerdings nur mehr bedingt rechnen konnte. Daß diese Entwicklung mit dem kometenhaften wirtschaftlichen Aufstieg Dortmunds im Rahmen der Hanse, in deren Zusammenhang Dortmunder Fernkaufleute erstmals im Jahre 1229 auftraten, verknüpft und verwoben war, lohnt eine besondere Würdigung; dies kann hier nur angedeutet werden[41].

Die Bindungen Dortmunds an das Königtum waren fortan gelockert; das Eigentumsrecht und die Verfügungsgewalt über die Stadt waren der städtischen Autonomie gewichen, als die Herrschaft der Staufer zusammenbrach und das Interregnum begann – die „kaiserlose Zeit", wie sie Schiller nannte. Bindungen Dortmunds an Kaiser und Reich blieben aber bestehen, selbst wenn die Könige nur noch selten in die Geschichte der Stadt eingriffen. Die erwähnten Verpfändungen der Stadt anläßlich der Königswahlen an die Erzbischöfe von Köln oder die Grafen von der Mark stellten eine dauernde Bedrohung der städtischen Autonomie dar. In vergleichbaren Fällen – z. B. den niederrheinischen Reichstädten Duisburg oder Kaiserswerth – sollte die Verpfändung über kurz oder lang zum Verlust der Reichsunmittelbarkeit führen. Dortmund hatte sich in den Auseinandersetzungen mit den Pfandherren als den partikularen Kräften des Raumes zu messen und sollte sich bewähren.

Als das Interregnum 1273 mit der Wahl Rudolfs von Habsburg zum König beendet wurde, gehörte zu seinen ersten Maßnahmen auch die Bestätigung der Dortmunder Privilegien; im Jahr darauf erfolgte die ausdrückliche Bestätigung der Zollfreiheit[42]. Im Rahmen seiner Revindikationspolitik sind Eingriffe in die Dortmunder Verhältnisse – wie bei seinen Nachfolgern auch – nicht festzustellen[43]. Unter Rudolf von Habsburg wurden ledig-

lich noch das Zollprivileg wiederholt und zwei Schutzprivilegien für die Dortmunder Bürger ausgestellt[44]. 1293 trat König Adolf von Nassau den Bürgern von Dortmund auf ihre Bitten das königliche Grutregal ab, das bisher dem Grafen von Dortmund zugestanden hatte. Damit wurde der Stadt das Recht eingeräumt, das Monopol für die Bereitung der Grut, eines Gär- und Würzstoffes für die Herstellung von Bier, in Dortmund auszuüben[45]. Dieses Privileg drängte den Einfluß des Dortmunder Grafen in der Stadt weiter aus dem Wirtschaftsleben zurück; die Einkünfte aus dem Gruthaus wurden zu einem Aktivposten des städtischen Haushalts. Unter König Albrecht scheint es zu Auseinandersetzungen Dortmunds mit dem Kölner Erzbischof um dessen Pfandschaftsrechte gekommen zu sein, denn für Dortmund sind außer einer Bestätigung der Privilegien nur Mahnungen des Königs überliefert, dem Erzbischof wegen der Pfandschaft Gehorsam zu leisten[46]. Die Entwicklung Dortmunds scheint über fast ein Jahrhundert ganz den inneren Kräften der Reichsstadt überlassen gewesen zu sein. Seit der Ausstellung des Privilegs Friedrichs II. im Jahre 1236 sind die königlichen Aktivitäten für Dortmund gleichsam als bloß flankierende Maßnahmen zu betrachten, die mit der Absicherung des Status als Reichsstadt freilich die verfassungsrechtliche Stellung sicherten.
Erst Ludwig der Bayer griff wieder in die städtische Entwicklung ein, im Vergleich zu den Maßnahmen der Staufer aber unter völlig geänderten Bedingungen. In einem Privileg vom 25. August 1332[47], das Luise von Winterfeld als die „magna charta" Dortmunds bezeichnet hat, da es „bis 1802 die grundlegende Verfassungsurkunde" blieb[48], bestätigte und erweiterte er die autonomen Rechte der Stadt. Das Privileg ging auf die Initiative der Stadt zurück. Die Urkunde beginnt mit einer reich gestalteten Initiale (L) des Namens des Kaisers: Sie zeigt den Kaiser auf dem Thron sitzend mit den Reichsinsignien; vor ihm knien huldvoll und demütig zwei Dortmunder Gesandte, die durch Spruchbänder und einen Vermerk der Kanzlei unter der Plika als der Bürgermeister Hermann Klepping und der Geistliche Bertram Sudermann zu identifizieren sind. Sinnfällig dokumentiert

Abb. 3 Initiale („L" von Ludowicus) des Privilegs Kaiser Ludwig des Bayern vom 25. August 1332.

sich in diesem Bild die traditionelle Königsidee, ein Eindruck, der in gewissem Kontrast zum Inhalt des Privilegs steht: Ludwig der Bayer bestätigte die bisherigen Reichsprivilegien der Stadt. In einigen Punkten griff er aufgrund der vorher mit Dortmund geführten Verhandlungen in die örtlichen Verhältnisse ein[49]: Kirchliche Benefizien sollte die Stadt wie von alters her vergeben können, ein Reflex auf die andauernden Auseinandersetzungen um das Patronatsrecht der Reinoldikirche. Unter dem Rechtsanspruch der Pfandschaft sollte niemand Herrschaftsrechte über die Stadt wahrnehmen; Entfremdungen der Stadt vom Reich brauchte Dortmund nicht anzuerkennen. Gegen die Bemühungen der umliegenden Landesherren, Rechte der Grafschaft an sich zu binden, wurde festgelegt, daß nur der Rat Dortmunds die ganze Grafschaft erwerben konnte. Der Rat sollte Instanz der freiwilligen Gerichtsbarkeit und als Niedergericht für die Stadt fungieren, nur die Blutgerichtsbarkeit sollte dem Richter zustehen. Dem Rat der Stadt wurde darüber hinaus das Recht eingeräumt, Ordnungen zu erlassen; Verstöße sollten mit Bußen geahndet werden. Durch diese Bestimmungen wurde der Rat zur Obrigkeit, die das Leben in der Stadt ordnend, weisend und richtend bestimmte. Heftige Auseinandersetzungen entstanden in Dortmund um die Bestimmungen des Privilegs zur Ratswahl: Wie bisher sollte der Rat aus achtzehn von den Bürgern gewählten Mitgliedern bestehen; festgeschrieben wurde auch, daß nur Patrizier „de parentelis, melioribus, antiquioribus, discretioribus, uxoratis, melius hereditatis et legitime natis" ratsfähig waren; sie sollten das Ratsamt lebenslänglich innehaben. Offensichtlich entsprachen diese Regelungen nicht den Erwartungen vieler Bürger; Luise von Winterfeld nimmt an, daß die Gilden eine Vergrößerung des Rates angestrebt hatten, um auch Handwerker und Kleinbürger am Stadtregiment zu beteiligen[50]. Die Lebenslänglichkeit des Ratsamtes verhinderte zudem die Einflußnahme auf die Zusammensetzung des Rates, die durch die jährlichen Ratswahlen bisher gewährleistet war; umgesetzt wurde dies freilich nicht. Überliefert ist eine von der Stadt angefertigte Abschrift, die dem Wortlaut des Privilegs folgt, in der aber die Artikel zur Ratswahl fehlen. Die Urkunde wurde Ludwig dem Bayern zur Beglaubigung vorgelegt. Die kaiserliche Kanzlei erkannte den Betrug. Am 5. Mai 1333 richtete sich daher Kaiser Ludwig zornerfüllt an die Stadt[51] und belegte Dortmund mit Vorwürfen wegen dieses „lächerlichen und eselhaften" Bemühens. Das für den Vollzug der Urkunde von den Gesandten mitgebrachte Geld wurde als Strafe für den Betrug von der Kanzlei einbehalten.
Das Privileg Ludwigs des Bayern hatte die städtische Autonomie Dortmunds aber nicht nur weiter gefördert – es hatte darüber hinaus aus dem Rat als Selbstverwaltungsorgan eine staatliche Obrigkeit für die Stadt konstituiert und damit einen Verfassungsrahmen geschaffen, in dem sich die Stadt als staatliches Gebilde innerhalb der politischen Organisation des Reiches entwickeln konnte: Die abgesicherte Reichsunmittelbarkeit war die conditio sine qua non der weiteren städtischen Entwicklung. Wie stark sich auf dieser Basis das Reichsbewußtsein der Stadt im Laufe des 14. Jahrhunderts ausprägte, zeigte sich anläßlich des letzten mittelalterlichen Besuchs eines Kaisers in Dortmund im November des Jahres 1377, über den eine Dortmunder Chronik ausführlich berichtet[52]: Rund 200 Dortmunder Reiter zogen am Morgen des 23. November Kaiser Karl IV. bis Unna entgegen, um ihn in die Stadt zu geleiten. In Körne übergaben ihm die Bürgermeister die Stadtschlüssel; Bürgerschaft und die gesamte Geistlichkeit zogen dem Kaiser zu Fuß entgegen. Der Kaiser kam

über den Ostenhellweg in die Stadt und zog bis zur Reinoldikirche; nach einem feierlichen Gottesdienst erhielt Karl IV. zwei Reliquien des Stadtpatrons Reinoldus zum Geschenk. Noch am 23. November bestätigte der Kaiser der Stadt ihre Privilegien[53]. Dortmund gestaltete den zweitägigen Besuch Karls IV. mit großem Aufwand – der chronikalische Bericht zeugt vom Bewußtsein der Bürger, wie wichtig die Reichsunmittelbarkeit für die Entwicklung des Gemeinwesens war. Expressis verbis ließ sich die Stadt urkundlich versichern, nicht an Landesherren verpfändet oder veräußert werden zu dürfen, sondern immer bei Kaiser und Reich zu bleiben[54]: „Burgermeister, ratleute, burger und stat zu Dortmunde ... und was daz reiche rechtes do hat ... sullen bey uns und unsern nachkomen an dem reiche ... bestehen und ewicliken beliben".
Daß dieses Reichsbewußtsein trotz aller Überhöhungen und Idealisierungen der Zeitgenossen wie der Geschichtsschreibung eine praktisch-bedeutsame Grundlage hatte, sollte bereits rund ein Jahrzehnt später in aller Deutlichkeit hervortreten. Übergriffe der Dortmund umschließenden Landesherrschaften der Grafen von der Mark und der Erzbischöfe von Köln waren nicht zuletzt auf der Basis der Verpfändungen von Stadt und Grafschaft Dortmund eine dauernde Bedrohung der städtischen Autonomie. Hinzu kam, daß der wirtschaftliche Aufstieg Dortmunds eine Sogwirkung zur Folge hatte, die das Wirtschaftsleben der Region auf die Reichsstadt ausrichtete. Die Stadtrechtsverleihungen für Hörde (1340) und Lünen (1341) in unmittelbarer Nähe Dortmunds durch die Grafen von der Mark sind auch als Versuche zu bewerten, dieser Tendenz entgegenzutreten. Der Gegensatz zwischen der Reichsstadt und diesen Landesherrschaften war der Beweggrund, als die Erzbischöfe von Köln und die Grafen von der Mark Dortmund die Große Fehde 1388/1389 aufnötigten[55]. Unter großen Opfern und auf sich gestellt ging Dortmund siegreich aus der Fehde hervor und hatte damit die Reichsunmittelbarkeit behauptet. Fast keinen Rückhalt fand die Stadt an Kaiser und Reich. Der Preis für die erfolgreiche Verteidigung der Reichsunmittelbarkeit war eine immense Verschuldung der Stadt, die in eine Krise führte, die das städtische Leben bis in das beginnende 15. Jahrhundert in Bedrängnis brachte.

Abb. 4 „Turmsiegel" der Stadt Dortmund, dritter Typ (1355 - 1727); zwei Vorläufer mit ähnlichem Siegelbild (1241 - 1255 und 1257 - 1348) Umschrift: SIGILLUM TREMONIE CIVITATIS WESTFALIE.

Abb. 5 Privileg König Heinrichs VII. für Dortmund 1232 (Stadtarchiv Dortmund, Bestand Nr. 4).

Die Konsolidierung der städtischen Finanzen gelang erst im zweiten Dezennium des 15. Jahrhunderts; sie wurde von Kaiser Sigmund unterstützt[56]. Er erneuerte 1419 die Dortmunder Münze und förderte die Reichsunmittelbarkeit durch zahlreiche Schutzprivilegien. Das Dortmunder Freigericht wurde vom Kaiser zur Appellationsinstanz der westfälischen Freigerichte erhoben.

V

Die Geschichte der mittelalterlichen Beziehungen zwischen König und Reich auf der einen und der Stadt Dortmund auf der anderen Seite war somit einem steten Wandel unterworfen. Dortmund war zunächst *das Zentrum* der königlichen Herrschaftsausübung in Westfalen. Das Jahrhundert des staufischen Königtums brachte für die Stadt eine einschneidende Funktionsänderung im Rahmen der königlichen Politik: Die königliche Macht zog sich seit der Regentschaft Friedrichs II. aus dem Raum zurück; das Interesse des Königtums begann, sich auf die finanzielle Leistungsfähigkeit der Städte und damit auch Dortmunds zu konzentrieren. Dieser „Rückgang" des Königtums begünstigte die Entwicklung der städtischen Autonomie, deren Anfänge bis in die Zeit Konrads III. zurückreichen. Dies war auch an der Zurückdrängung der Gewalt der Dortmunder Grafen in der Stadt festzustellen.
Seit dem Niedergang der staufischen Macht war die Stadt Dortmund für ihre Entwicklung auf endogene Kräfte angewiesen. Hierbei bedeutete die Reichsunmittelbarkeit für Dortmund die conditio sine qua non des wirtschaftlichen und politischen Aufstiegs. Das stark ausgeformte Reichsbewußtsein der Stadt und ihrer Bürger ist seit etwa 1250 in den Quellen spürbar – es war das Bewußtsein um die Bedeutung der Freiheit der städtischen Entwicklung vor fremden Einflüssen.
Deutlich zum Ausdruck kam das Reichsbewußtsein in einer Inschrift über dem Ostentor, die noch um 1550 dort zu lesen war; sie wurde möglicherweise anläßlich des Besuchs Karls IV. 1377 dort angebracht:
„Non bene pro toto libertas venditur auro.
Das stat ist vrei, dem riche holt,
verkoeft sulchs nit vur alle golt"[57].

Anmerkungen

1 Vgl. Wisplinghoff, Erich: Dortmund in der Überlieferung des Klosters Werden. Zur Frage der frühesten Erwähnung im ältesten Werdener Urbar, in: Luntowski, Gustav/Reimann, Norbert: Dortmund. 1100 Jahre Stadtgeschichte. Festschrift, Dortmund 1982, S. 7–19.

2 Vgl. Reimann, Norbert: Vom Königshof zur Reichsstadt. Untersuchungen zur Dortmunder Topographie im Früh- und Hochmittelalter, in: Luntowski/Reimann (wie Anm. 1) S. 21-50, hier S. 24ff.; zusammenfassend siehe auch: Schilp, Thomas: ZEIT-RÄUME. Aus der Geschichte einer Stadt. Ausstellung und Dokumentation des Stadtarchivs zur Geschichte der Stadt Dortmund im neuen Rathaus, Dortmund 1989, S. 12ff.

3 Vgl., auch zum folgenden, Reimann (wie Anm. 2) S. 32ff.

4 MGH SSrer.Germ. 60, S. 48ff.

5 Ebd.: „Concilia et omnes conventus atque in urbibus voluit celebrari".

6 Zur topographischen Entwicklung siehe Reimann, Norbert: Die Entwicklung des Dortmunder Stadtbildes im Mittelalter, in: Scholle, Heinrich: Dortmund im Jahre 1610. Maßstäbliche Rekonstruktion des Stadtbildes. Monographien zur Geschichte Dortmunds und der Grafschaft Mark Band 9, Dortmund 1987, S. 9–23, hier S. 14ff. mit einer Karte; die überarbeitete Karte s. auch Schilp (wie Anm. 2) S. 30. Zur stadtähnlichen Siedlung in Dortmund siehe MGH DO III. 66 und 357.

7 Schlesinger, Walter: Bischofssitze, Pfalzen und Städte im deutschen Itinerar Friedrich Barbarossas, in: Aus Stadt und Wirtschaftsgeschichte Südwestdeutschlands, Festschrift für Erich Maschke, Stuttgart 1975, S. 1–56, hier S. 45.

8 Reimann (wie Anm. 1) S. 36f. und Reimann (wie Anm. 6) S. 14ff. sowie Balzer, Manfred: Dortmund und Paderborn: Zwei Aufenthaltsorte der fränkischen und deutschen Könige in Westfalen (8.–13. Jh.), in: Westfälische Forschungen 32 (1982), S. 1–20, hier: S. 8ff.

9 MGH D H I. 18.

10 Vgl. hierzu den Beitrag von Reinhold Kaiser, Das Ruhrgebiet im Itinerar der früh- und hochmittelalterlichen Könige in diesem Band.

11 Chronica regia Coloniensis, MGH SSrer.Germ. 18, S. 54f.; Annalista Saxo, MGH SS 6, S. 751.

12 Vgl. Balzer (wie Anm. 8) S. 18f.

13 MGH D KIII. 134; das Privileg wurde wie alle Urkunden bei einem Stadtbrand 1232 vernichtet, siehe unten; vgl. auch zum folgenden Reimann, Norbert: „In burgo Tremonia". Pfalz und Reichsstadt Dortmund in der Stauferzeit, in: Blätter für deutsche Landesgeschichte 120 (1984), S. 79–104, hier S. 82ff.

14 Erwähnung findet das Privileg ebenfalls nur in der Bestätigung Friedrichs II; vgl. unten.

15 MGH D FI. 59.

16 Vgl. Reimann (wie Anm. 13) S. 86.

17 Ebd. S. 88.

18 MGH D FI. 81a und b, 82.

19 Die Chroniken der deutschen Städte vom 14. bis ins 16. Jahrhundert, Band 20: Die Chroniken der westfälischen und niederrheinischen Städte, 1: Dortmund, Neuß, Leipzig 1887, S. 118.

20 Vgl. Reimann (wie Anm. 13) S. 90f. mit Anm. 52.

21 Vgl. Schilp (wie Anm. 2) S. 22.

22 Rübel, Karl: Dortmunder Urkundenbuch, Ergänzungsband 1, Dortmund 1910, Nr. 74.

23 Ebd. Nr. 116.

24 Ebd. Nr. 84.

25 Vgl. Reimann (wie Anm. 13) S. 95 und S. 97f.

26 Rübel, Karl: Dortmunder Urkundenbuch, Band 1, Dortmund 1881–1895, Nr. 74; zur Bedeutung des Privilegs vgl. Schmale, Franz-Josef: Die soziale Führungsschicht des älteren Dortmund. Beobachtungen und Überlegungen zur hochmittelalterlichen Stadtgeschichte, in: Luntowski/Reimann (wie Anm. 1) S. 53–78, hier S. 63f. sowie Reimann (wie Anm. 13) S. 98f.

27 Schmale (wie Anm. 26) S. 63.

28 Dortmunder Urkundenbuch 1 (wie Anm. 26) Nr. 71.

29 MGH Constitutiones 3 S. 2.

30 Dortmunder Urkundenbuch, Ergänzungsband 1 (wie Anm. 22) Nr. 138.

31 Vgl. hierzu Reimann (wie Anm. 13) S. 100f.

32 Dortmunder Urkundenbuch 1 (wie Anm. 26) Nr. 77.

33 Ebd. Nr. 78.

34 Ebd. Nr. 84.

35 Siehe z. B. ebd. Nr. 76.

36 Frensdorff, Ferdinand: Dortmunder Statuten und Urtheile, Halle 1882, S. 20ff.

37 Die Rechte des Grafen von Dortmund in der Stadt werden im Zuge des wirtschaftlich-politischen Aufstiegs der Stadt zurückgedrängt; nur die wichtigsten Etappen seien genannt: 1286 erwarb die Stadt käuflich ein Drittel der Gerichtsrechte des Grafen (Dortmunder Urkundenbuch 1 Nr. 176), 1312 ein weiteres Sechstel (ebd. Nr. 326); nach dem Aussterben des Dortmunder Grafenhauses fiel die Grafschaft Dortmund 1504 endgültig an die Stadt: Chroniken (wie Anm. 19) S. 375.

38 MGH Constitutiones 2 S. 409.

39 Dortmunder Urkundenbuch, Ergänzungsband 1 (wie Anm. 22) Nr. 157.

40 Frensdorff (wie Anm. 36) S. 33: „De libertate oppidi nostri. Civitas nostra integraliter sita est in fundo sacri imperii, unde unusquisque possidet fundum et aream suam libere absque omni pensione et tributo.".

41 Siehe zuletzt Luntowski, Gustav: Dortmund und die Hanse, in: Luntowski/Reimann (wie Anm. 1) S. 129–149.

42 Dortmunder Urkundenbuch 1 (wie Anm. 26) Nr. 145 und 147.

43 Vgl. Martin, Thomas Michael: Die Städtepolitik Rudolfs von Habsburg, Göttingen 1976.

44 Dortmunder Urkundenbuch 1 (wie Anm. 26) Nr. 178 und 228f.

45 Ebd. Nr. 236, Bestätigung 1296 ebd. Nr. 250.

46 Ebd. Nr. 383, 395f., 402, 409f.

47 Ebd. Nr. 489.

48 Winterfeld, Luise von: Geschichte der freien Reichs- und Hansestadt Dortmund, Dortmund [7]1981 S. 54.

49 Siehe Dortmunder Urkundenbuch 1 (wie Anm. 26) Nr. 479 und 484.

50 Winterfeld (wie Anm. 48) S. 55f.

51 Dortmunder Urkundenbuch 1 (wie Anm. 26) Nr. 494.

52 Chroniken (wie Anm. 19) S. 229ff.

53 Rübel, Karl: Dortmunder Urkundenbuch, Band 2, Dortmund 1890, Nr. 83.

54 Ebd. Nr. 84.

55 Zur Großen Fehde siehe zuletzt Kirchhoff, Hans Georg: Die Große Dortmunder Fehde 1388/89, in: Luntowski/Reimann (wie Anm. 1) S. 107–128 und den Aufsatz von Kirchhoff in diesem Band.

56 Vgl. auch zum folgenden Winterfeld (wie Anm. 48) S. 94f.

57 Chroniken (wie Anm. 19) S. 186.

Die topographische Entwicklung Duisburgs bis zur Mitte des 16. Jahrhunderts

Joseph Milz

Für die Mitte des 16. Jahrhunderts liegt uns in der von Johannes Corputius, einem Schüler Gerhard Mercators, gefertigten 'Topographia Duisburgensis', einer Stadtansicht aus der Vogelperspektive, eine Abbildung vor, die an Präzision kaum zu übertreffen ist. Corputius selbst rühmt sich in der Widmung an den Leser auch entsprechend und behauptet, daß „bis heute nirgendwo auf der Welt eine Ortsbeschreibung im Druck herausgegeben wurde, die so wahrhaftig und genau ... ja geradezu ängstlich alles im einzelnen beobachtet und nachgebildet hat".

Jede Untersuchung zur Topographie des mittelalterlichen Duisburg wird deshalb von diesem Plan ausgehen und daneben natürlich den 1824 entstandenen Urkatasterplan heranziehen[1]. Betrachtet man diese Pläne, so fällt der ungefähr ovale Bereich von Burgplatz und Salvatorkirchhof sofort ins Auge. Wir haben hier, was schon lange auch archäologisch nachgewiesen ist, den ältesten Kern, die Keimzelle der Stadt, vor uns, den einmal durch Wall und Graben, teilweise aber auch durch Mauern befestigten Bereich der ottonisch-salischen Pfalzanlage und sicher auch schon des vorangehenden Königshofes.

Dieses Zentrum lag, was auf diesen Karten ohne Höhenlinien nicht ohne weiteres ersichtlich ist, an einem spornartigen Vorsprung der alten Terrassenkante. Der Höhenunterschied zwischen dem Burgplatz und dem sogenannten Alten Markt, dem mittelalterlichen Marktplatz, betrug noch beim Bau des jetzigen Rathauses um die Jahrhundertwende rund vier Meter. Das frühmittelalterliche Niveau des immer wieder aufgeschütteten Marktplatzes liegt rund drei Meter unter dessen heutiger Oberfläche, so daß die damals wesentlich deutlicher ausgeprägte Terrassenkante sieben bis acht Meter hochragte, eine in sonst flacher Umgebung durchaus bemerkenswerte Erhöhung[2]. Bis ins 12. Jahrhundert wurde ein Teil des Marktplatzes noch von der zur Pfalz gehörenden, durch Wall und Graben gesicherten Vorburg in Anspruch genommen. Eine in diese Zeit gehörende steinerne Brücke über den Graben wurde im Zuge der späteren Schwanenstraße 1988/89 aufgedeckt. Die genauere archäologische Bearbeitung dieses Befundes steht bislang noch aus.

Auf dieses Zentrum laufen die großen Straßenzüge der Ober- und Niederstraße, Beekstraße und Kuhstraße radial zu, wobei Niederstraße und Beekstraße in etwa einer früheren Terrassenkante folgen[3]. Im Bereich des Alten Marktes konnte dieser, in die spätrömische, frühmittelalterliche Phase gehörende Rheinlauf mit seiner Uferkante genau nachgewiesen werden, während der seit dem 9. bis ins 13. Jahrhundert vorhandene Rheinlauf durch den heutigen Innenhafen in Anspruch genommen wird. Bis 1200 etwa floß der Rhein direkt an Duisburg vorbei und vor dem Stapeltor mündete in großem Bogen die Ruhr in den Rhein.

Archäologische Befunde im Duisburger Stadtgebiet zeigen, daß der Gesamtraum Duisburg von der Nacheiszeit an besiedelt war; seit etwa 800 v. Chr. sprechen die Archäologen von einer bedeutenden Siedlung. Aus der fränkischen Zeit sind etwa fünfzehn Friedhöfe lokalisiert, der bedeutendste (mit schätzungsweise 1000 Bestattungen) lag ca. achthundert Meter vom Zentrum

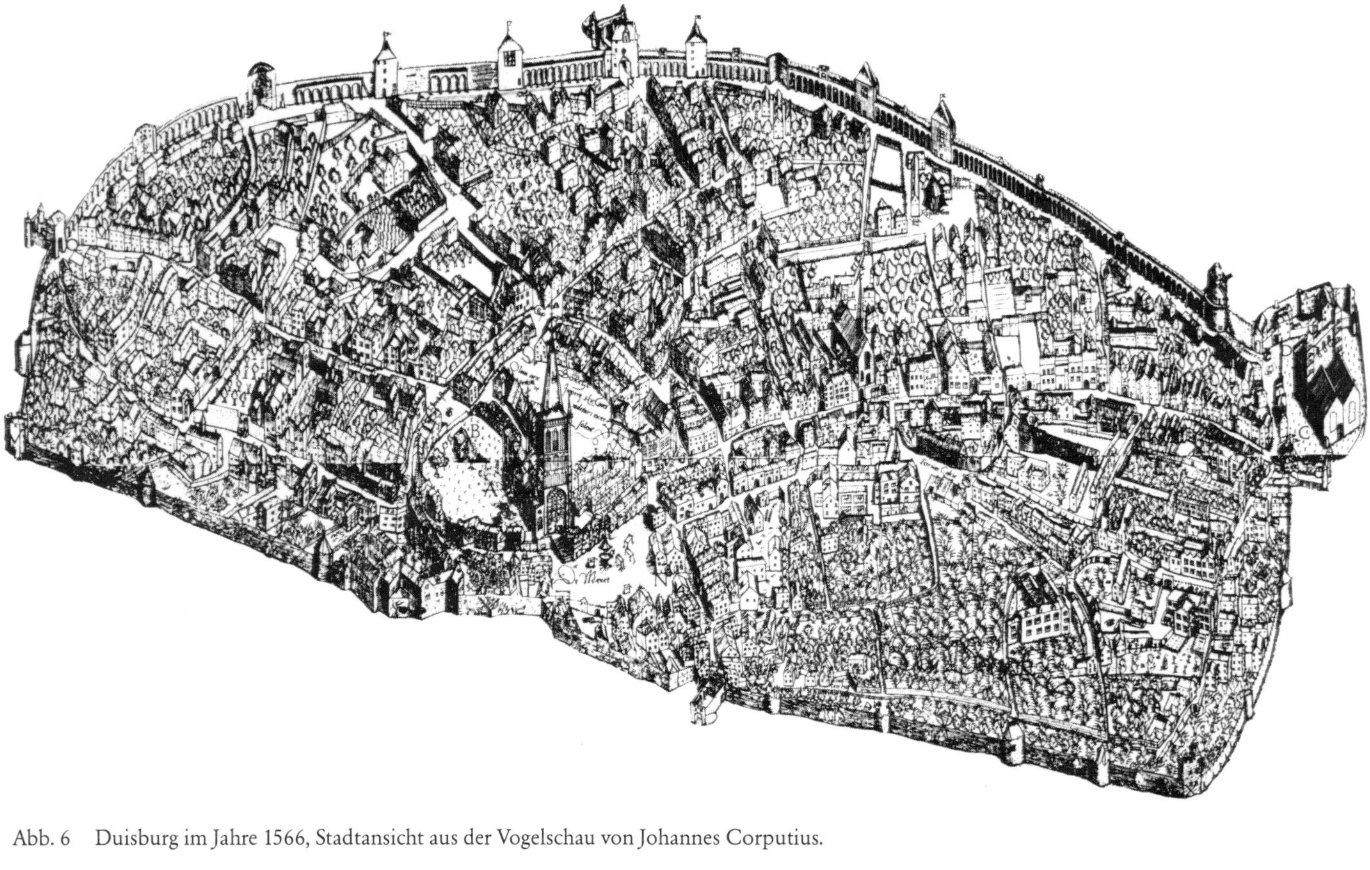

Abb. 6 Duisburg im Jahre 1566, Stadtansicht aus der Vogelschau von Johannes Corputius.

entfernt. Reste fränkischer Wohnsiedlungen aber konnten erst in den letzten Jahren in der Beekstraße, am Fuße des Burgberges und in der Niederstraße nachgewiesen werden. Außerdem fanden sich in den tiefsten Schichten des Alten Marktes direkt am Fuße des Burgberges Mörtel- und Tuffreste sowie ein ansehnliches Bruchstück einer kannelierten römischen Säulentrommel aus Kalksandstein. Die Fundlage erklärt sich zwanglos damit, daß diese Teile beim Abbruch (Zerstörung?) eines Bauwerkes auf dem Burgberg heruntergerollt sind bzw. heruntergeworfen wurden. Man wird also mit aller Vorsicht davon ausgehen können, daß es auf dem Burgberg in spätrömischer Zeit ein Bauwerk gab, an dem Tuffsteine und farblich abgesetzte Säulen verbaut waren und daß später dort auch das Zentrum der fränkischen Besiedlung lag. Damit rücken aber auch wieder Nachrichten und Funde ins Blickfeld, die man früher schon einmal auf Duisburg bezogen hatte, damals freilich noch ohne handgreifliche Fundstücke aus der Zeit vorweisen zu können. Gemeint sind die Münzprägungen des Kaisers Postumus mit der Widmung an den *Hercules Deusoniensis,* die Erwähnung des Ortes *„Deuso, in regione Francorum"* für die Zeit um 370 und schließlich die schwer einzuordnende Nachricht bei Gregor von Tours über die Niederlassung des fränkischen Königs Clodio in *Dispargum*[4]. Hier ist noch nichts bewiesen, wird vielleicht auch nie zu beweisen sein, aber die Kontinuität des Siedlungsschwerpunktes bis in die spätrömische Zeit legt zumindest den Gedanken an die Kontinuität auch des Namens nahe, und keiner der anderen Orte, die in diesen Zusammenhängen gerne herangezogen werden, ist bisher in der Lage, den archäologischen Beweis für die Existenz bereits in der fraglichen Zeit zu führen.

Die frühesten schriftlichen Quellen, die mit Sicherheit auf Duisburg bezogen werden müssen, gehören dem 9. Jahrhundert an. Es sind einmal die Güterverzeichnisse der Abtei Werden und zum anderen die Chronik des Regino von Prüm, die den Überfall der Normannen auf das *oppidum Duisburch* im Herbst des Jahres 883 vermeldet[5]. Die Bezeichnung *oppidum* läßt erkennen, daß Duisburg zu dieser Zeit den Status eines reinen Königshofes bereits hinter sich gelassen hatte, wenngleich wir das bei Regino hier singulär verwendete *oppidum* natürlich nicht mit Stadt übersetzen wollen. Aus dem 893 angelegten Prümer Urbar erfahren wir aber, daß es in Duisburg bereits eine ständige Niederlassung von Friesen gab, eine Händlerkolonie, wie sie auch für Birten, Köln, Mainz und Worms belegt ist. Wenn diese Nachricht auch erst für ein Dezennium nach dem Normannenüberfall überliefert ist, so besteht doch kein Grund dafür, anzunehmen, diese Siedlung habe damals noch nicht existiert. Sie wird vielmehr der wesentliche Grund dafür gewesen sein, daß sich die Normannen gerade dieses Ziel ausgesucht haben, aber auch dafür, daß Duisburg für Regino nicht eine *curtis* oder ein *castrum,* sondern eben ein *oppidum* war.

Detaillierte Untersuchungen über den Reichszins in Duisburg haben schon vor einigen Jahren dazu geführt, diese Händlerniederlassung im Bereich von Nieder- und Oberstraße zu suchen und hier im Umfeld des späteren Stapeltores, am Zusammenfluß von Rhein und Ruhr den Hafen und den Fernmarkt zu lokalisieren[6]. Inzwischen haben Grabungen tatsächlich eine Besiedelung in dieser Zeit nachgewiesen und sogar über eine beträchtliche Strecke einen Befestigungsgraben aufgedeckt, der nach den gefundenen Scherben bereits im 10. Jahrhundert wieder verfüllt wurde, vermutlich aber über die Dendrochronologie auch noch genauer datiert werden wird.

Abb. 7 Duisburg im Jahre 1824. Umzeichnung nach dem Urkataster (Nach: Rhein. Städteatlas, Duisburg).

Für das 10. Jahrhundert häufen sich dann die Nachrichten, die eine Präsenz des Königtums in Duisburg bezeugen. Zwischen 922 und 1016 sind sechzehn Königsaufenthalte sicher belegt, sieht man sich die Itinerare an, so kommt man natürlich auf wesentlich höhere Zahlen[7]. Einzelne Vorgänge, die damals in Duisburg abliefen, erregten weithin Aufsehen:

929 Auf der Synode in Duisburg wird die Exkommunikation über die ausgesprochen, die die Blendung des Bischofs Benno von Metz herbeigeführt haben

945 Auf dem Hoftag Ottos I. erscheinen die Mönche von St. Servatius in Maastricht mit den Reliquien ihres Heiligen und beschweren sich über die vom Grafen Immo erlittene Unbill

1002 Kommt Heinrich II., nachdem er in Mainz gekrönt worden war und in Merseburg die sächsischen Großen ihn ebenfalls zum König gewählt hatten, nach Duisburg, um hier die Lothringer für sich zu gewinnen. Die Bischöfe von Lüttich und Cambray erwarteten ihn hier, der Erzbischof von Köln, Heribert, der Vertraute Ottos III., ließ lange auf sich warten, bis er sich herbeibequemte, um dem von ihm nicht gewünschten Herrscher den Treueid zu schwören und ihn nach Aachen zu geleiten

Es ist diese Konzentration von Ereignissen im 10. Jahrhundert, die – ohne daß dies expressis verbis erwähnt würde – darauf hinweist, daß Duisburg nicht mehr das gewesen sein kann, was es im 9. Jahrhundert war, einfach ein Königshof mit einer Händlersiedlung, sondern daß dieser Hof inzwischen zur Pfalz ausgebaut worden war. Dieser Anlage wollen wir uns jetzt zuwenden.

Im Jahre 1894 veröffentlichte Konrad Plath, der die Absicht hatte, alle fränkischen Königspfalzen zu behandeln, eine Schrift, in der er darzulegen versuchte, daß die bei Gregor von Tours erwähnte Burg des fränkischen Königs Clodio, *Dispargum,* eben in Duisburg zu suchen sei[8]. Als nun die Stadt Duisburg um diese Zeit beschloß, ein neues, repräsentatives Rathaus zu errichten, erhielt Plath die Erlaubnis zur Durchführung archäologischer Untersuchungen. Er deckte einige große, altertümliche Mauerzüge auf, die er ganz richtig nicht der frühfränkischen, sondern der mittelalterlichen Pfalz zuordnete. Plath hat seine Grabungsergebnisse nie publiziert. Seine zeichnerischen Aufnahmen blieben aber zum Glück erhalten.

In den 20er Jahren konnte am Knüppelmarkt bei Ausschachtungsarbeiten der Graben der Befestigungsanlage beobachtet werden, der einmal den Pfalzbereich umschlossen hatte. Die nächste Gelegenheit, weiterführende Untersuchungen anzustellen, ergab sich erst durch die Zerstörungen des Zweiten Weltkrieges und die dadurch ausgelösten Abbruchs- und Neugestaltungsmaßnahmen. Fritz Tischler führte 1956/57 in und bei der Salvatorkirche umfangreiche Grabungen durch. Dabei wurde festgestellt, daß die jetzige, spätgotische Kirche mindestens drei, wahrscheinlich vier Vorgängerbauten hatte, von denen der älteste ein Holzbau war. Der Grundriß des unmittelbaren Vorgängerbaus einer staufischen Basilika des 12. Jahrhunderts mit Rechteckchor ließ sich recht genau rekonstruieren.

Fritz Tischlers Tod im Jahre 1967 ließ ihm keine Zeit mehr, seine Grabungsergebnisse selbst zu publizieren. Günter Binding hat damals diese Aufgabe übernommen und dabei auch die bis dahin unberücksichtigt gebliebenen Zeichnungen von Konrad Plath miteinbezogen[9]. Damit gelang ihm eine Rekonstruktion der ottonischen Pfalz als einer Abfolge von Hallenbauten, an die eine kleine Saalkirche – die Keimzelle der heutigen Salvatorkirche – angeschlossen war. Diese Rekonstruktion Bindings ist der Ausgangspunkt für alle weiteren Überlegungen. Durch die Aufdeckung eines zur Pfalz gehörenden Mauerrestes zwischen Salvatorkirche und Rathaus, sowie durch genauere Interpretation der Unterlagen über den Verlauf des Befestigungsgrabens, ergaben sich gegenüber Binding für die Umwallung einige Änderungen, die jetzt durch die Entdeckung der Vorburganlage einer erneuten Überarbeitung bedürfen[10].

Die Bauten der Pfalz, auf deren Ähnlichkeit mit der uns auch im Aufriß bekannten, nur wenig jüngeren Bamberger Anlage ebenfalls Binding schon hingewiesen hat, müssen auf der Höhe des Burgberges im sonst völlig flachen Gelände einen imponierenden Anblick geboten haben. Das wird mit dazu beigetragen haben, daß die königliche Münze in Duisburg, deren Tätigkeit für das 11. Jahrhundert ja besonders gut dokumentiert ist, eine gewisse Vorliebe für Gebäudedarstellungen auf ihren Prägungen an den Tag legte, ohne daß man hier nun realistische Wiedergaben vermuten dürfte[11]. Diese ganz überwiegend im Ostseeraum gefundenen Duisburger Münzen, die teilweise auch im skandinavischen Raum nachgeahmt wurden, sind der wichtigste Beleg für die Bedeutung Duisburgs als Handelsplatz in dieser Zeit. Daneben treten natürlich auch Erwähnungen etwa im Koblenzer Zolltarif oder in anderen Zollprivilegien[12].

Wenden wir uns nunmehr der Entwicklung im 12. Jahrhundert zu. In den Auseinandersetzungen, die zwischen Heinrich V. und seinem Erzkanzler Adalbert, dem Erzbischof von Mainz, als dem Führer der kirchlichen Opposition entbrannten, stand Duisburg offenbar an der Seite des Kaisers, denn die Stadt mußte – *non ob suam culpam, sed propter domini sui, videlicet regis, invidiam* – in Mainz schweres Unrecht erleiden, indem von den Duisburger Kaufleuten überhöhter Zoll gefordert wurde, was erst durch massiven Druck Friedrich Barbarossas rückgängig gemacht wurde[13]. Offenbar zur Belohnung wurde der werdenden Stadt die Anlage einer Befestigung gestattet. Für die Einwohner war dies so wichtig, daß sie die Tatsache in Form einer Inschrift festhielten, die zunächst an der Salvatorkirche angebracht war und später zum Rathaus übertragen wurde[14]. Überliefert ist sie allerdings nur in Form einer vielfach entstellten Abzeichnung in einer Chronik des 16. Jahrhunderts[15]. Die Inschrift bestätigt den Einwohnern von Hösel (in der Nähe von Düsseldorf, aber damals immer noch in dem zum Königshof Duisburg gehörenden Forstbezirk liegend) Zollvorteile in Duisburg, weil sie dazu verpflichtet wurden, an der Befestigung der Stadt in *muro et vallo* mitzuwirken.

Es war wohl insbesondere der Bau dieser Mauer, die wir um 1120/25 ansetzen müssen, der – neben der sonstigen intensiven Bautätigkeit dieser Zeit – zu einem Streit zwischen den Einwohnern Duisburgs und dem Verwalter des königlichen Forstes, dem *magister forestis,* Herzog Walram von Limburg, über die Nutzung des im Walde gelegenen Steinbruches führte. Der Zwist wurde 1129 vor dem Gericht des Königs in Duisburg entschieden und festgestellt, daß der Grund des Waldes zu der königlichen *villa* Duisburg gehöre und die Duisburger Bürger *(cives)* nach ihrem Belieben entsprechend ihrem Bedarf Steine brechen könnten[16]. Die hierüber ausgestellte Königsurkunde ist die älteste, die sich im Archiv der Stadt erhalten hat. Sie enthält wichtige Hinweise auf die Entwicklung Duisburgs zur Stadt. Zwar wird Duisburg noch nicht als Stadt *(oppidum, civitas)* bezeichnet, sondern als *villa,* ein vertrauter Begriff, der aber doch nur schwer zu fassen ist und wohl am besten neutral mit „Ort“ übersetzt wird, die Bewohner des Ortes aber hießen schon *cives*, also Bürger. Da sie als Gruppe, als Prozeßpartei, vor Gericht auftreten, müssen sie auch schon in irgendeiner Form eines Zusammenschlusses, zumindest als Gerichtsgemeinde, organisiert sein. Die Urkunde zeigt uns Duisburg zu einem Zeitpunkt, als es schon sehr nahe daran war, auch im Verständnis der Zeit eine Stadt zu sein.

Doch zurück zur Mauer von 1120/25. Man hat sie lange Zeit mit der Mauer identifiziert, die der Corputiusplan darstellt[17]. Der Verlauf kann jedoch nur in Teilen übereinstimmen. Dies wurde zuerst in einer 1982 veröffentlichten Untersuchung festgestellt[18], deren Ergebnisse aufgrund inzwischen vorgenommener intensiver Untersuchungen teilweise korrigiert werden mußten. Zusammenfassend kann man sagen, daß die Mauer vom alten Markt an, vorbei an der ehemaligen Rheinfront bis zum damals noch nicht existierenden Koblenzer Turm (die älteste Mauer bog einfach im fast rechten Winkel ab) und weiter zum Stapeltor zumindest in ihrem Verlauf und in ihren vielfach wieder unterfangenen Fundamenten der Phase von 1120/25 angehört. Vom Stapeltor aus wird der vermutete Verlauf in einem Bogen bis etwa zu dem schwer erklärbaren Knick in der Kuhstraße geführt haben, wo das damalige Kuhtor vermutet werden darf. Wo der Mauerverlauf die Beekstraße kreuzte – etwa dort, wo der Kalkhof in die Beekstraße mündet – dürfte das in den Quellen zwischen 1280 und 1369 oft genannte Lifken-Tor (Liebfrauen-Tor) gestanden haben, es konnte aber erst so benannt werden, als um 1150 in relativ kurzer Entfernung, aber außerhalb der Mauer, wie eine Urkunde von 1189 ausdrücklich bestätigt, die Johanniter auf einem kleinen Hügel ihre Niederlassung und die Marienkirche errichteten, die man eben durch dieses Tor erreichte[19]. Das Fischtor wird im Bereich des Alten Marktes gelegen haben, wo die Straße (Schwanenstraße) zum Rhein hinführte und wo an Markttagen die Fischstände ihren Platz hatten. Der weitere Verlauf der Mauer ist dann etwa in der Bebauungsgrenze an der Westseite des Alten Marktes zu suchen und setzt sich dann – teilweise in der dortigen Tiefgarage sichtbar erhalten – zum Minoritenkloster hin fort.

Die starken Versprünge in der Mauer zwischen Minoritenkloster und Schwanentor wurden schon lange so gedeutet, daß hier Teile vorhandener Bauten in die Mauer einbezogen wurden, es gab jedoch keine Vorstellung darüber, um was für Gebäude es sich gehandelt haben könnte. Um so größer war die Überraschung, als hier beim Aushub für die Tiefgarage eine ganze Burganlage mit einem großen Hallenbau, verschiedenen anderen Mauerzügen und einem Turm aufgedeckt wurde, die dem 12. Jahrhundert zuzuweisen ist[20]. Der viereckige Turm wurde später als Wehrturm in die Stadtmauer einbezogen. Mit ziemlicher Sicherheit handelt es sich bei dieser Anlage, die auf einer Bodenwelle im sonst zum Rhein hin abfallenden Gelände unmittelbar vor der Mauer, ja wohl in direktem Kontakt damit lag, um die Burg des königlichen Vogtes.

Die Entwicklung der Stadt schritt im 12. Jahrhundert sehr rasch voran, die Bevölkerungszunahme muß beträchtlich gewesen sein, so daß der Baugrund schon bald wieder knapp wurde. Die Salvatorkirche, die schon längst nicht mehr die kleine Pfalzkapelle war, wurde zu einer dreischiffigen Basilika mit geradem Chorabschluß und einem Westturm ausgebaut und erreichte fast schon die Abmessungen der spätgotischen Kirche. Dies bedeutete Änderungen im Aufbau der Pfalz. Ein Teil der Hallenbauten mußte abgetragen werden, um Platz für die Kirche zu schaffen, dafür wurde ein neuer Bau, den Binding mit F bezeichnet hat, hinzugefügt. Vor allem aber kam es zum Bau von Bürgerhäusern um die Pfalz und oberhalb des Marktes – *circa palatium et curiam regalem sive supra forum*. Wenn König Konrad III. diese Bauten auch erst nachträglich im Jahre 1145 genehmigte, so kann diese Aktion dennoch nicht spontan, nicht ohne Mitwirkung des königlichen Amtsträgers vor sich gegangen sein[21]. Denn um diese Häuser erbauen zu können, mußte der Wall um die Pfalz abgetragen und der Graben verfüllt werden. Dann wurden relativ gleichmäßige Grundstücke eingeteilt, die alle einen Zins von sechs Pfennigen und zwei Hühnern jährlich an das Reich zu entrichten hatten.

Genehmigt wurde diese Aktion mit der Begründung, daß auf diese Weise mehr Quartiermöglichkeiten für königliche Hoftage geschaffen werden sollten. Wir können dem zweierlei entnehmen: 1) Die Duisburger Pfalz war zu klein geworden, und 2) eine gewisse Intensivierung der königlichen Präsenz in diesem Gebiet war durchaus geplant. Sie wurde aber in ganz anderer Weise verwirklicht, nämlich durch den von Friedrich Barbarossa begonnenen Ausbau von Kaiserswerth. Mit diesem Prachtbau konnte die alte, von Bürgerhäusern umringte Duisburger Pfalz nicht mehr konkurrieren.

Von diesem größeren Bauvorhaben einmal abgesehen, entstanden im 12. Jahrhundert in Duisburg eine ganze Anzahl größerer steinerner Wohnhäuser, deren Überreste in den letzten Jahren aufgedeckt wurden.

Im Bereich zwischen Niederstraße und Stadtmauer wurden größere Hallenbauten angelegt. Ihre schwache Fundamentierung spricht für aufgehendes Fachwerk, wahrscheinlich handelt es sich um Lagerhäuser, was dafür spricht, daß Hafen und Kaufmannsiedlung immer noch in diesem Bereich zu suchen sind. Wie dies mit der davorliegenden Stadtmauer zu vereinbaren ist, bleibt vorerst unklar, doch hat die Untersuchung dieses Mauerabschnittes ergeben, daß Teile einiger Häuser darin einbezogen sind. Möglicherweise war die Mauer in diesem Bereich auch zeitweilig zugunsten des Hafenbetriebes wieder aufgegeben worden. Vielleicht werden Untersuchungen außerhalb der Mauer darüber noch Klarheit verschaffen[22].

Im 12. Jahrhundert jedenfalls schien der unaufhaltsame Aufstieg der Stadt gesichert, als ein Ereignis eintrat, das die Entwicklung zwar nicht abrupt, aber auf lange Sicht sehr nachteilig beeinflußte. War bisher der Rhein unmittelbar an der Stadt vorbeigeflossen, so verlagerte er um 1200 sein Bett etwa drei Kilometer von der Stadt weg[23]. Noch war die Stadt auf dem wasserführenden Altrheinarm mit den relativ kleinen Schiffen erreichbar (1286 spricht der Erzbischof von Köln noch von den Duisburger Kaufleuten, die „mehr als andere" den Rhein befahren, und allein im Jahre 1306/7 wurden an der Zollstelle in Lobith über 400 Duisburger Schiffe gezählt)[24], aber gegen Ende des 14. Jahrhunderts war die Verbindung zum Rhein offenbar unterbrochen, und der Handel brach nach Ausweis der Stadtrechnungen zusammen.

Da sich dieser Beitrag vornehmlich mit der topographischen Entwicklung Duisburgs beschäftigen soll, müssen die rechtlichen und verfassungsmäßigen Entwicklungen hier unerwähnt bleiben. Stadtherr war immer noch der König, Wilhelm von Holland bezeichnete die Stadt 1248 noch als *regale oppidum nostrum*, obwohl er sie gerade vorher an den Duisburger Vogt, Walram von Limburg, verpfändet hatte. Man betrachtete die Stadt also eigentlich nur noch als fiskalische Manövriermasse. Das zeigt sich besonders darin, daß die Pfalzgebäude dem Deutschen Orden übertragen wurden, der dazu das Patronatsrecht der Salvatorkirche von der Abtei Prüm erwarb. Walram von Limburg, der sich vielfältige Verdienste um das Wohlergehen der Stadt erworben hat, betrachtete offenbar die alte Vogtburg nicht mehr als angemessenen Wohnsitz für seine Duisburgaufenthalte und kaufte sich ein Haus, das wir uns entsprechend repräsentativ vorstellen müssen. Im Jahre 1265 vermachte er dieses Haus für den Fall seines Todes den Minoriten, die sich in Duisburg niedergelassen hatten, und die er der Überlieferung nach in die Stadt geholt hatte[25]. Sie benutzten dieses „Haus" für den Bau ihres Klosters mit dem Ergebnis, daß dieses Minoritenkloster das ganze Mittelalter hindurch das bedeutendste Bauwerk in Duisburg war und größere Veranstaltungen wie Land- oder Hansetage dort und nicht etwa im Rathaus stattfanden.

Auch außerhalb der Mauern Duisburgs war die Zeit nicht stehen geblieben. Um die Johanniterniederlassung mit Kirche und Hospital hatte sich eine kleine Siedlung gebildet, so daß 1187 der Marienkirche ein eigener Pfarrbezirk zugewiesen wurde, der natürlich von der Salvatorkirche abgetrennt werden mußte und zu dem innerhalb der Mauer fünf Häuser gehörten[26].

Teilweise noch innerhalb, teilweise aber außerhalb der Mauern lagen auf Duisburger Gebiet auch einige größere Höfe oder Adelssitze. Zu nennen sind hier der Welhof, der zum Stift Essen gehörte und ein eigenes Hofgericht hatte, der Reichshof bzw. seine Wirtschaftsgebäude, der später sogenannte Kesselshof oder s'Graven-Hof, der möglicherweise den Grafen von Kessel gehörte, sowie südwestlich der Stadt, an der Mündung des Dikkelsbaches in den Rhein, ein Adelssitz mit einem starken steinernen Wohnturm.

Diese verschiedenen Siedlungskerne in unmittelbarer Nähe einer ummauerten Stadt bedeuteten im Fall einer kriegerischen Auseinandersetzung eine Gefährdung der Stadt, ganz abgesehen davon, daß die dort Wohnenden selbst einem möglichen Feind nur durch die Flucht in die Stadt entgehen konnten. So kam es – ohne daß wir dieses Ereignis heute noch genau datieren könnten – gegen Ende des 13. Jahrhunderts zum Bau einer neuen Stadtmauer, die nunmehr alles bebaute Gebiet einschloß. Die Mauer wurde von beiden Seiten an die ihrerseits befestigte Johannitersiedlung mit der Marienkirche herangeführt, den südwestlichen Eckpunkt bildete der starke Wohnturm des Hermann Hugonis, der später als Hugenturm bezeichnet wird[27]. Im Bereich des Alten Marktes, nördlich des Schwanentores wurde die dort vorhandene Burganlage in die Befestigung einbezogen. Ihr viereckiger Turm war neben dem Hugenturm das zweite Exemplar dieser Bauform im Ensemble der sonst meist halbrunden Türme der Befestigung. Auch ein in diesem Bereich nach 1200 entstandener palasartiger Tuffbau mit drei großartigen romanischen Fenstern wurde in die Mauer integriert.Die Stadt bot jetzt im großen und ganzen das Bild, das uns auch der spätmittelalterliche Stadtplan zeigt. Größere Veränderungen ergaben sich jetzt höchstens noch durch die in mittelalterlichen Städten so häufigen Brandkatastrophen. Erwähnt wird in den spätmittelalterlichen Chroniken ein Brand, der im Jahre 1283 den Bereich des Burgplatzes und damit die alte Pfalz vernichtete. Nur der im 12. Jahrhundert errichtete Bau F überdauerte den Brand, im Corputiusplan in einer Detailvergrößerung deutlich erkennbar diente er der Stadt später als ein Teil des Rathauses.

Der Mauerring des 13. Jahrhunderts bot der Stadt ausreichend Raum für fast 600 Jahre. Zwischen 1815 und 1833 fielen die Stadttore, der Verlauf der Mauer aber und der alten Pfalzbefestigung prägten den Stadtgrundriß so nachhaltig, daß nicht einmal die sehr tiefgehenden Eingriffe der Stadt- oder besser Verkehrsplaner der 50er und 60er Jahre ihn völlig verwischen konnten.

Anmerkungen

1 Das einzige bekannte Original des Planes befindet sich im Niederrheinischen Museum der Stadt Duisburg. Die beste Abbildung mit Übersetzung der lateinischen Texte in: Rheinischer Städteatlas, Duisburg (Lieferung IV Nr. 21, erg. Aufl. 1985, bearb. v. Joseph Milz). Aus der ersten Auflage von 1978 stammt die hier wiedergegebene Umzeichnung des Urkatasters.
Die Untersuchung wird zeigen, wie wichtig diese Pläne für die Aufhellung der räumlichen Entwicklung der Stadt sind, daß aber andererseits auch bedeutende Veränderungen keinerlei Spuren hinterlassen haben.

2 Vgl. Krause, Günter: Archäologische Zeugnisse zum mittelalterlichen Duisburg, in: Duisburg im Mittelalter, Begleitschrift zur Ausstellung des Stadtarchivs und des Niederrheinischen Museums, Duisburg 1983, S. 23–77. (Die Schrift wird weiterhin als Duisburg im Mittelalter zitiert); ders.: Ausgrabungen und Fundbergungen in der Duisburger Altstadt 1985/86, in: Dörfer und Städte, Ausgrabungen im Rheinland 1985/86, Köln/Bonn 1987.

3 Vgl. Krause, Günter: Keramikproduktion am Niederrhein. Zur Duisburger Abfolge vom 5. bis 14. Jahrhundert, in: Naumann, Joachim (Hg.): Keramik vom Niederrhein, Die Irdenware der Düppen- und Pottbäcker zwischen Köln und Kleve, Köln 1988, S. 37–54, mit Tafel 2 und 3.

4 Vgl. Jahn, Robert: Der Ortsname Duisburg. Versuch einer Deutung, in: Duisburger Forschungen 2 (1959), S. 1–42. Die dort formulierte Ablehnung aller Bezüge auf Duisburg wird neuerdings wieder anders beurteilt bei: Reichmann, Christoph, Das neuentdeckte Heiligtum in Krefeld-Elfrath, in: Der Niederrhein. Zeitschrift für Heimatpflege und Wandern 56, Heft 2 (1989), S. 77–84.

5 MG SS in usum scol., 1890, S. 122.

6 Milz, Joseph: Reichszins und Stadtentstehung. Untersuchungen zur frühen Topographie Duisburgs, in: Duisburger Forschungen 35 (1987), S. 1–12.

7 Zusammenstellung im Rhein. Städteatlas, Duisburg (wie Anm. 1).

8 Plath, Konrad: Die Königspfalzen der Merowinger und Karolinger I. Dispargum, 1894.

9 Binding, Günter/Binding, Elisabeth: Archäologisch-historische Untersuchungen zur Frühgeschichte Duisburgs, Duisburger Forschungen, Beiheft 12 (1969).

10 Milz, Joseph: Pfalz und Stadt Duisburg bis zum Ende des 13. Jahrhunderts, in: Blätter für deutsche Landesgeschichte 120 (1984), S. 135–154.

11 Berghaus, Peter: Duisburger Münzen, in: Duisburg im Mittelalter, S. 88–113.

12 Zusammenstellung im Rhein. Städteatlas, Duisburg (wie Anm. 1).

13 Milz, Joseph/Bergmann, Werner u. a. (Bearb.): Urkundenbuch der Stadt Duisburg 1 (904–1350), Duisburg 1989 (weiterhin zitiert als DUB mit Nr.), Nr. 13.

14 Müller, Wolfgang: Urkundeninschriften des Deutschen Mittelalters, 1975, Nr. 3, S. 49ff..

15 Chronik des Ambrosius Moer, Kopie im Stadtarchiv Duisburg, Best. 41.

16 DUB, Nr. 9.

17 So die Stadtgeschichten von Heinrich Averdunk, Walter Ring und Günter von Roden.

18 Milz, Joseph: Untersuchungen zur mittelalterlichen Stadtmauer von Duisburg, mit einem Beitrag über die archäologischen Funde von Günter Krause, in: Quellenschriften zur westdeutschen Vor- und Frühgeschichte 10 (1982), S. 135–171.

19 Milz, Joseph: Untersuchungen zur Baugeschichte der Marienkirche zu Duisburg, in: Duisburger Forschungen 27 (1979), S. 21–27; Francke, Ursula: Die Marienkirche – Johanniterniederlassung und Adelssitz, in: Beiträge zur Duisburger Stadtarchäologie, Zwei Jahre Modellprojekt „Stadtgeschichte", Duisburg 1989.

20 Krause, Günter (wie Anm. 2).

21 DUB, Nr. 11.

22 Hier wie in anderen Fällen, kann von den Ausgrabungen und ihren vorläufigen Ergebnissen nur vom Augenschein her berichtet werden, da es sich vielfach um Notgrabungen handelt, deren wissenschaftliche Auswertung noch nicht vorgenommen werden konnte. Vor wenigen Wochen wurde ein bisher nicht bekannter Mauerdurchgang in diesem Bereich aufgedeckt.

23 Scheller, Hans: Der Rhein bei Duisburg im Mittelalter, in: Duisburger Forschungen 1 (1957), S. 45–86.

24 DUB, Nr. 99.

25 Verheyen, Egon: Die Minoritenkirche zu Duisburg, Duisburger Forschungen, Beiheft 3 (1959).

26 DUB, Nr. 17 und 19.

27 Ruppel, Thomas: Turris Hermannis Hugonis – Adelssitz und Eckturm, in: Duisburger Stadtarchäologie (wie Anm. 19) S. 93–100.

28 Milz (wie Anm. 18).

Der Ausbau der Territorien

Wilhelm Kohl

Dem heutigen Betrachter erscheint die mittelalterliche Territorialgeschichte[1] als unentwirrbares Knäuel mit- und gegeneinander ringender Kräfte, deren Motive nicht mehr erkennbar sind. Dem Zeitgenossen standen dagegen die Tendenzen der Entwicklung und die Triebkräfte zumeist klar und manchmal schmerzhaft vor Augen. Freilich gestaltete sich das Geschehen umso komplizierter, je enger die Territorialherren beieinandersaßen. Gerade die heute „Ruhrgebiet" genannte Region gehörte im Mittelalter Landschaften an, die von ganz verschiedenen politischen Kräften bestimmt waren. Zudem wurde es von Norden nach Süden von der alten, bis heute erkennbar gebliebenen fränkisch-sächsischen Stammesgrenze in Gestalt eines kaum besiedelten, gebirgigen Waldstreifens durchschnitten, der von der Twente durch das westliche Münsterland, dann entlang der heutigen rheinisch-westfälischen Grenze bis in das Siegerland reichte[2].
Westlich dieser Grenze zeichnete sich früh die Einflußsphäre des Erzbischofs von Köln ab, dem das südliche Westfalen als Missionsgebiet übertragen worden war[3]. Rechtsrheinisch begannen die Grafen von Berg im bevölkerungsarmen Waldland ihre Herrschaft auszubauen, am Niederrhein die Grafen von Kleve.
Östlich der Stammesgrenze dominierten die mächtigen Grafen von Westfalen, später Grafen von Werl-Arnsberg, deren Einfluß zeitweise vom Sauerland bis an die Nordsee reichte[4]. Sie waren es, die dem auf dem Hellweg über den uralten Vorort Soest nach Osten vorstoßenden Kölner als stärkste Widersacher entgegentraten. Am Hellweg fanden sich auch größere Reste von Reichsgut und manche kleinere Herrschaft. Nördlich der Lippe konsolidierte der Bischof von Münster seinen Einfluß.
Die Ausbildung der Landesherrschaften oder Territorien vollzog sich auf dem Boden des im Mittelalter in allen Lebensbereichen spürbaren Lehnswesens. Im Nordwesten des Reiches begünstigte die Schwächung der Königsgewalt ihre Entwicklung mindestens genau so stark. Die von der Königsgewalt entleerten Länder zogen als Machtvakuum örtliche Kräfte an, die versuchten, möglichst große Teile der verwaisten Besitzungen unter ihre Kontrolle zu bringen. Noch ging es nur um den Erwerb von Einzelstücken und Stützpunkten, Kristallisationspunkten späterer, damals noch nicht vorhersehbarer Machtsphären.
Ganz nach dem Muster aller Territorialherren verfuhr auch der Erzbischof von Köln auf der Grundlage der aus der Missionszeit stammenden Diözesanrechte[5]. Um Soest, weiter östlich um Medebach und um Recklinghausen verfügte der Kölner Metropolit schon früh über bedeutenden Besitz. So konnte Erzbischof Sigewin (1079–1089) bereits von einer *dominatio* in Westfalen sprechen. Noch fehlte es ihm jedoch an Grafschaftsrechten, die bevorzugt als Basis der Territorialbildung dienten.
Deutliche Ansätze einer Kölner weltlichen Herrschaft zeigten sich unter Erzbischof Friedrich I. (1099–1131). Sie bildeten sich auf der Grundlage der im Jahre 1102 dem Grafen von Werl-Arnsberg abgerungenen halben Grafschaft Arnsberg. Köln setzte sich in Hachen mit dem angrenzenden Lürwald, besonders aber in Werl, Rüthen und in der Grafschaft Volmarstein um Hagen und Schwelm fest. Eine günstige Gelegenheit, dem Arnsberger einen entscheidenden Stoß zu versetzen, bot sich, als Graf Heinrich angeblich seinen jüngeren Bruder im Kerker verhungern ließ. Im Verein mit den westfälischen Bischöfen und Herzog Heinrich dem Löwen erstürmte der Kölner 1166 die Burg Arnsberg und zwang Graf Heinrich, die restliche Grafschaft vom Erzstuhl zu Lehen zu nehmen. Der mächtige Konkurrent Kölns im südlichen Westfalen war damit ausgeschaltet[6].
Durch Förderung von Märkten und Anlage von Städten stärkte Kurköln seine Stellung. Vor allem war es Erzbischof Philipp von Heinsberg (1167–1191), der die Stadt Soest stark befestigte und in ihr eine neue Pfalz erbaute. Ein gewaltiger Aufschwung der alten Handelsstadt war die Folge[7].
Nach der Ächtung Heinrichs des Löwen, Herzogs von Sachsen und Bayern, auf dem Reichstag von Gelnhausen (1180) errang Philipp das Herzogtum in Westfalen und Engern[8]. Drei Jahre später fühlte er sich kräftig genug, unter Anmaßung königlicher Rechte, gewissermaßen als Herzog, einen Gottesfrieden zu verkünden. Sonst blieb jedoch der glanzvolle Titel weit hinter der Wirklichkeit zurück. Die Reichsgesetze von 1220 und 1232 taten das ihrige, die Herzogsgewalt zugunsten der Fürsten zu entleeren[9].
Nachhaltigere Wirkung zeigte das planmäßige Vortragen kölnischer Ansprüche unter dem herrischen Metropoliten Engelbert von Berg (1216–1225). Er entzog den Großen des Landes die Vogteien über Essen[10] und Werden, rief damit aber die geschlossene Feindschaft der Grafen von Isenberg, Kleve und Limburg hervor. Am 7. November 1225 fiel er bei Gevelsberg den Schwertern der Leute Graf Friedrichs von Isenberg zum Opfer. Dem Erzbischof gebührt der Ruhm, das Kölner Territorium im südlichen Westfalen endgültig gefestigt zu haben[11]. Der alte Besitz um Soest war nun mit dem an der Diemel verbunden, das südliche Sauerland durch die Befestigung von Attendorn (1222) sicher in den Kölner Bereich eingebunden. Das Erzbistum hatte sich abermals seinen Gegnern überlegen erwiesen.
Die seit 1102 und dann nach dem Tode Graf Friedrichs des Streitbaren (1124) geschwächte Grafschaft Arnsberg wurde nun planmäßig eingekreist. Erzbischof Konrad von Hochstaden (1238–1261)[12] setzte sich südlich von Arnsberg durch Ankauf der Waldenburg im Biggetal fest. Im Kampf gegen seine westfälisch-rheinischen Gegner mußte er aber auch schwere Rückschläge hinnehmen und zeitweise sogar in Gefangenschaft gehen. Gegen Osten gelang ihm die Sicherung der Einflußsphäre bis an die Weser, gegen Münster sicherte er das Vest Recklinghausen durch Erhebung von Dorsten zu Stadt (1251).
Siegfried von Westerburg (1275–1297)[13] vermochte sich dagegen nur mit viel Glück in chaotischen Fehden gegen seine zahlreichen Gegner zu behaupten. Lüdenscheid ging 1278 in kölnische Hände über. Die größte Gefahr für Siegfried entstand jedoch, als er im Kampf um die Erbfolge im Herzogtum Limburg an der Maas mit den mächtigsten rheinischen und westfälischen Häusern in Konflikt geriet. Die blutige Schlacht von Worringen (1288)[14] bedeutete nicht nur seine Niederlage, sondern auch den endgültigen Sieg des landesherrlichen über das herzogliche Prinzip. Siegfried mußte Reichsstandschaft und unbeschränktes Befestigungsrecht des Grafen von der Mark anerkennen, der damit im späteren „Ruhrgebiet" seine Vorherrschaft an die Stelle der des Kölners setzte. Der Märker eroberte Werl, Menden, Isenberg, Volmarstein und Raffenberg bei Hohenlimburg. Vor allem aber gelangte er durch Verleihung König Rudolfs von Habsburg in den Besitz der Vogtei über Essen. Der Sieg der Landesherren ließ auch das südliche Westfalen in eine Reihe von Territorien

zerfallen, die ihre Kraft in lokalen Rivalitäten verzehrten. Das Land trat für fünf Jahrhunderte in den Windschatten der Geschichte.
Mit Worringen gaben die Erzbischöfe von Köln jedoch ihre alte Politik nicht auf. Sie versuchten weiterhin, im Lande Stützpunkte zu erwerben und die im 14. Jahrhundert neu belebte Feme in den Dienst ihrer Pläne zu stellen. Dieser Versuch mißlang, doch errang Köln einen anderen Erfolg. Graf Friedrich der Streitbare von Arnsberg war 1124 verstorben, tief getroffen von der Klostergründung seines Schwiegersohnes Gottfried von Cappenberg, der damit alle Hoffnungen auf einen erneuten Aufstieg der Häuser Arnsberg und Cappenberg mit Zentren an Lippe und Ruhr unwiederbringlich zunichte gemacht hatte[15]. Arnsberg fiel an das niederländische Grafenhaus Kuijk. Unter kölnischem Druck verzichtete Heinrich von Kuijk-Arnsberg 1160 auf Altena und trug fünf Jahre später die Restgrafschaft Arnsberg dem Erzstift Köln als Lehen auf. Als der letzte kinderlose Graf Gottfried IV. (1371) mit den Grafen von der Mark um das bilsteinische Erbe in Streit geriet, warf er sich vollends in Kölner Arme und verkaufte dem Erzbischof seine Grafschaft. Das kurkölnische Westfalen erfuhr dadurch eine willkommene Abrundung, wenn auch das seitdem so genannte „Herzogtum Westfalen“ neben seinen aufstrebenden Nachbarn ein recht bedeutungsloses Ländchen blieb.
Diese Nachbarn waren die Grafen von der Mark[16], deren Verhältnis zu Kurköln an anderer Stelle ausführlich zur Darstellung kommt und hier nur im Überblick dargeboten werden soll. Schon gegen Ende des 14. Jahrhunderts erwies sich, daß Köln den Grafen nicht gewachsen war. Der Erzbischof mußte 1392 auf so wichtige Punkte wie Volmarstein, Bochum, Hagen und Schwelm verzichten. Letztmalig versuchte Erzbischof Dietrich von Moers (1414–1463), den Märkern den Rang in der Hellweg- und Ruhrzone streitig zu machen, brachte sich aber nur in finanzielle Schwierigkeiten und die Landstände gegen sich auf.
Die schwerste Niederlage mußte Dietrich im Kampf mit seiner westfälischen Hauptstadt Soest einstecken[17]. Eingriffe in ihre alten freiheitlichen Rechte, die wiederum mit den Geldnöten des Metropoliten zusammenhingen, führten zu einer heftigen Fehde, in der sich der Kölner auf die Burg Arnsberg stützte, Soest dagegen Rettung in einem Freundschaftsvertrag mit Herzog Adolf von Kleve suchte. Die Mauern der Stadt erwiesen sich als so fest, daß sogar ein gefürchtetes, großes Hussitenheer sie nicht überwinden konnte. Als die Versorgung des Heeres mißlang, zog es von dannen. Soest und seine Börde war für alle Zeiten dem Erzbischof verlorengegangen. Die Handelsstadt trat in einen lokkeren Verband mit der Grafschaft Mark, büßte damit allerdings ihren wirtschaftlichen Wohlstand ein. Vom natürlichen Hinterland abgeschnitten und rings von hemmenden Grenzen umgeben, sank sie allmählich zu einer unbedeutenden Landstadt herab.
Der weit über die Landesgrenzen hinaus beachtete Zusammenstoß, die Soester Fehde (1444–1447), wurde endgültig durch den Maastrichter Schiedsspruch von 1449 beigelegt. Für den herben Verlust der Stadt Soest durfte Köln als Trostpflaster die 1444/1445 besetzten Herrschaften Fredeburg und Bilstein behalten, die als Verbindungsglied zwischen dem „Herzogtum Westfalen“ und der Waldenburg dienten.
Der Verlust der beiden kleinen Herrschaften traf den Grafen von der Mark nicht allzu hart. Das Geschlecht, eine jüngere Linie der Grafen von Berg, hatte bereits einen bemerkenswerten Aufschwung hinter sich. Adolf II. von Berg (1077/90)[18] heiratete Adelheid von Laufen, Erbtochter der Grafschaft Werl-Hövel, und kam dadurch in Besitz der nicht ganz unbedeutenden Grafschaft Hövel beiderseits der Lippe. Als die große Grafschaft Berg 1160 geteilt wurde, erhielt Everhard I. alle westfälischen Besitzungen, einschließlich der Vogteien über Essen und Werden. Er nannte sich seitdem nach seinem Sitz an der Lenne Graf von Altena. Im Jahre 1175 teilten seine Söhne erneut den Besitz. Der ältere, Arnold, behielt die Vogteien und erwarb gegen Ende des Jahrhunderts die beide Klöster beherrschende Isenburg an der Ruhr, seit 1216 Hauptsitz des Geschlechtes. Bald kam es jedoch um den Besitz der reichen Vogteien zum Streit mit dem ebenfalls dem bergischen Hause entstammenden Erzbischof von Köln. Friedrich von Isenberg stellte sich dem Metropoliten in der richtigen Einsicht entgegen, daß der Verlust der Vogteien den Ruin seines Hauses zur Folge haben würde, und sammelte um sich einen Fürstenbund. Als der Erzbischof 1225 nach Westfalen reiste, lauerte Friedrich ihm bei Gevelsberg auf und brachte ihn um, wie wir bereits erfahren haben.
Damit war auch das Schicksal der Isenberger entschieden. Friedrich wurde im folgenden Jahr in Köln grausam hingerichtet, seine Güter wurden konfisziert. Jedoch gelang es seinem Vetter Adolf aus der jüngeren Linie Altena, rechtzeitig die Partei zu wechseln und den größten Teil des isenbergischen Besitzes für seine Familie zu retten.
Adolf hatte gegen Ende des 12. Jahrhunderts die Burg Mark bei der späteren Stadt Hamm an einem Lippeübergang erworben und das Gewicht seiner Politik aus dem Bergland an der Lenne ins Hellweggebiet verlagert. Durch seinen Übertritt auf die kölnische Seite vermochte er 1225/26 in gewissem Maße die Bruderteilung von 1175 rückgängig zu machen, konnte auch im Frieden von 1243 fast alle erworbenen Gebiete behaupten. Zum Schutz seines Territoriums erbaute er 1226 die Stadt Hamm bei Mark und im nächsten Jahre Blankenstein an der Ruhr. Adolf wurde damit zum Begründer der 1202 erstmals so genannten Grafschaft Mark.
Die ältere Linie Isenberg ging dagegen fast leer aus. Des unglücklichen Grafen Friedrich Nachkommen mußten sich mit der sogenannten Grafschaft Limburg und der während der Kämpfe gebauten Hohenlimburg im Winkel zwischen Ruhr und Lenne als bergischem Lehen begnügen. Das Ländchen, in dem das Stift Elsey lag, spielte fortan nur eine untergeordnete Rolle im Schatten der Grafschaft Mark.
Das Erstarken der Mark führte von selbst zum Konflikt mit Kurköln. Der junge Graf Everhard II. (1277–1308) spielte gegenüber dem machtbewußten Metropoliten Siegfried von Westerburg anfangs nur die zweite Geige. Er mußte die herzogliche Oberhoheit des Kölners anerkennen und der Entfestigung von Kamen und Iserlohn zustimmen. Lüdenscheid ging an Köln verloren.
An anderer Stelle gelang es Everhard dagegen, 1282 die Krumme Grafschaft zwischen Ruhr und Emscher anzukaufen und damit seine Besitzungen am Hellweg und im Süderland zu verbinden. 1287 erwarb er pfandweise die Rechte der Grafen von Sayn um Gummersbach. Mit eigenem Besitz an dieser Stelle wurde hieraus 1301 das Amt Neustadt gebildet. Im Jahre 1288 wandte sich das Blatt nachhaltig zugunsten des Märkers. Nach Worringen mußte der Kölner die unbeschränkte Landeshoheit des Grafen von der Mark anerkennen. Geschickt erwarb Everhard 1290 vier Reichshöfe bei Dortmund als Pfandbesitz, 1292 auch die an Köln verlorengegangene Vogtei über Essen. Seine Grafschaft bestand nun aus drei größeren Stücken, eines um Hamm an der

Lippe, das andere an der Ruhr unterhalb von Schwelm, das dritte um Altena an der Lenne. Der Zustand drängte geradezu auf territoriale Abrundung.
Gefahren drohten dem Grafen aber auch aus Norden. Der Bischof von Münster strebte nach Ausschaltung aller fremden Kräfte innerhalb seiner Diözese. Dazu gehörten auch die Grafschaftsrechte des Märkers nördlich der Lippe, Reste der Grafschaft Hövel. Im Bunde mit Kurköln zog Bischof Ludwig von Hessen (1310–1357)im Jahre 1322 gegen Graf Engelbert II. (1308–1328), geriet aber bei Methler in dessen Gefangenschaft. Den Streitpunkt bildete vor allem Lünen, das der Märker 1302 mit allen umliegenden münsterischen Rechten hatte erwerben können. Auch nach der Verlegung der Stadt Lünen auf das südliche Flußufer empfand der Bischof diese märkische Position als bedrohend. Auf die Dauer ließen sich die märkischen Rechte nördlich der Lippe, darunter das Gogericht Ascheberg, aber nicht halten. Sie fielen dem Bischof zu.
1324 gelang es dem Grafen, dem Erzstift die Burg Volmarstein zu entreißen. Die bedeutende, gleichnamige Freigrafschaft sowie die Vogtei über die Höfe Hagen und Schwelm, aber auch über das Stift Herdecke fielen in märkische Hände. Die Verbindung des märkischen Besitzes in der Hellwegregion mit dem im Süderland war nun fest verankert.
Den Höhepunkt märkischer Machtentfaltung führte Graf Engelbert III. (1347–1391) herauf, ein am Hofe seines Oheims, des Fürstbischofs Engelbert von Lüttich, erzogener Mann[19], „unter den damaligen westfälischen Dynasten zwar die markanteste, aber zugleich auch die härteste Persönlichkeit" (Franz Petri), ein höchst einflußreicher Reichsfürst. der über die Grenzen seines Landes weit hinausgewachsen war. Ihm gelang es, seinem Bruder Adolf 1358 den münsterischen Bischofsstuhl zu verschaffen, zwei Jahre später seinem Bruder Dietrich die Verweserschaft des Stifts Osnabrück in die Hände zu spielen. Das Stift Lüttich war ohnehin schon fast eine Erbdomäne der Märker. Als Adolf von Münster auf den Kölner Stuhl überwechselte, nutzte Engelbert seine Chance und verdrängte Graf Gottfried von Arnsberg aus dem kurkölnischen Marschallamt für Westfalen. Damit gewann er 1365 die Verwaltung des Großteils des kölnischen Westfalen. Noch im selben Jahr trat Engelbert als Hauptmann an die Spitze eines großen Landfriedensbundes, dem die Hochstifte Köln und Münster, die Grafschaft Mark sowie die Städte Münster, Soest und Dortmund beitraten.
Grenzen seiner Macht mußte allerdings auch dieser mächtige Graf zur Kenntnis nehmen. Es gelang ihm zwar, dem Arnsberger die Herrschaft Fredeburg abzunehmen, doch verspielte er damit jede Möglichkeit, dessen Erbe anzutreten. Kurz nach dem Tode Erzbischof Engelberts von Köln (1368) fiel Arnsberg an Kurköln. Im Erzstift kam nun überdies eine der Mark feindliche Partei zum Zuge.
Der Gleichmut, mit dem Engelbert III. den Übergang der Grafschaft Arnsberg an Köln hinnahm, erklärt sich möglicherweise aus seiner Aufmerksamkeit für die sich eröffnende Möglichkeit, die Grafschaft Kleve für sein Haus zu gewinnen. Sein Bruder Adolf, der frühere Erzbischof von Köln, war nämlich in das weltliche Leben zurückgetreten und hatte 1368 die verwaiste Grafschaft übernommen. Da Engelbert keine männlichen Erben besaß und ein jüngerer Bruder unverheiratet blieb, zeichnete sich eine baldige Vereinigung von Kleve und Mark ab.
Die letzten Lebensjahre Graf Engelberts belastete die Verschlechterung seines Verhältnisses zur Reichsstadt Dortmund mitten in seinem Territorium. Im Jahre 1388 brach die Fehde offen aus. Der Graf nahm den Kampf so ernst, daß er sogar mit seinem Erzgegner Kurköln gegen die Stadt ein Bündnis schloß. Es nützte nichts. Der Stadt blieb die Unabhängigkeit erhalten.
Die Stadt Dortmund[20] war in Anlehnung an den Reichshof erwachsen und wurde seit 1220 als Reichsstadt bezeichnet. Nach dem Aussterben der Grafen von Dortmund sicherte sie sich 1320 und 1343 eine Hälfte der Grafschaft, die im Norden bis an die Lippe reichte. Im *Privilegium Ludovicum* erlangte die Reichsstadt eine Bestätigung und sogar Erweiterung ihrer Freiheiten. Um die Mitte des 14. Jahrhunderts erklomm sie den kulturellen und wirtschaftlichen Höhepunkt in ihrer Geschichte. Sie war der Vorort des „gemeinen Kaufmanns von Westfalen". Der militärische Erfolg in der Großen Dortmunder Fehde täuschte aber nicht darüber hinweg, daß sich die Stadt finanziell übernommen hatte. Zehn Jahre später mußte sie ihre Zahlungsunfähigkeit erklären. Ihre Rolle als unbestrittenes westfälisches Handelszentrum war unwiederbringlich dahin.
Durch das Erlöschen der Grafen von Lindenhorst um 1452 und den Tod ihres Erben, Johann Steckes, erlangte Dortmund die Möglichkeit, auch die zweite Hälfte der Grafschaft Dortmund anzukaufen. Kaiser Maximilian übertrug ihr die gesamte Grafschaft und bestätigte 1514 die völlige Freiheit von jeder Vogtei. Das kleine Territorium der Reichsstadt blieb in dieser Form bis zum Ende des alten Reiches 1803 erhalten.
Im Jahre 1398 trat die erwartete Vereinigung der Grafschaften Kleve[21] und Mark ein. Graf Adolf IV. von der Mark, seit 1394 Graf Adolf III. von Kleve, seit 1417 Herzog von Kleve, geriet jedoch mit seinem jüngeren Bruder Gerhard in Streit, der mit seiner Abfindung in Gestalt einiger süderländischer Burgen und des Amtes Hamm unzufrieden war. Gerhard verbündete sich mit Erzbischof Dietrich von Moers, dem der Streit im klevischen Hause nur willkommen sein konnte. Es gelang Gerhard im 1423 ausgebrochenen Kriege, etwa zwei Drittel der Grafschaft Mark zu behaupten, die ihm unter Vermittlung der Landstände 1437 auf Lebenszeit überlassen wurden. Gerhard befand sich auch noch im Bunde mit dem Kölner, als dieser in Streit mit der Stadt Soest geriet. Erst die eindeutige Sympathie der märkischen Landstände für die bedrängte Stadt ließ es ihm 1447 geraten erscheinen, auf die klevische Seite überzutreten. Nach seinem Tode (1461) gerieten beide Grafschaften wieder unter die gemeinsame Regierung des Herzogs von Kleve.
Innenpolitisch bemühten sich die Landstände der Mark erfolgreich, den eigenständigen Charakter der Grafschaft gegenüber Kleve zu wahren. Außenpolitisch drohten jedoch unabsehbare Gefahren. Herzog Karl der Kühne von Burgund, mit den Herzögen von Kleve versippt, bestimmte mit seiner politischen Übermacht auch die Geschicke des Landes Kleve[22]. Zur Zeit der Soester Fehde spielte er mit dem Plan einer Loslösung von Kleve-Mark aus dem Verband des Heiligen Römischen Reiches und deren Angliederung – mit anderen rheinischen Fürstentümern – an ein neu zu errichtendes Königreich Burgund. Die Niederlage des Herzogs vor Neuß (1475) und sein Tod bei Nancy (1477) bereiteten seinen weitausgreifenden Plänen aber ein schnelles Ende.
Die erwähnte Grafschaft Kleve, mit der die Mark nunmehr verbunden war, besaß ihre ältesten Stützpunkte um Kleve, Kalkar und Monreburg, alles auf der linken Rheinseite. Im Westen besaßen die Grafen verstreute Besitzungen bis in die Betuwe und Teisterbant, oft in Gemengelage mit geldrischem Besitz, teilweise auch unter der Oberhoheit des Stiftes Utrecht. Reiche Einkünfte flossen ihnen aus einigen Zöllen am Rhein zu.

Früh richteten die Klever ihre Blicke auch nach Osten. Dort bildeten Castrop und der Reichshof Mengede, beide am Hellweg gelegen, die wichtigsten Marksteine klevischer Präsenz. Die Erwerbungen der Grafen vollzogen sich hier meist auf Kosten des Reiches oder Kurkölns.
Die Territorialisierung Kleves ging anfangs vornehmlich auf der Basis der Vogteien über Zyfflich und Xanten, letzteres unter Kölner Oberhoheit stehend, vor sich. Den bedeutenden rechtsrheinischen Besitz nördlich der Lippe erwarben die Grafen mit der großen Weseler Waldgrafschaft, die die Grenzen des Bistums berührte. Graf Dietrich V. von Kleve (1202–1260), einem Vetter des Deutschen Königs Wilhelm von Holland, gelang es, aus brabantischem Erbe auch die Reichsvogtei über St. Willibrord in Wesel und die Stadt zu erwerben, dazu lippeaufwärts Gahlen und schließlich, nach dem Aussterben der Grafen von Sayn, Hülchrath südlich von Neuß.
Sein Sohn Dietrich VI. (1260–1275) gewann in Dinslaken Güter, wahrscheinlich aus altem Reichsbesitz. An der Nies kaufte er 1270 das Gericht Kervenheim, ein wichtiges Bindeglied zu der bis an die Maas reichenden Xantener Vogtei Weeze, in der allerdings der Graf von Geldern das Hochgericht beanspruchte.
Für die Konsolidierung der kleve-märkischen Position im „Ruhrgebiet" bedeutete die Soester Fehde[23], wie bereits geschildert, den wichtigsten Markstein. Zweifellos lag in der Parteinahme für die Stadt gegen das mächtige Kurköln und die Hochstifte Münster und Paderborn, die Reichsstadt Dortmund und den verwandten Grafen Gerhard von der Mark ein hohes Risiko. Nur der Edelherr Bernhard VII. zur Lippe hatte sich auf die Seite der Soester geschlagen. Ihm räumte der Herzog von Kleve dafür 1445 die halbe Erbherrschaft über Lippstadt ein. Immerhin ging die klevische Rechnung auf. Soest konnte sich behaupten und trat in den kleve-märkischen Kreis ein. Der vom Papst vermittelte und von allen Parteien angenommene Schiedsspruch von Maastricht (1449) basierte auf dem tatsächlichen Besitzstand: Der Herzog von Kleve-Mark behielt Xanten und Soest, Kurköln dagegen die weniger bedeutenden Ämter Fredeburg und Bilstein. Innerhalb des Verbandes mit Kleve und Mark behielt die Stadt Soest einen großen Teil ihrer städtischen Freiheit.
Der westliche Teil des „Ruhrgebietes" erstreckt sich über die nördlichen Bereiche der ehemaligen Grafschaft Berg[24]. Sie stellte zwischen den Flüssen Rhein, Lippe, Lenne und Sieg den ausgedehntesten Machtbereich in den nördlichen Rheinlanden dar. Insbesondere umfaßte sie weite Landstriche der fränkisch-sächsischen Waldmarken, die auch im Hochmittelalter nur spärlich besiedelt waren. Nicht zuletzt diesem Umstand verdankte aber Berg seine spätere Größe. Der Ausbau des Landes bot reichen Gewinn. Mit der Lage zwischen den linksrheinischen Teilen des Erzstifts Köln und dessen südwestfälischen Besitzungen eröffneten sich den Besitzern der Grafschaft große Möglichkeiten, auch im Erzstift eine entscheidende Rolle zu spielen. Sie wurde genutzt. Das älteste Haus Berg stellte nicht weniger als fünfmal den Erzbischof.
Der Besitz der Grafen war weit gestreut. Neben Rechten im Deutzgau gegenüber Köln besaßen sie solche im Süderland, um Bochum, Kamen und Unna am Hellweg, aber auch im ostmünsterländischen Dreingau, ferner die Vogteien über die Klöster und Stifte Werden, Gerresheim, Dünnwald, Siegburg und Cappenberg, das 1133 auf ihrer Stammburg gegründete Zisterzienserkloster Altenberg, den rechtsrheinischen Besitz der stadtkölnischen Klöster und Stifter St. Gereon, St. Kunibert, St. Pantaleon und St. Severin, schließlich über das Reichsstift Essen und die Abtei Deutz.
Die erste Teilung der Grafschaft Berg fand 1161 statt. Graf Everhard I. erhielt das westfälische Gut, dessen Schicksal schon beschrieben worden ist. Sein Bruder Engelbert I. (1161–1189) stieß von Burg an der Wupper in den Keldachgau vor und gewann dort Grafenrechte, dazu im Jahre 1176, wenigstens vorübergehend, Elberfeld und Schwelm als kurkölnische Pfandschaften. Tyverner Besitz um Düsseldorf wurde 1189 aufgekauft. Durch die Belehnung mit dem thüringischen Lehen Windeck an der Sieg erweiterte der Graf seinen Einfluß weit nach Süden. Jedoch erlosch seine Linie mit dem tragischen Tode seines Sohns, Erzbischof Engelberts von Köln, im Jahre 1225.
Die Nachfolge der bergischen Hauptlinie trat Herzog Heinrich von Limburg (1225–1246) an. Bei seinem Tode übergab er die Grafschaft Berg an seinen ältesten Sohn Adolf IV. (von Berg), der 1244 die Schwester des Kölner Erzbischofs Konrad von Hochstaden geheiratet hatte und damit ein gutes Verhältnis zwischen Kurköln und Berg besiegelte.
Wahrscheinlich war es Adolf, der der Grafschaft Berg den großen Duisburger Reichsforst einbrachte. Dieser Wald befand sich seit 1129 in limburgischem Besitz. Im Jahre 1248 ließ er sich vom Deutschen König Wilhelm von Holland mit den Reichshöfen Mettmann und Rath ausstatten. Er erwarb die Vogtei über Kaiserswerth und 1257 von den Grafen von Sayn das früher von den Staufern dem Erzstift Köln geschenkte Eckenhagen mit seinen ergiebigen Silbergruben. Adolfs Witwe kaufte 1260 die letzte selbständige Herrschaft zwischen den Grafschaften Berg und Mark, Hückeswagen, und rundete damit ihr Territorium ab.
Am Rande der größeren Territorien spielten einige kleinere nur sehr bescheidene Rollen. Nicht wenige konnten allerdings ihre Existenz bis in das 19. Jahrhundert hinein retten: das Reichsstift Essen und die Reichsabtei Werden[25], beide wechselnden Vogteien unterworfen und nur bedingt selbständig, die Herrschaft Broich bei Mülheim an der Ruhr, deren Besitzer eine Art von landesherrlicher Oberhoheit über das Kirchspiel Mülheim ausbauen konnten. Linksrheinisch beherrschten die Grafen von Moers, erstmalig 1186 urkundlich genannt, seit dem 13. Jahrhundert eine kleine Grafschaft. Nur in der Auseinandersetzung über den Besitz mehrerer Bistümer traten die Moerser als erbitterte Gegner des Grafenhauses Hoya hervor. Ihr bedeutendster Vertreter war Dietrich, Erzbischof zu Köln, eine wahrhaft politische Begabung[26]. Er nahm als Vertreter der konziliaren Idee in Deutschland eine maßgebende Rolle ein und geriet damit in scharfen Gegensatz zu den antikonziliaren Häusern Burgund und das von diesem bestimmte Kleve.
Langsam, aber unaufhaltsam dringt das „Ruhrgebiet" mit seiner Schwerindustrie in der neueren Zeit im südlichen Münsterland nach Norden vor. Es prägt damit das Bild der unmittelbar nördlich der Lippe gelegenen Landstriche des ehemaligen Fürstbistums Münster.
Seit der Missionszeit lag die Grenze der Diözese Münster auf der Lippe. Ihre Festlegung gegen den kölnischen Missionsbezirk südlich des Flusses erfolgte wahrscheinlich schon auf dem Paderborner Reichstag von Paderborn, auf dem König Karl der Große und Papst Leo anwesend waren. Die entscheidende Stärkung Münsters an seiner Südgrenze stellt die Übergabe von 105 Ministerialen des bisherigen Grafen von Cappenberg, der seine Burg in ein Kloster umgewandelt hatte, an den Bischof von Münster (1126) dar. Gegen den Widerstand örtlicher Gewalten und vereinzelt auch gegen den Grafen von der Mark, der in Ascheberg Rechte besaß, gelang es im Verlaufe des Hochmittelalters den

Fürstbischöfen, ihren geistlichen Jurisdiktionsbereich auch mit weltlicher Gewalt auszufüllen, wobei der Erwerb von Go- oder Landgerichten eine große Rolle spielte. Der Bischof maßte sich sogar das ihm keineswegs zustehende Recht an, die Gografen in seiner Diözese zu ernennen (1152). Nachdem im Jahre 1173 die Stiftsvogtei der Grafen von Tecklenburg vom Bischof abgelöst worden war, stand der uneingeschränkten Landeshoheit der Bischöfe von Münster kaum noch etwas im Wege.

Mit Ausnahme eines kleinen Brückenkopfes nördlich der Stadt Hamm, in dem später das Nordenspital stand und der in märkischer Hand blieb, deckten sich schließlich Diözesan- und Landesgrenze in ihrem Verlauf auf der Lippe.

Grenzstreitigkeiten gab es auch mit der Grafschaft Kleve um die Festlegung der Grenze im Dümmerwald, einem Teil des Weseler Reichsforstes. Betroffen davon war die territoriale Zugehörigkeit der Kirchspiele Dingden und Brünen. Ihre kirchliche Zugehörigkeit zur Diözese Münster stand dagegen niemals zur Diskussion. Der Streit wurde im 15. Jahrhundert durch einen Vergleich beigelegt.

Insgesamt gesehen hatte sich bis zu dieser Zeit im gesamten „Ruhrgebiet" eine Territorialgliederung herausgebildet, die mit geringen Änderungen die folgenden Jahrhunderte überdauerte. Es gab Personalunionen und den Übergang eines Landes an ein anderes Fürstenhaus, die Grenzen der Länder blieben aber in fast derselben Form wie am Ende des Mittelalters bis zum Ende des Heiligen Römischen Reiches im Jahre 1803 bestehen.

Anmerkungen

1 Grundsätzlich zu diesem Thema: Petri, Franz: Territorienbildung und Territorialstaat des 14. Jahrhunderts im Nordwestraum, in: Forschungen und Vorträge 13 (1970), S. 383–483; Droege, Georg: Landrecht und Lehnrecht im hohen Mittelalter, Bonn 1969.

2 Niemeier, Georg: Fragen der Flur- und Siedlungsformenforschung im Westmünsterland, in: Westfälische Forschungen 1 (1938), S. 124–142.

3 Ewig, Eugen: Frühes Mittelalter, in: Rheinische Geschichte in drei Bänden hrsg. von Franz Petri und Georg Droege 1,2, Düsseldorf 1980, insbesondere Kap. 4 Abs. 3; Die rheinischen Lande und die Eingliederung der Friesen und Sachsen ins Frankenreich, ebd. S. 108–114 mit Literatur S. 237.

4 Hömberg, Albert K.: Geschichte der Comitate des Werler Grafenhauses, in: Westfälische Zeitschrift 100 (1950), S. 9–133.

5 Geschichte des Erzbistums Köln hrsg. von Eduard Hegel 1: Das Bistum Köln von den Anfängen bis zum Ende des 12. Jahrhunderts, neu bearbeitet von Friedrich-Wilhelm Oediger, Köln [2]1972.

6 Pardun, Hans: Die geschichtliche Entwicklung von Stadt und Grafschaft Arnsberg bis zum Übergang an Kurköln, in: 750 Jahre Arnsberg. Zur Geschichte der Stadt und ihrer Bürger, hrsg. vom Arnsberger Heimatbund e. V., Arnsberg 1989, S. 26–58; unentbehrlich daneben noch: Féaux de Lacroix, Karl: Geschichte Arnsbergs, Arnsberg 1895, Nachdruck Werl 1983.

7 Leidinger, Paul: Soest und das Erzstift Köln. Zum Verhältnis von Landesherrschaft und Stadt im 13. Jahrhundert, in: Soest. Stadt-Territorium-Reich. Festschrift zum 100jährigen Bestehen des Vereins für Geschichte und Heimatkunde Soest mit Beiträgen zur Stadt-, Landes- und Hansegeschichte, hrsg. von Gerhard Köhn, Soest 1981, S. 85–114; Behr, Hans-Joachim: Zur Landesherrschaft der Herzöge von Kleve in Soest, ebd. S. 115–150; dazu noch: Allhoff, Elisabeth: Die territorialen Beziehungen der Kölner Erzbischöfe zu ihrem kölnisch-westfälischen Hoheitsgebiet bis zur Verleihung des Herzogtums im Jahre 1180, Köln 1924.

8 Leidinger, Paul: Die Begründung des Herzogtums Westfalen 1180, in: Köln-Westfalen. Landesgeschichte zwischen Rhein und Weser 1180–1980, Band 1: Beiträge, Münster 1980, S. 42–57.

9 Janssen, Wilhelm: Die Erzbischöfe von Köln und ihr „Land" Westfalen im Spätmittelalter, in: Westfalen 58 (1980), S. 82–95; Engels, Odilo: Die Stauferzeit, in: Rheinische Geschichte in drei Bänden hrsg. von Franz Petri und Georg Droege 1,3, Düsseldorf 1983, S. 199–296, insbesondere S. 216–221.

10 Wisplinghoff, Erich: Der Kampf um die Vogtei Essen im Rahmen der allgemeinen Vogteientwicklung im 10. bis.12. Jahrhundert, in: Aus Geschichte und Landeskunde. Festschrift für Franz Steinbach zum 65. Geburtstag, Bonn 1960, S. 308–332.

11 Engels (wie Anm. 9) S. 246–258; Prinz, Joseph: Das hohe Mittelalter vom Vertrag von Verdun 843 bis zur Schlacht von Worringen 1288, in: Westfälische Geschichte in drei Textbänden und einem Bild- und Dokumentarband hrsg. von Wilhelm Kohl, Düsseldorf 1983, S. 337–401, besonders S. 395 f.

12 Engels (wie Anm. 9) S. 255–266; Prinz (wie Anm. 11) S. 396 f.

13 Prinz (wie Anm. 11) S. 397 f.

14 Der Tag von Worringen 5. Juni 1288 hrsg. von Wilhelm Janssen und Hugo Stehkämper, in: Veröffentlichungen der Staatlichen Archive des Landes Nordrhein-Westfalen 27, Düsseldorf 1988, S. 1–453; auch in: Mitteilungen aus dem Stadtarchiv von Köln 72; dazu: Leidinger, Paul, in: Westfälische Forschungen 39 (1989), S. 676 ff.

15 Kohl, Wilhelm: Die frühen Prämonstratenserklöster Nordwestdeutschlands im Spannungsfeld der großen Familien, in: Institutionen, Kultur und Gesellschaft im Mittelalter. Festschrift für Josef Fleckenstein zu seinem 65. Geburtstag hrsg. von Lutz Fenske, Werner Rösener und Thomas Zotz, Sigmaringen 1984, S. 393–414.

16 Vahrenhold-Huland, Uta: Grundlagen und Entstehung der Grafschaft Mark, Dortmund 1968.

17 Hansen, Joseph: Westfalen und Rheinland im 15. Jahrhundert 1: Die Soester Fehde, Leipzig 1888.

18 Wunder, Gerd: Graf Adolf von Berg, der Stifter von Altenberg, und seine Verwandtschaft, in: Zeitschrift des Bergischen Geschichtsvereins 85 (1970/72), S. 181–188.

19 Sein Erzieher war der Geschichtsschreiber Levold von Northof, vgl. von Northof, Levold: Die Chronik der Grafen von der Mark übersetzt und erläutert von Hermann Flebbe, in: Die Geschichtsschreiber der deutschen Vorzeit 99, Münster/Köln 1955.

20 von Winterfeld, Luise: Geschichte der freien Reichs- und Hansestadt Dortmund, Dortmund [4]1963.

21 Oediger, Friedrich-Wilhelm: Die ältesten Grafen von Kleve, in: Annalen des Historischen Vereins für den Niederrhein 153/154 (1953), S. 263–268; auch in: ders.: Vom Leben am Niederrhein. Aufsätze aus dem Bereich des alten Erzbistums Köln, Düsseldorf 1973, S. 250–255; Janssen, Wilhelm: Kleve-Mark-Jülich-Berg-Ravensberg 1400–1600, in: Land im Mittelpunkt der Mächte. Die Herzogtümer Jülich, Kleve, Berg, Kleve 1984, S. 17–40.

22 Petri, Franz: Nordwestdeutschland in der Politik der Burgunderherzöge, in: Westfälische Forschungen 7 (1953/54), S. 80–100.

23 Vgl. Anm. 17.

24 Melchers, Bernhard: Die ältesten Grafen von Berg bis zu ihrem Aussterben 1225, in: Zeitschrift des Bergischen Geschichtsvereins 45 (1912), S. 5–105; Schmale, Franz-Josef: Die Anfänge der Grafen von Berg, in: Die Geschichte in der Gesellschaft. Festschrift für Karl Bosl zum 65. Geburtstag hrsg. von Friedrich Prinz, Franz-Josef Schmale, Ferdinand Seibt, Stuttgart 1974, S. 370–392.

25 Stüwer, Wilhelm: Die Reichsabtei Werden an der Ruhr, Berlin/New York 1980.

26 Droege, Georg: Dietrich von Moers, Erzbischof und Kurfürst von Köln, etwa 1385–1463, in: Rheinische Lebensbilder 1, im Auftrage der Gesellschaft für rheinische Geschichtskunde hrsg. von Edmund Strutz, Düsseldorf 1961, S. 49–65.

27 Eine Territorialgeschichte des Fürstbistums Münster liegt bisher nicht vor.

Köln – Mark – und Sankt Pankratius

Die politischen Beziehungen zwischen den Kölner Erzbischöfen und den Grafen von der Mark aus sakraler Sicht

Jürgen Kloosterhuis

In der *Legenda aurea* trug der Genueser Erzbischof Jakobus de Voragine zwischen 1263 und 1273 eine berühmte Sammlung von Geschichten über jene Männer und Frauen zusammen, die in der Liturgie des katholischen Kirchenjahres als Heilige verehrt wurden. Das Wissen vom Leben und Sterben der christlichen Bekenner und Märtyrer im Kreis der himmlischen Heerscharen war für den gläubigen Menschen des späten Mittelalters freilich von höchster Aktualität, denn nach seiner Überzeugung besaß jeder Heilige bestimmte übernatürliche Eigenschaften, die sich meist aus seiner Biographie erklärten und die auch nach seinem Tod durch Wunder immer wieder aufs Neue erhellten. Er stand damit auf Erden aller menschlichen Unvollkommenheit hilfreich zur Seite, sofern sie ihn fromm darum bat.

So wußte die Legende von St. Pankratius, einem jugendlichen römischen Märtyrer des vierten Jahrhunderts, in Anknüpfung an die Überlieferung des Gregor von Tours zu erzählen, daß dieser Heilige ein Hüter der Eide war. Pankratius duldete nicht, wenn in seinem Namen falsch geschworen wurde und verstand es, entsprechende Sünden gegen das 8. Gebot wirksam zu bestrafen. Jakobus de Voragine erhellte das mit einer Geschichte, die noch am Ende des 15. Jahrhunderts ein Kölner Passionale (in deutscher Übersetzung der *Legenda aurea*) so wiedergab:

„Es war einst ein großer Streit zwischen zwei Leuten. Der Richter wußte wohl, wer von ihnen mißtätig war, aber er vermochte es ihm nicht zu beweisen. Durch Gerechtigkeit gedrängt, führte er beide vor St. Peters Altar und hieß den, welchen er für schuldig hielt, schwören und seine Unschuld mit einem Eide erweisen. Und er bat St. Peter, daß er ihm durch ein Zeichen die Wahrheit offenbaren möge. Da aber der Mensch geschworen hatte und kein Zeichen offenbar ward, wurde der Richter traurig und sprach: 'St. Peter ist allezeit zu barmherzig; vielleicht auch will er einem jüngeren Heiligen die Ehre geben, ein Zeichen zu tun. Laßt uns darum zu dem Jüngling Pankratius gehen und ihn um seine Hilfe bitten'. Als sie zu dem Grabe des Heiligen gekommen waren und der Schuldige wieder voll Schalkheit fälschlich schwur – da vermochte er nicht mehr die Hand von dem heiligen Grabe fortzuziehen, und er sank um und starb."

In der Tat: eine schöne Geschichte, die die eideswahrende Qualität des Pankratius – allerdings auf Petri Kosten – ins rechte Licht rückte. Dabei blieb der Apostel, einer der Zwölfe und Stellvertreter Christi auf Erden nach mittelalterlicher Auffassung in der himmlischen Hierarchie an Einfluß und Ansehen dem Märtyrer, einem von so vielen, natürlich immer überlegen. Aber nicht die alte Autorität und ihr Anspruch, sondern das junge Talent und sein Vermögen setzten sich in der Legende durch, als es um die Entdeckung des Meineides ging. In diesem Punkt vermochte Pankratius dem Petrus tatsächlich den Rang abzulaufen – was die Legende begütigend der gönnerhaften Barmherzigkeit des Apostels zuschrieb.

Kurz: Petrus und Pankratius standen als Heilige im klaren Verhältnis der Über- und Unterordnung – doch konnte sich der Jüngere dem Älteren in bestimmter Hinsicht und unter gegebenen Umständen als gleichrangig, wo nicht gar begrenzt überlegen erweisen. In eben dieser Weise gestaltete sich die Relation zwischen den Erzbischöfen von Köln und den Grafen von der Mark, als sie im 13. Jahrhundert bei der Territorialisierung Süd-Westfalens ihre politischen Interessen durchzusetzen versuchten.

Dieser Entwicklungsprozess, der auf die Ausbildung sich selbst politisch repräsentierender Gebiete in der „königsfernen Landschaft" an Lippe, Ems und Ruhr hinauslief, hatte bereits im 11. Jahrhundert begonnen. Dort, wo zuvor die Herzöge von Sachsen mit Hilfe strikt nachgeordneter Grafen Recht sprachen und damit eine innere Ordnung in den westfälisch-engrischen Gauen ihres Stammesherzogtums aufrecht erhielten, war allmählich ein Machtvakuum entstanden. Es verlockte zahlreiche Grafen- und Edelherrengeschlechter, vor allen die Grafen von Werl, ebenso wie die Prälaten der Bischofsitze Münster, Osnabrück oder Paderborn zum Aufbau neuer, kleinräumigerer Herrschaftsbezirke; von „Territorien", die auf einem Konglomorat von geographisch möglichst zusammenhängenden grundherrlichen bzw. (hoheits-)rechtlichen Besitztiteln beruhten, die man durch Erbschaft, Heirat, Kauf oder auch Waffengewalt gesammelt hatte.

Im 12. Jahrhundert rückten die Erzbischöfe von Köln an die Spitze dieser politischen Entwicklung. Auf der Basis ihres südwestfälischen Großgrundbesitzes, gestützt durch zusätzlich erworbene Rechtspositionen und mit Hilfe von minder mächtigen Herren oder Grafen, die sie als Lehensträger an sich banden, qualifizierten sich die Kirchenfürsten schließlich als neue Herzöge von Westfalen und Engern – und erhielten diesen Titel 1180 tatsächlich verliehen, als Kaiser Friedrich Barbarossa die Herzogtümer Heinrichs des Löwen neu vergab. In der Folge mußten die Erzbischöfe versuchen, ihrer nach Umfang und Rechtsinhalt nicht näher bestimmten Herzogswürde mit den Mitteln moderner Territorienbildung politische Gestalt zu geben. Dabei überschnitten sich freilich die Interessen der Herzöge des kölnischen Westfalen mit denen der dort ansässigen Grafen und Edelherren, die ja gleichzeitig ihrerseits versuchten, mit den selben Mitteln eigene, wenn auch kleinere Landesherrschaften aufzubauen.

Zu ihnen zählten seit der zweiten Hälfte des 12. Jahrhunderts die späteren Grafen von der Mark. Fraglos standen sie von vorneherein als Emporkömmlinge auf der politischen Machtskala unter den etablierten Erzbischöfen von Köln. Dennoch verstanden es die Märker, sich im 13. Jahrhundert von dieser Hoheit zu emanzipieren, ein eigenes Territorium an Lippe, Ruhr und Lenne zu bilden und sich auf Dauer gegen die Herzogsgewalt als gleichrangig, wo nicht gar als zeitweilig begrenzt überlegen zu behaupten – so, wie dies in der *Legenda aurea* für Petrus und Pankratius galt.

Die Geschichte von den beiden Heiligen taugte freilich nicht von ungefähr zur Metapher des kölnisch-märkischen Verhältnisses im Spätmittelalter. Ebenso, wie der Apostel von jeher Schutzpatron der Kölner (Dom-)Kirche war, spielte der Märtyrer, dessen Kult sich in Westfalen im 11. Jahrhundert verbreitet hatte, für das märkische Grafenhaus als dessen vornehmlich verehrter Heiliger noch im 13. Jahrhundert eine besondere Rolle. Diese seine Bedeutung kam beispielsweise zur Geltung, als Graf Adolf I. (reg. ca. 1198 – 1249) in der Lippe-Aue (beim heutigen Hamm) jene Burg erbaute, die später der ganzen Grafschaft Mark ihren Namen verlieh. Das dortige Gelände mit einem Schultenhof und einer Eigenkirche hatte sein Vater, Graf Friedrich von Altena, von einem Edlen Rabodo gekauft, der den Besitz vom Kölner Erzbischof zu Lehen trug. Nicht weit von Hof und Kirche erho-

Abb. 8 Der „märkische" Pankratius: Ritterheiliger mit Rechtsqualität; hier zusammen mit der hlg. Barbara durch Wandmalereien des 14. Jhdts. im Chor der Pfarrkirche zu Mark abgebildet.

Abb. 9 Der „kölnische" Mauritius: Ritterheiliger mit Reichsqualität. Holzstatur des 16. Jhdts. in der Stiftskirche zu Fröndenberg.

ben sich bald um 1200 auf einem umgräfteten Erdhügel Befestigungsbauten, die (wie moderne Grabungen erwiesen) in einer einzigen Arbeitsphase emporgezogen worden sein mußten. Sie bestanden in der Hauptburg in einer Ringmauer, die den Palast umschloß und durch einen Torturm mit der Vorburg verbunden war, die wohl einigen hölzernen Wirtschaftsgebäuden Platz bot. Alles in allem lag dem Grafensitz damit ein verhältnismäßig billiges Bauprogramm zugrunde. Die Einsparungen betrafen unter Umständen auch einen unverzichtbaren Bestandteil der Wehranlage: die Burgkapelle. Natürlich hat es nach Ausweis der schriftlichen Quellen bereits im 13. Jahrhundert eine *capella castri in Marka* gegeben. Die bei den Grabungen tatsächlich freigelegte *Cappelle in Unser Vurburg Unsses Sloitz thor Marcka* wurde aber erst 1442 geweiht, und zwar zur Ehre *unser lieven Vrouwen, Sent Pancratius, Sent Georgius, Sent Anthonius, Sent Annen ind Sent Margareten.* Der Text der entsprechenden Urkunde ließ leider offen, ob damit die Konsekrierung eines neuen Baues oder die erneute eines alten erfolgte. Sicherer scheint, daß die – wo auch immer – ursprünglich vorhandene Kapelle der Burg Mark unter dem Patrozinium der Gottesmutter sowie der Märtyrer Pankratius und Georgius gestanden haben muß.

Pankraz und Georg verknüpften nämlich die Burgkapelle augenscheinlich mit jener älteren Kirche, von der sie als Filiation abhing – nämlich mit der Kirchspielskirche im nahegelegenen Dorf Mark, die von der Burg bequem in etwa fünf Wegeminuten zu erreichen war. Diese Pfarrei war vermutlich bald nach der Jahrtausendwende von Herringen aus gegründet worden; ihr (zunächst wohl dem Heiligen Martin geweihtes) Gotteshaus stand schon, als es dem Grafen Adolf I. zu eigen wurde. Einer seiner Nachfahren, wahrscheinlich Adolf II. (reg. 1328 – 1347), ließ den Bau durch eine Apsis abrunden und dabei das Chorinnere durch prächtige (mittlerweile wiederentdeckte, hervorragend restaurierte) Wandmalereien schmücken, die dem Betrachter ebenso die Prophezeiung des Jüngsten Gerichts und die *maiestas Domini* vor Augen führten, wie sie ihm die zwölf Apostel und bestimmte Heilige vorstellten, von denen man sich wohl gerade mit Blick auf die letzten Dinge eine spezielle Fürsprache erhoffte. Während die Jünger Christi an den zwei Längswänden des Chors standen, waren in der Apsis gleichsam im Halbkreis um den Altar gruppiert: direkt hinter dem Tisch des Herrn an vornehmster Stelle Pankratius und Laurentius, links davon Georgius und Maria Magdalena, sowie rechts Barbara und Clara. Zweifellos fühlten sich die Eigenkirchenherren aus dem Hause von der Mark diesen Heiligen besonders zugewandt; vor allen wieder dem St. Pankratius. Bezeichnenderweise wurde der römische Märtyrer deshalb nicht (wie Laurenz) in antikisierender Kleidung, mit Marterwerkzeug und Siegespalme, sondern (wie Georg) in zeitgenössischer Ritterrüstung dargestellt. So erhielt der jugendliche Heilige als Schutzpatron einer (hoch-)adeligen

Familie das Schwert, eigentlich Kennzeichen seines Martyriums, zur Bewaffnung und obendrein zwei mächtige Radsporen umgeschnallt, die ihm demselben ritterlichen Stand zuordneten, zu dem auch seine Verehrer selbstverständlich zählten.
Am Patrozinium der Sakralbauten erhellte damit bis ins Detail die enge Beziehung, die zwischen St. Pankratius und den märkischen Landesherren offenbar bestand. In der Tat konnten Grafen mit Blick auf ihre vornehmste innenpolitische Aufgabe, der Rechtsprechung und Friedenswahrung im Territorium, wohl keinen geeigneteren Schutzpatron als den bewährten Eides-Hüter wählen.
Vielleicht verwies der Konnex darüber hinaus mit Blick auf die Belegenheit von Pfarrkirche und Burgkapelle zu Mark auf einen mehr als nur kirchenrechtlichen Zusammenhang zwischen beiden; dergestalt, daß die Burg zunächst nur einen kleineren Kapellenraum besaß und die Grafen, ihre Burgmannen und das Gesinde zu größeren Gottesdiensten in Friedenszeiten lieber die nahe gelegene Kirchspielskirche besuchten – bis 1442 in der Markaner Vorburg endlich eine geräumigere Kapelle entstand, die diesen Fußweg überflüssig machte.
Hinter einer solchen Kombination von Kirche und Kapelle muß zumindest zunächst ein Fragezeichen stehen bleiben, während die Beziehung zwischen den Grafen und dem Heiligen durch den Markaner Befund hinreichend gesichert erscheint. Damit dürfte es sich insgesamt lohnen, die durch die Forschung schon oft erhellten Phasen der märkischen Territorienbildung und damit die Entwicklung der politischen Beziehungen zwischen den Grafen von der Mark und den Erzbischöfen von Köln bis ins 13. Jahrhundert einmal mehr – aber aus sakraler Sicht, mit Blick auf die Heiligen der Landesherren – zu untersuchen.
Eine solche Verbindung von Transzendenz und Politik, von klerikalem Kult und weltlicher Aktion, entspricht so sehr mittelalterlicher Auffassung, daß ihr methodischer Ansatz ebenso oft wie erfolgreich für landesgeschichtliche Arbeiten verwendet wurde. Dies gilt allerdings nicht in Bezug auf die Grafschaft Mark, deren ursprüngliche Kirchen- und Kapellenpatrozinien schon im Spätmittelalter und vor allem nach dem erfolgreichen Verlauf der Reformation vielfach durch neue Weihen überlagert wurden. Im folgenden müssen daher hinter manchen Kombinationen zwischen Köln, Mark und St. Pankratius Fragezeichen stehen bleiben; zumal, wenn diese Beziehungen zunächst auf die bergischen Ursprünge der Märker und damit ins 12. Jahrhundert zurückgeführt werden sollen.
Die Ahnenreihe der Märker wurzelte im Geschlecht der Grafen von Berg, die um 1080/90 durch Heirat Kontakte zu den Grafen von Werl knüpfen konnten. Damit dehnten sie ihren politischen Einfluß von den rheinischen Besitzungen nach Westfalen aus, wo ihnen bislang nur die Vogteien Deutz und Werden zugestanden hatten. Die Werler zählten dagegen an Lippe, Ruhr und Lenne immer noch zu den mächtigsten Grafenfamilien, obwohl sich ihr Besitz, der ehemals vom Sauerland bis an die Nordseeküste reichte, zu dieser Zeit durch Vererbung oder Verkauf schon merklich verringert hatte. Sei es bereits als Mitgift zur Hochzeit, sei es erst als späteres Erbgut zu Beginn des 12. Jahrhunderts, jedenfalls erhielten die Berger aus dem Werler Comitaten-Verband die Grafschaft Werl-Hövel, während ihre Schwäger Werl-Arnsberg behielten.
Der Burgsitz Hövel an der Lippe (heute Bockum-Hövel bei Hamm) verknüpfte die bergische Familie in Westfalen ein erstes Mal mit St. Pankratius; zumindest im Nachhinein, denn die am Ende des 12. Jahrhunderts errichtete Pfarrkirche zu Hövel war dem Heiligen geweiht. Es muß angesichts versagender Quellen dahingestellt bleiben. ob der Eides-Hüter die Grafen von Berg aus den Rheinlanden gleichsam nach Norden begleitet – oder ob sie ihn in der Höveler Burgkapelle quasi schon angetroffen hatten. Im zweiten Falle würde sich womöglich eine ältere (aber bislang nicht konkret zu belegende) Beziehung des Pankratius zu den Grafen von Werl oder auch zu denen von Cappenberg abzeichnen, denn beide Geschlechter kamen als ursprüngliche Besitzer Hövels in Frage. Die Werler scheinen allerdings vornehmlich St. Walburgis verehrt zu haben. Wenn der Kult des Ritterheiligen aber bei den Cappenbergern noch im 11. Jahrhundert tatsächlich intensiver gepflegt worden war, könnte er später dadurch geschwächt worden sein, daß Graf Gottfried 1121/22 den politischen Umtrieben seiner hochadeligen Standesgenossen absagte und die Burg Cappenberg in ein Prämonstratenser-Kloster umwandelte. Es stand seit ca. 1150 unter dem Patrozinium der Gottesmutter und des Johannes Baptista; darüber hinaus wurde dort der Gründer Gottfried bald als heiligmäßig verehrt.
Zu einem an die Cappenberger Burgaufgabe erinnernden Schritt entschlossen sich auch die Grafen von Berg, als sie auf dem Gelände ihres bisherigen Hauptsitzes an der Dhünn das Zisterzienserkloster Altenberg stifteten und dafür ca. 1120/30 weiter nördlich eine andere Burg an der Wupper anlegten, von der sie v. a. ihre politischen Ziele im ober- und niederbergischen Raum besser verfolgen konnten. Für die Burgkapelle dieses neuen Vororts der Berger wurde 1160 eine Stiftung gemacht – *ecclesie beato Pancratio consecrate in nostro novo monte*. St. Pankratius durfte also spätestens zu diesem Zeitpunkt als Haupt- und Hausheiliger hier der Herren zu Burg, dort der zu Hövel gelten.
Noch ein weiteres Mal vermochten die Grafen von Berg im 12. Jahrhundert einen wichtigen Stützpunkt zu errichten (oder zumindest zu erwerben), mit dem sie ihre Territorialinteressen fördern konnten. Altena an der Lenne deckte die weiteren bergischen Zugewinne in Westfalen, die nach 1120 wieder aus der Werler Erbmasse erheiratet werden konnten (die Grafschaften Altena, Plettenberg-Valbert und Bochum). Die Burg bildete nachgerade geometrisch exakt die Spitze eines über der Linie Burg-Hövel gedachten gleichschenkligen Dreiecks – und besaß im übrigen eine Kapelle, die (so aber erst 1413 belegt) *in honorem Sancti Pancratii* geweiht war. Wann und wie die noch heute mächtige Wehranlage in den Besitz der Berger kam, ist freilich umstritten. Gegen die ältere Auffassung (Altena durch den Kölner Erzbischof Rainald von Dassel ca. 1160 von den Grafen von Arnsberg erworben und anschließend den Grafen von Berg-Altena als Lehen übertragen) bzw. für die neuere These (Altena schon früher in bergischem Besitz und erst um 1175 dem kölnischen Lehensschutz unterstellt) plädiert auch das Pankraz-Patrozinium – sofern es tatsächlich auf die hier beobachtete Beziehung zwischen dem Heiligen und dem Grafengeschlecht von Berg, nicht auf eine Abhängigkeit der Kapelle von der (wesentlich älteren?) „Bauernkirche" St. Pancratii zu Iserlohn zurückzuführen war.
Alles in allem erhellte das „Burgen-Dreieck" Burg/Altena/Hövel die Umrisse von bergischen Territorialambitionen, die im Lauf des 12. Jahrhunderts aus dem Rheinland nach Westfalen Raum gewonnen hatten. Die politischen Positionen verknüpfte aber vielleicht auch ein geistiges Band, das an den Burgkapellen (zumindest von Burg und Altena) sichtbar wurde: das Patrozinium des Pankratius.
Die westfälische Politik der Grafen von Berg hätte freilich kaum solche Erfolge verzeichnet, wenn sie nicht ebenso zu Lasten der

Grafen von Werl und ihrer Nachfolger von Arnsberg bzw. Cuijk-Arnsberg, wie zugunsten der Kölner Kirchenfürsten ausgefallen wäre. Diese Gleichung gründete auf dem vorrangigen Ziel der Erzbischöfe, im Interesse ihrer eigenen Stellung in Westfalen die dort noch bestehenden oder etwa neu anwachsenden größeren Besitz-Einheiten möglichst zu zerschlagen. So erzwangen sie zum Beispiel 1102 aufgrund von Erbrechten die Teilung der Grafschaft Werl-Arnsberg in einer Weise, die diesen geschlossenen Machtbereich zwischen Schwelm und Brilon, Soest und Lüdenscheid in ein Gemenge geographisch je nebeneinanderliegender kleiner kölnischer bzw. arnsbergischer Teile zersplitterte. Damit wurde erstmals ein politisches Prinzip praktiziert, das nachgerade als konstitutives Element der kölnischen Einflußnahme erschien, wenn in westfälischen Grafenfamilien Erbfälle zu regeln waren. Stets suchte man Lösungen durchzusetzen, die das Aneinanderfügen von Rechten und damit Territorialbildung erschwerten. Soweit dabei nicht der Besitz der Kölner Kirche direkt vermehrt werden konnte, verstanden es die Erzbischöfe, die erbenden Herren meist durch Geldzahlungen und notfalls durch Zwang zu ihren Lehensträgern zu machen. Unter Ausnutzung der Lehensherrschaft konnten sie dann zu gegebener Zeit anstehende Erbteilungen in den Vasallenfamilien womöglich nach dem Splitter-Prinzip beeinflussen. So wuchs die kölnische Suprematie in Westfalen, bis sie 1180 durch den Herzogstitel vom Kaiser sinnfällig bestätigt wurde.

Umsomehr die Erzbischöfe die gleiche Vorrang-Stellung auch im Rheinland geltend machen konnten, waren für sie gute Beziehungen zu den Grafen von Berg wichtig. Deren Besitzungen bildeten ja gleichsam die Brücke zwischen den beiden Bistumsteilen. Die wechselseitige Interessensverflechtung wurde natürlich immer dann besonders deutlich, wenn Mitglieder der bergischen Grafenfamilie den Kölner Erzstuhl bestiegen. Andererseits kam es der Politik der Erzbischöfe Rainald von Dassel (reg. 1159 – 67) und Philipp von Heinsberg (reg. 1167 – 91) durchaus gelegen, daß es ca. 1160 zwischen den Grafen Engelbert von Berg und Everhard von Berg-Altena zur Trennung des rheinischen vom westfälischen Besitz der Berger kam. Weiterhin wurden Everhards Grafschaften Hövel, Bochum, Altena und Plettenberg-Valbert um 1175 unter seinen Söhnen nach dem Köln-genehmen Prinzip von 1102 so zersplittert, daß deren jeweilige Eigengüter, Lehen und (Frei-)Gerichtsrechte nicht geographisch getrennt, sondern möglichst beieinander lagen.

Allerdings konnte damit um die Wende zum 13. Jahrhundert nicht mehr dauerhaft unterbunden werden, daß die Dynasten auch bei ungünstiger Ausgangslage weiteren Besitz zu erwerben und Territorien zu bilden versuchten, die den westfälischen Führungsanspruch der Erzbischöfe von Köln in Frage stellten. Diese trachteten im Gegenzug immer entschiedener danach, zwischen Rhein und Weser ihre Rolle als Landfriedenswahrer von Reichs wegen zur Geltung zu bringen, indem sie das Herzogtum Westfalen territorial strukturierten. Vornehmlich kam dafür der Bau von Burgen oder die Gründung befestigter Städte als militärisch-administrativ-ökonomischer Stützpunkte in Betracht; ein Recht, daß die kölnischen Herzöge ebenso für sich in Anspruch nahmen, wie sie es den weltlichen Großen strittig machten. Einen weiteren Zankapfel der konkurrierenden Parteien bildeten die Kirchenvogteien. Diese allmählich zum Erbgut gewordenen Schirmrechte über geistlichen Grundbesitz wurden von vielen Grafen gern als eigentümliches Mittel zur Territorienbildung in Anspruch genommen – während die beschützen Klöster und Stifter unter Führung der Erzbischöfe bestrebt waren, die Vogtrechte erneut in die eigene Verfügung zu bringen, um Vögte frei wählen zu können. In dieser Situation standen auch die Erben der Altenaer Teilung von 1175 vor der Frage, ob sie in der kölnischen Abhängigkeit verbleiben sollten – oder anders, welche Rechte sie geltend machen konnten, um sich von dieser zu emanzipieren und zu territorialer Eigenständigkeit zu gelangen.

In dem Maß, in dem die Familie der Grafen von Berg-Altena nach 1175 in zwei Linien auseinanderscherte, wurde deutlich, daß sie gegenüber den Kölner Herzögen eine unterschiedliche Politik verfolgten. Graf Friedrich von Altena (reg. ca. 1175 – ca. 1198) und sein Sohn Adolf verfolgten ihre Territorialinteressen nach wie vor unter dem Schatten des mächtigen Kölner Lehensschutzes. Diese Bindung wurde 1193 – 1205 und 1215/1216 durch Erzbischof Adolf, den Bruder Friedrichs, obendrein verwandtschaftlich abgesichert. Es lag daher ganz auf der Linie der Kölner Herzogsziele, wenn Erzbischof, Graf und Junggraf ca. 1198 gemeinsam erklärten, daß die aus bergischem Besitz überkommene Cappenberger Vogtei ihrem Hause nicht durch Erbrecht, sondern nur nach freier Vogtwahl zustünde. Die Burg Mark, die sich Graf Adolf I. (reg. ca. 1198 – 1249) wenig später an der Lippe errichtete und nach der er sich bald (erstmals 1202) *comes de Marka* nannte, stand auf kölnischem Lehensgrund. Kurz, die Grafen von Altena-Mark wahrten zu Beginn des 13. Jahrhunderts in allen Aktionen eine konservative, Köln-orientierte Politik und pflegten damit die Tradition ihrer bergischen Vorfahren. Sie machten dies ebenso durch ihr Wappen deutlich, das den märkischen Schachbalken mit dem Löwen von Berg verband, wie mit dem Kult des Heiligen Pankratius, der von der Altenaer Burgkapelle in die ihrer neuen Stammburg und von dort auch auf die Pfarrkirche zu Mark übertragen wurde.

Die andere Familien-Linie zu Altena-Isenberg geriet dagegen im Lauf der Zeit immer mehr auf die Seite der Gegner Kölns. Dies galt aber noch nicht für Graf Arnold (reg. ca. 1175 – 1209), der sich 1193/99 seine neue Stammburg Isenberg an der Ruhr (bei Hattingen) sicher nur mit Unterstützung des Erzbischofs Adolf, seines Bruders, erbauen konnte. Auch diese Wehranlage besaß natürlich eine (durch Ausgrabungen belegte) Kapelle, deren Patrozinium aber unbekannt blieb. So muß dahingestellt bleiben, ob es vielleicht nach Markaner Muster in Beziehung zur Pfarrkirche im nahegelegenen Hattingen gebracht werden kann, die dem St. Georg und damit einem Ritterheiligen geweiht war, der im Mittelalter zu den beliebtesten Burgkapellen-Patronen gehörte. Eine besondere Verehrung des Drachentöters durch die Grafen von Isenberg läßt sich aufgrund fehlender Quellen freilich nirgends greifen; auch nicht in der Burg Nienbrügge, die Graf Arnold um 1190 an der Lippe (beim heutigen Hamm) zum Schutz einer kleinen Stadt anlegte. Sein zweiter Sohn und Nachfolger Friedrich (reg. ca. 1214 – 1226) scheint dort zeitweilig residiert und deshalb den Beinamen *de novo ponte* geführt zu haben. Dieser Graf brach entschieden mit der bisherigen Politik der Altenaer Familie, als er sich in der Situation des staufisch-welfischen Thronstreits an die Spitze einer kölnischen Gegenpartei verschiedener rheinisch-westfälischer Landesherren stellte, zu denen z. B. der Herzog von Limburg, der Graf von Kleve, die Bischöfe von Münster und Osnabrück (beide Brüder des Isenbergers), die Grafen von Arnsberg, Tecklenburg und Schwalenberg sowie der Edelherr von der Lippe zählten. Sie alle bezogen gegen Köln und damit für die Welfen Stellung, um so ihre eigenen territorialpolitischen Interessen zu fördern, die durch die ausgreifende Macht der staufertreuen Erzbischöfe empfindlich eingeschränkt wurden. In diesem Zusammenhang

führte bezeichnenderweise ein Streit um die umfangreichen Essener Vogteirechte zum unversöhnlichen Zerwürfnis zwischen Graf Friedrich von Isenberg und seinem Herzog Engelbert (reg. als Kölner Erzbischof 1216 – 1225, seit 1218 auch als Graf von Berg) – das im Attentat bei Gevelsberg 1225 gipfelte. Dort ließ sich der Graf zum Mord am Kirchenfürsten hinreißen und führte damit nicht nur das eigene Verderben, sondern auch den Zusammenbruch der isenbergischen Landesherrschaft herbei.
Die Katastrophe traf aber auch die Kölner Herzogspolitik, da sie seitdem nicht mehr nachhaltig gegen die Territorienbildungen in Westfalen durchgesetzt werden konnte. Mit der Person Engelberts kam auch die kölnische Vormacht zwischen Rhein und Weser zu Fall. Dies wurde eigentlich schon daran deutlich, daß der Versuch des Erzbischofs Heinrich von Molenark (reg. 1225 – 1238) scheiterte, seinen ermordeten Vorgänger heiligsprechen zu lassen. Auf politischer Ebene haben seine Nachfolger entsprechend vergeblich versucht, sich die westfälischen Landesherren auf Dauer unterzuordnen.
So erschien zunächst nur die Isenberger Verwandtschaft von der Mark als Nutznießer des Gevelsberger Attentats. Graf Adolf I. verstand es nämlich, sich beim Vollstrecken der Reichsacht gegen den Mörder als eifriger Anhänger der erzbischöflichen Interessen zu bewähren – und dabei den Löwenanteil der herrenlosen Besitztitel seines Vetters Friedrich einzuheimsen. Adolf zerstörte 1225/26 mit Kölner Billigung zunächst Isenberg und Nienbrügge, um aus deren Resten die Burg Blankenstein an der Ruhr und die Stadt Hamm an der Lippe zu gründen. Mit den treffenden Worten des märkischen Hauschronisten Levold von Northof war der Graf „in kluger Voraussicht ... darum bemüht, die in Zeiten der Erbteilungen zersplitterten Gebietsteile wieder zusammenzubringen. Am Zusammenfluß der Lippe und Ahse baute er eine feste Stadt, die Hamm genannt wurde, und rief die versprengten Bewohner von der kurz vorher zerstörten Burg und Stadt Nienbrügge, die nicht weit davon entfernt lagen, dorthin. ... Ebenso ... wurde auch an der Ruhr, wo die zerstörte Burg Isenberg gelegen hatte, die man Blankenstein nannte ..."
In kaum zu überbietender Prägnanz wußte Levold damit in wenigen Zeilen die territorialpolitischen Aktionen des Märkers, Burgenbau und Städtegründung, mit der dazugehörenden Transzendenz, der Heiligenverehrung, zu verbinden. Es konnte kein Zufall gewesen sein, daß die Errichtung der Burg auf dem Blanken Stein, mit der Graf Adolf unmißverständlich seine landesherrlichen Interessen von Lenne und Lippe in das Ruhrtal ausdehnte, betont am Tag, unter dem Schutz des St. Pankratius erfolgte.
Wann aber und wo in dieser Burg eine erste Kapelle unter welchem Patrozinium errichtet wurde, ist (wie im Fall der Burgkapelle zu Mark) nicht mehr zu ermitteln. Der Sakralbau, der danach in der Hagensiedlung Blankenstein *binnen der Muren an der Gräfte* errichtet und der Heiligen Katharina geweiht wurde, stammte erst aus den letzten Jahrzehnten des 13. Jahrhunderts, als der Kult dieser Märtyrerin „mit dem Radl" im märkischen Grafenhaus heimisch wurde. Eine ähnlich Ergänzung der Pankraz- durch die Katharinen-Verehrung könnte sich auch im Bereich der Burg Wetter abgespielt haben, deren Errichtungsdatum nicht eindeutig festliegt. Zwischen einem möglichen einfachen Turmbau märkischer Provenienz im frühen 13. Jahrhundert und der Pfarrkirche zu Kirchwetter, zu deren Urban-Patrozinium (wann ?) zusätzlich Pankratius trat, ließe sich wieder ein Zusammenhang nach Markaner Muster herstellen. Erst wesentlich später (erst am Ende des 14. Jahrhunderts ?) erhielt die Burg eine bzw. eine *nygge* Kapelle, die wieder der Katharina geweiht wurde. Kurz, nach dem Befund von Altena, Mark, Blankenstein und Wetter scheint sich ein gemeinsamer Nenner für die Kapellenprobleme der älteren märkischen Landesburgen abzuzeichnen. Sie dürften (Altena ausgenommen) zunächst nur sehr schlichte Sakralräume oder -bauten besessen haben, die in der Regel dem Pankratius (später auch der Katharina) geweiht und über das Patrozinium obendrein mit nahegelegenen Pfarrkirchen verbunden waren.

Abb. 10 Statur des Erzbischofs Engelbert, Köln um 1230, Eichenholz (Märkisches Museum der Stadt Witten).

Levolds Darstellung betonte aber nicht nur den sakralen Rückbezug der allmählichen Ausdehnung der märkischen Landesherrschaft, sondern hob auch hervor, daß die Achtvollstreckung am Mörder des Erzbischof Engelbert unter der Hand auf eine Revision der Altenaer Erbteilung von 1175 und damit gegen die Interessen der Kölner Herzogspolitik hinauslief. Heinrich von Molenark hat Adolfs I. Aktionen dennoch hingenommen. Vielleicht erübrigte sich aus kölnischer Sicht ein Einschreiten gegen die territorialen Zugewinne des Grafen zunächst deswegen, weil dieser die Erwerbungen schon bald gegen seinen Neffen Dietrich von Isenberg verteidigen mußte. Dessen Rückforderungen wurden von seinem Vormund, Graf Heinrich von Berg (aus dem Haus der Herzöge von Limburg an der Maas), und seinem Onkel, Bischof Engelbert von Osnabrück, zunächst dadurch unterstützt, daß sie ihm um 1232 eine Burg zu (Hohen-)Limburg an der Lenne bauten, von wo aus er die wirtschaftlichen Grundlagen des Grafen Adolf womöglich ruinieren konnte. Nach späteren Belegen war die Kapelle dieser neuen Wehranlage dem St. Georg geweiht – und damit vielleicht auch ein Schlaglicht auf womögliche ältere Beziehungen zwischen diesem Heiligen und den Grafen von Altena-Isenberg geworfen, die auf der so gründlich zerstörten Isenburg oder zu Nienbrügge nicht mehr auszumachen waren.
Indessen vermochte der Märker sich und seine Grafschaft gegen die gefährliche Isenberg-Bergische Koalition zu behaupten, da er an den Ministerialen seines werdenden Territoriums hinreichend Rückhalt besaß. So kam es 1243 zu einem Vertrag zwischen den fehdeführenden Parteien, in dem (eben nicht nach dem Splitter-Prinzip von 1175) ihre Güter, Lehen und Rechte diesmal auch geographisch möglichst getrennt wurden. Diese territorialpolitisch günstigen Vereinbarungen wurden am 1. Mai (sozusagen in der Mitte zwischen dem 23. April und dem 12. Mai, den Festtagen der Heiligen Georg und Pankraz) beurkundet und u. a. durch feierliche Eide bekräftigt, welche die anwesenden Adligen weltlichen Standes auf die Reliquien der Heiligen ablegten (*et laici memorati firmiter in sacrosanctis reliquiis iurantes*). Insgesamt behielt Graf Adolf dabei die meisten der von ihm nach 1225 eingesammelten isenbergischen Besitztitel, während sich Dietrich nur mit einigen Überresten des väterlichen Erbe begnügen mußte.
Mit dem Erbteilungsvertrag von 1243 erhielt die Grafschaft Mark den entscheidenden Schub, der die Voraussetzungen für ihren Aufstieg zur größten weltlichen Landesherrschaft in Westfalen schuf. Der Erfolg war sofort durch die Befestigung weiterer Stützpunkte abzusichern. Dies galt ebenso mit Blick auf andere konkurrierende Grafengeschlechter, wie in Hinsicht auf die Territorialabsichten der Kölner Herzöge. Damit verkehrte sich allerdings die einstige Anlehnung der Märker an die Erzbischöfe um 1250 zur Rivalität. Im Ausbau der Landesherrschaft stellten die Grafen die einst klare Unterordnung unter ihre Lehensherren und Herzöge allmählich immer deutlich in Frage – ohne daß damit schon erwiesen war, ob sie sich Köln gegenüber als gleichrangig behaupten konnten.
Wahrscheinlich wurde schon unter solchen Vorzeichen zwischen 1240 und 1260 Iserlohn von den Märkern zur Stadt erhoben und entsprechend befestigt. Die seit alters unter dem Schutz des Heiligen Pankratius stehende Siedlung bot mit ihrer verkehrsgünstigen Lage zwischen Ruhr und Lenne allerdings einen vortrefflichen Stützpunkt gegen die Grafen von Limburg und Arnsberg oder den Kölner Raum um Menden und Werl. Zwischen Hamm und Iserlohn dürften etwa um 1250 auch die Dörfer Unna und Kamen mit einfachen Wallanlagen umzogen worden sein. So zeichnete sich ein immer stärker werdendes territorialstrategisches Gerüst der Grafschaft Mark von der Lippe bis zur Ruhr und Lenne ab, das anschließend mit der Befestigung Lüdenscheids in das Süderland fortgeführt wurde.
Bei alledem blieben die märkischen Grafen natürlich nicht unangefochten. Sie mußten stets auf Kämpfe gefaßt sein, um ihre Rechtsansprüche gegen Nachbarn notfalls militärisch durchzusetzen. Eine solche Fehde wurde z. B. von Graf Adolf I. noch kurz vor seinem Tod 1249 mit Bischof Otto von Münster (aus unbekanntem Anlaß) begonnen bzw. erst 1251 von seinem Sohn Engelbert I. beigelegt. In diesen Jahren sahen sich die Märker sogar gezwungen, den Turm der Markaner Pfarrkirche abzutragen, damit ihnen der Feind von dort nicht in die Burg Mark schießen konnte. Nach beendetem Streit hat der Graf freilich aus echter Anhänglicheit (*cum affectu sincero*) dem St. Pankraz, dem Schutzpatron seiner Kirche, den Schaden ersetzt, wozu u.a. sein Bruder, Graf Otto von Altena, die Zustimmung gab.
Auch in Köln konnte man dem märkischen Territorialzuwachs nach 1243 nicht mehr passiv zusehen. In einer Situation vielfacher Fehden mit rheinischen Landesherren scheint der tatkräftige Erzbischof Konrad von Hochstaden (reg. 1238 – 1261) aber ein politisches Mittel für ausreichend gehalten zu haben, um die Ambitionen der Märker zu lähmen. Er brauchte sich dabei in Anwendung seiner lehensherrlichen Rechte nur darum zu bemühen, daß in der Grafenfamilie von der Mark nochmals eine Erbteilung auf der Basis des Splitterprinzips von 1175 zustande kam. Dafür bot sich eine willkommene Chance, als nach dem Tode Adolfs I. im Mai 1249 sein dritter Sohn Engelbert I. die Grafschaft übernahm (reg. 1249 – 1277), da der Älteste, Everhard, bei einem Turnier den Tod gefunden hatte und der Zweitgeborene, Otto, in den geistlichen Stand getreten und Propst zu Maastricht geworden war. Nun verzichtete er auf seine Pfründen und meldete Ansprüche auf das Vatererbe an – wobei dahingestellt bleiben muß, ob er dies ganz aus eigenem Ehrgeiz oder nach kölnischer Ermunterung unternahm. Auffällig früh, schon im August 1249, erhielt Otto jedenfalls von Erzbischof Konrad die kölnischen (nicht weiter spezifizierten) Lehensgüter Adolfs I. als ligischer Lehensmann (*prout homo lygius*), d. h., in besonders enger Bindung an den Lehensherrn übertragen. Im übrigen ließen die Quellen offen, ob sich Otto schon zuvor oder erst danach mit dem jüngeren Bruder Engelbert über die Art und den Umfang der Erbteilung einigte. Jedenfalls erschien der Kölner Ligist von 1249 bis 1261 als Graf von Altena, im alleinigen Besitz der Burg Blankenstein und süderländischer Herrschaftsbezirke, sowie als Ausübender der Werdener Vogtei- und der Iserlohner Münz-Rechte. Weitere Besitztitel handhabten Otto und Engelbert offenbar zusammen, so daß die Grafschaft Mark 1249 wahrscheinlich weniger in zwei sauber getrennte Teile, sondern eher erneut, wie 1175, in eine Gemengelage verschiedener Rechtsansprüche zerfiel.
Graf Otto von Altena bekam von kölnischer Seite zum Nachteil der märkischen Territorialentwicklung aber nicht nur alte Lehen übertragen, sondern vermutlich auch eine neue, ganz andere Aufgabe zugewiesen. Es ging dabei um die Förderung des Klosters Fröndenberg, das um 1230 im Ruhrtal aus Wurzeln lokaler Frömmigkeit erwachsen und um 1240 auf Veranlassung des Erzbischofs mit Zisterzienserinnen aus Hoven besetzt worden war. Diese *novella plantatio* wurde bislang nur im Zusammenhang von Bußübungen für das Gevelsberger Attentat gesehen. Zusätzlich und vielleicht noch mehr lag es aber im Interesse der Kölner

Kirchenfürsten, daß mit dem Kloster und seinen Besitzungen im eigenen Winkel zwischen Werl und Menden bzw. auf der märkischen Linie zwischen Hamm und Iserlohn eine Territorialposition besetzt wurde, die geistlich an Menden anzubinden und weltlich von den Grafen von der Mark einfach nicht anzugreifen war. Zu einem solchen (freilich nur zu vermutenden) politischen Zweck der klerikalen Gründung würde es passen, daß die um 1257 errichtete Fröndenberger Klosterkirche nicht nur der Gottesmutter, sondern auch (erstmals in einer Kölner Urkunde 1263 belegt) dem Heiligen Mauritius geweiht wurde.

Das vornehmlich vom Grafen Otto finanzierte Gotteshaus erhielt damit ein ebenso altehrwürdiges und im Rheinland beliebtes wie in Südwestfalen seltenes Patrozinium, das nur noch in Niederwenigern (bei Schwelm) anzutreffen war. Seine besondere Bedeutung gründete auf der Rolle, die der Ritterheilige seit dem 10. Jahrhundert als Schutzherr des deutschen Reiches spielte. Ein Reichsbezug eignete freilich auch dem Selbstverständnis der kölnischen Herzogspolitik, die sich so stark von der Territorialbildung der westfälischen Grafen gefährdet sah. Vielleicht könnte daher gerade im Kontrast zum „märkischen" Pankratius, dem „Ritterheiligen mlt Rechtsqualität", das Fröndenberger Patrozinium des „kölnischen" Mauritius, dem „Ritterheiligen mit Reichsqualität" ein politisches Kalkül erhellen, das die Bestrebungen nach einer Landesherrschaft von der Mark ebenso durch weltliche Erbteilungen wie durch geistliche Positionsbesetzung zu durchkreuzen suchte.

Diese Politik schlug nur zufällig fehl, da Graf Otto von Altena 1261 kinderlos starb. Seine Besitztitel fielen an den Grafen Engelbert I. zurück, der damit wieder alleiniger Herr des märkischen Erbes von 1249 war.

Nach dieser unvermuteten Wendung blieb dem Kölner Erzbischof Engelbert von Falkenburg (reg. 1261 – 1274) offenbar nur noch die *ultima ratio* – der bewaffnete Konflikt übrig, um sich gegen seinen schärfsten Territorialkonkurrenten in Westfalen durchzusetzen. Tatsächlich brach bereits 1263 eine kölnisch märkische Fehde aus, in der sich Graf Engelbert I. seinem Herzog auf der ganzen Linie militärisch unterlegen erwies. Der Märker mußte sich daher 1265 zu einem Sühnevertrag verstehen, der seinem Griff nach der eigenen Landesherrschaft, konkretisiert in der Ausübung des Befestigungsrechts, einen Riegel vorschob.

Vor dem Hintergrund dieser bitteren Erfahrungen von 1249/65 bildete es seitdem das vornehmste Ziel der märkischen Politik, einerseits die Kölner Lehenshoheit abzuschütteln, und andererseits die Bündnispartner zu finden, mit denen vereint man der Macht der Erzbischöfe überlegen war. Der Zeitpunkt dazu kam erst für Graf Everhard II. von der Mark (reg. 1277 – 1308), der sich im 1283 ausbrechenden, überregionalen Streit um die Erbfolge im Herzogtum Limburg auf die Seite der antikölnischen Koalition von Brabant-Jülich-Berg-Kleve, der Stadt Köln und verschiedener westfälischer Dynasten schlug. Die Niederlage, die diese Landesherren dem Erzbischof Siegfried von Westerburg (reg. 1275 – 1297) in der Schlacht bei Worringen 1288 zufügten, bestätigte auch für Westfalen eine Entwicklung, die anstelle einer hierarchisch gestuften Ordnung politischer Machtverteilung in Abhängigkeit vom Herzog auf das prinzipielle Nebeneinander gleichrangiger Territorien hinauslief, die in Absprache untereinander für den Landfrieden sorgten.

Speziell für Everhard II. bildete der bei Worringen erfochtene Sieg die Basis einer Souveränität, die ihm von kölnischer Seite im Sühnevertrag von 1289 für sein Territorium (*terra et dominio comitis de Marka*) ein für allemal zugestanden wurde. Damit hatte der Märker seine Emanzipation von der Lehensoberhoheit des Herzogs durchgesetzt; sein Anspruch auf Gleichrangigkeit war zum beurkundeten Rechtstitel geworden.

Graf Everhard verstand es, diesem Erfolg im weiteren Ausbau seiner Landesherrschaft eindrucksvolle Gestaltung zu geben. So ließ er um 1300 als neue Grenzfeste gegen die kölnischen Positionen im Süderland die Burg Schwarzenberg (bei Plettenberg) errichten, deren gewaltiger Bergfried hoch über dem Lennetal gleichsam die steingewordene Manifestation des so hart erstrittenen Befestigungsrechts und damit ein Wahrzeichen der märkischen Landeshoheit bildete. Vielleicht nicht minder symbolkräftig könnte mit Blick auf die Bedeutung, die dem Kloster Fröndenberg um 1250/60 im politischen Kalkül Kölns unter Umständen zukam, auch Everhards Entschluß gewesen sein, sich genau an dieser Stelle bestatten zu lassen; nicht etwa wie seine Vorfahren im Kloster Cappenberg oder in dem von seinem Vater gestifteten Kloster Kentrop (bei Hamm). Noch im Tode (1308) betrieb der Graf damit antikölnische Territorialpolitik! Entsprechend wählten alle seine Nachfolger im 14. Jahrhundert eine Grablege zu Fröndenberg; zuletzt Engelbert III., mit dem die Hauptlinie der Familie von der Mark 1391 ausstarb. Bezeichnenderweise mußte seinem Leichenzug aber noch hundert Jahre nach Worringen der Weg mit Waffengewalt durch kölnisches Gebiet zur letzten Ruhestätte gebahnt werden. Damit endete die eigenständige Geschichte der Grafschaft Mark, die anschließend in den Besitz der Grafen bzw. Herzöge von Kleve gelangte. Für weitere Antworten auf die alte Frage nach dem Verhältnis zwischen Erzbischöfen und Landesherren – und ihren Heiligen – waren nun völlig neue Voraussetzungen geschaffen.

Literatur

Der Aufsatz steht im Zusammenhang mit Untersuchungen über das Kloster Fröndenberg und sein Mauritius-Patrozinium im 13./14. Jahrhundert. Vom „kölnischen Mauritius" führte der Weg zum „märkischen Pankratius" und damit zu einer These, die hier ein erstes Mal in pointierter Zuspitzung entwickelt wurde. Die nötige Detaildiskussion soll zu gegebener Zeit an anderem Ort in Verbindung mit den Quellenbelegen vorgenommen werden. Zur Vertiefung einzelner Problembereiche ist zunächst auf folgende (neuere) Literatur zu verweisen:

1. Patrozinienforschung, Burgkapellen:

Zender, Matthias: Entwicklung und Gestaltung der Heiligenverehrung zwischen Rhein und Elbe im Mittelalter, in: Stoob, Heinz (Hg.): Ostwestfälisch-Weserländische Forschungen zur geschichtlichen Landeskunde, Münster 1970, S. 280 – 303. Holzbauer, Hermann: Mittelalterliche Heiligenverehrung, Kevelaer 1972. Naendrup-Reimann, Johannes: Weltliche und kirchliche Rechtsverhältnisse der mittelalterlichen Burgkapellen, in: Patze, Hans (Hg.): Die Burgen im deutschen Sprachraum, Bd. 1, Sigmaringen 1976, S 123 – 153. Stevens, Ulrich: Burgkapellen im deutschen Sprachraum, Köln 1978.

2. Spezielle Heiligenkunde:

Drobner, Hubertus: Der Heilige Pankratius, Leben, Legende und Verehrung, Paderborn 1988. Braunfels-Esche, Sigrid: Sankt Georg, Legende, Verehrung, Symbol, München 1976. Stüwer, Wilhelm: Katharinenkult und Katharinenbrauchtum in Westfalen, in: Westfalen 20 (1935), S. 62 – 100. Suckale-Redlefsen, Gude: Mauritius, Der Heilige Mohr, München/Zürich 1987.

3. Dynastienfamilien und Territorienbildung:

Leidinger, Paul: Untersuchungen zur Geschichte der Grafen von Werl, Paderborn 1965. Kraus, Thomas R.: Die Entstehung der Landesherrschaft der Grafen von Berg bis zum Jahre 1225, Neustadt/Aisch 1981. Varenhold-Huland, Uta: Die Altena-Isenbergischen Teilungen im 12. und 13. Jahrhundert, in: Wedekind, Wilhelm (Hg.): Die Grafen van Limburg-Styrum, Teil 1, Band 1, Assen/Münster 1976, S. 59 – 78.

4. Kölner Erzbischöfe als Herzöge von Westfalen:

Stehkämper, Hugo: Der Reichsbischof und Territorialfürst (12. und 13. Jahrhundert), in: Berglar, Peter/Engels, Odilio (Hg.): Der Bischof in seiner Zeit, Bischofstypen und Bischofsideal im Spiegel der Kölner Kirche, Köln 1986, S. 95 – 184. Janssen, Wilhelm: „quod deinceps liberi essent ab archiepiscopo Coloniensi", Der Tag von Worringen und die Grafen von Berg und von der Mark, in: ders.: Stehkämper, Hugo (Hg.): Der Tag von Worringen, 5. Juni 1288, Düsseldorf 1988, S. 407 – 453.

Kleve und das Ruhrgebiet im Mittelalter

Wolf-Rüdiger Schleidgen

Das Ruhrgebiet in seiner engeren Bedeutung als „Kohlenpott“ zwischen Ruhr und Emscher wie in der weit darüber hinausgehenden des heutigen Kommunalverbandes ist eine politisch-administrativ zerrissene Region, geteilt in die Regierungsbezirke Düsseldorf, Münster und Arnsberg, gespalten durch die Grenze zwischen den Landesteilen Nordrhein und Westfalen. Kaum jemandem ist heute noch bewußt, daß diese quer durch die seit dem 19. Jahrhundert wachsende Wirtschaftsregion verlaufenden Grenzen jahrhundertealte Territorialgrenzen sind, die ihren Ursprung in langen und mühsamen Kämpfen um die Ausbildung moderner staatlicher Herrschaft in diesem Raum im späten Mittelalter haben. Die Landesgrenze, die das Ruhrgebiet von Brünen im Norden bis Essen im Süden durchschneidet, war die Territorialgrenze des Herzogtums Kleve gegen das kölnische Vest Recklinghausen und die Grafschaft Mark.

Die Geschichte der Grafschaft Kleve[1] beginnt mit einem aus seiner Heimat vertriebenen flämischen Adligen, dem der Kaiser um oder wenig nach 1021 die Waldgrafschaft über Teile des zwischen Maas und Rhein südlich Nimwegen gelegenen ausgedehnten Reichsforstes übertragen hatte. Neben der Banngewalt umfaßte diese Waldgrafschaft die Rechte an der wirtschaftlichen Nutzung des Waldes, der Ödflächen und Gewässer, vor allem aber auch die Hoheitsrechte über das durch Rodung und Urbarmachung gewonnene Neuland, die den Aufbau autochthoner Herrschaft ermöglichten[2]. Das dünn besiedelte, wald- und sumpfreiche Gebiet von der Pfalz Nimwegen rheinaufwärts bot dazu beste Voraussetzungen, war aber kein unbesiedelter Raum. Der Flame hat sich hier zunächst mit den bereits ansässigen Grundherren auseinandersetzen müssen, um Allod und Gefolgschaft erwerben und seine Ansprüche durchsetzen zu können; ein Integrationsprozeß, der noch in der sagenhaft verbrämten klevischen Haustradition vom Schwanenritter Elias nachklingt[3].

Mit dem vom Kaiser verliehenen und den ererbten oder erkämpften Gütern und Rechten haben die Grafen von Kleve im 11. Jahrhundert um die Burgen Kleve und Wissel eine eigene Herrschaft aufgebaut, die ihnen als Basis für weitreichende Unternehmungen im Dienst des Königs wie geistlicher und weltlicher Fürsten diente. Die für diese Dienste empfangenen Lehen bildeten den dritten Pfeiler ihrer Herrschaft. Vor allem in kölnischen Lehensdiensten, als Herren von Tomburg und als Vögte kölnischer Klöster und Stifte (Rees, St. Mariengraden, Brauweiler, Zyfflich, Xanten) sind die Grafen von Kleve wie die übrigen Territorialherren des Niederrheins im 11. und 12. Jahrhundert zu Macht und Einfluß gekommen[4]. Im Zusammenhang solcher Vogteiherrschaft in kölnischer Lehensfolge haben die Klever auch Besitzungen und Rechte auf der rechten Rheinseite erworben. 1092 ist Graf Dietrich von Kleve erstmals als Zeuge in einer Werdener Urkunde erwähnt, und 1093 nimmt er als Vertreter des unmündigen Werdener Vogtes Adolf [von Berg] die Schenkung eines Hofes zu Dahl bei Kettwig für die Abtei entgegen[5]. Ob der Graf hier nur kurzfristig für die Berger im Auftrag des gemeinsamen Lehensherren die Werdener Vogtei verwaltete oder bereits weitergehende Rechte hatte, läßt sich nicht mehr feststellen. Die Vertretung in der Werdener Vogtei läßt aber vermuten, daß auch die curtis Castrop, 1020 im Besitz der Abtei Deutz[6], deren Vogtei ebenfalls als kölnisches Lehen die Grafen von Berg innehatten, auf diesem Wege in die Hände der Klever gelangte, und ähnlich z. B. auch die Vogtei über die Höfe im Vest Recklinghausen Haffstede (Kirchspiel Datteln, Hof der Abtei Siegburg), Oer (Hof des Kölner Domstifts) und Brüninghof (Natrop-Hüls, Hof des Stifts St. Aposteln), die die Grafen Anfang des 14. Jahrhunderts in ihrem Besitz hatten[7].

Ihren zunächst wichtigsten Stützpunkt auf der rechten Rheinseite verdanken die Klever aber der Heirat des Grafen Arnold mit Ida, der Tochter des Herzogs Gottfried von Niederlothringen, die als Mitgift den Weseler Besitz mitbrachte, den der Herzog von der Abtei Echternach zu Lehen hatte[8]. Unklar ist, ob damit auch die Waldgrafschaft auf beiden Seiten der Lippe verbunden war, in deren Besitz Graf Dietrich 1163 bezeugt ist[9], oder ob diese Waldgrafschaft Teil weitergehender Rechte war. Nach einer Aufzeichnung des 14. Jahrhunderts hatte der Graf den Wildbann quer durch das ganze Vest Recklinghausen bis an die Stadtmauer von Dortmund, von dem ein Teil, nämlich der Wildbann an der Emscher, 1316 als klevisches Lehen der Herren von Strünkede erwähnt wird[10]. Und weiterhin ging seit altersher die Freigrafschaft Recklinghausen von ihm zu Lehen, deren Gerichtsstühle zwischen Lippe und Emscher von Kirchhellen bis an die Grenzen Dortmunds lagen[11]. Das läßt es immerhin möglich erscheinen, daß die Grafen von Kleve im 12. Jahrhundert nicht nur die Waldgrafschaft am Unterlauf der Lippe, sondern in dem gesamten Gebiet zwischen den Reichshöfen Wesel und Dortmund wahrnahmen und daß dieses Amt ihre vorterritoriale Stellung zwischen Lippe und Emscher begründete. Ihren Schwerpunkt hatte die klevische Herrschaft auf dem rechten Rheinufer im 12. und 13. Jahrhundert aber zweifellos an der Lippemündung in und um Wesel. Hier haben sie ihren Besitz zur umfassenden Herrschaft verdichten können, indem sie neben dem Echternacher bzw. Brabanter Lehen auch die Vogtei über das von den Grafen von Cappenberg gestiftete Kloster Oberndorf[12] und vielleicht auch den Xantener Hof in Wesel an sich ziehen konnten. Das den Lippeübergang der rechtsrheinischen Fernhandelsstraße von Köln nach Holland[13] beherrschende Wesel, wo der Graf die Lippefähre in Händen hatte, einen Wege- und Schiffszoll erhob, Münzen prägte und alleiniger Gerichtsherr war, wurde zum klevischen Zentralort, an dem sich schon im 12. Jahrhundert ein Markt entwickelte, der 1241 als erste klevische Siedlung Stadtrechte erhielt und bis in die Neuzeit größte und wirtschaftlich stärkste klevische Stadt blieb[14]. Neben Wesel war es vor allem die Vogtei über den weitgestreuten Besitz des Stifts Xanten, die den Klevern zwischen Lippe und Ruhr weiteren Einfluß verschaffte. Seit 1122 sind sie als Xantener Hochvögte nachzuweisen und haben als solche zumindest zum Teil auch die Vogtei über die einzelnen Besitzungen des Stifts ausgeübt[15]. Im 12. Jahrhundert könnten sie die Vogtei über den zum Hof Ilt gehörigen Xantener Hof in Wesel innegehabt haben, mit dem sie nicht nur ihren Besitz in Wesel abrundeten, sondern durch die zu dem Hof gehörigen Latengüter auch in Gahlen, Hünxe, Spellen, Götterswick, Hiesfeld, Sterkrade, Walsum, Beeck und Meiderich[16] Fuß faßten. Durch die Vogtei über den ungleich bedeutenderen Xantener Hof in Dorsten, in deren Besitz sie nach 1228 kamen, schafften sie sich lippeaufwärts einen weiteren Schwerpunkt von beträchtlichem Gewicht. Zum Hofesverband Dorsten gehörten nach Xantener Aufzeichnungen Besitzungen und Hintersassen in Dorsten, Kirchhellen, Gladbeck, Polsum, Marl, Buer, Wester-

holt, Langenbockum, Lenkeler, Recklinghausen, Hamm und Flaesheim; nach einer klevischen Liste 43 dem Grafen vollpflichtige und 34 zu einzelnen Abgaben verpflichtete Höfe[17].
Soweit die spärlichen Quellen erkennen lassen, übten die Grafen von Kleve im 13. Jahrhundert also durch die Vogtei, d. h. die Gerichts- und Schutzfunktion über den weitgestreuten geistlichen Grundbesitz und die ihm zugehörigen Leute in dem Raum zwischen Rhein, Lippe und Ruhr eine lockere, vom Erzbischof von Köln und vom Herzog von Niederlothringen zu Lehen gehende personale Herrschaft über einzelne Höfe und Personengruppen aus, die ergänzt wurde um – direkt oder indirekt – vom Reich zu Lehen gehende Hoheitsrechte (Waldgrafschaft, Geleit (?), Zoll und Münze in Wesel) und um eigene von dieser Basis aus erworbene grundherrliche Rechte und persönliche Bindungen von Lehensleuten und Ministerialen[18]. Im Gesamtrahmen der klevischen Herrschaft spielte dieser rechtsrheinische Besitz jedoch nur eine untergeordnete Rolle. Der Schwerpunkt der Aktivitäten der Grafen lag im Reichsdienst und im Nordwesten, in Flandern, Brabant und Holland[19]. Intensiven Herrschaftsausbau haben sie in dieser Zeit in ihrem Stammgebiet betrieben, das durch die Gründung der Städte Kleve (1242), Kalkar (1242/46) und Grieth (1250) markiert wird[20]. Darüber hinaus verfolgten sie als Lehensträger verschiedener Herren eine großräumige Erwerbspolitik, die ihnen – um nur einige Beispiele zu nennen – Besitzungen und Rechte von Saffenburg an der Ahr bis Heusden an der Maas[21], Vogteibesitz von Retersdorf bei Königswinter bis zu den Prümer Besitzungen im ganzen Bistum Utrecht einbrachte[22]. Ihre Stellung an der östlichen Peripherie dieses weiträumigen Besitzkonglomerates war bis zur Mitte des 13. Jahrhunderts nicht unbedeutend, aber sekundär, denn die Dominanz der Erzbischöfe von Köln zwischen Lippe, Rhein und Ruhr war noch unbestritten. Als Erzbischof Heinrich hier 1236 mit der Erhebung Recklinghausens zur Stadt[23] einen Herrschaftsschwerpunkt schuf, den Erzbischof Konrad 1251 mit der Gründung Dorstens[24] um einen weiteren an der Lippe ergänzte, hat Dietrich VI. diese Distriktbildung in seinem Vogteigebiet, die als „Vest Recklinghausen" die dritte Säule des Kölner Territorialstaates werden sollte[25], hingenommen oder hinnehmen müssen; wobei er zweifellos nicht ahnte, daß Dorsten für immer kölnische Grenzstadt zum klevischen Territorium bleiben sollte. Aber nicht nur gegenüber dem Erzbischof, auch gegen die übrigen adligen Herrschaftsträger, die sich im Schatten der kölnischen Hegemonie mehr oder weniger selbständig etabliert hatten, wie z. B. zwischen Wesel und Duisburg die Edelherren von Hochstaden-Wickrath, von Holten, von Götterswick u. a.[26], war eine Ausdehnung der klevischen Macht noch nicht möglich. So hat der älteste Sohn Dietrichs VI., Dietrich primogenitus († 1245), der nach seiner Eheschließung mit Elisabeth von Brabant 1233 den Weseler Besitz als Apanage erhalten und 1241 Wesel zur Stadt erhoben hatte, zwar 1242 auch in Dinslaken geurkundet, aber sein Versuch, sich als „comes de Dinslaken" zu etablieren, ist offenkundig gescheitert[27]. Erst als die hegemoniale kölnische Territorialpolitik unter Engelbert II. (1261–1274), der in heftiger Auseinandersetzung mit der Stadt Köln gebunden war, zum Stillstand kam[28] und dann mit der Niederlage Siegfrieds von Westerburg in Worringen 1288 endgültig zugunsten der aufstrebenden Grafen zusammenbrach[29], konnten die Klever auch zwischen Lippe und Ruhr ihre Machtstellung ausbauen. Stimulierend wirkte dabei, wie es scheint, daß Graf Dietrich VII. (1260–1275) durch die Erbscheidung mit seinem jüngeren Bruder Dietrich Luf (1242–1277), der 1255 den klevischen Außenbesitz von Wesel nördlich der Lippe erhielt und beträchtlich vermehrte[30], von dem bisherigen klevischen Zentrum Wesel abgeschnitten und damit rechtsrheinisch auf das Gebiet südlich der Lippe verwiesen war. Hier konnte er, als mächtiger kölnischer Lehensmann (Tomburg, Hülchrath, Saffenburg) eng mit dem Erzbischof verbunden[31], quasi in Vertretung des Erzbischofs die von diesem nicht oder nicht mehr ausgefüllten Positionen übernehmen. 1263 unterwarf Dietrich in einer Fehde Gerlach von Strünkede, der – 1243 noch im Gefolge des Erzbischofs gegen den Grafen um Selbständigkeit bemüht – sich als Ministeriale des Grafen bekennen und ihm die Burg Strünkede zunächst teilweise, 1264 dann ganz überlassen mußte[32]. Damit wurde die aus der Villikation Castrop und der Vogtei über den Hof des Reichsstifts Goslar in Mengede erwachsene Herrschaft der Gafen von Kleve in dem Gebiet zwischen Herne und Mengede – trotz einiger späterer Rückschläge – auf Dauer gesichert und zu einem festen Stützpunkt an der mittleren Emscher ausgebaut[33]. Etwa um die gleiche Zeit, zwischen 1263 und 1267, brachte der Graf nach Aussterben der letzten Burggrafen von Dinslaken auch Burg und Herrschaft Dinslaken als erledigtes Lehen des Reiches oder des Erzstifts Köln in seine Hand[34] und damit den militärischen wie herrschaftlichen Mittelpunkt des Landes zwischen Unterlauf von Lippe und Emscher[35], den er mit der Gründung der Stadt Dinslaken 1273 weiter verstärkte und so zu dem Konzentrationspunkt machte, der in den folgenden Jahrzehnten zu einer flächendeckenden Herrschaft entwickelt werden konnte. Den Anfang machte damit Graf Dietrich VIII. (1275–1305), als er 1289 von Burghard Stecke die Gerichte in Walsum und Eppinghoven kaufte[36]. Da die Klever zu diesem Zeitpunkt das halbe Gericht zu Götterswick bereits in Händen hatten[37], gewannen sie hier erstmals einen geschlossenen Herrschaftsbezirk westlich von Dinslaken zwischen Wurmgötterswick und Walsum. Gleichzeitig dehnten sie ihren Einflußbereich nach Süden bis über die Ruhrmündung hinweg aus, als König Rudolf dem Grafen 1290 als Sicherheit für die Mitgift seiner Nichte Margarete von Kiburg die Reichsstadt Duisburg verpfändete[38]. Da die Pfandsumme später noch erhöht und das Pfand nie wieder eingelöst wurde, blieb Duisburg von jetzt ab klevische Landstadt und bildete mit dem südlich vorgelagerten Wald später auf Dauer die Grenze zum Herzogtum Berg. Der Erwerb der Vogtei über die Hochstadensche Gründung Hamborn[39] (nach 1292/vor 1310) und deren umfangreichen Besitz in den Kirchspielen Hamborn, Beeck, Meiderich und Sterkrade festigte die noch schwache klevische Position am Unterlauf der Emscher.
Mit Duisburg, Dinslaken und Wesel kontrollierten die Grafen von Kleve zu Beginn des 14. Jahrhunderts das rechte Rheinufer und die hier verlaufende Fernhandelsstraße mit den wichtigen Flußübergängen an Ruhr, Emscher und Lippe. Mit ihren weitgestreuten Einzelrechten waren sie darüber hinaus lippe- und emscheraufwärts bis nach Unna und Hamm präsent[40]. Und der Ausbau der Burg Strünkede, die Graf Dietrich 1300 mit über 40 Burgmannen besetzte, die ihm als Burglehen Güter von Schermbeck bis Hattingen, Attendorn und Soest auftrugen[41], ließ erkennen, daß die Klever ihre Macht auch an der oberen Lippe und Ruhr bis ins Westfälische hinein auszudehnen gedachten. Wie weitgespannt die klevischen Ambitionen hier waren, wurde deutlich, als sich Graf Dietrich IX. (1310–1347) 1317 von König Ludwig die Reichsvogtei über ganz Westfalen, die Landfriedenswahrung zwischen Rhein und Weser und alle märkischen Reichslehen übertragen ließ[42]. Er scheiterte damit ebenso am energischen Widerstand der Mitkonkurrenten um die Hegemo-

nie in diesem Raum, Köln und Mark, wie diese zuvor mit dem Versuch, nach dem Tod des Grafen Otto († 1310) die klevischen Besitzungen als erledigte kölnische Lehen einzuziehen bzw. unter sich aufzuteilen[43]. Die Kämpfe der Jahre 1310 bis 1325 machten deutlich, daß es keinem der Beteiligten mehr möglich war, mit den überkommenen politischen (Lehensrecht, Landfrieden, Reichsvogtei) oder mit kriegerischen Mitteln eine Hegemonie zwischen Lippe und Ruhr und damit eine einheitliche territoriale Herrschaft in diesem Raum durchzusetzen. Die Konsequenz war eine Politik der Abgrenzung und Arrondierung des Kernbesitzes und damit der territorialen Zersplitterung.

Dietrich IX. ist diesen Weg mit Geschick und Erfolg gegangen. Durch einen Vergleich mit seiner Schwägerin Mechtild von Virneburg 1325, die Eheschließung seiner Tochter Margarete mit Adolf von der Mark 1327 und Verhandlungen mit Erzbischof Heinrich 1335/36[44] gelang ihm ein Interessenausgleich mit seinen Gegnern, der ihm den Handlungsspielraum für die systematische Durchsetzung seiner Hoheitsrechte in dem klevischen Kerngebiet zwischen Wesel, Dorsten und Duisburg verschaffte. 1329 hatte er das Rügegericht (hemail) zu Wesel zum einzigen Hochgericht u. a. für die Gerichte südlich der Lippe von Wesel und Gahlen bis Beeck und Osterfeld erklärt[45], obwohl von diesen Gerichten nur ein Teil in seiner Hand war. In den Jahren 1335 bis 1341 brachte er durch Ankauf[46] und Einlösung[47] von Rechten bzw. durch die Unterwerfung der schwächeren Herren, die ihm ihre Rechte zu Lehen auftragen mußten[48], die noch fehlenden Gerichts- und Hoheitsrechte an sich, so daß er gegen Ende seiner Regierungszeit († 1347) sein Ziel im wesentlichen erreicht hatte: zwischen Wesel, Dorsten, Osterfeld und Duisburg hatte er Landeshoheit im Sinne einer summa potestas[49], einer einheitlichen, sich in einer Hand befindenden höchsten Gerichtsbarkeit durchgesetzt und alle sonst Herrschaft in diesem Raum Beanspruchenden zumindest in Form der Lehenshoheit sich untergeordnet, d. h. eine flächenbezogene Territorialherrschaft aufgebaut, die in der Folgezeit noch abgerundet und durchorganisiert wurde, im wesentlichen aber den Besitzstand des Herzogtums Kleve bis zum Ende des Alten Reiches ausmachte.

Die erste Phase der Territorialisierung des klevischen Hoheitsgebietes zwischen Lippe und Ruhr war um 1350 abgeschlossen, als die Gerichte südlich der Lippe (soweit sie unmittelbar in der Hand des Grafen waren) zu einem eigenen Amt Dinslaken zusammengeschlossen und von dem im wesentlichen auf das rechte Lippeufer begrenzte Amt Wesel abgetrennt wurden[50]. In dieser modernen Form einer nahezu einheitlich strukturierten Amtsverwaltung gelangte der rechtsrheinische Teil der Grafschaft Kleve nach dem Tod des Grafen Johann (19. 11. 1368) an Graf Engelbert von der Mark, dem diese Ausdehnung der Grafschaft Mark zweifellos dazu dienen sollte, das Vest Recklinghausen unter Druck zu setzen und dadurch seine Position in der Auseinandersetzung mit Kurköln um die Vorherrschaft in Westfalen zu stärken[51]. Eine Integration der klevischen Ämter in die Grafschaft Mark barg sogar die Möglichkeit einer territorialen Vereinheitlichung des Raumes zwischen Rhein, Lippe und Ruhr in sich, der sich das Vest Recklinghausen auf Dauer nicht hätte entziehen können. Paradoxerweise verhinderte hier aber dasselbe dynastische Erbrecht, das langfristig die Bildung größerer Territorialkomplexe ermöglichte, eine territoriale Weiterentwicklung, weil – in dieser wie in der nächsten Generation – die jüngeren der märkischen Brüder mit Teilen des gemeinsamen Erbes abgefunden werden mußten.

Spätestens 1372 erhielt Dietrich von der Mark, der jüngste der drei märkischen Brüder, die 1368 die Grafschaft Kleve geerbt hatten, die Ämter Wesel und Dinslaken als eigenen Herrschaftsbereich, dem 1392 auch Duisburg und das von Engelbert aufgebaute Ruhrort hinzugefügt wurden[52]. Über seine Herrschaft wissen wir leider zu wenig. Sie dürfte aber nicht unwesentlich dazu beigetragen haben, daß das Gebiet von Wesel bis Duisburg, das 1404 an Graf (seit 1417 Herzog) Adolf von Kleve zurückfiel[53], zu einer eigenen territorialen Größe innerhalb des Herzogtums Kleve wurde. In Abwehr der Ansprüche seines jüngeren Bruders Gerhard und des mit ihm verbündeten Erzbischofs Dietrich von Moers[54] hat Adolf dem „territorium Dinslacensis" bzw. „Drostamt Dinslaken", wie es im 15. Jahrhundert heißt[55], seine endgültige Gestalt gegeben und es als solches auf Dauer mit dem Herzogtum Kleve verbunden. Seit 1409 sind die Ämter Wesel-Schermbeck und Dinslaken in Personalunion mit einem klevischen Amtmann besetzt, und die ihm untergeordneten Gerichte erhielten mit der Schöffenordnung Herzog Adolfs 1415 eine einheitliche Struktur[56]. Die ehemals märkischen Besitzungen Holten und Ruhrort wurden als eigene Ämter integriert und die bis dahin selbständige Herrlichkeit Beeck (mit Sterkrade) 1429 dem Amt Dinslaken eingefügt[57]. Nur die Herrlichkeit Meiderich blieb bis zum Ende des Mittelalters als selbständige Größe unter klevischer Lehenshoheit bestehen[58]. Durch die dynastische Verbindung wurde das Problem der territorialen Abgrenzung zwischen Kleve und Mark – endgültig mit dem Tod Gerhards 1461 – gegenstandslos, die klevische Grenze an der Emscher zum Reichsstift Essen bzw. zur Grafschaft Mark zur innerterritorialen Grenze. Eine weitere Ausdehnung des klevisch-märkischen Territoriums ist aber trotz aller Erfolge gegen Kurköln nicht mehr erreicht worden. Vielmehr gelang es Erzbischof Dietrich von Moers 1426, die Kölner Landeshoheit über die von Kleve beanspruchten Gerichte Bottrop, Osterfeld, Gladbeck und Kirchhellen trotz der hier schon weit entwickelten klevischen Herrschaft durch einen Spruch des Pfalzgrafen bei Rhein durchzusetzen[59]. Die durch diesen Spruch festgesetzte Hoheitsgrenze zwischen dem klevischen Land Dinslaken und dem kölnischen Vest Recklinghausen ist nicht mehr verändert worden; zusammen mit der südlich anschließenden Grenze des Reichsstifts Essen, über das Kleve 1398 bzw. 1461 die Vogtei erhielt, verläuft sie noch heute als rheinisch-westfälische Landesgrenze quer durch das Ruhrgebiet.

Anmerkungen

1 Grundlegend: Ilgen, Theodor: Quellen zur inneren Geschichte der rheinischen Territorien. Herzogtum Kleve I. Ämter und Gerichte (2 Bde. in 3 Teilen) Bonn 1921–1925, hier bes. Bd. 1, S. 213–402. Die neuere Literatur (dort ausführliche Bibliographien): Petri, Franz und Droege, Georg (Hg.): Rheinische Geschichte Bd. 1/3: Hohes Mittelalter, bearb. v. E. Boshof, O. Engels, R. Schieffer, Düsseldorf 1983. Kohl, Wilhelm (Hg.): Westfälische Geschichte Bd. 1: Von den Anfängen bis zum Ende des Alten Reiches, Düsseldorf 1983. Alberts, W. Jappe: Overzicht van de geschiedenis van de nederrijnse territoria tussen Maas en Rijn, 2 Bde., Assen 1979, 1982. Janssen, Wilhelm: Niederrheinische Territorialbildung. Voraussetzungen, Wege, Probleme, in: Soziale und wirtschaftliche Bindungen im Mittelalter am Niederrhein, hrsg. v. E. Ennen und K. Flink, Kleve 1981, S. 95–113. Kraus, Thomas R.: Studien zur Frühgeschichte der Grafen von Kleve und der Entstehung der klevischen Landesherrschaft, in: RhVjbll 46 (1982), S. 1–47. Kastner, Dieter: Die Territorialpolitik der Grafen von Kleve, Düsseldorf 1972. Ders., Die Grafen von Kleve und die Entstehung ihres Territoriums vom 11. bis 14. Jahrhundert, in: Land im Mittelpunkt der Mächte, hrsg. v. Städt. Museum Kleve und Stadtmuseum Düsseldorf, Kleve [3]1985, S. 54–62. Janssen, Wilhelm: Kleve-Mark-Jülich-Berg-Ravensberg 1400–1600, ebd., S. 17–40.

2 Vgl. Boshof, in: Rhein. Gesch. 1/3, S. 51; Janssen, Territorialbildung, S. 104.

3 Anonymi chronicon de genealogia, successione ac rebus gestis comitum

ac postea ducum Clivensium, ed. Joh. Suibert Seibertz, Quellen der westfälischen Geschichte, Bd. 3, Arnsberg 1869, S. 323–367, hier: S. 330.
4 Einzelbelege bei Kraus, S. 21 ff.
5 Lacomblet, Theodor Josef: Urkundenbuch für die Geschichte des Niederrheins, 4 Bde., Düsseldorf 1840–1858 (ND Aalen 1966), hier: Bd. 1 Nr. 247, Bd. 4 Nr. 610.
6 Milz, Joseph: Studien zur mittelalterlichen Wirtschafts- und Verfassungsgeschichte der Abtei Deutz, Köln 1970, S. 32, 253; zur Vogtei S. 184 ff.
7 Quellen zur inneren Geschichte der rheinischen Territorien, Grafschaft Kleve 2: Das Einkünfteverzeichnis des Grafen Dietrich IX. von 1319 und drei kleinere Verzeichnisse des rechtsrheinischen Bereichs, bearb. v. F. W. Oediger, 2 Teile, Düsseldorf 1982, hier: T. 1, S. 274, T. 2, S. 209. Kleve-Mark Urkunden 1223–1368. Regesten des Bestandes Kleve-Mark Urkunden im NW Hauptstaatsarchiv in Düsseldorf, bearb. v. W.-R. Schleidgen, Siegburg 1983, hier: Nr. 152.
8 Vgl. Ilgen 1, S. 226 ff.; Kastner, S. 25 f.; Kraus, S. 30.
9 Westfälisches Urkundenbuch Bd. 2, bearb. v. H. A. Erhard, Münster 1854, Nr. 330.
10 Einkünfteverzeichnis (wie Anm. 7) T. 1, S. 273; Regesten (wie Anm. 7) Nr. 152.
11 Janssen, Wilhelm: Klevische Beschwerden gegen Kurköln 1335/36, in: RhVjBll 37 (1973), S. 141–151, hier: S. 149 Nr. 11. Esch, Theodor: Die Freigrafschaft Recklinghausen, Vest. Zs. 19 (1909), S. 1–69, hier: S. 16–20. Lindner, Theodor: Die Veme, Münster-Paderborn 1888, hier: S. 56–60. Zur Freigrafschaft s. zusammenfassend Janssen, Wilhelm: A.K. Hömbergs Deutung von Ursprung und Entwicklung der Veme in Westfalen, in: Der Raum Westfalen, hrsg. im Auftrag der Provinz Westfalen von H. Aubin u. a., Bd. VI,1, Münster 1989, S. 188–214, hier: S. 203–206.
12 Einkünfteverzeichnis (wie Anm. 7) T. 1, S. 145 f.
13 Vgl. die Karte in Abb. 20 in diesem Band.
14 Zu den umfassenden Rechten in Stadt und Kirchspiel Wesel s. Einkünfteverzeichnis (wie Anm. 7) T. 1, S. 219–239, T. 2, S. 126–152; zur Stellung Wesels innerhalb der klevischen Städte s. Flink, Klaus: Die klevischen Herzöge und ihre Städte, in: Land im Mittelpunkt der Mächte (wie Anm. 1) S. 75–98, hier die Tabelle S. 83.
15 Classen, Wilhelm: Das Erzbistum Köln, Archidiakonat Xanten, Berlin 1938, hier: S. 60 f. Zum rechtsrheinischen Streubesitz Xantens s. die Karte bei Weibels, Friedrich: Die Großgrundherrschaft Xanten im Mittelalter, o. O., o. J. [1959]. Zur Vogtei auch Einkünfteverzeichnis (wie Anm. 7) T. 2, S. 103–108.
16 Vgl. die Liste der Höfe bei Classen (wie Anm. 15) S. 152–180. Im einzelnen steht der Nachweis klevischer Vogteiherrschaft an den gen. Orten allerdings noch aus.
17 Vgl. Anm. 16; Wilkes, Carl: Quellen zur Rechts- und Wirtschaftsgeschichte des Archidiakonats und Stifts Xanten, Bonn 1937, hier: S. 63–65, 466–481; Einkünfteverzeichnis (wie Anm. 7) T. 1, S. 264–266, T. 2, S. 19–20.
18 Zu den letztgenannten s. Kraus, S. 93; Schleidgen, W.-R.: Das Kopiar der Grafen von Kleve, Kleve 1986, S. 32–45.
19 Für das 13./14. Jahrhundert s. dazu Kastner S. 200 ff. u. ö. Zur Westorientierung im 15. Jahrhundert, s. Hilger, H. P.: Kleve und Burgund, in: Land im Mittelpunkt der Mächte (wie Anm. 1) S. 209–233.
20 Dazu Kastner S. 32; Schleidgen, Wolf-Rüdiger: Textkritik und Edition des Stadtprivilegs für Kleve vom 25. 4. 1242 und der damit verwandten Stadtrechtsprivilegien von Grieth, Dinslaken, Kranenburg und Sonsbeck, in: Klevische Städteprivilegien (1241–1609), hrsg. v. K. Flink, Kleve 1989, S. 361–391.
21 S. die Karte bei Kastner, Anhang.
22 Rheinische Urbare Bd. 5: Das Prümer Urbar, bearb. v. Ingo Schwab, Düsseldorf 1983, hier: S. 227, 279.
23 Janssen, Wilhelm: Recklinghausen und die Städtepolitik der Kölner Erzbischöfe im 13. Jahrhundert, VestZs 84/85 (1985/1986), S. 7–23.
24 Schuknecht, Franz: Die villa Durstine – Zum Centenarium der Geschichtsschreibung in Dorsten, VestZs 86/87 (1987/88), S. 7–28.
25 Zur territorialen Verselbständigung des Vests und der Dreiteilung des Kölner Territorialstaates s. Janssen, Wilhelm: Der Erzbischof von Köln und sein „Land" Westfalen im Spätmittelalter, Westfalen 58 (1980), S. 82–95, hier bes. S. 92 f. Zur Geschichte des Vests den Beitrag von Burghardt in diesem Band.
26 Vgl. Ilgen 1, S. 216 ff.
27 S. die Belege bei Kastner, S. 44, 50, der sie aber anders deutet.
28 Erckens, Franz Reiner und Janssen, Wilhelm: Das Erzstift Köln im geschichtlichen Überblick, in: Kurköln, Land unter dem Krummstab. Essays und Dokumente, hrsg. v. NW Hauptstaatsarchiv Düsseldorf, Kreisarchiv Viersen und Arbeitskreis niederrhein. Kommunalarchivare, Kevelaer 1985, S. 19–42, hier: S. 27.
29 Janssen, Wilhelm: Worringen 1288. Geschichtlicher Markstein oder Wendepunkt?, RhVjBll 53 (1989), S. 1–20.
30 Kastner, S. 44–48.
31 Kastner, S. 37.
32 Westfälisches Urkundenbuch Bd. 7, bearb. v. Staatsarchiv Münster, Münster 1908, Nr. 542, 808; Regesten (wie Anm. 7) Nr. 20, 22.
33 Ilgen 1, S. 405–407; Frisch, Margarete: Die Grafschaft Mark. Der Aufbau und die innere Gliederung des Gebiets, besonders nördlich der Ruhr, Münster 1937, S. 92–95 und Karte 2.
34 Der Zeitpunkt des Anfalls Dinslakens an Kleve ist umstritten s. Ilgen 1, S. 214 ff.; Kastner, S. 50; Stampfuß, R. und Triller, A.: Geschichte der Stadt Dinslaken 1273–1973, Dinslaken 1973, hier: S. 18–20. Die Herkunft des Lehens war schon im 14. Jahrhundert nicht mehr zu klären, vgl. die Aussage des Grafen Johann 1347: Lacomblet, Theodor: Die Lehnhöfe am Niederrhein, in: Archiv für die Geschichte des Niederrheins 4 (1983), S. 331–414, hier: S. 390–392.
35 Die zentrale Bedeutung Dinslakens spiegelt sich in etwa in dem Dinslakener Lehenhof, s. Das Hauptstaatsarchiv Düsseldorf und seine Bestände Bd. 8: Die Lehenregister des Herzogtums Kleve, bearb. v. F. W. Oediger und E. Doesseler, Siegburg 1974, S. 103 ff. Zur Stadt Dinslaken als Vorort des umliegenden Landes s. a. Stampfuß-Triller (wie Anm. 34) S. 31 ff.
36 Regesten (wie Anm. 7) Nr. 70.
37 Ilgen 1, S. 289.
38 Regesten (wie Anm. 7) Nr. 76, 77; Kastner, S. 61–68; Roden, Günter von: Geschichte der Stadt Duisburg, 2 Bde., Duisburg 1970, hier: Bd. 1, S. 39–51. Milz, Joseph: Pfalz und Stadt Duisburg bis zum Ende des 15. Jh., BlldtLG 120 (1984), S. 135–154.
39 Horstkötter, Ludger: Die Anfänge des Prämonstratenserstiftes Hamborn und seine Entwicklung im ersten Jahrtausend seines Bestehens. Ein Beitrag zur Geschichte des Prämonstratenserordens im 12. und 13. Jh., Duisburg 1967; von Roden (wie Anm. 38) Bd. 2, S. 39–76.
40 Vgl. z. B. Regesten (wie Anm. 7) Nr. 127.
41 Ebd. Nr. 103.
42 Ebd. Nr. 153 f.; Kopiar (wie Anm. 18) S. 125; zum Hintergrund Kastner S. 121–134.
43 Regesten der Erzbischöfe von Köln im Mittelalter, Bd. 4, bearb. v. W. Kisky, Bonn 1915, Nr. 674 und 901; Kastner S. 106–112.
44 Zu 1325 s. Regesten (wie Anm. 7) Nr. 178 und Einkünfteverzeichnis (wie Anm. 7) T. 1, S. 264 ff. Zu 1327 s. Regesten Nr. 186; sie brachte die Lehensabhängigkeit Holtens und damit die Anerkennung der klevischen Dominanz bis zur Emscher, s. ebd. Nr. 217. Zu 1335/36 s. Janssen (wie Anm. 11). Zu der mit 1325 einsetzenden Arrondierungspolitik Dietrichs s. a. Kösters, Herbert: Der Westen des Vests Recklinghausen in der Politik der Grafen von Kleve bis 1400, WestfälForsch 24 (1972), S. 153–164.
45 Frensdorff, Ferdinand: Dortmunder Statuten und Urteile, Halle 1882, S. 262; Ilgen 1, S. 234–247.
46 Regesten (wie Anm. 7) Nr. 214, 215 (Spellen), Nr. 238–240 (Asbecksche Güter zu Hiesfeld, Eppinghoven, Hünxe, Drevenack, Kirchhellen).
47 Ebd. Nr. 227 (Burg, Stadt und Land Dinslaken).
48 Ebd. Nr. 231, 232 (Steckesche Rechte zu Hünxe, Spellen, Götterswick, Gahlen, Beeck und Sterkrade); Nr. 255 (van den Berghe zu Hünxe). Vgl. zum Ganzen auch Kastner, S. 163; Ilgen 1, S. 259–309.
49 Vgl. dazu Janssen, Territorialbildung, S. 95, 101–103.
50 Als erster Amtmann wird 1354 Gerhard Preut genannt, s. Ilgen 1, S. 233. Zu den Grenzen der Ämter s. die Kartenbeilage bei Ilgen.
51 Zur Grafschaft Mark s. den Beitrag von J. Kloosterhuis in diesem Band.
52 1372 vergibt Dietrich die Dinslakener und Holtener Lehen Oediger, Lehenregister (wie Anm. 35) S. 103; zu seiner Tätigkeit in Dinslaken und Wesel d. z. B. Kleve-Mark Urkunden 1368–1394. Regesten des Bestandes Kleve-Mark Urkunden im NW Hauptstaatsarchiv in Düsseldorf, bearb. v. W.-R. Schleidgen, Siegburg 1986, Nr. 216, 231, 234, 256. Zu Ruhrort, s. ebd. Nr. 258; von Roden (wie Anm. 38) Bd. 2, S. 185–248.
53 Vgl. Oediger, Lehenregister (wie Anm. 35) S. 108; Ilgen 1, S. 223.
54 Ilgen 1, S. 223 f.; Hansen, Josef: Westfalen und Rheinland im 15. Jahrhundert 1: Die Soester Fehde, Leipzig 1888, S. 8–11; Droege, Georg: Dietrich von Moers, Erzbischof und Kurfürst von Köln, in: Rheinische Lebensbilder Bd. 1, Düsseldorf 1961, S. 49–65, hier: S. 53 f.
55 Wilkes (wie Anm. 17) S. 49; zum Drostamt Ilgen 1, S. 213. Zu Stellung und Aufgaben der Drosten und Amtleute ebd. S. 497–499, 504–514.
56 Vgl. Ilgen 1, S. 224 und 2,2 Nr. 12.
57 1417 sind die drei Amtleute von Dinslaken, Ruhrort und Holten erstmals genannt: NWHSA, Kleve-Mark Urkunde 1141. Zur Entwicklung der Ämter Holten und Ruhrort s. Ilgen 1, S. 312–320; zu Beeck ebd., S. 259–259 und Rommel, Franz: Duisburg-Beeck. Geschichte einer Siedlung von den Anfängen bis ins 19. Jh., Duisburg 1958; zu Ruhrort auch oben Anm. 52; zu Holten Gehn, Fritz: Nachrichten zur Geschichte der Gemeinde Amt Holten oder Biefang, Oberhausen 1951.
58 Vgl. Ilgen 1, S. 269–274; von Roden (wie Anm. 38) Bd. 2, S. 124–152.
59 NWHSA, Kleve-Mark Urkunde 1352. Zu den klevischen Rechten s. das Weistum bei Ilgen 2,2, S. 398–402. Zu den „Anspruchsgerichten" Osterfeld, Bottrop, Gladbeck und Kirchhellen insgesamt Ilgen 1, S. 309–311 und Kösters (wie Anm. 44).

Das „Kölschland“ Vest Recklinghausen

Werner Burghardt

Im Zuge der Unterwerfung und Christianisierung der Sachsen durch die fränkischen Karolinger am Ende des 8. Jahrhunderts wurde dem Erzbistum Köln das westfälische Land südlich der Lippe, also auch das Vest Recklinghausen, als Missionssprengel zugewiesen. Seitdem gehörte das Vest über 1000 Jahre kirchlich zum Erzbistum Köln. Über die Kölner Missionsarbeit selbst gibt es keinerlei Quellen. Für einen Missionsbezirk Dortmund, von wo aus sich auch die „Urpfarrei“ Recklinghausen mit ihrer Mittelpunktskirche St. Peter entwickelt haben soll, wie das die regionale Geschichtsforschung immer wieder behauptet hat, fehlen in den Quellen alle Anhaltspunkte[1].

Die kirchlichen Verhältnisse

Die Anfänge einer christlichen Gemeinde im Vest Recklinghausen verschwinden im Dunkeln der Geschichte und Legende. Zunächst werden die Erzbischöfe eine grobmaschige, dann aber eine immer dichter werdende kirchliche Organisation aufgebaut haben, die sich vielleicht an eine bereits voraufgehende regionale Verwaltungs- und Gerichtsorganisation anlehnte. Damit verbanden sich reiche Güterschenkungen an die Kölner Kirche, teils aus königlicher Hand, teils von seiten des sich relativ rasch verchristlichenden sächsischen Adels, dessen vornehmste Familien in der karolingischen Reichsaristokratie aufgingen. Nach einem um 1100 entstandenen Pergament, das die Personen bzw. Institutionen aufzählt, die die zwölf armen Laienbrüder im Hospital des heiligen Lupus in Köln zu kleiden hatten, besaßen die Erzbischöfe damals die Villikationen Soest, Körne, Belecke, Menden, Schwelm, Hagen und auch Recklinghausen[2]. Erzbischof Bruno († 965), der jüngste Bruder Kaiser Ottos I., verfügte in seinem Testament über ein gerade erworbenes *Richildinchuso(n)*. Mit guten Gründen kann man geneigt sein, dieses auf das vestische Recklinghausen zu beziehen[3].

Aus diesem umfänglichen Besitz haben die Erzbischöfe große Teile für die Ausstattung von Stiften und Klöstern weggegeben. Dieser sorglose Umgang mit dem westfälischen Tafelgut entsprach dem Desinteresse, mit dem die Erzbischöfe zunächst überhaupt ihren Besitzungen, Rechten und politischen Möglichkeiten in Westfalen gegenüberstanden[4]. So schenkte der Erzbischof aus seinem Besitz im Vest Recklinghausen den Abdinghof bei Gladbeck mit der dem Hl. Lambertus geweihten Kirche der Benediktiner-Abtei Deutz. Späte Quellen lassen darauf schließen, daß der Abdinghof als Schenkung Ottos III. an Erzbischof Heribert (999–1021) gelangte und von diesem an seine bevorzugte Stiftung Deutz gekommen sein mag. Papst Eugen III. bestätigte 1147 den Deutzer Besitzstand: *In Gladbech ecclesiam et curtem . . .*[5] Unter den Besitzungen der Abtei werden in dieser Bulle des Papstes ferner die Kirchen von Kirchhellen, Datteln, Buer und Waltrop genannt. Den Hof Hofstedde im Kirchspiel Datteln schenkte 1096 der Kölner Erzbischof Hermann III. (1089–1099) der Abtei Siegburg neben anderen Gütern. Dieser Hof zählte nach einem Westerholter Protokoll von 1418 zu den später oft erwähnten sogenannten neuntehalb (8½) „Reichshöfen“ des Vestes. Es ist anzunehmen, daß auch der „Reichshof“ Brüninghof im Norden Recklinghausens durch Schenkung des Erzbischofs an das Kölner Stift St. Aposteln übergegangen ist. Am 10. Juli 1289 zeigen der Recklinghäuser Pfarrer, der Richter, die Ratsherren und Dienstleute von Recklinghausen dem St. Apostelnstift an, daß Eberhard von Westrem den Brüninghof als Schultheiß mit dem selben Rechte innehabe, wie vordem sein Oheim Heinrich von Wiberninchusen[6]. Gleiches gilt für den Hof Oer, dessen Einkünfte spätestens seit dem 12. Jahrhundert dem Kölner Domkapitel zuflossen. 1204 überträgt das Kölner Domkapitel dem Gottfried von Oer und seinen Erben die Villikation Oer, weil er dem Domkapitel gegenüber große Treue bewiesen habe[7].

Mittelpunktskirche für das Vest wurde die sich an den oben erwähnten befestigten Haupthof anlehnende Eigenkirche in Recklinghausen. Reste der Befestigungsanlagen des Hofes traten 1905 und 1928 bei Bauarbeiten überraschend zutage. Diese Kirche hatte sicher einen entscheidenden Anteil daran, daß das Christentum im Vest schnell Fuß faßte und sich durchsetzte. Nicht nur das Petri-Patrozinium weist auf ein hohes Alter der Kirche; 1949 und 1985/86 wurden während Restaurierungsarbeiten Fundamentsysteme gefunden, die nachweisen, daß die 1247 errichtete spätromanische Kirche St. Peter schon der dritte Kirchenbau an dieser Stelle gewesen ist. Eine dieser Vorgängerkirchen war wahrscheinlich eine dreischiffige romanische Basilika, die andere, wohl noch ältere, kann vom ausgegrabenen Fundamentwerk und von den entdeckten Fußbodenresten her ebenfalls dem 12. Jahrhundert zugewiesen werden[8]. Die Patrozinienforschung der letzten Jahre hat eine solche Fülle von Aufschlüssen über die Verehrung einzelner Heiliger gebracht, daß es nunmehr unsicher geworden ist, trotz der späteren engen kirchlichen und kulturellen Verflechtungen Recklinghausens zu Köln zu behaupten, die Petrus-Kirche in Recklinghausen sei eine erzbischöfliche „Gründung“[9].

Die aus der Villikation gewachsene Stadt Recklinghausen wurde nicht nur Mittelpunkt eines relativ ausgedehnten Gerichtsbezirks, sondern gleichermaßen Zentrum eines großen Pfarrsprengels. Der Sprengel der Recklinghäuser Petrus-Kirche erstreckte sich vielleicht ursprünglich über das gesamte Vest. Anfang des 11. Jahrhunderts wurde die Erzdiözese Köln zur besseren Verwaltung in Dekanate eingeteilt. Ein Dekanat, an dessen Spitze der Dekan oder Dechant stand, faßte eine Anzahl von Pfarreien zusammen. Das Vest, mit Ausnahme von Dorsten, wurde dem Dekanat Dortmund zugeteilt und verblieb dort bis zum Anfang des 17. Jahrhunderts. Der Dekan dieses Bezirkes war seit 1075 der Dechant der Stiftskirche St. Maria ad gradus in Köln; seit der zweiten Hälfte des 13. Jahrhunderts führte er den Titel Archidiakon, und darum hieß sein Sprengel auch das Archidiakonat Dortmund. Aus dem *Liber valoris*, einem Kölner Zinsbuch von 1308, das die damals bestehenden Kirchen des Erzbistums mit ihren Pfarreinkünften angibt, läßt sich ablesen, welche Pfarreien zu Dortmund gehörten. Berücksichtigt man auch spätere Exemplare dieses Verzeichnisses bis 1510, so lagen elf Kirchen im Vest: Die Pfarre St. Peter in Recklinghausen, die sieben, die der Abtei Deutz inkorporiert waren, nämlich Datteln, Waltrop, Gladbeck, Kirchhellen, Osterfeld mit Kapelle (wahrscheinlich Bottrop), Marl und Buer; dazu Polsum, das hier zum ersten Mal als Pfarrei genannt wird; deren Kirche war wohl ursprünglich eine Eigenkirche des Stiftes Essen. Die Pfarrkirche Dorsten, schon 1177 bezeugt, zählte nicht zum Archidiakonat Dortmund; sie unterstand dem Kollegiatstift Xanten, dem die Kirche gehörte und das bis zum 16. Jahrhundert den Pfarrer stellte. Zur Zeit der Abfassung des *Liber valoris* hatte sich um die Recklinghäuser Petrus-Kirche ein Kranz von Tochterkirchen gelegt: Bossendorf, Hamm, Flaesheim, Oer, Henrichenburg, Herten, Westerholt, und spätestens im 16. Jahrhundert kam noch Suderwich hinzu. Diese Kirchen besaßen zwar Pfarrechte, doch gelang es der Mutterkirche, diesen längst erwachsenen Töchtern noch bis in das 19. Jahrhundert hinein Zeichen fortwährender Abhängigkeit aufzudrücken[10].

Pfarrer an St. Peter in Recklinghausen war de iure der Dompropst in Köln *(pastor primitivus)*, der sich jedoch, weil er die Seelsorge nicht persönlich ausüben konnte, durch einen *pastor secundarius* vertreten ließ, der seit dem 12. Jahrhundert gewöhnlich plebanus oder Leutpriester genannt wurde. Dieser eigentliche Priester konnte zwar im Laufe der Jahrhunderte seine Rechtsstellung verbessern. Er wurde aber vom Dompropst bestimmt und blieb bis in das 17. Jahrhundert hinein dessen Aufsicht unterworfen, als dieses Besetzungsrecht vom Erzbischof beansprucht wurde[11].

Nach der Reformation bekannten sich die meisten Pfarreien des Archidiakonates Dortmund, nämlich die der Stadt selbst und der Grafschaft Mark, zum evangelischen Glauben. Im Vest hatte die neue Lehre in der Stadt Recklinghausen und unter dem vestischen Adel einzelne Anhänger gefunden. Der Kölner Kurfürst und Erzbischof Ferdinand von Bayern erkannte nüchtern, daß die Zugehörigkeit des Vestes Recklinghausen zum Archidiakonat Dortmund der Wiederherstellung des katholischen Glaubens im Veste nicht dienlich sein konnte. Deshalb trennte er das Vest vom Archidiakonat Dortmund und erhob es 1612 zu einem eigenen kirchlichen Verwaltungsbezirk, dem sogenannten Vestischen Kommissariat, das eingeteilt war in die Dekanate Obervest mit Recklinghausen und Untervest mit Dorsten. Am 4. November 1614 erließ Ferdinand ein Religionsedikt, das jedem Nichtkatholiken verbot, ins Vest zu ziehen und irgendein Amt zu bekleiden. Dieses Edikt Ferdinands wurde streng durchgeführt; erst am 9. Oktober 1802 gab der damalige Statthalter des Vestes, Graf von Nesselrode-Reichenstein, dem evangelischen Walkmüller Peter Rentmeister die Erlaubnis, sich als Pächter der städtischen Walkmühle in Recklinghausen auf vestischem Boden niederzulassen.

Die kirchliche Zugehörigkeit des Vestes zum Erzbistum Köln endete durch die Circumscriptionsbulle Pius' VII. De salute animarum vom 16. Juli 1821, die die Diözesan-Bezirke neu einteilte. Von nun an zählte das Vest zum Bistum Münster; aus dem Verbande der Erzdiözese Köln wurde das Vest am 2. Februar 1823 entlassen[12].

Die kölnische Landesherrschaft über das Vest

Im Laufe eines im 13. Jahrhunderts beginnenden Territorialisierungsprozesses gewannen die Erzbischöfe von Köln auch die politische Herrschaft über das Vest. Vornehmlich das in Recklinghausen zum erstenmal im Jahre 1228 erwähnte Gogericht bildete die rechtliche Grundlage, auf die sich die Landesherrschaft des Erzbischofs stützte. Traditionell wählten die lokalen Grundbesitzer den Gorichter. Da unter diesen der Kölner Erzbischof allein schon durch den Besitz des früheren Königshofes Recklinghausen den größten Einfluß hatte, konnte er praktisch den Richter bestimmen und sich damit die Macht über das Gogericht sichern. Anfangs war der erzbischöfliche Richter, der *iudex episcopi*, sowohl für richterliche als auch für Verwaltungsaufgaben zuständig[13]. Der Richter in Recklinghausen hat – wenn auf die erhaltenen Quellen Verlaß ist – niemals den Titel Schultheiß geführt, sondern schon früh mit dem Titel *iudex* seinen „öffentlichen" Charakter dokumentiert. Im Jahre 1275 erscheinen in ein und derselben Urkunde ein *sculthetus* und ein *iudex in Rikelinchusen* nebeneinander; Hofes- und Gogericht waren mithin eindeutig voneinander geschieden[14].

Ein Schritt auf dem Wege zur Landesherrschaft über das Vest war die Erhebung Dorstens zur Stadt (1251) durch Erzbischof Konrad von Hochstaden (1238–1261), womit er das Vest nicht nur gegen klevische Ansprüche sicherte, sondern mit Dorsten zugleich einen Schutz und eine Ausfallbasis gegen das Stift Münster besaß. Unter Konrad begann auch die administrative Erfassung des Vestes in moderner Weise durch erzbischöfliche Beamte, die landesherrliche Funktionen wahrnahmen. Im letzten Viertel des 13. Jahrhunderts taucht in den Quellen ein *officium Rickelinchusen* auf, das in seiner Ausdehnung und seiner historischen Herleitung mit dem früher bezeugten *iudicium* – d. h. dem Gogericht – Vest Recklinghausen übereinstimmt. 1263 wird mit Ruprecht ein *officiatus* = Amtmann erwähnt, der vielleicht mit dem Recklinghäuser *iudex Rubertus* des folgenden Jahres 1264 identisch sein könnte, obwohl in Recklinghausen sicherlich der Schultheiß des Oberhofes und nicht der Richter der Vorgänger des Amtmanns gewesen ist, wie der 1302 als Recklinghäuser Schultheiß und Amtmann auftretende Leo von Hüls unterstreicht. Die Bezeichnung *officiatus* weist darauf hin, daß der Amtsinhaber als unmittelbarer Vertreter des Landesherrn angesehen werden sollte. Grundlage des Amtes ist also ein vorstädtischer Gerichtsbezirk, und in diesem Sinne sind auch das *officium in Rekelinchusen* aus den Jahren 1308 und 1311 sowie der *districtus Rekelinchusen* des Jahres 1335 zu verstehen[15]

Aber schon seit dem Anfang des 14. Jahrhunderts begann sich der einheitliche Distrikt aufzulösen. 1308 wird Bovo von Strünkede erzbischöflicher Amtmann in Recklinghausen und Dorsten, von einem solchen Amtmann spricht auch eine Urkunde des Jahres 1326. 1336 werden bereits in der Mehrzahl die *officia et territoria Dursten et Rekelinchusen* amtsweise verpfändet, wobei zu beachten ist, daß die Reihung nach Alphabet nun die nach Rang und Größe verdrängt hat, dementsprechend 1338 ein Amtmann *in Durstene et in Reykelinchusen et in districtibus* (Mehrzahl!) *ibidem* eingesetzt. Es ist also der Stadt Dorsten gelungen, sich zwar keinen eigenen erzbischöflichen *officiatus*, aber doch ein eigenes *officium* und einen eigenen *districtus* zuzulegen.[16].

Nachdem sich mit Dorsten ein zweites städtisches Zentrum herausgebildet hatte und der dortige Richter im Laufe der Zeit seinen Sprengel auf Kosten des Richters zu Recklinghausen ausdehnen konnte, sprach man in einer feineren geographischen Unterscheidung von einem Obervest um Recklinghausen und einem Niedervest um Dorsten. Die Bildung der Amtsbezirke im Erzstift Köln war um die Mitte des 14. Jahrhunderts abgeschlossen.

Anfangs behandelten die Kölner Erzbischöfe die westfälischen Nebenlande als eine Einheit. Der Statthalter des Erzbischofs, der Marschall von Westfalen, hatte auch Befehlsgewalt über das Vest. Um das Jahr 1300 wird das Recklinghäuser Gericht ausdrücklich zum Bestande des westfälischen Marschallamtes gerechnet und dem Erzbischof und an seiner Statt dem Marschall das Recht zugesprochen, wie in den Gogerichten des Herzogtums Westfalen so ebenfalls in Recklinghausen den Richter einzusetzen. Inhaber des Marschallamtes waren auch Adelige des Vestes, z. B. aus dem Geschlecht von Oer. Im Jahre 1370 wurde bei einer Bestallung des Bischofs Heinrich von Paderborn zum Marschallamt in Westfalen das Vest aus dem Amtsbezirk des Marschalls ausgegliedert[17]. Hauptsächlich durch zahlreiche Verpfändungen

des Vestes lösten sich im 15. Jahrhundert die Beziehungen zum Herzogtum Westfalen fast vollständig; das Vest hatte den Anschluß an die *terra Westfaliae* der Erzbischöfe verloren. Nunmehr räumlich und administrativ vom Marschallamt getrennt, richtete sich das Vest stärker auf den rheinischen Teil des Erzstifts aus. Spätestens seit dem Ende des 16. Jahrhunderts trug der vestische Amtmann den Titel eines Statthalters.
Die Landesherrschaft des Erzbischofs war aber im Vest von den Herrschaftsrechten der Landstände überlagert und durchlöchert, die zunächst ein respektables politisches Gewicht besaßen. Steuerbewilligungen waren der wirkungsvollste Hebel, den die Landstände ansetzten, um einen moderierenden und lenkenden Einfluß auf die landesherrliche Politik zu nehmen, und zwar durchaus im Interesse des Landes. So war die Steuerhoheit des Landesherrn zugunsten der Landstände stark eingeschränkt. Ohne ihre Genehmigung konnten keinerlei außerordentliche Steuern erhoben werden, wobei die Stände stets betonten, daß es sich um eine ungewöhnliche Leistung handeln aber nicht zu einer Gewohnheit führen dürfe. Auch bei der Verteilung der Steuern auf die vestischen Untertanen sowohl in den Städten als auf dem platten Lande redeten die Landstände ein Wort mit.
Der Ursprung der landständischen Verfassung im Vest Recklinghausen liegt im Dunkeln. Die Landstände selbst bezeichneten wiederholt das Bündnis, das die Stadt Recklinghausen am 29. September 1305 mit der vestischen Ritterschaft geschlossen hatte, als den Beginn des vestischen Landtages, wie sich die Landstände seit dem Ende des 16. Jahrhunderts nannten. Er setzte sich aus den meist dem Dienstmannenstande entstammenden Inhabern der sog. landtagsfähigen Güter zusammen. Recklinghausen besaß das Recht, den Landtag zu berufen. Getagt wurde an wechselnden Orten, häufig an „des Graven Mühle" in Hassel bei Buer, ebenso auch in der Stadt Recklinghausen selbst. Nicht ohne Folgen blieb der Anschluß der vestischen Landstände an die rheinische Erblandesvereinigung im Jahre 1515. Anfangs waren sie den rheinischen Ständen gleichgestellt und durften sich an den Beratungen des Landtages beteiligen. Spätestens seit dem 17. Jahrhundert war es nur noch zwei Vertretern der vestischen Ritterschaft und dem ständischen Syndikus gestattet, an der Eröffnung des rheinischen Landtags teilzunehmen. Von den eigentlichen Beratungen hingegen blieben sie ausgeschlossen; erst an deren Schluß wurden sie wieder zur Verkündung der gefaßten Beschlüsse zugelassen. Insbesondere wurde ihnen das von ihnen aufzubringende Steuerquantum mitgeteilt. Der eigentliche vestische Landtag hatte dann lediglich die Aufgabe, die Steuerlast zu verteilen. Dabei war es aber schon zur Gewohnheit geworden, daß die Stadt Recklinghausen und Dorsten ein Fünftel übernahmen. Da Steuern in den Staaten bis ins 19. Jahrhundert hinein bis auf einen unwesentlichen Rest nur für militärische Zwecke bestimmt waren und die zu tragenden Lasten vom Kaiser (Türkenkriege), vom Reichskreis oder von den Kriegsgegebenheiten vorgeschrieben waren, blieb den vestischen Ständen so gut wie keine Möglichkeit, die Steuern zu verweigern. Die für die Bedürfnisse des Vestes bewilligten Steuern wurden allerdings von den Landständen kontrolliert. Verordnungen und Edikte erließ der Landesherr; hier hatte der Landtag die nicht zu unterschätzende Möglichkeit, Wünsche und Beschwerden an die Adresse des Erzbischofs und seiner Räte vorzubringen[18].
In seiner geschichtlichen Entwicklung festigten sich für das Vest die natürlichen Grenzen schließlich zu Landesgrenzen. Im Norden bildete die Lippe zum Fürstentum Münster als alte Diözesangrenze eine nie umstrittene Markierungslinie. Die Emscher war auf über 30 km bis Henrichenburg die Südgrenze, wo diese den Fluß verläßt und in einem nach Süden sanft geschwungenen Bogen über offenes Land zwischen Lünen und Waltrop auf die Lippe trifft. Diese offene Lücke im Osten war ehemals durch künstlich geschaffene Landwehren gesperrt. Im Westen haben die sumpfigen Niederungen der breiten Waldstreifen des Kölnischen Waldes und der Kirchhellener Heide gegen die Grafschaft Kleve von jeher ein natürliches Hindernis gezogen.
Der Begriff „Vest" hat seinen Ursprung in der erwähnten Gerichtsorganisation und meint den Bezirk eines Gogerichts. Als eine solche Bezeichnung findet er sich im westlichen und südwestlichen Westfalen, so z. B. Vest Werl, Vest Lüdenscheid, Vest Gummersbach, Vest Lützinghausen. Diese sprachliche Erscheinung ist nicht nur lokal, sondern auch zeitlich begrenzt. Während er in allen anderen Fällen nach einiger Zeit nicht mehr oder nur noch selten benutzt wurde, hat er sich im Falle von Recklinghausen so behauptet, daß er zum Eigennamen „das Vest" werden konnte. Der forensische Begriff wird zum erstenmal in zwei Niederschriften aus dem Zeitraum 1335/36 verwendet *vesten van Rekelychusen,* bleibt nunmehr an diesem Gebiet als dem einzigen haften und verdrängt die sonst verwendete – z. B. noch im Jahre 1343 – Bezeichnung des „Landes zu Recklinghausen und Dorsten"[19]. Der räumliche Umfang des Vestes, der sich seit der Mitte des 15. Jahrhunderts praktisch nicht mehr verändert hat, betrug um 1800 11 Quadratmeilen = 603 km^2 mit einer Gesamtbevölkerung von 27.000, das sind 45 je km^2.
Noch vor dem Reichsdeputationshauptschluß des Jahres 1803 nahm der Herzog von Arenberg am 26. 11. 1802 das Vest in seinen Besitz, das ihm für die Verluste auf linksrheinischem Gebiet zusammen mit dem münsterschen Amt Meppen zugesprochen worden war. Damit endete die jahrhundertelange landesherrliche Hoheit der Erzbischöfe von Köln über das Vest. Vornehmlich seit dem Anschluß an den Rheinbund 1806 nahm der Herzog von Arenberg im Vest starke Veränderungen vor. Bereits seit dem Jahre 1804 waren die Landstände nicht mehr einberufen worden. Der Ritterschaft blieb die Vorberechtigung zu den Beamtenstellen; sie verlor aber das bisher genossene Privileg der Steuerfreiheit. Mit Beschluß vom 25. Januar des Jahres 1811 vereinigte Napoleon als Protektor des Rheinbundes das Vest Recklinghausen mit dem Großherzogtum Berg. Das Vest wurde in die Kantone Recklinghausen und Dorsten aufgeteilt und unterstand dem Arrondissement Essen, das zum Rheindepartement zählte. Nach dem Siege Preußens über Napoleon schlug die Wiener Kongreßakte vom 8. Juni 1815 das Vest der preußischen Krone zu; am 20. Juni 1815 fand die endgültige Übernahme statt. Das Vest verblieb zunächst im Verbande des Kreises Essen. Durch Regierungsverfügung vom 10. August 1816 erfolgte dann die Aufteilung der untersten staatlichen Verwaltungsbezirke. Das alte Vest Recklinghausen bildete nun mit der bis dahin fürstbischöflich-münsterschen Herrlichkeit Lembeck den neuen Landkreis Recklinghausen im Regierungsbezirk Münster[20]. Die Geburtsstunde des Kreises Recklinghausen am 10. August 1816 bedeutete zugleich das Ende der einstigen kölnischen Enklave Vest Recklinghausen. Die bisherige Grenze zwischen dem Vest Recklinghausen und dem Herzogtum Kleve sowie zwischen der Grafschaft Mark und der Reichsabtei Essen bzw. dem Herzogtum Berg wurde nunmehr zur Provinzgrenze zwischen Westfalen und dem Rheinland, die alte Territorialgrenze zwischen der Grafschaft Mark und dem Vest Recklinghausen entlang der Emscher zur Grenze zwischen den Regierungsbezirken Münster und Arnsberg.

Es überrascht nicht, daß nach so langer Zugehörigkeit des Vestes zum Kurfürstentum Köln noch in diesem Jahrhundert das Vest jenseits der Emscher und der Lippe als „Kölsches Land“ bezeichnet wird.

Anmerkungen

1 Oediger, Friedrich Wilhelm: Die bischöflichen Pfarrkirchen des Erzbistums Köln, in: Düsseldorfer Jahrbuch, 48 (1956), S. 1–37, hier: S. 7.

2 Janssen, Wilhelm: Das Erzstift Köln in Westfalen, in: Köln-Westfalen 1180–1980. Landesgeschichte zwischen Rhein und Weser, Katalog, Köln/Münster 1980, hrsg. v. Peter Berghaus und Siegfried Kessemeier im Auftrage des Landschaftverbandes Westfalen-Lippe, S. 136–142, hier: S. 136.

3 Bauermann: Johannes: Zum ältesten Namen von Recklinghausen, in: 750 Jahre Stadt Recklinghausen 1236–1986, S. 13–17, hrsg. v. Werner Burghardt, Recklinghausen 1986.

4 Janssen (wie Anm. 1) S. 136.

5 Derks, Paul: Das Alter der Kirche St. Johannes in Kirchhellen, in: Vestische Zeitschrift, Bd. 86/87 (1987/1988), S. 29–53, hier: S. 29.

6 Westfälisches Urkundenbuch, VII, Nr. 2124.

7 Westfälisches Urkundenbuch, VII, Nr. 31.

8 Dreischhoff, Karl-Heinz: Die Vorgängerkirchen der Petruskirche – Die ältesten Bauteile, in: Propsteikirche St. Peter zu Recklinghausen. Festschrift zur Wiedereröffnung am 11. Juli 1987, hrsg. v. Propsteigemeinde St. Peter, Pfarrgemeinderat, S. 21–28, hier: S. 21 f.

9 Oediger, Friedrich Wilhelm (rez.), Albert K. Hömberg: Kirchliche und weltliche Landesorganisation, in: Westfälische Forschungen 18 (1965), S. 207–211, hier: S. 209.

10 Grochtmann, Hermann: Zur Kirchengeschichte des Vestes Recklinghausen, in: Paul Pieper/Hermann Grochtmann (Hg.): Christliche Kunst im Vest Recklinghausen, Recklinghausen o. J., S. 29–46, hier: S. 32.

11 Wolf, Manfred: Die Geschichte des Kreisgebietes bis 1816, in: Der Kreis Recklinghausen, hrsg. v. Kreis Recklinghausen, Stuttgart 1979, S. 73–98, hier: S. 76.

12 Handbuch des Bistums Münster, bearb. von Heinrich Börsting und Alois Schröer, 1. Bd.: Geschichte, Münster ^{2}1946, S. 132.

13 Wolf (wie Anm. 11) S. 77.

14 Janssen, Wilhelm: Vom Bischofshof zur bischöflichen Stadt. Zur Stadtbildung in Xanten, Rheinberg, Recklinghausen und Kempen, in: Grundherrschaft und Stadtentstehung am Niederrhein, hrsg. v. K. Flink und W. Janssen, Klever Archiv 9, Kleve 1989, S. 119–148, hier: S. 141.

15 Janssen (wie Anm. 14) S. 144.

16 Janssen, Wilhelm: Recklinghausen und die Städtepolitik der Kölner Erzbischöfe im 13. Jahrhundert, in: Vestische Zeitschrift, Bd. 84/85 (1985/1986), S. 7–23, hier: S. 22.

17 Wolf (wie Anm. 11) S. 89.

18 Pennings, Heinrich: Geschichte der Stadt Recklinghausen und ihrer Umgebung, Bd. 2, Recklinghausen 1936, S. 270 ff.; Wolf (wie Anm. 11) S. 91 f.

19 Burghardt, Werner/Siekmann, Kurt: Recklinghausen. Kleine Stadtgeschichte, Recklinghausen 1971, S. 83 f.; Tewes, Ludger: Zum Begriff des „Vestes“ Recklinghausen, in: Vestische Zeitschrift, Bd. 82/83–1983 (1984), S. 330; Wolf (wie Anm. 11) S. 79.

20 Schröder, August: Wie das Vest Recklinghausen preußischer Kreis und die Stadt Recklinghausen Kreissitz wurde, in: Vestischer Kalender 1940, S. 136 f.

Die Große Dortmunder Fehde 1388/89[1]

Hans Georg Kirchhoff

Sau fast as Düopm – so fest wie Dortmund: In diese Redensart faßte das spätere 19. Jahrhundert das Ergebnis der großen Bewährungsprobe, der die Stadt im späten 14. Jahrhundert ausgesetzt gewesen war und die sie so glänzend bestanden hatte. In ihr spiegelt sich der Stolz, mit dem die Dortmunder, in einer Epoche neuen Aufstiegs und neuer Größe nach langer Verfallszeit, auf die bedeutende mittelalterliche Vergangenheit ihrer Stadt zurückblickten. In der Großen Fehde 1388/89 war Dortmund in der Tat „fest" geblieben: Seine Mauern, Türme und Tore hatten sich auch für eine große Koalition von fürstlichen Herren als uneinnehmbar erwiesen, und es hatte seine Reichsfreiheit und damit seine politische Unabhängigkeit von den benachbarten Territorialmächten bewahren können. Es war und blieb die einzige Stadt Westfalens, die unmittelbar dem König unterstand, der Dortmunder Rat zugleich Stadtverwaltung und Regierung einer kleinen Republik inmitten monarchisch verfaßter Territorien. Für die Dortmunder Stadtgeschichtsforschung war deshalb die Selbstbehauptung Dortmunds in der Großen Fehde der Höhepunkt der älteren Geschichte ihrer Stadt, aber Höhepunkt im doppelten Sinne des Wortes: Gipfel der Kraftentfaltung und des Willens zur Selbstbehauptung, zugleich jedoch Beginn des Abstiegs, gewissermaßen ein Pyrrhussieg. Es wird zu prüfen sein, ob dieses Bild zutrifft.

Die Dortmunder Fehde gehört in den Zusammenhang der Entstehung der modernen Territorialstaaten im Rahmen des mittelalterlichen deutschen Reiches. Die Fürsten gingen daran, mit Hilfe neuer Verwaltungspraktiken – das Institut des landesherrlichen Amtmanns sei hier stellvertretend genannt – ihre auf sehr unterschiedlichen Rechtstiteln beruhenden Herrschaftsbefugnisse zu normieren, aus bunt zusammengewürfelten Rechten, Besitzungen und Lehnsverhältnissen einheitliche Territorien zu schaffen, zu einer in sich geschlossenen, territorial möglichst abgerundeten Herrschaft über Land und Leute zu gelangen.

Dortmund, Mark und Kurköln

In unserem Bereich sehen wir im 14. Jahrhundert die Erzbischöfe und Kurfürsten von Köln und die Grafen von der Mark damit beschäftigt, ihre Territorien in dieser Weise auszubauen. Dadurch war die Reichsstadt Dortmund im 14. Jahrhundert politisch in eine zunehmende Isolation geraten. Ursprünglich, seit karolingischer Zeit, Mittelpunkt eines ausgedehnten Reichsgutkomplexes, waren davon Stadt und Grafschaft Dortmund als einzige übriggeblieben, weil die Stadt sich stets und energisch geweigert hatte, den wiederholten Verpfändungen seitens der Krone Folge zu leisten. Fast der gesamte Reichsbesitz der Umgebung war im Lauf der Jahrhunderte durch Schenkungen, Verpfändungen und Usurpation der Verfügungsgewalt des Königs entglitten, und die hauptsächlichen Nutznießer waren die Grafen von der Mark geworden.

Im Westen der Stadt hatte die Essener Fürstäbtissin in der Exklave Huckarde-Dorstfeld ein winziges Territorium bewahren können, das allerdings unter märkischer Schutzvogtei stand und politisch nicht zählte. In der zweiten Hälfte des 14. Jahrhunderts stellte sich also die territoriale Situation Dortmunds so dar, daß es fast völlig direkt oder indirekt von märkischem Gebiet umschlossen war. Nur an einer schmalen Seite im Nordwesten, im sumpfigen Emscherbruch, grenzte die Grafschaft Dortmund an das kurkölnische Vest Recklinghausen. Noch stärker erscheint die Isolierung Dortmunds unter strategischen Gesichtspunkten. Mit Unna und Bochum, Herdecke, Hörde und Lünen beherrschte der Graf von der Mark sowohl die West-Ost-Straße, den Hellweg, als auch die Süd-Nord-Verbindung, an deren Kreuzung Dortmund entstanden und auf deren Passierbarkeit die Stadt angewiesen war. Angesichts dieser Bedrohung war ein gutes Verhältnis zum märkischen Nachbarn ein zentraler Punkt der städtischen Politik.

Die wohlhabende Stadt besaß dazu geeignete Mittel: ihr Geld und ihre Mauern. Das Wohlverhalten der märkischen Grafen ließ sich bis zu einem gewissen Grade erkaufen, und so sehen wir diese das ganze 14. Jahrhundert hindurch als Empfänger von Dortmunder Zahlungen. Trotzdem gestaltete sich das Verhältnis der Stadt zur Mark im Laufe des 14. Jahrhunderts zunehmend prekärer, was sich in einer Reihe von kleineren Fehden von 1352–1378 zeigte.

Die Belagerung einer so befestigten Stadt wie Dortmund konnte nur unter bestimmten Bedingungen zum Erfolg führen. Sie im Sturm zu nehmen, setzte ein erhebliches zahlenmäßiges Übergewicht der Angreifer voraus, weil den Belagerten der Vorteil der Überhöhung und der kürzeren inneren Front zugutekam. Es blieb die Beschießung und/oder der Versuch, die Stadt von ihren Verbindungen abzuschneiden und auszuhungern. Die Stadt hatte jedoch, diese Möglichkeiten im voraus bedenkend, sich auf eine Art Vorwärtsverteidigung eingerichtet. Ihre schon 1378 einsetzenden Vorkehrungen waren nämlich keineswegs nur auf das Speichern von Getreide und auf das Instandsetzen der Mauern sowie deren Verteidigung beschränkt; der Ausbau der berittenen Truppe (also eines Feldheeres) zeigt, daß sie gewillt war, einen etwaigen Belagerungsring immer wieder aufzubrechen, um Lebensmittel und andere wichtige Dinge – zum Beispiel Steinkohlen – hereinzuholen.

Ein erfolgreicher Krieg gegen Dortmund bedurfte daher eines großen Einsatzes, der die märkischen Möglichkeiten überstieg. Graf Engelbert mußte sich nach einem starken Bundesgenossen umsehen, und diesen fand er überraschenderweise in einem bisherigen Gegner und Konkurrenten: dem Kölner Erzbischof Friedrich von Saarwerden. Auch dieser hatte ein spezielles Interesse an Dortmund. Die Stadt mitsamt den umliegenden Königshöfen war nämlich von den Königen nicht nur an die Grafen von der Mark, sondern seit 1202 auch – und zwar häufiger – an die Erzbischöfe von Köln verpfändet worden. Seit 1298 hatte sich dies zu einer Art Ritual entwickelt; der Erzbischof als Königswähler (Kurfürst) ließ sich regelmäßig als Gegenleistung für seine Stimmabgabe die Stadt oder einzelne Reichsrechte in Dortmund (Königshöfe, Schultheißenamt, Judenschutz) verpfänden. Am weitesten ging dabei Heinrich VII., der 1308 die Pfandsumme auf den astronomischen Betrag von 100.000 Mark festsetzte. Diesem Vorbild folgten auch Karl IV. 1346 und sein Sohn Wenzel 1376.

Es würde zu weit führen, die überaus komplizierten Rechtsverhältnisse darzulegen, die durch die einander widersprechenden Verpfändungen entstanden, zumal diesen auch noch die königlichen Privilegien für Dortmund ganz oder teilweise entgegenstanden. Dies ist auch nicht nötig, weil die Stadt den Verpfändungen, soweit sie selbst betroffen war, rundweg die Anerkennung versagte. Hinsichtlich des Dortmunder Königshofes löste sie das Problem dadurch, daß sie ihn 1376 dem Grafen von der Mark abkaufte. So gingen die Kölner Erzbischöfe völlig leer aus; sie hatten bloße und dazu noch umstrittene Rechtstitel erworben, die kaum das Pergament wert waren, auf das man sie geschrieben hatte – solange sich Dortmund weigern konnte, sie anzuerkennen. Aussicht auf ein erfolgreiches Vorgehen gegen die widerspenstige Stadt konnte nur ein Kriegsbündnis mit dem märkischen Konkurrenten bieten, weil eine Belagerung Dortmunds nur vom märkischen Gebiet aus möglich war. Diese Verbindung kam 1388 zustande; ihre Folge war die Große Dortmunder Fehde.

Der Verlauf der Fehde

Der Verlauf der Fehde ist schwer nachzuzeichnen, da er der Dramatik im Großen entbehrt. Am 21. Februar 1388 traf der Fehdebrief des Erzbischofs, am folgenden Tag der des Grafen von der Mark ein. Nach und nach folgten die „Absagen" weiterer Landesherren und des landsässigen Adels, insgesamt mehr als 1200.

Die nüchternen Dortmunder Fernkaufleute – sie allein besetzten zu dieser Zeit den städtischen Rat – erkannten jedoch sehr wohl die im wesentlichen propagandistische Wirkung dieser Koalition, die nur auf dem Pergament der Fehdebriefe übermächtig schien. Sie wußten um die Geldnot der Fürsten und ihre Schwierigkeiten, ein Heer aufzubieten, das imstande gewesen wäre, eine so befestigte Stadt wie Dortmund aufzubrechen. Denn das Lehnswesen – so wichtig es für den politischen Zusammenhalt des Reiches wie seiner Territorien auch war – gab für militärische Zwecke nur noch wenig her. Söldner ritterlichen und nichtritterlichen Standes führten im wesentlichen die Kriege des Spätmittelalters, und sie wollten bezahlt sein. Söldner heuerte auch die Stadt Dortmund an: 70 Berittene, 49 „Pikenmänner", 27 englische Bogenschützen; vier adlige „Helfer" kämpften für die Stadt mit 79 Reitern auf eigene Rechnung.

Gegenüber der Fürstenkoalition erwies sich die Solidarität der Hansestädte als überraschend schwach. Dortmund wandte sich an sie mit der Bitte, Darlehen zur Bestreitung der Kriegskosten zu gewähren, aber nur vier Städte waren mit insgesamt 2000 Gulden – einer recht bescheidenen Summe – dazu bereit.

Die Feindseligkeiten begannen sofort nach Eingang der Kriegserklärungen. Beide Fürsten erschienen vor der Stadt, blieben aber nur vier Tage, um die Belagerung zu organisieren. Erst am 17. April begannen dann die Märker mit der Beschießung der Stadt, am 5. Mai setzten sie sie aus einer Stellung vor dem Westentor fort; jedoch mußten sie diese bald wieder aufgeben, weil die Dortmunder Geschütze – die anscheinend auf dem Westentor plaziert waren – die Kanonade erwiderten und dabei erheblichen Schaden anrichteten. Erst am 30. Juni wurde die Beschießung von Norden her wieder aufgenommen.

Dies war nun eine systematische, zwölf Tage andauernde Beschießung mit schweren steinernen „Kloten", die bis zu 50 Pfund wogen. Insgesamt 238 Kugeln zählte man schließlich, die in die Stadt geschossen worden waren, allerdings ohne irgendeinen größeren Schaden anzurichten. Erst am 10. Juli hatten die Dortmunder ihre Gegenwaffe einsatzbereit: ihr „grotestes stuck" schoß in die Artilleriestellung der Gegner, so daß diese sich zurückziehen mußten und ihre Artillerie die Stadt nicht mehr erreichen konnte. Für den ferneren Verlauf der Fehde war dieser Ausgang folgenreich: Der Belagerungsring mußte in respektvoller Entfernung von den Stadtmauern gezogen werden. Dadurch wurden die in ihrer Wirkung ohnehin zweifelhaften (Pulver-) Geschütze vollends wertlos; wichtiger war jedoch, daß die Versorgung der Stadt mit Viehfutter und Getreide auf diese Weise erleichtert wurde. In den beiden Jahren der Belagerung konnte nämlich Heu und Korn von den stadtnahen Wiesen und Äckern geerntet werden, wenn es dabei auch gelegentlich zu Störversuchen von seiten der Gegner kam.

Der weitere Verlauf der Fehde war gekennzeichnet durch unterschiedlich erfolgreiche Ausfälle der Belagerten, fehlgeschlagene Überrumpelungsversuche der Belagerer und kleine Scharmützel. Es wäre allerdings falsch, wollte man aus diesen wenigen herausragenden Ereignissen schließen, die Große Fehde sei eine eher langweilige, mühsam sich dahinschleppende Folge von ereignislosen Wochen und Monaten gewesen. Sie war im Gegenteil erfüllt von Raub und Brand, nur waren die Hauptleidtragenden weder die Dortmunder Bürger noch ihre kämpfenden Gegner, sondern eine dritte Gruppe, die niemand nach ihrer Stellung in diesem Krieg gefragt hatte: die Bauern.

Bürger gegen Bauern

Ein weiteres Mittel, das die Stadt zu ihrer Verteidigung bedenkenlos und in größtem Umfang einsetzte, läßt sich nämlich als Strategie der „verbrannten Erde" kennzeichnen. Sie wandte sich gegen die Ressourcen der Belagerer in der näheren und weiteren Umgebung und richtete enorme Schäden an. Vom Mai 1388 bis zum November 1389 verzeichnen die Dortmunder Chronisten an nicht weniger als 75 Tagen Raub- und Brandzüge der Dortmunder, ungerechnet die Unternehmungen der adligen Helfer Dortmunds, die auf eigene Faust und Rechnung agierten. Eine Analyse der Dortmunder Raubzüge ergibt, daß offensichtlich zwei Gesichtspunkte für sie bestimmend waren: Es ging einmal um die Zerstörung von Unterkünften für die Belagerungstruppen – daher das Niederbrennen der Dörfer –, zum andern um die Sicherung der Fleischversorgung in der Stadt – daher der in großem Stil betriebene Viehraub. Gewiß rechnete man auch mit einer allgemein demoralisierenden Wirkung der ständig wiederholten Aktionen, die fast bis zum Friedensschluß andauerten, und diese Rechnung ging auf.

Die Bauern in der Dortmunder Umgebung hatten also das Elend des Krieges in voller Wucht zu tragen. Das war zwar in den Adelsfehden des Spätmittelalters üblich; aber es verdient doch hervorgehoben zu werden, daß es hier die Dortmunder Bürger waren.

Abb. 11 „Donnerbüchse" um 1400 in einer hölzernen Schutzhütte.

die bedenkenlos die Bauern plünderten und ihre Höfe zerstörten. Bezeichnend ist auch, daß keiner der Dortmunder Chronisten ihnen auch nur ein Wort des Mitleids widmet. Wenn man bedenkt, welches Kapital der Viehbestand für die Bauern bedeutete, so kann man den Schaden ermessen, der ihnen erwuchs, aber auch den Schaden des märkischen Adels, der ja in erster Linie von den Abgaben der Bauern lebte. Wahrscheinlich hängt dessen Fronde gegen Graf Engelbert im Jahre 1389 damit ursächlich zusammen. Bemerkenswert ist allerdings, daß in beiden Fehdejahren die Bauern die Felder bestellen und die Ernte einbringen konnten, ohne daß die Dortmunder – was ihnen ein leichtes gewesen wäre – sie daran gehindert hätten. Das lag einerseits daran, daß die Stadt enorme Getreidevorräte eingelagert hatte; zum andern wird man in diesem Verzicht eine letzte Rücksichtnahme der Bürgerschaft gegenüber ihren bäuerlichen Nachbarn sehen dürfen, die man nicht dem Hungertod ausliefern wollte.

Verhandlungen und Friedensschluß

Vermittlungsversuche und Friedensverhandlungen hatten schon früh eingesetzt. Die erste fand am 24. Juli 1388 vor dem Ostentor statt, und hier wurden erstmals die Forderungen der Gegner Dortmunds auf den Tisch gelegt: Die Kölner verlangten 112.000 Mark plus Zinsen aufgrund der Verpfändungen der Stadt durch das Reichsoberhaupt, die Märker legten eine Liste von siebzehn Beschwerdepunkten vor. Die Dortmunder erwiderten hinsichtlich der kölnischen Forderungen, man solle sie beim Reich einklagen, weil sie, die Dortmunder, mit den Verpfändungen nichts zu tun hätten. Was die märkischen Beschwerden betraf, so verwiesen sie auf das dortmund-märkische Bündnis von 1376, nach dem für solche Streitfälle freundschaftliche Verhandlungen vorgesehen seien.

Wie diese, so blieben noch zahlreiche weitere Verhandlungen, die während der ganzen langen Dauer der Fehde immer wieder angesetzt wurden, ohne jedes Ergebnis. Vermittelnd war vor allem Soest tätig, das als Mitglied der Hanse wie als kurkölnische Stadt dazu sehr geeignet war, und schließlich waren diese Bemühungen erfolgreich, wohl vor allem aufgrund der allgemeinen Erschöpfung der Gegner, des bevorstehenden Winters 1389/90 und der Aussichtslosigkeit, militärisch zu einer Entscheidung zu gelangen.

Ab dem 4. November wurde achtzehn Tage lang ununterbrochen verhandelt. Die Gegner Dortmunds hatten alle ursprünglichen Forderungen aufgegeben; es ging ihnen jetzt nur noch um eine Geldzahlung der Stadt in Höhe von 60.000 „Alten Schilden", die 78.000 Gulden entsprachen. Dortmund hingegen wollte überhaupt nichts zahlen; erst durch das Insistieren der Soester Vermittler ließ sich die Stadt schließlich herbei, Erzbischof Friedrich und Graf Engelbert eine Summe von je 7000 Gulden als „freiwilliges Geschenk" zu versprechen. Damit war der Friede erreicht; die Belagerung wurde aufgehoben, die Gefangenen wurden ausgetauscht und in den Friedensdokumenten der frühere Zustand rechtlich wiederhergestellt. Binnen weniger Monate zerbrach dann auch die Koalition zwischen Kurköln und der Mark, worauf hier nicht mehr eingegangen werden kann.

Dortmund war ohne Zweifel als Sieger aus dem langen Kampf, bei dem die Stadt 30 Tote zu beklagen hatte, hervorgegangen. Die vergleichsweise geringen „freiwilligen" Gaben, welche die Stadt an ihre Gegner zu zahlen hatte, waren nicht einmal in die Friedensdokumente aufgenommen worden, um jeden Anschein von Schuld oder Niederlage zu vermeiden.

Die Ziele der Gegner

Die Stadt hatte in der Fehde ihr Hauptziel erreicht, ihre Gegner nicht. Was waren aber deren Ziele eigentlich gewesen? So gut wir über den Verlauf des Krieges unterrichtet sind, so wenig wissen wir über das, was Kurköln und Mark eigentlich anstrebten. Unsere Quellen erwähnen nur die Forderungen und Klagepunkte, die in der Verhandlung am 24. Juni 1388 vorgebracht wurden: die Geldforderungen des Kölners und die Rechtsbeschwerden des Märkers. Es ging aber offenbar nicht nur um Geld, Sühnezahlungen und nebensächliche Grenzstreitigkeiten, nicht nur um eine finanzielle Erpressung der Stadt.

Das zufällig erhaltene Bruchstück einer offiziellen städtischen Aufzeichnung erwähnt, daß die Friedensverhandlung am 1. Mai 1389 scheiterte, weil die Gegner „so viel von den Dortmundern hinsichtlich ihrer Freiheit und anderer Güter forderten". Das ist der einzige Punkt, an dem eine begründete Vermutung über die eigentlichen Kriegsziele ansetzen kann.

Dazu ist es notwendig, sich noch einmal die Situation vor Augen zu stellen. Die ungewöhnlich lange Dauer der Belagerung mit der ganz unüblichen Fortsetzung des Kampfes im Winter 1388/89 zeugt von einem ebenso ungewöhnlichen Interesse der Belagerer, ihre Sache doch noch zu einem erfolgreichen Ende zu bringen, und das unter Inkaufnahme der weiteren Verwüstung märkischen Gebietes und des Einsatzes beträchtlicher Finanzmittel zur Bezahlung des Belagerungsheeres. Dies erscheint um so erstaunlicher, als dem Märker überhaupt nicht daran gelegen sein konnte, Dortmund in kurkölnischer Hand zu sehen, ihm vielmehr die Reichsfreiheit der Stadt – wenn sie schon nicht märkisch sein konnte – allemal als das kleinere Übel erscheinen mußte. Denn Dortmund hätte, da eine Pfandeinlösung durch den König praktisch ausgeschlossen war, für den Erzbischof einen neuen Brückenpfeiler zwischen den rheinischen und westfälischen Teilen des Erzstiftes bedeutet, und von hier aus hätten die bedrohten bzw. faktisch schon an die Mark verlorenen alten Besitzungen (Bochum, Volmarstein, Hagen, Schwelm sowie die Reichshöfe Elmenhorst, Brackel und Westhofen) gesichert oder wiedererworben werden können.

Konnte andererseits Dortmund in märkischer Hand ein erstrebenswertes Ziel kurkölnischer Politik sein? Doch nur dann, wenn dies Teil eines größeren Kalküls war, nämlich eines umfassenden Ausgleichs der beiderseitigen territorialen Interessen sowohl in Westfalen wie am Niederrhein, wo soeben Engelberts Bruder Adolf Erbe des Herzogtums Kleve geworden war und mit dem Erzbischof um den Besitz des strategisch wichtigen Landes Linn stritt.

Nach Lage der Dinge konnte der vermutete Ausgleich zwischen Mark und Kurköln nur in einer Auslieferung Dortmunds an die Mark geschehen, vielleicht in der Form einer gemeinsamen Ausübung der Pfandherrschaft durch Köln und Mark, eher jedoch in einer Weiterverleihung der Stadt durch den erzbischöflichen Pfandinhaber an den Märker. Zugleich wird man an einen endgültigen Verzicht des Erzbischofs auf die mit Mark strittigen Besitzungen zu denken haben, der 1392 – nach Engelberts Tod – gegenüber seinem Bruder Adolf von Kleve-Mark auch ausgesprochen wurde.

Die Reichsstadt Dortmund in märkischer Hand, wenn auch formal als durch Kurköln vermitteltes Reichslehen: ein solches Ziel würde die eigentümliche Koalition der beiden Konkurrenten erklären, zugleich auch die Hartnäckigkeit, mit der die Fehde betrieben wurde. Ein Sieg hätte für Kurköln einen dauerhaften Ausgleich mit dem märkischen Nachbarn herbeiführen können und wäre außerdem geeignet gewesen, diesen politisch an das Erzstift zu binden.

Die Folgen der Fehde

Trotz ihres Sieges waren die Folgen der Großen Fehde für die Stadt bitter. Sie hatte einen finanziellen Verlust erlitten, der nach heutigem Geld gewiß mehrere Millionen Mark bedeutete; ihr Handel war stark zurückgegangen, und die Schuldentilgung erforderte neue Steuern, welche die Bürgerschaft schwer belasteten. So trieb Dortmund auf einen finanziellen Bankrott zu, für den die Handwerkergilden die Unfähigkeit des patrizischen Rates verantwortlich machten. Ihr Aufstand im Jahre 1400 führte zu einer Beteiligung der Zünfte am Stadtregiment; trotzdem gipfelte die Krise in einem Zusammenbruch der städtischen Finanzen, die erst ab 1417 allmählich überwunden werden konnte. Die ältere Dortmunder Forschung hat daher in dem Sieg von 1389 den Beginn des Niedergangs der Reichsstadt gesehen. Dagegen sprechen allerdings viele gewichtige Gründe. Handwerk und Handel, vor allem aber der Reichtum spätgotischer Kunst erweisen Dortmund im 15. und frühen 16. Jahrhundert als eine blühende und reiche Stadt, die das finanzielle Desaster nach dem militärischen und politischen Erfolg verhältnismäßig rasch hatte überwinden können. Dieser zweiten Blütezeit machte letztlich erst der Dreißigjährige Krieg ein Ende.

Anmerkung

1 Ich habe das Thema schon einmal ausführlich 1982 in der Festschrift „Dortmund – 1100 Jahre Stadtgeschichte“ S. 109 – 128 behandelt. Da dort Quellen und Literatur im einzelnen nachgewiesen sind, wird hier auf Anmerkungen verzichtet.

Abb. 12 Stadt und Grafschaft Dortmund sowie die Grafschaft Mark im 18. Jahrhundert.

Sozial- und Wirtschaftsfragen

Relief, Böden und Grundwasser im Ruhrgebiet

Herbert Liedtke

Einführung

Das Ruhrgebiet bildet keine natürliche Einheit mit gleicher Ausstattung seines geographischen Milieus, sondern es ist eine wirtschaftsgeographisch geprägte Landschaft mit einer hohen Bevölkerungsdichte (1186 Einw./km²). Die Abgrenzung des Ruhrgebietes ist identisch mit dem Wirkungsbereich des Kommunalverbandes Ruhrgebiet (KVR), der 1979 an die Stelle des 1920 gegründeten Siedlungsverbandes Ruhrkohlenbezirk (SVR) getreten ist. Das Gebiet des KVR reicht von Sonsbeck im Westen bis Hamm-Uentrop im Osten (116 km) und von Haltern im Norden bis Breckerfeld im Süden (67 km) und umfaßt insgesamt 4433 km².

Das Ruhrgebiet verteilt sich auf drei große natürliche Landschaften: Niederrhein, Münsterländische Tieflandsbucht und Süderbergland. Es nutzt zugleich die Lagegunst an der Schnittstelle dieser drei Landschaften. Während der Südwesten der Münsterländischen Tieflandsbucht an der Lippe zwischen 20–60 m und der Niederrhein bei Rees in 11 m liegen, erheben sich die Höhen im Norden des Bergischen Landes und bei Hagen bis auf 375 m und steigen südostwärts auf über 600 m an. Die Entwässerung geht zum Rhein, und zwar über Wupper, Düssel, Ruhr, Emscher und Lippe. Entlang der Grenzen der unterschiedlichen Großlandschaften ändern sich auch die Böden und die Bedingungen für die hydrographischen Verhältnisse.

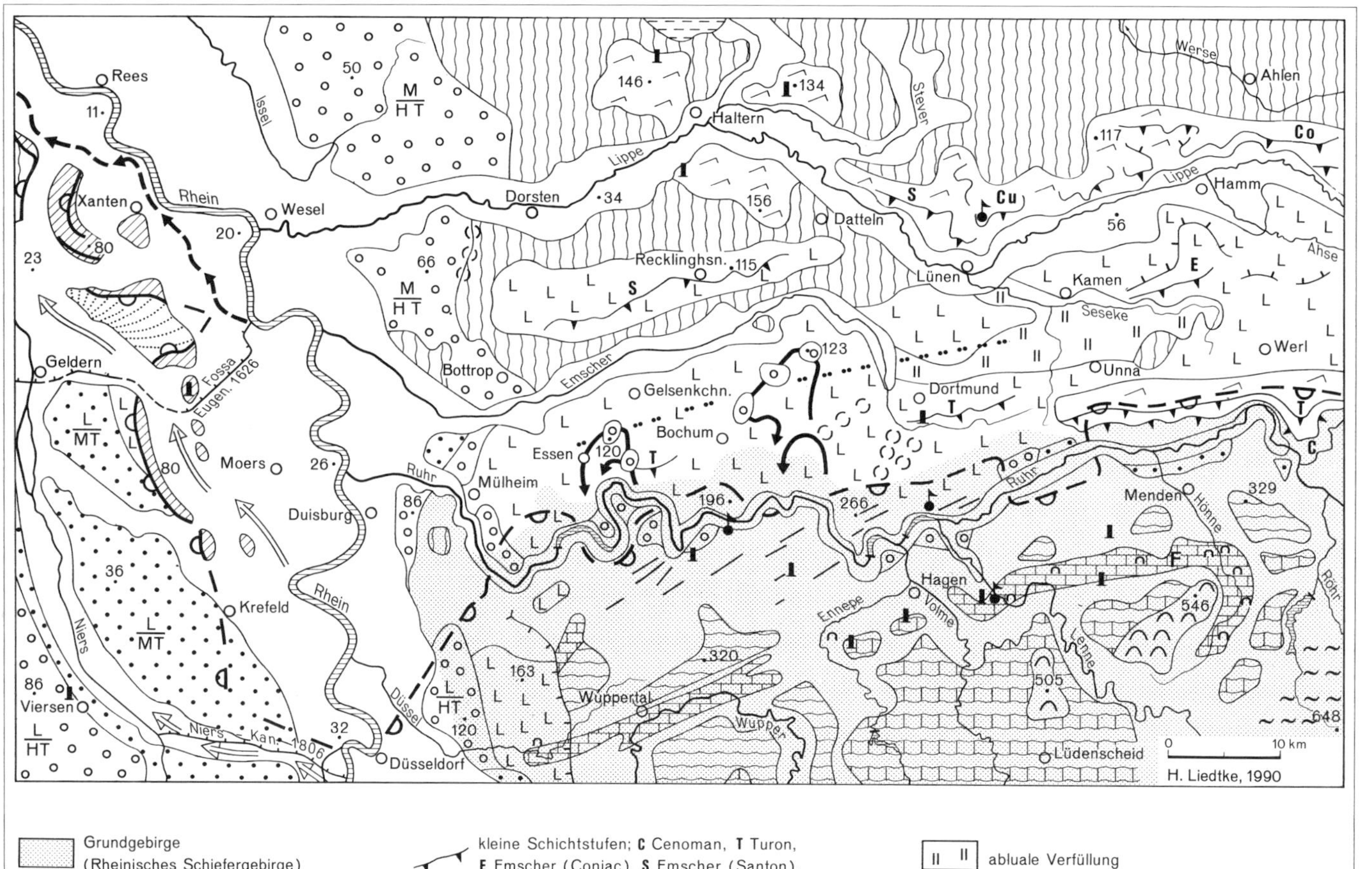

Abb. 13 Geomorphologische Übersichtskarte für das Ruhrgebiet.

Gestein und Relief

Die heutigen Reliefformen sind von mehreren Faktoren veranlaßt worden. Im Süden des Ruhrgebietes steht Hartgestein des Rheinischen Schiefergebirges an, das sich gegenüber der Abtragung sehr widerständig verhält und daher viele ältere Oberflächenformen bewahrt hat. Dieses taucht nach Norden unter die Münsterländische Tieflandsbucht ab, deren Ablagerungen hauptsächlich aus Schichten der Kreidezeit bestehen.

Während der Oberkreide, die vor 100 Mio. Jahren begann und vor 60 Mio. Jahren endete, entstanden im Münsterland mächtige Kalk-, Kreide- und Mergelablagerungen, ehe sich im Tertiär im westlichen Ruhrgebiet Ablagerungen eines oligozänen und eines pliozänen Meeres niederschlugen, die ostwärts bis in den Raum Coesfeld/Dorsten/Ratingen/Neandertal nachweisbar sind. Sie liegen allerdings meist unter einer Decke quartärer Ablagerungen oder sind, wie im Bergischen Land, weitgehend abgetragen. Das Quartär nimmt die letzten 2,5 Mio. Jahre ein.

Nur wenig weiß man über die tektonischen Vorgänge dieser letzten 2,5 Mio. Jahre. Sicher ist, daß im Bereich des Niederrheins Absenkungen vor sich gehen, wie die zahlreichen Erdbeben beweisen; für ein leichtes Abbiegen der Schichten am Südrand der Münsterländischen Bucht in nördliche Richtung spricht zwar die Geomorphologie, aber eindeutige Beweise liegen dafür nicht vor.

Bergisches Land und westliches Sauerland bei Hagen

Das Bergische Land und das Sauerland sind durch einen komplizierten tektonischen Gebirgsbau gekennzeichnet, der bei der variszischen Faltung vor ca. 300 Mio. Jahren entstand. Er äußert sich heute in einem stellenweise waschbrettähnlichen Relief mit Rücken („Eggen") und Senken, die durch den Wechsel von härteren und weicheren Schichten zustandegekommen sind (Abb. 13). Dieser Wechsel ist typisch für das Karbongebiet an der Ruhr, wo zahlreiche harte Sandsteine und Konglomeratzonen vorkommen.

Das Bergische Land südlich der Ruhr steigt einerseits vom Westen nach Osten, andererseits von Norden nach Süden allmählich an. Besteigt man dort einen Aussichtspunkt, so hat man vielfach den Eindruck einer weiten Hochfläche (Goebel 1926). Bei genauem Hinsehen stellt man aber fest, daß, abgesehen von den vielen steil eingeschnittenen Tälern, dieser Anstieg nicht ganz gleichmäßig ist, sondern daß er in Stufen erfolgt, die teilweise deutlich, teilweise recht mangelhaft voneinander abgesetzt sind. Wer vom Rheintal bei Düsseldorf (32 m) ostwärts fährt, steigt zuerst schnell auf die lößbedeckte Hauptterrasse, dann auf pliozäne Terrassenablagerungen zwischen 150–180 m (Kaiser 1957, Brunnacker u. a. 1982), ehe eine deutliche Kante auf ein Niveau um 300 m nördlich und südlich der Wupper hinaufführt (Steinmann 1955). Ohne scharfe Grenze gelangt man an der Ennepe auf ein sehr welliges Niveau um 400 m, dem beiderseits der Lenne Hügelländer aufsitzen, die auf über 500 m aufsteigen. An der Hönne ist das 400 m-Niveau verhältnismäßig undeutlich, weil es durch Zerschneidung aufgelöst ist und östlich der Röhr schnell, aber unscharf in höheres Gelände über 600 m übergeht.

In den nördlichen Teilen des 300 m-Niveaus und des 400 m-Niveaus verlaufen zwei schmale Zonen aus devonischem Kalkstein, die insgesamt etwa 50–100 m in die Umgebung eingelassen sind und die mehrere Höhlen enthalten. Hierzu gehören im Westen die Kalkgebiete von Wülfrath und Wuppertal mit der Neanderhöhle und dem merkwürdigen Wupperknick, ein winziges Kalkgebiet am Ennepeknie mit der zu Heilzwecken genutzten Kluterthöhle, sowie 18 Höhlen, die im Massenkalk von Iserlohn und an der Hönne bekannt sind (Zygowski 1988). Da sich für die Kalkgebiete bereits im Oligozän (vor etwa 25 Mio. Jahren) deren eingetiefte Lage hat nachweisen lassen (Schmidt 1975), sind die Grundzüge der Oberflächenformung im Bergischen Land zu dieser Zeit bereits vorhanden gewesen.

Flachniveaus und darüberragende Bergländer müssen also älter sein. Bereits als das Kreidemeer vor rund 100 Mio. Jahren den Nordrand des Rheinischen Schiefergebirges bedeckte, bestand dieses flache Relief weitgehend, denn die Kreideschichten bedeckten am Südrand der Westfälischen Tieflandsbucht diskordant eine sehr flach geneigte Landschaft. Das weist darauf hin, daß das Rheinische Schiefergebirge nach der variszischen Faltung Festland war und einer erheblichen Abtragung unterlag, die stellenweise zu sehr flachen Oberflächenformen führte. Solche Einrumpfungsmechanismen konnten bis in die Zeit vor 40 Mio. Jahren anhalten. Erst danach begann eine sanfte, im Quartär sehr kräftige Zerschneidung, die das heutige Flußnetz deutlich hervortreten ließ.

Der Südwesten der Münsterländischen Tieflandsbucht

An das Rheinische Schiefergebirge schließt nordwärts das Münsterland an, dessen Relief dort großräumig durch Kreideablagerungen bestimmt wird. Letztere fallen mit 2–3° nach Norden ein und haben westlich von Dorsten eine zweimalige tertiäre Meeresbedeckung und später noch eine dünne eiszeitliche Überdekkung durch Grundmoräne erfahren. Kreideablagerungen bestehen aus unterschiedlich harten Schichten, die allerdings auch in horizontaler Verbreitung in wechselnder Festigkeit ausgeprägt sind (Spethmann 1927). Der Wechsel der Gesteinshärte führte zur Herausbildung von Geländestufen (Schichtstufen), die am deutlichsten am Haarstrang ausgebildet sind, wo in festen Plänerkalken die Cenomanstufe und die Turonstufe unmittelbar hintereinander folgen. Sie bilden Erhebungen zwischen 10 bis

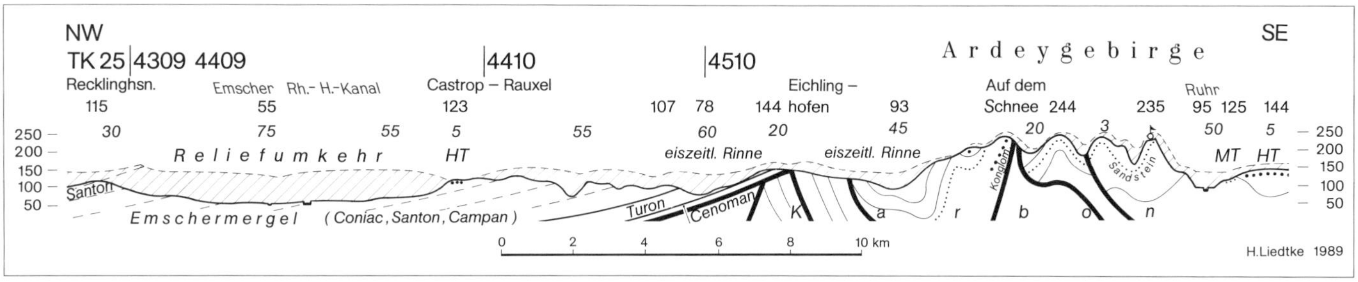

Abb. 14 Geomorphologisches Nord-Süd-Profil durch das Ruhrgebiet.

50 m Höhe. Die übrigen Schichtstufen sind nur undeutlich und haben keinen so steilen Südrand. Eine Ausnahme davon bildet nur die niedrige Stufe bei Schloß Cappenberg, was durch die nahe Lippe bedingt ist. Die von Müller (1953) südlich der Emscher angegebenen Schichtstufen sind im Gelände allerdings nur sehr schwer erkennbar, weshalb Arnold (1964) darauf aufmerksam macht, daß es lokal zweckmäßiger sei, von geologischen Stufen im Sinne der Stratigraphie als von geomorphologischen Geländestufen zu sprechen.
Die Höhenunterschiede im südwestlichen Münsterland sind verhältnismäßig gering und überschreiten nur selten 100 m. Zu Beginn des Quartärs vor rund 2,5 Mio. Jahren muß man sich daher eine wenig reliefierte und sanft nach Westen geneigte Landschaft vorstellen, in der die Flüsse Ruhr, Emscher und Lippe westwärts zum Rhein strömten. Sie begannen sich erst deutlich einzuschneiden, als vor etwa 1 Mio. Jahren eine schwache Heraushebung des Münsterlandes und ein etwas stärkerer Aufstieg des Rheinischen Schiefergebirges einsetzte. Zu gleicher Zeit bildeten sich an der Ruhr und besonders im Rheintal riesige Schotterdecken, die bis nach Bottrop und Dorsten reichten und die Hauptterrasse aufschütteten. Hierzu gehören die großen Kiesgruben bei Kirchhellen, die noch kein eiszeitlich herbeigeführtes nordisches Gestein aufweisen, aber durch die sogenannten „Maaseier" zeigen, daß gut gerollte Kreidefeuersteine der Maas bis in das Gebiet östlich des heutigen Rheins verfrachtet wurden.
Zu den Hauptterrassen i. w. S., also altquartären Schottern, gehören auch weit nördlich des heutigen Ruhrtales gelegene Schotter, die kein nordisches Material enthalten. Sie liegen nördlich von Bochum bei Castrop-Rauxel bis 12 km, in Essen bis 6 km nördlich der Ruhr und sind von mehreren Autoren beschrieben (Bärtling 1912, Franke 1925, Zabel 1968). Ihre Lage läßt den Schluß zu, daß die Ruhr an beiden Stellen in großen Mäanderbögen nach Norden auswich, dann einen verkürzten Lauf einnahm, ehe sie vor 350.000 Jahren vom Nordischen Inlandeis bis an den Rand des Gebirges gedrückt wurde und sich dort zu ihrem jetzigen Tal einschnitt. Das Nordufer dieser altpleistozänen Ruhr lag dort, wo heute der Emschermergel die Oberfläche bildet; er wurde später kräftig erodiert. Daher liegt die Emscherzone heute viel tiefer. Hier hat sich eine Reliefumkehr eingestellt: Das ursprünglich höhere Gelände, das einst das Ufer der altpleistozänen Ruhr bildete, liegt heute rund 75 m tiefer als die „Castroper Höhenschotter", die ihrerseits wie ein Härtling wirken und den darunter liegenden Emschermergel schützen, weil ihr grobes Material der periglaziären Abtragung besser widersteht als der weiche Emschermergel (Abb. 14). Im Vergleich dazu hat sich die Ruhr an der Einmündung der Lenne bei Hohensyburg nur um etwa 50 m eingetieft; dort liegt die Hauptterrasse in 140–144 m (Braun 1954).
Dieser Eisvorstoß der Saaleeiszeit hinterließ in der Münsterländischen Bucht eine heute stellenweise schon vollkommen abgetragene Grundmoräne, aber nirgendwo eine oberflächlich erkennbare Endmoräne. Das Eis drang im Westen bis an die Ruhr vor, überschritt diese gelegentlich noch (Bärtling 1912), und erreichte im Osten den Kamm des Haarstrangs. Da das Eis stellenweise das Ruhrtal blockierte, kam es zu kurzfristiger Bildung von Stauseen im Ruhrtal (Thome 1980). Grundmoränenreste findet man gelegentlich noch auf flachem Gelände oder in Senken, wo sie wegen zu geringen Gefälles erhalten bleiben konnten (Glatthaar & Liedtke 1981). Dort bilden sie eine mehrere Meter mächtige typisch lehmig-sandige, in tiefen Partien noch kalkhaltige Grundmoräne, die mit nordischen Gesteinen durchsetzt ist. Wo diese Grundmoräne abgetragen wurde, verrät die Existenz einer Steinsohle mit kleineren Steinen oder gelegentlich auch einem großen Findling die ehemalige Anwesenheit des Inlandeises, z. B. auf dem Gelände der Ruhr-Universität Bochum.
In der letzten Eiszeit unterlag das Ruhrgebiet einem abtragungsfreudigen Periglaziärklima, in welchem allerdings am Südrande der Münsterländischen Bucht eine Lößdecke abgesetzt wurde, aus der sich z. B. die Soester Börde entwickelte. Die Lösse sind Windabsätze, die vor dem ansteigenden Gebirgsrand zur Ablagerung gelangten und die scharfe Reliefunterschiede ausgeglichen haben; die Lößdecke macht die Landschaftsformen „weich", indem auf den Höhen oft nur wenige Dezimeter, in kleinen Senken und Tälchen oft mehr als 5 m Löß abgelagert wurden (Braukämper 1989). Die Hauptlößgebiete liegen zwischen Lippe und Ruhr.

Das Niederrheingebiet

Der Westen des Ruhrgebiets liegt am Niederrhein, wo der Rhein in einem 12–25 km breiten Talboden verläuft. Dieser besitzt sowohl im Westen wie im Osten eine deutliche und scharfe Begrenzung und wird von der letztkaltzeitlichen Niederterrasse, von deren zerschnittenen Resten (Donken) sowie von der Talaue eingenommen. Etwas nördlich der niederländischen Grenze verschwindet bei Nijmegen die kaltzeitliche Niederterrasse unter den Ablagerungen der Nacheiszeit, weil diese Niederterrasse auf einen ca. 80–100 m tieferen Meeresspiegel eingestellt war. Westlich des heutigen Rheinbettes liegen zwischen Krefeld und Kleve mehrere Stauchmoränenrücken aus der Saaleeiszeit (vorletzte Eiszeit), die durch ihren allerdings sehr geringen Anteil an nordischen Gesteinen und durch die völlig gestörte Lagerung einst wohlgeschichteter fluvialer Ablagerungen den direkten Einfluß des Inlandeises anzeigen. Die Masse des gestauchten Materials besteht aus Feinkiesen. Diese konnten vom Eis gestaucht werden, weil unter dem Rheinstrom kein Dauerfrostboden bestand (Thome 1958) und das Eis diese Ablagerungen zusammenschieben konnte – im Gegensatz zu den schon erwähnten Hauptterrassenschottern bei Kirchhellen –, über die das Inlandeis ohne die geringste Einwirkung hinwegglitt, denn diese Schotter waren vom Permafrost erfaßt und wirkten hart wie Festgestein.
Das Stauchmoränengebiet ist in der Folgezeit vom Rheinstrom durchlöchert worden, doch sind weitflächig die Reste der älteren Terrassen (Haupt- und Mittelterrassen), aber auch Sander erhalten geblieben. Noch während der letzten Eiszeit floß der Rhein als ein weitverzweigter Fluß (braided river) auf dem Niveau der Niederterrasse zeitweise von Düsseldorf, Krefeld oder Moers nordwestwärts in das Talgebiet der heutigen Niers, ehe er im Spätglazial seine jetzige Talaue festlegte.
In historischer Zeit hat der Rhein seinen mäanderreichen Lauf häufig verändert, ehe er durch die Eindeichungen in seinem jetzigen Bett festgelegt wurde. Die Talaue des heute 300–400 m breiten Rheins war ursprünglich zwischen 5–6 km breit; auf ihr pendelte der Rhein in großen Mäanderbögen und hinterließ Altwasserarme, abgeschnittene Inseln und verlandende Schlingen, die schon bei kleineren Hochwässern immer wieder als Abflußbahn dienten.
Die Talaue ist im Süden 3–5 m, im Norden 2–3 m in die Niederterrasse eingetieft, aber der Rand hat infolge der noch bis in die Neuzeit stark pendelnden Flußschlingen einen gezackten unregelmäßigen Verlauf.

Die Böden im Ruhrgebiet

Im Zusammenwirken von Relief, Gestein, Grundwasser und Klima haben sich nach der Eiszeit die Böden entwickelt, die der Mensch in den letzten Jahrhunderten in unterschiedlichem Maße beeinflußt hat. Es handelt sich dabei vorwiegend um terrestrische Böden, die nicht der Einwirkung des Grundwassers unterliegen. Dagegen werden die Böden in den grundwasserbeeinflußten Talauen der Flüsse und Bäche als semiterrestrische Böden bezeichnet.

Bei den terrestrischen Böden sind in erster Linie die *Braunerden* zu nennen, die eine sehr unterschiedlich mächtige Entwicklungstiefe aufweisen. Wenn diese Braunerden noch stark mit Löß durchsetzt sind, können sie eine Verwitterungstiefe bis zwei Meter aufweisen. Im Gebirge haben besonders die von mächtigen Periglazialdecken überzogenen Hänge wegen ihres Anteils an Lockermaterial eine gute Möglichkeit zur Bodenbildung ergeben. Wo diese Periglazialdecken nur dünn sind, ist auch die Braunerde maximal nur 0,5–1,0 m mächtig. An einzelnen Stellen kommen, wenn sich örtlich bei sehr lehmigen Böden Oberflächenwasser staut, *Pseudogleye* vor. Das kann auf Tonschiefern, aber auch auf Lößlehm der Fall sein.

Bei den semiterrestrischen Böden sind vor allem die *Auenböden* zu erwähnen, die durch witterungsbedingten wechselnden Grundwasserstand gekennzeichnet sind. Auenböden können daher bei tiefem Grundwasserstand gelegentlich zu trocken werden, wogegen sie bei Hochwasser vollkommen überflutet werden. Wegen ihres Humusgehaltes sind Auenböden meist schwarz oder weisen rostrote oder graue Flecken auf. Stehen Böden in der Nähe eines ständig in gleicher Höhe bleibenden Grundwasserstandes, so erhalten sie durch Reduktionsvorgänge eine graue Farbe. In sehr flachen Talauen können auch kleine *Moore* vorkommen.

Die wenig nährstoffreichen Böden im Rheinischen Schiefergebirge haben allerdings verhältnismäßig geringe Ertragsmeßzahlen zwischen 33–64 (0 wertlos, 100 wertvoll). Die günstigsten Böden liegen im Lößbereich der Soester Börde, wo Werte über 64 erreicht werden. Im Gegensatz dazu haben die sandigen Teile der Haardt die schlechtesten Böden mit Ertragsmeßzahlen unter 33 (Liedtke 1988).

Das Grundwasser im Ruhrgebiet

Die zur Verfügung stehende Menge an Grundwasser schwankt im Ruhrgebiet und seiner Umgebung erheblich und ist vom Gestein und den jüngeren Aufschüttungen abhängig. Grundsätzlich muß man unterscheiden zwischen Grundwasser in Lokkermaterial und solchem in Festgesteinen. Am wichtigsten sind heute die Vorkommen im Bereich der Lockergesteine, zu denen Schotter, Kiese, Sande, Schluffe und Tone gehören. Sie haben ein sehr unterschiedliches Porenvolumen und eine entsprechende Durchlässigkeit. Die günstigsten Verhältnisse bieten Schotter und Kiese mit Porenvolumen zwischen 30–40%, wogegen Schluffe und Tone zwar bis zu 50% Porenvolumen aufweisen können, aber kaum Wasserbewegung zulassen. Wasserwerke liegen daher bevorzugt in den Talauen der großen Flüsse, wo die Mächtigkeiten grundwasserführender Schichten bis 20 m am Rhein oder bis 6 m an der Ruhr betragen können und eine Wasserentnahme von rund 2000 m³/Tag zulassen. Dieses Wasser ist im Normalfall von guter Qualität, da über den Kiesen meist ein Auelehm mit guter Filterwirkung liegt. Entnahmen in tertiären Schichten sind wesentlich geringer, weil das Material feiner ist, und gelegentlich ist Wassergewinnung wegen Versalzung überhaupt nicht möglich.

Kommt man in das Festgestein, so kann hier nur wenig Wasser in Spalten, Fugen oder Klüften gespeichert werden; maximal beträgt das nutzbare Porenvolumen 5%. Die Wassergewinnung hängt hier weithin von der Wasserwegsamkeit des Gesteins ab, die am günstigsten im kluftreichen Kalk (Gruppe 1) und am geringsten in dichten Schiefertonen ist (Gruppe 4). Das Grundwasser tritt daher in Quellen aus, die sehr unterschiedliche Schüttungsmengen ergeben: Zwischen einigen m³ bis › 100 m³/Tag. Nur die starken, an große Gänge oder Höhlensysteme gebundenen Karstquellen können mehrere Tausend m³/Tag liefern. Dieses Wasser ist allerdings wegen fehlender natürlicher Filterungsmöglichkeit als Trinkwasser nicht direkt nutzbar, sondern muß zuvor gereinigt werden.

Literatur

Arnold, H.: Die Verbreitung der Oberkreidestufen im Münsterland und besonders im Ruhrgebiet, in: Fortschr. Geol. v. Rheinland u. Westfalen 7, (1964), S. 679–690.

Bärtling, R.: Das Diluvium des rheinisch-westfälischen Industriebezirkes und seine Beziehungen zum Glazialdiluvium, in: Z. Dt. Geol. Ges. 64 (1912), Monatsber., S. 155–175.

Bode, H.: Die hydrogeologischen Verhältnisse am Südrand des Beckens von Münster, in: Geol. Jahrbuch 69 (1954), S. 419–454.

Braukämper, K.: Zur Gliederung der Lösse und Böden am Nordrand des Rheinischen Schiefergebirges in der Umgebung von Bochum. Frankf. geowiss. Arb., Ser. D, Bd. 10, Frankfurt 1989, S. 95–105.

Braun, F.-J.: Die Terrassen an der mittleren Ruhr, in: Geol. Jb. 69 (1954), S. 391–400.

Brunnacker, K./Farrokh, F./Sidiropoulos, D.: Die altquartären Terrassen östlich der Niederrheinischen Bucht, in: Z. f. Geomorph., Suppl.-Bd. 42 (1982), S. 215–226.

Franke, A.: Ruhrgeröll auf Bl. Dortmund, in:Verh. d. Naturhist. Ver. d. Preuß. Rheinlande u. Westfalens 81 (f. 1924), (1925), S. C 71.

Geologie am Niederrhein, Krefeld 1988.

Glatthaar, D./Liedtke, H.: Die Entwicklung des Ruhrtals und glazialmorphologische Probleme im Bochumer Raum, in:Bochumer Geogr. Arb., H. 40 (1981), S. 99–102.

Goebel, F.: Die Überreste der alttertiären Rumpffläche zwischen Ruhr und Sieg, in: Glückauf 62 (1926), S. 667–668.

Hilden, H. D./v. Kamp, H.: Erschließung von Grundwasser durch Brunnen im rechtsrheinischen Schiefergebirge des Landes Nordrhein-Westfalens, 20, Krefeld 1974, S. 237–258.

Hundert Jahre Neandertaler, Düsseldorf 1956.

Kaiser, K.: Die Höhenterrassen der Bergischen Randhöhen und die Eisrandbildungen an der Ruhr. Sonderveröff. Geol. Inst. Köln, 2, Köln 1957.

Liedtke, H.: Naturräume in der Bundesrepublik Deutschland und ihr Naturraumpotential, in: Geogr. Rdschau 40, (1988), S. 12–19.

Müller, H.: Die Schichtstufen der Westfälischen Bucht, in: Verh. Dt. Geographentag Essen 1953, 29 (1955), S. 170–172.

Schmidt, K.-H.: Geomorphologische Untersuchungen in Karstgebieten des Bergisch-Sauerländischen Gebirges – Ein Beitrag zur Tertiärmorphologie im Rheinischen Schiefergebirge. Bochumer Geogr. Arb., H. 22, Paderborn 1975.

Spethmann, H.: Die Entstehung der Oberflächenformen des Ruhrreviers. Düsseldorfer Geogr. Vorträge, Breslau 1927, S. 9–24.

Steinmann, H. G.: Zur Morphologie des Bergischen Landes, in: Verh. Dt. Geographentag Essen 1953, 23 (1955), S. 173–177.

Thome, K.: Der Vorstoß des nordeuropäischen Inlandeises in das Münsterland in Elster- und Saale-Eiszeit, in: Westfäl. Geogr. Studien 36 (1980), S. 21–40.

Zabel, J.: Der Aufschluß Leßmöllmann im Stadtteil Merklinde (Castrop-Rauxel), in: Kultur und Heimat 20 (1968), S. 25–27.

Zygowski, D. W.: Bibliographie zur Karst und Höhlenkunde in Westfalen unter Einschluß des Bergischen Landes. Abh. Westf. Museum f. Naturkunde, 50, Beiheft, Münster 1988.

Wasserwege und Schiffahrt

Gernot Tromnau

Die annähernd parallel zueinander von Osten nach Westen in den Rhein fließenden Flüsse Ruhr, Emscher und Lippe dienten vermutlich schon seit urgeschichtlicher Zeit dem Menschen als Verkehrswege und wurden für den Transport von Waren mit Wasserfahrzeugen genutzt. Die Römer erkannten diese Flußtäler als günstige Aufmarschwege in das Innere des „Freien Germaniens". Aus strategischen Gründen legten sie den Flußmündungen gegenüber am linken Rheinufer die Militärlager Asciburgium und Werthausen im Bereich der Ruhr und Vetera sowie die Colonia Ulpia Traiana im Lippemündungsbereich an. Nach Aussage von archäologischen Funden und Befunden befuhren römische Flotteneinheiten die Lippe und versorgten die dort angelegten Kastelle mit dem notwendigen Nachschub. In den Lagern Haltern und Anreppen konnten durch Ausgrabungen u. a. auch Schiffsanlegestellen erkannt werden. Im sogenannten Uferkastell „Auf der Hofestatt" in Haltern wurden innerhalb einer befestigten rechteckigen, zur Lippe hin offenen Anlage Spuren von acht Schiffshäusern aufgedeckt[1]. Gleichartige Befunde wurden auch in Velsen (Niederlande) und im Mittelmeerraum nachgewiesen.

Im Verlauf der nördlichen Lagerfront von Anreppen könnte eine annähernd halbkreisförmige, etwa 90 m tiefe und 140 m breite Einziehung in die Lagerumwehrung auf eine ehemalige römische Schiffsanlegestelle hinweisen[2].

Es stellt sich die Frage, ob Flüsse wie die Lippe auch im Mittelalter für den Waren- und Personentransport benutzt wurden.

Landwege wie der nördlich der Ruhr verlaufende Hellweg, eine alte Fernhandelsstraße von Flandern und dem Niederrhein nach Osteuropa, waren im Mittelalter in der Regel nicht befestigt, was ihre Benutzung sehr erschwerte. Deshalb wurden, wenn irgend möglich, die natürlichen Wasserstraßen als Verkehrswege bevorzugt. Dies geschah mit Booten, die einen geringen Tiefgang hatten. Auf den unregulierten Flußläufen mit oft erheblich schwankenden Wasserständen wurden die Wasserfahrzeuge zu Berg getreidelt oder gestakt; zu Tal ließ man sie mit der Strömung treiben und setzte zum Teil auch Segel und Ruder ein. Bei einer noch kaum entwickelten Schleusentechnik wurde die Schiffahrt aber oft durch Wehre und Mühlenstaue behindert. Auch schränkten enge Flußwindungen die Länge der Flußboote und damit die Ladekapazität ein. Die mittelalterlichen Binnenschiffe konnten deshalb nur etwa 10 t bis 20 t Ladung aufnehmen. In Ausnahmefällen waren es mehr als 50 t.

Leider sind sehr wenige Quellen mit Angaben über Größe, Form und Ladekapazität mittelalterlicher Wasserfahrzeuge erhalten. Über die Stecknitzkähne ist bekannt, daß sie zunächst nicht länger als etwa 40 Fuß waren. Eine 1527 erlassene Verordnung, die noch im 19. Jahrhundert galt, legte das Gewicht der Ladung auf $6^1/_3$ Last (etwa 10,4 t) Lüneburger Salz fest, und der Tiefgang der Boote durfte nicht mehr als 17 – 18 Zoll (etwa 0,41 m – 0,43 m) betragen. Die Länge der Kähne betrug ungefähr 66 Fuß (etwa 19 m), die Breite 13 Fuß (etwa 3,70 m)[3].

Wesentlich kleiner waren die mittelalterlichen Flußboote, die die Hörsel, einen kleinen Nebenfluß der Werra befuhren. Sie ließen sich auf 1,5 – 1,9 m Breite und 8 m Länge bei einer Tragfähigkeit von etwa 1 t berechnen. Der Tiefgang der Boote lag bei ungefähr 30 cm[4].

Als Anlegeplatz benötigten diese nachenförmigen Wasserfahrzeuge keine Kaianlagen, sondern es genügte eine schräge, feste Uferböschung, auf die sie auflaufen konnten. Der zum Bug hin aufgebogene Boden der Boote war dafür vortrefflich geeignet. 1972 wurde bei Krefeld ein kastenförmiges Boot ausgegraben, das uns detaillierte Einblicke in den mittelalterlichen Schiffbau ermöglicht. Dieses Binnenschiff gehört zum Typ „Oberländer". Das ca. 15 m lange und 3,40 m breite Wasserfahrzeug stammt aus dem 13. bzw. 14. Jahrhundert. Durch den nach vorn nur leicht ansteigenden Boden, der in einer offenen Bugpforte endete, konnte das Schiff durch Auflaufen auf flachen Untergrund wie eine Fähre landen und durch die Bugpforte bequem be- oder entladen werden. Da die Ladung im hinteren Teil des Bootes verstaut wurde, ragte der offene Bug während der Fahrt soweit aus dem Wasser heraus, daß keine Wellen in das Innere des Schiffes hineinschlagen konnten[5].

Einblicke in die Binnenschiffahrt im Niederrheingebiet während der Spätphase des Mittelalters geben uns einige zeitgenössische Stadtansichten, von denen der „Kölner Prospekt" von Anton Woensam aus dem Jahre 1531 eine der wichtigsten Quellen ist. An der Rheinfront der Stadt Köln gruppieren sich stromaufwärts die „Oberländer", ein charakteristischer Schiffstyp insbesondere für das Mittelrheingebiet. Kennzeichnend für diese Wasserfahrzeuge ist der trapezoide Umriß, das hoch aufragende Heck und ein seitlich angebrachtes Senkruder. Auf dem Holzschnitt wird sowohl das Rudern, als auch das Treideln dieser Schiffe dargestellt. Talwärts, deutlich durch ein abgeschrägtes Holzgestell von den Liegeplätzen der „Oberländer" getrennt, machten die „Niederländer Schiffe" fest, die als „Aaken" erkennbar sind. Diese Boote wurden bereits mit einer Spriettakelung gefahren und besaßen ein Heckruder, das am Niederrhein seit Ende des 14. Jahrhunderts allgemein angewendet wurde. Diese Frachtschiffe hatten eine Länge von etwa 16 m und eine Breite von 4 m. Die Tragfähigkeit betrug ca. 80 t.

Der größte Teil der Rheinschiffahrt diente im Mittelalter Handelszwecken. Die Beförderung von Massengütern im heutigen Sinne, z. B. Bau- und Brennstoffe, war noch wenig entwickelt, da diese Waren fast überall billig zu haben waren. Selbst Getreide wurde selten auf größere Entfernungen verfrachtet[6]. Vorwiegend wurden wertvolle Waren geladen, zu denen auch Salz, Eisen und Buntmetalle gehörten.

Das Aufblühen der Handelsstädte war eng mit der kräftigen Entwicklung der Binnenschiffahrt verbunden. Die aufstrebenden mittelalterlichen Städte und Siedlungen lagen deshalb vorwiegend an schiffbaren Wasserwegen, wie dies auf der Panoramakarte von 1616 für das Niederrhein- und heutige Ruhrgebiet deutlich erkennbar ist (Abb. 15).

Aus dem Jahre 1033 stammt der erste urkundliche Beleg für die Nutzung der Ruhr als Wasserstraße. Dieser Quelle ist zu entnehmen, daß Konrad III. der Abtei Werden das Recht zugestand, die freie Schiffahrt auf der Ruhr bis zu ihrer Mündung in den Rhein auszuüben.

An der Ruhrmündung entwickelte sich Duisburg im Mittelalter zu einem der bedeutendsten Handels- und Schiffahrtsplätze des Niederrheins. Die Stadt am Rhein konnte bis ins 13. Jahrhundert selbst von den damaligen Seeschiffen erreicht werden. In dieser Zeit war ein hoher Prozentsatz der Duisburger Bürger, der auf etwa ein Viertel der Gesamtbevölkerung geschätzt wird,

Abb. 15 Panoramakarte des Gebietes zwischen Nijmegen (im Norden), Köln (im Süden), Aachen (im Westen) und Arnsberg (im Osten), Kupferstich von 1616, Baudartius.

in der Schiffahrt tätig. Dies wird auch durch schriftliche Quellen deutlich, nach denen im Jahre 1306/07 über 400 Duisburger Schiffe, deren Eigentümer namentlich genannt werden, an der Lobither Zollstelle vorbeikamen[7]. Im 15. und 16. Jahrhundert wurde bei der Talfahrt auf dem Rhein nicht selten Ruhrkohle transportiert, die wahrscheinlich in Duisburg oder Mülheim von kleineren Booten in die größeren Rheinaaken übernommen wurde.

Über den Warenumschlag im mittelalterlichen Duisburg sind wir verhältnismäßig gut informiert[8]. Wein machte z. B. im Jahre 1306/07 mehr als die Hälfte aller von Duisburg auf dem Rhein zu Tal gehenden Frachten aus. Daneben wurde Bier in größeren Mengen mit Binnenschiffen transportiert. Auch eine Ladung Mühlsteine wird urkundlich erwähnt. Als Rückladung kamen aus den Niederlanden besonders Fische, wie Hering und Stockfisch, aber auch Tuche. Im Jahre 1173 bewilligte Kaiser Barbarossa den Flamen in Duisburg zwei vierzehntägige Tuchmessen, die eine vom dritten Sonntag vor Ostern, die andere vom 24. August an. Die Tuche wurden dann von Duisburg aus größtenteils über den Hellweg nach Osten und Norden transportiert. Für den Nahverkehr nach Westfalen hinein wird aber auch die Ruhr, zumindest in ihrem Unterlauf, als Handelsstraße benutzt worden sein. So ist für 1309 belegt, daß eine kurze Strecke stromaufwärts vor der Ruhrmündung Ladeplätze eingerichtet worden sind. Dort erwarben die Duisburger Bürger Meister Jacobus und Jacob von Virschelen einen Platz in Kaßlerfeld mit dem Namen „Hymmelrike" zum Ein- und Ausladen von Waren[9].

Johannes Corputius, der 1566 eine äußerst genaue Stadtansicht Duisburgs aus der Vogelschau anfertigte, beschreibt u. a. in dem erläuternden Text zum Stadtplan auch die Ruhr: „Die Ruhr, so gewunden, strömt in so vielen Umwegen einher, daß sie, wenn sie sich ihren Weg durch die Felder bricht, in kurzer Zeit zwei oder drei Morgen Land hier durch die Überschwemmung fortreißt und dort wieder anspült und kurz darauf wieder umgekehrt, wie es ihr paßt. Wo immer sie den Boden überschwemmt, lädt sie Kies darauf ab und verdirbt ihn, wie im Gegenteil der Rhein ihm durch reichlichen, fetten Lehm die Fruchtbarkeit erhöht. Diese beiden Flüsse, dazu die kleineren Bäche, Rinnsale und Teiche bringen eine solche Masse von Fischen hervor, daß sie den ärmeren Bürgern zu einem großen Teil den Lebensunterhalt bieten, indem sie die besseren verkaufen und die übrigen für sich behalten"[10].

Diese Beschreibung läßt vermuten, daß die Betreibung der Schiffahrt auf der Ruhr damals äußerst schwierig war und daß es wahrscheinlich keine Treidelpfade an den Ufern gab. Hinderlich waren auch die zahlreichen Schiffsmühlen und Fischwehre. Klagen der Schiffer über eine Behinderung durch Fischwehre („Schlachten") sind für das 14. Jahrhundert von der Ruhr bekannt, weil an den „Schlachten", die quer durch den Fluß gebaut waren, die Schiffahrt unterbrochen wurde[11]. Den Besatzungen der Boote blieb oft nichts anderes übrig, als die Waren vor dem Wehr auszuladen und auf der anderen Seite in anderen Schiffen weiter zu befördern. Erst auf Veranlassung Friedrich des Großen wurde die Ruhr reguliert und mit Schleusen und gepflasterten Treidelwegen versehen. 1780 fand die Eröffnung sämtlicher neuerbauter Schleusen statt, wodurch die Ruhr von Langschede bis Ruhrort ohne Umladung der Güter selbst für die über 30 m langen Aaken schiffbar war[12].

Auf dem Stadtplan Duisburgs von Johannes Corputius sind auch einige Schiffe dargestellt, die den Rhein und die Ruhr befahren. Durch die detaillierte zeichnerische Wiedergabe sind sie wichtige Dokumente für die Technikgeschichte der spätmittelalterlichen und frühneuzeitlichen Binnenschiffahrt.

Auf dem Rhein, den Corputius entfernungsmäßig verkürzt an den unteren rechten Kartenrand verlegt, erkennen wir neben vier am Ufer vertäuten Nachen ein Boot mit drei Rudern (Abb. 18, links), das dem Antrieb nach auf den Einsatz von Stoßrudern bei einer „längeren Schwerwetterfahrt" schließen läßt[13].

Im Uferbereich weist offensichtlich eine mit Mast und Flagge versehene und mit einem Tau gesicherte Tonne auf Untiefen hin. Ein von acht Personen gerudertes und mit einem großen Seitenruder versehenes Schiff fährt stromabwärts. Auffallend sind das hochgezogene Heck, die offene Reeling und die gedeckten Ladeluken. Das in einigen Teilen einem „Oberländer" ähnelnde Wasserfahrzeug besitzt einen ungewöhnlich hochgezogenen Steven, der an die Wikingerschiffe erinnert, wie sie beispielsweise auf dem berühmten Teppich von Bayeux dargestellt sind. Möglicherweise diente er als „Treidelmast". Eine Segelausrüstung, die

Abb. 16 Schiffe auf dem Rhein bei Duisburg.
Ausschnitt aus dem Stadtplan Duisburgs von 1566, Johannes Corputius.

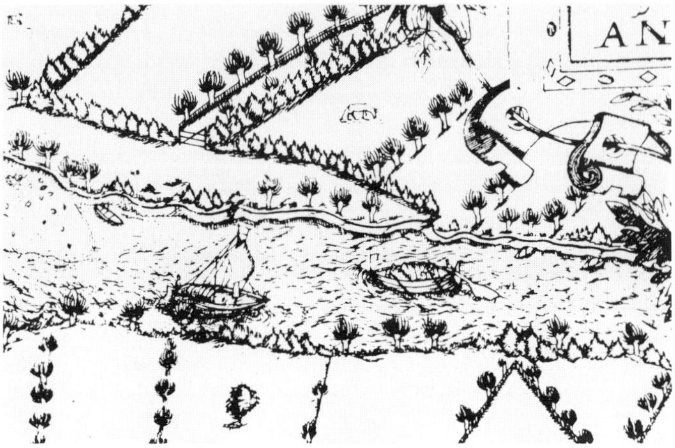

Abb. 17 Schiffe auf der Ruhr bei Duisburg.
Ausschnitt aus dem Stadtplan Duisburgs von 1566, Johannes Corputius.

auch bei den „Oberländern" lediglich ein sekundäres Hilfsmittel zum Schiffsantrieb war, ist nicht vorhanden.
Am unteren Kartenrand (Abb. 16, unten, Mitte) fährt eine Aak mit Rah- und Schratsegel stromaufwärts. Am Heckruder steht vor der tonnenförmigen Eindeckung der Ladeluke der Steuermann. Offensichtlich reicht der Rückenwind für das Rahsegel bzw. der seitliche Wind für das in Schiffslängsrichtung stehende Schratsegel aus, um die Bergfahrt ohne Treidelzug durchführen zu können.
Ein weiteres Schiff am rechten Bildrand wird mit einem Seitenruder gelenkt. Es hat am Mast keine Segel gesetzt und wird wahrscheinlich zu Berg getreidelt. Ungewöhnlich ist allerdings, daß die gerade noch erkennbare Treidelleine (Abb. 13, rechter Bildrand) nicht am Mast, sondern am Tauwerk der Takelage befestigt ist.
Größtenteils diente der Segelantrieb in der mittelalterlichen Binnenschiffahrt der Beschleunigung der Talfahrt. So wurden auch von Corputius mehrere mit Rahsegeln gefahrene Schiffe dargestellt, die sich auf der Ruhr stromabwärts bewegen. Bei einem solchen aakförmigen Boot ist der Schiffsführer vor der tonnenförmigen Eindeckung der Ladeluke am Heckruder deutlich zu erkennen (Abb. 17).
Ein Nachen, mit einem Wimpel am Bug und mit tonnenförmiger Eindeckung, wird von zwei Männern mit langen Stangen flußaufwärts gestakt, während der Steuermann mit einem großen Seitenruder das Boot lenkt. Auf der im Mittelalter und in der frühen Neuzeit schwer schiffbaren Ruhr wird das Staken von kleinen Wasserfahrzeugen eine gängige Antriebsform gewesen sein, die vermutlich erst nach den bereits oben erwähnten Flußregulierungen und dem Bau von Schleusen und befestigten Treidelpfaden im letzten Quartal des 18. Jahrhunderts aufgegeben werden konnte. Die Staktechnik wurde vorwiegend bei kleinen Binnenschiffen eingesetzt und konnte auch bei starker Strömung flußaufwärts wirkungsvoll benutzt werden. Die Boote durften allerdings nicht schwerer beladen sein, als sie die Besatzung mit eigener Körperkraft gegen die Strömung drücken konnte. Beim Einsatz dieser Technik war man von den Leinpfaden unabhängig.
Vor der Rheinverlagerung um 1200 lag der mittelalterliche Hafen Duisburgs vermutlich in der Nähe des Alten Marktes im Bereich der Strecke zwischen dem Schwanentor und dem Koblenzer Turm. Bei den zur Zeit noch nicht abgeschlossenen Ausgrabungen an der Stadtmauer in diesem Abschnitt wurden von Günter Krause Fundamentspuren aufgedeckt, die möglicherweise von Lagerhäusern stammen, die dem Warenumschlag im ehemaligen mittelalterlichen Rheinhafen Duisburgs dienten. Gerade von diesen archäologischen Untersuchungen sind noch wichtige Anhaltspunkte zur genauen Lage des mittelalterlichen Rheinlaufes und des ehemaligen Hafens zu erwarten.
Auf der Stadtansicht Duisburgs aus dem Jahre 1566 ist zu erkennen, daß Duisburg damals noch eine befahrbare Verbindung zum Rhein hatte. Vor den Toren der Stadt, in einem Winkel des Dickelsbaches, der über die Ruhr eine Verbindung zum Rhein hatte, liegen in einem kleinen Hafen einige Flußschiffe (Abb. 18). Verladeeinrichtungen und Kaianlagen fehlen. Es handelt sich hierbei lediglich um einen Anlegeplatz, bei dem die flachbodigen Boote durch Auflaufen auf dem schrägabfallenden Uferbereich festmachten. Ein weiterer Ankerplatz war an der Ruhrmündung eingerichtet. Für 1556 ist belegt, daß die Stadt von dem Grafen von Moers eine an den Rhein grenzende Parzelle im Kaßlerfeld für die Anlage einer Verladestelle erwerben konnte. Damals gab es immerhin noch 25 Duisburger Kaufleute, die zu Schiff mit den Niederlanden Handel trieben[14].
Der Lippe kommt unter den natürlichen Verkehrswegen in Nordwestdeutschland eine herausragende Stellung als Verbindung zwischen Rhein und Weser zu. Bereits 1362 wurde der Fluß bei Wesel ausgebaut, um ihn mit kleineren Schiffen besser befahren zu können. Belegt ist der Transport von lippischem Eichenholz in Flößen und auf Booten, von Salz aus den Salinen von Salzuflen, Sassendorf und Werl und von sogenannten Münstersteinen aus den Brüchen bei Borken und in den Baumbergen. Wesel war der Umschlagplatz für Waren des Rheinlandes für den westfälischen Raum und in umgekehrter Richtung besonders für die Niederlande. Über die Lippe waren die Hansestädte Soest und Dortmund durch ihre Lippehäfen Lünen für Dortmund und Hamm für Soest mit dem mittelalterlichen Wasserstraßennetz verbunden, das somit an den in der Nähe verlaufenden Hellweg angeschlossen war. Neben schriftlichen Quellen belegen Funde von Einbäumen und ein geborgener mittelalterlicher bzw. frühneuzeitlicher Nachen bei Hünxe die Nutzung des Flusses als Wasserweg. Für das Jahr 1597 wird z. B. der Transport von Ziegelsteinen für den Bau der Jesuitenkirche in Münster zu Schiff von Wesel nach Haltern erwähnt[15].
Auf der Lippe wurden kleinere Lasten im Mittelalter mit großer

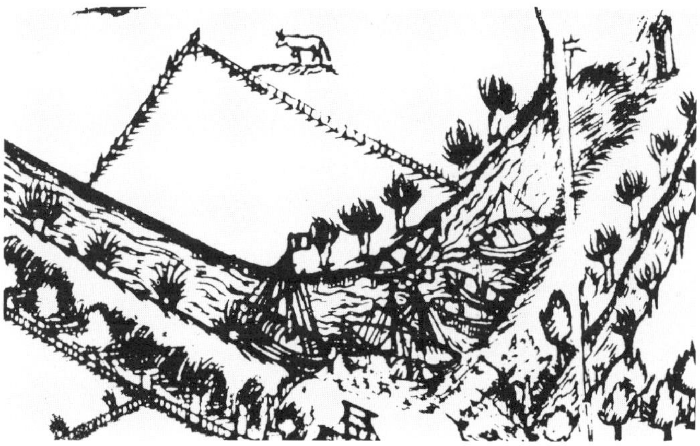

Abb. 18 Flußhafen vor den Toren Duisburgs.
Ausschnitt aus dem Stadtplan Duisburgs von 1566, Johannes Corputius.

Wahrscheinlichkeit auf Einbäumen oder Nachen befördert. Um bei kurzen Windungen des Flusses manövrierfähig zu sein, waren diese Boote selten länger als 5 - 7 m und konnten etwa 0,2 - 1 t Ladung aufnehmen. Einige dieser Einbäume besitzen unterhalb der Oberkanten der Seitenwände charakteristische Durchbohrungen und an den Enden auffallend große annähernd rechteckige Löcher. Sie werden wahrscheinlich als Schwimmkörper von Fähren gedient haben. Durch die großen Löcher an den Enden war ehemals jeweils ein Balken gesteckt, der zu einem anderen Einbaum gleicher Machart führte und somit eine Verbindung zwischen den Schwimmkörpern herstellte.

Auf den waagerechten Oberkanten der Bordwände lag eine Plattform. Mit Seilen, die durch die Lochreihen geführt wurden, war diese mit den Schwimmkörpern, die schräg nach oben verlaufende Enden besaßen, fest verbunden. Eine auf diese einfache Weise entstandene Fähre konnte somit auf den flachen Flußufern auflaufen, um Ladung aufzunehmen bzw. zu löschen.

Eine solche Fährstelle läßt sich für die Lippe bei Hünxe nachweisen. Dort liegen sich zwei frühgeschichtliche Wehranlagen - Steger Burgwart und Katterbergsküppel - annähernd gegenüber[16]. Die Lage der beiden Befestigungen steht offensichtlich mit einem ehemaligen in Nord-Südrichtung verlaufenden Landweg in einem Zusammenhang. Dieser war auf dem trockenen Geländerücken zwischen feuchten Flußauen angelegt, die in westlicher Richtung bis an den Rhein reichen, und überquerte hier die Lippe, um auf den südlich gelegenen Hellweg zu stoßen. Interessanterweise sind an diesem Flußübergang zwei Einbäume gefunden worden, die als Schwimmkörper von Fähren gedeutet werden können.

Der eine Einbaum wurde bereits 1917 bei Crudenburg geborgen[17]. Er war 4,60 m lang, ca. 60 cm breit und besaß an den Seitenwänden und den Enden die charakteristischen Löcher. Bedauerlicherweise ist das aus einem Eichenstamm hergestellte Boot durch Kriegseinwirkungen verlorengegangen.

Der zweite Einbaum wurde 1950 bei Gartrop-Bühl entdeckt[18] und befindet sich heute im Museum der Deutschen Binnenschiffahrt Duisburg-Ruhrort. Das 15,20 m lange Wasserfahrzeug ist aus einem sehr großen Eichenstamm gefertigt und besitzt an der vierkantig zugeschlagenen Bugspitze ein annähernd ovales Loch von 12 cm Durchmesser. Der Einbaum konnte seiner ungewöhnlich großen Länge wegen kaum auf der Lippe zum Transport von Lasten auf längeren Flußabschnitten eingesetzt werden. Wahrscheinlich handelt es sich um den Schwimmkörper einer oben beschriebenen Fähre, mit der schwere Wagen über die Lippe gesetzt wurden. Solche Fähren konnten insbesondere für die Weser und ihre Nebenflüsse nachgewiesen werden[19] und wurden in größerer Zahl im Mindener Raum geborgen. Die im Mindener Museum ausgestellten Exemplare werden aufgrund dendrochronologischer Messungen in die Zeit um 1525 datiert. Auch wenn für die beiden Einbäume aus der Lippe bei Hünxe eindeutige Datierungen fehlen, dürfte in Analogie zu den Weserfunden eine Zuordnung dieser Wasserfahrzeuge ins Mittelalter wahrscheinlich sein.

Anmerkungen

1 Aßkamp, Rudolf: Haltern, in: 2000 Jahre Römer in Westfalen, Katalog Westfälisches Museum für Archäologie, Münster 1989, hrsg. v. Bendix Trier, S. 21 - 43, hier: S. 32.
2 Kühlborn, Johann-Sebastian: Anreppen, in: 2000 Jahre Römer in Westfalen, Katalog Westfälisches Museum für Archäologie, Münster 1989, hrsg. v. Bendix Trier, S. 59 - 63, hier: S. 61.
3 Scheftel, Michael: Künstliche Wasserstraßen: Kanäle, in: Die Hanse. Lebenswirklichkeit und Mythos, Katalog Museum für Hamburgische Geschichte, Hamburg 1989, hrsg. v. Jörgen Bracker, S. 594 - 595, hier: S. 594.
4 Ellmers, Detlev: Wege und Transport: Wasser, in: Stadt im Wandel. Kunst und Kultur des Bürgertums in Norddeutschland 1150 - 1650, Katalog, Band 3, Landesausstellung Niedersachsen, Braunschweig 1985, hrsg. von Cord Meckseper, S. 243 - 255, hier: S. 244.
5 Ellmers, Detlev: Schiffe der Hanse, in: Hanse in Europa. Brücke zwischen den Märkten 12. - 17. Jahrhundert, Katalog Kunsthalle Köln, Köln 1973, hrsg. vom Kölnischen Stadtmuseum, S. 57 - 64, hier: S. 63.
6 Teubert, Oskar: Die Binnenschiffahrt. Ein Handbuch für alle Beteiligten, 1. Band, Leipzig 1912, S. 24.
7 Roden, Günter von: Geschichte der Stadt Duisburg, 1. Band, Duisburg 1975, S. 153.
8 Ebd., S. 152.
9 Ebd., S. 151
10 Milz, Joseph: Duisburg, in: Rheinischer Städteatlas (IV - 21 - 1978, 2. Auflage 1985), Köln 1985, hrsg. vom Landschaftsverband Rheinland, Amt für rheinische Landeskunde, Bonn, Tafel 7.
11 Teubert, Oskar: Die Binnenschiffahrt. Ein Handbuch für alle Beteiligten, 1. Band, Leipzig 1912, S. 23.
12 Wüstenfeld, Gustav Adolf: Die Ruhrschiffahrt von 1780 - 1890, Wetter/Wengern 1978, S. 3.
13 Ellmers, Detlev: Kogge, Kahn und Kunststoffboot. 10000 Jahre Boote in Deutschland, Führer des Deutschen Schiffahrtsmuseums Nr. 7, Bremerhaven 1976, S. 71.
14 Roden, Günter von (wie Anm. 7) S. 154.
15 Ilgen, Th.: War die Lippe im Mittelalter ein Schiffahrtsweg von erheblicher Bedeutung? in: Haltern und die Altertumsforschung an der Lippe. Mitteilungen der Altertums-Kommission für Westfalen, Heft 2 (1901), S. 21 - 35, hier: S. 24.
16 Müller-Wille, Michael: Wehranlagen im nördlichen Rheinland, in: Führer zu vor- und frühgeschichtlichen Denkmälern. Essen-Düsseldorf-Duisburg, Band 15, Mainz 1975, S. 40 - 58, hier: S. 54 - 55.
17 Tromnau, Gernot: Zwei verschollene Einbäume vom Niederrhein, in: Mitteilungen aus dem Museum der Deutschen Binnenschiffahrt Duisburg-Ruhrort 1982/83, Duisburg o. J., S. 2 - 7, hier: S. 6 - 7.
18 Stampfuß, Rudolf: Ausgrabungen im Landkreis Dinslaken, in: Bonner Jahrbücher 161 (1961), S. 279 - 307, hier: S. 300 - 307.
19 Ellmers, Detlev: Kultbarken, Fähren, Fischerboote. Vorgeschichtliche Einbäume in Niedersachsen, in: Aus Niedersachsens Frühzeit, Heft 3, Hildesheim 1973, S. 28

Der westfälische Hellweg als Verkehrsweg und Landschaftsbezeichnung

Paul Leidinger

Verkehrswege sind nicht nur Verbindungslinien zwischen verschiedenen Orten und Ländern, sondern zugleich auch Indikatoren für die politische, wirtschaftliche und militärstrategische Bedeutung einer Landschaft, durch die sie führen. Das gilt auch für den westfälischen Hellweg, die über Jahrhunderte hin bis in das Industriezeitalter hinein wichtigste Verkehrsachse Westfalens, die bis heute das Land in seiner Mitte von West nach Ost durchquert und das Rheinland von Duisburg aus über Essen – Dortmund – Soest – Paderborn auf dem kürzesten Landweg mit der Weser bei Höxter verbindet[1].

Die vor- und frühgeschichtliche Bedeutung des Hellweg

Seine Entstehung und Bedeutung verdankt der Hellweg seiner Mittlerfunktion im transkontinentalen europäischen Fernstraßensystem seit frühgeschichtlicher Zeit. Dies folgte den geographischen Gegebenheiten der Landesnatur: den großen Flußtälern von Rhein, Weser, Elbe, Oder und Weichsel, die Mitteleuropa von Süden nach Norden durchziehen, und dem quer dazu von Westen nach Osten verlaufenden Nordrand der Mittelgebirge. Der Hellweg stellt dabei keinen Primärfaktor, aber ein wichtiges Zwischenstück dieser West-Ost-Achse dar: er verband die vom mediterranen Raum im Süden und vom westlichen Europa ausgehenden Handelsströme, die sich am Niederrhein – zwischen Köln und Duisburg bündelten – mit den Fernwegen, die von dort durch Westfalen zu den Küstenorten an Nord- und Ostsee sowie nach Mittel- und Osteuropa führten.

Diese naturgeographisch vorgezeichnete Wegelinie war auch für die Besiedlung des Raumes von Bedeutung. Ihr folgten die stein- und bronze-zeitlichen Siedler, die sich vor allem auf den fruchtbaren Lößboden des mittleren Hellwegs zwischen Dortmund und Soest niederließen, die hier in Nord-Süd-Ausdehnung eine Breite von 15 – 17 km annahmen[2]. Dies Gebiet stellte daher immer den Kernraum der Hellweglandschaft dar. Mit dem Bauerntum verband sich früh bereits auch eine gewerbliche Tätigkeit, zu der v. a. auch die Nutzung der Salzquellen bei Werl gehörte[3].

Über den Hellweg drang die starke jungbronzezeitliche niederrheinische Grabhügelkultur nach Westfalen vor, die diesen Raum mit ihren Einflüssen prägte[4]. Auch die Römer nutzten den Hellweg bei ihren verschiedenen Vorstößen in das rechtsrheinische Niedergermanien, bevorzugten aber die nördlich des Hellwegs parallel verlaufende Lippe als Etappenstraße, die sie durch die Anlage von Castra seit augustäischer Zeit sicherten[5]. In der Verkehrsgeschichte Westfalens blieb dies bis zum Industriezeitalter eine singuläre Lösung, die nur auf dem Hintergrund der militärischen Organisationsgewalt des römischen Weltreiches realisierbar war. Siedler und Händler der nachfolgenden Zeit folgten weiterhin der Landstraße des Hellwegs. An ihr entlang entstanden dörfliche Siedlungen, die sich seit fränkischer Zeit durch eine Reihe älterer Friedhöfe zu erkennen geben und mit der sächsischen Landnahme im 6./7. Jahrhundert Neubildungen und Verdichtungen erfuhren. Sie wurden dadurch Ausgangspunkte der mittelalterlichen Stadt- und Ortsbildung und scheinen teils bereits Verkündigungsorte früher christlicher Missionare im Hellwegraum gewesen zu sein[6].

Der Hellweg als karolingische Etappenstraße vom Rhein zur Weser und seine frühen Zentralorte

Auf eine solche seit vorgeschichtlicher Zeit bereits vorgeformte Wegesituation stieß Karl der Große, als er seit 770 die fränkische Eroberung des heidnischen Sachsenlandes fortsetzte, die bereits Karl Martell begonnen hatte. Er ist damit nicht – wie der Dortmunder Archivar Karl Rübel 1901 in einer weit beachteten Untersuchung darlegte[7] – der Begründer des Hellwegs gewesen, wohl hat er diesem eine neue, zunächst militärstrategische und nachgehend politische, wirtschaftliche und kulturelle Funktion gegeben, die diese alte Verkehrsstraße weit über die Bedeutung der früheren Zeit hinaushob. Denn über den Hellweg trug Karl seine Hauptangriffe gegen Sachsen vor, die 775 mit der Eroberung der Hohensyburg (südlich Dortmund), der Eresburg (Obermarsberg) und der Brunsburg (bei Höxter am Weserübergang) zu einem entscheidenden Erfolg, aber noch lange nicht zu einer dauerhaften Befriedung des Landes führten[8].

Das war offensichtlich die Veranlassung, den Hellweg als Etappenstraße in regelmäßigen Abständen von ca. 14 – 18 km durch Burgen und Königshöfe zu sichern. Da dem Hellweg auch die christlichen Missionare nach Sachsen folgten, entstanden in diesen fränkischen Militärstützpunkten auch die ersten, oft dem Hl. Petrus geweihte Kirchen, die zu Missionskirchen für das jeweils umliegende Land wurden. Albert K. Hömberg hat den Zusammenhang zwischen politisch-militärischer und kirchlicher Landesorganisation in dieser frühen Zeit in mehreren Arbeiten aufzudecken und das Etappennetz des Hellwegs dabei durch die Erschließung von Königsbesitz und ältesten Missionskirchen nachzuzeichnen versucht. Trotz mancher Vorbehalte und Korrekturen im einzelnen an seiner Konzeption, die sich vor allem gegen eine allzu systematisierende Auffassung eines gegliederten Pfarr-, Rechts und Verwaltungssystems in dieser frühen Zeit richten, dürfte das von ihm gezeichnete Bild der wirklichen Situation nahekommen[9].

Danach ergibt sich von Duisburg am Rhein über Essen, Bochum, Dortmund, Unna, Büderich-Werl, Soest, Erwitte, Geseke, Paderborn, Iburg (bei Bad Driburg), Brakel bis Höxter an der Weser eine Kette von Stützpunkten, die den Hellweg als Etappenstraße sicherten. Nicht alle diese Stützpunkte waren gleichrangig, vielmehr heben sich Duisburg, Dortmund, Soest und Paderborn als Zentralstationen mit besonders ausgebauter Pfalz und umfangreichem Königsgut besonders heraus. Auch Höxter ist hierher zu ziehen. Sie alle lagen fast exakt 50 km jeweils voneinander entfernt und waren durch jeweils zwei Zwischenstationen miteinander verbunden, die den Streckenabschnitt drittelten und sicherten.

Unter diesen Zentralorten nahm *Paderborn* in der Karolingerzeit eine herausragende Stellung ein. Es lag im Schnittpunkt des Hellwegs mit der vom Mittelrhein über Hessen nach Norden zielenden Straße, die das südliche Einfallstor nach Sachsen darstellte und ca. 35 km südlich von Paderborn an der Eresburg (Obermarsberg), dem Heiligtum der Sachsen, vorbeiführte. Aufgrund dieser weit in das Sachsenland vorgeschobenen Situation am Kreuzpunkt der beiden Hauptverkehrsstraßen erhielt Paderborn eine besondere strategische Bedeutung. Karl der Große baute es daher noch während der drei Jahrzehnte währenden Kriegshandlungen, die sich allerdings immer mehr nach Norden verlagerten, zu einer mächtigen karolingischen Pfalz aus, die zugleich zur Repräsentation fränkischer Macht in Sachsen bestimmt war und zum Taufort zahlreicher Sachsen wurde. Die Annales Petaviani sprechen daher bereits zum Jahre 776 von einer „civitas, quae vocatur urbs Karoli" in Paderborn. Hier in der „Karlsburg", einem „locus insignis" an den Quellen von Pader und Lippe, versammelte Karl mehrmals in dieser frühen Zeit die Großen des Reiches zu Reichstagen und Synoden. Hier empfing er im Sommer 799 auch den aus Rom ins entfernte Sachsenland geflohenen Papst Leo III., ein Ereignis von epochemachender abendländischer Bedeutung nach Abschluß der erfolgreichen Missionierung Sachsens; denn hier wurde die Absprache über die Erneuerung des Römischen Reiches, die sich am Weihnachtsfest des Folgejahres mit der Kaiserkrönung Karls in Rom vollzog, getroffen und zugleich auch die Gründung des Bistums Paderborn beschlossen[10]. In der Geschichte des westfälischen Hellwegs stellt dieser auch für die Zeitgenossen außergewöhnliche Vorgang ohne Zweifel das bis heute bedeutendste Ereignis dar.

Von den übrigen Zentralorten war *Duisburg* der westlichste und Ausgangspunkt des Hellwegs am Rhein. Es lag unweit der Mündung der Ruhr in den Rhein und dem vorgeschichtlichen Handelsplatz Asciburgium auf der linken Rheinseite gegenüber, dessen alte Fernhandelstradition es fortsetzte. So ist für 893 bereits eine friesische Fernkaufleutekolonie bezeugt. Mit seinem karolingischen Königshof, der in ottonischer Zeit wesentlich vergrößerten Pfalz, für die zwischen 922 und 1016 allein 18 Königsaufenthalte bezeugt sind, und der frühen Marktsiedlung wurde Duisburg nach Köln der bedeutendste Ort am Niederrhein. Trotz dieser frühen Zentralfunktion stieg es erst im 13. Jahrhundert zur Stadt auf, weil ihm mit der schwindenden Königsmacht in diesem Raum seit dem 12. Jahrhundert die notwendige Förderung fehlte. Vielmehr hat die dauerhafte Verpfändung des Ortes durch das Reich an die Grafen von Kleve seit 1280 Duisburg zu einer klevischen Landstadt absinken lassen, die nur wenig von ihrer ursprünglichen karolingischen und ottonischen Bedeutung zu erkennen gibt, auch wenn sie mit der Universitätsgründung 1655 einen neuen geistigen Mittelpunkt auszuprägen versuchte[11].

Das 50 km östlich von Duisburg gelegene *Dortmund* baute Karl der Große in gleicher Weise zu einem Zentralort mit Burg, Königshof und umfangreichem Reichsgut aus. Schon vorher muß es aufgrund der sich hier kreuzenden Straßen und feststellbarer Siedlungen unweit der südlicher gelegenen Feste Hohensyburg Mittelpunktcharakter für den fränkischen Brukterergau und nachgehend für die altsächsische Heerschaft Westfalen südlich der Lippe gehabt haben[12]. In dunkler Reminiszenz daran siegelt die Stadt 1284 und später als „civitas Westfalie[13]", obgleich die altsächsischen Heerschaften mit der Eingliederung in das karolingische Reich ihre politische Bedeutung längst verloren hatten. Widukind von Corvey bezeichnet Dortmund um die Mitte des 10. Jahrhunderts bereits als „urbs". Es blieb nach dem Übergang der Paderborner Pfalz in Bischofsbesitz der bedeutendste Stützpunkt königlicher Macht und bis zum Ende des Alten Reiches die einzige Freie Reichsstadt in Westfalen, deren Bedeutung allerdings infolge der stärkeren Territorialbildung in diesem Raum seit dem Ausgang des 14. Jahrhunderts erheblich gesunken war[14].

Vergleichbar mit Dortmund ist *Soest*, das – im fruchtbarsten und volkreichsten Teil der Hellwegbörde gelegen – ein Zentralort Engerns südlich der Lippe war. Die spätere Stadt bezeichnete sich daher in ihrem ältesten Stadtsiegel von ca. 1166, dem ältesten westfälischen überhaupt, stolz als „Stadt der Engern" (Angrorum oppidum)[15]. Auch hier nutzte Karl der Große die vorhandene Zentralörtlichkeit zum Ausbau einer fränkischen Machtstellung, vielleicht mit dem Plan der Gründung eines Missionsbistums. Doch gingen Pfalz und Königsgut bereits früh in die Hand des Erzbischofs von Köln über, der die Missionierung des Hellwegraumes betrieb und Soest später zu einem Nebenzentrum seiner geistlichen und weltlichen Herrschaft in Westfalen ausbaute. Dadurch sind die älteren karolingischen Verhältnisse weitgehend überdeckt worden. Im Schutz des kölnischen Landesherrn, zumal seit dessen Erhebung zum Herzog von Westfalen und Engern 1180, gelangte Soest im Mittelalter jedoch zu größerer Bedeutung als das benachbarte königliche Dortmund und alle anderen Städte Westfalens[16].

Einen frühen Zentralort eigener Prägung stellt auch das am Weserübergang und im Kreuzpunkt der dort verlaufenden Ost-West- und Süd-Nordstraßen gelegene *Höxter* dar, das den Endpunkt des Hellwegs im Osten bezeichnete und den Weg nach Mitteldeutschland und in das Slawenland (Leipzig-Kiew) freigab. Hier wird bereits ein sächsischer Siedlungsvorgänger am Weserübergang vermutet, zu dem auch die 4 km südlich Höxter gelegene Brunsburg gehörte, die Karl der Große 775 eroberte. Damit war der Weg für ihn über die Weser und zur Unterwerfung der dort wohnenden Engern und Ostfalen frei. Die Annahme eines karolingischen Königshofes an diesem strategisch wichtigen Ort wird durch die Schenkung der „villa regia Hucxori" durch Ludwig den Frommen 823 an das im Jahr zuvor an diesen Platz verlegte Kloster Corvey bestätigt. Dabei ist wahrscheinlich, daß der frühere Reichsbesitz über den Zwischenweg als gräfliches Amtsgut an die Abtei gekommen ist, die ursprünglich starke königliche Stellung Höxters also früh verdeckt wurde. Ludwig der Fromme hat das Kloster durch seine Privilegien 823 in den Stand einer Reichsabtei erhoben, die die bedeutendste klösterliche Stiftung in Sachsen und bis in das 12. Jahrhundert hinein auch oftmals Aufenthaltsort deutscher Könige war. Corvey erhielt 833 als erster Ort Norddeutschlands auch ein Marktprivileg, doch hat diese Corveyer Marktsiedlung die Entwicklung des älteren, weniger als 2 km entfernten Höxter eher behindert. Der Ort blieb jedenfalls weit hinter der Entwicklung der oben vorgestellten Zentralorte am Hellweg zurück, auch wenn er zu der frühesten, vor 1180 liegenden, Stadtgründungsschicht gezählt wird[17]. Ursächlich für diese wesentlich zögerlichere Entwicklung des Ortes war aber auch die Tatsache, daß der östliche Teil des Hellwegs von Paderborn nach Höxter in seiner Bedeutung dadurch verlor, daß er sich bereits von Paderborn aus verzweigte und die eigentliche Hauptstrecke in nordöstlicher Richtung nach Hameln – Magdeburg (heutige B 1) und anderen Orten führte. Zumal mit dem Ende des Hellwegs als viel frequentierter Königsstraße in der ausgehenden Salierzeit geriet sein östliches Stück und damit auch Höxter in eine abseitige Lage.

Andere Etappenstationen am Hellweg

Zwischen den angeführten Zentralorten, die sämtlich an ältere Vorgängersituationen anknüpfen konnten, lagen in fast regelmäßigen Abständen je zwei Zwischenstationen, die gleichfalls in karolingische Zeit zurückreichen. Sie verloren mit der Pazifizierung Sachsens allerdings schnell ihren militärisch-strategischen Ausgangscharakter und bildeten in der Regel kirchliche und marktliche Funktionen aus. Dies gilt in besonderer Weise für das 18 km östlich von Duisburg gelegene *Essen*, das im Schnittpunkt

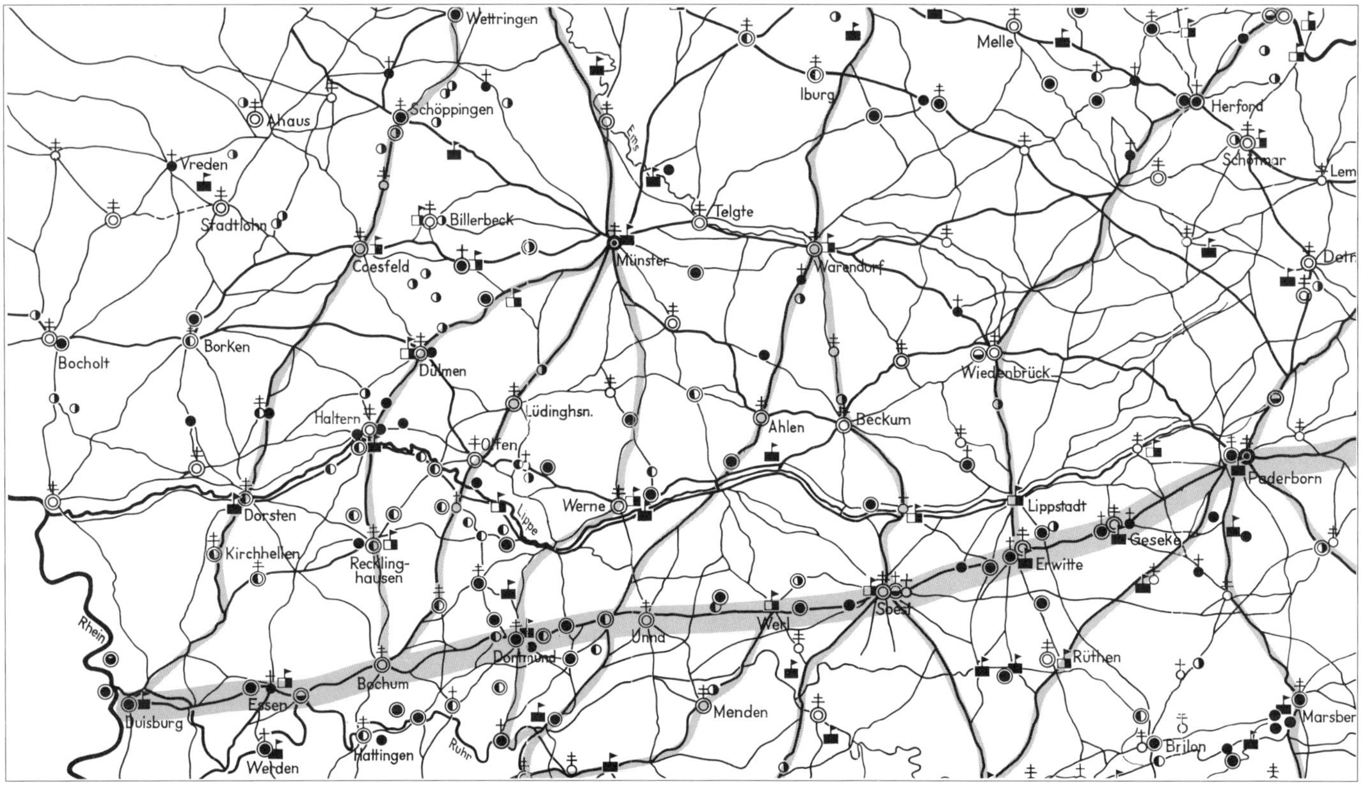

Abb. 19 Der Hellweg im mittelalterlichen Straßennetz Westfalens (nach A. K. Hömberg).

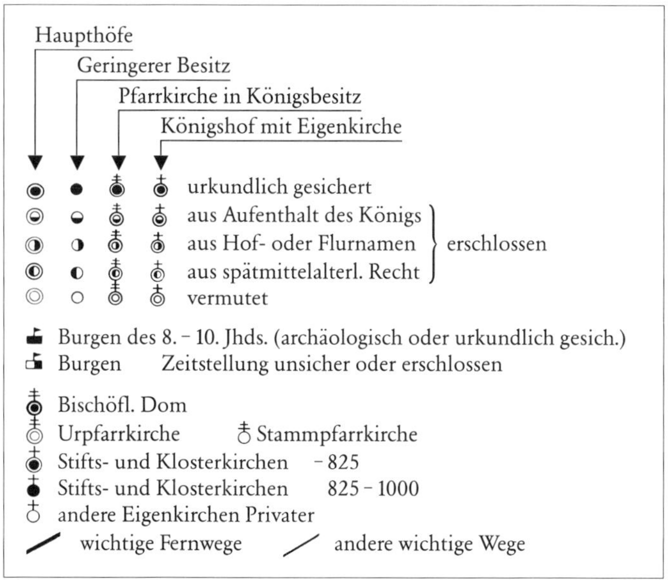

des Hellwegs mit der von Süden heraufkommenden Kölnischen Straße lag. Die lange vertretene Annahme einer karolingischen Burg an dieser Stelle, die Bischof Altfrid von Hildesheim (851 - 874) in ein Damenstift umgewandelt hätte, wird neuerdings von Winfried Betteken strikt abgelehnt, da Altfrid das Stift (noch in den 40er Jahren des 9. Jahrhunderts) auf seinen Eigengütern gestiftet habe. Er läßt jedoch die Möglichkeit ungeprüft, inwieweit der Eigenbesitz Altfrids aus ursprünglich königlicher Hand stammt, wie das auch bei den Stiftungsgütern Corveys der Fall ist. Die karolingischen Anfänge Essens bleiben damit verborgen. Jedoch wurde das - an der Grenze von Rheinland und Westfalen - gegründete Stift zum Kristallisationspunkt der hier sich entwickelnden Siedlung und späteren Stiftsstadt. Von Beginn an war es mit Quedlinburg, Gandersheim u. a. eines der vornehmsten Reichsstifte des Mittelalters und der späteren Zeit bis zur Säkularisation um 1800. Seine romanische Kirche, die am architektonischen Vorbild des Aachener Münsters orientiert ist, stieg 1958 zur Kathedrale für das am westlichen Hellweg gegründete Ruhrbistum Essen auf[18].

Wenige Kilometer südlich lag mit der von Liudger um 799 gegründeten Abtei Werden an der Ruhr ein weiteres, seit 877 bis zur Säkularisation reichsunmittelbares geistliches Zentrum, das in der Karolingerzeit Ausgangspunkt der christlichen Mission in das Münsterland und bis in das östliche Sachsen war[19]. Der Raum Essen war damit über Jahrhunderte hinweg durch einen besonderen Zentralitätscharakter der hier befindlichen beiden reichsunmittelbaren Institute geprägt.

Anders war die Situation im 16 km östlich gelegenen *Bochum*, dessen Peterskirche zu den alten Missionspfarreien der Karolingerzeit am Hellweg gezählt wird. Der Ort selbst wird 1041 erstmals als „villa publica Cofbuockheim in pago Saxonie" erwähnt und gibt sich dadurch als früher Marktort zu erkennen[20].

Auch zwischen Dortmund und Soest lagen zwei Etappenstationen. Die erste war das 16 km östlich von Dortmund gelegene *Unna*, wie Bochum ebenfalls eine frühe karolingische Kirchgründung mit späterem Charakter einer Marktsiedlung[21], die zweite dürfte nicht in der heutigen Hellwegstadt Werl (17 km östlich von Unna) zu suchen sein, sondern in dem westlich benachbarten Kirchdorf *Büderich* (heute Stadt Werl) mit seinem alten Kunibertpatrozinium und einem frühen Haupthof des Klosters Corvey[22].

Im nur 2 km östlich sich anschließenden *Werl* überschritt man die Grenze zwischen den altsächsischen Heerschaften Westfalen und Engern, die entlang des dort entspringenden Salzbaches

nach Norden verlief und den Salzplatz noch in späterer Zeit in die beiden Hälften „Westen" und „Engeren" teilte[23]. Obwohl die Salzgewinnung schon seit frühgeschichtlicher Zeit hier nachgewiesen ist[24], tritt der Ort erst um die Mitte des 10. Jahrhunderts in das Licht der Geschichte, als Nachfahren der Ekbertiner und des Stiftergeschlechtes von Meschede hier, auf der Grenze der beiden altsächsischen Heerschaften, ihre Burg bauten und sich fortan *Grafen von Werl* nannten. Der hohe Rang der Familie wird durch die Ehe Graf Hermanns (I.) von Werl mit der jungen burgundischen Königstochter Gerberga zwischen 980 und 986 deutlich, die das Geschlecht verwandtschaftlich mit den führenden Herrscherhäusern Europas in ottonisch-salischer Zeit verband[25]. Ein kürzlich ergrabenener repräsentativer romanischer Kirchenbau des 10./11. Jahrhunderts unter der heutigen gotischen St. Walburgiskirche dürfte zum Kernbereich der bis heute nicht mehr feststellbaren Burg gehören[26] und ist zugleich ein eindrucksvolles Zeugnis für die einstige politische Bedeutung des Ortes und seiner Grafen, die gemäß ihrer mächtigen Herrschaftsstellung im Raum zwischen Rhein und Weser, Sauerland und Friesland zuweilen auch als „Grafen von Westfalen" in den Quellen bezeichnet werden. Mit ihrer Übersiedlung nach Arnsberg noch vor 1100 erlosch die frühe, politische Bedeutung Werls. Die spätere Sälzerstadt, der wichtigste unter den Salzorten am Hellweg[27], stand in ihrer Entwicklung trotz bemerkenswerter Eigenzüge jedoch immer im Schatten des 15 km östlich gelegenen Soest, das sich bis in die Schwelle der Gegenwart hin gern als die „heimliche Hauptstadt Westfalens" sah[28].
Auch die Strecke Soest – Paderborn war durch zwei Etappenstationen gesichert: das 17 km östlich von Soest gelegene *Erwitte* und das 12 km weiter östlich befindliche Geseke. In Erwitte kreuzte sich der Hellweg mit der von Süden, von Köln aus durch das Sauerland über Meschede heraufführenden Fernstraße, die auf den Lippeübergang bei Lippstadt und weiter auf Bielefeld und die dortige Paßstraße über den Teutoburger Wald zielte. Der in Erwitte gelegene bedeutende Königshof mit Markt- und Bannrecht kam 1027 in den Besitz des Bischofs von Paderborn und wurde später ein Streitpunkt zwischen dem Erzstift Köln, zu dem der Ort kirchlich gehörte, und dem Bistum Paderborn[29]. Dadurch entwickelte sich Erwitte nicht zur Stadt, sondern blieb auf der Stufe des Kirchdorfs stehen, während das nur 6 km entfernt gelegene Lippstadt schon früh, nämlich 1184, mit Privilegierung Kaiser Barbarossas zur Stadt aufsteigen konnte[30]. Anders verlief die Entwicklung in *Geseke*. Die karolingische Burganlage mit ihrer frühen Peterskirche wurde in ottonischer Zeit (952) in ein adliges Damenstift umgewandelt, das mit seiner Marktsiedlung Anfang des 13. Jahrhunderts Ausgangspunkt einer kölnischen Stadtgründung wurde, die den östlichsten Grenzpunkt des rheinischen Erzstifts am Hellweg gegenüber Paderborn (19 km) sichern sollte und insofern auch territorialpolitische Bedeutung besaß[31].
Auch die östliche Strecke des Hellwegs zwischen Paderborn und Höxter war durch zwei Etappenstationen bezeichnet: durch das oberhalb Driburgs gelegene, strategisch wichtige castrum *Iburg* (18 km), bei dem man den Paß der Egge überwand, und durch das 14 km östlich davon gelegene Brakel. Die Iburg wird bereits für das Jahr 753 genannt. Mit ihr war eine Peterskirche verbunden. Nach Beendigung der Sachsenkriege kam die Besitzung – wahrscheinlich noch als Gründungsausstattung – an das Bistum Paderborn, das Iburg 1231 zum Archidiakonsitz für die Kirchen des Umlandes erhob[32]. *Brakel* wird bereits 836 als volkreicher Wegeort bei der Überführung der Gebeine des Hl. Vitus erwähnt und stieg Anfang des 13. Jahrhunderts zur Stadt auf[33]. Von hier waren es nur ca. 18 km bis Höxter.

Der Hellweg als Königsstraße in ottonisch-salischer Zeit

Mit der Einbeziehung Sachsens in das Karolingerreich wandelte sich der militärstrategische Charakter des Hellwegs relativ schnell zu einer mehr von Handel und Verkehr bestimmten Straße. Das läßt sich an der vorstehend kurz gekennzeichneten Geschichte der einzelnen Königshöfe als Stationspunkte ablesen, die entweder in kirchlichen oder auch adligen Besitz übergingen und zu Kirch- und Marktorten aufstiegen, aus denen sich – bis auf Erwitte und Iburg – ausnahmslos Städte des Mittelalters entwickelten. Besonders eindeutig ist das bei den Zentralorten Duisburg, Dortmund, Soest und Paderborn zu erkennen, in denen sich zusätzlich zu der neuen Kirchen- und Markfunktion der politische Charakter als repräsentativer Pfalzort noch verstärkte. Allerdings vollzog sich dieser Prozeß nicht kontinuierlich, er wurde durch die Auflösung des karolingischen Reiches und die Einfälle von Normannen und Ungarn im 9. und Anfang des 10. Jahrhunderts gestört und unterbrochen, die auch Westfalen und den Hellwegraum erreichten[34].
Mit dem Aufstieg der liudolfingischen Sachsenherzöge zu deutschen Königen seit 919 gewann der Hellweg jedoch eine neue Bedeutung. Er wurde nun zur nächsten Verbindung zwischen der neuen Königslandschaft in Ostsachsen mit Quedlinburg, Magdeburg, Goslar, Merseburg u. a. und der früheren Kernlandschaft der Karolinger in Niederlothringen und am Niederrhein mit dem alten Pfalz- und Krönungsort Aachen und der mächtig aufstrebenden Handelsstadt Köln an der Rheinschiene. Fast Jahr für Jahr und oft mehrfach in einem Jahr zogen die deutschen Könige und Kaiser in den rund 150 Jahren vom Regierungsantritt Heinrichs I. 919 bis zum Beginn des Investiturstreits 1070 mit ihrem Gefolge über den Hellweg. Nicht alle diese Züge sind urkundlich überliefert oder nachweisbar. Nach einer Zusammenfassung Albert K. Hömbergs entfallen von 73 quellenmäßig bezeugten Königsbesuchen Westfalens in der angegebenen Zeit 58 auf den Hellweg. 32 mal gastierte der Hof dabei in Paderborn, 3 mal in Dortmund, 18 mal in Duisburg, 5 mal in Erwitte (vor 1027) und 4 mal in Soest. Allein 40 der Aufenthalte entfallen auf die Zeit Heinrichs II., Konrads II. und Heinrichs III. zwischen 1002 und 1056[35]. Geht man aber dem Itinerar der Herrscher nach, so kommt man, wie Wolf-Dietrich Deus das für Soest einmal aufgelistet hat[36], für den genannten Zeitraum von 150 Jahren auf ca. 100 Gelegenheiten zu Kaiserbesuchen oder -durchzügen am Hellweg: für Otto I. auf 20, für Otto II. und III. auf je 7, für Heinrich II. auf 19, für Konrad II. auf 10, für Heinrich III. auf 19, für Heinrich IV. bis 1076 auf 15. Diese für Soest errechneten Zahlen können in besonderer Weise für Paderborn gelten, das oft von Ostsachsen aus erreicht wurde, ohne daß der Hof über den Hellweg weiter nach Westen zog. Sie dürften aber auch für Dortmund und in geringerer Weise für Duisburg am Rhein und Corvey an der Weser gelten[37]. Man sollte jedoch in diesen Bezeugungen der deutschen Könige in Westfalen in dieser Zeit nicht nur einfache Durchzüge des Hofes sehen, sondern muß ihre Aufenthalte auch als Regierungshandlungen würdigen, mit denen wichtige politische Beratungen und Entscheidungen verbunden waren, die uns in urkundlichen Verlautbarungen vorliegen[38]. Natürlich spielte auch das repräsentative Element eine Rolle, vor allem wenn westfälische Orte zu hohen kirchlichen Festtagen vom Hof besucht wurden. Die Vielzahl solcher Aufenthalte berechtigt dabei, für die ottonische und salische Zeit durchaus

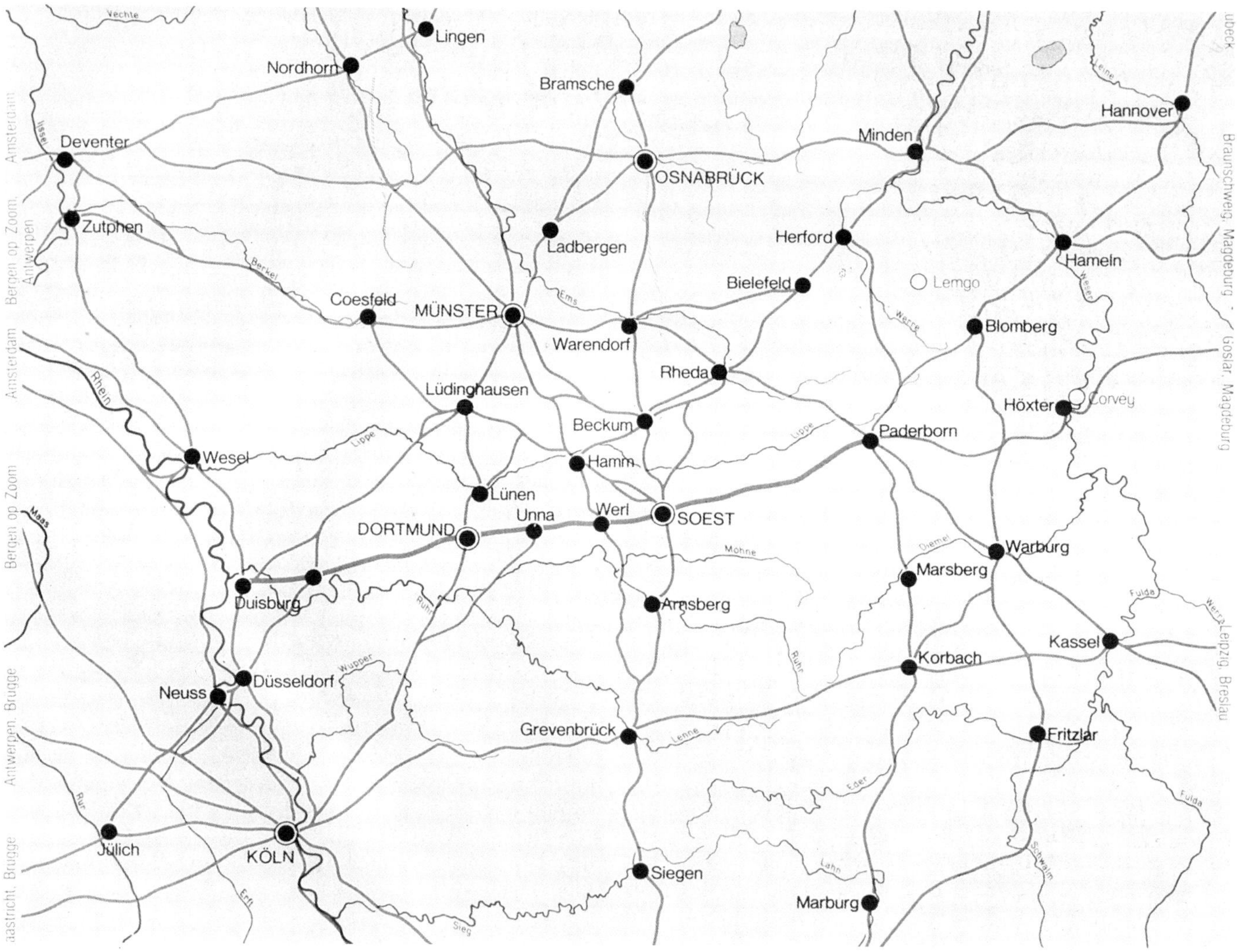

Abb. 20 Der Hellweg als mittelalterlicher Fernverkehrsweg (nach H. Weczerka).

auch von Westfalen als einer Königslandschaft zu sprechen. Dem Glanz und der Ehre der Königsbesuche standen dabei die Bewirtungskosten gegenüber. Heinrich II., der allein 7 mal das Weihnachts- oder Osterfest in Paderborn bei Bischof Meinwerk feierte und im dortigen Dom auch seine Gemahlin Kunigunde krönen ließ, hatte zu diesem Zweck das Bistum reich mit Königsgut und allen Grafschaftsrechten im Sprengel ausgestattet. In Dortmund war gleichfalls umfangreiches Reichsgut gelegen, und förderte das Königtum Stadtentwicklung, Markt und Fernhandel, der früh schon bis nach England reichte. In Soest kam diese Förderung dem Königstum nicht unmittelbar zu, sondern Ottos I. Bruder Erzbischof Bruno von Köln (953 - 965) und seiner rheinischen Kirche, die mit der karolingischen Königspfalz in Soest auch große Teile des hier zu vermutenden Reichsgutes erhalten haben dürfte. Um 962 gründete Bruno das Patroklistift in Soest und gestaltete den Ort mit dem Bau einer erzbischöflichen Pfalz (möglicherweise an alter Pfalzstätte) zu einem Nebenzentrum des rheinischen Erzstiftes in Westfalen um[39].
Die Wegstrecken, die das Königtum bei seinen Reisen über den Hellweg zurücklegte, dürften gegenüber der Karolingerzeit im Tagesdurchschnitt wesentlich länger geworden sein. Statt einer Entfernung von 15 - 20 km, die die karolingischen Etappenstationen trennte, wird die Reiseleistung des Hofes (ohne Troß) bei 30 - 50 km am Tag gelegen haben, im Einzelfall konnte sie mit Pferdewechsel auch 70 km erreichen. Das mag die größeren Strecken von je ca. 50 km zwischen den Zentralorten erklären[40].

Der Hellweg als Name, Handelsstraße und Landschaft
Der Investiturstreit (1070 - 1122) beendete die große Zeit des Hellwegs als Königstraße in abrupter Weise. Er entzweite das sächsische Land, in dem nun den zumeist kaisertreuen Westfalen das der reformkirchlichen Partei anhängende Ostsachsen feindlich gegenüber trat[41]. Dadurch waren nicht nur Handel und Wandel zwischen beiden Teilen Sachsens und dem Rheinland unterbrochen, die beiden letzten Salier Heinrich IV. (1056 - 1106) und Heinrich V. (1106 - 1125) verloren damit auch ihre königlichen Machtgrundlagen in Sachsen. Sie haben daher im Verlauf ihrer Regierung Westfalen und den westfälischen Hellweg kaum mehr betreten, wie auch ihre späteren Nachfolger höchst selten oder zumeist gar nicht mehr am Hellweg oder in Westfalen weilten. Die Salier hatten ohnehin ihre angestammte Königslandschaft am Mittelrhein (Speyer, Worms), die Staufer ihre in Schwaben und Süditalien, die Luxemburger und Habsburger bevorzugten ihre neuen Residenzen in Prag und Wien, d. h. fernab von Westfalen. Dadurch verlor der Hellweg seine Bedeutung als eine der wichtigsten Königsstraßen des mittelalterlichen Reiches, wenn

auch nicht seine weiter wichtige Funktion als Handelsstraße, die erst jetzt mit dem Aufkommen der Städte, dem Wachstum der Bevölkerung, der Ausbreitung und Intensivierung des Handels und des Gewerbes im 12. Jahrhundert recht begann.
Der Funktion als Königsstraße verdankt der Hellweg jedoch seinen Namen. Abgeleitet vom Mittelniederdeutschen „helwech" bedeutet er soviel wie „lichter Weg". Das bezog sich auf Königsstraßen (viae regiae) und Heerstraßen (stratae publicae) allgemein, die in der Breite einer Speerlanze oder eines Heufuderbaumes von Graben und Zäunen freizuhalten waren[42]. In Westfalen und anderen Teilen Norddeutschlands gab es eine Reihe solcher „Hellwege". Von ihnen allen aber hob sich der zwischen Rhein und Weser als viel frequentierte zentrale Verkehrsachse des Raumes im kontinentalen Fernwegenetz des Mittelalters deutlich heraus. Das war auch der Grund dafür, daß sich sein Name auf die ihn beidseitig umgebende Landschaft übertrug. Ähnlich hat sich auch die zwischen Darmstadt und Wiesloch am westlichen Rand des Odenwaldes von Nord nach Süd verlaufende „Bergstraße" mit ihren in römischer und fränkischer Zeit wurzelnden Orten auf die sie begleitende hessische und badische Weinbaulandschaft übertragen.
Das Hellweggebiet war jedoch in seiner ca. 200 km langen West-Ost-Ausdehnung zwischen Rhein und Weser und seiner nur maximal 20 km breiten Nord-Süd-Ausdehnung zwischen Lippe und Ruhr kein einheitlicher geographischer Raum mit gleichbleibendem wirtschaftlichem und politischem Gleichgewicht. Von geringerer Bedeutung war sein östlicher Streckenabschnitt zwischen Paderborn und Höxter, wo die Straße das Eggegebirge übersteigen mußte. Der Hauptweg des Hellwegs zu den Zentralorten am Harz und in Ostsachsen knickte daher bereits in Paderborn nach Detmold, Lemgo und Hameln ab (heutige B 1), ebenso bogen die Wege nach Süden über Marsberg, Korbach nach Frankfurt und nach Südosten über Warburg nach Kassel und Leipzig hier ab. Eigengeprägt blieb auch der Westen mit dem rheinischen Duisburg und den reichsunmittelbaren geistlichen Stiftungen in Essen und Werden an der Grenze von Rheinland und Westfalen, die mit ihren Verbindungen stärker auf das rheinische Gebiet bezogen blieben, obgleich ursprünglich beide noch in Westfalen lagen.
Das Hauptstück des Hellwegs war – wie schon oben bezeichnet – die fruchtbare Landschaft des mittleren Hellwegs mit den Zentralorten Dortmund und Soest. Beide Orte hatten seit frühmittelalterlicher Zeit ein dichtes Wegenetz von allen Richtungen her auf sich gezogen (vgl. Abb. 20). So wurden beide von Köln aus nicht nur rheinabwärts über Duisburg und den Hellweg erreicht, sondern vermehrt auf dem kürzeren Landweg, den „kölnischen Straßen" durch das Bergische Land, über Schwelm und Hagen oder durch das Sauerland über Attendorn, Balve und Menden. Günstige Handelsbeziehungen knüpften beide auf verschiedenen Wegen nach Norden in das Münsterland und zu den entfernteren Handelsplätzen an Nord- und Ostsee bis nach England (London) an. Dadurch wurden sie nicht nur zu Regionalmärkten für den Produktaustausch zwischen dem agrarischen Münsterland und dem gewerbereichen Sauerland, dessen Nahrungsgrundlage nie ausreichte und immer der Ergänzung aus dem Hellwegraum und dem Münsterland bedurfte, sondern zu Fernhandelsstädten, die weit über Westfalen hinaus Bedeutung erlangten, Dortmund besonders für den Englandhandel, Soest vor allem für den Handel mit Lübeck und den Ostseeraum bis Gotland, Riga und Nowgorod[43]. Beide prägten am frühesten ein eigenes Stadtrecht aus, das sie als Dortmunder oder Soester Recht an zahlreiche Orte in Westfalen und über Magdeburg und Lübeck auch bis weit in die östlichen Kolonisationsgebiete vermittelten. In der Hansischen Organisation wie in den Stadtrechtsbünden des 13. Jahrhunderts spielten sie eine wichtige Rolle, wenngleich dabei das kölnische Soest zunehmend dominanter als das königliche Dortmund in Erscheinung tritt, sich andererseits aber auch die wachsende Bedeutung der Stadt Münster mit dem Aufstieg des großen Bistums zu erkennen gibt[44]. Dieser größere Bedeutungszuwachs von Soest und von Münster zeigt sich bis heute auch im Altstadtbild der drei Orte, das in Soest durch ein halbes Dutzend herausragender mittelalterlicher Kirchenbauten wie St. Patrokli, St. Peter, Maria zur Wiese u. a. sowie einen mächtigen Mauerring geprägt wurde, der die Stadt in der Gegenwart noch in großen Teilen umzieht, während Dortmund dem im späten Mittelalter nur wenig Vergleichbares gegenüberstellen konnte[45].
Ursächlich dafür war, daß mit dem Schwinden der Königsgewalt in Norddeutschland Dortmund als Reichsstadt im Territorialisierungsprozeß des Spätmittelalters Schutz und Förderung durch die Krone ermangelten. Bis zum Ende des Alten Reiches sank es zu einer mittleren Landstadt von weniger als 4.000 Einwohnern ab. Aber auch Soest, das zunächst im Schutze der weiträumigen Politik der Kölner Erzbischöfe – zumal nach deren Erhebung zu Herzögen von Westfalen und Engern 1180 – aufsteigen konnte, bekam diesen Territorialisierungsdruck zu spüren. Es löste sich dabei in der sog. Soester Fehde 1444 – 1449 aus dem kölnischen Territorialverband des Herzogtums Westfalen, verlor aber mit dem Anschluß an das entfernte Herzogtum Kleve durch die neuen Territorialgrenzen sein wirtschaftliches Hinterland[46]. Da gleichzeitig auch die Bedeutung der Hanse nachließ und sich mit der Wiederentdeckung der Neuen Welt 1492 ganz neue Dimensionen der Politik, des Handels, der Wirtschaft und des Verkehrs ergaben, waren die Grundlagen, auf denen die Hellweglandschaft lange Jahrhunderte ihre prosperierende Entwicklung stützen konnte, geschwunden. Ihr lange Zeit dominanter überregionaler Charakter wich dem eines weithin stagnierenden Binnenlandes zwischen neu aufblühenden Regionen West- und Mittelosteuropas im Spätmittelalter und in der Frühen Neuzeit (Niederlande, Sachsen u. a.).
Dennoch wird in den Begriffen „Hellweg" und „Hellweglandschaft" bis heute die Erinnerung an die einst bedeutungsvolle Zeit dieser Straße und ihres Lebensraumes im Mittelalter bewahrt. Ihre Strecke durch Westfalen entspricht heute weitgehend der B 1. Aber die Industrialisierung hat mit der Ausprägung des Ruhrreviers seit dem 19. Jahrhundert die Schwergewichte der früheren Zeit wesentlich verschoben und der westlichen Hälfte des alten Hellwegs eine neue nationale und internationale Dimension gegeben, die die alte europäische Bedeutung dieses Raumes erneut unterstreicht.

Anmerkungen

1 Pieper, Hedwig: Der westfälische Hellweg, Diss. Münster 1928; Bruns, Friedrich/Weczerka Hugo: Hansische Handelsstraßen, Textband, Weimar 1967, S. 439 – 442; Hömberg, Albert: Der Hellweg, sein Werden und seine Bedeutung, in: ders., Zwischen Rhein und Weser. Aufsätze und Vorträge zur Geschichte Westfalens, Münster 1967, S. 196 – 207; Dege, Wilhelm: Der Hellweg – Straße und Landschaft zugleich, in: Naturkunde in Westfalen 1 (1965), S. 65 – 70; Poeschel, Hans-Claus: Alte Fernstraßen in der mittleren westfälischen Bucht, Münster 1968; Leidinger, Paul: Hellweg, in: Lexikon des Mittelalters, Bd. 4, 1989, Sp. 2122/23.

2 Narr, Karl J.: Die Steinzeit, in: Kohl, Wilhelm (Hg.): Westfälische Geschichte, Bd. 1, Düsseldorf 1983, S. 93 – 96.

3 Leidinger, Wendelin: Frühe Salzgewinnung in Werl, Kr. Soest, in:

Archäologisches Korrespondenzblatt 13 (1983), S. 269 - 274.
4 Bleicher, Wilhelm: Die vorrömischen Metallzeiten, in: Kohl (wie Anm. 2) S. 127 - 128.
5 Zusammenfassend: Kühlborn, Johann-Sebastian: Die Zeit der römischen Angriffe, in: Kohl (wie Anm. 2) S. 156 - 164.
6 Hömberg (wie Anm. 1) S. 198; Winkelmann, Wilhelm: Frühgeschichte und Frühmittelalter, in: Kohl (wie Anm. 2) S. 188 - 227, bes. S. 198 - 204; Freise, Eckhard: Das Frühmittelalter bis zum Vertrag von Verdun (843), ebd. S. 275 - 335, bes. 289 - 292.
7 Rübel, Karl: Reichshöfe im Lippe-, Ruhr- und Diemelgebiete und am Hellwege, in: Beiträge zur Geschichte Dortmunds und der Grafschaft Mark 10 (1901) S. 1 - 143, bes. 100; vgl. auch ders.: Die Franken. Ihr Eroberungs- und Siedlungssystem im deutschen Volkslande, Bielefeld/Leipzig 1904. Dazu kritisch Krüger, Herbert: Die vorgeschichtlichen Straßen in den Sachsenkriegen Karls des Großen, in: Korrespondenzblatt des Gesamtvereins der deutschen Geschichts- und Altertumsvereine 80 (1932) S. 223 - 280; Hömberg, Albert K.: Die karolingisch-ottonischen Wallburgen des Sauerlandes in historischer Sicht, in: Zwischen Rhein und Weser (wie Anm. 1) S. 80 - 113 und 253 - 269; Baaken, Gerhard: Königtum, Burgen und Königsfreie, in: Mayer, Theodor: Vorträge und Forschungen, Bd. VI, Stuttgart 1961, S. 9 - 96, bes. 21 - 52; dazu kritisch: Brachmann, Hansjürgen: Die sächsisch-fränkischen Auseinandersetzungen des 8. Jahrhunderts im Spiegel des Befestigungsbaus, in: Zeitschrift für Archäologie 19 (1985) S. 213 - 224; ferner Langen, Ruth: Die Bedeutung von Befestigungen in den Sachsenkriegen Karls des Großen, in : Westfälische Zeitschrift 139 (1989), S. 181 - 211.
8 Freise (wie Anm. 6) S. 279 ff.
9 Hömberg, Albert K.: Studien zur Entstehung der mittelalterlichen Kirchenorganisation in Westfalen, in: Westfälische Forschungen 6 (1943 - 1952) S. 46 - 107, bes. 91 - 100; ders.: Kirchliche und weltliche Landesorganisation (Pfarrsystem und Gerichtsverfassung) in den Urpfarrgebieten des südlichen Westfalen, Münster 1965; ders.: Probleme der Reichsgutforschung in , Westfalen, in: Blätter für Deutsche Landesgeschichte 96 (1960), S. 1 - 21. Kritisch dazu Patze, Hans: Mission und Kirchenorganisation in karolingischer Zeit, in: ders. (Hg.): Geschichte Niedersachsens, Bd. I, Hildesheim 1977, S. 690 - 700; Janssen, Wilhelm: A. K. Hömbergs Deutung von Ursprung und Entwicklung der Veme in Westfalen, in: Der Raum Westfalen, Bd. VI Lief. 2, Münster 1987, S. 1 - 72; vgl. auch Freise (wie Anm. 6) S. 307 f.
10 Annales Petaviani ad annum 776 (MG SS I, S. 1 - 6). Dazu klärend Honselmann, Klemens: Paderborn 777. „Urbs Karoli“: Karlsburg, in: Westfälische Zeitschrift 130 (1980), S. 398 - 402; ferner Balzer, Martin: Paderborn als karolingischer Pfalzort, in: Deutsche Königspfalzen, Bd. 3, Göttingen 1979, S. 9 - 85; Hauck, Karl: Paderborn das Zentrum von Karls Sachsen-Mission 777, in: Fleckenstein, Joachim/Schmid, Karl (Hg.), Adel und Kirche. Festschrift Gerd Tellenbach, Freiburg 1968, S. 92 - 140; ders.: Karl als neuer Konstantin 777. Die archäologischen Entdeckungen in Paderborn in historischer Sicht, in: Frühmittelalterliche Studien 20 (1986), S. 528 - 583; Brockmann, Josef (Hg.): „Karolus Magnus et Leo Papa“. Ein Paderborner Epos vom Jahre 799, mit Beiträgen von F. Brunhölzl/H. Beumann/W. Winkelmann, Paderborn 1968; Beumann, Helmut: Die Kaiserfrage bei den Paderborner Verhandlungen von 799, in: Das erste Jahrtausend. Kultur und Kunst im werdenden Abendland an Rhein und Ruhr, Bd. I, Düsseldorf 1962, S. 296 - 317; Winkelmann, Wilhelm: Est locus insignis, quo Patra et Lippa fluentant. Über die Ausgrabungen in den Karolingischen und Ottonischen Königspfalzen in Paderborn (1972), Neudruck in Winkelmann, Wilhelm: Beiträge zur Frühgeschichte Westfalens. Gesammelte Aufsätze, Münster 1984, S. 118 - 128; ders.: Die Karolingische Burg in Paderborn, ebd. S. 114 - 117; ders.: Die Königspfalz und die Bischofspfalz des 11. und 12. Jahrhunderts in Paderborn, in: Frühmittelalterliche Studien 4 (1970), S. 398 - 415; ders.: Die Frühgeschichte im Paderborner Land, in: Führer zu vor- und frühgeschichtlichen Denkmälern, Bd. 20, Mainz 1971 , S. 17 - 121. Neuerdings Prinz, Friedrich: Karl der Große, Paderborn und die Kirche, in: Westfälische Zeitschrift 136 (1986) S. 235 - 247.
11 Milz, Joseph: Duisburg, in: Rheinischer Städteatlas, Lief. IV Nr. 21, Bonn 1978; Führer zu vor- und frühgeschichtlichen Denkmälern, Bd. 15: Essen - Düsseldorf - Duisburg, Mainz 1969, S. 112 - 123; Flink, Klaus: Die klevischen Herzöge und ihre Städte (1394 - 1592), in: Land im Mittelpunkt der Mächte: Die Herzogtümer Jülich - Kleve -Berg, Kleve 1984, S. 75 - 98.
12 Stoob, Heinz: Dortmund, in: Deutscher Städteatlas, Lief. I Nr. 3, Dortmund 1973; Reimann, Norbert: Vom Königshof zur Reichsstadt. Untersuchungen zur Dortmunder Topographie im Früh- und Hochmittelalter, in: Luntowski, Gustav/Reimann, Norbert: Dortmund. 1100 Jahre Stadtgeschichte, Dortmund 1982, S. 21 - 52.
13 Die Westfälischen Siegel des Mittelalters, Bd. I, Münster 1882, Tafel 75,2: Siegel von 1284 und 1374. Die Bezeichnung könnte in Analogiebildung, zum früher bezeugten „engrischen“ Soest erfolgt sein. Vgl. Anm. 15.
14 Widukindi res gestae Saxonicae II cap. 15, in: Quellen zur Geschichte der Sächsischen Kaiserzeit, Darmstadt 1971, S. 102; Schmale, Franz-Josef: Die soziale Führungsschicht des älteren Dortmund, in: Luntowski/Reimann (wie Anm. 12) S. 55 - 78, bes. 56 - 62; Balzer, Manfred: Dortmund und Paderborn. Zwei Aufenthaltsorte der fränkischen und deutschen Könige, in: Westfälische Forschungen 32 (1982), S. 1 - 20.
15 Die Westfälischen Siegel (wie Anm. 12) Tafel IX, 7 (um 1166) und 76, 1 (1268). Schwartz, Hubertus: Die Stadtsiegel, in: ders.: Gesammelte Aufsätze, Soest 1963, S. 27 - 28; ders.: Die Stadtsiegel der Stadt Soest, in: Soester Zeitschrift 67 (1954), S. 9 - 12, Neudruck in: Schwartz, Hubertus: Soest in seinen Denkmälern, Bd. III, Soest 1979, S. 170 - 173. Krusy, Hans: Beiträge zur Münzgeschichte der Stadt Soest, in: Soester Zeitschrift 88 (1976) S. 47 - 63.
16 Hömberg, Landesorganisation (wie Anm. 10) S. 113 - 115; Rüting, Othmar: Neue Anmerkungen zur „Dagobertischen Schenkung“ von 624, in: Soester Zeitschrift 94 (1982) S. 5 - 8; ders.: Zur ersten Soest-Erwähnung anläßlich der Reliquien-Überführung des, Hl. Vitus im Jahre 836, ebd. 98 (1986), S. 5 - 30; Doms, Anton: Die Ausgrabungen unter der Petrikirche, in: Soester Zeitschrift 78 (1964), S. 5 - 9; Niemeier, Georg/Rothert, Hermann: Der Stadtplan von Soest, in: Westfälische Zeitschrift 103/104 (1954), S. 30 - 92, bes. 44 ff.; Milz, Joseph: Der Erzbischof von Köln als Stadtherr von Soest im 12. und 13. Jahrhundert, in: Soester Zeitschrift 79 (1966), S. 20 - 36; Leidinger, Paul: Soest und das Erzstift Köln. Zum Verhältnis von Landesherrschaft und Stadt im 13. Jahrhundert, in: Soester Zeitschrift 92/93 (1980/81), S. 85 - 113.
17 Krüger, Herbert: Zur älteren Geschichte Höxters und Corveys, in: Westfälische Zeitschrift 86 II (1929), S. 213 - 235; ders.: Höxter und Corvey. Ein Beitrag zur Stadtgeographie, ebd. 87 II (1930), S. 1 - 108 und 88 II (1931), S. 1 - 93; dazu Hömberg, Albert K. : Höxter und Corvey, in: Zwischen Rhein und Weser (wie Anm. 1) S. 191 - 195; Haase, Carl: Die Entstehung der westfälischen Städte, Münster³ 1965, S. 19 - 20 (Höxter) und 22 - 24 (Corvey); Langen (wie Anm. 7) S. 209 - 210; Freise (wie Anm. 6) S. 311 - 313.
18 Ribbeck, Konrad: Geschichte der Stadt Essen, Essen 1915; Hömberg, Landesorganisation (wie Anm. 10) S. 65 - 70; Weigel, Helmut: Studien zur Verfassung und Verwaltung des Grundbesitzes des Frauenstifts Essen, Essen 1960; ders.: Aufbau und Wandlungen der Grundherrschaft des Frauenstifts Essen (852 - 1803), in: Das erste Jahrtausend, Bd. I, Düsseldorf 1962, S. 256 - 295; Tewes, Ludger: Mittelalter an Lippe und Ruhr, Essen 1988; Führer zu vor- und frühgeschichtlichen Denkmälern, Bd. 15: Essen - Düsseldorf - Duisburg, Mainz 1969, S. 132 - 149; Bettecken, Winfried: Stift und Stadt Essen. „Coenobium Astnide“ und Siedlungsentwicklung bis 1244, Münster 1988, bes. S. 183 - 188.
19 Stüwer, Wilhelm: Die Reichsabtei Werden an der Ruhr, Berlin 1980; Führer zu vor- und frühgeschichtlichen Denkmälern (wie Anm. 18) S. 160 - 190.
20 Lacomblet, Theodor J. (Hg.): Urkundenbuch für die Geschichte des Niederrheins, Bd. I, Düsseldorf 1840 (Neudruck Aalen 1966), Nr. 177; Hömberg: Landesorganisation (wie Anm. 10) S. 62 - 74, bes. S. 66 ff.; kritisch dazu: Janssen und Patze (wie Anm. 9).
21 Hömberg: Landesorganisation (wie Anm. 10) S. 97 - 107.
22 Wigand, Paul (Hg.): Traditiones Corbeienses, Leipzig 1843, S. 97, § 438; Preising, Rudolf: Büderich. Nachrichten zur Geschichte eines Kirchspiels und seiner Höfe im kurkölnischen Amte Werl, Münster 1967, S. 13 - 33 (Die Höfe des Stiftes Corvey).
23 Klocke, Friedrich von: Das Patriziatsproblem und die Werler Erbsälzer, Münster 1965, S. 72 - 74. Die inzwischen nachgewiesene vorgeschichtliche Salzgewinnung in Werl läßt entgegen der Skepsis von Klockes doch wohl darauf schließen, daß die Teilung des Salzplatzes mit den altsächsischen Heerschaften in Verbindung steht, die beide sich Anteilsrechte an den Salzquellen gesichert haben dürften. Ein Plan des Salzplatzes von 1829 bei von Klocke, S. 458.
24 S. oben Anm. 2.
25 Hömberg, Albert K.: Geschichte der Comitate des Werler Grafenhauses, in: Westfälische Zeitschrift 100 (1950), S. 9 - 133; Leidinger, Paul: Untersuchungen zur Geschichte der Grafen von Werl, Paderborn 1965; eine Bestätigung der dort gewonnenen genealogischen Untersuchungsergebnisse nunmehr bei Hlawitschka, Eduard: Untersuchungen zu den Thronwechseln in der ersten Hälfte des 11. Jahrhunderts und zur Adelsgeschichte Süddeutschlands, Sigmaringen 1987, hier: S. 52, 138 und 152 ff.
26 Lobbedey, Uwe: Die Ausgrabungen in der Propsteikirche zu Werl, in: Westfalen 50 (1972), S. 298 - 318; Hömberg, Albert K.: Werls Stellung und Bedeutung in der mittelalterlichen Geschichte, in: Zwischen Rhein und Weser (wie Anm. 1) S. 36 - 46; Leidinger, Paul und Wendelin: Die Vor- und Frühgeschichte des Raumes Werl. Eine Bilanz zehnjähriger Bodenforschung, in: Soester Zeitschrift 81 (1969), S. 9 - 21.

27 Salzgewinnung ist früh schon für Soest bezeugt: Jacob, Georg: Arabische Berichte von Gesandte an Germanische Fürstenhöfe aus dem 9. und 10. Jahrhundert, Berlin 1927, S. 22; dazu neuerdings Isenberg, Gabriele: Mittelalterliche Salzgewinnung Soest, in: Soester Zeitschrift (95), 1983. Doch gab es auch in Sassendorf bei Soest, Westernkotten bei Erwitte, Salzkotten bei Paderborn und in Unna-Königsborn Solequellen und Salzgewinnung, die für die ältere Zeit der Werler an Bedeutung nachstanden. Vgl. von Klocke, Friedrich: Salzwerk und Sälzertum zu Soest und Sassendorf, in: Aus Soester Vergangenheit, Soest 1927, S. 201 - 225; Niggemeier, Johannes: Geschichte der Saline in Salzkotten, in: Stadt und Amt Salzkotten, Paderborn 1970, S. 117 - 131; Timm, Willy: Salz aus Unna, Unna [2]1989; Berges, Heinz-Josef: Salz aus Werl. Die Salinenstadt am Hellweg und ihr „weißes Gold", Hamm 1977, allgemein: Emons, Hans-Heinrich/Walter, Hans-Henning: Alte Salinen in Mitteleuropa. Zur Geschichte der Siedesalzerzeugung vom Mittelalter bis zur Gegenwart, Leipzig 1988; Kaiser, Walter: Die Geschichte der Unternehmung und des staatlichen Einflusses in der Salzindustrie Hannovers und Westfalens bis zum Ende des 18. Jahrhunderts, Diss. Köln 1938; Burgholz, Dieter: Salzgewinnung und -politik, in: Teuteberg, Hans-Jürgen (Hg.): Westfalens Wirtschaft am Beginn des Industriezeitalters, Dortmund 1988, S. 247 - 267; immer noch heranzuziehen ist auch Huyssen, August: Die Solequellen des Westfälischen Kreidegebirges, ihr Vorkommen und muthmasslicher Ursprung, Berlin 1856.

28 Besonders betont von Schwartz, Hubertus: Kurze Geschichte der ehemals freien Hansestadt Soest, Münster 1949. Dazu Leidinger, Paul: Hubertus Schwartz, Soest und die moderne Stadtgeschichtsforschung, in: Soester Zeitschrift 95 (1983), S. 7 - 24.

29 Tochtrop, Josef: Der Königshof Erwitte bis zum Ende des 17. Jahrhunderts, Diss. Münster 1910 (= Westfälische Zeitschrift 68 II (1910), S. 209 - 267); Herberhold, Franz: 1100 Jahre Erwitte, Erwitte 1936; Hömberg: Landesorganisation (wie Anm. 9) S. 120 - 135;Kemper, Jürgen: Der Hellwegraum und der Königshof in Erwitte, in: Heimatblätter Lippstadt 64 (1984), Folge 6, S. 41 - 46.

30 Meinen Hinweis auf die- Verleihung des Stadtprivilegs für Lippstadt durch Kaiser Barbarossa in Verbindung mit dem Mainzer Reichsfest 1184 oder dem nachfolgenden Aufenthalt des Hofes in Gelnhausen [Leidinger, Paul: Die Gründung der Zisterzienser-Abtei Marienfeld 1185 und ihre Stifter. Zur politischen Situation der Jahre 1177 - 1185 in Westfalen, in: Westfälische Zeitschrift 135 (1985), S. 234] werde ich in Kürze an anderer Stelle eingehend begründen. Vgl. Ehbrecht, Wilfried (Hg.): Lippstadt. Beiträge zur Stadtgeschichte, Teile I und II, Lippstadt 1985, S. 19 - 88, hier: S. 30; Walberg, Hartwig: Das lippische Städtewesen von seinen Anfängen bis zum 15. Jahrhundert, in: Führer zu archäologischen Denkmälern, Bd. 10: Der Kreis Lippe I, Stuttgart 1985, S. 228; ders.: Lippstadt, in: Deutscher Städteatlas, Lief. III Nr. 5, Altenbeken 1984.

31 Hömberg, Albert K.: Die Städtegründungen des Erzbischofs Engelbert von Köln, in: Zwischen Rhein und Weser (wie Anm. 1) S. 138 - 158, bes. S. 142; ders.: Lippstadt - Geseke - Rüthen. Ein historischer Vergleich, ebd. S. 159 - 173, hier: S. 162 und 170 ff.

32 Schneider, Heinrich: Die Ortschaften der Provinz Westfalen bis zum Jahre 1300, Münster 1936, S. 72; Dehio, Georg: Handbuch der Deutschen = Kunstdenkmäler, Bd. Westfalen, bearb. von Kluge, Dorothea und Hansmann, Wilfried, München-Berlin[2] 1977, S. 30 - 31; Bannasch, Hermann: Das Bistum Paderborn unter den Bischöfen Rethar und Meinwerk (983 - 1036), Paderborn 1972, S. 33; Hömberg: Kirchenorganisation (wie Anm. 9) S. 99; Langen (wie Anm. 7) S. 194 und Karte S. 182.

33 Schmale-Ott, Irene: Translatio sancti Viti Martyris, Münster 1979, S. 60; Stoob, Heinz: Brakel, in: Westfälischer Städteatlas Lief. I Nr. 4, Dortmund 1975; Schoppmeier, Heinrich: Der Bischof von Paderborn und seine Städte, Paderborn 1968, S. 46 - 47.

34 883/84 verschanzten sich die Normann einen Winter lang in der Königspfalz Duisburg (Milz, wie Anm. 11 , S. 2); seit 906 fielen die Ungarn auch in Westfalen ein und verheerten hier mit Beutezügen vor allem den östlichen Teil bis Enger und Herzfeld an der Lippe, Kr. Soest (Prinz, Joseph: Das hohe Mittelalter vom Vertrag von Verdun (843) bis zur Schlacht bei Worringen, in: Kohl (wie Anm. 2), S. 351. Der Hellweg dürfte jedoch von ihnen wegen seiner stärker bewehrten Orte gemieden worden sein. Eine Reihe kleiner Turmhügelburgen sind in dieser Zeit in Westfalen angelegt worden. Vgl. auch Lüttich, R.: Ungarnzüge in Europa im zehnten Jahrhundert, Berlin 1910; Baaken (wie Anm. 7) S. 56 - 70.

35 Hömberg: Der Hellweg (wie Anm. 1) S. 200. Zugrunde liegen die Arbeiten von Mayer, Theodor: Das deutsche Königtum und sein Wirkungsbereich (mit 10 Karten von Königsitineraren), in: ders.: Mittelalterliche Studien. Gesammelte Aufsätze, Darmstadt 1963, S. 28 - 44; Rieckenberg, Hans-Jürgen: Königsstraße und Königsgut in liudolfingischer und frühsalischer Zeit (919 - 1056), Darmstadt 1961 (= Nachdruck aus Archiv für Urkundenforschung, Bd. XVII (1941) S. 31 - 154); Schmidt, Roderich: Königsumritt und Huldigung in ottonisch-salischer Zeit, in: Mayer (wie Anm. 7) S. 97 - 233.

36 Kaiserbesuche in Soest, in: Soester Zeitschrift 73 (1960) S. 7 - 27.

37 Vgl. für Duisburg, Dortmund, Paderborn und Corvey die oben in den Anm. 10 - 12, 17 und 29 (Erwitte) genannte Literatur; für Dortmund und Paderborn auch Balzer, Manfred: Dortmund und Paderborn. Zwei Aufenthaltsorte der fränkischen und deutschen Könige in Westfalen (8. - 13. Jahrhundert), in: Westfälische Forschungen 32 (1980) S. 1 - 20, dort auch (S. 3 - 5) ein Verzeichnis der für insgesamt 26 Orte in Westfalen bezeugten Königsaufenthalte, die die Dominanz der Hellweglinie eindrucksvoll bestätigen. Für Corvey vgl. auch Kaminsky, Hans Heinrich: Studien zur Reichsabtei Corvey in der Salierzeit, Köln-Graz 1972.

38 Wollasch, Joachim: Geschichtliche Hintergründe der Dortmunder Versammlung des Jahres 1005, in: Westfalen 58 (1980), S. 55 - 69.

39 Leidinger (wie Anm. 16) und die dortigen. Literatur. Isenberg, Gabriele: Ein Ausschnitt aus der Soester Stadtgeschichte: Die Grabung an der Petristraße 1984/85, in: Soester Zeitschrift 97 (1985), S. 5 - 12; Köhn, Rolf: Die Anfänge des Soester Patroklistiftes, ebd. 84 (1972), S. 5 - 22.

40 Deus (wie Anm. 36) S. 25 - 27.

41 Leidinger, Paul: Westfalen im Investiturstreit, in: Westfälische Zeitschrift 119 (1969), S. 267 - 314.

42 Grimm, Jacob und Wilhelm: Deutsches Wörterbuch, Bd. 10, Leipzig 1877 (Neudruck München 1984), Sp. 976; Lübben-Walther: Mittelniederdeutsches Wörterbuch, Norden und Leipzig 1888, S. 141.

43 Luntowski, Gustav: Dortmunder Kaufleute in England im 13. und 14. Jahrhundert, Dortmund 1970; ders.: Dortmund und die Hanse, in: Dortmund 1100 Jahre Stadtgeschichte (wie Anm. 12) S. 129 - 150; Dösseler, Emil: Soests auswärtige Beziehungen, besonders im hansischen Raum, Teil 1 , in: Soester Zeitschrift 100 (1988), S. 3 - 184; Looz-Corswaren, Clemens von: Die Stadt Soest als hansischer Vorort des kölnischen Westfalen vom 15. - 17. Jahrhundert, in: Soester Zeitschrift 92/92 (1980/81), S. 345 - 382 (sowie weitere Beiträge ebd.); vergleichend dazu für das weit weniger bedeutsame Paderborn dieser Zeit: Fahlbusch, Friedrich Bernward: Die Außenbeziehungen der Stadt Paderborn im 15. Jahrhundert, in: Westfälische Zeitschrift 139 (1989), S. 219 - 238; Hemann, Franz-Wilhelm: Die lübische Englandpolitik in der 2. Hälfte des 15. Jahrhunderts bis zum Utrechter Frieden. Die westfälischen Hansestädte zwischen Köln und Lübeck, in: Fahlbusch, FriedrichBernward (Hg.): Beiträge zur westfälischen Hansegeschichte, Warendorf 1988, S. 64 - 108.

44 Ebel, Wilhelm, Das Soester Recht. Wesen, Herkunft, Bedeutung, in: Soester Zeitschrift 72 (1959), S. 5 - 23; Stech, Anne-Luise: Die Soester Stadtrechtsfamilie, jur. Diss., Göttingen 1964; Walberg, Hartwig: Köln, Soest, Lippstadt. Zur Verbreitung und Bedeutung westfälischer Stadtrechte, in: Köln-Westfalen 1180 - 1980, Landesgeschichte zwischen Rhein und Weser, Münster 1980, Bd. I, S. 237-242; Winterfeld, Luise von: Die stadtrechtlichen Verflechtungen in Westfalen, in: Der Raum Westfalen, Bd. II 1, Münster 1955, S. 173 - 256; dies.: Das westfälische Hansequartier, ebd. S. 257 - 354; Luntowski: Dortmund und die Hanse (wie Anm. 43) S. 142 - 147. Vgl. ergänzend auch die oben in Anm. 43 genannte Literatur. Zu Münster auch Meckstroth, Ursula: Das Verhältnis der Stadt Münster zu ihrem Landesherrn bis zum Ende der Stiftsfehde (1457), Münster 1962, S.1.

45 Vgl. Schwartz, Hubertus: Soest in seinen Denkmälern, Bd. 1 - 6 Soest 1955 - 1962. Schon ein Blick in den Dehio-Band Westfalen, München [2]1977, macht die Unterschiede deutlich. Dortmund ist dort auf den Seiten 127 - 133 behandelt, Soest auf den Seiten 521 - 54 Münster auf den Seiten 346 - 395.

46 Kirchhoff, Hans-Georg: Die Dortmunder Große Fehde 1388/89, in: Luntowski-Reimann (wie Anm. 12) S. 107 - 128; Deus, Wolf-Herbert: Die Soester Fehde, Soest 1949; Rothert, Hermann: Wie die Stadt Soest ihr Territorium, die Börde, erwarb, in: Westfälische Zeitschrift 106 (1956), S. 79 - 111 ; Dieckmann, Klaus, Die Herrschaft der Stadt Soest über ihre Börde, ebd. 115 (1965), S. 101 - 218; Ditt, Hildegard: Bevölkerungseinzug und Raumbeziehungen der Stadt Soest in Mittelalter und Neuzeit, in: Soester Zeitschrift 92/93 (1980/81), S. 35 - 84; Behr, Hans-Joachim: Zur Landesherrschaft der Herzöge von Kleve in Soest, ebd. S. 115 - 150.

Die Grundherrschaft des Klosters Werden und die Siedlungsstrukturen im Ruhrgebiet im frühen und hohen Mittelalter

Hans-Werner Goetz

In der bäuerlichen Agrargesellschaft des frühen und hohen Mittelalters, in der in den meisten Landschaften weit über 90 % der Menschen auf dem Lande lebten, kam der Grundherrschaft als dem maßgeblichen Sozial-, Lebens-, Herrschafts- und Wirtschaftsverband eine besondere Bedeutung zu[1], wenngleich daneben stets mit einer nicht unbeträchtlichen Zahl freier (Klein-) Bauern außerhalb der großen Grundherrschaften zu rechnen ist. Diese beruhen darauf, daß die Herren als Landeigentümer Rechte über die darauf lebenden, von ihnen abhängigen Menschen ausübten, die zu Diensten und/oder Abgaben verpflichtet und zu einem Hörigenverband, der *familia* des Grundherrn, zusammengeschlossen, nach Rechtsstand und Leistungen aber in sich differenziert waren, nämlich rechtlich in Freie, Halbfreie und Unfreie, funktional aber in Bauern (Hufenbauern), Hofhörige (unterbäuerliche Schichten, Handwerker, Dienstpersonal) und Funktionsträger („Ministerialen") zerfielen. Je nach Intensität seiner Rechte konnte der Grundherr zugleich Gerichts-, Dorf- und Eigenkirchenherr sein. Wirtschaftlich diente die Grundherrschaft der Versorgung des Herrn, der das Land, als Salland (Herrenland), in Eigenwirtschaft durch Hofhörige und Frondienste bearbeiten oder aber in Hofstellen (Hufen) aufteilen und, als Hufenland (Leiheland), an hörige Bauern ausgeben konnte, die ein fast erbliches Nutzungsrecht daran erhielten. Wenn beide Wirtschaftsformen nebeneinander auftraten, spricht man von einer zweigeteilten Grundherrschaft; sie darf seit der Karolingerzeit als typisch für die großen Grundbesitzer gelten, die ihren Besitz in – teilweise mehrstufigen – Villikationen zusammenfaßten: Die abhängigen Hofstellen und anderen Besitzungen waren jeweils einem Fronhof *(curtis, villa)* zugeordnet, der von einem Meier *(villicus)* verwaltet wurde.

Im Ruhrgebiet des frühen und hohen Mittelalters, das zunächst eine reine Agrarlandschaft ohne städtische Kerne bildete[2], gab es mehrere Großgrundbesitzer: zunächst den König, der hier spätestens seit der Eroberung Sachsens durch Karl den Großen Fuß faßte, dann, seit dem 9. Jahrhundert, die bedeutenden Kirchen: das Kloster Werden und das Kanonissenstift Essen, aber auch das Erzbistum Köln und später das Kloster Deutz sowie andere auswärtige Kirchen und Klöster, schließlich weltliche Große, deren Besitz in den Quellen in Schenkungen (Traditionen) an die genannten Kirchen faßbar wird, ohne daß wir seinen Umfang abschätzen können.

Den genauesten Einblick bieten die Quellen des früheren Mittelalters in die Grundherrschaft des Klosters Werden[3]. Neben frühen Schenkungsurkunden des neunten[4] und Traditionsnotizen des 9. – 13. Jahrhunderts[5] sind vor allem fünf Klosterurbare vom Ende des 9. bis zur Mitte des 12. Jahrhunderts erhalten, von denen vier unter anderem auch das Ruhrgebiet betreffen[6]. Sie halten neben verschiedenen anderen Informationen den klösterlichen Besitz und seine Einkünfte fest, vermitteln Einblicke in die grundherrschaftliche Organisation und die bäuerliche Siedlung und lassen, im Vergleich der Zeitstufen, entwicklungsgeschichtliche Fragestellungen zu.

Als der Friese Liudger, der Missionar Westfalens und spätere erste Bischof von Münster, gegen Ende des 9. Jahrhunderts nach längerer Standortsuche den Entschluß faßte, ein Mönchskloster auf fränkischem Boden, diesseits der Ruhr, aber nahe der sächsischen Grenze, zu errichten, verfolgte er zwei Ziele: Einmal war die Klostergründung eine Eigengründung Liudgers, des ersten Abtes, dessen Verwandte das „Familienkloster" noch bis 886 leiteten[7]; da es sich bei diesen Nachfolgern aber um Bischöfe (von Münster und Halberstadt) handelte, drohte das Kloster schon früh daraus abgeleiteten Besitzansprüchen dieser Bistümer wie auch der weltlichen Verwandten Liudgers zu erliegen, bis König Ludwig der Jüngere es 877 in den Königsschutz aufnahm, damit zu einem Reichskloster erhob und ihm die freie Abtwahl verlieh[8]. Zum andern ist die Gründung im Zusammenhang mit der seit 772 begonnenen und sich über mehrere Jahrzehnte hinziehenden, politischen Eroberung Sachsens durch Karl den Großen zu sehen, der nun eine missionarische und kirchliche Erschließung folgen sollte. Werden war daher von Anfang an, auch in seiner Besitzpolitik, nach Norden, in den westfälischen Raum, ausgerichtet, in dessen südlichen Teil das mittlere und östliche Ruhrgebiet lag. Der Klosterbesitz in diesem Raum wurde erst nach und nach erworben und ausgebaut. Von der Dokumentation der Quellen her lassen sich fünf Phasen einer Entwicklung der Werdener Besitz- und Grundherrschaftsgeschichte unterscheiden.

Phase 1: Die frühen Schenkungsurkunden (Von der Gründung bis zur Mitte des 9. Jh.)[9]

Zum Zeitpunkt der Klostergründung stieß Liudger – und mit ihm die fränkische Kolonisation – in eine noch wenig erschlossene Landschaft vor: Den zwischen zwei Bächen unweit von deren Mündung in die Ruhr siedlungs- und verkehrstechnisch nicht ungünstig gelegenen Boden für den Klosterbau erwarb er 799 von einem Hludwin[10], der Klostergrund aber mußte erst gerodet werden. (Die jüngere, vor 863 verfaßte Liudgervita weiß von einem Rodungswunder zu berichten[11].) Der Ort wurde zunächst nach dem westlichen, ihn umgebenden Bach „Tiefenbach" genannt, hieß schon jetzt aber auch Werden *(Werthina)*; der östliche Bach hatte noch gar keinen Namen. Nur der westliche Teil schien demnach bereits besiedelt. Die bäuerlichen Schenkungen der Folgezeit zeigen, daß im Ruhrtal seit mehreren, mindestens aber zwei Generationen Bauern ansässig waren, da sie dem Kloster oftmals ihr Erbe *(hereditas)*, ihren Hof, übertrugen. In der Regel handelte es sich um Kleinbauern, die ihr Gut selbst erworben hatten. Die Schenkung von *comprehensiones*, von Bifängen (Rodungsland), weist darauf hin, daß es sich um ein Ausbaugebiet handelte[12]. Das tradierte Land war erst teilweise kultiviert[13], darunter befanden sich viele Waldrechte beiderseits der Ruhr, im Heissi- und Wagneswald, die der Schweinemast von insgesamt 950 Schweinen dienten (davon allein 255 in Oefte bei Kettwig[14]). Besiedelt war nach solchen Schenkungen vor allem das Ruhrtal von Ickten bis Heisingen. In dieser engeren Umgebung des Klosters lag, beiderseits der Ruhr, der früheste Klosterbesitz im Ruhrgebiet (vgl. Abb. 21). Solche Besitzübertragungen, die bezeichnenderweise ganz von privater Seite kamen, setzten sich in der Folgezeit fort, auch wenn Zeugnisse darüber erst wieder aus späterer Zeit vorliegen; sie machten das Kloster zu einem ansehnlichen Grundbesitzer. Gegen Ende des 9. Jahrhunderts war ein Zustand erreicht, der es lohnte, den Besitz in einem (ältesten) Urbar schriftlich festzuhalten.

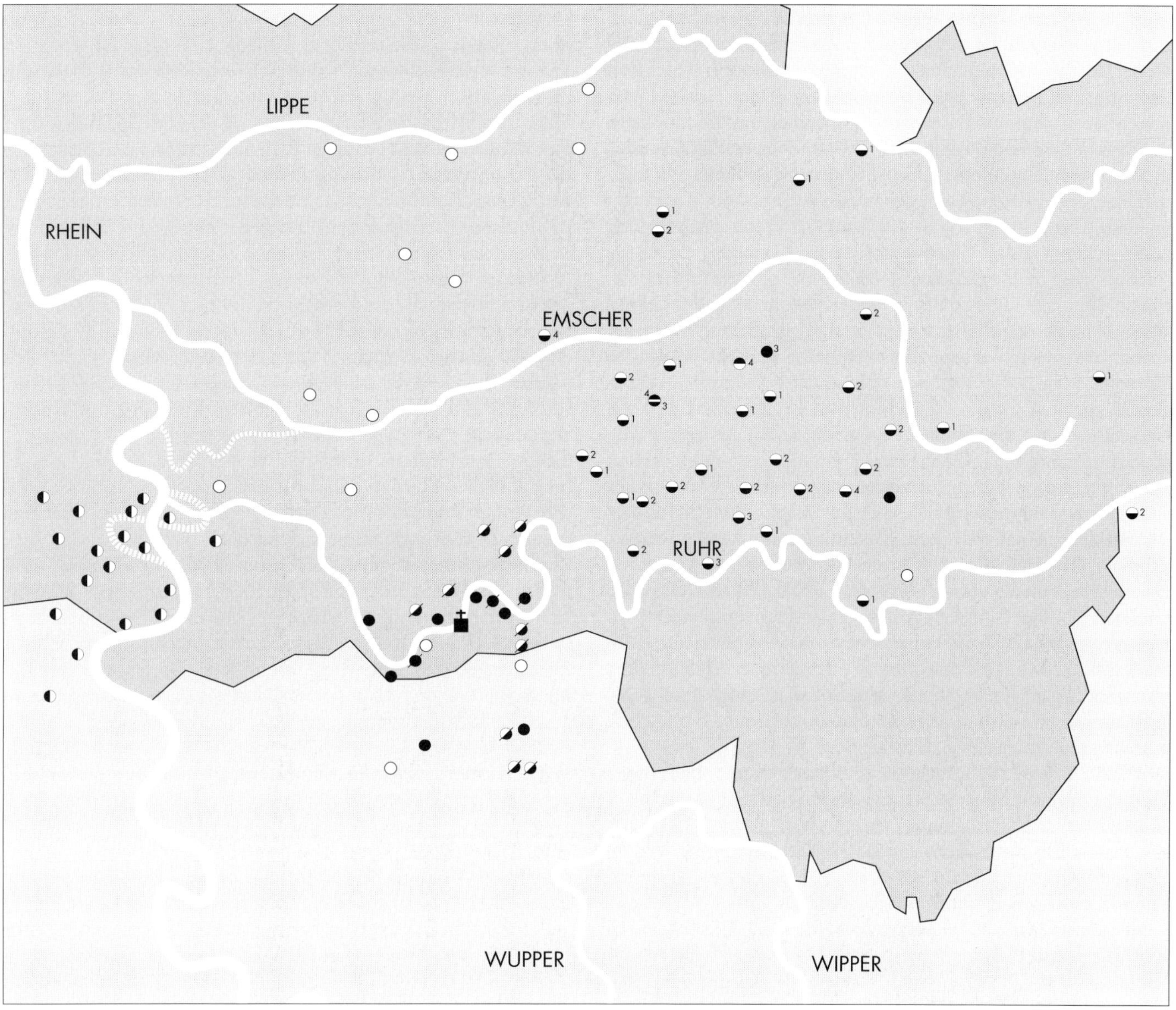

Abb. 21 Der frühe Werdener Klosterbesitz (vor 900).

- Kloster Werden
- Schenkungen bis 850 (Traditionsurkunden), Besitz nach Urbar A:
- ₂Brukterergau (mit Zahl der Bauernstellen)
- ₂Amt Odgrims (mit Zahl der Bauernstellen)
- Verband Friemersheim
- Zehntbezirk
- Sonstiger Besitz

Zur Identifizierung der Orte vgl. Abb. 22.

Phase 2: Urbar A (um 890)

Das älteste Werdener Urbar vermittelt einen Einblick in den bis dahin erworbenen, durch die Schenkungen zwangsläufig weit verstreuten Besitzstand des Klosters, dessen Güter vor allem in Friesland, Westfalen, am Niederrhein und natürlich auch im Ruhrgebiet lagen (vgl. Abb. 21). Hier erhielt das Kloster durch Schenkungen Land- und Waldbesitz nun auch im heutigen Mülheim-Oberhausener Grenzraum (Arenbögel, Sterkrade, Dümpten, Gladbeck), im Raum Recklinghausen (Heldringhausen) und Duisburg (Meiderich). Den besten Einblick aber vermittelt die Aufstellung der Werdener Güter im Brukterergau (A 35)[15]: In 42 Orten verfügte das Kloster über insgesamt 76 zu Abgaben verpflichtete Hörige. Das agrarische, noch städtelose Ruhrgebiet bzw. – hier – dessen westfälischer Teil war demnach bereits um 900 von einer großen Zahl ländlicher Siedlungen überzogen, in denen dem Kloster aber jeweils nur Streubesitz zustand. Oftmals handelte es sich um einen einzigen Bauern pro Ort oder Hof. Die Hörigen selbst, die über ganze oder auch geteilte Hufen (Mansen) verfügten, gehörten verschiedenen Rechtsständen an: Unter den 76 Werdener Bauern im Brukterergau befanden sich immerhin 19 Freie *(liberi)* und 3 Arme *(pauperes)*, wohl verarmte Freie, die sich und ihren Besitz dem Kloster tradiert hatten. Ein Höriger wurde sogar als vormals adelig *(quondam nobilis)* bezeichnet, war jetzt aber Lite, der freilich nur einen Geldzins zahlte (A 35, A 68). Die übrigen, deren Rechtsstand nicht vermerkt wird, waren wohl Halbfreie oder Unfreie. In anderen Abschnitten

(A 9; A 15) sind Wachszinsige bezeugt, deren geringe Zinsleistung, eben in Wachs, sie gegenüber anderen Hörigen privilegierte.

Die Abgaben der hörigen Bauern waren in der Höhe unterschiedlich, in den Sachleistungen aber ähnlich und bestanden in der Regel aus einem Getreidezins – im östlichen Ruhrgebiet wurden danach Malzgerste und Hafer, im Dortmunder und Bochumer Raum eher Gerste und Roggen angebaut –, meist einer Heeressteuer *(heriscilling)* von 8 – 12 Denaren, nur gelegentlich noch zusätzlichen Geldzahlungen, wohl aber Getreideabgaben als Ablösung für das Herbergsrecht *(pro mansione)* des Abtes sowie, häufig, Mehlabgaben: Auch die Weiterverarbeitung des Getreides erfolgte also vielfach noch auf den Bauernhöfen. (In anderen Gegenden, jenseits der Lippe, wurden statt dessen eher Vieh oder Honig verlangt.)

Das Urbar, das jeweils Ort, Hörige, deren Abgaben und die Gesamteinnahmen verzeichnet, läßt darüber hinaus bereits eine grundherrschaftliche Organisation erkennen, indem es den Besitz in einzelne „Ämter" *(ministeria)* gliedert, deren Verwalter namentlich genannt sind. Solche Hebeämter zum Einziehen der Abgaben begegnen vor allem in Westfalen (um Lüdinghausen, Buldern, Dülmen, Werne und Selm), aber auch im Ruhrgebiet: Das (kleine) Amt Odgrims (A 20) umfaßte 12 Bauernstellen im Grenzbereich Bochum-Castrop (Riemke, Dungeln, Lanckwert, Holthausen)[16]. Ein Bauer in Brabeck war Schwiegersohn oder Schwager des Werdener *procurator* Hunfrid (A 19, A 18), der dort also wohl Meier war, und ein *ministerium* hatte auch der Hörige Wilbracht in Heldringhausen inne, dem dafür eine halbe Hufe zugestanden wurde (A 35, A 50).

War die – gelegentlich mit zwei Familien belegte – bäuerliche Hufe die normale Bewirtschaftungsform, so ist zumindest in der engeren Werdener Umgebung auch Sallandbetrieb bezeugt (A 15). Da die hörigen Bauern hier zu Abgaben und Frondiensten (Pflügen, Mähen, Einfahren) verpflichtet waren – bei denen ihnen Verpflegung zustand –, haben wir das klassische Beispiel einer zweigeteilten Grundherrschaft vor uns. Die Wendung *dimidium* bzw. *plenum servitium* für die bäuerlichen Dienste läßt erkennen, daß diese bereits genormt und damit bemessen waren. Eine zweigeteilte Grundherrschaft begegnet auch in dem Kernstück des ältesten Urbars, dem berühmten Amt Friemersheim am Niederrhein (A 3), einem ehemaligen Königsgutbezirk, den wohl bereits Karl der Große dem Kloster geschenkt hatte. Es handelte sich um einen Fronhofsverband mit 121 1/2 Hufen in 20 Dörfern vornehmlich in der engeren Umgebung, von denen fünf auch Sallandbetrieb aufwiesen. Neben einem Geld- und Naturalzins (Hühner und Eier) hatten die Bauern detailliert beschriebene Frondienste zu leisten, nämlich dreimal jährlich, im Herbst, Frühjahr und im Juni, zwei Wochen lang bestimmte Sallandflächen umzubrechen, zu pflügen, zu besäen und später abzuernten. Außerdem mußten sie Brot backen, Bier brauen, Zäune errichten und das Vieh hüten, wobei eine Arbeitsteilung zwischen Mann und Frau vorgesehen war. – Die genau abgegrenzten Zehntrechte der Pfarrei (Klosterkirche) im Dreieck Oefte – Heisingen – Velbert (A 12) gingen bereits über die Grundherrschaft im engeren Sinn hinaus[17].

Phase 3: Urbar B (um 1000)

Die dritte Phase der Dokumentation (vgl. Abb. 22) ist durch die älteren, um 1000 entstandenen Partien des zweiten Werdener Urbars (Urbar B_1 und B_2) belegt, die Kontinuität wird durch Traditionsnotizen des späten 10. und frühen 11. Jahrhunderts gewährleistet (Urbar Va). Das Urbar läßt nun „Ämter" (Fronhöfe) erkennen, die sich über das ganze Ruhrgebiet verteilten und die verpflichtet waren, den Abt zu beherbergen (B 14) und die Mönche an bestimmten Festtagen mit Gänsen, Enten, Käse, Eiern und Schüsseln zu verköstigen (B 17) (Tab. 1). Im Ruhrgebiet gab es danach 13 Fronhöfe (vgl. Abb. 23): Friemersheim, Linden, Cramwinkel, Hillen, Arenbögel, Waltrop, Marten, Barkhoven, Einern, Kalkofen, Bögge, Stiepel und Ickten. Sie waren meist zu drei, die drei kleineren, letztgenannten, zu ein oder zwei Abtherbergen verpflichtet; lediglich Friemersheim mußte den Abt sechsmal jährlich aufnehmen. An drei Fronhöfen, Barkhoven (200 Tagwerke), Ickten und Kalkofen, die nicht zufällig wieder sämtlich in Werdens Umgebung lagen, ist Salland bezeugt, das teilweise von hörigen Bauern bearbeitet wurde. Außerdem kannte die innere Klosterverwaltung gemäß der Benediktregel Klosterämter (Pförtner, Kustos, Schule) (B 18 – 20), die Geldzuweisungen aus einzelnen Dörfern erhielten.

Näher nach Hörigen und Abgaben werden nur zwei Ruhrgebietshöfe dieses Urbars aufgeschlüsselt, nämlich das Amt Bunos (bei Werden) und das Amt Bögge (bei Kamen). (Das Urbar gibt folglich keinen vollständigen Überblick über Besitz und Einkünfte des Klosters.) Das Amt Bunos (B 2) erstreckte sich über drei Orte: Heisingen (mit 4 Hofstellen), *Smerilikki* (= Schmerling in Vosnacken mit 26 Hofstellen) und Mülheim (mit 27 Hofstellen). Die hohe Zahl der Bauern an den beiden letztgenannten Orten zeigt, daß es bereits ansehnliche Dörfer oder aber – wahrscheinlicher – zentrale Siedlungen gab, denen die umliegenden Höfe zugeordnet wurden. Auffällig ist aber auch die Ähnlichkeit der bäuerlichen Namen in einem Dorf: In Schmerling begegnen die Namen Meinzo und Lindikin beispielsweise je dreimal, Abbo (neben Abbiko) zweimal, in Mülheim finden wir zweimal einen Gelako, Sibikin neben Sibo, Walzikin neben Walziko, Tiazo neben Tiado. Das deutet vielleicht auf verwandtschaftliche Bindungen der Dorfgenossen untereinander. Die bäuerlichen Leistungen beschränkten sich im Amt Bunos neben gelegentlichen Geflügelabgaben auf Geldzahlungen, während in Bögge der im Brukterergau übliche Getreidezins (Hafer und Gerste), der Heeresschilling und gelegentlich Schweine zu leisten waren. Auch hier treffen wir auf Namensgleichheit oder -ähnlichkeit. Da zwei Aufstellungen dieses Amtes erhalten sind, ist ein Vergleich möglich: Von den 24 Namen der ersten Liste (B 3) kehrt in der zweiten, tatsächlich wohl älteren (B 29) mit insgesamt 29 Namen genau die Hälfte wieder, wobei gelegentlich ein übergeschriebener Name den Besitzerwechsel anzeigt; gleiche Leistungen lassen erkennen, daß weitere Höfe nun von anderen Bauern bewirtschaftet wurden. Auf der anderen Seite sind die Leistungen nicht völlig unverändert geblieben, sondern in der jüngeren Liste manchmal etwas erhöht worden – auffälligerweise waren beide Male jedoch 14 Bauern zu Getreideabgaben verpflichtet –, während das Kloster inzwischen sechs Hörige verloren hatte: Die Grundherrschaft war augenscheinlich dauernden Veränderungen unterworfen.

Den Verlusten stehen andernorts Besitzerweiterungen gegenüber, so bei den Waldrechten *(scarae)* im „Mallingsforst" (304 *scarae* in Winkhausen, Bedingrade, Dümpten, Sterkrade, Lippern, Meiderich, Arenbögel, Brabeck und Osterfeld) (B 23), bei Werden (408 1/2 *scarae*) (B 8)[18], später im Laupendahler Wald (B 48). Neben vereinzelt überlieferten Stiftungen im Urbar B ist vor allem ein etwa gleichzeitiges Traditionsregister (Urbar Va) mit 125 Schenkungen erhalten, die zum größeren Teil wohl noch in das 10., teilweise aber auch erst in das frühe 11. Jahr-

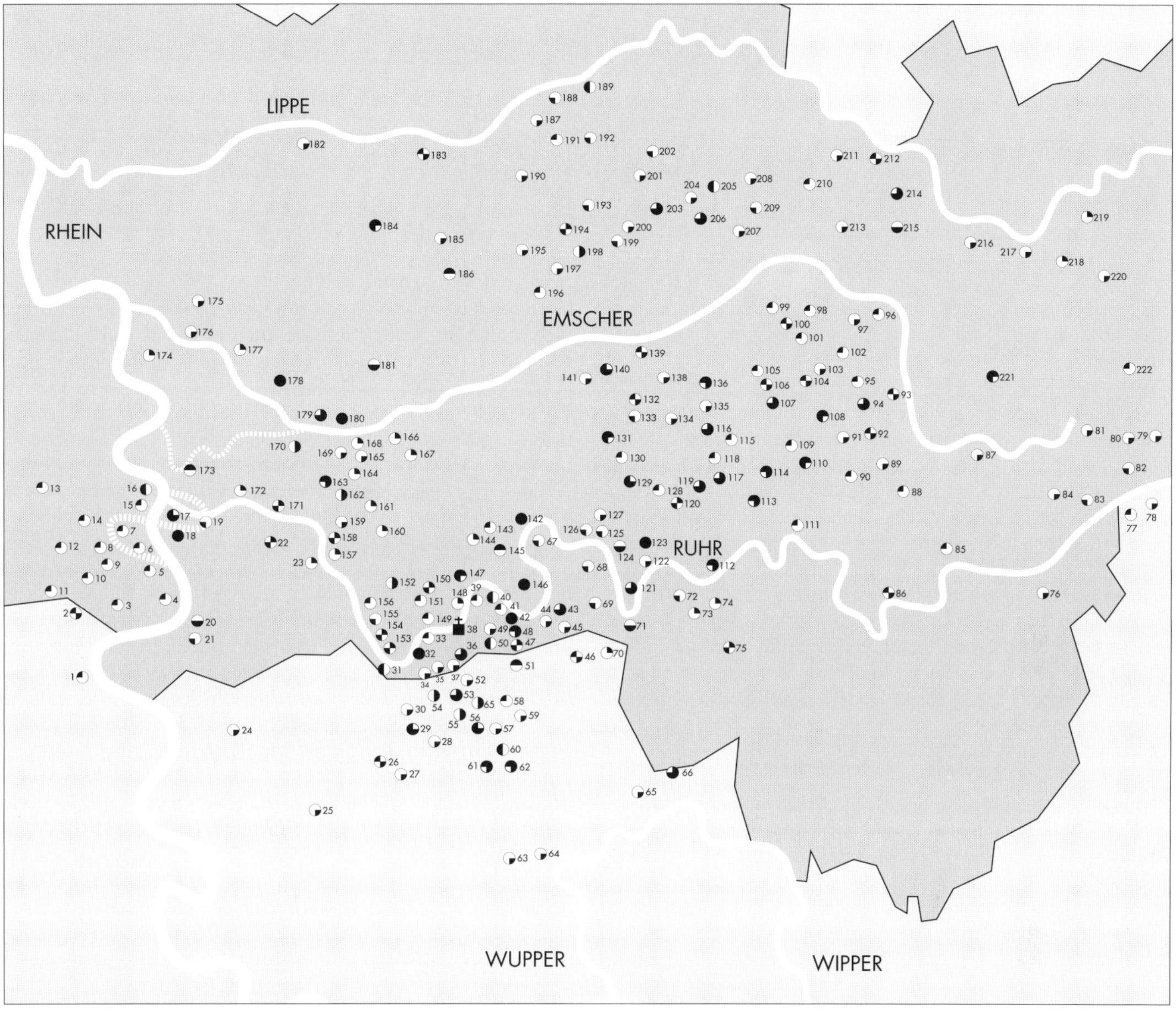

Abb. 22 Der Werdener Klosterbesitz bis 1200.

Kloster Werden
Phasen 1 und 2 (vgl. Abb. 21)
Phase 3 (Urbare B und Va)
Phase 4 (Urbar C)
Phase 5 (Urbare E und Vb)

1 Uerdingen
2 Budberg
3 Friemersheim
4 Bliersheim
5 Atrop
6 Hochemmerich
7 Asterlagen
8 Oestrum
9 Bergheim
10 Rumeln
11 Venikel
12 Schwafheim
13 Moers
14 Asberg
15 Essenberg
16 Homberg
17 Kasselerfeld
18 Duisburg
19 Duissern
20 Wanheim
21 Angershausen
22 Speldorf
23 Saarn
24 Lintorf
25 Krumbach
26 Hasselbeck
27 Leubeck
28 Wordenbeck
29 Hetterscheid
30 Lüning/Isenbögel
31 Laupendahl
32 Oefte
33 Eickenscheidt
34 Geilinghaus
35 Holsterhausen
36 Barkhoven
37 Heidhausen
38 Werden
39 Harnscheid
40 Fischlaken
41 Hesper
42 Hamm
43 Hinsbeck
44 Ruhrberg
45 Dilldorf
46 Vosnacken
47 Ladscheid
48 Rottberg
49 Vosbeck
50 Simlinghaus
51 Langenhorst
52 Grundscheidshof
53 Kalkofen
54 Tüschen
55 Krewinkel
56 Velbert
57 Richrath
58 Velau
59 Delbeck
60 Kostenberg
61 Flandersbach
62 Rützkausen
63 Schlingensiepen
64 Katernberg
65 Horath
66 Einern
67 Hinsel
68 Altendorf
69 Barenberg
70 Balkhausen
71 Bredenscheid
72 Hattingen
73 Sünsbruch
74 Holthausen
75 Sprockhövel
76 Garenfeld
77 Rheinen
78 Hennen
79 Opherdicke
80 Hengsen
81 Dudenroth
82 Hohenschwerte
83 Schwerte
84 Holzen
85 Kirchende
86 Schede
87 Lemberg
88 Persebeck
89 Salingen
90 Stockum
91 Kley
92 Oespel
93 Dorstfeld
94 Marten
95 Kirchlinde
96 Mengede
97 Deininghausen
98 Castrop
99 Börsinghausen
100 Holthausen
101 Obercastrop
102 Frohlinde
103 Merklinde
104 Bövinghausen
105 Sodingen
106 Gerthe
107 Harpen
108 Lütgendortmund
109 Werne
110 Langendreer
111 Heven
112 Stiepel
113 Querenburg
114 Laer
115 Altenbochum
116 Bochum
117 Cramwinkel
118 Hunscheidsfeld
119 Brantrop
120 Weitmar
121 Winz
122 Baak
123 Linden
124 Dahlhausen
125 Horst
126 Mecklenbeck
127 Eiberg
128 Eppendorf
129 Höntrop
130 Westenfeld
131 Wattenscheid
132 Hordel
133 Günnigfeld
134 Hundhamme
135 Grumme
136 Riemke
137 Herne
138 Eickel
139 Wanne
140 Hüllen
141 Bulmke
142 Bergerhausen
143 Vöcklinghausen
144 Rüttenscheid
145 Rellinghausen
146 Heisingen
147 Bredeney
148 Barnscheid
149 Heissiwald
150 Meckenstock

151	Wallenei	163	Dümpten	175	Hiesfeld	187	Wester-Oelde	199	Herten	211	Natrop
152	Raadt	164	Bedingrade	176	Wehoven	188	Lippe	200	Backum	212	Pelkum
153	Kettwig	165	Möllo	177	Suselbeck	189	Oelde	201	Bockholt	213	Oberwiese
154	Ickten	166	Borbeck	178	Sterkrade	190	Polsum	202	Speckhorn	214	Waltrop
155	Berchem	167	Bocholt	179	Osterfeld	191	Marl	203	Hochlar	215	Leveringhausen
156	Menden	168	Dellwig	180	Arenbögel	192	Drever	204	Recklinghausen	216	Tockhausen
157	Fonscheid	169	Frintrop	181	Bottrop	193	Langenbochum	205	Heldringhausen	217	Lünen
158	Mülheim	170	Lippern	182	Gahlen	194	Westerholt	206	Hillen	218	Schwanbell
159	Eppinghofen	171	Styrum	183	Dorsten	195	Buer	207	Röllinghausen	219	Beckinghausen
160	Fulerum	172	Alstaden	184	Brabeck	196	Ellinghaus	208	Ehsel	220	Oberaden
161	Winkhausen	173	Meiderich	185	Zweckel	197	Middelich	209	Suderwich	221	Dortmund
162	Denkhaus	174	Aldenrade	186	Gladbeck	198	Surresse	210	Hagen	222	Asseln

hundert gehören. 66 dieser jeweils meist nicht sehr umfangreichen Schenkungen (mit 72 identifizierbaren Orten) betreffen das Ruhrgebiet. Die Notizen nennen Ort, Schenker, Schenkungsgrund und Art der Schenkung und belegen eine breite Besitzerschicht. Meist wird es sich um Prekarieschenkungen gehandelt haben, die das geschenkte Land gegen einen Anerkennungszins an das Kloster den Schenkern weiterhin zur Nutzung beließen. Die Leistungen an das Kloster bestanden vorwiegend in Geldzahlungen (26x) und nur gelegentlich in Naturallieferungen (8x). Schenkungsgrund war nach eigenen Angaben das Seelenheil des Schenkers oder seiner Verwandten: Die Mönche schlossen diese Personen als Gegenleistung für die Schenkung in ihr Fürbittegebet ein[19]. Die Tradenten selbst werden noch ohne Standesbezeichnung genannt; unter ihnen finden wir aber einen Grafen Hermann (in Borbeck), vier Werdener Mönche und acht Frauen. Werdener Äbte nahmen zudem umfangreiche Anniversarstiftungen vor[20].

Phase 4: Urbar C (um 1050)

Das dritte, unter Abt Gerold (1033 – 50) entstandene Urbar ist ein Teilurbar, das nur die Fronhofsleistungen, nicht aber die Abgaben der abhängigen Bauern in den einzelnen Dörfern verzeichnet. (Daß man daraus nicht auf eine Ablösung der Einzelabgaben zugunsten der Fronhofsservitien schließen darf, beweist das folgende Urbar, das wieder beide Leistungstypen überliefert.) Um so deutlicher treten hier voll ausgebildete Organisationsstrukturen hervor, wobei meist zwei Fronhöfe unter einer Leitung zusammengelegt waren (vgl. Abb. 23). Im Ruhrgebiet begegnen weiterhin die Höfe *(villicationes)* Einern-Kalkofen (C 1), Barkhofen (C 2), Ickten (C 3), Arenbögel-Hillen (C 4), Marten-Waltrop (C 5), Cramwinkel-Linden (C 6) sowie Bögge (C 11). Der Hof Friemersheim am Rhein war anscheinend in das nahe gelegene Hülsdonk verlegt worden (C 16); Stiepel ist gegenüber dem früheren Urbar weggefallen, Hetterscheid (C 18) und (später) Oefte (C 17) sind neu hinzugekommen.

Das Urbar verzeichnet zwei verschiedene Leistungen, nämlich der Hörigen *(familia)* insgesamt und der Verwalter *(villici)*. Die *familiae* waren regelmäßig zu Geldabgaben, häufig auch zu einem Schweine-, Schaf- und Getreidezins (Roggen, Gerste, Hafer), vereinzelt zu anderen Abgaben (Holz, Erbsen) verpflichtet. Getreideabgaben fehlten gerade in den klosternahen Höfen. Gelegentlich sind der Heeresschilling, einmal (C 2) Erb- und Heiratsgaben *(hereditates et nuptialia dona)* der Hörigen erwähnt. Natural- und Geldwirtschaft standen noch nebeneinander; zumindest in einem Fall (C 6) wurden aber Holzabgaben bereits durch einen Geldzins abgelöst. In allen Höfen war zudem eine unterschiedlich hohe Zahl von Hörigen (8 – 50) zu 1-2 Wochen Frondiensten verpflichtet, ein Hinweis auf das Vorhandensein von Salland an allen Höfen; dessen Umfang in den klosternahen Höfen (Einern-Kalkofen, Barkhofen, Ickten, Oefte) aber ist sicher dafür verantwortlich, daß den Bauern gerade hier zwei, in Ickten sogar neun Wochen Frondienste abverlangt wurden.

Die Verwalter der Hofverbände waren, wie früher, in der Regel zu Beherbergungen des Abtes *(mansiones)* verpflichtet, sorgten oft für einen Getreidevorrat *(horreum farris)*, leisteten vereinzelt Naturalien, trugen häufig aber zum Königsdienst *(servitium regis)* mit einem völlig gleichförmigen Brot-, Bier-, Vieh-, Getreide-, Käse-, Geflügel-, Eier- und Schüsselzins bei. Außerdem leisteten sie genau festgelegte Festtagsabgaben zu bestimmten, im Kloster anscheinend besonders gefeierten Kirchenfesten: durchweg am Tag des Klosterheiligen Liudger (26.3.), häufig an den drei Bittagen *(Rogationes)* vor Himmelfahrt, am Remigiusfest (1.10.) und zu Weihnachten, gelegentlich zu Ostern und am Martinstag (11.11.). Zwar waren die Leistungen der einzelnen Höfe jeweils individuell bemessen, dennoch ist ihre Gleichförmigkeit zum selben Termin auffällig: Getreideabgaben waren am Liudger-, Remigius- und Weihnachtsfest fällig (also keineswegs nur zur Erntezeit), Viehabgaben am Remigius- (Kühe und Lämmer), Weihnachts- (Schweine und Kühe) und Osterfest (Schweine und Lämmer). Typisch für den Liudgertag waren Lachse und andere Fische, Milchprodukte, Schüsseln und Kessel, Betten, Kopfkissen und Tischtücher – hier erwartete man wohl viele Gäste –, für die Bittage Fisch und Käse, für das Remigiusfest Erbsen, Honig, ein Geldzins, Fässer und Flaschen, für das Weihnachtsfest ein Holzzins. Im übrigen waren die Höfe bei geringen Änderungen noch zu denselben Festtagsservitien verpflichtet wie im vorigen Urbar (Tab. 1). Erneut wurden auch die Klosterämter (Pförtneramt; Siechenamt) aus Einnahmen von verschiedenen Orten finanziert (C 23/24); Abt Gerold stiftete Einkünfte aus mehreren, meist im Duisburg-Oberhausener Raum gelegenen Dörfern zur Bekleidung der Werdener Scholaren (C 19).

Phase 5: Urbar E (um 1150)

Vom quellentypologischen Standpunkt aus gesehen stellt das umfangreiche, der Mitte des 12. Jahrhunderts angehörende Urbar E eine Kombination der früheren Urbare dar, indem es Fronhofsservitien und bäuerliche Abgaben verzeichnet und damit die zweipolige Einnahmewirtschaft des Klosters belegt. Die Fronhöfe selbst erweisen sich hier gegenüber den früheren Zeiten als relativ stabil (vgl. Abb. 23)[21]; lediglich der Hof Linden war inzwischen in das benachbarte Dahlhausen verlegt (oder umbenannt?) worden, der Friemersheimer Hof hatte sein Zentrum nun in Borg; die beiden kleinen Höfe Ickten und Oefte waren zwischenzeitlich wohl aufgegeben worden. Der *villicus* von Bögge besaß eine Hufe in Evenkamp (E 14, 24) – er war also, wie üblich, selbst Hufenbauer –, in Kalkofen aber hatte er sich bereits ein Lehen *(beneficium)* angeeignet und seine Schwestern

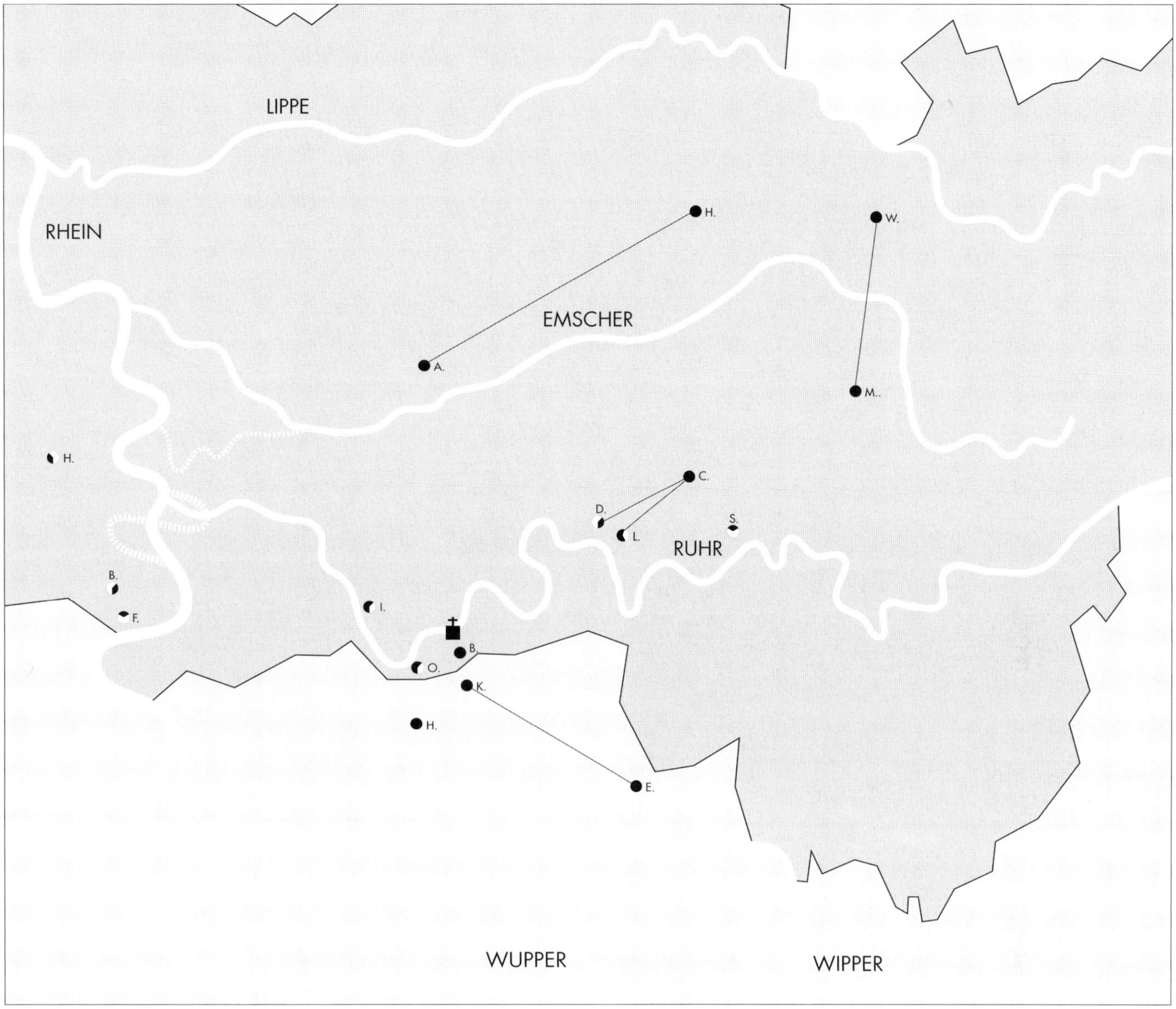

Abb. 23 Die Werdener Fronhöfe

Kloster Werden
Urbar B
Urbar C
Urbar E
O—O Zusammengelegte Höfe
Zur Identifizierung der Höfe vgl. Abb. 22 und 24.

ausgestattet (E 4, 63), ein Beleg dafür, daß der ursprünglich bäuerliche Meier bereits einem herrengemäßen Leben zustrebte. Den unterschiedlich großen Fronhöfen waren jeweils abhängige Bauern in verschiedenen Orten zugeordnet (Tab. 4), wobei es gelegentlich zu Überschneidungen kam (vgl. Abb. 24). Eine Besitzkonzentration gab es tatsächlich nur in wenigen Orten. Der Siedlungsausbau war inzwischen zügig vorangeschritten. Das zeigen nicht nur der Zuwachs an Orten, sondern auch gelegentliche Ortsnamen auf -scheid, -rode und -rath sowie die Bezeichnung *de palude* in Waltrop (E 9, 39), wo man offenbar Sumpfgebiet urbar gemacht hatte, auf dem nun sechs Werdener Bauern wohnten. Wenngleich Frondienste sich wieder auf die klosternahen Höfe Barkhoven, Kalkofen und Hetterscheid beschränkten – nur hier sollte die *familia* ständig bereit sein, mit Pferden und Pflügen zu dienen –, ist Salland auch im Verband Kalkofen (Otensel, Grundscheidshof) (E 4, 63) und Dahlhausen (Linden) bezeugt; teils war es jedoch im Besitz des *villicus*, teils an Bauern ausgegeben, also bereits in Auflösung begriffen. Entsprechend waren auch die Wochendienste der Bauern verschwunden. Herrschaftliche Mühlen, in Linden (E 8, 13), Cramwinkel (E 8, 31) und Hochlar (E 10, 33), wurden ebenfalls von Hörigen betrieben. Unter den Abgabepflichtigen treffen wir gelegentlich auf Kleriker (4x) und Witwen (5x). Die Leistungen (Tab 2) bestanden durchweg aus – unterschiedlich hohen – Geldabgaben – allein im Fronhof Barkhoven schwankten sie zwischen drei Denaren und drei Schillingen –, vielfach einem Getreide- und gelegentlich einem Viehzins, außer in den klosternahen Höfen ferner dem Heeresschilling und dazu häufig einem Ablösegeldzins für verschiedene Leistungen – Dienst *(servitium)* und Fronarbeit *(opus)*, Hühner-, Wein- und Holzzins –, deren Höhe von Fronhof zu Fronhof schwankte. Vier Hufen in Friemersheim hatten vier starke Pferde für Italien-, Sachsen- und

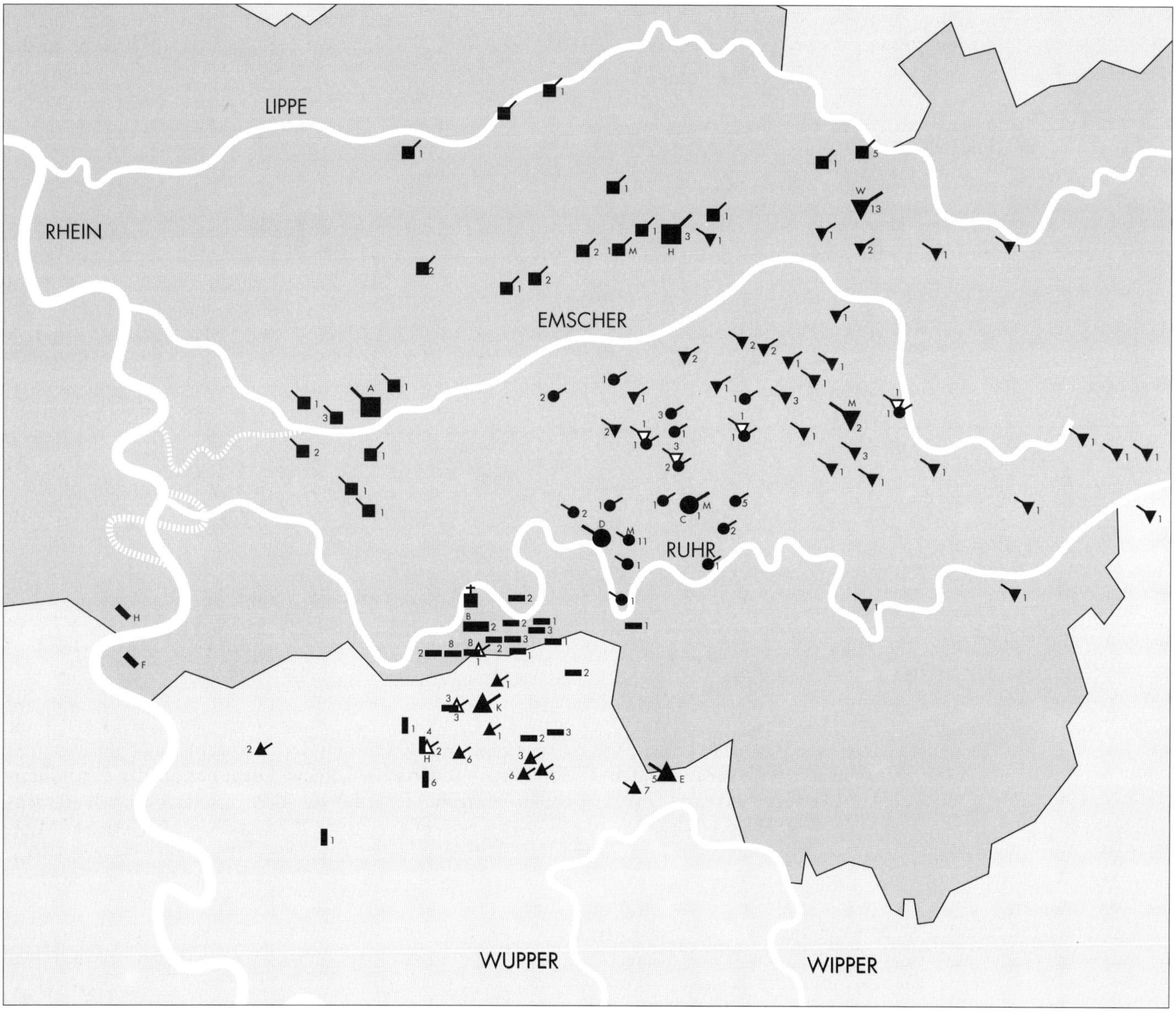

Abb. 24 Die Werdener Fronhofsverbände um 1150 (nach Urbar E)

Die Karte verzeichnet die Fronhöfe (großes Symbol) mit den zugehörigen Orten (kleines Symbol mit Zahl der Bauernstellen). Zur Identifizierung der Orte vgl. Abb. 22.

Barkhoven
Hetterscheid
Friemersheim/Hülsdonk
M Mühle
Kalkofen
Arenbögel
Dahlhausen
Marten
Einern
Hillen
Cramwinkel
Waltrop

Friesenzüge zu stellen (E 1, 2). Die in Barkhoven (E 3), Einern und Kalkofen (E 4) sowie Hetterscheid (E 5) angegebene Summe der klösterlichen Gesamteinnahmen stimmte – im Gegensatz zu anderen Urbaren –, trotz leichter Abweichungen, auffallend mit der Summe der bäuerlichen Einzelleistungen überein, wobei die Geldeinnahmen meist etwas über dem Soll lagen[22].

Vergleicht man Fronhofsverbände und bäuerliche Abgaben mit den Angaben der älteren Urbare, so sind die Unterschiede beträchtlich. Geändert hatten sich beispielsweise die Hörigenzahlen: In Linden gab es im ersten Urbar zwei, um 1150 acht Werdener Bauern, in Stiepel hingegen war von ursprünglich drei Bauern dem Kloster nur noch einer verblieben; der umfangreiche Besitz im Amt Bunos um 1000 (B 2) in Mülheim und Schmerling wird im Urbar E gar nicht mehr registriert; manche Orte werden nicht mehr genannt, andere sind hinzugetreten (vgl. Abb. 22). Unmittelbar vergleichbar ist allerdings nur das Amt Bögge um 1000 (B 3) und um 1150 (E 14); erst das jüngere Urbar verteilt die Hörigen auf verschiedene Ortschaften, ihre Zahl ist mit 24 konstant geblieben, während die Namen sich in den rund 150 Jahren natürlich verändert haben; verschiedentliche Ähnlichkeiten (Azo-Hezzel/Jazo, Ado – Adalbertus, Thiadbert – Thibertus/Thiedmarus) bleiben zu vage, um eine Erbfolge wahrscheinlich zu machen. Die Leistungen hingegen waren in ihrer Struktur noch ähnlich – nach wie vor wurden Getreide- und Geldzins sowie Heerschilling erhoben –, im Umfang allerdings verringert: von durchschnittlich 21,6 auf 16,8 Scheffel Getreide pro abgabepflichtigem Bauern und von 12,6 auf 10,5 Denare.

Statt dessen wurden nun aber zusätzlich Ablösegelder für Arbeit *(pro opere)* und Weinzins *(pro vino)* erhoben. Dennoch waren die Gesamteinnahmen des Klosters an Geld und Getreide erheblich gesunken. Insgesamt wird deutlich, welchen Veränderungen die Werdener Grundherrschaft im Laufe des frühen und hohen Mittelalters unterlag.

Tatsächlich verzeichnen sämtliche Höfe des Urbars E auch Entfremdungen von Besitz als *defectus* bzw. *dampnum curtis:* Hufen in verschiedenen Orten waren an Vögte, Meier, Ministerialen und Lehnsleute ausgegeben oder verlorengegangen oder anderweitig entfremdet worden. Schenkungen hielten nur noch in geringerem Ausmaß an: Das Urbar V b aus der ersten Hälfte des 12. Jahrhunderts verzeichnet noch 44 Schenkungen, von denen 18 das Ruhrgebiet betrafen. Im Gegensatz zu den Schenkungen des 11. Jahrhunderts (Urbar V a) wurden die Tradenten, darunter drei Frauen, nun oft als adlig gekennzeichnet (5mal; 3mal de + Ortsname)[23], einmal handelte es sich um einen Grafen (Gerhard), zweimal um Werdener Mönche. Die Seelgerätstiftung (8mal) trat im Umfang hinter Eintrittsschenkungen der Mönche (11mal: 2mal im eigenen Namen, 7mal für den Sohn, 2mal für den Bruder) zurück, die mehr als die Hälfte aller Schenkungen ausmachten. Die eigentliche Ausbauphase scheint damit überschritten zu sein. Die Abgaben wurden nun sämtlich in Geldbeträgen bemessen.

Wie im Urbar C, so waren auch hier nicht nur die Bauern – in Barkhoven sind noch Kopfzins, Erb- und Heiratsabgaben sowie Steuern *(exactiones)* bezeugt –, sondern auch die Meier bzw. der Fronhofsverband insgesamt zu bestimmten Leistungen verpflichtet, die sich im Vergleich, trotz leichter Änderungen, als konstant erweisen: zu Abtherberge, zu Getreidelieferungen *(horreum farris)*, zum *servitium regis*, zu Festtagsservitien (Tab. 1), die nun genau bemessen waren und auf die verschiedenen Klosterämter verteilt wurden (vgl. E 3, 69 f.), sowie zu Festtagsabgaben, deren Zahlungstermine ebenso wie Art und Höhe der Leistungen im wesentlichen, wie beispielsweise am Liudgertag, konstant blieben, doch waren an manchen Höfen, vor allem zum Remigiustag, inzwischen weitere Abgaben hinzugekommen. Waren die bäuerlichen Leistungen um 1150 demnach leicht zurückgegangen, so hatten sich die Fronhofsabgaben insgesamt erhöht, so daß ein gewisser Ausgleich erreicht wurde. Weitere Einahmen des Klosters erwuchsen aus einem Grundstückszehnt von verschiedenen Häusern (beispielsweise in Hetterscheid und Dahlhausen-Cramwinkel).

Um das Kloster herum hatten sich Handwerker angesiedelt, die Grundstücksabgaben zahlten (E 2), darunter ein Weber, ein Gärtner, zwei Schuster, ein Schankwirt, ein Fischer sowie die Frau eines Fischers. Unter den 20 Abgabepflichtigen waren 5 Frauen, darunter 2 Witwen[24]. In Werden befanden sich ferner der Pferdestall des Abtes und 23 zu Lehen vergebene Grundstücke klösterlicher Ministerialen (E 2), unter ihnen ein Stellmacher, ein Münzer, drei Bäcker, ein Koch, ein Silberschmied, ein Weber, ein Kürschner und ein Schmied sowie ein Priester – auch er war Ministeriale des Klosters – und fünf Frauen. Die Grundstücke lagen teils an der Ruhr, teils an der Mauer, teils am Markt: Hier werden die Anfänge einer vorwiegend gewerblichen, kleinstädtischen Siedlung in Werden auf klösterlichem Grund und in enger Beziehung zum Kloster sichtbar.

Handwerker und Ministerialen gab es auch auf den einzelnen Fronhöfen; unter ihnen ragten nun die klösterlichen Hofämter: Truchseß, Kämmerer, Mundschenk und Marschall, hervor[25]. Am Ende der hier behandelten Epoche tritt uns also eine durchorganisierte Grundherrschaft und Hofverwaltung entgegen, geraten mit den Amts- und Lehnsträgern aber auch Schichten in das Licht der Quellen, die, neben dem klösterlichen Grundherrn, an den Erträgen teilhatten und daher eine Gefahr für eine ohnehin alles andere als einfache Besitzwahrung darstellten.

Fazit

Der Überblick über die einzelnen Werdener Urbare und Traditionsnotizen hat eine mit den Siedlungsstrukturen im Ruhrgebiet eng verknüpfte, klösterliche Grundherrschaft im Wandel vorgeführt. Das Kloster Werden war nicht der einzige, aber einer der bedeutendsten Grundherren im Ruhrgebiet. Der allmähliche Ausbau des Besitzes führte, spätestens um 1000, zu einer immer deutlicher herausscheinenden Organisation und Verwaltung der Grundherrschaft, deren Erträge teilweise fest auf verschiedene Ämter verteilt wurden. Das System als solches überdauerte die jüngeren der hier behandelten Phasen, unterlag im einzelnen aber manchen Wandlungen: einer Umverteilung der Abgaben auf Meier und Fronhöfe, einer zunehmenden Ablösung der Naturalabgaben wie auch der Dienste durch Geldzinse, einer allmählichen Auflösung noch nicht der Villikationsverfassung, wohl aber des Sallandes – die zweigeteilte Grundherrschaft hatte ohnehin nur in den klosternahen Fronhöfen eine bedeutendere Rolle gespielt –, schließlich Schwankungen der Hörigenzahlen und ihrer Leistungen. Grundherrschaft war nicht etwas Konstantes: Besitz wurde erworben oder verloren, die anfangs so zahlreichen Schenkungen ließen im 12. Jahrhundert nach, die Gesamteinnahmen sanken trotz der erwähnten Umverteilung, Besitzungen wurden entfremdet. Es scheint, als ob gerade solche Einbußen zu wirtschaftlicherer Organisation der Grundherrschaft zwangen, wie sie uns vor allem im letzten Urbar entgegentritt. Mit den Trägern dieser Organisation, mit Meiern und Ministerialen als grundherrschaftlichen Amtsträgern, aber erwuchsen dem Kloster neue Gefahren, die das System – und den Besitz – zu verselbständigen drohten.

Die Werdener Grundherrschaft bietet mit ihrem Besitz und ihren Besitzveränderungen, die in Abb. 22 graphisch veranschaulicht sind, aber auch ein Spiegelbild der Siedlungsstrukturen im Ruhrgebiet des frühen und hohen Mittelalters. Sie belegt mit dem Ausgreifen des Klosterbesitzes einen allmählichen Siedlungsausbau in einer anfangs noch spärlich bewohnten Gegend, die Zusammensiedlung in meist wohl kleineren Dörfern und Höfen und den durchweg agrarischen Charakter dieser Landschaft, aber auch den Beginn gewerblicher Siedlung bei den wenigen Zentren, die später zu Städten werden sollten. Für beides, agrarischen Ausbau und Dorfsiedlung wie für eine frühstädtische Siedlung, bilden Klöster wie Werden und ihre Grundherrschaft nicht nur – über die Quellen – Indizien der Forschung, sondern auch einen wesentlichen Motor der historischen Entwicklung.

Anmerkungen

1 Zur Einführung in die frühmittelalterliche Grundherrschaft vgl. Goetz, Hans-Werner: Leben im Mittelalter vom 7. bis zum 13. Jh., München 1986, S. 115 ff. Die jüngsten Studien: Verhulst, Adriaan (Hg.): Le grand domaine aux époques mérovingienne et carolingienne. Die Grundherrschaft im frühen Mittelalter, Gent 1985; Rösener, Werner (Hg.), Strukturen der Grundherrschaft im frühen Mittelalter, Göttingen 1989.

2 Zur Entwicklung des Ruhrgebiets bis zum Jahr 1000 vgl. demnächst Goetz, Hans-Werner: Das Ruhrgebiet im frühen Mittelalter. Zur Erschließung einer Randlandschaft, in: Blätter für deutsche Landesgeschichte 126 (1990).

3 Zu Werden vgl. Stüwer, Wilhelm: Die Reichsabtei Werden an der Ruhr Berlin-New York 1980. Zur Grundherrschaft: Kötzschke, Rudolf: Die Wirtschaftsverfassung und Verwaltung der Großgrundherrschaft Werden Bonn 1958.

4 Blok, Dirk Peter: De oudste partikuliere oorkonden van het klooster Werden, Assen 1960 (zitiert: Blok); Lacomblet, Theodor J.: Urkundenbuch für die Geschichte des Niederrheins, Bd. I, Düsseldorf 1840 (ND Aalen 1966) (zitiert: Lac.).

5 Crecelius, Wilhelm: Traditiones Werdinenses, in: Zeitschrift des Bergischen Geschichtsvereins 6 (1869); 7 (1870) (zitiert: Crec.).

6 Kötzschke, Rudolf: Die Urbare der Abtei Werden a. d. Ruhr, Bonn 1906.

7 Zu Liudgers Geschlecht vgl. Schmid, Karl: Die Liudgeriden. Erscheinung und Problematik einer Adelsfamilie, in: ders., Gebetsgedenken und Selbstverständnis im Mittelalter, Sigmaringen 1983, S. 305 - 335.

8 Diplom Ludwigs d. J. Nr. 6 von 877.

9 Die frühen Schenkungsurkunden brechen 848 ab.

10 Blok Nr. 13 = Lac. I, Nr. 11.

11 Vita Liudgeri II, c. 1, 29, ed. Wilhelm Diekamp: Die Vitae s. Liudgeri, Münster 1881, S. 75 ff.

12 Vgl. Blok Nr. 7 = Lac. I, Nr. 6 (Heissiwald); Blok Nr. 13 = Lac. I, Nr. 11 von 799 (Werden); Blok Nr. 19 = Lac. I, Nr. 17 (Heissiwald); Blok Nr. 22 = Lac. I, Nr. 19 von 801 (Wynberg); Blok Nr. 44 = Lac. I, Nr. 44 (an der Hesper); Blok Nr. 55 = Lac. I, Nr. 52 von 837 (Waneswald); Blok Nr. 66 = Lac. I, Nr. 64 von 848 (Oefte).

13 Vgl. Blok Nr. 13 = Lac. I, Nr. 11 von 799 in Werden: terra que ibidem iam culta esse videtur.

14 Urbar I (Kötzschke, S. 3 f.). Die Schenkungen lassen sich teilweise anhand der älteren Urkunden bestätigen.

15 Der Kürze halber sind im folgenden jeweils Urbar, Paragraph und evtl. laufende Nummer der Urbarausgabe von Kötzschke zitiert.

16 Die Angaben im Urbar über den Brukterergau (§ 35) stimmen damit nicht ganz überein.

17 943 wurde das Kirchspiel um den Süden des Essener Raums (Rellinghausen, Bergerhausen, Vöcklinghausen) erweitert (Regesten der Erzbischöfe von Köln Bd. 1, hrsg. v. Friedrich Wilhelm Oediger, Bonn 1954 - 61, Nr. 333).

18 127 scarae sind nachgetragen. Auffälligerweise begegnen 6 der 14 hier genannten Namen schon im Amt Bunos bei Werden (B 2).

19 Vgl. dazu Schmid, Karl und Wollasch, Joachim (Hg.): Memoria. Der geschichtliche Zeugniswert des liturgischen Gedenkens im Mittelalter, München 1984.

20 Engelbert (963/73): Crec. 1, 81; Liudolf (974/83): ebd. 83; Gerold (1047): ebd. 90.

21 Eine gefälschte Urkunde aus der zweiten Hälfte des 12. Jh. (MGH D Heinrich IV Nr. 461) bestätigt die Immunität und Vogtfreiheit folgender, klosternaher Werdener curtes: Barkhoven, Kalkofen, Hetterscheid, Oefte, Viehausen, Raadt, Ickten und Langenbögel.

22 In Einern 26 solidi 3 Denare gegenüber 25 sol 9 d, in Kalkofen 64 gegenüber 60 solidi; nur in Hetterscheid verhielt es sich umgekehrt: 14 sol Einnahmen gegenüber 16 sol 2 d Soll.

23 Weitere Adligenschenkungen: Lac. I, Nr. 188 von 1052; Nr. 247 v. 1093.

24 Handwerker, nämlich Bäcker, Köche, Bierbrauer, Winzer, Schiffsleute, Steinmetzen und Händler, sind auch in einem Nachtrag des 12. Jahrhunderts zum Urbar B erwähnt (B 47).

25 Vgl. Lac. I, Nr. 402 (von 1160); Crec. Nr. 122; 124; 125; 127 (von 1124); 135 (von 1165).

Tab 1: Festtagsservitien

Fronhof	Urbar B	Urbar C	Urbar E
Arenbögel-Hillen	Pfingstmontag Mariä Himmelfahrt (15. 8.)	Pfingstmontag Simon und Juda (28. 10.)	Pfingstmontag Mariä Himmelfahrt Simon und Juda
Cramwinkel-Linden	Peter (29. 6.) 2. November	Peter Kunibert (12. 11.)	Peter Kunibert
Marten-Waltrop	Pfingstsonntag Johannes d. T. (24. 6.)	Pfingstsonntag Johannes d. T.	Pfingstsonntag Johannes d. T.
Barkhoven	Stephan (26. 12.) Turmweihe (21. 8.)	Stephan Turmweihe	Stephan Turmweihe
Einern-Kalkofen	Iohannes ap. (27. 12.) Mariä Geburt (8. 9.)	Iohannes ap. Mariä Geburt	Johannes ap. Mariä Geburt
Hülsdonk	-	Circumcisio	-

Tab 2: Fronhofsverbände

Fronhof	Zahl der zugehörigen Orte	Zahl der abhängigen Bauern	Standardleistungen											
			Geld	Getreide	Hühner	Vieh	Heerschilling	pro servitio	pro opere	pro pullo	pro vino	Holz/pro lignis	ad navem	servitium
§ 3 Barkhoven	24	63	x		x			x	x					
§ 4 Einern	3	14	x	H		x	x							
Kalkofen	13	36	x			(x)		x	x			x	(x)	
§ 5 Hetterscheid	6	11	x	(x)	x	x			(x)					
§ 8 Dahlhausen	3	12	x	M/R			x		x					x
Cramwinkel	13	15	x	(x)			x		x	x				
§ 9 Marten	26	25	x	(R, G, H)			x		x	x	x			
Waltrop	11	22	x	(R, G)			x		x	x	x			
§ 10 Arenbögel	11	15	x	(R, G)			x		x	x	x	x		
Hillen	17	20	x	R, G			x		x	x	x	x		
§ 14 Bögge	12	24	x	G		(x)	x		x		x			

(Die Tabelle zählt die intakten Bauernstellen, ohne Entfremdungen. Eingeklammerte Leistungen wurden häufig, aber nicht durchgängig gefordert.
M = Malzgerste, R = Roggen, G = Gerste, H = Hafer.)

Die Grundherrschaftsorganisation des hochadligen Damenstifts Essen

Von der wirtschaftlichen Erschließung zur politisch-administrativen Erfassung des Raumes

Thomas Schilp

Der Gründungszeitpunkt und die Frühzeit des hochadligen Damenstifts St. Cosmas und Damian in Essen, dessen Äbtissin bis zum Ende des Alten Reiches Reichsfürstin und Landesherrin eines kleinen Territoriums war, ist in eine nur schwer aufzuhellende Dämmerung gehüllt. Einer Brandkatastrophe, die wir etwa auf das Jahr 946 datieren können, sind mit Ausnahme eines Diploms König Zwentibolds aus dem Jahre 898 alle Urkunden des Stifts zum Opfer gefallen[1]. Aus unterschiedlichen Quellen konnte jedoch die Forschung die Zeit um 850 als Gründungszeitpunkt wahrscheinlich machen: Altfrid, Bischof von Hildesheim in den Jahren 851–874, hat auf seinem Eigengut in Essen („in praediolo meo quod Astnide vocatur") das Stift gegründet und mit Besitz in der näheren Umgebung ausgestattet; die Reliquien für das den Heiligen Cosmas und Damian geweihte Stift hatte er allem Anschein nach bereits in den vierziger Jahren des 9. Jahrhunderts für seine Stiftsgründung besorgt[2]. Das Essener Stift wurde rasch Reichsstift und erhielt in den kommenden Jahrhunderten zahlreiche Privilegien und Vergünstigungen der Kaiser, wie z. B. Immunität und Königsschutz sowie das Recht der freien Äbtissinnenwahl durch den Konvent der Stiftsdamen[3]. Dem Stift wurde nicht nur umfangreicher Besitz aus Reichsgut übertragen, es unterhielt in ottonischer Zeit auch sehr enge Beziehungen zum Kaiserhaus, dem die Äbtissinnen dieser Zeit selbst angehörten: Die Äbtissin Gerberga und Hadwig waren Töchter Heinrichs I., Äbtissin Mathilde eine Enkelin Ottos des Großen, Sophia eine Tochter Ottos II.; deren Schwester Mathilde wurde im Stift Essen erzogen und hat sich hier möglicherweise auch mit dem lothringischen Pfalzgrafen Ezzo verlobt; deren Tochter Theophanu wurde zu einer der bedeutendsten Äbtissinnen der Essener Stiftsgeschichte[4].

Die schriftliche Überlieferung des Stifts Essen ist für die ersten Jahrhunderte seines Bestehens ziemlich spärlich – ein Mangel, den die Essener Geschichte mit den meisten vergleichbaren Institutionen teilt; erst seit der Mitte des 13. Jahrhunderts beginnt die schriftliche Überlieferung reicher zu fließen[5]. Für die Themenstellung dieses Aufsatzes lassen sich aber dennoch zahlreiche Erkenntnisse auch für die Frühzeit gewinnen[6]; hierbei soll die wirtschaftlich-administrative Erschließung des Raumes durch die Organisation der Essener Grundherrschaft ein Leitfaden der Untersuchung sein.

Der Kern des umfangreichen Grundbesitzes lag im Gebiet des heutigen Ruhrgebiets. Die rund vierzig Grundherrschaften des Stifts durchdrangen den Raum von Duisburg bis nach Dortmund-Huckarde, besonders zentriert im heutigen Stadtgebiet von Essen. Der Besitz wurde durch grundherrschaftliche Hofverbände mit einem Oberhof an der Spitze und mit teilweise über hundert zugeordneten Bauernhöfen in der Umgebung straff organisiert und verwaltet. Die Grundherrschaften des Stifts bestimmten zusammen mit denen des im Jahre 799 gegründeten Benediktinerklosters Werden die Siedlungsstrukturen und das Wirtschaftsleben dieser Region während des gesamten Mittelalters maßgeblich[7]. Sie erstreckten sich darüber hinaus von dem sogenannten Salland mit den Hofverbänden Archem, Olst und Irthe in der Provinz Overijssel (Niederlande) rheinaufwärts bis in die Gegend von Breisig (südlich von Andernach), Fernbesitz hatte das Stift in Westfalen, aber auch an der Lahn rund um Fronhausen (südlich von Marburg).

Während des Spätmittelalters können wir von rund zwei- bis dreitausend Besitztiteln des Stifts Essen ausgehen. Eine exakte Zahl zu einem Zeitpunkt anzugeben, läßt die Überlieferung leider nicht zu; die schriftlichen Quellen sind zu heterogen. Besitz des Stifts wird ge- und verkauft, getauscht oder umstrukturiert;für die Dignitäten werden Sondervermögen abgesondert, die in Heberegistern zu unterschiedlichen Zeitschnitten erfaßt werden.

Die älteste Aufzeichnung über Grundbesitz des Stifts in einem Heberegister wurde im beginnenden 10. Jahrhundert niedergeschrieben, reicht aber – aus Gründen, die hier nicht diskutiert werden können – in die sechziger Jahre des 9. Jahrhunderts zurück[8]. Das Heberegister fixiert die Lieferung von Oberhöfen an Malz, Gerste, Holz und Honig an das Brauamt des Stifts und wurde daher von der Forschung in der Regel als Brauamtsregister bezeichnet. Neun grundherrschaftliche Hofverbände hatten die Leistungen zu erbringen: Der Viehof („Vehus"), in unmittelbarer Nähe nördlich des Stifts; Eickenscheidt („Ekanscetha") nördlich von Essen-Steele; Ringeldorf („Rengerenthorpa") in Essen-Gladbeck; Huckarde („Hukretha") westlich von Dortmund; Brockhausen („Brokhuson") bei Unna; Hordel-Ückendorf („Horlon") bei Wattenscheid; Nienhausen („Nianhus") in Gelsenkirchen-Rotthausen; Borbeck („Borthbeki") in Essen-Borbeck sowie Auf dem Drein („Drene") zwischen Hamm und Bekkum, die späteren Hofverbände Berhorst und Muddinghoff[9].

Die Herkunft des Besitzes ist häufig ungeklärt und nicht in allen Fällen rekonstruierbar. Der umfangreiche Stiftsbesitz stammt aus der Gründungsausstattung Bischof Altfrids, reichen Schenkungen aus Reichsbesitz, aber auch aus privaten Schenkungen. Schon im Brauamtsregister sind die Villikationen Viehof und Eickenscheidt, auch von der Höhe der jährlich zu erbringenden Leistungen, hervorgehoben. In der späteren Überlieferung werden sie als „curtes integrae" von den übrigen Hofverbänden abgesetzt, die als „media curtes" oder „non tantum sicud curtis integra" bezeichnet werden[10]. Die Forschung hat daher wohl zu Recht die Vermutung geäußert, daß diese beiden Hofverbände zur Gründungsausstattung Bischof Altfrids zählten[11]. Der Viehof übernahm vorrangig die Funktion der Versorung mit Fleisch und Milchprodukten, während der Hof Eickenscheidt als Kornhof diente. Nach einem Heberegister des beginnenden 15. Jahrhunderts, dem sogenannten „liber catenatus" oder Kettenbuch, war der Viehof der oberste der Essener Hofverbände[12].

Das bereits erwähnte Privileg Ottos I. aus dem Jahre 947 unterrichtet uns über die bis dato erfolgten Schenkungen aus Reichsbesitz. Das Diplom bestätigt nämlich eine ganze Reihe von Schenkungen aus früherer Zeit, da die entsprechenden Urkunden dem Stiftsbrand von 946 zum Opfer gefallen waren[13]: König Lothar II. (855–869) hatte dem Stift die „villae" Homberg und Kassel bei Duisburg geschenkt – Besitz, der in späterer Zeit verlorenging; die Reste dieser villae wurden im Spätmittelalter dem Stiftsoberhof Welhof in der Stadt Duisburg unterstellt[14]. Um das Jahr 860 schenkte König Ludwig der Deutsche dem Stift einen Hofverband in Huckarde bei Dortmund und zudem, was er in der Grafschaft des Ekbert und Cobbo besaß; darüber hinaus geht auch der Besitz im Salland – die Hofverbände Archem,

Ilst und Irthe – in der Provinz Overijssel (Niederlande) auf eine Schenkung König Ludwigs zurück. König Karl III. schenkte dem Stift mit der „curtis" Godesberg ein Weingut am Rhein, Herzog Otto von Sachsen die Villikation Beek bei Duisburg, eine Schenkung, die von König Heinrich I. bestätigt wurde.
Die einzig erhaltene Schenkungsurkunde für das Stift aus Reichsbesitz vor 947 stammt aus dem Jahre 898[15]: König Zwentibold vermachte der Essener Äbtissin – an Pfingsten dieses Jahres hatte er sich im Stift Essen aufgehalten – umfangreichen Besitz im linksrheinischen Gebiet, nämlich im Köln-, Ahr-, Kütz-, Mayen-, Mühl- und Jülichgau. Zwar ging ein Großteil dieses Besitzes durch einen Vertrag mit dem Erzbischof von Köln aus dem Jahre 1027[16] verloren – in diesem Vertrag verzichtete der Erzbischof dafür auf seine Ansprüche auf das Essener Zehntgebiet –, doch zählte der Stiftsbesitz im Erftraum mit den Oberhöfen Paffendorf, Glesch, Zieverich, Kützde, Kirdorf, Holzweiler und Türnich bis zur Säkularisierung zu den maßgeblichen wirtschaftlichen Stützen des Stifts Essen[17]. Darüber hinaus sind urkundlich nur mehr zwei Schenkungen aus Reichsbesitz zu belegen: Otto der Große schenkte im Jahre 966 den Hofverband Ehrenzell in Essen[18], Heinrich III. im Jahre 1054 den kleinen Hofverband Holthausen bei Hattingen[19].
Die Verfassung der Kanonissenstifte lehnte sich an die „Institutio sanctimonialium" der Aachener Synode von 816 an[20]: Diese sah die gemeinsame Lebensführung der Stiftsdamen vor; ihr Lebensunterhalt wurde aus dem gemeinsamen Stiftsbesitz bestritten, der von der Äbtissin verwaltet wurde. Der gesamte Besitz und die davon erzielten Einkünfte bildeten in der Frühzeit der Stiftsgeschichte eine vermögensrechtliche Einheit. Nach der Auflösung der „vita communis" kam es auch in Essen wie bei vielen Dom- und Kollegiatstiften sowie Benediktinerklöstern zu einer Scheidung zwischen dem eigentlichen Gut des Konvents und dem Tafelgut der Äbtissin. Einen ersten Hinweis auf diese Trennung erteilt die Schenkungsurkunde Ottos des Großen über den Hof Ehrenzell aus dem Jahre 966[21], die ausdrücklich festlegt, daß dieser Hofverband dem Konvent zukommen soll. Die Aufteilung des Besitzes in Sondergruppen erfolgte allmählich und ist erst um 1250 abgeschlossen: sie hatte wohl zunächst den Zweck einer strafferen Ordnung des anwachsenden Grundbesitzes, um den gestiegenen Anforderungen nachzukommen bzw. die steigenden Bedürfnisse der Hofhaltung der Äbtissin und ihrer Dienste für das Reich befriedigen zu können. Auf die lokalen grundherrschaftlichen Verhältnisse hatte die Scheidung der Güter, auf die im folgenden in der hier gebotenen Kürze einzugehen ist, keine so einschneidenden Veränderungen, wie dies z. B. für das Kloster Werden festgestellt worden ist[22]. Die älteste Besitzschicht nämlich, die für den Stiftshaushalt sorgte und die Präbenden lieferte, blieb grundsätzlich in der bestehenden Organisation erhalten; nur die Gefälle für Äbtissin und Damenkonvent wurden geschieden. Das Einkommen der Äbtissin wurde aus zahllosen Einzelposten gebildet; insbesondere gehörten zum Haushalt der Äbtissin die Weingüter des Stifts in Godesberg, Ahrweiler und Breisig sowie der Besitz um Fronhausen an der Lahn.
Der Äbtissin standen für die Leitung des Stifts Dignitäten zur Seite. Vertreterin der Äbtissin war die Pröpstin – sie verwaltete das Stiftsvermögen, soweit es dem Unterhalt der Stiftsdamen diente, und überwachte die öffentlichen Zuteilungen aus dem stiftseigenen Back-, Brau- und Schlachtamt. Für diese herausgehobene Funktion im Rahmen der Stiftsverfassung lassen die Quellen seit dem ausgehenden 10. Jahrhundert die Bildung eines Sondervermögens erkennen, denn aus dieser Zeit stammt das Fragment eines ersten propsteilichen Heberegisters[23]. Die Herausbildung des Propsteigutes läßt sich in der Überlieferung gut nachvollziehen. Die einzelnen Besitztitel der Jahrtausendwende werden ganz allmählich zu Hofverbänden zusammengefaßt, ein Prozeß, der um 1220 einen gewissen Abschluß erreicht: Die sogenannten Limburger Vogteirollen nennen die propsteilichen Hofverbände Eving bei Dortmund, Nünning in Essen-Frillendorf und „Maggeren" bei Ratingen[24]. Einen Überblick über den gesamten propsteilichen Besitz gewährt erst ein Heberegister, das nach älteren Vorlagen um 1550 niedergeschrieben wurde[25]. Es nennt die Grundherrschaften Nünning mit 60 Unterhöfen, Hansiepen bei Bottrop mit 30 Besitztiteln, Suderwich bei Recklinghausen mit 50 Unterhöfen und Eving mit 46 Höfen; darüber hinaus wurden für das Amt der Pröpstin aus dem Besitz im niederländischen Salland knapp 20 Besitztitel ausgesondert.
Für das Kapitel der Kanoniker des Stifts wurde in der ersten Hälfte des 13. Jahrhunderts Besitz abgesondert; die erste erkenntliche Nachricht stammt von 1224[26]: Die Pfarrkirche zu Holzweiler wurde dem Kanonikerkonvent incorporiert, wobei den Kanonikern 40 Malter Weizen per annum zustanden. Zudem erhielt der Konvent 15 Malter Weizen aus den Erträgen der Pfarrkirche zu Paffendorf. Dem Kanonikerkonvent unterstanden weitere Kirchen des Stifts, der Hofverband Holthausen bei Hattingen und zahlreiche Einzelhöfe; sein Besitz wurde abgerundet durch Memorienstiftungen und den Ankauf von Grundbesitz und Renten.
Exemplarisch für die lokale Organisation und die Geschichte der Grundherrschaft des Stifts Essen soll im folgenden der Hofverband Viehof, der Haupthof der Essener Grundherrschaftsorganisation, dargestellt werden, dessen Hofrecht mannigfache Aufschlüsse erlaubt. Freilich haben wir dabei zu berücksichtigen, daß die schriftliche Überlieferung erst reicher einsetzt, als die Villikationsverfassung sich in der Auflösung befindet und die Grundherrschaften des Stifts Essen grundsätzlich neu organisiert werden. Doch noch in den Quellen des 14. Jahrhunderts scheinen Momente der ursprünglichen Verhältnisse auf. Die bereits erwähnte Limburger Vogteirolle zählt 112 Unterhöfe des Viehofs auf[28]: Besonders dicht liegen sie im Norden des Stifts auf heutigem Essener Stadtgebiet in Altenessen und Katernberg; von dort ziehen sie sich über die heutigen Stadtteile Schonnebeck, Frillendorf und Rellinghausen bis nach Rüttenscheid im Süden. Durch diese auffällige Gruppierung seiner Güter wird der Viehof als die eigentliche Keimzelle des Stifts sichtbar. Zudem wurde das Salland des unmittelbar vor dem nördlichen Tor, dem Viehofer Tor, der Stadt Essen und in unmittelbarer Nähe zum Stift gelegenen Viehofs als Siedelland für die Bewohner der vorstädtischen Siedlung Essen verwendet[29]. Insgesamt liegen im Raum Essen aber nur die Hälfte der Unterhöfe des Viehofs; die übrigen sind teils als Einzelhöfe, teils in Gruppen weit verstreut. Einige Einzelhöfe dienten offensichtlich als Stationsorte für Reisen von Stiftsangehörigen und für Transporte von Gütern und Abgaben des Fernbesitzes nach Essen. Höfe in Düsseldorf-Bilk und Mettmann sind so z. B. als Stationsorte für diese Zwecke in bezug auf die linksrheinischen Besitzungen des Stifts nachgewiesen[30]. Das Heberegister aus dem Jahre 1332 im Kettenbuch[31] nennt für den Viehof 110 Güter; ganz offensichtlich hatten inzwischen Umschichtungen des Besitzes stattgefunden. Ein Teil des ursprünglichen Sallandes wurde in 14 Hofstätten parzelliert; vielleicht kann dies als ein weiteres Indiz dafür gewertet werden,

daß das vom Viehof aus selbst bebaute ursprüngliche Salland für die Besiedlung der Stadt Essen genutzt wurde. Zudem legt das Heberegister nahe, daß für die Anlage und Bedürfnisse der entstehenden städtischen Siedlung vom Viehof aus Rodungen vorgenommen worden waren. Daß einige Außenposten des dem Viehof unterstellten Besitzes wie z. B. Bilk, Schlickum, Sterkrade oder Horstmar keine oder aber nur geringe Abgaben zu zahlen hatten, weist nochmals darauf hin, daß diese Höfe andere Leistungen für das Stift zu erbringen hatten: Transport von Abgaben, Gütern und Menschen von und nach Essen, Gewährung von Gastrechten für Stiftsangehörige. Ihre Zuordnung zum Viehof jedenfalls legt diese Funktion zusätzlich nahe. Bei den Auflistungen der Abgaben fällt darüber hinaus auf, daß der Besitz in unmittelbarer Nähe des Stifts 1332 nahezu ausschließlich Naturalabgaben zu entrichten hatte: Roggen, Malz, Hafer, Schweine, Hühner, Eier, Holz. Augenscheinlich diente dieser Besitz zur Lebensmittelversorgung für die Stiftsangehörigen. Eine Ausnahme stellt nur das Zaungeld dar, eine Ablösung für ursprünglich zu erbringende Frondienste. Die entfernteren Höfe entrichteten überwiegend Geldabgaben, was den Bedürfnissen des Stiftshaushalts entsprach. Überhaupt scheint der Fernbesitz seit der Mitte des 13. Jahrhunderts auf die Abgabe von Geldbeträgen umgestellt worden zu sein; daß auch die Frondienste der Hofangehörigen innerhalb der Villikationen auf Geldzahlungen umgestellt wurden, weist auf einen tiefgreifenden Wandel der grundherrschaftlichen Wirtschaftverfassung hin. Die Oberhöfe waren früher nämlich selbst bewirtschaftet worden; sie implizierten eine einheitliche ökonomisch strukturierte Lebensweise der bäuerlichen Hintersassen durch Arbeitsteilung und kooperativer Versorgung der Gemeinschaft des Oberhofverbandes und des Stiftes. In gewisser Weise bildeten die Hofverbände Bereiche der wirtschaftlichen Autarkie, in der die weitgehende Selbstversorgung der Hofangehörigen erfolgte. Arbeitsteilungen zwischen den Hofverbänden lassen sich nur insoweit feststellen, als sie die Versorgung des Stifts betreffen; ein Austausch zwischen den Hofverbänden erfolgte nicht. Der Zusammenhalt des Wirtschaftslebens wird sinnfällig in den Frondiensten der Hintersassen – sie waren für den gesamten Hofverband zu leisten. Die Umstellung dieser Dienste auf Geldzahlungen zeigt die Auflösung des wirtschaftlichen Zusammenhangs der Villikation an: Der Haupthof hatte damit seine Bedeutung als Zentrum der wirtschaftlichen Organisation verloren – er wurde mehr oder weniger zur Sammelstelle der Abgaben und zum Sitz des Hofgerichtes.

Die Nutzung des Sallandes für die städtische Siedlung in Essen gäbe auch einen Grund für die Neuanlage des Schultenhofes Barkhof in Katernberg ab, der im Heberegister des Kettenbuches[32] schon aufgrund der Höhe seiner jährlichen Abgabe von 22 Maltern Hafer und zwei Schweinen auffällt. Er scheint als Schultenhof in dieser Zeit zum Teil Funktionen des alten Fronhofs Viehof übernommen zu haben; Weigel vermutet, er habe das „Bergen" des Getreides für den Viehofer Hofverband übernommen[33].

Das Heberegister des Kettenbuchs nennt einen „magister culture" bzw. Baumeister des Hofverbandes, leider ohne nähere Angaben über die Aufgaben und Funktionen[34]. Aus anderen Oberhöfen wissen wir, daß dem Baumeister die Wirtschaftsführung des Hofverbandes oblag. Er betreute die Eigenwirtschaft des Oberhofs und leitete die Frondienste der Hintersassen auf den Unterhöfen der näheren Umgebung, insbesondere im Rahmen der Bewirtschaftung des zum Oberhof gehörigen Sallandes. Hierbei stellten die bäuerlichen Fronden – soweit erkennbar – eine unterstützende Hilfe dar[35]. Als eigentlicher Leiter des Oberhofes und des Hofgerichts fungierte jedoch der Schultheiß, der für den Viehof erstmals im Jahre 1170 belegt ist[36]. An den Auseinandersetzungen zwischen Stift und Schultheiß, die wir für nahezu alle Hofverbände feststellen können, läßt sich der oben angesprochene Strukturwandel der Essener Grundherrschaftsorganisation nachvollziehen; die Auseinandersetzungen mit dem Schultheißen des Viehofs wurden vom Stift exemplarisch geführt und sollten für alle Oberhöfe Gültigkeit erlangen.

Aufgrund der Verknüpfungen der frühen (prae-)städtischen Geschichte Essens mit der Villikation des Viehofes kam dem Schulten im Rahmen der entstehenden städtischen Verfassung eine besondere Bedeutung zu: Als Vertreter der Äbtissin, der Stadtherrin, stand der Schulte des Viehofs im Zeitraum von 1288 bis 1336 an der Spitze des Rates der Stadt und übernahm auch den Vorsitz des städtischen Gerichts[37]. Um 1170 hatte der Schultheiß des Viehofs bereits einen Zoll erworben, den die Äbtissin anderweitig verlehnt hatte und in dem wir einen für das Wirtschaftsleben der entstehenden Stadt Essen wichtigen Faktor vermuten[38]. Da der Viehof zudem „superior curtis omnium curtium"[39] der Essener Hofverbände war und in dieser Eigenschaft das Hofgericht unter Leitung des Schultheißen als oberstes Hofgericht und Appellationsinstanz diente, weckte das Schultenamt naturgemäß die erhöhte Aufmerksamkeit des Essener Ministerialenadels. Als 1317 der Schulte Hermann starb, wurde seine Witwe Adelheid mit Unterhöfen behandigt, die Hermann zuvor als „Dienstausstattung" innehatte. Der folgende Schulte Rutger war Adelheids Schwager; für Rutgers Schwiegersohn Heinrich von Uhlenbrock beanspruchte 1336 der Vater Goswin das Schultenamt aufgrund des Erbrechtes. Da der Anspruch auf Erblichkeit des Schultenamtes kein Einzelfall war und zu einer tiefen Krise für den gesamten Essener Grundbesitz führte, wurden die folgenden Auseinandersetzungen zwischen Stift und Schulten des Viehofs von seiten des Stifts gleichsam exemplarisch geführt: Erzbischof Walram von Köln entschied diesen Streit durch einen Schiedsspruch („sententia arbitrali"): Seit unvordenklichen Zeiten ist es Recht und Gewohnheit des Stifts Essen, daß der Viehof wie alle übrigen Oberhöfe beim Tode und überdies jährlich zum Margaretentag (13. Juli) an das Stift heimfallen. Da Goswin und Heinrich von Uhlenbrock zu dem vom Erzbischof anberaumten Termin keine anderslautenden Rechtsgründe vorlegen konnten, erlangte der Spruch Rechtskraft[40] – der Anspruch auf die Erblichkeit der Schultheißenämter war für das Stift damit abgewehrt. Ohne Zweifel war Motiv für die Erbansprüche das Eigeninteresse, sei es am wirtschaftlichen Ertrag des betreffenden Hofverbandes oder sei es an den mit dem Hofgericht verbundenen oder sonstigen Herrschaftsansprüchen. Daß im Rahmen der zunehmenden Umstellung der Abgaben auf Geldleistungen Entfremdungen von Stiftsrechten durch Schultheißen keine Ausnahme waren, zeigt ein Blick auf die schriftliche Überlieferung des Stifts: Das 13. und 14. Jahrhundert sind überschattet von derartigen Auseinandersetzungen; auch die folgende Durchsetzung des jährlichen Heimfalls der Schultenämter mit entsprechenden Auflistungen der Pertinenzen und die Einführung von Zeitpachtverhältnissen für die Schultenämter seit 1400 konnten Rechtsminderungen für das Stift nicht verhindern.

Ein Weistum der Hyemannen und Hofgeschworenen des Viehofes aus dem Jahre 1338 ist ebenfalls in diesen Zusammenhang einzuordnen[41]: Nach der Beendigung des Streits um die Erblichkeit der Schultenämter legt es fest, welches Zubehör die Schultheißen bzw. deren Erben im Falle der Vakanz bzw. des Heimfalls des Amtes auf dem Oberhof in ordnungsgemäßem Zustand zurückzulassen haben: Die Gebäude, Zäune, Streu und Stroh („stramina, pallee"), 1 Pflug, 4 Eggen, 5 Pferde mittlerer Qualität, 2 Stiere, 2 Eber, 2 Hörige („servi"), 1 Magd, 3 Betten für die Hörigen und die Magd, 1 Topf, 1 Kessel, 1 Krug, 1 Tischtuch, 1 Handtuch („manutergium"), 1 Hund und 2 Katzen sowie all das, was zur Bestellung der Äcker des Hofes erforderlich ist. Da das Weistum von einigen anderen Schulten von Essener Hofverbänden bezeugt wurde, können wir auf eine Art Signalwirkung für die Grundherrschaftsorganisation des Stifts schließen: Als „superior curtis omnium curtium" ist diese Rechtsweisung des Viehofer Hofgerichts für die Grundherrschaften des Stifts allgemein gültig. Die etwas nebulöse Schlußformulierung: „ac ea, que super agris talis curtis fuerint seminata, ad usus talis curtis debeant remanere" zeigt, daß diese Anforderungen als Minimalausstattung zu verstehen sind und lokalspezifische Erweiterungen erforderlich machten, die in Vergaben von Schultenämtern überliefert sind. Das Weistum mit seiner Zubehörliste möchte ich zudem als Rudiment der Fronhofsverbände bzw. der Eigenbewirtschaftung des Sallandes werten – offensichtlich waren die Oberhöfe in dieser Zeit noch keine bloßen Sammelstellen für die Abgaben der Unterhöfe.

Der Grundbesitz des Stifts Essen wurde im Raum zwischen Lippe und Ruhr mithin zu Grundherrschaften größeren Stils formiert. Sie wurden zu erschließenden Zentren der dünn besiedelten, agrarisch ausgerichteten Region. Dies dürfen wir uns allerdings nicht als die Erschließung eines einheitlichen Raumes vorstellen. Das nahegelegene Kloster Werden, aber auch die Königshöfe Duisburg und Dortmund sind analog wirkende, konkurrierende Körperschaften der Region. Das Stift Essen trug dazu bei, mit seinen Grundherrschaftsverbänden die abhängige bäuerliche Bevölkerung zunächst zu erfassen und durch Hofverbände im Raum zu organisieren. Durch die zentralisierende Wirkung wurden auch Handwerker an die Oberhöfe gebunden. Die Konsequenzen für die Siedelstrukturen ließen sich anhand des Hofverbandes Viehof verdeutlichen: In Verbindung mit dem Zentrum um die Stiftskirche wurden auch Handwerker und Kaufleute auf dem einstigen Salland des Viehofs an Essen gebunden; die entstehende städtische Siedlung in Essen scheint in ihren geschichtlichen Wurzeln in die grundherrschaftliche Organisation des Viehofs eingebunden. Darauf deutete auch die herausragende Position des Viehofer Schultheißen in der frühen Geschichte der Stadt hin. Auf der Basis der dichten und den Raum erschließenden grundherrschaftlichen Rechte gelang es dem Stift, nicht nur die Herrschaft über die Stadt zu erringen und auf Dauer zu behaupten, sondern auch den Raum um die Stadt zu einer kleinen Landesherrschaft auszubauen. Auch im Raum um Dortmund-Huckarde konnte das Stift aufgrund des durch eine dichte Grundherrschaft erschlossenen Gebiets und der damit einhergehenden Konzentration von Herrschaftsrechten im ausgehenden Mittelalter eine Landesherrschaft aufbauen. In beiden Fällen reicht somit eine Linie von der früh- und hochmittelalterlichen wirtschaftlichen Erschließung und Bündelung der Bevölkerung dieser Regionen durch die Grundherrschaftsorganisation bis zur politisch-administrativen Durchdringung der Landschaft zwischen Ruhr und Lippe, eine Dimension, die für das Stift Essen bisher nur in Ansätzen von der Forschung erkannt wurde.

Anmerkungen

1 Über den Brand berichtet MGH DO I. 85; das Diplom Zwentibolds siehe MGH DZw 22.
2 Zur Gründungsgeschichte siehe zuletzt Goetting, Hans: Das Bistum Hildesheim 3, Die Hildesheimer Bischöfe von 815 bis 1221 (1227), Berlin/New York, 1984 S. 89f. und S. 119 sowie Bettecken, Winfried: Stift und Stadt Essen. „Coenobium Astnide" und Siedlungsentwicklung bis 1244. Münster 1988, S. 18ff.
3 Genannt seien hier nur die ersten Privilegien MGH DO I. 85 und MGH DO III. 114.
4 Eine zuverlässige Bearbeitung der Essener Äbtissinnenliste steht noch immer aus, vgl. jedoch zur Orientierung die Liste bei Zimmermann, Walther: Das Münster zu Essen. Essen 1956, S. 55–57 und den Beitrag von Thomas Lux in diesem Band.
5 Eine Übersicht über die schriftliche Überlieferung des Stifts gibt Oediger, Friedrich Wilhelm: Das Hauptstaatsarchiv Düsseldorf und seine Bestände, Band 4: Stifts- und Klosterarchive, Siegburg 1964, S. 115–151.
6 Neben zahlreichen Untersuchungen zu einzelnen Hofverbänden liegt lediglich eine übergreifende Untersuchung vor: Weigel, Helmut: Studien zur Verfassung und Verwaltung des Grundbesitzes des Frauenstiftes Essen (852–1803), Essen 1960.
7 Siehe hierzu zuletzt Goetz, Hans Werner: Das Ruhrgebiet im frühen Mittelalter, in: Jahrbuch des Vereins für Orts- und Heimatkunde in der Grafschaft Mark mit dem Sitz in Witten an der Ruhr 86 (1988), S. 7–36, hier S. 15ff. Exemplarisch für den Essener Oberhof Ringeldorf siehe Tewes, Ludger: Der Oberhof Ringeldorf des Reichsstiftes und die Gladbecker St. Lambertuskirche: Eigenkirche, Pfarrkirche und dörfliche Identität, in: Münster am Hellweg 39 (1986), S. 34–62.
8 Das Heberegister ist als Eintrag in eine Handschrift der Homilien Gregors des Großen überliefert: Universitätsbibliothek Düsseldorf Ms. B 80 fol. 153v. Edition von Lacomblet, Theodor, in: Archiv für die Geschichte des Niederrheins 1 (1832), S. 12ff. Die bisherige Literatur und Drucke stellt Bettecken (wie Amn. 2) S. 49 Anm. 29 zusammen.
9 Zu den Gütern auf dem Drein siehe Weigel (wie Anm. 6) S. 27f.
10 So im Kettenbuch des beginnenden 15. Jahrhunderts: Das Heberegister des Stifts Essen. Nach dem Kettenbuche im Essener Münsterarchiv, hg. von Arens, Franz, in: Beiträge zur Geschichte von Stadt und Stift Essen 34 (1912), S. 4–111.
11 Vgl. Weigel (wie Anm. 6) S. 13f.
12 Kettenbuch (wie Anm. 10) S. 19f.
13 MGH DO I. 85; vgl. zuletzt Bettecken (wie Anm. 2) S. 38.
14 Siehe Weigel (wie Anm. 6) S. 32f.
15 MGH DZw 22.
16 Die Regesten der Erzbischöfe von Köln im Mittelalter, Band 1 (313–1099), bearbeitet von Oediger, Friedrich Wilhelm, Bonn 1954–1961, Nr. 726 S. 213.
17 Zu dieser Besitzgruppe siehe Petry, Manfred: Der Paffendorfer Zehntstreit. Ein Papierrotulus über die Prozeßauslagen des Stiftes Essen (1353–1355), Siegburg 1978, S. 14ff.
18 MGH DO I. 325.
19 MGH DH III. 329.
20 MGH Concilia 2,1 S. 455.
21 MGH DO I. 325.
22 Vgl. Weigel (wie Anm. 6) S. 56f.
23 Ediert von Crecelius, Wilhelm: Einnahmeverzeichnis aus Essen, in: Zeitschrift des Bergischen Geschichtsvereins NF 11 (1876), S. 200.
24 Die Vogteirollen des Stiftes Essen. I. Die Große Vogteirolle des Grafen Friedrich von Isenberg-Altena um 1220, Veröffentlichungen aus dem fürstlichen Archiv zu Rheda, hrsg. von Moritz Graf zu Bentheim-Tecklenburg-Rheda, Bielefeld 1955, S. 21ff.
25 Staatsarchiv Münster Msc. II, Sammlung Kindlinger, Bd. 112 fol. 157ff.
26 Hauptstaatsarchiv Düsseldorf Stift Essen Urkunden 25.
27 Vgl. im einzelnen Weigel (wie Anm. 6) S. 68ff.
28 Die Vogteirollen (wie Anm. 24) S. 23.
29 Vgl. hierzu Bettecken (wie Anm. 2) S. 127f.
30 Siehe z. B. Hauptstaatsarchiv Düsseldorf, Stift Essen, Urkunden 433 und Stift Essen Akten 586.
31 Kettenbuch (wie Anm. 10) S. 13ff.
32 Ebd. S. 15.
33 Weigel (wie Anm. 6) S. 14.
34 Kettenbuch (wie Anm. 10) S. 23.
35 Vgl. Weigel (wie Anm. 6) S. 13.
36 Hauptstaatsarchiv Düsseldorf, Stift Essen, Urkunden 21.
37 Vgl. im einzelnen Bettecken (wie Anm. 2) S. 126 und S. 172.
38 Hauptstaatsarchiv Düsseldorf Stift Essen Urkunden 21.
39 Kettenbuch (wie Anm. 10) S. 19.
40 Siehe zu diesen Auseinandersetzungen Hauptstaatsarchiv Düsseldorf, Stift Essen, Urkunden 270, 359, 370, 371, 373.
41 Kettenbuch (wie Anm. 10) S. 19f.

Das St. Viktor-Stift zu Xanten und seine Besitzungen im Ruhrgebiet[1]

Stefan Kraus

Es mag für den einen oder anderen überraschend sein zu erfahren, daß das St. Viktor-Stift zu Xanten im Raum des heutigen Ruhrgebiets eine größere Anzahl von Gütern besaß, aus denen es einen beträchtlichen Teil seiner Einkünfte erzielte. Da eine umfassende Analyse des Gütererwerbs und der geographischen Güterstruktur des St. Viktor-Stifts nicht existiert, kann hier nur eine summarische Bestandsaufnahme unternommen werden um zu klären, wie es zu den Besitzungen in diesem für das Stift Xanten relativ abseits gelegenen Gebiet kam.

Die Anfänge des St. Viktor-Stifts in Xanten liegen im Dunkeln. Der erste Beleg für das Stift findet sich in den Schriftquellen für das Jahr 863[2]. Aus ihnen geht hervor, daß im Zuge der damals häufigen Normannenüberfälle auch Xanten und die Kirche des hl. Viktor nicht verschont wurden. Die Kirche brannte ab, fast die gesamte Bevölkerung floh.

Die Entstehungszeit des Stifts läßt sich mittels archäologischer Quellen etwas genauer eingrenzen. Wie die Ausgrabungen Walter Baders in den dreißiger Jahren dieses Jahrhunderts ergaben, besaß die erste karolingische Kirche, ein Vorgängerbau des heutigen Xantener Domes, eine Chorschranke, so daß die Annahme naheliegt, daß diesem Kirchenneubau die Gründung des Stifts unmittelbar vorausgegangen sein muß. Dieser Bau wurde zwischen 752 und 768 errichtet[3]. In die Mitte des 8. Jahrhunderts dürfte sich demnach auch die Gründung des Stifts datieren lassen[4]. Seine wirtschaftliche Selbständigkeit erhielt das Stift 866, also drei Jahre nach dem erwähnten Normannenüberfall. Der Kölner Erzbischof Gunthar veranlaßte eine Besitzumschreibung für einige Stifte des Erzbistums, u. a. auch für das Stift Xanten. Erhalten ist diese Besitzumschreibung in Form einer Bestätigungsurkunde König Lothars II. vom 15. Januar 866. Damit bekam das Stift eigene, vom Erzbischof unabhängige Güter, und gleichzeitig war der Grundstein zu einer eigenen Güterverwaltung gelegt.

Für die Zeit bis zum Beginn des 12. Jahrhunderts liegen nur wenige Quellen vor, da 1109 ein Brand den größten Teil des Xantener Urkunden- und Archivalienbestandes vernichtete. Wichtigste erhaltene Quelle dieses Zeitraums ist das Totenbuch des Stifts, dessen älteste Eintragungen bis in das beginnende 9. Jahrhundert zurückreichen[5]. Da in einem Totenbuch in der Regel die Wohltäter eines Stifts, eines Klosters oder einer Kirche verzeichnet wurden, damit für sie und ihre Angehörigen gebetet wurde, ist wohl ein beträchtlicher Teil derjenigen namentlich bekannt, die dem Stift mit großen und kleinen Schenkungen zu der bedeutenden wirtschaftlichen Macht verhalfen, die es im ganzen Spätmittelalter innehatte. Gerade im Zeitraum vom 9. bis zum 12. Jahrhundert entstand der immense stiftische Grundbesitz. Leider geht aus dem Totenbuch in der Regel nicht hervor, welche Person wann welche Güter dem Stift übertragen hat, so daß sich der Entstehungsprozeß des Grundbesitzes des Stifts weitgehend der Analyse entzieht.

Die zunehmende wirtschaftliche Bedeutung des Stifts führte in der Folgezeit zu Konflikten mit den umliegenden Herrschaften. Der Großteil der stiftischen Besitzungen lag im Herrschaftsgebiet der Grafen bzw. (seit 1417) Herzöge von Kleve. Das Stift selbst lag dagegen ursprünglich auf kurkölnischem Gebiet und war als geistliche Einrichtung dem Kölner Erzbischof unterstellt. Auch die Stadt Xanten war Kölner Besitz, die Herren von Kleve aber übten seit dem 12. Jahrhundert das Vogteirecht, d. h. vor allem die hohe Gerichtsbarkeit, aus. In dieser Situation stand das Stift zwischen beiden Lagern und mußte je nach eigener Haltung Repressalien von der einen oder der anderen Seite befürchten.

Mit dem Stift Xanten verbinden sich die Namen einiger Persönlichkeiten von überregionaler Bedeutung. Vor allem nachdem sich 1296 das Amt des Propstes vom Leben im Stift Xanten abgekoppelt hatte und die Anwesenheit des Propstes nicht mehr nötig (und auch nicht mehr erwünscht) war, da die Leitung des Stifts nunmehr dem Dechanten oblag, tauchen z. T. sehr namhafte Personen in der Propsteiliste auf – offenbar waren die Xantener Pfründe sehr begehrt. Vom 14. bis zum 16. Jahrhundert gab es unter den Xantener Pröpsten allein fünf Kardinäle. Auch die späteren Päpste Pius II. und Pius III. waren zu ihrer Kardinalszeit Pröpste in Xanten, aber keiner von ihnen hat Xanten jemals besucht.

Nicht als Propst, wohl aber als einfacher Kanoniker lebte zu Beginn des 12. Jahrhunderts der Gründer des Prämonstratenserordens, Norbert von Xanten, im Stift. Schon als Schüler kam er zum Stift und erhielt dort eine Ausbildung. Jedoch bewirkt erst ein Bekehrungserlebnis die Wandlung Norberts zu einem von Gott ergriffenen Menschen. Er läßt sich zum Priester weihen und bleibt noch bis 1118 in Xanten. 1121 läßt er sich in Prémontré in Nordfrankreich nieder, wo sich die ersten Anhänger zu ihm gesellen und der Prämonstratenserorden entsteht.

Der Propst und die Brüder des Stifts waren Kleriker, d. h. Weltgeistliche und keine Mönche. Ihr Leben orientierte sich an einer Regel, der *„Institutio canonicorum"* (daher auch der Name „Kanoniker"), die seit 816 in den Domkirchen und Klöstern des Reiches Beachtung fand. Eine Abschrift dieser Regel befand sich auch in Xanten. Im äußeren Ablauf ist zunächst das Leben der Kleriker von dem der Mönche kaum zu unterscheiden. So war das Stift durch eine Mauer oder einen Graben von der Außenwelt abgeschirmt. Die Kleriker nutzten Schlaf-, Speise- und Wirtschaftsräume gemeinsam. Allerdings war es den Klerikern verboten, Mönchskutten zu tragen. Wo den Mönchen eine strenge Regelauslegung auferlegt wurde, konnten sich die Kleriker sich ihr Leben etwas komfortabler gestalten, bequeme Leinenkleidung tragen, Fleisch essen, Eigentum besitzen etc.

Die Entwicklung im Stift Xanten unterscheidet sich nicht wesentlich von der allgemeinen Entwicklung der Zeit. Die *„Vita communis"*, die gemeinschaftliche Lebensform, verlor bis zum Ende des 11. Jahrhunderts zunehmend an Beachtung.

Das Ende der gemeinschaftlichen Lebensform führte notwendigerweise zur Einführung eines festen Einkommens für jeden Kanoniker. Dieses bestand aus Naturalien, Kleidung und Geld. Diese Präbenden oder Pfründe, wie die Kanonikereinkünfte hießen, standen jedem Kanoniker zu, so daß die Anzahl der Kanonikate genau festgelegt wurde. Die Zahl der Kanoniker schwankte zwischen 46 und 49[6]. Zwischen dem 13. und 16. Jahrhundert kamen diese Stiftsherren meist aus dem Landadel und dem Großbürgertum[7]. Die Besetzung der Kanonikate stand dem Kapitel zu, jedoch beginnen seit dem 13. Jahrhundert die Päpste, Einfluß auf die Vergabe zu nehmen.

Der Vorsteher der Kanonikergemeinschaft war der *Propst*[8]. Er besaß ursprünglich alle Gewalt innerhalb des Stiftsbereichs und verwaltete den Stiftsbesitz. Gleichzeitig war der Propst Archidiakon der Kölner Kirche und in dieser Eigenschaft häufig außerhalb Xantens tätig. Dies führte zu einer Entfremdung zwischen Propst und Stiftskapitel, wie sie in allen Stiften der Kölner Diözese zu beobachten ist[9]. Während die archidiakonalen Aufgaben in Xanten von einem Offizial, der oft ein Kanonikat innehatte, wahrgenommen wurde, ging die Leitung des Stifts im 13. Jahrhundert an den bisherigen Stellvertreter des Propstes, den *Dechanten* über. Auch die Verwaltung des stiftischen Grundbesitzes wurde dem Propst entzogen. Der Dechant übernahm die Aufgaben des Propstes, leitete die Kapitelsitzungen und besaß die Disziplinargewalt über die einzelnen Kanoniker. Wie der Propst wurde der Dechant zunächst vom Kapitel gewählt, später aber auch von den Päpsten eingesetzt. Und so wie die Pröpste gerieten die Dechanten in Konflikt mit dem Kapitel, das deren starke Stellung zu schwächen suchte.

Ein weiteres hohes Amt innerhalb des Kapitels hatte der *Scholaster* inne, der die Kapitelschule leitete. Unter anderem verfertigte er sämtliche vom Stift ausgehenden Urkunden und Schreiben. Ebenfalls oblag ihm die Aufbewahrung der eingehenden Schriftstücke. Zu diesem Zweck verwahrte er das Geschäftssiegel des Stifts.

Die Inhaber dieser drei Ämter wurden *Dignitäre* genannt. Während der Dechant die Priesterweihe besaß, da er zugleich Stadtpfarrer von Xanten war, mußte der Scholaster lediglich die Diakonatsweihe empfangen haben, der Propst die Subdiakonatsweihe. Für Dechanten und Scholaster bestand außerdem Präsenzpflicht. Mit allen drei Ämtern war eine Amtspräbende verbunden, die deren Inhaber materiell weit über den 'Durchschnittskanoniker' erhob.

Eine Reihe weiterer Ämter hatte die Verwaltung des stiftischen Gundbesitzes zur Aufgabe. Der *Cellerarius,* der Vorsteher der Kellnerei, wird bereits in der oben genannten „Institutio canonicorum“ als Ökonom des Stifts erwähnt. Zunächst war er wohl ein Helfer des Propstes; mit dessen Ausscheiden aus der Stiftsleitung oblag ihm dann verantwortlich die Verwaltung des größten Teils der Stiftsgüter. Mit dem Einsetzen der Rechnungen und Rotuli (jährliche Schätzungen des Abgabensolls, die später mit den tatsächlich geleisteten Abgaben verglichen werden konnten), lassen sich die Cellerarii auch namentlich verfolgen. Das geordnete Kellnereiwesen des Stifts war Hauptgarant für die Besitzstandswahrung über die Jahrhunderte hinweg. „Nicht alle Kellner sind ihren Aufgaben gerecht geworden, doch ist es in erster Linie ihnen zu verdanken, daß dem Stift keine nennenswerten Güter (. . .) verlorengingen.“[10] Auch die Verteilung des Naturalienanteils der Präbenden an die Kanoniker unterstand dem Cellerarius.

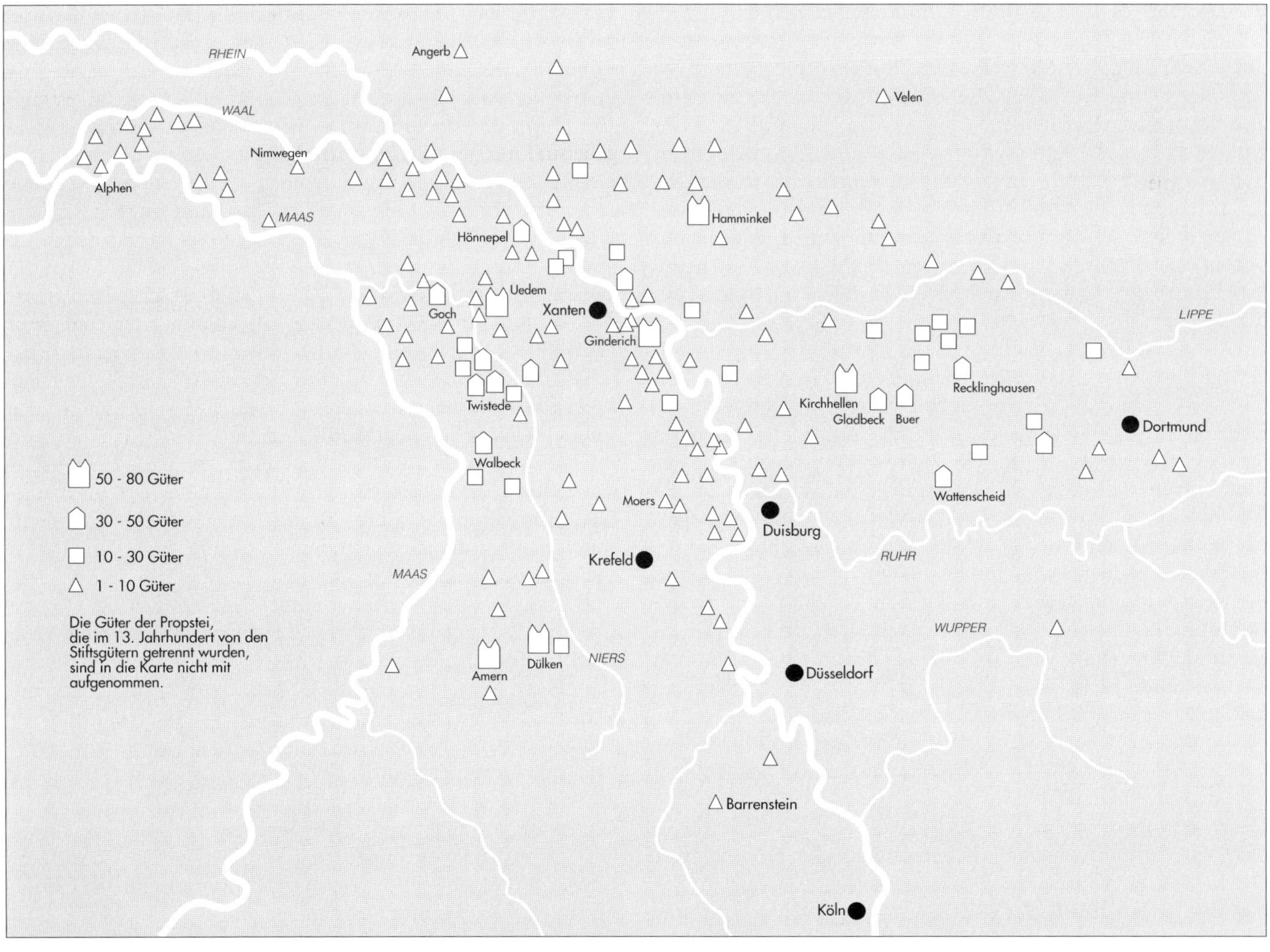

Abb. 25 Der Grundbesitz des Xantener Stifts im Mittelalter (nach F. Weibels: Die Großgrundherrschaft Xanten im Mittelalter, Neustadt/Aisch 1959, Anhang).

Ein weiterer Güterverwalter war der *Magister presenciarum,* der Präsenzmeister. „Seiner Verwaltung unterstanden die Güter, die dem Kapitel zur Errichtung einer Memorie übertragen worden waren."[11] Darüber hinaus war es Aufgabe der Präsenz, die zahlreichen Häuserzinsen in der Stadt Xanten einzutreiben.
Ein drittes Verwaltungsorgan war das Kammeramt, über dessen Ursprung nichts bekannt ist. Die Güterverwaltung war nur ein Nebenaufgabengebiet der Kämmerei, und nur wenige Güter oblagen denn auch ihrer Verwaltung. Ähnliches gilt für den Schatzmeister des Stifts, den *Bursarius,* der hier nur um der Vollständigkeit willen erwähnt sei.
„Eine nicht zu erklärende Sonderstellung innerhalb der Stiftsgüter nahmen die drei Offizien Rottum, Weeze und Wattenscheid ein,"[12] die vom *Thesaurar* verwaltet wurden. Es handelt sich dabei um Schenkungen, die wahrscheinlich als Güterkomplexe an das Stift fielen, das die jeweilige Verwaltungsstruktur übernahm. Während die Güter der Offizien Weeze und Rottum weit streuten, waren die Güter des Offiziums Wattenscheid auf den Raum Wattenscheid konzentriert.
Die Güter des Stifts St. Viktor zu Xanten lagen im wesentlichen im Gebiet zwischen Maas und Rhein von Alphen bis Amern und Dülken, im Raum Lippe-Ruhr bis Dortmund und im Rhein-Lippe-Gebiet bis Bocholt, doch lagen vereinzelt Besitzungen an der Ahr (Weingüter) und in Guntersblum bei Worms, in Schwelm ebenso wie in Angerlo, dem nördlichsten stiftischen Grundbesitz.
Beim Betrachten der Karte fällt auf, daß die Güterkonzentration sehr unterschiedlich ist. Drei Zonen stärkerer Konzentration lassen sich ausmachen:
- der Raum rheinabwärts von Ginderich über Xanten bis Hönnepel;
- das Gebiet beiderseits der Niers von Walbeck bis Goch und
- das Ruhr-Lippe-Gebiet, besonders das Dreieck Wattenscheid-Kirchhellen-Recklinghausen.

Im folgenden soll nun versucht werden, die Güterstruktur des St. Viktor-Stifts im heutigen Ruhrgebiet näher zu analysieren und mit den beiden anderen beschriebenen Räumen sowie dem Gesamtgüterbesitz des Stifts zu vergleichen.
Wie in der Grafik zu sehen ist, unterscheidet sich die Güterstruktur im Ruhr-Lippe-Gebiet von den beiden anderen skizzierten Räumen. Obwohl die Region Ginderich-Hönnepel relativ stark der Gesamtstruktur stiftischer Güter entspricht, zeigt sich doch bereits hier eine Verlagerung weg vom Streubesitz hin zu einer Sammlung in Größenordnungen von 10–30 Gütern pro Ort (G. p. O.). Im Gegensatz dazu steht die Struktur des heutigen Ruhrgebiets, in der die Gruppen „10–30 G. p. O." eindeutig vorherrschen. Noch extremer ist das Bild der Region Walbeck-Goch. Dort dominiert ganz deutlich die Struktur von „30–50 G. p. O.". Man kann also sagen, daß die Besitzungen des Stifts im heutigen Ruhrgebiet eine eigene, typische Struktur besaßen. Einerseits lagen die Höfe überdurchschnittlich dicht beieinander, andererseits ist die Konzentration doch noch nicht so extrem wie im Bereich Walbeck-Goch. Ein Hinweis auf die Ursachen dieser eigentümlichen Strukturunterschiede ergibt sich bei näherer Betrachtung der Verwaltungsstruktur.
Die Ansammlung stiftischen Grundbesitzes im Gebiet von Walbeck bis Goch resultiert aus den oben erwähnten Offizien Weeze und Rottum, die beide in diesem Gebiet liegen[13]. Zwar streuen die Güter beider Offizien weit über diesen Raum hinaus, dennoch bilden vor allem die des Offiziums Weeze den Kern stiftischen Grundbesitzes dieser Region (71,7 %). Es sieht ganz so aus, als seien in einer Schenkung bereits organisierte Güterkomplexe in den Besitz des Stifts gelangt.

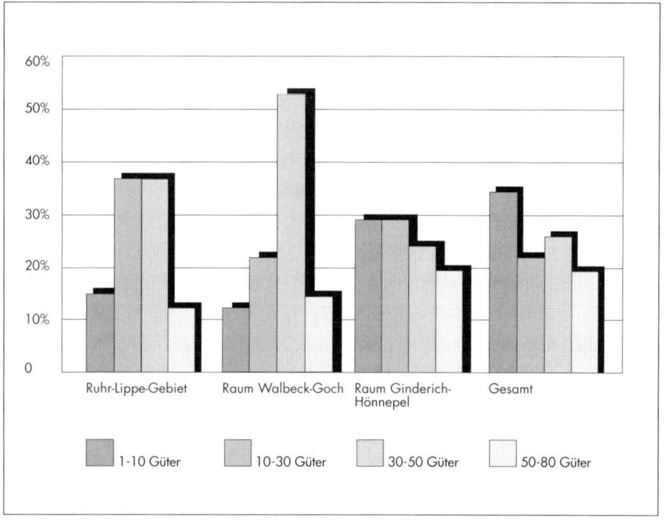

Abb. 26 Güterstruktur des St. Viktor-Stifts Xanten nach Güterhäufigkeit.

Auch im heutigen Ruhrgebiet stößt man bei der Suche nach Erklärungen für die Güterkonzentration auf die Verwaltungsform Offizium, hier das Offizium Wattenscheid. Knapp 22 % der stiftischen Güter jener Region unterliegen der Verwaltung dieses Offiziums. Der Hauptteil der Stiftsgüter, 68 %, werden dagegen von der Kellnerei verwaltet, die anderen Verwaltungsorgane sind nur geringfügig vertreten.
Der hohe Anteil der Celleraria-Güter, er liegt mehr als 9 % über dem Durchschnitt, geht vor allem auf den Hof Dorsten und seine Unterhöfe zurück, die allesamt von der Kellnerei verwaltet werden.
Der *Hof Dorsten* kam vor 1120, der Überlieferung nach wahrscheinlich im 11. Jahrhundert, als eine Schenkung der Frau Imeza zusammen mit dem *Hof Schwerte* in Stiftsbesitz, denn „die Urkunden, die mit diesem Jahr einsetzen, erwähnen nur noch vereinzelt eine größere Schenkung."[14] Das Stift hielt bis ins 13. Jahrhundert ein von dieser Frau gestiftetes Mahl ab und gedachte ihrer noch bis zu seiner Auflösung 1802. „Das Urbar der Kellnerei von c. 1283–86 berichtet: Wie man aus den Erzählungen der älteren Kanoniker erfahren, habe die adelige Frau Emeza sich mit ihren Gütern dem Stift übergeben und dafür eine der 48 Kanonikerpfründen erhalten."[15]
Darüber hinausgehende Erinnerungen sind aber verloren gegangen, so daß man über Vermutungen nicht hinauskommt. Eine Quelle des 16. Jahrhunderts nennt eine *Enriga,* die als letzte Gräfin von Recklinghausen und Gattin des Grafen Otto von Ravensberg die Abtei Flaesheim gestiftet hat und unter anderem auch das Stift Xanten mit Gütern bedachte. Doch gibt es hier große chronologische Schwierigkeiten bei dem Versuch, sie mit der Frau Imeza gleichzusetzen.
Ein anderer Versuch, die Frau Imeza zu identifizieren, sieht in ihr eine urkundlich belegte *Frau Reinmod,* die mit ihrer Tochter Frederuna im Bereich des Bistums Münster sieben Kirchen errichten ließ. Beziehungen dieser Kirchen zum späteren Haus Cappenberg, die ebenfalls der Frau Imeza nachgesagt werden, legen diese Verbindung nahe, bestärkt durch Hinweise, daß Imeza auch den Namen *Reginmuod* trug. Allerdings kommt der Name

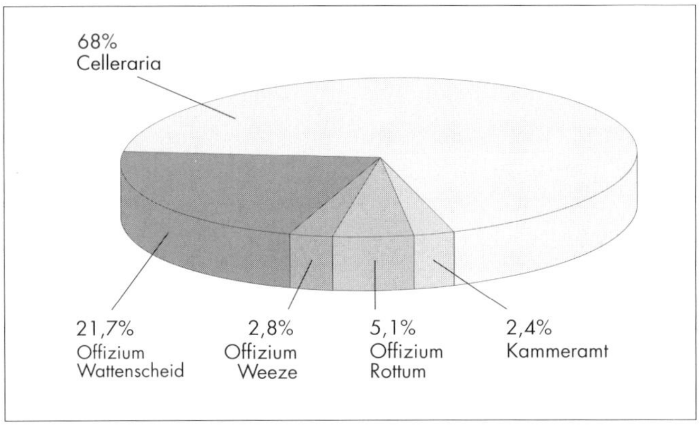

Abb. 27 Die Verwaltungsstruktur der Güter des St. Viktor-Stifts Xanten im Ruhrgebiet.

Reginmuod/Reinmod häufiger im westfälischen Adel vor, so daß die Namensgleichheit nicht viel besagen muß[16].

Auf jeden Fall machen die zum Oberhof Dorsten gehörenden Güter 87,3 % aller Celleraria-Güter und 59,3 % des stiftischen Besitzes im Raum Lippe-Ruhr aus. Dies bestärkte die Vermutung, daß eine reichhaltige Schenkung einer westfälischen Adeligen, die den Quellen zufolge Reinmod hieß, Grundlage des Stiftsbesitzes in dieser Gegend ist[17].

Der Einfluß des St. Viktor-Stifts im heutigen Ruhrgebiet erstreckte sich nicht nur auf Grundbesitz, auch zwei Kirchen gehörten dazu. Die eine liegt in Dorsten, die andere in Schwerte, beide stehen also vermutlich in Zusammenhang mit der Frau Imeza und ihrer Schenkung. Während sich die Dorstener Pfarrkirche St. Agathe erst seit 1177 als vom Stift abhängige Kirche nachweisen läßt, kam die Schwerter Pfarrkirche SS. Nicolai et Gereonis als Zubehör mit dem Hof Villigst um ca. 1050 in Stiftsbesitz[18]. Letzteres Datum korrespondiert wiederum sehr gut mit den Daten der Frau Imeza, die „etliche Jahre vor 1075 gestorben sein muß“[19]. In späterer Zeit war die Schwerter Kirche außerdem mit dem St. Viktor-Patrozinium ausgestattet[20].

Die wirtschaftlichen Erträge, die das Stift aus dem Ruhrgebiet erhielt, waren sicherlich recht bedeutend. So hatten beispielsweise die Höfe Dorsten und Schwerte „wechselweise den Wochendienst für die Küche des Stifts zu versehen. Dieser Dienst bestand in der Lieferung von Naturalien und Geld, die für die einzelnen Höfe genau festgelegt waren. Besonders wichtig waren die Fleischlieferungen“[21].

Nach dieser sehr summarischen Betrachtung des Stiftsbesitzes im Raum Ruhr-Lippe bleibt abschließend festzuhalten, daß der Einfluß des Xantener St. Viktor-Stifts in diesem Gebiet wahrscheinlich auf einige wenige, dafür aber große Schenkungen zurückgeht. Zu sehr konzentriert sich der Besitz auf einige Verwaltungsformen, zu gering ist der „Streubesitz“, d. h. der Besitz, der vom Kammeramt und den Offizien Rottum und Weeze verwaltet wird. Auch die spärlichen Hinweise auf die Wohltäter deuten auf diese Interpretation. Dadurch hatten aber die Güter des St. Viktor-Stifts im Ruhrgebiet eine charakteristische Struktur. Der Einfluß des Stifts im heutigen Ruhrgebiet war, verglichen mit der Lage Xantens zu dieser Region, relativ hoch, und ein nicht unbeträchtlicher Teil des stiftischen Reichtums fand dort seinen Ursprung.

Anmerkungen

1 Allgemeine Literatur zum Stift und seiner Wirtschaftsgeschichte: Weibels, F.: Die Großgrundherrschaft Xanten im Mittelalter, Neustadt/Aisch 1959; Rose, C und Schalles, H.-J.: Das Stift von Xanten, Führer des Regionalmuseums Xanten 22, Köln 1986; Scheler, D.: Einführungskurs in die ältere Geschichte. Kurseinheit 6: Mit dem Geld rechnen: Schriftliche Wirtschaftsführung des Stiftes Xanten im Spätmittelalter, hrsg. v. d. Fernuniversität Hagen, Fachbereich Erziehungs- und Sozialwissenschaften, Hagen 1987.

2 Annales Xantenes zum Jahr 864, MG SS II, S. 230; zur Jahreszahl vgl. Weibels, S. 2.

3 Näheres zum archäologischen Befund s. Borger, H.: Beiträge zur Frühgeschichte des Xantener Viktorstiftes, in: Borger, H. und Oediger, F. W. (Hg.): Beiträge zur Frühgeschichte des Xantener Viktorstiftes, Düsseldorf 1969, S. 54–56 und Falttafeln 8 und 10; Bridger, C. und Siegmund, F.: Die Xantener Stiftsimmunität. Grabungsgeschichte und Überlegungen zur Siedlungstopographie, in: Beiträge zur Archäologie des Rheinlandes, Köln 1987, S. 63–133.

4 Zu einem ähnlichen Ergebnis kommen Bridger und Siegmund mit archäologischen und topographischen Methoden; Bridger/Siegmund, S. 108.

5 Weibels, S. 3 und Anm. 17.

6 Weibels, S. 13.

7 Vgl. Weibels, S. 13 und Anm. 82.

8 Eine ausführliche, gut verständliche Übersicht zu dem nun folgenden, notwendigerweise stark komprimierten Abschnitt findet sich in: Rose, C. und Schalles, H.-J.: Das Stift von Xanten, Führer des Regionalmuseums Xanten 22, Köln 1986.

9 Oediger, F. W., Monasterium beati Victoris Christi martyris, in: Borger, H. und Oediger, F. W. (Hg.): Beiträge zur Frühgeschichte des Xantener Viktorstiftes, Düsseldorf 1969, S. 207–271, hier: S. 233 und Anm. 179.

10 Weibels, S. 71; in der Zeit von 1300 bis 1600 wird lediglich der Hof in Schwerte aufgegeben (Classen, W.: Das Erzbistum Köln. Archidiakonat von Xanten, Germania Sacra III. Abteilung, Die Bistümer der Kirchenprovinz Köln 1. Band, Berlin 1938, S. 79).

11 Weibels, S. 81.

12 Weibels, S. 91.

13 So Weibels, S. 91; dagegen Oediger, Monasterium, S. 237, Anm. 225.

14 Oediger, Monasterium, S. 215; zur Frau Imeza und ihrer Schenkung vgl. Oediger, F. W.: Das Mahl der Frau Imeza im Stifte Xanten, in: Annalen des historischen Vereins für den Niederrhein 166 (1964), S. 299 ff.

15 Oediger, Mahl, S. 299 f.

16 Hierzu Näheres und weiterführende Literatur bei Schüpp, N.: Von Dörfern zur Stadt. Marl, Amt und Stadt im Veste Recklinghausen, Diss. Mannheim, Düsseldorf 1963, S. 10, Anm. 8; Die Tatsache, daß mit der Frau Imeza eine Frau in ein Herrenstift eintritt, wird in der Literatur merkwürdigerweise überhaupt nicht gewürdigt. Lediglich Weibels ist es eine Anmerkung wert (Weibels, S. 21, Anm. 23).

17 Dagegen geht nach Auffassung von Schuhknecht, F.: Topographie und Genese der Stadt Dorsten, in: Vestisches Jahrbuch 52 (1950), S. 5–31, hier: S. 11, nur ein kleiner Teil des Xantener Besitzes in Dorsten auf diese Schenkung zurück.

18 Classen, S. 178 f.

19 Oediger, Mahl, S. 305.

20 Ohne mir ein abschließendes Urteil zuzutrauen, scheint doch erst in späteren Quellen von einer St. Viktor-Kirche die Rede zu sein. In der Literatur herrscht kein klares Bild. Weder erwähnen Weibels oder Binterim und Mooren (Binterim und Mooren, J.: Die Erzdiöcese Köln bis zur französischen Staatsumwalzung, neu bearb. v. A. Mooren, Bd. 1: Die Erzdiöcese Köln im Mittelalter, Düsseldorf 1892) etwas von einem S. Viktor-Patrozinium, noch kennt Classen eine S. Viktor-Kirche in Schwerte. Er zählt lediglich drei vom Stift abhängige Kirchen, die dem hl. Viktor geweiht waren: Schwerte gehörte nicht dazu (Classen, S. 80 und 178). Möglicherweise steht die Umwandlung des Patroziniums mit der Schenkung in Zusammenhang. Dagegen sieht P. Feldhügel von Anfang an ein gemeinsames SS. Viktor und Gereon-Patrozinium der Schwerter Kirche (Feldhügel, P.: Geschichte der Stadt Schwerte bis 1815, in: Beiträge zur Geschichte Dortmunds und der Grafschaft Mark, Dortmund 1927, S. 5–27, hier: S. 8).

21 Weibels, S. 35.

Einzelhof – Bauerschaft – Kirchspiel

Siedelstrukturen im späten Mittelalter

Ludger Tewes

Allein der Versuch bedarf scheinbar des Optimismus, zu Ende des 20. Jahrhunderts die Siedelstrukturen einer Agrarzone beschreiben zu wollen, deren Grundlinien vor rund 1200 Jahren gelegt wurden und deren mittelalterliche Organisationsformen seit langer Zeit erloschen sind. Dabei kann sich das Unternehmen allenfalls auf eine Überlieferung stützen, die zwischen 800 und 1500 von einer kleinen Gruppe des Lesens und Schreibens kundiger Kanzleigehilfen in Kloster, Stadt und landesherrlicher Burg mit Gänsekielen auf Pergamentseiten festgehalten wurde. Wenn wir uns darauf einlassen, müssen wir ihren Eintragungen weitgehend Glauben schenken. Was sie über Aussaat und Ernte, Viehtrieb und Pachtzahlung, Einzelhof und Siedlung, Pastor und Pfarrkirche an ihren Pulten niedergeschrieben haben, macht nach Abzug der Überlieferungsverluste neben archäologischen Grabungen unser Wissen von dieser Kulturepoche aus.

Am Mittwoch, den 3. Januar 1437, versammelte sich um den Recklinghauser Richter Roseir von Westrem die Familie des Bernd de Grove. In Begleitung des Familienoberhauptes befanden sich *de alde Karde*, seine Ehefrau, und die Kinder Bernd und Johanna[1]. Die Familie gab an, ihr Gut *tho Swekelo* in der Pfarrei Gladbeck an Everhard van den Ryne verkaufen zu wollen. Den hatten sie denn auch gleich mitgebracht. Der Richter seinerseits pflegte bei einer Amtshandlung ebenfalls nicht allein zu bleiben. Er bat verschiedene Personen, etwa den Schreiber der uns überlieferten Urkunde, einen Gerichtsfronen, der auch als Bote diente, sowie weitere Zeugen aus der näheren Umgebung an seinen Gerichtsstuhl.

Auf dem besagten Bauernhof in Gladbeck, der zur Disposition stand, lebten derzeit Johann Schulte zu Zweckel mit seiner Frau Bela sowie die Kinder Johann, Hotte und Hilliken. Dieser Hof, mit wenigen anderen nach Streulage im nördlichen Zipfel des heutigen Stadtgebietes von Gladbeck gelegen, leistete aus seinen Ernteerträgen regelmäßige Abgaben, *eyn molder roggen gulde, de de heren van Xancten jarlix dar uite hebben.* Die Versammlung traf sich in Recklinghausen gleich zu Jahresanfang, was nicht ohne Schwierigkeiten geschehen sein dürfte, war das Wetter doch besonders ungünstig. So weiß die Dortmunder Westhoff Chronik zu berichten, daß der Winter von 1437 *was avereins kalt winter, dat vil guets vervroes* und daß Vieh verendete *to groten schaden der menschen*[2]. Die Urkunde macht wahrscheinlich, daß der Schulte aus Zweckel vom etwa 18 Kilometer entfernten Hof angereist war, trotz der geschilderten Witterungsumstände.

Der Kaufvertrag betraf gleich zwei Familien. Die eine mit Vater, Mutter und zwei Kindern im vollfreien Rechtsstand veräußerte ihren Hof, auf dem eine Bauernfamilie mit Vater, Mutter und drei Kindern lebte. Der Vater war frei, die Familie unfrei und an den Besitz gebunden. Beim Verkauf ging die Familie mit an den neuen Besitzer über. Der freiständige Vater blieb beim Verkauf an Everhard van den Ryne auf dem Hof und damit Vorstand seiner Familie. Erwähnenswert wäre noch, daß die Urkunde später auf nicht geklärten Wegen in die Kirchenkiste, also das Archiv des Pastors von St. Lamberti in Gladbeck gelangte, der mit dem Verkauf vor dem Richter in Recklinghausen rein gar nichts zu tun hatte.

In der Verkaufsangelegenheit trat der Richter von Recklinghausen als Vertreter seines Landesherren, des Erzbischofs von Köln, auf. Er tat dies nicht in einer Strafsache, sondern anläßlich eines Immobilienhandels. Wir würden uns heute an einen Notar wenden. Der Verhandlungsgang war für das Mittelalter aber durchaus richtig. Die Amtsrichter des Spätmittelalters beglaubigten Verkäufe des argrarischen Umfeldes viel häufiger, als sie Strafsachen zu entscheiden hatten. Sie fungierten in den Grenzen eines landesherrlichen Amtes, wobei im vorliegenden Fall *tho Swekelo* zum Amt Recklinghausen zählte. Die richterliche Amtsurkunde konnte das Verhandlungsobjekt noch nicht sehr genau einordnen. Zur rechten Präzisierung reichte bereits die exakte Lokalisierung nach allseits bekannten Einteilungsstrukturen innerhalb des Amtes. Wir erfahren diese gemeinhin gebräuchlichen Bezirke aus dem Urkundentext und lesen, daß der Besitz samt *tho behoringe gelegen is in den gerechte van Rekelinchusen in den kerspel van Gladbeck ind in der burschapp tho Swekelo.*

Das verkaufte Gut befand sich im Kirchspiel Gladbeck, wie der Recklinghäuser Richter definierte. Er sprach nicht von einer weltlich politischen Größenordnung, wie etwa von einem Dorf, obwohl er Amtsträger des Herzogs von Westfalen war, der allerdings im besonderen Fall zugleich als Erzbischof die geistliche Sphäre des Erzstiftes Köln vertrat. Die Erklärung für die Zuweisung des Besitzers nach einer Kirchenpfarrei ergab sich aus dem Stand der Dorfentwicklung. Zwar wurde *glatbeke* am 30. Juni 1337 als *villa* bezeichnet[3] und am 22. Oktober 1401[4] wie auch am 9. Dezember 1406 als *dorpe*[5], zu dem nach einer Urkunde vom 18. September 1403 noch ein regelmäßiger Jahrmarkt *nundinae* gehörte[6], doch handelte es sich mehr um ein ländliches Zentrum, das die Außenlagen wie *tho Swekelo* noch nicht recht integrierte. Das besagte Gut befand sich in Zweckel, heute Gladbeck-Zweckel, und war etwa drei Kilometer nördlich der Gladbecker Kirchsiedlung gelegen. Es gehörte zu einer *burschapp*, einem bäuerlichen Personenverband, denn in Zweckel lagen weitere Höfe verstreut.

Siedlungen oder Bauerschaften wurden in Urkunden oder grundherrlichen Besitzverzeichnissen oft nach den Grenzen der Kirchsprengel ausgewiesen. Zum Kirchspiel Gladbeck zählten im Spätmittelalter die heutigen Stadtteile Zweckel, Rentfort, Ellinghorst, Stadtmitte, Butendorf (= *butan* außen *-dorf*) und Brauck (= *brōk-bruch* mit Bezug zum Emscherbruch). Außerhalb des derzeitigen Stadtgebietes gehörten Buer und Horst lange Zeit in die Pfarrei St. Lamberti von Gladbeck. Beide Siedlungen wurden erst in der Neuzeit kommunalpolitisch nach Gelsenkirchen eingemeindet. Die Besiedlungsdichte war sehr unterschiedlich. Generell kann konstatiert werden, daß die Gebiete nach Süden auf die Emscher hin als letzte einer intensiven agrarischen Nutzung zugeführt wurden. Die Pfarrsprengel zwischen Lippe, Rhein und Ruhr waren ihrerseits nach den kölnischen Kirchendekanaten Dortmund (zwischen Emscher und Lippe), Duisburg (im rechtsrheinischen Territorium der Grafschaft Kleve), Essen (im Territorium des Stiftes Essen zwischen Emscher und Ruhr) und Bochum/Wattenscheid (östlich an Essen anschließend) eingeteilt.

Nun sind in der Pfarrei Gladbeck eine ganze Anzahl von bäuerlichen Einzelsiedlungen zu konstatieren. Das ist durchaus repräsentativ, wenn man etwa in den Süden auf den Essener Raum

blickt oder nach Osten in die Gebiete um Recklinghausen oder um Dortmund. Allein östlich von Dortmund gab es am Hellweg Pfarrsprengel, die nur wenige Siedlungen aufzuweisen hatten. Der Sprengel von Aplerbeck (heute Dortmund-Aplerbeck) zählte neben dem Kirchort lediglich drei weitere Siedlungen. Im Fall von Brackel (heute Dortmund-Brackel) beinhaltete der Pfarrsprengel gar nur eine einzige Siedlung. Westlich Dortmunds dagegen waren die Pfarrsprengel wieder großräumiger bemessen. Entsprechend viele Einzelsiedlungen füllten den Kirchbezirk aus. Ein Beispiel dazu ist Mengede (heute Dortmund-Mengede) mit rund einem Dutzend Siedlungspunkten um den Kirchort. Ein anderes Exempel gibt Castrop (heute Castrop-Rauxel), das näher zu behandeln ist.
Die früheste verläßliche Liste aller Siedlungen im Pfarrsprengel Castrop konnte von Frisch für die Mitte des 17. Jahrhunderts erstellt werden[7]. Danach gehörten zum Pfarrsprengel: Freiheit Castrop, Börnig, Behringhausen, Bövinghausen, teilweise Bladenhorst, Holthausen, Obercastrop, Rauxel, Sodingen, Horsthausen und Westhofen. Zum örtlichen Gericht, nicht aber zum Pfarrsprengel, zählten Pöppinghausen (Pfarrei Recklinghausen), Habinghorst (Pfarrei Henrichenburg), Merklinde und Frohlinde (Pfarrei Lütgendortmund). Nach verschiedenen schriftlichen Unterlagen kann begründet vermutet werden, daß sich in der Größenordnung von Pfarrsprengel und Gerichtsbezirk für das Spätmittelalter keine wesentlichen Divergenzen ergaben. Damit wurden die Siedlungen zwei verschiedenen Ordnungsgrößen zugewiesen, die sich nach ihren Grenzen nicht deckten. Der räumlich kleinere Verband von Siedlungen gehörte zur Pfarrei Castrop im kölnischen Kirchendekanat Dortmund. Der

Abb. 28 Die Siedlung Castrop, Urkataster 1826/7, Karte des Katasteramtes der Stadt Castrop Rauxel.

etwas größere Bezirk umschloß einen Gerichtssprengel der Grafen von Kleve. In der diskutierten Pfarrei Gladbeck zählten alle Siedlungen zum Gerichtsbezirk Recklinghausen. Beide Fälle zeigen, daß es sowohl räumliche Deckungsgleichen als auch inkongruente Pfarr- und Gerichtssprengel gab.
Der Ort Castrop lag etwa fünf Kilometer südlich der Emscher und ungefähr elf Kilometer in der Luftlinie westlich von Dortmund. Als früher, markanter Siedlungsstützpunkt galt 834 *uilla que dicitur Castrop*[8]. Bis 1236 hatten sich die Grafen von Kleve den Oberhof Castrop gesichert[9]. Sie beanspruchten über ihn alle hohen und niederen Gerichtsrechte, wie eine Nachricht von 1266 glaubhaft macht[10]. Von der Kirche St. Lambertus, auf die erstmals für 1269 zu schließen ist[11], zahlte der Pastor im Jahr als Decimabgabe (Steuer auf das Einkommen) 1 Mark. Als Taxus (geschätzte Jahreseinkünfte) sind 10 Mark eingetragen. Für den Vikar wurden 9 Schilling und 6 Pfennig Decima verzeichnet und als Taxus 8 Mark[12]. Im heutigen Stadtgebiet von Castrop-Rauxel lagen neben Castrop zwölf mittelalterliche Einzelsiedlungen. Im 14. Jahrhundert ist der letzte Namensmosaikstein gefunden. Danach füllen sich die Konturen mit Einzelhöfen, besonders durch das Schatzbuch von 1486, eine Steuerliste, welche die Grafen von der Mark in Auftrag gegeben hatten. Die Einzelsiedlungen waren: Obercastrop, Behringhausen, Bövinghausen, Merklinde, Frohlinde, Rauxel, Habinghorst, Bladenhorst, Pöppinghausen, Dingen, Deininghausen und Ickern.

1. *Overenkasdorpe* als Einzelhof um 1220[13].
2. *Blarenhorst* um 1220[14].
3. *Pocpinchusen* um 1220[15].
4. *Berninch (usen)* 1266.
5. *Rukessele* 1266[16].
6. *Linne* 1266.
7. *In uilla Bouinkhusun* um 890[17].
8. *De alia domo in Mediclinne* um 1150[18].
9. *Havekorst* 1374[19].
10. *Ichorne* um 1220[20].
11. *Dingen* um 1220[21].
12. *Deninchuson* um 1150[22].

Die Siedlungen im Ruhr-Lippe Raum werden zunächst durch die Güterverzeichnisse der Grundherrschaften ab dem 9. Jahrhundert sporadisch, ab dem 13. Jahrhundert zunehmend vollständig überliefert. Für die Zeit des Spätmittelalters fügen sich die letzten Siedelnamen in das Gesamtbild der Landschaft. Bei der Rekonstruktion der Siedlungen half ganz besonders das Wiederauffinden der Großen und der Kleinen Vogteirolle der Grafen von Isenberg-Altena in den fünfziger Jahren dieses Jahrhunderts. Man wußte von deren Existenz. Im 17. Jahrhundert war zuletzt auf sie hingewiesen worden. Mit ihrem Verlust aber mußte inzwischen gerechnet werden. Als beide Schriftstücke im Fürstlich Bentheim'schen Archiv zu Rheda auftauchten, gewann die Siedelforschung mit einem Schlag die Übersicht für 36 Vogteihöfe, denen rund 1440 Höfe unterstanden. Die Rollen verzeichneten mehr als 900 Einzelorte. Ihre Aufarbeitung wurde in Angriff genommen, doch ist sie bis heute nicht abgeschlossen[23].
Wie verhielten sich nun die nach Oberhöfen organisierten Einzelhöfe zum örtlichen System der Siedlungen: Hofgruppen und Bauerschaften, deren Bausteine sie tatsächlich waren?
Zwischen Lippe und Ruhr verteilte sich eine Fülle von Hofstellen in unterschiedlicher Dichte. Es waren vornehmlich Einzelhöfe des Stiftes Essen, der Abtei Werden, des Stiftes Xanten, der Grafen von der Mark, der Grafen von Kleve, der Grafen von Limburg-Styrum, aber auch ebensolche Mansen und Bona der Abtei

Deutz am Rhein, der Abtei Siegburg, der Abteien St. Pantaleon und St. Gereon in Köln, des Stiftes Rellinghausen, des Stiftes Herdecke, des Klosters Kaufungen (in Hessen bei Kassel), des Klosters Gevelsberg, des Klosters Kappenberg, des Klosters Flaesheim, des Katharinenklosters in Dortmund, des Erzbischofs von Köln und mancher anderen geistlichen Hand. Nicht zuletzt Niederadel und Stadtbürgertum verfügten hier über Güter. Nur die zu Beginn genannten Grundbesitzer wirtschafteten mit Hofbesitz beachtlichen Ausmaßes, der in Oberhöfen integriert den Raum nach grundwirtschaftlichem Organisationsmuster seinerseits strukturierte.
Die ursprünglich seit der Karolingerzeit überall eingerichteten Villikationen mit der *familia*, dem Gesinde des Gutsherrn, als Kern wurden zwischen dem 11. und dem 13. Jahrhundert von Organisationsformen der Landesherrschaften zurückgedrängt und mit einem Netz neuer territorialer Rechtsformen überzogen[24]. Da gaben plötzlich Landesherren Privilegien für Siedelschwerpunkte, die sie als Dörfer, Wigbolde oder Freiheiten bezeichneten. Und ihre Amtsgerichte beanspruchten die Höchstinstanz vor allen grundherrlichen Gerichten – wie auch oben das von Recklinghausen gegenüber dem Einzelhof in Zweckel –. Über diesem Grundraster lag das kirchliche Ordnungsschema von Pfarrsprengeln und Dekanaten. Die Gliederungsgefüge erhielten erst über die Gerichtsbarkeit ihre Steuerungsmöglichkeiten. Ein geistliches Offizialat, ein weltliches Amts- oder Gogericht, ein Freigericht, ein von der Grundherrschaft für den agrarisch organisierten Sektor bestimmtes Oberhofgericht oder ein in der Siedlung zusammengetretenes Bauerschaftsgericht wachten mit unterschiedlichen Kompetenzen über die Einhaltung der Rechtssätze.
Bei der Einteilung nach Siedlung, Ackerfluren und Gemeiner Mark machten sich die Menschen die geographischen, topographischen und hydrologischen Verhältnisse zunutze. Das betraf den ostwestlichen Flußverlauf von Lippe, Emscher und Ruhr, nach dem sich die wichtigsten Straßen richteten, und schlug sich im Siedelbild und in den Ackerordnungen nieder. Die fruchtbaren Lößäcker zwischen Emscher und Ruhr ermöglichten dichtere Ansiedlungen als die weniger ertragreichen Sandböden zwischen Lippe und Emscher. Die sumpfige Bruchzone beiderseits der Emscher mit ihren feuchten Wiesen gestattete lange Zeit keinen Ackerbau. Durch Wasserabzugsgräben versuchte der Mensch, dem Boden Feuchtigkeit zu entziehen. Im Burgenbau drückte er zur Verstärkung der Fundamente Pfähle in den nassen Boden. Die Feuchtwiesen konnten durch Viehwirtschaft nutzbar gemacht werden. Man hat nachträglich erkannt, daß sie besonders reich an Spurenelementen waren.
Das kleinste Element der bäuerlichen Agrarsiedlung war der Einzelhof. Er wurde bewirtschaftet, verpachtet oder verlehnt, in manchen Fällen auch verkauft, wie eingangs für Gladbeck beschrieben. Beispiele dieses Wirtschaftsgebarens ließen sich in allen Zonen zwischen Lippe und Ruhr finden, so im Kirchsprengel Lütgendortmund: Am 12. Februar 1317 wurde ein Hof mit einem Ehepaar für 39 Mark und 4 Schillinge an den Rektor der Kirche von Lütgendortmund veräußert[25]. Am 19. November 1384 ist der Verkauf eines Gutes in Somborn (Dortmund, südöstlich Lütgendortmund) mit einer Hörigen und einem Knecht an Kloster Clarenberg (Dortmund-Hörde) bezeugt[26]. Am 11. März 1421 verkaufte Ludwig Potgießer aus Essen einen Hof in Somborn, Kirchspiel Lütgendortmund[27]. Einzelhofbesitzer waren neben den Grundherrschaften auch Priester, Bürger und Ministeriale (Gutsverwalter). Ganze Siedlungen konnten dagegen nicht veräußert werden, da die Einzelhöfe in den Ortschaften fast stets unterschiedliche Besitzer hatten.
Tatsächlich bestand eine agrarisch funktionstüchtige Einheit bescheidenen Ausmaßes nun aber nicht aus einem Einzelhof, sondern eher aus einer Siedlung mit mehreren Höfen. Das ist nach dem Ortswechsel für Essen-Holsterhausen zu behandeln.
Um das Jahr 1220 befahl Graf Friedrich von Isenberg-Altena als Vogt des Stiftes Essen, seinen Vogteibesitz in einer Pergamentrolle niederzuschreiben. Da heißt es dann: *Iringessele habet sub se mansos LXIIII (...) Iringessele 9*[28].
In der Übersetzung also ließ Graf Friedrich aufschreiben: Ehrenzell verfügt über 64 Höfe, ein weiteres Ehrenzell über neun. Diese neun Höfe der Ehrenzell-Gruppe bildeten den Kern der späteren Bauerschaft Essen-Holsterhausen. Die Quelle des frühen 13. Jahrhunderts verrät uns leider nicht mehr. Wir können diese Siedlung vorerst weder Dorf noch Bauerschaft nennen. Allein der Ordnungssinn des Schreibers, der die neun Höfe derart zusammengefaßt hat, verrät uns, daß sie für den Grundherrn eine Abgabeneinheit bildeten. Die verschiedenen Einzelhöfe des Oberhofes Ehrenzell gehörten zum Konventsgut des Reichsstiftes Essen. Sie lagen nicht weit von der Zentrale und damit im engeren Essener Stiftsgebiet. Die bezeichnete Siedelgruppe wäre heute direkt im Anschluß an den Stadtkern der modernen Stadt Essen zu suchen. Im Mittelalter lag diese Ansiedlung bereits vor den Stadtmauern.
Die Siedelgruppe Holsterhausen gehörte im Mittelalter in einen größeren Zusammenhang. Was in der frühen Neuzeit als Dreibauerschaftsquartier bezeichnet wurde, zerfiel in der Zeit vor 1500 in drei Siedelkomplexe. Die Siedlungen Frohnhausen, Altendorf und Holsterhausen waren zwar für sich genommen eigenständige und lokal getrennte Ansiedlungen, doch bestand die Menge ihrer Bauernhöfe zum ganz überwiegenden Teil aus Mansen des Essener Oberhofes Ehrenzell. Wir wissen das heute sehr genau aus dem Essener Kettenbuch zu rekonstruieren, das zu Beginn des 15. Jahrhunderts niedergeschrieben worden ist. Es bezog sich zum großen Teil auf Unterlagen der ersten Hälfte des 14. Jahrhunderts. Frohnhausen, Altendorf und Holsterhausen waren nach der Anzahl ihrer Einzelhöfe etwa gleich groß. Zusammen umfaßten sie 36 Höfe vom Oberhof Ehrenzell. In diese Essener Unterhöfe streuten sich vereinzelte Bauernstellen ein, die anderen Herren gehörten. Sie bildeten aber deutlich eine Minderzahl. Weder die Siedlung Holsterhausen noch alle drei Siedlungen des Dreibauerschaftsquartiers verfügten über eine eigene Pfarrkirche. Der Seelsorgebezirk St. Johann war hier zuständig. Die Kirche St. Johann selbst lag innerhalb der Essener Stadtmauern. Sie befand sich noch in der Stiftsimmunität des Reichsstiftes Essen. Ihre Seelsorgebefugnis ging deutlich über die bezeichneten Güterkomplexe des Oberhofes Ehrenzell hinaus. In der Zeit des frühen 14. Jahrhunderts war die Zahl der Pfarrkirchen zwischen Lippe und Ruhr dünn gestreut. Im Bereich des Dekanates Essen, das zum Erzbistum Köln zählte, gab es in den Grenzen zwischen Emscher und Ruhr die Pfarrkirchen Borbeck, Rellinghausen, Steele und Gelsenkirchen. Innerhalb der Stadt Essen wurde die Münsterpfarrei zur Mitte des 13. Jahrhunderts wegen der wachsenden Bevölkerungszahl aufgeteilt. Es entstanden die Pfarrsprengel St. Johann und St. Gertrud.
Wie sehr sich die Bauern im Mittelalter an den topographischen Vorbedingungen orientierten, wird im Dreibauerschaftsquartier deutlich. Die Siedlungen und ihre Marken waren deutlich durch den Lauf verschiedener Bäche begrenzt. Im Norden beschloß der Sälzerbach die Siedlung Altendorf. Der weit ausladende Bogen

des Essener Mühlenbaches umfaßte gleichsam die Siedlungen Altendorf und Frohnhausen im Westen und Süden. Der weitere Verlauf des Essener Mühlenbaches bildete die Grenze zwischen den Siedlungen Holsterhausen und Rüttenscheid. Nur im Osten des Dreibauerschaftsquartiers befanden sich keine markanten Bachgrenzen. Es war jener Teil der Landschaft, der sich gegen die Stadt Essen wendete. In diesem Geflecht verschiedener kleiner und kleinster Bäche, bei einer Bodengestalt von nur unbedeutenden Hebungen und Senkungen, spielte das Wege- und Straßennetz die größte Rolle. Es verband die Einzelhöfe untereinander und fand über eine dicht verzweigte Wegeführung die Verbindung zur nächsten Siedlung. Durch das Dreibauerschaftsquartier lief nur eine Straße von überregionaler Bedeutung. Von Westen nach Osten kam der Westfälische Hellweg über Altendorf und durchquerte die Stadt Essen.

Doch zurück zur Siedlung Holsterhausen. Neun ihrer Höfe gehörten nach dem Kettenbuch im 15. Jahrhundert zum Reichsstift Essen (Nrn. 1 – 9). Insgesamt können zwölf Höfe im Siedelbezirk nachgewiesen werden. Es handelte sich dabei um folgende Bauernstätten (vgl. Abb. 29):

1. *Mansus Seghewini dicti Rechteman*
2. *Mansus dictus in der Delle*
3. *Mansus dicit Rowelyn*
4. *Mansus dictus Werenbrechtesgut*
5. *Mansus Hartmanni de Holtzeterhusen*
6. *Mansus Hermanni dicti Meyster*
7. *Mansus Hennekini dicti Beke*
8. *Mansus Hermanni dicti Veltman*
9. *Mansus Theoderici dicti Vrůnd*
10. Strunkede Hof (Freigut)
11. Peselkotten der Äbtissin
12. Wickenburghof

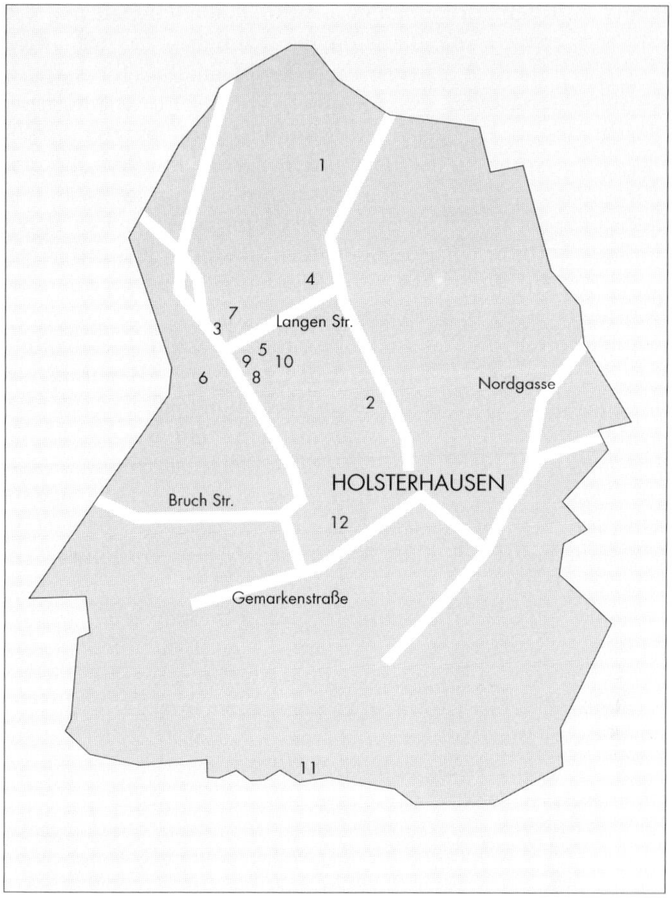

Abb. 29 Die Siedlung Holsterhausen.

In dieser Siedlung lassen sich für das späte Mittelalter nur wenige Veränderungen anhand schriftlicher Überlieferung ausmachen. So ging der Hof Rechteman schon vor 1297 in die Verfügungsgewalt der Essener Kirche St. Gertrud über. Der Strunkedehof gehörte nicht zum Reichsstift Essen. Wir erfahren über eine Urkunde vom 14. Dezember 1463, daß der Essener Kanoniker Johannes von Mülheim für die Ausstattung einer Vikarie des Jakobusaltares der Essener Münsterkirche aus den Erträgen des Strunkedehofes eine jährliche Abgabe von 6 Maltern Korn spendete. Der Wickenburghof entstand erst um 1480, als Bruchland nutzbar gemacht wurde. Dies sind spärliche Einsichten und Nachrichten. Sie werden ergänzt durch die Überlieferung, daß 1419 eine Kornmühle in Holsterhausen eingerichtet wurde. Sie erinnert daran, daß die Feldprodukte vor dem Verkauf in der Regel erst weiterverarbeitet werden mußten.

Die Energie für das Zermahlen des Getreides lieferte im Essener Raum eine Vielzahl von Bächen. Im Zeitraum von der Mitte des 13. bis zum Ausgang des 15. Jahrhunderts arbeiteten 32 Wassermühlen im Gebiet von Stadt und Stift Essen. Sie verteilten sich auf rund 73 Kilometer Wasserläufe. Wegen geringer Unterschiede im Höhenniveau des Terrains war die Strömung dieser Gewässer gering. Das erzwang eine oberschlächtige Wasserzuführung auf das Mühlenrad[29]. Die Bauern konnten ihre Ernte mithin an Ort und Stelle verarbeiten lassen. Es gab kaum einen Winkel, in dem sich kein Wasserlauf befand und der nicht über seinen Mühlenbach verfügt hätte. Durch den Bergbau sind viele von ihnen verschwunden.

In Holsterhausen entstand um den Bereich der heutigen Langenstraße eine Hofgruppe. Die Bauernstellen *Rowelyn, Hartmanni de Holtzeterhusen, Hermanni dicti Meyster* und *Hermanni dicti Veltman* bildeten den ältesten Teil. An diesen Siedelkern schlossen sich im engeren Bereich weitere Höfe in loser Form an. Andere verteilten sich über die Zone zwischen Essener Mühlenbach und dem Essener Stadtbezirk. Die Holsterhausener Höfe erwirtschafteten Erträge, von denen ein Teil an den Besitzer abgeführt werden mußte. Zum vernünftigen Wirtschaften gehörte, daß der Hof stets ausreichend Korn zurückbehielt, um die Bauernfamilie zu ernähren. Gleichfalls war so viel Getreide einzulagern, daß bei der nächsten Aussaat genügend Saatgut zur Verfügung stand. Einen weiteren Teil der Ernte machten die Abgaben für den Kirchenzehnt aus.

Am Beispiel der neun Essener Höfe sah das Abgabeverfahren so aus. Die Lieferungen wurden fällig am Tag des Hl. Remigius (1. Oktober), am Tag des Hl. Gallus (16. Oktober), am Tag Christi Himmelfahrt, am Vorabend des Hl. Dionisius (Vorabend des 26. Februar), am Vorabend des Hl. Andreas (Vorabend des 30. November) und am Vorabend des Hl. Thomas (Vorabend des 21. Dezember). Man orientierte sich an Festtagen der Kirchenheiligen. Von den neun Höfen zahlte einer nur zwei Schillinge ohne Termin. Das war der Veltmanhof. Auch der Werenbrechthof hatte lediglich bescheidene Abgaben. Die anderen sieben Höfe, unter Einschluß des Hofes Rechteman, dem Lehnhof der Essener Kirche St. Gertrud, leisteten Geld und Naturalien an den Grundherrn. Sie gaben am 1. Oktober zwischen zwei und zehn Pfennig, in einem Fall zehn Hühner, am 16. Oktober zwischen zwölf und zwanzig Pfennig. Am Tage Christi Himmelfahrt

(Donnerstag nach dem fünften Sonntag nach Ostern) zahlten sie gleichermaßen zwölf Pfennig, am Vorabend des 26. Februar aus fünf Höfen zwischen einem halben und einem ganzen Faß Getreide. Sie führten am Vorabend des 30. November zwischen vier und sechs Faß Hafer ab. Am Vorabend des 21. Dezember lieferten sie zwischen zwei und sechs Faß Gerste. Dazu kamen an nicht genannten Terminen ein halber Malter Getreide, zehn Pfennige, zehn Hühner, zwei Schillinge, noch einmal fünf Pfennige und fünf Hühner. Die Einziehung dieser Abgaben zu verschiedenen Terminen war keineswegs durch die Erntefolge bedingt. Sie veranschaulicht vielmehr eine plangerechte Bevorratung und Bewirtschaftung, da die freiweltlichen Stiftsdamen in Essen zu jeder Jahreszeit über Nahrungsmittel verfügen mußten. Die Überschüsse wurden verkauft.

Die Böden in Holsterhausen bestanden aus Löß- und Sandlößflächen, die stellenweise mit Kreide vermischt waren. Parabraunerde dominierte. Manchmal fand sich Pseudogley. Die Bodenwertzahlen hielten sich im Sand bei 55, stiegen aber bei Löß auf exzellente Werte von 70 bis 85. Mit einem Wort: die Bauern konnten zufrieden sein.

Die Siedlung Holsterhausen lieferte mit ihren neun Essener Höfen in der Jahresbilanz 21 Schillinge und 11 Pfennige. Das waren nicht ganz zwei Silbermark. Dazu kamen 25 Hühner, 1/2 Malter Roggen, ungefähr 4 1/2 Faß Roggen (zusammen etwa 4,56 Scheffel Roggen), 32 Faß Hafer (= 4,57 Malter oder 18,28 Scheffel) und 24 Faß Gerste (= 3,43 Malter oder 13,72 Scheffel). Der Scheffel Roggen wog etwa 38 bis 43 Kilo, der Scheffel Gerste 33 bis 39 Kilo und der Scheffel Hafer 23 bis 26 Kilo[30]. Die Wertrelation veranschaulicht ein Rentenverkauf von jeweils 3 Scheffeln Gerste und 3 Scheffeln Roggen für 15 rheinische Gulden und 12 Weißpfennige am 27. Oktober 1460 an den Priester Bernd von Galen[31]. Der Scheffel Roggen kostete 1437 auf dem Dortmunder Markt 3 Schilling, eine Kuh etwa 6 Silbermark. (1 Mark = 12 Schilling). Ein Zimmermann arbeitete ungefähr 2,5 Tage für einen Scheffel Roggen[32]. Die Jahrespacht für einen kleinen Hof beim Dorf Mülheim betrug am 6. Januar 1426 insgesamt 21 Schillinge oder 1,75 Mark[33].

Fassen wir das Ganze noch einmal in einer diachronischen Rückschau zusammen, wobei jetzt die Siedeltechnik im Blickfeld stehen soll[34]. Ab dem 13. Jahrhundert werden mit zunehmender schriftlicher Überlieferung viele Ortsnamen bekannt. Sie sind inzwischen durch ausführliche Untersuchungen meistens sehr genau zu lokalisieren. Mit Beginn des 14. Jahrhunderts gibt der Liber valoris zum erstenmal flächengreifend Informationen über die Pfarrkirchen und Kapellen zum Zeitpunkt der Abfassung. Daß in dieser Liste einige Sakralbauten fehlen, behindert den Gesamteindruck nicht. Das Netz der Kirchen war einigermaßen gleichförmig verteilt. Im Norden der Emscher blieb es lange Zeit grobmaschig. Die Bauern hatten zu allen Zeiten ein Auge auf Bodenqualität und Wasserversorgung. Da wo die frühen Hofgruppen entstanden, lagen nicht selten die besten Böden. Häufig mußte das Ackerland erst gerodet werden, weil der Waldbestand zwischen Lippe und Ruhr im Frühmittelalter bedeutend war. In der Region wuchsen Eiche, Buche, Tanne, Erle, Esche, Weide, Linde und andere, wobei Buche und Eiche den Bauern in günstigen Jahren für ihre Schweine das Mastfutter lieferten.

Bis zum 12. Jahrhundert war die einschneidende Rodungsphase beendet. Bereits vor 1200 hatten die Altbauern die erste Grundbesiedlung abgeschlossen. Auf den kultivierten Böden lebten bald sogenannte Kötter auf kleineren Parzellen. Sie gingen nicht selten einem Handwerk nach[35]. Das Land wurde intensiver belegt, was besonders gut ab der Mitte des 15. Jahrhunderts zu beobachten ist. Die Menschen hatten um Hof oder Hofgruppe zusätzliche Flächen freigeschlagen. Die Bauern säten insbesondere Hafer, Roggen und Gerste.

Wieviele Höfe eine Siedlung bildeten, kann nicht die Frage nach einer Normgröße sein. Die vorgestellten Beispiele geben dazu eine bessere Antwort. 3 bis 5 Höfe machten eine Hofgruppe aus: sie lagen eng beieinander mit angrenzenden Gärten oder im Umkreis von ein bis zwei Kilometern gestreut. Essen-Holsterhausen, auch Frohnhausen und Altendorf, dürften etwa jeweils zwölf Höfe umfaßt haben. Um Castrop lag die Anzahl der Einzelhöfe in den Siedlungen zwischen einem knappen Dutzend und zwei Dutzend. In Gladbeck-Zweckel handelte es sich bei der Hofgruppe lediglich um einige wenige Bauernstellen.

Die Höfe standen selten ganz allein und in isolierter Einödposition. Vom Siedelkern abgerückt, aber doch oft in Sichtkontakt, nahmen sonst lediglich Oberhöfe oder Schultenhöfe mit ihren großen Ländereien räumlichen Abstand. Die verschiedenen Höfe bestimmten über ihre Wirtschaftskraft, ihre Anzahl am Ort und über ihren Besitzer die Struktur und die unverwechselbare Identität von Hofgruppe, Bauerschaft, Dorf, Wigbold oder Freiheit. Zwischen Lippe und Emscher dominierte der Drubbel, die Siedlung in Streulage. Zwischen Emscher und Ruhr, nach Süden ein wenig über den Fluß hinaus, herrschten Siedeltypologien nach sogenannten Groß- und Kleindörfern vor. Freilich ist hier einzuschränken, daß eine Siedelgeschichte Ort für Ort nach übergreifender Fragestellung nicht existiert. So wird man das bisherige Urteil zur Verbreitung bestimmter Dorf- und Siedeltypen als groben Raster bezeichnen dürfen. Er leistet eine räumliche Zuweisung bestimmter Siedelformen. Beantwortet wird allerdings nicht die Frage nach der genetischen Ausbildung der Siedelkerne. Offen bleibt, welche personellen Konstellationen vom 13. Jahrhundert bis in die frühe Neuzeit für Konstanz bürgten. Dabei fällt auf, daß der Adel in verschiedenen Zonen unterschiedlich stark engagiert war. Dynamische Elemente der Besiedlungsintensivierung zwischen Lippe und Ruhr mit Restrodungen und vermehrten Kötterstellen angesichts einer demographischen Aufwärtsentwicklung sind keineswegs zureichend geklärt. Die Siedlungen erfaßten oftmals nur kleine Flächen, wenn die Bodenqualität wie in Essen gut war. Sie wurden dann intensiv genutzt. Die Sandböden nördlich der Emscher begünstigten Streulagen wie in Gladbeck-Zweckel mit seinen Mergelvorkommen. Holsterhausen bedeckte mit allen Hofstellen, mit Äckern, Wiesen und Gemeiner Mark etwa 297 ha (1 Hektar gleich 10 000 Quadratmeter), Altendorf 254,5 ha und Fronhausen 362 ha. Die Siedlungen um Castrop beinhalteten zwischen 160 und 642 ha. Die Böden am Ort waren schlechter, nämlich mit Lehm, Sand und Lößanteilen durchmischt. Die Siedlungen in Gladbeck maßen 280 bis 980 ha. Die Bauerschaft Zweckel verfügte über etwa 650 ha[36]. Das sind Größenordnungen bäuerlicher Dimension, von denen sich die städtische Lebenswelt abhob. Viele Ackerbürgerstädte zwischen Lippe und Ruhr kamen ihrerseits nicht über 10 ha hinaus. Recklinghausen umfaßte etwa 20 ha, Bochum ungefähr 8 ha, und Dortmund wurde auf 70 bis 80 ha geschätzt[37]. Das alles erstreckte sich in einem Höhenniveau – im Prinzip von Norden und aus den großen Flußtälern nach Süden ansteigend – zwischen 20 und 270 Metern über NN[38]. Nach dem Flächenprinzip hatte die mittelalterliche Pfarrei den Vorteil einer Größenordnung, die dazu geeignet war, gleich mehrere Siedelkompositionen unterschiedlicher Ausdehnung zu umfassen.

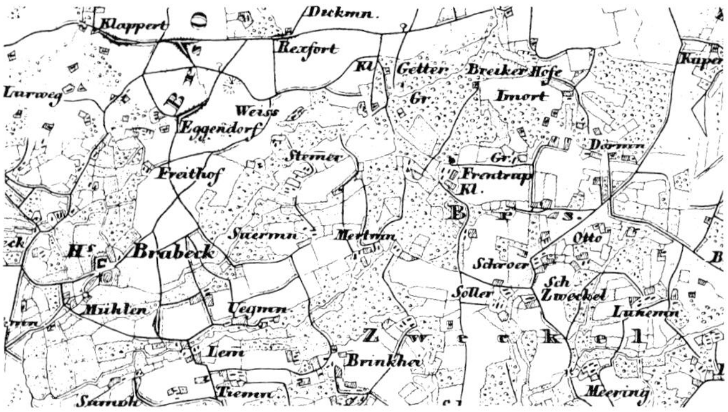

Abb. 30 Der Hof Schulte, Zweckel, Topographische Karte von Rheinland und Westfalen 1841 - 1858, Blatt Dorsten.

Kleine Pfarrsprengel wie Brackel (heute Dortmund-Brackel) gingen gerade über 1 271 ha hinaus. Kirchspiele mit zahlreichen Einzelsiedlungen überstiegen 4 000 ha, wie Gladbeck und Wattenscheid. Die alte Pfarrei Bochum beinhaltete vor Gründung der ersten Kapelle oder Filialkirche sicher das doppelte.

Für den Ausgang des Mittelalters ist die Kenntnis der Siedeleinheiten mit Ausdehnung der Ackerflächen, der Wiesengründe und der Waldgebiete bereits einigermaßen detailliert, so daß auf einer weißen Landkarte für jeden Ort eine Fülle von Identifizierungspunkten angebracht werden kann. Über die Ortschaften verdanken wir das Wissen den Steuerlisten[39] der Landesherren, besonders den sogenannten Türkensteuerlisten von 1534, 1542, 1551 und 1598. In ihnen wurden die Abgaben der Einzelhöfe nach Ortschaften notiert. Unsere relativ gute Kenntnis der Fluren ist auf spätere Quellen zurückzuführen. Im Jahr 1830 entschied der preußische Generalstab, die Landschaft beiderseits des Rheins kartographisch aufnehmen zu lassen[40].

Das war eine penible Aufzeichnung Ort für Ort mit alten Gebäuden. Zwischen 1839 und 1843 zogen Vermessungsoffiziere während der Sommermonate in die Gebiete östlich des Rheins. So ein Vermessungstrupp schaffte bis zu zwei Blätter im Jahr. Die Bestandsaufnahme ging in die Urmeßtischblätter von Preußen ein, aufgenommen im Maßstab 1 : 25 000. Wegen schlecht durchgeführter Triangulation sind die Fehlertoleranzen zum Teil erheblich. Dazu fehlten in den Karten die Höhenlinien. Topographische Erhebungen wurden allerdings durch Schraffierung kenntlich gemacht. Die Wiedergabe der Fluren ist korrekt. Katasterkarte und Landvermessung sind die unentbehrlichen Hilfsmittel der Siedlungsforschung gerade für das Ruhrgebiet, wo alle Spuren mittelalterlicher Ortsentwicklung bereits im 19. Jahrhundert völlig verwischten. Ihr Inhalt wird dann für die Zeitstufe vor dem 16. Jahrhundert of interpretationsfähig, wenn aus den Archiven Schriftstücke mittelalterlichen Ursprungs hinzutreten, die bestimmte Orte betreffen. Von der Karte des 19. Jahrhunderts läßt sich mitunter der Zustand der Gemarkung erschließen, wie er zur Zeit der Abfassung einer detaillierten örtlichen Steuerliste gewesen sein könnte. So entstehen Einzelhof, Bauerschaft und Kirchspiel in einer plastischen Rekonstruktion.

Anmerkungen

1 Pfarr A St. Lamberti Gladbeck, Urk. 9.
2 Chronik des Dietrich Westhoff von 750 - 1550, aus: Die Chroniken der westfälischen und niederrheinischen Städte, 1. Bd. v. d. Bayerischen Akademie der Wissenschaften, unveränd. Nachdruck 1887, Dortmund/Neuß 1969, S. 311.
3 HStAD Stift Essen, Urk. 380.
4 Stadt A Recklinghausen, GWA, Urk. 149.
5 Stadt A Recklinghausen, GWA, Urk. 165.
6 Pfarr A St. Lamberti Gladbeck, Abschr. (15. Jh.) 4.
7 Frisch, Margarethe: Die Grafschaft Mark. Der Aufbau und die innere Gliederung des Gebietes besonders nördlich der Ruhr, Münster 1937, S. 92.
8 Blok, Dirk Peter: Die oudste partikuliere Oorkonden von het Klooster Werden, Assen 1960, Nr. 51.
9 Westfälische UB VII, Philippi, Friedrich (Bearb.): Die Urkunden des kölnischen Westfalens (1200 - 1300), Münster 1908, Nr. 441.
10 WUB VII, Nr. 1241.
11 WUB III, Wilmans, Roger (Bearb.): Die Urkunden des Bistums Münster (1201 - 1300), Münster 1859 - 1861, Nr. 824.
12 Die Erzdiözese Köln um 1300, 1. Heft, Der Liber Valoris, hrsg. von Oediger, Friedrich Wilhelm, Bonn 1967, S. 90, Anm. q.
13 Bentheim, Moritz von: Die kleine, ältere Vogteirolle der Grafen von Isenberg-Altena vor 1220, Rheda 1957, S. 5.
14 Kleine Rolle, S. 3.
15 Ebd., S. 3.
16 Nrn. 4 - 6, WUB VII (wie Anm. 9) Nr. 1241
17 Kötzschke, Rudolf: Die Urbare der Abtei Werden a. d. Ruhr. A. B. Einleitung und Register 1, 2, Rheinische Urbare II, 1, Bonn 1906, S. 69.
18 Ebd., II, 2, S. 215.
19 Dortmunder UB II, 1, Rübel, Karl: Dortmund 1890, Nr. 116.
20 Kleine Rolle, (wie Anm. 22) S. 1.
21 Ebd., S. 5 oder S. 6.
22 Rhein. Urb. II, 2 (wie Anm. 17) S. 217.
23 Kleine Rolle (wie Anm. 13). Bentheim, Moritz von: Die große Vogteirolle des Grafen Friedrich von Isenberg-Altena um 1220, Rheda 1955.
24 Haverkamp, Alfred: Gesellschaft im Wandel, aus: Streifzüge durch das Mittelalter, hrsg. v. Rainer Beck, München 1989, 216 ff.
25 Dortmunder UB I, 1, Rübel, Karl: Dortmund 1885, Nr. 357.
26 Merx, Otto: Urkundenbuch des Clarissenklosters, späteren Damenstifts Klarenberg bei Hörde, Dortmund 1908, Nr. 206.
27 Darpe, Franz: Geschichte der Stadt Bochum nebst Urkundenbuch, Bochum 1894, Nr. 39.
28 Alle Einzelverweise bei L. Tewes: Die Bauerschaft Essen-Holsterhausen im Mittelalter, in: Das Münster am Hellweg 42 (1989), S. 23 - 34.
29 Sellmann, Wilhelm: Die Mühlen in Stadt und Stift Essen, in: Beiträge zur Geschichte von Stadt und Stift Essen 47 (1930), S. 276 f.
30 Engel, Franz: Tabellen alter Münzen, Maße und Gewichte, Rinteln 1965, 9. Ebeling, Dietrich/Irsigler, Franz: Getreideumsatz, Getreide- und Brotpreise in Köln 1369 - 1797, in: Mitteilungen aus dem Stadtarchiv von Köln 65, Köln 1976, S. IX. Zur Siedelentwicklung allgemein Balzer, Manfred: Grundzüge der Siedlungsgeschichte, in: Westfälische Geschichte Bd. 1, hrsg. v. Wilhelm Kohl, Düsseldorf 1983, S. 231 - 273.
31 Schaefer, K. Heinrich/Arens, Franz: Urkunden und Akten des Essener Münsterarchivs, in: Beiträge zur Geschichte von Stadt und Stift Essen 28 (1906), Nr. 172, S. 106.
32 Westhoff Chronik (wie Anm. 2) S. 297 und S. 310 f.
33 Hulshoff, Adam/Aders, Günther: Die Geschichte der Grafen und Herren von Limburg und Limburg-Styrum und ihrer Besitzungen 1200 - 1550, Assen/Münster 1963, Teil 2, Bd. 2, S. 457 f, Nr. 1016.
34 Statt umfangreicher Literaturangaben verweise ich auf drei: Niemeier, Georg: Das Landschaftsbild des heutigen Ruhrreviers vor Beginn der großindustriellen Entwicklung, in: Westfälische Forschungen 5 (1942), S. 79 - 114; Müller-Wille, Wilhelm/Bertelsmeier, Elisabeth: Beharrung und Wandel in ländlich agraren Siedlungen und Siedlungsräumen Westfalens, in: Westfalen und Niederdeutschland Bd. II, Beiträge zur allgemeinen Landesforschung, Festschrift 40 Jahre Geographische Kommission für Westfalen (Spieker 25,2) 1977, S. 437 - 483; Tewes, Ludger: Mittelalter an Lippe und Ruhr, Essen 1988.
35 Balzer (wie Anm. 30) S. 258.
36 Angaben der Ämter für Statistik der Städte Essen und Gladbeck nach telefonischer Anfrage vom 8. Mai 1990. Es handelt sich um Vermessungen des 20. Jahrhunderts. Nach der Größenordnung haben sich im Vergleich zum Mittelalter keine gravierenden Veränderungen ergeben. Die Angaben für Castrop entstammen dem Ortschaftsverzeichnis nebst Entfernungstabelle des Regierungsbezirks Arnsberg, hrsg. v. Berker und Flamm, Arnsberg 1889.
37 Haase, Carl: Die Entstehung der westfälischen Städte, Münster 1973, S. 33, 65, 134.
38 Orohydro graphisch Topographische Übersicht 1 : 200 000, Karte CC 4702 Düsseldorf, hrsg. v. Institut für Angewandte Geodäsie, Frankfurt 1981, 3. Auflage.
39 Timm, Willi: Schatzbuch der Grafschaft Mark 1486, Unna 1986.
40 Niemeier (wie Anm. 34) S. 80.

Mühsal, Werk, Kunst, Lohn – Zur 'Arbeit' im mittelalterlichen Ruhrgebiet

Ludolf Kuchenbuch

Vorbemerkungen

Arbeit gilt seit der Auskunft des modernen Wirtschaftsdenkens und der Vorherrschaft der industriellen Wirtschaftspraxis als ein Herstellungshandeln, das volkswirtschaftlich erkennbaren Wert schöpft und durch Lohnentgelt Unterhalt sichert. Arbeit ist der Inbegriff einer leibhaftigen Verausgabung von Wissen und Kraft, zu der Stoffe als Gegenstand sowie Werkzeuge und Energie als Mittel nötig sind, um Waren zu produzieren. Arbeit geht also im System der Produktion auf. Produktion wiederum kann ohne marktvermittelte Wertrealisierung nicht existieren, gehorcht demnach Verteilungsregeln, deren Kern im Wechselspiel zwischen Angebot und Nachfrage besteht, und strebt nach Vorteilen im Konkurrenzgefüge des Marktes. Arbeit ist eine höchst abstrakte Kategorie der Ökonomie, zugleich aber auch die konkrete Praxis derer, die sich werktäglich in Betriebe begeben, um dort im Stundentakt Werte zu schaffen und Geldquanta dafür zu erhalten, damit sie ihre Bedürfnisse im Wege des Konsums befriedigen können.

Wer Arbeit im Mittelalter[1] ausmachen und verstehen will, sollte sich solcher Grundbestimmungen deshalb bewußt sein, weil sie in jener Epoche eben *nicht* galten. Ohne bewußte Abgrenzung von diesen Selbstverständlichkeiten sind die Gefahren groß, sie in das Mittelalter hineinzuschleppen. Damals gab es weder *die* Arbeit als abstrakte ökonomische Kategorie (als Wertsubstanz aller Waren sozusagen) noch *die* Arbeit als zeitlich formalisierte Tätigkeit, die ins Produkt eingeht und für deren Reproduktion der Geldlohn bezahlt wird. Insofern ist es sinnvoll, den Kollektivsingular 'Arbeit' zu meiden, wenn man von den Formen des Unterhaltshandelns im Mittelalter spricht. Daher fehlt auch eine Theorie, in der die Arbeit im allgemeinen den entscheidenden Einfluß auf die Gesellschaftsform und das Wohlergehen hat.

Wie man sein Auskommen fand, war als Vorgang nicht sonderlich wichtig, zumindest nicht für diejenigen, denen die Historie deutbares Schriftgut verdankt. Aber wenn in diesen Schriften von *labor, opus* und *ars* – grob eingedeutscht: *Mühsal, Werk* und *Kunst* – die Rede ist, dann im ständisch begrenzten Wissens- und Werthorizont ihrer Autoren. Sichtweisen auf das Unterhaltshandeln ergeben sich hier, die von Einkommenssicherung oder -mehrung, von Botmäßigkeit der Dienenden, aber auch von Gerechtigkeit der Herrschenden und Vorbildlichkeit der Verzichtenden geprägt sind. Ihnen umfassende soziale Gültigkeit zuzuerkennen, ist genauso riskant wie die Unterstellung, sie seien Ausdruck notwendig falschen Bewußtseins, gingen in Standes-Ideologie auf. Alles kommt darauf an, ihren Sinn als Artikulation zeitgenössischer Erfahrung ernstzunehmen: selbst wer sich unterhalten ließ, kannte das Unterhaltshandeln durchaus, reagierte im schriftlichen Denken und Werten auf das, was ringsum geschah.

Fassen wir kurz unsere methodischen Bedenken zusammen. Im Mittelalter haben unterhaltsstiftende Tätigkeiten nicht nur ein anderes Gesicht als Arbeit heute, sondern auch eine andere Sprache. Es gilt, sehr vorsichtig mit der Verwendung von Begriffen aus der modernen Arbeitswelt zu sein. Die Überlieferung ist nicht explizit auf Aussagen zu unserem Thema eingestellt. Es gilt also, zwischen den Zeilen zu lesen. Die Überlieferer sind nicht die Tätigen, sondern die Betrachtenden, Empfangenden, Kontrollierenden. Es gilt aber, sie nicht nur in dieser Sicht von außen und sondern auch als Zeitgenossen im Auge zu haben.

Aus all dem folgt, daß wir uns selbst in einem kurzen Überblick wie diesem auf Quellen einlassen müssen. Für die Landstriche zwischen Lippe und Ruhr sind solche aber nicht nur ungewöhlich rar, sondern haben noch seltener generellere Tragweite für unser Thema. Wir haben uns damit beholfen, daß wir auf die weitere Peripherie zurückgegriffen haben. Um die uns wichtigen Aspekte des Unterhalthandelns sowie Grundzüge seines Wandels im Mittelalter aufzuzeigen, haben wir möglichst verschiedene Gattungen ausgewählt, aus denen wir jeweils einen kurzen Ausschnitt in Übersetzung zitieren.

1750 – Ein Lehrbuch über die Landwirtschaft

„Wenn der Gutsverwalter *(villicus)* feststellt, daß jemand zuverlässig und ordentlich gearbeitet hat *(laborare)*, soll er ihm seine Anerkennung ausdrücken sowie ihn mit kleinen Geschenken fördern und so seinen Eifer *(officium)* stärken. Was ferner die Ausstattung und Kleidung des Gesindes *(familia)* anlangt, so soll man mehr auf den Nutzen als auf den Luxus achten: der Zweck soll der Schutz gegen Kälte und Regen sein. Der Arbeitslohn *(merces laborum)* soll pünktlich gezahlt werden, damit sie niemals Gelegenheit zu einem Vorwand für Arbeitsverweigerung *(detrectatio laboris)* finden. Und wie Speise und Bekleidung, so ist auch Bestrafung notwendig. Denn so sagt der Weise: 'Die Peitsche für das Pferd, der Maulkorb für den Esel und die Rute auf den Rücken der Dummen' (Sprüche Salomos 26,3)[2]."

Diese übersetzten Sätze, geschrieben in humanistischem Latein, sind 1570 in Druck gegangen. Sie stammen aus dem ersten Band einer Schrift 'Über Landwirtschaft' *(de re rustica)*, die Konrad Heresbach verfaßt hatte, ein aus dem Bergischen Land gebürtiger studierter Jurist, Klevischer Prinzenerzieher und geheimer Rat, bevor er sich ca. 1536 auf ein Landgut (unterhalb von Wesel am Niederrhein) zurückgezogen hatte, das seine Frau in die Ehe brachte. Heresbach gilt der heutigen Agrargeschichte als ein früher Vertreter eines neu erwachenden, zugleich gelehrten und praktischen Interesses an der Landwirtschaft. Sein Werk ist die erste lateinische Landwirtschaftslehre aus dem deutschen Raum; sie erlebte in kurzer Zeit sechs Auflagen. Dies große zeitgenössische Echo gründet sicher in der systematischen Anlage und sachlichen Fülle des Werkes. Es ist in der Form eines Dialoges geschrieben, in dem ein Gutsbesitzer seinem neugierigen Gast bei einem Rundgang nicht nur ein Loblied auf den Landbau singt, sondern auf all dessen Fragen detailreich eingeht: Haus, Hof und Gutsgebäude, Werkzeug und Gerätschaft, Eignung und Anforderungen an den Gutsverwalter, Bodenbeschaffenheiten, Bodenbearbeitung (Pflügen, Düngen), Aussaat, Eigenschaften der Getreidearten (vom Weizen bis zur Kolbenhirse), der Hülsenfrüchte (von der Bohne bis zur Lupine), der Futterpflanzen und der Faserpflanzen (Flachs, Hanf, Waid), Ernte und Unterbringung der Früchte (in Scheune, Speicher), Wiesen und Weiden, Kauf und Pacht von Land – über all das wird gehandelt. Auch wenn hier die dispositive Sichtweise des Eigentümers und Gutsherrn bestimmend ist, so scheint doch immer wieder die Tatsache auf, daß der Betrieb des ganzen Anwesens von der Arbeit *(opera rustica, ars agricolendi, labor)* des 'Gesindes' *(familia)* abhängt. Davon handelt auch unser Textauszug. Er ist merkwürdig zwielichtig. Es scheint um Lohnarbeit zu gehen. Neben dem Lohn hat aber das Geschenk einen wichtigen Platz.Neben der Sorge um fristgerechte Entlohnung, die die Arbeitsmoral bestimmt, steht der Anspruch auf physische Erzwingung des Arbeitsgehorsams. Das, was als Lohn in barer Münze gezahlt wird, muß nicht den gesamten 'Gegenwert' für die geleistete Arbeit ausmachen: Speise, Kleidung und Unterkunft kommen möglicherweise hinzu. Weder die Beziehungs- oder die Vergütungsform erlauben es, hier von reiner Lohnarbeit zu sprechen. Der Geldnexus und die Vertragsform sind nur ansatzweise zu erkennen. Lohnarbeit und Frondienst sind kaum trennbar verquickt.

Warum diese Unklarheit? Ein Blick auf Heresbachs Quellen hilft weiter. Zur Rechtfertigung paternaler Zucht beruft er sich explizit auf damals Unumstößliches, auf Worte der Heiligen Schrift. Damit aber nicht genug. Der moderne Kommentator von Heresbachs Text, Helmut Dreitzel, belehrt darüber, daß im hier zitierten Abschnitt ein unausgewiesener Satz aus den 'Zwölf Büchern über Landwirtschaft' von L. I. M. Columella (1. Jh. n. Chr.), dem wichtigsten römischen Agrarschriftsteller, steckt. Derlei war damals noch kein wissenschaftlicher Fehltritt, im Gegenteil. Wer sich nicht nur offen mit Autoritäten schmückte, sondern hinter sie zurücktrat, galt als wissend und bescheiden. Durch den Autor spricht die Tradition, die geglaubte Weisheit der Bibel genauso wie das bewährte Wissen der heidnischen Antike. Doch Gültigkeit und Verständnis des Tradierten mußten sich nicht decken. Zur Zeit und im Werk Columellas bezeichnete das Wort *familia* (hier mit 'Gesinde' übersetzt) eindeutig das unfreie Personal, d. h. gekaufte (und zum Teil angekettete) Sklaven. Am Ende des 16. Jahrhunderts war ein solches Verständnis dieses Wortes nicht mehr möglich – egal, welche besondere Form feudalgutsherrlicher Bindung der Untertänigen am Niederrhein und anderswo Heresbach vor Augen hatte. Auch das damals in der Landwirtschaft Neue, insbesondere die intensivere Verwendung von Düngemitteln und Futterpflanzen sowie eine variationsreichere Fruchtfolge, wird von Heresbach nahtlos ins Bewährte eingebaut.

Verallgemeinern wir nun mit dem Blick auf das Jahrtausend des Mittelalters. Die Überlieferung zur Geschichte der Arbeit trägt im Mittelalter die Signatur christlichen Glaubens und katholischer Kirche, ebenso aber auch die des antiken Wissens – all dies ist eingelassen in die Schriftsprache Latein. Arbeit war im Mittelalter kaum käuflich, wurde auch dann nur selten ausschließlich in barer Münze bezahlt. Arbeit stand, grob zugespitzt gesagt, in dreierlei Dienst: im Dienst Gottes und seiner Stellvertreter, im Dienst der Herrschenden und im Dienst des Unterhalts. Sie war gebunden ans Heil, an die Unfreiheit und an die Substistenz.

Um 900 – Frondienst in Friemersheim

„Über den Dienst (servitium). Zwei Wochen im Herbst. Zwei Wochen vor dem Frühling. Zwei Wochen im Juni. In jeder Woche fünf Tage. Im Herbst ein Joch, d. h. zwei Morgen, umbrechen, danach pflügen. Das Saatgut vom Hof empfangen (und einstreuen). Dann eggen ... Den gleichen Dienst des Umbrechens, Pfügens und Eggens soll er im Frühling tun. Jedes Joch soll er so pflegen, daß er es von Gesträuch und Unkraut reinigt, und in allem so sorgfältig bebauen (excolere), daß die Ernte unversehrt in die Scheune kommt. Weiter ist auf Bitten ein Morgen zu pflügen, und dabei steht jedem Pflug (aratrum) ein Sechstel Bier, ein Brot und Zukost, wie man sie gerade zur Hand hat, zu. Von diesem (Bitt)Morgen soll die Frau (uxor) Garben in fünf Bündel binden, diese Bündel zusammentragen und zu Hocken ordnen. Dann mag sie sich vier Garben nehmen. Der Mann (maritus) aber soll zwei der Garben(hocken) in die herrschaftliche Scheune bringen, die restlichen werden vom Hof eingefahren[3]. "

Diese Sätze stammen aus einer der bekanntesten Frondienstordnungen des frühen Mittelalters. Sie gehören zu der Beschreibung eines Besitzkomplexes, der dem Benediktinerkloster Werden von Karl dem Großen ca. 812 geschenkt worden war. Es geht um die Villikation Friemersheim (westrheinisch gegenüber Duisburg). Die Güter verteilen sich auf 19 benachbarte Ortschaften. Sie sind aufgeteilt in Herrenland und Bauernland, das Herrenland wird einerseits mit Hilfe von Hofsklaven (von denen man direkt nicht hört: *mancipia* bzw. *servi/ancillae*), andererseits von Abhängigen bebaut, die über einen eigenen Betrieb, den mansus (bzw. die Hufe), verfügen. Er dürfte durchschnittlich etwa 40 mg gehabt haben. Die Abtei besaß damals 20 solcher Fronhöfe und rund 800 Hufen, eine Grundherrschaft mittleren Zuschnitts.

Zurück zum Text. In ihm sind zwei Arten des Dienstes beschrieben: der Zeitdienst und der Stückdienst. Dreimal im Jahr sind im Block zwei Wochen Fron fällig. Aus anderen Dienstordnungen wird klar, daß die Aufgaben wechseln: Holzschlag, Botengang, Wachehalten, Güterfuhren mit dem Ochsenkarren, je nach Jahreszeit und Erfordernis am Ort. Aber: zwei Tage der Woche sind frei, darunter sicher der Tag des Herrn. Die Kirche, seit Jahrhunderten bemüht, bei den Landleuten am Sonntag die Arbeitsruhe und den Gang in die Kirche zur Messe durchzusetzen, nahm davon normale Frondienste für sich nicht aus. Der Stückdienst betrifft den Ackerbau im engeren Sinne: er reicht vom Aufbrechen des Bodens bis zum Einbringen der Ernte. Die Werte für die Ackermaße (1 *iugum* = 2 *iornales*) zeigen, daß damals – und noch Jahrhunderte später – das Ackerland nach Pflügezeiten (was mit einem Ochsenpaar unterm Joch am Morgen gepflügt werden konnte) ermessen wurde. Das Pferd nutzte man, da das Kummet, der starre Halskragen, noch kaum verbreitet war, nur zum Tragen von Last und Reiter. Zum Ziehen von Karre und Pflug waren Ochsen (und Kühe) da. In Friemersheim dürfte der Pflug ein einfacher Haken mit eiserner Schar gewesen sein, der den Boden nicht in einem Gang ausreichend auf- und umwühlte: vorher mußte ja aufgebrochen werden (eventuell per Hacke). Anderwärts aber gab es bereits Pflüge, die mit Sech und Schar aus geschmiedetem Eisen, dazu mit dem bodenwendenden Streichbrett ausgerüstet waren. Nicht nur archäologische Funde zeugen davon – leider fehlen sie für unseren Geschichtsraum –; wichtiger ist noch, daß im 9. Jahrhundert der Pflug und andere agrikole Gerätschaften in Illuminationen monastischer Codices erschienen, erste Zeichen einer neuen Aufmerksamkeit dem Landbau gegenüber, die an Bibelausmalungen oder Monatsgedichte geknüpft sind (Abb. 31).

Nach der Aussaat, der Planierung mit der hölzernen Rahmenegge und dem Unkrautjäten war der Getreideschnitt der wichtigste Arbeitsschritt. Das Korn wurde kurz unterhalb der Ähren mit der Zahn- oder Schneidesichel geerntet, die Halme blieben stehen, dem folgenden Weidegang vorbehalten. Da hauptsächlich Laub zur Streu im Stall diente, brauchte man das Stroh nicht weiter. Eine wichtige Errungenschaft des früheren Mittelalters war die Schnittsense, eine Weiterentwicklung der großen römischen Haussichel, mit der das Gras geschnitten wurde (erst viel später auch das Korn). Auch die Gasmahd, und damit der Landmann mit der Sense in der Hand oder über der Schulter, kommt in dieser Zeit ins Bild (Abb. 32). Denkt man noch daran, daß der

Abb. 31 Personifikationen der 12 Monate (ca. 818): Juni: Pflüger, Juli: Grasmäher, August: Getreideschnitter, September: Sämann (Cod. Vind. fol. 90 v, Österr. Nationalbibliothek, Wien).

Abb. 32 Bauer mit Sense mit zweigrittigem langen Baum. Martyroloqium des Wandalbert von Prüm aus der 1. Hälfte des 10. Jahrhundert (Reg. lat. 438 f. 15 v, Bibliotheca Apostolica Vaticana, Rom).

zweigliedrige Dreschpflegel und die vom Wasser ober- bzw. unterschlächtig getriebene Mühle im Laufe des früheren Mittelalters zunehmende Verbreiterung fand, dann ist der Satz von agrikolen Geräten beisammen, der die technische Grundlage für viele langfristige Aufwärtstrends bildet. Zählen wir einige auf:

- die ungleichmäßige, seit dem 11. Jahrhundert aber schneller voranschreitende Rodung und Siedlung (Landesausbau),
- die Verdichtung des lokalen Zusammenwirkens (Verdorfung, Gemeindebildung),
- die Steigerung der Ernteerträge (von ca. dem Zweieinhalbfachen zum über Vierfachen der Saatgutmenge beim Brotgetreide),
- die Abschichtung gewerblicher Subsistenzzweige von der Herrendomäne (Fronhof) und den Vollbauern (Müller, Schmied, Hirte, Wirt),
- die Zunahme des Münzgebrauchs (Silberpfennige) und der lokalen Marktorte und -zeiten,
- die allmähliche, regional ungleiche Wandlung der antiken und gentilen Unfreiheiten (Sklaverei) zu feudalen Abhängigkeiten (grund-, gerichts- und leibherrliche Bauern, Ministeriale u. a. m.).

Beschreibungen wie die Friemersheimer Frondienstordnung spiegeln diese Trends kaum, da sie gerade aufs Unveränderliche, auf die Festschreibung von Gültigem abstellen. Unser Auszug belegt aber den agrikolen Bedarf: auf Bitten der Mönche bzw. ihres Vertreters am Ort, des Meiers *(maior)*, konnte der Ackerdienst erweitert werden – jedoch gegen Beköstigung. Weitere Fronpflichten sind die Schweinehut, die Zäunung um Hof und Feld, die Pflege von Beeten im Garten des Herrenhofs, das Mahlen und Verbacken, das Darren und Verbrauen von Weizen, Roggen und Gerste zu Brot und Bier fürs Gesinde, für die Fronenden oder hohe Gäste, die Ernte und Zubereitung des Flachses, neben der Schafwolle die wichtigste Faser, um Kleidung zu machen. Endlich gehören Pfennig- und Getreideabgaben ins Rentensoll der Hufner.

An unserem Auszug ist weiter ersichtlich, daß einzelne, aber ineinander greifende Tätigkeiten der Frau *(uxor)* und dem Mann *(maritus)* zugeschrieben sind. Die beiden lateinischen Wörter verraten, daß die Aufzeichner nicht nur das Geschlecht, sondern die Geschlechter in spezifischer Verbundenheit meinen, als Ehepaar. Diese Sicht auf die distinkte Dienstbarkeit der Geschlechter ist auch in anderen Zeugnissen der Zeit unübersehbar, besonders in den sogenannten Verboten der Sonntagsarbeit. Das konjugale Paar wird im frühen Mittelalter als eine von Autorität und Reziprozität durchflochtene Grundfigur beschrieben, in der das Unterhaltshandeln in geschlechtseigene Felder geschieden ist: den Männern kommen vor allem die eröffnenden Handlungen (Roden, Pflügen, Bauen, Jagen, Zähmen) zu, den Frauen die abschließenden, gebrauchsnahen Handlungen (Spinnen, Weben, Nähen, Waschen, Kochen, Füttern). Das Milieu, in dem das Paar für sich (plus wenige Dazugehörige) auszukommen sucht und der Herrschaft zu geben hat, ist das kleine Gehöft, die Hufe. Von der Eigenarbeit dort und im Weiler, auch davon, wie man sich das Zinsgeld (durch Verkauf) beschafft, sagen auch die Register wie das über Friemersheim so gut wie nichts. Das Rentensoll aber läßt den Schluß zu, daß die Hufe ein beziehungsreiches Verbundshandeln ermöglicht: Getreidebau (Winter- und Sommersaat), Groß- und Kleinviehhaltung (vom Pferd bis zum Huhn), Gartenbau, dazu Wald-, Wiese- bzw. Weidenutzung und Fischerei an Bach und Teich – dies in variierenden Kombinationen von Eigenbetrieb und Allmende/Gemeine.

Von Ort zu Ort verschieden ist auch das Standesgefüge: hofhörige oder behufte Sklaven, landlose Freie, freigelassene Neusiedler, Schutzbefohlene, Nachfahren römischer Kolonen oder frühfränkischer Laten – alle aber geeint als *familia* des Klosterpatrons gegen Außenansprüche aller Art, als immuner, mit besonderer Gerichtsbarkeit begabter Verband von Abhängigen.

Was hier zu den Formen und Umständen agrikoler Dienstbarkeit und Subsistenz zusammengetragen wurde, ist nicht denkbar ohne die Wirkung der benediktinischen Aufwertung der Handarbeit. Jahrhunderte hat es seit der Kanonisierung der biblischen Schriften, ihrer frühkirchlichen Auslegungen und den ersten zönobitischen Regeln gebraucht, bis die Gebote zur täglichen Mühsal, zur Handarbeit *(labor manuum)*, in den Klöstern, beim vorbildlichen Stand der Epoche allgemeine Anerkennung fanden. Die Handarbeit stieg damit aber nicht nur zum Gott wohlgefälligen Werk neben Gebet und Lesung in der Klostergemeinschaft auf: schweißtreibende *labores* im Klostergarten und bei der Ernte draußen, sachkundige *artes* in Werkstatt und Schreibstube, heilige *opera* beim Gottesdienst, leitende *officia* in Keller, Hospitz, Sakristei. Auch die Mühen derjenigen rückten ins Licht der Anerkennung, die draußen – wie in Friemersheim – den Unterhalt der Klosterinsassen zu sichern hatten, die abhängigen Gotteshausleute *(familia)*.

10./11. Jahrhundert – Der Bauer Einochs

„Geringer Menschen Kind ist er, ein Bauer *(rusticus)* nur von Bauern her. ... Nach seines schweren Schicksals Los, kauft' sich der Arme Ochsen bloß. Er mühte sich mit dem Gespann, zu pflügen wie der Ackersmann *(sub exemplis agricolae terram laborat scindere)*[4]."

Diese von Karl Langosch in Versdeutsch gebrachten Zeilen stammen aus dem *Unibos*, einer nur in einer Handschrift aus dem 11. Jahrhundert erhaltenen Märchennovelle von insgesamt 216 vierzeiligen Strophen. Hier findet erstmalig der Erzählstoff vom armen, aber schlauen Bauern Einochs seinen literarischen Niederschlag, der später vorwiegend aus dem niederlothringischen bzw. niederländisch-flämischen in anderer Form überliefert ist. Aus diesen und anderen Gründen bietet sich an, seine Entstehung in den Westen des deutschen Reiches und ins späte 10. bzw. frühe 11. Jahrhundert zu setzen. Der Autor nennt sich nicht. Er war sicher Geistlicher, wollte mit seinen Versen hohe Herren unterhalten und stellt die niedere Geistlichkeit (in Gestalt des Dorfpfarrers) in sarkastisches Licht. Sein Held ist ein geschlagener Bauer *(rusticus, agricola)*, der es nie zu den zwei fürs Pflügen nötigen Ochsen bringt und deshalb als 'Einochs' verspottet wird. Aus dem Geschlagenen wird ein Verschlagener, als er, nachdem er das Fell seines einzigen, verendeten Ochsen, gegen wenig Geld zu Markte getragen hat, einen Schatz findet und sich des Neides der dörflichen Notabeln zu erwehren hat: des Pfarrers, des Meiers und des Vogtes. Mit seinen Listen bringt er sie, erzählt in vier Episoden, um ihr Vieh, ihre Ehefrauen, ihr Geld und schließlich ihr Leben.

Einochs ist Bauer, literarische Figur eines sozialen Standes, niedrig, aber nötig. Ochse und Pflug, Ehe und Haus, Stall und Gesinde sind seine Insignien. Er lebt mit seinen Nachbarn im Dorf zusammen, unter der Kontrolle der kirchlichen, adligen und grundherrlichen Agenten. Dieses Ensemble gehört zu einem neuen Denken, das bekannt ist als mittelalterliche Dreiständelehre. Die Christenheit wird, sporadische Artikulationen gehen bis in die Karolingerzeit zurück, seit dem späten 10. Jahrhundert zunehmend als eine Trias von drei Ständen gedeutet:

geteilt in die Betenden, die Kämpfenden und die Arbeitenden *(oratores, bellatores, laboratores)*. Obwohl im Rang ungleich, sind alle qua eigener Funktion gleich wichtig; keiner dieser Funktionsstände ist fürs Ganze entbehrlich, jeder dient dem anderen. Gegenseitigkeit, Ungleichheit und Herrschaft sind in diesem Schema verquickt. Es gilt heute als ein Deutungsschema, das sich aus den Erfahrungen der Zeitgenossen ergab, Erfahrungen der Verschmelzung von Priestern und Mönchen zum betenden geistlichen Stand, von allen, die gewaltfähig, beritten und bewaffnet waren, zum kämpfenden, ritterlichen Stand, und von denen, die für Unterkunft, Nahrung und Kleidung sorgten, den arbeitenden, bäuerlichen Stand. Diese wichtige Etappe in der Geschichte der Ständebildung und des Wissens ist für die Geschichte der Arbeit besonders bedeutungsvoll, weil hier zum ersten Mal das unfreie Los und die wirtschaftliche Leistung der Vielen in den Begriff des Standes gefaßt und zur Bedeutsamkeit für das soziale Ganze erhoben sind: die Bauern werden als arbeitender Stand und der Bauer als sozialer Typus anerkannt. Sollte man sich die Mären vom Bauern Einochs zwischen Lippe und Ruhr erzählt haben – egal ob bei Hofe, im Kreuzgang oder im Gehöft –, er stand Pate als Figur dieser neuen Wirklichkeit.
Doch ist noch Wichtiges zu ergänzen. Einochs lebt nicht nur im Dorf, er geht auch zum Markt, trifft dort Schuster, Schmied, Böttcher und Münzer. Man feilscht um Preise. Die Münze gilt als Inbegriff eines Reichtums, zu dem einem zwar nicht der Verkauf der eigenen Habe, wohl aber das Glück verhelfen kann. Auch diese Motive im Versepos spiegeln Erfahrungen: das Aufkommen der Märkte, die Zunahme des Münzgeldgebrauchs, die Begegnung mit dem selbständigen Handwerk. Ständebildend aber wirkten diese Phänomene noch nicht.

Um 1100 und später – Über die verschiedenen Künste
„Hast du dir in den Sinn gesetzt, Glas zu machen, ... dann errichte einen Ofen aus Steinen und Thonerde, fünfzehn Fuß in der Länge, zehn Fuß breit, auf diese Weise. Zuerst lege den Grund, auf jeder Vorderseite der Breite eine Öffnung, durch welche man das Holz und Feuer hineinbringen könne ... Hast du dieses so angeordnet, so gib dem Innenraum durch die Außenmauer die Gestalt eines gewölbten Ofens. Dieser Ofen heißt Werkofen *(clibanus operis)* ... Die zu dieser Arbeit *(opus)* nötigen Werkzeuge *(utensilia)* aber sind ein eisernes, zwei Ellen langes Rohr, einen Daumen dick, zwei auf der einen Seite mit Eisen beschlagene Zangen, zwei Löffel, dann auch andere von Holz und Eisen, nach deinem Willen[5]."
Diese Anweisungen stammen aus einer Schrift, deren Autor, Entstehungszeit und historische Einordnung viele Rätsel aufgegeben hat. Heute ist folgendes in etwa gültig. Der Verfasser, der sich selbst *Theophilus presbyter* nennt, dürfte aus dem Maasland stammen und seine frühen Jahre (1080–1100) als Mönch im Reichskloster Stablo zugebracht haben. Um die Jahrhundertwende wechselte er ins Kölner Kloster St. Pantaleon, ging aber bald darauf, ca. 1107, ins nordhessische Kloster Helmarshausen, wo er als Goldschmied Roger wegen seiner Meisterschaft schulebildend wirkte. Einige Stücke seiner Goldschmiedekunst sind überkommen. Bald nach 1125 ist er dort gestorben. Theophilus-Rogers Schrift *de diversis artibus* gilt als die bedeutendste Abhandlung monastischer Handwerkskultur, als ein kunsttechnisches Unikum. In St. Pantaleon hat er wahrscheinlich aus Rezeptzetteln die drei Bücher zur Malerei, Glasherstellung (woraus wir zitierten) und Metallverarbeitung komponiert. Was er detailliert seinen Lesern, besser wohl: nachahmenden Schülern, beschreibt, hat er selbst gemacht, beruht auf praktischer Erfahrung. Seine Darlegung, einen Werkofen zur Glasbearbeitung zu erstellen, ist nur der Anfang einer Serie von 31 Kapiteln, die von der Befeuerung des Ofens, der Auswahl des Glassandes, der Einfärbung des Rohglases, der Erstellung von Fensterglas, seiner Färbung und Bemalung, der Zusammensetzung der Glasteile zum Fenster selbst, dem Nachbrand von Glasgefäßen, der Herstellung von Glasringen, der Reparatur von gebrochenem Glas u. a. m. handeln. All das wird mit nüchterner Genauigkeit, in direktem Anweisestil ausgedrückt: nimm dies, lege das bereit, mache dann das ... Die Werk-Stätte eines Meisters mit allem, was dinglich-operational zum Herstellen gehört, entsteht vor dem Leser. Der ganze Handlungszusammenhang ist als besonnenes Werken aufgefaßt, dem man sich autonom hingibt. Dieser dreiteiligen Werk- und Rezeptsammlung hat Theophilus-Roger – wohl erst in Helmarshausen – pro Buch eine Einleitung vorangestellt, die ihn nicht nur als monastischen Meister der damaligen technischen Künste, sondern auch als bemerkenswerten, die Ideen seiner Zeit aufgreifenden geistlichen Denker erweist. Alle Werke sind ihm nur im Zusammenwirken von sieben Tugenden des Geistes möglich: der Weisheit, des Verstandes, der Überlegung, der Stärke, des Wissens, der Frömmigkeit und der Gottesfurcht. Die wohlgeordnete Werkstatt und ihre Dinge sind ohne Gottes Zutun nichts, alles mühevolle und eifrige Erstellen zielt auf Vollendung des Gotteshauses und aller Mittel ab, die der Gottesdienst erfordert.
Theophilus bringt erstmalig eine Werk-Tätigkeit und ein Werk-Wissen minutiös zur Sprache, dessen Resultate uns in Codex und Kathedrale, Glasfenster und Tragaltar gegenwärtig sind. Nicht viel später, als der Benediktiner von Köln – vielleicht auf dem Hellweg – nach Helmarshausen wanderte, faßte ein Augustinermönch im Kloster St. Viktor vor den Toren von Paris die Vielfalt der *artes* in eine neuartige, umfassende Ordnung. Es ist Hugo von St. Viktors Lehre von den sieben mechanischen Wissenskunden *(scientiae mechanicae)*, die bald die Geister in Kloster und Kolleg beschäftigte.
Das *lanificium* als Inbegriff der Anverwandlung organischer *materia* an den menschlichen Leib, die *armatura*, die dem Menschen Waffen, Werkzeug und Behausung schafft, und die *navigatio*, durch die ferne Güter beschafft werden. Diese drei dienen dem Menschen äußerlich. Die Erzeugung pflanzlicher Nahrungsmittel *(agricultura)*, die Beschaffung tierischer und die Zubereitung beider (*venatio* = Jagd), die Pflege und Wiederherstellung des leiblichen Wohlbefindens *(medicina)*, sowie die guten Wirkungen von (Schau)Spiel, Tanz und Musik aufs Gemüt *(theatrica)* helfen dem Menschen innerlich auf. Alle diese Tätigkeiten gelten als *opera humana*, deren Hilfe jeder braucht, um fortzukommen – das eigentliche Ziel aber besteht nicht im Lebensunterhalt, sondern in der Beförderung von Tugend und Gottesliebe.
Mit dieser Lehre ist ein weiterer Schritt in der Geschichte der Arbeit vollzogen: das Konzept der Werk-Tätigkeit ist nicht mehr auf die-agrikole Mühsal und Kunst beschränkt – alles unterhaltstiftende Tun, einschließlich des tauschvermittelten Beschaffens, gehört dazu. Was in Unibos und im Denken des Benediktinermönchs Theophilus noch fehlte, hat bei Hugo seine Wirkung getan: die Stadt.

1252/6 – Dortmunder Statuten
„(17) Über die Maße und Pfunde. Alle Maße sind in der Verfügungsgewalt des Rates: die Seile zur Messung der wollenden und

linnenen Tuche, die Kornmaße, die der Kufen, die der Becher. Die Bäcker, sollten sie von ihrem Brot(gewicht) abweichen, zahlen dem Rat, nicht dem Richter (Buße).
(18) Wenn der Richter eine Frau, die Bier braut, verklagen will, darf er das nicht ohne die Ratsleute tun; wenn diese Frau sich reinigen will (von dem Schuldvorwurf), dann kann sie das tun, wenn nicht, zahlt sie 4 Schillinge Dortmunder Münze, 2 an die Ratsleute, 2 an den Richter. ...
(30) Wenn einer unserer Bürger auf unserem Markt eine Sache kaufen will, darf ihn kein anderer daran hindern, indem er dem Verkäufer mehr anbietet als ersterer; wenn ersterer jedoch jenes feile Ding kauft, kann der andere im gleichen Augenblick sagen: 'ich will die Hälfte dieser verkauften Sache haben'; und der Käufer soll dies gestatten; hindert er ihn auf andere Weise, zahle er 4 Schillinge Buße[6]."
Wer in der frühen Hinterlassenschaft der Städte am Niederrhein, den Hellweg entlang, nach der Arbeit sucht, wird enttäuscht. Das liegt nicht primär an der vergleichbar schlechten oder erst spät einsetzenden Überlieferung. Ob in Essen, Duisburg, Wesel, Werden, Kaiserswerth oder Dortmund: die gewerbliche Arbeit und das kaufmännische Erwerbshandeln selbst fanden keinen maßgeblichen schriftlichen Niederschlag. Worauf man aber allenthalben trifft, das sind Rechtsbestimmungen über die dinglichen oder ethischen Rahmenbedingungen stadtbürgerlichen Fortkommens. Es geht ums Eigentum und um die Tauschgerechtigkeiten, um Eigen und Erbe, um Maß und Münze. Die drei aufgeführten Abschnitte aus den ältesten Dortmunder Statuten aus der Mitte des 13. Jahrhunderts – es sind insgesamt 47 Kapitel – handeln zum einen davon, wie die Täuschung aus dem Tauschgeschehen ferngehalten werden kann: die städtische Obrigkeit garantiert Längen-, Gewichts- und Hohlmaße – es geht hier sowohl ums tägliche Brot und Bier für jeden, als auch um so wichtiges Exportgut wie Tuch und Bier (Kap. 17). Zum anderen steht die Beteiligung von Frauen am Braugewerbe in Rede (Kap. 18). In den Dörfern, das zeigen Frondienstordnungen hier und dort, war das Bierbrauen Frauensache – warum nicht auch in den Städten? Wenn der zitierte Artikel auch besonders darauf abzielt, daß der städtische Rat neben dem königlichen Repräsentanten in der Stadt (Richter) an der Kontrolle und den Strafgeldern widerrechtlich handelnder Brauerinnen beteiligt ist, er zeigt zugleich auf, daß Handlungsweisen, die in vorstädtischen oder ländlichen Verhältnissen den Frauen zukommen, in der mittelalterlichen Stadtwirtschaft als Männerberufe gelten: Bäcker, Weber, Schneider usf. Die Aufgabenteilung zwischen dem Land und der Stadt sowie innerhalb der Stadt hat die Verdrängung der Frauen aus vielerlei Handlungsbereichen zur Folge; mindestens aber treten die gewerblich tätigen Frauen hinter die den Beruf und den Betrieb repräsentierenden Männer.
Der Artikel gegen das Überbieten beim Kauf führt vor Augen, wie wichtig es für das Klima des Marktgeschehens in der Stadt war, daß nicht die Börse, sondern der Bedarf den Gütererwerb regulieren sollte. Ein deutlicher Hinweis darauf, daß nicht die Nachfrage die Preise bestimmten sollte. Der städtische Markt ist nicht auf den modernen Begriff des freien Wechselspiels von Angebot und Nachfrage zu bringen – Verteilungsgerechtigkeit war eine Maxime, die durch obrigkeitliche Preisregelung und Bestrafung des Überbietens umgesetzt wurde. Es ging um Garantien der dauerhaften Habe und der angemessenen Nahrung. Die Arbeit war weder auf dem Markt, noch stand sie als Eigentum zur Debatte – auch nicht in Dortmund in der Mitte des 13. Jahrhunderts.

1364 – 1373: Rechnungen der Stadt Wesel

Auch in der Folgezeit bietet die städtische Überlieferung wenig. Allein die städtischen Rechnungen, regelmäßige schriftliche Rechtfertigungen von Einnahmen und Ausgaben, lassen Aussagen über den Stand der innerstädtischen Aufgaben- bzw. Berufsteilung zu. Auch in dem niederrheinischen Wesel läßt sich den Steuerlisten von 1364 – 73 innerhalb der Stadtrechnungen das gewerbliche Grundmuster der spätmittelalterlichen Stadt entnehmen[7]. Bei ca. 22 % der registrierten Steuerbürger ist entweder eine Berufsbezeichnung oder ein Nachname vorhanden, der auf einen Beruf hinweist; lateinische und niederdeutsche Bezeichnungen und Namen gehen da durcheinander. Neben den Viktualien (Bäcker, Brauer, Fleischhauer, Fischer) sind die Textilberufe (Weber, Schneider, (Tuch)Scherer, Walker, Sticker u. a.) differenziert vertreten. Das gründet darin, daß die Stadt neben ihren Einkünften als Umschlagplatz zwischen dem rheinisch-westfälischen Raum und dem Rheindelta hauptsächlich auf heimisches Tuchgewerbe und dessen Vertrieb eingestellt war. Weiter spiegeln die Berufsbezeichnungen und Namen die Ledergewerbe (Gerber, Kürschner, Schuster, Taschner), die mit Holz hantierenden Berufe (Zimmermann, Tischler, Holzschuhmacher, Bootsbauer), die Baugewerbe, dazu Glaser, endlich die Metallhandwerker: eisenverarbeitende Hufschmiede, Messerer, Speerer, Platner; Kupfer- und Messingschmiede wie Pfannenschläger oder Schellenmacher. Neben dem Regelhaften in diesem Gewerbegefüge ist – wie allenthalben – immer wieder sichtbar, daß die gewerbliche Ausfaltung seltsam berührende Blüten treiben kann, doch Kuchenbäcker, Wamssticker, Grützmacher, Pantoffelmacher und Bartscherer durchbrechen in Wesel noch nicht den Rahmen des Normalen.
Die Rechnungen enthalten aber auch regelmäßige Einträge über städtische Lohnwerker. Stellt man sie zusammen (1382 – 1451), dies hat der Herausgeber der Weseler Stadtrechnungen, Friedrich Gorissen, getan, dann erkennt man bei den Sommerlöhnen der gelernten Steinmetzen beträchtliche Schwankungen von Jahr zu Jahr und einen enormen Lohnanstieg seit dem zweiten Viertel des 15. Jahrhunderts. Ob dies paßt zu der geltenden Lehre von der guten Zeit für die Lohnwerker, die von der seit 1350 umlaufenden Pest verursacht wurde, ist nicht gewiß, weil die erste Pestepidemie in Wesel erst 1440 belegt ist.

1472 – 'Über die Lenkung der Bauern'

„Ein jeder gläubige Bauer *(fidelis agricola)* muß seinen Beruf *(officium)*, weil von Gott eingesetzt, ehren und unverdrossen ausführen, was dieser mit sich bringt ... Da aber der menschliche Leib ohne Nahrung und Kleidung in dieser Welt nicht bestehen kann, Nahrung und Kleidung jedoch ohne des Bauern Arbeit *(opus rusticum)* nicht beschafft werden können, so ist offenbar, daß das ganze Schöpfungswerk *(machina)* dazu dient, den Herrn der Erde *(dominus orbis)*, d. h. den Menschen, mit dem Notwendigsten zu versehen. ... Daraus ergibt sich nun klar, daß der Bauer der beste Mitarbeiter *(cooperator)* Gottes, der Engel der Natur ist. ... Daher nennt der Hl. Hieronymus den Bauernstand *(rusticitas)* heilig, indem er sagt: 'o heiliger Bauernstand, der du die Menschen, die zur Arbeit *(labor)* geboren sind, der Welt entreißt und zum Himmel bringst'" (Regula monachorum, c. 11)[8].
Wir schließen unsere Quellen-Blütenlese mit einem prominenten westfälischen Autor: Werner Rolevinck, aus bäuerlichem Haus in Laen (Münsterland), studierter Karthäuser. Er schrieb – berühmte Ständespiegel wie den von Thomas von Aquin über das Fürstenregiment vor Augen – den einzigen echten 'Bauern-

spiegel' des Mittelalters. Der 'Spiegel' steigert in Lob – wie hier zitiert – und Gebot: Rolevinck fordert vom Bauern Gottesfurcht, demütigen Gehorsam gegenüber der Herrschaft und Kirche, Bereitwilligkeit zur Entrichtung von Zehnt, Rente und Almosen, Friedfertigkeit gegenüber seinen Nachbarn, eheliche Treue, gerechtes Regiment im eigenen Haus, Beachtung der kirchlichen Feste und Fastengebote, Gewissenhaftigkeit und Beichtwilligkeit, Beachtung der Gebote Gottes und der Kürze des Lebens. Er rechtfertigt die Unfreiheit der Bauern mit – nicht durchgehend plausiblem – Aufwand und verspricht ihnen eine Aussöhnung mit ihrem bitteren Los im Jenseits. Das alles muß zu Zeiten, als die sozialen Spannungen auf dem Land spürbar zunahmen, seinen konservativen Sinn gehabt haben. In Westfalen, Rolevincks Heimat, sind die Zeichen für solche Zuspitzungen – etwa die Polarisierung im Dorf zwischen Reich und Arm, die Absatzschwierigkeiten für diejenigen, die marktorientiert wirtschafteten, der zunehmende grundherrliche Druck auf die Bauern – nicht allzu dicht gesät. Hält man aber unübersehbare Widerstandshandlungen hier und da hinzu, dann wird das Klima verständlicher, gegen das der Karthäusermönch mit seinem Trakat anschrieb. Ob die Schrift diesem Ziel dienlich war, steht wohl dahin – die Landstriche zwischen Rhein, Lippe und Ruhr blieben zu Zeiten von Bundschuh und Bauernkrieg aber frei von Aufstand und Blutbad.
Gültig – im Rückblick – sind Rolevincks Bestimmungen zur Bedeutung der Bauernarbeit für das soziale Ganze im Mittelalter, die wir eingangs im Anschluß an den Humanisten Heresbach formuliert hatten. Doch was sich im Laufe des Mittelalters im einzelnen an Verdeutlichung und Differenzierung ergeben hat – was hier im Blick auf das 'Ruhrgebiet' meist nur von seiner westlichen Peripherie aus möglich war – geht damit eher verloren. Aber um Verschiebungen wie die von der Sklaverei zur Hörigkeit, vom agrikolen Dienst zum Menschenwerk, vom Land zur Stadt, vom Preis zum Lohn ist es ihm, wie uns gerade, nicht gegangen.

Anmerkungen

1 In die Geschichte der Arbeit im Mittelalter führen am besten ein: Hertz, Anselm/LeGoff, Jacques/Verlinden, Charles/Origes, Werner/Guillou, André/Wachten, Johannes/Cahen, Claude: Arbeit, in: Lexikon des Mittelalters, Bd. I, München und Zürich 1980, Sp. 869 – 883; LeGoff, Jacques: Arbeit (V. Mittelalter), in: Theologische Realenzyklopädie, hrsg. von Gerhard Krause, Bd. 3, Berlin 1978, S. 626 – 635; Müller, Achatz von: Der Feudalismus: Land und Stadt in Mitteleuropa, in: Geschichte der Arbeit. Vom alten Ägypten bis zur Gegenwart, hrsg. von Helmuth Schneider, Frankfurt a. M., Berlin, Wien 1983, S. 155 – 192; Gurjewitsch, Aaron J.: Das Weltbild des mittelalterlichen Menschen, München [3]1986; Seibt, Ferdinand: Vom Lob der Handarbeit, in: Vom Elend der Handarbeit. Probleme historischer Unterschichtenforschung, hrsg. von Hans Mommsen und Winfried Schulze, Stuttgart 1981, S. 158 – 181; LeGoff, Jacques: Für ein anderes Mittelalter. Zeit, Arbeit und Kultur im Europa des 5. – 15. Jahrhunderts, Frankfurt a. M., Berlin, Wien 1984; Oexle, Otto Gerhard: Armut, Armutsbegriff und Armenfürsorge im Mittelalter, in: Soziale Sicherheit und soziale Disziplinierung. Beiträge zu einer historischen Theorie der Sozialpolitik, hrsg. von Christoph Sachße und Florian Tennstedt, Frankfurt a. M. 1986, S. 73 – 100; Le travail au moyen âge. Une approche interdisciplinaire, Actes du Colloque international le Louvain-la-Neuve 21 – 23 mai 1987, Louvain-la-Neuve 1990.

2 Heresbach, Konrad: Vier Bücher über Landwirtschaft (Rei Rusticae Libri Quatuor), ND d. lateinischen Originalausgabe Köln 1570 mit deutscher Übersetzung und kritischem Kommentar, hrsg. von Wilhelm Abel, Bd. 1: Vom Landbau, Übersetzung mit kritischem Quellennachweis von Helmuth Dreitzel, Meisenheim 1970, S. 27 a. Zur Sache: Abel, Wilhelm: Geschichte der deutschen Landwirtschaft vom frühen Mittelalter bis zum 19. Jahrhundert, Stuttgart [3]1978, S. 168 ff.

3 Die Urbare der Abtei Werden a. d. Ruhr. A. Die Urbare vom 9. – 13. Jahrhundert, hrsg. von Rudolf Kötzschke Bonn 1906, S. 17 zur Überlieferung: Hägermann, Dieter: Quellenkritische Bemerkungen zu den karolingerzeitlichen Urbaren und Güterverzeichnissen, in: Strukturen der Grundherrschaft im frühen Mittelalter, hrsg. von Werner Rösener, Göttingen 1989, S. 47 – 73; hier: S. 69 ff. zur Sache: Wisplinghoff, Erich: Bäuerliches Leben am Niederrhein im Rahmen der benediktinischen Grundherrschaft, in: Villa – curtis – grangia. Landwirtschaft zwischen Loire und Rhein von der Römerzeit zum Hochmittelalter, hrsg. von Walter Janssen und Dietrich Lohrmann, München 1983, S. 149 – 163; Goetz, Hans-Werner: Herrschaft und Raum in der frühmittelalterlichen Grundherrschaft, in: Annalen des historischen Vereins für den Niederrhein 190 (1987), S. 7 – 33, hier: S. 10 ff.

4 Langosch, Karl: Waltharius. Ruodlieb. Märchenepen. Lateinische Epik des Mittelalters mit deutschen Versen, Darmstadt [3]1967, S. 251 – 305, S. 379 – 382, hier S. 252 f. Zur Einführung in das Werk: Langosch, Karl: 'Unibos', in: Die deutsche Literatur des Mittelalters. Verfasserlexikon, hrsg. von Karl Langosch, Bd. IV, Berlin 1935, Sp. 634 – 638. Eine Interpretation zur arbeits- und ständegeschichtlichen Bedeutung dieses Poems fehlt. Zur Lehre von der Trifunktionalität: Oexle, Otto Gerhard: Deutungsschemata der sozialen Wirklichkeit im frühen und hohen Mittelalter. Ein Beitrag zur Geschichte des Wissens, in: Mentalitäten im Mittelalter. Methodische und inhaltliche Probleme, hrsg. von František Graus, Sigmaringen 1987, S. 65 – 118.

5 Theophilus Presbyter: Schedula diversarum artium, I. Bd. Revidierter Text, Übersetzung und Appendix von Albert Ilg, Osnabrück 1970 (ND der Ausgabe 1874); die Auszüge: S. 98 – 102. Zur Bedeutung von Theophilus: White, Lynn: Theophilus redivivus (1964), in: ders.: Medieval Religion and Technology. Collected Essays, Berkeley – Los Angeles – London 1978, S. 93 – 104; Van Engen, John: Theophilus Presbyter and Rupert of Deutz: The Manual Arts and Benedictine Theology in the Early Twelfth Century, in: Viator 11 (1980), S. 147 – 163; Freise, Eckhard: Zur Person des Theophilus und seiner monastischen Umwelt, in: Ornamenta Ecclesiae. Kunst und Künstler der Romanik. Katalog zur Ausstellung des Schnüttgen-Museums in der Josef-Haubrich-Kunsthalle (Köln), hrsg. von Anton Legner, Köln 1985, Bd. I, S. 357 – 362. Zur Geschichte der artes mechanicae: Sternagel, Peter: Die artes mechanicae im Mittelalter. Begriffs- und Bedeutungsgeschichte bis zum Ende des 13. Jahrhunderts, Kallmünz 1966.

6 Frensdorff, Ferdinand: Dortmunder Statuten und Urtheile, Halle 1882, S. 19 – 42, hier: S. 29 – 30, 34; zum verfassungs- und sozialgeschichtlichen Hintergrund: Reimann, Norbert: Vom Königshof zur Reichsstadt. Untersuchungen zur Dortmunder Topographie im Früh- und Hochmittelalter, in: Dortmund. 1100 Jahre Stadtgeschichte. Festschrift. Im Auftrag der Stadt Dortmund hrsg. von Gustav Luntkowski und Norbert Reimann, Dortmund 1982, S. 21 – 51; Schmale, Franz-Josef: Die soziale Führungsschicht des älteren Dortmund. Beobachtungen und Überlegungen zur hochmittelalterlichen Stadtgeschichte, in: ebd. 53 – 78.

7 Regesten zur politischen Geschichte des Niederrheins, darin: Stadtrechnungen von Wesel, bearbeitet von Gorissen, Friedrich, Bd. 1 – 4, Bonn 1963; zur Stadtgeschichte: Art, Wesel, in: Rheinisches Städtebuch, hrsg. von Erich Keyser, Stuttgart 1956, S. 402 – 410.

8 Holzapfel, Egidius: Werner Rolevincks Bauernspiegel. Untersuchung und Neuherausgabe von „De regimine rusticorum“, Basel – Freiburg – Wien 1959, S. 77 – 145, die Zitate S. 86 f., 90; Werner Rolevinck: Die seelsorgerliche Führung der Bauern. Bauernspiegel. Übersetzt und kommentiert von Egidius Holzapfel, Freiburg 1959, die Zitate, S. 15, 16, 17, 20; in beiden Werken das Nötige zu Person und Werk, zuletzt: Chaix, Gérald: Art. Rolevinck (Werner), in: Dictionnaire de Spiritualité, t. 13, 1988, col 894 – 897; zur Sache: Henn, Volker: Der Bauernspiegel des Werner Rolevinck: „De regimine rusticorum“ und die soziale Lage westfälischer Bauern im späten Mittelalter, in: Westfälische Zeitschrift 128 (1978), S. 289 – 313, sowie allgemeiner: Rösener, Werner: Grundherrschaft und Bauerntum im hochmittelalterlichen Westfalen, in: Westfälische Zeitschrift 139 (1989), S. 9 – 41.

Kohle und Eisen im mittelalterlichen „Ruhrgebiet“

Dieter Scheler

Das heutige Ruhrgebiet besitzt neben anderen „vergessenen Geschichten“ auch eine fast „vergessene“ mittelalterliche Vorgeschichte seiner Industrialisierung. Aber diese Geschichte läßt sich nur mühsam rekonstruieren. Das hat im wesentlichen drei Gründe: die besonderen Raumbeziehungen der Wirtschaft im mittelalterlichen Hellweggebiet, die fragmentarische Überlieferung und fehlende moderne Forschungen.

Anders als seit dem Ende des vergangenen Jahrhunderts ist der Raum des heutigen Kommunalverbandes Ruhrgebiet im Mittelalter kein Gravitationszentrum, das die Wirtschaft des Umlandes dominiert, sondern hängt selbst von überregionalen Wirtschaftsverflechtungen ab, die sehr stark vom Mittelgebirgsraum im Süden bestimmt werden. Nur Dortmund machte wahrscheinlich in seiner Blütezeit im 14. Jahrhundert zeitweise eine Ausnahme. Die Geschichte der Wirtschaft der Städte am mittleren Hellweg, insbesondere die von Kohle und Eisen, ist deshalb in weiten Teilen die Geschichte des märkischen und bergischen Landes.

Daß die Städte zwischen Duisburg und Dortmund kein Köln oder Nürnberg vergleichbares wirtschaftliches Gewicht besaßen, macht leider auch die Quellenüberlieferung deutlich. Für den hier behandelten Wirtschaftssektor bedeutet dies das fast völlige Fehlen von schriftlichen Quellen für die Zeit vor 1300 und eine vergleichsweise fragmentarische Überlieferung im 15. und noch im 16. Jahrhundert[1]. Immerhin gleicht der archäologische Befund manches aus[2].

Ein letztes Hindernis ist schließlich die Art und Weise, wie sich das historische Interesse diesem Raum zugewandt hat. Als Ruhrgebiet interessierte die Region verständlicherweise die Historiker erst für die Zeit seit dem 19. Jahrhundert. Die älteren Zeiten wurden dagegen nur in den größeren westfälischen, rheinischen oder hansischen Zusammenhängen untersucht, und die Stadtgeschichte bezog – wenn überhaupt – neben diesen Räumen nur das nächste Umland in die Erforschung mit ein. Die ältere Geschichte des heutigen Ruhrgebiets kann man nur aus nicht gerade paßgerechten Teilen der Landes- und der Lokalgeschichte zusammenzusetzen versuchen.

Der Leser der folgenden Skizze wird also in Kauf nehmen müssen, daß er zunächst sehr viel mehr über die Bergländer südlich des Reviers erfährt als er möchte, und daß ihm statt klarer Überblicke viele dokumentarische Mosaiksteinchen angeboten werden, die sich bestenfalls in Umrissen zu einem vorläufigen Bild zusammenfügen.

Der Schwerpunkt Kohle und Eisen ist nicht nur mit Blick auf die gerade verschwindende Gegenwart gewählt, sondern deshalb, weil die Verbindung, die beide schon im Mittelalter eingingen, zu der weit zurückliegenden Weichenstellung gehörte, die zum modernen Revier führte. Dazu kommt noch am Rande, daß in den heutigen Grenzen des Kommunalverbands neben Dortmund mit Schwerte und Breckerfeld (inzwischen ein Ortsteil von Hagen) zwei der bedeutendsten mittelalterlichen Eisengewerbestädte der alten Grafschaft Mark liegen. Entsprechend mittelalterlicher Praxis wird unter dem Stichwort Eisen der gesamte Bereich des Montangewerbes und der von der Eisengewinnung damals viel weniger als heute zu trennende Bereich der Eisenverarbeitung berücksichtigt. Mit Kohle ist zwar in erster Linie – jedoch nicht nur – die Steinkohle gemeint, sondern auch die in dieser Zeit viel wichtigere Holzkohle. Unter Mittelalter schließlich wird die Zeit bis ins beginnende 17. Jahrhundert verstanden, da wirtschaftsgeschichtlich nicht die Jahrzehnte um 1500, sondern erst die Mitte des folgenden Jahrhunderts mit dem Wiederaufbau nach dem Dreißigjährigen Krieg eine wirkliche Zäsur darstellen.

Ein Hinweis zum begrifflichen Vorverständnis sei noch erlaubt. Wirtschaft im Zusammenhang von Kohle und Eisen erweckt immer die Vorstellung von Massenproduktion. Genau vor dieser Vorstellung muß man sich mit Blick auf das Mittelalter hüten. Damals war alles viel kleiner: sowohl die Zahl der Produzenten und Verbraucher wie die der Produkte. Man muß sich vor Augen halten, daß Dortmund für die Mitte des 16. Jahrhunderts in die Kategorie der Städte mit 5000 bis 10000 Einwohnern gerechnet wird und sowohl Schwerte wie Breckerfeld eine Einwohnerzahl von 1000 bis 2000 Menschen nicht überstiegen[3]. Und was die Menschen in für damalige Verhältnisse großtechnischen Anlagen erzeugten, ist für heutige Vorstellungen sehr gering. Eine der modernsten Blashütten des Siegerlandes brachte es 1567 an einem der 48 im Jahr zugelassenen Arbeitstage auf ganze 24 Zentner Roheisen[4]. Auf der anderen Seite wird damit auch der Wert von Eisen und Eisenwaren verständlich. Man hat berechnet, daß der Tauschwert des mittelalterlichen Eisens das Sieben- bis Fünfzehnfache des heutigen betrug[5]. Damit erklärt sich auch der immense Radius des mittelalterlichen Fernhandels, den Erzeugnisse von solchem Wert rentabel machten.

Im folgenden wird nun versucht, die Rolle von Eisen und Kohle im mittelalterlichen Ruhrgebiet zu skizzieren. Ausgehend von der wirtschaftsräumlichen Situation des mittleren Hellwegs (I) wird zunächst die Erschließung von Bodenschätzen, vor allem von Eisensteinvorkommen (II), dann die Eisengewinnung und -verarbeitung (III) behandelt werden. Das Problem der Energieversorgung durch Holzkohle (IV) wird schließlich zum Steinkohleabbau und Steinkohlehandel (V) führen. Ausgehend von der Lage im 16. Jahrhundert soll am Schluß angedeutet werden, welche Bedeutung die wirtschaftlichen Traditionen von Eisen und Kohle (VI) für die spätere Entwicklung hatten.

I

Die Lage des heutigen Ruhrgebiets an der Hellwegschiene erwies sich schon im Mittelalter als wirtschaftlich außerordentlich günstig. Fruchtbare Lößböden und die Verkehrsverbindung auf dem Hellweg und der Lippe zum Rhein – die Ruhr hatte bis zum 18. Jahrhundert nur eine untergeordnete Bedeutung – boten gleichermaßen gute Bedingungen für die Landwirtschaft wie für den Handel. Entscheidend für die langfristige wirtschaftliche Ausrichtung der Region wurde das Mittelgebirge im Süden. Das feuchte und milde ozeanische Klima bot dort mit den günstigen Bedingungen für Wald und dem Wasserreichtum zusammen mit den Erzvorkommen gute Voraussetzungen für eine gewerbliche Entwicklung. Holz und Eisensteinvorkommen ermöglichten die Besiedlung für eine bald schon zahlreiche gewerbetreibende Bevölkerung, die allerdings bei den ungünstigen Bedingungen für den Ackerbau auf den Hochflächen auf das Getreide und Salz der Hellwegregion angewiesen war. Dieser Austausch und die Nutzung der Verkehrswege des Hellwegs und der Lippe schufen eine dauerhafte Verflechtung des Gebirges mit seinem Vor-

land, die – wenn auch auf veränderten Grundlagen – bis heute anhält.
Gleichzeitig war die gesamte Region in den größeren Raumzusammenhang zwischen metall- und holzreichem Gebirgsland und holz- und metallarmen Ebenen im Westen bis zur flandrischen Küste und im Norden bis zur Nord- und Ostsee eingebettet. Bei der großen Nachfrage nach Eisen mußte dies schon in früher Zeit zu Fernhandelsbeziehungen führen[6].

II

Natürlich suchte man im Bergland nicht nur nach Eisen, sondern auch nach anderen wertvollen Bodenschätzen, besonders nach Silber, das etwa im Bleierz vorkam. Einer der frühesten Hinweise darauf stammt aus Essen selbst, wo 1354 eine „sylverkule" in Rüttenscheid erwähnt ist, über die sich eine Pachturkunde von 1476 und eine Abrechnung des Werdener Abts Heinrich Duden von 1563 erhalten haben, die zeigen, daß man dort tatsächlich Blei abbaute. Die 1563 in fünf Monaten gewonnenen 64 Zentner Bleierze wurden nach Duisburg verkauft[7]. Bleierze wurden für das gefragte Dach- und Fensterblei im Gegensatz zu anderen Erzen, die im späten Mittelalter nur noch vor Ort verhüttet wurden, noch in den Städten selbst erschmolzen. Ein solcher früher Verhüttungsplatz von Blei ist erst jüngst in der Nähe des alten Adlerturms in Dortmund ergraben worden. Als Heinrich Duden die Rüttenscheider Silberkuhle 1563 ausbeutete, gehörten zu seinen Gewerken auch Bauern aus dem Hespertal südöstlich von Werden, in dessen südlichem Umland zwischen Velbert und Langenberg schon vor 1491 ein Bleibergwerk im Besitz der Herrschaft Hardenstein bestand, dessen Gewerken im Jahre 1575 Mitglieder des märkischen und bergischen Adels sowie Bürger aus Lennep, Elberfeld und Dortmund waren[8]. Wohl aus diesem Bereich bezog der im 16. Jahrhundert erwähnte Hattinger Bleihandel sein Handelsgut[9].
Um Bleierz- und Galmeifunde auf der Grenze zwischen der Grafschaft Mark und Grafschaft Limburg (um Hohenlimburg) ging es auch 1478 beim Versuch, die Territorialgrenzen neu festzulegen[10].
Schließlich gewann noch der Abbau von Alaun, der für das Färben, Gerben und die Glas- und Seifenherstellung wichtig war, im 16. Jahrhundert in Schwelm und im Hespertal an Bedeutung. Der Werdener Abt Heinrich Duden selbst entdeckte 1572 die Vorkommen und legte das Bergwerk „Engelsthal" bei Velbert an, mit dem er adelige und bürgerliche Gewerken aus der Mark und aus Berg und den Kölner Kaufmann Arnolt Scholl belehnte, der schon ein Jahr später auch am Alaunbergwerk Rodenfeldt bei Schwelm, wo auch Vitriol und Schwefel gewonnen wurde, beteiligt war[11].
Verglichen mit der Eisengewinnung blieb der Abbau dieser Bodenschätze jedoch eine Randerscheinung, denn Eisen übertraf alle wegen seiner vielseitigen Verwendbarkeit an Wert und Bedeutung. Nicht zu Unrecht stellte noch 1855 Friedrich Harkort, der einer alten märkischen Eisenhändlerfamilie entstammte, seiner „Älteren Geschichte des Steinkohlenbergbaus und der Eisen- und Stahlerzeugung in der Grafschaft Mark" das Motto voraus: „Wer Eisen hat, gebietet über Gold"[12].

III

Die Gewinnung von Eisenstein reichte vom Lahn-Dillgebiet über das Siegerland, das Bergische Land und das Sauerland bis in das niederbergisch-märkische Hügelland im Süden des Ruhrgebietes[13]. Ihre Anfänge lassen sich im 8./9. Jahrhundert nachweisen. Mit der Rennfeuerverhüttung, die weiches Schmiedeeisen und harten Stahl erzeugte, nahm sie vom 11. bis zum 13. Jahrhundert kräftig zu. Bis dahin lag der Schwerpunkt der Verhüttung auf den Höhen in unmittelbarer Nähe der abgebauten Rasensteinflöze, wobei sich geschlossene Eisenbezirke – z. B. um Breckerfeld – ergaben, an denen sich wahrscheinlich sogar Territorialgrenzen orientierten[14]. Mit der Verwendung der Wasserkraft für die Blasebälge entstanden seit dem 13. Jahrhundert die Massenhütten an den Wasserläufen in den Tälern, die schließlich seit dem 15./16. Jahrhundert, als sich zunächst im Siegerland das moderne indirekte Gewinnungsverfahren durchsetzte, durch Anlagen ersetzt wurden, die Hochofen, Frischwerk und Hammer miteinander verbanden[15].
Ausgrabungen haben gezeigt, daß auch grundherrliche Höfe und Burgen Rennfeueröfen für den eigenen Bedarf besaßen. Ein solcher Verhüttungsplatz ist auch auf der Isenburg südlich von Hattingen, deren Name bereits auf Eisen hinweist, gefunden worden[16].
Schon früh wurde mit dem Stahlschmieden die Fertigung von Werkzeugen und Waffen verbunden, wie etwa die Herstellung von Messern in Breckerfeld seit dem 14. Jahrhundert, die als „Breckerfelder" im späten Mittelalter einen großen Namen hatten. Dazu trat die Drahtherstellung aus weichem Schmiedeeisen in Altena, Lüdenscheid und Iserlohn, an die sich hier und in Schwerte die Herstellung von Kettenhemden und Harnischen anschloß[17]. Je mehr die Umstellung der Eisengewinnung auf Wasserkraft um sich griff und die Qualität des im Süden, vor allem im Siegerland produzierten Schmiedeeisens zunahm, desto mehr ging die Eisengewinnung im äußersten Norden des Berglands zurück, das sich stattdessen von Iserlohn und Schwerte bis nach Solingen und Ratingen zu einer Zone hochspezialisierter Eisenwarenfertigung entwickelte[18].
Den Handel innerhalb der Hanse und darüberhinaus vermittelten zwei große Exportstädte: Köln im Westen und Dortmund im Norden. Dortmund, das selbst über ein bedeutendes Schmiedegewerbe verfügte und eine ebenso bedeutende Einwanderung an Schmieden aufwies, beherrschte dabei zunächst den Handel mit dem Sauerland, Köln den mit dem Siegerland[19]. Als aber mit der großen Finanzkrise der Stadt am Ende des 14. Jahrhunderts der bedeutendste Dortmunder Stahl- und Eisenhändler Gerwin von Aldenbreckervelde (mit dem bezeichnenden Beinamen) nach Köln übersiedelte, übernahm die rheinische Metropole auch die Führungsrolle im Handel mit märkischem Stahl[20]. Das eigene hochdifferenzierte Schmiedegewerbe der beiden Städte verzichtete zunehmend auf einfache Fertigungen. Es überließ die Herstellung von Halbzeug dem Bergland vor Ort und konzentrierte sich ganz auf die Veredelung, einen Bereich, in dem ihm aber diese Orte seit dem 16. Jahrhundert selbst Konkurrenz machen sollten. In der Stahlerzeugung wie in der Metallwarenherstellung entwickelte sich ein so qualifiziertes Handwerk, daß sich im 15. und 16. Jahrhundert die Notwendigkeit ergab, durch Verbleibungseide die Weitergabe von Fabrikationstechniken an Konkurrenzorte zu unterbinden[21]. Dabei spielte auch der Kampf kapitalkräftiger Fernhandelskaufleute um Handelsmonopole eine große Rolle. So versuchten zwischen 1489 und 1492 zwei Kölner Stahlhandelsgesellschaften sich das Aufkaufmonopol über Breckerfelder Stahl – vor allem für den Englandhandel – zu sichern und griffen dabei auch zu dem Mittel des Aufbaus einer Konkurrenzproduktion von Breckerfelder Qualität im benachbarten Radevormwald. Möglich war dies, weil die Händler die gesamte Schmiedezunft in Breckerfeld – über 200 Schmiede –

verlegten, das heißt, ihnen auf Vorschuß die gesamte Produktion abnahmen[22].
Auch Städte versuchten sich in der Ansiedlung erfolgreicher Spezialgewerbe. So unternahm Essen 1439 durch die Anwerbung von Scherenschmieden aus Ratingen, das für die Verfertigung von Scheren und Hämmern berühmt war, den Versuch, eine eigene Herstellung aufzubauen. Dies gelang für das 15. Jahrhundert, aber danach scheint das Gewerbe wieder eingegangen zu sein. Anders verhielt es sich mit der Büchsenmacherei, die 1470 erstmals erwähnt wird und aus der die bedeutende Essener Gewehrfabrikation erwuchs, die bis in die napoleonische Zeit existierte[23]. Möglicherweise war auch hier Ratingen, das noch bis ins 15. Jahrhundert hinein Büchsen herstellte, der Ausgangspunkt[24].
Kapital spielte nicht nur im Handel mit Stahl und Metallwaren, sonder auch im Bergbau eine große Rolle, wie die Zusammensetzung der Gewerkschaften der Blei- und Alaunbergwerke bereits zeigte. Dasselbe galt für die Eisenbergwerke, die man – sozusagen entgegen dem säkularen Trend – noch im 16. Jahrhundert im märkischen Sauerland und im Werdenschen Stiftsgebiet anlegte. So wurden 1533 Altenaer Bürger, der Rentmeister des Amtes Hörde, Andreas Duden, sowie Dortmunder und Kölner Bürger mit Bergwerken in Altena belehnt[25]. Der schon mehrfach erwähnte Abt Heinrich Duden von Werden nahm bei der Verleihung des Erzbergwerks in Hetterscheid 1585 u. a. den Inhaber der Herrschaft Hardenberg, den Bürgermeister von Ratingen und den Werdener Stadtrichter Alexander Duden, seinen Neffen, zu Gewerken an[26]. Diese Konstellationen sind typisch: Bürger, Adelige und oft noch lokale Amtsinhaber, z. B. Richter, schlossen sich zusammen, ließen sich vom Landesherrn Mutungsrechte erteilen und nahmen einen Bergmeister als Mitgewerken an, der für sie das Bergwerk leitete[27]. Kapitalanlage, Handels- und Gewerbebeziehungen, technisches Fachwissen und hoheitliche Absicherung der Rechte und Einkünfte vor Ort verbanden sich hier zu einem offensichtlich einträglichen Unternehmen, das dem Landesherrn ohne eigenes Engagement sichere Bergzehnten einbrachte. Nicht selten war er allerdings den so Belehnten auch finanziell verpflichtet, was auch für Arnolt Scholl galt[28]. Besonders aktiv zeigen sich hier die Duden, eine Weseler Honoratiorenfamilie[29]. Wenn man zu den bereits erwähnten Mutungen noch hinzunimmt, daß Andreas Duden 1535 auch das bedeutendste bergische Bergwerk Eckenhagen übernahm, dann sieht man, wie planmäßig eine solche Familie in den vereinigten Territorien Jülich-Berg-Kleve-Mark in zwei Generationen – gleichgültig in welchem weltlichen oder geistlichen Amt – Bergwerksinteressen wahrnehmen konnte[30].
Die Mutungsurkunde für Altena von 1533 enthält übrigens zum ersten Mal detaillierte Bergbauvorschriften – wie ausdrücklich vermerkt wird – nach Tiroler Vorbild. Hier wird deutlich, daß das Interesse am Bergbau in dieser Zeit – angeregt durch den Bergbauboom in Sachsen und den Fuggerschen Silberbergbau in Tirol – im 16. Jahrhundert nicht mehr nur einen regionalen Hintergrund hatte. 1542 wurde schließlich die erste Bergordnung der vereinigten Territorien veröffentlicht – nach sächsischem Muster[31].

IV

Mit der steigenden Nachfrage nach Eisen und Stahl stieg im späten Mittelalter gleichzeitig der Bedarf an Holzkohle für die Verhüttung und die Verarbeitung des gewonnenen Schmiedeeisens. Die Waldgebiete boten zwar den nötigen Rohstoff, aber spätestens mit der Verbreitung des indirekten Verfahrens, d. h. der Aufspaltung der Eisengewinnung in ein Schmelz- und ein Frischeverfahren, stieg der schon im Rennfeuerverfahren hohe Verbrauch bedeutend an[32]. Eine Lösung des Problems durch eine planvolle, schon im 16. Jahrhundert landesweit geregelte Waldbewirtschaftung wie die Haubergswirtschaft des Siegerlandes, in der Phasen des Holzwuchses des Niederwalds mit landwirtschaftlicher Nutzung abwechselten, blieb die Ausnahme[33]. Wenn sonst – wie z. B. im Bergischen Land – der Hüttenbetrieb eingestellt wurde, um die natürlichen Reserven der Wälder zu schonen, die ja neben der Holzgewinnung noch vielfältigen Zwecken, darunter auch der Viehweide dienten, wurden entsprechende Verbote aufgrund des Drängens der Hüttenunternehmer bald wieder aufgehoben[34]. Holzkohle war außerdem neben Holz auch das bevorzugte Heizmaterial der Haushalte und wurde deshalb in den Städten vielfältigen Marktregelungen unterworfen. Aber auch damit konnte wegen der steigenden Nachfrage und den wertvoller werdenden Ressourcen der stetige Preisanstieg nicht aufgehalten werden. Selbst im Siegerland stieg der Preis der Holzkohle von 1470 bis 1563 auf das Vierfache und machte schließlich bei den Massenhütten 66 Prozent der Gestehungskosten aus[35]. Damit mußte das Interesse an ihrem Ersatz durch Steinkohle wachsen. Es ist deshalb wohl doch nicht so überraschend, daß sich die älteste Mutungsurkunde des Herzogtums Berg aus dem Jahre 1439 für einen mit Köln in Handelsverbindungen stehenden Kaufmann auf Steinkohle bezieht[36].

V

Allerdings war Steinkohle wegen der Geruchs- und Rauchentwicklung beim Verbrennen im offenen Kamin als Heizmaterial nicht besonders beliebt. – Wie sehr man sich schon in den ersten Anfängen der Nutzung der Steinkohle dieser Zusammenhänge bewußt war, zeigt der älteste Bericht über die Entdeckung der „schwarzen Erde“ im Mittelalter im Umland von Lüttich 1195, wenn es dort heißt, daß „die schwarze Erde ... den Kohlen ganz ähnlich und den verschiedenen Schmieden sowie den Armen zum Heizen sehr nützlich ist.“ Noch deutlicher drückt die Sage diesen Sachverhalt aus, mit der Mitte des 13. Jahrhunderts dieser Bericht ausgeschmückt wird. Sie schreibt nämlich den Fund einem uralten Köhler zu, der einen Schmied, der über den geringen Gewinn seiner Arbeit klagt, weil die Kosten für Holzkohle so hoch seien, auf austretende Kohlenflöze hinweist[37].
In Lüttich führte die Entdeckung der Steinkohle rasch zu einem ausgedehnten Abbau. Da dieser nicht nur in der nächsten Umgebung, sondern auch im Stadtgebiet selbst mit seinen zahlreichen Stiftern und Klöstern stattfand, existiert eine ungewöhnlich reiche schriftliche Überlieferung. Sie bietet nicht nur die ersten vertraglichen Abbaukonzessionen seit 1277, sondern belegt auch, daß schon 1315 städtische Steinkohlengeschworene als Sachverständige und Aufsichtspersonen – z. B. beim Abschluß solcher Verträge – tätig waren. Die erste Ordnung der Stadt über die Kohlegewinnung, die „Usaiges de cerbonaige“ datiert von 1318. Den Aufschwung des gewerbsmäßigen Abbaus bis zum Ende des Mittelalters belegt eine Nachricht von 1432, die die Zahl der Bergarbeiter als größter Gruppe der arbeitenden Bevölkerung in der Stadt Lüttich mit 1600 bis 2000 beziffert, eine auch für eine mittelalterliche Großstadt mit mehr als 10000 Einwohnern ungewöhnlich hohe Zahl. Die Bergleute lebten in den Vorstädten, bebauten ihr eigenes kleines Feld und hatten – wie die Ordnung und die Abbauverträge genau festhielten – deshalb auch im August ihren „Jahresurlaub“ zum Einbringen der Ernte. Auch

Nachrichten über Grubenunglücke finden sich bereits in der Lütticher Überlieferung dieser Zeit[38].
Leider steht es mit der Überlieferung im mittelalterlichen Ruhrgebiet ganz anders. Hier begann der Abbau von Steinkohle offensichtlich nirgends in einer Stadt, sondern immer außerhalb und hier nahm er anscheinend erst später einen Umfang an, der schriftliche vertragliche Regelungen mit den jeweiligen Inhabern von Grund und Boden notwendig machte. Ebensowenig ist es hier je zu städtischen Ordnungen über den Steinkohleabbau gekommen, noch hat sich in den mittelalterlichen Städten am Hellweg erkennbar ein eigener Berufszweig von Bergleuten herausgebildet. Erst die Hochindustrialisierung hat aus ihnen Bergbaustädte gemacht.
Der älteste sichere Beleg über Steinkohlenabbau im Bereich des heutigen Ruhrgebiets stammt aus Dortmund, wo 1296 der Sohn eines „colculre", eines Kohlengräbers aus Schüren als Bürger aufgenommen wird. Dort muß also spätestens in der zweiten Hälfte des 13. Jahrhunderts Steinkohle gewonnen worden sein[39]. Dieser kleine Ort östlich des alten Hörde, der erst 1929 eingemeindet wurde, bietet nun für die Zeit bis zum 15. Jahrhundert mehrfach Belege für Steinkohlengewinnung. Aber auch für Wickede (1443) und Medinghausen (1447) liegen entsprechende Nachrichten vor. Der Abbau erfolgte durch „Kuhlen" oder „Brechen", also durch Ergraben und Ausbrechen der ausgehenden Flöze vor allem an Talhängen wie denen der Emscher. Dabei wird man davon ausgehen müssen, daß der Pingenbau durchaus schon ein Abbau „unter Tage" war, indem man im Einfallen der Flöze mehrere Meter in die Erde ging und dann nach rechts und links dem Streichen folgend solange einige Meter Kohle abbaute, wie dies ohne Grubenbaue möglich war. Dann gab man vermutlich diese Stelle wieder auf, um in zwanzig bis dreißig Meter Entfernung von neuem zu beginnen. Man förderte auch mit Haspeln – so in Medinghausen 1447 – und legte erste Wasserabzugsgräben an, deren Bedeutung schon die frühen Lütticher Ordnungen hervorheben. Eine solche „Akedruft" zur Emscher wird in Schüren 1448 erwähnt. Bis ins 18. Jahrhundert hat sich diese Art der Förderung vielerorts unverändert erhalten. Abnehmer waren nach den Dortmunder Quellen die dortigen Schmiede, die sich bei Belagerungen in wagemutigen Ausfällen die Steinkohlen von jenseits der Emscher holten (1389). Aber auch der Handel mit Steinkohlen spielte bereits im 15. Jahrhundert eine Rolle. So wird zum Jahre 1447 ein Münsterscher Kohlenwagen auf einem „koelputte", einem Pütt, erwähnt. Auch nach Soest wurden damals regelmäßig Steinkohlen, u. a. aus Hamm, eingeführt[40].
Nach Westen ging die Ausfuhr von Steinkohle spätestens Ende des 14. Jahrhunderts. Zolltarife, die immer schon den regelmäßigen Handel mit einer Ware voraussetzen, belegen jedenfalls 1394/1395 die Verschiffung von Steinkohle rheinabwärts nach Geldern und 1395 den Transport auf dem Landweg über Düsseldorf[41]. Vermutlich kam sie aus dem Werdener und Essener Gebiet, auch wenn – von dem Flurnamen „kaelputte" 1443 in Rellinghausen einmal abgesehen – der erste zweifelsfreie Beleg für Steinkohle von dort erst aus dem Jahre 1450 stammt. Dabei handelt es sich aber schon um einen präzisen Pachtvertrag über eine „Kohlberg" in Frohnhausen[42]. Immerhin galt der Essener Steinkohlenabbau zu Beginn des 17. Jahrhunderts als bereits mehrere Jahrhunderte alt[43].
Die Nachfrage nach Steinkohle dürfte vom Schmiedegewerbe ausgegangen sein. Die Zunftordnung der Schmiede aus Köln, damals der größten Stadt Deutschlands, setzt z. B. die Verwendung von Steinkohle 1397 als üblich voraus, und um 1500 werden in Köln traditionelle Absteigequartiere der Steinkohlenhändler erwähnt[44]. Köln versorgte sich zwar auch linksrheinisch vom berühmten Eschweiler Kohlberg im Herzogtum Jülich, aber spätestens 1484 wurde auch in Zons, von der Ruhrmündung aus gesehen also rheinaufwärts, Steinkohle verzollt, die sicher nach Köln ging. Ruhrort wird 1471 erstmals als Ausgangsort für die Verschiffung von Steinkohlen erwähnt[45]. Dabei bleibt festzuhalten, daß Zolltarife und Zollrechnungen Steinkohle als billiges Massengut ausweisen.
Im 14. Jahrhundert war also die Verwendung von Steinkohle bei den Schmieden des Hellwegs und in Köln ganz üblich und der nachweisbare Handel ging ins Münsterland, in die Niederlande und auch nach Köln. Damit bildete sich bereits im späten Mittelalter ein Grundmuster der Verwertung aus, das sich in vielem bis ins 18. Jahrhundert erhalten sollte. Im 16. Jahrhundert entwickelt sich als technische Verbesserung der Stollenbau, über dessen Gesamtverbreitung jedoch keine Nachrichten vorliegen, den man sich aber schon aus Kostengründen eher begrenzt vorstellen muß[46]. Ein Indiz für die eher traditionelle Förderungspraxis im Ruhrgebiet dürfte die Aussage des Abtes Heinrich Duden von Werden bieten, der, als er 1566 ein Kohlenbergwerk in Barnscheid anlegte, dafür „kaillgrever" aus Jülich, also aus dem fortgeschritteneren Eschweiler Revier holte, das allerdings seinerseits bei der Anlage eines Pferdegöpels zur Entwässerung 1555 Lütticher Fachleute anwarb[47]. Auch in Rellinghausen wurde 1582 als Bergmeister der Gewerkschaft ein Peter von Eschweiler belehnt, nachdem 1568 und 1569 nur eingesessene Bauern und Handwerker Gewerken gewesen waren[48]. Der Abbau der Steinkohle erfolgte entweder durch die Inhaber von Grund und Boden, also meist Bauern selbst oder durch Gewerkschaften, die vom Grundherrn belehnt wurden und den Abbau und Transport selbst ausführten oder im Tagelohn ausführen ließen[49]. Genauer beschreibt die Arbeitsbedingungen erstmals die älteste erhaltene Bergordnung der Region für die Gewerkschaft auf der Goes in Essen 1575, die im Sommer von einer Arbeitszeit von sechs Uhr morgens bis sechs Uhr abends ausgeht[50]. Den ersten Beleg für eine Gewerkschaft überregionalen Zuschnitts bietet im Jahre 1592 die Belehnung Reiners von der Capellen zusammen mit einem Einwohner von Werdringen und dem Richter von Hagen zur Ausbeutung des Kaisbergs zwischen Herdecke und Werdringen als Kohlberg. Die von der Capellen waren eine Familie, die ursprünglich zum Weseler Patriziat gehörte[51]. Ein dem Erzbergbau vergleichbares breiteres Investitionsinteresse durch wirtschaftlich und politisch potente Gewerken läßt sich bei der Steinkohle damit nicht feststellen. Kohle als billiges Produkt war offensichtlich noch lange nicht das „schwarze Gold", das eine gewinnträchtige Geldanlage versprach. Die Bergordnung von 1542 erwähnt Steinkohle bezeichnenderweise nicht.
Der eher lokalen Struktur des Abbaus entsprach auch die Nutzung durch die Landesherrn in Form des Kohlenzehnten, der von den Inhabern des zehntpflichtigen Landes zu entrichten war und sich erstmals 1506/08 für Werden und 1519 für die Grafschaft Mark für den Freigrafenstuhl von Volmestein nachweisen läßt[52].
Wie sehr der kleingewerblich-bäuerliche Charakter der Kohlengewinnung, den diese Belege nahelegen, noch am Ende des behandelten Zeitraums vorherrschte, zeigen zwei ungewöhnliche Zeugnisse vom Anfang und vom Ende des Jahrhunderts. In den Werdener Aufzeichnungen über geleistete Kohlenzehnten findet sich 1536 der Hinweis, daß einem Kötter für den ganzen Sommer dieser Zehnt erlassen worden sei, weil er beabsichtigte,

mit Kohle zu düngen[53]. Verständlich wird dieser Hinweis vielleicht, wenn man ihn zu einer Aussage aus Akten des Jahres 1577 in Beziehung setzt, die sich mit dem Antrag eines Elberfelder Bürgers an Herzog Wilhelm den Reichen befassen, ihn, den Bürger und sein Mitgewerken mit einem noch nicht genutzten Kohlevorkommen im Kirchspiel Schwelm zu belehnen. Sie besagt, daß nachdem dort über hundert Jahre Kohlen gegraben worden seien und man die Arbeit wegen nicht mehr brauchbarer Steinkohle eingestellt habe, nun doch noch einige Markgenossen die verbliebenen „lichten koelen" abgebaut und zum Brennen von Kalk verwendet hätten, mit dem sie dann ihre Felder düngten. Und in derselben Region wird 1604 die Klage erhoben, „das die Bergischen den armen leuthen allhie mitten in ihr sehehaftiges (besätes) Land, da sie ihr Roggen, Gerste oder Hafer stehen haben, einschlagen ... und kollen." Solche Konflikte zwischen Ackerbau und Kohlegewinnung kamen auch andernorts vor. Schon ein Vierteljahrhundert früher wurde in einem Vertrag zwischen den adeligen Inhabern von Steinhausen und Haus Berge in Witten das Kohlengraben in der Wittener Mark nur noch für den Bedarf des Hauses Berge und der Gerichtsinsassen erlaubt, für den Handel aber untersagt[54]. Andererseits waren in dieser Zeit im Schwelmer Gericht die Steinkohlenfuhrleute schon ein eigener Gewerbezweig, der sich mit Bittschriften an den Landesherrn wandte[55]. All dies vermittelt nicht nur das Bild der selbstverständlichen Verankerung der Steinkohlengewinnung im ländlichen Bereich, sondern auch dessen Fähigkeit, sich den Möglichkeiten anzupassen, die sie für Landwirtschaft und landwirtschaftsnahe Gewerbe wie das Fuhrwesen bot.

Vor diesem Hintergrund liest sich die Sage von der Entdeckung der Kohle und der Entstehung des Bergwerks Op der Mutte zwischen Hattingen und Langenberg wie die ländliche Parallele zur Sage über die Auffindung der Steinkohle im städtisch geprägten Umland von Lüttich: Ein Junge macht beim Schweinehüten an einer Stelle am Fuße eines Baumes, an dem ein Mutterschwein (Mutte) ein Loch gewühlt hat, ein Feuer, das noch nicht erloschen ist, als er es am Abend verläßt und findet zu seiner Überraschung dort am nächsten Tag eine große Glut, die von schwarzer Erde erhalten wird. Er erzählt zuhause von der schwarzen Erde, die besser brennt als Holz und sein Vater untersucht den Platz und beginnt den ersten Abbau „op der Mutte"[56].

Der Umfang und die Bedeutung des Steinkohlenabbaus läßt sich mangels entsprechender Zahlen für diese Zeit kaum abschätzen. Doch man wird sich zumindest keine übertriebenen Vorstellungen vom Steinkohlenverbrauch im Raum des heutigen Ruhrgebiets machen dürfen. Offensichtlich verwendeten die Hämmer und Schmelzhütten dieser Region im 16. Jahrhundert nur Holzkohle. Das gilt nicht nur für den Altenvörder Hammer südlich von Gevelsberg 1595–1598, sondern auch für das oben erwähnte Eisenbergwerk, das Abt Heinrich Duden 1585 gründete, der neunzehn Jahre vorher selbst eine Steinkohlengrube eingerichtet hatte[57]. Als frühester Beleg für die Verwendung von Steinkohle auf einem Hammer wird hier noch immer die Erklärung eines Hammerunternehmers bei Breckerfeld 1684 angeführt, derzufolge er auf seinem Reckhammer nur Steinkohlen verwenden wollte, um eine Konkurrenz um Holzkohle mit der dortigen Stahlschmiedegilde auszuschließen[58]. Wenn noch 1645 im Einzugsgebiet Dortmunds, in der Gemeinde Ende auf der Höhe über Herdecke, wo von den 41 Erwerbstätigen nur 5 als Bauern, aber 19 als Köhler bezeichnet werden, diese vom Verkauf der Holzkohlen in Dortmund leben konnten, verbietet sich wohl die Vorstellung von einem sehr weitgehenden Ersatz der Holzkohle durch die Steinkohle bis ins 17. Jahrhundert[59]. Vielmehr scheint sie das zu bleiben, was sie schon in ihren Anfängen war: bevorzugtes Heizmaterial der Schmiede. Daraus erklärt sich auch, warum bis zum Ende des 18. Jahrhunderts der Kohlenhandel nach außerhalb den eigenen Verbrauch in der Region deutlich übertraf. Selbst als verbreitete Berufstätigkeit hielt sich die Steinkohlengewinnung noch in Grenzen, wenn man die 1600 bis 2000 Lütticher Bergleute des 15. Jahrhunderts mit den 1825 Personen vergleicht, die 1787/88 in der Mark von der Steinkohlenförderung und vom Steinkohlentransport lebten[60]. Vielfach scheint es bei einer Nebentätigkeit geblieben zu sein, die je nach der Bedeutung der Kohlevorkommen die Landwirtschaft oder den Bergbau zur Existenzgrundlage machte. Von diesen alten Existenzbedingungen führt eine direkte Linie zu den Lebensbedingungen der Bergmannskötter des vergangenen und dieses Jahrhunderts[61].

Eine vorindustrielle „Industrielandschaft" war also die Region am Hellweg am Ende der behandelten Epoche noch nicht geworden. Wie man sie sich im 16. Jahrhundert vorzustellen hat, vermittelt am treffendsten die Beschreibung der Wirtschaft der Stadt Essen in Braun und Hogenbergs „Civitates orbis terrarum" von 1583, die mit Abwandlungen für den gesamten Raum des „alten" Ruhrgebiets gilt:

„Der umbliegend Boden tregt köstlich gut Getreidt un Weitzen, daher denn das schöne weiße Brot kommt, das man so hoch hält. Die Bürger treiben auch in fernen Landen Kaufmannschaft, etliche sind Weber oder treiben Schmidewerk. Es soll einer nicht leichtlich einen andern Ort finden, da mehr allerley Büchsen gemacht werden, denn eben daselbst. Sie haben Brunnen genug, und gibt das Land herumb allenthalben die schwarzen Steinkohlen, insbesonderheit aber bei Steel oder Stiel an der Ruhr gelegen"[62]. An erster Stelle kommt das Getreideland, dann folgen der Handel und das Exporthandwerk und schließlich die Steinkohle. Im 16. Jahrhundert finden sich in dieser Region sowohl große Getreidemärkte, etwa in Witten oder Herdecke, als auch der überregionale Eisenhandel, der von Dortmund aus nicht nur in das Münsterland, sondern auch nach Braunschweig geht, und das spezialisierte Exportgewerbe mit Breckerfelder Stahl nach Antwerpen und England oder mit Harnischen aus Schwerte, von denen 1575 an den Herzog Julius von Braunschweig tausend Stück geliefert werden[63].

Doch diese von Handel und Gewerbe geprägte Struktur ging nicht so stufenlos, wie man erwarten könnte, in die Frühindustrialisierung über. Dazwischen kam es infolge des Dreißigjährigen Krieges, veränderter territorialer Bedingungen oder technisch veralteter Produktion noch zu Rückentwicklungen, die Dortmund für zwei Jahrhunderte zu einer großen Landstadt und Breckerfeld und Schwerte zu den ländlichen Idyllen werden ließen, die sie geblieben sind. Und da die Spuren der alten Industrie, der Aushub der Kohlengruben und der Abraum der Bergwerke wieder grün überwucherten und die Hammer- und Hüttenwerke für moderne Augen in freundlichem Fachwerk in Waldtälern lagen, haben die Bilder vom Revier des 18. Jahrhunderts vor der Industrialisierung oft den Anschein der ganz anderen vorindustriellen Welt, in die die moderne Industrie mit unerwarteter Wucht einbrach. Doch das Bild täuscht: Schon das Ausgreifen der bergischen Gewerbe in das Schwelmer und Werdener Bergrevier im späten 16. Jahrhundert zeigt die Richtung der Entwicklung an, die sich bis in die Frühindustrialisierung nicht mehr ändern sollte: die zunehmende Orientierung der wachsenden Fertigindustrie im „Vorruhrgebiet" des nördlichen märkischen und bergischen Landes auf die Energiequelle Steinkohle im zukünftigen Revier. Was dann unter neuen technischen Bedingungen hier entstand, entsprach der wirtschaftlichen Logik der vorindustriellen Entwicklung. Damit aber gingen aus der wirtschaftlichen Erfahrung des Mittelalters und der vorindustriellen Neuzeit in die Entstehungsphase des „eigentlichen" Ruhrgebiets die Traditionen von Handel und qualifizierter handwerklicher Arbeit ebenso ein wie die nebengewerblich kleinbäuerliche Lebensform der Bergleute[64].

Anmerkungen

1 Die verhältnismäßig frühen Nachweise zum Steinkohlenabbau im Dortmunder Raum z. B. sind zu einem guten Teil nur dem persönlichen Interesse eines Dortmunder Chronisten des 16. Jahrhunderts zu verdanken, der selbst Schmied war: Chronik des Dietrich Westhoff von 750 - 1550, hrsg. von J. Hansen, in: Die Chroniken der westfälischen und niederrheinischen Städte 1, Leipzig 1887, S. 173 f.; Rübel, K./Roese, E. (Hg.): Dortmunder Urkundenbuch, Erg.Bd. 1, Dortmund 1910, S. 173, Nr. 427, S. 222, Nr. 522: Regesten aus Dietrich Westhoffs Chronik.

2 Sönnecken, Manfred: Zum Stand einer über 30jährigen industriearchäologischen Forschung im märkischen Sauerland, in: Der Reidemeister 100 (1986), S. 790 - 791; Eversberg, Heinrich: Eisenverhüttung und Eisenverarbeitung in der Burg Isenburg in Hattingen an der Ruhr zwischen 1194 und 1225. Ein Vorbericht, Hattingen 1982.

3 Balzer, Manfred: Grundzüge der Siedlungsgeschichte, in: Westfälische Geschichte, Bd. 1, hrsg. von Wilhelm Kohl, Düsseldorf 1983, S. 263.

4 Geisthardt, Fritz: Frühes Eisengewerbe an Sieg, Dill und Lahn. in: Schwerpunkte der Eisengewinnung und Eisenverarbeitung in Europa 1500 - 1650, hrsg. von Hermann Kellenbenz, Köln - Wien 1974, S. 194.

5 Sprandel, Rolf: Das Eisengewerbe im Mittelalter, Stuttgart 1968, S. 302 f.

6 Kuske, Bruno: Wirtschaftsgeschichte Westfalens in Leistung und Verflechtung mit den Nachbarländern bis zum 18. Jahrhundert, Münster ²1949, S. 118 f.; ders.: Die allgemeine Anlage des Raumes und die natürlichen Bedingungen des Lebens und der Wirtschaft, in: Der Raum Westfalen, Bd. 1, hrsg. von Herrmann Aubin, u. a., Berlin 1931, S. 66; ders.: Grundzüge der Entwicklung des deutschen und besonders des rheinisch-westfälischen Industrieraums. in: Beiträge zur Wirtschaft und Verwaltung im rheinisch-westfälischen Industriegebiet, hrsg. von Hellmut Herker, Essen 1941, S. 45 f.

7 Ribbeck, Konrad: Geschichte der Stadt Essen, 1, Essen 1915, S. 468; Potthoff, Ludwig: Essens ehemaliger Blei- und Silberbergbau. Die Bleibergwerke an der Silberkuhle und auf dem Stenshof, in: Die Heimatstadt Essen (1953), S. 25 - 27.

8 Velsen, Wilhelm von: Beiträge zur Geschichte des niederrheinisch-westfälischen Bergbaues, neu hrsg. von Walter Serlo, Essen 1940, S. 111; Aders, Günter: Quellen zur Geschichte der Städte Langenberg und Neviges und der alten Herrschaft Hardenberg vom 9. bis zum Anfang des 17. Jahrhunderts. Neustadt/Aisch o. J., S. 98, Nr. 148, S. 172, Nr. 272.

9 Hamelmann, Hermann: Simplex et brevis delineatio urbium et oppidorum Westphaliae. in: Hermanni Hamelmann Opera Genalogico Historica, hrsg. von Ernst Casimir Wasserbach, Lemgo 1711, S. 74.

10 Schulte, Wilhelm: Iserlohn. Die Geschichte einer Stadt, Bd. 2, Iserlohn 1938, S. 79 f., Nr. 137 - 138.

11 Velsen (wie Anm. 8) S. 31 - 33; Lütsch, Ralf Ulrich: Der Velberter Bergbau und das Bergrevier Werden, Neustadt/Aisch 1980, S. 31 - 33; Dösseler, Emil: Der Handel und Verkehr Westfalens mit Köln zur Hansezeit. In: Jahrbuch des Kölnischen Geschichtsvereins 18 (1936), S. 15.

12 Harkort, Friedrich: Ältere Geschichte des Steinkohlenbergbaues und der Eisen- und Stahlerzeugung in der Grafschaft Mark, Hagen 1855.

13 Kuske, Grundzüge (wie Anm. 6) S. 122 f; Düsterloh, Diethelm: Beiträge zur Kulturgeographie des Niederbergisch-Märkischen Hügellandes. Bergbau und Verhüttung vor 1850 als Elemente der Kulturlandschaft, Hattingen 1967, S. 84 - 87.

14 Sönnecken, Manfred: Geländeuntersuchungen und Grabung im mittelalterlichen Eisenhüttenbezirk „In der Mark" an der märkisch-bergischen Territorialgrenze bei Radevormwald, in: Der Märker 25 (1976), S. 47 - 48.

15 Woeste, Dietrich: Der Osemund: ein Beitrag zur Wirtschaftsgeschichte des Märkischen Sauerlandes und zur Geschichte des Eisens, Altena 1985, S. 24 - 27.

16 Eversberg (wie Anm. 2) S. 11 - 13.

17 Dösseler, Emil: Der Metallwarenhandel der Grafschaft Mark und ihrer Nachbargebiete vor der Mitte des 18. Jahrhunderts, T. 1: Westdeutschland (westlich von Elbe und Trave) und Westeuropa, in: Der Märker 29 (1980), S. 72.

18 Kuske, Wirtschaftsgeschichte (wie Anm. 6) S. 126 - 129.

19 Dösseler (wie Anm. 17) S. 73.

20 Irsigler, Franz: Die wirtschaftliche Stellung der Stadt Köln im 14. und 15. Jahrhundert, Wiesbaden 1979, S. 188.

21 Kuske, Wirtschaftsgeschichte (wie Anm. 6) S. 130.

22 Scheler, Dieter: Zunftkauf und Gewerbeentwicklung. Das Breckerfelder Schmiedehandwerk im 15. und 16. Jahrhundert in: Zeitschrift des Bergischen Geschichtsvereins 88 (1977/79), S. 100 - 152.; Irsigler (wie Anm. 20) S. 189 - 191.

23 Ribbeck (wie Anm. 7) S. 462 - 466.; Mews, Karl: Geschichte der Essener Gewehrindustrie. Beiträge zur Geschichte von Stadt und Stift Essen 31 (1909), S. 1 - 95.

24 Redlich, R. Otto: Quellen zur Rechts- und Wirtschaftsgeschichte der rheinischen Städte. Bergische Städte, III, Ratingen, 1928, S. 25 f.

25 Dösseler, Emil (Hg.): Süderländische Geschichtsquellen und Forschungen, Bd. 1, Werdohl 1954, S. 80.

26 Velsen (wie Anm. 8) S. 27 - 30.

27 So war der oben erwähnte Gewerke des Alaunbergwerks in Schwelm, Arnolt Scholl, wahrscheinlich mit dem ebenfalls beteiligten Schwelmer Hogreven Christoph Scholl, also dem höchsten landesherrlichen Beamten vor Ort, verwandt: Dösseler, Handel und Verkehr (wie Anm. 11).

28 Scholl war einer der größten Kölner Weinhändler und entrichtete für Jülich-Berg auf der Frankfurter Herbstmesse die Reichskontribution; Hermann Kellenbenz: Wirtschaftsgeschichte Kölns im 16. und beginnenden 17. Jahrhundert, in: Zwei Jahrtausende Kölner Wirtschaft, Bd. 1, hrsg. von Hermann Kellenbenz Köln 1975, S. 372, 405.

29 Weinforth, Friedhelm: Studien zu den politischen Führungsschichten in den klevischen Prinzipalstädten vom 14. bis zum 16. Jahrhundert, Köln 1982, S. 160; Zu Abt Heinrich: Stüwer, Wilhelm: Das Erzbistum Köln, 3: Die Reichsabtei Werden an der Ruhr, Berlin 1980, S. 248 - 350.

30 Redlich, R. Otto: Urkundliche Beiträge zur Geschichte des Bergbaus am Niederrhein. Zeitschrift des Düsseldorfer Geschichtsvereins 15 (1900), S. 143 - 146.

31 Scotti, J. J.: Sammlung der Gesetze u. Verordnungen, welche in dem Herzogtum Cleve u. in der Grafschaft Mark über Gegenstände der Landeshoheit, Verfassung, Verwaltung und Rechtspflege ergangen sind v. Jahre 1418 bis zum Eintritt der kgl. preuß. Regierungen im Jahre 1816, Düsseldorf 1826, S. 93 - 115.

32 Sprandel (wie Anm. 5) S. 226 f.

33 Schubert, Hans: Geschichte der nassauischen Eisenindustrie von den Anfängen bis zur Zeit des 30jährigen Krieges, Marburg 1937, S. 33 f.

34 Redlich, Urkundliche Beiträge (wie Anm. 30) S. 134 f.

35 Schubert, (wie Anm. 33) S. 56, 186.

36 Redlich Urkundliche Beiträge (wie Anm. 30) S. 137.

37 Reineri annales a. 1066 - 1230, ed. Georg Heinrich Pertz, MG. SS., 16, S. 652, 659; Aegidii Aureaevallensis Gesta episcoporum Leodiensium, ed. I. Heller, MG. SS., 25, 115.

38 Kurth, Godefroi: La Cité de Liège au Moyen-Age., Bd. 2, Bruxelles 1910, S. 201, 213 - 219, 241.

39 Rübel, K.: Dortmunder Urkundenbuch, Bd. I, 1, Dortmund 1881, S. 279; Kuske, Wirtschaftsgeschichte (wie Anm. 6) S. 113 A. 25.; Unter sicheren Belegen werden nur solche verstanden, die eindeutig von Steinkohle oder von ihrem Abbau sprechen. Bei der gelegentlich noch immer als angeblich ältester Erwähnung herangezogenen Königsurkunde von 1129 für Duisburg wird nicht das Recht auf die Gewinnung von Steinkohlen, sondern von Steinen verbrieft (vgl. Averdunk/Ring: Geschichte der Stadt Duisburg, neu bearb. von Walter Ring, Ratingen ²1949, S. 84).

40 Mämpel, Arthur: Bergbau in Dortmund. Von Pingen und Stollen bis zu den Anfängen des Tiefbaus. Dortmund 1963, S. 7 - 17; Kuske, Wirtschaftsgeschichte (wie Anm. 6) S. 113 f.; Düsterloh (wie Anm. 13) S. 52.

41 Kuske, Wirtschaftsgeschichte (wie Anm. 6) S. 113; Spethmann, Hans: Forschungen zur Geschichte des Ruhrbergbaus, Bd. 1, 1. (Ms. masch.), Essen 1951, S. 59 f.

42 Potthoff, Ludwig: Aus der Geschichte des Bergbaus in Rellinghausen, in: Die Heimatstadt Essen 1960/61 (1960/61), S. 73; Ribbeck: (wie Anm. 7) S. 467. Der auch nach Ribbeck (wie Anm. 7) S. 466, älteste Beleg für Essen ist, da hier nur von Holz und Kohle, dem üblichen häuslichen Heizmaterial, die Rede ist, ebensowenig sicher auf Steinkohle zu beziehen wie die Aussagen der Stadtrechnungen von Essen seit 1377 (ebda. S. 466 f.) oder die von Duisburg seit 1349 (Spethmann (wie Anm. 41) S. 45. Bei der Abneigung gegen das Heizen mit Steinkohlen ist gerade beim Stadtregiment ihre Verwendung eher unwahrscheinlich.

43 Mews, Karl: Stadt und Stift Essen in den Berichten von Geographen und Reisenden vergangener Zeit, in: Beiträge zur Geschichte von Stadt und Stift Essen 34 (1912), S. 263.

44 Loesch, Heinrich von: Die Kölner Zunfturkunden nebst anderen Gewerbeurkunden bis zum Jahre 1500, Bd. 1, Bonn 1907, S. 154; Kuske, Bruno: Quellen zur Geschichte des Kölner Handels und Verkehrs im Mittelalter, Bd. 2, Bonn 1917, S. 596 A. 2.
45 Kuske, Wirtschaftsgeschichte (wie Anm. 6) S. 112.; Spethmann (wie Anm. 41) S. 195, 200.
46 Düsterloh (wie Anm. 13), S. 116 f.
47 Grevel, Wilhelm: Übersicht der Geschichte des Landkreises Essen, in: Beiträge zur Geschichte von Stadt und Stift Essen 1 (1883), S. 44; Wirtschaft und Gesellschaft am Niederrhein. Dokumente aus neun Jahrhunderten. Ausstellung des Hauptstaatsarchivs Düsseldorf, Düsseldorf 1974, S. 71; Schunder, Friedrich: Geschichte des Aachener Steinkohlenbergbaus, Essen 1968, S. 34.
48 Potthoff: Geschichte des Bergbaus (wie Anm. 42) S. 74 - 76.
49 Vgl. die Auseinandersetzungen in Dortmund: Mämpel (wie Anm. 40) S. 16.
50 Gerß, F.: Die älteste Kohlenordnung im ehemaligen Stift Essen. Bergordnung der Kohlengesellschaft auf der Goes im Stift Essen, 1575, in: Glückauf 14/26 (1878); Raub, Julius: Die ältesten Kohlbergsordnungen des Ruhrgebietes, in: Der Anschnitt 9/5 (1957), S. 17 f.
51 Schnettler, Otto: Herdecke an der Ruhr im Wandel der Zeiten. Stift, Dorf, Stadt, in: Beiträge zur Geschichte Dortmunds und der Grafschaft Mark 45 (1939), S. 251.
52 Spethmann (wie Anm. 41) S. 100; Holz, Walter K. B.: Ein Jahrtausend Raum Hagen, Hagen 1947, S. 91; Das angebliche Kohlenzehntrecht von Werden von 1374 beruht auf einem Lesefehler der ersten Veröffentlichung des 19. Jahrhunderts: die Urkunde stammt aus dem Jahre 1574.
53 Spethmann (wie Anm. 41) S. 108.
54 Haren, Gerrit: Geschichte der Stadt Witten von der Urzeit bis zur Gegenwart. Nebst Anhang: Bommern, Steinhausen, Hardenstein. Witten 1924, S. 47, 218 f.
55 Böhmer, E.: Als der Bauer noch Bergmann war. Heimatblätter des Ennepe-Ruhr-Kreises 1/3 (1950); Böhmer, E.: Geschichte der Stadt Schwelm, 1950, S. 75 f; Düsterloh (wie Anm. 13) S. 105.
56 Heilfurth, Gerhard: Bergbau und Bergmann in der deutschsprachigen Sagenüberlieferung Mitteleuropas, Marburg 1967, S. 295 f. Bahlmann, P.: Ruhrtalsagen vom Ruhrkopf bis zum Rhein, Dortmund 1922, S. 99 - 101.
57 Freisewinkel, Paul (Hg.): Urkunden der Hattinger Archive, 5: Altenvoerder Hütten- und Hammerbuch 1595 - 1598 mit Anlage Eisenverschickung 1591 - 1592, Hattingen 1969, passim. - Velsen (wie Anm. 8) S. 28.
58 Meier, Anton: Geschichte und Urkundenbuch des Amtes Breckerfeld im Landkreise Hagen, Bd. 2, Hagen 1908, S. 265.
59 Schnettler, Otto: Ein Steuerstreit im ehemaligen Amt Wetter am Ende des Dreißigjährigen Krieges, Hattingen 1932, S. 212 - 221.
60 Kuske, Wirtschaftsgeschichte (wie Anm. 6) S. 116.
61 Freisewinkel, Paul: Die Bergmannskötter im alten Revier: in ders.: Veröffentlichungen und Niederschriften zur Heimatgeschichte, Hattingen 1980, S. 248 - 250.
62 Mews, Stadt und Stift Essen (wie Anm. 43) S. 262.
63 Kuske, Wirtschaftsgeschichte (wie Anm. 6) S. 31. Chronik des Dietrich Westhoff (wie Anm. 4) S. 446 f; Scheler (wie Anm. 22) S. 134 - 141; Feldhügel, Paul: Geschichte der Stadt Schwerte bis 1815, in: Beiträge zur Geschichte Dortmunds und der Grafschaft Mark 34 (1927), S. 18.
64 Kuske: Wirtschaftsgeschichte (wie Anm. 6) S. 11, 127. Ders., Grundzüge (wie Anm. 6) S. 30.

Münze und Geld des Mittelalters im Ruhrgebiet

Peter Berghaus

Die Münz- und Geldgeschichte des Ruhrgebiets im Mittelalter bezeugt die historische Situation der Region zwischen Westfalen und dem Rheinland. Beide Landschaften haben den Charakter der Münz- und Geldgeschichte des Ruhrgebiets bestimmt. Wir fassen das Ruhrgebiet hier als die Landschaft südlich der Lippe auf, im Süden begrenzt durch das Hochsauerland, im Westen durch den Rhein, im Osten durch die Soester Börde.

In diesem Gebiet sind in großer Zahl bereits römische Münzen gefunden worden. Aus Bochum stammt ein Schatzfund keltischer Potinmünzen, der die Verbindung zum Rheinland noch vor der römischen Okkupation belegt. Die Römerlager von Oberaden, Holsterhausen und Haltern haben Mengen von römischen Münzen aus der Zeit des Kaisers Augustus zutage gefördert. Bei Fröndenberg (Kr. Unna) wurde 1909 ein Schatz von 257 römischen Silbermünzen (Denaren) entdeckt, dessen jüngste Gepräge in die Zeit um 175 n. Chr. weisen, der aber durchaus auch erst 200 Jahre später versteckt worden sein mag. Als einzigartiges Phänomen kann der 1907 gehobene Schatzfund von Dortmund, der größte römische Goldmünzenfund nördlich der Alpen, mit seinen drei Halsreifen, 444 römischen Solidis und sechzehn barbarischen Silbermünzen bezeichnet werden, dessen jüngste Gepräge um 411 schließen, der aber auch erst wesentlich später verborgen worden sein mag. Der Dortmunder Schatzfund bezeugt, daß in der Zeit um 350–415 römische Goldmünzen in großen Mengen nach Norddeutschland und eben auch ins Ruhrgebiet gelangt sind. Das Phänomen wird heute weitgehend als Zeugnis für Soldzahlungen, Tribute oder Plünderungsbeute gedeutet.

Gegen 425 bricht der Goldimport nach Westfalen ab, auch das Ruhrgebiet wird fast münzlos. Aus den folgenden Jahrhunderten finden sich Münzen, in der Regel Goldmünzen wie Solidi oder deren Drittelstücke, Trienten, als Grabbeigaben für vornehme Personen, so etwa in Soest (zu Schmuck verarbeitete Solidi und Trienten des 4.–6. Jahrhunderts), in Herne-Sodingen (Mittelrheinischer Triens des 7. Jahrhunderts) und Hemer (Kr. Iserlohn) (Mittelrheinischer Triens des 7. Jahrhunderts).

Im Gegensatz zum Münsterland und Paderborn, wo vereinzelt Silbermünzen, Denare nach den Münzreformen Karls des Großen, von Karl dem Großen (768–814) und Ludwig dem Frommen (814–40) gefunden worden sind, ist aus dem Ruhrgebiet bisher noch keine Münze der Karolingerzeit nachgewiesen. Das Werdener Urbar weist für diese Epoche denn auch eher Naturalabgaben als Geldzahlungen aus, obgleich mit der (neuerdings in ihrer Echtheit angezweifelten) Münzrechtsverleihung 833 für die Abtei Corvey eine eigene Münzprägung in Westfalen bereits für das 9. Jahrhundert bezeugt ist.

Epoche 10./11. Jahrhundert
Überregionale Pfennigprägung, Abfluß der Münzen zum Ostseegebiet

Die münz- und geldgeschichtliche Situation ändert sich im Lauf des 10. Jahrhunderts so wie in ganz Deutschland auch im Rheinland und Westfalen angesichts der wachsenden Bedeutung der Geldwirtschaft deutlich. Wirtschaftlich bedeutsame Zentren wie Köln, Mainz, Straßburg und Regensburg dominieren in der von ihnen beherrschten Region auch in der Münzprägung, die sich vom karolingischen Münzwesen ableitet, das auf dem silbernen Pfennig (Denar) basiert. Die Zahl der Münzrechtsverleihungen an geistliche Fürsten, falls diese echt überliefert sind, hat sich seit dem 9. Jahrhundert merklich vermehrt. So erhält im Ruhrgebiet die Abtei Werden 974 von Kaiser Otto II. das Münzrecht für Werden und Lüdinghausen. Weitgehend ist das westfälische Münzwesen im Lauf des 10. Jahrhunderts vom Kölner Pfennig beherrscht, der allenthalben täuschend ähnlich nachgeahmt wird. Das Zentrum der westfälischen Nachahmung des Kölner Vorbilds ist offensichtlich Soest, doch sind gewiß auch andere Münzstätten an der Nachprägung beteiligt. Selbst in der königlichen Münzstätte Dortmund wird anfangs das Kölner Vorbild aufgegriffen, bis man unter König Otto III. (983–96) zu einem eigenen Bildtyp findet, der sich in immer neuen Veränderungen, seit Heinrich II. (1002–24) mit dem Bild des Herrschers, darbietet. Dortmund ist neben Soest die wichtigste Münzstätte des Ruhrgebiets im 11. Jahrhundert. Die königliche Münzstätte Duisburg kommt nachweislich, anfangs in Nachahmung Kölner Vorbilder, rasch jedoch mit eigenen Typen seit Konrad II. (1024–39) auf. Gegenüber der Bedeutung dieser drei „Vororte" treten die anderen Münzstätten des Ruhrgebiets dieser Zeit (Essen, Werden, Lüdinghausen, Werl) in ihrem Prägeausstoß deutlich zurück.

Einschlägige Münzschatzfunde spiegeln die Münz- und Geldverhältnisse des 10./11. Jahrhunderts im Ruhrgebiet deutlich wider:

Selm-Bork, Kr. Lüdinghausen: Über 60 Exemplare, ausschließlich westfälische Nachahmungen des Kölner Pfennigs aus der Mitte des 10. Jahrhunderts
Ilisch 1983, S. 198

Wermelskirchen, Rhein-Wupper-Kreis: 172 Kölner Pfennige König Ottos III. (983–96)
Berghaus 1955/56, S. 23–27

Dortmund-Kaiserstuhl: wenigstens 4 Dortmunder Pfennige Kaiser Heinrichs IV. (1084–1106)
Ilisch 1980, S. 79

Remscheid, vergraben nach 1084: Unter wenigstens 500 Silbermünzen 90% westfälische Nachahmungen zu Köln, z. T. wohl aus Soest, 10% Kölner Pfennige, Einzelstücke von Dortmund und Duisburg
Hävernick 1938, S. 17–19; Hatz 1974, S. 132, Nr. 115

Die vier Schatzfunde bezeugen die überragende Rolle des Kölner Pfennigs und seiner vor allem in Soest geprägten westfälischen Nachahmungen für das Ruhrgebiet im 10. und 11. Jahrhundert. Den königlichen Münzstätten Dortmund und Duisburg kommt im heimischen Geldumlauf offensichtlich eine geringere Bedeutung zu, noch weniger den Münzstätten Essen, Werden, Lüdinghausen und Werl.

Das Bild der Münzgeschichte des Ruhrgebiets im 10./11. Jahrhundert wäre jedoch unvollständig, würde man nicht einen Blick auf die zahllosen Silberschatzfunde der Wikingerzeit im Ostseegebiet werfen, die in der Zeit zwischen dem 9. Jahrhundert und dem beginnenden 12. Jahrhundert vergraben worden sind. Deutsche Pfennige finden sich in diesen Schatzfunden zusammen mit arabischen Dirhems, angelsächsischen Pennies, böhmischen, ungarischen, italienischen und byzantinischen Silbermünzen. Allein aus Schweden können etwa 400 Schatzfunde nachgewiesen werden, in denen deutsche Münzen vorkommen.

Absoluter Mittelpunkt der Schatzfunde ist die Insel Gotland, daneben fallen die Inseln Öland und Bornholm durch ihren Reichtum auf; Schonen und andere schwedische Landschaften, Norwegen, selbst Island, Dänemark, Schleswig-Holstein, Mecklenburg, Pommern, Brandenburg, Schlesien, Polen, das Baltikum, Finnland und die Sowjetunion sind die weiteren Regionen dieser wikingerzeitlichen Schatzfunde.
Mengenmäßig rangieren unter den deutschen Münzen in diesen Funden die aus dem Silber des Rammelsbergs bei Goslar seit dem Ausgang des 10. Jahrhunderts geprägten Otto-Adelheid-Pfennige, gefolgt bereits von den Kölner Pfennigen und ihren Nachahmungen, dazu den Pfennigen der Region Mainz/Worms/Speyer und von Regensburg. Dortmund und Duisburg kommt ähnlich wie etwa Deventer, Würzburg und Straßburg eher eine mittlere Rolle zu. Seit der Mitte des 11. Jahrhunderts mehren sich die Fundanteile von Goslar und von friesischen Münzstätten.
Über Köln und daneben durch Dortmund und Duisburg ist also auch das Ruhrgebiet mit dem Schatzfundhorizont des Ostseegebiets in der Wikingerzeit verbunden. Wegen des massenhaften Abfließens der deutschen Münzen dieser Epoche, von denen wenigstens 90% im Ostseeraum gefunden worden sind, ist angenommen worden, daß diese in erster Linie für den Export geprägt worden seien, man spricht geradezu von einer „Epoche des Fernhandelsdenars". Hier sollten zunächst weitere Forschungsergebnisse abgewartet werden; Stempeluntersuchungen an westfälischen und Duisburger Pfennigen haben gezeigt, daß um 1000 offensichtlich nur ein geringer Teil der tatsächlich geprägten Pfennigmenge abgeflossen ist, daß der Anteil des Exports an der Münzprägung in der Mitte des 11. Jahrhunderts dann jedoch merklich ansteigt, um im späteren 11. Jahrhundert wieder abzufallen. Gern hat man den Fernhandel der Wikinger als die Hauptursache der Münzabwanderung angesehen, doch sind andere Gründe gewiß nicht völlig auszuschließen (z. B. Löse- und Tributgelder wie das „Danegeld" in England).

Epoche 12./13. Jahrhundert
Die Zeit der regionalen Pfennigmünze

Diese Epoche ist durch zwei politische Ereignisse durchaus auch münzgeschichtlich bestimmt: 1180 – Die Ächtung Herzog Heinrichs des Löwen und der Übergang des Herzogtums Westfalen an den Erzbischof von Köln, 1288 – Die Niederlage Erzbischof Siegfrieds von Köln bei Worringen. Mit der Ächtung Heinrichs des Löwen gewannen die kleineren Territorialherren an Macht, im Ruhrgebiet besonders die Grafen von Altena bzw. von der Mark, die Grafen von Isenberg (später Grafen von Limburg), die Grafen von Arnsberg, die Edelherren von Büren, die Edelherren zur Lippe. Nur die Grafen von Berg hatten sich schon vor 1180 Machtpositionen aneignen können; die Grafen von Arnsberg-Werl und die Grafen von Cappenberg hatten im Lauf des 12. Jahrhunderts zurückstecken müssen und sich offensichtlich nicht an der Münzprägung beteiligt. Seit 1180 setzt der große Wandel ein, es beginnt die Zeit der Städtegründungen in Westfalen und damit die Einrichtung von Münzstätten. Der Graf von Isenberg beginnt in Nienbrügge zu münzen, die Grafen von der Mark in Hamm und Iserlohn, der Graf von Arnsberg in Arnsberg, die Edelherren von Büren in Büren, die Edelherren zur Lippe in Lippstadt und anderen, weiter östlich gelegenen Städten. Das Ruhrgebiet wird innerhalb weniger Jahrzehnte von einem dichten Netz von Münzstätten überzogen. Auch der Erzbischof von Köln hält mit; neben Soest entstehen unter seiner Hoheit Münzstätten in Attendorn, Brilon, Dorsten, Recklinghausen, Werl und Schmallenberg; auf Grund des Befestigungsrechtes übt er zeitweise das Münzrecht auch im Mitbesitz aus, so um 1238 in Arnsberg.
Die Münztypen sind im 12. Jahrhundert immer noch stark von Köln/Soest abhängig; erst seit dem 13. Jahrhundert entwickeln sich neben dem Kölner Vorbild eigene westfälische Münztypen, so besonders in der königlichen Münzstätte Dortmund und in den märkischen Münzstätten. Als Konkurrent des Kölner Pfennigs, der immer noch reichlich in Westfalen umläuft, tritt bald nach 1200 der englische Penny (Sterling) in Erscheinung, dem Kölner Pfennig im Wert gleich und in Westfalen vielfach nachgemünzt. Westfälische Sterlinge aus dem Bereich des Ruhrgebiets gibt es von Duisburg, Dortmund, Hamm, Iserlohn, Arnsberg, Büren und Lippstadt. Sie bezeugen die engen Hanse- und Handelsbeziehungen zwischen Westfalen und England, zumal es Sterlinge auch von Lemgo, Blomberg, Bielefeld, Herford, Vlotho, Vechta, Wildeshausen, Wiedenbrück, Osnabrück, Münster, Bentheim und Schüttorf gibt.
In den schriftlichen Quellen des 12., besonders des 13. Jahrhunderts mehren sich die exakten Bezeichnungen von Münzsorten merklich. Es begegnen neben dem *denarius Coloniensis* der *denarius Susatiensis* (Soest), *Tremoniensis* (Dortmund) oder *Monasteriensis* (Münster), gelegentlich auch der *anglicus* (Sterling). Das Ruhrgebiet bildet mit den Bistümern Münster und Osnabrück und dem Westteil des Bistums Paderborn eine einheitliche Währungsregion, deren Oberwährung bis in die Mitte des 13. Jahrhunderts der Kölner Pfennig ist.
Einige Münzschatzfunde aus dem Bereich des Ruhrgebiets runden in ihrer Zusammensetzung das gewonnene Bild ab:

Arnsberg I (1885), vergraben nach 1193: 222 Silbermünzen, über 70% Soester Pfennige Kölner Typs, der Rest überwiegend Nachahmungen dazu aus verschiedenen westfälischen Münzstätten (z. B. Korbach)
Ilisch 1980, S. 83

Arnsberg II (1886), vergraben nach 1193: 1227 Silbermünzen, 67% Soester Pfennige Kölner Typs, der Rest überwiegend Nachahmungen dazu aus verschiedenen westfälischen Münzstätten (z. B. Korbach)
Ilisch 1980, S. 84

Werl, Kr. Soest, vergraben nach 1239: erfaßt 382 Exemplare, 73 Kölner Pfennige, 29 Pfennige aus westfälischen Münzstätten des Erzbischofs von Köln, 5 englische Sterlinge, 256 westfälische Sterlinge (u. a. Hamm 106, Iserlohn 62, Arnsberg 7, Dortmund 74)
Berghaus 1958, S. 89–123; Ilisch 1980, S. 87

Die drei Funde lassen die Vorherrschaft des Köln-Soester Pfennigs, später auch des Sterlings im Ruhrgebiet erkennen. Nach 1250 wird sich die Sterlingsprägung fast nur noch auf die lippischen Münzstätten, auf Bielefeld und Vlotho, endlich auch Büren beschränken.
Außerhalb Westfalens kommen westfälische Münzen seit dem 12. Jahrhundert nur ausnahmsweise vor. Nur die westfälischen Sterlinge kursieren zusammen mit ihren englischen Vorbildern nicht nur in England, sondern auch in Frankreich, Belgien und Dänemark.

Epoche ca. 1288 – ca. 1380
Auslaufen der westfälischen Pfennigprägung, erstes Eindringen auswärtiger Großsilber- und Goldmünzen

Mit der Niederlage von Worringen büßte Erzbischof Siegfried

von Köln einen großen Teil seiner Macht ein. Der Kölner Pfennig, schon seit einiger Zeit der Konkurrenz des von Süden her einbrechenden Stroms von Hellern aus Schwäbisch Hall ausgesetzt und unterlegen, seit 1288 nicht mehr in Köln geprägt, geht seinem Ende zu. In Westfalen wird vorerst noch die Pfennigprägung fortgesetzt. Neue Münzstätten kommen im Ruhrgebiet hinzu: Als märkische Münzstätten Bochum, Hattingen und Unna, als Prägeort einer märkischen Nebenlinie Dinslaken, als arnsbergische Münzstätte Eversberg. In Dortmund erreicht die Pfennigprägung unter Rudolf von Habsburg (1273–91) und Ludwig von Bayern (1314–47) ihren Höhepunkt, um dann bald nach 1348 zur Bedeutungslosigkeit herabzusinken. Die märkischen Münzstätten, später auch die Münzstätten der Grafen von Limburg, prägen in großem Umfang. Das Kölner ist wie das zur Bedeutungslosigkeit geschrumpfte Soester Vorbild völlig aufgegeben, dagegen setzen sich eigene Typen durch.

Nach der Aussage der schriftlichen Überlieferung bildet das Ruhrgebiet nach wie vor eine eigene Währungseinheit, eng verbunden mit dem Münsterland. Seit 1350 setzen jedoch verheerende Münzverschlechterungen ein, die zur Einstellung der Pfennigprägung in Dortmund, Münster, Osnabrück, Soest und Paderborn gegen 1380/90 führen. Nur in den Grafschaften Mark und Limburg wird die Pfennigprägung unter Herabsetzung des Münzwertes fortgeführt.

Das westfälische Münzwesen, und damit das des Ruhrgebiets, war seit dem Ausgang des 13. Jahrhunderts durch von außen eindringende Münzsorten in seinem konservativen Währungssystem bedroht. 1266 hatte König Ludwig IX. von Frankreich als 12-Pfennig-Stück mit dem „Gros Tournois", zu deutsch dem „Turnosen", eine Silbermünze von bis dahin unbekannter Größe und entsprechendem Wert geschaffen, die für größere Geldtransaktionen wesentlich praktischer als der inzwischen veraltete Pfennig war. Erstmals begegnet ein französischer Turnose in dem nach 1285 vergrabenen Schatzfund von Burgholdinghausen, Kr. Siegen (Ilisch 1980, S. 95), dann in dem nach 1294 vergrabenen Schatzfund von Silschede, Ennepe-Ruhr-Kreis (Ilisch 1980, S. 96) in 5 Exemplaren. Der Turnose und seine vor allem rheinischen Nachahmungen werden im 14. Jahrhundert das Rheinland, später auch Westfalen erobern. 1328 gestattet Kaiser Ludwig der Bayer dem Grafen Adolf von Berg, in Wipperfürth Turnosen zu prägen. Tatsächlich sind Turnosen der Grafen von Berg in Gerresheim, Lennep, Ratingen und Wipperfürth, im Ruhrgebiet auch von den Äbten von Werden in Werden, von den Äbtissinnen von Essen in Essen und von dem Ritter Hermann Wulf von Lüdinghausen geprägt worden. Nach dem Turnosen, dessen Höhepunkt in Westfalen um 1360/80 zu verzeichnen ist, dringt dann auch der 1300 geschaffene Prager Groschen und später der 1339 eingeführte Meißner Groschen ein. Es kommt zur Gegenstempelung dieser fremden Großsilbermünzen in westfälischen Städten u. a. in Werl und Soest, womit die Bürger vor Geldverlust geschützt werden sollten.

1252 war in Florenz mit dem Gulden *(Florenus)* nach einer Pause von über 400 Jahren erstmals in Europa wieder eine Goldmünze eingeführt worden, die sich rasch verbreitete und über Flandern das Rheinland und Westfalen erreichte. Zu dieser Goldmünze im Gewicht von 3,5 g tritt seit 1337 der französische Écu d'or (Goldener Schild) im Gewicht von 4,5 g, der bald auch in Westfalen heimisch wurde. Auch der 1344 eingeführte englische Noble (7,7 g) begegnet in Westfalen. Erstmals tauchen in Westfalen Goldmünzen, 2 Goldgulden und 2 Écu d'ors, in dem nach 1347 vergrabenen Schatzfund von Attendorn (Ilisch 1980, S. 106) auf.

Die Urkundensprache unterscheidet in dieser Epoche sehr wohl zwischen den einzelnen Münzsorten, dem Pfennig und seinen Unterteilungen, dem Hälbling und dem Vierling, dem Turnosen, dem Gulden und dem Goldenen Schild (Écu d'or). Im Lauf des 14. Jahrhunderts werden unter den Gulden dann meist die Prägungen der rheinischen Kurfürsten verstanden.

Einige Münzschatzfunde aus dem Ruhrgebiet mögen dessen Einbindung in die Münz- und Geldverhältnisse zwischen 1288 und 1380 widerspiegeln:

Silschede, Ennepe-Ruhr-Kreis, vergraben nach 1294: 27 Silbermünzen, davon 8 westfälische Pfennige und Hälblinge (6 märkische Prägungen), je 1 Pfennig von Köln und Aachen, 3 $^{2}/_{3}$ Turnosen der Grafschaft Hennegau, 6 französische Turnosen, 4 englische Sterlinge
Ilisch 1980, S. 96

Westhofen, Kr. Iserlohn, vergraben nach 1334: 2642 Silbermünzen, überwiegend westfälische, besonders märkische Pfennige, Hälblinge und Vierlinge (228 Vierlinge der Grafschaft Limburg), norddeutsche Hohlpfennige, 7 Heller, 28 niederländische Köpfchen, niederländische Sterlinge und Groots, 20 französische Turnosen, 18 englische Sterlinge, 1 irischer Sterling
Ilisch 1980, S. 101–103

Wenholthausen, Kr. Meschede, vergraben nach 1361: 230 Silbermünzen; 2 Grafschaft Mark, 3 Dortmund, 3 Bonn, 4 rheinische Turnosgroschen, 1 Doppelschilling Hachenburg, 215 Turnosen, 1 Prager Groschen, 2 Sterlinge (Kalkar, Löwen)
Ilisch 1980, S. 111

Kamen, Kr. Unna, vergraben nach 1364: 387 Silbermünzen, erfaßt 291; westfälische Pfennige und Teilstücke, besonders Grafschaft Mark (116), rheinische Doppelschillinge, 3 norddeutsche Hohlpfennige, 1 Sterling (Brüssel), 40 Turnosen
Ilisch 1980, S. 112–13 (hier berichtigt)

Bochum-Weitmar, vergraben nach 1371: Ca. 2000 Münzen, über 90% Turnosen, darunter auch niederländische und rheinische, einzelne Schillinge (u. a. Lüdinghausen), Witten auf Lübecker Schlag von Linnich, einzelne niederländische Sterlinge
Ilisch 1980, S. 115

Siddinghausen, Kr. Unna, vergraben nach 1369: Mehrere hundert Goldmünzen, von denen erfaßt 11 englische Nobles
Ilisch 1980, S. 114

Unna, vergraben nach 1373: Mindestens 151 Goldmünzen, davon 28 französische und 51 deutsche Goldene Schilde, der Rest Gulden, darunter 56 rheinische (54 der Kurfürsten)
Ilisch 1980, S. 116; Brinkmann (1987)

Fröndenberg, Kr. Unna, vergraben um 1380: 276 Silbermünzen erfaßt, davon 263 westfälische Pfennige und deren Teilstücke, vor allem Grafschaft Mark 229, Dinslaken 18, 5 Turnosen (2 von Essen bzw. Jülich mit westfälischen Gegenstempeln), 12 rheinische Doppelschillinge bzw. Weißpfennige, 1 Hohlpfennig (Hannover)
Ilisch 1980, S. 119

Die aufgeführten Funde lassen deutlich das Fortbestehen der westfälischen Pfennigprägung mit der Bedeutung der märkischen Pfennige für das Ruhrgebiet erkennen, dazu das allmähliche Eindringen des Turnosen und rheinischer Groschensorten von Westen her, endlich von Goldmünzen in Gestalt der Gulden, der Goldenen Schilde und der seit 1344 geprägten englischen Nobles.

Epoche ca. 1380 – 1489
Endgültige Einstellung der Pfennigprägung, Vielfalt fremden Geldes und dessen Gegenstempelung, Beginn der Prägung von westfälischen Gold- und Großsilbermünzen, der Dortmunder Münzkongreß 1488/89

Nur in den Grafschaften Limburg und Mark wird auch noch nach 1380 für mehrere Jahrzehnte die Pfennigprägung fortgesetzt, wie vor allem der Münzschatzfund von Sendenhorst, Kr. Beckum, vergraben nach 1425, mit seinen über 4000 Münzen bezeugt, unter denen limburgische und märkische Pfennige einen großen Teil ausmachten (Ilisch 1980, S. 137–139). Gegen 1430 ist aber auch diese letzte Pfennigprägung eingegangen. Das Land ist überschwemmt von vielerlei auswärtigen Münzsorten verschiedensten Wertes: In Gold die rheinischen Goldgulden und deren minderwertige niederländische Nachahmungen, in Silber die rheinischen Weißpfennige, die Witten norddeutscher Hansestädte, die Menge niederländischer Groots, englischer Groats und französischer Sorten, besonders aber die Prager Groschen. Die schriftlichen Quellen sind voll von Bewertungen, 1488/89 werden nochmals gemeinsame Valvationen aufgestellt, die das westfälische Währungschaos im 15. Jahrhundert deutlich erkennen lassen. Zahlreiche westfälische Städte, im Ruhrgebiet Dortmund, Unna, Hamm, Werl, Soest und Lippstadt, greifen zu dem Mittel, das fremde Geld, vor allem die Prager Groschen, die niederländischen Groots und die norddeutschen Witten durch Bewertungsstempel (Gegenstempel) kursmäßig festzulegen.

Die um 1420 im Ruhrgebiet einsetzende Prägetätigkeit hält sich an die neue Situation. 1419 beauftragt König Sigismund in Dortmund zwei Münzmeister, Goldgulden sowie Weißpfennige und deren Teilstücke zu prägen. Diese Münzen haben sich im Original erhalten. Die Dortmunder Goldprägung, besonders reich unter Friedrich III. (1440–93), läßt sich hin bis zu Maximilian I. (1493–1519) verfolgen. 1430 schließt die Stadt Dortmund mit Graf Gerhard von der Mark einen Münzvertrag, nach dem der so überaus häufige Reinoldialbus und seine Teilstücke, in der märkischen Münzstätte Hörde ebenfalls Weißpfennige geprägt wurden. Zuvor hatte Graf Gerhard bereits in der Münzstätte Unna Groschen minderen Wertes geprägt. Unter Herzog Johann I. (1461–80) werden 1475 Utrechter Stüber nachgeahmt, sonst ruhen die märkischen Münzstätten in der zweiten Hälfte des 15. Jahrhunderts weitgehend. Besonders kriminell engagieren sich die Grafen von Limburg in der minderwertigen Nachahmung fremder Sorten: Der Witten von Hamburg wird im Bild so getreu nachgeahmt wie der geldrische Doppelgroot, die rheinischen Weißpfennige, die Aachener Bauschen und die niederländischen Stüber, selbst flämische Miten. Münzstätten dieser erst 1487/88 endenden irregulären Prägungen sind Broich, Hohenlimburg und Rellinghausen. Die Essener Äbtissin Sophie von Gleichen (1459–89) imitiert in ihren Münzstätten Borbeck und Essen minderwertige niederländische Gulden, rheinische Weißpfennige und niederländische Stüber, die Werdener Äbte Johann VI. Stecke (1438–54) und Konrad von Gleichen (1454–74) halten sich bei ihren Nachahmungen hauptsächlich an rheinische Vorbilder wie den Weißpfennig und den Hohlringheller. In den bergischen Münzstätten Düsseldorf und Ratingen werden im 15. Jahrhundert rheinische Groschentypen geprägt. In seiner westfälischen Münzstätte Werl läßt der Erzbischof von Köln um 1481–89 Münzen im Groschenwert schlagen, daneben auch Stüber nach niederländischem Vorbild. Die Prägung von Patrokligroschen der Stadt Soest um 1480 kommt über erste Anfänge kaum hinaus.

Die Zeit war reif für grundsätzliche Neuerungen, zumal sich das Wertverhältnis zwischen Gold und Silber, in Dortmund etwa zwischen Gulden und Dortmunder Schilling, seit der Mitte des 15. Jahrhunderts drastisch zugunsten des Goldes veränderte. Die Auswirkung auf die Getreidepreise war katastrophal. 1488/89 versuchten westfälische Münzstände und Städte, darunter der Graf von der Mark und die Städte Dortmund, Soest, Unna und Essen, auf Tagungen in Dortmund gemeinsame Absprachen über die Münz- und Preisverhältnisse zu treffen. Diese Bemühungen scheiterten jedoch angesichts der Geldverhältnisse in den benachbarten Regionen, besonders in den Niederlanden. Erst gegen 1511/12 gelang es, eine Währungsstabilität wenigstens für einige Jahre festzulegen.

Die grundsätzliche Neuerung im deutschen Münzwesen kam in dieser Zeit tatsächlich aus Tirol, wo Erzherzog Sigismund erstmals 1486 einen Guldengroschen im Wert eines Goldguldens, somit eine Silbermünze bisher unbekannter Größe, prägen ließ. Diese Neuerung fand alsbald ihre Nachahmer, darunter die Kurfürsten von Sachsen, die seit 1500 aus dem Silber des Erzgebirges solche Guldengroschen prägen ließen und die Grafen von Schlick, die seit 1517 aus dem Silber von Joachimsthal diese Münze in den Verkehr brachten, die bald den Namen „Taler" erhielt und das deutsche Münzwesen bis in das 19. Jahrhundert hinein bestimmen sollte. Der Taler hat Westfalen erst verhältnismäßig spät erreicht: Der Bischof von Osnabrück brachte 1524 und 1525 die ältesten westfälischen Taler in Wiedenbrück heraus, es folgte 1528 der Graf zur Lippe mit einer Talerprägung in Lippstadt. In Dortmund setzt die Talerprägung erst 1541 ein, nachdem der Bischof von Münster schon 1535 seine ersten Taler hatte schlagen lassen. Ein neues münz- und geldgeschichtliches Zeitalter hatte Westfalen und damit auch das Ruhrgebiet erreicht.

Westfälische Münzschatzfunde der Zeit 1380–1489 bezeugen in ihrer bunten Zusammensetzung die Inflation fremder Münzen auch im Ruhrgebiet:

Bockum, Kr. Lüdinghausen, vergraben nach 1382: mehrere hundert Münzen, darunter 3 Gulden, vorwiegend Pfennige und deren Teilstücke der Grafschaft Mark (Iserlohn, Hattingen, Unna, Dinslaken) und der Bistümer Münster und Osnabrück, rheinische Weißpfennige und Schillinge, Turnosen aus Frankreich und dem Rheinland (Essen 1, Werden 1), Prager Groschen, Sterlinge, norddeutsche Witten
Ilisch 1980, S. 121–122

Dorsten, Kr. Recklinghausen, vergraben nach 1386: 14 Gold- und 140 Silbermünzen; 6 rheinische und 8 niederländische Gulden, westfälische Pfennige besonders der Bistümer Münster und Osnabrück, des Stiftes Essen und der Grafschaft Mark, rheinische Weißpfennige, Lütticher Groots, französische Turnosen, Prager Groschen
Ilisch 1980, S 123

Gelsenkirchen-Schalke, vergraben nach 1404: 357 Silbermünzen, davon 143 Pfennige der Grafschaft Mark, 7 Dortmund, rheinische Weißpfennige, Schillinge und Turnosen
Ilisch 1980, S. 129

Massen, Kr. Unna, vergraben nach 1422: erfaßt 33 Silbermünzen, darunter 5 Pfennige der Grafschaft Limburg und 8 Pfennigwerte der Grafschaft Mark, 11 norddeutsche Witten, niederländische Groots
Ilisch 1980, S. 135

Arnsberg, vergraben nach 1438: ca. 600 Silbermünzen erfaßt. 26

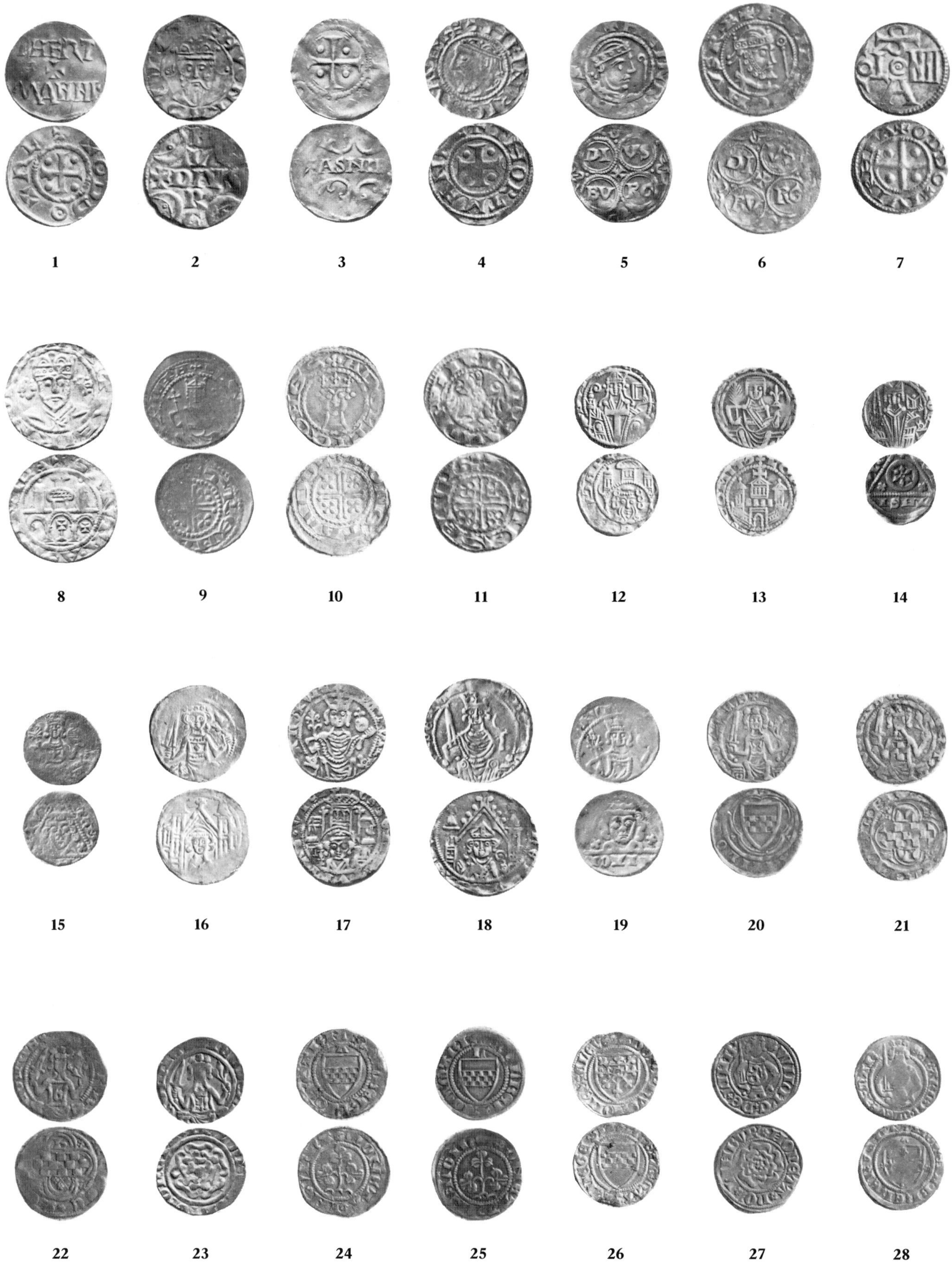

Abb. 33 Münztafel I

29

30

31

32

33

34

35

36

37

38

39

40

41

42

43

Abb. 34 Münztafel II

Grafschaft Limburg, 2 Grafschaft Mark, rheinische Weißpfennige und Turnosen (Essen 1), über 400 norddeutsche Witten, über 78 niederländische Groots, 2 französische Turnosen, 17 Prager Groschen
Ilisch 1980, S. 141–142

Haltern, Kr. Recklinghausen, vergraben nach 1439: ca. 20 Goldgulden, vorwiegend rheinisch, aber auch 7 minderwertige von Utrecht
Ilisch 1980, S. 142

Bochum-Querenburg, vergraben nach 1444: erfaßt 3 Gold- und 120 Silbermünzen. 2 niederländische Goldene Schilde, 1 geldrischer Gulden; Vierlinge der Grafschaften Limburg und Mark, Groschen von Unna (10) und Hörde (2), 16 Dortmunder Reinoldialbus und 4 Teilstücke, 15 rheinische Weißpfennige, 13 mecklenburgisch-pommersche Witten, 18 niederländische Groots, 29 Plaques von Tournai (1 mit Gegenstempel von Herford), 2 Prager Groschen, 2 Mailänder Grossi
Ilisch 1980, S. 144–45 (hier berichtigt)

Hamm, vergraben nach 1472: erfaßt 1 Gold- und 40 Silbermünzen. 1 rheinischer Gulden; 1 Pfennig Grafschaft Limburg, rheinische Weißpfennige, 3 Witten von Lübeck und Stralsund mit westfälischen Gegenstempeln, 11 Prager Groschen mit vorwiegend westfälischen Gegenstempeln, niederländische Stüberwerte
Ilisch 1980, S. 147

Meckinghoven, Kr. Recklinghausen, vergraben nach 1487: erfaßt 216 Silbermünzen. 4 Stüber von Werl, 1 Groschen Stift Essen, 5 Stüber Grafschaft Limburg, 2 Groschen Grafschaft Mark, 29 Dortmund (21 Reinoldialbus und Teilstücke, 8 Stüber und Teilstücke), rheinische Weißpfennige, norddeutsche Schillinge, Meißner Groschen, Hauptteil niederländische Stüber und Groots, französische Blancs, englische Groats und Halfgroats, Bianco von Savoyen
Ilisch 1980, S. 151–153

Bork, Kr. Lüdinghausen, vergraben nach 1489: 78 Gold- und 1370 Silbermünzen. Rheinische und niederländische Gulden; 28 Werl (Stüber und Teilstücke), 31 Bistum Münster (Schillinge und Teilstücke), 4 Stift Essen, 2 Weißpfennige Grafschaft Limburg, 3 Weißpfennige Grafschaft Mark (Hörde), 484 Dortmund (1 Groschen, 453 Reinoldialbus und Teilstücke, 30 Stüber), 2 Soest, rheinische Weißpfennige, norddeutsche Schillinge, niederländische Stüber, englische Groats, französische Blancs; 142 Prager Groschen mit meist westfälischen Gegenstempeln, weitere in Westfalen gegengestempelte Meißner und hessische Groschen, Dortmunder Albus, Hörder Weißpfennig, norddeutsche Witten, englischer Groat
Ilisch 1980, S. 153–157

Recklinghausen, vergraben nach 1490: erfaßt 56 Silbermünzen. Vorwiegend Stüber und Groschen von Limburg (4), Dortmund (42), rheinische Weißpfennige, niedersächsische Groschen, niederländische Groots und Stüber, englische Groats und Teilstücke, französische Blancs, italienische Grossi
Ilisch 1980, S. 159–162

Fast alle der aus diesen Schatzfunden bekannten westfälischen und auswärtigen Münzen begegnen auch in den zeitgenössischen schriftlichen Quellen. Das Währungschaos des 15. Jahrhunderts, in dessen Zentrum das Ruhrgebiet liegt, könnte nicht besser charakterisiert werden.

Mittelalterliche Münzstätten im Ruhrgebiet und seinen Nachbarregionen

Arnsberg
Münzstätte der Grafen von Arnsberg, zeitweise (1238) auch der Erzbischöfe von Köln, von Gottfried III. (1235–87) bis Wilhelm (1313–38). Sterlinge, Pfennige auf Dortmunder Schlag, Pfennige, Hälblinge und Vierlinge eigenen Typs
Grote 1867, S. 75–89 – Hävernick 1935, S. 252 – Berghaus 1965, S. 130 – Berghaus 1971, S. 3–17

Attendorn
Münzstätte der Erzbischöfe von Köln von Dietrich von Heinsberg (1225–38) bis Wikbold von Holte (1297–1304) und um 1376 Pfennige westfälischer, vor allem Soester und Kölner Art. 1258 Auseinandersetzung zwischen dem Erzbischof und der Stadt Köln wegen der unterwertigen in Attendorn geprägten Münzen. Gegenstempelung Prager Groschen seit dem 14. Jahrhundert
Hävernick 1935, S. 187–94 – Berghaus 1965, S. 128 – Krusy 1974, S. 42–45

Bochum
Münzstätte der Grafen von der Mark unter Engelbert III. (1308–28). Pfennig märkischen Typs
Menadier 1909, S. 678 – Peus 1961, S. 35

Borbeck
Münzstätte der Äbtissinnen von Essen unter Sophie von Gleichen (1459–89). Prägung von Goldgulden, Groschen rheinischer und Groots niederländischer Art
Grote 1863 b, S. 456–459 – Lehnhäuser 1931, S. 5–48

Breckerfeld
Münzstätte des Grafen Gerhard von der Mark, einsetzend um 1417/18. Prägung von Pfennigen und Vierlingen märkischer Art
Menadier 1909, S. 685 – Peus 1961, S. 39 – Berghaus 1967, S. 105–106

Brilon
Münzstätte der Erzbischöfe von Köln von Konrad von Hochstaden (1238–61) bis Wikbold (1297–1304). Pfennige westfälischer Art
Hävernick 1935, S. 206–210 – Berghaus 1965, S. 128

Broich
Münzstätte der Grafen von Limburg, vielleicht schon in der zweiten Hälfte des 14. Jahrhunderts, umfangreiche Prägung um 1401–1474 von Pfennigen und Hälblingen westfälischer (limburgischer) Art, von rheinischen Weißpfennigen, Aachener Bauschen sowie niederländischen Doppelgroots und Stübern
Berghaus/Spiegel 1968, S. 278

Büren
Münzstätte der Edelherren von Büren und der Bischöfe von Paderborn im 13. und 14. Jahrhundert. Sterlinge, Pfennige Dortmunder Typs, eigene Pfennige, Hälblinge und Vierlinge bis um 1380
Grote 1857, S. 377–384 – Dannenberg 1862, S. 507–509 – Berghaus 1958, S. 103–104

Dinslaken
Münzstätte des Grafen Dietrich von der Mark (1368–1406). Prägung von Pfennigen, Hälblingen und Vierlingen märkischen Typs, z. T. auch in Nachahmung Hamburger Witten; Groschen auf klevischen Schlag
Peus 1961, S. 37–38 – Spiegel 1963, S. 21–43

Dorsten
Münzstätte der Erzbischöfe von Köln unter Siegfried von Westerburg (1275–97). Pfennige auf den Schlag von Münster
Hävernick 1935, S. 197–98 – Berghaus 1965, S. 128

Dortmund
Königliche Münzstätte seit dem späten 10. Jahrhundert, gelegentlich in fremdem Pfandbesitz, städtische Münzstätte seit dem 15. Jahrhundert. Eigenständige, selten von Köln oder Soest abhängige Prägungen im 10. bis 11. Jahrhundert (Pfennige, Hälblinge), z. T. stempelverbunden mit Münzen von Minden. Sterlinge, eigene Typen im 13./14. Jahrhundert, z. T. in anderen Münzstätten (z. B. Arnsberg, Büren, Heinsberg, Iserlohn, Mülheim, Ratingen) nachgeahmt. Im 15. Jahrhundert Goldgulden, Groschensorten. 1430 Vertrag mit Graf Gerhard von der Mark. Gegenstempelung fremder Münzen im 15. Jahrhundert
Berghaus 1965, S. 132 – Krusy 1974, S. 69–70 – Berghaus 1978 – Ilisch 1987, S. 111–113

Duisburg
Königliche Münzstätte. Inschriftlich gesicherte Pfennigprägung in der Zeit Konrad II. (1024–39) bis Heinrich V. (1106 –25). Nachahmung der Duisburger Pfennige in Skandinavien (Schonen?). Später königliche Nachahmungen Kölner Typen und ein Sterling bis um 1220. Um 1292–98 kurzfristige Prägung nach Aachener Vorbild
Berghaus 1983 a, S. 126–50 – Berghaus 1983 b, S. 88–113 – Berghaus 1989 a, S. 27–38

Düsseldorf
Münzstätte des Grafen/Herzogs Wilhelm I. von Berg (1360–80–1408). Um 1377 rheinische Schillinge, um 1404/08 Weißpfennige rheinischer Art
Noß 1929, S. 74–75

Essen
Unter Konrad II. (1024–39) und Friedrich I. (1152–90) anscheinend nur sporadische königliche Münzstätte, seit dem späten 13. Jahrhundert Münzstätte der Äbtissinnen von Essen. Prägung von Pfennigen, Hälblingen und Vierlingen westfälischer Art, im 14. Jahrhundert auch von Turnosen und Witten, im 15. Jahrhundert Prägung von Goldgulden und rheinisch/niederländischen Groschenwerten
Grote 1863, S. 446–470 – Dannenberg 1905, S. 894 – Lehnhäuser 1931, S. 5–48 – Suhle 1939, S. 137 – Berghaus 1967, S. 137

Eversberg
Münzstätte der Grafen von Arnsberg unter Ludwig (1281–1313)
Grote 1867, S. 86–87

Gerresheim
Münzstätte des Grafen Wilhelm von Berg (1360–80). Prägung von Turnosen
Noß 1929, S. 56–63

Hamm
Münzstätte der Grafen von der Mark von Adolf I. (1199–1249) bis Adolf II. (1328–47). Sterlinge, z. T. mit deutscher Legende (IN DEN HAM), Dortmunder Typs, Pfennige und Hälblinge nach dem Vorbild von Dortmund und Münster, eigene märkische Typen. Gegenstempelung niederländischer Groots und Prager Groschen im 15. Jahrhundert
Menadier 1909, S. 674–680 – Kennepohl 1927, S. 241–266 – Berghaus 1958, S. 109–112 – Berghaus 1960, S. 483–85 – Peus 1961, S. 33–35 – Krusy 1974, S. 116

Hattingen
Münzstätte der Grafen von der Mark unter Engelbert III. (1347–91) und Adolf IV. (1398–1422). Pfennige, Hälblinge und Vierlinge märkischen Typs
Menadier 1909, S. 681 u. 684 – Peus 1961, S. 36 u. 38

Hohenlimburg (Limburg)
Münzstätte der Grafen von Limburg vom Ausgang des 13. Jahrhunderts bis um 1430 sowie um 1487/88. Prägung von Pfennigen, Hälblingen und Vierlingen westfälischer (limburgischer) Art; Nachahmung flämischer Miten, rheinisch-westfälischer Weißpfennige und niederländischer Groots, Stüber und Halbstüber sowie eines Hamburger Wittens
Berghaus/Spiegel 1968, S. 277

Hörde
Münzstätte der Grafen von der Mark von Gerhard (1422–61) bis Johann III. (1521–39). Nach einem Vertrag mit der Stadt Dortmund wurden in Hörde seit 1430 Weißpfennige und deren Teilwerte geprägt, später auch Stüber, $\frac{1}{6}$ Raderalbus und Hohlringheller
Menadier 1909, S. 685 – Peus 1961, S. 39–40

Iserlohn
Münzstätte der Grafen von der Mark unter Adolf I. (1199–1249) bis zu Engelbert III. (1347–91). Prägung von Sterlingen Dortmunder Typs, z. T. auch gekoppelt mit Soester Vorbild, Pfennige, Hälblinge und Vierlinge nach Dortmunder und Osnabrücker Vorbild und märkischen Typs
Menadier 1909, S. 674–681 – Berghaus 1958, S. 113–115 – Peus 1961, S. 32–36

Lennep
Münzstätte des Grafen Wilhelm I. von Berg (1360–80). Prägung von Turnosen
Noß 1929, S. 58–62

Lippstadt
Münzstätte der Edelherren zur Lippe vom Ende des 12. Jahrhunderts bis zum frühen 14. Jahrhundert. Pfennige auf den Schlag von Soest und Münster, Sterlinge, eigene Typen (Pfennige, Hälblinge, Vierlinge)
Berghaus 1952, S. 110–128 – Berghaus 1964, S. 361–84 – Berghaus 1965, S. 129

Lüdinghausen
Münzrecht 974 für die Äbte von Werden. Erste nachweisbare Gepräge auf münsterschen Schlag aus dem Ende des 11. Jahrhunderts. Um 1365 Prägung von Turnosen und rheinischen Schillingen durch den Ritter Hermann Wulf von Lüdinghausen,

um 1380 Prägung von Vierlingen durch den Abt von Werden
Berghaus 1967, S. 95–101

(Mülheim)
Die unter Graf Wilhelm II. (1360–80) in Mülheim geprägten Witten, von Noß nach Mülheim/Ruhr verlegt, dürften eher in Mülheim/Rhein zu lokalisieren sein, wo auch Dortmunder Pfennige nachgeahmt wurden.
Noß 1929, S. 51

Nienbrügge
Mutmaßliche Münzstätte des Grafen Friedrich von Isenberg (ca. 1190–1226). Prägung von Pfennigen auf Köln/Soester Schlag
Berghaus/Spiegel 1968, S. 277

Orsoy
Münzstätte unter Graf Adolf IV. von der Mark (1398–1422). Prägung von Pfennigen märkischen Typs und eines Doppelgroschens geldrischer Art
Noß 1931, S. 88 – Peus 1961, S. 39 – Bellenberg 1963, S. 45–46

Ratingen
Münzstätte der Grafen und Herzöge von Berg seit der 2. Hälfte des 14. Jahrhunderts. Sterlinge auf Brabanter Schlag (Brabantini), unter Wilhelm II. (1360–1408) Pfennige auf Dortmunder Schlag und Turnosen; im 15. Jahrhundert Weißpfennige und Schillinge rheinischer Art
Noß 1929, S. 47–50 u. 58–61

Recklinghausen
Ein Prägebeginn im 11. Jahrhundert ist äußerst zweifelhaft; der königliche Pfennig auf Dortmunder Schlag ist nur als Fragment erhalten, seine Legende kaum zu Recklinghausen zu ergänzen. Münzstätte der Erzbischöfe von Köln von Konrad von Hochstaden (1238–61) bis Wilhelm von Gennep (1349–62), zwischenzeitlich im Pfandbesitz des Grafen Dietrich III. von Limburg um 1336/37. Pfennige westfälischer Art, seit der Mitte des 13. Jahrhunderts vornehmlich münsterschen Typs
Noß 1913, S. 328–333 – Hävernick 1935, S. 202–205 – Berghaus 1952/53, S. 65–67 – Berghaus 1965, S. 128 – Berghaus/Spiegel 1968, S. 277

Rellinghausen
Münzstätte der Grafen von Limburg vom Ende des 14. Jahrhunderts bis etwa 1443. Pfennige, Hälblinge und Vierlinge westfälischer (limburgischer) Art, Nachahmung eines Weißpfennigs Jülicher Schlags.
Berghaus/Spiegel 1968, S. 277

Salzkotten
Münzstätte der Bischöfe von Paderborn. Erhalten nur ein Hälbling Bischof Ottos (1277–1307)
Berghaus 1965, S. 136

Schmallenberg
Münzstätte der Erzbischöfe von Köln von Konrad von Hochstaden (1238–61) bis Wikbold von Holte (1297–1304). Pfennige westfälischer, besonders Soester und Kölner Art.
Hävernick 1935, S. 199–201 – Berghaus 1965, S. 128

Schwerte
Münzstätte der Grafen von der Mark um 1394–1417, um 1399 und um 1419 im Pfandbesitz des Ritters Evert von Limburg. Prägung von Pfennigen und Hälblingen märkischer Art
Spiegel 1938, S. 10–22 – Berghaus/Spiegel 1968, S. 278

Soest
Zunächst königliche Münzstätte im 10./11. Jahrhundert, seit Philipp von Heinsberg (1167–91) Münzstätte der Erzbischöfe von Köln bis zum Beginn des 14. Jahrhunderts und um 1376. Ende des 15. Jahrhunderts städtische Münzstätte. Im 10./12. Jahrhundert Nachahmung Kölner Vorbilder, im 13. und frühen 14. Jahrhundert etwas eigenständiger. Soester Typen von anderen Münzstätten nachgeahmt. Ende des 15. Jahrhunderts Prägung von Groschensorten. Gegenstempelung fremder Münzen im 14. und 15. Jahrhundert
Noß 1913, S. 325–335 – Hävernick 1935, S. 210–249 – Berghaus 1965, S. 128 – Krusy 1974, S. 233–246 – Krusy 1976, S. 28–46 – Ilisch 1981 a, S. 149–164

Unna
Münzstätte der Grafen von der Mark von Engelbert III. (1347–91) bis Johann II. (1481–1521). Anfangs Prägung von Pfennigen märkischer Art, unter Gerhard (1422–61) von Groschen und Vierlingen, unter Johann II. (1481–1521) von Groschen (1490) und Pfennigen Dortmunder Währung. Gegenstempelung von Meißner Groschen, niederländischen Münzen, Weißpfennigen von Hörde und Schillingen von Münster im 15. Jahrhundert
Menadier 1909, S. 681–686 – Peus 1961, S. 36–40 – Krusy 1974, S. 260–261

Werden
Münzrecht für die Äbte von Werden 974. Königliche Prägung auf Duisburger Schlag seit dem Ende des 11. Jahrhunderts. Prägung der Äbte seit dem 12. Jahrhundert (Kölner Schlag), unter Wilhelm II. (1310–30) westfälische Typen, Turnosen unter Heinrich II. (1360–82), im 15. Jahrhundert Nachahmung rheinischer Weißpfennige und Heller
Grote 1863 a, S. 411–427 – Berghaus 1977, S. 389–95

Werl
Münzstätte der Grafen von Arnsberg-Werl in der zweiten Hälfte des 11. Jahrhunderts: Nachahmungen Soester und Dortmunder Pfennige. Münzstätte der Kölner Erzbischöfe im 13. Jahrhundert und um 1481, 1489 und um 1502–08. Pfennige westfälischer (u. a. Dortmunder) Art, um 1481/89 Groschensorten, um 1502–08 Heller rheinischer Art. Gegenstempelung fremder Münzen, vor allem Prager Groschen
Noß 1913, S. 336–341 – Berghaus 1965, S. 129 – Krusy 1974, S. 271–273 – Krusy 1979, S. 5–20 – Ilisch 1987, S. 113–114

Winterberg
Münzstätte des Bistums Paderborn unter Bischof Simon I. zur Lippe (1247–77). Pfennig westfälischer Art
Berghaus 1965, S. 135–136

Wipperfürth
Münzrechtsverleihung zur Prägung von Turnosen 1328. Münzstätte der Grafen von Berg um 1275–79, Pfennige Kölner Typs. Im 14. Jahrhundert Prägung von Pfennigen Aachener Typs und von Turnosen
Noß 1929, S. 27–38 – Hävernick 1935, S. 155–156

Literatur
Bellenberg 1963. K. Bellenberg: Beitrag zur Münzgeschichte von Orsoy, in: Westfalia Numismatica 1963, Münster 1963, S. 45–46.
Berghaus 1952. P. Berghaus: Die Anfänge der Münzprägung in Lemgo und Lippstadt, in: Mitteilungen aus der lippischen Geschichte und Landeskunde 21 (1952), S. 110–128.
Berghaus 1952/53. P. Berghaus: Beiträge zur deutschen Münzkunde des 11. Jahrhunderts, in: Hamburger Beiträge zur Numismatik 6/7 (1952/53), S. 61–67.
Berghaus 1955/56. P. Berghaus: Beiträge zur deutschen Münzkunde des 10. und 11. Jahrhunderts, in: Hamburger Beiträge zur Numismatik 9/10 (1955/56), S. 23–29.
Berghaus 1958. P. Berghaus: Der Münzenfund von Werl (Westfalen) 1955, vergraben um 1240, in: Centennial Publication of the American Numismatic Society, New York 1958, S. 89–123.
Berghaus 1960. P. Berghaus: Beiträge zur westfälischen Münzkunde, in: Hamburger Beiträge zur Numismatik 14 (1960), S. 469–496.
Berghaus 1964. P. Berghaus: Lippstädter Geld im Wandel der Jahrhunderte, in: H. Klockow, Stadt Lippe-Lippstadt, Lippstadt 1964, S. 361–384.
Berghaus 1965. P. Berghaus: Kölner und Paderborner Münzstätten des 13. Jahrhunderts, in: Festschrift Hermann Aubin zum 80. Geburtstag, Wiesbaden 1965, S. 126–141.
Berghaus 1967. P. Berghaus: Beiträge zur westfälischen Münzkunde, in: Hamburger Beiträge zur Numismatik 21 (1967), S. 95–106.
Berghaus 1971. P. Berghaus: Arnsberger Münzgeschichte, in: P. Berghaus u. H. E. Korn, Münzen, Wappen, Siegel der Stadt Arnsberg, Arnsberg 1971, S. 3–17.
Berghaus 1971/72. P. Berghaus: Die Ausbreitung der Goldmünze und des Groschens in deutschen Landen zu Beginn des 14. Jahrhunderts, in: Numismatický Sbornik 12, (1971/72), S. 211–243.
Berghaus 1974. P. Berghaus: Westfälische Münzgeschichte des Mittelalters, Münster 1974, [2]1985.
Berghaus 1977. P. Berghaus: Die älteste Münzprägung von Werden, in: Münzen- und Medaillensammler, Berichte 17 (1977), S 389–95.
Berghaus 1978. P. Berghaus: Die Münzen von Dortmund, Dortmund 1978.
Berghaus 1983 a. P. Berghaus: Nachahmungen Duisburger Münzen des 11. Jahrhunderts aus Skandinavien, in: Numismatiska Meddelanden 33 (1983), S. 126–50.
Berghaus 1983 b. P. Berghaus: Duisburger Münzen, in: Duisburg im Mittelalter, Duisburg 1983, S. 88–113.
Berghaus 1986. P. Berghaus: Art. Dortmund (Fund röm. Goldmünzen), in: Reallexikon der Germanischen Altertumskunde 6, Berlin/New York 1986, S. 124–127.
Berghaus 1989 a. P. Berghaus: Die Beschäftigung mit deutschen Münzen des 10. und 11. Jahrhunderts vor Dannenbergs Werk (1876) am Beispiel Duisburg, in: Festskrift till Lars O. Lagerqvist, Numismatiska Meddelanden 37 (1989), S. 27–38.
Berghaus 1989 b. P. Berghaus: Englisch-westfälische Beziehungen in der Münzgeschichte zur Zeit der Hanse, in: E. Dösseler, Südwestfalen und England, Mittelalterliche und frühneuzeitliche Handelsbeziehungen, Münster 1989, S. 55–64.
Berghaus 1989 c. P. Berghaus: Hansisches Geld in Westfalen, in: Geldumlauf, Währungssysteme und Zahlungsverkehr in Nordwesteuropa 1300–1800, Beiträge zur Geldgeschichte der späten Hansezeit, hrsg. v. M. North, Köln/Wien 1989, S. 7–18.
Berghaus/Spiegel 1968. P. Berghaus/J. Spiegel: Die Münzen der Grafen von Limburg, in: G. Aders u. a., Die Geschichte der Grafen und Herren von Limburg und Limburg-Styrum und ihrer Besitzungen, Teil II, Bd. 4, Assen/Münster 1968, S. 270–344.
Brinkmann (1987). W. Brinkmann, P. Ilisch, W. Timm, Unnaer Goldschatz, Unna o. J. (1987).
Dannenberg 1862. H. Dannenberg: Denare der Herren von Büren, in: Münzstudien 2, 1862, S. 507–509.
Dannenberg 1905. H. Dannenberg: Die deutschen Münzen der sächsischen und fränkischen Kaiserzeit 4, Berlin 1905.
Davenport 1979. J. S. Davenport: German Talers 1500–1600, Frankfurt 1979.
Faussner 1988. H. C. Faussner, Zu den Fälschungen Wibalds von Stablo aus rechtshistorischer Sicht, in: Fälschungen im Mittelalter, Teil III, Diplomatische Fälschungen (I), Monumenta Germaniae Historica Schriften 33, III, S. 143–200.
Grote 1857. H. Grote: Die Denare der Herren von Büren, in: Münzstudien 1, 1857, S. 377–384.
Grote 1863 a. H. Grote: Die Münzen der Abtei Werden, in: Münzstudien 3 (1863), S. 411–445.
Grote 1863 b. H. Grote: Die Münzen der Abtei Essen, in: Münzstudien 3, 1863, S. 446–470.
Grote 1867. H. Grote: Die Münzen der Grafen von Arnsberg, in: Münzstudien 7 (1867), S. 75–89.
Hatz 1974. G. Hatz: Handel und Verkehr zwischen dem Deutschen Reich und Schweden in der späten Wikingerzeit, Die deutschen Münzen des 10. und 11. Jahrhunderts in Schweden, Lund 1974.
Hävernick 1935. W. Hävernick: Die Münzen von Köln vom Beginn der Prägung bis 1304, Köln 1935.
Hävernick 1938. W. Hävernick: Der Denarfund von Remscheid (Rheinprovinz), in: Deutsche Münzblätter 58 (1938), S. 17–19.
Ilisch 1980. P. Ilisch: Münzfunde und Geldumlauf in Westfalen in Mittelalter und Neuzeit. Veröffentlichungen des Provinzialinstituts für westfälische Landes- und Volksforschung des Landschaftsverbandes Westfalen-Lippe, Reihe 1, Heft 23, Münster 1980.
Ilisch 1981 a. P. Ilisch: Eine Gruppe niederlothringischer Pfennige Heinrichs II. und Konrads II., in: Lagom, Festschrift für Peter Berghaus zum 60. Geburtstag am 20. November 1979, Münster 1981, S. 149–164.
Ilisch 1981 b. P. Ilisch: German Viking-Age Coinage and the North, in: Viking Age Coinage in the Northern Lands, Oxford (1981), S. 129–146.
Ilisch 1983. P. Ilisch: Münzfunde, in: Ausgrabungen und Funde in Westfalen-Lippe 1, Münster (1983), S. 198.
Ilisch 1987. P. Ilisch: Beiträge zur westfälischen Münzgeschichte, in: Westfalen 65 (1987), S. 109–114.
Kennepohl 1927. K. Kennepohl: Die Hammer Münzen, in: 700 Jahre Stadt Hamm (Westf.), Festschrift zur Erinnerung an das 700jährige Bestehen der Stadt, Hamm 1927, S. 241–266.
Korzus 1972. B. Korzus: Die Fundmünzen der römischen Zeit in Deutschland, Abt. VI Nordrhein-Westfalen, Bd. 5, Arnsberg, Berlin 1972.
Krusy 1974. H. Krusy: Gegenstempel auf Münzen des Spätmittelalters, Frankfurt 1974.
Krusy 1976. H. Krusy: Beiträge zur Münzgeschichte der Stadt Soest, in: Soester Zeitschrift 88 (1976), S. 28–46.
Krusy 1979. H. Krusy: Die Münzen von Werl, Werl 1979.
Lehnhäuser 1931. A. Lehnhäuser: Die Münzen des Hochstifts Essen, in: Beiträge zur Geschichte von Stadt und Stift Essen 49 (1931), S. 5–48.
von Looz-Corswarem 1981. C. von Looz-Corswarem: Der Westfälische Münzkongreß zu Dortmund in den Jahren 1488 und 1489, Ein Beitrag zur Währungsentwicklung im spätmittelalterlichen Westfalen, in: Beiträge zur Geschichte Dortmunds und der Grafschaft Mark 73 (1981), S. 243–279.
Menadier 1909. J. Menadier: Die Münzen der Grafschaft Mark, in: Die Grafschaft Mark, Festschrift zum Gedächtnis der 300jährigen Vereinigung mit Brandenburg-Preußen, Bd. I, Dortmund 1909, S. 667–690.
Noß 1913. A. Noß: Die Münzen der Erzbischöfe von Köln 1306–1547, Köln 1913.
Noß 1929. A. Noß: Die Münzen von Berg und Jülich-Berg, Bd. I, München 1929.
Noß 1931. A. Noß: Die Münzen der Grafen und Herzöge von Kleve, München 1931.
Peus 1961. B. Peus: Grafschaft Mark. Verst. Kat. 262, Frankfurt 1961, S. 32–41.
Spiegel 1931. J. Spiegel: Die Münzen der Stadt Schwerte, in: Festschrift zur Feier des 25jährigen Bestehens des Vereins der Münzforscher und Münzfreunde für Westfalen und Nachbargebiete, Münster 1938, S. 10–22.
Spiegel 1963. J. Spiegel: Graf Dietrich von der Mark, Herr zu Dinslaken und Wesel, und seine Münzen, in: Westfalia Numismatica 1963, Münster 1963, S. 21–43.
Suhle 1939. A. Suhle: Der Münzfund von Anusin bei Radziejew (Bezirk Lodsch), in: Deutsches Jahrbuch für Numismatik 2 (1939), S. 128–138.

Anhang
Nähere Erläuterungen zu den Münzabbildungen (Abb. 33 und 34)

Münztafel I
1. Dortmund, König Otto III. 983–1002. Pfennig. Berlin.
2. Duisburg, Kaiser Konrad II. 1027–39. Pfennig. Berlin
3. Essen, Kaiser Konrad II. 1027–39. Pfennig, Rückseite Nachahmung des vorhergehenden Pfennigs von Duisburg. Berlin.
4. Dortmund, Kaiser Heinrich III. 1046–1106. Pfennig. Berlin.
5. Duisburg, König Heinrich IV. 1056–84. Pfennig. Berlin.
6. Duisburg, Kaiser Heinrich IV. 1084–1106. Pfennig. Mülheim.
7. Soest (?), 2. Hälfte des 11. Jahrhunderts. Pfennig auf Kölner Schlag. Fund von Remscheid. Privatsammlung.
8. Essen, König Friedrich I. 1152–90. Pfennig auf Kölner Schlag. Fund von Anusin/Polen. Berlin.
9. Dortmund, Kaiser Friedrich II. 1220–50. Sterling. Dortmund (Sparkasse).
10. Grafschaft Mark, Adolf I. 1199–1249. Sterling von Iserlohn. Im Handel (Slg. Lejeune 1167).

11. Grafschaft Arnsberg, Gottfried II. 1185 – 1235. Sterling. London.
12. Vest Recklinghausen, Erzbischof Konrad von Köln 1238 – 61. Pfennig von Recklinghausen. Berlin.
13. Grafschaft Mark, Otto 1249 – 62. Pfennig von Iserlohn. Im Handel (Slg. Lejeune 1172).
14. Grafschaft Mark, Otto 1249 – 62, Pfennig von Iserlohn auf Osnabrücker Schlag. Im Handel (Slg. Lejeune 1175).
15. Dortmund, König Rudolf von Habsburg 1273 – 91. Pfennig. Dortmund (Sparkasse).
16. Grafschaft Mark, Everhard 1277 – 1308. Pfennig von Iserlohn. Im Handel (Slg. Lejeune 1197) f.
17. Abtei Essen, Beatrix II. 1292 – 1327. Pfennig von Essen. Berlin.
18. Abtei Werden, Wilhelm II. 1310 – 30. Pfennig von Werden. Privatbesitz.
19. Dortmund, König Ludwig der Bayer 1314 – 47. Pfennig. Dortmund (Sparkasse).
20. Grafschaft Mark, Adolf II. 1328 – 47. Pfennig von Iserlohn. Im Handel (Slg. Lejeune 1250).
21. Grafschaft Mark, Engelbert III. 1347 – 91. Pfennig von Iserlohn. Im Handel (Slg. Le jeune 1257).
22. Grafschaft Mark, Engelbert III. 1347 – 91. Pfennig von Hattingen. Im Handel (Slg. Lejeune 1268).
23. Grafschaft Limburg, Dietrich IV. 1344 – 1401. Pfennig von Hohenlimburg. Berlin.
24. Grafschaft Mark, Engelbert III. (?) 1347 – 91. Pfennig von Unna. Im Handel (Slg. Lejeune 1293).
25. Grafschaft Mark, Engelbert III. (?) 1347 – 91. Pfennig von Iserlohn. Im Handel (Slg. Lejeune 1261).
26. Grafschaft Mark, Adolf IV 1398 – 1422. Pfennig von Hattingen. Im Handel (Slg. Lejeune 1321 ff.).
27. Grafschaft Limburg, Wilhelm I. 1401 – 57. Pfennig von Hohenlimburg. Berlin.
28. Grafschaft Mark, Gerhard 1422 – 61. Pfennig von Breckerfeld. Im Handel (Slg. Lejeune 1344).

Münztafel II

29. Abtei Essen, Elisabeth III. 1370 – 1412. Turnose von Essen. Berlin.
30. Abtei Werden, Heinrich II. 1360 – 82. Turnose von Werden mit Gegenstempel der Stadt Bielefeld. Berlin.
31. Lüdinghausen, Hermann Wulf von Lüdinghausen. Turnose um 1365 mit lippischem Gegenstempel (Lemgo?). Fund von Lemgo. Lemgo.
32. Grafschaft Berg, Wilhelm II. 1360 – 80. Turnose, unbestimmte Münzstätte, mit Gegenstempel der Stadt Korbach (?). Fund von Lemgo. Lemgo.
33. Dortmund, König Sigismund 1419 – 37. Weißpfennig um 1419. Berlin.
34. Grafschaft Mark, Gerhard 1422 – 61. Groschen nach 1427 von Unna. Fund von Bochum-Querenburg. Bochum.
35. Grafschaft Mark, Gerhard 1422 – 61. Weißpfennig nach 1429 von Hörde. Fund von Bochum-Querenburg. Bochum.
36. Grafschaft Flandern, Johann 1404 – 19. Braspenning mit den Gegenstempeln der Städte Iserlohn (L) und Münster (Pauluskopf). Fund von Sendenhorst. Im Handel (Slg. Lejeune 1367).
37. Stadt Dortmund, Reinoldialbus nach 1430. Fund von Bochum-Querenburg. Bochum.
38. Stadt Dortmund, Kaiser Friedrich III. 1451 – 93. Stüber mit Gegenstempel der Stadt Soest. Berlin.
39. Abtei Essen. Sophia IV. 1459 – 89. Stüber von Essen (Nachahmung niederländischer Vorbilder). Berlin.
40. Stadt Dortmund, Kaiser Friedrich III. 1451 – 93. Gulden. Dortmund (Museum).
41. Stadt Dortmund, Kaiser Friedrich III. 1451 – 93. Gulden. Dortmund (Museum).
42. Abtei Essen, Sophia IV. 1459 – 89. Gulden von Borbeck. Berlin.
43. Grafschaft Limburg, Wilhelm II. 1443 – 73. Weißpfennig rheinischer Art (Erzbischof von Mainz) von Broich. Mülheim.

Die Abbildungen zeigen die Münzen im Maßstab 1 : 1 und gehen auf Photographien des Verfassers zurück. Bis auf Nr. 40 – 42 (Goldmünzen) handelt es sich um Silbermünzen. Sie befinden sich in den folgenden öffentlichen Sammlungen:
Berlin, Münzkabinett der Staatlichen Museen
Bochum, Münzsammlung an der Ruhr-Universität Bochum
Dortmund, Museum für Kunst und Kulturgeschichte
Dortmund, Stadtsparkasse Dortmund
Lemgo, Heimatmuseum
London, Department of Coins and Medals, The British Museum
Mülheim, Stadtbibliothek
Weitere Münzen wurden im Handel, insbesondere bei der Münzenhandlung Dr. Busso Peus, Frankfurt (Versteigerung der Sammlung Ernst Lejeune, Versteigerungs-Katalog Nr. 262, 19. Juni 1961) und in Privatsammlungen photographiert. Der Verfasser dankt den genannten Instituten, der Münzenhandlung und den Sammlern für die freundliche Photo-Erlaubnis.

Maß und Markt am Hellweg

Harald Witthöft

Kein frommer Mann sollte in Soest mit Kaufen oder Verkaufen beginnen, bevor die Glocke auf der Mehlwaage geläutet hatte – sommers um 3 und winters um 9 Uhr[1]. „Die ältesten Marktbaulichkeiten entstanden um die beiden dicht beieinander liegenden ältesten Kirchen Soests, ... die Bänke der Bäcker, an die sich die Stände anderer Handeltreibender anschlossen[2]". In Dortmund lag die Stadtwaage in der Nachbarschaft des Rathauses[3]. Die Bilder könnten treffender nicht sein. Die Kirche, der Markt als Platz, das Rathaus und die Waage besetzen eine weit verbreitete Vorstellung von Markt und Maß im Mittelalter.

Die bis heute überall in den Städten zu findenden Marktplätze, Marktstraßen und Meßstätten vermitteln jedoch eine erheblich differenziertere Struktur. In Soest werden neben der „Mehlwaage" und der „Eisenwaage" auch ein „Fischmarkt" und ein „Schafmarkt" erwähnt[4]. In Duisburg haben sich der „Flachsmarkt" und der „Alte Markt", an dessen Ende der „Weinhausmarkt" in den Straßennamen erhalten. Entlang der Stadtmauer gab es den „Roßmarkt", das „forum calcis" war eher ein Markt als nur ein „Kalkhof". Die Scharn, die Fleischhalle, bot in Duisburg auch der Stadtwaage Raum[5]. Die mittelalterliche Stadt war in ihrer ganzen Ausdehnung vom Marktleben erfüllt.

Was der Name der Soester „Eisenwaage" nicht erkennen läßt – sie war eine allgemeine Güterwaage. Im Jahre 1582 wog man auf ihr neben Kupfer, Messing, Zinn, Blei, „gegotten werck" und mehreren Arten „iserens" auch Butter, Käse, Tran, Speck, Pech, Wolle und andere Güter. Das größte Gewicht war das „Pfund Schwer", gefolgt von „wage", Hundert und Zentner. Tarife waren auch gesetzt für Tonnen, Fässer, ein „dertich iserens", ein „cluwede wullen" und für „waterley guitt dat ett ist" in Gewichtbereichen bis zu 18 bzw. 30 und ab 40 Pfund. „Gewegen und upgeschreven" wurde nach Soester Gewicht „datt sy botter kese wulle off isern[8]". Der Name dieser Waage darf mit einem Zwang in Verbindung gebracht werden, „dat Wairsche iseren und gegoten werck und datt bly von Arnsberg und von Endorpe und dat paniseren und dat stellwerck von Attendorn" zur Waage zu bringen und dort wiegen zu lassen. Da es dem Bürger jedoch frei stand, auf seinem Hause bis zu 5 oder 6 Pfund Schwer selbst abzuwiegen, blieb es bei einem Zwangscharakter des Waagegeldes – ein Fremder mußte 1582 den vorgeschriebenen Tarif für sein Gut auch dann erzielen, wenn er die Waage nicht aufsuchte[7].

Die Eisenwaage in Soest verfügte offensichtlich über jene Gewichte, die man für den Handel ins südliche Westfalen mit seiner Eisenerzeugung und seinem Nahrungsmittelbedarf benötigte. In ganz andere Richtungen des Handels weist eine Bestimmung aus dem Jahre 1531/33, daß Butterfässer in Soest auf die gleiche Weise zu wiegen seien wie in den „naberkoipstede" Köln, Wesel, Dortmund und Münster. Für das Holzgewicht der Tara sollten 12 Pfund gerechnet bzw. zusätzlich auf die Waagschale gesetzt werden[8].

Es bestand offensichtlich eine Normerwartung für das Netto- wie für das Bruttogewicht der Tonne Butter. Der Fremde, Kaufmann oder Kauffrau, brachte sie auch in halben oder viertel Tonnen und verkaufte sie nach ganzen, halben oder viertel Eimern. Ein Bürger oder eine Bürgerin durften im Kleinverkauf nicht mehr als ein „verinck" je Pfund verdienen[9]. Die Wahrscheinlichkeit ist groß, daß normgebundene „Soister wichte" tatsächlich allen Wägungen in der Stadt zugrundelagen – vom Pfund bis zum Pfund Schwer. Während bei der Mehlwaage die Bindungen an den regionalen Landhandel zu dominieren scheinen, war die Eisenwaage stärker in das System des überregionalen Frachtverkehrs und Warenhandels eingebunden.

Die Vielzahl öffentlicher Waage- und Meßplätze hatte ihren Grund in den Erfordernissen unterschiedlicher Maß- und Meßpraktiken für die einzelnen Handels- und Produktbereiche. Die Ordnung der Soester Mehlwaage vom Jahre 1529 erfaßte auch das umgebende Land, denn in der Börde, „in unsem gerichte, et sei in den clostern dorpern oder baurschafften", solle niemand „einige ampt doen oder handelen". In der Stadt sicherte sie die „borgernehrung" gegen eine geistliche Konkurrenz. Es ging um das Brauen, den Hopfenanbau und den Weinverkauf, vor allem aber um die Kornzufuhr. Die Eseltreiber sollten „mit dem korn und tecken in die wage komen und seggen, wu viel des korns und von wem dat sie laten dat upschriven und wegen[10]". Die Müdde Korn wurde gewogen. Hier berührten sich die Waage-Ordnung und die seit dem 13. Jahrhundert aus Soest überlieferten, detaillierten Bäcker-Ordnungen[11].

Die Vorstellung, Maß und Gewicht einer Stadt seien jeweils einer einzigen Richtnorm gefolgt, ist in dieser Form nicht zutreffend. Auf der eisernen Probe-Elle der Stadt Wesel von 1686 waren „die Berliner, Brabanter, AltWeselsche und kleine Cöllnische (Elle) enthalten[12]". Damit waren die Ellen wichtiger Handelspartner über ihre Relation zum Weseler Maß jederzeit verfügbar und ihr Gebrauch ohne Frage üblich. Als Gewicht benutzte man in Wesel um 1807 das kölnische, doch „das gewöhnlich, in allen Kaufläden gebraucht werdende Cöllnische Pfund, enthält 32 Loth wogegen das Gewicht in der Stadts Wage ein Loth schwerer mithin 33 Cöllnische Loth ist. Noch schwerer ist das Gewicht, wonach hier die Fische verkauft werden müssen, denn es enthält 40 Loth oder 5/4 Pfund".

Im gleichen Jahre 1807 fanden sich in den märkisch-clevischen Gebieten des Großherzogtums Berg zwischen Lippe und Ruhr „wie bekannt eine Menge verschiedener Getreide Maaße als Meursische, Dinslakensche, Mülheimische, Duisburgische, Weselsche, Cöllnische oder Dorstensche und berlinische Maaß, wovon eins hier, das andere dort gebräuchlich ist. Unter allen diesen Getreide-Gemäässen wird die berliner Maaß à 14 Malter per Last, und 1 Malter à 4 Scheffel gerechnet, am häufigsten gebraucht, und in den meisten Gegenden ... alles, außer Rüb- und Raab-Saamen danach verkauft und eingekauft[13]".

Diese neuzeitlichen Überlieferungen dürfen in ihrer Struktur auf den Umgang mit Maß und Gewicht in und seit dem Mittelalter zurückgeführt werden. Markt und Maß zeigten weder in der Stadt noch auf dem Lande oder gar in territorialer Umgrenzung jene homogene flächige Struktur, die die Forschung im allgemeinen erwartet – und dann mit der Entschuldigung, die Verhältnisse seien früher chaotisch gewesen, in der Realität der Überlieferung häufig genug nicht finden kann.

Die anhaltende Attraktivität älterer rechts- und verfassungsgeschichtlicher Vorstellungen hat bis heute den Zugang zur Vielfalt des mittelalterlichen Marktverkehrs stark eingeengt. Davon ist auch die jüngere Diskussion um die zentralen Orte und eine historische Raumgliederung nicht frei. Noch Mitterauer stellt „die Entsprechung von Marktort und Marktbereich ... und die Zusammenhänge zwischen Marktzentren und Herrschaftszentren" in den Mittelpunkt[14]. Wo immer das Maß als Merkmal der Zentralität herangezogen wird, schwingt die Vorstellung mit, es habe so etwas wie ein gleichermaßen zentrales und rechtlich verankertes „Marktmaß" gegeben. Das war jedoch nicht der Fall[15]. Die Vielfalt Kölner Waagen und Gütergewichte ist dafür das beste Beispiel[16].

Da es bei dem heutigen Stand der Forschung schwierig ist, die maßbestimmenden mittelalterlichen Verhältnisse allein aus dem Ruhrgebiet zu erarbeiten, ziehen wir Beispiele aus der gesamten Hellwegzone heran. Das alte Westfalen war erst im Laufe der Jahrhunderte auf das vergleichsweise schmale Segment des kurkölnischen Herzogtums Westfalen zurückgeführt worden, mit der Grafschaft Mark als Nachbarn im Westen.

Wir konzentrieren uns im folgenden auf die metrologischen Überlieferungen und geben den engen rechtlichen Marktbegriff auf. Maß und Gewicht spiegeln die Ordnung des mittelalterlichen Wirtschaftens wider. Ausgewählte Strukturmerkmale werden helfen, die überlieferten Details zu bündeln und die Eigenarten der auf den Güterverkehr bezogenen Maße und eines derart definierten Marktlebens im Mittelalter besser zu verstehen.

Jedes Maß oder Gewicht trug seine eigene Charakteristik

Sie waren festgelegt durch ihren Zahlenwert innerhalb eines Systems, d. h. durch ihr Verhältnis zu einer bekannten Basisgröße. Zudem ließen sie sich beschreiben durch den Zusatz ihrer Abkunft, ihrer Funktion, einer Produktbindung und anderer beschreibender Merkmale. Einheiten gleichen Namens konnten sich nach Länge bzw. Volumen oder Gewicht unterscheiden. Die Müdde gab es am Hellweg in der Größenordnung eines Scheffels, aber auch eines Malters zu 4 Scheffeln[17]. Die Marken der Stadt Köln lassen sich mit Gewichten zwischen 230 und 235 g nachweisen[18].

Ein Maß konnte viele Funktionen übernehmen

Der Scheffel oder die Müdde dienten z. B. als Saat- und/oder Flächenmaß (Dortmund), als Buchungsgröße der Erträge (Werden), der Einnahme (Erwitte), als Zehntmaß (Holtum), Pachtmaß (Attendorn), Heuermaß (Padberg), als Speicher- oder Bodenmaß (Essen), als Mühlenmaß (Soest), als Hofmaß (Erwitte), Renteimaß (Balve), Amtsmaß (Bilstein), Stadtmaß (Arnsberg), Kirchenmaß (Elspe), Klostermaß (Paderborn), Hospitalmaß (Attendorn) oder auch als Marktmaß (Essen)[19]. Es fehlt bis heute an einer systematischen Untersuchung dieser Überlieferungen.

Wie keine anderen spiegeln die Getreidemaße das Geflecht der Land und Stadt überziehenden Verhältnisse von Produktion, Abgabe, Transport, Tausch, Einkauf oder Verkauf wider. Der nach Recht definierte Markt erscheint nur als schmaler, wenngleich wichtiger Bereich des nach Zahl, Maß und Gewicht geordneten realen Warenflusses.

Die Gewichte und entsprechende Waagen von verschiedener Bauart und Größe dienten der Handhabung bestimmter Waren nach Leicht-, Schwer- oder Silbergewicht, nach Brutto- oder Nettogewicht, als Zentner-, Tonnen- (= Pfund Schwer) oder Lastgüter, zur Erhebung von Zoll und Akzise, zur Qualitätskontrolle oder zur Preissetzung bzw. Kalkulation von Unkosten[20].

Maß und Gewicht sorgten nach dem Herkommen für gerechte Abgaben und Belastungen, für den richtigen Tausch und den rechten Preis, hatten ihre Funktion im Ordo der Dinge und des Lebens. Sie waren ebenso wirtschaftliche wie soziale und politische Größen. Ein tiefgreifender Wandel der Strukturen kam mit dem Gelde als eines variablen Wertmessers, d. h. mit der Geldwirtschaft im Hohen Mittelalter. Nunmehr fielen Maß und Geld/Münze auseinander – Maß und Preis noch lange nicht. Erst im 17. Jahrhundert legte eine preußische Landordnung die Grundlage für die Einführung eines festen Scheffelmaßes bei variablen Preisen. Bis dahin galt, daß der Preis grundsätzlich konstant und ggf. das Maß variabel sein solle[21].

Maßeinheiten gründeten im Wesen der Dinge, aber auch in den Bedingungen und Grenzen menschlicher Arbeit/ Leistung

Hömberg konnte aus den Werdener Urbaren des späten 9. Jahrhunderts nachweisen, daß die modii Roggen, Gerste und Hafer volumenbestimmte Größen der Buchhaltung waren und keineswegs einen Rückschluß auf die Verteilung der Anbaugebiete einzelner Fruchtarten erlauben[22]. Ein Vergleich der Notierungen von 880 und 900 ließ ihn erkennen, daß in der Zwischenzeit das Hafermaß im Ostmünsterland, das Roggenmaß an der Ems und die Geldleistungen um Münster „bis auf geringe Reste verschwunden" waren. Um 900 herrschte überall das Gerstenmaß vor, das „vorher nur in der Umgebung von Werne üblich war. ... von der Zentrale aus hat man die Umstellung der Berechnung auf die in Werne übliche Form durchgesetzt".

Das Volumen der Roggen- und Hafermaße rechnete man im Verhältnis 1 : 2; die modii Roggen und Gerste waren hingegen nach Ansicht Hömbergs gleich groß. Wahrscheinlicher ist jedoch, daß auch in Werne eine Relation galt, die aus Dänemark überliefert ist. Dort rechnete man Roggen : Gerste : Hafer = 10 : 12 : 20[23]. Der Grund für die Staffelung der Getreidemaße an Ruhr und Lippe lag im unterschiedlichen Schüttgewicht. Eine Füllung gleichen Volumens ergab für Gerste, insbesondere jedoch für Hafer ein erheblich niedrigeres Gewicht als für Roggen[24].

Eine Überlieferung der Zeit um 1810 führt auf die Spur einer weiteren natürlichen und sehr alten Variante der Maße bzw. des Messens von Getreide. In Geseke und Lippstadt sollten „eigentlich 24 Scheffel ein Malter ausmachen, alsdann wird aber das Meßgefäß nicht kahl abgestrichen, so daß 24 nicht kahl abgestrichene Scheffel 25 kahl abgestrichene ausmachen[25]". Dem entsprach, was Noback noch um 1850 aus Preußen zu berichten wußte[26]: „in den königlichen Magazinen wird bei den Einlieferungen von Getreide gewöhnlich der Wispel ... zu 25 Scheffel ... gerechnet, wogegen beim Ausmessen nur 24 Scheffel für den Wispel gewährt werden, indem jenes Mehrempfangene für Eintrocknen und Verlust beim Ausmessen gerechnet wird". Mäusefraß und Verrieseln auf der Fahrt kamen hinzu[27].

Unterschiedliche Scheffelvolumen oder Scheffelzahlen trugen diesen Fakten Rechnung. Auch das Nebeneinander zweier Scheffelmaße in Essen könnte auf diese Weise seine natürliche Erklärung finden. Noch im Jahre 1805 hielt der „Stadt Essensche kupferne Scheffel" 32 1/2 Essener Maßkannen (43,31 l). Er stimmte „mit der Ausmessung des Fürstlich Essenschen Renthey Speicher Maaßes" überein. Das Essener „Marktmaß" faßte hingegen 34 1/2 Kannen (45,97 l) – eine Relation von 24 : 25,5[28]. Es ist plausibel, anzunehmen, daß der Rentei- oder Speicherscheffel als Maß des Einlagerns(Einkauf) den Marktscheffel als Maß des Ausmessens(Verkauf) an Volumen übertraf. Man wird der um 1805 in Essen zutage tretenden Überlieferung eine jahrhundertealte und auch andernorts geübte Tradition zuschreiben dürfen. Sie macht die mittelalterliche Verbreitung der Spieker-Maße in ganz Westfalen verständlich[29].

Als Beispiel einer natürlich gegründeten Gewichtseinheit war das Pfund Schwer von zentraler Bedeutung. Zu seiner Herausbildung dürften das spezifische bzw. das Schüttgewicht von Transportgütern und die Belastbarkeit der Tragtiere gemeinsam beigetragen haben. Noch die allgemeinen Bestimmungen zur Erhebung des preußischen Zolls vom Jahre 1831 berechneten „mit Vorbehalt der speziellen Verwiegung ... die Traglast eines Lastthieres zu drei Zentner, ... die Ladung eines einspännigen Fuhrwerks zu fünfzehn Zentner, eines zweispännigen Fuhrwerks zu vier und zwanzig Zentner, und für jedes weiter vorgespannte Stück Zugvieh zwölf Centner mehr[30]".

Eine Traglast von 3 Zentnern oder rund 150 kg entsprach dem im Mittelalter weit verbreiteten Saum oder Pfund Schwer von gleichem Gewicht[31]. Das Pfund Schwer wurde in den Soester Zollordnungen von 1360 und 1450/70 bezeichnenderweise mit demselben Tarif von 4 d. belegt wie „eyn ledich pert", ein Saumpferd. Für „dat gesaddelde perd dar dey kopman eder syn knecht oppe rydet" zahlte man hingegen nichts (1450)[32].

Man darf die Überlieferungen zu der These zusammenziehen, daß das Pfund Schwer auch in Soest ein Bruttogewicht für Transport und Handel war, dem gleichermaßen Tonnen- und Faßgewichte bestimmter Güter wie auch die Tragfähigkeit eines Pferdes entsprachen. Das Nettogewicht z. B. einer Tonne Butter war um 12 Pfund leichter. Von der überregionalen Einbindung dieser Einheit wird weiter unten zu sprechen sein.

Herrschaft und Amt, Genossenschaft und Gemeines Wohl kennzeichneten das öffentliche Maß und Gewicht

Das Maß mußte richtig und gerecht sein. Wie die Rechtsfindung hatte auch die Maßfindung ihr überliefertes und normbewahrendes Verfahren. Es gab eine Vielzahl maßberechtigter Personen und Institutionen. Schutz und Kontrolle machten aus einem allgemein gebräuchlichen ein herausgehobenes, ein in diesem Sinne öffentliches Maß.

Das älteste Soester Stadtrecht aus der Zeit um 1120 läßt erkennen, daß das Interesse von Stadt und Land sich nur auf ausgewählte Maße und Gewichte richtete. Neben solchen des Orts- und Landhandels stehen mit Wein und Öl jene des Fernhandels[33]:

„Si quis inventus fuerit habere pondera iniusta vel funiculos iniustos, mesurationes iniustas vini et olei, hic vadiabit in domo consulum dimidiam libram burgensibus. ...

Iniuste mensurationes et mensure corrigende pertinent de annona et de cervisia iudicibus illis, qui dicuntur 'burrihtere'in viculis illis, qui dicuntur 'ty'".

Wie im 12. Jahrhundert beanspruchte die Stadt auch im 14. Jahrhundert die Aufsicht über „backen, bruwen, wichte, unrechte mate und wan(d)mate[34]". Der Bäcker hatte „op dey wichte to backene[35]" und der Schlachter „op dey punde und wichte to sclachtende[36]". Die Wollweber mußten „erse iseren gereckenden waighe und wichte" besitzen, „op dat dem armen und eyme itliken recht und gelick geschee". Schon in der Stofftax-Ordnung aus der Zeit um 1300 findet sich der Hinweis, daß Wand auch gewogen wurde – eine Qualitätsprüfung: „drylbeiderwant sal hailden in wichte sybentwintich punt enundesestich elen in der lenge unde twe elen in der breidde[37]".

Jedes einzelne Maß wurde nur in Teilsystemen realisiert und genutzt

Potentiell standen als rechnerische Größen eine unbegrenzte Anzahl von Maßeinheiten zur Verfügung. Es wurden jedoch nur jene aktiviert, die man in einem bestimmten Produktions- oder Handelszusammenhang benötigte. Die kleineren Maße wurden real als Gerät, Gefäß, Stab oder Stück gefertigt, die größeren als Recheneinheiten benutzt. Mit Hilfe ganzer Zahlen fügten sich Einheiten verschiedener Größenordnungen zu Teilsystemen und diese wiederum zu einem übergreifenden System von Relation zusammen.

So wog man kleinere Mengen an Edelmetall oder Münzen vor allem nach Lot und Mark, Gewürze oder Seide nach Pfunden, Wolle nach Steingewicht, Eisen oder andere Metalle nach Wage und Zentner, Käse nach Pfund Schwer, Tonnen- und Faßgüter wie Salz oder Wein rechnete man in bestimmter Zahl als Fuder oder Hering oder Salz als eine Last, die als Gewichtseinheit durch die Tragfähigkeit von Karre oder Wagen repräsentiert wurden.

Wenn uns aus der Soester Schrae denarius, Lotschilling, solidus, libra, Mark und Pfund entgegentreten, dann waren das exakt jene Einheiten, die benötigt und benutzt wurden, um ein gerechtes Preis-Volumen-Gewicht-Verhältnis für Getreide-Mehl-Brot im 13. Jahrhundert festzulegen[38]. Die Soester Weinhandels-Ordnung von 1341 und die Ordnung der Gewerbeabgaben der Zeit um 1300 kamen mit dem sextarium und der quarta als Richtmaßen aus. Die „Zyse" auf fremdes Bier erhob man um 1300 nach halben und ganzen Fudern oder nach „ame" (Eimern), wenn es an einen Krug verkauft wurde[39]. Der Kornhandel und die Kornleistungen wurden im 13./14. Jahrhundert vor allem nach Scheffel, Müdde und Malter abgewickelt[40]. Von den Gewichtsbereichen, nach denen die am häufigsten vorkommenden Waren 1582 auf der Eisenwaage taxiert wurden, war bereits die Rede.

Die Basis- und Richtmaße bewahrten ihre Normen über die Zeit

In der ältesten Schrae zu Beginn des 12. Jahrhunderts ist die Rede von den „mensurae" und „mensurationes", deren Richtigkeit erwartet wurde. Die Brottax-Ordnung nennt um 1250–1280 erstmals einen „modius tritici nostre mensure". In Zusammenhang mit einem „panis Coloniensi" wird dazu erwähnt eine „mensure tritici, que theutonice 'schepel' dicitur[41]".

Die grundlegende Voraussetzung einer dauerhaften Struktur waren konstante Basis- oder Richtmaße. Die Möglichkeit einer derartigen Maßkonstanz war in Soest gegeben, da man dort das Kornvolumen der Müdden bereits sehr früh über das Gewicht kontrollierte. Um 1250/80 lieferte ein modius 85 1/4 Pfund einer Mischung „tritico et siligine" (Roggen und Weizen). Um 1438 wog eine Müdde Roggen, „dat op der Har was gewassen', 85 Pfund, eine andere, „dat benedden der stait gewassen was to Hattorpe" hingegen 85 1/2 Pfund[42]. Eine grobe Kalkulation ergibt[43]:

1 Müdde Soest = 85 1/2 Pfund Roggen à 466,56 g = 39,891 kg

Schüttgewicht Roggen = 700 g/l

1 Müdde Roggen Soest = 39,891 kg x 1000/700 = 56.987 l

zum Vergleich: 1 Müdde Soest um 1810/1846 = 60,14/59,25 l

Die Spur führt zurück in die fränkische Zeit. Der modius publicus Karls des Großen aus dem Jahre 793/94 setzte mit hoher Wahrscheinlichkeit ein Richtmaß von 78,381 l – ein Soester Müdde ein karolingisches Dreiviertelmaß von theoretisch 58,787 l[44]? Diese These gewinnt an Wahrscheinlichkeit, wenn man sie mit den metrologischen Grunddaten des Capitulare Saxonicum von 797 in Zusammenhang bringt[45]. Der scapilus (Scheffel) der Bortrini (Saxones) entsprach vermutlich einem halben modius publicus. Der scapilus der Septemtrionales (Westfalai) war um ein Viertel kleiner – 78,382 : 39,191 : 29,393 l[46]. Die aus Soest und Dortmund überlieferten Scheffel kommen den beiden theoretisch abgeleiteten Einheiten sehr nahe. Es ist denkbar, daß wir damit auf den frühmittelalterlichen Ursprung der Richtwerte westfälischer Scheffelmaße gestoßen sind. Der Dortmunder Ortsscheffel wurde im Jahre 1841 mit 39,74 l erfaßt. Daneben waren zur gleichen Zeit noch ein Reichsscheffel Hartkorn (43,81 l) bzw. Hafer (45,10 l) in Gebrauch – ein Scheffel des Dortmunder Reichshofes[47]?

Jedes Maß hatte auch eine räumliche Charakteristik

Die Definition gebietsbezogener Märkte unter dem Einfluß zentralörtlicher Rechtsvorstellungen vermag jedoch nicht zu überzeugen. Sie entspricht nicht der realen Vielfalt der Marktbeziehungen. Man wird die Spur bei den bodenständigen politischen, sozialen und wirtschaftlichen Verhältnissen aufnehmen müssen. Die bislang wenig erforschte funktionale Vielfalt der Maßaufsicht und des Maßgebrauchs weist in diese Richtung.

Das älteste Soester Stadtrecht aus dem frühen 12. Jahrhundert enthält in dem „domus consulum" und dem „'burrihtere' in viculis" Hinweise auf eine marktorientierte Trennung der Maßaufsicht in der Börde[48]. Das Bild einer weit ins Land reichenden Privilegierung Soester Ämter, die auch die Maßkontrolle eingeschlossen haben dürfte, ist jüngeren Datums[49]: „Vortmer up unser boirde, in unsem gerichte, in cloisteren uind in dorperen edder burschoppen eyn sall nummant eyn amt hebn halden edder driven, et sy myt bruwen myt bak cen, et sy watterleye et sy, uitgescheden Welver up er kermysse." (1531)

Die westfälische Siedlungs- und Stadtgeschichtsforschung zeichnet ein Bild, in dem Dortmund als sehr früh privilegierter Markt und Soest als „Weichbild mit planmäßig gegründeter Marktanlage" erscheinen. Ein Weichbild war z. B. Werne[50]. Auch Kroeschel folgt der These Seegers, daß der westfälische Handel ganz wesentlich auf dem „Landgewerbe" beruhte[51]. Die Städte entwikkelten sich erst allmählich aus Marktsiedlungen, Weichbildern und Kirchdörfern. Sie besaßen neben der interlokalen eine grundständige lokale Bedeutung für den Warentausch.

Die Einflüsse eines frühen Fernhandels in Dortmund deuten sich in den Marktprivilegien an, „die als Vorbild für das Recht der Markthändler dasjenige auswärtiger Kaufleute heranziehen" – in Helmarshausen jener, „qui Maguntie, Colonie et Trutmannie negotium exercent[52]". Die numismatische Forschung hat zeigen können, daß die westfälischen Bischofs- und Klosterstädte mit ihren Wirtschaften in Handelsverbindungen einbezogen waren, die weit in den Osten und Nordosten reichten[53].

Kroeschel hat durch seine funktionalen Überlegungen zur Entstehung des Weichbilds auch Licht in die frühen ländlichen Markt- und Maßverhältnisse gebracht. Mit den westfälischen Kirchorten und Weichbilden verbindet er „angelehnte Märkte" geistlicher Grundherren – „ein Haupthof, eine Pfarrkirche oder ein Kloster waren die unentbehrlichen Faktoren". Der Ort der Pfarrkirche war vor allem „auch Sammelplatz reicher Naturalabgaben und in zunehmendem Maße auch Geldleistungen", so daß sich hier „auch die Brennpunkte des Marktverkehrs entwickelten[54]. Von Deermann stammt dazu die Beobachtung, daß in den Grundherrschaften der Klöster Werden und Corvey „die Lieferung gewerblicher Erzeugnisse von den Villikationen an das Kloster im 12. Jahrhundert zurückgeht, während sich die Naturralleistungen und Geldabgaben erhöhen[55]".

Die Tatsache, daß die Ausstattung der Kirche aus dem Fronhof stammte, führt Kroeschel schließlich zu der These, daß „das Getreidemaß des Hofes ... dann wohl maßgeblich sein (mochte) für die Hörigen und vorbildlich im weiteren Kreise der Nachbarn"; dies umso mehr als zum Haupthof auch die Mühle in ihrer typischen Nachbarschaft zur Kirche gehörte[56]. Wir finden diese Grundzüge im Maßwesen am Hellweg bestätigt. Die Notierungen der Getreideeinkünfte der Hebestelle Werne um 900 passen in dieses Bild. Eine Urkunde des Jahres 1223 belegt ein besonderes Hofmaß in Werne[57].

Der markanteste Ausdruck für Raumbeziehungen des Maßes sind die Übernahmen fremder Maße oder Anpassungen an diese innerhalb des eigenen Systems. In der Grafschaft Bentheim nannte bereits die Gründungsurkunde des Klosters Wietmarschen von 1154 „unum malt avenae". Voort schließt aus Quellen von 1262 und 1292, man habe sich in Wietmarschen „in jener Zeit offenbar 'nach dem Maß des Hofes zu Lingen' (gerichtet), wie es in einer Urkunde von 1224 formuliert ist". Die erst seit dem späten 13. Jahrhundert mit Stadtrecht versehenen Orte der Grafschaft übernahmen ihrerseits „das in ihrer ländlichen Umgebung übliche Maß"[58]. Die Spur führt vom Hofmaß zum Stadtmaß. Der Wandel in den Wirtschaftsbeziehungen zwang das Kloster in den folgenden Jahrhunderten mehrfach zu Anpassungen der Maße – zweimal z. B. im 16. Jahrhundert.

An gebietsbezogene, umgrenzte Markt- und Maßbereiche darf man bei der Übertragung von Maßen jedoch nicht denken. Die feudalen Bindungen, der Bedarf und das Angebot an Produkten und die lineare Erstreckungen der Verkehrswege einerseits, der kaum über 10 bis 30 km hinausgehende bäuerliche Marktverkehr andererseits gaben dem Warenfluß und auch den Maßverbindungen ihre räumliche Struktur[59]. Der Soester Butterhandel orientierte sich an Köln, Wesel, Dortmund und Münster; der Eisenhandel erstreckte sich über Arnsberg bis nach Attendorn[60]. Irsigler hat für Köln die Ausdehnung verschiedener Produktmärkte untersucht[61]. Für den Raum des Hellwegs fehlt eine vergleichbare Studie. Das ist umso bedauerlicher, als die von Irsigler skizzierte „Wirtschaftseinheit Köln im 15. Jahrhundert" mit guten Gründen zwar noch Essen und Dortmund, aber nicht mehr Wesel und Soest umschließt[62].

Als Erzbischof Adolf I. von Köln im Jahre 1203 den Kaufleuten von Dinant für den Verkehr in Köln sowie für die Durchfahrt über den Rhein und nach Goslar ihre „a temporibus Karoli regis" stammenden Zollsätze bestätigte, räumte er auch ein, „quod cives de Dynant in thelonio Coloniensi in pondere, quod vulgo pundere dicitur, talem habent justitiam[63]".

Die Spuren weisen auf den Hellweg. Wenn man „in pondere" oder nach dem „Punder" zahlte, so richtete man sich in Köln wie in Soest nach dem „Pfund Schwer". Das setzte die Möglichkeit öffentlicher Gewichtskontrollen an den Zollstellen voraus, von deren ältester Geschichte wir aber nicht viel wissen. Lediglich die eher zufällige Erwähnung einer Zollstätte und Waage in Verbindung „mit einer Schiffslände oder Fähre" bei Dienheim, südlich Oppenheim, beweist ihre Existenz bereits im 8. Jahrhundert[64].

In den flandrisch-Brabanter Handelsraum weist ein Privileg Kaiser Friedrichs I. für die Märkte in Duisburg und Aachen aus dem Jahre 1173[65]: „... Ut autem mercatores melius habeant commodum, novam monetam apud Dusburch cudi praecipimus in denariis et apud Aquisgrani in obolis, quorum marcha praeponderabit uno denario Coloniensi monetae; hos etiam denarios et obolos comes Flandrensis per terram suam dandos esse praecipiet."

Die um einen Denar Kölner Geldes schwerere Duisburger und Aachener Mark von 223,38 g entsprach der Londoner Towermark und der sich ausbreitenden Rechnung nach penny sterling[65]. Duisburgs Marktlage wurde naturgemäß durch die Rheinverbindungen geprägt. Die Koblenzer Zollrollen des 12./13.

Jahrhunderts nennen diese Stadt als ersten niederrheinischen Ort. Einem „Koblenzer Turm" in der Duisburger Stadtbefestigung entsprach eine Einbeziehung von Duisburg in die Koblenzer Festungsbaupflicht dieser Jahrhunderte[67]. Über das Duisburger Maßwesen ist aus dieser frühen Überlieferung jedoch wenig zu ersehen. Wir gehen den rheinischen Maßverbindungen nicht weiter nach, obwohl sie zumal im Weinhandel auch entlang des Hellwegs ihre Spuren hinterlassen haben.

Die am Hellweg in späterer Zeit nachzuweisenden Maße und Gewichte der Frachtfuhr und des Großhandels waren von überregionaler Prägung. Sie waren bruchlos mit dem lokalen Maß in Stadt und Land verflochten. Generell dürfte die den Verkehrswegen folgende Erstreckung bestimmter Maße in Kombination mit Etappenpunkten ein treffenderes Bild geben, als die in dem Begriff der Zentralität mitschwingende Vorstellung eines mehr oder weniger flächig ausgedehnten Maß-Gebietes.

Diese über die Entfernung nie räumlich gestuften oder kettenartig verbundenen Maße und Gewichte erklären das in den Überlieferungen sich abzeichnende Maßgefälle zwischen benachbarten, aber auch entfernteren Orten. Vom Paderborner ins Münsterland nahmen das Brotgewicht und das Scheffelvolumen ab – der Handel folgte dieser Richtung. Aus der Zeit um 1575 stammt die Beobachtung, daß Paderborner Brot „in großen Mengen in die benachbarten westfälischen Gegenden" ausgeführt wurde. Der Kaufmann machte dabei ein gutes Geschäft, „weil das Paderborner Maß größer sei als das Münsterländische"[68]. Aus der räumlichen Verteilung der Scheffel und Müdden im Herzogtum Westfalen um 1810 läßt sich erkennen, daß die Volumina in Richtung auf Arnsberg, aber auch vom Bergland in Richtung auf die Hellwegzone und aus dem Raume Paderborn-Geseke lippeabwärts in Richtung auf Werne hin abnahmen[69].

Eine Aufstellung der Lehngüter des Klosters Abdinghof in Paderborn aus der Zeit um 1325 gibt Auskunft über das Verhältnis von Stadt/Kloster- und Speichermaß und stellt unsere Thesen noch einmal auf die Probe. Die Quelle läßt sich mit Hilfe eines Paderborner Scheffels von 36,86 l interpretieren. Sie bestätigt beispielhaft die weitreichenden Beziehungen normbestimmter Scheffelgrößen entlang des Hellwegs. Das Urbar verzeichnete für Ossendorf, nahe Warburg[70]: „Item viginti spikermoldra siliginis, atque spikermoldrum habet tres spikerscepel, que se extendunt ad sex moldra Paderbornensis mensure", d. h.

20 Spiekermalter à 3 Spiekerscheffel = 6 Malter Paderborn
1 Malter Paderborn = 8 Scheffel à 36,86 l = 294,88 l
1 Spiekermalter = 6/20 Malter Paderborn = 88,46 l
1 Spiekermalter = 1/3 Spiekermalter = 29,49 l.

Schon die Tatsache, daß beide Maße ins Verhältnis gesetzt wurden, läßt darauf schließen, daß beide auch funktional zusammenhingen. Die Formel basierte auf einem Verhältnis beider Scheffel von 5 : 4. Es war diese Art der Rechnung mit Relationen ganzer Zahlen, derer man sich im Markthandel von Ort zu Ort, aber auch in der traditionellen Maßfindung nach Recht und alter Ordnung im Mittelalter bediente. Sie war die Grundlage einer Konstanz der Maße und Gewichte, die die stets mit Fehlern behaftete Realisierung von Gefäßen oder Gewichtsstücken für den Markthandel nicht hätte gewährleisten können.

Die Berichte, die die großherzoglich bergische Verwaltung zwischen 1805 und 1807 aus den Ämtern und von Amtspersonen erhielt, sind eine Fundgrube zum Problem der räumlichen Verflechtungen des zeitgenössischen Maßwesens. Sie sind zwar um Jahrhunderte jünger als unser Thema verlangt, aber nichtsdestoweniger strukturell aufschlußreich auch für die mittelalterlichen Verhältnisse.

Aus Wesel wurde berichtet, zwar sei unter König Friedrich Wilhelm I. von Preußen „die Einführung der Berliner Elle, des Maaßes und Gewichts in allen Preußischen Provinzen strenge befohlen worden, man hat sich aber demohngeachtet, blos des Berliner Scheffels im Clevischen bedient und dagegen die alte Elle und das alte Gewicht durchgehends beibehalten[71]".

Das Fazit dieses Berichtes bündelte uralte Erfahrungen im landläufigen Umgang mit Maß und Gewicht:

„So sehr es nun auch zu wünschen ist, daß wenigstens in dem Großherzogthum gleichförmiges Maaß und Gewicht eingeführt würden, so dürfte meines Erachtens bei Einführung eines allgemeinen Maaßes vorzüglich auf die Verbindungen des Großherzoglichen Untertanen mit benachbarten Staaten nahmentlich mit dem Ober Rhein und mit Holland Rücksicht zu nehmen sein."

Anmerkungen

1 Deus, Wolf-Herbert (Hg.): Soester Recht. Statuten, Soest 1969, S. 96 (Nr. 487).
2 Seeger, Hans-Joachim: Westfalens Handel und Gewerbe, Berlin 1926, S. 101.
3 Scholle, Heinrich: Dortmund im Jahre 1610. Maßstäbliche Rekonstruktion des Stadtbildes, Dortmund 1987, S. 146, 172, 186.
4 Deus, Wolf-Herbert (Hg.): Soester Recht. Andere Ordnungen, Soest 1975, S. 669, 735 f.; Seeger, S. 101.
5 Roden, Günter von: Das alte Duisburg von den Anfängen bis 1905 Duisburg 1975, S. 101 f.
6 Deus, Andere Ordnungen, S. 736 f. (Nr. 4449 f.).
7 Deus, Andere Ordnungen, S. 736 (Nr. 4449).
8 Deus, Statuten, S. 102 (Nr. 519), 104 (Nr. 529).
9 Deus, Statuten, S. 98 (Nr. 497).
10 Deus, Andere Ordnungen, S. 669 f. (Nr. 4009 ff.).
11 Deus, Ältere Ordnungen, S. 340 ff. (Nr. 1767 ff.): Brottax-Ordnung 1250 – 1280.
12 Hier und im folgenden: Hauptstaatsarchiv Düsseldorf, Bestand Großherzogtum Berg, Ministerium des Innern, 9. Handel, I. Division, Nr. 5554: Regulierung der Maße und Gewichte sowie die gleichmäßige Einführung derselben 1807 – 1812, fol. 40 f. (zitiert: HSTADÜ/Berg).
13 HSTADÜ/Berg fol. 75 f.
14 Mitterauer, Michael: Markt und Stadt im Mittelalter. Beiträge zur historischen Zentralitätforschung, Stuttgart 1980, S. 2 ff.
15 Vgl. aus der Nachbarschaft unseres Untersuchungsgebietes Ditt, Hildegart/Kirchoff, Karl-Heinz: Struktur und Raumbeziehungen der Stadt Coesfeld im 16. Jahrhundert. Untersuchungen zur Zentralität einer westfälischen Mittelstadt, in: Westfälische Forschungen 25 (1973), S. 1 ff.
16 Vgl. z. B. den Quellenanhang bei Kirsch, Bruno: Gewichte- und Waagemacher im alten Köln (16. – 19. Jahrhundert), Köln 1960, S. 151 ff. – Speziellere Untersuchungen fehlen. Lediglich Irsigler, Franz: Stadt und Umland im Spätmittelalter: Zur zentralitätsfördernden Kraft von Fernhandel und Exportgewerbe, in: Meynen, Emil (Hg.): Zentralität als Problem der mittelalterlichen Stadtgeschichtsforschung, Köln/Wien 1979 (S. 1 – 14), weist aus der frappierenden Übereinstimmung des Maß- und Gewichtssystems schon für das 14. Jahrhundert die „starke Ausrichtung der Siegener Stahl- und Eisenerzeugung" am Kölner Wirtschaftsraum nach (ebd. S. 5).
17 Witthöft, Harald: Getreidemaße im südlichen Westfalen, in: Westfälische Forschungen 40 (1990, im Druck, ohne Seitenangaben).
18 Vgl. Witthöft, Harald: Die Kölner Mark zur Hansezeit, in: North, Michael (Hg.): Geldumlauf, Währungssysteme und Zahlungsverkehr in Nordwesteuropa 1300 – 1800, Köln/Wien 1989 (S. 51 – 74), hier: S. 55 ff.
19 Vgl. vor allem Witthöft, Westfalen; auch Rübel, Karl: Dortmunder Urkundenbuch. Ergänzungsband 1, Dortmund 1910 (ND. Osnabrück 1978), S. 506 ff (Wort- und Sachregister).
20 Vgl. Witthöft, Umrisse.
21 Vgl. Witthöft, Scheffel S. 346.
22 Vgl. im folgenden Hömberg, Albert K.: Münsterländer Bauerntum im Hochmittelalter, in: Westfälische Forschungen 15 (1962), S. 29 – 42, hier: S. 33 ff.; Hömberg versteht diese „Maße" jeweils als Währungsgrößen (ebd.), – Vgl. dazu Witthöft, Harald: Münzfuß, Kleingewichte, pondus Caroli und die Grundlegung des nordeuropäischen Maß- und Gewichtswesens in fränkischer Zeit, Ostfildern 1984, S. 145 ff.

23 Fauerholdt Jensen, L. E.: Mark Sølv. Mark Penninge – Mark Korn, Odense 1990, S. 9.
24 Vgl. Witthöft, Harald: Umrisse einer historischen Metrologie zum Nutzen der wirtschafts- und sozialgeschichtlichen Forschung. Maß und Gewicht in Stadt und Land Lüneburg, im Hanseraum und im Kurfürstentum/Königreich Hannover vom 13. bis zum 19. Jahrhundert, Göttingen, S. 493 ff.
25 S. die Angaben zum Fruchtmaße dieser beider Orte im „Publicandum den Gehalt der verschiedenen, im Herzogthum Westfalen üblichen Fruchtmaaße, betreffend", in: Großherzogl. Hess. Zeitung Nr. 63, 1811 Juni 6 (o. Seitenzahlen), (zitiert: Publicandum 1811).
26 Noback, Christian/Noback, Friedrich: Vollständiges Taschenbuch der Münz-, Maß- und Gewichts-Verhältnisse, Bd. 1, Leipzig 1851, S. 58 f.
27 Vgl. auch Witthöft, Umrisse S. 468 ff.
28 HSTADÜ/Berg fol. 77r: 1 Essener Maßkanne = 74 34/82 preußische Kubikzoll à 17,8911 ccm; vgl. Harald Witthöft: Scheffel und Last in Preußen. Zur Struktur der Getreidemaße seit dem 13. Jahrhundert, in: Blätter für deutsche Landesgeschichte 117 (1981) S. 335 – 372, hier: S. 351 ff.
29 S. z. B. Schoppmeyer, Heinrich: Probleme der zentralörtlichen Bedeutung Paderborns im Spätmittelalter, in: Meynen, Emil (Hg.): Zentralität als Problem der mittelalterlichen Stadtgeschichtsforschung, Köln/Wien 1979, S. 92 – 124; Voort, Heinrich: Die Getreidemaße in der Grafschaft Bentheim, in: Das Bentheimer Land 92 (1978), S. 47 – 60; und Philippi, Friedrich: Zur Verfassungsgeschichte der westfälischen Bischofsstädte, 1894, S. 72 f. (für osnabrückische Kirchdörfer; nach Kroeschel 258) – S. zum Spieker als Bauwerk u. a. Kroeschel, Karl: Untersuchungen zur Struktur und Entstehung der mittelalterlichen Stadtgemeinde in Westfalen, Köln/Graz 1960, S. 195 ff. et alia, zum Spiekermaß ebd., S. 255 ff.
30 Gesetzsammlung für die Königlichen Preußischen Staaten, Berlin 1831, No. 15, S. 290: Erhebungsrolle 1831 Oktober 30.
31 Als Bruttoeinheit von 153 - 156 kg z. B. nachzuweisen in ganz Norddeutschland (vgl. u. a. Witthöft, Umrisse S. 112 ff., und Ziegler, Heinz: Metrologische Normen im Mittelalter. Die Saum-Last als zwangsmäßiger Standard für Flüssigkeitsmaße, in: Otruba, Gustav (Hg.): Acta Metroligiae Historicae, Travaux du 3e Congrès International de la Métrologie Historique, Linz 1983, Linz 1985 S. 262 – 297.
32 Deus, Wolf-Herbert (Hg.): Soester Recht. Ältere Ordnungen, Soest 1971, S. 351 f., 378 f.
33 Deus, Statuten, S. 12 f (Nrn. 36 f.).
34 Deus, Statuten, S. 63.
35 Deus, Statuten, S. 83 (Nr. 423).
36 Deus, Statuten, S. 82 ff. (Nrn., S. 8, 423, 434, 446).
37 Deus, Statuten, S. 41, 85 (Nr. 434), und ders., Ältere Ordnungen, S. 349 (Nr. 1866).
38 Z. B. Deus, Ältere Ordnungen, S. 340 ff. (Nrn. 1767 ff.): Brottax-Ordnung um 1250 – 1280.
39 Deus, Ältere Ordnungen, S. 346 ff. (Nrn. 1879, 1856, 1859, 1843, 1848, 1889).
40 Z. B. Deus, Ältere Ordnungen, S. 340 (Nrn. 1767, 1769, 1790), und ders., Statuten, S. 69 (Nr. 335).
41 Deus, Statuten, S. 12 f. (Nrn. 36 ff.).
42 Deus, Ältere Ordnungen, S. 361 f. (Nrn. 1974 ff.).
43 Vgl. zum Schüttgewicht Witthöft, Umrisse, S. 493 ff.; die Soester Müdde nach dem Publicandum 1811 bzw. Amtsblatt der Königlichen Regierung zu Arnsberg 1846, Arnsberg 1846 (zitiert: AmtsblRegBez.). Ein Soester Pfund von 466,56 g bleibt hypothetisch.
44 Vgl. Witthöft, Münzfuß, S. 132 ff.
45 MGH, LL V, Hannover 1875 – 1879, S. 92 f. – vgl. Witthöft, Münzfuß, S. 138 ff.
46 Zur Gleichsetzung mit den Saxones und Westfalai s. MGH, LL V, S. 93, Anm. 58.
47 Witthöft, Westfalen, auch AmtsblRegBez. Arnsberg 1841. – Dortmund erscheint seit dem 10. Jahrhundert „als Mittelpunkt des Reichsgutes in Westfalen", (Hömberg, Albert K.: Wirtschaftsgeschichte Westfalens, Münster 1968, S. 62).
48 Deus, Statuten, S. 12 f. (Nrn. 36 ff.).
49 Deus, Statuten, S. 94 (Nr. 478).
50 Kroeschel, S. 209, Karten 6 f. (vgl. die Erläuterungen, S. 274 f.). – Vgl. u. a. die Auseinandersetzung Haases mit den Thesen Kroeschels (Haase, Carl: Die Entstehung der westfälischen Städte, Münster 1965, S. 254 ff.).
51 Seeger, S. 91 ff., 105.
52 Kroeschel, S. 220 ff.
53 Vgl. z. B. Klüßendorf, Niklot: Studien zu Währung und Wirtschaft am Niederrhein vom Ausgang der Periode des regionalen Pfennigs bis zum Münzvertrag von 1357, Bonn 1974, S. 202 ff., oder Ilisch, Peter: Münzfunde und Geldumlauf in Westfalen in Mittelalter und Neuzeit, Münster 1980, S. 34 ff.
54 Kroeschel, S. 220, 258 f.
55 Kroeschel, S. 259, Anm. 20; Deermann, J. Bernhard: Ländliche Siedlungs-, Verfassungs-, Rechts- und Wirtschaftsgeschichte des Venkigaues und der späteren Grafschaft Lingen bis zum Ausgang des 16. Jahrhunderts, 1912, S. 35
56 Kroeschel, S. 258 f.
57 Kroeschel, S. 258, Anm. 15.
58 Voort, S. 47 f., 51 ff.
59 Die zentralörtliche Problematik kann nur angedeutet, aber in dieser Arbeit nicht weiter verfolgt werden.
60 Vgl. Deuss, Statuten, S. 102 (Nr. 519), und ders., Andere Ordnungen, S. 736 (Nr. 4452).
61 Irsigler S. 1 ff.
62 Irsigler S. 14 (Abb. 5).
63 Hansisches Urkundenbuch 1, 61: 1203 Februar 13 (vgl. Witthöft, Umrisse S. 136).
64 Heß, Wolfgang: Geldwirtschaft am Mittelrhein in karolingischer Zeit, in: Blätter für deutsche Landesgeschichte 98 (1962), S. 26 – 63, hier: S. 52: „Isti sunt testes de illo naute et de illo debito ad Dienenheim et de illa statera".
65 Jesse, Wilhelm: Quellenbuch zur Münz- und Geldgeschichte des Mittelalters, Halle 1924 (ND. Aalen 1968), S. 39 (Nr. 107).
66 Vgl. Witthöft, Harald: Sizilische Tari – italienische libbra – nordwesteuropäische Mark, Pegolottis 'Pratica della Mercatura' (1310 – 1340) in neuen Forschungen, in: Bestmann, Uwe/Irsigler, Franz/Schneider, Jürgen (Hg.): Hochfinanz. Wirtschaftsräume, Innovationen. Festschrift für Wolfgang von Stromer 1, Trier 1987 S. 421 – 468, hier: S. 443 f., und ders., Köln 56 ff.
67 Heß, Wolfgang: Zoll, Markt und Münze im 11. Jahrhundert. Der älteste Koblenzer Zolltarif im Lichte der numismatischen Quellen, in: Beumann, Helmut (Hg.): Historische Forschungen für Walter Schlesinger, Köln/Wien 1974 S. 171 – 193, hier: S. 177 f., 187 f., 190 f.
68 Schoppmeyer, S. 109, und Witthöft, Westfalen.
69 Vgl. Witthöft, Westfalen.
70 Schoppmeyer, S. 109 f.; s. auch die Erwähnungen der Spiekermaße bei Voort und Kroeschel.
71 HSTADÜ/Berg fol. 40 f.

Stadtrechnungen im Ruhrgebiet: Duisburg 1377

Thomas Lux

Mittelalterliche Stadtrechnungen sind eine wertvolle Quelle, die den Historikern seit langem bekannt ist. Im folgenden sollen anhand der Duisburger Stadtrechnung des Jahres 1377 einige naheliegende Fragen gestellt werden: aus welchen Quellen bezog die Stadt ihre Gelder, wofür wurden diese ausgegeben und wie hat man sie verwaltet?

Die Stadtrechnungen des Mittelalters sind Ausdruck städtischer Selbstverwaltungskompetenz, als deren leitende Behörde sich im Laufe des 13. Jahrhunderts in Westeuropa der Rat herausbildete. Zu seinen Aufgaben gehörte die Verwaltung des städtischen Vermögens. Zu diesem Zweck wurden seit dem Ende des 13. Jahrhunderts Rechnungsbücher angelegt[1]. Die meisten der heute noch erhaltenen Rechnungen datieren aus der Mitte des 14. Jahrhunderts. Auch in den Archiven der größeren Städte des Niederrheins und des Ruhrgebietes finden sich noch einige typische Zeugnisse dieser frühen Phase städtischer Verwaltungstätigkeit. Die Weseler Stadtrechnungen setzten 1343 ein und sind in einer selektiven Edition leicht greifbar[2]. Die Duisburger Stadtrechnungen beginnen mit einer undatierten Ausgabenrechnung, die wahrscheinlich aus dem Jahre 1348 stammt[3]. Diese und die weiteren Rechnungen bis 1497 sind bereits vor der Jahrhundertwende vollständig bearbeitet, aber nicht veröffentlicht worden. Essen verfügt über unveröffentlichte Rechnungen und Fragmente sowohl aus dem 14. als auch aus dem 15. Jahrhundert[4]. Im Bestand des Stadtarchivs Recklinghausen finden sich noch einige Rentmeisterrechnungen vom Ende des 15. Jahrhunderts[5]. Von den Dortmunder Rechnungen sind noch einige wenige aus der zweiten Hälfte des 15. Jahrhunderts erhalten, so daß man im wesentlichen auf die Arbeiten K. Rübels zurückgreifen muß[6].

Angesichts dieser recht heterogenen Überlieferungslage soll hier im folgenden eine Duisburger Rechnung exemplarisch vorgestellt werden, um die Strukturen eines spätmittelalterlichen städtischen Haushalts aufzeigen zu können. Die Rechnung des Jahres 1377 ist bereits früher beachtet worden, da sie das erste Dokument der städtischen Kanzlei darstellt, das nicht mehr in lateinischer, sondern in niederdeutscher Sprache verfaßt wurde[7]. Die Stadt nimmt damit eine mittlere Position ein: die Essener Rechnungen sind, beginnend mit der ältesten überlieferten Rechnung von 1350, durchgängig deutsch geschrieben, während man in Wesel erst 1384 die Sprache wechselte. Die Verwendung der lateinischen Sprache beschränkte sich nach einem solchen Wechsel auf die Verwendung bestimmter Fachausdrücke. Aber auch in finanzgeschichtlicher Hinsicht sind die siebziger Jahre für die Duisburger Geschichte des Mittelalters bedeutsam: sie markieren die Entwicklung der städtischen Verschuldung, die etwa 1390 bis 1392 zur Zahlungsunfähigkeit der Stadt führen sollte und den Duisburgern den Kirchenbann einbrachte – ein Schicksal, das auch anderen Städten wie beispielsweise Dortmund und Wetzlar gegen Ende des 14. Jahrhunderts widerfuhr[8].

Die Buchführung lag seit dem Jahre 1375 in den Händen des Stadtsekretärs Everards von Essen, der auch als Rector scholarum bezeichnet wurde. Er blieb bis 1407 im Amt; bereits in den Jahren zwischen 1375 und 1377 entwickelte er ein einfaches Buchungsschema, welches er dann bis zum Ende seiner langen Dienstzeit beibehielt[9].

Die Rechnung des Jahres 1377 ist eine Pergamentrolle von 333 cm Länge und 17 cm Breite; sie wurde aus fünf einzelnen Streifen zusammengenäht, eine Praxis, die bis 1566 beibehalten wurde. Pergament als Beschreibstoff stellt im 14. Jahrhundert im Kontext niederdeutscher Stadtrechnungen eine Ausnahme dar: in der Regel wurde Papier in Heftform als Beschreibstoff verwendet[10].

Die Eröffnung der Rechnung ist äußerst einfach gehalten: nach der Nennung des Jahres werden lediglich die beiden amtierenden Bürgermeister benannt, Sander Tacken und (Henricus) Pauli, beide stammten aus vermögenden ratsfähigen Familien. Sander Tacken war bereits 1373 Bürgermeister, während es für Pauli die erste Amtszeit war[11]. Normalerweise führte der jüngere Bürgermeister die Rechnung, doch läßt sich dies der Quelle nicht entnehmen. Ein äußerst kurzer Hinweis in der Rechnung läßt vermuten, daß beide gemeinsam die Rechnungslegung zu verantworten hatten. Die Bestallung eines Rentmeisters als Stadtkämmerer ist erst für das Jahr 1395 belegt und blieb die Ausnahme.

Das Rechnungsjahr begann am 10. August 1377, dem Laurentiustag, und endete am 9. August des folgenden Jahres. Wie fast alle mittelalterlichen Stadtrechnungen gliedern sich auch die Duisburger Rechnungen in einen Einnahmen- (Susceptum) und einen Ausgabenteil (Expositum). Die einzelnen Rechnungsposten sind zeilenweise untereinandergeschrieben: zuerst wird der Zahlungsgrund, dann der Empfänger und zum Schluß der Betrag aufgeführt. Die Einnahmen wurden analog gebucht: „It. van der kornzizen 280 scilt". Eine sachlogische Gruppierung oder Zusammenfassung erfolgt nur in ersten Ansätzen. Everard faßt im Ausgabenteil die Ausgaben für die Schulden (Leibrenten), die Zahlungen für die im Sold der Stadt stehenden Ritter und die Besoldung der städtischen Diener zusammen. Ebenfalls als geschlossene Gruppe werden die Ausgaben für das städtische Bauwesen aufgeführt, so daß noch separat aufgeführte Posten als Nachträge aufgefaßt werden können. In Ansätzen gilt dies ebenfalls für andere Ausgaben wie Gastgeschenke, Speis und Trank. Diese immanente Gliederung gibt auch einen Hinweis auf die praktische Handhabung der Rechnungsführung: wahrscheinlich wurden vom Bürgermeister und dem Stadtsekretär Quittungen und Belege gesammelt, bzw. eine „unreingeschriebene" Rechnung geführt; am Ende des Rechnungsjahres wurden dann die überprüften Beträge in die Pergamentrolle übertragen. Die einzelnen Posten des Ausgabenteils werden zu vier Zwischensummen addiert. Doch während die Einnahmen zusammengezogen werden („Summa van allen opboren . . ."), entfällt dies bei den Ausgaben: die Rechnung wird beschlossen durch eine Notiz zu den Wechselkursen, der in der Rechnung verwendeten Währungen. Doch war die Zusammenzählung der Einnahmen in früheren Jahren durchaus üblich: „Summa expositi . . ." (1357). Ferner fehlt jeder schriftliche Hinweis auf einen Jahresabschluß, also die Gegenrechnung von Einnahmen und Ausgaben. In den Duisburger Rechnungen fanden bis 1590 lateinische Zahlzeichen ohne die Null Verwendung. Diese weitverbreitete Beharrlichkeit ist vermutlich darauf zurückzuführen, daß allein lateinische Zahlen vor Gericht Beweiskraft gehabt haben dürften. Doch waren die arabischen Ziffern den Duisburgern nicht unbekannt: bereits 1354 wurde die Abschlußsumme mit arabischen Zahlen in einer Randnotiz festgehalten[12].

Noch in den einzelnen Posten spiegelt sich die Währungsvielfalt des späten Mittelalters: die Rechnungsbeträge werden in Gulden und Schilt, zwei überregionalen Leitwährungen, ausgedrückt, die auch konkret als Goldmünzen im Umlauf waren. Daneben kommen aber noch einige wenige Währungsangaben vor, die, wie die am Ende der Rechnung aufgeführten Wechselkurse vermuten lassen, durch eine Rechenwährung des Mark-Schilling-Pfennig Systems in Relation gesetzt wurden. In diesen Wechselkursfestlegungen spiegelten sich auch die münzpolizeilichen Kompetenzen, mit denen die Stadt auf die zahlreichen Unwägbarkeiten dieser Währungspluralität zu reagieren suchte[13].

Einnahmen 1377	Gulden	Prozent
Weinakzise	334-6-6	9,1 %
Kornakzise	361-8-0	9,9 %
Wollakzise	78-9-6	2,2 %
Kleineakzise	98-2-0	2,7 %
Kremerzise	(...)	
Fleischakzise	(...)	
Bierakzise:		
a) Export	53-4-0	
b) in der Stadt verzapft	66-8-0	
Zusammen	120-0-0	3,3 %
Gruet	100-0-0	2,7 %
Nylende (Pachtland)	160-0-0	4,4 %
„van alder schult" (Rückstände)	107-0-6	2,9 %
Verschiedenes	77-6-6	2,1 %
Strafgelder (städt. Gericht):		
a) (...)	b) 106-9-4	2,9 %
Leibrenten	1946-9-10	53,2 %
Summe	3490-9-10	95,3 %
Summa van allen opboren	3661-7-4	

(Alle Angaben in Gulden, eigene Berechnungen. Die zerstörten Stellen (. . .) lassen sich unter Berücksichtigung der Differenz von rund 171 Gulden und anderer Rechnungen ergänzen: die Kremerzise 18, die Fleischzise 30 und die Strafgelder 123 Gulden.)

Wie bei vielen anderen Stadtrechnungen auch, fällt die Einnahmenrechnung Duisburgs relativ knapp aus. Dies gibt bereits einen Eindruck von dem beschränkten Instrumentarium städtischer Finanzpolitik. Zu den ältesten und ursprünglich wichtigsten Einnahmen zählten die indirekten Steuern, die auf Grundnahrungsmittel und andere Güter des täglichen Bedarfs erhoben wurden: es handelt sich um die Akzisen (bzw. -zise), mit denen Wein, Getreide, Bier, Fettwaren (Kleinakzise), Bierfermentierungsstoffe (Gruet), aber auch Wolle belastet wurden. Die Weinakzise war ursprünglich die wichtigste Einnahmenquelle der Stadt, ihr absoluter und relativer Rückgang ist 1377 bereits deutlich zu erkennen. Selbst wenn man die nicht erhaltenen Beträge für die Kremer- und Fleischakzise berücksichtigt, machen die indirekten Steuern, die, wie das Beispiel des exportierten Bieres zeigt, auch den Charakter eines Ausfuhrzolls annehmen konnten, knapp ein Drittel der städtischen Einnahmen aus. Weitere Einnahmen stammen aus der Verpachtung städtischer Ländereien (im wesentlichen der Neuenkamp) und verschiedener kleinerer Einnahmen, bei denen es sich meist um Pachtgelder und Gebühren handelt: so für die Verpachtung von Marktständen, der Markthalle und die Zahlung der Lombarden, mit denen sich diese ihr Aufenthaltsrecht erkaufen mußten. Typisch für die Einnahmenrechnung einer mittelalterlichen Stadt ist ebenfalls das Fehlen bestimmter Posten, welche schon für frühere Jahre bezeugt sind: so sucht man vergeblich nach den Einnahmen aus der städtischen Ziegelei, die gleichwohl bei den Ausgaben in Erscheinung tritt. Dieses Manko wird aber kompensiert durch Strafgelder, die der Stadt 1377 aufgrund ihrer städtischen Gerichtsbarkeit zuflossen. Die Übersicht zeigt, daß alle bisher angesprochenen Einnahmen von den Leibrenten mit einem Anteil von 53,2 % bei weitem übertroffen wurden. Leibrenten sind ein typisches Instrument der Fremdfinanzierung: der Leibrentner übergibt der Stadt ein Kapital und erhält dafür solange er lebt einen jährlichen Betrag in festgelegter Höhe. Mit dem Tode des Leibrentners erlischt die Zahlungspflicht der Stadt; das der Stadt übereignete Geld wird nicht zurückgezahlt. Auf diese Weise konnte die Stadt etwaige Finanzierungslücken decken. Doch in den siebziger Jahren des 14. Jahrhunderts ist eine Entwicklung zu beobachten, die die Stadt 1390/92 in arge Verlegenheit bringen sollte. Bereits 1375 entfielen 55 % der Einnahmen auf neu gekaufte Leibrenten, 1376 reduzierte sich der Anteil auf 44 %, um 1377 den negativen Trend endgültig zu verfestigen. Der Schuldendienst der Stadt entwickelte sich weniger sprunghaft, zeigt aber eine eindeutige Parallele: mußten doch 1375 rund 40 %, 1376 bereits 58 % und 1377 knapp 54 % der Einnahmen dafür aufgewendet werden; der Bankrott zeichnet sich 1385 ab, als rund 63 % der Einnahmen auf den Schuldendienst entfielen.

Die starke Ausrichtung der Einnahmen auf indirekte Steuern und die starke Inanspruchnahme des Leibrentenmarktes können als durchaus charakteristische Muster städtischer Finanzpolitik gelten. Direkte Steuern, mit denen das bewegliche und/oder unbewegliche Vermögen der Bürger belastet worden wäre, wurden in vielen Städten nicht oder nur unregelmäßig erhoben. Verbrauchssteuern belasten zwar alle Bürger und Einwohner einer Stadt gleichermaßen, doch mit einer differenzierten Wirkung: die kleineren Einkommen werden relativ stärker belastet als die Budgets vermögender Familien; ein vielleicht nicht unerwünschter Effekt. Indirekte Steuern lassen sich verwaltungstechnisch relativ einfach handhaben, indem sie gegen ein Höchstgebot im Rahmen einer Versteigerung verpachtet wurden. In Ausnahmefällen wurde aber auch in Duisburg eine Vermögenssteuer erhoben. Zwar ist diese Praxis erst für die spätere Zeit belegt, doch

Ausgaben 1377	Gulden	Prozent	
a) Leibrenten	1977-9-2	54 %	
b) Nicht-Leibrenten	1684-0-4	46 %	
„manleen"	63-11-0	3,8 %	(1,7 %)
Besoldung und Kleidung	151-4-4	8,9 %	(4,1 %)
Boten (eigene und fremde)	24-0-0	1,7 %	(0,7 %)
Bauwesen	478-7-10	28,4 %	(13,1 %)
Ratsessen und Gastgeschenke	204-7-10	12,2 %	(13,1 %)
„Reisen"	360-2-6	21,4 %	(9,8 %)
Militärwesen und Bewachung	255-2-6	15,2 %	(6,9 %)
Pferde und Vieh	50-0-0	2,9 %	(1,4 %)
Verschiedenes	96-6-4	5,7 %	(2,6 %)
Zusammen	3661-9-6		

(Alle Angaben in Gulden, eigene Berechnungen. Prozentangaben beziehen sich auf (b): Nicht-Leibrenten, die eingeklammerten auf die Summe aller Ausgaben.)

gibt es einen – allerdings recht schwachen – Hinweis, daß auch bereits 1377 eine solche Schatzung stattgefunden haben könnte: die Stadtrechnung verzeichnet eine beträchtliche Ausgabe von fast 13 Gulden für Wein, den mehrere Bürger erhielten, weil sie mit den Bürgermeistern „penden", also pfänden gingen. Solche Pfändungen treten im benachbarten Essen, in dem mehr oder minder regelmäßig eine direkte Besteuerung („Schoß") durchgeführt wurde, in den städtischen Rechnungen auf.
Im Rahmen der Ausgabenrechnung tritt die bereits diskutierte Dominanz des Schuldendienstes hervor: reichlich mehr als die Hälfte aller Ausgaben entfallen auf die Zahlung der fälligen Leibrenten. Alle anderen Ausgaben fallen vergleichsweise bescheiden aus. Dies gilt auch für die von der Stadt bezahlten Personen. Unter der Bezeichnung „manleen" verbergen sich jährliche Zahlungen an Adelige der näheren Umgebung, die gegen ein jährliches Entgelt der Stadt zu Diensten standen. Neben diesen Herren unterhielt die Stadt einen kleinen Kader: hierzu zählten der bereits erwähnte Stadtsekretär, ein Armbrustmacher, Pförtner, Schlüsselverwahrer, Graben- und Feldaufseher, Wächter, Boten und Handwerker. Hinzugezählt wurden hier auch bestimmte Ämter, die sich aus Gerichts- und Hoheitsrechten ableiteten, die die Stadt im Laufe der Zeit erlangt hatte: der Meyer war Stellvertreter des Schultheißen, der Förster übte die Waldrechte der Stadt aus, und das „schoteramt" beinhaltete die Kompetenz der Stadt, Pfändungen vorzunehmen. Die Ausgaben für die Boten haben einen einfachen Grund: es existierte bekanntlicherweise keine Post, so daß die Städte eigene Boten unterhielten. Die fremden Boten erhielten in der Regel einen kleinen Obulus, der aber auch erhöht werden konnte: der Bote, der die Nachricht vom Tode Henric Zudermans, einem der größeren Leibrentner der Stadt, brachte, erhielt einen Gulden als „bodenbrode" zusätzlich. Ein wichtiger Posten in der Rechnung einer jeden Stadt machte das Bauwesen aus: 1377 verschlang der Unterhalt und die Erneuerung der Stadtmauer das Gros des Betrages. Dies hatte durchaus handfeste militärische Gründe, da die Duisburger direkt und indirekt an mehreren Fehden beteiligt waren. Ferner wurden in den siebziger Jahren verbreitet Feuerwaffen eingeführt, die Verstärkungen bzw. Umbauten der vorhandenen Verteidigungsanlagen notwendig machten. Zum anderen manifestierte sich in den Mauern der Anspruch auf städtische Unabhängigkeit – ein Anspruch, der sich angesichts der Entfaltung der Territorialmächte zunehmend fragiler gestaltete. Auch ein Teil der „Reisen" waren durch die relativ unruhigen Zeiten verursacht: so zog die Stadt gegen den „Boytzeler", ein Unternehmen, welches mit mehr als 250 Gulden zu Buch schlug. Andere Reisen waren friedlicherer Natur, so wenn man sich zum Kölner Erzbischof nach Brühl begab, oder dem Grafen von der Mark Geleitschutz auf einer Fahrt nach Köln stellte. Das Militärwesen und die zusätzliche Bewachung der Stadt verursachten 1377 ebenfalls Kosten in beachtlicher Höhe. Die Anschaffung von Schießpulver, Pfeilen, sowie die Instandhaltung der Armbrüste und der neuen Geschütze, die um 1372 angeschafft worden waren, fielen mit 49 Gulden eigentlich nicht so sehr ins Gewicht. Der größte Teil des Geldes mußte für zwei Wachmannschaften zu je acht Mann für den Tag und die Nacht aufgebracht werden. Den heutigen Betrachter dürfte der letzte Posten von Gewicht in Erstaunen setzen: mehr als 200 Gulden oder 5,6 % aller Ausgaben wurden für Gastgeschenke, Speis und Trank der Ratsherren und ihrer Gäste aufgewendet. Auch wenn man den damaligen Herrschaftsträgern unterstellen darf, daß sie keine Kostverächter waren, so muß aber doch festgehalten werden, daß die Ratsgelage kein reiner Selbstzweck waren, sondern in der Regel übergeordneten politischen Notwendigkeiten entsprachen. So mochte die nicht unerhebliche Summe von 28 Gulden, die man einem gewissen Weyten zukommen ließ, von der Überlegung motiviert worden sein, sich der Gunst dieses Herren zu versichern: Johann Weyten van Cleve war einer der Räte des Grafen Engelbert von der Mark[14]. Abschließend sei noch auf diverse kleinere Ausgaben hingewiesen: wie bereits oben erwähnt, bestritt die Stadt den Unterhalt für die Reitpferde der Bürgermeister; andere Pferde wurden im Rahmen des Betriebs der städtischen Ziegelei unterhalten. Ferner kaufte die Stadt vier „varren", also junge Rinder, eine Praxis, wie sie auch in Essen üblich war. Unter der Rubrik Verschiedenes sind Rechnungsposten zusammengefaßt, die den anderen Gruppen nicht ohne weiteres zugeordnet werden konnten: hierzu zählen Nachzahlungen von Außenständen, Schadensersatzleistungen, Wechselverluste und andere städtische Verpflichtungen.
Man darf aus den hier präsentierten Zahlen nicht schließen, daß stets und immer die äußeren Belange der Stadt die Finanzpolitik bestimmt hätten. Doch macht bereits die sicherlich nicht unproblematische isolierte Betrachtung einer einzelnen Rechnung grundlegende Probleme des städtischen Haushaltswesens im Spätmittelalter deutlich: bestimmte politische Ereignisse wie die Häufung von Fehden konnten die Ausgaben schlagartig in die Höhe treiben. Dies galt insbesondere natürlich für Städte wie Duisburg, die durch ihre Lage, wirtschaftliches und politisches Gewicht, sich solchen Entwicklungen kaum entziehen konnten. In ruhigeren Zeiten wurde selbstverständlich deutlich weniger Geld für solche Zwecke verwandt; doch die Schulden blieben als dauernde Last bestehen. Ferner dürfte dieser kurze Überblick die strukturelle Eigenart mittelalterlicher Stadtfinanzen hervortreten lassen: Heute so typische Ausgaben der Städte im Rahmen der „Daseinsfürsorge" wie soziale Leistungen, Schulen und Kulturelles, wurden von anderen Institutionen erbracht. Für die Armen und Kranken, wohl auch alten Menschen war seit dem frühen 14. Jahrhunderts das „Gasthaus" zuständig, ein durch fromme Stiftungen fundiertes und von der Kirche betreutes Hospital[15].
Ein weiteres Charakteristikum des mittelalterlichen Haushaltswesens tritt in dieser Duisburger Rechnung deutlich hervor: es handelt sich um eine Rechnung im Sinne einer Abrechnung, keinesfalls aber um ein Budget. Die vorliegende Rechnung gibt Rechenschaft über das abgelaufene Rechnungsjahr, während heute unter einem Budget immer eine mindestens zweistufige Finanzplanung verstanden wird: sie besteht aus einer Planung (Vorveranschlagung), in der die beabsichtigten Ausgaben und Einnahmen zusammengestellt werden, und der am Ende des Rechnungsjahres erfolgenden Abrechnung der faktisch vorgenommenen Transaktionen. Beide Ergebnisse werden mit einer Gegeneinanderrechnung verglichen[16]. Andere heute selbstverständliche Grundsätze wie die Kasseneinheit und die vollständige Erfassung aller Transaktionen waren nicht gegeben: erinnert sei an das bereits angesprochene Problem der Schatzung; weiter neigte man dazu, nur die anfallenden Überschüsse zu verbuchen, ohne die entstehenden Kosten zu berücksichtigen. Diesem „Nettoprinzip" entspricht die in Duisburg zu beobachtende Praxis, die Akzisen zu verpachten. Die Leibrenten/Schuldenproblematik macht überdeutlich, daß die uns heute geläufige Unterscheidung von ordentlichem und außerordentlichem Haushalt der mittelalterlichen Praxis fremd war. Mit dieser Rechnung gaben die Bürgermeister Rechenschaft über das abgelaufene

Rechnungsjahr und – was nicht in jeder Stadt der Fall sein mußte – über den Kassenbestand. So lautet die letzte Eintragung „It. an ghereydem (= barem) geild aver ghegeven 4 ß (= Schillinge) 2 dn. (= denarii, Pfennige)“[17]. Die Rechnungslegung der Bürgermeister dürfte vor dem Rat stattgefunden haben. Inwieweit die Öffentlichkeit daran beteiligt wurde, bleibt spekulativ. Aus späterer Zeit finden sich Hinweise auf eine solche Praxis; so wird 1417 die Rechnung vor einem größeren Kreis verlesen[18]. Das Fehlen einer Saldierung der Ausgabenrechnung und der sehr schlichte Stil der Rechnungseröffnung mögen darauf hindeuten, daß die Rechnungslegung eher eine interne Sache des Rates war. Der Nachtrag mit den Wechselkursangaben und die Verwendung des relativ wertvollen Pergaments als Beschreibstoff lassen vermuten, daß insgesamt dem Rechnungswesen eine relativ große dokumentarische Bedeutung zugemessen wurde.

Anmerkungen

1 Isenmann, Eberhard: Die Deutsche Stadt im Spätmittelalter, Stuttgart 1988, S. 170–181.

2 Gorissen, Friedrich (Bearb.): Regesten zur politischen Geschichte des Niederrheins I. Stadtrechnungen von Wesel, 5 Bde., Bonn 1963–1968.

3 Zur Datierung der ältesten Rechnung vgl. Hofius, Kurt: Die Pest am Niederrhein, insbesondere Duisburg, in: Duisburger Forschungen 15 (1971), S. 173–221, hier: S. 179–182; Averdunk, Heinrich: Duisburger Stadtrechnungen 1349 (!)–1401, o. O. (Duisburg), o. J. (ca. 1890).

4 Lux, Thomas: Essener Stadtrechnungen des 14. Jahrhunderts, Unveröffentl. Staatsexamensarbeit, Essen 1989.

5 Stadtarchiv Recklinghausen, Abt. I, 1, A; Burghardt, Werner: Das Rentmeisterbuch von 1486, in: Recklinghäuser Zeitung Nr. 91 (1986).

6 Stadtarchiv Dortmund, Bestand 202, VI, 7; Rübel, Karl: Dortmunder Finanz- und Steuerwesen, Dortmund 1892.

7 Milz, Joseph / Vogedes, Rita: Geschichtliche Geschichten aus Duisburg, Duisburg 1980, S. 26–32.

8 Isenmann (wie Anm. 1) S. 179.

9 Averdunk, Heinrich: Geschichte der Stadt Duisburg, Duisburg 1894, S. 482.

10 Stadtarchiv Duisburg, Bestand 1 Nr. 211 und Averdunk (wie Anm. 3) S. 72–81.

11 Weinforth, Friedhelm: Studien zu den politischen Führungsschichten in den klevischen Prinzipalstädten vom 14. bis 16. Jahrhundert, Köln 1982, S. 180–185.

12 Stadtarchiv Duisburg (wie Anm. 10) Bestand 1 Nr. 207.

13 Währungsrelationen:
1 scilt = $15\frac{1}{2}$ s(cilling) = 50 s colsch
1 gulden = 12 s = 38 s colsch
1 mottuyn = 8 s
1 mark = 12 s
1 lichte mark = 6 s
3 grossi = 1 s
aelde grote = 1 s –
Klüßendorf, Niklot: Studien zu Währung und Wirtschaft am Niederrhein vom Ausgang der Periode des regionalen Pfennigs bis zum Münzvertrag von 1357, Bonn 1974, S. 138–144.

14 Gorissen (wie Anm. 2) Bd. 5, S. 291.

15 Averdunk (wie Anm. 9) S. 191–195.

16 Heinig, Kurt: Das Budget. Bd. 1, Tübingen 1949, S. 1–3.

17 Averdunk (wie Anm. 3) S. 81.

18 Stiefel, Ludwig: Die Duisburger Stadtrechnung von 1417, Duisburg 1883, S. LVII Anm.: „Wir haben sonach eine ganze Zahl von Mitwirkenden aus Rath (!) und Bürgerschaft anzunehmen.“ (Gefolgert aus der Höhe der Verzehrkosten.).

Die Hanse zwischen Ruhr und Lippe

Heinrich Schoppmeyer

I

„Hansa" bedeutete in den erhaltenen germanischen, angelsächsischen und althochdeutschen Sprachdenkmälern des 4. bis 9. Jahrhunderts „Schar" oder „Menge". Bis zum 11. Jahrhundert verengte sich das Bedeutungsspektrum des Begriffs auf „Schar der Kaufleute, die außerhalb ihrer Heimat Handel treibt". Während des 12. Jahrhunderts begann „hansa" mit der Wendung „gilda mercatoria" zu konkurrieren, wenn es darum ging, Fernhändlergilden zu bezeichnen. In diesem Bedeutungssinne präzisierte sich der Begriff zum ausgehenden 12. Jahrhundert weiter und benannte nun eine bruderschaftlich verbundene Genossenschaft von Fernkaufleuten, die sich für ihre gefährlichen Kauffahrten gegenseitig Beistand zusicherten, gemeinsame Privilegien außerhalb des Reiches besaßen, sich wirtschaftlich wie karitativ unterstützten und sich auch als Kultgemeinschaft verstanden[1].

Als prägend gilt die 1161 begründete „Genossenschaft der Gotland besuchenden deutschen Kaufleute" („universi mercatores imperii Romani Gotlandiam frequentantes")[2]. Ihre Mitglieder, westfälische Kaufleute und ihre seit 1159 nach Lübeck übergesiedelten, in Gotland erfahrenen Handelspartner aus Schleswig, trafen sich jeweils im zeitigen Frühjahr in Lübeck. Bevor sie von dort nach Gotland absegelten, bestimmten sie sich einen Vorsteher („olderman"). In seine Hand schworen sie sich für die Fahrt Unterstützung zu[3]. Auf Gotland entwickelte sich mit Visby eine deutsche Stadt, die, während Lübeck zunächst nur als Sprungbrett diente, bald zum eigentlichen Stützpunkt des Handels der Genossenschaft ausgebaut wurde. Hier wurden die russischen Produkte wie Pelze und Wachs aufgenommen und nach Westen transportiert, und im Gegenzug schaffte man flämische Tuche nach Osten. Der hansische Handel schlug also eine Brücke von West nach Ost, und das Führungsgremium der kontinentalen Ostseekaufleute war die Gotländische Genossenschaft[4].

II

Noch im 12. Jahrhundert begannen die deutschen Kaufleute, über Gotland hinaus Kontakte in Rußland zu knüpfen. 1189 schlossen sie mit dem Fürsten Jaroslav von Novgorod, zu dem ihnen die Gotländer den Weg geebnet hatten, einen Handelsvertrag, der ihnen und ihrer Niederlassung in Novgorod (Ilmensee) Schutz garantierte. Über die 1201 gegründete Stadt Riga (Düna) drangen die deutschen Kaufleute bis Polozk und Smolensk vor, und auch hier suchten sie auf der Basis eines Vertrages mit dem Fürsten Mstislav Davidovič von Smolensk (1229) eine Kaufmannsniederlassung zu fundieren[5].

Von den westfälischen Kaufleuten, die diese Initiativen mittrugen, stammten nicht wenige aus der Hellwegzone zwischen Lippe und Ruhr, insbesondere aus der einzigen Reichsstadt Westfalens, Dortmund. Der Smolensker Vertrag (1229) wurde von siebzehn Kaufleuten bezeugt; zu ihnen gehörten die Dortmunder Arembrecht und Albrecht, die beiden ersten bekannten Hansekaufleute Dortmunds[6]. Im Novgoroder Kontor waren nach den ältesten bekannten Ordnungen (1268/80) von den acht Olderleuten jeweils zwei Dortmunder. Die Gotländische Genossenschaft, im frühen 13. Jahrhundert noch die zentrale Stelle für die bürgerlich kaufmännische Erschließung des Ostseeraumes, wurde von vier Olderleuten geführt, von denen einer von Dortmunder Kaufleuten gewählt wurde. Aber auch in den Ostseeküstenstädten Mecklenburgs, Pommerns, Preußens und des Baltikums schlug Dortmunder Einfluß recht frühzeitig durch. In den Artushof genannten Kaufmannsgemeinschaften von Danzig und Thorn (Weichsel) kannte man die nach der Dortmunder Reinoldigilde bezeichneten Reinoldibänke. Die ostpreußische Stadt Memel erhielt um 1250 für ihren Gebrauch Dortmunder Rechtssatzungen, und wenn sich in Memel Dortmunder Recht schließlich auch nicht durchsetzte, so beweist diese versuchte Übertragung Dortmunder Rechts doch, in welchem Raum die Dortmunder Fernkaufleute wirkten und Spuren hinterließen[7]. Aber auch Kaufleute aus kleineren Orten des Ruhr-Lippe-Raumes beteiligten sich an diesem hansischen Handel schon frühzeitig. Das zeigt das Beispiel des Ricoldus de Herbede, der durch seinen Herkunftsnamen seinen Ursprung aus der Bauerschaft Herbede (heute: Stadt Witten) verrät; das Wismarer Stadtbuch (1250–1273) verzeichnet seinen Namen[8]. Seit dem späteren 13. Jahrhundert wächst das überlieferte Namensgut, das Verbindungen zwischen dem rheinisch-westfälischen Hellwegraum zwischen Duisburg und Unna/Hamm einerseits und dem Ostseebereich andererseits belegt, zu einer wahren Flut an. Als Beispiel mögen die Herkunftsnamen dienen, die das zwischen 1286 und 1336 geführte Rigaer Schuldbuch enthält. Es verzeichnet zahlreiche Kaufleute, die entweder in Person oder durch ihre Vorfahren aus der westlichen Hellwegzone stammten: aus Meiderich, Essen und Dortmund. Andere besaßen ihre Heimat im Emscher- und Lippebereich: in Recklinghausen, Boerste, Haltern, Oer-Erkenschwick, Lünen, Kamen und Hamm. Eine weitere Namensgruppe weist in das südliche Umfeld Dortmunds: Hennen (Iserlohn), Schwerte und weiter östlich Wikkede. Wenn auch die Auswertung des Rigaer Schuldbuches ergibt, daß der Hellweg östlich Dortmunds mehr Menschen in die hansischen Ostseestädte, hier insbesondere nach Riga, entsandte als die Hellwegzone westlich der Reichsstadt, so ist doch nicht zu verkennen, daß auch dieser Raum in großem Umfang an der Versippung des hansischen Städteraumes in dem großen Dreieck zwischen Köln, Groningen und Reval beteiligt war[9].

III

Die ursprünglich sehr starke Stellung niederrheinisch-westfälischer Kaufleute im Nordosthandel zwischen den westlichen Gewerbegebieten und dem Ostseeraum schwächte sich nach der Mitte des 13. Jahrhunderts allmählich ab; für diesen Umschwung war der Aufstieg Lübecks die entscheidende Ursache. Die neue Schwerpunktbildung wurde deutlich, als zum Ende des 13. Jahrhunderts die deutlich von Westfalen mitbeherrschte Gotländische Genossenschaft, deren Geschichte eine wichtige Etappe im Werden der Hanse blieb, ausgebootet wurde. 1293 wurde in Verhandlungen zwischen Lübeck, Visby und Riga vereinbart, daß der Oberhof für das Kontor in Novgorod von Visby (Gotland) nach Lübeck verlegt werden sollte. Damit war die Mitsprache der Dortmunder und Soester Olderleute in der Gotländischen Genossenschaft bei Appellationen in Fällen strittiger Rechtsentscheidungen in Novgorod ausgeschaltet[10].

Doch hatten sich Dortmund und weitere Städte im westlichen Hellwegbereich durch ihre Kaufleute bereits zuvor – gleichsam kompensatorisch – auf die Repräsentanz im hansischen Flandern- und Englandhandel konzentriert. Aus der ersten Hälfte des 13. Jahrhunderts sind nur wenige Nachrichten überliefert, die von Handelsreisen Dortmunder Kaufleute nach Flandern berichten. Doch muß die Zahl niederdeutscher Kaufleute größer gewesen sein, als die Überlieferungslage belegen kann. Seit 1252/53 waren unter Federführung Lübecker Kaufleute Verhandlungen mit der Gräfin Margaretha von Flandern geführt worden, die die rechtlichen Grundlagen für die niederdeutschen Kaufleute, insbesondere für das nun entstehende hansische Kontor in Brügge legten, das als Endpunkt des Handels der Romanen mit Nordwesteuropa im 14. Jahrhundert aufstieg. Dortmunder dürften bei diesen Abmachungen beteiligt gewesen sein; 1307 und 1309 führten Verhandlungen, seitens der Städte und Kaufleute durch Dortmund und Lübeck geleitet, weiter auf eine Kontorgemeinschaft aller deutschen Kaufleute in Brügge zu. 1347 war die Organisation in der Brügger Kontorordnung ausgebildet; sie sah eine Dreigliederung vor, und dabei ging die Führung des westfälisch-preußischen Drittels in die Hände Dortmunder Kaufleute über, die mindestens einen der zwei Olderleute stellten[11]. Auch in London, dem dritten der späteren großen Kontore der hansischen städtischen Privilegiengemeinschaft neben Novgorod und Brügge, war der Hellwegraum durch Dortmunder Kaufleute führend vertreten. Hier, wo ursprünglich nur Kölner Kaufleute das Geschäft in ihren Händen hielten, waren zwischen 1234 und 1282 alle niederdeutschen Kaufleute zu einer „hansa Alemanie" zusammengeführt worden[12]. Wie in Brügge konnten die Dortmunder im zweiten Drittel eine führende Stellung erreichen, indem sie das Gewohnheitsrecht durchsetzten, als einzige westfälische Stadt und des westlichen Hellwegs den Oldermann zu stellen. Die Dortmunder Kaufleute konzentrierten sich in London vor allem auf den Wollhandel. Die Wolle wurde nach Flandern gebracht, wo sie zu Tuchen verarbeitet wurde. Zwischen 1338 und 1342 bestritten die Dortmunder Kaufleute mehr als 10% des gesamten englischen Wollexports. Mit dem Wollhandel verkoppelten die Dortmunder Geschäfte für den englischen König. Darlehen an den König führten zu Zollnachlässen für die Dortmunder Kaufleute beim Woll- und Tuchhandel. Die Dortmunder und die mit ihnen zusammenarbeitenden Hansekaufleute haben dem englischen König Eduard III. zwischen 1327 und 1345 vermutlich über eine halbe Million Goldgulden vorgeschossen[13]. An der Spitze eines 1339 gebildeten Gläubigerkonsortiums stand der Dortmunder Tidemann Limberg, der „kühnste und aktivste von diesen Spekulanten". Den größten Dienst, den das Konsortium dem englischen König erwies, war die Einlösung seiner verpfändeten Krone[14].

Inzwischen waren Kaufleute aus den übrigen niederrheinisch-westfälischen Orten in einer breiten Woge in den hansischen Raum getragen worden. In Visby, dem alten Zentralort der Gotländischen Genossenschaft, war ein Wennemar von Essen zwischen 1338 und 1356 Bürger geworden, und er unterhielt weitgespannte Handelsbeziehungen zwischen Brügge und Novgorod. Seine Witwe heiratete einen Lübecker Ratsherrn, ein Beleg für die interurbane Versippung der führenden hansischen Kaufmannsfamilien. Neben Wennemar lebten im 14. Jahrhundert jedoch noch weitere (ehemalige) Essener in Visby. Andere Einwohner des alten hansischen Ostseestützpunktes stammten aus Bredenscheid (bei Hattingen), Kamen, Dorsten, Duisburg, Recklinghausen, Schwerte und Volmarstein. Zu ihnen gehörte der „kopman" Ludovicus von Volmarstein, dem zugleich Kontakte nach Lübeck und Elbing (im Weichselmündungsgebiet) nachgesagt wurden[15].

Abwanderungen aus dem östlichen (märkischen) Teil und westlichen (rheinischen) Teil des Hellwegraumes in Städte des Ostseeraumes zwischen Lübeck, Danzig und Reval lassen sich während des 14. und 15. Jahrhunderts in großer Zahl erschließen. Bochumer traf man in Lübeck, Stettin, Danzig und Reval an, wie etwa den Jürgen Kneiherby „van Baukum uth Westphalen" 1559 in Danzig. Die Freiheit Wattenscheid war in den gleichen Ostseeorten vertreten. Jorgen Buthentho „van Gelstenkircken bey Essen, ein kauffman", wurde 1575 Bürger in Danzig. Zum Jahre 1345 wurde der Kaufmann Hinricus de Herbede als Geschäftspartner des Johann Rüssenberg aus Dorpat ausgewiesen. Während des 14. Jahrhunderts wechselten allein elf Bürger aus dem märkischen Hamm nach Lübeck, im 15. wandten sich drei nach Reval. Von Hattingen gingen 1436 Gobel von Krevetingh, 1465 Volquin von Kedinckhusen nach Reval, Johann Schulte wohnte 1532 in Riga. Namensträger aus Essen finden sich in den maßgebenden Ratsgeschlechtern Rostocks (1302), ferner als Bürger in allen Ostseestädten wie Stralsund (1342), Greifswald (1343), Stettin (1364), Danzig (1338 u. ö.), Thorn (1352), Riga (1383), Reval (1360) und Wenden (1359), in großer Zahl jedoch in Lübeck selbst. Daß die familiären Kontakte zwischen den in Städte an der Ostseeküste abgewanderten Essenern und ihren in Essen wohnhaft gebliebenen Verwandten nicht abrissen, kann man aus den zahlreichen Toversichtsbriefen ersehen, die der Rat der Stadt Essen zwecks Regelung von Nachlaßangelegenheiten ausstellte. Sie betrafen die Verwandten ehemaliger Essener, die inzwischen in Lübeck, Danzig, Elbing, Dorpat, Reval und anderen Städten ihren Wohnsitz aufgeschlagen hatten. So wandte sich 1415 der Rat von Essen an den Rat zu Reval mit dem Zeugnis, daß die Elze Boickhorn eine Nichte der in Reval verstorbenen Rutger und Hermann Boickers und daher deren rechte Erbin sei. Elze sollte außer 25 Mark in Silber ein Haus in Reval erhalten[16].

Stärker auf den Austausch mit dem Westen, insbesondere mit England und Flandern, waren die Kaufleute am Westrand des heutigen Ruhrgebiets ausgerichtet. Brügge bezog für den Aufbau seines Kontors und seiner Hafenanlagen zwar auch Eichenholz aus Königsberg und Reval, jedoch auch „Duustbersche planken" (Duisburg; 1360/61) und „weezelsche balken" (Wesel; 1334–1391)[17].

Ähnliche Spuren lassen sich für viele andere Städte und Bauerschaften des Hellwegraumes zwischen Unna und Duisburg finden. Sie alle zeugen von der fortdauernden Lebendigkeit wirtschaftlicher und verwandtschaftlicher Beziehungen in den niederdeutschen Hansestädten zwischen Köln und Reval.

IV

Inzwischen hatten sich schon seit der Mitte des 13. Jahrhunderts neben den Kaufleuten auch die Städte selbst als Motor der hansischen Entwicklung betätigt. Das hatte schon der Verlauf der Verhandlungen über die Einrichtung des Brügger Hansekontors seit 1252 erwiesen. Dabei spielte die regionale kaufmännische und städtische Interessengemeinschaft als leitendes Prinzip eine wichtige Rolle, wie die Drittelung oder Viertelung innerhalb der Kontore erweist. Außerhalb der Kontore bildeten regionale Städtebünde das entsprechende Pendant.

In Westfalen war 1246 der erste Städtebund abgeschlossen worden, um den Fahrtengemeinschaften der Kaufleute eine größere Sicherheit im Lande zu verschaffen. Dortmund als Stadt des Ruhr-Lippe-Raumes beteiligte sich jedoch erst am zweiten westfälischen Städtebund, dem Werner Bund (1253), dessen andere

Partner Münster, Soest und Lippstadt waren. Gemeinsam mit Osnabrück, das Glied des Ladberger Bundes (1246) war, hatte dieses Städtebündnis die Sicherung der Südwest/Nordost-Diagonale durch Westfalen in den Ostseewinkel bei Lübeck im Auge, und darüber hinaus lag den zugehörigen Städten an der Kontrolle des östlichen Hellwegs. Keine der bis 1295 diesem Bündnis beigetretenen „kleinen" Städte lag westlich Dortmunds, das gemeinsam mit Münster, Osnabrück und Soest (= sog. Vierstädte) die Leitung dieses Bundes übernahm. Die durch Ratsboten besandten Bundestagungen dieses westfälischen Städtebundes, die – seit 1312 so belegt – in vierteljährlichem Abstand einberufen wurden, berieten über hansische Fragen, politische Entscheidungen einzelner Mitglieder, Vermittlungen zwischen Stadtherren und Städten, Münzfragen, Umlagen, Landfriedensfragen und Besendung von Lübecker Tagen. In sechsjährigem Abstand wurde der westfälische Städtebund – zuletzt 1338 – erneuert, und in dieser Formation wuchs der Bund samt seinen vier Führungsstädten in den gesamthansischen Städtebund, der sich 1469 gegenüber dem englischen König Eduard IV. als „multarum civitatum, opidorum et communitatum firma confederacio" definierte und eine Privilegiengemeinschaft von Kaufleuten und Städten darstellte[18].
Die Ausformung stärker städtebündisch akzentuierter Strukturen, die sich im späteren 13. und vor allem im 14. Jahrhundert beobachten läßt, wurde regional in Westfalen und am Niederrhein und damit auch im Ruhr-Lippe-Raum durch die Ausformung der Landstände begleitet. In der Grafschaft Mark, über deren ehemaliges Gebiet sich der östliche Teil des heutigen Ruhrgebietes von Wattenscheid bis Unna erstreckt (mit Ausnahme des Territoriums der Reichsstadt Dortmund), hatten die Städte bis etwa 1347 ihre landständische Formation gefunden. Als Graf Engelbert III. von der Mark 1372 dem großen Landfrieden Kaiser Karls IV. für Westfalen beitrat, siegelten „tho eyner meren sikerheyd" neben dem Grafen die Städte Hamm, Unna, Iserlohn, Kamen und Lüdenscheid für die Grafschaft Mark mit. Zu den märkischen Ständevertretern, die 1413 nach Wesel eingeladen wurden, zählte (außer Lüdenscheid) die gleiche Städtegruppe. Hamm und Unna scheinen dabei eine gewisse Sprecherrolle gespielt zu haben. 1426 stießen zusätzlich Schwerte und Lünen zur landtagsfähigen Gruppe der märkischen Städte[19]. Die Formierung der Landtagskader wirkte sich auf die hansische Städtegruppierung aus. Während bis um 1440 die hansischen Kaufleute dieser kleineren Städte durch Dortmunder Kaufleute oder Ratsabgesandte gesamthansisch mitvertreten wurden, suchten sich die territorialpolitisch von der Reichsstadt Dortmund geschiedenen märkischen Städte danach von ihren bisherigen Vorsprechern zu emanzipieren. Dabei konnten sie sich auf die formellen und informellen landständischen Strukturen der Grafschaft Mark, die landtagsberechtigten märkischen Städte, jeweils abstützen. Darüber hinaus lassen sich weitere Impulse in die gleiche Richtung beobachten. Lübeck selbst wandte sich 1433 an Hamm mit der Bitte um Vermittlung in einer Angelegenheit Soests, einer Stadt, die zu den alten „Vierstädten" Westfalens gehörte. Der in Hamm im Vorfeld der Soester Fehde 1443 zwischen Soest, Münster, Paderborn, Dortmund, Osnabrück und Lippstadt abgeschlossene Kontrakt verstand sich als Wiederbelebung des Werner Bundes von 1253. 1445 traten Hamm, Unna und Kamen diesem Bunde bei und rückten damit in die traditionelle Führungsgruppe der westfälischen Hansestädte auf. Dann profitierten Hamm und Unna von dem Ziel Kölns, Sprecher für möglichst viele Städte im rheinisch-westfälischen Raum zu werden, um so die eigene Position in der hansischen Städtegemeinschaft zu stärken. 1469 zählte Köln Hamm und Unna als Beistädte zu den Orten seines Drittels; beide dürften damit auch in die von Köln geleiteten regionalen hansischen Beratungen einbezogen worden sein. Mit dieser Rolle war gemäß einem Rezeß des Hansetages von 1430 für die kleinen Hansestädte die Pflicht verbunden, zu den Besendungskosten der großen Städte für die Bundestagung in Lübeck beizutragen, eine Bestimmung, die in den folgenden Jahrhunderten zu einem endlosen Streit über die Höhe dieses Beitrags und zu einem Strom von Mahnungen zu nicht gezahlten Beiträgen führte. Schon 1470 wurden Hamm, Unna, Kamen, dann Schwerte, Iserlohn und Lünen an ihre Beitragspflicht erinnert, was 1476 anläßlich des Hansetages erneut geschah. 1494 kristallisierte sich die gehobene Stellung Hamms und Unnas als märkische hansische Vororte deutlicher heraus, weil beide Städte in die gesamthansische Matrikel direkt aufgenommen wurden. 1506 wurde diese Matrikelliste von Köln erneut in Erinnerung gebracht. Mit der Aufnahme in die Wehrmatrikel hatten beide Städte den Rang einer hansischen Bundesstadt erreicht. Sie nahmen zwar nicht an den hansischen Tagfahrten nach Lübeck teil, wohl aber an den regionalen hansischen Städtetagen des Kölner Drittels. Dort vertraten sie die kleineren märkischen Städte, deren Kaufleute zwar an den hansischen Privilegien partizipierten, deren Ratsvertreter im Rahmen landständisch bestimmter territorialer Städtetage auch hansische Belange mitberieten, jedoch nicht an den großen Regionaltagungen teilnahmen und daher zu diesen nur Besendungskosten aufzubringen hatten. Lünen, Kamen, Bochum und Hattingen zählten in der Grafschaft Mark zu dieser Gruppe, zu der schließlich auch noch die Freiheiten Hörde, Wattenscheid, Wetter, Blankenstein und Westhofen stießen[20].

V

Wie sich im westfälischen Teil des „Ruhrgebiets" eine auf Hamm und Unna ausgerichtete territoriale Städtegruppe der Grafschaft Mark auf Kosten Dortmunds seit 1440/1450 als hansische „Unterabteilung" konstituierte, so verselbständigten sich im rheinischen Teil die klevischen Städte auf der entsprechenden Basis. Zu den klevischen Städten gehörte auch die Stadt Duisburg, die 1290 von König Rudolf an die Grafen von Kleve verpfändet worden war. Aber nicht das ursprünglich königliche Duisburg, sondern die 1241 von dem Grafen Dietrich von Kleve gegründete Stadt Wesel profilierte sich als hansische Vorstadt gleichsam in der äußersten nordwestlichen Ecke des späteren Ruhrgebiets[21].
Schon im 14. Jahrhundert gehörte Wesel zu den führenden Städten der Grafschaft Kleve. Nachdem durch Heiratsverbindung die Anwartschaft der Grafen von der Mark auf die Grafschaft Kleve seit 1368 offenkundig geworden war, brachte Graf Engelbert von der Mark in den Vorverhandlungen zum Landfrieden von 1372 auch das Klever Territorium mit dem Ziel in die Debatte ein, den Landfrieden auf dieses sein rheinisches Territorium auszudehnen. Dabei gebot er „unsen stedden Dusborgh und Wesele", zu Erhöhung des Sicherheitsgrades der Abmachungen den Landfrieden mit zu beschwören. Obwohl dies schließlich aus verschiedenen Gründen nicht geschah, wird erkennbar, daß, landständisch betrachtet, die beiden Städte zur selben Zeit die gleiche Funktion und Bedeutung besaßen wie Unna und Hamm. Diese Parallelität setzte sich 1413 fort. Wesels inzwischen offenbar kräftiger gewordene Position äußerte sich 1413 darin, daß die Stadt zum Tagungsort einer gemeinsamen Tagung der klevisch-märki-

schen Landstände im Zusammenhang mit der versuchten Schlichtung des dynastischen Streits im märkischen Hause gewählt wurde. 1423 rechnete Wesel zu den vier „hovetsteden" der seit 1417 zum Herzogtum erhobenen Grafschaft Kleve; Duisburg rückte erst 1592 in diese Funktion ein. In dieser Rolle vertrat Wesel sechs kleinere und Minderstädte auf dem klevischen Landtag. So begannen im 15. Jahrhundert auch im Herzogtum Kleve die landständischen Beziehungen der Städte, einem engeren Zusammenschluß der niederrheinischen Städte im Rahmen einer hansischen Organisation als Unterbau zu dienen[22]. Wesel war zur hansischen Vorstadt aber auch aus wirtschaftlichen Gründen prädestiniert. Die geographische Lage der Stadt im Berührungspunkt des oberrheinischen und niederrheinischen wirtschaftlichen Einflußbereichs, erkennbar am Gebrauch sowohl oberrheinischer als niederrheinischer Maßeinheiten, trug zum Aufstieg Wesels als wichtigstem niederrheinischen Handelsplatz erheblich bei. 1316 hatte man festgelegt, daß die Hohlmaße dem Kölner Standard angepaßt werden sollten, hingegen sollte das Ellenmaß sich nicht nach den Kölner Vorgaben richten. Diese Differenzierung hing damit zusammen, daß Wesel sich als wichtiger Zielort der flandrischen und brabantischen Tucherzeugnisse verstand, die von hier nach Niedersachsen und Westfalen weitergeleitet wurden. Auch graue englische Laken wurden in Wesel umgeschlagen. In Köln hingegen kauften die Weseler Rheinwein ein. Das machen u. a. die Geschäfte des bedeutenden Weseler Kaufmanns Bernhart Daems um 1500 ganz deutlich, der Rheinwein aus Köln nach Antwerpen weiterleitete. Weinhandel war in Wesel so verbreitet, daß er bis zum 16. Jahrhundert geradezu als spezifisches Merkmal für die Weseler Führungsschicht galt[23].
Wie der Aufstieg Hamms als hansische Bundes- und Beistadt durch Köln protegiert wurde, so sorgte Köln für eine Einladung Wesels zum hansischen Bundestag 1430 in Lübeck. Zusammen mit Duisburg wurde Wesel in die hansische Wehrmatrikel aufgenommen. Im Umfeld der Soester Fehde stieg Wesel 1447/50 zu einer der fünf Vorstädte des rheinisch-westfälischen Drittels vorübergehend auf. Die Wehrmatrikel von 1450 verlangte von Wesel die Gestellung von sechs Gewappneten im Kriegsfall. Dieser Anschlag war zwar deutlich geringer als der für Köln (20), unterschritt aber die Forderung an die nicht mehr für sehr potent gehaltene Führungsstadt Dortmund (8) nur mäßig. Seit 1458 wählten die niederrheinisch-westfälischen Städte Wesel zudem immer häufiger als Tagungsort des Kölner Drittels, von dessen durch die klevische Städtegruppe gebildetem Viertel Wesel Führungsort blieb[24].

VI

Vergegenwärtigt man sich die hansischen Schwerpunkte zwischen Ruhr und Lippe, dann wird deutlich, daß die Zentren kaufmännischen hansischen Handels und des städtischen hansischen Bundeslebens eher an der westlichen und östlichen Peripherie des späteren Ruhrgebiets zu suchen sind. In einer frühen Phase etwa von 1160 bis 1250, darüber hinaus bis um 1420 gingen von Dortmund die kräftigsten hansischen Initiativen aus, und hier konzentrierten sich auch die hansischen Fernkaufleute besonders. Dies schlug sich in der Bedeutung Dortmunds in den hansischen Kontoren nieder. Nach dem Ende der Dortmunder Fehde, nach etwa 1420 stiegen die territorialen Vororte Wesel und Hamm bzw. Unna innerhalb des hansischen Bundeslebens auf; Dortmunds Stellung wurde nivelliert und angepaßt. Die alte Vorstadtrolle schmolz um 1550 auf eine Vorortschaft für Essen, Dorsten und Recklinghausen zusammen. Als Reichsstadt ohne Hinterland spielte Dortmund gegenüber den territorialen Vororten bis zum Ende des gesamthansischen Verbundes (1669) kaum noch eine Rolle. Doch beschränkten sich hansischer Handel wie hansisches Bundesleben niemals auf die Vorstädte. Es gibt dafür keinen besseren Beleg als die Berichte über die Schließung des Novgoroder Hansekontors 1494, die das Ende der hansischen Privilegiengemeinschaft von ferne ankündigte. Als russische Kaufleute in Livland ermordet worden waren, nahm Großfürst Iwan III. von Moskau dies zum Anlaß, alle 47 Deutschen, die man im Novgoroder Kontor 1494 fand, zu verhaften und ihre Waren im Werte von 96.000 Mark Silber zu beschlagnahmen. Zu den Inhaftierten, die bei der Rückfahrt nach ihrer späteren Entlassung bei einem Schiffsunglück allesamt ertranken, zählten nicht nur die drei Dortmunder Tydeman Prumen, Hans Deghynck und Diderick Potgether, sondern auch die Schwerter Johann Greve und Jurgen Hulscheer, der Breckerfelder Tylman Harzvelth, der Unnaer Hans Hassze und der Duisburger Luthke Barkendael. Das von dem Lübecker Reimar Kock so überlieferte Ereignis hat in mehr als einer Hinsicht Symbolcharakter[25].

Anmerkungen

1 Schmidt-Wiegand, Ruth: Hanse und Gilde. Genossenschaftliche Organisationsformen im Bereich der Hanse und ihre Bezeichnungen, HGbll 100 (1982), S. 21–40; Schulte, Eduard: Hansestädte des Ruhrreviers, Bochum 1971, S. 6.
2 Brandt, Ahasver von: Die Gotlandurkunden Heinrich des Löwen, HGbll 74 (1956/57), S. 97–106; Jordan, Karl: Zu den Gotlandurkunden Heinrich des Löwen, HGbll 91 (1973), S. 24–33; vgl. auch Anm. 3.
3 Ellmers, Detlev: Die Entstehung der Hanse, HGbll 103 (1985), S. 3–40.
4 Brandt, Ahasver von: Die Hanse als mittelalterliche Wirtschaftsorganisation, in: Wiss. Abh. der AGF NRW 27 (1963), S. 9–38.
5 Dollinger, Philippe: Die Hanse, Stuttgart 1966, hier: S. 44 ff.; Rennkamp, Walter: Studien zum deutsch-russischen Handel bis zum Ende des 13. Jahrhunderts, Diss. Bochum 1977, passim.
6 HUB I 232.
7 Luntowski, Gustav: Dortmund und die Hanse, in: ders. und Reimann, Norbert (Hg.): Dortmund. 1100 Jahre Stadtgeschichte, Dortmund 1982, S. 129–150; Winterfeld, Luise von: Dortmunds Stellung in der Hanse, Pfbll des HansGV 23 (1932).
8 Dösseler, Emil: Die Grafschaft Mark und der deutsche Ostseeraum, in: Der Märker 12 (1963), S. 225 ff., hier: S. 227.
9 Johansen, Paul: Westfälische Wesenszüge in der Geschichte und Kultur Alt-Livlands, in: Der Raum Westfalen IV,1, Münster 1958, hier: S. 288 ff.
10 Dollinger, Philippe (wie Anm. 5) S. 65 ff.
11 Henn, Volker: Über die Anfänge des Brügger Hansekontors, in: HGbll 107 (1989), S. 43–66.
12 Fryde, Natalie: Arnold Fitz Thedmar und die Entstehung der großen deutschen Hanse, in: HGbll 107 (1989), S. 27–42.
13 Luntowski, Gustav (wie Anm. 7) hier: S. 134 ff.
14 Dollinger, Philippe (wie Anm. 5) S. 84 ff.
15 Lindstroem, Gustav: Anteckningar om Gotlands Medeltid, Stockholm 1892, hier: S. 508 ff.
16 Dösseler, Emil (wie Anm. 8) passim.; Dösseler, Emil: Essen und der deutsche Ostseeraum zur Hansezeit, in: BeitrrGEssen 55 (1937), S. 5–62
17 Ennen, Edith: Grundzüge des niederrheinländischen Städtewesens im Spätmittelalter, in: Klever Archiv 3 (1981), S. 73.
18 Schoppmeyer, Heinrich: Hansische Organisationsformen in Westfalen, in: HGbll 100 (1982); Zitat: HUB IX 584.
19 UB Dortmund II 7; Schulze, Rudolf: Die Landstände der Grafschaft Mark bis zum Jahre 1510, Diss. Göttingen 1907, S. 196 ff.
20 Ehbrecht, Wilfried: Hamm, die Mark und die Hanse, in: Zink, Herbert (Hg.): 750 Jahre Stadt Hamm, Hamm 1976, S. 209–224.
21 Roden, Günter von: Geschichte der Stadt Duisburg, Bd. 1, Duisburg 1984; Hollweg, Otto: Wesel als Hansestadt 1407–1669, Wesel 1941, passim.
22 UB Dortmund II 3; Schulze, Rudolf (wie Anm. 19) S. 312, Nr. 3; Flink, Klaus: Die Klevischen Herzöge und ihre Städte, in: Land im Mittelpunkt der Mächte, Kleve 1984, S. 80 f.
23 Ennen, Edith (wie Anm. 17) S. 72 ff.; Weinforth, Friedhelm: Studien zu den politischen Führungsschichten in klevischen Prinzipalstädten vom 14. bis zum 16. Jahrhundert, Diss. Köln 1982, hier: S. 142 ff.
24 Hollweg, Otto (wie Anm. 21) passim.; HR II,3 Nr. 652.
25 HR III,3 Nr. 502.

Lebens- und Rechtskreise

Pfarrkirchen und Kuratkapellen zwischen Ruhr und Lippe im Mittelalter

Wilhelm Janssen

Aus dem Anfang des 14. Jahrhunderts hat sich eine Liste aller Kirchen der alten Erzdiözese Köln erhalten, die dem Erzbischof zur Zahlung einer „freiwilligen Beisteuer“, des sogen. Klerus-zehnten, verpflichtet waren; sie sind dort mit dem geschätzten Jahresertrag der Pfarrpfründe (als Bemessungsgrundlage) sowie dem einfachen Steuersatz notiert. Die Herausgeber haben dieser Liste deshalb den Namen „Liber valoris“ (LV) gegeben. Der LV zählt zwischen Lippe und Ruhr 81 Kirchen (darunter 8 Kapellen) auf, die sich auf die Dekanate Dortmund, Wattenscheid, Essen und den rechtsrheinischen Teil des Dekanates Duisburg verteilen. Davon stand die Kapelle in Drevenack nördlich der Lippe, während das Dekanat Wattenscheid mit vier Kirchspielen (Hattingen, Herbede, Niederwenigern und Sprockhövel) nach Süden über die Ruhr hinausreichte. Südlich der Ruhr lag auch der größte Teil der Pfarre Werden, die zum Dekanat Deutz gehörte und schon dadurch ihre Sonderstellung anzeigt. Aus dem Organisationsschema heraus fiel auch Dorsten, das zum Dekanat Xanten gerechnet wurde. Der LV beschreibt den Zustand des Pfarrsystems in der Kölner Diözese, wie er um 1300 bestanden hat – allerdings nur im Rahmen seiner Zweckbestimmung. Kirchen, die keine Steuern zu zahlen hatten, bleiben ausgespart. Das waren zum einen die dem Pfarrgottesdienst dienenden Kloster- und Stiftskirchen wie Essen, Werden, Hamborn, Flaesheim, Duisburg/St. Marien und Stoppenberg; das waren zum andern die unselbständigen Filialkapellen, die mit ihrer Mutterkirche zusammen veranschlagt wurden, wie etwa Bottrop bei Osterfeld und Hamm bei Mark. Einige alte Kirchen – wie Dorsten – sind allerdings schlichtweg vergessen worden, während bei einigen jüngeren Kirchen – z. B. Huckarde, Westhofen, Eichlinghofen – die Frage, ob sie damals schon als eigenständige Seelsorgekirchen anerkannt waren bzw. als solche in den Aufzeichnungen Berücksichtigung gefunden hatten, die der erhaltenen Fassung des LV als Vorlagen zugrunde gelegen haben, offen bleiben muß. Denn der LV stellt eine Momentaufnahme dar, die zwar an einzelnen Stellen noch erkennen läßt, daß der hier festgehaltene Zustand das Ergebnis eines längeren geschichtlichen Entwicklungsprozesses ist, die aber über den zeitlichen wie räumlichen Ablauf dieses Prozesses keine nähere Auskunft gibt. Der LV macht nämlich einen Unterschied zwischen (Pfarr-) Kirchen und Kapellen und weist dadurch darauf hin, daß wir uns die mittelalterliche Pfarrorganisation zwischen Ruhr und Lippe nicht als ein System gegeneinander abgegrenzter, gleichgeordneter und gleichberechtigter Kirchen und Kirchspiele vorstellen dürfen, sondern als das durch mannigfache gegenseitige Abhängigkeiten und Rangunterschiede gekennzeichnete Zusammenspiel einer Vielzahl von Kirchen mit unterschiedlichen Seelsorgerechten und -funktionen begreifen müssen. Dabei ist eine durchgängige Tendenz von der bloßen Betkapelle *(oratorium)* über die mit einem Meßstipendium versehene Kapelle *(capella dotata)*, die mit partiellen Seelsorgebefugnissen mehr oder minderen Umfangs ausgestattete Seelsorgekapelle *(capella curata)* bis hin zur vollberechtigten Pfarrkirche *(ecclesia parrochialis, kerspelskerke)* zu beobachten. Auf diesem Weg sind die einzelnen Kirchen verschieden weit vorangekommen, den letzten Schritt zur Pfarrkirche im eigentlichen Rechtssinne haben manche von ihnen während des Mittelalters nicht geschafft, obwohl sie die entscheidenden Pfarrechte wie Taufe und Begräbnis schon recht früh erworben haben. Das gilt etwa für die von der Mutterkirche St. Reinoldi in Dortmund sich lösenden Filialgemeinden Kirchhörde, Wellinghofen und Brackel (um 1200) sowie die jüngeren Dortmunder Stadtpfarreien St. Marien, St. Nikolai (1226/38) und St. Petri (1317). Zum jährlichen Sendgericht, auf dem die „öffentlichen Sünden und Laster“ der Gläubigen angeprangert und bestraft wurden, hatten die Kirchspielsleute aus den „abgepfarrten“ Orten und Stadtteilen immer noch an der Reinoldikirche zu erscheinen. Noch enger hielt die Petrus-Kirche in Recklinghausen die sich im Spätmittelalter abspaltenden Filialkirchen und -kapellen (Flaesheim, Hamm-Bossendorf, Oer, Henrichenburg, Herten, Suderwich und Westerholt) an sich gebunden: Deren Gemeindemitglieder mußten nicht nur weiterhin den Send an der Mutterkirche besuchen, sondern auch ihre Baulasten mittragen und (teilweise) bei dem dortigen Pastor um das Sakrament der Krankensalbung (Letzten Ölung) nachsuchen, dessen Spendung er sich ebenso vorbehalten hatte wie die förmliche Einsetzung (nicht Auswahl!) der Geistlichen an den Tochterkirchen.

Allerdings liegen die Abhängigkeitsverhältnisse und der jeweils erreichte Rechtsstatus der einzelnen Kuratkirchen nicht immer so klar wie in diesen Fällen. Das hängt damit zusammen, daß die einschlägigen Begriffe in den Schriftzeugnissen sehr unscharf gebraucht werden. So deutet das Auftauchen eines *plebanus* keineswegs zwingend auf eine Pfarrkirche hin, denn solche Seelsorgegeistlichen gab es – wie Beispiele in Bottrop (1240/LV), Herdecke (1250/LV) und Dinslaken (1396/99) zeigen – auch an unzweifelhaft abhängigen Kapellen mit eingeschränkter *cura animarum* (Seelsorge). Diese unpräzise Terminologie deutet auf wenig ausgeprägte Unterscheidungsmerkmale in der Sache selbst hin. Unter kirchenrechtlichen Kriterien ließ sich eine Pfarrkirche zwar sehr deutlich von einer Kapelle unterscheiden, unter funktionalen Gesichtspunkten – und das war die Blickrichtung, die für die normalen Kirchspielsgenossen allein in Frage kam – verwischten sich solche Unterschiede in dem Maße, wie der abhängigen Kapelle die „Verwaltung“ der heilsnotwendigen Sakramente und heilsbefördernden Benediktionen überantwortet war. In manchen Fällen konnte sogar alternativ von der „Pfarrkirche bzw. Kuratkapelle“ *(ecclesia parrochialis seu capella curata)* die Rede sein, so z. B. 1488 in Sterkrade. Aus der Differenz der Gesichtspunkte und Einordnungskategorien erklären sich auch Unsicherheiten in der Bezeichnung und der in zeitlicher Folge mehrfache Wechsel zwischen *„ecclesia“* und *„capella“*, wie er etwa in Sterkrade, Ruhrort, Uemmingen, Stiepel, St. Gertrud in Essen zu konstatieren ist. Daraus erklärt es sich ebenfalls, daß im LV die relativ großen Stadtpfarrkirchen St. Marien und St. Nikolai in Dortmund sowie St. Johann in Essen noch als *capellae* erscheinen. Unter kirchenrechtlichem Aspekt war das korrekt.

Begriffliche Unterscheidungen dieser Art öffnen den Blick für die historische Genesis des Pfarrsystems zwischen Ruhr und Lippe, für die zuletzt A. Hömberg ein Verlaufsmodell entworfen hat, das von vier im 9. Jahrhundert gegründeten Urpfarrkirchen (Unna, Dortmund, Bochum und Recklinghausen) ausgeht, von denen sich noch vor der Jahrtausendwende weitere 14 Stammpfarreien (Recklinghausen: Kirchhellen, Gladbeck, Datteln, Waltrop; Bochum: Essen, Wattenscheid, Hattingen, Witten;

Dortmund: Castrop, Mengede, Lütgendortmund; Unna: Herringen, Büderich, Rhynern) abgespalten haben, die dann ihrerseits Ausgangspunkte für die hoch- und spätmittelalterliche Differenzierung der kirchlichen Organisation in diesem Gebiet geworden sind. Am Ausgang des Mittelalters gab es hier über die 81 im LV aufgeführten *ecclesiae* und *capellae* hinaus noch mindestens 33 weitere Kuratkirchen und -kapellen, so daß wir es für diese Zeit mit einem Netz von ungefähr 115 Gotteshäusern zu tun haben, an denen seelsorgerische Tätigkeiten ausgeübt wurden. Hömbergs Modell besticht durch seine innere Logik und Plausibilität; es hat nur einen, allerdings entscheidenden Fehler: den Mangel an quellenmäßiger Absicherung, gelegentlich sogar die Unvereinbarkeit mit den Quellenzeugnissen. Das hat seinen Grund darin, daß Hömberg von der Prämisse ausgeht, zwischen der von den Franken eingeführten Kirchen- sowie Gerichts- und Verwaltungsorganisation bestehe eine Kongruenz – welche These allerdings nicht als Voraussetzung einzubringen, sondern als Ergebnis festzustellen gewesen wäre –, und daß er bei fehlenden zeitgenössischen Schriftbelegen ausgiebig mit räumlichen Zuordnungskategorien, Resultaten einer inzwischen ihrer selbst unsicher gewordenen Patrozinienforschung sowie mit Rückschlüssen aus zeitlich später bezeugten Verhältnissen operiert, die seiner konstruktiven Kombinationsgabe einen zu großen Spielraum gewährt haben.

Die Antwort auf die Frage nach dem Alter der einzelnen Kirchen zwischen Lippe und Ruhr ist zum einen abhängig von der jeweiligen Überlieferungslage, zum anderen von methodischer Vorsicht oder Unbedenklichkeit, von Skepsis oder Vertrauen bestimmten historischen Quellen gegenüber, die derjenige mitbringt, der eine solche Antwort gibt. Konkret: Die Chance für eine Kirche, in einer Urkunde oder Aufzeichnung genannt zu werden, war in der schriftarmen Zeit des Hochmittelalters immer dann recht groß, wenn sie im Besitz einer Institution war, in der die Schriftlichkeit noch eine relativ große Rolle spielte: eines Klosters oder Stifts. Nicht von ungefähr zählen die der Benediktinerabtei Deutz gehörenden Kirchen zu den am frühesten bezeugten: Hattingen, Herbede, Wattenscheid, Bönen, Kirchderne, Waltrop, Kirchhellen, Aplerbeck, Gladbeck, Marl, Osterfeld, Bottrop, Buer, Datteln, Unna, Herringen, Bochum, Sprockhövel und Niederwenigern. Weil Deutz der „reichste" Eigenkirchen- bzw. Patronatsherr im Ruhrgebiet gewesen ist, sind hier so viele Kirchorte vergleichsweise früh genannt. Andere Besitzverhältnisse hätten fraglos ein ganz anderes Bild hervorgebracht. Der zuverlässigste Quellentyp, den wir haben, ist eine echte Urkunde. Ein methodischer Rigorist, der nur die darin enthaltenen Informationen gelten läßt, verbaut sich freilich die Möglichkeit, durch kritische Prüfung und Auswertung dubioser Überlieferungen tiefer in die Vergangenheit vorzudringen. Wie weit wir die kirchliche Organisation unseres Gebietes zurückverfolgen können oder wollen, hängt eben entscheidend davon ab, ob wir den um 1160 niedergeschriebenen Aufzeichnungen des „Küsters" Dietrich über den Kirchenbesitz des Klosters Deutz Glauben schenken oder nicht, ob wir in der gefälschten Urkunde des Erzbischofs Heribert für Deutz von 1020 einen sachlich richtigen Kern anerkennen oder nicht, ob wir die Urkunde des Erzbischofs Anno für das Kölner Mariengradenstift von 1075 (belangvoll für Dortmunder Dekanat und Reinoldikirche) als echt, verfälscht oder ganz falsch einschätzen, oder wie wir über den Wahrheitsgehalt der Nachrichten denken, die die späte Dortmunder Chronistik über die Jahrhunderte vor 1300 enthält. Daß hier einhellige Meinungen kaum zu erreichen sind, liegt auf der Hand. Jenseits der Schriftzeugnisse spielen bei der Altersbestimmung von Kirchen Baubefunde und Grabungsergebnisse, soweit sie vorliegen, sowie die Patrozinienforschung eine erhebliche Rolle. Hier ist es oftmals schwer festzustellen, mit welcher Sorgfalt und nach welchen Kriterien die zeitlichen Ansätze für die Datierung von Bauwerken, Bauteilen oder archäologischen Befunden zustandegekommen sind. Von diesen Bedenken abgesehen, ist es bemerkenswert, wie nahe häufig – man ist versucht zu sagen: zumeist – Objektbefund und Schriftbeleg zeitlich beieinander stehen. Der Optimismus, mit dem man vor etlichen Jahrzehnten noch glaubte, das Alter einer Kirche mit Hilfe ihres Patroziniums festlegen zu können, ist inzwischen gründlich verflogen. Der Heilige, dem zwischen Lippe und Ruhr die meisten Kirchen geweiht worden sind, war der hl. Petrus. Er war der Patron alter Kirchen wie Syburg, Bochum und Recklinghausen, von Kirchen des 13. Jahrhunderts (Mülheim) und schließlich noch der jüngsten Dortmunder Pfarrkirche St. Petri (1317). Wer will wissen, was die Menschen jeweils bewogen hat, sein Patronat zu wählen: Romverbundenheit, Reverenz vor dem Kölner Bistumsheiligen oder einfach die Verehrung des Apostelfürsten? Eine ähnliche Zeitbreite weisen auch andere gern gewählte Kirchenpatrone auf, so z. B. der hl. Georg, der bereits bei der im 11. Jahrhundert bezeugten Kirche in Gelsenkirchen als Titelheiliger erscheint, in Meiderich, Hattingen, Aplerbeck und Marl begegnet und noch für die Stadtkapellen bzw. -kirchen in Hamm (13. Jahrhundert) und Lünen (14. Jahrhundert) als Patron gewählt wurde.

Angesichts dieser Quellenlage und der damit verbundenen methodischen Probleme tun wir gut daran, uns anhand der echten oder der mit großer Wahrscheinlichkeit verläßlichen Schriftzeugnisse ein Bild von der Entwicklung der Kirchenorganisation in unserem Gebiet zu machen, dessen Mangel an Geschlossenheit und Stringenz durch die solide Quellenfundierung mehr als wettgemacht wird. Da der Kölner Erzbischof dort an 16 der früh genannten und bedeutenden Kirchen – darunter Recklinghausen, Bochum, Dortmund, Unna, Hattingen, Wattenscheid – als der zuerst belegte Inhaber erscheint, kann es kaum zweifelhaft sein, daß die kirchliche Erfassung und Ordnung dieses Gebietes von Köln ausgegangen ist. Die ersten Kirchen scheinen demnach bischöfliche Taufkirchen und Missionsstationen gewesen zu sein, die in das dem Christentum erst noch zu erschließende Sachsenland südlich der Lippe hineingesetzt wurden. Ob bei der Lokalisierung planerische Regelmäßigkeit oder zufällige Gegebenheiten eine Rolle spielten, sei ebenso dahingestellt wie die Frage, ob diesen Kirchen bereits fest umrissene Sprengel zugeordnet waren. Wenn man bedenkt, mit welchen Schwierigkeiten das Stift Essen noch im 10. und 11. Jahrhundert hinsichtlich seiner *parrochia* zu kämpfen hatte, wird man hier eher skeptisch sein. Der Zwang zur Bildung fester, klar gegeneinander abgegrenzter Pfarrsprengel ergab sich erst, als Wald und Ödland aufgesiedelt wurden, die ursprünglichen Siedlungsinseln sich zu geschlossenen Siedlungsflächen verdichteten und Siedlungsverdichtung wie Bevölkerungsvermehrung die Errichtung neuer Seelsorgekirchen erforderlich machten. Dies war ein Prozeß, der in seiner ersten Phase von 1000–1200 offenbar mit einer gewissen Gleichmäßigkeit abgelaufen ist und sich im 13. Jahrhundert dann deutlich beschleunigte. In diesem 13. Jahrhundert – die beigefügte Tabelle macht das eindrucksvoll deutlich – hat die Pfarrorganisation zwischen Ruhr und Lippe ihre im Prinzip vollendete Form gefunden, wie sie im LV festgeschrieben worden ist. Der weitere Ausbau dieses Systems nach 1300 wurde anscheinend nicht mehr nur als Differenzierung im Rahmen der beste-

henden Ordnung, sondern auch und vornehmlich als Störung dieser Ordnung, als mißtrauisch aufgenommene „Neuerung", empfunden.
Vor 1300 ist es der wachsende Bevölkerungsdruck in Verbindung mit einer zunehmenden Verchristlichung des Alltagslebens gewesen, der zur Bildung immer neuer Seelsorgekirchen geführt hat. Das dürfte in der Regel so abgelaufen sein, daß bestehende Eigenkirchen, die ein geistlicher oder weltlicher Grundherr für seine Hörigen gebaut hatte, damit sie dort die Messe besuchen konnten, mit dem Recht der Sakramentenverwaltung ausgestattet und ihre Zuständigkeit über den engeren Hofesverband auf die ganze Nachbarschaft ausgedehnt wurden. Sie erhielten damit, unbeschadet des fortdauernden Stellenbesetzungsrechts des ehemaligen Kircheneigentümers (Patronat), öffentlichen Charakter. Weil die Kirchen so zum räumlichen wie geistlichen Mittelpunkt für die unter verschiedenen Grundherrschaften lebenden Bewohner des ihnen zugeordneten Sprengels wurden, wo diese sich allsonntäglich versammelten, entwickelten sie sich über ihre kirchlichen Funktionen hinaus zu Kristallisationskernen eines neuen politisch-sozialen Ordnungsgefüges, das nicht mehr auf dem Prinzip der Grundherrschaft, sondern dem der Nachbarschaft beruhte. Im Zerfall der grundherrschaftlichen Ordnung und im Zusammenhang mit der Ausbildung der Landesherrschaft etablierte sich im Gebiet vorherrschender Einzelhof- und Weilersiedlung das Kirchspiel, die *parrochia,* zugleich als unterste weltliche Verwaltungs- und Organisationseinheit. Seitdem stellten Änderungen der Pfarrgrenzen mehr dar als innerkirchliche Verwaltungsmaßnahmen. Das erklärt, warum solche Änderungen nach 1300 schwerer und mit erheblich größerem administrativen Aufwand durchzuführen waren als vorher – und deshalb besser bezeugt sind.
War es bis um 1300 das allgemeine Bevölkerungswachstum, auf dessen Konto der Ausbau des Pfarrsystems ging, so sah dies nach 1300 anders aus. Hungersnöte und Pestseuchen ließen die Bevölkerungsentwicklung stagnieren oder gar rückläufig werden. Statt einer generellen Siedlungsverdichtung haben wir es nun mit partiellen Siedlungs- und Bevölkerungskonzentrationen durch Städtebildung zu tun, die bedenkliche Unausgeglichenheiten in das um 1300 bestehende Pfarrnetz brachten. Dazu kam, daß die nach eigenem Recht lebenden Städte nicht mehr gut in die anders strukturierten *parrochiae* paßten, innerhalb deren sie entstanden waren. Es waren deshalb fast ausschließlich Stadtkapellen, die im Spätmittelalter von ihrer ländlichen Mutterkirche abgepfarrt wurden: Holten von Walsum (1319), Hamm von Mark (1337), Dinslaken von Hiesfeld (1436), Ruhrort vom linksrheinischen Halen (1489). Die schützende Stadtmauer trennte die Stadtkapelle von der Pfarrkirche auf dem Lande und ließ das Bedürfnis nach einer kirchlichen Verselbständigung der Stadtgemeinde wach werden, dem nicht zuletzt deshalb in der Regel entsprochen wurde, weil der jeweilige Stadt- und Landesherr an einer solchen *separacio* ein Interesse hatte. Dieselbe Stadtmauer trennte im umgekehrten Falle aber auch den außerhalb wohnenden Teil der Pfarrgemeinde von der in der Stadt liegenden Pfarrkirche, was dann besonders schmerzlich empfunden wurde, wenn der Pfarrer nachts mit dem hl. Öl oder der Wegzehrung *(viaticum)* zu einem Kranken oder Sterbenden gerufen wurde und er wegen der geschlossenen Tore die Stadt nicht verlassen konnte. Das Bestreben der Filialkapellen in der Umgebung von Recklinghausen, sich von der dortigen Mutterkirche weitgehend unabhängig zu machen, hat hier einen seiner Gründe. Der andere – vom Kirchenrecht als legitim anerkannte – war die „große Entfernung", während die „zahlreiche Bevölkerung" (ebenfalls als Abpfarrungsgrund kirchenrechtlich sanktioniert) eher bei der Bildung der Petri-Gemeinde in Dortmund 1317 eine Rolle gespielt hat. In der Tat waren im westfälischen Teil der Erzdiözese die Pfarrsprengel im Durchschnitt erheblich größer als im rheinischen, obwohl beide Teile flächenmäßig ungefähr gleich groß waren. Nach dem LV standen 190 westfälischen 679 rheinische Kirchen gegenüber.
Daß man im allgemeinen aber zögerte, eine vollständige Trennung von der Mutterkirche vorzunehmen und sich damit begnügte, der Filialkirche den Status einer Kuratkapelle mit umfassenden Seelsorgerechten zu geben, hat wohl mit der konservativen Grundstimmung der Zeit zu tun, die es vorzog, statt ausdrücklich „Neuerungen" einzuführen, unter prinzipieller Respektierung der traditionellen Ordnung praktische Maßnahmen zu ergreifen, die im Effekt auf eine Änderung dieser Ordnung hinausliefen. So war es 1364, als der Georgskapelle in Lünen sämtliche einzeln aufgezählten Pfarrechte – nämlich das Recht, Opfergaben zu empfangen (!), Beichte zu hören, Gelübde entgegenzunehmen, Bußen aufzuerlegen, die Sakramente (Eucharistie) zu spenden, Tote zu begraben, Kinder zu taufen, Wöchnerinnen „auszusegnen", Ehen zu schließen, Brautleute zu benedizieren sowie zu predigen – zuerkannt wurden, ohne daß sie förmlich zur Pfarrkirche erhoben wurde. Pfarrkirche blieb Brechten, auch wenn der Pfarrer in Lünen residierte. Allerdings spielten bei Widerständen gegen die völlige oder teilweise Verselbständigung von Tochterkirchen auch handfeste materielle Interessen eine nicht geringe Rolle, verlor der *plebanus* der Mutterkirche doch damit einen Teil der von den Gläubigen gespendeten Opfergaben (Oblationen) und der Stolgebühren (für priesterliche Amtshandlungen), die z. B. in Castrop 1334 auf die stattliche Summe von 18 Soester Mark geschätzt wurden. Da diese Gelder häufig den größten Teil der Einkünfte des „Pfarrers" (der meistens ja nicht der Inhaber der Pfarrpfründe war!) ausmachten, ist eine solche abwehrende Haltung nicht unverständlich.
Die nach 1300 zwar verlangsamte, doch ungebrochene Tendenz zur Errichtung oder Ausstattung neuer Kirchen hat ihre wesentliche Ursache wohl in dem Verlangen der Gläubigen, eine Kirche, an der ein Priester (der dort als „Hirte die Seelen lenkt und umsorgt" – wie es in einer Dortmunder Aufzeichnung des 14. Jahrhundert heißt) die *cura animarum* (Seelsorge) und *custodia reliquiarum* (Bewahrung der Heiligenreliquien) ausübte, möglichst nah zu haben. Dies wiederum hing zusammen mit der wachsenden Verinnerlichung des christlichen Glaubens während des Spätmittelalters und einer daraus resultierenden intensiveren Frömmigkeit: einer der Kirche zugewandten Frömmigkeit, die die heilsvermittelnden Gnaden der Sakramente und die stärkende Kraft der kirchlichen Benediktionen suchte. Die Teilnahme am Meßopfer war nicht mehr nur Verpflichtung, sondern wurde zum geistlichen Bedürfnis. Um sie zu ermöglichen, stiftete man Frühmeßstipendien; denn der Pastor las weder jeden Tag noch zu einer Tageszeit die Messe, die es dem arbeitenden Bauern oder Bürger gestattet hätte, sie zu besuchen. Solche Frühmeßstiftungen gab es u. a. in der Reinoldikirche zu Dortmund (1336), Wattenscheid (1340), Dorsten (1345), Recklinghausen (1366), Bochum (1433), Steele (1454), Werden (1470) und Hattingen. Die Glaubensinbrunst ging einher mit einem tiefen Sündenbewußtsein, mit Lebensangst und Todesfurcht, mit der Sorge, im Jüngsten Gericht einen gnädigen Richter zu finden. Auf diesen Augenblick des Gerichts, der ebenso unvermeidlich

wie sein Zeitpunkt ungewiß war, bereitete man sich durch fromme Werke und das Bemühen vor, möglichst viele heilige Fürbitter für sich zu gewinnen. Das 14. und – mehr noch – 15. Jahrhundert ist die Zeit der Altar- und Vikariestiftungen zu Ehren eines oder mehrerer Heiligen. Fast jede Kirche zwischen Ruhr und Lippe hatte am Ende des Mittelalters eine oder mehrere Vikarien; ihre Zahl konnte bis zu 7 (Recklinghausen), 9 (Hattingen), oder gar 10 (Schwerte) gehen; im rechnerischen Durchschnitt ergeben sich 3–4 Vikarien pro Kirche. Die beliebtesten Altarheiligen waren (natürlich) die Gottesmutter, dann (in dieser Reihenfolge) die hl. Katharina, Antonius, Anna und Johannes der Täufer; ihnen folgten mit einigem Abstand Stephanus, Nikolaus und Georg. Eine Vielzahl anderer Heiliger war spärlicher vertreten, gern weihte man auch – um die fürbittende Kraft zu verstärken – den Altar einer Heiligengruppe wie den 10000 Märtyrern oder den 11000 Jungfrauen. Die mit diesen Altären bewidmeten Vikare lasen dort täglich oder mehrmals in der Woche die Messe für das Seelenheil der Altarstifter, an den sogenannten Kirchspielsvikarien also für das der ganzen Gemeinde. Das war ihre ganze Arbeit, mit der Seelsorge (Sakramentenspendung und Predigt) hatten sie nichts zu tun. Allerdings gab es merklich weniger Vikare als Vikarien. Die zumeist karge materielle Ausstattung – der vorgeschriebene Rentensatz von 25 rhein. Gulden wurde keineswegs immer erreicht – machte eine Pfründenkumulation unerläßlich, wenn das Existenzminimum gesichert werden sollte.

An die Kirchen- und Altarpatrone schlossen sich vielfach kirchliche Laienbruderschaften an, deren vornehmste Aufgabe es war, ihren Mitgliedern das Begräbnis und das Totengedächtnis auszurichten und ihnen so auf dem schweren Weg in die Ewigkeit beizustehen. Liebfrauenbruderschaften sind etwa in Schwerte (1433), Mülheim (1452), Buer (1475) bezeugt; in Dortmund gab es sogar sieben solcher Heiligenbruderschaften. Ihnen entsprachen die sogen. Kalande (in Wattenscheid, Essen, Herdecke, Recklinghausen, Dortmund und Schwerte), in denen sich Priester und Laien aus den gleichen Motiven zusammenschlossen.

Angesichts der zunehmenden Differenzierung des Pfarrsystems, der immer engmaschigeren Verknüpfung des Kirchspielnetzes würde man als Ergebnis der Entwicklung am Ende des Mittelalters eine gewisse qualitative wie quantitative Ausgeglichenheit der kirchlichen Organisationsstruktur erwarten. Das war aber keineswegs der Fall. Um 1500 gab es im Dekanat Duisburg unterschiedlich große Pfarrbezirke, angefangen von 130 Kommunikanten in Ruhrort bis zu 700 Kommunikanten in Hünxe. Noch krasser waren die Unterschiede im Vest Recklinghausen, dessen für 1569 überlieferte Kommunikantenzahlen zumindest die für das 15. Jahrhundert geltenden Größenrelationen deutlich machen. Hier standen den 2000 bzw. 1800 Kommunikanten in Dorsten und Buer lediglich je 100 in Flaesheim, Hamm-Bossendorf und Horst gegenüber.

Nur im Niederpfründenwesen und bei der Verwaltung des Fabrikvermögens (für Bau und Ausstattung der Kirchen) begegnen wir übrigens einem Mitwirkungsrecht der Gemeinde. Sie vergab die Kirchspielvikarien und meistens auch das Frühmeßbenefiz, sie wählte seit dem 14. Jahrhundert die befristet amtierenden (2–3) Kirchmeister. Die Kollation der Pfarrstellen lag dagegen – vom Präsentationsrecht des Dortmunder Stadtmagistrats für die Marien- und die Nikolaikirche abgesehen – ausschließlich in der Hand geistlicher und weltlicher Patronatsherren, allen voran einiger Klöster und Stifte wie Deutz, Essen, Cappenberg, Scheda, Xanten u. a., deren hoch- und niederadlige Vögte und Vasallen ihnen dieses Recht allerdings seit dem Spätmittelalter vielerorts mit Erfolg streitig machten (z. B. in Bochum, Wattenscheid, Bottrop, Buer, Marl, Osterfeld).

Um solchen Entfremdungen vorzubeugen und zugleich die eigenen Einkünfte zu verbessern, ließen sich viele geistliche Gemeinschaften im Spätmittelalter ihre Patronatskirchen inkorporieren, d. h. die jeweilige Pfarrpfründe dem Kloster- oder Stiftsvermögen zuschlagen. Sie übernahmen dafür die Verpflichtung, die Pfarrseelsorge entweder durch ein Mitglied des eigenen Konvents bzw. Kapitels oder – gegen ein angemessenes Entgelt *(portio congrua)* – durch einen weltpriesterlichen (nicht absetzbaren) Ewigvikar *(vicarius perpetuus)* ausüben zu lassen. So wurden z. B. 1350 die Kirchen in Unna, Aplerbeck, Bönen, Herringen, Kirchderne, Datteln, Waltrop und Hattingen dem Kloster Deutz inkorporiert, 1334 die Kirche in Castrop dem Stift Monterberg/Kleve, wobei sich jedoch der Graf von Kleve das Stellenbesetzungs- (= Präsentations-)recht vorbehielt.

Unausgeglichen war auch die kirchliche Organisationsstruktur auf der mittleren Ebene, den Dekanaten, deren Umrisse als intermediäre Ordnungen zwischen Bischof und Pfarrkirche seit dem 11. Jahrhundert deutlicher hervortreten. Damals verband Erzbischof Anno die Dekanswürde (und die damit verbundenen Pflichten, Rechte und Einkünfte) mit bestimmten Dignitäten an Kölner Stiftskirchen. Geborener Dekan des großen Dekanats Dortmund war der Propst von Mariengraden, der des erheblich kleineren Dekanats Wattenscheid der Dekan von St. Georg, der des Dekanats Duisburg der Propst von St. Kunibert. Essen hatte sich mit seinen abhängigen Kirchen im 13. Jahrhundert aus dem Dekanat Wattenscheid lösen und de facto unabhängig stellen können.

Als Archidiakon für den ganzen westfälischen Anteil der Diözese hatte sich um 1100 der Dompropst zwischen den Bischof und die Dekane geschoben, der aber schon seit dem ausgehenden 12. Jahrhundert von den Dekanen wiederum aus seinen Rechten und Einkünften verdrängt wurde. Diese *decani nati,* vornehmlich an den finanziell einträglichen Rechten ihres Amtes interessiert, überließen die damit verbundenen pastoralen und administrativen Pflichten gewählten Pfarrern des jeweiligen Sprengels, die in den Quellen dann als Vizedekane oder auch einfachhin als Dekane auftreten und den Landkapiteln (Christianitäten) vorstanden, in denen sich die Pfarrer auf Dekanatsebene regelmäßig zusammenfanden.

Die Trennung zwischen *beneficium* und *officium,* zwischen dem Genuß der Rechte und Einkünfte einerseits und der Erfüllung der Amtspflichten andererseits, fand sich im übrigen auch bei den Seelsorgebenefizien. Es war eine verbreitete Praxis, daß der eigentliche Pastor zwar die Einkünfte der Pfarrpfründe oder (bei Inkorporationskirchen) des ihm daraus angewiesenen festen Anteils bezog, die Arbeit aber durch einen angestellten Priester, einen „Mietling" machen ließ, den er mehr schlecht als recht dafür entlohnte. Die Versuchung – vielleicht auch die Notwendigkeit – für solche „Mietlinge", sich durch dubiose weltliche Geschäfte und eine Überstrapazierung der Stolgebühren ein Zubrot zu verdienen, war dementsprechend groß. Das konnte Anlaß zum Ärgernis geben. Das ungeistliche Leben, die Pflichtvergessenheit und religiöse Unbildung mancher Seelsorgepriester vor dem Hintergrund einer ungebrochenen heilsuchenden Frömmigkeit der Gläubigen war gewiß einer der Gründe dafür, daß die reformatorische Bewegung auf große Resonanz stieß, als sie in der zweiten Hälfte des 16. Jahrhunderts in das Gebiet zwischen Ruhr und Lippe eindrang.

Literatur

Börsting, Heinrich/Schröer, Alois: Handbuch des Bistums Münster. I Geschichte, Münster ²1946.

Handbuch des Bistums Essen. I Geschichte, Essen ²1974.

Hegel, Eduard: Kirchliche Vergangenheit im Bistum Essen, Essen 1960, Kap. IV und V (S. 45–76).

Hömberg, Albert K.: Das mittelalterliche Pfarrsystem des kölnischen Westfalen, in: Westfalen 29 (1951), S. 27–47.

Ders.: Kirchliche und weltliche Landesorganisation (Pfarrsystem und Gerichtsverfassung) in den Urpfarrgebieten des südlichen Westfalen, Münster 1965.

Janssen, Wilhelm: Beobachtungen zum Verhältnis von Pfarrorganisation und Stadtbildung in der spätmittelalterlichen Erzdiözese Köln, in: Annalen des Historischen Vereins für den Niederrhein 188 (1985), S. 61–90.

Ders.: Die Differenzierung der Pfarrorganisation in der spätmittelalterlichen Erzdiözese Köln, in: Bauer, Dieter/Lorenz, Sönke: Vom Bistum zum Kirchspiel. Entwicklung und Ausformung der Pfarrorganisation im Mittelalter (erscheint 1990).

Kampschulte, Heinrich: Kirchlich-politische Statistik des vormals zur Erzdiözese Köln gehörigen Westfalens, Lippstadt 1869.

Milz, Joseph: Studien zur mittelalterlichen Wirtschafts- und Verfassungsgeschichte der Abtei Deutz, Köln 1970.

Oediger, Friedrich Wilhelm (Hg.): Der Liber Valoris, Bonn 1967.

Ders.: Die Kirchen des Archidiakonats Xanten, Bonn 1969.

Ders.: Das Bistum Köln von den Anfängen bis zum Ende des 12. Jahrhunderts, Köln ²1972, Kap. II 2.

Ders.: Die bischöflichen Pfarrkirchen des Erzbistums Köln, in: Ders., Vom Leben am Niederrhein, Düsseldorf 1973, S. 17–52.

Steinen, Johann Diederich von: Westphälische Geschichte. 4 Teile, Lemgo 1755–1760.

Stüwer, Wilhelm: Die Patrozinien im Kölner Großarchidiakonat Xanten, Bonn 1938.

Spezialarbeiten zu einzelnen Orten und Kirchen können aus Raumgründen leider nicht zitiert werden.

Mittelalterliche Pfarrkirchen und Kuratkapellen zwischen Lippe und Ruhr

Vor 1000

- Syburg 776
- *Werden, Abtei* ca. 800
- *Essen, Stift* ca. 850/70
- Duisburg, St. Salvator 893
- Rellinghausen 998
- Essen, St. Johann 10. Jh.
- Werden, St. Clemens (10. Jh.), 1103

1000-1100

- Stiepel 1008
- Hattingen (1020), 1147
- Herbede (1020), ca. 1160
- Wattenscheid (1020), 1147
- Bönen (1020), 1147
- Kirchderne (1020), 1147
- Waltrop (1020), 1147
- Kirchhellen (1020), 1147
- Aplerbeck (1020), 1147
- Gladbeck (1020), 1147
- Marl (1020), ca. 1160
- Osterfeld (1020), ca. 1160
- Unna (1020), 1032
- Herringen (1020), 1032
- Werden, St. Lucius 1063
- Gelsenkirchen 1073/85
- Steele 1073/85
- *Stoppenberg* 1073/85
- Dortmund, St. Reinold (1075), 1238
- Essen, St. Gertrud 11. Jh.

1100-1200

- *Hamborn* 1136
- Buer 1147
- Datteln 1147
- Niederwenigern 1147
- *Pelkum* 1147
- *Duisburg, St. Marien* 1153/56
- Bochum ca. 1160
- *Bottrop* ca. 1160
- Sprockhövel ca. 1160
- *Uemmingen* (= Bo-Laer) ca. 1160
- Recklinghausen 1166
- *Flaesheim* 1166
- *Berchum* 1169
- *Dorsten* 1176/79
- Kurl 1189
- Methler 1189
- Dortmund, St. Nikolaus (1193/98), 1241
- Dortmund, St. Maria (12. Jh.), 1267

1200-1300

- Kirchhörde (ca. 1200), 1272
- Wellinghofen (ca. 1200), 1281
- Frömern 1210
- Hemmerde 1210
- Schwerte 1213
- Witten 1214
- Asseln 1216
- Mengede 1216
- Meiderich 1217
- Götterswickerhamm 1226
- Eppinghoven 1226
- *Kirchlinde* 1231
- Hamm-Bossendorf 1226
- Herne 1238
- Lünern 1239/1290
- Mülheim (1243), 1250/62
- Lütgendortmund (1243), 1288
- Kamen 1245
- Spellen 1248
- Mark 1251
- Hamm 1254
- Sterkrade 1255
- Mintard 1266
- Castrop 1269
- Flierich 1269
- Walsum 1269
- *Holten* 1269
- *Huckarde* 1272
- Oer 1278
- *Westhofen* 1279
- Beeck 1280
- *Blankenstein* 1280
- Brechten 1282
- Herdecke 1290
- Drevenack 1291
- *Horst* 1295

Nach 1300

- Heeren-Werve 1300
- *Eichlinghofen* 1302
- Gahlen LV
- Hiesfeld LV
- Hünxe LV
- Brackel LV
- Wetter (Dorf) LV
- Opherdicke LV
- Polsum LV
- Harpen LV
- *Westerholt* 1310
- *Linden* 1313
- Borbeck 1313
- *Dortmund, St. Petrus* 1317
- *Eickel* 1322
- *Bodelschwingh* 1322
- *Rüdinghausen* 1326
- *Suderwich* 1334
- *Barop* 1348
- *Lünen* 1348
- *Wetter* (Freiheit) 1355
- *Ruhrort* 1379
- *Langendreer* 1386
- *Dinslaken* 1396
- *Henrichenburg* 1402
- *Herten* 1433
- *Ahsen* 1439
- *Weitmar* 1471

Die Jahreszahlen geben das erste Auftreten in Schriftzeugnissen wieder. Wenn die Zeitangabe zwar sehr wahrscheinlich, aber nicht über allen Zweifel erhaben ist, ist sie in Klammern gesetzt und die nächstfolgende sichere Bezeugung hinzugefügt. Als Beleg für die Existenz einer mit umfassenden oder eingeschränkten Seelsorgerechten ausgestatteten Kirche gilt die Kombination des Ortsnamens mit den Begrifen *ecclesia, capella, plebanus* (Seelsorgegeistlicher), *sacerdos* (Priester), *pastor, parrochia* (Kirchspiel). Die nicht im „Liber valoris" vermerkten Kirchen erscheinen kursiv.

Zur Bedeutung Cappenbergs im Mittelalter oder: Alternatives Leben vor Ort

Manfred Gerwing

Cappenberg in Westfalen verdankt seine überragende mittelalterliche Bedeutung vornehmlich der historischen Tatsache, daß hier 1122 der letzte Graf von Cappenberg das erste deutsche Prämonstratenserstift gründete und „somit entscheidend für den Aufschwung des jungen Ordens" sorgte. Diese These Herbert Grundmanns, aufgestellt 1959, gilt nach wie vor[1]. Doch bedarf sie der näheren Erklärung, der weiteren Entfaltung und der korrekt-konkreten Konturierung.
Dabei zwingt aber der zur Verfügung stehende Raum zur äußersten Bescheidung: Die Bedeutung Cappenbergs soll hier nur unter dem Stichwort „alternatives Leben vor Ort" zur Sprache und damit lediglich exemplarisch-punktuell, bezogen auf das 12. Jahrhundert, angedeutet, nicht aber in ihrer gesamten Vielschichtigkeit dargestellt werden.
Cappenberg hat sich nicht erst seit der erwähnten Umwandlung in ein Prämonstratenserstift einen Namen gemacht. Bereits Jahrhunderte zuvor war Cappenberg ein Begriff, ein Begriff allerdings, der mit seinem späteren Namen durchaus nicht harmonisierte, sondern eher alternativ korrespondierte. Gehörte es doch gerade zur erklärten Absicht dieser damals neuartigen religiösen Gemeinschaft, die einstigen Zentren der Macht und der Mächtigen zu „revolutionieren", christlich umzupolen und zu Stätten der Armen und „Alternativen" werden zu lassen. Neben Konradsdorf, Wirberg, Langenselbold, Germerode, Ilbenstadt, Beselich, Arnstein bietet eben Cappenberg dafür geschichtliches Beispiel[2].
Genau auf dem Grund und Boden des späteren Stiftes stand eine strategisch günstig plazierte Burg: die Burg Cappenberg. Sie konnte schon damals auf eine bemerkenswert lange Geschichte und imponierende Tradition zurückweisen.
Doch damit nähern wir uns bereits dem gefährlich ungenauen Bereich des retrospektiv Gewebten, mitunter auch des sentimentalisch Fabulierten. Wer immer sich mit den Wurzeln Cappenbergs, also mit der Burg Cappenberg, beschäftigt, muß wissen, daß er auf schwankenden Boden tritt. Die Vita des heiligen Norbert nennt Cappenberg zwar eine Burg, die über fast ganz Westfalen herrschte, doch fehlen die eindeutigen schriftlichen Belege und archäologischen Befunde.
Fest steht jedenfalls, daß Cappenberg im Mittelalter nicht nur als eine Burg unter vielen galt. Zweifellos war sie von hervorragender strategischer Bedeutung. Vor allem aber gehörte Cappenberg zum Besitz der ältesten und führenden Familien des Landes, war eng verbunden mit den Magnaten des Reiches und wurzelte mit seiner bis in die Zeit der Karolinger ausladenden Tradition tief in dem geschichtsträchtigen sächsisch-westfälischen Raum, einem Gebiet, das schon früh zum *Zentrum des europäischen Kulturkreises* gehörte[3].
Nur weil das so war, konnte Cappenberg schließlich den ersten Prämonstratensern jenen zeit- und gesellschaftskritischen Raum bieten, von dem dann mächtige reformerische Impulse auf Geist und Gesellschaft der damaligen Zeit ausgingen. Es bietet damit historisch-konkretes Beispiel für zahlreiche in der modernen Forschung virulente Fragestellungen, so etwa Fragen nach den Entwicklungslinien herrschaftsbezogener Sakralkultur, nach den komplex-komplizierten Zusammenhängen von *sacerdotium* und *imperium*, von Herrschaftsausübung und Anbetung, von Spiritualität und Staatsfrömmigkeit. Es ist Element innerhalb des Untersuchungsgegenstandes der Sakraltopographie von Pfalzen, Burgen und Herrensitzen.
Bei den damit korrespondierenden Fragen nach mittelalterlicher Herrschaftsbegründung, nach dem jeweiligen ideologischen Herrschaftsanspruch und dem daraus resultierenden wie reflektierenden Herrschaftsgefüge rückt Cappenberg immer deutlicher ins Blickfeld des Historikers. Cappenberg ist von unverzichtbarer Zeugnisrelevanz, dessen Erforschung zwar immer wieder dringend gefordert, aber gerade in den genannten Dimensionen noch weitgehend aussteht[4].
Cappenberg wurde – was seine hohe Wertschätzung unterstreicht – urkundlich bezeugte Residenz, ständiger Wohnsitz des in der Forschung sogenannten „jüngeren Cappenberger Grafengeschlechts", das wohl aus Niederlothringen stammte.
Zu diesem Geschlecht gehörte jener Gottfried von Cappenberg († 1127), der bei der bedeutungsvollen Umwandlung der Burg in ein Prämonstratenserkloster die dominierende Rolle spielte. Gottfrieds geschichtliche Bedeutung liegt in seinem ernst-alternativen Geist, nicht so sehr in seiner hohen Geburt, die ihn aber immerhin mit den Saliern und den Staufern verwandt sein ließ[5].
Otto von Cappenberg, der – wie sein Bruder Gottfried – ebenfalls Prämonstratenser wurde, avancierte gar zum geschätzten Patenonkel Friedrichs I. Daß diese Patenschaft für den späteren Kaiser wie für die Cappenberger aber weit mehr als bloßer Ausdruck verwandtschaftlicher Nähe war, demonstrieren am augenfälligsten der berühmte *Cappenberger Barbarossakopf* sowie die sogenannte *Taufschale*. Die kaiserlichen *munera* artikulieren eine von Barbarossa durchaus politisch-gesellschaftlich in Anspruch genommene religiös-transzendentale Beziehung zwischen Kaiserhaus und Cappenberg, die aus der Hinkehr zur radikal-christlichen Lebensform der ehemaligen Grafen erwuchs und die – in den Augen des Staufers wie zahlreicher Zeitgenossen – eine besondere Nähe zu Gott verhieß[6].
Gottfried von Cappenberg, einer der reichsten und angesehensten Männer Westfalens wurde zum vielbeachteten *vir Dei*, zum Gottesmann, als er – nach der Begegnung mit Norbert von Xanten im Herbst 1121 – sich dazu entschloß, seine Burg Cappenberg, später auch Varlar und seinen Besitz Ilbenstadt (in der Wetterau) zu Lebens- und Gebetsstätten von Prämonstratensern umzurüsten, ja überhaupt seine Güter nach und nach zu veräußern oder zu verschenken, seinen Grafentitel ausdrücklich aufgab und selbst der genannten *alternativ*-religiösen Gemeinschaft beitrat; und zwar samt seiner Familie: seiner Gattin Jutta und seinen Geschwistern Otto von Cappenberg, Gerberga und Beatrix. Schon damals fand dieser Wandlungsprozeß größtes Aufsehen, Nachahmer, aber auch erbitterte Gegner.
So erklärten Gottfrieds eigene Ministerialen ihn für verrückt. Auch der Bischof von Münster war gegen diese Pläne. Er wollte die Burg Cappenberg nicht zum Kloster umfunktioniert sehen, sondern lieber als strategisch günstig gelegene Militäranlage behalten.
Gottfrieds Schwiegervater, Friedrich von Arnsberg, erkannte sofort, was dieser Schritt der Cappenberger signierte: den Rückzug aus dem politisch-öffentlichen Leben einer vielversprechenden Dynastie und die Durchkreuzung seiner eigenen ergeizigen territorialpolitischen Pläne. Friedrich verklagte seinen Schwiegersohn, bot ein Heer gegen ihn auf und drohte, als der Gründer

des neuen Ordens, Norbert von Xanten, in Cappenberg war, die Burg zu belagern und den „Verführer", „Betrüger" und „Verräter" Norbert mitsamt seinem Esel aufzuhängen, „um abzuwägen, wer von beiden schwerer sei. Als er aber mit Truppen vor Cappenberg zog, ließen Norbert und Gottfried die Tore öffnen, beichteten einander und waren zum Martyrium bereit; das entwaffnete den Arnsberger, daß er ratlos wieder abzog"[7].

Der Entschluß der Cappenberger für die alternative Lebensform wird nicht einmal annähernd verstanden, sofern er, wie so häufig, von der politischen Großwetterlage isoliert betrachtet und lediglich als plötzliche Eingebung privater Frömmmigkeit interpretiert wird. Der radikale Entscheid korrespondiert vielmehr mit den Kampfhandlungen um Münster. Diese müssen aber wiederum im Zusammenhang mit dem sogenannten Investiturstreit gesehen werden, der das gigantische Ringen um die rechte Ordnung in der Welt bedeutete und zwischen sacerdotium und imperium, zwischen Kirche und Staat (*Staat* nicht im heutigen Sinn verstanden, sondern als pars pro toto der *weltlichen Sphäre*), zwischen Adel und Kirche, zwischen Aristokratie und Mönchtum tobte.

Noch zu Beginn des 12. Jahrhunderts herrschten in den deutschen Zentrallandschaften in politischer Hinsicht chaotische Zustände. Aus dem die christliche Welt tief erschütternden, beängstigenden und skandalösen „Spiel" von Gegenpapst, Bannung und Gegenkönig und der damit verbundenen Schwächung der Zentralgewalt versuchten die Fürsten, immer wieder politisches Kapital zu schlagen. Jedenfalls nutzten sie jede Chance, ihren gesellschaftlichen Einfluß zu vergrößern.

Als Papst Calixtus II. (1119 – 1124) auf einer Synode zu Fritzlar (1119) erneut den Bann wider den Kaiser aussprach, stellten sich Bischof Dietrich von Münster (1118 – 1127) und Gottfried von Cappenberg auf die Seite des Papstes.

Der söhnelose Schwiegervater Gottfrieds, Friedrich von Arnsberg, hielt indes zum Kaiser. Nicht durch angestrengte Opposition, sondern mittels angenehmer Heiratspolitik versprach er sich Gewinn, konkret: durch die Vermählung seiner Tochter Jutta mit Gottfried von Cappenberg. Tatsächlich konnte er sich durch die Vereinigung der reichen Cappenberger und Arnsberger Besitzungen eine politisch gewichtige Territorienbildung im südlichen Westfalen erhoffen. Ein mächtiger Bischof stand ihm bei seinen ergeizigen Plänen nur im Weg. Trotz des Bannes, dessen Kraft durch ständige Wiederholung ohnehin inzwischen erheblich nachgelassen hatte, gelang es ihm unter den sächsischen Fürsten und unter den Ministerialen des Bischofs gegen Dietrich, also gegen die Papstpartei, Stimmung zu machen und für den Kaiser zu plädieren.

Das Ergebnis war die Vertreibung des Bischofs aus seiner Stadt. In ihr zog der Kaiser ein: Weihnachten 1119. Die Cappenberger standen im Frühling des nächsten Jahres im Lager der Kaiserfeinde, die mit Herzog Lothar von Sachsen – von Supplinburg – und Graf Hermann von Winzenburg (ein Bruder des Bischofs) mit starkem militärischen Aufgebot Bischof Dietrich in seine Bischofsstadt zurückführten. Dies ging nicht ohne Eroberung der mit kaiserlich gesinnten Truppen besetzten und verteidigten Stadt ab, nicht ohne den Stadtteil rechts der Aa und den alten Dom, ein *templum nobiliter constructum*, zu zerstören. Ausdrücklich heißt es in den Quellen, daß die Cappenberger „die eigentlichen Urheber dieser Untat, des Dom- und Stadtbrandes" waren und daß sie deshalb, von Reue und Bußgesinnung gepackt, „die Welt verließen, ihre Stammburg in ein Kloster verwandelten und dem heiligen Paulus als Patron des Doms zu Münster 105 Ministerialen mit reichlichen Lehen und Gütern schenkten"[8].

Dabei zeigt die durch die Cappenberger angestrebte alternative Lebensform, daß sie nach einer gesellschaftliche Schranken aufhebenden, zumindest diese durchbrechenden neuen christlichen „Bruder-Welt" Ausschau hielten. So erhellt der Cappenberger Vorgang die Struktur des mittelalterlichen Ordo-Gefüges in der ersten Hälfte des 12. Jahrhunderts. Er zeigt die stärker werdende Mobilität der Gesellschaft, eine Mobilität, die nicht zuletzt dadurch ihre Dynamik gewann, daß alte, auf dem Höhepunkt ihrer Stabilität scheinende Strukturen in Frage gestellt und neue Wege ausprobiert wurden. Mit anderen Worten:

Daß die Cappenberger sich, ihr Hab und Gut sowie – nicht zuletzt – ihr „schönes, festes Cappenberg" (A. v. Droste-Hülshoff) dem Aufbau einer neuartigen religiösen Gemeinschaft, den Prämonstratensern, zur Verfügung stellten, ist nicht zuletzt existential-gelebte Gesellschaftskritik, ist radikales Infragestellen des zeitgenössisch definierten wie ständisch normierten Welt- und Wirklichkeitsgefüge: Der Übergang der Cappenberger zu reguliertem Leben bedeutet vor allem „Durchbrechung ständischer Schranken und prinzipiell Zweifel an ihrer Berechtigung"[9]. Die Zerstörung des Domes zu Münster wie des Stadtteils terminierte überhaupt den Anfang vom Ende einer generationenlangen bürgerkriegsähnlichen Situation in Deutschland. Noch im Oktober 1121 söhnte sich der Kaiser auf einem Reichstag zu Würzburg mit den deutschen Fürsten aus. Die Fürsten, unter ihnen war auch Gottfried von Cappenberg, mußten dem Kaiser Geiseln stellen. 1122 kam es schließlich zur Aussöhnung zwischen Papst und Kaiser *(Wormser Konkordat)*. Gleichzeitig bemühte sich Gottfried, um die kaiserliche Bestätigung seiner Stiftung. Im Bestätigungsprivileg wird den Cappenbergern überdies die *regia offensa* (also das Vergehen, gegen die Interessen des Königs gehandelt zu haben) verziehen und auf jede Rechtsforderung und Vergeltung gegen sie verzichtet[10].

Cappenberg war ein ausgesprochener Glücksfall für Norbert: Es war die erste Niederlassung der Prämonstratenser in Deutschland und überhaupt die zweiten im Reich: kurz nach dem französisch sprechenden Floreffe.

Selbst als Norbert bereits das Stift Prémontré – 1120/1 – gegründet hatte, hörte er nicht auf, wandernd und predigend umherzuziehen. Erst als er auf die Cappenberger stieß, genauer gesagt, als 1122 Cappenberg gegründet wurde, kommt in sein Leben so etwas wie Ruhe. Nicht, daß er Moos angesetzt hätte. Aber es ist zu beobachten, daß Cappenberg auch für Norbert eine gewisse lokale Gebundenheit mit sich brachte und damit die reale Chance, die verkündeten Ideale in einer neuen Gemeinschaft konkret zu praktizieren, werbend-wirkungsvoll *vor*zuleben und so – lebensmäßig-exemplarisch – den neuen Orden in Deutschland zu verbreiten. Cappenberg war für die neue Gemeinschaft der entscheidende Durchbruch, der Anfang eines großen Aufschwungs. Zusammen vor allem mit den Zisterziensern gelang es diesem Orden, ausgerüstet mit einem ungeheuren asketischen Gestaltungswillen, der sich aus der Liebe zum armen Christus nährte, noch einmal das gesellschaftliche Gesicht wie spirituelle Gewicht Europas entscheidend mitzuprägen. Die Cappenberger spielten dabei zweifellos eine Vorreiterrolle, die zu Recht mit jener verglichen wird, die Bernhard von Clairvaux und seine Familie bei den Zisterziensern innehatten[11].

Norbert und die Seinen hatten zunächst viel mit den Wanderpredigern gemein. Zu diesen gehörten Männer wie Robert von Arbrissel, Bernhard von Tiron (beide gest. 1117) und Heinrich von

Lausanne (der spurlos verschwand, ohne daß wir wissen, wo und wann er genau starb). Sie zogen predigend umher, versammelten zahlreiche Männer und Frauen um sich und lebten – mittel- und heimatlos – beispielhaft die Armut Christi.
Sie stellten die reiche Adelskirche in Frage, indem sie sich der Volkskirche zur Verfügung stellten. Sie nahmen sich der Armen an, die mittlerweile zu einer beständigen Bedrohung der Gesellschaft geworden waren. Eine neue Art der Seelsorge mußte betrieben werden. Die herkömmlichen Methoden reichten – gerade im Blick auf die Armen – nicht mehr aus.
Diese neue Form der Seelsorge bestand darin, sich mit den Armen zu solidarisieren und sie in die Gesellschaft zu reintegrieren. Wenn Jesus arm war, dann wollten auch die neuen Seelsorger arm sein. Letztlich wollten sie radikal christlich, wollten sie nichts weniger als einen *zweiten Christus*, lateinisch: alter Christus, darstellen. Christus war ihr *alternatives* Lebensmodell, ihr *exemplar*, wie es in den Quellen häufig heißt. Sie versuchten, eine neue, an den armen Christus orientierte Lebenswirklichkeit zu praktizieren, um die alte, sozial unversöhnt-heillose Welt-Wirklichkeit zu überwinden. So genügte es ihnen nicht mehr, die Armen herablassend-gnädig abzuspeisen. Sie wollten als Arme unter Armen leben; deshalb hatte Norbert alles verkauft, deshalb zog er barfüßig umher und trug Gewänder aus weißer, d. h. ungefärbter billiger Wolle.
Zu den Armen gehörten auch Frauen, selbstverständlich. Auch sie schlossen sich der von Norbert gegründeten Gemeinschaft an.
Parallele Konvente für Frauen und Männer hat es bereits in der alten Kirche gegeben, wurden aber in Byzanz spätestens im 8. Jahrhundert verboten. Jetzt, zu Beginn des 12. Jahrhunderts, lebten sie in der westlichen Christenheit wieder auf; im Zuge wie in Folge der Armutsbewegung, aber auch aufgrund eines neuen Verhältnisses zur Frau, das sich – auf religiösem Felde – vor allem in der Marienverehrung Bahn brach.
Die Frau wurde als Prototyp des neuen spirituellen Menschen gefeiert, die gegen die „alte", harte Macht-Welt des Mannes die umstürzende Ohn-Macht des *Magnifikat* setzt, des biblischen Mariengebetes, nach dem *Gott die Niedrigen erhöht und die Mächtigen vom Thron stürzt* (Lk 1,52). Gleichzeitig wuchs die Verehrung Maria Magdalenas, der einstigen Sünderin, die heilig wurde, nachdem Jesus ihr verziehen hatte[12].
Scharenweise drängten Frauen adliger wie nichtadliger Herkunft in solche Niederlassungen, die in einzigartiger Weise dem Wunsch der Frauen nach transzendenzverbundener Selbstverwirklichung und gottdurchdrungener Selbstaufwertung Raum gaben. Da aber diese Synthese der Doppelklöster immer wieder zu Verdächtigungen und zum Gerede Anlaß gab, wurde sie – etwa ab 1140 – aufgelöst. Die Frauengemeinschaften siedelten sich entfernt vom Stift der Kanoniker an.
In Cappenberg wurde das Frauenkloster an den Fuß des Berges verlegt und *Niederkloster* genannt. Auf Cappenberger Land und von Cappenberg aus wurde schon bald das Frauenstift Averendorp oder Oberndorf zu Wesel errichtet. Das Stift Elsey gilt schließlich ebenfalls als weiblicher Zweig des ehemaligen Doppelklosters Scheda (Wickede/Ruhr), das – wie das Stift Varlar und Clarholz – von Cappenberg aus besiedelt wurde[13].
Fast das gesamte Mittelalter hindurch hat die weibliche Gemeinschaft zu Cappenberg bestanden. Um die Mitte des 14. Jahrhunderts hat Propst Hermann II. (1344 – 1369) dafür gesorgt, daß das religiöse Leben der Frauen noch einmal zur Blüte kam.
Die Prämonstratenser lebten zwar hinter Klostermauern, aber veränderten die Welt. Sie suchten die Nachfolge Christi in der sogenannten *vita mixta* (der „gemischten" Lebensform) zu realisieren bei gleichzeitig strenger Befolgung der Regel des heiligen Augustinus.
Insgesamt stellte diese Lebensform eine Synthese aus zurückgezogener Askese und weltzugewandter Lebenshilfe dar. Das heißt, die Prämonstratenser lebten teils mönchisch: hinter Klostermauern, teils weltlich: die konkrete Seelsorge im tätig-täglichen Dienst am Menschen pflegend.
Auch darin unterschieden sie sich vom Althergebrachten, von den Kluniazensern etwa, die um die Mitte des 12. Jahrhunderts – nach einer zweihundertjährigen Geschichte – rund 2000 abhängige Abteien und Priorate zählten, aber deren große Zeit abgelaufen war. Sie wurden – in ihrer gesellschaftsprägenden Wirkung – abgelöst vor allem von Prämonstratensern und Zisterziensern.
Die Hinwendung zur Seelsorge bei gleichzeitigem klösterlichen Leben läßt auf einen „Bedarf" schließen, der aus dem steigenden Bevölkerungswachstum mit Siedlungskonzentrationen resultierte, aus der Notwendigkeit, intensive Formen der Christianisierung auszuprobieren, den alten Dualismus von *potentes* und *pauperes* christlich-*alternativ* zu überwinden.
Daß dieser Dualismus tatsächlich in Cappenberg weitgehend aufgehoben, synthetisiert und exemplarisch-attraktiv gelebt wurde, bezeugt der Kölner Kaufmannssohn Juda ben David ha-Levi († um 1181), bekannt auch als Hermann der Jude. Dieser schildert seine Bekehrung, seinen Übertritt vom jüdischen zum christlichen Glauben. Sein „Damaskuserlebnis" war nicht die Angst vor judenfeindlichen Strömungen im Lande, auch nicht das hochgeistige Gespräch mit einem der führenden Köpfe des Christentums, mit Rupert von Deutz († 1129/30), sondern die Begegnung mit dem verwandelten Cappenberg um 1127/28.
„In einer Welt sich verschärfender Gegensätze findet er Eintracht, in einer ständisch zerrissenen Gesellschaft brüderliche Gemeinschaft. Ein Prophetenwort aus dem Alten Testament kommt ihm in den Sinn und läßt ihn nicht mehr los:
„Kalb, Löwe und Lamm werden zusammen weiden, und ein Knabe wird sie hüten." (Jes. 11,6). Wird der Vers hier nicht erfüllt, „wo ohne Unterschied die Klugen und die Ungebildeten, die Starken und die Hinfälligen, die Adligen und die aus niederem Stand in gleicher Weise die Nahrung des göttlichen Wortes empfangen?"[14].
Hermann ließ sich taufen. Zwei Jahre später trat er selbst in Cappenberg ein und wurde schließlich Propst von Scheda.
Die Synthese von klösterlicher und weltlicher Lebensweise, das beispielhaft-überzeugende Zusammenleben von Armen und Reichen sowie das Miteinbeziehen der Frau in den religiösen Prozeß: all das zeugt von einer wirkmächtigen Intensivierung des religiösen Lebens durch die Prämonstratenser. Diese intensive, christlich-alternative Lebensform haben die Cappenberger dank ihrer aufsehenerregenden Umkehr vom stolzen Waffenleben, ihrer radikalen Hinkehr zur demütig-dienenden Nächstenliebe sowie durch das unkonventionelle Gemeinschaftsleben wesentlich gefördert. All das stellt nach dem zerfetzenden und zersetzenden Streit zwischen Papst- und Kaisertum einen gesellschaftlich notwendigen und heilsamen Impuls dar, mehr noch: Es ist ein im Blick auf die religiös-kulturelle Gesamtentwicklung Europas avantgardistischer Schritt in eine vom christlichen Armutsideal geprägte und gesellschaftliche Schranken durchbrechende Solidargemeinschaft. Cappenberg wurden zumindest für die nächsten hundert Jahre in Deutschland erste Adresse dieser ständig-ständische Mauern abtragenden und umfassend

synthetisierenden Reformbewegung, die, hauptsächlich getragen von Prämonstratensern und Zisterziensern, jene asketisch-alternative Lebensform provozierend praktizierte, dank derer es noch einmal gelang, Geist und Gesellschaft Europas wesentlich mitzuprägen.

Anmerkungen

1 Grundmann, Herbert: Der Cappenberger Barbarossakopf und die Anfänge des Stiftes Cappenberg, Köln/Graz 1959, S. 1.
2 Streich, Gerhard:Burg und Kirche während des deutschen Mittelalters. Untersuchungen zur Sakraltopographie von Pfalzen, Burgen und Herrensitzen, Sigmaringen 1984, S. 479.
3 Seibt, Ferdinand: Von der Konsolidierung unserer Kultur zur Entfaltung Europas, in: Ders. (Hg.): Europa im Hoch- und Spätmittelalter, Stuttgart 1987, S. 6 - 174, hier: 8 ff.
4 Dazu Gerwing, Manfred: Cappenberg unter Tage. Zur Bedeutung Cappenbergs im Mittelalter, Köln 1990.
5 Ruppert, Godehard: Cappenberg, in: Auty, Robert u. a. (Hg.). Lexikon des Mittelalters, Bd. 2, München/Zürich 1983, Sp. 1487; Backmund, Norbert: Godefroy comte de Cappenberg, in: Baudrillart, A. (Hg.): Dictionnaire d'histoire et de géographie ecclésiastiques, Bd. 21, Paris 1986, S. 391 f. (mit Lit.).
6 Zu Bild-Bedeutung des Cappenberger Barbarossakopfes wie zur Schale ist eine eigene Untersuchung nötig.
7 Grundmann (wie Anm. 1) S. 25.
8 Ebd. (wie Anm. 1) S. 20.
9 Ehlers, Joachim: Adlige Stiftung und persönliche Konversion. Zur Sozialgeschichte früher Prämonstratenserkonvente, in: Geschichte und Verfassungsgefüge. Frankfurter Festgabe für Walter Schlesinger, Wiesbaden 1973, S. 32 - 55, hier: S. 33.
10 Dazu aber Petry, Manfred: Die ältesten Urkunden und die frühe Geschichte des Prämonstratenserstiftes Cappenberg in Westfalen (1122 - 1200), in: Archiv Diplomatik 18 (1972), S. 143 - 289, 19 (1973), S. 29 - 150 hier: S. 61 f.
11 Grundmann (wie Anm. 1) S. 22.
12 Felten, Franz J.: Norbert von Xanten. Vom Wanderprediger zum Kirchenfürsten, in: Elm, Kaspar (Hg.), Norbert von Xanten - Adliger - Ordensstifter - Kirchenfürst, Köln 1984, S. 69 - 157, hier: S. 98 ff; quellenkritisch bes. Grauwen, Wilfried M.: Norbert von Xanten, Erzbischof von Magdeburg (1126 - 1134), Duisburg-Hamborn 1986.
13 Horstkötter, Ludwig: Die Prämonstratenser und ihre Klöster am Niederrhein und in Westfalen, in: Elm (wie Anm. 12) S. 247 - 265, hier: S. 248 f.
14 Goez, Werner: Gestalten des Hochmittelalters. Personengeschichtliche Essays im allgemeinhistorischen Kontext, Darmstadt 1983, S. 246.

Mittelalterliche Frauenklöster zwischen Lippe und Ruhr

Elke Dißelbeck-Tewes

I

Zu Beginn des 12. Jahrhunderts beklagte sich Erzbischof Friedrich I. von Köln wortreich darüber, daß im gesamten Bereich seines Erzbistums fast kein Kloster zu finden sei, in das sich eine Frau flüchten könne, die Keuschheit und Enthaltsamkeit üben wolle. Das war es, was den Kölner Metropoliten bewegte, als er am 1. August 1126 das Benediktinerinnenkloster Rolandswerth der Abtei Siegburg unterstellte und eine Priorin als Leiterin des Klosters bestimmte[1]. Der Nonnenkonvent wurde nachdrücklich dem Rat, der Hilfe und des geistlichen Beistandes der Mönche von Siegburg anempfohlen. Was hier als eine Episode erscheint, hat tatsächlich Modellcharakter. Bis zum Jahr 1120 gab es die vier Frauenklöster St. Maria im Kapitol in Köln (vor 965), Vilich (987/996), Dietkirchen in Bonn (vor 1015) und Neuß (vor 1043) in der Kölner Diözese, die allesamt jeweils an eine Niederlassung des männlichen Ordenszweiges angebunden waren. Auf die Nennung von Kloster Herdecke, südlich der Ruhr gelegen, wurde in diesem Zusammenhang bewußt verzichtet, da Entstehungszeit und Art des Konvents von der Forschung bisher nicht schlüssig belegt werden konnten[2]. Um 900 existierten rund 70 Frauenklöster im deutschsprachigen Raum, von denen der weitaus größte Teil in Sachsen angesiedelt war. Ihre Anzahl hatte sich bis zum 12. Jahrhundert nur unwesentlich erhöht[3]. Die während dieser ersten Gründungsphase eingerichteten weiblichen Klosterniederlassungen waren ausnahmslos für Frauen adeliger Geburt bestimmt. Sie können darum eher als Versorgungsstätten für unverheiratete oder verwitwete Damen aus dem Adel bezeichnet werden, denn als Zentren religiöser Meditation.

Erst im 12. und 13. Jahrhundert wurde das Bild des weiblichen Ordenswesens vielfältiger: Im Zuge einer neuen religiösen Begeisterung entwickelten sich aus dem traditionellen Benediktinerorden weitere monastische Gemeinschaften mit eigener Regel. Zuerst hielt der Prämonstratenserorden Einzug in die Ruhrregion. 1166 wurde eine Ordensniederlassung in Flaesheim gegründet. Ihr folgte als weitere Fundation 1193 das Katharinenkloster in Dortmund. Den Abschluß bildete vor 1224 das Prämonstratenserinnenkloster Stoppenberg. Im frühen 13. Jahrhundert wurde erstmals das Gedankengut des Zisterzienserordens im Gebiet zwischen Lippe und Ruhr verbreitet. In kaum mehr als fünfzehn Jahren etablierten sich weibliche Ordensniederlassungen in Duissern (Duisburg), in Saarn (Mülheim), in Sterkrade (Oberhausen), in Gevelsberg, in Fröndenberg und in Hamm. Die Frauengemeinschaft von Grafenwald (Bottrop) war vor 1250 nach Kloster Sterkrade in Oberhausen umgezogen. Der Konvent Marienhof in Hamm wurde 1290 von Graf Eberhard II. von der Mark vor die mittelalterliche Stadt nach Kentrup verlegt. Weder früher noch später konnte die Zone an der Ruhr einen ähnlich starken Drang der Frauen nach einem Leben in Keuschheit und Armut verzeichnen. Den insgesamt sieben Klosterstiftungen des 13. Jahrhunderts folgten in den drei Jahrhunderten bis zum Ausgang des Mittelalters lediglich sechs weitere Gründungen in Kamen (Marienau), Lütgendortmund (Marienborn), Rhynern (Marienhof), Dortmund-Hörde (Clarenberg), Recklinghausen und Dinslaken (Marienkamp). 1340 wurde das Clarissenkloster Clarenberg bei Dortmund fundiert. In dessen näherer Umgebung, in Lütgendortmund, ließen sich gut hundert Jahre später Tertiarierinnen (Franziskanerinnen der 3. Regel) nieder. Weiter östlich fanden sich zwei Frauengemeinschaften derselben Ordensrichtung nach 1475 in Kamen und um 1478 in Rhynern zusammen. Den Schlußpunkt setzten bis zum Ausgang des Mittelalters zwei Gründungen des Augustinerordens. In Dinslaken siedelten sich 1458 Augustinerchorfrauen an, in Recklinghausen nahm vor 1513 einer der beiden Beginenkonvente die Augustinerregel an.

Zehn dieser insgesamt 15 Frauenkonvente blieben bis zur Säkularisierung im frühen 19. Jahrhundert bestehen. Gevelsbeg, Fröndenberg, Flaesheim und Clarenberg lösten sich bis zum Ende des 16. Jahrhunderts auf. Stoppenberg traf dieses Schicksal schon im 15. Jahrhundert. Lediglich die Klosterstandorte Kirchhellen und Hamm waren bereits etwa zehn bis zwanzig Jahre nach ihrer Einrichtung verlassen worden.

Eine Übersicht über die Frauenklöster im Raum zwischen Lippe und Ruhr gibt die nachfolgende Grafik (Abb. 35).

II

Angesichts des beschränkten Umfangs, den diese Darstellung einnehmen soll, wenden sich die folgenden Ausführungen ausschließlich dem Orden zu, der die nachhaltigste Resonanz bei den Frauen zwischen Lippe und Ruhr fand, dem Zisterzienserorden. Das Ergebnis ist erstaunlich, da die Bildung von weiblichen Ordensniederlassungen eher gegen den Willen des männlichen Ordenszweiges verlief als mit seiner Unterstützung. In der Regel ging weder die Anregung zur Gründung der Frauenklöster noch zur Inkorporation vom Orden selbst aus.

Im einzelnen stellte sich das so dar: Der Stifter des frühesten Zisterzienserinnenklosters Saarn, nördlich der Ruhr im heutigen Stadtgebiet von Mülheim gelegen, läßt sich nicht mehr eindeutig feststellen. Es ist wahrscheinlich, daß es ein Adeliger der näheren Umgebung des Klosterstandortes war, der im Jahre 1214 das Gründungsvermögen aufbrachte. Ob gar die Herren von Broich oder das auf Schloß Burg an der Wupper ansässige Grafenhaus von Berg Initiatoren dieser Fundation gewesen sind, wie gelegentlich spekuliert worden ist, kann hier nicht entschieden werden[4]. Eine enge räumliche Verbindung bestand zu dem 1234 in Duisburg angelegten Nonnenkloster Duissern. Das *Chronicon monasterii Campensis ordinis Cisterciensis* berichtet unter 1234 von der Gründung eines Monasteriums für *sancti-moniales* in *Dusseren*[5]. Das Fundationsgut für diese Niederlassung spendete ein Bürger der mittelalterlichen Stadt Duisburg namens Alexander[6]. Tatsächlich mühte sich nicht nur wie so oft berichtet der Adel um die Förderung von Frauenklöstern. Auch Bewohner der aufblühenden Städte verfügten zunehmend über ein Vermögen, das derartige Aufwendungen erlaubte.

Die Äbtissin von Saarn unterstützte das Nachbarkloster nachhaltig. Sie stellte Frauen aus ihrer eigenen Gemeinschaft zur Besiedlung der neuen Niederlassung. Diese Starthilfe kann nicht gering geachtet werden angesichts der beschriebenen Gleichgültigkeit des männlichen Ordenszweiges. Hier verhalfen Frauen ihren Geschlechtsgenossinnen zu einem Leben, das ihren Wünschen und Vorstellungen entsprach, und trugen damit selbst maßgeblich zur Förderung des weiblichen Religiosentums bei. Neben dem Adel und dem aufstrebenden Bürgertum halfen auch Geistliche bei Klostergründungen für Frauen. In Frönden-

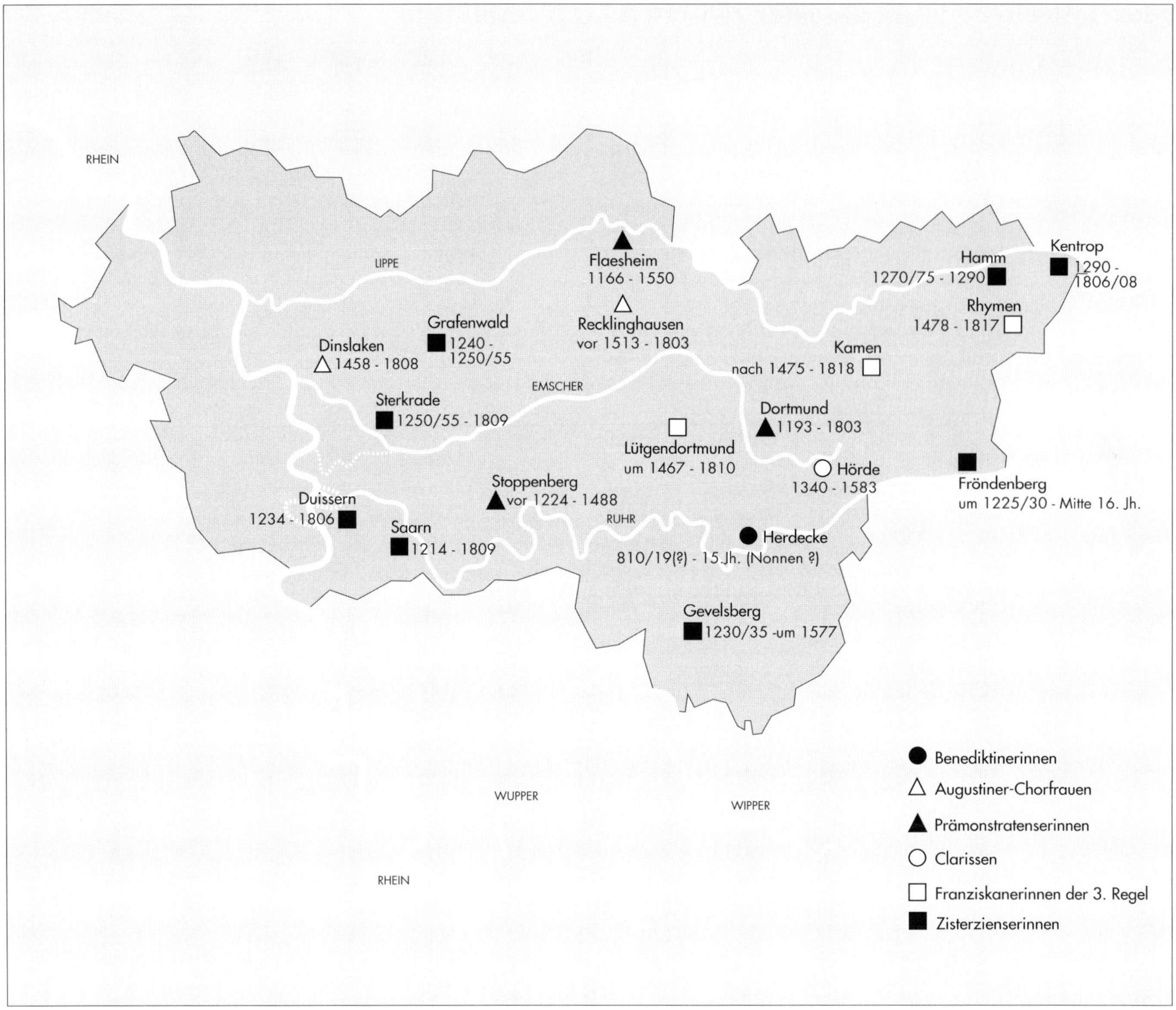

Abb. 35 Standorte von Frauen-Klöstern zwischen Lippe und Ruhr.

berg an der Ruhr war es der Kölner Erzbischof Heinrich von Molenark, der um 1230 die Bildung eines Nonnenklosters angeregt haben soll[7]. In der Regel schlossen sich die Frauengemeinschaften ohnehin eng an die Geistlichen ihres Dekanates an[8]. Die Gründung des Frauenklosters Gevelsberg 1230/35, südlich der Ruhr zwischen Schwelm und Hagen an dem Ort, an welchem 1225 der Erzbischof Engelbert von Köln getötet worden war, sollte in erster Linie die Erinnerung an den verstorbenen Metropoliten bewahren. Frühe urkundliche Belege für die Existenz der *novella plantacio* datieren auf die Jahre 1235/36. In entsprechenden Urkunden übertrugen Herzog Heinrich von Limburg, Graf von Berg, wie auch Engelberts Nachfolger Erzbischof Heinrich von Köln der jungen Niederlassung jeweils Stiftungen von beträchtlichem Umfang[9].

Für die Gründung des Klosters Sterkrade steht dann in der Tat die Initiative einer Frau fest. Es handelte sich um die ehemalige Äbtissin von Duissern Regenwidis. Im Jahre 1240 genehmigte der Erzbischof von Köln Regenwidis die Gründung eines Zisterzienserinnenklosters auf ihrem Gut Defth in Bottrop-Grafenwald[10]. Für die Folgezeit fehlen weitere Zeugnisse. Einzig das *Chronicon monasterii Campensis ordinis Cisterciensis* berichtet für das Jahr 1255 von der Translation des Klosters nach Sterkrade[11]. Den dortigen Klostergrund stiftete die Adelige Mechthild von Holte. Der exakte Termin der Fundation des Konventes Marienhof in Hamm ist leider nicht feststellbar. Im Jahre 1275 erhielt die Stiftung einen Schutzbrief von Papst Gregor[12]. Gründer der Zisterze war Graf Engelbert von der Mark, Standort seiner Klosterstiftung bis 1290 die mittelalterliche Stadt Hamm, wo der Graf die Klostergebäude nahe seiner Burg plazierte.

Die Ausbildung eines weiblichen Ordenszweiges hatte von Frankreich her ihren Ausgang genommen. Von entscheidender Bedeutung für die Entstehung des weiblichen Religiosentums war die Angliederung der Benediktinerkongregation von Obazine an den Ordensverband von Cîteaux. Diesem Konvent war das im Jahre 1142 gegründete Frauenkloster Coirux angegliedert. Coirux mußte nun zusammen mit dem Mönchskonvent vom Zisterzienserorden übernommen werden. Etwa zehn Jahre zuvor hatte bereits Stephan Harding, bekanntester Abt des 1098 gegründeten Stammklosters Cîteaux, den Nonnenkonvent Tart eingerichtet. Mit Tart und Coirux aber waren zwei Präzedenzfälle geschaffen worden, auf die sich in der Folge andere Frauengemeinschaften beriefen und nachdrücklich um die Inkorporation baten. Allein in Deutschland hatten sich bis zur Mitte des 13. Jahrhunderts 220 Zisterzienserinnenkonvente zusammengefunden. Erst zu Beginn des 13. Jahrhunderts ging die Äbteversammlung in Cîteaux auf ihren jährlichen Generalkapiteln unter dem Druck einer beständig anwachsenden Zahl von Inkorporationsanträgen weiblicher Klostergemeinschaften auf die Frage eines weiblichen Zisterziensertums ein. Das Generalkapitel akzeptierte schließlich die Herausbildung eines weiblichen Ordenszweiges. 1225, und erneut 1228, erließ der Ordensverband allerdings scharf gefaßte Verbote gegen die Eingliederung weiterer religiöser Frauengemeinschaften[13]. Es gelang der Äbteversammlung jedoch nur, den Zustrom einzudämmen. Völlig unterdrücken konnte sie den Wunsch vieler Frauen auf Aufnahme in den Zisterzienserorden nicht mehr.

Ein großes Problem stellte für die weiblichen Klostergemeinschaften die innere und äußere Organisation des Ordenslebens dar. Die von Männern für Männer verfaßte Ordensregel des heiligen Benedikt ließ den spezifischen Bedürfnissen der Frauen keinen Raum. Die Frage stellte sich naturgemäß zuerst in Frankreich. Die Äbtissin Heloise schilderte das Dilemma ihrer Geschlechtsgenossinen anschaulich in einem Brief aus der Zeit um 1130/35 an ihren ehemaligen Geliebten und damaligen Abt eines benachbarten Mönchsklosters Abaelard:

„Eine für Frauen bestimmte Mönchsregel gibt es nicht. Die Folge davon ist die, daß jetzt bei der Aufnahme ins Kloster Männer und Frauen sich auf die gleiche Regel feierlich verpflichten, und daß man von dem schwachen Geschlecht dieselbe strenge klösterliche Zucht erwartet wie vom starken. ... Und dabei kann doch gar kein Zweifel darüber sein, Benedikt hat bei der Abfassung seiner Regel nur an Männer gedacht, und sie kann auch nur von Männern eingehalten werden, ob es sich um die Bestimmungen für die Oberen handelt oder um die für die Unteren. Um von den anderen Paragraphen der Regel für jetzt zu schweigen: was sollen Frauen anfangen mit den Bestimmungen über Kutten, Hosen und Skapuliere? Was sollen Frauen mit den Vorschriften über Hemden und überhaupt Leibwäsche aus Wolle? Sie können doch wegen der monatlichen Reinigung wollene Wäsche gar nicht brauchen. Der Abt soll das Evangelium selbst vorlesen und danach den Hymnus anstimmen. Soll diese Bestimmung auch für die Frauen gelten? Der Abt soll mit Pilgern und anderen Gästen an besonderer Tafel essen. Soll das in Nonnenklöstern auch so gehalten werden? Entspricht es dem Wesen unserer Frömmigkeit, überhaupt keinen Männern Gastfreundschaft zu gewähren, oder darf die Äbtissin mit männlichen Gästen zusammen essen? (...)

Aber ich will nicht reden von Satzungen der Regel Benedikts, die wir überhaupt nicht oder nur unter Gefahr einhalten können. Doch wo ist jemals ein Nonnenkonvent regelmäßig aufs Feld gegangen zur Ernte oder zur sonstigen Ackerarbeit? (...)[14]"

Eine *pleno iure*-Inkorporation in den Zisterzienserorden, zumeist schriftlich fixiert, gewährte den Frauengemeinschaften eine größtmögliche Rechtssicherheit in ihrer Position. Mittelalterliche Nonnenkonvente können allerdings in keinem Fall als voll rechtsfähig angesehen werden, lag doch die letzte Entscheidungsgewalt stets beim Vaterabt. Die Frauengemeinschaften hatten Anteil an allen Vorrechten des Zisterzienserordens, wie sie im Ordensprivileg, dem *Privlegium commune*, vom Papst gewährt worden waren. Das *Privilegium commune* des Zisterzienserordens enthielt insbesondere das päpstliche Schutzversprechen, die Exemtion von der Diözesangewalt, die Ausnahme von allgemeinen Interdikten sowie die Befreiung von Zehntforderungen für neugerodetes Land und alle Besitzungen, die vor dem Laterankonzil von 1215 erworben worden waren. In dieser Weise Mönchsklöstern entsprechend, paßten sich die weiblichen Ordenshäuser nach Aufbau, Organisation und Verwaltung den Männerkonventen an. Dennoch blieben gravierende Unterschiede, dazu auch Konzessionen des Ordens an die vermeintlich spezifischen Eigenschaften des weiblichen Geschlechtes. Auf der einen Seite bedeuteten die Zugeständnisse des Zisterzienserordens eine erhebliche Milderung der strengen Ordensvorschrift, etwa auf dem Gebiet der körperlichen Arbeit. In anderen Bereichen aber – zu nennen ist hier vor allem die Klausur – verschärfte die Generalversammlung von Cîteaux ihre Gesetze für die weiblichen Ordenshäuser. Allen neuen Frauenkonventen wurde ein männlicher Weisungsabt *(= pater immediatus)* zur Seite gestellt, dem eine beratende und zugleich kontrollierende Funktion bei den wirtschaftlichen, verwaltungstechnischen, sozialen und liturgischen Fragen zukam. In Duissern (Duisburg), Saarn (Mülheim) und Sterkrade (Oberhausen) füllte die Position des *pater immediatus* der Abt der Zisterze Kamp aus. Ihm unterstanden im Mittelalter insgesamt wenigstens 24 Frauenklöster[15].

III

Wenden wir uns der inneren Organisation des Klosterlebens zu: Die weibliche Klosterfamilie setzte sich aus unterschiedlichen Gruppen zusammen. Den Mittelpunkt der Gemeinschaft bildete der Konvent, die Gemeinschaft aller Chorschwestern. Die übrigen Mitglieder der Klosterfamilie, wie etwa Konversen oder Familiaren, waren in dem Gremium nicht vertreten. Dem Konvent stand eine von allen Chorschwestern aus ihrer Mitte gewählte Äbtissin vor. Und auch sie bedurfte der Genehmigung des *pater immediatus*. Innerhalb der religiösen Gemeinschaft ging jede Frau bestimmten Aufgaben nach. Sie verteilten sich auf Priorin, Subpriorin, Kellnerin, Präsenzmeisterin, Küsterin, Weinmeisterin, Siechmeisterin, Bursarin, Vorsängerin, Sakristanin und Novizenmeisterin. Zusätzlich zu den Chorschwestern waren Laienbrüder und -schwestern (Konversen) für die Frauengemeinschaft tätig. Häufig nahmen diese Männer und Frauen den zumeist adeligen Nonnen die vom Orden geforderte anstrengende körperliche Arbeit weitgehend ab und erfüllten so stellvertretend die Ordensgesetze[16]. Eine ausreichend große Anzahl von weltlichen Arbeitskräften, die besonders zur Ernte- und Aussaatzeit beliebig aufgestockt werden konnte, unterstützte sie dabei. *„Donati"*, *„oblati"* oder *„familiares"*, als Zwischenform zu Konversen und weltlichem Personal, ergänzten das Bild. Vom Vaterabt benannte Mönche fungierten in den Frauenklöstern als Seelsorger.

Im allgemeinen waren Frauen bei ihrem Eintritt in ein Zisterzienserinnenkloster wenigstens 18 Jahre alt. Zuweilen gestattete der Orden jedoch auch Mädchen ab zehn Jahren die Aufnahme. Alle Bewerberinnen sollten ehelicher Herkunft sowie geistig und körperlich gesund sein. Die Aussetzung einer finanziellen Mitgift für die eintretende Frau verboten die Ordensgesetze. Allein die Praxis sah anders aus: Gerade für ein Zisterzienserinnenkloster zwischen Lippe und Ruhr liegen beachtliche materielle Forderungen an jedes neue Konventsmitglied vor. Eine im Jahr 1535 niedergeschriebene Urkunde des Klosters Saarn besagt, daß jede

Frau, die dem Konvent in Mülheim beitreten wollte, 125 Goldgulden zu entrichten hatte. Das war, um es gleich in die rechte Relation zu rücken, die Kaufsumme für einen mittelgroßen Bauernhof. Zudem sollte sie ins Kloster folgende Dinge mitbringen: zwei Röcke, einen Mantel, drei Kopftücher, ein Bett mit Bettstelle und Zubehör, eine Truhe, Tafellaken von 18 Ellen Umfang, Handtücher von insgesamt ebenfalls 18 Ellen, einen silbernen Becher oder eine Schale von zumindest 18 Lot, drei Pfund Wachs, neun Turnosen sowie einen Goldgulden für den Beichtvater[17]. Diese Forderungen konnten nur wenige finanzieren, sicher nicht durchschnittliche Bauernfamilien.

Eine weitere Preisrelation soll verdeutlichen, auf welchem Niveau die geforderte Mitgift lag. 1535 reichten 26 Schilling (1 Goldgulden = 1,5 Silbermark = 18 Schilling) aus, um einen Malter Weizen, mit 117 kg pro Malter, auf dem Dortmunder Markt zu kaufen. 14 Schilling kostete ein Malter Gerste, der Malter zu 105 kg. Der Aufwand für Roggen, der Malter mit 108 kg berechnet, betrug 13,5 Schilling. Für 17 Pfennig (1 Silbermark = 12 Schilling = 144 Pfennig) konnte man bereits eine Kanne Wein erstehen, einen Hering für 3,5 Pfennig. Der Wochenlohn eines Arbeiters errechnete sich nach Pfennigen[18].

In der Regel bestand eine zahlenmäßige Begrenzung der Konvente, die sich an der Prosperität der Gemeinschaft orientierte. Für Kloster Duissern (Duisburg) war die Konventsgröße im Gründungsjahr 1234 auf 13 Nonnen festgelegt worden. Doch bereits 1280 hatte sich der Konvent mit 28 Frauen mehr als verdoppelt[19]. Bevor eine Frau die Profeß und damit das Versprechen der Ortsgebundenheit *(= stabilitas)*, der Umkehr der Seele *(= conversio morum)* und des Gehorsams *(= oboedientia)* ablegen konnte, mußte sie ein einjähriges Noviziat eingehen. Handarbeit, Gebet und Meditation, entsprechend dem Ritus und dem Kalendarium, bestimmten nunmehr den Tagesablauf der Frauen[20].

Von Anfang an bemühten sich die Frauengemeinschaften um feste Einkunftsquellen auch aus Kirchenpatronaten, Mühlen, Renten und Gerechtsamen. Die vom Ordensgründer geforderte völlige Selbstversorgung jeder Zisterze mit den Komponenten Grangienorganisation und Konverseninstitut blieb den Frauen aufgrund ihrer körperlichen Konstitution weitgehend verschlossen. Eine Güterbewirtschaftung in Form von Grangien, wie sie für den Konvent Saarn in Mülheim nachgewiesen werden konnte, muß als Ausnahme angesehen werden[21]. Die Ausgabe von Grund und Boden an zumeist bäuerliche Pächter überwog. Innerhalb der Klostermauern blieben die Frauen weder von der Pest, noch von Hungersnöten oder von Kriegswirren verschont. Der europaweite Niedergang des Zisterzienserordens seit der Mitte des 14. Jahrhunderts machte sich auch bei den Nonnenkonventen zwischen Lippe und Ruhr bemerkbar. Mit der Unterstützung des Erzbischofs von Köln sowie des Herzogs von Kleve führte der Kamper Abt in der zweiten Hälfte des 15. Jahrhunderts deshalb eine Reform bei seinen Tochterklöstern durch. Ihr war bald Erfolg beschieden[22]. Ein allgemeiner Aufschwung der *„vita religiosa"* spiegelte sich etwa in den Verhältnissen des Klosters Sterkrade wider. Von diesem Konvent konnte der visitierende Abt für das Jahr 1465 berichten: *„Et extunc ipsum monasterium profecit in spiritualibus et temporalibus. (...)"*, daß er Fortschritte auf geistiger und materieller Ebene mache. Allerdings mußte das Kloster mit der Summe von 20 Goldfloren durch die Kamper Zisterze subventioniert werden[23]. Eine weitere Krise löste die Reformation aus. Clarenberg, Flaesheim, Fröndenberg und Gevelsberg organisierten im Verlauf des 16. Jahrhunderts ihre *„vita communis"* zu freiweltlichen Damenstiften um[24]. Selbst in den Frauengemeinschaften, welche den Glaubensstreit der Reformation schließlich überdauerten, machte sich die Unsicherheit noch bemerkbar. So traf Nikolaus Boucherat, der in der zweiten Hälfte des 16. Jahrhunderts die Ordenshäuser in weiten Teilen Deutschlands visitierte, in dem Mülheimer Konvent Saarn auf vier *„lutheranae"*[25].

Anmerkungen

1 Die Regesten der Erzbischöfe von Köln im Mittelalter, bearb. von Friedrich Oedinger/Richard Knipping/Wilhelm Kisky, Bde. 1 – 4, Bonn 1954 – 1964, (zitiert: REK) II, Nr. 228; Erich Wisplinghoff: Urkunden und Quellen zur Geschichte von Stadt und Abtei Siegburg, Bd. I, Siegburg 1964, Nr. 38.
2 Neuß, Wilhelm/Oediger, Friedrich: Geschichte des Erzbistums Köln, Bd. 1, Das Bistum Köln von den Anfängen bis zum Ende des 12. Jahrhunderts, Köln 1964, S. 486 ff.
3 Ketsch, Peter: Frauen im Mittelalter, Bd. 2: Frauenbild und Frauenrechte in Kirche und Gesellschaft. Quellen und Materialien, Düsseldorf, 1984, S. 268.
4 Roden, Günter von: Die Zisterzienserinnenklöster Saarn, Duissern und Sterkrade, Berlin/New York 1984, S. 14.
5 Chronicon monasterii Campensis ordin. Cisterciensis, hrsg. von Hermann Keussen, in: Annalen des Historischen Vereins für den Niederrhein 20 (1869), 286 f.
6 REK III, 1, Nr. 817; Lacomblet, Theodor: Urkundenbuch für die Geschichte des Niederrheins, Bde. 1 – 4, 2. Neudruck der Ausgabe von 1840 – 1858, Aalen 1966, (zitiert: Lac.) II, Nr. 195.
7 REK III, 1, Nr. 702; von Roden, Günter: Wirtschaftliche Entwicklung und bäuerliches Recht des Stiftes Fröndenberg an der Ruhr, Münster 1936, S. 1 f.
8 Thompson, Sally: The Problem of the Cistercian Nuns in the Twelfth and Early Thirteenth Centuries, in: Baker, Derek (Ed.): Medieval Women, Oxford 1978, S. 230 f; Krenig, Ernst: Mittelalterliche Frauenklöster nach den Konstitutionen von Cîteaux unter besonderer Berücksichtigung fränkischer Konvente, in: Analecta Cisterciensia 10 (1954), S. 20.
9 REK III, 1, Nr. 855; Westfälisches Urkundenbuch, Bd. VII, Die Urkunden des kölnischen Westfalens (1200 – 1300), bearb. von Fr. Philippi, Münster 1908, Nr. 445; Linneborn, Johannes: Die westfälischen Klöster des Cistercienserordens bis zum 15. Jahrhundert, in: Festgabe für Heinrich Finke, Münster 1904, S. 262 ff.
10 REK III, 1, Nr. 1001; Lac. II, Nr. 251.
11 Chronicon monasterii Campensis (wie Anm. 5) S. 288.
12 Westfälisches Urkundenbuch, Bd. V, Die Papsturkunden Westfalens bis zum Jahre 1378, bearb. von Heinrich Finke, Münster 1888, Nr. 699.
13 Canivez, Josephus-M.: Statuta Capitulorum Generalium Cisterciensis ab anno 1116 ad annum 1786, 8 Bde. Löwen 1933 – 41, Bd. II, 1225 und 1228; erläuternd dazu: Lekai, Ludwig: The Cistercians. Ideals and Reality, Kent/Ohio 1977, S. 351 f.
14 Abaelard. Leidensgeschichte und Briefwechsel mit Heloisa, übertragen und hrsg. von Eberhard Borst, mit einem Nachwort von Walter Berschin, Lizenzausgabe 1984 für die Wissenschaftliche Buchgesellschaft Darmstadt, S. 150 f, 152 f.
15 Dißelbeck-Tewes, Elke: Frauen in der Kirche. Das Leben der Frauen in den mittelalterlichen Zisterzienserinnenklöstern Fürstenberg, Graefenthal und Schledenhorst, Köln/Wien 1989, S. 45 ff.
16 Dazu: Toepfer, Michael: Die Konversen der Zisterzienser, Berlin 1983.
17 Roden, Günter von (wie Anm. 4) S. 19.
18 Chronik des Dietrich Westhoff von 750 – 1550, in: Die Chroniken der westfälischen und niederrheinischen Städte, 1. Bd., hrsg. von der Bayerischen Akademie der Wissenschaften, unveränderter Nachdruck von 1887, Dortmund/Neuß 1969, S. 433; Ebeling, Dietrich/Irsigler, Franz: Getreideumsatz, Getreide- und Brotpreise in Köln 1368 – 1797, Köln/Wien 1976.
19 Roden, Günter von (wie Anm. 4) S. 103.
20 Parisse, Michel: Les nonnes au Moyen Age, Le Puy 1983, S. 150 ff.
21 Roden, Günter von (wie Anm. 4) S. 33.
22 Dicks, Matthias: Die Abtei Camp am Niederrhein. Geschichte des ersten Cistercienserklosters in Deutschland (1123 – 1802), Köln 1913, S. 364 ff; Chronicon monasterii Campensis (wie Anm. 5) S. 324 ff.
23 Chronicon monasterii Campensis (wie Anm. 5) S. 327.
24 Elm, Kaspar: Das männliche und weibliche Zisterziensertum in Westfalen von den Anfängen bis zur Reformation, in: Monastisches Westfalen. Klöster und Stifte 800 – 1800, hrsg. vom Landschaftsverband Westfalen-Lippe, Münster 1982, S. 56.
25 Postina, Alois: Beiträge zur Geschichte der Cistercienserklöster des 16. Jahrhunderts in Deutschland, in: Cistercienser Chronik 13 (1901), S. 262.

Fromme Frauen, die Beginen genannt werden

Norbert Schultheis

1216 schrieb Jacob von Vitry an seine Freunde in Flandern: „Ich habe erreicht, daß fromme Frauen nicht nur im Bistum Lüttich, sondern auch in Frankreich und Deutschland zusammenwohnen dürfen und einander durch gegenseitige Ermahnungen im rechten Tun bestärken[1]". Dies ist ein sehr früher Beleg für die Ausbreitung einer Bewegung religiöser Frauen, die ohne dauerndes Gelübde und ohne Ordensregeln allein oder in Gemeinschaften versuchten, ein geistliches Leben zu führen. Sie wurden bald schon als „Beginen" bezeichnet. Jacob von Vitry hatte diese Frauen als Geistlicher in der Diözese Lüttich kennengelernt. Er war von ihrer religiösen Lebensweise beeindruckt und hatte 1216 anläßlich seiner Weihe zum Bischof von Akkon in Italien bei Papst Honorius III. die genannte wohl nur mündlich erteilte Legitimation für die Frauengemeinschaften erhalten. Wer sind aber diese „frommen Frauen, die Beginen genannt werden", wie sie 1239 vom Bischof von Cambrae bezeichnet wurden[2]? Welche Wurzeln hat ihre Bewegung und wie entwickelte sie sich? Wie lebten die Beginen, welche Tätigkeiten und Berufe übten sie aus? Schließlich, was läßt sich zum Beginentum im Ruhrgebiet sagen?[3]

Zum Namen

Man weiß bis heute nicht, was die Bezeichnung Begine eigentlich bedeutet. Klar ist, daß gegen Ende des 12. Jahrhunderts „begina" in der Volksmeinung einer der vielen Spottnamen für frömmelnde, scheinheilige Frauen war und das Anfang des 13. Jahrhunderts in diesem Namen „eine Anzweiflung der Rechtgläubigkeit und Kirchlichkeit der frommen Frauen"[4] zum Ausdruck kam. Deshalb kann man durchaus in dem Wort Begine eine Ableitung von „*al-bigen-sis*" sehen, einer Bezeichnung für die südfranzösische (Alby) Sekte der Katharer. Eine weitere Erklärung verbindet den Beginennamen mit der hochmittelalterlichen Armutsbewegung, wenn ein etymologischer Zusammenhang der italienischen bzw. französischen Synonyme des Wortes (bizzoco, pinzochero, biset) mit der Farbe der für die Armutsbewegung charakteristischen Kleidung aus ungefärbter Wolle (bigio, bège, beige) hergestellt wird. In den frühen Quellen zum Beginenwesen sucht man den Namen „begina" vergeblich, weil ein solch häresieverdächtiger Begriff vermieden wurde. „Mulieres religiosae", „virgines", „conversae" oder „inclusae" sind die gebräuchlichen Umschreibungen. Ab 1240 verlor das Wort seine negative Bedeutung und Begine wurde zum Sammelbegriff für Frauen, die ohne Regel und Gelübde ein religiöses Leben führten.

Zur Entstehung

Die Beginen sind Teil einer religiösen Bewegung unter Frauen, die ihrerseits selbst Teil einer umfassenden religiösen Erneuerungsbewegung im Abendland war. Diese setzte schon im 10. Jahrhundert ein und führte im 10./11. Jahrhundert zu einer beträchtlichen Umgestaltung der mittelalterlichen Kirche. Dem Ideal einer radikalen Armuts- und Apostolatsauffassung folgend, d. h. die wahre „vita evangelica et apostolica" zu leben, entstanden nicht nur zahlreiche neue Klöster und Orden sondern erstmals entwickelten auch viele Laien ein religiöses Selbstwertgefühl.

Vor allem Frauen wollten ein erneuertes Leben in Armut, Keuschheit und Gehorsam führen. So findet man sie im Gefolge der Wanderprediger des 12. Jahrhunderts und besonders bei den Klöstern der Reformorden (Prämonstratenser, Zisterzienser), wo sie in großer Zahl anzutreffen waren.

Diese Frauen lebten als sog. Konversen bei den Klöstern, d. h. sie verbanden ein religiöses Leben als Laien unter der Aufsicht der Mönche mit unterhaltssichernder meist caritativer Arbeit. Diese Lebensweise ähnelt so sehr der früherer Beginen, daß das Konverseninstitut als eine Vorform angesehen wird.

Entscheidend für die Entstehung des Beginentums wurden jedoch die Abwehrmaßnahmen der Orden zur Bewältigung des Frauenandrangs. Schon 1141 setzte diese prohibitive Frauenpolitik bei den Prämonstratensern mit dem Verbot von Doppelklöstern ein. 1198 trennte sich der Orden von seinem weiblichen Zweig. Die Zisterzienser lehnten ab 1212 mehr und mehr die Seelsorge von Frauengemeinschaften ab.

Für eine Mehrzahl der Frauen fehlten nun Orte und Möglichkeiten ein institutionell gesichertes religiöses Leben zu führen. B. Degler-Spengler stellt fest: „Zur selben Zeit, als die Prämonstratenser und die Zisterzienser in den nördlichen Ländern wirkten und sich mit ihrer Unterstützung Nonnenklöster beider Orden aus der religiösen Frauenbewegung herauslösten, entstanden dort Beginengemeinschaften."[5] Bis dahin hatten sich viele Frauen (vor allem in Flandern und Brabant) den von kirchlichen Instanzen unabhängigen Spitalbruderschaften angeschlossen. Die Lebensweise als Spitalschwestern wurde zur wichtigen Übergangsform zum frühen Beginentum.

Erst als die Spitalstiftungen den Zustrom der Frauen ebenfalls nicht bewältigen konnten, wuchs die entstehende Beginenbewegung über diesen Bereich hinaus und entwickelte (gezwungenermaßen) vielfältige eigene Lebensformen, die dann, wie eingangs erwähnt, ab 1216 legitimiert wurden[6].

Grundtypen der Beginenbewegung[7]

Aus der großen Variationsbreite des „status beginarum" lassen sich folgende Grundtypen herausarbeiten. Einmal finden sich in der Frühzeit immer Frauen, die als Beginen weiter ihrem bisherigen Broterwerb nachgehen. Dann gibt es Frauen, die in der Hausgemeinschaft der Eltern oder Verwandten ein zurückgezogenes Leben mit Fasten, Gebet und Gottesdienst führen. Manche legen auch begrenzte Gelübde gegenüber Priestern ab. Bald bildeten sich Wohngemeinschaften einzelner frommer Frauen. Aus diesen Anfängen entstanden durch Eigeninitiative oder Stiftung größere Gemeinschaften. Das sind die zahlreichen Beginensiedlungen bzw. -konvente, -samenungen bzw. -sammlungen. In den Niederlanden und Belgien wuchsen diese zu großen „Beginenhöfen", eigene durch Wall und Graben abgesperrte Bezirke. Im 14. und 15. Jahrhundert entwickelten sich aus zahlreichen Niederlassungen regelrechte Ordenskonvente. Im Ruhrgebiet tauchen in wenigen Quellen einzeln lebende Beginen auf (Duisburg, Schwerte), alle übrigen Erwähnungen beziehen sich auf Häuser bzw. Konvente (siehe Übersicht am Ende der Darstellung).

Zu Ausbreitung, erste Erwähnungen, Konventsstärken

An der Wende des 13. Jahrhunderts sind Beginen im Herzogtum Brabant und im Bistum Lüttich nachweisbar, bald darauf in Nordfrankreich, den Städten entlang des Rheins, in der Nord-

deutschen Tiefebene von den Niederlanden bis Livland, Mitteldeutschland, Schlesien, Polen, Böhmen, auch im deutschen Süden und Südosten.
Der erste urkundliche Beleg für Beginen in Deutschland findet sich 1223 in Köln. Dort werden 1230 u. 1246 ebenfalls die ersten Konvente genannt. Erste Erwähnungen sind für folgende Städte bekannt (das erste Auftreten von Beginen kann in vielen Fällen durchaus früher geschehen sein): 1245 Frankfurt, 1248 Münster, 1261 Aachen, 1281 Mainz, 1299 Wesel. In unserer Region: ca. 1280 Dortmund, 1283 Schwerte, 1288 Essen, 1298 Gelsenkirchen, 1322 Bochum. Die Zahl der Häuser bzw. Konvente war in einzelnen Städten sehr unterschiedlich. In Köln existierten über die Jahrhunderte insgesamt 169 Konvente, in Straßburg 85, Frankfurt 57, Mainz 28, Basel 22. Im Ruhrgebiet liegen die Konventszahlen vergleichsweise niedrig, doch hat man die wesentlich geringeren Einwohnerzahlen zu bedenken (z. B. im 14./15. Jahrhundert: Köln 15 000 – 20 000; Essen ca. 3 000): Essen 6, Duisburg 4, Dortmund 7; Recklinghausen 2. Die Besetzung der einzelnen Häuser schwankt sehr. Zu berücksichtigen ist dabei die von Stiftern festgelegte Höchstzahl der Bewohnerinnen und besonders die sehr unterschiedliche Belegung im Lauf der Zeit. Im Durchschnitt lebten in Konventen: Mainz 3 – 4, Köln 3 – 67, Straßburg 3 – 26, Frankfurt 2 – 15 Beginen. Zulässige Höchstzahlen im Revier: Essen: „Dunkhaus", „Zwölfling": 12, „Turm": 10, Alter Hagen: 10; Kamp: 40, Wesel „Tempel": 7, Goch: 6.
1351 haben wir mit 1170 Beginen einen Maximalwert in Köln, in Straßburg lebten im 14. Jahrhundert ca. 600 Beginen, in Essen kann man mit 40 – 60 Beginen (14. Jahrhundert) rechnen.

Zur Entwicklung des Beginenwesens im 13. und 14. Jahrhundert[8]

Obwohl die Beginen zu Beginn des 13. Jahrhunderts manchem Theologen als die Hoffnung für die Kirche erschienen, waren sie von Anfang an stets Verdächtigungen, Verfolgungen und Unterdrückungen ausgesetzt. Der entscheidende Grund lag in der eigenartigen Zwitterstellung des Beginentums zwischen den kirchlichen Ordnungen. Einerseits waren sie keine „religiosi", sie gehörten keinem approbierten Orden an, andererseits lebten sie nicht wie die Laien, die „saeculares", da sie eine „vita religiosa" anstrebten.
Da den Beginen eine einheitliche Leitung fehlte und sie sehr unterschiedliche Lebensweisen entwickelten, liefen sie Gefahr, schnell verdächtigt zu werden. Vor allem die frei herumziehenden Beginen, die von Almosen lebten und keiner Arbeit nachgingen, waren vielen ein Dorn im Auge; ja, sie hatten bald einen so schlechten Ruf, daß sie als Prostituierte oder Kindsmörderinnen angeklagt wurden. Der größte Teil der Mitschwestern führte natürlich ein geregeltes Leben, doch gehörten jene eben der gleichen Bewegung an. Unterscheidungen erfolgten erst später. Hinzu kam der Häresieverdacht. Bezeichnend ist die Warnung des Franziskaners Gilbert v. Tournai (1274), der vor der gefährlichen Sucht der Beginen subtile theologische Probleme zu erörtern warnte. Er warf ihnen vor, volkssprachliche religiöse Texte abzuschreiben, zu lesen und zu verbreiten; daraus könnten nur Irrtum und Ketzerei hervorgehen. Tatsächlich schlossen sich einige Beginen den Waldensern und Katharern an.
Doch die meisten Frauen führten ein gottgefälliges, frommes Leben, was jedoch manche lokale Verfolgung, z. B. in Köln, Straßburg, Basel (Anfang 14. Jahrhundert) nicht verhinderte. Schließlich verbot das Konzil von Vienne (1311/17) alle Beginen (und ihre männlichen Anleger: die Begarden) in Deutschland, weil sie dem „spiritus libertatis", dem Wahn sündloser Vollkommenheit verfallen seien und Irrlehren verbreiteten[9]. Diese Beschlüsse ließen sich in dieser Form nicht halten. 1318 wurden die sog. frommen und ehrbaren Beginen davon ausgenommen. Seither operierte die Kirche mit dieser Unterscheidung (fromm-häretisch), selten zum Wohle der Betroffenen. Nicht alle Beginen brachten die Kraft auf, diesen Verfolgungen und Verdächtigungen zu widerstehen. Seit dem 13. Jahrhundert, vor allem im 14. Jahrhundert, suchten sie vornehmlich bei den Bettelorden institutionellen Anschluß. Sie nahmen meist die 3. Regel der Orden an und wurden sog. Terziarinnen der Mendikantenorden.

Zum Beginenleben

Die relativ geringen Urkunden- und Aktenbestände lassen nur bruchstückhafte Aussagen zur Lage der Beginen im Ruhrgebiet zu. Mit zwei Belegen ist es z. B. für Bochum nur möglich zu sagen, daß es dort wohl Beginen gab. Zwar ist das Stiftungsstatut des Gelsenkirchener Konvents von 1298 erhalten, danach gibt es fast nichts mehr zu berichten. Die Überlieferungslage für Duisburg, Dortmund, Recklinghausen und Essen ist etwas besser, doch bleiben große Lücken.

Zur Herkunft

Im 13./14. Jahrhundert stammten die Beginen aus dem Hoch- und Dienstadel, vor allem aus dem städtischen Patriziat und der Kaufmannsschicht. Das Beginentum im Mainzer Raum wurde getragen von einer kleinen Adelsoberschicht, einer breiten Gruppe des Stadtpatriziats, der sog. Normgruppe des mittleren Bürgertums und einer Kleinstgruppe des niederen Bürgertums. Eine solche repräsentative Darstellung ist für das Ruhrgebiet nicht möglich. Die meisten namentlich genannten Beginen stammen hier aus dem jeweiligen Stadtpatriziat. Etwa: Margarete Steinweg (1429, Recklinghausen), Nella Pywe (1371, Essen), Jutte Schrivers (1466, Essen). Das Haus „in den Braken" (Dortmund) wird vollständig von Witwen und Töchtern der Ratsfamilien belegt.
In Kamen waren die 12 Plätze des Hauses „auf der Vlotowe" von den Töchtern der Burgmannen bzw. Bürger besetzt, selbst eine Tochter Graf Adolfs VI. v. d. Mark war Mitglied dieses Konvents. In Recklinghausen sind auch Mädchen aus den Bauernfamilien der Umgebung nachweisbar.

Zur Aufnahme, Austritt und Abwesenheit

Im selbstgewählten oder von Stiftern gesetzten Statuten wird die innere Normierung der Beginenhäuser faßbar. Bei aller Verschiedenheit kristallisiert sich ein Kern von Mindestanforderungen heraus, der Ein- und Austrittsbedingungen, Regeln des Zusammenlebens und religiöse Verpflichtungen umfaßt.
Wiederkehrende moralische Grundforderung für neue Mitschwestern ist das bisher geführte keusche und ehrbare Leben nebst einem guten Ruf. Die Abkunft sei „ehrlich und ehelich" (Zwölfling). Keine Person durfte eintreten, die „nicht so frei wäre, daß weder Eltern noch Herren ein Recht auf ihr Vermögen" hatten, „wenn sie den Weg alles Fleisches ginge". (Gelsenkirchen) Wer nicht von Geburt frei war, hatte sich eben freizukaufen (Recklinghausen). „Schendlich gelahmet oder gebrechlich" (Zwölfling) schloß eine Mitgliedschaft aus. Ehelosigkeit schlechthin war keine Bedingung, auch Witwen hatten ein Eintrittsrecht (Ausnahme: einige Kölner Konvente). Die Altersgrenze ab 40 Jahren, von kirchlicher Seite frühzeitig gefordert, setzte sie nie durch. Im Mariengarten (Wesel, 15. Jahrhundert)

mußte man 15 Jahre alt sein, in Köln und Straßburg erhielten in verschiedenen Konventen Mädchen mit 14 Jahren das geistliche Gewand. Enneken zur Linden im „Alten Hagen“ (Essen) trat mit 18 Jahren ein (16./17. Jahrhundert). Leider sind uns aus dem Mittelalter keine Feierlichkeiten zur Aufnahme überliefert. Wahrscheinlich wurde, nach Art der Einkleidung in einem Orden, vor dem Altar nach dem Meßopfer das Beginenkleid übergeben und eine Art Weiheverpflichtung ausgesprochen. Immerhin taucht im „Liber statuorum“ Dorstens (15. Jahrhundert) ein Artikel „van begynen beyr thailden“ auf, der bestimmt, daß bei der Aufnahme von Tochter oder Nichte ins Beginenhaus dortselbst oder anderswo den Gästen zum sonntäglichen Mahl nicht mehr als 12 Pfennige Beisteuer abgenommen werden durfte.

Ob die Eltern oder Verwandten in Dorsten ein Eintrittsgeld – als Münz- oder Naturalabgabe – entrichten mußten, bleibt ungewiß. In anderen Konventen war das der Fall. Bei der Aufnahme in den „Kohlgarten“ (Dortmund) hatte die neue Schwester folgendes beizubringen: 6 Mark, ein Fuder Holz, 3 Schillinge für die Küche, 6 Pfennige für die Magd (!), den Mitschwestern ein Viertel Wein und ein Tafellaken von 16 Ellen Länge, den Vormündern (d. h. den städtischen Verwaltern) ebenfalls ein Viertel Wein. Also keine sehr hohen Forderungen, aber immerhin eine Hürde für mittellose Frauen.

Verwandtschaftsbeziehungen innerhalb eines Konvents lassen sich häufig feststellen. So leben Mutter und Tochter (Duisburg), Geschwister (Essen, Dortmund), Cousinen (Recklinghausen), zusammen, ja bisweilen sind es 4 oder 5 Töchter einer Familie (Köln).

Obwohl die erhaltenen Statuten der Häuser nicht sehr umfangreich sind, enthalten sie immer Artikel, die sich mit dem Verbleib von eingebrachten Hab und Gut beschäftigen. Stifter und Gemeinschaft lag die wirtschaftliche Gesundung der Häuser sehr am Herzen. Im Dortmunder Stadtrecht (ca. 1280) wird festgelegt, daß die ausscheidende Begine, wenn möglich, die Hälfte des eingebrachten Habes zurückerhält. Geschieht der Austritt im „Alten Hagen“ (1293) innerhalb eines Jahres, wird das gewohnheitsmäßig eingezahlte Geld zurückgezahlt, nach einem Jahr entfällt die Erstattung.

Austritte fanden immer wieder statt. (1522 verließ C. Loers den „Koelgarten“ um zu heiraten) Das relativ reibungslose Verlassen der Häuser ist geradezu typisch für die Beginenbewegung. Doch zum Umfang der Austritte fehlen die Zahlen.

Ein Problem scheint eher die vorübergehende Abwesenheit vom Konvent gewesen zu sein, diese wurde in den Statuten häufiger behandelt als Austrittsfragen. Denn außerhäusige Beginen liefen schnell Gefahr, mit den „vagabundierenden“ Schwestern verglichen zu werden, deren Auftreten Ansehensverlust und Verbote für die ganze Bewegung gebracht hatten. Der Weg in die Stadt war für die Bewohnerinnen des „Alten Hagen“ stets genehmigungspflichtig. Wer außerhalb der Stadt unterwegs sein wollte, mußte in Geleit ehrbarer Personen sein (1481). Die Insassen des „Lisa Grevinnenhaus“ in Wesel brauchten die Erlaubnis für Kranken- und Verwandtenbesuche, die Rückkehr hatte vor Sonnenuntergang zu erfolgen, sonst drohte ein Fastentag bei Brot und Bier. Am Sonntag Quinquagesima (Fastnachtssonntag) und den beiden folgenden Tagen durfte keine Schwester das Haus verlassen, es sei denn zu einer religiösen Handlung (1326). Der täglichen „Sittengefährdung“ sollte mit anderen Einschränkungen vorgebeugt werden. Abschließung der Häuser über Nacht, beschränkte Besuchsmöglichkeiten für Männer (auch Priester) oder der Regelung, den Meßbesuch nur zu zweit zu erlauben.

Zur inneren Organisation

Solch ein Zusammenleben mußte geordnet werden. Die Instanz, die dafür zuständig war, taucht in den Hausregeln als „Mutter“, „matersche“, „mestersche“ oder „magistra“ auf. Neben der Aufrechterhaltung von Zucht und Ordnung im Haus, der Entscheidung über Aufnahme und Ausweisung der Konventsgutverwaltung (oft gemeinsam mit den Schwestern), ist die Mutter im allgemeinen auch Rechtsträger der Kommune. Sie wird von der Majorität der Schwestern gewählt (Gelsenkirchen) und führt ihr Amt auf Lebenszeit (Neuer Hagen). Manchmal nahm auch die älteste Schwester die Leitungsaufgabe wahr (ebendort). In großen Konventen entwickelte sich später eine weitere Hierarchie: Zwei Meisterinnen (Köln, Goch), Untermuttern (procuratrix, Essen), Pfennigmeisterinnen, Korn- und Kellermeisterinnen (Straßburg).

Zum religiösen Leben

Zu den täglichen religiösen Pflichten der Beginen gehörten Gebete, der Rosenkranz, die Psalmenlesung und das Hören frommer Werke während der Mahlzeiten. Hinzu kamen der regelmäßige Meßbesuch mit Kommunionempfang und die Beichte, die nicht nur beim Parochialpfarrer abgelegt werden konnte, sondern die häufig von Minoritenpatres abgenommen wurde.

Die Befolgung der evangelischen Räte: Armut, Keuschheit und Gehorsam, fiel bei den Beginen recht unterschiedlich aus. Die „castitas“ (Keuschheit) galt als hoch einzuschätzendes Gebot. In Köln sind zahlreiche Urkunden über ausgesprochene Keuschheitsgelübde von Beginen erhalten. Das Gehorsamsgelübde wurde mit dem Versprechen die Hausordnung zu achten stark abgeschwächt. Und das Armutsideal, einst ein Pfeiler des Beginentums, geriet sehr schnell in Vergessenheit.

Doch erschöpfte sich das religiöse Leben der frommen Frauen nicht immer nur in der Einhaltung von Gebets-, Beicht- und Meßverpflichtungen. Vornehmlich im 13. Jahrhundert kamen aus ihren Reihen Frauen, die nicht nur zu den schärfsten Kritikerinnen der Kirche gehörten, sondern die als Mysterikerinnen einen hervorragenden Anteil am geistlichen Leben ihrer Zeit hatten. Die Wechselwirkung zu den großen Mystikern ist unübersehbar.

Bekannt sind u. a. die flämische Begine Hadewijch, Isabella von Huy, Ida von Nivelles, Maria von Oignies, Marguerite von Porete und Mechthild von Magdeburg. Ihre mystischen Erlebnisse und Visionen waren nicht nur durch ihre Viten bekannt, sie fanden auch als Schriften und Briefe in der jeweiligen Volkssprache (deutsch, niederländisch) weite Verbreitung. Im Mittelpunkt der Visionen stehen der Wandel Christi auf Erden und seine Leidensgeschichte. Mit dieser Christusdevotion war eine mit Hingabe empfundene bräutliche Minne verbunden, der Sehnsucht nach der Vereinigung mit Gott. Ebenso bedeutend war die Marienfrömmigkeit. Beginen führen den Brauch des Rosenkranzgebetes ein. Die Verehrung der Eucharistie durch flämische Beginen fand ihren Höhepunkt in der Einführung des Fronleichnamfestes (ab 1250 in der Diözese Lüttich, ab 1264 als allgemeines Kirchenfest). In Handschriften und Gebetbüchern aus Essener Beginenkonventen[11] findet sich ein späterer Niederschlag dieser speziellen Frömmigkeit. Die Marienverehrung dokumentiert ein niederdeutsches Gebetbuch von 1519, in dem Mariengebete, Sequenzen, Hymnen und Evangelienauszüge zu

Marienfesten gesammelt sind. Wichtig sind hier auch die Beispiele für die Rosenkranzfrömmigkeit. Die Nähe zur Mystik zeigt eine Handschrift aus der 1. Hälfte des 15. Jahrhunderts, die u. a. eine Vita des deutschen Mystikers Heinrich Seuse enthält. Ausschnitte aus seinen Werken sind in die „Ascetischen Schriften" vom Ende des 14. Jahrhunderts aufgenommen worden. Schließlich enthält ein Gebetbuch aus dem 15. Jahrhundert ebenfalls in niederdeutscher Schrift, zahlreiche Gebete, die die Christusanbetung Essener Beginen erkennen lassen.

Zu wirtschaftlichen Grundlagen der Konvente

Eigenvermögen der Beginen, Stiftungskapitel der Konvente, Eintrittsgelder der[12] neuen Schwestern, weitere Stiftungen und Vergabungen und schließlich Einkünfte aus vielfältiger beruflicher Tätigkeit, bilden die wirtschaftlichen bzw. finanziellen Grundlagen fast aller Beginenhäuser. Jeweils nach Stadt und Region ist aber eine unterschiedliche Gewichtung der Grundlagen festzustellen.

Zum Eigenvermögen

Im Mainzer Raum läßt sich nachweisen, daß es Beginen mit großem Vermögen gab, der Großteil der Schwestern aber über bescheidene bzw. mittlere Einkommen verfügte. Eine solche Grundaussage ist für das Ruhrgebiet nicht möglich. Wir können lediglich feststellen, daß Beginen Privatvermögen besaßen, Güter erwarben und darüber frei verfügten.
Für 1316/17 wird eine Begine Elisabeth in der Dortmunder Steuerrolle geführt, sie ist also für ihren Besitz steuerpflichtig. Nella Pywe (Neuer Hagen) besaß Erbländereien in der Essener Mark. Wendele v. Stenbike (Dortmund) verpachtete ihr Haus und erhielt 4 1/2 Mark dafür. Renteneinkünfte scheinen im 14./15. Jahrhundert die häufigste Vermögenseinahme besitzender Beginen zu sein. Die Dortmunder Begine Hebele kaufte 1316 von der Stadt eine Leibrente, die ihr jährlich 30 Schillinge von den Einkünften der Stadt aus den Fischbänken, Salzbänken und der Waage einbrachte. Elsken Lasthys aus Dorsten hatte 1490 eine Rente von 3 Goldgulden jährlich. Die Duisburger Beginen Reckse Langhus und ihre Tochter Gertrud waren Leibrentnerinnen der Stadt Dortmund. Sie hatten der Stadt Anleihen für die „Große Fehde" gegeben.

Zum Stiftungskapital

Wie vermögend auch einzelne Beginen waren, die Mehrzahl der „systeren" war jedoch auf andere Einkünfte zum Lebensunterhalt angewiesen. Da konnte häufig das sog. Stiftungskapital dienen. Meist stand den Beginen so zumindest ein Haus bzw. Wohnstätte gratis oder gegen geringen Zins zur Verfügung, gelegentlich stellten die Stifter auch Gelder und Pachteinnahmen bereit, wovon Reparaturen am Haus, Holz für den Winter, die Beleuchtung oder aber die tägliche Hauptmahlzeit bezahlt werden konnten. Als Gegenleistung waren die Hausbewohnerinnen zum Gebet und liturgischen Verrichtungen zum Seelenheil des Stifters oder seiner Familie verpflichtet.
In Essen schenkte der Kanoniker Heinrich von Kettwich 1288 einer zu errichtenden Vereinigung von Mädchen sein Haus nebst Hofstätte am Kettwiger Tor, ebenso einige dazugehörende kleinere Häuser. Zugleich vermachte er dem (später sog.) Konvent im Kettwich ein Kapital von 75 Mark. 1314 verfügte die Äbtissin Beatrix von Holte, daß die abteiliche Hofstätte im Dunkhaus als Beginenniederlassung einzurichten sei. Die Zahl der Bewohnerinnen setzte sie dabei auf zwölf fest. So war es bereits früher bei der ebenfalls abteilichen Gründung des Konvents „Zwölfling" geschehen. Dadurch sollte das wirtschaftiche Gleichgewicht der Einrichtungen nicht gefährdet werden. (Eine religiös motivierte Festsetzung der Konventsstärke ist in den letztgenannten Fällen (12 Apostel) nicht auszuschließen.) Manchmal waren es die Beginen, die einer Vereinigung ihr Haus zur Verfügung stellten (Haus der Wildrud, Dortmund). Schließlich sorgten sich Frauen selbst um ihre Unterkunft. So geschehen 1294 in Essen, als die „matersche" Hebile von Michelenbeke und ihre Mitschwestern ein Grundstück zum Hausbau erwarben.

Zu Spenden und Zuwendungen

Woher die Schwestern beim „Turm" (so wurde später das Haus nach einem in der Nähe gelegenen Stadtmauerturm genannt) die finanziellen Mittel hatten, ist nicht überliefert. Es ist aber zu vermuten, daß Spenden von Bürgern und Stiftsangehörigen ihnen z. T. diese Transaktionen erlaubten. Darauf waren die meisten Häuser angewiesen und sie erhielten diese auch über die Jahrhunderte hinweg. Jedoch zeigen Untersuchungen, daß die Konvente so keinen großen Besitzstand angehäuft haben. E. Neumann stellte fest, daß die Zuwendungen im ganzen rheinischen Raum im Durchschnitt an Ausmaß und Dichte bescheiden waren.[13] Das Ruhrgebiet bildet da keine Ausnahme, obwohl uns kontinuierliche Belege fehlen.
Natürlich waren die Legate an die Häuser größenmäßig recht verschieden. Ein Haus „tom Braken" (Dortmund) müßte wesentlich mehr an Zuwendungen erhalten haben als das „Haus der Plenterschen". Die 160 Rheinischen Goldgulden, die Johannes Scholle, Rektor am Haus „Weidenbach" in Köln, den reformierten (s. unten) „Kettwigern" zukommen ließ, sind eine absolute Ausnahme (1508).
Die Schenkungen (meist als testamentarische Verfügungen) konnten, wie gesehen, aus direkten Geldzuwendungen bestehen. Ein typisches Beispiel sind die 4 Goldgulden aus dem Testament Gottfried Bleys für die Recklinghauser Beginen. Möglich waren ebenso Landschenkungen, Pacht- und Rentenüberschreibungen sowie Sachspenden (silberner Stab. Recklinghausen 14. Jahrhundert). Schließlich gab es auch Zuwendungen in Naturalabgaben. Die „Zwölflinge" erhielten von fast allen Oberhöfen des Stiftes Essen Weizenlieferungen. Im Kettenbuch ist zudem eine Abgabe des Oberhofes Ringeldorf (Gladbeck) verzeichnet, die 9 Schillinge und 1 1/2 Denare umfaßt und als Mandatengeld bezeichnet wird. Wahrscheinlich war es eine Spende für die Fußwaschung am Gründonnerstag, die die Äbtissin bei den „Zwölfen" vornahm.
Spenden kamen aus allen Bevölkerungsschichten, nicht zuletzt spendeten die Beginen selbst. Wendele von Stenbike (Dortmund) unterstützte die Jungfrauen vom Kohlgarten mit 8 Denaren jährlich, diese wiederum spendeten 2 Schillinge für das Haus der „Plenterschen". Das waren keine Solidaritätsbeiträge für die jeweils schlechter gestellten Schwestern, sondern Schenkungen mit Auflagen. Man erwartete bzw. verfügte als Gegenleistung von den Beginen, daß sie des Spenders im Gebet gedachten, für ihn Messen lesen ließen, Jahresgedenkfeiern vornahmen oder auch nur Kerzen organisierten, die an einem Gedächtnistag zu brennen hatten.

Zu Tätigkeiten und Berufen

In den Statuten der Weseler Beginenstiftung „auf dem Sande" wird von den aufzunehmenden Schwestern verlangt, daß sie zum Lebensunterhalt Renten oder Vermögen zu besitzen haben oder

eine Kunst verstehen, um sich Existenzmittel zu erwerben (1309). Tatsächlich waren die meisten Beginen darauf angewiesen, zur finanziellen Sicherung einen Beruf auszuüben. Wobei man nicht vergessen sollte, daß in der Frühzeit des Beginentums die arbeitende Tätigkeit, als Dienst am Nächsten, zunächst substantieller Teil des religiösen Lebens war. Diese Auffassung ging im Laufe der Jahrhunderte verloren; der Liebesdienst am Nächsten wurde dann zur reinen Erwerbstätigkeit.
Viele Konvente (z. B. in Essen allein 4) kümmern sich um Arme, Kranke und Pilger. Die „armen Schwestern" des Hauses am „Krummen Ellenbogen" in Wesel waren sogar von der Stadt „gheordenyrt" die Leidenden und Kranken zu pflegen, dabei durften sie Arme nur umsonst behandeln. Auch anderswo wurde der Krankendienst nur, wenn überhaupt, gegen geringe Bezahlung geleistet. Die Betreuung selbst erfolgte in Hospizen oder Privathäusern, manche Konvente, wie der „Neuer Hagen", hatten im eigenen Haus ein Krankenzimmer.
Zu den sehr frühen Tätigkeiten der Beginen, anfangs auch aus religiösen Motiven ausgeübt, gehörte die Betreuung und Bestattung der Toten. Die Schwestern sollten am Grabe wachen und beten oder bei Seelenmessen und Gedenkfeiern anwesend sein. Die „Conventualsysteren" des „Dunkhauses" waren verpflichtet den Korpus einer verstorbenen Äbtissin auszukleiden und dann mit dem Totenhemd zu versehen. Dafür erhielten sie eine Mahlzeit und einen Malter Roggen (17./18. Jahrhundert).
Primär caritativ kann auch die erzieherische Tätigkeit mancher Konvente gewertet werden. Meist war es dann die Elementarerziehung junger Mädchen in Lesen und Schreiben, Haus- und Handarbeit nebst einer Einführung in religiöse Grundsätze. Der Konvent „Neuer Hagen" führte sehr lange eine solche Schule, die im 18. Jahrhundert so beliebt war, daß bis zu 150 Essener Kinder dort unterrichtet wurden.
Haupterwerbszweig fast aller Beginen war das Spinnen, Weben und Nähen. Die verschiedenen Tätigkeiten im Textilhandwerk – Seidenfertigung, Sargtuchherstellung, Wappenstickerei, kommen in manchen Städten hinzu – wurden von den Niederlassungen z. T. mit einem solchen Eifer betrieben, daß es zu erbitterten Auseinandersetzungen mit den Handwerksmeistern bzw. ihren Zünften kam (vor allem in Köln). Die meist erfolgreichen Gegenmaßnahmen reichten von der Webstuhlbegrenzung, über Anweisungen nur einfache Stoffe herzustellen, bis zum Verbot für Beginen, die aus den Gemeinschaften austraten, für sich weiterzuarbeiten. Der von Handwerkern beeinflußte Rat Kamens verlangte, daß die Schwestern des „Großen Beginenhauses" nur für den eigenen Bedarf weben sollten, um den Webern nicht das Brot zu nehmen (15. Jahrhundert).
Schließlich lassen sich je nach Art und Gelegenheit weitere Beginentätigkeiten nachweisen. Kerzendrehen (Mainz), Bierbrauen (Köln), Seifensieden (Lübeck), Müllerei (Köln), „Römerfahrten" (Köln). Die „Zwölflinge" waschen und schlachten für Stiftsangehörige, eine Mitschwester arbeitet als Haushälterin bei einem Pfarrer (1486).

Wende und Ende – Beginentum vom 14.–19. Jahrhundert

Das Beginentum entwickelte sich ab dem 14. Jahrhundert in zwei Richtungen: Anlehnung bzw. Bindung an etablierte Orden oder Niedergang und Auflösung.
Schon im 13. Jahrhundert waren die Verbindungen der Beginen zu den Bettelorden recht eng. Bettelbrüder waren bevorzugte Beichtiger und die Konvente der Beginen ließen sich vorzugsweise in der Nähe der Minoritenklöstern nieder. Die Dortmunder Häuser lagen z. B. alle in der Nähe des Franziskanerklosters am Schwanenwall. Die Anlehnung verstärkte sich, wenn Konvente (Kamen, Duisburg) die 3 Regeln der Orden annahmen, eine Regel, die speziell für die Laien eingerichtet war (1. Regel für Mönche, 2. Regel für Nonnen). Das bot den Beginen eine gewisse Sicherheit vor Anfeindungen, zugleich blieben ihnen ähnliche Freiheiten wie vorher. Nur wenige Gemeinschaften erreichten jedoch den eigentlichen Ordensstatus als Klarissinnen bzw. Dominikanerinnen, da waren die Minderbrüder sehr restrikt.
Andere Konvente („Kettwich", „oberste" in Recklinghausen) schlossen sich zunächst den Schwestern vom gemeinsamen Leben an. Diese waren ein Teil der aus den Niederlanden kommenden religiösen Erneuerungsbewegung „Devotio moderna" (seit Ende 14. Jahrhundert). Doch auch die Schwestern nahmen bald die Tertiarinnenregel an, sogar die Augustinerregel mit Gelübden und Klausur (z. B. Recklinghausen, Unna). So waren Möglichkeiten des Weiterbestehens der Gemeinschaften gegeben.
Wenn aber die ethisch-religiösen Impulse in den Häusern erlahmten, dann verfielen die Gemeinschaften langsam und lösten sich auf. Der erste Schritt in diese Richtung (ab Mitte 14. Jahrhundert) war, daß viele Konvente zu reinen Versorgungsanstalten verkamen.
Das Beginenhaus „op gen Ryn" in Duisburg wurde 1565 umgewandelt in ein Haus für junge Männer, weil die Haltung der Frauen nicht zur Erbauung und zur Ehre Gottes gedient hätte.

Abb. 36 Beginenkonvent im Dunkhaus in der Akazienallee in Essen, abgebrochen 1984.

Abb. 37 Beginenkonvent 'Neuer Hagen' in Essen, Ecke II. Hagen und Trentelgasse, später Katholische Schule.

Im Zuge der Reformation verschwanden dann zahlreiche Konvente, die Frauen hatten die Häuser verlassen oder städtische Räte erzwangen die Auflösung (Wesel). Im Ruhrgebiet blieben die Konvente „Neuer Hagen“, „Zwölfling“, „Dunkhaus“ und „Turm“ bis ins 19. Jahrhundert bestehen, als letzte in Westdeutschland. Die Frauen des vereinigten Konvents „Turm/Zwölfling“ gingen schließlich 1843 in die Genossenschaft der Barmherzigen Schwestern auf.

Beginenhäuser und Beginenkonvente im Ruhrgebiet[14]

Vorbemerkung: Die Daten umfassen die erste und letzte Erwähnung (wenn möglich) und wichtige Veränderungen. (G = Gründungsjahr eines Konvents. B = Begine).

Bochum: 1322 „puellae in clusa“; 1435 „clusenesche“.

Dorsten: 1488 „begynen“; liber statuorum; 1602 letzte Begine.

Dortmund: ca. 1280 Erwähnung B. im Stadtrecht; 1298 Haus der „Wildrud“; 1315 - Haus der „Jungfrauen vom Gronenhove“ - Haus der „Jungfrauen vom Kohlgarten“ - Haus der „Plenterschen“; 1348 - Haus „Zum Wingarden“ „Blaweheylewighehaus“; 1368 - Haus zum „Groten Wyngarden“; 1433 Vereinigung aller B. im „Kohlgarten“, später ev. Stift; 1450 Haus zum „Braken“; 1769 „Braken“ als ev. Stift an Predigerwitwenkasse übergeben, weiteres Haus zwischen Helle u. Burgtor (?).

Duisburg: 1278 B. genannt; 1327 - „alter Konvent“ - Haus „op gen Ryn“; 1450 B. „in der Oberstr.“; nach 1565 Haus „auf dem Poot“; 1565 Umwandlung „op gen Ryn“ in Haus f. Männer, 1588 Waisenhaus.

Essen: 1288 Konvent „Kettwich“ (G.); 1293 Konvent „Turm“; 1299 Konvent „Alter Hagen“ 13./14. Jh. Konvent „Zwölfling“; 1314 Konvent „Dunkhaus“ (G.); vor 1342 Konvent „Neuer Hagen“; 1423 „Kettwich“-Reform: Schwestern vom gemeinsamen Leben, später: Augustinessen?; 1614/15 „Kettwich“: Auflösung - Einzug Kapuziner; 1652 „Alter Hagen“: Auflösung - Einzug BMV; 1813 „Dunkhaus“: Auflösung - Lazarett; 1834 „Zwölfling“- „Turm“: Vereinigung; 1838 „Neuer Hagen“ : Auflösung; 1843 „Zwölfling-Turm“: Übergang zu den „Barmherzigen Schwestern“.

Gelsenkirchen: 1298 Haus am „Loh-Busche“ (G.).

Hamm: 1472 Haus „in der Brüderstr.“.

Kamen: 1411 „Großes (evtl. kleines) Beginenhaus“; 1470 Übergang: Terziarinnen (Marienau).

Schwerte: 1283 Haus „Copmannehavene“.

Recklinghausen: 1305 - „oberstes“ Haus - „niederstes“ Haus; 1508/13 Reform „oberstes“ Haus: Augustinessen (Barbarakloster), „niederstes“ nicht mehr besetzt.

Wattenscheid: 1330 - bis ins 16. Jh. B. erwähnt.

Häuser von Augustinessen, Tertiarinnen u. Schwestern vom gemeinsamen Leben.

Dinslaken: 1433 Schwesternhaus (Marienkamp); 1458 Annahme: Augustinerregel; 1808 Auflösung.

Duisburg: 1454 Terziarinnen (Elisabethenberg); 1811 Auflösung.

Homberg: vor 1494 Terziarinnen; 1579 Auflösung.

Lütgendortmund: 1467 Terziarinnen; 1810 Auflösung.

Rhynern: 1478 Terziarinnen (Marienhof); 1811 Auflösung.

Unna: 1459 Schwesternhaus (St. Barbara); 1461 Annahme: Augustinerregel; 1508/13 Reformunterstützung in Recklinghausen; 1809 Auflösung.

Anmerkungen

1 Nach: Grundmann, Herbert: Religiöse Bewegungen im Mittelalter Berlin 1935, Darmstadt[4]1977, S. 170.
2 Ebd. S. 186.
3 Überblick: Elm, Kaspar: Ketzer oder fromme Frauen? Das Beginentum im europäischen Mittelalter, in: Journal für Geschichte 2 (1980), Heft 6, S. 42 - 46. Untersuchungen: Neumann, Eva G.: Rheinisches Beginen- u. Begardenwesen. Meisenheim 1960; Nübel, Otto: Mittelalterliche Beginen- u. Sozialsiedlungen in den Niederlanden, Tübingen 1970. Ruhrgebiet: siehe Stadtgeschichten. Im weiteren werden die Fundstellen aus dem Revier nicht belegt.
4 Greven, Joseph: Die Anfänge der Beginen, Münster 1912.
5 Degler-Spengler, Brigitte: Die religiöse Frauenbewegung des Mittelalters, in: Rottenburger Jahrbuch für Kirchengeschichte 3 (1984), S. 75 - 88, hier: S. 82.
6 Laterankonzil 1215: Verbot neuer Ordensgründungen.
7 Nach: Neumann (wie Anm. 3) S. 72 - 74.
8 Grundmann (wie Anm. 1) S. 337 ff.
9 Ebd. S. 436 ff.
10 Neumann (wie Anm. 3) S. 107.
11 Für die Informationen danke ich herzlich Herrn Prälaten A. Pothmann.
12 Zur Einordnung der Geldbeträge folgen einige Beispiele aus Essener Rechnungen, die mir Herr Th. Lux zur Verfügung stellte, dem ich herzlich danke. Relationen: 1 Mark = 12 Schillinge (s); 1 Schilling = 12 Pfennige bzw. Denare (d); 1 Gulden = 8 s; Beispiele: 1351: 4 s für ein Paar Hosen, 1371: 32 Pf. für ein Malter Hafer, 1380: Wochenlohn: 3 s, 11 Pf.; 1421: Tagelohn: 7 d; 1461: Tagelohn eines Wächters: 6 d; 1489: 12 Ziegelsteine: 12 s.
13 Neumann (wie Anm. 3) S. 102.
14 Angaben finden sich u. a. bei: Schmitz-Kallenberg, L.: Monasticon Westfaliae, Münster 1909. Schulze, Heiko: Klöster und Stifte in Westfalen. Eine Dokumentation: Geschichte, Baugeschichte und -beschreibung, in: Monastisches Westfalen. Klöster und Stifte 800 - 1800, Münster 1982, S. 309 - 446.

Literatur

Asen, Johannes: Die Beginen in Köln, in: Annalen des Historischen Vereins für den Niederrhein 111 (1927), S. 81 - 180; 112 (1928), S. 71 - 148; 113 (1928), S. 13 - 96.
Elm, Kaspar/Manselli, R.: Artikel: Beg(h)inen, in: Lexikon des Mittelalters I, München, Zürich 1980, Sp. 1799 - 1803.
Hegel, Eduard: Kirchliche Vergangenheit im Bistum Essen, Essen 1960.
Monastisches Westfalen. Klöster und Stifte 800 - 1800, Münster 1982.
Neumann, Eva Gertrud: Rheinisches Beginen- und Begardenwesen, Meisenheim 1960.
Peters, Günter: Norddeutsches Beginen- und Begardentum, in; Niedersächsisches Jahrbuch für Landesgeschichte 41/42 (1969/70).
McDonnell, Ernest William: Artikel: Beginen/Begarden, in: Theologische Realenzyklopädie Bd. 5, Berlin/New York 1980, S. 404 - 411.

Duisburg – Königspfalz und Reichsstadt

Werner Bergmann

Die Stadt Duisburg feierte im Jahre 1983 ihr 1100jähriges Bestehen. Dieses Jubiläum geht zurück auf die erste gesicherte Erwähnung Duisburgs bei Regino von Prüm[1], daß die Normannen ihr Winterlager in Duisburg errichtet hatten, nachdem sie plündernd und räubernd den Rhein hinaufgefahren waren. Regino bezeichnet Duisburg bereits als oppidum, was am ehesten mit „Ortschaft" oder „geschlossene Siedlung" zu übersetzen ist. Doch man wird davon ausgehen können, daß bereits sehr viel früher sich an dieser Stelle eine geschlossene Siedlung befunden hat. Dafür spricht einerseits die günstige Lage am Zusammenfluß von Rhein und Ruhr auf einer hochwassersicheren, ca. sieben Meter die umliegenden Flächen überragenden und damit gut zu verteidigenden Flußterrasse, andererseits die von der Spatenforschung nachgewiesenen Siedlungsreste, vor allem aber die fünfzehn nachweisbaren Friedhöfe, von denen einer allein mehr als 1000 Bestattungen ausweist. Über den frühen Ursprung der Stadt ist um die Jahrhundertwende verschiedentlich spekuliert worden. Die Nachricht bei Gregor von Tours in seinen zehn Büchern fränkischer Geschichte, daß der Frankenkönig Clogio seinen Wohnsitz bei der Feste „Dispargum" genommen hat (qui apud Dispargum habitabat)[2], ist auf Duisburg bezogen worden, da im 10. Jahrhundert in einer Urkunde Ottos I. Duisburg u. a. als „Dispargum" bezeichnet wird. Obwohl die Mehrzahl der Funde ins 5.–8. Jahrhundert zu datieren ist[3] und die Archäologen eine bedeutende fränkische Siedlung als erwiesen ansehen, ist dem frühen Ursprung Duisburgs von seiten der Historiker noch nicht grundsätzlich nachgegangen worden. Sowohl die sprachgeschichtliche sowie etymologische Herleitung des ersten Teils des Stadtnamens[4] als auch die Bezeichnung als „Burg"[5] widersprechen nicht dem archäologischen Befund. „burg" ist schon Mitte des 8. Jahrhunderts die althochdeutsche Übersetzung für das lateinische Wort „civitas" = „Stadt"[6]. Tatsächlich erlangt Duisburg eine gewisse Bedeutung zunächst als Königspfalz und wichtiger Handelsplatz, der günstig am Ausgangpunkt des Hellwegs, der alten Handelsstraße nach Osten, und unmittelbar am Rhein, der Nord-Süd-Verbindung, gelegen war. Die Bedeutung Duisburgs als Königspfalz im 10. und 11. Jahrhundert läßt sich an der großen Zahl der Königsaufenthalte als auch an einer Reihe reichspolitischer Ereignisse festmachen, die in Duisburg stattgefunden haben[7]. Für das Vorhandensein einer Händlersiedlung in Anlehnung an die Königspfalz spricht die Erwähnung von Friesen in Duisburg im Jahre 893, die zu der Zeit die wesentlichen Träger des Fernhandels waren[8]. Handel und Markt entwickelten sich im Schutz der durch Wall, Graben, Palisade (?) und /oder Mauer gesicherten Königspfalz[9], die in Krisenzeiten hinreichenden Schutz bot. Die Bedeutung Duisburgs als Handelsplatz, Umschlagplatz vom Wasser- auf den Landtransport und Marktplatz mit einem entsprechenden Einzugsgebiet dokumentierte sich auch durch die Einrichtung einer königlichen Münze, die im 10. und 11. Jahrhundert die nach Köln bedeutendste im Rheinland[10], vor allen Dingen in bezug auf den Fernhandel war. Die in Duisburg geprägten Pfennige fanden als regionale Münze nicht allein Verbreitung im Rheinland und den umliegenden Gebieten, sondern finden sich vor allem im ostseenahen Raum und in den Handelszentren Skandinaviens. Allein in schwedischen Funden haben sich 483 in Duisburg geprägte Münzen erhalten[11], was sinnfällig auf die wirtschaftliche Bedeutung Duisburgs nicht nur für das Rheinland und Nordwestdeutschland, sondern auch für den Fernhandel hinweist.

Geprägt werden in der Zeit von 1027–1218 ausschließlich Pfennigmünzen, die sich von der Gestaltung her vielfach an den Kölner Prägungen orientieren[12]. Der silberne Pfennig (denarius) war seit der Münzreform Karls des Großen die dominierende Münzsorte des frühen und hohen Mittelalters. Die in Duisburg geprägten Münzen zeigen in ihren frühen Ausprägungen auf der Vorderseite stets einen Herrscherkopf und tragen auf der Rückseite den Namen „Duisburg" in unterschiedlicher Anordnung der Buchstaben[13]. Unter Heinrich IV. (1056–1106) ändert sich die Darstellung auf der Rückseite der Münzen; neben der Darstellung des thronenden Herrschers werden jetzt vornehmlich Architekturdarstellungen mit Umschrift des Namens „Duisburg" aufgeprägt. Grundsätzlich werden Gebäude, Kirchen oder Türme hinter einer hohen Mauer symbolhaft dargestellt. Besonders eindrucksvoll ist dies auf einer Münze, die zwischen 1056 und 1084 geprägt wurde[14]. Die Rückseite der Münze zeigt ein eine hohe Mauer überragendes Gebäude mit Anbauten (romanische Kirche mit Turm und Kirchenschiff?). Vor der Mauer ist durch Wellenlinien fließendes Wasser angedeutet. Der Schriftzug „Dius-burg" umfaßt die Darstellung. Die Vermutung liegt nahe, daß damit „Duisburg" sich als ummauerter Platz (Pfalz/ Stadt) symbolisierte. Als Symbol für die städtische Siedlung fungiert die Mauer, an der in Duisburg in dieser Zeit der Rhein vorbeifließt. Dieses Münzbild mag vielleicht Ausdruck des Bestrebens der Einwohner sein, Duisburg mit einer Mauer zu versehen, was dann spätestens im dritten Jahrzehnt des 12. Jahrhunderts erreicht wurde. Möglich ist auch, daß man mit dieser Darstellung Duisburg bereits als „Stadt" mit Mauerring und hochragenden Gebäuden zu symbolisieren und propagieren suchte. Diese Interpretation gewinnt insofern an Wahrscheinlichkeit, als auf den rheinischen Münzprägungen dieser Zeit keine vergleichbaren „Stadtbilder" vorkommen[15].

Abb. 38 Duisburg, König Heinrich IV. 1056–84. Pfennig-Vergrößerung 2:1 (Berlin, Münzkabinett der Staatlichen Museen).

Die zeitliche Fixierung der Stadtwerdung Duisburgs im mittelalterlichen Sinne bereitet insofern Schwierigkeiten, als eine Nachricht, z. B. über die Verleihung der Stadtrechte oder über Einrichtung einer entsprechenden Administration, sich nicht erhalten hat. Selbst der Bau der Stadtmauer, ein wichtiges Kennzeichen der mittelalterlichen Stadt, läßt sich nur anhand eines chronologisch nicht exakt fixierbaren Dokuments verifizieren[16]. Der Bau der ersten in ihrem Verlauf archäologisch gesicherten Stadtmauer fällt in die Zeit um 1120[17]. Aus demselben Jahrzehnt sind zwei weitere wesentliche Nachrichten überliefert, die die Stadtwerdung Duisburgs in dieser Zeit bestätigen. Zum einen wird erstmals ein Schultheiß Ellenhardus für Duisburg urkundlich erwähnt, zum anderen werden die Einwohner in dieser Urkunde Lothars III. (1125–1137)[18] erstmalig als Bürger (cives) angesprochen, als sie sich die kostenfreie Nutzung des Steinbruchs für den eigenen Bedarf vom König zusichern lassen. Neben dem Schultheiß werden weitere vier Bürger namentlich genannt, von denen Wolbero in einer weiteren Urkunde von 1155 als Vertreter der Stadt und Kaufmann bezeichnet wird[19]. Hieraus wird deutlich, daß die Händler und Kauffahrer wesentlich die Stadtentwicklung Duisburgs vorantreiben und diese wohl auch die ersten sind, die für Administrationsaufgaben zur Verfügung stehen. Die Verbindung von Handel, Münze und Markt scheint die Stadtentwicklung in den nächsten Jahrzehnten positiv beeinflußt zu haben. Von König Konrad III. (1138–1152) erwirken die Bürger von Duisburg die Erlaubnis, Häuser um die Königspfalz herum und oberhalb des Marktplatzes zu errichten, mit dem Zugeständnis, daß diese bei Hoftagen dem königlichen Gefolge als Unterkunft zur Verfügung stehen[20]. Diese Zusage fiel den Duisburger Bürgern um so leichter, als in den letzten 100 Jahren zuvor praktisch kein römischer König die Königspfalz besucht hatte und auch ein solcher Besuch in Zukunft kaum zu erwarten stand, wie der Aufenthalt Konrads III. in Werden zeigt. Die Bedeutung Duisburgs als Handelsstadt und Münzstätte, ihr Bevölkerungszuwachs und ihr Expansionsdrang wird durch eine besondere Maßnahme Friedrichs I. (1152–1190) befördert, der die Städte Aachen und Duisburg gleichsam als kommerzielles Gegengewicht zu Köln aufbauen und fördern will. Mit einer Urkunde vom Jahre 1173[21] richtet er für die flandrischen Kaufleute u. a. zwei Jahrmärkte in Duisburg ein, den ersten vom 4. Fastensonntag bis Palmsonntag und den zweiten 14tägigen Markt vom 24. August an. Damit versucht der Staufer, den Tuchhandel am übermächtigen Köln vorbeizudirigieren und den freien Warenhandel auf dem Rhein zu befördern, wie auch seine Bestätigung der gegenseitigen Zollfreiheit in wichtigen Rheinstädten unter Ausschluß von Köln zeigt[22]. Darüber hinaus legt er außerdem für Duisburg eine neue Pfennig-Münze fest, die in ihrem Gewicht den allgemein verbreiteten Kölner Pfennig übertreffen sollte.Damit sollte insbesondere die wirtschaftliche Potenz Kölns auch im monetären Bereich geschwächt werden. Ob diese Anordnung Kaiser Friedrichs I. wirklich zum Tragen gekommen ist, ist nicht letztendlich feststellbar, da sich keine Münzen aus dieser Zeit erhalten haben[23]. Dies mag jedoch auch seinen Grund darin haben, daß der schwere Duisburger Pfennig ein beliebtes Einschmelzobjekt gewesen ist, um den Schlagschatz zu erhöhen.

Am Ende des 12. Jahrhunderts stellt sich Duisburg als aufstrebende Reichsstadt dar, die alle wesentlichen Merkmale der mittelalterlichen Stadt aufweist: Stadtmauer, Münze, Markt, Administration und Kirche. In bezug auf die Verwaltungsorgane läßt sich seit 1129 durchgängig das Schultheißen- und Schöffenamt nachweisen. 1173 wird erstmals ein judex = „Richter" erwähnt. Jedoch erst ein halbes Jahrhundert später datiert das erste urkundliche Zeugnis administrativer Tätigkeit der Stadt. Im Jahre 1224 stellen der Duisburger Schultheiß Ludwig und elf namentlich genannte Schöffen eine Urkunde über die Schenkung eines halben Hauses an das Kloster Kamp durch den blinden Dietrich de Mulno aus. Beglaubigt wird die Urkunde durch das jetzt vorhandene Stadtsiegel (... et civitatis nostre sigillo communivimus), das stark beschädigt auch heute noch vorhanden ist[24]. In diese Zeit fällt auch der Bau der ersten romanischen Salvatorkirche[25]. Bereits vor 1153/54 war vor den Mauern der Stadt (in beate Mariae virginis sanctique Joannis babtistae extra muros parochiam)[26] durch die Johanniter eine Kirche errichtet worden, die vom Kölner Bischof Friedrich geweiht wird. Für sie wird drei Jahrzehnte später ein eigener Pfarrbezirk eingerichtet[27], ein Zeichen für die schnell angewachsene Einwohnerzahl. In dieser Zeit bildet sich auch das Amt des Bürgermeisters aus, das in Duisburg zunächst kollegial besetzt wird. In der von Schultheiß und Schöffen ausgestellten Urkunde über die Schenkung eines Hauses an Kloster Kamp 1234 treten erstmals die beiden 'magistri burgensium' Adam Luittilpoth und Apollonius als Zeugen in Erscheinung[28]. Somit kann man davon ausgehen, daß der Stadtwerdungsprozeß Duisburgs in der ersten Hälfte des 13. Jahrhunderts abgeschlossen wird. Doch schon in dieser Entwicklungsphase hat Duisburg mehr als überregionale Bedeutung besessen, sei es als Königspfalz oder als Münzstätte, vor allen Dingen als Handelsplatz vornehmlich für den Fernhandel. Insbesondere nach Ausweis der Münzfunde muß Duisburg schon im 11. und 12. Jahrhundert ein Ort von wirtschaftlicher Bedeutung sowohl für das Rheinland und für Nordwestdeutschland, aber auch für den Fernhandel gewesen sein: Duisburger Münzen sind nicht nur in Schweden und Gotland, sondern auch in Polen, Dänemark und der UdSSR gefunden worden[29]. Doch schon in diese Phase des Aufschwungs fallen zwei Ereignisse, die letztendlich die Bedeutung Duisburgs als Reichs- und Handelsstadt wesentlich schwinden lassen. Zum einen war es der Niedergang der Reichsgewalt, wodurch die aufstrebenden reichsunmittelbaren Städte einer wichtigen Stütze gegen die expandierenden Territorialherren verlustig gingen, zum anderen speziell für Duisburg die Tatsache, daß zu Beginn des 13. Jahrhunderts der Rhein sein Bett verlagerte[30] und fortan nicht mehr an den Mauern der Stadt vorbeifloß.

Mit dem Niedergang der staufischen Herrschaft in Deutschland gerät auch die Stadt Duisburg in die Verfügungsmasse der Reichspolitik. Erstmalig verpfändet Philipp von Schwaben (1198–1208) die Stadt für die nicht unerhebliche Summe von 1800 Mark Silber an den Herzog Heinrich von Brabant[31] mit der Maßgabe, daß dieser jährlich 250 Mark Silber aus der verpfändeten Stadt erhalten soll. Dies entspricht nach heutigem Verständnis einer Rendite von ca. 14% und dokumentiert insbesondere die wirtschaftliche Leistungsfähigkeit der Stadt. Diese Verpfändung wird noch einmal abgelöst, aber mit dem Interregnum gerät die Stadt immer mehr in den Strudel der Reichspolitik. Der im Oktober 1247 zum römischen König gewählte Wilhelm, Graf von Holland (1247–1256), bestätigt zwar, als er auf seinem Weg zur Krönung nach Aachen an Duisburg vorbeikommt, den Bürgern in großzügiger Weise sämtliche Privilegien[32] und räumt den Schöffen das Recht ein, sich durch Selbstwahl zu ergänzen[33], was ihn aber nicht daran hindert, die Stadt kurzerhand an seinen Verwandten Walram von Limburg für die Summe von 1200 Mark Silber[34] erneut zu verpfänden. Diese Verpfändung hat wohl der Stadt zunächst mehr Vorteile gebracht als geschadet. Durch den außergewöhnlichen Geldbedarf des Limburgers erreichen die Bürger der Stadt von diesem eine Reihe von Privilegien und Zusicherungen, die sich für die Stadtentwicklung günstig auswirken und ihren Handlungsspielraum als Reichsstadt erweitern. So verspricht Walram die Beachtung der städtischen Privilegien[35] und schenkt den Duisburgern ein Waldstück genannt Oystinbuschmit drei Hufen[36] in Zusammenhang mit einem Darlehen, das diese ihm gewährt haben. Schließlich übereignet er der Stadt Duisburg den Neuenkamp[37], das Gebiet, das – wie auch das Kaßlerfeld – durch den Durchbruch des Rheins bei Homberg-Essenberg jetzt auf der rechtsrheinischen Seite vor den Stadtmauern Duisburgs liegt. In gleicher Weise profitieren die geistlichen Stiftungen, so die Minoriten, deren Kirche Walram ein Grundstück und ein Haus schenkt[38], und die Nonnen des Klosters Duissern, denen er eine Abgabe erläßt[39]. Dem der Stadt benachbarten Kloster Saarn (heute Mülheim an der Ruhr) bestätigt er das Recht, die Gruyt (ein Grundstoff für das Bierbrauen) für den Eigenbedarf an Bier kostenlos aus der Stadt Duisburg zu beziehen. Walrams finanzielle Mißwirtschaft geht so weit, daß sein Schwiegersohn und Nachfolger, Reinald von Geldern, der Stadt zusichern muß, sie von den Schuld- und Lehnsverschreibungen zu befreien und sie für die Schulden Walrams von ihnen geleisteten Zahlungen zu entschädigen sowie die der Stadt verpfändeten Torzölle nicht für sich in Anspruch zu nehmen[40]. Doch die finanziellen Eskapaden ihres Pfandherrn verhindern nicht die eigenständige Entwicklung der Stadt. Schon 1255 war sie dem ein Jahr zuvor gegründeten Rheinischen Städtebund beigetreten[41] und hatte sich sowohl als regionaler und Fernhandelsplatz etabliert als auch die handwerkliche Produktion gefördert. Handelswaren sind neben Tuchen, Pelzwerk, Handwerkswaren, Fisch vornehmlich jedoch Wein und Bier, die zusammen mehr als ¾ des Handelsvolumens ausmachen[42]. Wichtigster Handelsweg ist nach wie vor der Rhein, der über den zunehmend versandenden Altarm noch bis vor die Tore Duisburg schiffbar ist. Zollfestlegungen und -begünstigungen dokumentieren den intensiven Handel mit Holland[43] und England[44]. Selbst Schutzbriefe für einzelne Kaufleute haben sich erhalten. So sichert zum Beispiel Graf Wilhelm von Holland den Duisburger Kaufleuten Andreas op Kelre und Hermann Scimmelpenningh sicheres Geleit für sie und den in ihren Schiffen mitgeführten Waren zu, vorbehaltlich jedoch der zu erhebenden Zölle und Abgaben[45].

Der regionale Markt wird von der Stadt gesichert durch einen mehrfach erneuerten Vertrag mit dem Grafen von Berg, der die Bewegungsfreiheit der Duisburger in der Grafschaft und umgekehrt sichert und garantiert und somit letztendlich den ungehinderten Handelsaustausch erlaubt[46].

Neben den Waren aus dem Fernhandel werden insbesondere solche der handwerklichen Produktion auf dem Markt der Stadt angeboten. Schon in der zweiten Hälfte des 13. Jahrhunderts haben sich Handwerke zunftmäßig zusammengeschlossen. So erlangt die Schuhmachergilde bereits 1276 gegen eine entsprechende Gebühr auf dem Markt einen festen Verkaufsstand, an dem die Gildenmitglieder ihre Erzeugnisse verkaufen können. Die Konkurrenz wird im gleichen Zuge ausgeschaltet, indem ein allgemeines Verkaufsverbot für Nichtmitglieder der Gilde erlassen wird, das nur an drei Tagen im Jahr nicht gelten soll[47]. Bei Ausgrabungen auf dem Alten Markt im Sommer 1980 ist an einer Stelle eine Anhäufung von Schuhteilen und Zuschneideresten gefunden worden, die sich durch günstige Umstände im Erdreich über die Jahrhunderte erhalten haben und heute im Niederrheinischen Museum der Stadt Duisburg ausgestellt sind[48]. In diesem Zusammenhang sind weitere handwerkliche Produktionsstätten lokalisiert worden, so eine Metallgießerei und zwei Brennöfen für Keramik[49]. Diese Entwicklung Duisburgs zur Handwerks- und Handelsstadt geschieht vor dem Hintergrund der Wirren des Interregnums. Die Doppelwahl des Jahres 1256, in der Alfons X. von Castilien (1257–1284) und Richard von Cornwall (1257–1272) zu römischen Königen gewählt werden, sowie die Schlacht von Worringen 1288 haben nur mittelbar die wirtschaftliche Entwicklung der Reichsstadt beeinflußt. Zwar überträgt Alfons X. dem Herzog von Brabant stellvertretend die Herrschaft im Rheinland und in Westfalen und somit auch über Duisburg[50], doch zeitigt diese Zuweisung für die Stadt keine unmittelbaren Folgen. Erst durch die Niederlage des Kölner Erzbischofs Siegfried von Westerburg in der Schlacht von Worringen wurde Duisburg nach dem Schiedsspruch des französischen Königs Philip IV. (der Schöne) (1285–1314) von Frankreich 1289 an Brabant übergeben[51]. Doch auch diese Zuweisung ist real nicht zum Tragen gekommen, da der 1273 zum römischen König gewählte Rudolf von Habsburg (1273–1291) sich bereits zu Beginn der achtziger Jahre des 13. Jahrhunderts bemühte, das entfremdete Reichsgut zurückzugewinnen. Bereits vor 1282 hat er die Reichsstadt Duisburg für sich in Anspruch genommen und gerät damit natürlich in Gegensatz zu Reinald von Geldern[52]. Inwieweit diese Auseinandersetzung mit dem Tode Irmgards, seiner Frau, über die er das Erbe Limburg erhalten hat, zusammenhängt, ist nicht zu entscheiden[53]. Möglicherweise im Gegenzug zur Entscheidung des französischen Königs unterstellt Rudolf im Januar 1290 die Städte Nimwegen, Duisburg und Deventer dem Grafen von Kleve, der aus diesen Einkünfte von 1000 Mark Silber (1 Mark ca. 240 g, also ca. 240 kg Silber)[54] erzielen soll[55]. Einen Monat später bestätigt Rudolf den Duisburger Bürgern und Kaufleuten (homines et mercatores nostros in Duisburg) die städtischen Privilegien[56], wodurch der Status Duisburgs als freie Reichsstadt gesichert zu sein scheint. Doch knapp ein halbes Jahr später verpfändet König Rudolf die Stadt als Mitgift für seine Nichte Margarete von Kiburg an deren Ehemann, den Grafen Dietrich von Kleve[57]. Jedoch sind Dietrichs Ansprüche an die Stadt von ihren Bürgern wohl nicht widerstandslos akzeptiert worden. In den daraus resultierenden Auseinandersetzungen kann die Stadt sich in wesentlichen Teilen durchsetzen[58] und nach Beilegung des Streites sogar Wiedergutmachung der angerichteten Schäden erreichen[59]. Auf Vermittlung des Kölner Erzbischofs verspricht Dietrich die von der Stadt geschlossenen Verträge zu respektieren und keine weiteren Pfänder auf die Stadt auszugeben. Darüber hinaus stellt er am selben Tage den Bürgern eine weitere Urkunde aus[60], in der er zusichert, die der Stadt gewährten Privilegien nicht anzutasten und die Rechte der Duisburger Bürger zu bewahren. Damit haben die Bürger de facto ihre Rechte als Reichsstadt gegenüber ihrem neuen Pfandherrn ganz offensichtlich wieder erstritten, obwohl dieser nachdrücklich in diesen Urkunden seinen Herrschaftsanspruch über die Stadt und deren Bürger betont (regnum et gubernationem civitatis Dusburgensis et civium civitatis). Offenbar ist nach der Beilegung dieses ersten Streites das Vertrauensverhältnis zwischen den Grafen von Kleve und den Duisburger Bürgern nicht wiederhergestellt. Sie bemühen sich und erreichen schließlich von König Rudolf gut ein halbes Jahr später die Zusicherung, daß kein Bürger der Stadt für finanzielle Verpflichtungen des Grafen von Kleve in Anspruch genommen werden darf[61]. Somit sichert sich Duisburg in den letzten Tagen der Herrschaft Rudolfs eine gewisse Unabhängigkeit gegenüber ihrem Klever Pfandherrn, wodurch die wirtschaftliche und administrative Entwicklung der Stadt gesichert wird. Ausdruck des behaupteten Selbstbewußtseins ist auch der Bau einer neuen Stadtmauer, die in diese Zeit fällt[62]. Obwohl mit der Verpfändung der Stadt die Geschichte Duisburgs als Reichsstadt ihr Ende findet, bewahren die Bürger dessen ungeachtet ihr Selbstverständnis und lassen sich von den römischen Königen bis auf Karl IV. hin ihre Privilegien bestätigen. Der weiterhin florierende Handel vornehmlich auf dem Rhein, die Bedeutung Duisburgs als Markt besonders nach dem Zusammenschluß von Kleve und Mark sowie ihre Bedeutung als Ausgangspunkt für die Ostkolonisation sicherten der Stadt eine herausragende Stellung im klevischen Territorium. Die Mitgliedschaft in der Hanse (ab 1407), die weitreichenden Handelsverbindungen Duisburger Kaufleute in Flandern, Brabant, England, Lübeck, Wisby, Reval und Nowgorod dokumentieren die andauernde Bedeutung der Stadt auch nach ihrer endgültigen Verpfändung an Kleve.

Anmerkungen

1 Kurze, Friedrich (Hg.): Regionis abbatis Prumiensis Chronicon cum continuatione Treverensi, in: Monumeta Germaniae Historica. Scriptores Rerum Germanicarum in usum scholarum, Hannover 1890, S. 122 (zitiert: MGSS).
2 Buchner, Rudolf (Hg.): Gregor von Tours, Zehn Bücher Geschichten Bd. 1, Darmstadt ^{6}1986, II. 9 (zitiert: Gregor von Tours).
3 Milz, Joseph: Kleine Geschichte der Stadt Duisburg, Duisburg 1983, S. 29. Auch die neuesten Ausgrabungen lassen eine frühe stadtähnliche Bebauung vermuten. Vgl. dazu Krause, Günter: Duisburg im 5. Jahrhundert n. Chr. Archäologische Entdeckungen in der Duisburger Altstadt, in: Archäologie im Rheinland 1987, Köln 1988, S. 98ff.
4 Jahn, Robert: Der Ortsname Duisburg. Versuch einer Deutung, in: Duisburger Forschungen 2 (1959), S. 1–42, hier S. 40f.
5 Vgl. dazu Ennen, Edith: Frühgeschichte der Europäischen Stadt, Bonn ^{3}1981, S. 38f. Zum Begriff „burg" als frühe Bezeichnung der „Stadt" vgl. Schlesinger, Walter: Burg und Stadt. Festschrift für Theodor Mayer Bd. 1, Lindau-Konstanz 1954, S. 97–150, hier: S. 120. Schirmacher, Ernst: Stadtvorstellungen, Die Gestalt der mittelalterlichen Städte, Zürich/München 1988, S. 109f.
6 Vgl. Köbler, Gerhard: Civitas und vicus, burg, stat, dorf und wik, in: Jankuhn, Horst/Schlesinger, Walter/Steuer, Heiko (Hg.): Vor- und Frühformen der europäischen Stadt im Mittelalter 1, Akademie der Wissenschaften in Göttingen, phil.-hist. Klasse, 3. Folge, Nr. 3 (1973), S. 61–76, hier: S. 67.
7 Vgl. Milz, Joseph: Rheinischer Städteatlas IV, Nr. 21 Duisburg, Köln/Bonn 1978, S. 13.
8 Vgl. Roden, Günter von: Geschichte der Stadt Duisburg 1, Duisburg ^{3}1975, S. 150f.
9 Milz, Joseph: Die Entwicklung Duisburgs im Mittelalter, in: Stadtarchiv und Niederrheinisches Museum der Stadt Duisburg (Hg.): Duisburg im Mittelalter, Duisburg 1983, S. 114–135, hier: Abb. S. 120 und S. 115f.
10 Vgl. Albrecht, Günter/Frère, Hubert: Das Münzenwesen, in: Rhein und Maas, Kunst und Kultur 800–1400, hg. v. Schnütgen-Museum der Stadt Köln. Anton Legner, Köln 1972, S. 56–58, hier: S. 58.
11 Vgl. Berghaus, Peter: Duisburger Münzen, in: Stadtarchiv und Niederrheinisches Museum der Stadt Duisburg (Hg.): Duisburg im Mittelalter, Duisburg 1983, S. 88–113, hier: S. 109.
12 Vgl. ebd. die Abb. der einzelnen Prägungen.
13 Vgl. ebd. S. 91.
14 Vgl. ebd. S. 99, Abb. 7,1a.
15 Vgl. Rey, Manfred van: Einführung in die rheinische Münzgeschichte des Mittelalters, Beiträge zur Geschichte der Stadt Mönchengladbach 17, Mönchengladbach 1983, S. 82ff.; Rhein und Maas, S. 57f.
16 Vgl. Milz, Joseph: Pfalz und Stadt Duisburg bis zum Ende des 13. Jahrhunderts, in: Blätter für deutsche Landesgeschichte 120 (1984), S. 135–154, hier: S. 148f.
17 Zum Verlauf dieser Mauer und zu ihrer Architektur vgl. Ruppel, Thomas: Duisburgs Stadtmauer. Neue Untersuchungen zur Baugeschichte, in: Beiträge zur Duisburger Stadtarchäologie. Zwei Jahre Modellprojekt „Stadtgeschichte", Duisburg 1989, S. 13–56, hier: S. 16ff.
18 Bergmann, Werner/Budde, Hans/Spitzbart, Günter/Milz, Joseph: Urkundenbuch der Stadt Duisburg 1 (904–1350), Düsseldorf 1989, Nr. 9 (zitiert: DUB).
19 DUB Nr. 13.
20 DUB Nr. 11.
21 DUB Nr. 15.
22 DUB Nr. 16.
23 Vgl. Berghaus S. 110f.
24 DUB Nr. 27.
25 Dazu zuletzt: Vervoorts, Wilhelm: Die spätgotische Salvatorkirche in Duisburg, Mag.Arbeit Bochum 1989, S. 29ff. mit der Aufarbeitung der entsprechenden Literatur.
26 So allerdings erst bezeichnet in einer Urkunde von 1187 (DUB Nr. 17).
27 Vgl. ebd.
28 DUB Nr. 31.
29 Berghaus S. 110.
30 Vgl. Scheller, H.: Der Rhein bei Duisburg im Mittelalter, in: Duisburger Forschungen 1 (1957), S. 45–86 und Hoppe, Ch.: Die großen Flußverlagerungen des Niederrheins in den letzten zweitausend Jahren und ihre Auswirkungen auf Lage und Entwicklung der Siedlungen, Bonn-Bad Godesberg 1970.
31 DUB Nr. 21.
32 DUB Nr. 41.
33 DUB Nr. 42.
34 DUB Nr. 40.
35 DUB Nr. 50.
36 DUB Nr. 88.
37 DUB Nr. 91.
38 DUB Nr. 68 und 78.
39 DUB Nr. 60.
40 DUB Nr. 94.
41 DUB Nr. 54.
42 Vgl. von Roden S. 152.
43 DUB Nr. 195.
44 DUB Nr. 82.
45 DUB Nr. 213.
46 DUB Nr. 100.
47 DUB Nr. 84.
48 Krause, Günter: Archäologische Zeugnisse zum mittelalterlichen Duisburg, in: Duisburg im Mittelalter, 1983, S. 23–77, hier S. 70 mit Abb. 48.
49 Vgl. ebd. S. 52ff. und Milz Kleine Stadtgeschichte, S. 31f.
50 DUB Nr. 59.
51 DUB Nr. 105 und die entsprechende Erklärung Reinalds von Geldern (DUB Nr. 106).
52 DUB Nr. 97, mit der Rudolf den Streit um die Stadt Duisburg mit Reinald von Geldern (questionem, quam habemus contra eum super oppido Dusiburch) vertagt.
53 Diesen Zusammenhang sieht von Roden, S. 38.
54 Da die Mark Silber in dieser Zeit in der Regel zu 12 Schillingen à 12 Pfennigen gerechnet wird, macht dies eine Summe von 144.000 Pfg. aus.
55 DUB Nr. 109.
56 DUB Nr. 110.
57 DUB Nr. 113.
58 Vgl. z. B. DUB Nr. 112.
59 DUB Nr. 116.
60 DUB Nr. 115.
61 DUB Nr. 119.
62 Vgl. Milz, Kleine Stadtgeschichte, S. 46ff.

Literatur

Averdunk: Heinrich, Geschichte der Stadt Duisburg bis zur endgültigen Vereinigung mit dem Hause Hohenzollern (1666), Duisburg 1894.
Averdunk, Heinrich/Ring, Walter: Geschichte der Stadt Duisburg, neu bearbeitet von W. Ring, Ratingen ^{2}1949.
Bergmann, Werner/Budde, Hans/Spitzbart, Günter/Milz, Joseph: Urkundenbuch der Stadt Duisburg 1 (904–1350), Duisburg 1989.
Ennen, Edith: Rheinisches Städtewesen bis 1250, Köln 1982.
Jahn, Robert: Der Ortsname Duisburg. Versuch einer Deutung, in: Duisburger Forschungen 2 (1959), S. 1–42.
Kastner, Dieter: Die Territorialpolitik der Grafen von Kleve, Düsseldorf 1972.
Milz, Joseph: Duisburg: Rheinischer Städteatlas, Lieferung IV Nr. 21, Köln-Bonn 1978.
Ders.: Kleine Geschichte der Stadt Duisburg, Duisburg 1983
Milz, Joseph/Krause, Günter, Duisburg im Mittelalter. 1100 Jahre Duisburg, Duisburg 1983.
Roden, Günter von: Die Zisterzienserinnenkloster Saarn, Duissern, Sterkrade. Germania Sacra Neue Folge 18: Die Bistümer der Kirchenprovinz Köln, Bd. 4, Berlin 1984.
Ders: Geschichte der Stadt Duisburg I, Das alte Duisburg von den Anfängen bis 1905, Duisburg ^{3}1975.
Scheller, Hans: Der Rhein bei Duisburg im Mittelalter, in: Duisburger Forschungen 1 (1957), S. 45–86.
Scholz-Babisch, Marie: Quellen zur Geschichte des klevischen Rheinzollwesens vom 11. bis 18. Jahrhundert, Wiesbaden 1971.
Stadt Duisburg, Der Oberstadtdirektor/Niederrheinisches Museum der Stadt Duisburg (Hg.): Beiträge zur Duisburger Stadtarchäologie. Zwei Jahre Modellprojekt 'Stadtgeschichte', Duisburg 1989.
Verheyen, Egon: Bau- und Kunstdenkmäler in Duisburg, 13. bis 14. Jahrhundert, Duisburg 1966.

Politische „Umgangsformen“ und städtische Selbstverwaltung

Das Beispiel Dortmund[1]

Gudrun Gleba

Die Entwicklung mittelalterlicher Städte[1] geht einher mit der Ausbildung verschiedenster Organisationsformen mit politischen, gewerblichen und religiösen Ansprüchen – wobei jeweils eine Ausrichtung vorherrschend ist und die anderen überlagert – und einer wachsenden Schriftlichkeit, die einer notwendig gestiegenen Verwaltungstätigkeit Rechnung trägt. Sie benennt und betont auch die Zugehörigkeit zu bestimmten Gruppen[2]. Seit dem 13. Jahrhundert beginnen viele Städte, eine innen- und außenpolitische Selbständigkeit zu entfalten, deren Träger nicht länger stadtherrliche Bedienstete sind, sondern die aus den städtischen Kollektiven selbst hervorgehen, speziell der alteingesessenen Händlerschicht. Im Laufe des 14. Jahrhunderts wird jedoch die Kompetenz des meist sich selbst regenerierenden Selbstverwaltungsorgans von anderen städtischen Organisationen bestritten, vorwiegend von einer neuen Kaufleuteschicht und von handwerklichen Zünften. Dabei geht es nicht um eine grundsätzliche Veränderung der städtischen Verfassung, sondern um eine Erweiterung der politischen Entscheidungsträger auf bislang ausgeschlossene, aber für die Stadt als Wirtschaftsfaktoren bedeutsame Gruppen[3]. Dieses Selbstverständnis von der eigenen Wichtigkeit für die innere Struktur der Stadt findet seinen Niederschlag in der öffentlichen und privaten Chronistik, die widerum aus dem Bewußtsein der Bedeutung der eigenen Stadtgeschichte erwächst. Die Entwicklung der städtischen Verfassung, die Veränderungen ihrer Trägerschaft und das Selbstverständnis von städtischen Kollektiven lassen sich abwägen in der Zusammenschau von Urkunden und Chronikberichten; die statische Urkunde reflektiert den Moment ihrer Ausstellung, der narrative Chronikbericht gibt Hinweise auf Umsetzung und Differenzen zwischen Ansprüchen und Realisierung[4].
Die Stadt Dortmund tritt uns mit ihren eigenen schriftlichen Zeugnissen erst seit der Mitte des 13. Jahrhunderts entgegen[5]. Dazu tritt im 15. Jahrhundert die private Chronistik, die ihren Bericht zur Mitte des 14. Jahrhunderts beginnen läßt[6].
Im Jahre 1259 erhält Dortmund ein Statut, das den Modus zur jährlichen Wahl des 18-köpfigen Rates durch insgesamt 36 Wahlmänner bestimmt: 12 aus den Gilden, 6 aus dem patrizischen Zusammenschluß der Reinoldigilde und den 18 Herren des alten Rates. Mit dieser Regelung partizipiert die in Dortmund organisierte Handwerkerschaft in begrenztem Maße an der Einsetzung des stadtpolitisch wichtigsten Organs[7]. Partizipation heißt aber auf keinen Fall Gleichberechtigung. Die lateinischen Formulierungen der Urkunde weisen klar und deutlich die verschiedenen Aufgaben in der politischen Hierarchie zu. Die Regelung selbst wurde zwar zwischen Ratsherren und Gilden gemeinsam beschlossen, aber die eigentlichen Entscheidungsträger, die *gubernantes,* sind ausschließlich die *consules Tremonienses.* Die sechs Gilden sind zwar Mitglieder 'in universitate civium Tremoniensium', bleiben aber auf ihre Doppelrolle als religiöse Bruderschaft und handwerkliche Wirtschaftsvereinigung beschränkt. Die Mitglieder dieser Organisation sind dagegen untereinander gleichberechtigt. Sie müssen in ihrer jeweiligen Gilde gemeinsam, *inter se,* zwei Wahlmänner bestimmen. Neben Rat und den Bruderschaften/Gilden gibt es noch die *ghilde beati Reynoldi.* Ihr Charakter als fromme Bruderschaft und Vereinigung von Mitgliedern hoher sozialer Reputation wird schon allein dadurch ausgewiesen, daß sie den Stadtheiligen höchstselbst zu ihrem Patron ernannt hat[8]. Zu dieser Zeit ist politische Einflußnahme also an die Mitgliedschaft in einer der sechs Gilden oder die ratsherrliche Stellung gebunden. Ihre gemeinsame Willenserklärung bezieht sich auf Ganzheit der Stadt und die Gemeinschaft der Bürger[9], die deutlich als eigenständiges politisches Gebilde, als selbständig und keinem anderen Herrn verpflichtet auftritt; zwei Mal wird die *res publica Tremoniensium* genannt, die *civitas ac universitas Tremoniensium* wird vom Rat gelenkt, die Statuten sind erlassen von *consulum et universitatis Tremoniensium*[10].
Trotz aller Beschränkungen erweist sich also Dortmund schon 1259 als selbständige Stadt, die in eigener Verantwortung und Entscheidung steht[11] und deren Organisationsformen erkennbar differenziert sind. Von der vorausgegangenen Verwaltung durch stadtherrlich eingesetzte Schöffengremien[12] hat sie schon den Sprung zur Selbstbestimmung durch einen der Stadt verpflichteten Rat geschafft. Möglicherweise waren es erste Spannungen zwischen dem Rat und den von den politischen Entscheidungen ausgeschlossenen Gilden, die das Statut von 1259 zur Befriedung notwendig machten. Das zeigt, trotz Gildenbeteiligung im Wahlmännergremium, den Rat weiterhin in seiner herausgehobenen Position gegenüber der restlichen Bürgerschaft[13]. In den nächsten 150 Jahren kann die Stadt ihre Rechte erheblich erweitern, sowohl in Fragen der inneren Selbständigkeit als auch der Einbeziehung des Dortmunder Umlandes in den städtischen Handlungsspielraum[14].
Das urkundliche Material über Konflikte zwischen Dortmund und den königlichen Reichsleuten in den Jahren 1330 – 40 zeigt an, wie sich die inneren Gruppen in der Stadt weiter differenziert haben[15]. In den Auseinandersetzungen um Forst- und Weiderechte in den Wäldern rund um Dortmund stand den *rikes lude* folgende Dortmunder Kontrahenten gegenüber: „dee rat, dee zes gilde, dee erfhechtigten lude und dee ghemeynen borghere van Dortmunde[16]“. Rat und Gilden sind dabei die schon bekannten politischen Organisationen. Hinzugekommen ist die Gruppe der Bürger mit vererbbarem Grund und Boden, die eben durch ihre Besitzposition ausgezeichnet ist. Ebenfalls eingeschlossen ist die durch Eidesleistung in die Stadt inkorporierte Bürgerschaft. Alle wichtigen Informationen laufen in dieser Zeit beim Rat ein. Dieser scheint nicht automatisch den anderen Gruppen gegenüber auskunftspflichtig zu sein, sondern übermittelte den jeweils neuesten Informationsstand auf Anfrage.
Während die Stadt in den 30er und 40er Jahren gegenüber den Reichsleuten geschlossen auftrat, entwickelte sich eine innerstädtische Opposition im Laufe der Jahrzehnte immer deutlicher zwischen dem Rat auf der einen Seite und den sechs Gilden auf der anderen Seite. Ein gemeinsames Auftreten der Gilden konnte dabei durchaus eine Ratsentscheidung revidieren, wie folgendes Ereignis verdeutlicht[17]:
Im Jahre 1360 wird ein Bürger und Angehöriger der Gilden vor dem Rat verklagt. Während der Verhandlungen fordert der Rat vom Beklagten, einen Bürgen zu stellen, um die gegen ihn erhobene Anschuldigung zu entkräften. Der beklagte Bürger stellt tatsächlich einen Bürgen, beschwert sich aber gleichzeitig bei den Gilden der Stadt über das Vorgehen des Rates. Diese legen

daraufhin Beschwerde beim Rat ein: es wäre nicht gemäß städtischen Rechts, daß in einer Rechtsauseinandersetzung ein Dortmunder Bürger einen Bürgen zu stellen hätte, jedenfalls dann nicht, wenn er ansonsten nicht vorbelastet wäre. Allein durch ihr massives und ihrer Forderung Nachdruck verleihendes Auftreten sowie einer gewissen Ausdauer gelang es den Gilden, den Rat zur Aufgabe seiner Forderung zu bewegen: „Do bleven dey ses ghilde so lanege bi Hermanne Semmen eren borghere, dat hey qwiit word der borghetuchts, dey eme dey raad geeschet hadde[18]".
In der zweiten Hälfte des 14. Jahrhunderts wurde die Reinoldigilde zugunsten einer stärkeren Differenzierung des handeltreibenden Bürgertums ersetzt durch die Gilde der Junker und der Wandschneidergilde. Während die *Junker,* wohl die Organisation der Fernhandel treibenden Geschlechter, weiterhin die Ratsherren stellten, wurden die Erbsassen die politische Organisationsform der stärker im Kleinhandel tätigen Wandschneider; sie ordneten sich in der weiteren Entwicklung eher der Gildenorganisation zu[19].
Für das Jahr 1383 berichtet die Chronik Johann Kerckhördes über eine erste Auseinandersetzung bezüglich der Finanzangelegenheiten der Stadt. Sie war, wie in so vielen Fällen innerstädtischer Konflikte, durch eine seit Jahren andauernde Verschuldung der Stadt ausgelöst worden. Der Chronikbericht gibt in seiner Schilderung auch einen Einblick in die innere Gildenorganisation. Johann Kerckhörde, selbst Gildenmitglied, sieht in der Rückschau die Gilden als gesamtbürgerliche Vertretung der Stadt: *unse borger* – und gemeint waren damit die Gilden – forderten *van dem rade* eine schriftliche Rechnungslegung, wobei sich herausstellt, daß die Stadt mit 1700 Gulden verschuldet war. Man scheint jedoch rasch eine gemeinsame Lösung gefunden zu haben, denn weder die vorhandenen Urkunden noch die Chronik lassen darauf schließen, daß der Konflikt längere Zeit angedauert hätte. Das zur gleichen Zeit neu formulierte Gildenrecht zeigt folgende innere Struktur: Die Mitglieder einer Gilde wählten nach der Rechenschaftslegung des alten Gildenvorstandes einen neuen zweiköpfigen Vorstand. Die zwölf Vorsteher bildeten zusammen den Gildenausschuß für die Ratswahl und für andere, die Stadt insgesamt betreffende Angelegenheiten. Drei der Vorsteher bildeten wiederum die Spitze dieses Ausschusses, sie waren die *Vorgänger,* einer von ihnen wurde zum Sprecher und Verhandlungsführer gegenüber dem Rat gewählt, der *dedingsman.* Alle Dokumente, die für die Gilden von Wichtigkeit waren, wurden in den *blok* gelegt, eine Lade, die im Bedarfsfall von allen 6 Gildenvorstehern gemeinsam geöffnet wurde. Die Mitgliedschaft im Gildenausschuß war zeitlich befristet, in jährlicher Rotation sollte gewechselt werden. Ein im Ausschuß unerwünschtes Mitglied konnte nur mit Zustimmung aller elf übrigen Mitglieder durch eine andere Person ersetzt werden. Als weitere Einschränkung wurde festgelegt, daß nur Grundbesitzer in den Gildenausschuß gewählt werden durften[20].
Die unterschiedliche finanzielle Belastbarkeit der Bürger wird in dem Chronikbericht über die große Fehde von 1388/1389 angesprochen. Alle Bürger wurden gemäß ihrer wirtschaftlichen Leistungsfähigkeit für die Finanzierung der Verteidigungsausgaben herangezogen: Um rasch über eine größere Geldsumme verfügen zu können, wurde vermögenden Bürgern eine Zwangserbrente oder eine Zwangsleihe auferlegt: „verkofte men unsen borgers gemeenlicken bi bedwange", „andere borgers mosten gelt lenen". Aber auch wer als gemeiner Bürger keine größeren Finanzmittel sein Eigen nannte, wurde einer allgemeinen Sondersteuer unterworfen: „de gemeinen borger mosten darop schotten". Ein Versuch der drei Gildenvorsteher, den Rat von der Notwendigkeit zu überzeugen, auch den Klerus in die Steuerpflicht zu nehmen, war trotz aller Geldsorgen jedoch erfolglos[22].
Die Verteidigungsausgaben, die während der Fehde aufgebracht werden mußten, waren so hoch, daß die Stadt auch noch zehn Jahre später enorm verschuldet war. Wie schon 1383 forderten die Gilden vom Rat, über die städtischen Ausgaben Rechenschaft abzulegen, und zwar nicht nur für die Zeit während und nach der Großen Fehde, sondern auch für die Zeit davor; das Mißtrauen gegenüber dem Finanzgebaren des Rates saß offenbar tief. Wiederum werden die Gilden als Vertreter der ganzen Bürgerschaft angesehen: „unse borger dem rade reckenschop eescheden van langen jaren voer und na der vede[23]". Grundbesitzer, die *erfsaten,* und Gildenangehörige haben sich in dieser Forderung zusammengefunden. In einer Demonstration ihrer Stärke und Entschlossenheit besetzten sie das Rathaus, entmachteten den alten Rat und setzten einige der Ratsherren gefangen. Nach einiger Zeit wurden diese Ratsherren wieder entlassen, erhielten aber 'Hausarrest' und mußten sich neuen Verhandlungen zur Schuldentilgung fügen, natürlich, so die Argumentation der Gilden, nur zum Wohl der Stadt: „dat men de stat en eren und bestande behelden[24]". Mit zwei wichtigen Neuregelungen geht Dortmund in das 15. Jahrhundert: die erste betrifft die Finanzen, die zweite die Neuordnung des Rates. Um die Zahlungsverpflichtungen der Stadt so weit wie möglich zu reduzieren, wurde beschlossen, daß alle Dortmunder Bürger auf ihre Ansprüche, wie sie aus Erbrenten oder Zwangsleihen gegenüber der Stadt entstanden waren, verzichten müssen. Die Zugehörigkeit zur Stadt verlangte ihr zum Teil wohl bedeutendes finanzielles Opfer, das sicherlich bei den alten, abgesetzten Ratsherren nicht unerheblich zu Buche schlug: „Also dat alle unser borger willichlicken quijt schulden van aller ansprake, van ervekope voer und na der vede gekoft und van geleenden gelde to der vede[25]". Daß durchaus nicht alle Bürger ihre Stadtzugehörigkeit so teuer erkaufen wollten, zeigten die vermehrten Bürgerschaftsaussagen reicher patrizischer Familien, die es vorzogen, Dortmund zu verlassen – und als Bürger einer anderen Stadt ihre Ansprüche an Dortmund nicht aufgaben[26]. Um die Entscheidungen von städtischen Angelegenheiten auf eine breitere Basis zu stellen, wurde der Rat künftig in einer anderen Zusammensetzung konstituiert. Zu den zwölf Ratsherren aus patrizischen Familien traten ab 1400 sechs Gildenmitglieder aus je einer der bislang erst bei der Bestimmung der Wahlmänner beteiligten Gilden. Dieser Neuordnung stimmten der *alde rat,* der *nie rat,* die *erfsaten,* die sechs Gilden und die *gemeinen borger* zu. Die eigentlichen Träger aller künftigen Entscheidungen waren die Ratsherren, die Grundbesitzer und die sechs privilegierten Gilden. Alle übrigen Bürger und Einwohner waren den Entscheidungen des neuen Ratsgremiums unterstellt: „voert wat to Dorpmunde binnen wonet und borger ist, de si in dem rade, in den erfsaten, in den ses gilden, dat die genzlichen eens sijn, und wat der stat andrept, dat se dat met ganzer eendracht doen[27]". Die Eintragung *in des rades boek* machte die neue Verfassungsregelung vollends gültig. Die Beendigung der Auseinandersetzungen wurde per Ausruf in der ganzen Stadt verkündet, der städtische Frieden wieder hergestellt: „So is op St. Niclaes avent bi eme klockenslage overgeropen und uetgekundiget, dat mannich man und een ieder hoerde, und daer worden alle ede vernuwet, de mallick dem andren gedaen hadde ... umme twidracht willen[28]".
Mit dieser Neuordnung der Ratsbesetzung hat die Dortmunder

Verfassung zunächst ihren Abschluß gefunden. Weitere Unstimmigkeiten entstanden jedoch zwischen den gewerblichen Organisationen, wie Johann Kerkhörde berichtet. Schon im Jahre 1403 scheint es Auseinandersetzungen über die bisherigen Bestimmungen des Gildenrechts gegeben zu haben. Es wurde beschlossen, die alten Bestimmungen zu überprüfen und notfalls neu zu formulieren. Zwölf Mitglieder der Gilden – offenbar diejenigen, die auch an der Ratswahl teilnahmen, bezeichnet sie der Chronist doch als die Kurgenossen – werden aufgefordert, die erfahrensten Gildenmitglieder zu befragen und im Anschluß die Gildenstatuten niederzuschreiben. Dieser Prozeß dauerte knapp ein Jahr, wobei jeder einzelnen der sechs Gilden daraufhin die Sammlung der erarbeiteten Bestimmungen vorgelegt wurde. Nachdem sie ihre Zustimmung gegeben hatten, wurden die Statuten an offizieller Stelle im *blok* in Verwahrung gegeben, mit dem Hinweis, daß alle Zusätze, die im Laufe der Jahre noch kommen würden, entsprechend in die Sammlung eingefügt werden müßten[29]. Es bleibt dabei, daß nur von den sechs Gilden,die schon immer am politischen Geschehen der Stadt teilgenommen hatten, sei es in indirekter oder direkter Form, solche Vorgänge der Selbstbestimmung überliefert sind. Die Johannisgilde der Wandschneider, Krämer und Höker, die Gilden der Bäcker, Schuhmacher, Butterleute, Schmiede und Fleischhauer gehörten als distributive Gewerbe bzw. solche mit hoher Reputation (das Schmiedehandwerk gliederte sich in Dortmund in die verschiedenen Zweige des Waffenhandwerks auf) zu den betuchteren Gewerben. Ihre feste Organisation und Durchsetzungsfähigkeit dürfte die kleineren Gewerbe von jeglicher eigenen politischen Betätigung ausgegrenzt haben[30].

1433 erscheint im Chronikbericht das erste Mal ein Gildengremium von 24 Vertretern, die getrennt vom Rat tagen, aber offenbar in beschränktem Maße in die Prozesse der Entscheidungsfindung eingebunden sind, werden sie doch in einem Rechtsstreit zur Frage der Schuldenregelung vom Rat um Entscheidungshilfe gebeten, die sie aber wohl aufgrund mangelnder Kenntnis der Sachlage nicht leisten konnten. Sie schlossen sich stattdessen offiziell der schließlich getroffenen Ratsentscheidung an[31]. In einer Auseinandersetzung im Jahr 1436 mit den Reichsleuten[32] wird die Existenz dieses 24er Ausschusses bestätigt, der offenbar über Verhandlungen, die die Stadt betrafen, informiert wurde und entsprechend daran teilnahm.

Denjenigen, die ihre Anliegen im Rat der Stadt vertraten, denen „de dat gilde denet hadden", richteten die Gilden regelmäßig zu Pfingsten ein großes Festessen aus, ein weiteres kleines Essen wurde für die Wahlmänner der Gilden gegeben[33].

Im Zusammenhang mit der großen Soester Fehde im Jahre 1444 wurde in der Frage darüber, in welches Bündnis Dortmund eintreten sollte, deutlich, daß inzwischen auch weitere Zünfte der Stadt organisiert waren und zumindest ein Informations- und Beratungsrecht gewonnen hatten. Der Rat bat „die erfsaten gemeinlichen, die gilden gemeintlichen und de ambte[34]" um ihre Stellungnahme zu den in Rede stehenden Bündnissen. Alle genannten Gruppen bestätigten die Entscheidung des Rates, bei den alten Bündnissen zu bleiben. Es war ein Vertreter der Gilden, der dem Rat diese Botschaft übermittelte. Der Rat wiederum dankte in einer öffentlichen Ansprache für diese von den Bürgern (= Erbsassen, Gilden und Ämtern) gewährte Unterstützung: „Do stont de raet op und genk to den borgeren uet und dankeden en, dat se bi dem versworenen verbunde bliven wolden[35]". Daß letztlich im gemeinsamen städtischen Vorgehen von Seiten des Rates kein Widerspruch geduldet wird, zeigt der Vorfall, daß einem Bürger, der die obige Entscheidung nicht mittragen wollte, kurzerhand die Bürgerschaft aufgesagt wurde und es der guten Fürsprache des 24er Ausschusses bedurfte, diesen 'Quertreiber' wieder in die Stadt aufzunehmen. Um ganz sicher zu gehen, daß auch wirklich jeder in dieser kritischen Situation, d. h. kurz vor Beginn militärischer Auseinandersetzungen, in dem Entschluß der Stadt einbezogen war, wurden alle Bürger, die bei der ersten Ansprache nicht anwesend gewesen waren, noch einmal zusammengerufen, um in feierlichem Eid die Bündnistreue zu beschwören, ja diese Zustimmung sogar schriftlich festzuhalten[36]. Es sei noch ein letzter Konflikt angesprochen, dieses Mal innerhalb der Gilden selbst. Als im Jahre 1450 die Stadt Friedrich III. huldigen sollte, verweigerten die Gilden dies mit dem Hinweis, sie wollten erst huldigen, wenn ihnen ein zweiter freier Markttag, so wie sie ihn schon in früheren Zeiten hatten, wieder zugestanden würde. Ein zweiter freier Markttag, das bedeutete eine begrenzte Aufhebung der Gildenbeschränkung, nämlich die Möglichkeit freien Warenverkaufs über die Produkte der eigenen Gilde hinaus. Sie schickten eine Abordnung ins Rathaus, um ihre Forderung durchzusetzen: „als dat itlike gilde solde hebben 6 manne, de erfsaten 12, de 3 ampte 4 manne; dusse solchen kommen to dem rade und bessen, ofte men wat guede konde vinden[37]". Einerseits waren sich die Gilden über den freien Markttag einig, andererseits blieb es aber auch klar, daß dieser freie Markttag nur von jemandem wahrgenommen werden durfte, der Mitglied einer Gilde war. Wie aber die Zulassung zu einer Gilde geregelt werden sollte, darüber gab es offenbar noch keinen Konsens. Tatsächlich traten die drei Vorsteher, die den Gildenausschuß gegenüber dem Rat vertraten, zunächst einmal zurück und nahmen ihr Amt auch erst in dem Moment wieder auf, als der Ratsbeschluß die Gildenaufnahme geklärt und beide freien Markttage zugestanden waren: Mitgliedschaft in einer Gilde war für den Verkauf der in Dortmund produzierten Waren Zwang; nur an den freien Markttagen waren die Beschränkungen auf bestimmte Produkte der Gilden und Zünfte aufgehoben, ansonsten „solde niemants in des andren gilde tasten[38]".

So zeigt sich also Dortmund während zweihundert Jahren innerstädtischer Verfassungsentwicklung als eine vorwiegend vom kaufmännischen Patriziat bestimmte Stadt. Nur die oberen Handwerksgewerbe, seit der Mitte des 13. Jahrhunderts zum Wahlgremium des Rates zugelassen, erreichen bis 1400 eine Drittelbeteiligung am Stadtregiment, sowie darüber hinaus die Möglichkeit, über ein begrenztes Ausschußsystem an Entscheidungsprozessen der Stadtpolitik teilzunehmen.

Anmerkungen

1 Einen Überblick über die Entwicklung der mittelalterlichen Städte nach Stichworten geordnet bei Isenmann, Eberhard: Die deutsche Stadt im Spätmittelalter, Stuttgart 1988.

2 Z. B. führt der Eintrag in das entsprechende Ratsbuch oder das Verzeichnis der kaufmännischen Gilden und handwerklichen Ämter die Neubürger bzw. neuen Mitglieder in alle ihre Verpflichtungen und Rechte ein. Steuerlisten werden vielfach nach Stadtvierteln erstellt, die Zuordnung zu einzelnen Verteidigungsabschnitten der Stadtmauer erfolgt nach Vierteln, Bauerschaften oder Gewerbegruppen.

3 Zu innerstädtischen Konflikten des 14./15. Jahrhunderts vgl. z. B. die Aufzählung von Hergemöller, Bernd-Ulrich: Gesellschaftliche Veränderungen im engeren Reichsgebiet um 1400, in: Seibt, Ferdinand/ Eberhard, Winfried: Europa 1400. Die Krise des Spätmittelalters, Stuttgart 1984.

4 Zum städtischen Selbstverständnis vgl. u. a. Barth, Reinhard: Argumentation und Selbstverständnis der Bürgeropposition in städtischen Auseinandersetzungen des Spätmittelalters, Köln/Wien, 1974. Zur hier vorgeschlagenen Vorgehensweise vgl. die von mir behandelten Beispiele in Gleba, Gudrun: Die Gemeinde als alternatives Ordnungs-

modell. Zur sozialen und politischen Differenzierung des Gemeindebegriffs in den innerstädtischen Auseinandersetzungen des 14. und 15. Jahrhunderts, Köln/Wien 1989.

5 Frühere Urkunden sind durch einen großen Stadtbrand vernichtet worden. Zur Entwicklungsgeschichte Dortmunds vom Reichshof zum städtischen Zentrum innerhalb der Grafschaft vgl. den Beitrag von Thomas Schilp in diesem Band. Die Dortmunder Stadtgeschichte im älteren Überblick bei Rübel, Karl: Geschichte der Grafschaft und Reichsstadt Dortmund, Dortmund 1917 sowie bei Winterfeld, Luise von: Geschichte der freien Reichs- und Hansestadt Dordmund, [7]1982. Forschungsfragen und -ergebnisse zu Dortmund finden sich vor allem in den Beiträgen zur Geschichte Dortmunds und der Grafschaft Mark (zitiert: Beiträge).

6 Urkunden werden zitiert nach Rübel, Karl: Dortmunder Urkundenbuch, Bd. I - XI. zitiert: UB. sowie nach Frensdorff, Friedrich: Dortmunder Statuten und Urtheile (Dortmunder Halle, 1882), (zitiert: Frensdorf) Zur Dortmunder Chronistik vgl. Chroniken der Deutschen Städte Bd. 20 (Dortmund, Neuß), Leipzig 1887 mit den jeweiligen Vorworten von Franck und Hansen, (zitiert: CDS 20).

7 Im Vergleich zu anderen Städten ist dies ausgesprochen früh. Meist blieb der Rat ein sich selbst ergänzendes Gremium, eine geregelte jährliche Neuwahl durch ein Wahlmännergremium war nicht der Normalfall.

8 Einen Abriß zur Dortmunder Verfassungsgeschichte unter Berücksichtigung städtischer Gruppenbildungen mit weiteren Literaturhinweisen in: Luntowski, G.: Bemerkungen zu einigen Fragen der Sozial- und Verfassungsgeschichte der Städte Dortmund und Lüneburg, in: Beiträge 65 (1969), S. 5 - 20, (zitiert: Luntowski).

9 Genannt werden in diesem für die politische Selbstverwaltung so wichtigen Dokument nur die Bürger, nicht jedoch die Einwohner. Nur das, was die 'neccessitas civium' anlangt, wird im Rat verhandelt, nur durch das 'sigillo burgensium Tremoniensium' bekommt das Pergament seine Gültigkeit. In dieser klaren Trennung zwischen den durch Eid auf die Stadt verpflichteten Bürgern und den Einwohnern macht Dortmund als mittelalterliche Stadt keine Ausnahme.

10 Die Nennung der Ratsherren vor der Stadt selbst zeigt erneut ihre erstrangige Position an.

11 Das eigene städtische Siegel bekräftigt diesen Anspruch. Zur Bedeutung städtischer Siegel vgl. Diederich, Toni: Rheinische Städtesiegel, Neuss 1984.

12 Durch den Verlust der frühen Stadturkunden ist die Rekonstruktion der Schöffenverfassung bzw. der Übergang zur Ratsverfassung nicht zu leisten.

13 Erst 150 Jahre später wird der Konflikt zwischen dem Rat und dem in Gilden organisierten handwerklichen Bürgertum mit Vehemenz neu aufbrechen.

14 Zur Dortmunder Grafschaft: Beiträge 14, 1905.

15 In der ersten Hälfte des 14. Jahrhunderts vollzieht sich auch der Wechsel vom lateinischen zum deutschen Sprachgebrauch in den schriftlichen Quellen. Beide Sprachen existieren noch eine Weile nebeneinander. Aber während neue Gruppierungen im Lateinischen mit einer Beschreibung gefaßt werden, wird ihnen im Deutschen ein fester Begriff zugeordnet.In Dortmund kann es abgelesen werden am Beispiel der Erbsassen, im Deutschen als 'erfsatte' bezeichnet, die im Lateinischen als solche Leute beschrieben werden, die „debet esse habens hereditatem", Luntowski, S. 13.

16 Dortmunder UB I. 1. Nr. 546, Zu den Erbsassen vgl. Luntowski, S. 13.

17 Für die Entwicklung der Stadtverfassung ist es unwichtig, bedeutsam ist es aber für den öffentlich erhobenen Anspruch der Gilden auf alte, den Gildenmitgliedern zustehende Rechte.

18 Dortmunder UB II. 2. Nr. 488.

19 Luntowski.

20 CDS 20, S. 42.

21 Zur Dortmunder Fehde vgl. Kirchhoff, Hans Georg: Die Dortmunder Große Fehde 1388/89, in: Dortmund. 1100 Jahre Stadtgeschichte. Festschrift, Dortmund 1982, S. 107 ff und seinen Beitrag in diesem Band.

22 CDS 20, S. 42.

23 CDS 20, S. 43.

24 CDS 20, S. 44.

25 CDS 20, S. 45.

26 Zu den Bürgerschaftsaufsagen vgl. Dortmunder UB. II. 2, Nr. 1059.

27 CDS 20, S. 45.

28 Ebd.

29 Frensdorff: Sechsgildenrecht. Beilage XII, S. 215 - 225.

30 Zur Unterscheidung der Gewerbe vgl. Maschke, Erich: Verfassung und soziale Kräfte in der deutschen Stadt des späten Mittelalters, vornehmlich in Oberdeutschland, in: Vierteljahresschrift für Sozial- und Wirtschaftsgeschichte 46 (1959), S. 298 - 349, S. 433 - 476.

31 CDS 20, S. 47.

32 In ähnlichen Fragen wie schon hundert Jahre zuvor.

33 CDS 20, S. 65 f. Wie sehr das politische Leben von einer zeremoniellen Formensprache geprägt war, zeigt vor allem auch das umfängliche Sechsgildenrecht von 1403, das die einzelnen Schritte während des längeren Wahlverfahrens protokollarisch vorschrieb. Frensdorff, Sechsgildenrecht, Beilage XII, S. 215 - 225.

34 CDS 20, S. 68.

35 CDS 20, S. 68 f.

36 CDS 20, S. 69. Auch dieses Vorgehen ist - vergleichbar mit dem Sechsgildenrecht von 1403 - ein Hinweis auf identitäts- und konsensstiftende Maßnahmen, mit denen ein städtisches Bürgertum als Gemeinschaft konstituiert wird.

37 CDS 20, S. 114.

38 CDS 20, S. 116. Ein Vergleich mit anderen innerzünftischen Auseinandersetzungen über die Frage nach zünftischer Produktionsbindung einerseits und freiem Warenverkauf andererseits könnte vielleicht neue Erkenntnisse beitragen zur Betrachtung der Rolle der Zünfte für die Entwicklung der städtischen Wirtschaft des Spätmittelalters und der frühen Neuzeit.

Städtische Feste und Feiern

Manifestationen der Sakralgemeinschaft im gesellschaftlichen Wandel

Heinz-Dieter Heimann

Sucht man in den topographischen und historischen Landesbeschreibungen gegen Ende des 15. Jahrhunderts nach „Lagemerkmalen" des Ruhr-Lippe-Raumes, so lassen sich von den verschiedensten Germania illustrata-Projekten bis zu Werner Rolevincks „Die laude antiquae Saxoniae nunc Westphaliae dictae", 1474, (Westfalenlob) am ehesten sprechende Belege für ein landschaftliches Bewußtsein, für den Kulturraum Westfalen beibringen, in dem schließlich das nachmalige „Ruhrgebiet" als Brücken- und Übergangsregion zum Rheinischen auffällt[1].

Das westfälische Städtewesen wird dabei vorrangig mit den alten Bischofsstädten Münster, Osnabrück, Paderborn oder dem Wirtschaftszentrum Soest gesehen, und es scheint ein historisches Entwicklungsgefälle durch, wenn der ostwestfälisch-weserländische Raum in seinen Funktionen stärker bedacht wird als die südwestfälisch-niederrheinische Zone.

Hätte man nur diese literarischen Zeugnisse zur Hand, so fände man zwar etwa bei Hans Sachs im „Gedicht von den hundertzehn Flüssen deutscher Lande" Hinweise auf Ruhr und Lippe, das „Ruhrgebiet" aber wüßte man nicht auch in seinen verschiedenen Städten zu greifen, sondern als „Revier der großen Dörfer", als das es in einem veränderten Maßstab und fortgeschrittenen Urbanisierungsprozeß bis in die Phase der Industrialisierung tatsächlich gelten kann.

Die Spurensuche nach Merkmalen der mittelalterlichen Städte im „Ruhrgebiet" zielt vor diesem Hinterrund nicht auf eine Stadttypologie und Funktionsbestimmung der städtischen Gewebe- und Handelsvernetzung, sondern auf die in ihnen entwickelte urbane Kultur, also auf das System kollektiver Werte und Lebensäußerungen einer Stadtgemeinde, in dem rechtliche, soziale und ökonomische Momente übergreifend eingebunden und gesellschaftlicher Wandel in konkreter Geschichte etwa der Fest- und Feiertage greifbar wird.

Formen und Funktionen städtischer Feste und öffentlicher Feiern in den Städten zwischen Dortmund und Wesel nachzugehen, bietet dabei bislang kaum bedachte Gelegenheit, exemplarisch einerseits typische stadtbezogene mittelalterliche Ordnungsvorstellungen und andererseits darin zugleich die Formierung eines spezifischen Selbstverständnisses und urbaner Identität zu erfassen, die dem regionalen „Lagebefund" strukturelle Merkmale verleihen. Aufgrund der engen Verschränkung von Stadt- und Kirchengemeinde, von städtischem und kirchlichem Verfassungsleben, erweist sich als Mittelpunkt der Wirkungsgeschichte öffentlicher Feiern ein religiöser Urbanismus[2], dessen vielschichtige Ausprägung hier allein in liturgischen Umzügen, die den gesamten Stadtraum erfaßten, und einzelnen Formen des Festtagsbrauchtums zu verfolgen ist.

Edith Ennen hat darauf hingewiesen, die Wallfahrt sei die Keimzelle der Stadt[3]. Nach den weiteren Beobachtungen wird man präzisieren müssen, daß öffentliche Zeremonien, – wir würden sagen Staatsakt –, Stadtprozessionen, den Nährboden der Stadtvorstellung und des Selbstverständnisses einer Stadt bilden, dessen gesellschaftliche Funktion ein administriertes Fest- und Feierwesen Vorschub leistete.

Auf diesem Weg seien in den Städten an Ruhr, Lippe und Niederrhein liturgische Gedenkfeiern einer Gemeinde, die öffentliche Verehrung des Stadtpatrons in Zeremonien, Riten und regelrechten Erinnerungsmedien beobachtet.

Aufs Ende gesehen erscheint im Spätmittelalter die Ausstrahlung der frühen kulturellen Zentren, Abtei Werden, Stift Essen und Xanten, mehr und mehr von diesen stadtbezogenen Kulturäußerungen überlagert, was eine zweite, städtische Entwicklungsstufe in diesem Raum markiert, mit der die „Frömmigkeitsregion" Ruhrgebiet als zum Hanseraum und zum Rheinisch-Kölnischen geöffnet erscheint. Feste und Feiern lassen so denn eine Phase stadtbürgerlicher Mentalität erkennen, die mit dem lokalen Verfassungspatriotismus der „alten Stadt" verwachsen war, und in deren Wandel sich nicht nur ein Kapitel sozialer Alltags- und Feiertagsgeschichte, sondern zugleich staats- und konfessionspolitische Entwicklungen mitteilen.

Gedenkmemorie und Historisierung städtischen Selbstbewußtseins

Der „liber statutorum opidi Dursten", das Statutenbuch der Stadt Dorsten aus dem Jahre 1432 vermerkt in zwei Eintragungen „van den stryt vyrdage" (vom Streitfeiertag) den Beschluß von Bürgermeister, Schöffen und Rentmeistern, jedes Jahr am Montag vor dem Mittwinterabend, am „strytvyrdages avent", durch den Stadtboten Kirchengeläut, Vesper und Vigilien zu veranlassen. Damit eröffnete die Gemeinde ihr Gedenken an den Sieg über die Herren von Merveldt durch die Bürgerwehr zwei Tage nach Thomas im Jahre 1372. Und mehr noch, sie hielt in einer eigenen Memorie wach, daß man sich an „dey achte manne, dey in den stryte doet bleven, ... und vor alle dey gene, dey umme de stades willen doet bleven zuen eft doet blyven mogen", feierlich erinnerte. Die Namen dieser acht Toten und die Namen weiterer sind im Stadtbuch festgehalten.

Die Stadt begeht ihre Gedenkfeier weiter in der Weise, daß man „na uytwysinge der historien darup gemaket" gemeinsam am „heiligen stryd vordage" die Gräber besucht, eine feierliche Messe hört und an einer anschließenden großen Prozession durch die Straßen von Dorsten teilnimmt, wozu das Kreuz und Heiligenbilder (Maria, Nikolaus, Georg) ausdrücklich mitgeführt werden. Die Bedeutung dieser Feier als kommunales Ereignis unterstreicht eine Kerzenordnung, wonach die Gildenkerzen in der Prozession voranzugehen hatten. Zum Festritus gehörten des weiteren näher bezeichnete Armenspeisungen.

Soweit der erste Eintrag im Stadtbuch, der zugleich die ältere Stufe der Gedenkfeier greifen läßt, denn im zweiten Eintrag heißt es zur Bekräftigung des Gedenktages, daß 1382 Gott selbst „unsern vorvaderen eyne segevechtinge gegeven habe" und nun eine Prozession um die Stadt herum zu erfolgen hat und neben der Armenspeisung (Hering und Pfennigsbrot) die Ratsfreunde auf dem Rathaus ein Gastmahl abzuhalten haben, an dem – jetzt eigens eingeladen – der Pastor, sein Kaplan, der Richter, der Freigraf und andere teilnehmen. Die „behorliche" Mahlzeit schließt mit einem Gebet zum Gedenken an jene Getöteten, die seither für die Stadt ihr Leben verloren haben[4].

Den Mittelpunkt dieser ratsamtlichen Gedenkfeier bildet das Verlesen der Namen der getöteten Mitbürger in einer liturgischen Rahmenhandlung, in die die gesamte Stadtbevölkerung aktiv und emotional einbezogen wurde. Die von weltlichen und kirchlichen Rechtsträgern gemeinsam ausgeübte Feier reaktivierte ein Kapitel Stadtgeschichte, in dem in einem appelativen Nachvollzug exemplarisch die Werthaftigkeit der Stadt faßbar wurde und ihre Gemeinschaftsbestimmtheit den Lebenden aufgegeben wurde. Derartiges Gedenken leistete einer Identifikation mit der Stadt Vorschub, die in nachdrücklicher Weise aus einem Erlebnis der Angst und der Bedrohung individueller und kommunaler Existenz geschöpft war. Dorsten ist in dieser Art Erinnerungsarbeit kein Einzelfall.

In Dortmund hielt man einen Jahrestag, der an einen mißglückten Verat der Agnes von der Vierbeke und ihrer Verbündeten aus dem Jahre 1378 erinnerte. Der Rat stiftete zum Dank für die Errettung der Stadt und die Bewahrung städtischer Freiheit gegen den Grafen von der Mark ihrem Stadtpatron St. Reinoldi eine öffentliche Gedenkprozession, die noch bis ins 17. Jahrhundert durchgeführt wurde[5].

In Duisburg stiftete 1445 der Rat der Stadt eine Prozession alljährlich am Georgstag, „dat hillig sacrament toe dragen binnen umb die stat ... zu ewichger gedechnisse, dat goit selver (!) die stat behoide". Die Duisburger verehrten gerade den Salvator im Stadtsiegel besonders, dessen Bildnis ihnen seit dieser Zeit auch als wundersam galt. Auch hier diente die Prozession dazu, die Erinnerung an die erfolgreiche Abwehr eines nächtlichen Überfalls wachzuhalten, den Kontigente des Erzbischofs von Köln im Zusammenhang der territorialen Auseinandersetzungen zwischen Kurköln und dem Herzogtum Kleve-Mark im Rahmen der Soester Fehde (1444 – 1449) gegen die Stadt Duisburg unternommen hatten[4]. Lokale Bezeichnungen wie Erinnerungsgebäcke stellen eine volkskulturelle Rezeptionsebene dieses Ereignisses dar, das sich demnach tief einprägte.

Die Stadtrechnungen von Wesel belegen zu den Ereignissen der Soester Fehde und der Behauptung Duisburgs nicht nur nachhaltige Unterstützung durch militärisches Material, Proviant und Schützen. Sie machen darüber hinaus deutlich, daß zum rituellen Gedenken die Bestattung der Getöteten, die Verpflegung der Verwundeten und die Versorgung der Witwen durch die Stadt gleichermaßen dazugehörte.

Sie zeigen aber noch eine zweite Ebene der Solidarität. Sie wird dort sichtbar, wo nämlich jedweder Sieg einer Stadt über einen fürstlichen Agressor als eigener Sieg und damit als Zeichen Gottes verstanden wurde, der in dieser Bedrohungslage seinen Schutz den Bürgern, der Städtegemeinschaft offenkundig zukommen ließ.

So auch 1446/47 im Fall der Soester Verteidigungserfolge gegen den Erzbischof von Köln und dessen aus Böhmen angeworbenen Söldnerheer, dem der Schreckensruf mordbrennender Ungläubiger, Ketzer, vorausging. Die Weseler erbitten in Angst vor diesem Gegner in Sakramentsprozessionen Gottes Hilfe, und sie feiern ebenso Dankgottesdienste, als vor Soest 1447 diese massive Bedrohung – aus einem Akt städtischer Solidarität tatsächlich – abgewendet werden konnte[7]. Die Zeugnisse für Wesel und für andere Städte des Raumes machen dabei ein Feindbild und eine Angstvorstellung unter den Bürgern deutlich, in denen zwei aus historisch gänzlich unterschiedlichen Umständen herrührende Komponenten verquickt erscheinen: Die Angst vor den fremden und doch nahen Ketzern, deren militärische Überlegenheit zumal in den vergangenen Jahren erst mehrere Kreuzfahrerheere in Böhmen erfahren hatten, und die Angst vor den Fürsten, die gewaltsam gegen städtische Freiheiten vorgehen und ihr Recht mißachten. Der „Glaubensfeind" und der „Rechtsfeind" in Koalition bedrohten die traditionelle Rechts- und Werteordnung der Stadtbürger[8].

Ähnliche Angstvorstellungen finden sich in den Reihen der Städter während der Belagerung von Neuss durch burgundische Heere im Jahre 1475. Zum Dank und zur Erinnerung stifteten die Neußer eine feierliche theophorische Gedenkprozession, worin sie die Erinnerung an dieses nicht nur für die Reichsgeschichte bedeutsame Ereignis wachhielten[9].

Appelativ in ihrer Wirkung und auf die Herstellung kommunaler Öffentlichkeit bedacht, tradierten derartige Memorien und Gedenkfeiern spezifische soziale und kulturelle Verhaltensmuster einer sich existentiell und ideell bedroht sehenden Gemeinschaft. Sie spiegeln ausschnitthaft damit eine Innenansicht politischer Praxis, eine Phase stadtbürgerlicher Mentalität eben, in der sich der Städte-Fürsten-Gegensatz, ein strukturelles Entwicklungsmerkmal nicht nur der westfälisch-niederrheinischen Landesgeschichte dieser Zeit, mitteilt.

Stadtpatron und Sakralgemeinschaft

Stadtprozessionen, in denen bei Jahrtagen, bei kirchlich gebotenen Festen oder zu besonderen Anlässen (Unwetter, Pest, Krieg) die städtische Öffentlichkeit regelmäßig angesprochen wurde, geben dem rituellen Erleben der Kulteinheit „Stadt" und der zeremoniell erlebten sozialen Rangordnung der Zünfte und Gilden einer Stadt Raum.

Regelrechte Prozessionsordnungen lassen ein kulturelles Selbstverständnis jenseits verfassungsrechtlicher Gliederung der Stadtgemeinde erkennen. So griff etwa der Dortmunder Rat 1496 in einen – handgreiflichen – Rangstreit zwischen den Zünften mit einer Prozessionsordnung ein, in späterer Zeit auch mit einer Anordnung der Reihenfolge der mitgeführten Reliquien. In Essen wurde etwa zur gleichen Zeit das Absingen von Spottliedern auf die Äbtissin durch den Rat untersagt[10].

Derartige Verhaltensweisen zeigen Formen obrigkeitlicher Friedensstiftung im Wege kultureller Rituale. Sie zeigen aber auch eine zeittypische Frömmigkeitshaltung, das Schaubedürfnis, und schließlich weitergehend, daß Religion als ein verbindendes Element in der Gesellschaft begriffen wurde, das aber auch – um 1500 vermehrt – Anlaß zu Kritik an Zuständen der Pfarrgeistlichkeit und in den Klöstern bot und zu innerstädtischen Auseinandersetzungen führte, die bald deutlicher mit sozialen Forderungen verbunden waren.

Unter den kultischen Umgängen bildet in den spätmittelalterlichen Städten die Fronleichnams- und sogenannte Stadtprozession den Mittelpunkt zeitgebundener Frömmigkeit. Ihre Ausgestaltung wurde zusehens eine Angelegenheit des obrigkeitlich agierenden Rates, der für die Instandsetzungen des Prozessionsweges, die bestellten Musikanten, schließlich geladene Geistliche und das geschlossene Erscheinen der Bevölkerung Fürsorge zeigte. Die Stadt erlebte sich bei diesen Anlässen als „Sakralgemeinschaft", d. h. als eine Eidgenossenschaft gemeinschaftlicher Fürsorge für den Heilsweg, worin der einzelne als „Kommunalindividuum" die Verknüpfung von Diesseits und Jenseits erlebte[11].

So heißt denn Bürgerschaft erlangen, auch den Schutz eines Stadtpatrons erlangen. Ein Prozeß, der die Sozialgeschichte des einzelnen wie die politische Emanzipation einer Kommune insgesamt abzustützen vermochte.

Was die Heiligen Drei Könige für Köln oder St. Sebald für Nürnberg bedeuteten, das wurde – spätestens seit dem 13. Jahrhundert – ähnlich St. Reinoldi für Dortmund[12], womit jeweils ältere Patronate, Schutzheilige, verdrängt oder abgelöst wurden.

Die Identifizierung des Heiligen mit seiner Stadt macht eine

1450 erneuerte Bestimmung deutlich. Danach trug man das Sanctissimum und die Reliquien „mit allen priesteren ... in einer procession ... umb die stat und vort die vier fridage ... in die vier kirspelkirchen binnen der ... stat, da dat gemeinde volk mit innigkeit gerne folge"[13]. Ein Bericht aus dem Jahre 1506 weist über eine Prozession zu den jetzt sieben Stationskirchen in der Stadt exakt den Weg und schließlich die Rangfolge der mitgeführten Heiltümer aus, mit dem Hauptreliquiar des Heiligen Reinoldi nach dem vorangehenden Sanktissmum und dem Marienbildnis. Der Chronist benennt Reinoldi „overtherrn und patron", der Stadt „prinzipal patronen", Oberhaupt und Patron Dortmunds[14]. Der Weg dieser Prozession läßt sich im Blick auf die Stadtansicht des frühen 17. Jahrhunderts, die in ihrer Betonung der Kirchen und der Geschlossenheit der Stadtbildes noch ganz typisch eine mittelalterliche Sehweise der Stadt zeigt, nachgehen. Vorstellung und Vergegenwärtigung von diesseitiger und jenseitiger Ordnung im lokalen Beziehungsgefüge werden hier für die spätmittelalterliche Stadt sichtbar.

Der Stadtpatron St. Reinoldi verlieh Beistand zu rechter Ordnung, er schützte die Mauern der Stadt – wie 1378 so auch 1388/89 in der Dortmunder Fehde sichtbar wurde, und stellte zugleich eine Verbindung zum übergreifenden Verfassungsorganismus des Heiligen Römischen Reiches dar. Dies zeigt sich bei Gelegenheit des Aufenthaltes von Kaiser Karl IV. 1377 in Dort-

Abb. 39 Dortmunder Stadtabbild aus dem 17. Jhdt.

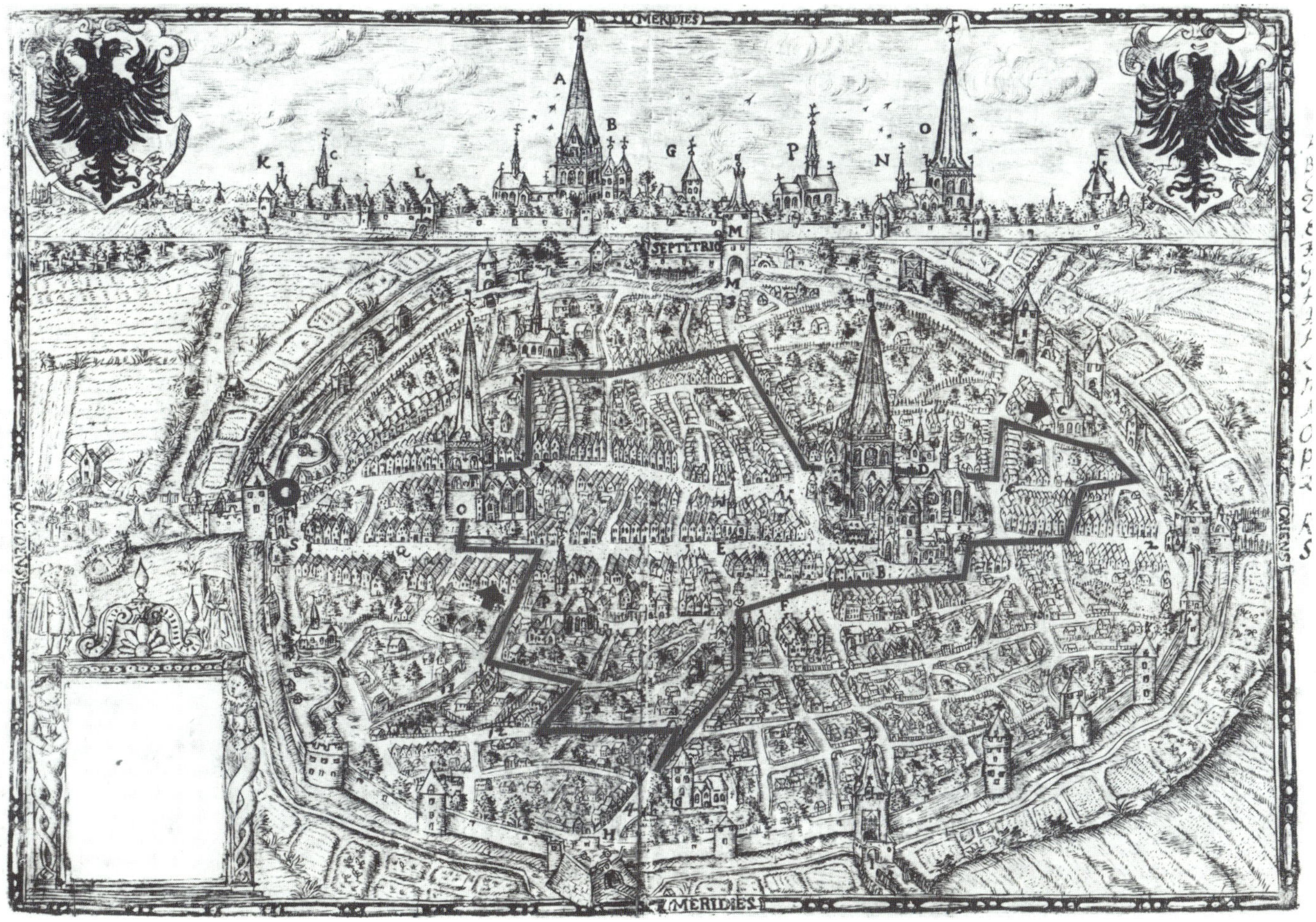

Abb. 40 7 Stationen – Prozessionsweg, eingetragen in den Stadtplan des Detmar Mulher von 1610.
A St. Reinoldi (Hauptkirche), **C** Klosterkirche der Franziskaner (Nordost), **B** Marienkirche (Mitte), **G** Nikolaikirche (Süden), **P** Klosterkirche der Dominikaner (Nordwest), **O** Petrikirche, **N** Katharinenkirche der Praemonstratenser,
O Statue des Stadtpatrons Reinoldi.

mund, als das Reichsoberhaupt Reliquienteile aus dem durch den Rat (!) geöffneten Schein entnahm[15].
Aus dieser liturgischen erwuchs die symbolische Vergegenwärtigung des Stadtpatrons in einer Sakralarchitektur, auf Tafelbildern, Reliefs und in Großstatuen. Schließlich in einem eigenen ikonographischen Programm als Reinoldi-Roland gestaltet, verbanden sich hierin verschiedene Traditionen und Verehrungsschichten, die – zumal nach kunstgeschichtlichen Indizien – Reinoldi/Roland auf besondere Weise zum Symbol städtischer Freiheit gerade im Hanseraum des späten Mittelalters werden ließen[16].
Das Essener Feiertags- und Prozessionswesen findet sich detailliert für das Kirchenjahr erfaßt im „Liber ordinarius" der Stiftskirche aus dem 14. Jahrhundert[17]. Das Buch ist zugleich ein Spiegel, wieweit in liturgischen Handlungen dem spezifisch religiösen Anliegen der Zeit entgegengekommen wurde, namentlich in den zahlreichen liturgischen Umgängen. Die Fronleichnams- und Sakramentsprozession der Essener Bürger gingen von der Münsterkirche in Richtung Kettwig aus der Stadt und zogen dann auf Frohnhausen zu, nach Altendorf und schließlich nach Stoppenberg. Hier traf die Essener Bürgerprozession mit einer Prozession des Stoppenberger Konvents zusammen. Nach Predigt, Spendenaufruf und Segen zogen die Essener nach „Wisthofen", rasteten hier und kehrten schließlich über „Schlangenberg" durch das Kettwiger Tor in die Stadt zurück, gingen durch die Johanniskirche zur Münsterkirche, wo die Prozession in der Verehrung der Heiligen Cosmas und Damian, der Stifterpatrone, zu Ende ging.

Abb. 41 Reinoldi Statue, 14. Jhdt., in der St. Reinoldikirche Dortmund.

Abb. 42 Essener Stadtsiegel mit den Heiligen.

Diese Heilige wies die Stadt über das Mittelalter hinaus als ihre Patrone auf dem Stadtsiegel aus. Sie stellte schließlich ihre Standbilder am Rathaus auf, worin sich die alte Bindung der Siedlung an das Stift spiegelte, indessen die Stadt diese rechtliche Qualität freilich inzwischen abzustreifen wußte.
Ähnlich verlief vor Christi Himmelfahrt die Bittprozession nach Bredeney, wo man mit dem Konvent des Filialstifts zu Rellinghausen zusammentraf. Hier feierte der Abt von Werden eine Gemeinschaftsmesse und fand eigens ein Verbrüderungsmahl statt, in dem die in karolingischer Zeit bereits belegte Gebetsverbrüderung nachklingt.
In Wesel läßt sich ein anderes Entwicklungsmoment urbaner Religiösität in der Mitgestaltung der Xantener Viktorstracht beobachten. Diese gelegentlich in großem Stil organisierten Feierlichkeiten des Xantener Norbertstiftes weisen in den teilnehmenden Städten das Stift als ein religiöses Zentrum aus, das nicht nur in seiner grundherrschaftlichen Organisation in das „Ruhrgebiet" ausstrahlte.
Die Vorgänge um die Viktorstracht des Jahres 1464[17] lassen in der Planmäßigkeit der Durchführung des Kirchenfestes kommerzielle Überlegungen wie auch übersteigert veräußerlichte Volksreligiosität erkennen; und noch mehr, wie ein Rangstreit zwischen den Städten Wesel und Dorsten um den ersten Platz bei der Xantener Prozession offenkundig macht. An der Spitze mit ihrem Bürgermeister und beinahe ohne Ausnahme hatte sich die Stadt wohlgerüstet mit Proviant und Bier zu Fuß und zu Schiff nach Xanten begeben, wo sich die Stadt Wesel mit prachtvollem Fahnenschmuck und in farbig gekleideter Bürgerwehr selbst inszenierte. Über religiöse Anliegen des Einzelnen hinaus bildete hier das kirchliche Ereignis für die Stadt eine Kulisse. Es diente ihr als Forum, ihre Identität nach innen zu formieren und nach außen unter den Augen des Herzogs von Kleve wirtschaftliche Macht und politischen Vorrang rituell zu demonstrieren, die der Stadt Wesel öffentliches Ansehen und Ruhm bedeuteten.

Geboten, Verboten, Geduldet

Über die mittelalterliche und frühneuzeitliche Fastnacht sprechen Quellen beinahe ausnahmslos in Verboten, oder bestenfalls in Zukunftsstatuten als Festereignis unter Auflagen. In der Fastnacht bündelten sich von verchristlichten Brauchtumsformen bis hin zur Vermummung als Medium von Spott und Kritik vielschichtige Gewohnheiten, die ihren sozialen Kern im Angebot reglementierter Gelegenheiten des Erlebens „verkehrter Welt" für den Einzelnen finden[19].

Mittelalterliche Fastnacht zwischen Dortmund und Duisburg zeigt sich in den Quellen zunächst als Abgabetermin bäuerlicher Pflichtteile oder als Begegnungstermin klerikaler und laikaler Korporationen.

Letztere finden in Nachbarschafts- und Gildefesten ihren Ausdruck, schließlich in Ratsgelagen, weil in zeitlicher Nähe die jährlichen Ratsneuwahlen stattfanden. Die Essener hießen folglich ihre Wahlfeier „Petrizech" (am Tag Petri Cathedra)[20], an dem auch in Dortmund der Rat wechselte.

Derartige hinzugetretene Anlässe führten zu opulenten Ratsgelagen, die – wie im Soester Philippsessen, dem wohl ältesten Ratsessen deutscher Städte bis heute – sich in nahezu allen Städten des „Ruhrgebiets" in den Kämmereirechnungen mit regelmäßigen Ausgaben für Wein, Speisen und Spenden niederschlugen. Den Zechern muß man dabei allerdings nachsehen, daß derartige Gelage lange Zeit ein Entgelt für ehrenamtliche Dienste zugunsten der Stadt darstellten, da eine regelrechte Besoldung die Ausnahme bildete.

In Recklinghausen lassen sich bis zu dreißig solcher Umtrunkgelegenheiten nennen, was auf eine hohe Ökonomie in der Verwaltung hinweist, die auch darin zu erkennen ist, daß man über die Wein-(Umsatz-)Steuer eine probate Gelegenheit zur Finanzierung der Ratsgelage fand[21].

In Dortmund legte das Wahlstatut zugleich akribisch die Speisezeremonie fest, wonach auch für Brot, Bier, Fisch in eigenem Silbergeschirr zu sorgen war und für die Zubereitung mit exotischen Gewürzen auch der Koch abzurechnen blieb[22].

Chronisten und Kämmerer verzeichnen daneben erfreut, wenn hohe weltliche und geistliche Würdenträger von „lutken vastavent bis mittfasten" zur Feier im Rathaus oder zu den religiösdidaktischen Schaustellereien auf dem Marktplatz sich einfanden[23].

Allerdings fand auch die Gemeinde den Weg ins Rathaus, wie ein in Essen belegter Brauch ausweist, der allerdings auch andernorts zu finden ist. Im Festgeschehen selbst treten sich überlagernde ältere Traditionsschichten zutage. Den Auftakt bildet ein zeremonielles Beibringen von Kerzen aus den umliegenden Bauernschaften zu Lichtmeß. Einem auf dem Rathaus gewählten „König von Essen" samt Gefolge oblag es dann, Kerzen für eine Lichterprozession am Faßnachtsonntag zur Münsterkirche, an den Pfarrkirchen, zu fertigen. Der Rat stiftete regelmäßig Wein zu diesem Fest, an dem die Stadtbevölkerung verkleidet teilnahm[24].

Im Zuge von Reformation und Gegenreformation wurden die in Luxusordnungen und sozialen Auflagen vorbereitete administrative Zügelung öffentlichen wie privaten Feierns forciert zu generellen Verboten, griff schließlich eine Konfessionalisierung der Kultur (Kirchenordnungen). Das Festgeschehen pendelte zusehens zwischen Bekenntnisakt und Gegenfest.

Damit verbunden folgte eine wachsend aus ökonomischen Prinzipien betriebene stufenweise Reduktion der mittelalterlichen Festgewohnheiten und des Festtagskalenders, der neben den arbeitsfreien Sonntagen nochmals mehr als fünfzig weitere Feiertage ausweisen konnte.

Konfessionelle Konflikte brachen folglich auch um die Durchführung, um die äußere Gestaltung von Fronleichnams- und Flurprozessionen auf, wobei die Fronten gar nicht einmal nur zwischen Protestanten und Katholiken verlaufen mußten. Das Verbot Hermann von Wieds vom Jahre 1536, künftig keine Flurprozessionen, „Hilligendrachten" durchzuführen, ließ sich vor Ort nicht durchführen; in den vereinigten Herzogtümern Jülich-Berg-Kleve-Mark verfolgte der Landesherr mit einem entsprechenden Verbot (1567) einen eigenen Reformkatholizismus[25].

Staatliche Regierungen, geistliche wie weltliche, gingen hierbei voran, städtische Räte und Magistrate folgten.

Für Recklinghausen gilt 1644 eine Verordnung gegen „übermäßiges Saufen, Fressen, Mummereien und Spielwerk bei den Fastabendszeiten[26]". Der Dorstener Rat legte 1588 den alten Streitfeiertag mit einem neuen Termin zusammen. Schließlich schaffte man diesen kommunalen Feiertag 1771 ersatzlos ab[27].

Die Essener Stadtrechnungen verzeichnen ab 1563 keine Ausgaben mehr für die Fastnachtskerzen. Freilich in dortigen Hof- und Familiennamen wie „Mummerdes"-, „Fastabendshove" und „Pawes/Paus" (Papst), „Kardenal", „Kayser", „Konink" ragt dieses Stück mittelalterlicher Festgeschichte in unsere Gegenwart.

Anmerkungen

1 Der Raum Westfalen, Bd. 6, Fortschritte und Schlußbilanz, hrsg. von Petri, F./Schöller, P./Hartlieb von Wallthor; Münster 1985, Heimann, H.-D.: Vom Lob Westfalens und seinen Grenzen, in: ders. (Hg.): Von Soest – Aus Westfalen, Wege und Wirken abgewanderter Westfalen, Paderborn 1986, S. 7 – 25.

2 Für Köln: Becker, H.-J.: Stadtpatrone und städtische Freiheit, in: FS f. H. Conrad, Paderborn 1987, S. 23 – 45. Heimann, H.-D.: Stadtvorstellung und Stadtpatriotismus in der „Alten Stadt" am Beispiel der „laudationes Coloniae" des Mittelalters und der Frühen Neuzeit, in: Historisches Jahrbuch (im Druck).

3 Ennen, E.: Stadt und Wallfahrt in Belgien, Frankreich und Deutschland, in: FS f. M. Zender, Bonn 1972, Bd. 2, S. 239 ff, hier S. 257.

4 Das Original verbrannte im Krieg. Die Zitate entstammen einer älteren Edition bei Erhard, H.A.: Willküren der Stadt Dorsten, in: Zs. f. vaterländische Geschichte und Altertumskunde (1844), S. 172 – 231, hier S. 181 ff, 222 ff. Im weiteren Zusammenhang Graf, M.: Schlachtengedenken in der mittelalterlichen Stadt, in: Stadt und Krieg, hrsg. von B. Kirchngässner u. a., Sigmaringen 1989, S. 41 ff.

5 Chroniken der deutschen Städte (zitiert: CDS), Bd. 20 (Dortmund, Neuß), Leipzig 1887, S. 242 f. Meininghaus, A.: Der Verrat Agnetens von der Vierbecke in Chronik und Geschichte, in: Beiträge zur Geschichte Dortmunds und der Gft. Mark 22 (1913), S. 311 – 318.

6 (CDS), Bd. 24, Soest, Duisburg, Leipzig 1895, S. 255 ff. Avendunk, H.: Geschichte der Stadt Duisburg, S. 321 f.

7 Regesten zur politischen Geschichte des Niederrheins, I. Die Stadtrechnungen von Wesel, bearb. v. F. Gorissen, 5 Bde., Bonn 1963 – 1968, hier Bd. 4, S. 254, 264, 279, 281.

8 Heimann, H.-D.: Zwischen Böhmen und Burgund. Zum Ost-Westverhältnis innerhalb des Territorialsystems des Deutschen Reiches im 15. Jahrhundert, Köln/Wien 1982, S. 179 ff. Ders. Stadthistoriographie und Stadtreformation. Zur Tradition des mittelalterlichen Gemeindebegriffs im Soester „Kriegstagebuch", in: JB. f. westf. Kirchengeschichte 76 (1983), S. 30 – 50.

9 Weller, A.: Studien zur Geschichte der Kirchenmusik an St. Quirin in Neuß, Berlin 1982, S. 131 ff. Heimann 1982, S. 239 ff.

10 CDS, Bd. 20, S. 363, 369, 373. Für Essen: Beiträge zur Geschichte von Stift und Stadt Essen, Registerband 1912, Regesten der Urkunden, S. 13.

11 Fröhlich, K.: Kirche und städtisches Verfassungsleben im Mittelalter, in: Zs. f. Rechtsgeschichte. Kan. Abtl. 53 (1933), S. 188 – 287, hier S. 266 ff.

12 Brandt, H.-J.: St. Reinoldus in Dortmund. Zur Bedeutung des „Heiligen Patrons" in der kommunalen Geschichte, in: Dortmund. 1100 Jahre Stadtgeschichte, hrsg. v. G. Luntowski, N. Reimann: Dortmund 1982, S. 79 – 106 mit der weiteren Literatur.

13 CDS, Bd. 20, S. 120, Anm. 6.

14 Ebd. S. 284, 387.

15 Ebd. S. 231, 233.

16 Rempel, H.: Die Rolandstatuen. Herkunft und geschichtliche Wand-

lung, Darmstadt, 1989, der – unverständlicherweise – auf Appuhn, H./ Reinoldi, H.: Der Roland von Dortmund. Ein kunstgeschichtlicher Versuch über die Entstehung der Rolande, in: FS f. Hans Wentzel, Berlin 1960, S. 1 – 10 nicht eingeht.

17 Arens, F.: Der Liber ordinarius der Essener Stiftskirche und seine Bedeutung für die Liturgie, Geschichte und Topographie des ehemaligen Stifts Essen, in: Beiträge zur Geschichte von Stadt und Stift Essen 21 (1901), S. 46 ff, 101.

18 Mooren, J. H.: Über die St. Viktorstracht in Xanten im Jahre 1464, in: Annalen Historischen Vereins Niederrhein 13/14 (1863), S. 298 – 302. Scheler, D.: Die Xantener Viktorstracht. Wallfahrt, Politik und Kommerz am Niederrhein im 15. Jahrhundert, in: Überlieferung, Frömmigkeit, Bildung als Leitthemen der Geschichtsforschung, hrsg. v. J. Peterson, Wiesbaden 1987, S. 96 – 113.

19 Humburg, N.: Städtisches Fastnachtsbrauchtum in West- und Ostwestfalen, Münster 1976 mit Quellenauszügen. Kühnel, H.: Fasnacht, in: Lexikon des Mittelalters, Bd. 4, München 1987, Sp. 313 f. Fastnacht und Gegenfeste als Medium reformatorischer Forderungen, Heimann, H.-D.: „Verkehrung" in volks- und Buchkultur als Argumentationspraxis in der reformatorischen Öffentlichkeit, in: Archiv f. Reformationsgeschichte 79 (1988), S. 170 – 188.

20 Borchardt, F.: Der Haushalt der Stadt Essen am Ende des 16. Jhs. und Anfang des 17. Jhs., in: Beiträge zur Geschichte von Stadt und Stift Essen 24 (1903), S. 91.

21 Zu den ab 1486 überlieferten Recklinghausener Weinabrechnungen und Luxusbekämpfungen bislang Mummenhoff, W.: Die Erhebung und Verwendung der Weinsteuer in Recklinghausen während des 16. Jhs., in: Vestische Zs. 24 (1914), S. 95 – 118.

22 CDS Bd. 20, S. 468 ff.

23 CDS Bd. 24, S. 364. Humburg 1976, S. 276 (Quellenauszug). Stadtrechnungen Wesel (wie Anm. 7) Bd. 2, S. 121, Bd. 3, S. 136, 219.

24 Ribbeck, K.: Gilde, Lichtmeß und Fastnacht im Stift Essen, in: Annalen Historischen Vereins Niederrhein 115 (1929), S. 98 – 110.

25 Redlich, O. R. (Hg.): Jülich-Bergische Kirchenpolitik am Ausgang des Mittelalters und in der Reformationszeit, Bd. 1, Bonn 1906. Von volkskultureller Seite, Cox, H. L.: Prozessionsbrauchtum des späten Mittelalters und der frühen Neuzeit im Spiegel obrigkeitlicher Verordnungen in Kurköln und den vereinigten Herzogtümern, in: Rhein.-westf. Zs. f. Volkskunde 22 (1976), S. 51 – 88. Strotkötter, G.: Die Festgebräuche Dorstens und seiner Umgebung, in: Vestische Zs. 12 (1902), S. 56 – 109, katalogisiert das Brauchtum zu den Jahresfesttagen und zu den familiären Festen. Als Vergleich Herborn, W.: Fest-, Fast- und Feiertage im Köln des 16. Jahrhunderts, in: Rhein. JB. f. Volkskunde 25 (1983/84), S. 46 ff.

26 Humburg, 1976, S. 373.

27 Weskamp, A.: Der Dorstener Strytyr, in: Vestischer Kalender 2 (1924), S. 86.

28 Ribbeck 1929, S. 107 f.

Die „Haimonskinder“ in Dortmund

Europäische Erzähltradition im regionalen Kontext

Bea Lundt

Der Heilige Reinold als Beschützer und Verteidiger Dortmunds im Spiegel der Stadt-Chronik des Dietrich Westhoff

Im Jahre 1352, so berichtet uns der Dortmunder Bürger Dietrich Westhoff im 16. Jahrhundert in der Chronik seiner Vaterstadt, wird Dortmund durch Verrat seinen Feinden geöffnet und durch „ein watervlot“[1] bedroht. Die Katastrophe kann durch Fürbitte des heiligen Stadtpatrons Reinold „und durch wunderlich geschicht“[2] abgewendet werden: Dreimal wendet sich eine klare helle Stimme an den namentlich bekannten Wächter auf dem Turm mit dem Befehl: „Wunder, schlag die Glocke“, bis der offenbar Verschlafene und Verwirrte in einem hellen Licht über der Schleuse die dort hantierenden Feinde erblickt und dem Befehl entspricht. Durch das laute Warnzeichen gelingt es tatsächlich, die Bürger wachzurütteln und die Feinde in die Flucht zu treiben.

Eines Engels Stimme müsse das gewesen sein, meint der Chronist und er berichtet weiter, seit jenem Tage danke die Stadt ihrem Beschützer alljährlich durch eine Prozession und ehre die Reliquien des Heiligen[3] auf besondere Weise.

Wenige Jahre später, 1377, so hören wir weiter, habe Herzog Wilhelm van den Berge einen Angriff auf Dortmund vorbereitet. St. Reinold aber, oder, wie der Chronist erneut vermutet[4], ein von Gott auf Reinolds Fürsprache hin gesandter Engel, habe auf der Mauer gestanden und als oberster Patron und Beschützer seine Stadt gesegnet. Er sei bewaffnet gewesen und habe aktiv in den Kampf eingegriffen [5], sehr zum Schaden der Feinde, die besiegt werden konnten.

Die Wahrheit dieser erstaunlichen Ereignisse könne er aus eigener Erfahrung bestätigen, versichert Dietrich Westhoff. Er selber habe noch im Jahre 1538 den Helden St. Reinold mit ausgestrecktem Arm auf dem Wall stehen sehen[6].

Wenige Seiten weiter erfahren wir weiteres über Reinold: Kaiser Karl IV. stattet 1377 Dortmund einen Besuch ab[7]. Haupt und Leichnam „des standhaftigen Ritters und Märtyrers St. Reinold [8]“ seien in einer großen Prozession und im Scheine aller Kerzen, die zu dieser Zeit in Dortmund aufzutreiben waren, dem Kaiser hinterher getragen worden, der den Reliquien seine Reverenz erwies. Am folgenden Tage habe der Kaiser zwei Knochenstücke des Heiligen zum Geschenk erhalten, die er sich selber aus dem geöffneten Reliquien-Schrein aussucht[9]. Es wird ihm berichtet, Reinold habe sein Leben als Ritter begonnen und dann durch Reue Vergebung erlangt. Gott habe ihn mit der Märtyrerkrone versehen und ihm das ewige Leben geschenkt[10]. Die Geschichte Reinolds sei dem Kaiser auch im Chorgesang präsentiert worden. Der Kaiserin Elisabeth habe man bei ihrem Besuche im folgenden Jahre ebenfalls ein Stück von den Gebeinen des Heiligen als Geschenk der Stadt überreicht[11].

Soweit der Stadtchronist über Reinold. Über Dietrich Westhoff wissen wir manches, das uns hilft, die Informationen über Dortmund, die er uns mitteilt, richtig einzuordnen und zu bewerten. Bevor er Gerichtsschreiber wird und in seinen letzten Lebensjahren die Geschichte seiner Heimatstadt schreibt, übt er siebzehn Jahre lang das Schmiedehandwerk aus[12]. Ähnlich wie die großen Weltchroniken beginnt er seinen Bericht mit der Erschaffung der Welt und führt über eine Wiedergabe älterer städtischer Berichte, locker aneinandergereiht und wenig systematisch, bis zu eigenen Beobachtungen zur lokalen Geschichte seiner Gegenwart. Er wertet dabei eine recht begrenzte Anzahl von Quellen seiner Zeit aus. Die Vita St. Reinoldi benutzt er nicht, obwohl er dies ankündigt[13].

Abb. 43 Die Statue des Heiligen Reinold aus dem Chorgestühl der Reinoldikirche Dortmund entstand nach 1450. Sie zeigt den Heiligen in der Rüstung eines Ritters und mit blankem Schwert in der Hand. Die Darstellung entspricht dem Bild Dortmunder Bürger vom schützenden Stadtpatron.

Ohnehin sind Überlieferung und Textgestalt der Berichte, die uns über Reinold Auskunft geben, ungesichert und problematisch. Erfahren wir doch in den Aufzeichnungen des Chronisten nur etwas über das Wirken des Stadtpatrones nach seinem Tode und von dem Schicksal seiner Gebeine, die einzeln verteilt werden und Dortmund verlassen. Wer ist dieser Mann, der über so außerordentliche Kräfte verfügt, sich in warnenden, schützenden und siegreich kämpfenden Engeln zu repräsentieren und was verband ihn mit dieser Stadt?

Reinold, als Heiliger und Märtyrer bezeichnet, als Stadtpatron verehrt, ist erst nach seinem gewaltsamen Ende in diese Stadt gekommen. Über sein Leben weiß der Chronist wenig zu berichten, auf bekannte Darstellungen des heiligen Lebens Reinolds greift er nicht zurück, obwohl er von ihrer Existenz weiß. Sie sind ihm offenbar wenig wichtig. Sein Verhältnis zu dem Stadtpatron ist eher pragmatischer Art. An seinem nutzbringenden Wirken wird Reinold gemessen und an der Bedeutung, die man ihm außerhalb der Stadt beimißt. Die Verehrung des Heiligen durch den Kaiser wertet auch die Stadt auf. Das ist es, was der Bürger des 16. Jahrhunderts für mitteilenswert hält.

Ein französischer Ritter wird zum Dortmunder Stadtpatron: europäische Erzähltraditionen als Quelle für Regionalgeschichte?

Die Reinoldsage besteht aus verschiedenen unterschiedlichen Bestandteilen und ist wahrscheinlich nicht in Dortmund entstanden[14]. Sie ist verbunden mit einem der bekanntesten und beliebtesten Erzählstoffe im mittelalterlichen Europa, der bis in die Frühneuzeit, ja, bis in die Romantik hinein eine Vielzahl von Gestaltungen erfahren hat: der Geschichte von den „vier Haimonskindern"[15], den Brüdern, die mit einem sagenhaften König Karl einen generationenlangen Vasallenkampf austragen. Reinold, altfranzösisch „Renaus de Montauban", mittelhochdeutsch „Reinold von Montelban", der uns bisher als Stadtheiliger und kämpferischer Verteidiger bürgerlicher Sicherheit begegnete, ist als der Stärkste der Brüder die titelgebende Hauptgestalt auch des späteren sogenannten Volksbuches[16].

Die Anfänge der Erzähltradition für diesen Stoff führen nach Frankreich, wo sie gegen Ende des 12. Jahrhunderts bereits in mehreren Handschriften ihren Niederschlag findet. Diese Sage von einem Helden Reinold oder Rainard oder französisch Renaus verbindet sich zwischen Ardennen, Rhein und Maas mit verschiedenen Lokaltraditionen, bis sie mit der Heiligenlegende des Reinold fest verschmolzen wird.

Wie kommt der französische Ritter aus den Ardennen auf die Mauern der Stadt Dortmund? Gibt es eine Erklärung für diese Verbindung der sagenhaften Abenteuergeschichte, die räumlich weit ausgreifend die Mobilität des aufrührerischen Adligen zwischen Räuberwald und Märchenschloß gestaltet, mit dem konkreten Ort Dortmund? Was erfahren wir aus diesem Zusammenhang über mentale Strukturen der mittelalterlichen Stadtbürger in Dortmund? Kann eine Sage, eine Legende[17] überhaupt Aufschluß geben über geschichtliche Ereignisse, Personen und Zusammenhänge?

Der Herausgeber der Chroniken Dortmunds stellt 1887 fest: „Für die Dortmunder Geschichte sind sämmtliche Versionen der Reinoldsage werthlos, da sich in keiner einzigen das Vorhandensein eines historischen Kerns in irgend einer Form erweisen läßt"[18]. Diesem traditionellen Verständnis vom Aussagewert erzählender Quellen für geschichtliche Fragestellungen soll hier der Versuch entgegengestellt werden, die alte Sage als ergänzende Quelle für Stadtgeschichte fruchtbar zu machen. Dazu soll näher untersucht werden, wo und in welchem Kontext Dortmund in den überlieferten Varianten vorkommt.

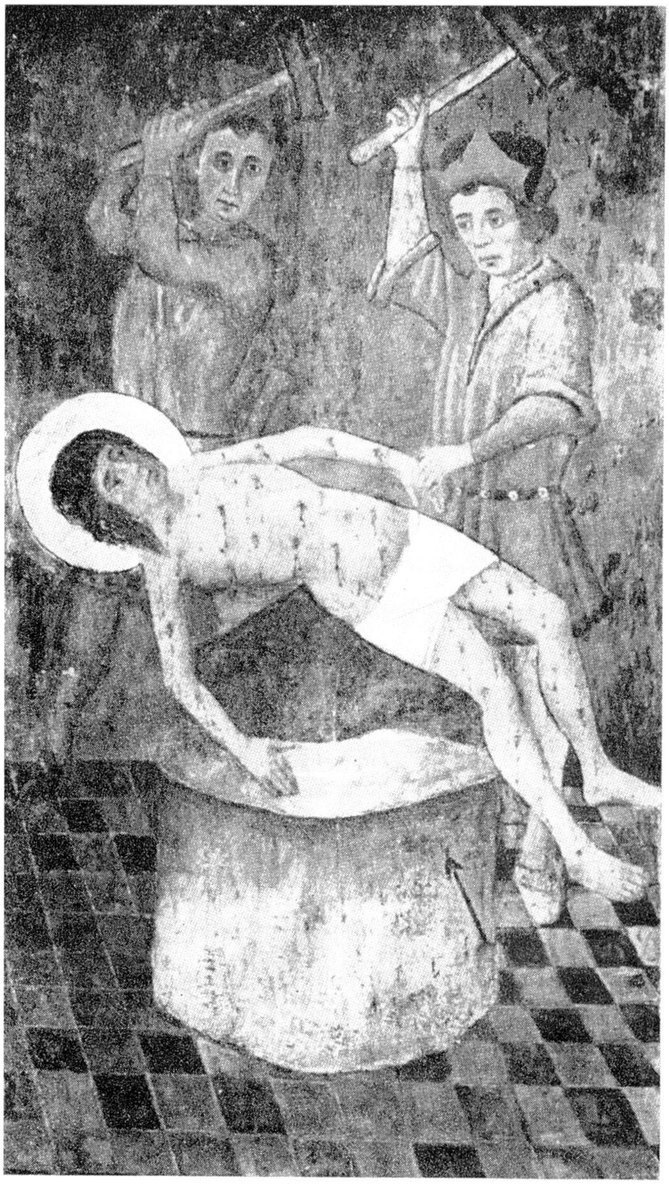

Abb. 44 In der Lambertuskirche in Düsseldorf findet sich diese Darstellung vom Martyrium des heiligen Reinold, um 1480 gemalt. Sie zeigt den nackten, schutzlosen Reinold mit Heiligenschein, fast körperlos schwebend. Reinold wird hier in der Tradition der Christusnachfolge gedeutet.

Reinold und der Friedensschluß mit Karl in Dortmund: das französische Versepos des 12. Jahrhunderts

Bereits im französischen Vers-Epos des 12. Jahrhunderts wird eine Beziehung des Helden zur Stadt Dortmund, Tremoigne genannt, hergestellt. Die Stadt wird als groß, reich und vornehm beschrieben[19].

Die Handlung ist kurz umrissen die folgende: Karl der Große trägt mit den Söhnen seines Vasallen Aymon (im Deutschen: Haimon) einen sich über Generationen hinziehenden mörderischen Konflikt aus. Renaus, der Älteste und Stärkste der vier Brüder, ermordet den Neffen des Königs wegen einer beleidigenden Äußerung beim Schachspiel. Die Brüder fliehen gemeinsam auf dem Zauberroß Baiard und führen ein unbekümmertes und kämpferisches Räuberleben in den Ardennen, bis sie vom König Yon als Dank für die Vertreibung der Sarazenen die Burg Montauban erhalten. Dort entdeckt sie Karl und eine neue Reihe von Episoden mit Flucht, Verfolgung und Abenteuern beginnt, die die Brüder zwischen Ardennen, Maas und Rhein umhertreibt. Unterstützt werden sie von einem zauberkundigen Vetter, Maugis, im deutschen Text als Malegys bekannt.

Karl muß die lange von Renaus bereute Bluttat verzeihen und die Unterwerfung der Brüder annehmen. Dafür muß Renaus das Zauberroß Bayard ausliefern und als Büßer ins heilige Land gehen. Die Bedingungen für den Friedensschluß, die er gerne annimmt, werden ihm in Dortmund mitgeteilt. Hier übergibt Renaus sein Pferd[20].

Nach Kämpfen im Heiligen Land will er sein Leben als Mönch beenden. Er kehrt zurück nach Dortmund, wo er mit seiner Familie zusammentrifft[21]. In der Stadt Köln erweckt er durch seinen Arbeitseifer und seine Bedürfnislosigkeit beim Bau einer Kirche den Haß der anderen Arbeiter, die ihn erschlagen. Die Leiche wird entdeckt und in einen Sarg gelegt. Dieser setzt sich von selbst in Bewegung und Erzbischof und Kleriker Kölns begleiten ihn bis nach Dortmund[22]. Die Glocken der Stadt läuten bei der Ankunft der Prozession von selbst. Die Verwandten des Renaus trösten sich über seinen gewaltsamen Tod hinweg mit dem Bericht über seine Wunder und seine Heiligkeit. Seine sterblichen Überreste werden in der Frauenkirche in Dortmund bis heute verwahrt[23].

Die Handlung zeigt Renaus als ritterlichen Helden und als Empörer gegen seinen König. Am Anfang der Konflikte steht eine Schuld, die er auf sich lädt. Doch wandelt sich im Laufe der Erzählung seine Rolle vom unbeherrscht-aggressiven Gewalttäter zum edlen Räuber und Befreier, dem der harte König sinnlos die Verzeihung vorenthält. Das Szenarium des feudalen Konfliktes zwischen König und Adligen, zwischen Vasallentreue und Familienbindung, zwischen Macht und Recht, Freiheit, Abenteuer und ritterlicher Pflicht verwandelt sich. Aus dem kriegerischen Helden wird ein Heiliger, aus dem Adligen ein Bürger. Wildheit, Stärke, Unabhängigkeit waren die zentralen Eigenschaften des Renaut im ersten Teil des Romanes. Im zweiten Teil der Handlung begegnen wir einem überaus fleißigen und selbstgenügsamen Arbeiter beim Bau einer Kirche. Nicht ein Märtyrer des Glaubens wird Renaut, er stirbt nicht bei der Befreiung des heiligen Grabes von den Heiden, sondern er wird ein Opfer seines Fleißes, den andere Bauarbeiter als bedrohlich für ihre eigene Existenz empfinden.

Leander Petzoldt zählt diesen Teil der Geschichte dem Erzähltypus „Der Lohndrücker" zu, ein im Bereich von Städten und Zünften wiederkehrender Motivkern historischer Sagen[24]. Ein ruhmloses Ende für den strahlenden Helden, der sein Leben lang keinen ihm gewachsenen Konkurrenten kannte und alle Gefahren überstand? Der Übergang zu einer neuen Wertewelt bürgerlicher Tugenden, in der der feudale Kriegsheld sich nun bewähren muß? Eine Lokaltradition, die dem bekannten Epos additiv angehängt und unverbunden mit ihr weiter überliefert wird?

Während seiner Lebenszeit ist Renaus umhergeirrt und getrieben worden im europäischen Raum. Den Toten zieht es nach Dortmund, wo seine Verwandten leben. Seine Rückkehr und sein Verbleiben dort stehen in Übereinkunft mit göttlichem Willen. Sie sind aber auch motivgeschichtlich verankert und begründet in dem ersten Teil des französischen Epos. In Dortmund ist es, wo Renaus die lange ersehnte Vergebung des Königs erreicht. Damit kann er seine abenteuerliche und ständig bedrohte Lebens-Existenz neu begründen. Auch für seine Brüder, die seinetwegen schuldlos jahrzehntelang in die Familientragödie königlicher Verfolgung verstrickt waren, gilt diese neue Basis. Sie gründen Familien und werden seßhaft. Reinaud setzt seine neu fundierte Kraft zur Befreiung des Heiligen Grabes ein. Gegen Ende seines Lebens verzichtet er ganz auf Waffen und widmet sich dem Bau eines Gotteshauses in Köln. Er sucht diese Stadt auf, da er in ihr ein Zentrum katholischen Glaubens sieht.

Dortmund also ist nicht nur eine Zuflucht für die Gebeine des Toten am Schluß der Handlung, sondern der Ort des Wendepunktes innerhalb der französischen Überlieferung. Die Vergebung durch König Karl, den irdischen „Vater", ermöglicht dem Titelhelden erst das Leben für den göttlichen. Während der König stets in Paris weilend dargestellt wird, ist Dortmund aus der Sicht des französischen Autors, vom Zentrum der Handlung aus gesehen, ein ferner Ort in einem fremden Land. Er symbolisiert die Möglichkeit äußerer und innerer Distanz zur bisherigen Lebenswelt. Diese Erschließung neuen Lebensraumes für die Zukunft gelingt. Das innere Ringen der Titelfigur um neue Orientierung wird zeitgemäß nicht verbalisiert, es findet vielmehr in veränderten Fakten seinen Niederschlag. Renaus zieht nicht zurück in den Ardennenwald, sondern ins Heilige Land.

Nicht zufällig also heißt es in dem altfranzösischen Gedicht aus dem 12. Jahrhundert, Tremoigne sei eine große, reiche und vornehme Stadt. Diese Aussage symbolisiert die Bedeutung des Ortes im Rahmen der Handlung.

Dortmund wird zur Heimstatt des Heiligen nach seinem Tode: die späteren deutschsprachigen Varianten

Die innere Verbindung zwischen der Stadt Dortmund und ihrem Patron geht in den späteren Varianten mehr und mehr verloren. Unverbunden scheinen die beiden Handlungsteile, so daß es immer wieder zu der Annahme kam, die Haimonssage habe mit Dortmund überhaupt nichts zu tun, ihre Verbindung mit der von ihr völlig unabhängigen lokalen Heiligenlegende des Reinold sei rein zufällig und nur durch die Ähnlichkeit des Namens befördert worden[25].

So taucht etwa der Ort „Dorpmunde" in dem niederdeutschen Text, einer Übertragung der niederländischen Variante des Versepos aus dem Jahre 1474[26], nur am Schluß der Handlung auf. Reinold verbindet keine persönliche Erinnerung mit dieser Stadt, die ein Verbleiben seiner Gebeine in ihren Mauern rechtfertigen könnte. Die Dortmunder vielmehr sind es, die von den Wunderdingen um den in Köln erschlagenen Reinold hören und den Bischof um eine Reliquie von diesem neuen Heiligen bitten. Als er das verwehrt, setzt sich der Leichenkarren von selber in Bewegung. Dort, wo er stehen bleibt, errichten die Dortmunder die Kirche St. Reinold[27].

Das Fehlen einer in Dortmund lokalisierten Vergebungsszene durch König Karl als Mittelstück der Geschichte und Voraussetzung für die Beendigung der Räuberkarriere Reinolds führt zu wichtigen weiteren Veränderungen gegenüber der überlieferten Erzähltradition: Überraschend taucht am Schluß des Textes König Karl erneut auf, um den Mord an Reinold zu rächen. Die Mörder werden hingerichtet. In Dortmund öffnet Karl den Reliquienschrein mit den Überresten Reinolds und stellt fest, daß er leer ist. Der Heilige ist verschwunden[28].

Seine Bindungen an die Stadt sind offenbar lockerer Art. Sie gehen stärker von den Bürgern aus als von ihm. Er ist freiwillig zu ihnen gekommen, als sie seiner bedurften, und hat ihnen den

Abb.45 Die Illustration der Wiedererzählung des Volksbuches durch Gustav Schwab aus dem Jahre 1859 von W. Camphausen zeigt die Abkehr Reinolds von Baiard als dramatische Schlüsselszene zum Verständnis seiner Wandlung. Im Zentrum der Szene steht der strafende König mit strenger Miene. Das kraftvoll sich aufbäumende Pferd sucht den Blickkontakt mit seinem Herrn, der sich verzweifelt abwendet.

Ort gewiesen, an dem sie seine Kirche bauen sollten. Aber es bedarf nicht seiner bleibenden körperlichen Präsens in dieser Stadt.

Es gibt keinen Besuch des lebenden Reinold in Dortmund, keine Verwandten beweinen dort sein grausames Ende. An seiner Stelle besucht König Karl die Stadt. Er muß die noch auf ihm lastende verbleibende Schuld an dem lebendigen Reinold nun nach dessen Tod wiedergutmachen[29]. Diese königliche Wiederherstellung eines gerechten Gleichgewichtes spielt sich in Dortmund ab. Erst jetzt wird er als guter König und Vater seines Vasallen rehabilitiert. Der Motivkern also, die endgültige Versöhnung mit dem weltlichen Vater in der Stadt Dortmund, ist hier noch vorhanden, doch ist sie umgekehrt worden. Erst erfolgt das Büßerleben Reinolds und die Verzeihung durch den himmlischen Vater. Der irdische mag sich nun anschließen. Die Priorität wird anders gesetzt, verleiht Karl jedoch einen neuen Stellenwert und erkennt ihm eine Schlüsselszene am Ende der Handlung zu. Da kein Wendepunkt die Mittelachse der Geschichte markiert, erhält der Schluß als Rahmen ein neues Gewicht. Davon profitiert auch Dortmund, der Ort der Handlung.

Wie aber löst diese Variante das Problem der Motivierung von Reinolds innerer Umkehr und Entscheidung für ein Pilgerleben? Das Wunderpferd Baiart übernimmt hier eine Schlüsselrolle: Karl verlangt seine Tötung, die, aufwendiger als in anderen Texten, durch mehrere vergebliche Versuche erst ermöglicht wird, als Reinold sich von dem Pferd abwendet[30]. Solange er den Blickkontakt aufrechterhält, gibt er Baiart die Kraft, um sein Leben zu kämpfen. In dem französischen Text dagegen wird das Pferd zwar ausgeliefert, entkommt aber in den Ardennenwald, wo es später mehrmals noch gesehen wird[31]. Unabhängig von seinem Herrn lebt es weiter dort, wo zuvor ihr gemeinsamer Aufenthaltsort war.

Die symbolische Bedeutung des Pferdes als Repräsentant feudaler Ritterideale und Treue ist bereits beobachtet worden[32]. Auch für unbezähmbare männliche Kraft und Stärke steht Baiart. Er ist seinem Herrn so verbunden, daß er Anteile der Identität Reinolds darstellt, von denen dieser sich jetzt trennt. Mit dem Tod des treuen Gefährten gibt Reinold seine ritterliche und räuberische Lebensbasis auf. Den Augenblick der Abkehr vor dem Begleiter vollzieht er aktiv, wenn auch auf Befehl des Königs[33]. Das Gelöbnis, „ein heremite in dem wald“[34] zu werden, schließt sich unmittelbar an.

Auch in dem frühneuhochdeutschen Volksbuch aus dem Jahre 1604 spielt Dortmund eine nur untergeordnete Rolle[35]. Der Tod des vermenschlicht dargestellten Pferdes[36] bewirkt die Umkehr Reinolds. Das Verlangen der Dortmunder nach dem Leichnam des Heiligen wird aus der Geschichte der Stadt, nicht der Reinolds begründet: „Um diese Zeit war die Stadt Dortmund auch zu dem christlichen Glauben bekeret“[37]. Die Teilhabe am Heiligen der Stadt Köln soll die Dortmunder im Glauben stärken. Nach dieser Variante bewirkt Karl beim Papste die Heiligsprechung Reinolds, die durch göttliche Zeichen bekräftigt wird[38]. Das 23. Kapitel, das darüber berichtet, ist gegenüber den bisherigen Texten völlig neu angehängt.

Spätere Texte reduzieren weiter den Zusammenhang der Handlung mit der Stadt Dortmund. In einer deutschen Übersetzung

des 16. Jahrhunderts[39] taucht die Ortsbezeichnung „Dordonna“[40] auf. Der Herausgeber erläutert diesen Namen in seinem Namen- und Wörterverzeichnis als „Dordonne, Stadt und Fluß“[41], gelegen vermutlich in Frankreich. Der Held „Rengnold“ stirbt eines natürlichen Todes[42], kurz nach seiner Rückkehr aus dem Heiligen Land. Die gesamte Köln-Episode fehlt, die Möglichkeit des Bezuges auf Dortmund im Verlaufe der Erzählung wird vom Herausgeber nicht in Betracht gezogen, die Ähnlichkeit des Namens fällt ihm nicht auf.
Was macht die Romantik aus unserem Erzählstoff? Gustav Schwab gibt 1859 seine „Wiedererzählung“ deutscher Volksbücher heraus[43]. Ort der Versöhnung wird hier statt der Stadt Dortmund die Burg Ardana[44]. Reinolds Entschluß zu einem Einsiedlerleben findet seinen Anlaß in dem Tod des geliebten Rosses Bayard. Die christlich gewordene Stadt Dortmund bittet um Teilhabe an der Heiligkeit der Stadt Köln. Der Bischof erwägt mit seinen Klerikern, welcher Heilige den Bittstellern „am nützlichsten wäre“[45]. Der soeben erst aufgebahrte Märtyrer setzt sich in Bewegung und zeigt durch Gottes Eingreifen, daß er sich als der geeignete Heilige zur Verfügung stellt[46].

Historische Erzählforschung und der Forschungsstand zur Reinoldlegende

Erinnern wir uns der anfänglich gestellten Frage nach dem Wert der historischen Aussagekraft dieser Erzählungen. Sind sie nicht, mehr noch als die Stadtchronik, ungeeignet, dem Historiker Erkenntnisse über das mittelalterliche Dortmund zu vermitteln? Weist nicht die ungesicherte und viel veränderte Textgestalt darauf hin, daß es sich um Phantasieprodukte unterschiedlicher Provenienz handelt?
Anders als im 19. Jahrhundert gibt es heute verschiedene Ansätze in der Geschichtswissenschaft, die sich um ein erweitertes Verständnis von historischer Faktizität bemühen, das Bewußtseinsstrukturen der Menschen und ihre Veränderung im Geschichtsverlauf als Bestandteil von Realität miteinbezieht. Die „Historische Erzählforschung“, interdisziplinär arbeitend im Austausch der Ergebnisse aus Volkskunde, Philologien, Sozialwissenschaften, Religions- und Geschichtswissenschaft, bemüht sich um die Erschließung erzählender Quellen im Hinblick auf ihre historische Aussagekraft hin.
Nicht der Ursprung eines Motives steht im Mittelpunkt des Interesses, sondern die Art und Weise der Neu-Aneignung einer alten Erzähltradition interessiert als zeitbedingte Antwort auf eine überlieferte Herausforderung. Nicht die Gemeinsamkeiten der Motive also, sondern die Unterschiede der Texte sind vor dem Hintergrund ihres Entstehungs- und Rezeptions-Kontextes einer konkreten Zeit aufschlußreich[47]. Fiktionale Texte können ein anderes Geschichtsverständnis vergangener Zeiten spiegeln und sind wichtige Indikatoren auf dem Wege zu einem differenzierteren Einblick in die mentalen Strukturen früherer Generationen.
Der Historiker František Graus hat 1975 die Überlieferung von den Haimonskindern unter diesem Gesichtspunkt beleuchtet[48]. Er verfolgt dabei die Perspektive, das Verhalten des Renaus de Montauban als einer Leitfigur ritterlichen Adels zu beleuchten. Bei dem Vergleich der Texte kommt er zu dem Ergebnis, die Renaus-Gestalt sei notwendigerweise an ihren feudalen Entstehungskontext gebunden und unübertragbar auf städtische Lebensverhältnisse[49]. Seine Untersuchung hört also gerade dort auf, wo unser Interesse beginnt: die belegte Tatsache der städtischen Aneignung des feudal geprägten Stoffes gerade gilt es zu erklären.
Anders als Graus neigt man heute dazu, die Übergänge von der ritterlichen zur städtisch geprägten Lebenswelt nicht als schroffe Brüche, die Aneignung höfischer Kultur durch Bürger nicht als Niveauverlust und Epigonentum zu werten, sondern die vielfältigen Arten und Möglichkeiten der Neugestaltung älterer Erzähltraditionen in ihrer Kontinuität und Widersprüchlichkeit zu betonen[50]. Die Erforschung der lange vernachlässigten volkssprachlichen Aneignungen höfischer Epen hat neue, differenziertere Ergebnisse zutage gefördert. Verschiedene Anstöße konvergieren in dieselbe Richtung: das Verhältnis zwischen historischer Realität und ihrer phantasievollen Be- und Verarbeitung neu zu durchdenken[51].
Anderen Studien über die Reinold-Legende verdanken wir wichtige Erkenntnisse über Art und Umfang der Heiligenverehrung und des Kultes um Reinold[52]. Wichtig sind etwa die Forschungen von Paul Fiebig über die Rezeption der Reinoldsfigur in Laienkreisen und Bürgergruppen. Er zeigt, wie Reinold zum Patron reicher Dortmunder Kaufmannsgilden wird und auf welche Weise die Kunde von ihm auf Handelsreisen nach Danzig und Thorn gelangt. Reinoldsbruderschaften sind in verschiedenen Städten nachweisbar[53]. In Riga wird Reinold Mitpatron der Schwarzhäupter, der Vereinigung junger unverheirateter Kaufleute[54]. Auch Steinmetzen und Maurer erwählen sich Reinold zum Patron, sehen sie in ihm doch einen Berufskollegen[55].

Abb. 46 Die Darstellung Reinolds aus dem Chorgestühl des Ulmer Münsters, entstanden nach 1473, zeigt den Heiligen als Schutzherrn der Maurer mit einem Werkzeug in der Hand.

Dieses Wissen über einzelne Gruppen und ihre Art der Aneignung der überlieferten Legende hilft uns, das Bedürfnis nach heiligen Vorbildern zu verstehen. Die Ebene der Auseinandersetzung mit der Figur des Heiligen ist berufsspezifisch unterschiedlich. Sowohl die führenden Patrizierfamilien in der Stadt als auch weniger begüterte Handwerker nehmen ihn als Patron für sich in Anspruch. Einzelne Elemente seiner Persönlichkeit werden selektiv herausgefiltert und entsprechend den Interessen der Berufsgruppen vereinnahmt. Die Wandlungsfähigkeit der Reinold-Gestalt, ein Kennzeichen der Überlieferung ihrer Geschichte, befördert diese große Bandbreite möglicher Identifikation mit seinen Eigenschaften und Verhaltensweisen.

Über diese Einzelergebnisse hinausgehend versucht Hans-Jürgen Brandt, eine Zusammenschau der Einzel-Aspekte der Bedeutung Reinolds für Dortmund zu gewinnen[56]. Sein Frageinteresse richtet sich auf einen oft übersehenen bzw. zurückgewiesenen Aspekt des Phänomenes, den er nun wieder in den Mittelpunkt rückt und der aus neuer Frageperspektive heraus eine Schlüsselfunktion erfüllt. Es geht ihm darum, die Translation des heiligen Reinoldus nach Dortmund genau zu terminieren. Mit dieser Frage setzt er sich hinweg über die von ihm kritisierte „neuzeitliche Mythosthese", die „den Heiligen selbst als unhistorisch zu erweisen"[57] sucht. Anders als Hansen etwa geht er aus von der historischen Realität des Heiligen in Dortmund. Bei der Überprüfung unterschiedlichen Quellenmaterials ergibt sich dieses Resultat: „Aufgrund von Analogieschlüssen neige ich zu der Annahme, daß die Gebeine des heiligen Reinoldus in der zweiten Hälfte des 10. Jahrhunderts von Köln nach Dortmund übertragen wurden."[58]

Ergebnisse

Auch Brandt also sucht eine vorschnell zum „Mythos" erklärte Realität zu rekonstruieren. Das Geschichtsverständnis der Menschen mittelalterlicher Jahrhunderte muß berücksichtigt werden, um die historische Bedeutung ihrer Erzählungen zu verstehen und zu entschlüsseln. Doch überprüft Brandt nicht den überlieferten Erzählstoff der Sage und Legende in seinen verschiedenen Gestaltungsformen. Diese Texte läßt er als Quellengattung ungenutzt.

Die Ergebnisse der vergleichenden Betrachtung des Erzählstoffes können aber seine Vermutung erhärten und um einen weiteren wichtigen Indikator für die Richtigkeit seiner These ergänzen:

Der Zusammenhang des ritterlichen Phantasie-Helden mit dem realen Kölner Märtyrer ist von dem unbekannten französischen Autor des Gedichtes aus dem 12. Jahrhundert geprägt worden. Dortmund war ihm als eine Stadt, die wichtige Reliquien enthielt, durchaus bekannt. Nicht erst im Nachhinein, sondern von Anfang an hat die Namensgleichheit das Interesse auf sich gezogen. Die gesamte Erzählung ist zusammenhängend konzipiert, der Held auf die Stadt Dortmund bezogen, in der er seine entscheidende Wandlung erfährt, in der er seine Verwandten hat und in die er zurückkehrt, um sie zu schützen und zu verteidigen. Dortmund ist der entscheidende lokale Bezugspunkt für den äußerst mobilen Helden aus Frankreich.

Auch der Bezug zu König Karl kann auf diese Weise erklärt werden: die Dortmunder betrachten Karl als den Begründer ihrer Stadt. Reinald von Dassel, Erzbischof in Köln, betrieb im Jahre 1165 die Heiligsprechung Karls. In der Phantasie des französischen Autors konnte sich also leicht die besondere Ehrung des Königs Karl durch einen Reinald mit den in dem nahen Dortmund befindlichen Reliquien eines Heiligen Reinold vermischen. Mit der Translationsgeschichte innerhalb der Erzählung wird dem Faktum der Priorität der Stadt Köln als Ursprungsort der Aktivitäten zur Heiligsprechung des Franken-Königs Rechnung getragen. Die wesentlich früher erfolgte Überführung des Heiligen von Köln nach Dortmund wird nun in die Lebenszeit des sagenhaften Karls verlegt. Der Kampf des aufrührerischen Haimonssohnes gegen seinen König erfährt in der Stadt, die die Gebeine des Heiligen bewahrt, seinen Abschluß. Damit wird die Voraussetzung für die Umkehr Raimunds in ein christliches Leben gelegt, zugleich auch die für seine Rückkehr in diese Stadt. Für diese Annahme der assoziativen Neukomposition historischer Elemente spricht die vermutete Entstehungszeit des altfranzösischen Vers-Epos in der zweiten Hälfte des 12. Jahrhunderts. Genau zu dieser Zeit lenkten die Heiligsprechung Karls des Großen und ihre näheren Umstände die Aufmerksamkeit der Zeitgenossen auf sich. Die typischen Bestandteile des Szenariums historischer Realität finden sich in dem fiktionalen Text wieder.

Die Frage, warum der heilige Reinold nach seinem Kölner Martyrium nach Dortmund kam, wird in der immanenten Begründungs-Logik des Epos beantwortet: dies war der Ort seiner Umkehr, doch auch der Umkehr Karls, der sich von einem verfolgenden in einen verzeihenden Vater wandelte. Damit wird seine Rückkehr an diesen Ort aus innerem Antrieb legitimiert.

Dortmund ist der Ort, an dem die Voraussetzungen für diese Entscheidung zum Büßer- Leben gelegt werden. Dieser Zusammenhang wird in späteren Varianten aufrechterhalten, doch werden die einzelnen Elemente umgedreht: Weil Dortmund gerade christlich geworden ist, bedarf es des heiligen Reinold zur Bestärkung des neuen Glaubens. Die Erzähllogik hat ihre Grenzen: es kann nicht erklärt werden, warum dieser Reinold in der historischen Realität überhaupt nach Dortmund kam.

Die von Brandt angeführten Elemente geschichtlicher Faktizität tauchen also in verwandelter Form in der gereimten Geschichte wieder auf. Angesichts der Zeitgleichheit wird man dies kaum für einen Zufall halten.

Die Gestaltung der Sage läßt also Vermutungen zu, welche Probleme und Ereignisse einst den Autor in seiner Zeit beschäftigten. Phantasien sind Versuche, ungeklärte Realität zu deuten. Als solche können sie uns als Quellen dienen. Der reale Zusammenhang, der möglicherweise den Autor des Versepos als Zeitgenossen bewegte und unter seinen Händen mehr oder weniger bewußt in die überlieferte Textgestalt einfloß, geht späteren Gestaltern des Erzählkernes verloren. Dortmund wird zum zufälligen Ort, sein Auftreten als unmotivierbares Aneinanderreihen unverbundener Erzähltraditionen gedeutet. In keinem der späteren Texte ist der innere Zusammenhang wieder so deutlich zu fassen.

Ein kleines weiteres Indiz ist damit gefunden zur Bestärkung der These, die Gebeine St. Reinolds seien schon vor dem 12. Jahrhundert nach Dortmund transferiert worden. Ein Baustein nur, nicht mehr. Ein Hinweis aber auch auf einen frühen realen und in Teilen Europas wohlbekannten Zusammenhang zwischen Reinold und der Stadt Dortmund.

Aussagen dieser Art lassen sich, vielleicht, erreichen durch einen vorsichtig experimentierenden und differenzierenden, doch unbefangeneren Umgang mit erzählenden Texten als einer Spiegelung historischer Realität auf besondere gebrochene Weise und mit einer anderen immanenten Logik, als sie etwa dem Stadtchronisten die Feder führte. Warnte nicht auch der Herausgeber der Chroniken der westfälischen und niederrheinischen Städte davor, die Aussagen des Dietrich Westhoff für historisch gesicherte Fakten zu halten? War nicht auch sein Geschichtsbild ein anderes als unser heutiges? Erinnern wir uns, daß er seinen Bericht mit der Erschaffung der Welt begann, daß er an Stimmen vom Himmel glaubte und Engel kämpfen sah. Gemessen an diesem Vergleich erweist sich der Unterschied zwischen dem Quellenwert des höfischen Epos und der Stadtchronik als ein gradueller, nicht aber qualitativer. Beide bedürfen sie der behutsamen Entmythifizierung, bevor sie uns verstehen helfen, welche Vorstellungen über Reinold in den Köpfen der Menschen des Mittelalters Gestalt gewannen und welche realen Hintergründe sie zu dieser Art der Verarbeitung inspirierten. Mehr nicht. Aber auch nicht weniger.

Anmerkungen

1 Chronik des Dietrich Westhoff von 750 - 1550, in: Die Chroniken der westfälischen und niederrheinischen Städte, 1. Bd., Dortmund, Neuß, Leipzig 1887, S. 177 - 462, hier: S. 215 f.
2 Ebd.
3 Ebd. S. 216.
4 „ich glove ... dat es ein engel gots gewesen sij", Chronik des Dietrich Westhoff, S. 226.
5 Ebd. S. 226 f.
6 Ebd. S. 227.
7 Ebd. S. 231.
8 Ebd. S. 232.
9 Ebd. S. 233.
10 Ebd. S. 244.
11 Der Herausgeber Josef Hansen in seiner Einleitung: Chronik des Dietrich Westhoff, S. 149 - 176, hier: S. 173 f.
12 Hansen, Josef: Einleitung zur Chronik des Dietrich Westhoff, S. 157, S. 165.
13 Hansen, Josef: Übersicht der Dortmunder Geschichtsschreibung bis zur Mitte des 16. Jahrhunderts, in: Die Chroniken der westfälischen und niederrheinischen Städte, 1. Bd., Dortmund/Neuß. Leipzig 1887, S. XI - XXXIV, hier: S. XIV.
14 Wunderlich, Werner: Stichwort: „Haimonskinder", in: Enzyklopädie des Märchens. Handwörterbuch zur historischen und vergleichenden Erzählforschung Bd. 6, 1989, Sp. 385 - 396. Das Stichwort enthält eine informative Übersicht über den Forschungsstand und die Überlieferungslage des Textes aus der Sicht der historischen Erzählforschung. Vgl. auch die ältere Übersicht von Westermann, Ruth: „Haimonskinder", in: Stammler, Wolfgang (Hg.): Verfasserlexikon, Berlin/Leipzig 1936, Sp. 149 - 152.
15 Der Begriff „Volksbuch", geprägt 1807 von Joseph Görres, umfaßt eine Gruppe von Prosatexten mit völlig unterschiedlichen Merkmalen und wird heute nur noch als Orientierungsbegriff benutzt. Kritik am Volksbuchbegriff: Hans-Joachim Kreutzer in seiner Habilitation: Der Mythos vom Volksbuch, Stuttgart 1977. Heute hat man sich weitgehend geeinigt auf den Begriff „Prosaroman". Einen ausführlichen Forschungsbericht findet man bei: Müller, Jan-Dirk: Volksbuch/Prosaroman im 15./16. Jahrhundert. Perspektiven der Forschung, in: Internationales Archiv für Sozialgeschichte der deutschen Literatur, 1. Sonderheft 1985, S. 1 - 128.
16 Eine gattungsmäßige Zuordnung der Texte ist schwierig. Meist handelt es sich um Mischformen. Über den Forschungsstand zur Gattungsfrage etwa: Petzoldt, Leander: Dämonenfurcht und Gottvertrauen. Zur Geschichte und Erforschung unserer Volkssagen. Darmstadt 1989, S. 22 - 39. Zur Legende: Karlinger, Felix: Legendenforschung. Aufgaben und Ergebnisse, Darmstadt 1986.
17 Hansen, Josef, Übersicht der Dortmunder Geschichtsschreibung (wie Anm. 12) S. XIV.
18 Renaus de Montauban oder die Haimonskinder, altfranz. Gedicht, hrsg. v. Heinrich Michelant, Stuttgart 1862. altfranz: „Tremoigne, le grant cité manant", S. 419, „Tremoigne, la nobile cité", S. 420.
19 Ebd., S. 398.
20 Ebd., S. 419 f.
21 Ebd., S. 454.
22 Die Inhaltsangabe folgt der Edition: Renaus de Montauban oder die Haimonskinder, altfranz. Gedicht hrsg. v. Heinrich Michelant, Stuttgart 1862, 1966, in Amsterdam nachgedruckt. Die Edition entspricht nicht modernen textkritischen Kriterien. Die neueste Textausgabe von P. Verelst (Hg.): Renaut de Montauban, Gent 1988 lag mir leider nicht vor.
23 Historische Sagen II., hrsg. v. Leander Petzoldt, München 1977, S. 78.
24 So etwa Röcke, Werner: Minne- und Abenteuerromane, in: Mertens, Volker/Müller, Ulrich (Hg.): Epische Stoffe des Mittelalters, Stuttgart 1984, S. 395 - 423, hier: S. 408.
25 Fridrich Pfaff: Untersuchungen zum Text, in: Reinolt von Montelban oder die Heimonskinder. hrsg. v. Pfaff, Tübingen 1885, S. 468 - 588, hier: S. 468. Pfaff nennt das Datum 1474 als Anfang der Niederschrift. Auch Werner Wunderlich nennt, in seinem Forschungsbericht 1989 dieses Datum. „Haimonskinder", in: Enzyklopädie des Märchens Sp. 385 - 396, hier: Sp. 386.
26 Reinolt von Montelban (wie Anm. 25) Vers 15217 - 15224.
27 Pfaff (wie Anm. 25) Vers 15339 f. „Als sie das faß uff solten thun,/das was Reinolt hin weg gefluhen".
28 Eine Vergebungsszene findet zwar statt, hat jedoch nicht den Stellenwert wie in dem altfranzösischen Text. Reinolt von Montelban (wie Anm. 25) etwa Vers 13065 - 13265.
29 Ebd. Die Szene ist identisch mit der Vergebungsszene.
30 Renaus de Montauban (wie Anm. 18) S. 402. Die Edition verfügt über keine durchlaufende Verszählung, daher werden hier die Seiten genannt.
31 Z. B. Frenzel, Elisabeth: Haimonskinder, in: dies.: Stoffe der Weltliteratur Stuttgart[6] 1983, S. 275 - 277, hier: S. 276.
32 Reinolt von Montelban (wie Anm. 25) Vers 13206 - 13245.
33 Ebd. Vers 13264 f.
34 Histori von den vier Heymonskindern, in: Peter Suchsland (Hg.): Deutsche Volksbücher, Berlin 1982, S. 123 - 324, die Versöhnung mit König Karl erfolgt durch Vermittlung der Mutter der vier Haimonssöhne, S. 300 f.
35 „als wenn es ein Mensch gewesen wäre, der nach seinem Freund gesehen hatte, daß er ihme helfen sollen". Ebd. S. 301.
36 Ebd. S. 321.
37 Histori von den vier Heymonskindern, ebd. Suchsland 1982. S. 323.
38 Die Haimonskinder, in deutscher Übersetzung des 16. Jahrhunderts. ebd. : Albert Bachmann, Tübingen 1895. Die Handschrift ist datiert auf das Jahr 1531, S. 262.
39 Ebd., etwa S. 226 ff.
40 Ebd., S. 284.
41 Ebd., S. 262.
42 Die vier Heymonskinder, in: Die deutschen Volksbücher wiedererzählt von Gustav Schwab 1859, ND. Frankfurt 1978, 2. Band, S. 63 - 194.
43 Ebd., S. 179.
44 Ebd., S. 193.
45 Ebd., S. 193.
46 Zentrales Publikationsorgan für diese Vorstellungen ist neben der Zeitschrift „Fabula": Enzyklopädie des Märchens. Handwörterbuch zur historischen und vergleichenden Erzählforschung, Berlin/New York seit 1977, Juni 1990 bis zum Buchstaben „G". Vgl. auch den aufschlußreichen Überblick über moderne, interdisziplinäre Sagenforschung von Leander Petzoldt: Dämonenfurcht und Gottvertrauen. Zur Geschichte und Erforschung unserer Volkssagen, Darmstadt Ende 1989.
47 František Graus: Lebendige Vergangenheit. Überlieferung im Mittelalter und, in den Vorstellungen vom Mittelalter, Köln/Wien 1975, besonders S. 48 - 60.
48 S. 58.
49 Ferdinand Seibt, in: Handbuch der Europäischen Geschichte Bd. 2, Stuttgart 1987. Seibt meint, daß der „Bürgerhumanismus" nichts „anderes sei als die Intensivierung von langwährenden Traditionen", S. 148. Zur Bezeichnung der entstehenden volkssprachlichen Literatur und Laienbildung spricht er nicht von Brüchen, sondern von „Akzentverschiebung", in allen möglichen Daseinsbereichen, S. 133, auch S. 90.
50 Jacques Le Goff, der sich schon länger mit Themen dieser Art beschäftigt, legte mit einem schon länger angekündigten Essayband eine Zwischenbilanz der Diskussion vor: Phantasie und Realität des Mittelalters, Stuttgart 1990. Herfried Münkler deutet Mythen aus der Sicht politischer Theorie: Odysseus und Kassandra. Politik im Mythos, Frankfurt 1990.
51 1886 veröffentlichte der Herausgeber der Stadtchronik, Josef Hansen, einen Aufsatz: Die Reinoldsage und ihre Beziehung zu Dortmund, in: Forschungen zur deutschen Geschichte, 26. Bd., S. 105 - 121. Die Diss. von Franz Ostendorf: Überlieferung und Quelle der Reinoldlegende, Münster 1911 versucht Licht in das Überlieferungs- Dunkel zu bringen. Eine Fülle wichtigen Materiales bietet Paul Fiebig: St. Reinoldus, in Kult, Liturgie und Kunst, Dortmund 1956.
52 Ebd., S. 69 - 86.
53 Ebd., S. 85.
54 Ebd., S. 87 - 90.
55 Brandt, Hans-Jürgen: St. Reinoldus in Dortmund, in: Dortmund. 1100 Jahre Stadtgeschichte. Festschrift 1982. S. 79 - 106.
56 Ebd., S. 86.
57 Ebd., S. 90.
58 Ebd., S. 91.

Die Juden

Diethard Aschoff

Die Anfänge

Juden sind im Ruhrgebiet seit über 900 Jahren nachweisbar. Am 18. Januar 1074 sicherte König Heinrich IV., noch heute bekannt durch seinen „Gang nach Canossa", „Juden und anderen Wormsern" Zollfreiheit an verschiedenen Zollstätten des Reiches zu, darunter auch in Dortmund[1].

Auffällig ist die Reihenfolge: „Juden und andere Wormser". In der genau gewichtenden Urkundensprache jener Zeit bedeutet Reihenfolge auch Rangfolge. Juden aus Worms waren offenbar an den Zollstätten häufiger oder mit mehr Waren vertreten als ihre christlichen Nachbarn. Dies hatte seinen Grund: seit den Zeiten Karls des Großen waren Juden für die Herrscher des fränkischen und später des deutschen Reiches als Kaufleute unentbehrlich. Zunächst besaßen sie wohl auf Grund ihrer überlegenen Erfahrung größere Geschäftsanteile als ihre christlichen Mitkaufleute. Dies zeigt sich daran, daß sie sich bevorzugte Geschäftslagen in den aufblühenden Städten auch Nordwestdeutschlands sichern konnten[2].

Ende des 11. Jahrhunderts begannen die Juden von ihren rheinischen Basen nach Norden und Nordosten vorzudringen, um das Land zwischen Lippe und Ruhr ihren kaufmännischen Aktivitäten zu erschließen.

Bevor sie hier jedoch Fuß fassen konnten, erfolgte ein jäher und schwerer Rückschlag. Im Zusammenhang mit dem 1. Kreuzzug 1096 erlitten die Juden ihre erste große Verfolgung im Abendland. Tausende fielen fanatisierten Kreuzfahrern, aber auch Einheimischen zum Opfer, so auch in den niederrheinischen Städten Xanten, Geldern, Moers (?), Neuss und vor allem in Köln[3].

1096 erlebte auch der erste namentlich bekannte Jude, den wir im Ruhrgebiet kennen, dort sein „Holocaust", was ja Ganzopfer bedeutet: als Mar Schemarja, der damals von Köln nach Dortmund floh, dort die Taufe verweigerte, haben ihn die Bewohner der Stadt lebendig begraben[4], ohne Zweifel ein düsterer Auftakt der Geschichte der Juden im Land zwischen Ruhr und Lippe.

Mar Schemarja war schon vorher in Dortmund gewesen: die Dortmunder „freuten sich", wie eine hebräische Quelle berichtet[5], „sehr mit ihm, da sie ihn kannten". Er hatte offenbar Vertrauen und ein gewisses Ansehen erworben.

Die auf dieser Basis durchaus mögliche Geschäftsgründung und Niederlassung wurde durch die Katastrophe des Jahres 1096 um anderthalb Jahrhunderte verzögert: erst im zweiten Drittel des 13. Jahrhunderts sind erstmals Juden im Land als ansässig bezeugt[6].

Daß freilich schon vorher wieder Juden das Land durchzogen, beweist der ebenfalls aus Köln stammende Juda ben David halewi: um ein in Mainz zuvor abgeschlossenes Kreditgeschäft zu sichern, folgte er Bischof Ekbert von Münster 1127/28 in dessen Residenzstadt, wurde dort während eines langen Aufenthaltes innerlich für das Christentum aufgeschlossen, konvertierte nach schweren Glaubenskämpfen und trat dann als Mönch in das Prämonstratenserstift Cappenberg ein, das er schon von Münster aus besucht hatte[7].

So unterschiedlich das Leben des Mar Schemarja und des Juda ben David halewi verlief – eines hatten sie gemeinsam: die Kölner Herkunft. Das ist kein Zufall. Im Mittelalter war die Ruhrjudenschaft eine Tochter der Kölner Gemeinde. Fast ausnahmslos weisen alle Quellen der frühen Zeit auf die reiche und wohlausgestattete Judenschaft der Niederrheinmetropole, deren jüdische Geschichte bis in die Römerzeit zurückreicht. Die Ausweisung der Juden aus Köln im Jahre 1342 läutete denn auch im Ruhrgebiet das praktische Verschwinden der Juden ein, das in der zweiten Hälfte des 15. Jahrhunderts nahezu Wirklichkeit werden sollte.

Die hochmittelalterliche jüdische Siedlung (1230 – 1350)

Bedingt durch die günstige wirtschaftliche Entwicklung bis zum Ende des 13. Jahrhunderts[8] nahm die Zahl der Juden in dieser Zeit im Land zwischen Ruhr und Lippe immer mehr zu: vor 1250 sind sie, wenn man im folgenden die Landschaft in größerem Zusammenhang betrachtet, in Dortmund, Duisburg, Iserlohn, Soest und Werden bezeugt[9]. Vor Ende des 13. Jahrhunderts lebten sie auch in Essen, Hamm, Wesel und wahrscheinlich in Recklinghausen, linksrheinisch in Rheinberg und Xanten. Vor 1350 finden wir sie in Beckum, Bochum (?), Dinslaken, Kamen und Mengede und weiter im Osten auch in Lippstadt und vielleicht in Werl[10].

Der sogenannte Judenschutz

Vor allem zu Beginn der Ansiedlung waren die Beziehungen zur Kölner Muttergemeinde noch sehr eng. Viele der im Ruhrgebiet lebenden Juden besaßen Immobilienbesitz in Köln und verwandtschaftliche Beziehungen dorthin[11].

Angesichts dieser Kontakte und vor allem der politischen Übermacht der Kölner Erzbischöfe vor 1288 nimmt es nicht wunder, daß diese auch das Schutzrecht über die Juden im Land zwischen Ruhr und Lippe ausübten: den ältesten (erhaltenen) Schutzbrief der Region hat Erzbischof Konrad von Hochstaden am 27. März 1250 für Dortmunder Juden ausgefertigt[12]. Sie sollten in der Pfingstwoche jedes Jahr die hohe Summe von 25 Mark Kölner Währung zahlen.

Inzwischen war auch das Reich auf die Juden der Region aufmerksam geworden. 1236 hatte Kaiser Friedrich II. die sogenannte Kammerknechtschaft[13] endgültig formuliert. Gegen sein Schutzversprechen hatten Juden Steuern an die kaiserliche „Kammer" abzuführen. Schon kurze Zeit später kam es zu ersten Zahlungen: nach einem Einkünfteverzeichnis königlicher Städte aus dem Jahr 1242 zahlten sowohl die Duisburger wie auch die Dortmunder Juden 15 Mark. Zum Vergleich: die Stadt Dortmund entrichtete damals 100 Mark, also nur wenig mehr als das Sechsfache dessen, was die sicher kaum sehr zahlreichen Juden in ihr aufzubringen hatten[14].

1279 wurden die Dortmunder Juden erstmals ausdrücklich als Kammerknechte des Reiches bezeichnet: Rudolf von Habsburg forderte sie auf, für königliche Schulden in Höhe von 84 Mark aufzukommen, wofür er anderhalb Jahre auf die Schutzgebühr verzichten wollte[15]. 1331 ist noch eine Steuerforderung Ludwigs des Bayern bekannt[16].

Seit Ende des 13. Jahrhunderts beanspruchte Graf Eberhard von der Mark (1277 – 1308), durch die Niederlage seines kölnischen Gegners 1288 in der Schlacht bei Worringen politisch ungemein gestärkt, das Schutzrecht über die Juden von Dortmund. 1301 fiel die Entscheidung. Am 8. Februar dieses Jahres übertrug König Albrecht dem Grafen die Statthalterschaft (gubernatio)

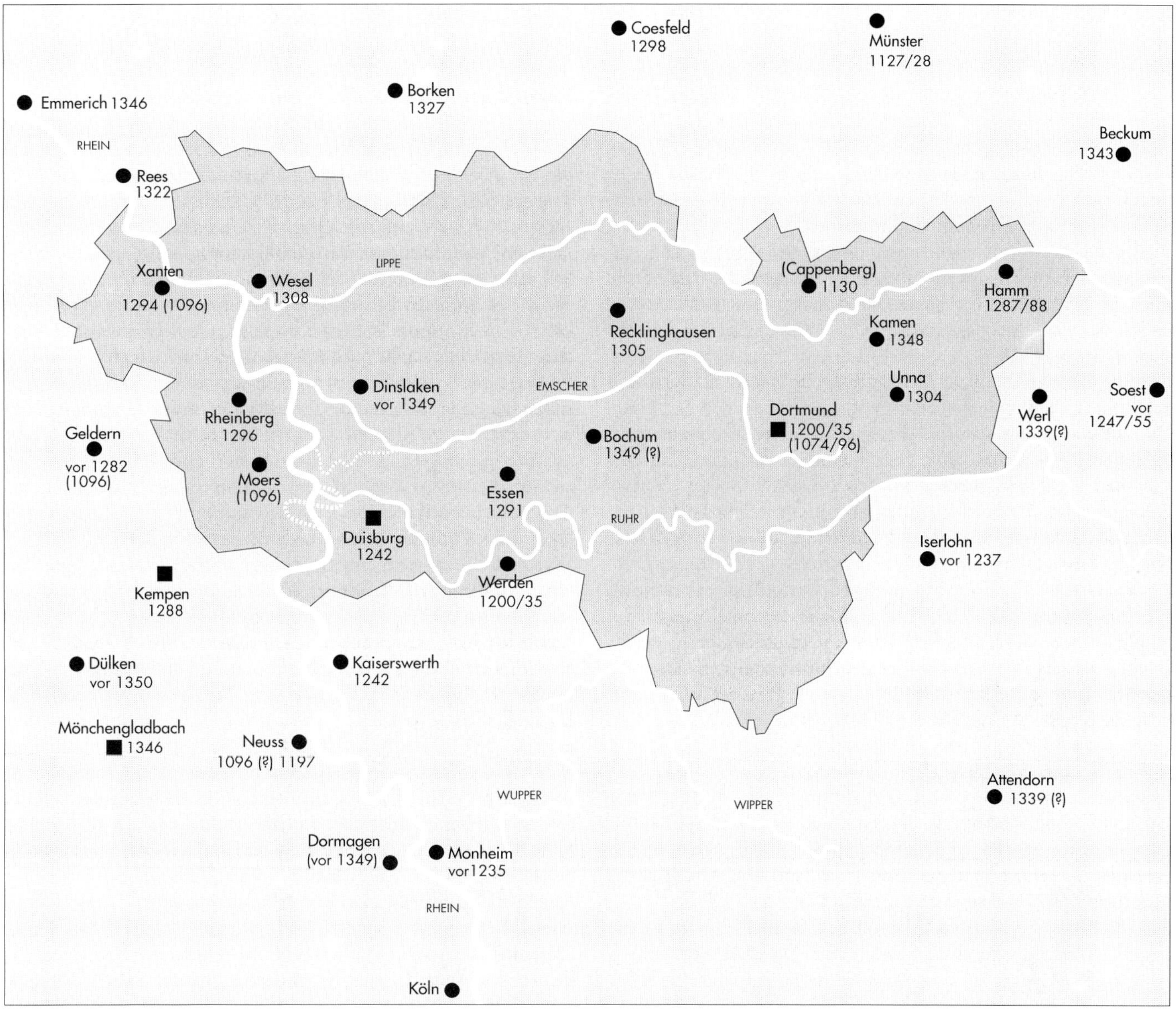

Abb. 47 Juden im Ruhrgebiet vor 1350 (Jahreszahlen: Ersterwähnung, Quadrate: Gemeinden)

über die Juden der Reichsstadt und Westfalens[17]. Obwohl die deutschen Könige in der Folgezeit die Dortmunder Juden meist zusammen mit anderen Einkünften des Reiches später noch mehrfach anderweitig vergaben[18], gaben die Grafen von der Mark das lukrative Schutzrecht nie mehr aus der Hand.
1288 gewann Graf Eberhard mit der Vogtei über das Stift Essen zumindest indirekt Einfluß auf den dortigen Judenschutz. Obwohl Eberhard und seine Nachfolger 1291, 1308, 1328, 1334 und 1347 gelobten, das Judenregal der Äbtissin zu respektieren[19], bestimmten die Grafen von der Mark, von Recklinghausen abgesehen, wo der alte Besitzstand gewahrt blieb, seit der Wende zum 14. Jahrhundert praktisch über alle Juden des heutigen Ruhrgebietes. Nach 1368 wurde ihr Einfluß noch stärker, als sie die im Westen sich anschließenden klevischen Gebiete hinzuerwarben.

Die Sonderrolle Dortmunds

Für die Dortmunder Gemeinde liegen die weitaus meisten Nachrichten über Juden im Ruhrgebiet im Mittelalter vor, mehr als in allen anderen Städten zusammengenommen. Über die zahlenmäßige Entwicklung fehlen leider alle Quellen. Der Erwerb eines Friedhofs im Jahre 1336[20] liegt verhältnismäßig spät. Er bleibt aber für das engere Ruhrgebiet der einzige, der im Mittelalter bezeugt ist. Besitz und Unterhalt eines eigenen Friedhofs bedeutete nicht nur rechtliche Selbständigkeit gegenüber der Muttergemeinde, sondern gewährte auch nach jüdischem Recht Vorrechte über die Juden der Umgebung. Nach einer Vorschrift des Rabbi Meir von Rothenburg (um 1220–1293) konnte eine Friedhofsgemeinde benachbarte Juden zwingen, ihre Toten dorthin zu bringen und dort auch vor Gericht zu erscheinen[21]. Ohne Zweifel haben neben den märkischen Juden auch die aus Essen und Werden ihre Toten nach Dortmund gebracht[22], wie die des Stiftes Münster nach dem gleichnamigen Hauptort und die des Herzogtums Westfalen nach Soest orientiert waren. Die am Rhein gelegenen Städte des Ruhrgebietes, in denen Juden lebten, dürften dagegen den Kölner Friedhof als Begräbnisstätte beibehalten haben.
Dortmund ist auch die einzige Stadt des Ruhrgebiets, von der wir vor 1350 von einem Frauenbad (Mikwe) und einer Synagoge

hören[23].

Wenn man von Wesel absieht, das am Rande der hier näher betrachteten Landschaft liegt, ist allein aus Dortmund ein sogenannter Judeneid überliefert[24]. Wegen des Anspruchs der Reichstadt, Oberhof für Westfalen zu sein, mag dieser Judeneid überörtliche Bedeutung gehabt haben[25].

Nur in Dortmund sind auch für Juden die bürgerlichen Wach- und Grabdienste bezeugt[26], die freilich wohl auch in anderen Städten vorausgesetzt werden dürfen.

Daß die Juden Dortmunds und Westfalens als fast synonym angesehen, jedenfalls die Gemeinde der Reichsstadt als führende jüdische Gemeinschaft weit über das Ruhrgebiet hinaus betrachtet wurde, erhellt aus dem erwähnten Schreiben König Albrechts vom 8. Februar 1301[27].

Die besondere Bedeutung Dortmunds für Juden geht auch aus der Rolle der Stadt bei den Femeprozessen hervor. Aus der Tatsache, daß alle Urteile über das Verbot, Juden durch Freigerichte zu belangen, in Dortmund aufbewahrt wurden, hat schon Theodor Lindner in seiner klassisch gewordenen Darstellung der „Veme" 1888 geschlossen, daß die Initiative von der Reichsstadt ausgegangen sein müsse[28]. An die jüdische Gemeinde der Stadt dürften sich von der Feme bedrängte Juden mit der Bitte um Hilfe gewandt haben. Die Gemeinde ihrerseits wird den Rat der Stadt, dieser den Kaiser als obersten Herrn der Feme um eine grundlegende Entscheidung gebeten haben, die dann 1342 auch fiel.

In der Folge schlossen sich wichtige Stuhlherren, unter anderen die Grafen von der Mark und von Arnsberg sowie die Edelherren von der Lippe, dem Gebot des Kaisers an[29].

Die wirtschaftliche Tätigkeit

Ohne Ausnahme sind alle Juden des engeren Ruhrgebiets vor 1350, von denen wir Berufliches erfahren, Kaufleute und Geldhändler gewesen. Nur in dem schon außerhalb des zu untersuchenden Raumes gelegenen Soest ist zwischen 1330 und 1350 von einem Handwerker, einem Stellmacher, die Rede[30].

Schon 1074 bei der ersten Erwähnung überhaupt wird Warenhandel vorausgesetzt: „Juden und andere Wormser" brauchten nach dem königlichen Privileg in Dortmund keinen Zoll für ihr Kaufmannsgut zu entrichten.

Näheres erfahren wir aus den ältesten Dortmunder Statuten, die aus der zweiten Hälfte des 13. Jahrhunderts stammen: in ihnen wird das jüdische Sonderrecht eingeschränkt, das Juden erlaubte, in gutem Glauben angenommene Pfandstücke, auch wenn sie aus Diebstahl oder Raub herrührten, nur gegen Erstattung des darauf geliehenen Geldes auszuliefern[31]. Dieses seit 1090 im Reich bekannte Sonderrecht galt in Dortmund nicht, wenn es sich um blutbeschmutzte oder, um Spuren zu verwischen, gewaschene nasse Kleider handelte oder um zerschlagene oder umwickelte (geflickte?) Kelche, die dadurch das „Zeichen des Verdachtes oder der Untreue" trügen[32]. Wurden solche Pfandstücke bei einem Juden gefunden, wurde er als Hehler bestraft[33].

Bei gutgläubigem Erwerb konnte der Jude die Höhe der Pfandsumme, deren Ersatz er verlangte, durch einen Eid erhärten, ohne dafür Zeugen zu benötigen.

Beim Eid mußte der Jude mit dem Richter und dem Kläger in die Synagoge gehen und die rechte Hand bis zum Handgelenk in das 3. Buch Moses (Leviticus) legen. Dann sollte das Buch geschlossen werden und ein jüdischer Kultusbeamter dem Juden den Eid vorlesen. Dieser sollte dafür ein Pfund Pfeffer, Erinnerung daran, daß die Juden früher den Handel mit Gewürzen in Händen hatten, oder einen entsprechenden Geldwert entrichten. Sooft der Jude beim Nachsprechen des Eides stockte und damit von vorne begonnen werden mußte, sollte er dem Richter Strafe zahlen[34].

Schon diese umständlichen und aufwendigen Bestimmungen und die starke religiöse Bindung der Juden mußten leichtfertigen Umgang mit dem Reinigungseid verhindern. Zudem entfiel das Recht, den ehrlichen Erwerb zu beschwören, wenn der Jude das Pfand zum Markt zum Verkauf brachte und der rechtmäßige Eigentümer sich zum formgerechten Beweise dafür erbot[35].

Aus den Dortmunder Statuten geht hervor, daß die Juden offenbar überwiegend oder ausschließlich ihren Lebensunterhalt durch Geldleihe gegen Pfänder verdienten, eine Erwerbstätigkeit, die schon bei dem erwähnten späteren Konvertiten Juda ben David halewi 1127/28 für alle Juden vorausgesetzt wird[36].

Während wir von Krediten an Bürger über die Statuten hinaus nichts hören, sind Anleihen der Stadt Dortmund bei Juden in der ersten Hälfte des 14. Jahrhunderts mehrfach belegt, so in den Jahren 1316/26; 1321; 1332 und 1338/44[37]. Die Grenze der finanziellen Leistungsfähigkeit der Dortmunder Juden scheint damals bei 240 Mark gelegen zu haben, denn 1320/21 mußte die Stadt noch 40 Mark bei münsterischen Juden aufnehmen[38].

Von der Zinshöhe ist nur einmal die Rede, als Graf Engelbert III. von der Mark am 18. Oktober 1348 einen Juden in Unna für sieben Jahre in seinen Schutz nahm. Der hier begünstigte Samuel und seine Familie sollte dieselben Rechte wie schon vorher in Hamm, Unna und Kamen aufgenommene Juden genießen und konnte 3 Pfennige Zins für eine Woche je Mark nehmen[39].

Daß sich die Juden des Ruhrgebiets vor 1350 nicht nur auf ihren engeren Lebensraum beschränkten, wird an Gottschalk von Werden deutlich: er gehörte zusammen mit seinem seit 1332 im niederländischen Lochem ansässigen Glaubensgenossen Gottschalk von Recklinghausen, dessen Tochter Hanna, Moses von Köln und Leo von Münster zu einem Geldverleiherkonsortium, das vor allem den Kreditbedarf geldricher und overijsselscher Adeliger und Bürger zu stillen bemüht war[40].

Die „Gesellschaft" des geschäftstüchtigen Gottschalk von Recklinghausen stand nicht allein. Die Mehrzahl der Juden jedoch dürfte in bescheideneren Verhältnissen gelebt haben. Als sich Herzog Rainald II. von Geldern 1346 der Besitztümer einiger Juden in Oldenzaal, Goor und Diepenheim ganz im Osten der heutigen Niederlande bemächtigte, waren darunter Pfänder von geringem Wert wie Mäntel, Kissen, Kochtöpfe u. ä.[41]. Ähnlich dürfte es auch im Land zwischen Ruhr und Lippe gewesen sein. Die sehr unterschiedliche finanzielle Leistungsfähigkeit spiegelt sich in einer aus Soest erhaltenen Abgabenliste aus den Jahren zwischen 1330 und 1350[42].

Die Katastrophe von 1349/50

Den kleinen Judenschaften im heutigen Ruhrgebiet schien eine ungestörte Aufwärtsentwicklung bevorzustehen, als sie Mitte des 14. Jahrhunderts von einer Katastrophe ereilt wurden, die nur noch mit dem Hitlerischen Holocaust zu vergleichen ist, der verheerenden Pestverfolgung der Jahre 1349/50.

Schon 1287/88 hatte eine vom Mittelrhein ausgehende Verfolgungswelle das Ruhrgebiet erreicht: nach einem jüdischen Märtyrerverzeichnis waren ihr „ein Jüngling in Werden und zwei Jünglinge aus Hamm" zum Opfer gefallen[43].

Zeigte sich bereits hier in der Aufbauphase die Unsicherheit jüdischer Existenz im Land zwischen Ruhr und Lippe, bedeutete das, was sich im Rheinland und in den Niederlanden schon im August 1349, in Westfalen erst im Frühsommer 1350 ereignete[44],

die völlige Vernichtung der jüdischen Minderheit im heutigen Ruhrgebiet. Auch wenn sie zum Teil wie in Essen „nur" vertrieben und enteignet wurden, verschwanden Juden im westfälischen Teil der Region durchweg für über zwei Jahrzehnte aus den Quellen. Im Rheinland kehrten sie schon früher zurück.
Zeugnisse über die Katastrophe liegen uns aus Dinslaken, Dortmund, Duisburg, Essen und Wesel vor, dazu aus der Grafschaft Mark[45]. In Dortmund, Duisburg und Essen spielte als Motiv der Verfolgung der absurde Vorwurf eine Rolle, die Juden wollten die Brunnen vergiften und verbreiteten so die Pest[43]. In Wesel und vielleicht auch in Duisburg erkundigten sich Boten aus Coesfeld, was es mit diesem Vorwurf auf sich habe[47].
Für die Region dürfte bezeichnend sein, was der zeitgenössische Chronist Gert van der Schuren zum Jahre 1350 berichtete: „Hiernach in zwei Jahren kam über alle eine große Seuche ... und man sagte, die Juden hätten die Seuche verursacht mittels Gift, mit dem sie die Brunnen vergiftet hätten. Und viele Juden wurden so hierum verjagt, getötet und verbrannt. Und die Landesherren erhielten viel Gut von den Juden[48]." Der letzte Widerhall jüdischer Ansiedlung im Ruhrgebiet vor 1350 war denn auch der Streit um die Hinterlassenschaften der vertriebenen und ermordeten Juden[49].
Wie die Verfolgung im Ruhrgebiet ausgesehen haben könnte, beschrieb der in Minden lebende Dominikaner Heinrich von Herford, Zeitgenosse und möglicherweise Augenzeuge des Pogroms in der nordwestfälischen Bischofsstadt, wo nach anderer Quelle „Juden abgeschlachtet wurden wie das Vieh[50]". Von der Judenverbrennung schreibt der Kirchenmann, der sonst Juden mit spürbarer Distanz gegenübertritt, voller Bewunderung von ihrem Bekennermut angesichts schon brennender Scheiterhaufen: „Sie eilten fröhlich und Reigen aufführend in den Tod, wobei sie zuerst ihre kleinen Kinder, dann die Frauen und schließlich sich selbst den Flammen übergaben, damit durch sie infolge menschlicher Schwäche nichts gegen ihr Judentum vorgebracht werden könnte[51]."
Festzuhalten gilt, daß wie anderswo wohl auch im Ruhrgebiet der Pogrom in keinem Falle, für den die Quellen ein hinreichend genaues Bild vermitteln, von den Unterschichten ausging[52]. Die Verfolgung 1349/50 war, wie die erwähnten Judenmorde 1287/88 zeigen, kein „Blitz aus heiterem Himmel". Auf dem Hintergrund des nicht aufhebbaren Fremdseins und zunehmender Dämonisierung der Juden[53] spielte sich das Geschehen in einem ständig latenten Spannungsfeld ab, das sich jederzeit bei konkreten Vorkommnissen entladen oder auch „angeheizt" werden konnte[54]. Der Pogrom 1349/50 war kein „Betriebsunfall der Geschichte", sondern Gipfelpunkt und Ergebnis einer seit langem andauernden Vergiftung der Atmosphäre[55].

Das Spätmittelalter 1350 – 1500
Von dem furchtbaren Schlag, den die jüdische Ansiedlung 1349/50 erhielt, hatte sich die Judenschaft des Raumes zwischen Ruhr und Lippe kaum erholt, als ihr die Ausweisung ihrer Glaubensgenossen aus Köln 1424 die immer noch unentbehrliche rheinische Basis nahm.

Die Entwicklung zwischen Pest und Reformation
Nach der Katastrophe sind Juden am frühesten ganz im Westen des hier betrachteten Raumes wieder zu finden, 1355/57 im rheinischen Xanten[56] und 1364 in Rheinberg auf der linken Stromseite, rechtsrheinisch 1358 in Kaiserswerth und 1362 gleichzeitig in Dinslaken und Duisburg[57].
In den westfälischen Teilen des Ruhrgebiets sind zwischen 1350 und 1400 nur in Hamm und Dortmund Juden erneut nachweisbar. 1370 wird eine Johanna von Hamm, möglicherweise eine Überlebende der Verfolgung von 1350, in Bielefeld ansässig[58]. 1381 lebten jedenfalls mit Sicherheit wieder Juden in der Lippestadt[58a]. In Dortmund erfolgte die Wiederzulassung durch einen Vertrag der Stadt mit Graf Engelbert III. von der Mark 1372[59].
Die weitere Entwicklung und Verbreitung der Juden wird umrißhaft aus der nachstehenden Karte deutlich. Die beigegebenen Daten lassen erkennen, daß in der zweiten Hälfte des 15. Jahrhunderts Juden wieder fast völlig aus dem Lande verschwanden. Erst um die Wende zum 16. Jahrhundert fand eine kleine Erholung statt.
Nur aus Dortmund ist die Herkunft der neu eingewanderten Juden bekannt: wenn Juden auch aus Stadthagen und Lemgo sowie aus dem mittelrheinischen Eltville zuzogen, stammt doch das Gros der Einwanderer vom linken Niederrhein, aus Kempen, Dülken, Köln, Lechenich und Zülpich[03]. Nicht viel anders dürfte es in der übrigen Region ausgesehen haben, wobei die dynastische Verbindung zwischen den Grafschaften Mark und Kleve, die 1398 zur Personalunion wurde, ohne Zweifel eine schon vorher bestehende Tendenz noch verstärkt hat.
Wie noch zu zeigen sein wird, spielt die Reichsstadt Dortmund wie vor 1350 für die Juden der Region eine ausschlaggebende Rolle. Ihren zahlenmäßigen Höhepunkt erreichten die Juden dort um 1380 mit 11 nachweisbaren Familien. Nach 1386 muß ihre Zahl wohl im Zusammenhang mit der Dortmunder Fehde stark abgenommen haben: 1404 leben noch 4, 1411 6 steuerpflichtige Juden, in den zwanziger und dreißiger Jahren drei und nach 1445 nur noch eine Familie in der Reichsstadt, bis in den 60iger Jahren alle Juden aus Dortmund verschwinden[61].
Relativ stark war die Judenschaft auch in Kamen: allein im Jahre 1413 wurden fünf Familien dorthin vergleitet[62], wie der terminus technicus für Judenschutz in den Urkunden heißt. Wahrscheinlich lebten aber auch in Hamm mehrere jüdische Familien.

Zur Judenpolitik im Spätmittelalter
Obwohl die Juden nach der Verfolgung von 1349/50 bei ihrem Wiedererscheinen scheinbar an die Zeit vorher anknüpften, hatte sich die Situation auch im Raum zwischen Ruhr und Lippe grundsätzlich gewandelt. Alle Geleite waren von nun an befristet[63]. Die Geleitdauer schwankte, in Dortmund etwa zwischen zwei und zehn Jahren. Auch wenn die Geleite verlängert werden konnten, bedeutete die zwar nicht neue, aber nun konsequent durchgeführte Praxis, daß Juden grundsätzlich kein Heimatrecht mehr besaßen. Neben der befristeten Aufenthaltsgenehmigung waren für die neuen Geleite das vereinbarte Schutzgeld und die Beschränkung auf das Pfandleihgeschäft in einem gesetzten Rahmen charakteristisch[64].
Nach 1350 nahmen die Städte deutlich mehr Einfluß auf die Judenpolitik als vorher. Die Vertreibungen der Folgezeit gingen fast ausnahmslos von Bürgern, nicht von den Landesherren aus[65]. Diese allgemeine Feststellung gilt auch für den Ruhr-Lippe-Raum. Schon 1362 erlangte die Stadt Duisburg von Karl IV. das Recht, daß ohne ihre Zustimmung niemand Juden, Lombarden oder Kawerschen in ihr ansiedeln dürfe[66]. 1419 erreichte Hamm vom Landesherrn ein sogenanntes Privilegium de non tolerandis Judaeis, d. h. das Recht, keine Juden bei sich dulden zu brauchen[67]. Dasselbe Privileg erhielt 1498 auch Hattingen: der seit einiger Zeit dort lebende Jude mußte innerhalb eines Monats die Stadt verlassen[68].

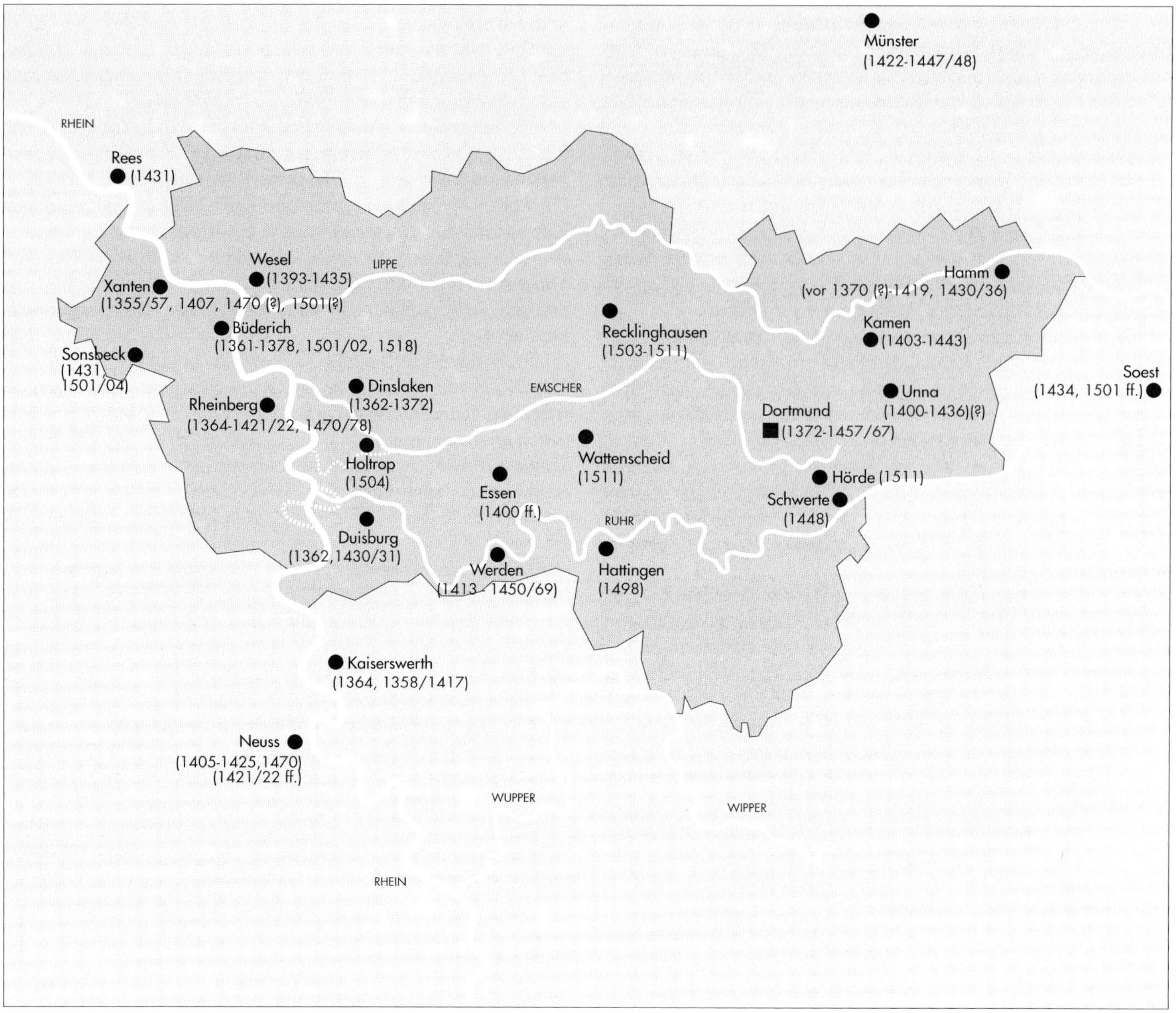

Abb. 48 Juden im Ruhrgebiet nach 1350 (Jahreszahlen: Erwähnungen).

Ohne Zweifel hängt das allmähliche Verschwinden der Juden aus Dortmund und den anderen Städten der Region, ohne daß wir Genaueres wissen, mit der überall Juden gegenüber sich verschlechternden Atmosphäre zusammen. Hierbei spielten neben den Zünften[69] wohl auch christliche Geldverleiher eine Rolle, die zwangsläufig in den Juden Konkurrenten sehen mußten[70]. Zumindest in Hamm sind Ende des 14. Jahrhunderts nichtjüdische einheimische Kreditgeber bekannt[71].

Welche Rolle die Kirche in dem Verdrängungsprozeß spielte, ist für den Bereich des heutigen Ruhrgebiets ebenfalls ungesichert. Ohne Zweifel machte die mit der Durchsetzung des Wucherverbotes zusammenhängende, nahezu vollständige Verdrängung der Juden aus fast allen Wirtschaftszweigen außer der Geldleihe die Minderheit als Objekt kirchlicher Kritik auffälliger, zumal Juden wegen der zunehmenden existentiellen Unsicherheit notwendig höhere Zinsen fordern mußten[72]. Allgemein drang die seit der Spätantike bestehende Tendenz der Kirche, Juden von Christen fernzuhalten, in jener Zeit immer stärker durch[73].

Auch wenn die Gesamttendenz im Lande zwischen Ruhr und Lippe eindeutig ist, verlief die Entwicklung nicht ohne retardierende Momente. So setzte sich Dortmund 1378 einer nicht ungefährlichen Adelsfehde aus, als sich die Stadt auf die Seite eines Juden stellte, dem der Ritter Dietrich von Hardenberg eine verbriefte Schuld nicht zurückzahlen wollte[74]. 1423 vermerkt Herzog Adolf von Kleve, daß die Stadt bis dahin ihre Juden grundsätzlich geschützt habe[75].

Bis 1438 sind mehrere Versuche bekannt, Juden des Raumes zu besteuern. Ruprecht von der Pfalz hatte in Dortmund 1405, der Luxemburger Sigismund 1415, 1418 und 1434 Erfolg dabei[76]. Für die Grafschaft Mark sind wohl Steuerforderungen von ten des Reiches bekannt, nicht aber, daß die veranlagten Juden auch nur ein einziges Mal gezahlt haben. Der mächtige Graf von der Mark konnte offenbar mit Erfolg Steuerabflüsse verhindern.

Aus demselben Grund war in den klevischen Gebieten der Zugriff des Reiches auf die Gelder der Juden ebenfalls wenig ertragreich. Nur in den schon außerhalb des Untersuchungsraumes liegenden Städten Büderich und Kaiserswerth, wo Herzog Adolf II. damals den Judenschutz wahrnahm, wurden 1420 je vier Gulden abgeführt, dazu 1434 als einmalige Zahlung von einem Weseler Juden die hohe Summe von 50 Goldgulden[77].

In der Reichsstadt Dortmund war grundlegend der Vertrag zwischen Graf Engelbert III. und der Stadt vom 20. September 1372: für die hohe Summe von 1300 Goldgulden, die vom Rat zu zahlen war[78], erhielten die in Dortmund aufgenommenen Juden das Recht, auch in der Grafschaft Mark Geldgeschäfte zu tätigen und bei Schwierigkeiten die Amtshilfe des Landesherrn in Anspruch zu nehmen.

Während seine Vorgänger offenbar auf eigene Schutzbriefe für Dortmunder Juden verzichteten, erteilte Graf Adolf II. von 1413 an ebenfalls individuelle Geleitbriefe und vertrat energisch den Anspruch, daß die Reichsstadt von ihm vorgeschlagene Juden aufzunehmen habe[79]. Der selbstbewußte und mächtige Graf, 1417 zum Herzog von Kleve ernannt, betonte 1423, daß alle Juden in Dortmund und in Westfalen seiner Aufsicht unterstünden[80].

Spätestens 1424 wurde der Judenschutz in den verschiedenen Herrschaftsgebieten Herzog Adolfs als „gleich" betrachtet. Er sicherte damals einer ins klevische Huissen ziehenden Familie den Schutz zu, „gleich wie andere unsere Juden in unserem Lande von der Mark und in Dortmund" ihn genossen[81].

1444 wollte Herzog Adolf einen nach Werden vergleiteten Juden „so in unserer Freiheit und Beschirmung halten... wie andere unsere Juden, die zu Dortmund und in unserem Lande von der Mark wohnen[82]". Ähnlich nahmen zwei von Essener Äbtissinnen 1454 und 1491 ausgestellte Schutzbriefe auf die Rechte und Gewohnheiten der Juden „in dem Lande zu Kleve und von der Mark" Bezug[83].

Zu einer eigenen Organisation wie in den Nachbarterritorien Köln, Geldern und Jülich[84] ist es in den klevischen Territorien nicht gekommen, sicher auch deswegen, weil die Zahl der Juden hier vom 2. Viertel des 15. Jahrhunders an so stark abgenommen hatte, daß ein gemeinsames „Dach" kaum mehr zustandekommen konnte. Herzog Adolf konzentrierte die klevischen Juden von 1434 an in dem am äußersten Nordwestrand des Territoriums gelegenen heute niederländischen Huissen. In derselben Zeit verschwanden, von Essen abgesehen, allmählich die im Raum zwischen Ruhr und Lippe lebenden Juden immer mehr aus den Quellen.

Die Landschaft steht hier nicht allein: Juden wurden damals aus fast allen wichtigeren Städten des Reiches vertrieben[85].

Die wirtschaftliche Tätigkeit der Juden

In den linksrheinisch klevischen Gebieten hing die frühe Rückkehr der Juden nach 1350 ohne Zweifel mit dem Geldbedarf der Landesherren zusammen: neben ihrer Steuerkraft spielten ihre Kredite (und die der mit ihnen konkurrierenden Lombarden) bis Ende des 14. Jahrhunderts eine Rolle.

Dies gilt auch für das Land zwischen Ruhr und Lippe, besonders für Dortmund: 1393/94 stellten Juden der Reichsstadt dem Grafen Dietrich von der Mark 4 Darlehen zur Verfügung, eines davon über die hohe Summe von 780 Goldgulden[86]. Im Jahre 1400 lieh Graf Adolf II. von Essener Juden 600 Gulden zu einem Zinssatz von 36 1/9 %[87]. 1403 gewährte Vivus von Dortmund dem Grafen von Limburg ein Darlehen von 300 Goldgulden[88]. Vivus hatte vorher schon den Rittern Dietrich von Hardenberg und Dietrich von Volmarstein als Geldgeber zu Diensten gestanden[89]. Dies paßt ins allgemeine Bild: mit dem Grundrentenverfall der Zeit waren weite Teile des Niederadels verarmt[90].

Stärker als Landesherr und Adel profitierte jedoch die Stadt von der jüdischen Finanzkraft: 1379; 1382; 1389; 1390; 1393/95 und 1395[91] erhielt die Reichsstadt jüdische Darlehen, wie aus den Jahreszahlen deutlich wird, vor allem nach der die Stadt so schwer belastenden großen Dortmunder Fehde von 1388/89.

Während die Grafen von der Mark im allgemeinen keine Ermäßigung erhielten[92], kam Dortmund bei Darlehen in den Genuß eines Vorzugszinses von 15 und 18 1/8 %[93].

Die Masse der Geldgeschäfte dürften die Juden jedoch mit relativ kleinen Darlehen getätigt haben.

Dies geht daraus hervor, daß die Darlehenshöhe von 1 Mark in Dortmund auch eine Zinsgrenze darstellte. Der von der Stadt festgesetzte Zinssatz betrug bei Darlehen unter 1 Mark zunächst (1373–79) 108 1/3 %, dann (1379 bis etwa 1386) 72 2/9 %, schließlich (ab 1411) für Einheimische meist 18 1/18 bis 36 1/9 und für Auswärtige 108 1/3 %. Bei Darlehen von über 1 Mark zahlten in den genannten drei Perioden Einheimische 72 2/9, 36 1/9 und 18 1/8 % Zinsen und Auswärtige in der ersten Periode 108 1/3 und in der zweiten und dritten Periode 72 2/9 %[94]. Vielleicht darf in diesem Zusammenhang erwähnt werden, daß die Schlechterstellung von Auswärtigen in Dortmund auch im Marktverkehr üblich war[95].

Ähnlich dürften die Zinsbedingungen wegen sonst ungleicher Wettbewerbslage zumindest bei den märkischen, wahrscheinlich auch bei den anderen Juden der Region gewesen sein. Dafür spricht die Tatsache, daß der Zins in Dortmund 1372 dem in Unna 1348 geforderten genau entsprach[96]. Graf Engelbert III., der in beiden Fällen diesen Zinssatz genehmigte, knüpfte offenbar unmittelbar an die Zeit vor der Pestverfolgung an. Graf Adolf II. setzte, wie wir schon gesehen haben, spätestens 1424 gleiche Rechtsverhältnisse in Dortmund und in der Mark voraus; als er im Herzogtum Kleve vergleiteten Juden den gleichen Schutz versprach „wie in der Mark und in Dortmund[97]". 1435 nahm Herzog Adolf einen Dortmunder Juden „in unseren Schirm, unsere Freiheit und Geleit" auf „gleich anderen Juden in unserem Land von der Mark[98]".

Zum jüdischen Leben im Spätmittelalter

Nach 1350 ist im Land zwischen Ruhr und Lippe nur in Dortmund von einer Gemeinde (kahal) die Rede[99]. Sie besaß einen Rabbiner, der 1380 ein sechsjähriges Geleit erhielt und auch Geldgeschäfte tätigte. Samson von Jerusalem, wie er in den Quellen genannt wird, stammte wohl aus Düren im Rheinland, hatte in Heidelberg, Jerusalem und Wien studiert und war nach einigen Zwischenstationen in sein Dortmunder Amt gekommen[100]. 1404 fungierte in Dortmund ein Kultusfunktionär, der zugleich Schächter und Vorsänger war und von einer reichen verwitweten Geldhändlerin entlohnt wurde[101]. 1411 erwogen die Juden die Einstellung eines Schulklopfers und Schächters, der sich von Geldhandel ernähren sollte, um die Gemeindekasse zu entlasten[102]. Die Nachrichten aus den Jahren 1404 und 1411 zeigen, daß die geschrumpfte Gemeinde größte Mühe hatte, das kultische Leben aufrecht zu erhalten.

Nur für Dortmund ist im Untersuchungsraum in damaliger Zeit ein Friedhof bezeugt, für den die Gemeinde der Stadt eine kollektive Rente von 8 Schilling zu zahlen hatte[103]. Die Benützung der ebenfalls nur in der Reichsstadt nachweisbaren Mikwe (Frauenbad) kostete die Gemeinde zumindest in den Jahren 1390–1396 jährlich zwei Goldgulden[104].

Am deutlichsten wird die überörtliche Bedeutung Dortmunds durch die Festlegung einer Taxe für die Beerdigung jedes auswärtigen, nicht in der Stadt verstorbenen Juden[105]. Hier war sicher an die Juden des ganzen Raumes gedacht. Wenn etwa die Juden von Essen, wie es 1454 heißt, ihre Toten anderswo begruben[106], dürfte es sich bei dem Begräbnisort um den Dortmunder Friedhof gehandelt haben.

Daß Juden über Steuern und sonstige Abgaben hinaus am städtischen Leben teilhatten, ist wiederum nur aus Dortmund und dazu aus Essen bekannt. Hier forderte die Stadt einen begrenzten Wehrdienst: die Essener Juden waren zur Verteidigung der Stadt verpflichtet, nicht aber zum Dienst außerhalb der Mauern oder zu „Wachen und Graben"[107]. In Dortmund dagegen waren die Juden gerade zu Wachen, Graben und Wegebau angehalten. Andere persönliche Dienste waren hier ausdrücklich ausgeschlossen[108].

Für die Bürger der heutigen Bierstadt Dortmund mag es interessant sein zu erfahren, daß das damalige Dortmunder Bier Gegenstand einer Anfrage bei einer rabbinischen Autorität in Wien war. Der Dortmunder Rabbiner Samson von Jerusalem fragte seinen ehemaligen Lehrer, ob das von Nichtjuden mit etwas Weinhefe versetzte Dortmunder Bier den rituellen Forderungen des jüdischen Gesetzes entspräche. Die Antwort fiel negativ aus[109]. Daß die Dortmunder Juden der Wiener Weisung nachkamen, läßt darauf schließen, daß die Gemeinde zumindest in den achtziger Jahren des 14. Jahrhunderts in religiöser Hinsicht orthodox geprägt war.

Wahrscheinlich hängt es mit der Wiener Rechtsweisung zusammen, daß sich der schon erwähnte reiche Jude Vivus[110] 1406 aus Paderborn ein größeres Kontingent offenbar den Religionsvorschriften entsprechenden Bieres besorgte[111]. Vivus wollte augenscheinlich auf das Getränk nicht verzichten.

Vielleicht hängt es mit den Schwierigkeiten, sich Bier zu beschaffen, zusammen, daß in mehreren Schutzbriefen der Jahre 1435 bis 1455 Steuerfreiheit für die Einfuhr von 15 hl Wein vereinbart wurde[112]. Wenn dieses Kontingent voll ausgeschöpft wurde, ergab sich für die betreffenden jüdischen Haushalte ein Tagesverbrauch von über 4 l Wein. Demgegenüber nimmt sich die Verpflichtung jedes schwörenden Juden, dem eidabnehmenden christlichen Richter ein Viertel Liter Wein zu geben, fast bescheiden aus[113].

Der erwähnte Eid, bei dem die Weinspende fällig war, enthielt in Dortmund nach 1350 im Gegensatz zur Zeit vorher[114] keine demütigenden Zusätze[115]. Dasselbe gilt auch von dem Essener Judeneid[116]. Dies spricht dafür, daß die Obrigkeiten in beiden Städten ein sachliches Verhältnis zu ihren Juden wünschten.

Trotzdem ist eine latente Spannung zwischen den Vertretern beider Religionen nicht zu verkennen. In den neunziger Jahren des 14. Jahrhunderts kam es in Dortmund zweimal zu schweren Auseinandersetzungen: 1393 wurde ein Konvertit von einem Juden mit dem Messer angefallen, 1396 ein offenbar bekehrungswilliger Jude von seinen Glaubensgenossen schwer verwundet. Im ersten Fall wurde dem Täter, wie es das Gesetz vorsah, die Hand abgehackt[117], im zweiten Fall alle Beteiligten zu einer sehr hohen Geldstrafe verurteilt, die dem Gesamtbetrag der städtischen Judensteuern in den Jahren 1390 – 1393 gleichkam[118].

Unabhängig von den blutigen Auseinandersetzungen zeigen die Konversionen jedoch auch, daß es in Dortmund zu jener Zeit mehrfach zu intensiven Gesprächskontakten zwischen Christen und Juden gekommen sein mußte, ohne die Glaubensübertritte nicht denkbar sind.

Auch in Essen sind Spannungen bezeugt, die ein gerichtliches Nachspiel fanden. Obwohl Vorladungen vor auswärtige Gerichte in der Stadt nicht zulässig waren, wurde 1446 ein Jude vor das Freigericht des Herzogs von Kleve in seiner Eigenschaft als Graf von der Mark nach Hörde geladen; er wurde verdächtigt, eine verheiratete christliche Frau vergewaltigt zu haben[119]. Umgekehrt zog der Rat ein christliches Gaunerpaar, das einen Juden nachts unter einem Vorwand auf die Straße gelockt, ermordet und beraubt hatte, zur Verantwortung[120]. In beiden Fällen kennen wir den Ausgang der Prozesse nicht.

Anders bei einer singulären Begebenheit, die sich 1486 in Dortmund abspielte! Ein ortsfremder Jude wurde in diesem Jahr in der Reichsstadt des Diebstahls überführt zum Tode verurteilt und an den Füßen zwischen zwei lebenden Hunden aufgehängt[121]. Diese Dortmunder Exekution zeigt die Ausgrenzung der Juden aus der christlichen Gesellschaft am Ausgang des Spätmittelalters selbst noch im Tode: diese besonders demütigende Form einer Hinrichtung war ausschließlich Juden vorbehalten. Hier schließt sich gleichsam der Kreis der Entwicklung, die 1096 mit dem Märtyrertode des ersten namentlich bekannten Juden im Land zwischen Ruhr und Lippe an gleicher Stelle bereits verhängnisvoll begonnen hatte. In unserem Jahrhundert erkennen wir die düstere Symbolik freilich noch deutlicher.

Anmerkungen

1 Westfalia Judaica (zitiert: WJ). Urkunden und Regesten zur Geschichte der Juden in Westfalen und Lippe, 1. Band, hrsg. v. Brilling, B./Richtering, H., Stuttgart 1967, Nr. 2, S. 23 f.
2 Vgl. Aschoff, D.: Juden in Westfalen, in: Jahrbuch des Vereins für Orts- und Heimatkunde in der Grafschaft Mark 87 (1989), S. 213 – 216.
3 Freimann, J.: Art. Xanten, in: Germania Judaica (zitiert: GHJ), Band 1, Berlin 1934 (ND Tübingen 1963), S. 497 – 500; ders.: Art. Geldern, ebd. S. 114; Bein, A.: Art. Moers, ebd. S. 236; Brann, M.: Art. Neuss: ebd. S. 243 – 45; Kober, A.: Art. Cöln, ebd. S. 69 – 85.
4 WJ I (wie Anm. 1) Nr. 3, S. 24 – 30.
5 Ebd. S. 26.
6 Ebd. Nr. 9: Nathan von Dortmund vor 1235 (?); ebd. Nr. 10, Mannis von Dortmund und Samuel von Iserlohn vor 1237.
7 Aschoff, D.: Hermann von Scheda. Der erste jüdische Konvertit Westfalens, in: Der Märker 33 (1984), S. 204 – 209.
8 Battenberg, F.: Das europäische Zeitalter der Juden, Teilband 1, Darmstadt 1990, S. 123.
9 Kober, A.: Art. Dortmund, in: GJ (wie Anm. 3), S. 88 f; Brann, M: Art. Duisburg ebd., S. 90 f; Kober, A.: Art. Iserlohn, ebd., S. 133 f; Salfeld, S.: Art. Werden, ebd., S. 394.
10 Avneri, Z.: Art. Essen, in: GJ (wie Anm. 3) Band 2, Tübingen 1968, S. 227. Aschoff, D.: Streiflichter auf die mittelalterliche Geschichte der Juden in Hamm, in: Jahrbuch (wie Anm. 2) 86 (1988), S. 125 – 145. Avneri, Z.: Art. Werden, in: GJ II, S. 877 ff; ders.: Art. Wesel, ebd., S. 879 f; ders.: Art. Recklinghausen, ebd., S. 678 f; Beem, H.: Art. Rheinberg, ebd., S. 697 f; Avneri, Z.: Art. Beckum, ebd. S. 61; ders.: Art. Bochum, ebd. S. 89 f; ders.: Art. Dinslaken, ebd., S. 166; ders.: Art. Kamen, ebd., S. 386; zu Lippstadt vgl. Aschoff, D.: Neues zur Geschichte der Soester Juden im Mittelalter, in: Soest, Stadt – Territorium – Reich, Soest 1981, S. 507 Avneri, Z.: Art. Mengede, in: GJ (wie Anm. 3) II, S. 536; zu Werl, vgl. Aschoff, D.: Die Attendorner Juden im Rahmen der mittelalterlichen Geschichte der Juden des Sauerlandes, in: Heimatstimmen aus dem Kreis Olpe, 145. Folge (1986), S. 207.
11 Vgl. Aschoff, D.: Kölner Juden in Westfalen, in: Geschichte in Köln, studentische zeitschrift am historischen seminar 10 (1981), S. 25 – 45.
12 WJ I (wie Anm. 1) Nr. 13, S. 37 f.
13 Vgl. G. Kisch: Die Kammerknechtschaft nach dem Judenprivileg Friedrichs II. von 1236, in: ders.: Forschungen zur Rechts- und Sozialgeschichte der Juden in Deutschland während des Mittelalters, Sigmaringen 1978, S. 59 – 61.
14 WJ I (wie Anm. 1) Nr. 12, S. 36 f.
15 Ebd. Nr. 25, S. 51 f.
16 Ebd. Nr. 85, S. 96.
17 Ebd. Nr. 44, S. 67 f; die Auseinandersetzungen vorher ebd., Nr. 34 – 43.
18 1308: Erzbischof von Köln, vgl. WJ I Nr. 55, S. 75; 1310: ders. vgl. ebd. Nr. 57 und 58, S. 76 f; 1317: Dietrich VIII. von Kleve, ebd. Nr. 64, S. 81; 1323: Heinrich von Waldeck: ebd. Nr. 73, S. 87; 1346: Erzbischof von Köln, ebd. Nr. 134, S. 135 f; 1346: ders.: ebd. Nr. 138, S. 138.
19 Avneri: Art. Essen, (wie Anm. 10) S. 227.
20 WJ I (wie Anm. 1) Nr. 102 f, S. 109 f.
21 Baron, S.W.: The Jewish Community, Band 2, Philadelphia 1942, S. 148 f; vgl. WJ I (wie Anm. 1) Nr. 103, Anm. 2.

22 Die Essener begruben ihre Toten nicht auf einem eigenem Friedhof, vgl. Samuel, S.: Geschichte der Juden in Stadt und Stift Essen bis zur Säkularisation des Stiftes, in: Beiträge zur Geschichte von Stadt und Stift Essen 26 (1905), S. 135 f.
23 WJ I (wie Anm. 1) Nr. 136, S. 137 f. Schon im Dortmunder Judeneid aus der 2. Hälfte des 13. Jahrhunderts wird eine Synagoge vorausgesetzt, vgl. WJ I Nr. 17, S. 41 § 37.
24 WJ I (wie Anm. 1) Nr. 17, S. 41 - 43.
25 Frensdorff, F.: Dortmunder Statuten und Urtheile, in: Hansische Geschichtsquellen 3 (1882), S. CLXXIII.
26 WJ I (wie Anm. 1) Nr. 136, S. 137 f.
27 Oben wie Anm. 17.
28 Vgl. Aschoff, D.: Die Feme und die Juden, in: Beiträge zur Geschichte Dortmunds und der Grafschaft Mark 72 (1980), S. 35 f.
29 Ebd. S. 35.
30 Aschoff, Soest (wie Anm. 10) S. 512.
31 Erschöpfend dazu Kisch, G.: Das „jüdische Hehlerrecht", in: ders. Forschungen (wie Anm. 13) S. 107 - 136.
32 WJ I (wie Anm. 1) Nr. 17, S. 42 § 38.
33 Stahm, G.: Das Strafrecht der Stadt Dortmund bis zur Mitte des 16. Jahrhunderts, Diss. Bonn 1909, Heidelberg 1909, S. 244.
34 WJ I (wie Anm. 1) Nr. 17, S. 41 f. § 37.
35 Ebd., S. 42. § 39.
36 „Omnes Judaei negationi inserviunt", vgl. Hermannus quondam Judaeus, Opusculum de conversione sua, hrsg. v. G. Niemeyer, in: MGH Quellen zur Geistesgeschichte des Mittelalters, Band 4, Weimar 1963, S. 72, 14 f.
37 Vgl. WJ I (wie Anm. 1) Nr. 63; 71; 91; 92; 114.
38 Vgl. WJ I (wie Anm. 1) Nr. 68 und 71; Avneri, Z.: Art. Dortmund, in: GJ II (wie Anm. 3) S. 172.
39 WJ I (wie Anm. 1) Nr. 172.
40 Snuif, C.J.: Der Jude Godscalc von Recklinghausen zu Lochem (Geldern), in: Vestische Zeitschrift 35 (1928), S. 304 - 309; Zu den Urkunden im einzelnen vgl. das Register in WJ I (wie Anm. 1) S. 234 unter Goldescalcus von Recklinghausen. Vgl. grundsätzlich zum Thema: Irsigler, F.: Juden und Lombarden am Niederrhein im 14. Jahrhundert, in: Monographien zur Geschichte des Mittelalters 24 (1981), S. 122 - 162.
41 Vgl. Beem, H.: Art. Overijssel, in: GJ (wie Anm. 3) Band 2, S. 642.
42 Aschoff, Soest (wie Anm. 10) S. 512 f.
43 WJ I (wie Anm. 1) Nr. 28, Aschoff, Streiflichter (wie Anm. 10) S. 126 f.
44 Zum Zeitpunkt der Verfolgung, vgl. Aschoff, D.: Das Pestjahr 1350 und die Juden in Westfalen, in: Westfälische Zeitschrift 129 (1979), S. 64 f.
45 Vgl. die entsprechenden Artikel in GJ II (vgl. Anm. 10).
46 Battenberg (wie Anm. 8) S. 120 f; Graus, F.: Pest-Geißler-Judenmorde. Das 14. Jahrhundert als Krisenzeit, Göttingen ^{2}1987, S. 319 - 333.
47 Stadtarchiv Wesel, Stadtrechnungen 1350, fol. 20 r.
48 Clevische Chronik nach der Originalhandschrift des Gert van der Schuren ... hrsg. v. R. Scholten, Cleve 1884, S. 28.
49 Vgl. WJ I (wie Anm. 1) Nr. 196 f und 201, S. 198 f; 201.
50 Ebd. Nr. 209, S. 207.
51 Liber de rebus memorabilioribus sive Chronicon Henrici de Hervordia, ed. Potthast, A., Göttingen 1859, S. 280. Zur Selbstverbrennung vgl. Graus (wie Anm. 46) S. 384.
52 Graus (wie Anm. 46) S. 371.
53 Sie begann schon früh vgl. Schreckenberg, H.: Vernunftlose Wesen? Zum Judenbild frühscholastischer Apologeten des 12. Jahrhunderts und zum Christentumsbild zeitgenössischer jüdischer Autoren, in: Gedenkschrift Bernhard Brilling, hrsg. von P. Freimark und H. Richtering, Hamburg 1988, S. 14 - 76.
54 Graus (wie Anm. 46) S. 377.
55 Ebd. S. 389.
56 Vgl. Ilgen, Th.: Quellen zur inneren Geschichte der rheinischen Territorien. Herzogtum Kleve, Band 2, 2. Teil, Bonn 1925, Nr. 4, S. 3.
57 GJ (wie Anm. 3) Band 3, Tübingen 1987, Art. Dinslaken, Duisburg, Kaiserswerth, alle bearbeitet von E. Wisplinghoff.
58 Aschoff, Streiflichter (wie Anm. 10) S. 135 f.
58a Ebd., S. 136 f.
59 1372 IX 20, in: Dortmunder Urkundenbuch (zitiert: Dortmunder UB), Band 1, Dortmund 1881, Nr. 872, S. 653.
60 Vgl. die entsprechenden Ortsartikel in GJ III (wie Anm. 3 und 57).
61 Aschoff, D.: Art. Dortmund, in: GJ III (wie Anm. 3 und 57) S. 241 § 4.
62 1413 XI 10: Hauptstaatsarchiv Düsseldorf (zitiert: HStAD) Hs A III 15 fol. 72 r.
63 Battenberg (wie Anm. 8) S. 141.
64 Ebd. S. 142.
65 Graus (wie Anm. 46) S. 343.
66 1362 X 2: Stadtarchiv Duisburg, Best. 1, Nr. 35 a.
67 Näheres bei Aschoff, Streiflichter (wie Anm. 10) S. 140 f.
68 Hattinger heimatkundliche Schriften, Heft 5 (1957), hrsg. v. P. Freisewinkel, Nr. 97 und 98.
69 Graus (wie Anm. 46) S. 383.
70 Ebd. S. 369.
71 Aschoff, Streiflichter (wie Anm. 10) S. 137 f.
72 Zum Problem allgemein vgl. Graus (wie Anm. 46) S. 352 - 370.
73 Ebd. S. 349.
74 Nederhoff, J.: Cronica Tremonensium, hrsg. v. E. Roese, 1880, S. 62.
75 1423 V 15: Stadtarchiv Dortmund, Best. 1, Nr. 2187.
76 Aschoff (wie Anm. 61) S. 243 § 9.
77 Vgl. die Artikel Büderich, Kaiserswerth in: GJ III (wie Anm. 3 und 57), und Wesel (im Druck), alle von E. Wisplinghoff.
78 1372 XI 2: in: Dortmunder UB (wie Anm. 59) Band 2, Nr. 9, S. 16.
79 Aschoff (wie Anm. 61) S. 243 § 8.
80 Wie oben Anm. 75.
81 1424 V 1: HStAD (wie Anm. 62) Hs A IV 3 fol. 49 v.
82 1444 I 24: HStAD (wie Anm. 62) Hs A III fol. 73 v.
83 1454 XI 11: gedruckt als Beilage IV in: Samuel (wie Anm. 22) 135 f; 1491 IV 15: ebd. S. 137.
84 Graetz, H.: Geschichte der Juden von den ältesten Zeiten bis auf die Gegenwart, Band 8, ^{4}1910, S. 427 f.
85 Battenberg: (wie Anm. 8) S. 163; Graus: (wie Anm. 46) S. 350 f.
86 1393 II 21: HStAD (wie Anm. 62) Hs A IV 1 fol. 44: 780 Gulden; 1393 XII 5: ebd. fol. 56 r; 1394 I 6: ebd. fol. 57 v; 1394 II 6: ebd. fol. 58 r.
87 HStAD (wie Anm. 62) Hs A IV 2 fol. 14 r.
88 1403 VI 29: ebd. Reichsherrschaft Styrum Urk. Nr. 10 a.
89 Zu Hardenberg vgl. oben Anm. 74; Volmarstein vgl. Aschoff, Streiflichter (wie Anm. 10) S. 136 f.
90 Vgl. Battenberg (wie Anm. 8) S. 125.
91 1379 III 12: Dortmunder UB (wie Anm. 59) Band 2, Nr. 28; 1382 VII 16: ebd. Nr. 27; 1389: Dortmunder Finanz- und Steuerwesen, bearb. v. K. Rübel, Band 1, Dortmund 1892, S. 161; 1390 II 28: Dortmunder UB 2 Nr. 205; 1393/95: ebd. Nr. 941; 1395 VIII 10: ebd. Nr. 961.
92 Der Graf zahlte bei seinen Anleihen, vgl. oben Anm. 86 die üblichen Zinsen außer 1393 XII 5, wo sie 10,83 % betrugen.
93 1379 III 12; 1395 VIII 10; 1390 II 28: vgl. Anm. 91: 1382 VII 16, ebd.: 72 2/9 % nach anfänglicher Zinsfreiheit.
94 1373 XII 2: Dortmunder UB (wie Anm. 59) Band 2, Nr. 10, S. 17; 1379 XII 2; ebd. Nr. 21, S. 20; 1411 IV 25, in: Maser, K.: Die Juden der Frei- und Reichsstadt Dortmund und der Grafschaft Mark, in: Jahrbuch des Vereins für Orts- und Heimatkunde in der Grafschaft Mark, Witten 1913, S. 89.
95 Sollbach, G. S.: Autonomie und Selbstverwaltung der Reichsstadt Dortmund im Mittelalter, in: Jahrbuch (wie Anm. 94) 73 (1975), S. 86 f.
96 1372 XI 2: (wie Anm. 78) und 1348 X 18 vgl. WJ I (wie Anm. 1) Nr. 28.
97 Vgl. oben Anm. 81.
98 1435 ohne näheres Datum: HStAD (wie Anm. 62) Hs A III 16 fol. 96 r.
99 Jerusalem, Handschrift (hebr.) Hechal Shlomo Nr. 47 fol 2v; vgl. Aschoff (wie Anm. 61) S. 246, Anm. 35.
100 Vgl. Aschoff (wie Anm. 61) S. 244 f § 13 b 2.
101 1404 XI 11: Stadtarchiv Dortmund, Findbuch A 3, S. 231, Nr. ^{2}1347.
102 1411 IV 25: vgl. Maser (wie Anm. 94) S. 90; diese Bestimmung galt für den Fall, daß der „knecht" 50 Gulden besaß.
103 1375 IV 3: Dortmunder UB (wie Anm. 59) Band 2, Nr. 29.
104 Abrechnungen bei Rübel (wie Anm. 91) S. 132, 14 - 16; 133, 17 f; 134, 33 f; 135, 10 f; 136, 38 f; 137, 26 f.
105 1411 IV 25: vgl. Maser (wie Anm. 94) S. 90.
106 1454 XI 11: vgl. Samuel (wie Anm. 22) S. 136.
107 Ebd.
108 1373 XII 2: Dortmunder UB (wie Anm. 59) Band 2, Nr. 10, S. 17.
109 Aschoff (wie Anm. 61) S. 248, Anm. 89.
110 Vgl. oben Anm. 88 - 89.
111 1406 XI 24: Dortmunder UB (wie Anm. 59) Band 3, Nr. 288.
112 Maser (wie Anm. 94) S. 18.
113 1373 XII 2: Dortmunder UB (wie Anm. 59) Nr. 10. 1411 V 25: vgl. Maser (wie Anm. 94) S. 91.
114 Vgl. oben Anm. 34.
115 Vgl. oben Anm. 113.
116 1409 VIII 2: vgl. Samuel (wie Anm. 22) S. 132.
117 Maser (wie Anm. 94) S. 37 f.
118 Aschoff (wie Anm. 61) S. 247, Anm. 74.
119 Samuel (wie Anm. 22) Beilage II, S. 133 f.
120 Ebd. Beilage III, S. 134 f.
121 Vgl. Aschoff, D.: Eine „Jüdische Hinrichtung" in Westfalen 1486, in: Jüdisches Leben. Aspekte der Vergangenheit, Band 2, Gütersloh 1988, S. 67 - 78.

Vom Gottesdienst zur Fürsorge – Die mittelalterlichen Hospitäler

Christina Vanja

Einleitung

Viele moderne Großkrankenhäuser haben ihre Ursprünge in mittelalterlicher Zeit in Hospitälern oder Siechenhäusern. Dennoch handelt es sich bei den mittelalterlichen Einrichtungen nicht nur um Vorformen unserer medizinischen Versorgungsinstitutionen, die im Laufe der Jahrhunderte modernisiert wurden. Die Hospitäler waren vielmehr auch Teil einer besonderen christlich-mittelalterlichen Lebens- und Vorstellungswelt und sind nur in deren Rahmen zu verstehen[1].

Schon der Begriff „Hospital" ist nicht wie der des Krankenhauses klar zu definieren. Dahinter verbarg sich eine Vielzahl heute voneinander unterschiedener Einrichtungen, denen nur gemeinsam war, daß es sich um Unterkünfte für zu versorgende Menschen handelte. „Hospital" steht so für Fremdenherbergen und Gasthäuser oder Xenodochien, Hospize, Spitäler für Bettlägerige, Altenheime, Waisen- und Findelhäuser, Häuser für Epileptiker („Fallsüchtige"), Räume für „Tolle" und „Narren", Lepra- und Pesthäuser[2].

Hospitäler waren Einrichtungen der christlichen Welt, die, von den oströmischen Xenodochien (Herbergen) abgesehen, keine antiken Vorbilder besaßen[3]. Sie verkörperten die neue am Vorbild Christi orientierte Einstellung zum armen und kranken Menschen, dem zu helfen Dienst an Gott selbst bedeutete. Armut und Krankheit, die in engem Zusammenhang gesehen wurden, wurden dabei ganzheitlich als Ausdruck menschlicher Lebensweise begriffen, die nicht im Einklang mit Gott stand. Die Hospitäler nahmen sich daher „Leib und Seele" an, waren Heil- und Heilsstätten[4].

Gebet, richtige Ernährung (Diätetik) und, sofern es der körperliche Zustand erlaubte, gottgefällige Arbeit standen im Mittelpunkt des Hospitallebens. Der Altar spielte bei allen Hospitälern eine zentrale Rolle, Heilige als Patrone der einzelnen Häuser versprachen zusätzlich besondere Fürsprache[5]. Medizinische Behandlung im eigentlichen Sinne war demgegenüber nachgeordnet.

Die Hospitäler blieben das ganze Mittelalter über und bis weit in die Neuzeit hinein christlich bestimmt. Dennoch veränderten sich im Laufe der Jahrhunderte Zielsetzung und Funktion erheblich, wozu insbesondere die Entwicklung der Städte beitrug. Hatten die Hospitäler des frühen Mittelalters grundsätzlich alle hilfesuchenden Menschen als „Nächste" betrachtet, so waren im späten Mittelalter nur noch bestimmte Personenkreise hilfeberechtigt. Andererseits begann aber auch mit den Städten eine gezielte Versorgung armer und kranker Bürger und Bürgerinnen, die das Gleichgewicht der Gemeinschaft ermöglichte, während die frühen Institutionen hilflos der wachsenden Not entgegentraten[6]. Auf dem Hintergrund der Veränderungen der mittelalterlichen Gesellschaft selbst, in der Armut und Krankheit am Ende eine Bedeutung erlangten, denen mit allgemeiner Nächstenliebe nicht mehr zu begegnen war, entwickelten sich so auch die Hospitäler von Orten des Gottesdienstes zu Institutionen der Fürsorge, die wiederum am Anfang moderner gesellschaftlicher Entwicklung standen[7].

Die Geschichte der Hospitäler im Ruhrgebiet steht in engem Zusammenhang mit der allgemeinen Hospitalsgeschichte, dergegenüber keine spezifischen Abweichungen festzustellen sind. Im folgenden kann so der übergreifenden Entwicklung folgend auch für diese Region nach Einrichtungen der Klöster und Stifte, der Spitalorden und der Städte unterschieden werden. Gesondert zu betrachten sind die Häuser für Menschen mit ansteckenden Krankheiten, insbesondere die Häuser für Leprakranke.

Hospitäler der Klöster und Stifte

Hospitäler waren bereits seit dem frühen Mittelalter ein fester Bestandteil von Klöstern und Stiften. Die „Sorge um den kranken Bruder" war in der Benediktinerregel (Benedikt von Nursia, um 480 bis um 540) als eine zentrale Aufgabe festgelegt[8]; sie sollte nicht nur für die zahlreichen Frauen- und Männerklöster der Benediktiner, sondern in den Grundsätzen auch für die späteren Reformorden (insbesondere der Zisterzienser und Prämonstratenser) Gültigkeit erlangen[9].

Die Klosterhospitäler besaßen bis zum hohen Mittelalter eine überragende Bedeutung, im Spätmittelalter blieben sie zumindest für die ländliche Gesellschaft wichtig[10]. Die Pflege für die vorüberziehenden Bettler, Pilger und Reisenden stand dabei jedoch stärker im Vordergrund, als eine Pflege der Ortsansässigen; die Anlagen hatten zudem bei vielen kleineren Klöstern und Stiften nur begrenzte Kapazitäten.

Das klösterliche Hospitalsystem des Mittelalters zeigt in idealer Weise der sogenannte St.-Galler-Klosterplan aus der Zeit um 820, der offenbar im Zusammenhang mit den Klosterreformen des Benedikt von Aniane entstand[11]. Drei Hospitaltypen waren demnach für das Kloster vorgesehen:

- das Infirmarium der Mönche
- die Herberge für die Armen (domus peregrinorum et pauperum) und
- das Gästehaus für Reisende mit Pferd und für Herrscher.

Besonders differenziert war nach dem Plan der Krankenbereich der Mönche, der im Unterschied zu den beiden anderen Hospitälern innerhalb der Klausur lag: Er bildete gleichsam ein Kloster im Kloster und umfaßte um einen eigenen Innenhof gruppiert eine Spitalkapelle und Schlaf- und Speiseräume. Ein westlich gelegenes Gebäude enthielt zugehörig Küche, Bad und Aderlaßraum, nördlich schloß sich das Haus der Ärzte (domus medicorum) mit Apotheke an. Dazu gehörte ein Kräutergarten (herbularium) mit detailliert aufgeführten Beeten[12].

Wie aus diesem Plan bereits sichtbar wird, spielte im Klosterhospital neben der Seelsorge die körperliche Reinigung eine große Rolle. Krankheit bedeutete den humoralpathologischen Vorstellungen der Antike (Galen) folgend bis in das 18./19. Jahrhundert hinein das Bestehen eines Ungleichgewichts der menschlichen Körpersäfte (Blut, Schleim, gelbe und schwarze Galle). Die Temperierung erfolgte vor allem durch das Aderlassen, durch Abführmittel, Zugpflaster, Schwitzen und Schröpfen. Die medizinischen Behandlungsmethoden der Antike wurden durch die sogenannte Volksmedizin begleitet, die sich besonders der Heilkräuter bediente[13]. Der hohe Standard der Klostermedizin schlug sich u. a. in herausragenden Veröffentlichungen von Mönchen und Nonnen (z. B. Hildegard von Bingen) nieder.

Daß der St.-Galler-Klosterplan nicht nur eine Idealvorstellung von Hospitalbauten zeigt, macht die Untersuchung tatsächlich gebauter Klöster, z. B. Cluny, Poblet oder das Escorial, deutlich[14]. Für die Klöster des Ruhrgebietes, ob dem Benediktiner-, Zisterzienser- oder Prämonstratenserorden zugehörig, können daher mit Sicherheit ähnliche Einrichtungen angenommen werden, auch wenn die Schrift- und Baudokumentation keine detaillierte Rekonstruktion mehr ermöglicht. Vor allem ein Infirmarium für die eigenen Mönche und Nonnen unter Leitung eines Infirmarius oder einer Infirmaria, wahrscheinlich auch ein Gasthaus für Fremde dürfte jedes Kloster besessen haben, wenn diese auch nicht immer genannt oder baulich erhalten sind wie z. B. das Spital des Prämonstratenserstiftes, später Abtei Hamborn (erwähnt 1447), das wahrscheinlich durch das Benediktinerkloster, später Reichsabtei, (Essen-)Werden im 13. Jahrhundert gegründete dortige Gasthaus oder das Infirmarium des Zisterzienserklosters Kamp, das als Pfarrhaus bestehen blieb[15]. Auf ein Spital des Essener Kanonissenstiftes ging aller Vermutung nach schließlich das spätere bürgerliche Hospital zum Heiligen Geist in Essen zurück. Die Hospitalkapelle stand noch im Spätmittelalter im Patronat der Äbtissin[16].

Hospitäler der Ritter- und Spitalsorden

Eine Welle von Hospitalneugründungen war Resultat der religiösen und gesellschaftlichen Aufbruchstimmung im 12. Jahrhundert, die insbesondere im Zusammenhang mit den Kreuzzügen stand. Überwiegend im „Heiligen Land“, aber auch in Frankreich, bildeten sich zahlreiche Orden, die sich z. T. speziell der Spitalpflege widmeten, darunter die Johanniter, der Deutsche Orden und der Heilig-Geist-Orden. Ihre Tätigkeit begann mit der Gründung von Einrichtungen für Kreuzritter und Pilger, doch setzte sich ihre Initiative in der Schaffung einer Vielzahl von allgemeinen Hospitälern in ganz Europa fort, mit der sie für eine im 12. und 13. Jahrhundert wachsende Zahl von Armen und Kranken Hilfe schufen[17].

Die neuen Orden trugen einiges zum Fortschritt der Krankenpflege bei. So erbrachte der Deutsche Orden beachtliche Leistungen in der Chirurgie bei der Behandlung von Kriegsverletzten[18]. Die Antoniter, die Menschen mit Mutterkornerkrankungen („Antoniusfeuer“) versorgten, zeichneten sich u. a. durch besondere Kenntnisse bei der Amputation von Gliedmaßen aus[19].

Auf den Johanniter-Orden sei näher eingegangen, da er eine Niederlassung in Duisburg errichtete. Dieser Orden war zugleich der älteste der in der Spitalpflege tätigen Ritterorden[20]. Seine Anfänge fallen bereits in die Zeit vor der Eroberung Jerusalems 1099, als Kaufleute aus Amalfi dort ein Hospital für Pilger errichteten. Seine Ordnung erhielt der Orden in der zweiten Hälfte des 12. Jahrhunderts unter Raymond de Puy. Dem bereits groß angelegten Hospital in Jerusalem südlich der Grabeskirche folgten weitere bemerkenswerte Bauten in Rhodos und auf Malta, die offenbar jeweils mehrere hundert Menschen aufnehmen konnten. Die Johanniter-Kommende in Duisburg war eine der ersten Niederlassungen des Ordens auf deutschem Boden. Die Kirche wurde zwischen 1152 und 1156 vom Bischof von Münster geweiht[21]. Über den Spitaldienst ist jedoch nichts genaueres bekannt.

Der Heilig-Geist-Orden entstand am Ende des 12. Jahrhunderts in Montpellier in Frankreich. In seinen Bruderschaften schlossen sich Frauen und Männer aus dem Laienstand zusammen, die speziell bürgerliche Hospitäler errichteten. Allerdings gehörte nur ein Teil der sich als Heilig-Geist-Hospitäler bezeichnenden Spitäler im deutschen Bereich unmittelbar diesem Orden an, jedoch verfolgten alle eine entsprechende Zielsetzung, indem sie sich besonders den städtischen Bürgern widmeten. Auf die Heilig-Geist-Hospitäler im Ruhrgebiet, die allem Anschein nicht dem Orden selbst angehörten, sei im folgenden Abschnitt eingegangen[22].

Abb. 49 Ansicht der Johanniter-Niederlassung Duisburg. Ausschnitt aus dem Plan der Stadt Duisburg von Johannes Corputius, 1566.

Zur Kranken- und Armenpflege der Bettelorden sowie der Beginen, die in den Städten gleichfalls eine bedeutende Rolle spielen konnte, sei auf den entsprechenden Beitrag in diesem Band verwiesen.

Bürgerhospitäler

Der Aufschwung und die Ausbreitung der Kommunen im 12. und besonders im 13. Jahrhundert begründete die Entfaltung des bürgerlichen Spitalwesens. Je nach Größe der Städte besaßen diese zwei, drei oder mehr Hospitäler, wobei allgemein zwischen Fremdenherbergen und Spitälern unterschieden wurde – dies entsprechend dem klösterlichen Vorbild.

Für die Städte des Ruhrgebietes sind folgende Hospitäler überliefert[23]:

- in Bochum ein Hospital und ein gemeines Gasthaus für Arme und Kranke (1438)
- in Dorsten ein Gasthaus (hospitale pauperum, um 1350)
- in Dortmund ein Heilig-Geist-Spital am Westenhellweg nahe dem Markt (vor 1400), ein sogenanntes „Neues Gasthaus" für „arme elende pilgrime" mit Kapelle zum Westentor hin (1358) sowie eine „Elende" als Haus für arme Frauen
- in Duisburg ein Gasthaus für Arme und Kranke sowie notleidende Fremde (1318) und mehrere „Armrede" (Altfrauenhäuser)
- in Essen das Hospital zum Heiligen Geist (um 1340) und eine „Elende" für arme Reisende an der Weberstraße
- in Essen-Steele ein Gasthaus (1492)
- in Essen-Werden ein Gasthaus (13. Jahrhundert)
- in Hamborn ein Spital (1447)
- in Hamm das Westenhospital (frühes 14. Jahrhundert), das Gasthaus St. Anton mit Kapelle vor der Stadt für kurzfristige Aufenthalte (1404) und das Nordenhospital für 21 Jungfrauen, später für 24 Bürgertöchter (1280)
- in Hattingen ein Armen- oder Gasthaus (1474)
- in Kamen ein Hospital zum Heiligen Geist (vor 1349)
- in Recklinghausen ein Gasthaus zum Heiligen Geist für 12 Brüder (1403)
- in Schwelm ein Heilig-Geist-Hospital (1336)
- in Schwerte ein Heilig-Geist-Hospital (1359)
- in Unna ein Heilig-Geist-Hospital (um 1315)
- in Witten ein Armenhaus mit zwei Wohnungen (1422)

Neben den städtischen Spitälern gab es vereinzelt auch größere Einrichtungen privaten Charakters, so das Gasthaus St. Maria in Duisburg (etwa 1319), das von einem Bürgerehepaar gestiftet und von Pflegern verwaltet wurde, die z. T. von der Stifterfamilie und z. T. von der Stadt beauftragt waren[24].

Die städtischen Hospitäler lagen meist an den großen Durchgangsstraßen, an zentralen Plätzen oder in der Nähe eines Stadttores, damit das „Gasthaus" für Fremde leicht auffindbar war.

Die materielle Grundlage der Spitäler bildeten zumeist Stiftungen von Geistlichen, Adeligen oder Bürgern, z. T. übernahm die Stadt auch vordem geistliche Hospitäler. Stärker als die Klosterspitäler waren sie eigenständige Institutionen mit oft umfangreichen Besitzungen an Land, Forsten und Mühlen, die einer kenntnisreichen Verwaltung bedurften. Zur Verwaltung setzte die Stadt sogenannte Provisoren ein, die teilweise unmittelbar dem Rat der Stadt angehörten[25], teilweise aber auch Geistliche waren[26]. Die Hausleitung selbst hatte meist ein Ehepaar inne, manche Hospitäler wurden aber auch von einer Frau („Armenmutter", „Pflegersche") geführt, z. B. das Dortmunder Gasthaus[27]. Als Arbeitskräfte standen Knechte und Mägde, Tagelöhner und alle diejenigen Insassen zur Verfügung, die nicht bettlägerig waren[28].

Die städtischen Hospitäler waren von ihrem Umfang her nicht sehr groß: das Dortmunder Spital hatte um 1400 etwa 35 Insassen, das Recklinghäuser Gasthaus nahm nur zwölf Brüder auf[29]. Während die Fremdenherbergen oder Gasthäuser durchreisenden Pilgern und ärmeren Handelsleuten in der Regel nur ein oder zwei Tage eine Unterkunft und Verpflegung boten, ging es bei den Spitälern in der Regel um eine dauerhafte Versorgung. Vor der Aufnahme fand eine genaue Prüfung der Aufnahmevoraussetzungen statt, die insbesondere beinhalteten, daß keine andere Versorgungsmöglichkeit gegeben war. So fanden vor allem die städtisch-bürgerlichen „Problemgruppen" Einlaß: alleinstehende Frauen, alte Leute, verarmte kleine Handwerker. Weitere Notleidende wurden in ihrem Haus oder ihrer Wohnung vom Hospital aus versorgt (sog. „Hausarme")[30]. Im späten Mittelalter wurde es allerdings üblich, sich für das Alter in Hospitälern einzukaufen. Einige Hospitäler, wie das Heilig-Geist-Hospital in Dortmund, schlossen daher in ihren Ordnungen diese Möglichkeit explizit aus[31].

Das Leben in den Bürgerhospitälern entsprach in vielem den klösterlichen Vorschriften, wenn auch nun der Altar in einem vom Spital abgetrennten Kapellenbau stand. Im Heilig-Geist-Spital der Stadt Dortmund mußte jeden Sonntag und mindestens viermal in der Woche nach der Spitalordnung von 1502 die Messe gelesen werden[32]. Tägliches Beten war selbstverständlich; Armut, Keuschheit und Gehorsam waren zentrale Maximen, andernfalls drohte der Ausschluß aus der Einrichtung, ja der oder die Ausgewiesene mußte, wie für Dortmund überliefert, zur Strafe sogar die ganze Habe hinterlassen[33].

Die medizinische Versorgung der Hospitalsinsassen lag im späten Mittelalter in der Regel beim städtischen Chirurgen, erst seit dem 16. Jahrhundert finden sich studierte Ärzte, sog. Physici. Die Ärzte waren jedoch nur u. a. für das Spital tätig und keineswegs dort beschäftigt[34].

Für das Heilig-Geist-Spital in Essen ist die den Insassen gereichte Nahrung überliefert: es gab Brot, Suppen und Gemüse, Butter und Käse, Kalb-, Rind- und Schweinefleisch sowie Heringe, Bücklinge und Stockfisch. An Festtagen wurde Wein ausgeschenkt, ansonsten war wohl Bier üblich[35]. Diese in bezug auf die soziale Herkunft vieler Hospitalinsassen relativ gute Verpflegung machte einen Aufenthalt dort attraktiv und erklärte, warum der Ausschluß eine harte Strafmaßnahme bedeutete.

Leprosenhäuser

Die Lepra, im Mittelalter auch Mieselsucht genannt, war eine sich endemisch verbreitende Krankheit, die besonders in der Zeit des 13. Jahrhunderts – wahrscheinlich im Zusammenhang mit den Kreuzzügen wie auch wachsender materieller Not – stark zunahm. Die Lepra galt in dieser Zeit als besonders ansteckend und unheilbar. Sie führte bei den Menschen allmählich zum völligen körperlichen Verfall. Beim Knoten-Aussatz verdickten sich Nase und Lippen. Das Gesicht nahm ein tierhaftes Aussehen an. Im weiteren Krankheitsverlauf kam es zur Verstümmelung der Gliedmaßen, an denen sich schwärende Wunden öffneten[36]. Erst 1873 entdeckte der Norweger Armauer Hansen (1841–1912) den Lepraerreger, das „Mycobacterium Leprae".

Besonders im 13. und 14. Jahrhundert wurden fast durch jede Stadt eigene Hospitäler für die Leprakranken eingerichtet, meist Siechen- oder Melatenhäuser genannt.

Für das Ruhrgebiet sind die folgenden Leprosenhäuser bekannt[37]:

- Bochum: Neues Melatenhaus am Hellweg bei Höntrop (1443)
- Castrop-Rauxel: Leprosen- oder Siechenhaus vor der Stadt (1450)
- Dorsten: Leprosenhaus am Wege nach Kirchheben (15. Jahrhundert)
- Dortmund: Siechenhaus (domus leprosorum) „die Gracht" ca. ein Kilometer vor dem Ostentor bei der Funkenburg (1263)
- Duisburg: Melaten- oder Siechenhaus außerhalb der Stadt (1447)
- Essen: Siechenhaus vor dem Kettwiger Tor (14. Jahrhundert)
- Hamm: Leprosenhaus auf dem Daberge am Weg nach Kamen (1410)
- Kamen: Siechenhaus am Weg nach Hamm
- Unna: Leprosenhaus vor der Stadt am Hellweg in Richtung Werl (um 1510)
- Wattenscheid: Leprahaus in Höntrop am Hellweg (1430)
- Witten: Siechenhaus an der Straße nach Dortmund

Aufgrund ihrer Krankheit wurden die Leprösen in Berufung auf das mosaische Gesetz aus den Gemeinden ausgestoßen[38]. Entsprechend lagen die Standorte ihrer Hospitäler, in denen später z. T. auch Pestkranke untergebracht wurden, außerhalb der Stadtmauern. Dennoch waren die Leprakranken nicht aus der mittelalterlichen Glaubenswelt verdrängt. Die Hospitäler wurden an Verkehrswegen, im Ruhrgebiet besonders am Hellweg, erbaut, damit die Kranken um Almosen betteln konnten. Zahlreiche bürgerliche Stiftungen flossen den „Gutleutehäusern" zu, die die Leprösen mit Gebeten für die Spender vergolten. Ja, die Hilfe für die Aussätzigen galt als besonders gottgefällige Tat, der Leprakranke war der arme und kranke Mensch, der mehr als alle anderen der christlichen Nächstenliebe bedurfte[39].
Die Leprosenhäuser unterschieden sich in ihrer Struktur nicht grundsätzlich von den Hospitälern in der Stadt. Auch sie hatten eigene Kapellen und Geistliche mit Residenzpflicht[40]. Zugehörige Besitzungen mit regelmäßigen Pachtabgaben garantierten die materielle Versorgung. Dem Haus standen Siechenmeister und -meisterinnen vor. Die Gesamtverwaltung stand oft im Zusammenhang mit dem innerstädtischen Hospital oder Gasthaus[41].
Die Diagnostizierung der Lepra wurde in einer sogenannten Lepraschau vorgenommen, die für Hamm noch in der Ratsordnung von 1524 beschrieben ist[42]. Beteiligt waren in der Regel der oft selber leprakranke Siechenmeister und andere Lepröse[43]. Ärzte dagegen waren nicht unbeding einbezogen. In welchem Maße bei diesem Verfahren auch nur Haut- und nicht Leprakranke „ausgesetzt" wurden, läßt sich schwer feststellen. Ausgrabungen von Siechenfriedhöfen im skandinavischen Bereich ergaben jedenfalls ein sehr hohes Maß zutreffender Beurteilungen[44].
War die Lepra festgestellt, mußte fortan jeder unmittelbare Kontakt mit Gesunden vermieden werden.
Über eine spezielle ärztliche Behandlung der Leprakranken in den Siechenhäusern ist nichts übermittelt, eine Therapie war jedoch zumindest in der frühen Neuzeit denkbar. Dazu gehörten die Diät, Purgationen, Pharmaka und chirurgische Eingriffe[45].
Für das Essener Siechenhaus ist eine Hausordnung aus dem 15. Jahrhundert überliefert: Dort sollten nur Kranke aus der Stadt oder dem Stift Essen aufgenommen werden. Sie hatten ihr Bett sowie Koch- und Eßgeschirr mitzubringen (eine Regelung, die auch für andere Hospitäler gelten konnte). Alles Hab und Gut der Leprösen gehörte nach ihrem Tod der Einrichtung. Am Schluß der Ordnung wurde ein friedliches Verhalten und Gehorsam gegenüber dem Pfarrer und dem Hausmeister gefordert[46]. Schon 1544 waren in dem Essener Siechenhaus nur noch sieben Insassen[47]. Angesichts des stetigen Rückganges der Lepra im 16. und 17. Jahrhundert wurden die Siechenhäuser meist zur Unterbringung anderer Hilfsbedürftiger genutzt, so z. B. in Dortmund zur Versorgung unruhiger Kranker des Heilig-Geist-Spitals[48].

Zusammenfassung und Ausblick

Von Beginn an nahmen die mittelalterlichen Hospitäler ein breites Spektrum von Bedürftigen auf: Reisende, Gebrechliche, Geistesverwirrte, hilflose und kranke Menschen. Die Hospitäler waren Gasthäuser, Pflegeheime, Krankenhäuser und Isolierräume.
Eine erste Differenzierung schuf das Mittelalter selbst durch die Absonderung der Menschen mit ansteckenden Krankheiten, vor allem der Leprösen, später der Pestkranken und schließlich der Syphilitiker. Relativ einzigartig war dagegen noch im 15. Jahrhundert ein Epileptikerheim zu Rufach im Elsaß für sogenannte Fallsüchtige.
Allerdings begann schon frühzeitig eine innere Gliederung nach Bettlägerigen und Pfleglingen, die sich bewegen konnten. In den städtischen Hospitälern erhielten Arme und Pfründer, die sich eingekauft hatten, eine besondere Versorgung. Schließlich gab es schon im späten Mittelalter Räumlichkeiten für später als „geisteskrank" eingestufte Menschen.
In der frühen Neuzeit setzten sich diese Differenzierungen weiter fort. Im hessischen Hospital Haina (gestiftet 1533) wurden bereits eigene Gebäude, sogenannte Blockhäuser, für die „Tollen" gebaut, die einer nach damaliger Vorstellung möglichst unkomplizierten Unterbringung entsprachen[49]. Im 18. und vor allem im 19. Jahrhundert schließlich entwickelte sich das Krankenhaus, in dessen Zentrum die medizinische Behandlung treten sollte[50].
Parallel zur strukturellen Veränderung des Hospitals wandelte sich auch dessen Funktion. Nicht nur Bettelordnungen und Almosenstiftungen spiegelten im späten Mittelalter den Beginn eines neuen Verhältnisses zu Armut und Krankheit wider[51]. Die Hospitäler der Städte des 14. und 15. Jahrhunderts unterschieden sich in ihrer Aufgabenstellung bereits grundlegend von den frühen Klosterspitälern. Ging es dort um den eigenen Weg zum christlichen Heil, stand nun die Fürsorge für eine spezifizierte Bevölkerungsgruppe im Vordergrund. Dieses zunächst städtische Versorgungsprinzip wurde nach der Reformation verstärkt auch von den Territorien aufgegriffen: die Landgrafen von Hessen ließen in den Jahren 1533–1542, regional gezielt verteilt, vier Hospitäler für die arme ländliche Bevölkerung einrichten, deren Aufnahmebedingungen ganz denen der städtischen Hospitäler entsprachen[52]. Zwar dominierte in der Selbstdarstellung noch der mittelalterliche Caritasgedanke, die reale Ausrichtung der Spitalpflege war jedoch bereits „gesellschaftspolitisch", „modern" bestimmt.

Anmerkungen

1 Zur Geschichte der mittelalterlichen Hospitäler übergreifend: Reicke, Siegfried: Das deutsche Spital und sein Recht im Mittelalter, 2 Bde., Stuttgart 1932 (Neudruck Amsterdam 1970); Steynitz, Jesko von: Mittelalterliche Hospitäler der Orden und Städte als Einrichtungen der Sozialen Sicherung, Berlin 1970; Craemer, Ulrich: Das Hospital als Bautyp des Mittelalters, Köln 1963; Schreiber, Georg: Gemeinschaften

des Mittelalters, Münster 1948; Leistikow, Dankwart: Hospitalbauten in Europa aus zehn Jahrhunderten.
Ein Beitrag zur Geschichte des Krankenhauses, Ingelheim a. Rh. 1967; Jetter, Dieter: Das europäische Hospital. Von der Spätantike bis 1800, Köln 1986; Moritz, Werner: Das Hospital im späten Mittelalter, Katalog, Hessisches Staatsarchiv Marburg, Marburg 1983.
2 „Hospital", in: Zedlers Grosses Universal-Lexicon aller Wissenschaften und Künste, Bd. 13, Leipzig und Halle 1735; „Hospital", in: Allgemeine Encyklopädie der Wissenschaften und Künste, Leipzig 1834, S. 98–168.
3 Lindgren, Uta: Frühformen abendländischer Hospitäler im Lichte einiger Bedingungen ihrer Entstehung, in: Historia Hospitalium 12 (1977/78), S. 32–61.
4 Schipperges, Heinrich: Der Garten der Gesundheit. Medizin im Mittelalter, München und Zürich 1985, S. 205–232.
5 Kühnel, Harry: Städtische Gesundheitspflege, in: ders. (Hg.): Alltag im Spätmittelalter, Graz/Wien: Köln 1986, S. 83–91, hier: S. 83.
6 Geremek, Bronislaw: Geschichte der Armut. Elend und Barmherzigkeit in Europa, München und Zürich 1988, S. 68–92; Hunecke, Volker: Überlegungen zur Geschichte der Armut im vorindustriellen Europa, in: Geschichte und Gesellschaft 9 (1983), S. 480–512, hier: S. 491 f.
7 Murken, Axel Hinrich: Vom Armenhospital zum Großklinikum, Köln 1988.
8 Semmler, Josef: Die Sorge um den kranken Mitbruder im Benediktinerkloster des frühen und hohen Mittelalters, in: Wunderli, Peter (Hg.): Der kranke Mensch in Mittelalter und Renaissance, Düsseldorf 1986, S. 45–60.
9 Schipperges, Heinrich: Heilkunde bei den Zisterziensern, in: Eberbach im Rheingau. Zisterzienser-Kultur-Wein, Katalog, hrsg. v. Hessischen Ministerium für Landwirtschaft und Forsten, Wiesbaden/Eltville a. Rh. 1986, S. 93–104.
10 Reicke (wie Anm. 1) T. 1, S. 21.
11 Hecht, Konrad: Der St. Galler Klosterplan, Sigmaringen 1983.
12 Abbildung bei Craemer (wie Anm. 1) S. 14.
13 Schipperges, Heinrich: Homo patiens. Zur Geschichte des kranken Menschen, München und Zürich 1985, hier: S. 107–123.
14 Jetter, Dieter: Klosterhospitäler; St. Gallen, Cluny, Escorial, in: Sudhoffs Archiv 62 (1978), S. 313–338.
15 Handbuch der Historischen Stätten Deutschlands Bd. 3: Nordrhein-Westfalen, Stuttgart 1970, S. 286, S. 213 und S. 378 f.
16 Reicke (wie Anm. 1) T. 1, S. 47 und 275.
17 Vgl. z. B. Propst, Christian: Helfen und Heilen. Hospital, Firmarie und Arzt des Deutschen Ordens in Preussen bis 1525, Bad Godesberg 1969.
18 Kühnel (wie Anm. 5) S. 87.
19 Mischlewski, Adalbert: Grundzüge der Geschichte des Antoniterordens bis zum Ausgang des 15. Jahrhunderts, Köln und Wien 1976.
20 Steynitz (wie Anm. 1) S. 32–73.
21 Reicke (wie Anm. 1) S. 96 und S. 105.
22 Leistikow, Dankwart: Mittelalterliche Hospitalbauten Norddeutschlands, in: Stadt im Wandel. Kunst und Kultur des Bürgertums in Norddeutschland 1150–1650, Ausstellungskatalog Bd. 4, hrsg. v. Cord Meckseper, Stuttgart und Bad Cannstadt 1985, S. 223–250, hier: S. 226.
23 Stüttgen, Ulrich: Die Entwicklung des Krankenhauswesens der Stadt Duisburg vom 14. bis zum 19. Jahrhundert (Vom Gasthaus-Hospital zum ersten Städtischen Krankenhaus), Münster 1976; Liese, W.: Westfalens alte und neue Spitäler, in: Zeitschrift für vaterländische Geschichte und Altertumskunde 77 (1919), 2. Abt., S. 128–189; Schulte, Norbert: Das Medizinalwesen in der freien Reichs- und Hansestadt Dortmund bis zum Jahre 1815, Diss. Dortmund 1936; Arens, Franz: Das Hospital zum hl. Geist in Essen, in: Beiträge zur Geschichte von Stadt und Stift Essen 17 (1986), S. 77–128; Wagner, Franz: Zur Geschichte des Essener Medizinalwesens vom Mittelalter bis zur Neuzeit, Diss. Essen 1922; Rübel: Die Armen- und Wohltätigkeitsanstalten der freien Reichsstadt Dortmund, in: Beiträge zur Geschichte Dortmunds und der Grafschaft Mark 20 (1911), S. 127–219; Kayser, Erich (Hg.): Westfälisches Städtebuch, Stuttgart 1954; ders.: Rheinisches Städtebuch, Stuttgart 1956; Reicke (wie Anm. 1).
24 Reicke (wie Anm. 1) T. 1, S. 262.
25 Arens (wie Anm. 23) S. 82.
26 So in Dortmund: Reicke (wie Anm. 1) T. 2, S. 101 und 103.
27 Liese (wie Anm. 23) S. 148; Rübel (wie Anm. 23) S. 145 und 155.
28 Ebd.
29 Liese (wie Anm. 23) S. 148 und 173.
30 So wurden in Essen wöchentlich „Hausarme" mit Geld und Brot, z. T. auch mit Korn und Fleisch versorgt: Arens (wie Anm. 23) S. 86.
31 Reicke (wie Anm. 1) T. 1, S. 295 Anm. 2.
32 Rübel (wie Anm. 23) S. 145.
33 Reicke (wie Anm. 1) T. 2, S. 218 Anm. 4.
34 Schulte (wie Anm. 23) S. 3 f.; Wagner (wie Anm. 23) S. 10 ff.
35 Arens (wie Anm. 23) S. 86.
36 Aussatz. Lepra. Hansen-Krankheit. Ein Menschheitsproblem im Wandel, Katalog, hrsg. v. Jörn Henning Wolf und Christa Habrich, Ingolstadt 1982; Ruffié, Jacques und Sournia, Jean-Charles: Die Seuchen in der Geschichte der Menschheit, Stuttgart 1987, S. 83–95.
37 Lappe, Josef: Siechenhäuser im Westfalen des Mittelalters, in: Hagener Heimatblätter 1933, S. 61–63; Arens, Franz: Das Essener Siechenhaus und seine Kapelle, in: Beiträge zur Geschichte von Stadt und Stift Essen 18 (1898), S. 44–95; Weyand, Ute: Neue Untersuchungen über Lepra- und Pesthäuser in Westfalen und Lippe. Versuch eines Katasters, Diss. Bochum 1983, Liese (wie Anm. 23); Kayser (wie Anm. 23).
38 Aussatz (wie Anm. 36) S. 44 ff.
39 So widmete sich die Hl. Elisabeth besonders den Leprakranken; vgl. auch Aussatz (wie Anm. 36) S. 26.
40 Reicke (wie Anm. 1) T. 2, S. 174.
41 Arens (wie Anm. 37) S. 44.
42 Reicke (wie Anm. 1) T. 2, S. 260.
43 Weyand (wie Anm. 37) S. 5.
44 Masonen, Jaakko: Zum Krankheitsbegriff im finnischen Mittelalter, in: Medium Aevum Quotidianum 19 (1989), S. 45–57, hier: S. 46.
45 Aussatz (wie Anm. 36) S. 48.
46 Arens (wie Anm. 37) S. 73.
47 Ebd. S. 48.
48 Liese (wie Anm. 23) S. 149.
49 Beschrieben bei: Letzenerus, Johannes: Historische, Kurtze, Einfaltige und Ordentliche Beschreibung des Klosters und Hospitals zu Haina in Hessen gelegen, Mühlhausen 1588.
50 Murken (wie Anm. 7).
51 So bei: Sachße, Christoph und Tennstedt, Florian: Geschichte der Armenfürsorge in Deutschland. Vom Spätmittelalter bis zum Ersten Weltkrieg, Stuttgart/Berlin/Köln, Mainz 1980.
52 Vanja, Christina: Das frühe Hospital Haina, in: 800 Jahre Haina. Kloster-Hospital-Forst, Katalog, hrsg. v. Landeswohlfahrtsverband Hessen, Kassel 1988, S. 70–102.

Frauen in mittelalterlichen Urkunden des Ruhrgebietes

Nicole Dany

Wenn wir uns auf die Suche nach „den" Frauen in Urkunden begeben möchten, so sollte Klarheit darüber bestehen, daß es *die* Frau dort nicht gibt. Urkunden spiegeln Frauen immer im Kontext ihrer gesellschaftlichen Stellung und ihres Rechtsstatus wider (Adlige, Bürgerin, Bäuerin, Hörige). Zu berücksichtigen sind ihre spezifischen Beziehungsgeflechte (alleinstehend oder verheiratet, eingebunden in Frauenzusammenhänge z. B. im Kloster, mit Kindern oder ohne) und letztlich dürfen die für das Mittelalter so wichtigen Herrschaftsbereiche „geistlich" und „weltlich" nicht übersehen werden.

Im Mittelalter dienen Urkunden zur schriftlichen Bezeugung einer meist bereits erfolgten Rechtshandlung, in der Regel zum Beweis von bestimmten Rechtsgeschäften, z. B. Verkäufen. Wohingegen die frühmittelalterliche Gesellschaft als „oral" definiert werden kann – die Ausstellung einer Urkunde also die Ausnahme ist – wird der Urkundenbestand mit zunehmender Verschriftlichung im späteren Mittelalter reichhaltiger. Es handelt sich in unserem Gebiet hauptsächlich um Privaturkunden, die insbesondere Besitzübertragungen aller Art (Verkäufe, Tausche, Schenkungen, Stiftungen) bezeugen. Problematisch ist in diesem Zusammenhang, daß die Urkundenbestände nur teilweise ediert sind bzw. Urkundenbücher mit Regesten vorhanden sind, zu denen die Urkunden nicht mehr vorliegen (z. B. sind in Dortmund große Bestände im zweiten Weltkrieg verbrannt). Auch spielt es eine Rolle, um welches Territorium es sich handelt. So werden zum einen in der Reichs- und Hansestadt Dortmund andere Dinge beurkundet als zum Beispiel im Kloster Werden. Zum anderen können wir davon ausgehen, daß die Rechtsstellung von Frauen als Bürgerinnen sich von der in kirchlichen Territorien unterschied. Hier sind noch aufschlußreiche regionalhistorische Studien zu erwarten, denn die zugehörigen Stadtrechte sind teilweise ebenfalls nicht oder nur auszugsweise ediert (wie in Duisburg). Dabei wäre es an der Zeit, die normativen Vorgaben mit den Urkunden zu vergleichen.

Zusammengefaßt haben aus den ebengenannten Gründen die Urkundenbestände des mittelalterlichen Ruhrgebiets lediglich einen Aussagewert in Beziehung mit anderen Quellen, zumindest was die Frauen betrifft. Zudem wird hier nur ein Ausschnitt aus der Frauenrealität widergespiegelt, nämlich die Frauen in der Welt der Rechtsgeschäfte, wo sie kaum erwartet werden dürfen, denn Frauen sind im Mittelalter nur ausnahmsweise geschäftsfähig. Dennoch soll nachfolgend zumindest aufgezeigt werden, in welchen Zusammenhängen Frauen in Urkunden des mittelalterlichen Ruhrgebiets sichtbar sind und welchen Platz sie dort einnehmen. Dabei interessieren besonders Abweichungen von der im Mittelalter vermeintlich geltenden Norm und Informationen über Frauen, an denen entlang zukünftige Forschung orientiert werden könnte.

Zunächst ist nach der Quantität zu fragen. Wie oft sind Frauen Ausstellerinnen von Urkunden, Mitausstellerinnen oder genannt? Typisch sind hier die Duisburger Bestände bis 1350[1]. Hier sind Frauen zu zehn Prozent an der Ausstellung von Urkunden beteiligt, als Eheleute, Graf und Gräfin, Abt und Äbtissin (was auf ein Doppelkloster hinweist). In acht von hundert stellen Frauen allein Urkunden aus. Bei diesen insgesamt 25 Urkunden (von 316) gibt es in sieben Fällen direkte Hinweise darauf, daß jene Frauen alleinstehend sind, indem sie als Nonne, Begine oder Witwe bezeichnet werden. In weiteren Fällen finden wir zumindest Hinweise, daß die allein ausstellenden Frauen unverheiratet sind.

Da beurkundet eine Äbtissin, daß die Witwe Salomena ihr gesamtes Erbe dem Kloster Duissern unter dem Vorbehalt bestimmter Rechte geschenkt hat[2]. Die „Soror" Elisabeth und ihre Töchter übertragen ihre Besitzungen den Minoriten[3]. Äbtissin Elisabeth und der Konvent von Duissern verkaufen der Begine Karissima, Tochter der verstorbenen Elisabeth von Duisburg, eine jährliche Rente und Berta und Katerine, Töchter des verstorbenen Johannes, verkaufen einen Acker[5]. Nach mittelalterlichem Recht hätten Berta und ihre Schwester der Zustimmung eines Vormundes bedurft, eines männlichen Verwandten oder eines städtischen Amtsträgers, wohingegen „geistliche" Frauen nach comunis opinio in bezug auf Rechtsgeschäfte besser gestellt sind als ihre weltlichen Schwestern. Darüber hinaus handelt es sich bei den in einer klösterlichen Gemeinschaft lebenden Frauen oft um adlige und damit begüterte Frauen von Stand. Überhaupt ist Besitz und Eigentum die Voraussetzung für den Abschluß eines Rechtsgeschäftes. Wer nichts besitzt, kann nichts veräußern, vererben oder übertragen.

So verwundert es nicht. daß adlige Frauen häufiger als andere beurkunden. So nimmt die Herzogin Kunigunde von Limburg die Stadt Duisburg unter ihren Schutz[6] und König Albrecht gebietet den Bürgern von Duisburg, Gräfin Margarete von Kleve den Treueeid zu leisten[7], während bereits im 11. Jahrhundert die Edle Adalheit dem Abte Gerold für das Kloster Werden Schenkungen macht[8].

Elisabeth von Neuenahr, Gräfin zu Limburg und Broich, behandet die Eheleute Rutger und Else Nellenberch mit je einer Hand an einem Gut[9]. Diese Urkunde gibt auch einen Hinweis darauf, wie Land in den Besitz von Frauen kam, durch Übertragung zu lebenslangem Nießbrauch beispielsweise. In der genannten Urkunde wird das Land jedoch nicht erblich, sondern würde nach dem Tod der Behandigten wieder an die Lehensherrin zurückfallen.

Hinweise auf „behandete" Frauen gibt es mehrere. 1402 erklärt zum Beispiel die Meisterin Nesa von Temprynghaven und der Konvent der Franziskanerinnen zu Duisburg. daß Wylken van Bakersdorp mit einer Hand an einem Gut zu Speldorf belehnt worden ist, woran sie früher schon dessen Gattin Grete behandigt hatten[10]. Behandigungen von Eheleuten weist der Urkundenbestand des Ruhrgebiets häufiger auf, was aber lediglich den spätmittelalterlichen Trend zur ehelichen Gütergemeinschaft belegt.

Wichtiger ist die Erbfähigkeit der Frau. So überträgt 1494 in Dorsten Beelken, Tochter der verstorbenen Eheleute Johan van Nidecgen und Anna, die von ihren Eltern geerbten Güter ihrem Bruder[11]. Zudem stellt das Dortmunder Recht beispielsweise Mann und Frau in der Erbfolge gleich. Beim Tod des Gatten erbt die Frau die Hälfte, während die Kinder die andere Hälfte bekommen, beziehungsweise Mann und Frau beerben sich bei Kinderlosigkeit gegenseitig[12].

Andere Beispiele für die Ausstattung von Frauen mit Geld und Land bieten die Heiratsverträge. Als Wilhelm von Limburg zu Styrum 1448 Agnes heiratet, bekommt diese einen Brautschatz von 1000 schweren Gulden mit in die Ehe, von denen 400 nach dem Beischlaf auszuzahlen sind, um sie auf das Erbe anzulegen. Die übrigen 800 soll Agnes nach dem Tod der Mutter erhalten. Der Bräutigam wiederum verpflichtet sich dazu, ihr sein gesamtes Gut zur Leibzucht auszusetzen, von der Agnes aber lediglich über ein Drittel verfügen kann, solange ihre Schwiegermutter noch lebt[13].

Ein weiterer Heiratsvertrag 1463 zwischen Graf Wilhelm zu Limburg und Jutte, Tochter des adligen Dietrich, Herrn zu Runkel, zeigt, daß Dietrich seiner Tochter 4000 oberländische Gulden als Mitgift gibt, von denen 3000 im folgenden Jahr und 1000 im nächsten Vierteljahr nach Dietrichs Tod zu bezahlen sind. Dafür verzichtet seine Tochter auf weitere Ansprüche am Erbe ihrer verstorbenen Mutter und ebenso auf die Hinterlassenschaft ihrer Brüder. Sollte das Ehepaar kinderlos sterben, fallen die 4000 Gulden an die Herren von Runkel zurück. Der Bräutigam setzt seiner Braut einen Hof zu Mülheim mit allen Diensten und Zubehör als Witwengut aus, sowie zwei weitere Höfe, 400 Gulden für den Umzug der Witwe von seinen Erben und 100 Gulden jährlich für jedes Kind, das sie mitnimmt und bei sich behält[14]. Dieser Vertrag steht dem Trend hin zur ehelichen Gütergemeinschaft entgegen und schließt explizit die Ehefrau vom Erbe aus. 1487 verschreibt Junker Adolf von Limburg seiner Braut Elisabeth zu Reichenstein verschiedene Güter zu Mülheim, die eine Rente abwerfen. Als Entschädigung dafür, daß sich einige dieser Güter lebenslänglich in Besitz seines Vaters befinden, soll die Braut einen Hof mit allem Zubehör erhalten. 300 Gulden Mitgift stehen nach Elisabeths Tod ihrem Mann zu und fallen danach wieder an die Herrschaft zu Reichenstein. Der Vater Adolfs wiederum sichert seinem Sohn vertraglich zu, ihn mit drei Pferden und drei Knechten auszustatten bzw. die Schwiegertochter mit Kammerjungfer, Magd und Kämmerling und außerdem für Nahrung von Tieren und Dienstboten Sorge zu tragen[15]. Mann und Frau versorgen sich in diesem Fall also gegenseitig.

Eine offensichtlich weniger begüterte Witwe mit Namen Verne Herincks heiratet 1414. Sie bringt das Gut aus erster Ehe ein, das an die Erben des Mannes – also seine Sippe – fällt, wenn beide kinderlos sterben. Außerdem hat Verne ihrem Bräutigam für 400 Gulden ein Gut abgekauft, das dieser offensichtlich von seiner ersten Ehefrau geerbt hat und welches ihr als Witwengut dienen soll, bis die Erben des Ehegatten das Gut mit den besagten 400 Gulden wiederum ablösen. Stirbt Verne als erste, so soll ihr Mann die 400 Gulden sein Leben lang gebrauchen und erst dann fallen sie an die Erben der Verne[16]. In diesem Fall schließt die Frau ein Geschäft zu ihren Ungunsten ab. Wir wissen nicht, weshalb, – aus Liebe?

Belehnungen von Frauen hat es vereinzelt gegeben. So belehnt beispielsweise 1424 Herzog Arnold von Geldern und Jülich Geertruyd van Apelten mit einem halben Zehnt, nachdem ihr Mann Huldigung und Eid geleistet hat[17]. Frauen konnten über die ihnen erblich angefallenen Güter selbst verfügen. Ein besonders lebensnahes Beispiel zeigt ein Urkundenregest aus dem Jahre 1484 aus Castrop, das eine Verfügung auf dem Sterbebett betrifft, im Mittelalter gerade bei Frauen durchaus üblich.

Priester Johann Budeler, der Elseken Halstwych die Sterbesakramente gebracht hat, bezeugt, daß sie auf dem Sterbebett ihr Gut ihrer Schwester Jutte und deren Sohn Wessel von Overenkastorpe mit der Bedingung vermacht hat, daß Wessel die beiden Töchter der Else von den Einkünften des Gutes lebenszeitlich unterhalten möge[18].

Üblich war auch der Erwerb von Eigentum oder anderer Leistungen durch Frauen. So kauft Witwe Else 1417 in Dorsten ein Gut samt Eigenhörigen[19]. Hier ist – wie bei Witwen häufig – von einem Vormund nicht die Rede. In einem anderen Beispiel aus dem gleichen Urkundenbestand dagegen verkauft 1487 Else van Galen, mit Einwilligung ihres Bruders und Vormunds, dem Hermen Lynenwever ihr Haus[20]. Wir wissen nicht, welchen Status Else van Galen hatte und warum sie ihren Bruder bei diesem Rechtsgeschäft als Vormund braucht, aber in Not scheint sie jedenfalls zu sein, sonst würde sie ihr Haus – in dem sie vermutlich wohnt – nicht veräußern müssen. Auch die Witwe Jutta muß 1322 ihr Gut verpfänden[21], ebenso Lyse van Menden, die ihrem Neffen Heinrich von Menden 1393 für eine Schuld von zwölf Gulden eine jährliche Gült von einem Malter Roggen aus ihrem Gut verpfänden muß[22]. Andererseits lassen sich auch Belege dafür finden, daß begüterte Frauen Geld verleihen. Allerdings gelangen diese Kenntnisse nur dann zu uns, wenn Klage über säumige Zahler geführt wird. So möchte Witwe Evese aus Dortmund ihre elf Mark erhalten, die ihr aus einem Schuldbrief von zwanzig Mark noch zustehen[23].

Von unfreien Frauen geben hauptsächlich die sogenannten „Wechselbriefe" Kenntnis, die ausgestellt wurden, wenn eine Herrschaft durch eine andere gewechselt wurde. Der Tausch einer Wachszinsigen gegen eine Eigenhörige in Bochum gehört dazu oder der Tausch zweier leibeigener Frauen 1461 in Wattenscheid[25], sowie die Entlassung aus der Wachszinsigkeit durch den Priester Gert Nordhuis zu Bochum 1411, der Drude Vrilinghuis aus der Wachszinsigkeit des St.-Peter-Altars in die Herrschaft Diderikes van Dreyres übergibt[26]. Es liegen Beispiele für Frauen vor, die sich wachszinsig in Kirchenhörigkeit begeben, so Beleke Schomeker, Tochter der Drude van Poppinck, die sich wachszinsig an den Altar des heiligen Remigius in Mengede 1455 gibt[27]. Auch im Ruhrgebiet betätigten sich Frauen in großer Zahl als Stifterinnen. Bereits 838 schenkt Seneoburg, die als Tochter Bernhards bezeichnet wird, fünf Morgen Land an das Kloster Werden[28]. In späteren Zeiten bekommen derartige Schenkungen mehr den Charakter eines Vertrages mit handfesten Auflagen. So schenkt Lise von Elverveldt 1475 ein Gut und eine Kornrente an die Kirche zu Bochum mit der Bestimmung, daß von Schullehrer und -kindern unter Teilnahme der Geistlichkeit an allen Sonn- und Festtagen zur Vesper das „Salve regina" zu Ehren „unserer lieben Frauen" gesungen werden soll[29].

Die Urkundenbestände des Ruhrgebiets geben uns auch Aufschluß über Lebenszusammenhänge von Frauen. Wir erfahren beispielsweise, daß die Leibeigene Hadwig, des Mönchs Tochter (!), auf dem Hof der Familie Mallinchrodt zu Brünninghausen bleiben darf und dort ihrem neuen Herrn, Dietrich Nortkerke, zu Diensten steht[30]. Wir nehmen Kenntnis davon, daß Witwe Mette den Empfang einer Summe Geld quittiert hat, die der Rat der Stadt Hattingen bei ihr geliehen hatte[31]. Kunigunde, Witwe des Siben, hat die Hälfte eines Gutes zu Hiltrop ihrer Tochter Kunigunde zur Leibzucht gegeben, wohingegen sie mit der anderen Hälfte ihre Tochter Drude abgefunden hat, die einmal Kunigundes Hälfte erben soll[32]. Da wird uns ein Formular über die Annahme eines Kreuzgelübdes durch ein Ehepaar geboten[33], was auf die Teilnahme von Frauen an Kreuzzügen hinweist. Ein Revaler Ratsherr beklagt sich bei den Dortmundern, daß eine Witwe dieser Stadt sich in die Handelsgesellschaft ihres Mannes einmischt[34], wobei sich die Frage stellt, wer sich da unberechtigt einmischt, denn eine Witwe durfte das Geschäft ihres Mannes durchaus weiterführen!

Ein schönes Beispiel für eigenmächtige Handlungen von Frauen ist Junker Wilhelms Tochter Sophie. Sie sollte auf Anweisung ihres Vaters 1487 etliche Kleinodien und Urkunden nach Essen bringen, um sie dort in der Kiste ihres Vaters zu verschließen. Sophie aber hat sie zu „Reyner von Strunct“ gebracht. Wilhelm denkt nicht daran, das gutzuheißen, was er vor Zeugen und Notar beschwört[35]. Leider erfahren wir nichts über die Hintergründe dieser Begebenheit und auch nicht, was Junker Wilhelm tatsächlich gegen seine Tochter unternommen hat, bzw. wie Sophie sich gegen die Anschuldigungen ihres Vaters erklärt. Urkunden übermitteln Ausschnitte aus dem Leben von Frauen, keine Zusammenhänge. Daher weisen Aussagen, die verallgemeinert über „die Frauen“ lediglich auf Grund von Urkunden gemacht werden, gravierende Mängel auf.

Ein letztes Beispiel verdeutlicht hingegen, daß Urkunden als zusätzliche Quelle wertvolle Informationen „en detail“ liefern können. Da droht eine Frau einem mit ihr verwandten Mann fast Fehde an und bestimmt minutiös die Bedingungen, wie er sie gerade noch vermeiden könnte. 1428 hat Godert van Limburg, Kanonikus an St. Gereon in Köln, von seiner Schwägerin, der adeligen Witwe Bonzyt van Sassenburg und Limburg, zwanzig schwere rheinische Goldgulden unter der Bedingung erhalten, daß er binnen 14 Tagen nach Köln ziehe und in St. Gereon residiere und innerhalb von zwei Jahren nur zweimal, jeweils nicht länger als acht Tage, nach Mülheim kommen dürfe. Auch soll er Heinrich Bungener nicht wieder als Diener annehmen. Bei Zuwiderhandlung wird er gefangengenommen von seinen eigenen Neffen. Außerdem muß Godert auf alle Privilegien, Rechte und Freiheiten verzichten[36], die sich aus seiner Familienzugehörigkeit ergeben.

Anmerkungen

1 Urkundenbuch der Stadt Duisburg, Bd. I, 904 - 1350, bearb. v. Werner Bergmann u. a., Düsseldorf 1989 (zitiert: DUB).
2 DUB Nr. 49.
3 DUB Nr. 71.
4 DUB Nr. 90.
5 DUB Nr. 263.
6 DUB Nr. 89.
7 DUB Nr. 140.
8 Urkunden und Erläuterungen zur Geschichte der Stadt Mülheim an der Ruhr (708 - 1508), hrsg. v. Hans Schubert, Bonn 1928, Nr. 13.
9 Mülheimer Urkundenbuch Nr.437.
10 Mülheiner Urkundenbuch Nr.333.
11 Stadtarchiv Dorsten, bisher nicht ediert.
12 Edith Ennen: Frauen im Mittelalter, München [2]1985, S. 101/102.
13 Stadtarchiv Mülheim, Bestand 1020. Nr. 52, bisher nicht ediert.
14 Mülheimer Urkundenbuch (wie Anm. 8) Nr. 336.
15 Stadtarchiv Mülheim, Bestand 1020, Nr. 95 a, b, c, bisher nicht ediert.
16 Urkunden der Hattinger Archive I, 1166 - 1470, hrsg. v. Paul Freisewinkel, Hattingen 1954, Nr.15.
17 Stadtarchiv Mülheim, Bestand 1020, Nr. 37, bisher nicht ediert.
18 Heimatblätter für Castrop-Rauxel und Umgebung, 7. Jg., Nr. 12, Dezember 1928. Enthält Regesten aus dem Archiv Brünninghausen, in diesem Fall aus dem Jahr 1484.
19 Stadtarchiv Dorsten, bisher nicht ediert.
20 Ebd.
21 Stadtarchiv Mülheim, Bestand 3030. Nr. 24, bisher nicht ediert.
22 Stadtarchiv Mülheim, Bestand 3030. Nr. 38. bisher nicht ediert.
23 Dortmunder UB Bd. II,2, bearb. v. Karl Rübel: Dortmund 1894 (zitiert: Dortmunder UB).
24 Franz Darpe: Geschichte der Stadt Bochum, Urkundenbuch (III. Teil). Bochum 1889.
25 Urkunden und Akten zur Geschichte von Wattenscheid, bearb. v. Eduard Schulte, Bd. 1: Das Propsteiarchiv, Wattenscheid 1935.
26 Archiv von der Borch, Langendreer, bisher nicht ediert.
27 Mengeder Urkundenbuch, hrsg. v. A. Stenger. Dortmund 1910.
28 D. P. Blok: "De oudste Particuliere oorkonden van het klooster Werden“, Assen 1960, Nr.56.
29 Bochumer Urkundenbuch (wie Anm. 24) Nr. 112.
30 Urkundenbuch der Familie von Mallinckrodt, I. Band 1250 - 1580, hrsg. von Hermann Reussen, Bonn 1911, Nr. 155.
31 Urkundenbuch Hattingen (wie Anm. 16) Nr. 71.
32 Bochumer Urkundenbuch (wie Anm. 24) Nr. 30.
33 Dortmunder UB Bd. II,2, Nr. 890.
34 Dortmunder UB Bd. II,2. Nr. 477.
35 Stadtarchiv Mülheim, Bestand 1020, Nr. 105.
36 Stadtarchiv Mülheim, Bestand 1020, Nr. 39.

Akademische Lebenswege

Rutger Overhach von Dortmund und Heinrich Grimhart von Recklinghausen

Franz-Bernd Stammkötter

Das mittelalterliche Ruhrgebiet hat keine eigene akademische Tradition. Eine Universität wurde erst 1655 in Duisburg gegründet und bereits 1818 wieder aufgelöst, Inventar und Bibliothek gingen an die neu gegründete Rheinische-Friedrich-Wilhelms Universität Bonn. Die Duisburger Gründung ist auch für den deutschen Sprachraum, in dem mit Prag erst 1348, gut 150 Jahre nach Entstehung der Universitäten in Frankreich und Italien, die erste Universität gegründet wurde, sehr spät. Das hat sicherlich viele Ursachen, ebenso wie der Niedergang Duisburgs kein Einzelschicksal war. Von den 40 bis 1700 gegründeten deutschen Universitäten wurden zwischen 1792 und 1818 immerhin 17 wieder geschlossen. Die erste Neugründung im Ruhrgebiet nach der Auflösung Duisburgs war die Ruhr-Universität Bochum – 1965[1].
In der erweiterten Region bot erst die aus dem Generalstudium der Dominikaner hervorgegangene 1388 von Papst Urban VI. gegründete Universität Köln die Möglichkeit einer akademischen Ausbildung. Seit Aufnahme des Lehrbetriebes hat sich daher eine große Anzahl von Studenten, die aus dem Ruhrgebiet stammen, in Köln eingeschrieben. Das soll aber keineswegs bedeuten, daß die Studenten des Mittelalters sich regional gebunden hätten. Ihre Mobilität darf nicht unterschätzt werden; deutsche Studenten, auch aus dem Ruhrgebiet, lassen sich an allen berühmten Universitäten des Mittelalters nachweisen. Johannes Berswort von Dortmund, der von 1389 bis 1407 Professor an der juristischen Fakultät Köln war, studierte in Paris und Orléans und lehrte zunächst an der 1386 gegründeten Universität Heidelberg. Wegen der geographischen Nähe zum Ruhrgebiet soll Köln aber Ausgangspunkt der Betrachtung sein, es dauerte schließlich auch über 220 Jahre, bis 1614 in Paderborn eine zweite nahegelegene Universität gegründet wurde[2].

Zur Wende vom 14. zum 15. Jahrhundert, also in den ersten Jahren nach der Kölner Gründung, hatten sich die Universitäten als gesellschaftlich relevante Institutionen längst etabliert. Eine akademische Ausbildung war für eine berufliche Karriere von großem Vorteil und konnte den Nachteil einer nicht oder wenig adeligen Geburt durchaus aufwiegen. In der Sozialhierarchie von Universitätsstädten durfte sich ein Professor, der eine gewisse Zeit im Amt war, mit dem Adel gleichrangig fühlen. Die 'nobilitas propter scientiam' (Würde durch Wissenschaft) wurde der 'nobilitas ex genere' (Würde durch Abstammung) gleichgestellt[3].
Die beiden hier kurz vorgestellten Gelehrten, Rutger Overhach von Dortmund und Heinrich Grimhart von Recklinghausen, haben berufliche Karrieren gemacht, die ihnen ohne akademische Ausbildung verschlossen geblieben wären. Besondere Berühmtheit haben sie dabei nicht erlangt, aber gerade das macht es interessant, ihre Lebenswege etwas näher zu verfolgen. Ihre verschiedenen Laufbahnen und Positionen sollen exemplarisch zeigen, welche Möglichkeiten sich einem ehrgeizigen Akademiker des späten Mittelalters eröffneten.

Rutger Overhach von Dortmund blieb der Kölner Universität während seiner gesamten akademischen Laufbahn verbunden: 1390 nahm er sein Studium an der Artistenfakultät auf, 1429 starb er als Professor der theologischen Fakultät[4]. Sein genaues Geburtsjahr ist unbekannt, aber aus dem Jahr seiner Immatrikulation läßt sich schließen, daß es zwischen 1372 und 1375 liegen dürfte, da man das Studium an einer Universität gewöhnlich im Alter von 16 – 17 Jahren aufnahm. Es wurden noch keine besonderen Eingangsvoraussetzungen gefordert, man mußte Lesen und Schreiben können und die lateinische Sprache beherrschen. Diese Fähigkeiten waren im Mittelalter zwar nicht besonders weit verbreitet, aber Rutger hatte die Möglichkeit, sie in Dortmund zu erlernen, denn seit dem Ende des 13. Jahrhunderts gab es dort den Pfarrkirchen angegliederte Lateinschulen[5].
Das Studium an der Artistenfakultät – der Name leitet sich ab von den 'septem artes liberales' (den sieben freien Künsten) – diente der philosophischen Grundausbildung. Um ein Studium an einer der drei anderen Fakultäten, das waren im Mittelalter Theologie, Jura und Medizin, aufnehmen zu können, war der Magistergrad der Artistenfakultät Voraussetzung. Zunächst mußte aber der Grad eines Bakkalars erworben werden, was ungefähr zwei Jahre dauerte. Während dieser Zeit mußte der Student, Frauen waren nicht zum Studium zugelassen, Vorlesungen über Logik und die Grundlagen der Naturphilosophie hören. Nach erfolgreich absolvierter Prüfung standen allgemeine Naturphilosophie, Ethik und Metaphysik auf dem Lehrplan; außerdem durften die Bakkalare eigene kleinere Lehrveranstaltungen für Studienanfänger abhalten. Das anschließende Examen als 'Magister Artium' (Lehrer der Künste) hat Rutger 1398 abgelegt.
Mit dem Magistergrad hatte er, nach einer Probezeit von drei Jahren, die volle Lehrbefugnis und unterrichtete bis 1418 an der Artistenfakultät. 1400 nahm er zusätzlich ein Studium der Theologie auf. Das Theologiestudium war im Vergleich mit den beiden anderen höheren Fakultäten das aufwendigste, führte aber bei erfolgreichem Abschluß zu der sehr angesehenen theologischen Promotion. Die Studiendauer betrug mindestens 10 Jahre, Rutger promovierte aber erst 1418 – er benötigte also fast doppelt so lange, was vielleicht auch mit der Doppelbelastung durch seine Lehrtätigkeit zu erklären ist. Dabei muß aber immer gesehen werden, daß die Geistlichen im Mittelalter in der Regel nicht akademisch ausgebildet waren; wer die Mühe eines Theologiestudiums auf sich nahm, wollte höhere kirchliche Positionen erreichen.
Auch diese Ausbildung war zweigeteilt. Nach dem Grundstudium legte man zunächst die Prüfung zum Bakkalar der Theologie ab, Rutger bestand sie 1408. Dieses Jahr brachte für ihn auch eine entscheidende persönliche Verbesserung, er bekam die Pfründe der Pfarrei St. Gereon zugesprochen. Diese Pfründe hatte die Kirche zur Professorenbesoldung vorgesehen, Bonifaz IX. hatte 1394 insgesammt 11 am Dom und an Kölner Stiftskirchen eingerichtet. Daß Rutger so schnell, noch vor seiner Promotion, eine dieser Pfründen zugesprochen bekam, zeigt, daß er wohl für einen Lehrstuhl der Theologie vorgesehen war. Neben diesen kirchlichen Einrichtungen gab es um 1400 auch 9 von der Stadt Köln finanzierte Professuren.
Als Bakkalar der Theologie mußte Rutger sich auch am Lehrbetrieb dieser Fakultät beteiligen. Seine Hauptaufgabe bestand darin, Vorlesungen über die 'Sentenzen' des Petrus Lombardus zu halten. Dieser hatte im 12. Jahrhundert eine Sammlung theologischer Zitate, die zum größten Teil den Schriften Augustins entnommen waren, zusammengestellt, die als die 'Sentenzen' so etwas wie den theologischen Grundkurs des Mittelalters darstell-

ten. Weil jeder angehende Theologieprofessor Vorlesungen über sie halten mußte, ist das Buch einer der am häufigsten kommentierten Schriften des Mittelalters. Außerdem waren noch die Einführungsvorlesungen in die Bibel zu halten, deshalb wurden die Bakkalare auch 'Bibelbakkalare' genannt. Die Vorlesungen zu den 'Sentenzen' dauerten zwei Jahre, danach wurden die Bakkalare einem Magister zur Hospitanz zugeteilt. Rutgers Lehrer war der Theologe Dietrich Kerkering von Münster, der auf dem Konzil von Konstanz (1414–18) wichtige Beiträge lieferte.
Während einer Phase ihrer Ausbildung mußten die Bakkalare regelmäßig an Disputationen teilnehmen. Ein Magister stellte vor der versammelten Fakultät ein theologisches Problem, daß der Kandidat disputierend zu lösen hatte. Er schlug eine Lösung vor, suchte Gründe für die Lösung, suchte Gründe dagegen, versuchte die Gegengründe zu entkräften, um dann abschließend ein Gesamturteil fällen zu können. Dann legte der vorsitzende Magister seine eigene Lösung vor und besprach die Argumentation des Bakkalars. Diese Disputationen waren ein wichtiger Teil der Ausbildung, denn die zukünftigen Professoren konnten sich so in freier Rede üben und lernten selbständig Themen zu bearbeiten. Insgesamt waren für jeden Bakkalar mindestens sechs Disputationen vorgeschrieben, bei denen er die Rolle des 'respondens' (Antwortenden) übernehmen mußte. Rutger hat in seinem Hauptwerk 'Lectura in Psalmos' (Vorlesung über die Psalmen) auf mehrere Disputationen hingewiesen, bei denen er als Magister den Vorsitz führte. Die Themenpalette ist breit, er läßt das Verhältnis von natürlichem Sittengesetz und Offenbarungsgesetz oder die Dialektik von göttlicher Barmherzigkeit und Gerechtigkeit untersuchen. Aber auch Probleme, die heute „typisch mittelalterlich" scheinen, interessierten ihn: Ob sich die Freude der Heiligen bei der Auferstehung hörbar äußere[6]. Im Text seiner Vorlesung geht er auf eine Frage ein, die er wahrscheinlich behandeln mußte, als er selbst noch Bakkalar war, und die sich ebenfalls der Musik widmet: Ob jemand durch den Gesang der Psalmen Davids aus dem Todesschlaf zum Leben erweckt werden könne[7].
Die eigentliche Promotion bestand aus drei Teilen: 1) Der Kandidat mußte eine theologische Frage selbständig lösen, das Thema war schwieriger als bei seinen vorherigen Disputationen. 2) Die Fakultät richtete eine Disputation aus, die der Kandidat zu leiten hatte, die Magister und Bakkalare übernahmen die Disputation. 3) Der Kandidat mußte eine Vorlesung halten, in der er die in 2) gewonnenen Ergebnisse systematisch zusammenfaßte und darbot. Durch die drei Prüfungsabschnitte zeigte der künftige Professor, daß er die entscheidenden Aufgaben seines Berufes beherrschte. Er konnte theologische Fragen systematisch untersuchen und lösen, den Vorsitz bei Disputationen führen und sein Wissen den Studenten in Vorlesungen vermitteln.
In Anbetracht dieser extrem langen Ausbildung – Rutger hatte zum Zeitpunkt seiner Promotion das 40. Lebensjahr wohl schon überschritten – verwundert es nicht, daß nur sehr wenige Studenten in der Theologie promovierten. Von 1388 bis 1528 wurden in Köln nur 98 Theologen promoviert, die Zahl der Bakkalare betrug ungefähr das dreifache. Sicher trug auch in nicht unerheblichem Maße die Kostenfrage zu den niedrigen Zahlen bei, schließlich mußte man sich ja während dieser langen Zeit finanzieren. Rutger war durch seine Pfründe an St. Gereon in einer besonders privilegierten Situation. Aber auch die Prüfung selber war nicht billig, seit dem 14. Jahrhundert waren an den Universitäten teilweise empfindliche Prüfungsgebühren üblich. Dazu kam noch, daß nach bestandener Promotion die langen Mühen

Abb. 50 Rutger Overhach von Dortmund als theologischer Gutachter (München, Bayerisches Geheimes Hausarchiv Ms. 12, t12v. Der Abdruck erfolgt mit freundlicher Genehmigung des Archivs und seiner Königlichen Hoheit Albrecht von Bayern).

zum Anlaß rauschender Feste wurden. Sie zogen sich oft über Tage hin und waren für den Promovenden ein weiterer Kostenfaktor. In den Statuten der verschiedenen Universitäten wird häufig versucht, diese Feiern einzuschränken. Da diese Versuche jedoch ziemlich regelmäßig unternommen wurden, kann man davon ausgehen, daß sie nicht besonders erfolgreich waren.
Als Theologieprofessor hat Rutger 10 Jahre eine Vorlesung über die Psalmen gehalten. Die im Stadtarchiv Köln aufbewahrte Handschrift ist noch nicht ediert worden, so daß zu seiner Theologie kein abschließendes Urteil möglich ist. Einigen Aufschluß geben aber sein Testament und sein Schülerkreis. Er vermachte die drei Bände seiner Vorlesung zusammen mit anderen Büchern und einer größeren Geldsumme dem Kloster der Kölner Kreuzbrüder, das damals als sehr reformfreudig galt. Daher stand er vermutlich der 'devotio moderna' (Neue Frömmigkeit) nahe. Diese Bewegung betonte persönliche Frömmigkeit mit hohem ethischen Anspruch und versuchte das mönchische Ideal durch praktisches Weltchristentum zu ergänzen. Sein wichtigster Schüler war Heymericus de Campo, der zum Wegbereiter und bedeutendsten Vertreter des Albertismus im 15. Jahrhundert wurde. Heymericus betont in seinen Schriften mehrmals, daß er bei

Rutger die Theologie 'secundum viam Alberti' (gemäß der Richtung Alberts) gelernt habe. Einige Passagen seiner 'Lectura in Psalmos' lassen aber eher Thomas von Aquins als Rutgers theologische Autorität vermuten, so daß diese Frage noch einer grundsätzlichen Untersuchung bedarf[8]. Ein anderer Schüler Rutgers, Johannes Slechter von Dortmund, wurde 1435 Kölner Weihbischof.

Rutger Overhach von Dortmund starb 1429, sein Schüler Heymericus folgte ihm auf seinen Lehrstuhl, bevor er 1432 an die Universität Löwen wechselte.

Auch das Geburtsdatum Heinrich Grimharts von Recklinghausen ist nicht genau bekannt. Seine erste urkundliche Erwähnung findet sich 1379 in den Matrikeln der Universität von Bologna, als er dort die Rechte studierte. Aus diesem Datum lassen sich Rückschlüsse ziehen, die eine ungefähre Bestimmung seines Geburtsjahres ermöglichen.

An der Universität von Bologna studierten meist Studenten, die bereits an einer anderen Universität ein Examen an der Artisten-Fakultät abgelegt hatten und ihre Berufsaussichten mit einem juristischen Examen verbessern wollten. Deshalb waren sie in der Regel älter als ihre Pariser oder Kölner Kommilitonen. Heinrich dürfte demnach zwischen 1350 und 1355 geboren worden sein. Er entstammte einer Seitenlinie derer 'von Westerholt', eines Adelsgeschlechts aus der Vestischen Ritterschaft. Wo er die Artes studiert hat und wann genau er sein Studium in Bologna aufgenommen hat ist unbekannt, ebenso, wann er seine Doktorprüfung abgelegt hat[9].

1388 trat er in den Dienst des Kölner Erzbischofs und wurde Advocat an der Kurie, trat also in die erzbischöfliche Gerichtsbehörde ein. Seine Hauptaufgabe bestand darin, die verschiedenen Schriftstücke, die ein ordentlicher Prozeßverlauf erforderte, in juristisch einwandfreier Form zu erstellen. Das Amt eines Advocaten war in der Hierarchie des Gerichtes nicht besonders hoch angesiedelt, jeder mußte aber einzeln bestellt werden. Heinrich wird diese Stellung als Grundstein für seine weitere Karriere gesehen haben. Zur selben Zeit wurde er zum Pfarrer von St. Peter in Recklinghausen ernannt. St. Peter war im Mittelalter eine recht große Pfarrei mit mindestens sieben Tochterkirchen und unterstand spätestens seit 1179 direkt dem Kölner Erzbischof. Die Übernahme des Pfarramtes bedeutete nicht, daß Heinrich nun durch seine Amtspflichten in Köln und die seelsorgerischen Aufgaben in Recklinghausen doppelt belastet worden wäre. Der Pfarrer von St. Peter hatte das Recht zur Kollation, konnte also einen Hilfsgeistlichen ernennen, der die Pfarrei zu betreuen hatte. Trotzdem stand ihm als Pfarrer ein bestimmter Teil der Einnahmen zu. Somit diente das Recklinghauser Pfarramt wohl eher seiner materiellen Versorgung, denn in Köln übernahm er in kurzer Zeit verschiedene neue Aufgaben[10].

Noch im selben Jahr erreichte Köln die Nachricht, daß Papst Urban VI. die Einrichtung einer Universität genehmigt hatte[11]. Heinrich beteiligte sich am Aufbau der Universität, organisierte das Jurastudium und gehörte 1389 zu den ersten Professoren der neugegründeten juristischen Fakultät. Die dazu nötige Qualifikation hatte er durch seine Promotion an der Bologneser Universität erreicht; der Doktortitel beinhaltete im Mittelalter die 'licentia ubique docendi' (die Erlaubnis, überall zu lehren) – auch seine neuen Kollegen hatten ihren Titel an einer auswärtigen Universität erworben. Diese Universalität der Lehrbefähigung war eine wichtige Voraussetzung für die Mobilität des akademischen Lebens, die sich gerade in den Neugründungen von Universitäten zeigte. Es war durchaus nicht unüblich, daß nach Konflikten zwischen städtischer Verwaltung und Universität die Professoren und Studenten geschlossen in eine andere Stadt zogen und dort eine neue Universität gründeten, die als Wirtschaftsfaktor eine immer wichtigere Rolle spielte und deshalb willkommen war.

1390 wurde Heinrich zum 5. Rektor der Kölner Universität gewählt. Diese Ehre war ungewöhnlich, denn es war üblich, daß der Rektor aus den Reihen der Artisten-Professoren stammte. Heinrich bildete die erste Ausnahme, die aber bald zur Regel wurde. Seine wichtigste Aufgabe bestand in der Repräsentation der Universität nach außen, was besonders bei Konflikten mit der Stadt wichtig werden konnte, denn es lag oft am Verhandlungsgeschick des Rektors, ob der Streit beigelegt wurde oder eskalierte. Bisweilen kam es sogar vor, daß ein schon gewählter Kandidat von der Universität zurückgezogen wurde oder freiwillig zurücktrat, weil man befürchtete, das Verhältnis zur Stadt unnötig zu belasten. Außerdem war der Rektor verantwortlich für die korrekte Führung der Matrikel und leitete als ordentlicher Richter inneruniversitäre Prozesse.

Mit der Wahl zum Rektor gab er sein Amt als Pfarrer von St.Peter auf und wurde Kanoniker an verschiedenen Stiftskirchen in Bonn und Köln; 1402 wurde er sogar Dechant von St. Andreas in Köln, einer Pfarrei, die zu den ersten Universitätspfründen gehörte. Durch diese Kanonikate hatte er Anspruch auf die Stiftspfründe, war aber von der Verwaltung der Pfarrei freigestellt und konnte sich ganz seinen Aufgaben widmen. In den Kölner Matrikeln wurde er bis zu seinem Tod als Professor geführt, er scheint aber bald nach seinem Rektorat wieder in das erzbischöfliche Gericht eingetreten zu sein. 1395 wurde er zum Untersuchungsrichter ernannt und im folgenden Jahr zum apostolischen Kaplan. Während dieser Zeit hat er mit Geschick und Erfolg viele Prozesse geführt und wurde mit immer wichtigeren Aufgaben betraut. So vertrat er 1407 den Kölner Erzbischof am päpstlichen Gericht in Rom, als dieser mit einigen Herzögen um die Kompetenz der geistlichen Gerichtsbarkeit stritt[12].

Ein erster Höhepunkt in Heinrichs Laufbahn als Kirchenjurist war 1409 seine Ernennung zum Gesandten des Erzbischofs auf das Konzil in Pisa. Dort wurde versucht, daß Schisma von 1378 zu überwinden, allerdings ohne Erfolg. Das Konzil wählte zwar einen neuen Papst (Alexander V.), da aber die beiden anderen Päpste, Gregor XII. in Rom und Benedikt XIII. in Avignon, nicht zurücktreten wollten, gab es nun drei Päpste, erst das Konzil von Konstanz stellte 1417 mit der Wahl von Martin V. die Einheit wieder her. Das Konzil von Pisa ist in diesem Zusammenhang interessant, weil es zeigt, wie wichtig die theologischen und juristischen Fakultäten inzwischen geworden waren. Beide Päpste hatten im Vorfeld versucht, sich durch theologische Gutachten die Rechtmäßigkeit ihres Amtes bestätigen zu lassen, an den Universitäten wurden immer neue Traktate über das Verhältnis von Theologie, Papst und Konzil verfaßt. Verstarb ein Papst, so übersandte sein Nachfolger die Nachricht seiner Wahl nicht nur, wie früher üblich, an weltliche und geistliche Herrscher, sondern auch an alle Universitäten. Die Bedeutung der Universitäten zeigt sich auch im Zahlenverhältnis, den etwa 100 Kardinälen und Bischöfen standen auf dem Konzil ca. 300 Professoren der Theologie und des Kirchenrechts zur Seite. Offensichtlich erkannten die Konzilsväter die Kompetenz ihrer Berater an. Bevor sie Gregor XII. und Benedikt XIII. absetzten, ließen sie sich in einem Gutachten die Rechtmäßigkeit der Amtsenthebung bestätigen. Dieser große Einfluß der Gelehrten hielt sich aber nicht lange, schon auf dem Konzil von Basel (1431 – 37) konnte sich die von den Professoren vertretene konziliare Richtung nicht mehr durchsetzen[13].

Heinrich scheint auch auf dem Konzil sehr erfolgreich gewesen zu sein, denn 1414 wurde er zum Rota-Richter in Rom ernannt. In dieser Funktion hatte er Prozesse zu leiten und zu entscheiden, die an der päpstlichen Kurie geführt werden mußten und nicht an auswärtige Gerichte delegiert werden konnten. Seit 1411 auch Kölner Domherr, ernannte ihn Erzbischof Dietrich von Moers 1417 zum Offizial. Damit stand er der gesamten Gerichtsbarkeit des Kölner Erzbistums vor, er war der juristische Beauftragte des Erzbischofs. Dieses Amt wurde bereits 1246 vom Papst Innozenz IV. eingerichtet, um den Anforderungen des Kirchenrechts, das sich ja auch durch die Universitäten in hohem Maße entwickelt hatte, gerecht zu werden. Entsprechend hoch waren die Anforderungen an den Amtsinhaber: Er mußte Kleriker und promovierter Jurist sein sowie über Gerichtspraxis verfügen. Neben der allgemeinen kirchlichen Rechtssprechung war die wichtigste Aufgabe eines Offizials die Promulgation päpstlicher Urkunden. Einer von Heinrichs Amtsvorgängern, Johannes de Ceruo, verweist bei seiner Bestätigung der päpstlichen Erlaubnis zur Gründung der Kölner Universität eindringlich auf diese Vorschrift. Niemand darf eine päpstliche Urkunde empfangen, zulassen oder ausführen, wenn nicht der Offizial als Bevollmächtigter des Erzbischofs die Urkunde für echt befunden und beglaubigt hat[14].

Er hat sein Amt nur noch zwei Jahre ausüben können. Sein inzwischen nicht unerheblicher Wohlstand zeigt sich in seinem Testament. Neben einigen Stiftungen richtet er an seiner alten Pfarrei St. Peter in Recklinghausen eine Vikarie ein, was immerhin den regelmäßigen Unterhalt eines Priesters bedeutete[15]. Am 12. August 1419 starb Heinrich Grimhart von Recklinghausen in Rom, auf der letzten seiner vielen Reisen.

Diese Skizze einer akademischen Ausbildung und Karriere muß natürlich viele Aspekte unberücksichtigt lassen. So stellt sich etwa die Frage, ob Rutger und Heinrich durch Ihr Studium eine Möglichkeit des sozialen Aufstiegs genutzt haben. Da der familiäre Hintergrund bei beiden nahezu unbekannt ist, lassen sich keine genauen Antworten geben. Allgemein muß aber festgehalten werden, daß die Universität als Medium einer sozialen Durchlässigkeit des Mittelalters häufig überschätzt worden ist. Wichtiger ist es zu sehen, daß sich die mittelalterliche Gesellschaft immer weiter ausdifferenzierte und neue soziale Gruppen hervorbrachte. Die Universität verstand sich als die 'universitas magistrorum et studiorum' (Gemeinschaft der Lehrenden und Studierenden), ein Gedanke der sich auch darin zeigt, daß die Universitäten ihre eigene Elite, die Professorenschaft, selbst rekrutierte, wie das Beispiel Rutgers zeigt. Auch die Voraussetzungen, um mit einem bestandenen Examen in die soziale Gruppe der Akademiker eintreten zu können, wurden, zumindest im Idealfall, durch die Prüfungsordnungen intern geregelt. Durch ihr Ausbildungsmonopol und das ihnen allein vorbehaltene Promotionsrecht konnten die Universitäten einen Bedarf erfüllen, der sich in den immer komplexeren gesellschaftlichen Strukturen herausgebildet hatte. Die Verwaltung der Städte, geistlichen und weltlichen Territorien erforderte entsprechend ausgebildete Fachleute. Dem akademisch Gebildeten eröffnete sich so ein Spektrum von hoch angesehenen und privilegierten Berufen, für die eine adelige Herkunft allein nicht mehr ausreichte und eine nicht adelige kein Hinderungsgrund mehr war – obwohl es auch schon im 14. Jahrhundert Akademikerarbeitslosigkeit gab. Rutger und Heinrich haben diese Möglichkeiten genutzt und akademische Karriere gemacht. Das sie aus dem heutigen Ruhrgebiet stammten, war für beide von untergeordneter Bedeutung. Sie waren bereit, für die Ausbildung, die sie anstrebten, in andere Städte zu ziehen, und sind somit ein Beispiel für eine gesellschaftliche Mobilität, die auch vor dem Raum zwischen Rhein und Ruhr nicht haltmachte.

Anmerkungen

1 Zu den Gründungsphasen der mittelalterlichen Universitäten und der Entwicklung des Lehrbetriebs vgl.: Seibt, Ferdinand: Glanz und Elend des Mittelalters. Eine endliche Geschichte, Berlin 1987, S. 202 – 214 und S. 308 – 314. Eine Aufstellung der Daten deutscher Universitätsgründungen und Auflösungen in: Grundmann, Herbert (Hg.): Gebhardt. Handbuch der deutschen Geschichte, Bd. 2, Stuttgart ^{9}1970, S. 789.

2 Für die Geschichte der Universität Köln sind grundlegend: Keussen, Herrmann: Die alte Universität Köln. Grundzüge ihrer Verfassung und Geschichte, Köln 1934 und Meuthen, Erich: Kölner Universitätsgeschichte, Bd. I. Die alte Universität, Köln 1988. Soweit nicht anders angegeben, sind alle Daten zur Kölner Universität aus diesen Darstellungen entnommen.

3 Die Sozialgeschichte der Universitäten des Mittelalters ist in letzter Zeit in zunehmendem Maße bearbeitet worden. Deshalb seien hier nur beispielhaft genannt: Classen, Peter: Studium und Gesellschaft im Mittelalter, Stuttgart 1983; Fried, Johannes (Hg.): Schulen und Studium im sozialen Wandel des hohen und späten Mittelalters, Sigmaringen 1986; Baumgärtner, Ingrid: 'De privilegiis doctorum'. Über Gelehrtenstand und Doktorwürde im späten Mittelalter, in: Historisches Jahrbuch 106 (1986), S. 298 – 332.

4 Das biographische Material zu Rutger ist am übersichtlichsten zusammengestellt in: Vennebusch, Joachim: Artikel Rutgers de Tremonia, in: Ruh, Kurt (Hg.): Die deutsche Literatur des Mittelalters. Verfasserlexikon, (im Druck). Ich möchte mich bei Herrn Dr. Vennebusch auch für viele weiterführende Hinweise zu Rutger bedanken.

5 Vgl. Rübel, Karl: Geschichte der Grafschaft und der freien Reichsstadt Dortmund, Dortmund 1917, S. 274.

6 Vgl. Vennebusch, Joachim: Theologische Disputationen an der Universität Köln, in: Recherches de Théologie Ancienne et Médiévale 43 (1976), S. 237 – 248; die Themen der Disputationen S. 244.

7 Vgl. Adams, Bernhard: Kann die Musik Tote erwecken? Eine spätmittelalterliche Disputation an der Kölner Universität, in: ders. u. a. (Hg.): Aratro Corona Messoria. Beiträge zur europäischen Wissensüberlieferung. Festgabe für Günther Pflug zum 20. April 1988, Bonn 1988, S. 373 – 389; das Thema der Disputation auf S. 377.

8 Vgl. Vennebusch (Anm. 4) und Cavigioli, Jean-Daniel: Les écrits d'Heymericus de Campo (1395 – 1460) sur les œuvres d'Aristote, in: Freiburger Zeitschrift für Philosophie und Theologie 28 (1981), S. 293 – 371, besonders S. 306 – 309. Die Frage nach den verschiedenen Einflüssen läßt sich wahrscheinlich besser klären, wenn das unter der Leitung von Kurt Flasch und Loris Sturlese herausgegebene 'Corpus Philosophorum Teutonicorum Medii Aevi' weiter fortgeschritten ist, da diese Editionen den Einfluß Alberts auf die deutsche Philosophie des 13. und 14. Jahrhunderts dokumentieren.

9 Die Quellen zu Heinrich sind vielfältig, zu seiner Biographie ist am ausführlichsten: Frin, Herjo: Von Westerholt, ein Adelsgeschlecht der Vestischen Ritterschaft, in: Vestische Zeitschrift 82/83 (1983/84), S. 243 – 326; besonders S. 243, 267, 292 und Tafel I.

10 Zur Organisation einer Pfarrei im Mittelalter, vgl.: Tewes, Ludger: Mittelalter an Lippe und Ruhr, Essen 1988, S. 7 – 47; zur Pfarrei St. Peter in Recklinghausen besonders S. 23 – 30.

11 Vgl. Andernach, Norbert: Die Regesten der Erzbischöfe von Köln im Mittelalter, Bd. IX (1381 – 1389), Düsseldorf 1983, Nr. 1677.

12 Viele Urkunden zur Tätigkeit Heinrichs finden sich in: Sauerland, Heinrich V.: Urkunden und Regesten zur Geschichte der Rheinlande aus dem Vatikanischen Archiv, Bd. VI und VII, Bonn 1912/13.

13 Zum Konzil von Pisa und der Rolle der Universitäten ist immer noch am ausführlichsten: Hefele, Carl J.: Conciliengeschichte, Bd. VI, Freiburg i. Br. 1867, S. 853 – 896.

14 Vgl. Anm. 11.

15 Vgl. Mummenhoff, Wilhelm: Regesten aus dem Archiv der Sebastiansvikarie des Gasthauses zum Hl. Geist in Recklinghausen, in: Vestische Zeitschrift 46 (1939), S. 50 – 53.

An der Schwelle vom Leben zum Tod

Über ein Testament im Stift Stoppenberg 1517

Helmut Weigel

Das vorliegende Testament ist ein aussagekräftiges Zeitdokument unserer Region. Abgefaßt an der Schwelle vom Leben zum Tod, spiegelt es konkrete Einbindungen in Lebensverhältnisse ebenso wider wie deutlich erkennbare Einstellungen zum Tod und zu den Toten, doch auch die prägende Kraft der Familienordnung wird faßbar. Die krisenhaften Erfahrungen des Spätmittelalters haben Denken, Fühlen und Handeln der Menschen nachhaltig geformt, die Frömmigkeit dramatisch gesteigert und dabei die Gedanken an den Tod, die notwendige Vorsorge, die Sicherung des Seelenheils und des Andenkens bei den Lebenden in den Mittelpunkt gerückt. Die Stiftsdame in Stoppenberg, Alheidt van Backem, die am 4. März 1517 durch den geistlichen Notar Johannes Achterdenberge ihren letzten Willen auf einem schmalen Papierheft abfassen läßt[1], kann als langjähriges Mitglied einer geistlichen Gemeinschaft ihre Erfahrungen einbringen. Sie ist jetzt wohl 66 Jahre alt und hat mehr als 40 Jahre hindurch täglich am siebenmaligen psallierenden Chorgebet, an Messen und Totenmemorien wie an Begräbnissen und Begängnissen teilgenommen. Die ersten religiösen Bestimmungen richten sich auf Abfassungsbegründung, Sterbestunde und Bestattung:

„Item in dat erste so hebbe ick overtrachtet sterffliche that des menschen, dat nicht seckerer en sy dan der doyt ind nicht unsekkerer dan die ure des doytz, dat eynen ydzmalen to overtrachten stat.

So bevele ick myn arme seyle, wanner sey van deme licham verscheiden is, Gode van hemelreck, marien synre gebenedider moder ind allen hemelschen scharen, dey tho varen van den hilligen engelen tho der blischop ind glorien des ewigen rycks.

Ind dat licham to der erden tho bestaiden als eynre Junfferen tho Stopenberge in der ordelicheit tho gehordt."

„Zum ersten habe ich das vergängliche Tun des Menschen betrachtet, daß nichts sicherer ist als der Tod und nichts unsicherer als die Stunde des Todes, was man immer wieder überdenken muß.

Darum befehle ich meine arme Seele, wann sie von dem Leib geschieden ist, Gott vom Himmelreich, Maria, seiner gebenedeiten Mutter, und allen himmlischen (Heer-)Scharen, sie von den heiligen Engeln geleiten zu lassen in die Freude und Herrlichkeit des ewigen Reiches.

Und den Leichnam zur Erde zu bestatten, wie es sich für eine (Stifts-)Jungfer zu Stoppenberg nach der gewohnten Ordnung gebührt."

Die Erfahrung und Erkenntnis der Ungesichertheit menschlicher Existenz, ihre Vergänglichkeit und Nichtigkeit bilden das Hauptmotiv zur Testamentserrichtung. Die Sterbestunde hat an Bedeutung gewonnen, wie in der schroffen Gegenüberstellung der Gewißheit des Todes und der Ungewißheit der nicht beeinflußbaren genauen Todesstunde zum Ausdruck kommt. Die Furcht vor dem jähen, plötzlichen Tod war im ausgehenden Mittelalter zum bewegenden Problem geworden. Er ließ keine Zeit zur Buße, raffte dahin, bevor die geistliche Bereitung auf Sterben und Gericht begonnen hatte, und verweigerte so die tröstliche Gewißheit der Buße und Umkehr. Die eindrucksvollste Warnung davor bildeten die Totentänze und bei Totschlag errichtete Sühnekreuze. Unsere Testatorin kannte das „Backems Krüz", aufgestellt am Tatort, wo am Antoniustag 1478 ihr Bruder Deryck auf der Schlittenfahrt von Haus Leithe zur St. Urbanuskirche in Buer von Adrian Sobbe zu Grimberg im Handgemenge – wohl im Zusammenhang mit einer Fehdehandlung – getötet wurde. Der jähe Tod wurde auch dem Opfer angelastet, das als ein von Gott Gezüchtigter erschien[2].

Der Augenblick des Sterbens wird in das Bild der Trennung der Seele vom Körper und ihrer Himmelsreise gefaßt, eine volkstümliche Vorstellung, die in der Empfehlung der Seele an Gott, der „commendatio animae" auch Teil der kirchlichen Sterbeliturgie ist[3]. Beim Tod scheidet sich die Seele von den irdischen Hüllen und tritt eine Wanderung durch viele Gefahren und mit zahlreichen Kämpfen an. Bereits auf dem Sterbebett kämpft der Teufel um die Seele und will mit seinen Dämonen von ihr Besitz ergreifen. Darum benötigt die bedrohte Seele einen starken Führer unter den Heiligen, den Erzengel Michael als Seelenbegleiter. Gottvater und Maria, ja das ganze himmlische Jerusalem werden herbeigerufen, damit die Engel der Seele hilfreich entgegenkommen und sie „tho der blischop ind glorien des ewigen rycks" geleiten. Die Formulierung verweist auf die Kenntnis einer besonderen Form der in der Krisenzeit des späten Mittelalters massenhaft verbreiteten Sterbebüchlein („ars moriendi"), des „Cordiale" oder Buch von den vier letzten Dingen[4], nach denen die Lebenden lernen konnten, den Verlust von Verstorbenen zu verarbeiten und die Angst vor dem eigenen Tod zu überwinden. Der Begriff „arme seyle" ist Hinweis auf die Vorstellung vom Individualgericht unmittelbar nach dem Tode und vom Fegefeuer, das die Hoffnung auf Erlösung offenhält.

Der Leichnam soll zur Erde bestattet werden, wie es sich nach sozialem Rang und bestehenden Normen gebührt. Den Testamentsvollstreckern, einem Kreis von Vertrauenspersonen – der Dechantin Ursula Freidag, ihrer Haupterbin und Nichte Hertzeleyen van Backem, Kanonisse in Stoppenberg, dem Priester Berndt Rysken und ihrer Magd Gerdt –, überträgt sie auch diese Aufgabe. Für die feierliche Ausgestaltung ihres Begräbnisses und der Begängnisse zum mit Kerzen erleuchteten Grab stiftet sie dreizehn Messen, womit sie keinen übertriebenen Aufwand beabsichtigt, denn die Zahl hält sich im üblichen Rahmen, wonach während der dreißigtägigen strengen Trauer in den ersten drei Tagen, am 7. und 30. Tag des Verstorbenen in besonderer Weise gedacht wurde. In den Stoppenberger Kapitelsstatuten[5] wird die als „ene geburliche Kerkerecht" bezeichnete Form genauer erklärt: „mit Misser, Vigilien und Commendation und ander gebeden alss einer verstorwen Junfferen aldain van alders tobehordt". Alheidt van Backem ist in der Stiftskirche begraben worden, Ort der täglichen Chorgebete, der Messen und Totenmemorien. Das ehrenvolle, standesgemäße Begräbnis zielt auf das ewige Leben des Verstorbenen und ist deshalb zugleich Todesbewältigung. Die Haupterbin wird nachdrücklich angehalten: „des sal sey my laten begraven ther eiden", nach dem Gebot der Nächstenliebe und als Werk der Barmherzigkeit, doch auch als soziale und familiäre Verpflichtung.

Noch stärker gelten Sorge, Vorsorge und religiöser Eifer unserer Testatorin dem eigenen Seelenheil und dem bereits verstorbener Familienmitglieder. Die Lebenseinheit der Familie umfaßt nach Vorstellung der Zeit lebende und verstorbene Mitglieder, sie ist dauernd gegenwärtig. So will Alheidt mit frommen Werken den Anspruch auf ewige Seligkeit nicht nur für sich allein, sondern für das ganze Geschlecht erwirken, dessen Leben sie lebt und dessen ewigem Weiterleben nach ihrem Tode die Überlebenden ihr Gebetsgedenken widmen werden. Die liturgische Memoria vertraut sie der Gebetsgemeinschaft ihres Stifts an und trägt so zum innerkirchlichen Leben wie zur wirtschaftlichen Absicherung bei. Durch Land- oder Rentenkauf und Ersparnisse von 30 Goldgulden hat sie für Memorienstiftungen vorgesorgt, die in Stoppenberg einheitlich 6 Scheffel Hartkorn betrugen und unter den teilnehmenden Stiftsfrauen und Priestern aufgeteilt wurden. Dem Wesen nach handelte es sich um Rechtsgeschäfte, bei denen auch Lebende und Tote als Rechtssubjekte miteinander verbunden wurden: die Memoria war soziales Handeln[6]. Sie stiftet vier Jahresgedächtnisse – für ihre fünf Jahre zuvor verstorbene Schwester Margarethe, ebenfalls Kanonisse in Stoppenberg, mit der sie eng verbunden zusammenlebte, für sich selbst wie für ihre beiden Brüder: den so tragisch ums Leben gekommenen Deryck auf Haus Leithe und den Vater der Haupterbin, Jorien auf Haus Berge, – sowie vier auf kein Datum festgelegte Memorien. Im Nekrolog des Stifts findet sich unter dem 27. März die Eintragung: „Memoria Alheydtz ind Margarethen van Backem ind all eres geschlechtes". Durch die schriftliche Aufnahme in das Memorienbuch erlangten sie eine gewisse Unsterblichkeit, die Namensnennung beim liturgischen Vollzug bewirkte ihre Gegenwart. Ihr Jahrgedächtnis stiftet die Testatorin nicht selbst, sie veranlaßt dazu ihre Nichte, der sie zu diesem Zweck Ländereien vermacht.

Die Bedeutung von Stift Stoppenberg als Gebetsstätte für die Memoria der Familie von Backum-Unverzagt aus dem vestischen Niederadel zeigen die vier weiteren Stiftungen, denn sie betreffen nicht nur die beiden Schwestern sondern stets auch das Geschlecht bzw. Freunde und Verwandte. Zwei davon beziehen sich ganz konkret auf die weibliche Verwandtschaft: einmal „wasen ind modderen", also die fünf Schwestern des Vaters, ihre Tanten, wie ihre Mutter und Großmutter, zum anderen „mynre susteren", ihre drei Schwestern. Mit der Großmutter Fya Unverzaghede greift die Testatorin zwei Generationen und damit auf die Begründung der Linie zurück. Heinrich van Backem, 1425–1430 Amtmann im Vest Recklinghausen (durch Pfandschaft von 700 Goldgulden an den Erzbischof von Köln), war der einflußreichste Vertreter des Geschlechts, das seinen Ursprung im gleichnamigen festen Haus bei Distelheim im Kirchspiel Herne hat, 1377 durch Heirat in den Besitz von Haus Leithe, dem neuen Stammsitz, wie 1409 von Haus Unverzagt Balken kommt und 1433 Haus Berge durch Kauf erwirbt. Bei seiner Heirat übernimmt er die Verpflichtung, die jüngeren Schwestern seiner Frau, Lene und Beate Unverzagt, zur Schule und ins Stift zu bringen. Durch Lene im adligen Priorat Flaesheim[7] – 1443/46 dort als Vorsteherin genannt – und Beate in Stoppenberg wird die Präsenz der Familie dort begründet, die eine Versorgungsmöglichkeit von Töchtern mit Teilnahme am geistigen Leben der Zeit und die Voraussetzung für das Gebetsgedenken bildete: Familienmitglieder als Garanten der dortigen Memoria. Von den fünf Schwestern ihres Vaters Diederich, seit 1435 mit Stina von Eickel verheiratet, lebten Elisabeth und Alheit in Stoppenberg und Fya in Flaesheim. Elisabeth hat als Dechantin mit Unterstützung der Schwester Alheidt und ihrer Tante Beate Unverzagt von 1460 bis 1475 im sog. „Schleierstreit" gegen die Äbtissin des hochadligen Frauenstiftes Essen, Sophia von Gleichen, durch viele Instanzen die Rechtsform des adligen freiweltlichen Stifts erfolgreich verteidigen können.

Die gesamte weibliche Filiation – auch die Seitenlinien mütterlicherseits – wird als zusammengehörig betrachtet. Deshalb wohnen im Stift Stoppenberg jeweils drei bis vier Mitglieder aus zwei Generationen mit eigenem Dienstpersonal in einem Haus zusammen, das als vererbbarer Familienbesitz gilt. Haus und Hof überträgt unsere Testatorin an ihre Nichte Hertzeleyen, will aber in geschickter Strategie die Mitbenutzung durch ihre beiden Nichten aus Seitenlinien, Margret von Asbeck und Katharina von Alstede, erreichen. Sollte Hertzeleyen sich mit ihnen nicht vertragen und sie nicht bei sich wohnen lassen wollen, wird Katharina von Alstede die Mitbenutzung von Küche, beheizter Stube und Kammer sowie des Hausrats und von Naturalgefällen zugestanden. Alheidt will das Zusammenwohnen für die kontinuierliche Familienpräsenz um jeden Preis erreichen, was sie ganz offen zugibt und durch die Zusage ergänzt, daß Töchter ihrer Neffen Dirick auf Haus Leithe und Unverzagt auf Haus Berge sowie ihrer Nichte Marie Stails, Tochter einer Schwester, – bereits geborene und die noch geboren werden – bei Eintritt in das Stift das Haus nutzen dürfen. Gibt es keine solchen Kinder, fällt der Besitz nach dem Tode der Haupterbin an das Stift, das vom Verkauf eine Jahresrente anlegen soll „tho memorie var dat semptlike geschlechte van backem ind vor all dat ghene dat edt herkommen ist". Die Geldrente für die ewige Memorie ist deshalb deutlich höher, weil das Gebetsgedenken auch ohne Familienangehörige im Stift gewährleistet bleiben soll. Mit ihrem Werben hat Alheidt über ihren Tod hinaus Erfolg, denn Marie Stails Tochter Margarethe ist in Stoppenberg eingetreten.

Die ausgeprägte Fürsorge für ihre beiden Mägde Gerdt und Meryken hat unsere Testatorin in besonderer Weise mit einzelnen Memorienstiftungen verbunden. Vier von ihnen können erst nach deren Tod vollzogen werden, da die Geldrenten zuvor den Mägden zugute kommen sollen. Die soziale Zeit und die Ewigkeit werden zueinander in ein bemerkenswertes Verhältnis gebracht. In die Stiftung einer Memorie werden beide Mägde fest eingebunden. Zwei Speisebehälter („naser") und fünf Gefälle („vaill") Flachs, aus denen ein gutes Gewebe gesponnen werden kann, sollen für eine Rentenanlage verkauft werden. Davon gehen jährlich je 2 Scheffel Korn „vor dat hillige sacrament", „to sante annen gelochte" und zum Geleucht „op dey perdeck staill tho stopenbergh" sowie „op mendeldach tho der spinden", zur Armenspende am Gründonnerstag. Während des ganzen Jahres nach dem Tode der Alheidt sollen beide Mägde in ihrem Hause das Gewebe mit täglicher Beköstigung von Bier und Brot spinnen, für sie bestand der Haushalt der Herrin über ihren Tod hinaus weiter. Mit geschärftem Gewissen und in tätiger Hilfeleistung für die Bediensteten, die schnell in Armut absinken konnten, hat sie ihrer Frömmigkeit einen veränderten Inhalt gegeben. Der Förderung neuer Frömmigkeitsformen gilt auch die Dotation der erst 1510 eingerichteten St. Andreasvikarie mit vier Ländereien. An vier Wochentagen soll der dortige Rektor Berndt Rysken St. Annenmessen mit Marienlob feiern, „damitt allen seelen getröstet werden", und alle drei Wochen freitags „eine messe von dem leyden Christi oder de passione domini genant". Alheidt bekennt sich zur Passionsfrömmigkeit, zur inneren Zugehörigkeit zu Christus.

Mit den beiden letzten Memorien betraut sie andere Träger als das Stift. Die Liebfrauenbruderschaft am Essener Münster[8], in der beide Schwestern Mitglieder sind, soll ein feierliches Totengedächtnis für sie durchführen. Der Kaland war eine Gemeinschaft von Priestern und Laien, zu gegenseitiger Hilfeleistung und Gebet verpflichtet und durch qualifiziertes Fürbittepersonal Träger liturgischer Memoria mit eigenem Nekrolog. Alle Mitglieder mußten täglich fünf Pater noster und Ave Maria für Verstorbene und Lebende beten, die Priester mehrere Stundengebete für die Verstorbenen verrichten. Zweimal im Jahr, Anfang Mai und Mitte September, wurden feierliche Gedächtnisgottesdienste mit Vesper Unserer Lieben Frauen und Prozession über den Kirchhof nach der Kommendation gehalten mit anschließendem Bruderschaftsmahl und Armenspende, bei dem die Verstorbenen als wirkliche Mahlteilnehmer galten. Durch den Verkauf von zwei Betten – eines aus dem Schlafsaal und eines mit „dem flämischen Zeichen", höchste Qualität aus Mecheln, – soll die Memorie bezahlt werden. Die Plazierung ihres Bruders Unverzagt, Pastor an St. Urbanus in Buer, in diesen Zusammenhang weist auf erwartete Memorien in ihrer Heimatkirche hin. Seit 1460 bestand dort ein Jahrgedächtnis für ihre Eltern aus dem Gut in Distelheim, dem Ursprungsort des Geschlechtes, aus dem auch Legate an Naturalien für die Stiftsdamen bestritten wurden[9]. Um 1500 ist in St. Urbanus eine Familienvikarie St. Peter der van Backem auf Haus Leithe, dem neuen Stammsitz, gestiftet worden, Ort des Gebetsgedenkens für die Familie. Unverzagt – mit dem Eigennamen der Großmutter als Vornamen – erhält zwei Stuhlkissen, zwei Laken, das beste Handtuch und darf sich weiteren Hausrat aussuchen.

Die persönlichen Legate an Familienangehörige, Stiftsinsassen, Priester und Bedienstete geben Auskunft über die Stärke familiärer Gefühle und Vertrauensverhältnisse, über Sachkultur und Wertschätzung durch den Besitzer, werden jedoch auch in den Dienst von Strategien gestellt. Gleich nach der Haupterbin ist Marie Stails, die den größten „Pott" und ein Bett erhält, bevorzugt eingeordnet, in Weiterführung des Werbens um den Eintritt einer Tochter ins Stift. Das gilt auch für ihre Neffen: Dirick auf Haus Leithe, der „myn taiffell op de kameren" erhält, ein Andachtsbild, und Unverzagt auf Haus Berge, Bruder der Haupterbin, dem sie „myn trysoyr op de kameren" schenkt, eine Trisör genannte Schatzschatulle. Der Aufsitzer des Stammsitzes Haus Leithe wird vor dem auf Haus Berge aufgeführt, auf dem mit Unverzagt erst die zweite Familiengeneration sitzt. Die Tochter in Leithe, Anne, erhält eine schwarze Heuke, einen weiten, kreisförmig geschnittenen Mantel mit Grauwerk gefüttert und verbrämt. Der aus Rußland importierte Fehpelz ist ein Rangabzeichen für den hohen Stand in der Gesellschaft, hier Aufforderung zum Eintritt ins Stift. Die junge Kanonisse Katharina von Alstede erhält eine Art Ausstattung: das Bett auf der Stube, eine braune Heuke mit weißem Pelzfutter einer Marderart, ein doppeltes Saartuch (Barchent), einen Ranzen (Stirnreif) und den besten Zwillichmantel. Das geistliche Habit der Stiftsdamen bestand aus einem weißlinnenen Chorrock, darüber ein schwarzer Mantel und ein Saartuch, um das Haupt einen Ranzen, an dem ein Schleier befestigt war. Die Kleiderfarben Schwarz und Braun wie Grau und Weiß beim Pelz sind dem geistlichen Stand angemessen, nach den Statuten war den Kanonissen rote und gelbe Kleidung untersagt, als Zeichen ungehemmter Lebensfreude und der Fleischeslust.

Der Dechantin, die entscheidenden Einfluß bei der Besetzung der Präbenden hat, vermacht sie einen Ranzen, ein Umschlagtuch und „twe tynne kopckens", zwei tiefe Zinnschalen als Trinkgefäße, die auch als gute Kapitalanlage gelten. Unter den drei Priestern bekommt Berndt Rysken den größeren Anteil: zwei blaue Decken, zwei Stuhlkissen, ein großes Flaumfederkissen und „dat flore lewen bettken", das mit Blumen verzierte, ihr liebgewordene Ruhebett. Ihr Beichtvater Johann Merbecke erhält zwei Laken und eine Seite Speck, ein weiterer Priester eine Seite Speck. Aus dem Verkauf von fünf Gefällen Holz soll ein „Verken" gekauft und in die Mast getrieben werden, um die Speckseiten frisch gewinnen zu können. Die beiden Mägde werden mit Kleidung, Bett, Truhe, Zinnkumpen, Haushaltsgerät und Brennholzvorrat ausgestattet. Meryken erhält zur Altersversorgung auch eine Kuh, die für 8 Gulden gekauft wird. Für die Geschenke erwartet unsere Testatorin von den Laien persönliches Gedenken, von den geistlichen Stiftsinsassen, wozu auch die Bediensteten zählen, wie von den Priestern Fürbittgebete für ihre Seele. Den gesteigerten Schlußpunkt des Testaments bildet die Gebetsverpflichtung an die Haupterbin, Hertzeleyen van Backem im Stift Stoppenberg: „ind bedden got truwelyken vor meyn seyle, mynre suster, frunde ind mage seylen truwelyken". Ein Jahr nach der Testamentserrichtung ist Alheidt van Backem gestorben, ihr letzter Wille wurde - wie aus Vermerken und der Endabrechnung hervorgeht – wortgetreu erfüllt. Als Mitglied einer geistlichen Gemeinschaft war Sterben für sie Übergang, entsprechend der Überzeugung in ihrem Testament: Ich lebe zum Sterben und sterbe zum Leben.

Anmerkungen

1 Stadtarchiv Recklinghausen: Archiv Westerholt, Urkunde Nr. 1108.
2 Weigel, Helmut: „Mitten wir im Leben sind . . .". Frömmigkeitsformen und Totenbrauchtum in vorindustrieller Zeit, in: Beiträge zur Stadtgeschichte, Verein für Orts- und Heimatkunde Gelsenkirchen-Buer XII (1985), S. 215–258, hier: S. 219.
3 Stüber, Carl: Commendatio animae. Sterben im Mittelalter, Bern/Frankfurt a. M. 1976, S. 122f.
4 Falk, Franz: Die deutschen Sterbebüchlein von der ältesten Zeit des Buchdrucks bis zum Jahre 1520, Köln 1890, Heidelberg 1969, S. 79.
5 Meyer, Carl: Geschichte des ehemaligen freiweltlichen adeligen Damenstiftes und der Bürgermeisterei Stoppenberg, Essen [4]1925, S. 546.
6 Oexle, Otto Gerhard: Die Gegenwart der Toten, in: Braet, Herman/Verbeke, Werner (Hg.): Death in the Middle Ages, Leuven 1983, S. 19–77, hier: S. 29.
7 Pennings, Heinrich: Stift und Kirche zu Flaesheim am Ende des Mittelalters und zu Beginn der Neuzeit, in: Grochtmann, Hermann (Hg.): Flaesheim. Zur 800 Jahrfeier (1166–1966), Münster 1966, S. 154–163, hier: S. 154f.
8 Lohmann, Friedrich: Eine alte Bruderschaft in den Dekanaten Wattenscheid und Essen (Kaland erneuert 1326), in: Beiträge zur Geschichte von Stadt und Stift Essen 48 (1930), S. 51–97, hier: S. 67, 70ff.
9 Burghardt, Werner: Regesten zur Geschichte Buers aus dem Archiv Westerholt-Arenfels 1362–1582, in: Beiträge zur Stadtgeschichte, Verein für Orts- und Heimatkunde Gelsenkirchen-Buer III (1968), S. 71–97, hier: S. 74 (12), 76 (18).

Literatur

Ariès, Philippe: Geschichte des Todes, München/Wien [2]1980.
Baur, Paul: Testament und Bürgerschaft. Alltagsleben und Sachkultur im spätmittelalterlichen Konstanz, Sigmaringen 1989.
Boockmann, Hartmut: Leben und Sterben in einer spätmittelalterlichen Stadt. Über ein Göttinger Testament des 15. Jahrhunderts, Göttingen 1983.
Borst, Arno: Drei mittelalterliche Sterbefälle, in: Borst, Arno: Barbaren, Ketzer und Artisten. Welten des Mittelalters, München/Zürich 1988, S. 567–598.
Kühnel, Harry (Hg.): Alltag im Spätmittelalter, Darmstadt [2]1986
Schmid, Karl: Gebetsgedenken und adeliges Selbstverständnis im Mittelalter. Ausgewählte Beiträge. Festgabe zu seinem sechzigsten Geburtstag, Sigmaringen 1983.

Freistühle und Veme (Feme)

Eberhard Fricke

Ob in Bochum, Gelsenkirchen, Marl und Selm, in Dortmund, Kamen oder andernorts im Ruhrgebiet: tagtäglich sehen sich Einwohner oder Besucher von auswärts mit Zeichen der westfälischen Frei- und Vemegerichtsbarkeit konfrontiert. Straßen tragen Namen wie *Freistuhl, Freigrafendamm, Freischöffenweg, Femestraße, Femeweg.* Für die Stadt Selm versinnbildlicht das 1970 genehmigte Gemeindewappen durch eine Gerichtslinde den Freistuhl der Freigrafschaft Wesenfort. Am Hellweg hat die Vemetradition in der Stadt Dortmund eine lange Geschichte. Die dortige *Vehmlinde* trat mit dem als Titelvignette zu Ferdinand Freiligraths Buch „Das malerische und romantische Westphalen" 1841 erstmals verwendeten Stahlstich Carl Schlickums fast in den Rang eines westfälischen Wahrzeichens. Sie stand an dem Platz, wo sich im Mittelalter vor der Burgpforte außerhalb der Mauern der Freistuhl auf dem Königshof – *de vryestol op des koninges hove under de linde* – befunden hatte. *Dortmund heute* hegt und pflegt etwas abseits von dem historischen Standort im Gelände vor dem Hauptbahnhof eine Neuanpflanzung, einen inzwischen zu stattlichem Wuchs herangereiften Epigonen des alten, im Bombenhagel des Zweiten Weltkriegs untergegangenen Baums. Zahlreich sind die Abbildungen dieses Überbleibsels einer ruhmreichen Geschichte[1]; eine Reproduktion des Gemäldes von Karl Beichling ist diesem Aufsatz beigegeben (Abb. 51).

Stumme Zeugen im kulturellen Lebensumfeld des Ruhrgebiets sind das. Wenn man sie fragt, fangen sie an zu erzählen. In Versform rührt ihre Rede Herz und Gemüt an. So mit des Dichters Hilfe etwa in den 28 Strophen, in denen das Wesen des Freistuhls zu Dortmund besungen wird:

„Dies sind die Linden – beide morsch und alt!
Rechts die zerbarst: sie klafft mit jähem Spalt
Auf von der Wurzel bis zur Splitterhaube..."

(Beginn der ersten Strophe des Gedichts von Ferdinand Freiligrath *Freistuhl zu Dortmund*[2]) –
oder wenn in einem anderen Gedicht schon mehr an den historischen Verstand appelliert wird:

„Hier auf den Tisch nach alter Weise
Ward Schwert und Strick gelegt,
Eh' das Gericht im Schöffenkreise
Des Stuhles Freigraf hegt'..."

(Beginn der dritten Strophe des Gedichts von August Meininghaus *Der Freistuhl zu Dortmund auf dem Königshofe*[3]).

Mit diesen wenigen Beispielen hat der Leser fast unmerklich ein Stück Rezeptionsgeschichte der westfälischen Frei- und Vemejustiz in der Zeit des späten Mittelalters aufgenommen. Nach diesem antichronologischen Einstieg in die Thematik stellt sich zwangsläufig die Frage nach Ursprung, Inhalt und Entwicklung der Frei- und Vemegerichtsbarkeit als eines für das Heilige Römische Reich Deutscher Nation einmaligen Gerichtstypus im Ruhrgebiet und in Westfalen.

Über Ursprung und Inhalt der Veme

Im Theorienstreit über den Beginn der westfälischen Vemejustiz dominierte lange Zeit die Ansicht, daß sie geradlinig von der karolingischen Grafschaftsverfassung herkam[4]. Das Gericht sei so zu halten, "wie es von Anbeginn durch Kaiser Karl gesetzt und geordnet sei", hieß es in Vemeordnungen des 15. Jahrhunderts. Sogar bildhaften Ausdruck fand das in dem sog. Soester Vemebuch, dem die Abbildung des mit zwei Schöffen und dem Freigrafen besetzten Freistuhls entnommen ist, die als klassisches Vemebild in die Literatur eingegangen ist und auch diesem Aufsatz hinzugefügt wird (Abb. 52).

Die zweite Federzeichnung der vortrefflich illuminierten Handschrift zeigt das Abbild eines Kaisers mit Krone und Heiligenschein sowie daneben den Schriftzug *Sanctus karolus*[5]. Indes hat die moderne Wissenschaft einen karolingischen Stiftungsakt für die westfälische Veme als Legende entlarvt. Gleichwohl sind Bezüge zur Grafschaft der karolingischen Verfassung nicht von der Hand zu weisen. Der Zuständigkeit des Grafen für die hohe Gerichtsbarkeit entsprach die freigräfliche Gewalt, schwere Kriminalität zu ahnden. Zu den *vemewrogigen*, d. h. vemewürdigen Tatbeständen zählten Raub, insbesondere Raub an Hilflosen, Leichenraub und Raub auf der Königsstraße, schwerer Diebstahl, Gewalttaten gegen die Kirche, Mord, Notzucht, Brandstiftung, Meineid und Verrat[6], auch wenn jenseits dieses archaischen Kerns der sachlichen Kompetenz des Frei- und Vemegerichts im 15. Jh. harmlosere Delikte und Vorgänge bis hin zu Vermögens- und Geldstreitigkeiten den Zuständigkeitsbereich ausgeweitet hatten. Was nun allerdings unter den Karolingern die reale Grundlage für die am Beginn der Genese stehende Grafengewalt gewesen war: *autogene Herrengewalt* oder *vom König übertragene Königsgewalt*, und ob gegebenenfalls zwischen Königsbann und -bannleihe der karolingischen und luxemburgischen Königs- und Kaiserherrschaft eine durchgängige Kontinuität bestand, das ist nach Wilhelm Janssens neuester Deutung der Vemeproblematik ungewiß[7]. *Fiat scientia* – die Wissenschaft möge es klären.

Fest steht jedenfalls, daß die Freigrafen ihre Rechtsprechungsbefugnis auf eine Verleihung durch den König/Kaiser gründeten. Unbestritten ist auch, daß der berühmte Westfälische Landfrieden, den Kaiser Karl IV. am 25. Nov. 1371 in Bautzen verabschiedete, die allgemeine Friedenssicherung und damit den für die Sicherheit des Landes notwendigen Schutz den Freistühlen übertrug[8]. Das wohl aufregendste wissenschaftliche Urteil aus jüngster Zeit über die Frei- und Vemegerichtsbarkeit knüpft deshalb mit folgendem Tenor an das Reichsgesetz von 1371 an: „Weil die westfälischen Freigerichte Königsbann hatten, hat sie Karl IV. zum obersten Reichsgericht für Deutschland zwischen Salzburg und Riga gemacht[9]" – wahrlich: ein anspruchsvolles Etikett und eine glänzende Auszeichnung für diesen wichtigen Exportartikel Westfalens auf dem Gebiet der Gerichtsbarkeit!

Der Kernsatz des Westfälischen Landfriedens von 1371 lautet in moderner Ausdrucksweise: „Derjenige, der diesen Frieden bricht, wird fried- und rechtlos, er verfällt der Acht und der Veme und soll von jedermann ergriffen werden." Kaiser Karl IV. gebot allen geistlichen und weltlichen Fürsten, die vom Reich Freigrafschaften besaßen, und allen Freigrafen und Freischöffen, daß jeder, der seine Rechts- und Friedenssatzung übertrat, gehängt werden sollte. Entgegen der im Sagenschatz und in historischen Legenden unserer Tage fortlebenden Behauptung, die Veme habe sich vorwiegend in der Exekution der freigerichtlich Verurteilten verwirklicht, ja, auf der häufigen Hinrichtung durch den Strang beruhe geradezu ihr Angst einflößender schrecklicher Ruf, ist es im späten Mittelalter, d. h. zur Blütezeit der Veme,

Abb. 51 Ehemaliger Freistuhl mit Vemelinde auf dem Königshof zu Dortmund, um 1870. Öl auf Pappe, Gemälde von Karl Beichling (Museum für Kunst und Kulturgeschichte der Stadt Dortmund).

Abb. 52 Das sog. Soester Femegerichtsbild, kolorierte Federzeichnung im Soester Vemebuch aus der 2. Hälfte des 15. Jahrhunderts (Stadtarchiv Soest, Hs. E 14).

nachweislich aber nur selten zur Vollstreckung von Todesurteilen gekommen[10].

Neben der hauptsächlich in ländlichen Verfassungsstrukturen konservierten Freiheit gab es in Westfalen andere Gründe für die Erneuerung der Freigerichtsbarkeit im späten Mittelalter. Da ist einmal das starke Eigeninteresse zu nennen, das der König/Kaiser an der Benennung seiner Herrschaftsgewalt bei freigerichtlichen Handlungen hatte. Aus der Sicht des Reichsoberhaupts diente die königlich/kaiserliche Vollmacht, die der Freigraf regelmäßig für die Ausübung von reichsunmittelbarer Gerichtsbarkeit beschwor, der symbolischen Darstellung seiner Autorität. Den Freigrafen konnte diese *potestas maiestatis* zur Stützung ihres Ansehens nur recht sein. Wirkung und Gegenwirkung entsprachen einem kybernetischen Modell: Indem die Freigrafen in den von ihnen paraphierten Dokumenten den König/Kaiser in den Mittelpunkt ihrer Mandatslegitimation stellten, stabilisierten sie im Ansehen einer breit gestreuten Klientel den majestätischen Glanz, die Ehre und den Ruhm des Herrschers in einer Zeit, in der sich die Stellung des König/Kaisers im Verhältnis zu den territorialen Gewalten mehr und mehr abschwächte. Zum anderen konnte diese ideelle Hochkonjunktur des Königsnamens auf dem Gebiet der Gerichtsbarkeit in Westfalen im 15. Jh. nur erblühen, weil die realen Umstände entsprechende Voraussetzungen boten. Diese bestanden in der beträchtlichen Zunahme der Prozeßtätigkeit im späten Mittelalter[11]. So trat neben das Motiv, den Landfrieden gegen Räuber, Mörder und andere Missetäter zu schützen, der Bedarf, beim nicht konfliktfreien Handel und Wandel mit- und untereinander mehr Rechtsschutz zu erlangen. Neben den lokalen Gerichten, die von den Landesherren installiert waren, neben den städtischen Gerichtsbarkeiten sowie den Hobs- und Lehngerichten der Adels- und Grundherrschaften erhielt dadurch ein vielleicht damals weitgehend schon tot geglaubter Gerichtszweig eine Chance zu überleben, ja sogar, zu neuer Reife zu gelangen: die den regionalen Rahmen sprengende Freigerichtsbarkeit im Gewande der Veme.

Abwehr der Länder und Städte des Reichs

Weil mit dem Amt des Freischöffen Vorrechte verbunden waren, die bei einer Ladung vor ein Vemegericht eine schnelle Reinigung von der Klage ermöglichten, ließen sich viele auswärtige Bürger – als Vertreter ihrer Heimatstädte –, Ritter – als Abgesandte von Adelsvereinigungen – oder auch enge Vertraute des Hochadels am Freistuhl vereidigen. So kam es, daß in allen deutschen Landen *wissende* lebten, die in ihrer Heimat den verlängerten Arm der westfälischen Gerichtsbarkeit darstellten und für die Freigrafen in ihrer Eigenschaft als Gerichtsvorstände die stille (= geheime) Post nach auswärts besorgten. In der Spätzeit der Veme übernahmen sie aber auch Aufgaben, die den Interessen des Vemegerichts zuwiderliefen. Indem sie angeschuldigte oder geächtete Landsleute in Schutz nahmen, kollidierten sie dann mit dem Schöffeneid, den sie auf westfälischer Erde geleistet hatten, was sie indes wenig bekümmerte.

Als Folge dieser Ausbreitung über Westfalen hinaus sollen nach vorsichtigen Schätzungen zum Bund der Freischöffen zeitweilig

15000–30000 ehrenwerte Männer aus allen freien Ständen gehört haben. Das ist eine große Zahl, die gleichwohl nicht überrascht, wenn berücksichtigt wird, daß während der Glanzzeit der westfälischen Veme in der ersten Hälfte des 15. Jhs. weit über 300 Freistühle nach den Regeln der Vemeordnungen *vor recht wiseden*[12].

Der räumliche Radius der Vemerechtsprechung

Was den Raumaspekt angeht, sind im Kontext dieses Beitrags zwei Blickwinkel angezeigt: Wie groß war der Anteil des Ruhrgebiets an der Vemerechtsprechung? Und: Wie weit reichte der Zugriff der Veme überhaupt?

Zum ersten Teil der Doppelfrage: Die Zahl der Freistühle im Ruhrgebiet – und zwar aller, derjenigen mit einer reichhaltigen Überlieferung und derjenigen mit nur singulärer Tradition – beansprucht von den 300 und mehr westfälischen Freigerichten ein Drittel für sich. Das ergibt das Bild eines dichten, fast flächendeckenden Netzes mit einer zentralen Hauptachse von Waltrop im nördlichen Teil der Ruhrregion über Bodelschwingh, Dortmund, Brünninghausen und Villigst bis Volmarstein an der Ruhr und – falls die Qualifizierung als *Noch-Ruhrgebietsort* erlaubt ist – (Hohen-)Limburg an der Lenne im Süden. Das besondere Gewicht dieser namentlich genannten Freistühle beruhte sowohl auf der Quantität der tradierten Prozeßbelege als auch auf der Qualität der dort behandelten Sachen und der Reputation ihrer Akteure.

Als konkretes Beispiel für den gesellschaftlichen Rang der Prozeßbeteiligten mag der Streit zwischen den Herzögen von Bayern zu Landshut, Ingolstadt und München dienen. Als eines der langwierigsten Vemeverfahren, das zugleich wohl auch am meisten Aufsehen im deutschen Reich des späten Mittelalters erregte, ist der Prozeß in die Annalen eingegangen. Die Ruhrgebiets-Freistühle und -Freigrafen zu Volmarstein, Bochum, Wesenfort, Bodelschwingh, Oespel, Dortmund, Hemelinghofen b. Kamen und Villigst b. Schwerte hatten Anteil daran. In Gegenwart Konrads von Lindenhorst, *des Erbgrafen der Grafschaft Dortmund und Freigrafen des Römischen Königs*, sowie unter den Augen Johanns von Essen, des Freigrafen der Freigrafschaft Bochum, und vieler schildbürtiger Mannen sowie nichtadeliger Freischöffen aus dem Ruhrgebiet wurde über Herzog Heinrich IV., den Reichen, von Bayern-Landshut 1429 am Freistuhl zu Limburg die sog. letzte und höchste Sentenz, das Todesurteil, gesprochen, das auf die Intervention des Geächteten hin dann allerdings am 2. Mai 1430 der süderländische Freigraf Heinrich von Valbrecht am Freistuhl zu Halver annulierte. Herzog Heinrich, der arg Gebeutelte, dem das harte Los eines Vemeurteils noch einmal beschieden war – 1432, am Freistuhl zu Villigst, nach einer Verhandlung mit 18 Freigrafen, viel Ritterschaft und, der Bekundung des leitenden Freigrafen Ludwig Schumketel zufolge, knapp 800 Freischöffen –, überstand die vemerechtlichen Verfolgungen gut. „Der zweimal vervemte Herzog Heinrich schloß erst lange Jahre später ruhig sein Leben“[13]. Macht und Ohnmacht der westfälischen Veme lagen dicht beieinander.

Eine namentliche Aufführung aller Freistühle im Ruhrgebiet würde zu weit führen. Nachfolgend nur einige Hinweise auf besonders bemerkenswerte Malstätten[14]:

Das 1432 angelegte Statutenbuch der Stadt Dorsten enthält ein Stuhlverzeichnis für das Vest Recklinghausen. 15 Freistühle weist es aus. Das kurkölnische Vest und die Freigrafschaft waren dekkungsgleich. – Für Dortmund wird ein *ius liberorum, quod teutonice vrye dyng dicitur*, schon 1250 erstmals erwähnt. 7 Freistühle im Nahbereich der Stadt gehören zu der Freigrafschaft. Dazu tritt innerhalb der Stadtmauern der hochangesehene Freistuhl „Zum Spiegel“ auf dem Markt neben dem Rathaus. Eng liiert mit den Dortmunder Stühlen sind die in der Nachbarschaft gelegenen Dingstätten in dem damaligen Dorf Bodelschwingh, im Gericht Mengede und auf dem Gelände des Reichshofes Castrop. – Die Freigrafschaft Volmarstein läßt sich erst verhältnismäßig spät nachweisen. Dafür ist die Vemerechtsprechung an den wichtigsten Stühlen, nämlich denen zu Volmarstein „vor der Burg“, zu Wetter a. d. Ruhr, im Dorf Herdecke und in der Haspe um so intensiver auszumachen. – Neben der Stuhlherrschaft über die Freigerichte in dem kleinen Duodezstaat im Ruhr-Lennedreieck verwalteten die Herren von Limburg in einem Gebietsstreifen südlich der Emscher die Freigrafschaft mit dem merkwürdigen Namen *freie krumme Grafschaft*. Der am weitesten westlich gelegene Stuhl der Limburger stand in Langendreher, doch auch die Freistühle zu Aplerbeck, Wickede, Herbede und Oespel sowie der berühmte Freistuhl zu Brünninghausen gehörten zu der Krummen Grafschaft. – Von der Ausdehnung her war die Freigrafschaft Bochum besonders groß. Bedeutende Stühle standen in Wattenscheid „unter dem Nußbaum“, in Bochum selbst *in dem bomgarden* sowie in Lütgendortmund. – Den Essener stiftischen Freistuhl verlegte 1372 die Äbtissin Elisabeth von Nassau nach Borbeck, indes fällt er in der Überlieferung nicht sonderlich auf. – Anders die Situation im östlichen Ruhrgebiet. Hier liegt für die große märkische Stuhlherrschaft Unna-Hamm eine Fülle von Urkunden vor. –

Schließlich zeichnet sich der Landstrich von Werl bis Soest als eine dicht mit Freistühlen übersäte Region aus. Einige Dingstätten seien genannt, weil die Lagebezeichnungen so malerisch sind, nämlich die zu Ostönnen „in Wulves Hof unter dem Apfelbaum“, zu Schwefe und zu Welver jeweils *in cimiterio* (d. h. auf dem Kirchhof), zu Werl *extra muros oppidi* (außerhalb der Stadtmauern), im Dorf Flerke „unter der Eiche“ und zu Lütgen Ampen „auf dem Brink am Hellweg“. Soweit das Ruhrgebiets-Szenario der Vemerechtskultur.

Der zweite Teil der Doppelfrage ist schneller beantwortet: Wie weit reichte der aufgrund seiner königlich/kaiserlichen Autorität interterritoriale Jurisdiktionsanspruch[15] der Vemegerichte? Die früh genannten und später kaum noch bekannten Freistühle wurden nur zum Teil als Vemegerichtsstätten benutzt. Soweit sie überhaupt für Zwecke der Veme tätig wurden, deckte sich ihre Reichweite mit der Aufgabe, dem Landfriedensschutz im unmittelbaren Lebensbereich der Dinggenossen zu dienen. Ganz anders die Dingstätten gleicher Art nach dem Aufschwung der Veme im 15. Jh. Sie dehnten ihren Wirkungsbereich bis an die Reichsgrenzen aus. Die Freistühle, die sich in dieser Zeit als Magneten für enttäuschte Rechtsuchende erwiesen, schlugen den ganzen deutschen Sprachraum in Bann. „Von Kaiser Sigismund in mannigfacher Weise gefördert, erreichten die Vemegerichte in den letzten Jahren dieses Herrschers“ – er starb 1437 – „den Höhepunkt ihrer Macht; in alle Teile des Reiches gingen jetzt ihre Ladungen, und Tausende strömten nach Westfalen, um Freischöffen zu werden“[16].

Ende und Nachwirkung der Veme; zur Schreibweise des Wortes (Veme oder Feme)

Starken Einfluß auf die Eindämmung der westfälischen Gerichtsbarkeit hatten die Reichsreformen, die 1495 zur Verkündung des Ewigen Landfriedens und zur Errichtung des

Reichskammergerichts führten. Um die Mitte des 16. Jhs. liefen die letzten Vemeprozesse aus. Einzelne Freistühle blieben zwar bis zum Beginn des 19. Jhs. bestehen, aber nur noch als niedere Rügegerichte. Sie übten dann keine Kriminaljustiz mehr aus.

Nach dieser Rundreise durch die Geschichtslandschaft der Veme ist ein Wort zur Schreibweise überfällig. In der Bedeutung des mit „V" geschriebenen Wortes als Gesellschaft, Genossenschaft oder Verband bezeichnet der Begriff Veme die Gemeinsamkeit der zum Gericht berufenen Genossen, d. h. des Umstandes. Mit diesem Inhalt wurde der Ausdruck schon am Ausgang des hohen Mittelalters für die den Königsbann ausführende Gerichtsgemeinde reserviert. Das Wort wurde schließlich mit dem Anfangsbuchstaben „v" und höchst selten „f" Eigenname oder Vorsilbe für alles, was mit der Freigerichtsbarkeit zusammenhing; z. B. trat es in Verbindungen wie *vemeding, vemerecht* oder *vemenoten* (= Freischöffen) auf. Und die richtige Schreibweise heute? Vor dem Hintergrund der modernen Nachwirkung des Phänomens in der Umgangssprache gibt es einen Vorschlag, der sich allgemeiner Akzeptanz zu erfreuen scheint:

Da der zur Begründung angeblicher Illegalität immer wieder herausgestellte Charakterzug des Vemegerichts, die *heimliche* Acht zu repräsentieren, im wesentlichen lediglich darin bestand, daß die Freischöffen für die Weitergabe von Gerichtsdokumenten eine geheime Losung zu beachten hatten, steht die Rechtmäßigkeit der Veme außer Frage. In der Vollstreckung des Urteils erhielt der vervemte Rechtsbrecher nach dem Willen der Rechtsgemeinschaft seinen verdienten Lohn. Hingegen handeln das Femetribunal der Neuzeit, das Urteile im Untergrund fällt und für die Exekution das Licht der Öffentlichkeit scheut, und der Fememörder, der heimlich den Verräter der eigenen Gruppe liquidiert, illegal. Ferner: Der gesellschaftlich verfemte Künstler erhält dieses Attribut nur deshalb, weil ihn eine Gruppe ausschließt, die nach höherrangigen kulturellen Maßstäben irrt; Rehabilitation und allgemeine Anerkennung sind der Lohn, den er verdient. Die in einer überregionalen Tageszeitung in Verbindung mit ungesetzlicher moderner Geheimjustiz getroffene Feststellung: „Die Selbstjustiz der Stadt-Guerilla wird nach spätmittelalterlichen Normen vollzogen"[17], ist also unrichtig. Nach Inhalt und Ausdrucksweise sind beide Phänomene durch Welten getrennt. Unbeschadet der Notwendigkeit, die zu Beginn erwähnten und mit dem Anfangsbuchstaben „F" versehenen Erinnerungszeichen geschichtlich eindeutig zu erklären, beugt die unterschiedliche Schreibweise neuen Irritationen vor.

Nach allem führen der historische Rückblick und der Gegenwartsbezug fast zwangsläufig zu dem Resümee dieses Essays: Möge der einst blühenden Vemelandschaft mit reichhaltiger Vemetradition im kulturellen Umfeld an Ruhr, Emscher und Lippe Feme erspart bleiben!

Anmerkungen

1 Meininghaus, August: Der alte Freistuhl zu Dortmund (mit 10 Abbildungen und 1 Lageplan), Dortmund, 1913.
2 Freiligrath, Ferdinand/Schücking, Levin: Das malerische und romantische Westphalen, Barmen und Leipzig, 1841, S. 3.
3 Meininghaus (wie Anm. 1) S. 3
4 Vgl. Hömberg, Albert K.: Die Veme in ihrer zeitlichen und räumlichen Entwicklung, in: Der Raum Westfalen II, 1. Teil, Münster, 1955, S. 139 - 170, hier: S. 143 ff., 152 ff.
5 Amira, Karl von: Das Femgerichtsbild des Soester Stadtarchivs, Leipzig, 1927.
6 Lindner, Theodor: Die Veme, Paderborn [2]1896, S. 472 - 477.
7 Janssen, Wilhelm: A. K. Hömbergs Deutung von Ursprung und Entwicklung der Veme in Westfalen, in: Der Raum Westfalen VI, 1. Teil, Münster 1989, S. 187 - 214, hier: S. 197 ff.
8 Vgl. Engelbert, Günter: Einungen und Landfriedensbündnisse des Spätmittelalters, in: Kunst und Kultur im Weserraum 800 - 1600, Katalog Corvey 1966, Münster [2]1966, S. 139 - 143, hier: S. 141; S. 859 - 871, hier: S. 864.
9 Hanisch, Wilhelm: Staat oder Reich, in: Kaiser Karl IV. Staatsmann und Mäzen, Katalog, hrsg. v. Ferdinand Seibt, München 1978, S. 30 - 38, hier: S. 38.
10 Winterfeld, Luise von: Geschichte der freien Reichs- und Hansestadt Dortmund, Dortmund [6]1977, S. 98.
11 Fortführung der Ideenskizze, die Battenberg für die königlich/kaiserliche Land- und Hofgerichtsbarkeit entworfen hat, vgl. Battenberg, Friedrich: Reichsacht und Anleite im Spätmittelalter. Ein Beitrag zur Geschichte der höchsten königlichen Gerichtsbarkeit im Alten Reich, besonders im 14. und 15. Jahrhundert, Köln/Wien 1986.
12 Hömberg (wie Anm. 4) Karte vor S. 161 und S. 164, 168.
13 Lindner, Theodor: Die Vemeprocesse gegen Herzog Heinrich den Reichen von Baiern-Landshut, in: Zeitschrift für Geschichtswissenschaft 3 (1890), Band I, Freiburg, 1890, S. 65 - 99.
14 Nach Lindner (wie Anm. 6).
15 Gimbel, R.: Feme (Veme), Femgerichte, in: Handwörterbuch zur deutschen Rechtsgeschichte (HRG), hrsg. von Adalbert Erler und Ekkehard Kaufmann, mitbegründet von Wolfgang Stammler, I. Band, Berlin, 1971, Sp. 1101.
16 Hömberg (wie Anm. 4) S. 168.
17 Dazu demnächst Fricke, Eberhard: Verfolgt, verachtet, vervemt. Die Veme im Vest, Land und Amt Gummersbach-Neustadt, Köln (erscheint in Kürze), Vorwort, sowie ders.: Die westfälische Veme, dargestellt am Beispiel des Freistuhls zu Lüdenscheid, Altena/Balve 1985, S. 120 - 126.

Die Ausbildung landständischer Verfassungen

Hans-Joachim Behr

Bis zu den mit der französischen Revolution einsetzenden großen Flurbereinigungen war die politische Landkarte in Westfalen und am Rhein von einer Vielzahl mittlerer und kleinerer Territorien geprägt. An den später als Ruhrgebiet bezeichneten Landstrichen hatten, von kleineren Einsprengseln abgesehen, mehr oder weniger beträchtlichen Anteil das Kurfürstentum Köln mit dem Amt Rheinberg und dem Vest Recklinghausen, das Fürstbistum Münster, die Herzogtümer Kleve und Berg, die Fürstabteien Essen und Werden, die Grafschaften Mark, Limburg und Moers und die Reichsstadt Dortmund. Nach Johann Jacob Moser, dem Staats- und Völkerrechtler des Ancien Régime, gab es in den meisten dieser Länder im 18. Jahrhundert landständische Verfassungen. Allein Moers wird davon zu unrecht ausgenommen[1]. Dortmund bleibt als Stadt außer Betracht.

Der Landesherr bedarf also bei gewissen öffentlichen Angelegenheiten der Mitwirkung des Landes, das in seinen Anfängen aus den durch freien Grundeigentum mit eigenen Herrschaftsrechten ausgestatteten Lokalgewalten – Geistlichkeit, Adel und später auch Städten – gebildet wird. Diese Lokalgewalten stellen die rechtliche Grundlage für die Ausgestaltung der Landstände dar. Durchweg sind sie in diesem Gebiet nach dem sogenannten Dreikuriensystem organisiert, wenn auch eine geistliche Kurie nur im Erzbistum/Kurfürstentum Köln und im Fürstbistum Münster ausgebildet ist[2]. In Köln besteht außerdem ein Grafenkollegium neben der ritterschaftlichen Kurie. In Essen gibt es den gräflichen Stand, „so aus Frauenzimmer besteht, aus welchen die zeitliche Äbtissin erwählt wird", die Kanoniker, die an der Wahl beteiligt sind und gemeinsam mit dem ersten Stand die Kapitulation mit der Äbtissin schließen, sodann die Ritterbürtigen[3]. In den anderen Territorien nennt Moser lediglich die beiden Kurien der Ritterschaft und der Städte. In der Grafschaft Mark vermag er deutliche Spuren für solche Korporationen nicht mehr zu erkennen.

„Und werden die meiste solche Land-Stände ihren Ursprung höchstens in dem 14 den, eher aber erst in dem 15.16. und 17 den Jahrhundert zu suchen haben", meint Moser und räumt dann ein: „Zwar kann leicht sein, daß man auch in solchen Landen ältere Fußtapfen antrifft, daß die Landes-Herrn etwas mit Rath oder Willen ihrer Diener, Landsassen und Unterthanen unternommen haben. Aber entweder waren es nur einzelne Sachen, oder es kommt doch sonst der heutigen Art von Land-Ständen und Land-Tägen nicht bey, sondern ist mehr von denen Landsassen und Unterthanen zu verstehen, welche sich just selbiger Zeit in des Landes-Herrns Diensten oder an seinem Hof befunden haben".[4]

Im 12./13. Jahrhundert treten bei bestimmten Handlungen des Fürsten neben Verwandten, Freunden und Vasallen Geistliche und Ministerialen als Berater und Zeugen auf, werden bei Entscheidungen um Zustimmung gebeten. In den geistlichen Territorien Köln und Münster sind es in erster Linie die Domkapitel, deren Rat und Zustimmung eingeholt, die aber früh auch schon zur Erledigung staatlicher Angelegenheiten herangezogen werden.

Diese Personen können noch nicht als Landstände bezeichnet werden, denn noch fehlt jede nähere Bezugnahme auf das Land. Grund für ihre Heranziehung ist keine Bindung an das Land, sondern eine rein persönliche. Es ist auch keine Rede davon, daß der Fürst etwa verpflichtet wäre, einen bestimmten Personenkreis um Rat oder Mitbesiegelung eines Rechtsgeschäftes anzugehen.

Eine Verpflichtung bestand lediglich für den Lehnsmann, dem Lehnsherrn auf Anfordern seinen Rat zu erteilen. Selbst von anderen Personen, die ihm einmal eine Steuer bewilligt hatten, behauptete der Fürst noch weiterhin seine Unabhängigkeit. Für den Landesherrn entstand eine Verpflichtung, die Zustimmung seiner Vasallen einzuholen, zuerst wohl bei größeren Landveräußerungen, bei der Aufforderung zu kriegerischen Leistungen, die das übliche Maß überschritten, und sicher bei neuen Abgaben und bei der Einrichtung von Landfriedensordnungen. Nach dem statutum in favorem principum von 1231 waren allgemeine Verfügungen und Rechtssatzungen – „constitutiones vel nova iura" – der Territorialfürsten an die Zustimmung der „meliorum et maiorum terrae" geknüpft.

Eine feste Einrichtung konnte aus der gelegentlichen Mitwirkung der „meliorum et maiorum terrae" in Angelegenheiten des Landes nicht werden. Diese entwickelte sich erst durch das Hereinwachsen der „jüngeren Landstände" Geistlichkeit, Ritter und Städte in die Landstandschaft.

Die Ursachen für die Herausbildung landständischer Verfassungen liegen wesentlich in der Konsolidierung der Territorien im 13./14. Jahrhundert, in der Erweiterung des staatlichen Wirkungskreises und der dadurch bedingten zunehmenden Diskrepanz zwischen Ausgaben und Einkünften der Fürsten. In eben dem Maße wie das Reich sich seiner Rechte zugunsten der Landesherren begab, wurde nicht nur deren Macht gestärkt. Es erwuchsen ihnen auch Gegenkräfte. Die Untertanen sahen sich auf das Territorium angewiesen und ließen sich vermehrt von dessen Interessen leiten. „So stellt sich dem Landesherrn die Landschaft, das Land in einem neuen Sinn gegenüber und formt sich schließlich an diesem Gegensatz zum Landesherrn zur landständischen Körperschaft".[5] Die neue selbständigere Stellung der Landesherren im Reich, die Begründung einer Territorialgewalt und ihre Behauptung gegenüber den Nachbarn, wie in den langen Kämpfen der niederrheinischen Territorialfürsten und der märkischen Grafen mit den Erzbischöfen von Köln, erforderten Kriegsleistungen und kosteten vor allem Geld. Zeitweilig suchte man dem wachsenden Geldbedarf durch das verbreitete Mittel der Verpfändung und Veräußerung von Ämtern und Einkünften abzuhelfen. Dadurch aber wurde die Lage nur verschlechtert, so daß die Fürsten schließlich doch auf die Leistungen ihrer Untertanen angewiesen waren. Diese Leistungen wurden auf die Dauer nicht ohne Zugeständnisse der Landesherren erbracht. Nicht zuletzt machten die sich nun herausbildenden Landstände bei Thron- und Erbfolgestreitigkeiten und beim Aussterben des Herrschergeschlechts wie in Kleve und Jülich-Berg ihre Unterstützung von Konzessionen abhängig. Häufig stieg ihre Macht mit dem Wechsel der Dynastie. In den geistlichen Fürstentümern bot die Einrichtung der Wahlmonarchie mannigfachen Anlaß zur Ausweitung ständischer Rechte, zumal Ritterschaft und Städte nicht selten ihre Interessen anmeldeten[6]. Seit dem 12. Jahrhundert, in Münster seit 1204, lag das ausschließliche Recht zur Wahl des Bischofs bei dem engen Kreis des Domkapitels, das demgemäß unter den Ständen der geistlichen

Kurfürstentümer und Fürstbistümer einen hervorragenden Platz einnahm. Wie in den meisten geistlichen Staaten haben sich in Köln und Münster von der Geistlichkeit ausschließlich die Domkapitel zum Landstand entwickelt. Im 17. Jahrhundert meldete zwar in Münster auch der Clerus secundarius Ansprüche auf Vertretung auf den Landtagen an, vermochte sie aber nicht durchzusetzen. Auch in weltlichen Territorien erscheint die Geistlichkeit, gebildet aus Prälaten, Äbten, Prioren als rangerster Landstand vor Rittern und Städten, manchmal aber zeitlich erst nach ihnen und wird vielfach auch durch die Reformation wieder beseitigt oder umgewandelt.

Nächst der Geistlichkeit gewannen die landsässigen Ritter noch vor der Herausbildung der landständischen Verfassung eine angesehene Stellung im Territorium. Den Hauptkern der in Jülich-Berg erstmals 1364/97, in Kleve-Mark 1413 unter dieser Bezeichnung erwähnten Ritterschaft bildeten ursprünglich unfreie Ministerialen, doch schloßen sie zweifellos auch ehemals freie Ritter ein[7]. Neben den Ministerialen wurden anfänglich wohl auch die Edelherren zu den Landtagen geladen. Ein eigenes Grafenkollegium ist daraus aber nur im Erzstift Köln erwachsen[8].

Bald nach der Mitte des 13. Jahrhunderts in Münster, im 14. Jahrhundert in Recklinghausen, Mark, Berg, Jülich, Kleve und Köln traten daneben auch die Städte zunehmend als Partner oder Widerpart des Landesherren auf. Repräsentierten die Ritter die militärische Kraft, so bildeten die Städte das wirtschaftliche Rückgrat des Landes.

Im Fürstbistum Münster sind schon bis 1281 die Landstände voll ausgebildet. Vermutlich seit 1267 finden auf dem Laerbrock Landtagsversammlungen statt. Das Landesprivileg von 1309, mit dem Bischof Konrad auf wichtige Rechte verzichtet, ist offenbar von ständischen Deputierten des Domkapitels, der Ritterschaft und der Stadt Münster vorbereitet worden. In Kurköln finden sich im zweiten Viertel des 14. Jahrhunderts erste Hinweise auf ständische Mitwirkung. 1423 treten Ritterschaft und Städte als Landstände auf. Zehn Jahre später folgt das Domkapitel[9].

Für Jülich und Berg wird der Anfang einer landständischen Verfassung mit der zuerst belegten Zuziehung der Stände 1347 bzw. 1397 angesetzt. Hier sind es Ritterschaft, Städte und „gemeines Land" von Berg, die den Teilungsvertrag zwischen Herzog Wilhelm und seinen Söhnen garantieren. Dort übernehmen Ritter, Städte und „Landgerichtsschöffen" die Bürgschaft für die richtige Zahlung einer Rente. In der Grafschaft Mark entscheiden Ritter und Städte 1347 in einem Schiedsspruch gegen Ansprüche Junker Eberhards für die Einheit der Grafschaft unter Engelbert III. 1413 schließlich bitten Junker Gerhard von Kleve und Graf Adolf von Kleve-Mark Ritterschaft und Städte der beiden Länder nach Wesel, damit sie ihren Streit um das väterliche Erbe schlichten[10].

Im Vest Recklinghausen galt noch im 16. Jahrhundert das Bündnis von 1305 nach dem Selbstverständnis der Stände als Grundlage ihrer Verfassung. Damals schloß die Stadt Recklinghausen mit der Ritterschaft einen Bund zum Schutz des durch die Kämpfe zwischen den Kölner Erzbischöfen und den Grafen von der Mark nicht minder als durch Ausbeutung und Mißwirtschaft seitens seiner Pfandherren in Mitleidenschaft gezogenen Landes nach außen und innen[11].

Seit dem 13. Jahrhundert wurde es üblich, daß die Domkapitel ihre starke Stellung bei der Wahl zur Vorlage von Wahlkapitulationen ausnutzten, die in ihrer älteren Form hauptsächlich das Verhältnis des Bischofs zum Domkapitel auf eine sichere rechtliche Grundlage stellen sollten, dann aber zunehmend auch ständische Forderungen einschlossen.

In Köln wird zuerst 1414, in Münster schon 1301 bei der Wahl Ottos von Rietberg von einer solchen Wahlkapitulation berichtet, die vermutlich auf noch älteren Vorlagen fußt. Sie enthält neben der Festsetzung der Rechte des Kapitels gegenüber dem Bischof die Verpflichtung, einen Stiftsvormund nur unter Zustimmung des Kapitels, der Vasallen und Ministerialen anzuordnen.

Unter Otto von Rietberg traten Landesherr und Stände in Münster zum erstenmal in scharfen Gegensatz. Differenzen auf zunächst rein kirchlichem Gebiet um die Ernennung eines Domunterkellners und eines Offizials wuchsen sich aus zum Prozeß des Kapitels gegen den Bischof wegen angeblicher Verletzung der beschworenen Wahlkapitulation. Steuerforderungen und ungeschickte Maßnahmen des Bischofs ließen die Stadt Münster und Teile der Ritterschaft um ihre Privilegien fürchten und gaben ihnen Anlaß genug, auf die Seite des Kapitels zu treten. Der Bischof unterlag und wurde durch den Spruch des Metropoliten zur Abdankung gezwungen.

Der Nachfolger, Konrad von Berg, der seine Erhebung allein der Verbindung der Stände gegen Otto zu verdanken hatte, war ein Werkzeug in deren Händen. Im Landesprivileg von 1309 gestand er seinen Lehnsmannen die weibliche Erbfolge zu und verzichtete auf die Einsetzung eines Offizials und auf andere Rechte. Die während des Prozesses gebildete ständische Deputation blieb bestehen, dehnte ihre Wirksamkeit aus und nahm als Beirat an den Regierungsgeschäften teil. Auch späteren Bischöfen wurde wiederholt ein ständischer Rat zur Mitwirkung bei der Stiftsverwaltung aufgezwungen. Unter Ludwig von Hessen bestand er 1323 aus vier Domherren, fünf Edelleuten, 16 Rittern, 13 Knappen und den beiden Bürgermeistern sowie zwei Schöffen der Stadt Münster.

In der Folgezeit wurde dieses Mitspracherecht erweitert zur Mitregentschaft und zur Statthalterschaft bei Abwesenheit des Fürsten. Erst Fürstbischof Ernst von Bayern gelang es 1599, die ständischen Statthalter wieder abzuschaffen.

Bischof Heinrich von Moers wurde 1424 ein Eid abverlangt, der Bestimmungen des Landesprivilegs von 1309 aufnahm und einzelne von ihnen noch weiter ausführte. Folgenreich war vor allem die Verpflichtung, daß der Bischof ohne Genehmigung des Domkapitels weder Fehden beginnen noch Bündnisse schließen durfte. Ihre Nichtbeachtung durch den Bischof in der Soester Fehde, in der Heinrich 1444 für seinen Bruder Dietrich, den Erzbischof von Köln, Partei ergriff, veranlaßte Domkapitel, Städte und Ritterschaft, sich 1446 zum Schutze ihrer Privilegien, Rechte und Gewohnheiten zusammenzuschließen. Nach langen Irrungen einigte man sich schließlich dahin, daß künftig vor Beginn einer Fehde ein zustimmender Landtagsbeschluß erforderlich sein sollte.

Die vor der Wahl Heinrichs von Moers aufgestellte Kapitulation wurde fortan mit kleinen Abweichungen als Grundgesetz der Regierung des Stifts verpflichtend für jeden Landesherrn bis zum Ende der münsterischen Selbständigkeit[12].

Im Erzstift Köln erreichte das Domkapitel bei Steuerbewilligungen verschiedene Zugeständnisse und 1344 zunächst vorübergehend ebenfalls ein Mitspracherecht bei der Verpfändung oder beim Verkauf von Landesteilen, bei Aufnahme von Kriegshandlungen sowie eine Vertretung im kurfürstlichen Rat. Eine der münsterischen Kapitulation von 1424 entsprechende Bedeutung gewann in Köln die 1463 unter dem Eindruck finanzieller Mißwirtschaft Erzbischof Dietrichs von Moers von den vier Ständen geschlossene Rheinische Erblandesvereinigung. Diese Verfassungsurkunde des Erzstifts wurde zuerst von Dietrichs Nachfolger Ruprecht von der Pfalz und danach mit Abwandlungen, besonders im Jahre 1550, von den folgenden Landesherren angenommen. Den kölnischen Landständen war darin die Beteiligung an allen wichtigen Regierungs- und Verwaltungsangelegenheiten zugestanden, das Recht, über den Beginn eines Krieges zu befinden, Landessteuern zu bewilligen und notfalls einen Landtag auszuschreiben, ferner die Einsetzung eines ständigen Rates und ein geordnetes Gerichtswesen und nicht zuletzt die Erhaltung der alten Freiheiten und Privilegien der Stände. Verstöße des Landesherrn gegen den Vertrag sollten die Stände von jeder Gehorsamspflicht ihm gegenüber entbinden[13].

Von den Wahlkapitulationen kaum zu unterscheiden sind die Privilegien, mit denen vor allem weltliche Landesherren Forderungen der Stände nachkamen, die diese als Bedingungen für die Huldigung, für eine Steuerbewilligung oder andere Unterstützung stellten. So sicherte Johann I. von Kleve 1457 den Städten die Aufrechterhaltung ihrer Rechte zu und Johann II. bestätigte der Ritterschaft 1486 ausdrücklich, daß sie ihm eine Steuer freiwillig und ohne Rechtsanspruch seinerseits gezahlt habe, erkannte dafür ihr Fehderecht gegen Auswärtige an und versprach notfalls Rechtsschutz[14]. An ihre Stelle traten in der ersten Hälfte des 16. Jahrhunderts die Landtagsabschiede.

Von Otto von Gierke und in seiner Nachfolge anderen Forschern ist früher den ständischen Einungen eine erhebliche Rolle für die Entstehung der landständischen Verfassung beigemessen worden. Seit den Forschungen Georg v. Belows, in denen er die Bedeutung des in den Territorien gegebenen Zwangsverbandes herausstellte, hat sich dieses Urteil gewandelt[15]. Zweifellos haben solche Einungen aber die Position der Stände gegenüber dem Landesherrn gestärkt, wenn sie auch oftmals nur zur Erreichung ganz konkreter Ziele geschlossen wurden. Das Bündnis der Stadt Recklinghausen mit den Rittern des Vests 1305 sollte ebenso wie die märkischen Unionen von 1389, 1419 und 1426 oder die münsterischen zwischen 1445 und 1447 das Land aus den Fehden der Fürsten heraushalten und ihm den Frieden sichern. Andere wurden wie die Rheinische Erblandesvereinigung zu einem Grundgesetz des Landes. Daneben dienten diese Verträge mehr oder weniger expressis verbis natürlich stets auch der Sicherung der ständischen Rechte[16].

Einungen wie Wahlkapitulationen geben mannigfache Beispiele für das Bemühen der Stände, kriegerische Verwicklungen zu vermeiden. Kaum weniger haben sich die Landstände auch um die Konsolidierung der Territorien verdient gemacht. Schon die erste Nachricht über die märkischen Stände 1347 ist ein Beleg für ihr Auftreten gegen eine Teilung des Landes.

Nach dem Anfall der Grafschaft Mark an Kleve 1391/98 behielten die märkischen Stände ihre Selbständigkeit, die durch den Bruderzwist 1409–1439 noch gestärkt wurde. Hamm hatte sich zwar zunächst durch Parteinahme für Junker Gerhard gegen Graf Adolf in den Streit hineinziehen lassen, 1419 aber entschieden sich Ritter und Städte dann in einem Bündnis für eine bewaffnete Neutralität. Sieben Jahre später, 1426, verbanden sich Hamm, Unna, Kamen, Iserlohn, Lünen und Schwerte sowie 92 Ritter zu einer Union, der sich bald auch die Stadt Bochum samt der Ritterschaft des Amts anschloß, zur Verteidigung ihrer Rechte und Freiheiten. Durch Drohungen zwangen sie Gerhard und Adolf zu einem Waffenstillstand, dem 1437 der endgültige Friedensschluß folgte. Neben kölnischer Hilfe war es die Entscheidung der Stände, der Junker Gerhard es zu verdanken hatte, daß ihm die Grafschaft Mark auf Lebenszeit zugesprochen wurde. Die märkischen Stände folgten dann jedoch nicht der kölnischen Politik ihres Landesherrn, sondern zwangen ihn zur Annäherung an Kleve, so daß sich der Rückfall 1462 reibungslos vollzog[17].

Gegen Ende des 15. Jahrhunderts traten erst die klevischen, dann auch die märkischen Stände in Opposition gegen Herzog Johann II., der durch Einmischung in die niederländischen Wirren nach dem Tod Karls des Kühnen und durch die Kämpfe Kleves auf Seiten Burgunds gegen Geldern das Land in Schulden gestürzt hatte. Zunächst schlossen 1489 die klevischen Städte eine Union zum Schutz ihrer Rechte und Privilegien. Mit ihnen verbanden sich 1508 sechzehn märkische Städte. Unter Drohungen und Tadel über sein „ungeschicktes Regiment" verweigerten sie dem Landesherrn jede fernere Hilfe, wenn nicht ein Wandel von Grund auf geschehe. Die märkische Ritterschaft folgte erst 1544 diesem Vorbild und verband sich mit den klevischen Standesgenossen[18].

Die Selbständigkeit der klevischen und märkischen Stände war dadurch nicht aufgehoben. Wie fast immer, wenn mehrere Territorien unter einem Fürsten vereinigt wurden, haben auch diese ihre eigenen Landtage behalten. Bestenfalls tagten die Stände mehrerer Territorien am selben Ort und zur selben Zeit, aber ohne innere Verbindung. In Jülich und Berg waren solche gemeinsamen Landtage seit dem Anfang des 15. Jahrhunderts nicht selten. Auch fanden gemeinsame Landtage der vier Länder Jülich-Berg und Kleve-Mark zur Zeit des Abschlusses der Union und der Eheberedung von 1496 statt und wieder im Zusammenhang mit den Verhandlungen über die Belehnung Herzog Johanns mit Jülich-Berg 1511–1521. Im Herbst 1522 berief der Herzog Räte und etliche Mitglieder der Ritterschaft der vier Länder nach Düsseldorf, um mit ihnen Verteidigungsmaßnahmen gegen den Herzog von Geldern zu beraten. Es wurden jedoch keine bindenden Beschlüsse gefaßt. Die Entscheidungen fielen auf den Tagungen der einzelnen Landstände[19].

Der 1515 vollzogene Anschluß der vestischen Landstände an die Rheinische Erblandesvereinigung von 1463 dagegen band diese enger als bisher an die kurkölnischen, an deren Landtagen sie fortan teilnahmen. Anfänglich waren sie noch den rheinischen Ständen gleichgestellt. Spätestens seit dem Dreißigjährigen Krieg aber wurden die vestischen Stände nur noch zur Eröffnung des Landtags und zur Anhörung des Abschieds nach Bonn geladen. Von den Verhandlungen blieben sie ausgeschlossen[20].

Das 15. Jahrhundert brachte mit der institutionellen Festigung anderer spätmittelalterlicher Einrichtungen auch die feste Ausbildung und Abgrenzung der Landstände und die Anerkennung ihres politisch-hoheitlichen Wirkungsbereichs. Zwar war der Landtag von Anfang an von ständischen Ordnungsprinzipien beherrscht; die einzelnen ständischen Gruppen aber ließen zunächst noch keine klare Gliederung erkennen. Nun bildeten sich deutlich die einzelnen Korporationen heraus und fügten sich unter Mitwirkung der Fürsten einem dualistischen Verband ein. Zunächst noch selten wurden auch die Bezeichnungen Stände und Landtag für die Zusammenkünfte mit dem Fürsten oder seinen Vertretern verwandt.

Mehr und mehr wurde der Fürst in seinen Handlungen an die Mitwirkung der Stände gebunden, die ihre Entscheidungen zumeist mit der Rücksicht auf das Wohl des Landes begründeten. Der Landtag wurde in der Regel vom Landesherrn einberufen, konnte aber auch vielfach nach Belieben selber zusammentreten. Da beide Seiten ihren Standpunkt noch nicht mit sonderlicher Deutlichkeit vertraten, war das ständische Versammlungsrecht kaum ein Streitpunkt.

Für die Landtagsfähigkeit oder Landstandschaft des Adels bildete der Rittersitz, die Burg mit dem dazugehörigen Grund und Boden, seit dem Ende des 16. Jahrhunderts die rechtliche Grundlage. Dazu wurde adlige Geburt verlangt, im 15. Jahrhundert noch vier, dann acht, später häufig sechzehn Ahnen. Möglicherweise sind ursprünglich einmal alle Ritterbürtigen des Landes zum Besuch des Landtags berechtigt gewesen. Seit dem 16. Jahrhundert aber wurden in fast allen Territorien Ritterzettel oder Matrikeln über die Rittersitze angelegt, die ihrem Inhaber die Rechte eines Landstands verliehen[21].

Bei den Städten wurde unterschieden zwischen den Haupt- und Bischofsstädten und den kleineren Städten und Freiheiten. Die Zahl jener, die auf den Landtagen erschienen und die Einungen untersiegelten, wechselte. In der Grafschaft Mark schwankte sie zwischen vier und sechzehn. Seit dem Ende des 15. Jahrhunderts wurden nurmehr Hamm, Unna, Kamen, Iserlohn, Lünen und Schwerte zu den märkischen Landtagen geladen. In Kleve erschienen sieben Städte, darunter Wesel, Duisburg und Xanten, in Jülich und Berg je vier zum Landtag. Sie vertraten die kleinen Städte mit. Im Fürstentum Münster wurde die Vereinigung der Landstände im Jahre 1446 von siebzehn Städten besiegelt. Auf den Landtagen aber traten fast nur Vertreter der Stadt Münster mit Vollmacht der anderen Städte auf. In Köln bestand die vierte Kurie aus vierzehn Städten[22]. In den meisten Territorien mußten sich die Städte trotz der wirtschaftlichen Macht, die sie verkörperten, mit einer bescheideneren Stellung nach der Ritterschaft begnügen. Im Vest Recklinghausen allerdings nahm die gleichnamige Stadt die führende Stellung unter den Ständen ein. Wie das Kölner Domkapitel feststellte, hatte sie „in allen vestischen Sachen . . . die Kanzlei", schrieb alle Landtage an der Graven Mühle, nach Recklinghausen oder einem anderen Ort aus und verwahrte alle Schriftstücke in ihrem Archiv[23].

Georg v. Below hat mit Recht hervorgehoben, daß die landständische Verfassung, nachdem sie einmal begründet war, „in verhältnismäßig nur geringem Grade eine Geschichte gehabt" hat[24]. Im 14. und 15. Jahrhundert noch ohne ausgeprägte Formen, bildete die landständische Vertretung im 16. Jahrhundert eine feste Geschäftspraxis aus, die sich durchweg bis in die zweite Hälfte des 17. Jahrhunderts hielt. Während dieser Zeit nahmen die Landstände maßgeblichen Einfluß auf Verwaltung und politische Geschicke der Territorien. Nach ihrem Selbstverständnis repräsentierten sie das ganze Land und die gemeinen Untertanen auf den Landtagen[25]. Die von ihnen gefaßten Beschlüsse waren schlechthin verbindlich. Dieses galt für Steuerbewilligungen, aber auch für Gravamina oder Beschwerden, die im Namen des Landes oder einzelner Untertanen vorgebracht wurden. Mit dem Steuerbewilligungsrecht hielten sie die Erhebung und die Verwaltung der Steuern unter Kontrolle mit eigener Kasse und eigenem Verwaltungsapparat. Kämpfe zwischen Fürst und Ständen wurden hauptsächlich auf dem Gebiet des Steuerwesens ausgetragen. Weniger umstritten war das Berufungsrecht zu den Landtagen. Doch gab es eine Vielzahl von Kompetenzkonflikten auf den Gebieten der Verwaltung, der inneren und der äußeren Politik. Insgesamt setzt sich die Geschichte der territorialen Landstände zusammen „aus vielen mißlungenen Versuchen, vielen Erfolgen, vielen Rückschritten, vielen neuen Erfolgen". Sie zeigt ein ständiges Auf und Ab je nach dem Kräfteverhältnis der Partner Fürst und Stände im Staat des Dualismus[26].

Anmerkungen

1 Moser, Johann Jacob: Von der Teutschen Reichs-Stände Landen, deren Unterthanen, Landesfreiheiten, Beschwerden, Schulden und Zusammenkünften, Frankfurt/Leipzig 1769, S. 347–477.
2 Hintze, Otto: Typologie der ständischen Verfassungen des Abendlandes, in: Hartung, Fritz (Hg.): Hintze, Otto, Staat und Verfassung. Gesammelte Abhandlungen zur allgemeinen Verfassungsgeschichte, Leipzig 1941, S. 110–129.
3 Moser, S. 473f.
4 Moser, S. 347.
5 Brunner, Otto: Land und Herrschaft, Wien/Wiesbaden 41954, S. 414; Carsten, Francis L.: Die deutschen Landstände und der Aufstieg der Fürsten, in: Rausch, Heinz (Hg.): Die geschichtlichen Grundlagen der modernen Volksvertretung, 2. Band, Darmstadt 1974, S. 315–340, hier: S. 318ff.
6 Below, Georg von: System und Bedeutung landständischer Verfassung, in: ders.: Territorium und Stadt. Aufsätze zur deutschen Verfassungs-, Verwaltungs- und Wirtschaftsgeschichte, München/Berlin 21923, S. 53–160, hier: S. 54–63.
7 Below, Georg von: Die landständische Verfassung in Jülich und Berg, 3 Teile in einem Band, Düsseldorf 1885–1891, ND Aalen 1965, Teil 1, S. 15ff.
8 Rotthoff, Guido: Das Lehns- und Ständewesen, in: Kurköln, Land unter dem Krummstab. Essays und Dokumente, hrsg. v. Nordrhein-Westfälischen Hauptstaatsarchiv Düsseldorf, Kreisarchiv Viersen, Arbeitskreis niederrheinischer Kommunalarchivare, Kevelaer 1985, S. 269–275, hier: S. 272ff.
9 Schmitz-Kallenberg, Ludwig: Die Landstände des Fürstbistums Münster bis zum 16. Jahrhundert, in: Westfälische Zeitschrift 92 (1936), S. 1–88, hier: S. 29ff., 44ff.; Rotthoff, S. 272f.; Helbig, Herbert: Fürsten und Landstände im Westen des Reiches im Übergang vom Mittelalter zur Neuzeit, in: Rheinische Vierteljahrsblätter 29 (1964), S. 32–72, hier: S. 40f.
10 Below, Georg von: Die landständische Verfassung in Jülich und Berg, Teil 2, S. 18, 51f. – Schulze, Rudolf: Die Landstände der Grafschaft Mark bis zum Jahre 1510, Heidelberg 1907, S. 194–197.
11 Ritz, Ludolf: Die älteste Geschichte des Vestes und der Stadt Recklinghausen. Ein Beitrag zur deutschen Verfassungsgeschichte, Essen 1903, S. 159ff., 180ff.
12 Schmitz-Kallenberg, S. 35–39, 44–79.
13 Walter, Ferdinand: Das alte Erzstift und die Reichsstadt Cöln, ihre geistliche und weltliche Verfassung und ihr Recht, erstes Buch, Bonn 1866, S. 62, 387–405; Ruppert, Kersten: Die Landstände des Erzstifts Köln in der frühen Neuzeit. Verfassung und Geschichte, in: Annalen des historischen Vereins für den Niederrhein 174 (1972), S. 47–111, hier: S. 56–59; Helbig, S. 40f.
14 Schulze, S. 319f., 327f.
15 Below, Georg von(Hg.): Landtagsakten von Jülich-Berg 1400–1610, Erster Band 1400–1562, Düsseldorf 1895, S. 51 – Folz, Robert: Die Ständeversammlungen in den deutschen Fürstentümern, in: Rausch, Heinz (Hg.): Die geschichtlichen Grundlagen der modernen Volksvertretung, 2. Band, Darmstadt 1974, S. 179–210.
16 Schulze, S. 279; v. Haeften, August (Hg.): Urkunden und Aktenstücke zur Geschichte des Kurfürsten Friedrich Wilhelm von Brandenburg. Ständische Verhandlungen 1, Cleve-Mark, Berlin 1869, S. 18; Schmitz-Kallenberg, S. 73–78.
17 Schulze, S. 210–223.
18 Schulze, S.244; v. Haeften, S. 8, 10, 18.
19 Below, Georg von, Landtagsakten, S. 49ff.
20 Pennings, H.: Zur Geschichte des vestischen Landtages um die Wende des Mittelalters, in: Vestische Zeitschrift 42 (1935), S. 95–107.
21 Below, Georg von, System und Bedeutung landständischer Verfassung, S. 68 Anm.1, 82ff.
22 Schmitz-Kallenberg, S. 25f.; Walter, S. 65; Schulze, S. 267f.; Wollenhaupt, Leo: Die Cleve-Märkischen Landstände im 18. Jahrhundert, Berlin 1924, S. 9.
23 Pennings, S. 96f.
24 Below, Georg von, System und Bedeutung landständischer Verfassung, S. 63.
25 Below, Georg von, Landtagsakten, S. 57 Anm. 6.
26 Below, Georg von, System und Bedeutung landständischer Verfassung, S. 64; Brunner, S. 420ff.; 437ff. – Oestreich, Gerhard: Ständetum und Staatsbildung in Deutschland, in: Rausch, Heinz (Hg.): Die geschichtlichen Grundlagen der modernen Volksvertretung, 2. Band, Darmstadt 1974, S. 47–62, hier: S. 52f.

Kunst und Kultur

Der Kirchenschatz des Essener Münsters

Alfred Pothmann

An das „Mittelalter im Ruhrgebiet" erinnert auf einmalige Art und Weise der Kirchenschatz des Essener Münsters, der einstigen Stiftskirche des adeligen Kanonissenstiftes und seit dem 1. Januar 1958 Kathedralkirche des gegründeten Ruhrbistums Essen.

Vornehmlich die kostbaren Schatzstücke aus ottonisch-salischer Zeit wie aber auch die Geschlossenheit eines durch ein Jahrtausend hindurch gemehrten Kirchenschatzes – von der späteren Karolingerzeit bis in die Zeit des Rokoko hinein – weisen ihn als einen der bedeutendsten Deutschlands aus. Dieses einzigartige kulturgeschichtliche Zeugnis mittelalterlichen Lebens im Raum zwischen Rhein und Ruhr ist erwachsen aus dem geistlich-geistigen Leben einer religiös verfaßten Frauengemeinschaft. Um das Jahr 845 gründete Altfrid, vermutlich dem angesehenen ostfälischen Adelsgeschlecht der Liudolfinger verwandtschaftlich nahestehend, auf dem Areal des Herrenhofes seiner Essener Grundherrschaft ein adeliges Kanonissenstift. Mit Beginn des stiftischen Lebens nahm der Kirchenschatz des Essener Münsters seinen Anfang. Das feiernde Gedächtnis der Glaubensgeheimnisse an kirchlichen Hochfesten wie des Glaubenszeugnisses der Heiligen in der Meßfeier im Verlauf des Kirchenjahres, die Spendung der Sakramente, die Verkündigung des Wortes Gottes und die Feier des Stundengebetes in den verbindlichen Formen der Liturgie bedingten vielfältiges Altargerät, Paramente und Handschriften. Zudem drängten unterschiedlich ausgeprägte Frömmigkeitshaltungen und ortsgebundenes religiöses Brauchtum zu bildhaften Gestaltungen wesentlicher Inhalte christlichen Glaubens.

Werke der Gold- und Silberschmiedekunst, der Elfenbeinschnitzerei, der Weberei und Stickerei, der Bildhauerei wie der Schreib- und Malkunst wurden aus unterschiedlichen Anlässen in Auftrag gegeben. Durch Gebrauch und aufgrund der Beschaffenheit der Materialien nutzten sich manche Gegenstände mehr oder weniger schnell ab, so vor allem Textilien. Manches Altargerät und andere Schatzstücke sind eingeschmolzen worden, wenn sie fragil geworden oder nicht mehr „modern" waren. Gottesdienstliche Handschriften verloren an Bedeutung durch Weiterentwicklung in der Liturgie.

Mittelpunkt der Geistlichen Schatzkammern des früheren und hohen Mittelalters bildeten die „Heiltümer", die Reliquien des Herren, Mariens und der Heiligen, oft in kostbaren und reich ausgestalteten Reliquiaren gefaßt oder in Skulpturen eingeschlossen. Sie zeigten sinnenfällig die Wirklichkeit intensiver Heilsmöglichkeit und Heilserfahrung an. Deshalb wurden die Reliquiare auf den Altären aufgestellt und bei den zahlreichen Prozessionen mitgetragen. Denn in den Reliquien wurden die Heiligen gegenwärtig als Zeugen des schon vollendeten Sieges Christi, als Freunde Gottes erfahren, weil sich in ihnen die Gnade Gottes als mächtig erwiesen und durchgesetzt hatte. Als durch Gott vollendet konnte man sie als Fürsprecher vornehmlich dort anrufen, wo sie begraben waren oder aber ihre Reliquien aufbewahrt wurden. Von kirchlichen Gemeinschaften zu Patronen erwählt, galten sie als Garanten des Schutzes wie auch der Sicherstellung des Besitzes. Die Glaubenshaltung, die der mittelalterlichen Heiligen – und Reliquienverehrung zugrunde liegt, ist theozentrisch geprägt, von Gott her und auf ihn begründet. In einer überlieferten Predigt Altfrids, des Gründers des Stiftes Essen, heißt es im Hinblick auf die Verehrung der Heiligen: „Wie wir die Sonne in ihrem Glanz nicht anschauen können, die von ihr beschienenen Berge aber gern betrachten, so sollen wir, weil wir nicht verdienen, Gott im Glanze seiner Majestät zu schauen, in den Heiligen seine Kraft und seinen Ruhm betrachten und ihn in ihnen loben. Denn wenn wir jene loben, gereicht das in Wahrheit ihm zum Lobe, durch dessen Gnadengaben sie lobwürdig sind[1]".

In der großen Brandkatastrophe 946 scheinen mit Ausnahme einiger Handschriften alle Schatzstücke der Gründungs- und Frühzeit vernichtet worden zu sein. Mit dem Wiederaufbau, von der Äbtissin Hathwig eingeleitet, wurden auch die verlorengegangenen Kirchen- und Altargeräte ersetzt. Den großen architektonischen Leistungen – Anlage der Krypta im Osten, des Westwerkes und des Atriums – entsprachen die neuen Werke der Goldschmiedekunst für die liturgischen Handlungen wie für das durch die Volksfrömmigkeit bestimmte Leben der Stiftsgemeinschaft.

Abgesehen von der Brandkatastrophe im Jahre 946 ist in der Folgezeit ein solch schwerer Verlust nicht mehr eingetreten. Gemindert wurde der Bestand weder durch Notverkäufe, noch durch Verpfändungen in kriegerischen Zeiten. Während des Jülischen Erbfolgestreits zwischen dem Klever Herzog Wilhelm und Kaiser Karl V. (1542 – 1543) blieb der Essener Kirchenschatz unangetastet[2]. Rechtzeitig konnte die Äbtissin Maria Clara von Spaur im 30-jährigen Krieg, als im Essener Raum die politische Lage nach dem Abzug der spanischen Truppen kritisch wurde, den gesamten Kirchenschatz nach Köln ins Kapuzinerkloster verbringen, von wo er erst nach Beendigung des Krieges wieder nach Essen zurückgebracht wurde[3]. Menschliches Versagen bedingte jedoch den Verlust von Einzelstücken im 17. und 18. Jahrhundert. Durch Diebstahl gingen wegen mangelnder Aufsicht und unzureichender Sicherheitsmaßnahmen einige Reliquiare und Kelche verloren[4]. Ein schwerer Schaden wurde gegen Ende der stiftischen Zeit dem Schatz zugefügt, als bei den Vorbereitungsarbeiten zur Flüchtung des gesamten Kirchenschatzes angesichts eines möglichen Einmarsches französischer Truppen in das Essener Stiftsgebiet in der ersten Hälfte des Oktobers 1794 der Beschlag des von der Äbtissin Mathilde gestifteten Marsusschreins – „Die Goldene Kiste" – abgenommen wurde. Dies war ohne Umsicht durch einen unqualifizierten Schreiner geschehen, so daß der Goldbeschlag wie der Stein- und Perlenbesatz später nicht mehr auf den Holzschrein aufzubringen war. Eines der kostbarsten Schatzstücke, der früheste der rheinischen Reliquienschreine, war für immer zerstört[5]. Im Zuge der Säkularisation des Essener Stiftes (1802 – 1803) wurde der Münsterschatz vom preußischen Staat nicht eingezogen und verblieb als „Kirchenschatz" im Eigentum der Pfarrgemeinden St. Johann und St. Gertrud. Lediglich ein Großteil der Stiftsbibliothek, darunter über 20 mittelalterliche Handschriften, wurde auf Anordnung der Berliner Regierung der Düsseldorfer Landesbibliothek eingegliedert[6]. Die drohende Säkularisierung des Kirchenschatzes zur Zeit des französischen Großherzogtums Berg (1806 – 1813) konnte durch Verhandlungsgeschick des noch amtierenden stiftischen Offizials Kanonikus Alois Wilhelm Josef Brockhoff abgewendet werden[7]. Angesichts der ungewissen innenpolitischen Situation im Ruhrgebiet nach Beendigung des Ersten

Weltkrieges sorgten sich Pfarrer und Kirchenvorstand um den Schutz des Schatzes und lagerten ihn vorsorglich im Jahre 1920 nach Hildesheim aus[8]. Ebenso fürsorglich handelte man bei Ausbruch des Zweiten Weltkrieges. In Kisten verpackt, wurden alle Schatzstücke Anfang des Jahres 1940 zur Moritzburg/Meißen gebracht, im Jahre 1944 von dort in ein Bergwerk des Siegerlandes überstellt, wo sie unbeschädigt alle kriegerischen Gefahren überstanden. Von der amerikanischen Militärregierung eingezogen und später in das zentrale Kunstdepot der englischen Besatzungsmacht auf Schloß Dyck bei Neuss überführt, konnte der gesamte Münsterschatz nach umständlich verlaufenden Verhandlungen im Jahre 1950 von Pfarrer und Kirchenvorstand wieder in Empfang genommen werden[9].

Aus unterschiedlichen Gründen traten nach Beendigung des Zweiten Weltkrieges bezüglich der Verwaltung des Essener Kirchenschatzes ein grundlegender Wandel ein. Durch das gesamte Mittelalter und während der Neuzeit war der Kirchenschatz Fremden nicht zugänglich. Die um die Mitte des 12. Jahrhunderts vor dem südlichen Querschiffarm der Stiftskirche errichtete zweigeschossige Vorhalle hatte in den Räumen des Obergeschosses die Sakristei und die Schatzkammer aufgenommen[10]. In Schränken, eingeteilt in einzelne Fächer, waren die Schatzstücke dicht gedrängt gelagert. Nur Einzelpersonen wurde in stiftischer wie nachstiftischer Zeit in Ausnahmefällen der Zutritt in die Schatzkammer gestattet, abgesehen von der öffentlichen Zeigung der Reliquiare anläßlich der seit 1895 eingeführten, in siebenjährigem Rhythmus stattfindenden „Essener Heiligtumsfahrt" in der Festwoche der Stifts- und Stadtpatrone Cosmas und Damian[11]. So war es nicht verwunderlich, daß der Essener Münsterschatz nur wenigen, vornehmlich Kunsthistorikern, bekannt war. Bei den Planungen des Wiederaufbaus der in der Nacht des 5. März 1943 schwer zerstörten Münsterkirche wurde nun ein zusätzlicher Neubau im Zusammenhang mit den historischen Räumen der alten Schatzkammer projektiert. Mit der feierlichen Eröffnung der wiederaufgebauten romanischen Räume und des modernen Erweiterungsbaus am 16. März 1959 durch den ersten Essener Bischof Dr. Franz Hengsbach wurde nun der altehrwürdige, an Werken sakraler Kunst von großer Schönheit und Vollkommenheit mittelalterlichen Kunstschaffens reiche Münsterschatz erstmalig in seiner über ein Jahrtausend währenden Geschichte der Öffentlichkeit zugänglich gemacht[12].

Aus der Gründungszeit des Essener Stiftes stammen mit großer Wahrscheinlichkeit einige Schatzstücke. Das Fragment eines Elfenbeinkammes wurde im Grab des Gründers des Stiftes, des Bischofs Altfrid, gefunden. Das Motiv des Abendmahles auf der Vorderseite des Kammgriffs weist das Stück als „liturgischen Kamm" aus, der zur Ordnung des Haares nach Anlegung der priesterlichen Gewänder benutzt worden ist. Zudem dürfte das karolingische Evangeliar als „Morgengabe" an das Stift gekommen sein[13].

Mit der Gründung des Essener Stiftes mußten für die Feier der Eucharistie und der kanonischen Tagzeiten, für die Spendung der Sakramente und der Sakramentalien, für die religiöse Unterweisung wie für die pädagogisch-erzieherischen Tätigkeiten die dazu notwendigen Textsammlungen beschafft werden: Bibelhandschriften, vornehmlich Evangeliare und Psalterien, Sakramentare, Missalien, Heiligenviten, und nicht zuletzt „Schulbücher". Der reiche Besitz an Handschriften im Essener Konvent, lassen sich doch über 20 Codices des 8. bis 11. Jhdts. nachweisen, bezeugt das hohe geistige und kulturelle Leben der Frauen, die hier in Gemeinschaft nach der Kanonissenregel lebten[14].

Die glanzvollsten Schatzstücke der Münsterschatzkammer sind die vielfältigen Bildwerke der ottonisch-salischen Zeit (10./11. Jahrhundert). Im Rückgriff auf das karolingische Erbe, auf römische und byzantinische Elemente, hat das Kunstschaffen dieser Zeit eigenständige Werke von höchster Qualität und Aussagekraft hervorgebracht. Vor allem waren es die Essener Äbtissinen Mathilde (971 – 1011) und Theophanu (1039 – 1058), Mitglieder des ottonischen Kaiserhauses, die großartige Werke in Auftrag gegeben haben.

Mittelpunkt der ottonischen Kunstwerke bildet die „Goldene Madonna", das älteste erhaltene vollplastische Bildwerk der Gottesmutter mit dem Kinde im Abendland. Das zur Zeit der Äbtissin Mathilde, Enkelin Otto des Großen, in Auftrag gegebene und von einem Künstler einer rheinischen Werkstatt (Köln?) geschaffene Kultbild, stellt Maria als „Sitz der göttlichen Weisheit" und als die „neue Eva", als Mutter aller Erlösten dar. Die goldene Umkleidung des aus Lindenholz geschnitzten Bildes läßt das Bemühen erspüren, das im Glauben erkannte Geheimnis des ewigen menschengewordenen Logos und seiner Mutter sinnenfällig darzustellen. Maria, auf einem Thronhocker sitzend, trägt das Kind quer über ihren Schoß, mit der Linken die Schulter ihres Sohnes stützend umgreifend. Nicht statuarisch, sondern überaus lebendig und hoheitvoll ist die Gestalt Mariens durchformt, für die feierlichen Prozessionen an den hohen liturgischen Festtagen des Stiftes geschaffen, wobei die Äbtissin mit dem Konvent und das versammelte Volk sinnbildhaft im Beschreiten der Wege mit dem über den Häuptern erhobenen Marienbild die begleitende und schützende Nähe ihrer „Herrin" gläubig bekannten.

Um die Wende vom 10. zum 11. Jahrhundert hat die Äbtissin Mathilde den monumentalen bronzenen Siebenarmigen Leuchter in Auftrag gegeben, der älteste erhaltene seiner Art aus christlicher Zeit. Entwurf und Ausführung von außergewöhnlicher Qualität bezeugen einen Künstler von hohem Rang. Stamm und die elliptisch gebogenen Lichterarme wachsen organisch aus kelchartigen Verbindungsgliedern heraus und erhalten durch die teils kugelförmigen, teils vieleckigen ornamentierten Knäufe eine besondere Betonung. Der quadratische Fuß mit Klauen wird gegliedert durch abgeschrägte Seitenwände, die nach unten doppelbogig abschließen. In den Zwickeln und an den oberen Abschlußkanten sind Tierköpfe, auf den vier Ecken ursprünglich fratzenhafte Figürchen als Symbole der Himmelsrichtungen angebracht. Ursprünglich vergoldet und mit Bergkristallen besetzt ist er vermutlich in Essen in Hohlgußtechnik gegossen worden. Die umlaufende Stifterinschrift auf einem Reif am unteren Leuchterstamm – „Äbtissin Mathilde ließ mich anfertigen und weihte mich Christus" – verweist auf ihn als Symbol für Christus als „Licht der Welt" und als ein Zeichen für die Gabenfülle des Heiligen Geistes.

Zudem verweisen drei der vier Vortragskreuze noch auf die Äbtissin Mathilde als Stifterin. Ohne Zweifel zählt das „Otto-Mathilden-Kreuz" mit zu den bedeutendsten Werken, die die ottonische Goldschmiedekunst hervorgebracht hat. Auf der goldbekleideten Schauseite mit reichem Besatz – Edelsteine,

Abbildungen
Abb. 53 (Seite 218) „Goldene Madonna" vor 996, Rheinische Werkstatt, Köln (Essen, Münsterschatz).
Abb. 54 (Seite 219) Vortragekreuz (Kreuz mit den Senkschmelzen), um 1600, Rheinische Werkstatt (Essen, Münsterschatz).
Abb. 55 (Seite 216) Vortragekreuz (Theophanukreuz), vor 1658, Rheinische Werkstatt, Köln? (Essen, Münsterschatz).

Abb. 56 „Kinderkrone" vor 983, Rheinische Werkstatt (Essen, Münsterschatz).

Perlen, Emails – ist ein aus dem Goldblech getriebener Kruzifixus dargestellt, der stilistisch in der Nachfolge des Gerokreuzes des Kölner Domes steht. Als Gegenstück zu diesem Kreuz ist wohl das „Mathilden-Kreuz" geschaffen worden, das mit seinem silbergegossenen und vergoldeten Korpus des Gekreuzigten jedoch insgesamt nicht die Qualität des Vorbildes erreicht. Das dritte Kreuz ist mit großen Senkschmelzplatten geschmückt, auf denen die Evangelistensymbole an den Kreuzenden und der Gekreuzigte zwischen Maria und Johannes mit Sonne und Mond im Mittelpunkt dargestellt sind. Das vierte Vortragekreuz, ein Geschenk der Äbtissin Theophanu (1039 – 1058), geziert mit vorzüglich gearbeiteten Emailleplättchen, ist zugleich ein Kreuzreliquiar. Ein gewölbter Bergkristall im Schnittpunkt der Kreuzarme umschließt eine Partikel vom Kreuze Christi. Von der gleichen Äbtissin scheint das doppelseitige Tafelreliquiar in Auftrag gegeben zu sein, das in gotischer Zeit seine heutige Gestalt erhielt. Während auf der Schauseite zahlreiche Edelsteine in durchbrochenen Fassungen die Bergkristallscheibe mit der Kreuznagelreliquie schmücken, sind es auf der Rückseite Zellenschmelzplatten. Eindeutig ist Theophanu die Stifterin des Buchdeckels eines Evangeliars, inschriftlich als solche ausgewiesen. Die Elfenbeintafel, eine rheinisch-maasländische Arbeit, wird von goldenen Rahmenleisten gefaßt. Die Darstellungen auf der Elfenbeintafel und die in Treibarbeit ausgeführten auf den Rahmenleisten lassen eine wohldurchdachte Komposition erkennen: Das alles umfassende Heilswerk Jesu Christi. Aufsteigend von der zu Füßen der Gottesmutter mit dem göttlichen Kind knieenden Äbtissin Theophanu auf der unteren Rahmenleiste, begleitet von der Heiligen Pinnosa und der Heiligen Walburga, erblickte man auf der Elfenbeintafel die Glaubensgeheimnisse von Geburt, Kreuzigung und Himmelfahrt Jesu, aufgipfelnd in der Majestas Domini mit den umgebenden Engeln auf der oberen Rahmenleiste. Auf den Seiten stehen unter Arkaden die Apostelfürsten Petrus und Paulus wie die Stiftspatrone Cosmas und Damian.

Zwei Schatzstücke sind mit hoher Wahrscheinlichkeit als Motiv-

gaben Kaiser Ottos III. an das Essener Stift übergeben worden: Die „Kinderkrone", die älteste erhaltene mittelalterliche Lilienkrone, und ein Schwert. Der Kronenreif mit vier lilienartigen Aufsätzen aus Goldblechstreifen ist mit überaus reichem Besatz geschmückt. Unter den Lilienansätzen befindet sich je ein großer Stein, durch eine reich ausgestaltete Fassung und durch eine umlaufende Perlschnur hervorgehoben, gerahmt von vier großen Perlen. In den Zwischenräumen wiederum je ein größerer Stein, mit vier Perlen umgeben und vier kleinen Satellitensteinen. Auffallend ein Saphir mit dreieckiger Goldblechfassung und ein als Kameo geschnittener Almandin. Auf dem Grund Filigran aus doppelfädigem Golddraht, Ranken, Schleifenbügel und Blütenformen ausbildend. Den oberen und unteren Rand der Krone umlaufen je ein gekörnter Draht und eine Perlenschnur. Der ursprüngliche Durchmesser des Kronreifs von 16 Zentimetern ist zu unbekannter Zeit um wenige Zentimeter verkleinert worden, und so dem Kopf der Goldenen Madonna angepaßt. Ursprünglich eine Kinderkrone, mit der vermutlich Otto III. im Aachener Münster gekrönt worden ist. Das Schwert ist gegen Ende des 10. Jahrhunderts zu einem Prunkschwert ausgestaltet worden: Der Griff ist mit Filigran, Edelsteinen und Emails verziert. Die Schwertscheide aus Holz ist mit Goldblech umkleidet, das auf jeder Seite in Treibarbeit eine durchlaufende Ranke zeigt, in deren Spiralen unterschiedliche Tiere eingefangen sind. Im Essener Stift wurde später das Schwert als Hinrichtungsschwert der Patrone Cosmas und Damian gedeutet und damit in den Rang einer verehrungswürdigen Reliquie erhoben.
Einige Schatzstücke verweisen auf einen größeren Zusammenhang in dem sie ursprünglich gestanden haben, und lassen den Verlust so manchen Werkes erahnen. Die beiden Elfenbeintafeln – „Passionsdiptychon" – haben wohl einen Bucheinband geschmückt, sie sind im nierdersächsischen Raum geschnitzt und zeigen in provinzieller Art der Darstellung die Kreuzigung Christi mit Maria und Johannes und die drei Frauen am Grabe Jesu. In Fragmenten erhalten sind einige vorzüglich gearbeitete Treibarbeiten, deren einstige Zugehörigkeit (Kreuz, Altarvorsatz, Bucheinband?) nur teilweise zu erschließen ist. Eine Inschrifttafel als Fragment verweist auf das von der Äbtissin Ida um 970 gestiftete Kreuz, das einst auf der hinter dem Kreuzaltar aufgestellten antiken Säule errichtet war.
Die Hocheinschätzung und Verehrung der Reliquien bildeten einen wesentlichen Bestandteil des mittelalterlichen Heiligenkultes. Durch das ganze Mittelalter hindurch waren die Essener Äbtissinnen bemüht, den von Altfrid grundgelegten „Schatz" von Reliquien zu mehren. So wuchs die Anzahl der „Heiligtümer" gewaltig an. Der größere Teil der erworbenen und geschenkten Reliquien ist in Altären der Stiftskirche und der Krypta beigegeben worden, für die anderen wurden Behältnisse geschaffen, die das Anschauen des jeweiligen Heiltums ermöglichten. Der Gold- und Silberschmiedekunst verdanken wir vielfältig gestaltete Reliquiare. Auffallend sind die sogenannten „redenden" Reliquiare, deren Formgestaltungen auf die in ihnen eingeschlossenen Reliquien verweisen. Diesem Typus zugehörig sind die vier Armreliquiare und die beiden Kopfreliquiare, den heiligen Marsus und den heiligen Kölner Erzbischof Engelbert darstellend. Im Zeitalter der Gotik haben sich die Künstler bei der Gestaltung der Reliquiare weitgehend von dem Reichtum architektonischer Formen inspirieren lassen, wie die Monstranzen dies deutlich machen.
Zur Feier der Eucharistie bedurfte man stets des Kelches und der Patene, kirchlichen Bestimmungen gemäß aus edlem Metall zu fertigen. Obwohl durch ständigen Gebrauch gefährdet, ist dennoch eine Vielzahl dieser kultischen Geräte aus mehreren Jahrhunderten im Essener Kirchenschatz erhalten geblieben. Anderes Altargerät wie Kreuz, Leuchter, Wein- und Wasserkännchen und Weihrauchfässer sind nur aus dem 18. Jahrhundert überliefert, ausgenommen das aus dem 14. Jahrhundert stammende Standkreuz, heute als Prozessionskreuz noch in Gebrauch.
Aus dem vorauszusetzenden reichen Bestand mittelalterlicher Paramente ist nur wenig erhalten geblieben. Verschleiß- und Alterungsprozesse haben diese Textilien größtenteils vernichtet. Neben Meßgewändern aus der Barockzeit sind lediglich eine Casel, vier Dalmatiken, zwei Kelchvelen und einige Fragmente aus dem späten Mittelalter erhalten geblieben.
Abschließend sei noch verwiesen auf die vier Altarbilder des Kölner Malers Bartolomeus Bruyn, der in den Jahren 1522–1525 diese Tafeln im Auftrage der Essener Äbtissin und des Damenkonventes ausführte. Sie stellen die Geburt Christi, die Anbetung der Könige, die Kreuzigung und die Kreuzabnahme dar. Diese Gemälde befinden sich gegenwärtig in der St. Johanneskirche, die dem Essener Münster vorgelagert ist.

Anmerkungen

1 Honselmann, Klemens: Eine Essener Predigt zum Fest des heiligen Marsus aus dem 9. Jahrhundert, in: Bischof Altfrid, Leben und Werk, hrsg. v. Alfred Pothmann, Essen 1974, S. 73–94, hier: S. 89.
2 Aders, Günter: Die Beschlagnahme der Kirchenschätze im rechtsrheinischen Kleve im gelderschen Erbfolgekrieg 1543, in: Düsseldorfer Jahrbuch. Beiträge zur Geschichte des Niederrheins 45 (1951), S. 269–279.
3 Essener Münsterarchiv, Akte B 754; Lohmann, Friedrich Wilhelm: Äbtissin Anna Salome von Salm-Reifferscheidt und Stift und Stadt Essen zur Zeit ihrer Wahl (1646), in: Beiträge zur Geschichte von Stadt und Stift Essen 45 (1927), S. 275–287, hier: S. 284 f.
4 Essener Münsterarchiv, Akte B 754.
5 Essener Münsterarchiv, Akte 535.
6 Körholz, Franz: Die Säkularisation und Organisation in den preußischen Entschädigungsländern Essen, Werden und Elten 1802–1806. Münstersche Beiträge zur Geschichtsforschung Neue Folge XIV, Münster 1907, S. 41–52. – Karpp, Gerhard: Bemerkungen zum Bücherbesitz des Essener Damenstiftes um 900, in: Octogenario. Dankesgabe für Heinrich Karpp überreicht von Schülern, Verwandten und Bekannten, Düsseldorf 1988, S. 51–115, hier: S. 52 ff.
7 Brand, Jürgen: Geschichte der ehemaligen Stifter Essen und Werden während der Übergangszeit von 1806–1813 unter besonderer Berücksichtigung der großherzoglich-bergischen Justiz und Verwaltung, in: Beiträge zur Geschichte und Stadt und Stift Essen 86 (1971), S. 5–155, hier: S. 120.
8 Essener Münsterarchiv, Akte B 349.
9 Essener Münsterarchiv, St. Johann Nr. 73.
10 Zimmermann, Walther: Das Münster zu Essen, Essen 1956, S. 267 f.
11 Schmücker, Richard: Die Essener Heiligtumsfahrt, Essen 1902.
12 Lucke, Wilhelm: Zur Wiedereröffnung der Schatzkammer des Essener Münsters, in: Das Münster am Hellweg. Mitteilungsblatt des Vereins für die Erhaltung des Essener Münsters 12 (1959), S. 62–65.
13 Humann, Georg: Die Kunstwerke der Münsterkirche zu Essen, Düsseldorf 1904, S. 41.
14 Gerhard Karpp: Zu den Schatzstücken des Essener Münsterschatzes: Humann, Georg: Die Kunstwerke der Münsterkirche zu Essen, Düsseldorf 1904; Lüthgen, Eugen: Der Kirchenschatz des Münster in Essen, in: Zeitschrift des Rheinischen Vereins für Denkmalpflege und Heimatschutz 21 (1928), S. 49–66; Köhn, Heinz: Der Essener Münsterschatz, Essen 1953; Küppers, Leonhard/Mikat, Paul: Der Essener Münsterschatz, Essen 1966; Pothmann, Alfred: Die Schatzkammer des Essener Münsters, München/Zürich 1988.

Der Glanz des Wortes

Das Evangeliar der Äbtissin Theophanu, ein 'Heiltum' der mittelalterlichen Stiftskirche zu Essen

Margit Bihler

Wie die gesamte Ruhrregion erhält auch die Stadt Essen ihren historischen Stellenwert erst mit der Geschichte der Industrialisierung. Durch sie hat die Stadt ihr Gepräge erhalten, sie hat aus einem kleinen, unbedeutenden Städtchen die Ruhrmetropole gemacht. Während nun die Spuren der Industrialisierung jedem Besucher der Stadt unweigerlich ins Auge fallen, muß er nach den Resten ihrer vorindustriellen Vergangenheit fahnden bzw. ist gezwungen, sie in ihrer musealen Aufbereitung aufzusuchen. Ein Ort allerdings läßt sich – wenn auch nicht eben leicht zwischen den zahlreichen neuen Warenpalästen der Einkaufsstadt – finden, der ein eindrucksvolles Zeugnis ablegt von einer anderen, mittelalterlichen Glanzzeit, die Essen erlebt hat. Die Münsterkirche, das rituelle Zentrum des Kanonissenstiftes, in dessen Schatten sich das Gemeinwesen der Stadt gebildet hat, und hier vor allem der Münsterschatz, sind Zeugen für eine Zeit, in der Essens politische Bedeutung an seine Funktion als Ort klerikaler Pracht- und Machtentfaltung gebunden war. Gerade die Schatzkammer der Stiftskirche mit ihrer wertvollen Sammlung ottonischer Goldschmiedekunst gibt ihrem Besucher einen nachhaltigen Eindruck von jenen Tagen, in denen das Reichsstift Essen, wenn auch für relativ kurze Zeit, zu den klerikalen Macht- und Bildungszentren gehörte, die unter den Ottonen und Saliern als Stützen kaiserlicher Reichspolitik fungierten. Seine sog. Blütephase erlebte das Kanonissenstift zwischen 971 und 1058. In diesen Jahren drückte sich die politische Bedeutung direkt in der Besetzung des Äbtissinnenstuhles durch Frauen aus dem kaiserlichen Hause aus. Die bedeutendsten sakralen Kunstgegenstände der Münsterkirche verdanken wir den schatzbildnerischen Initiativen der ottonischen Herrscherinnen über Essen. Und der byzantinische Einfluß, der in den wertvollsten Stücken des Münsterschatzes zur Geltung kommt, resultiert aus den Bemühungen dieser Äbtissinnen, dem Ritual der Stiftskirche den goldenen Rahmen kaiserlichen Glanzes zu verleihen.

Mechthild bzw. Mathilde (971 – 1011) war die erste der 'kaiserlichen' Äbtissinnen zu Essen. Sie war eine Tochter Liudolfs, des Sohnes Ottos I. Sophia (1011 – 1039), die Schwester Ottos III., löste Mathilde in der Äbtissinnenwürde ab. Auf Sophia schließlich folgte Theophanu (1039 – 1058), die Tochter des Pfalzgrafen Ezzo, die über ihre Mutter Mathilde Enkelin Ottos II. und der Kaiserin Theophanu war. Diese mütterlich-kaiserliche Abkunft erscheint auf der Grabtafelinschrift der Theophanu, während der Vater Ezzo keine postume Würdigung erfährt.

Als Theophanu ihrer Tante Sophia auf dem Äbtissinnenstuhl zu Essen folgte, knüpfte sie an die Initiativen ihrer großen ottonischen Vorgängerin Mathilde an. Die Erweiterung der Stiftsgüter unter ihrer Regierungszeit war dabei die Voraussetzung für ihre kostspieligen Repräsentationsprojekte. Neben der Wiederaufnahme der Bautätigkeiten an der Münsterkirche stand die Ausdehnung des Kirchenschatzes im Zentrum ihrer Bemühungen. Den beiden Mathildenkreuzen fügte sie ein drittes kostbares Vortragekreuz hinzu, eine Reliquientafel geht auf ihre Initiative zurück. Zwei weitere wertvolle Schenkungen der Äbtissin Theophanu an das von Mathilde gegründete Stift Rellinghausen, der Prunkschild ihres Vaters und ein Vortragekreuz, sind heute ebenso verlorengegangen wie der Marsusschrein, den sie als ein von Mathilde begonnenes Projekt vollenden ließ, nicht ohne auch hier eine deutliche Reminiszenz an ihre hochherrschaftliche Abkunft anklingen zu lassen. Sie ließ den Reliquienschrein mit einem goldenen byzantinischen Kaisersiegel versehen.

Ein Buch im Verein mit den heiligen Reliquien

Unter diesen Schätzen frühmittelalterlicher Goldschmiedekunst im Münsterschatz befindet sich der besonders eindrucksvolle Buchdeckel eines Evangeliars, den die Äbtissin Theophanu für die Stiftskirche anfertigen ließ. Der Einband aus Elfenbein mit getriebenem Goldrahmen ist ein beispielhaftes Exemplar frühmittelalterlicher Prachteinbände. Beeindruckt vom üppigen Gold- und Edelsteinschmuck des Buchdeckels, drängt sich auch dem heutigen Besucher nicht unmittelbar die Frage auf, ob denn ein Buch seinen angemessenen Aufbewahrungsort in einer Schatzkammer finde. Da wir es gewohnt sind, Büchern ihren Wert lesend zu entnehmen, ist soviel sinnfällige Wertschätzung, die sich in derart direkter und augenfälliger Kostbarkeit ausdrückt, eher dazu geeignet, uns vergessen zu lassen, daß dieses Kunstwerk als Einband eines Buches gedacht war. Tatsächlich ist in diesem Fall aber nicht das späte kunstgeschichtliche Interesse, welches die spärlichen Exponate ottonischer Sakralkunst zu schätzen weiß, alleiniger Anlaß, den Buchdeckel zusammen mit den wertvollen Reliquien und liturgischen Geräten in der Schatzkammer zu hüten. Schon der zeitgenössische Gebrauch des Evangeliars unterstreicht dessen Verwandtschaft mit den Reliquien des Stiftes. Damals war es aber gerade nicht die heute hinter Glas zu besichtigende Kostbarkeit, die dieses Buch zum Teil des Kirchenschatzes machte, sondern eine 'inszenierte Pracht', die es als Requisit feierlicher Rituale mit den anderen sakralen Kunstgegenständen im mittelalterlichen Stift geteilt hat. Eine Ahnung von jener glanzvollen Ausstattung der Festrituale, zu denen die Kunstwerke des Münsterschatzes in Verein mit dem Prachtevangeliar maßgeblich beitrugen, vermittelt der 'Liber ordinarius', eine Handschrift aus dem 14. Jahrhundert, die uns über die alten liturgischen Traditionen des Essener Stiftes in Kenntnis setzt. Im Zusammenhang mit feierlichen Prozessionen an hohen Festtagen taucht hier ein Pleonarius auf (eine Handschrift, die die Texte der Evangelien enthält), den wir mit hoher Wahrscheinlichkeit mit dem Theophanu-Evangeliar identifizieren können. Dieser Pleonarius gehörte im Verein mit den Reliquien und Vortragekreuzen zur prachtvollen Ausstattung der Festtagsprozessionen und spielte im Rahmen der Essener Osterfeierlichkeiten eine besonders hervorragende Rolle. Am Karfreitag wurde das Evangeliar gemeinsam mit der Pyxis und den Reliquien in einen Schrein auf der Empore des Westwerkes am Michaelsaltar, der das Heilige Grab darstellte, verschlossen und in der Osternacht feierlich zum Hauptaltar zurückgeführt. Am Ostersonntag und an Pfingsten fanden Prozessionen mit dem Evangeliar und den Reliquien statt; schließlich wurde das Prachtbuch an Christi Himmelfahrt, dem Kirchweihtag und Mariae Himmelfahrt – hier im Verein mit der goldenen Madonna – zusammen mit den Kreuzen und dem Reliquiar des Heiligen Nagels ins Freie getragen und dem Volke gezeigt.

Die Funktion dieses Buches beschränkte sich also kaum darauf, daß aus ihm die Evangelientexte gelesen wurden. Es scheint nicht einmal seine vorzügliche Aufgabe gewesen zu sein. Besonders die

S PINNOSA
S VVALDBVRG

Grablege- und Auferstehungszeremonie der Essener Osterwoche macht deutlich, daß das Evangeliar als Gegenstand von hohem symbolischem Wert im Zentrum liturgisch-gestischer Ritualhandlungen stand und deshalb mit der Goldenen Madonna, den Vortragekreuzen und dem Nagelreliquiar zu den sogenannten hervorragenden 'Heiltümern' der Essener Stiftskirche zählte. Es war die altchristliche Vorstellung, die im Evangeliar die Verkörperung Christi sah, auf der auch das Osterritual in Essen beruhte. Diesem besonderen Symbolwert, durch den die Texte der Erlösungsgeschichte gleichsam als Korpus des Erlösers selbst begriffen wurden, trug die prachtvolle Ausstattung des Theophanu-Evangeliars Rechnung und brachte ihn gleichzeitig zum sinnfälligen Ausdruck.

Ein Buch aus Gold und Elfenbein

Schon seine Materialität, die Entscheidung für Gold und Elfenbein, ist in diesem Zusammenhang bedeutungsvoll. Bereits die antiken Quellen nennen Gold, Silber und Elfenbein als Werkstoffe beispielhafter Prachtentfaltung und kennen sie besonders als Materialien königlicher Repräsentation. Aber auch im christlichen Kontext taucht Gold immer wieder als bedeutungsträchtiges Synonym für das Heiligste und Höchste auf, wird Elfenbein als Reinheits- und Ewigkeitssymbol begriffen.

Beides, Prachtentfaltung und ihre christlich-liturgische Bedeutung, scheinen die ottonische Kunst gleichermaßen zu bestimmen. Die auffällig üppige Verwendung wertvollster Werkstoffe verweist hier auch im klerikalen Dienst noch auf eine durchaus profane Faszination dieser Materialien, die sie bereits für die germanisch-heidnischen Könige der Völkerwanderungszeit besaßen. Schon diese pflegten die Goldschmiedekunst, bei der der Schluß vom edlen Material auf die edle und mächtige Position seines Besitzers nahelag. Auch das kostbare Evangeliar der Theophanu warf in seiner 'Prachtentfaltung zur Ehre Gottes' ohne Zweifel einen Abglanz auf die hochadlige Stifterin.

Die Wahrheit des Wortes im Bild

Der Prachteinband des Münsterschatzes beeindruckt seinen Betrachter aber nicht nur durch seine kostbare Materialität, sondern auch aufgrund der künstlerischen Gestaltung, durch den reichen figürlichen Schmuck von Goldrahmen und elfenbeinerner Mitteltafel. Es lohnt sich, die hier zur Darstellung kommenden Figuren und Szenarien einer eingehenden Betrachtung zu unterziehen. Denn hierin unterscheidet sich dies 'Heiltum' der Stiftskirche von den anderen. In der figürlichen Gestaltung des Buchdeckels fanden nicht nur die Repräsentationsbedürfnisse der Äbtissin und der hochadligen Stiftsgemeinschaft ihren Raum, sondern wurden darüber hinaus deutlich in Beziehung gesetzt zu dem Heiligen Text, für den auch dieser Buchdeckel gefertigt worden ist. Die künstlerische Form, die bildliche Darstellung des Einbandes ist nur in Abhängigkeit zu dem Buch, den er umschließt, angemessen zu verstehen. Deshalb ist das Evangeliar der Theophanu nicht nur eines der kostbaren Requisiten glanzvoller Stiftsrituale. Es ist auch ein Buch, sein kostbarer Einband ist auch ein Behältnis für die Heilige Schrift, und dessen äußere Gestalt hat Teil an der Auslegung und Verdeutlichung seines hohen inhaltlichen Wertes.

Das Zentrum des Vorderdeckels bildet die Elfenbeintafel, die von zwei Quer- und zwei Längsfeldern aus getriebenem Goldblech umgeben ist. Die untere Zone gibt die Geburt Christi wieder, das alles überlagernde mittlere Feld wird von der Darstellung der Kreuzigung eingenommen und der obere Bereich bildet die Himmelfahrt ab. Diese Szenen geben einerseits einzelne heilsgeschichtliche Ereignisse aus dem Neuen Testament wieder, andererseits können sie auch als Zusammenfassung des christlichen Heilsgeschehens gelesen werden. Mit der Menschwerdung Gottes, der zentral verankerten Passion und der oberen Darstellung des Triumphes über den Tod in der Himmelfahrt, die auch das Parusieversprechen mit intendiert, werden hier die fundamentalen christlichen Glaubenswahrheiten ins Bild gefaßt. Daß die Szenen der Elfenbeintafel nicht nur eine Art chronologisch, von unten nach oben zu lesende, bildhafte Erzählung der Heilsgeschichte darstellen, sondern als 'Zusammenschau der christlichen Glaubenswahrheiten im Bild' zu betrachten sind, macht ein Blick auf die zentrale Kreuzigungsszene deutlich. Sie enthält symbolhafte Darstellungselemente und allegorisches Personal, die nicht als 'realistisch-historisches' Inventar ihren Platz innerhalb der Kreuzigung finden, sondern die das Passionsszenarium 'bedeutungsvoll' erweitern bzw. das zur Darstellung kommende, historische Heilsgeschehen als bedeutungsvolles und zu deutendes unterstreichen. Neben den Personen der biblischen Kreuzigungsgeschichte Maria, Johannes, Longinus und Stephaton befindet sich auch Ecclesia mit dem Kelch, das Sinnbild der christlichen Kirche, unter dem Kreuz. Ihr gegenüber wendet sich Synagoga, das Symbol der jüdischen Religionsgemeinschaft, vom Geschehen ab. Außer den Schächern als historischem Personal der Kreuzigung sind Figuren dargestellt, die aus ihren Gräbern auferstehen, und schließlich hält über dem Haupt des Gekreuzigten die Hand Gottes die Krone des Lebens, christlicher Ausdruck der Überwindung des Todes durch den Opfertod Jesu.

Es sind die symbolischen Attribute, die die Kreuzigung in ihrer zentralen Position bestätigen, denn durch sie wird die Kreuzigungsszene zur Inkarnation der die christliche Religionsgemeinschaft begründenden Glaubenswahrheiten – Menschwerdung Gottes, Passion und Erlösung.

Eingerahmt werden die heilsgeschichtlichen Szenen durch die hochrangigen christlichen Gewährsleute, die Schreiber der heiligen Texte, an deren Auslegung der Buchdeckel bildnerisch teilnimmt. Die vier Evangelisten an den äußeren Enden der elfenbeinernen Mitteltafel, erkennbar an ihren Symbolen, die ihnen als Schreibpulte dienen – Löwe (Markus), Stier (Lukas), Adler (Johannes), Mensch bzw. Engel (Matthäus) – sind die hervorragenden Zeugen eines Heilsgeschehens, das als göttliche Offenbarung – als fleischgewordenes Wort, wie es das Johannesevangelium vermerkt – Ausgangspunkt für das darstellerische Bemühen auf dem Bucheinband ist. Als Schreibende und Aufzeichnende sind die Evangelisten gleichzeitig die Garanten für die Wahrheit des göttlich inspirierten Textes, den der Buchdeckel umschließt und auf den seine Ikonographie verweist.

Gold als Abglanz des Himmels

Durch eine Edelsteinborte abgesetzt, umfaßt der Goldrahmen als Bereich der Darstellung des Himmlischen und der jenseitigen Welt die heilsgeschichtlich-historische Bildthematik der Elfenbeintafel. Er ist dabei kein beziehungsloser Schmuckrahmen, sondern die obige Abbildung des thronenden Christus in der von Engeln gehaltenen Kreisgloriole schließt durchaus folgerichtig an die Himmelfahrtsszene im oberen Elfenbeinbereich an. Auch die im unteren Querfeld abgebildete Gottesmutter auf

Abb. 57 (Seite 224) Das Theophanu-Evangeliar: Vorderdeckel (Essen, Münsterschatz).

himmlischem Thron läßt sich mit der Geburtsszene der unteren Mitteltafel in Beziehung setzen. In den Längsfeldern stehen unter Säulenbögen jeweils paarweise einander gegenübergesetzt die Essener Stiftsheiligen Kosmas und Damian und die Apostelfürsten Petrus und Paulus.

Irritieren mag auf den ersten Blick, daß innerhalb dieses goldenhimmlischen Darstellungsraumes ein Abbild der Äbtissin und Stifterin Theophanu Platz findet. Im unteren Querfeld wird die Dedikation des Evangeliars durch Theophanu, deren Name ins Goldblech eingeritzt ist, dargestellt. Geleitet wird die kniende Äbtissin zum Throne der himmlischen Herrscherin durch Pinnosa und Walburga. Auch diese beiden – im Essener Stift besonders verehrten – Heiligen sind durch ihre ins Gold getriebenen Namenszüge identifizierbar. Das Paradoxon, daß hier ein historisches Geschehen, die Stiftung eines Buches, gleichsam als ein in himmlischer Sphäre stattfindendes Ereignis gestaltet wird, bleibt nur solange bestehen, wie wir zwischen historischem Vorgang und seiner himmlisch-ewigen Bedeutung unterscheiden. Diese Unterscheidung hat sich aber im Rahmen mittelalterlich-christlicher Kunst immer wieder als eine unzulässige erwiesen. Auch in diesem Fall intendiert die Widmung des Evangeliars an die Gottesmutter als geschichtliches Geschehen einen ewigen eschatologischen Sinn. Sie ist Gottesdienst, die hochadlige Stifterin wird in devoter Haltung abgebildet und die Dedikation enthält als im Hier und Jetzt vollzogene Handlung doch eine Geste, die nicht für und von dieser Welt sein soll. Die Figuren, die den Vorgang im Goldrahmen begleiten, sind denn auch ausschließlich himmlische Fürsprecher, angefangen bei den heiligen Begleiterinnen der Dedikationsszene, über die Stiftsheiligen, die gleichsam als Statthalter des Essener Kanonissenstiftes im Jenseits aufgefaßt werden können, bis zu den Aposteln Petrus und Paulus, die man wohl als die exponiertesten Vertreter der christlichen Kirche im himmlischen Bereich bezeichnen kann. In dieser Gesellschaft steht die kunstsinnige Geste der Gönnerin, in dieser goldenen Sphäre hat ihr herrscherliches Repräsentationsbedürfnis seine christliche Legitimation. Als Stifterin des prächtigen Evangeliars richtet sich Theophanu in ihrer sinnfälligen, weltlich-adeligen Großzügigkeit an die christlich legitimierte Pracht eines himmlischen Jenseits.

Ein Buch, um es zu zeigen – die Visualisierung der Heiligen Schrift

Wir haben also ein Buch beschrieben, ohne es aufzuschlagen, ohne seine 157 Pergamentseiten zu durchblättern, ohne auf die zwölf Kanontafeln, die vier Evangelistenblätter oder die Initialseiten einzugehen, denn wir glauben, daß die historische Funktion dieses Buches der eingehenden Beschreibung seines Prachteinbandes recht gibt. Das Evangeliar der Theophanu spielte seine geschichtliche Rolle als Buch nicht, insofern es gelesen, sondern indem es gesehen wurde. Hergestellt in einer Zeit, in der klerikale Prachtentfaltung auch im Stift Essen dessen gewichtige Stellung innerhalb des mittelalterlichen christlichen Kaiserreiches unterstrich, wurde es als bedeutungsvolles Zeichen im Ritual des Stiftes verankert, und seine prächtige Ausstattung entsprach dieser Position.

Der Umgang mit dem Buch als 'Heiliger Schrift' steht im Zentrum christlicher Liturgie. Dabei waren es gerade die illiteraten Verhältnisse des Mittelalters, in denen die Schrift im christlichen Kontext weniger als Kommunikationsmedium denn als hoher sakraler Bedeutungsträger fungierte, als Synonym für Glaubensgeheimnis und Glaubenswahrheit. Diesen hohen Wert von Buch und Schrift nahm vor allem der des Lesens und Schreibens unkundige mittelalterliche Zeitgenosse wahr, dem etwa das Evangeliar in all seiner äußeren Pracht 'vor Augen geführt' wurde. Solch 'inszeniertes' Buch schuf eine Distanz zwischen denen, die im Besitz der Schrift waren und als Kleriker professionell mit ihr umzugehen verstanden und jenen, die das Buch aus Gold und Elfenbein im kirchlichen Festakt bestaunten. Andererseits finden in diesem sich immer wieder rituell präsentierenden Textverhältnis die spezifischen Formen mittelalterlich-christlicher Gesellschafts- und Machtverhältnisse ihren Ausdruck. In der aufwendigen liturgischen Präsentation der Heiligen Schrift kommt ein Moment mittelalterlicher Religiösität – und das heißt für diese Zeit immer auch Sozialität – zum Ausdruck, das angebunden war an ein Schriftverhältnis, welches von uns, die wir selbstverständlich mit der Schrift und immer weniger selbstverständlich mit der Religiösität umzugehen gewohnt sind, kaum mehr nachvollziehbar ist. Die mittelalterliche Theologie hatte es sich zur Aufgabe gemacht, die Heilige Schrift – eben jenen Text, den auch das Theophanu-Evangeliar repräsentiert – zu verstehen, und sie meinte damit, sich den hinter den Buchstaben liegenden, tiefen göttlichen Sinn zu erschließen. Diese eher kontemplative, intellektuelle Absicht hat sie aber nicht eben selten in eine bestaunte, prachtvolle Äußerlichkeit übersetzt. Hierin mag man vorschnell einen Grundwiderspruch mittelalterlicher Theologie entdecken, den man dann auch noch 'ideologiekritisch' gerne als Machtstrategie gegenüber einer illiteraten sozialen Umwelt zu entlarven gewohnt ist, vor deren Augen der gesellschaftliche Führungsanspruch der klerikalen Schriftverwalter im wahrsten Sinne des Wortes sinnfällig gemacht wurde. Diese Strategie – und man mag seine Zweifel in die Tauglichkeit eines derart intentionalen Begriffes anmelden, insofern er auf historisch bedingte Formen von Gemeinschaftsbildung und Herrschaftsausübung zielt – hat aber auch die spezifischen Charakteristika mittelalterlicher Kunst mit ihrer besonderen Ausdrucksdimension hervorgebracht. Die vielschichtige Darstellung der Elfenbeintafel des Theophanu-Evangeliars macht deutlich, daß die mittelalterliche Ikonographie in ihrer christlichliturgischen Funktion Darstellungsprinzipien entwickelte, die die Kunst zur Deuterin von Realität und historischem Bericht erhoben hat. In ihrer religiösen Indienstnahme, durch ihre christliche Legitimation erlangte die mittelalterliche Kunst im Rahmen herrscherlicher Machtrepräsentation eine Disposition, die sie tendenziell aus rhetorischen Zweckbindungen und mimetischen Funktionen löste und zu einem hermeneutischen Erkenntnis- und Ausdrucksmedium metaphysischer, über die bloße Abbildung von Wirklichkeit hinausgehender Wahrheiten machte. So wie die Bilder der Elfenbeintafel des Evangeliardekkels auf den tiefen Sinn der Heilsgeschichte verweisen, so ist die sichtbare Pracht des Buches Zeichen für seinen unsichtbaren göttlichen Wahrheitswert.

Der neuzeitliche 'Schriftglaube' und die 'inszenierte Glaubensschrift' des Mittelalters

Unsere Gegenwart hat weitestgehend das Verständnis verloren für eine Zeit, deren intellektuelle Kräfte ohne Ausnahme in theologisch-interpretativen Aufgabenfeldern gebunden waren, und wir können uns keine Vorstellung mehr machen von einer Lebenswelt, deren Gemeinwesen sich immer auch als eine religiöse Gemeinschaft verwirklichte. Dieser rein theologische Wissensbetrieb ist uns heute eher eine Art 'hölzernes Eisen' und die gesellschaftsbildende Kraft religiöser Rituale hat in unseren

Breiten lange ihre Funktionstüchtigkeit eingebüßt. Dennoch hat dieses, uns derart fremd gewordene christliche Zeitalter eine Wahrnehmungsweise der Wirklichkeit entwickelt, deren Dimensionen und Relationen in gewisser Weise immer noch ihre Verbindlichkeit besitzen. Die christliche Disposition des Mittelalters, die eine Erscheinung auf ihren inneren Wert zu betrachten bemüht war, die in der äußeren künstlerischen Gestaltung den Indikator einer inneren, wesenhaften Wahrheit sah, ist eine Einstellung, die sich über das Mittelalter hinaus besonders im Rahmen künstlerischer und hier vor allem literarischer Produktivität erhalten hat. Kunst und Literatur haben, als sie sich aus religiösen Zusammenhängen emanzipierten, selbst dort, wo sie ihren 'sakralen Glanz' aufgegeben haben, bei weitem nicht auf ihren hohen Wahrheitsanspruch verzichtet. Ja es ist geradezu der religiös anmutende, wesenhafte Wahrheitswert, mit dem auch in der Geschichte einer nichtklerikalen Kunst die Legitimität ihrer fiktionalen Gebilde immer wieder vehement verteidigt wurde. Die historische Emanzipation der Kunst aus klerikalen Kontexten ist ebenfalls kein zeitgenössisches Thema mehr, denn der Literatur- und Kunstbetrieb unserer Zeit ist zu einer Selbstverständlichkeit geworden, die sich nicht mehr im Kampf mit religiösen Anschauungsformen gesellschaftlich zu rechtfertigen hat. Ganz anderen Konkurrenten hat sich insbesondere die Literatur und das Buch derzeit zu stellen. Im Kampf aber mit den neuen Medien als eben diesen gegenwärtigen Feinden taucht nach wie vor unüberhörbar das Argument des tiefen und bedeutungsvollen Charakters auf, welchen das Medium Buch im Gegensatz zur 'Oberflächlichkeit' der audiovisuellen Medienwelt für sich in Anspruch nimmt.

Die Selbstverständlichkeit, mit der wir heute noch bereit sind, der literarischen Schrift einen höheren, weil tieferen kulturellen Wert einzuräumen, sollte sich häufiger an die christlich-rituellen Anfänge eines solch 'blinden' Schriftglaubens erinnern. Im christlich-mittelalterlichen Kontext wurde der tiefe Sinn der Schrift gerade nicht 'blind geglaubt', sondern an ihren eindrucksvollen Augenschein gebunden, und die Wertschätzung des Buches war hier in hohem Maße ein Effekt seiner glanzvollen, sichtbaren Oberfläche.

Literatur

Arens, Franz: Der Liber ordinarius der Essener Stiftskirche und seine Bedeutung für die Liturgie, Geschichte und Topographie des ehemaligen Stiftes Essen, in: Beiträge zur Geschichte von Stadt und Stift Essen 21 (1901), S. 1–156.

Assunto, Rosario: Die Theorie des Schönen im Mittelalter, Köln 1982.

Bader, Walter: Eine Art Einleitung zur Geschichte des Essener Kanonissenstiftes, in: Bonner Jahrbücher 167 (1967), S. 300–322.

Drögereit, Richard: Griechisch-Byzantinisches aus Essen, in: Byzantinische Zeitschrift 4 (1953), S. 110–115.

Ders.: Von Altfrid bis Theophanu, in: Das Münster am Hellweg 5 (1952), S. 162–167.

Forstner, Dorothea: Die Welt der christlichen Symbole, Innsbruck/Wien/München [2]1967.

Grimme, Ernst Günther: Goldschmiedekunst im Mittelalter. Form und Bedeutung des Reliquiars von 800–1500, Köln 1972.

Hegel, Eduard: Kirchliche Vergangenheit im Bistum Essen, Essen 1960.

Hoffmann, Hartmut: Buchkunst im ottonischen und frühsalischen Reich, 2 Bde., Stuttgart 1986.

Humann, Georg: Gegenstände orientalischen Kunstgewerbes im Kirchenschatz des Münsters zu Essen, in: Beiträge zur Geschichte von Stadt und Stift Essen 18 (1898), S. 5–17.

Jahn, Robert: Essener Geschichte. Die geschichtliche Entwicklung im Raum der Großstadt Essen, Essen 1957.

Jantzen, Hans: Ottonische Kunst, München 1947.

Kirschbaum, Engelbert (Hg.): Lexikon der christlichen Ikonographie, 8 Bde., Rom/Freiburg/Basel/Wien 1968–1974.

Koep, L.: Das himmlische Buch in Antike und Christentum, Bonn 1952.

Küppers, Leonhard: Essen. Dom und Domschatz, Königstein 1975.

Maßner, Hans-Joachim: Aus Vergangenheit und Gegenwart unserer Kirche in Essen, Köln 1978.

May, Heinrich: Griechisch-Byzantinisches aus Essen. Auswirkungen der Kaiserkrönung Ottos I. auf den Kult in der Münsterkirche, in: Das Münster am Hellweg 16 (1963), S. 166–167.

Medding-Alp, Emma: Rheinische Goldschmiedekunst in ottonischer Zeit, Koblenz 1952.

Ohly, Friedrich: Schriften zur mittelalterlichen Bedeutungsforschung, Darmstadt [2]1983.

Oslender, Frowin: Der goldene Buchdeckel des Essener Evangeliars, in: Das Münster am Hellweg 10 (1956), S. 151.

Petry, Manfred: Zur älteren Baugeschichte des Essener Münsters, in: Beiträge zur Geschichte von Stadt und Stift Essen 98 (1983), S. 1–14.

Ribbeck, Konrad: Geschichte der Stadt Essen, 1. Teil, Essen 1915.

Steenbock, Frauke: Der kirchliche Prachteinband im frühen Mittelalter. Von den Anfängen bis zum Beginn der Gotik, Berlin 1965.

Werdendes Abendland an Rhein und Ruhr: Ausstellung in der Villa Hügel, Essen, [4]1956.

Zimmermann, Walther: Das Münster zu Essen, Essen 1956.

Ein Graduale in Lünen

Petra Henseler

Abb. 58 Initiale I (fol. 182 r).

Im Zuge eines am Lehrstuhl Mittelalterliche Geschichte II der Ruhr-Universität Bochum seit einiger Zeit durchgeführten Forschungsprojekts zur Erfassung mittelalterlicher Handschriften und Inkunabeln in Westfalen zeigte es sich, daß sowohl in den großen öffentlichen Bibliotheken und Archiven, z. B. in Münster, Paderborn, Detmold und Dortmund, als auch in kleinen privaten und kirchlichen Archiven eine beträchtliche Anzahl nicht erfaßter, also der Forschung noch nicht zugänglicher mittelalterlicher Codices lagert.

So stießen die Projektbearbeiter in der Pfarrei St. Marien zu Lünen auf vier liturgische Handschriften und eine Inkunabel, die, vor Jahrhunderten als Grundlage für den Vollzug der Messe geschrieben, nach vielen Jahren der intensiven Benutzung irgendwann in den Beständen des Pfarrarchivs verschwanden und bis vor einiger Zeit ein weitgehend unbeachtetes Dasein fristeten. Der Initiative eines kirchen- und stadtgeschichtlich außerordentlich interessierten und engagierten Mitarbeiters der Stadt Lünen ist es zu verdanken, daß die mittelalterlichen Buchschätze aus der Versenkung geholt wurden, seither angemessen aufbewahrt werden und 1991 anläßlich einer im Rahmen des 650-jährigen Jubiläums der Stadt Lünen geplanten Buch-Ausstellung zusammen mit anderen mittelalterlichen Handschriften und Inkunabeln aus Westfalen gezeigt werden sollen.

Eine dieser Handschriften, ein Graduale vom Anfang des 15. Jahrhunderts[1], wird bereits in der Ausstellung „Mittelalter im Ruhrgebiet" vorgestellt. Seit dem 12. Jahrhundert bezeichnet man eine Choralhandschrift, die sämtliche Gesänge der Messe enthält, als „Graduale". Die Bezeichnung geht zurück auf den Brauch, den der Epistel folgenden Meßgesang auf den Stufen (= gradus) der Lesekanzel vorzutragen.

Als „Handschriften" im eigentlichen Sinne bezeichnet man alle handgeschriebenen Bücher des Mittelalters. Im 4. Jahrhundert n. Chr. etwa hatte das Buch zum Blättern, der Pergamentcodex, die in der Antike gebräuchliche Papyrusrolle abgelöst. Seit dem 14. Jahrhundert begann dann allmählich das schneller und billiger herzustellende Papier das teure Pergament als Beschreibstoff zu verdrängen. Für bedeutende Schriften, wie z. B. liturgische Bücher, verwendete man aber auch im 15. und im 16. Jahrhundert noch Pergament, also Tierhäute, denn hinsichtlich der Reißfestigkeit und Dauerhaftigkeit war dieses Material nicht zu übertreffen. Besonderer Wert wurde von Anfang an auf die künstlerische Ausstattung der Bücher gelegt. Wenn der Schreiber sein Werk beendet hatte, erfolgte in einem meist arbeitsteiligen Verfahren die Illumination der Handschrift. Ein Miniator bzw. Rubrikator sorgte für die einfache Farbgebung der Überschriften, der einfachen Initialen und Unterstreichungen (lat. minium = Mennig; rubricare = rot färben). Der Illuminator war für die eigentliche Buchmalerei zuständig (lat. illuminare = erhellen), die einerseits der Verschönerung und Veredelung des Buches diente, häufig aber auch der Verdeutlichung der Textaussage durch das Bild. Der Anfangsbuchstabe eines Textes oder Textabschnitts, die Initiale (lat. initium = Anfang), wurde meist besonders ausgeschmückt. Die stabilen, häufig kunstvoll gefertigten Buchdeckel sorgten dafür, daß sich Schrift und Schmuck bis heute teilweise in dem ursprünglichen Zustand erhalten haben.

Das alles muß man wissen, ehe man diese Buchdeckel aufschlägt. Das Graduale der Pfarrei St. Marien ist, wie üblich, in lateinischer Sprache auf Pergament geschrieben. Von den ursprünglich 217 Blättern des Chorbuchs fehlen die ersten 8 sowie die Blätter 72, 176 und 177. Der Buchblock, also der gesamte gebundene Codex, ist 33,5 cm hoch und 26 cm breit. Geschrieben ist das Buch in einer gut lesbaren Textura, einer besonders für liturgische Werke vom 13. bis 15. Jahrhundert üblichen gotischen Schriftart, deren bestimmende Stilelemente Schaftbrechung und Ligaturen sind, das heißt jene leichte Winkelung der senkrechten Schriftzüge, die wir alle noch von alten Texten als „Frakturschrift" kennen. Dazu tritt die weit ältere, auf spätrömische Zeiten zurückreichende Verbindung von Buchstaben, wie etwa a und e, auch heute noch in mancher Zierschrift üblich. Nun handelt es sich aber um ein Gesangbuch. Auch die Choralnoten

sind gotischer Prägung, so genannte Hufnagelnoten auf fünf Linien, die sich seit dem 13. Jahrhundert aus den Neumen entwickelt haben. Die Notenschrift ähnelt also doch schon sehr unseren Formen.
Dem Buchschmuck zufolge könnte es sich um eine Arbeit des Fraterherrenhauses in Münster handeln. Die „Brüder vom gemeinsamen Leben“, meist Fraterherren genannt, waren Vertreter der Ende des 14. Jahrhunderts von den Niederlanden ausgehenden geistlichen Bewegung der „Devotio moderna“ (Neue Frömmigkeit)[2]. Sie erfaßte innerhalb weniger Jahrzehnte den gesamten niederdeutschen Raum und verbreitete sich bis nach Süddeutschland. Ohne sich durch formelle Gelübde zu binden, wollten die Brüder – ebenso wie die Schwestern – vom gemeinsamen Leben durch gegenseitige geistige Erbauung und geistliche Übungen an ihrer eigenen Vollkommenheit arbeiten und für das Seelenheil ihrer Mitmenschen sorgen. Ihr Ziel war es, dem Leben Jesu Christi in der eigenen Lebensführung möglichst nahe zu kommen. Zentrale Bedeutung unter den deutschen Fraterhäusern hatte das 1401 in Münster gegründete Fraterhaus „Zum Springborn“. Unter seiner Mitwirkung entstanden u. a. im Ruhrgebiet das Fraterhaus St. Martin in Wesel (1435) – hier war in den 20er Jahren bereits ein Schwesternhaus entstanden –, ebenso wie das Schwesternhaus Marienkamp in Dinslaken (1434). Neben der freieren geistlichen Gemeinschaft der Brüder und Schwestern vom gemeinsamen Leben entwickelte sich noch ein klösterlicher Zweig der Devotio moderna – die Augustiner – Chorherrenstifte der Windesheimer Kongregation.

Abb. 59 Graduale der Pfarrei St. Marien in Lünen, Anfang 19. Jhdt., Vorderdeckel.

Eine der Hauptaufgaben mittelalterlicher Klöster war stets das Bücherschreiben. Die Fraterherren lebten sogar überwiegend vom Bücherschreiben und betrieben ein regelrechtes Buchgewerbe, d. h. sie fertigten vor allem liturgische Handschriften auf Bestellung an und verkauften sie meist auch fertig gebunden. Während die Handschriften der Fraterherren an ihrer charakteristischen Blattornamentik erkennbar sind, wurden von den Windesheimern, die allerdings das Bücherschreiben nicht gewerbsmäßig betrieben, Blütenmotive bevorzugt.
Unser Codex enthält mehrere Zierinitialen, teilweise mit Gold, ansonsten rote und schwarze Initialen. Gerade die letztgenannten, schlichten Initialen dieser Handschrift bieten aber eine Besonderheit: Zahlreiche von ihnen enthalten von späterer Hand eingezeichnete, zwar meist einfache, aber für die Welt des Mittelalters und der frühen Neuzeit unvermutet sprechende, lebhafte Darstellungen, von denen einige hier abgebildet sind, so z. B. die Darstellung des hl. Liudger (gest. 809), erster Abt des Werdener Klosters, Bischof von Münster und Gründer vieler Pfarren und Klöster, mit dem Kirchenmodell als Attribut. Sie befindet sich auf fol. 182r (= Vorderseite von Bl. 182) der Handschrift (siehe Initiale dieses Textes). Die Zeichnung bezieht sich direkt auf den Text: „De sancto ludgero episcopo sequentia. Inclite psallamus omnes ludgerum venerantes quem sanctum et benignum claro carmine dignum devotis mentibus recolamus...“ (= Lasset uns auf vielfältige Weise Liudger lobpreisen, wir, die wir ihn alle verehren. Wir wollen den heiligen und gütigen, eines schönen Liedes würdigen Liudger ergeben feiern...). Diese Sequenz ist die kürzere der beiden in verschiedenen Handschriften und Druckschriften überlieferten Sequenzen auf den hl. Liudger[3].
Ursprünglich bezeichnete man als Sequenz nur die musikalische Verlängerung der Endsilbe des Alleluja am Schluß des zwischen Epistel und Evangelium fallenden Graduale. Im 9. Jahrhundert ging man dazu über, Texte auf diese Melodien zu dichten. Diese Form der christlichen Dichtung war so beliebt, daß es schließlich auf fast alle Heiligenfeste Sequenzen gab. Die große Zahl dieser für die Kenntnis der liturgischen Gedankenwelt des Mittelalters bedeutsamen Sequenzen wurde 1570 von Papst Pius V. auf vier beschränkt. Heute sind nur noch die Oster- und Pfingst-Sequenz verbindlich. Auch die Zeichnungen mit biblischem Bezug weisen auf die Texte der Messe bzw. der Meßgesänge hin: Die Darstellung der Stadt Jerusalem steht am Anfang des Introitus zum 10. Sonntag nach Pfingsten: „Dum clamarem ad dominum exaudivit vocem meam...“ (= Ich schrie zum Herrn und Er erhörte meinen Ruf...). Das Himmlische Jerusalem wurde in allen Epochen der christlichen Kunst bildlich dargestellt. Entweder wurden die Bilder durch den biblischen Text bestimmt, wobei besonders die Motive des Lammes Gottes und der Maiestas Domini bildwirksam wurden, oder – wie in unserem Fall – durch die zeitgenössische Stadtansicht[4].
Die Darstellung der Himmelfahrt Christi (Abb. 61), bei der nur Christi Beine am oberen Bildrand sowie seine Fußabdrücke sichtbar sind, bezieht sich auf den Introitus der Messe zum Himmelfahrtstag: „Viri galylei quid ammiramini aspicientes in celum alleluia quemadmodum vidistis eum ascendentem in celum...“ (= Ihr Männer von Galiläa, was schaut ihr staunend auf zum Himmel? alleluja. Wie ihr Ihn sahet auffahren zum Himmel...). Diese Darstellungsweise war um die Jahrtausendwende vermutlich in England entstanden und setzte sich zu Beginn der Gotik überall durch[5]. Ob unser Zeichner diese tatsächlich sprechende Bildlichkeit aus anderen Darstellungen kannte oder ob er sie –

Abb. 60 Initiale D (fol. 96 v).

weniger wahrscheinlich – hier selber erfunden hat, können wir natürlich nicht sagen. In der Initiale D des Introitus zum 4. Sonntag nach Pfingsten (Abb. 60) entdecken wir dann eine Darstellung wie aus einem Bilderrätsel: Ein Mann mit einem langen Gegenstand im Auge – das kann doch wohl nur der Balken sein, von dem bei Matthäus 7,3 – 5 die Rede ist! Hier heißt es: „Was siehst du den Splitter im Auge deines Bruders, und den Balken in deinem Auge bemerkst du nicht?..." Diese Bibelstelle steht in einem inhaltlichen Zusammenhang mit dem Thema der Messe, die mit dem Meßgesang aus Ps. 26, 1 u. 2 eingeleitet wird: „Dominus illuminatio mea et salus mea quem timebo..." (= Der Herr ist mein Licht und mein Heil, wen sollte ich fürchten?...).

Nicht immer reizt den unbekannten Maler der fromme Text. Es gibt auch Weltliches. Die folgenden Personendarstellungen (Abb. 62 – 64) weisen großes zeichnerisches Können auf; genauer besehen, waren mindestens zwei Zeichner am Werke. Der Kleidung nach zu urteilen, können die Skizzen frühestens im 16. Jahrhundert entstanden sein. Die in der Initiale 0 der Psalmenverse 36, 30 – 31 („Os iusti...") naturgetreu dargestellte männliche Gestalt mit Hut und Stab (Abb. 62) scheint nicht mit dem Text in Beziehung zu stehen. Vermutlich ist hier ein Handwerksgeselle auf der Walz gemeint. Weil die Figur den unteren Rand der Initiale überschreitet, quasi aus ihr heraustritt, entsteht eine gewisse Dynamik – man spürt förmlich die Wanderlust des Gesellen! Bei dem Text handelt es sich hier um Gesänge aus dem Commune Sanctorum, das Meßformulare für die verschiedenen liturgischen Klassen der Heiligen enthält. Ein Randvermerk, vermutlich von späterer Hand, weist darauf hin, daß der Text als Introitus zum Fest des hl. Matthäus (21. Sept.) verwendet wurde. Da ist kein Bezug herzustellen. Noch weniger bei dem Frauenkopf in der Initiale D (Abb. 63). Oder ist das doch möglich? Es heißt: „De ventre matris mee vocavit me dominus nomine meo..." (= Im Schoße meiner Mutter schon rief mich der Herr bei meinem Namen...), gesungen als Introitus zum Fest der Geburt des hl. Johannes des Täufers am 24. Juni. Die Zeichnung könnte also auf die Mutter des Johannes, Elisabeth, oder allgemein auf „Mutter" anspielen.

Bei der letzten hier abgebildeten Zeichnung des Graduale (Abb. 64) ließ sich der Zeichner von der formalen Vorgabe des Buchstabens Q leiten. Einen Bezug zum Text, bei dem es sich um einen Kyrie-Gesang handelt, kann man sich nur schwer vorstellen: „Qui sedes ad dexteram patris miserere nobis quoniam tu solus sanctus tu solus dominus...". (Du sitzest zur Rechten des Vaters: erbarme dich unser. Denn du allein bist der Heilige, du allein der Herr . . .) Hat er hier einen der Chorherren karikiert?

Zusammenfassend kann man sagen, daß die Zeichnungen, die zumindest teilweise parodistisch anmuten, wohl der Aufmunterung während des Chorgesanges dienen sollten. Bei der Betrachtung der Abbildungen 60 und 61 fällt auf, daß die Darstellungen sich direkt auf Bibelstellen bzw. auf die Meßgesänge beziehen. Bei den Abbildungen 62 bis 64 dagegen kommt nicht so sehr die Frömmigkeit zum Ausdruck als vielmehr die Lust an der Körperlichkeit. Hier wird der Zwiespalt des ausgehenden Mittelalters deutlich, der sich äußerte in einer überschäumenden Lebenslust auf der einen Seite und einer tiefen Frömmigkeit auf der anderen Seite. Erinnern die drei letzten Zeichnungen nicht sogar an den mittelalterlichen Ausspruch: „Vox in choro, mens in foro, aut in mensa, aut in thoro" (= Mit der Stimme im Chor, mit dem Geist aber auf dem Marktplatz, entweder beim Essen oder bei der Liebe)?

Der Einband des Graduale besteht aus lederbezogenen Holzdekkeln mit starken Eisenknöpfen, so daß das Buch ein stolzes Gewicht von 6 kg hat.

Die Handschrift weist sehr starke Gebrauchsspuren auf, so sind Anfang und Schluß völlig unleserlich. Bei dem Vermerk auf fol. 50r „Georgius Kramer 16" – die Zahl 16 ist direkt vor die Blattzahl gesetzt – handelt es sich möglicherweise um einen Hinweis auf die von Georgius Kramer im Jahre 1650 vorgenommene Nachbesserung einiger stark abgenutzter Stellen sowie die neue Blattzählung in arabischen Ziffern. Eine weitere Nachbesserung wird durch eine Rechnung, die W. Heß erst kürzlich im Aktenmaterial der Kirchengemeinde entdeckt hat, belegt:

KR (Kirchenrechnung) 1692:

„fur einige außgangene finstere ohrter im gradual zu renoviren, zahlet 14 (stüber)[6]".

Daraus kann man schließen, daß die Handschrift wohl mindestens 300 Jahre als Chorbuch benutzt wurde.

Bei den übrigen in der Pfarrei St. Marien aufbewahrten mittelalterlichen Schriften handelt es sich um ein Missale (= Meßbuch) aus der ersten Hälfte des 13. Jahrhunderts, das älteste Stück aus dem Lüner Bestand. Der in gotischer Buchschrift verfaßte Codex enthält einige Prachtinitialen mit Gold sowie Randornamentik. In Westfalen scheint es im 13. Jahrhundert keine besonders produktiven Malschulen gegeben zu haben, da wir aus dieser Zeit nur wenige illuminierte Handschriften kennen. Diese Handschrift ist daher wohl auch die wertvollste der Pfarrei. Daneben finden sich noch ein Missale von 1428, bei dem es sich dem Buchschmuck zufolge um eine Arbeit des Fraterherrenhauses von Münster handelt, ein Antiphonale aus dem 15. Jahrhundert (= Sammlung der Gesänge des Stundengebetes) – beide mit schönen Zierinitialen ausgestattet – sowie ein Missale Monasteriense, gedruckt 1489 in Köln. Bei letzterem handelt es sich um eine Inkunabel, also um einen vor 1500 entstandenen Wiegendruck. Daß die Handschriften der Pfarrei St. Marien überhaupt erhalten geblieben sind und nicht – wie so viele veraltete und ergänzungsbedürftige oder abgenutzte liturgische Bücher – als Makulatur

Abb. 61 Initiale U (fol. 88 v).

Abb. 62 Initiale O (fol. 124 v).

Abb. 63 Initiale D (fol. 144 r).

Abb. 64 Initiale Q (fol. 167 v).

Makulatur verwendet und durch neue Bücher ersetzt wurden, verdanken wir wahrscheinlich dem Umstand, daß es sich um eine nicht sehr wohlhabende, zeitweise sogar äußerst bedürftige Pfarrei handelte[7].

Man mußte sparen und bei den alten Büchern bleiben. Das hängt mit dem Schicksal der Pfarrkirche zusammen: An der Stelle, wo sich heute die neugotische St. Marien-Kirche erhebt, soll schon zur Zeit König Heinrichs I. eine hölzerne Kapelle gestanden haben. Diese wurde wahrscheinlich im 11. Jahrhundert durch einen steinernen Bau ersetzt, der wiederum vor 1259 – wie mehrere in der zweiten Hälfte des 13. Jahrhunderts ausgestellte Ablaßbriefe belegen – zerstört wurde. Vermutlich geschah dies 1254 im Zusammenhang mit der Schlacht auf dem Wulfeskamp bei Brechten, in der der Erzbischof von Köln, Conrad von Hochstaden, den Kampf um die Vormachtstellung in Westfalen kurzzeitig für sich entschied. Trotz mehrerer Ablaßbriefe verschiedener Erzbischöfe und Bischöfe, durch die der Wiederaufbau der Kirche unterstützt werden sollte, wurde er erst nach 1300 abgeschlossen. Wahrscheinlich haben politische Auseinandersetzungen – Lünen war inzwischen in den Besitz des Grafen von der Mark gelangt – die Verzögerung verursacht. Die nach 1301 fertiggestellte frühgotische Hallenkirche blieb bis zu ihrem Abriß im Jahre 1894/5 erhalten. Die Kirchengemeinde hatte bereits kurz nach der Fertigstellung mit großen Problemen zu kämpfen, denn in den Jahren 1336 bis 1340 wurde die Stadt Lünen auf das Südufer der Lippe – und damit von der Diözese Münster in die Erzdiözese Köln – verlegt, so daß die Kirche jetzt quasi in einer Wüstung lag und die Kirchengemeinde nur noch aus verhältnismäßig wenigen Gläubigen bestand, die zudem im Fürstentum Münster wohnten, während die Kirche im Herrschaftsbereich der Grafen von der Mark stand. Die Kirche hatte jetzt aufgrund ihrer Lage gegenüber der befestigten Stadt auf dem Südufer der Lippe für Angreifer der Stadt strategische Bedeutung, war diesen andererseits aber auch schutzlos ausgeliefert. Die Situation verschärfte sich infolge der Reformation, insbesondere im 30-jährigen Krieg. Die Kirche wurde während des Krieges mehrfach geplündert und beschädigt. In Gefahr vernichtet oder fortgeschleppt zu werden waren die Handschriften in dieser Zeit sicherlich häufig ; nachweislich jedenfalls am 22. September 1635, als sie von hessischen Truppen, die durch Lünen marschierten und in der Marien-Kirche übernachteten, entwendet wurden, für einen Goldgulden jedoch von der Kirchengemeinde zurückgekauft werden konnten. Die Kirchengemeinde und die Stadt Lünen waren durch den langen Krieg arm geworden, das belegen die noch erhaltenen Abrechnungen über die Einnahmen der Gemeinde für die Jahre 1631 bis 1651. Daß die liturgischen Bücher auch diese Zeit in der Kirchengemeinde überstanden, muß noch als besonderer Glücksfall gelten.

Anmerkungen

1 Albert Ludorff erwähnt ein „Graduale“ als einzige Handschrift des Lüner Bestandes, die Beschreibung bezieht sich aber auf das Missale von 1428 (Die Bau- und Kunstdenkmäler des Kreises Dortmund-Land, Münster 1895, S. 63).

2 Vgl. zur Schreibtätigkeit der Münsteraner Fraterherren bes. die ausführliche Arbeit von Oeser, Wolfgang: Die Brüder des gemeinsamen Lebens in Münster als Bücherschreiber, 2 Bde, Diss. Münster 1959 (auch in: Archiv für Geschichte des Buchwesens 5 (1964), Sp. 197 – 398) sowie Knaus, Hermann: Die Fraterherren in Münster und Köln als Bücherschreiber, in: Archiv für Geschichte des Buchwesens 4 (1963), Sp. 1103 – 1116. Zur Devotio moderna in Westfalen: Iserloh, Erwin: Devotio moderna – Die „Brüder und Schwestern vom gemeinsamen Leben“ und die Windesheimer Augustiner-Kongregation, in: Monastisches Westfalen. Klöster und Stifte 800 – 1800, Münster 1982, S. 191 – 201; Kohl, Wilhelm: Die devotio moderna in Westfalen, in: Monastisches Westfalen, S. 203 – 207; Höing, Hubert: Die Fraterherren in Westfalen, in: Monastisches Westfalen, S. 209 – 216.

3 Der Text der Sequenzen ist abgedruckt in: Analecta hymnica medii aevi, Bd. 54: Thesauri Hymnologici Prosarium. Die Sequenzen des Thesaurus Hymnologicus H.A. Daniels und anderer Sequenzenausgaben, Teil 2, Bd. 1, Leipzig 1915 (ND New York/London 1961), S. 90 f. und pass., Bd. 55: Thesauri Hymnologici Prosarium, Teil 2, Bd. 2, Leipzig 1922 (ND Frankfurt a. M. 1961), S. 254 f. Karl Bartsch war offenbar nur diese eine Sequenz bekannt (Die lateinischen Sequenzen des Mittelalters in musikalischer und rhythmischer Beziehung, Rostock 1868 (reprogr. ND Hildesheim 1968), S. 172). Das gleiche gilt für die Sammlung von Joseph Kehrein (Lateinische Sequenzen des Mittelalters aus Handschriften und Drucken, Mainz 1873, Nr. 639).

4 Lexikon der christlichen Ikonographie, hrsg. von E. Kirschbaum, Rom/Freiburg 1970, s. v. „Jerusalem, Himmlisches“.

5 Ebd., s. v. „Himmelfahrt Christi“.

6 Der Rechnungszeitraum erstreckte sich von St. Martin 1692 bis St. Martin 1693.

7 Die folgenden Ausführungen über die Geschichte der Kirche St. Marien basieren im wesentlichen auf dem noch unveröffentlichten Manuskript von Wilfried Heß: „Die katholische Pfarrkirche St. Marien (Mariä Himmelfahrt) zu Lünen – Geschichte und Ausstattung“, in dem er v. a. anhand von Akten- und Urkundenmaterial sowie Chroniken die Geschichte der Kirche rekonstruiert hat. Die knappen Ausführungen zur Geschichte der Kirche bei Reiß, Adolf/Lehnemann, Wingolf: Lünen. Kleine Geschichte der Stadt, Stadtarchiv Lünen, [2]1988 sowie in: 1018 – 1968, 950 Jahre Lünen St. Marien, Lünen 1968, werden durch diese Untersuchung um viele Informationen erweitert und teilweise widerlegt.

Mittelalterliche Sakralarchitektur im Ruhrgebiet

Hans J. Böker

Das heutige Ruhrgebiet, die Region zwischen Ruhr und Lippe, bildete im Mittelalter keine geschlossene Kunstlandschaft, vergleichbar etwa dem Ober-, Mittel- und Niederrhein. Die Kunstgeographie hat vielmehr – in offensichtlicher Konkordanz mit der preußischen Provinzeinteilung von 1815 – versucht, eine vertikale Trennungslinie durch diesen Bereich zu ziehen, die nicht von den geographischen Voraussetzungen einer Flußlandschaft legitimiert ist[1]. Marksteine dieser Grenzziehung schienen dabei das Vorhandensein einer 'westfälischen' Hallenkirche in Essen und einer 'rheinischen' Gewölbebasilika im benachbarten Werden zu sein. Nur gelegentlich wurde der Versuch unternommen, Einflüsse der einen Region auf die andere nachzuweisen, ohne daß dabei aber die Blockbildung als solche in Frage gestellt wurde[2].

Gegenüber diesem vereinfachten dualistischen Erklärungsmodell ist vielmehr ein differenziertes Geflecht von Beziehungen anzunehmen, das zugleich auch der geographischen Öffnung des heutigen Ruhrgebiets nach Westen entspricht. Hier sind es zunächst die karolingische Pfalz in Aachen und später der Erzbischofssitz Köln, die ihren Einfluß auch in architekturgeschichtlicher Hinsicht geltend machten. Im Spätmittelalter kamen der Niederrhein und die Niederlande hinzu, die eine intensive Bautätigkeit entfalteten.

Dieses geht auch mit der politischen Gliederung der Region konform. Das Erzbistum Köln, dem im kirchlichen Verwaltungsaufbau der größte Teil des Gebietes unterstand, vermochte über das Vest Recklinghausen und durch den Erwerb des westfälischen Herzogstitels 1180, der 1368 mit der Grafschaft Arnsberg eine territoriale Grundlage erhielt, seinen Einfluß entscheidend auszuweiten. Die gleichfalls 1368 erfolgte Vereinigung der Grafschaft Mark mit dem Herzogtum Kleve, das im 15. Jahrhundert mit den burgundischen Herzögen koalierte, brachte eine erneute Orientierung nach Westen und eine Öffnung zu niederländischen Einflüssen. Die beiden Reichsstifte Essen und Werden suchten mit ihrer Architektur einen Anschluß an die kaiserlichen Bauten im Rheinland, und die Reichsstadt Dortmund bediente sich in ihrer Baupolitik nach dem gemeinsamen köl-nisch-märkischen Angriff auf ihre Autonomie 1388/89 bevorzugt imperialer Bauformen zur Darstellung ihres Anspruchs.

Das Ruhrgebiet im Mittelalter war demnach eine Region, die sich architekturgeschichtlich an auswärtige Zentren orientierte und ihre Vorbildbauten je nach konkreten Aussageabsichten auswählte.

Essen-Werden, Westwerk der Abteikirche

Die Benediktinerabtei Werden ist eine Gründung des hl. Liudger, eines in der Friesenmission tätigen Geistlichen und zugleich des ersten Bischofs von Münster, der 809 östlich der 804 vollendeten ersten Abteikirche beigesetzt wurde. Mit der bald einsetzenden Verehrung des Gründers wurde dieser Bau, eine archäologisch nachgewiesene Basilika, um eine Ostanlage und Außenkrypta über dem Grab Liudgers erweitert, die auch in den spätromanischen Neubau übernommen wurde. 877 stieg Werden in den Rang einer Reichsabtei auf. Ausdruck dieses neuen Status wurde der Bau eines monumentalen Westwerks, das sich aufgrund seiner politischen Symbolfunktion gleichfalls im heutigen Kirchenbau erhalten hat[3].

Das Westwerk, dessen Weihe für 943 überliefert ist, folgt dem Vorbild des 873 begonnenen Westwerks der Abteikirche von Corvey, dessen komplexe Raumstruktur hier vereinfacht rezipiert ist. Erhalten vom Ursprungsbau ist der Mittelturm, der heute im Dach des durchlaufenden Mittelschiffs steckt, und der auf drei Seiten von einer zweigeschossigen Emporenanlage eingeschlossen war, ohne jedoch die für Corvey charakteristischen beiden Westtürme aufzuweisen. Sein innerer Aufbau, der heute Bestandteil des Mittelschiffsaufrisses ist, zeigt über den Erdge-

Abb. 65 Werden, Westwerk der Abteikirche. Ansicht von Nordwest.

schoßarkaden Emporenöffnungen mit eingestellten Säulen. Ungesichert und eher unwahrscheinlich ist, daß der Mittelraum, den in Corvey ein gewölbtes Kryptengeschoß einnimmt, hier zumindestens mit einer Flachdecke in Emporenhöhe abgeschlossen war, so daß Werden, wie später auch St. Pantaleon in Köln, dem reduzierten Typus mit nicht unterteiltem Turmraum angehört.

Wie auch sein Vorbild Corvey ist das Werdener Westwerk eine verkürzte Wiedergabe der Pfalzkapelle Karls des Großen in Aachen, die selbst wiederum auf die justinianischen Kirchenbauten in Ravenna (San Vitale) und Konstantinopel (Hagia Sophia und die Kirche Sergios und Bakchos) zurückgeht. In einen quadratischen Grundriß übersetzt und als liturgisch selbständige Einheit der karolingischen Abteikirche abgefügt, repräsentiert es eine imperiale Bauaufgabe, die den reichsunmittelbaren Status der Abtei verdeutlichen sollte[4].

Essen, Westbau der Stiftskirche

Ein Jahrhundert nach dem Werdener Westwerk wurde im benachbarten Essen unter der Äbtissin Theophanu (1039–58) der vollständige Neubau einer Stiftskirche als flachgedeckte Querhausbasilika begonnen, von der sich außer der Krypta und einigen Resten in den Umfassungsmauern vor allem der monumentale Westbau erhalten hat[5]. Wie in Werden sollte auch hier die Reichsunmittelbarkeit der kirchlichen Institution in einem Bauwerk der Aachen-Nachfolge Ausdruck finden, diesmal jedoch in einer wörtlichen Anlehnung an das imperiale Vorbild. Dieses wird schon im Außenbau durch den Übergang des Turmobergeschosses in ein Oktogon deutlich, dessen Seiten genau wie in Aachen eine antikisierende Pilastergliederung appliziert ist. Das ungewöhnliche Element des Essener Westbaus aber ist die Emporenanlage, die in sein Inneres eingebaut wurde und eine genaue Kopie von drei der inneren Oktogonseiten des Aachener Münsters darstellt. Wiederholt ist vor allem die charakteristische Form der Vergitterung der Emporenarkaden durch zweigeschossig eingestellte Säulen mit korinthischen Kapitellen, was bereits in Aachen durch den Rückbezug auf die frühbyzantinische Architektur Justinians als kaiserliches Hoheitsmotiv verstanden wurde. Leitmotivisch isoliert wurde es etwa gleichzeitig mit Essen auch in der Stiftskirche St. Maria im Kapitol in Köln verwendet.

Wie sehr diese Teilkopie Aachens in Essen auch im späteren Mittelalter noch als Architektursymbol für die reichsunmittelbare Stellung des Essener Stifts aufgefaßt wurde, belegt die Tatsache, daß der Westbau, wie kurz zuvor auch das Werdener Westwerk beim spätromanischen Neubau der dortigen Abteikirche, in die gotische Hallenkirche des 13. Jahrhunderts integriert wurde, die in Pfeilerabmessungen und Gewölbeanordnung unmittelbar hierauf Bezug nimmt und somit ein ungewöhnliches Raumensemble schafft.

Cappenberg, Abteikirche

Mit dem fortschreitenden inneren Landesausbau des Feudalismus im 12. Jahrhundert trat zur älteren Gruppe der reichsunmittelbaren Stifte eine neue Schicht landsässiger Klöster, deren vorwiegende ökonomische Aufgabe im Aufbau größerer Grundherrschaftsbezirke bestand. Neben den Reformzweigen des Benediktinerordens, so die Hirsauer Kongregation, waren es vor allem die Ordensneugründungen wie die Zisterzienser und Prämonstratenser, die hier, wie auch in der gleichzeitigen Ostkolonisation, ein wesentliches Betätigungsfeld erhielten.

Der von Norbert von Xanten gegründete Prämonstratenserorden bekam mit Cappenberg seine erste deutsche Niederlassung. Gegründet wurde diese 1122 von den Grafen Gottfried und Otto von Cappenberg auf ihrer Familienburg als Sühne für ihre Beteiligung an der Zerstörung Münsters im Jahr zuvor durch Lothar von Süpplinburg. Die Abteikirche, die 1149 bei der Translation von Reliquien des inzwischen kanonisierten Gottfried im wesentlichen vollendet war[6], stellt eine dreischiffige Querhausbasilika dar, deren Flachdeckung in spätgotischer Zeit durch tiefersitzende Gewölbe abgelöst wurde. Schon im Bautypus zeichnet sich damit ein Rückgriff auf das Ideal der frühchristlichen Basilika ab, deren differenziertes Raumprogramm zugleich die gesellschaftliche Struktur des Grundherrschaftsbezirks reflektiert.

Die ansonsten völlig glatten Hochschiffswände werden in ihrer unteren Hälfte von hohen rundbogigen Arkaden über einfachen Rechteckpfeilern aufgelöst und zeigen in ihrem oberen Drittel große Obergadenfenster, die ungewöhnlicherweise nicht auf die Arkadenachsen, sondern auf die Pfeiler ausgerichtet sind. Es entstand so bei gleichzeitigem Verzicht auf die traditionelle Hoheitsform der Säulen ein Kastenraum in kubischer Einfachheit und ruhiger Proportionierung, wie er für die gleichzeitigen Kirchenbauten der Hirsauer Reform charakteristisch ist.

Abb. 66 Cappenberg, Abteikirche. Innenraum nach Osten.

Ergänzt wurde dieses Aufrißsystem ursprünglich durch ein aufgemaltes Architektursystem mit Quaderbemalung für die Flächen und, farblich differenziert, die Bogeneinfassungen[7]. Zwischen Arkadenzone und Sohlbankhöhe der Fenster war als Zwischenzone ein breites Horizontalband eingefügt, das beidseitig durch ein gemaltes Gesims begrenzt war. An dieses waren die gleichfalls aufgemalten Lisenenstreifen der Pfeiler herangezogen, so daß sich eine rechteckige Arkadeneinfassung – gleichfalls ein Leitmotiv der Hirsauer Kirchenbauten – ergab.

Bochum-Stiepel, Pfarrkirche

Die unterste, niederadlige Ebene des feudalen Gesellschaftsaufbaus im 12. Jahrhundert wird anschaulich repräsentiert von der Dorfkirche in Stiepel[8]. In exponierter Lage auf einem Bergsporn nördlich des Ruhrtals errichtet, ist sie als Ausdruck ihrer herrschaftlichen Funktion noch heute von einem Befestigungsring mit Torturm umgeben. Die Anlage geht zurück auf einen Hof, den Otto III. 1001 einem Grafen Liudger geschenkt, und auf dem dessen Frau Imma 1008 mit Zustimmung Heinrichs II. eine erste Kirche gegründet hatte. Der Neubau des mittleren 12. Jahrhunderts, der eine einfache Saalkirche ersetzte und im Kern noch im heutigen Hallenbau erhalten ist, folgt als gewölbte Kleinbasilika mit nur einjochigem Langhaus, ausladendem Querhaus mit Apsiden, Chorbau und Westturm in reduzierter Dimensionierung der sakralen Großarchitektur der Zeit. Ausdruck der sozialen Sonderstellung der Kirche ist ihr Westturm, ein Derivat des karolingischen Westwerks, dessen über einen Treppenturm zugängliches Emporengeschoß ursprünglich zum Mittelschiff geöffnet war. Ein vergleichbarer Westturm, der heute als unverzichtbarer Bestandteil einer mittelalterlichen Dorfkirche gilt, war erstmals an der 1129 geweihten Stiftskirche von Hochelten am Niederrhein und kurz darauf 1130–34 an der Hofkirche Bischof Sigwards von Minden in Idensen bei Hannover erbaut worden, mit welchem letzterem Stiepel auch die besondere Quadertechnik mit eingebundenen Gerüstbalken verbindet.
Das Gewölbesystem der Stiepeler Kirche, das gleichfalls auf Hochelten und Idensen zurückgeht, wird getragen von kräftigen Rechteckvorlagen, in deren ausgeklinkten Ecken kurze Säulen als Herrschaftssymbole eingesetzt sind. Ähnliche Säulen bilden über dem Triumphbogen zum Chorraum eine Blendgalerie, wie sie auch in der 1129 geweihten Stiftskirche von Freckenhorst über dem westlichen Vierungsbogen begegnet[9].
Die besondere Bedeutung der Stiepeler Kirche macht ihre reiche Ausmalung aus[10]. An den Hochwänden sind aufgemalte Wandteppiche dargestellt, um den Rang als niederadlige Hofkirche zu veranschaulichen. Hinzu kommen theologisch-symbolische Darstellungen wie die vier Paradiesesflüsse über den Vierungsbögen und narrative biblische Szenen an den Wänden. Aber auch das Architektursystem selbst erfährt seine Strukturierung durch die Ausmalung, indem die Säulen und Arkadenbögen eine Marmorierung und die Kreuzgratgewölbe breite ornamentale Gratbegleitbänder aufweisen.

Essen-Werden, Abteikirche

Wie die großen rheinischen Stiftskirchen erhielt auch die Abteikirche von Werden im 13. Jahrhundert einen monumentalen Neubau als spätromanische Gewölbebasilika, der von der Architekturgeschichtsschreibung zwischen einer Brandnachricht von 1256 und einer überlieferten Weihe 1275 angesetzt wird[11]. Angesichts der Tatsache, daß 1248 der gotische Neubau des Kölner Domes begonnen wurde, der schon bald eine intensive Rezeption erfuhr (Abteikirche von Altenberg, beg. 1255; Chor der Stiftskirche von Mönchengladbach, beg. 1256)[12] ist diese Bauzeit in Werden jedoch eindeutig zu spät gegriffen und kaum noch als ein verspäteter oder historisierender Rückgriff auf die ältere staufische Architektur des Rheinlands zu erklären.
Tatsächlich zeigt das heutige Bauwerk deutliche Spuren, die auf eine größere Brandbeschädigung und nachfolgende Wiederherstellung hinweisen. Die Ostteile – Chor und Querhaus – weisen in Übereistimmung mit dem Vorlagensystem des Wandaufrisses sechsteilige spätromanische Gewölbe auf, die nach Ausweis des identischen Gliederungssystems auch für das Langhaus projektiert waren. Hier finden sich jedoch heute gotische Traveegewölbe, deren naturalistisches Blattwerk an den Schlußsteinen auf Köln und Altenberg verweisen. Wahrscheinlich hatte die Brandkatastrophe von 1256 zum Einsturz des Langhausgewölbes geführt, verursacht durch den Brand des westlichen Turmhelms, um dann in gotischer Form erneuert zu werden. Derselben Wie-

Abb. 67 Bochum-Stiepel, Pfarrkirche. Innenraum nach Osten.

deraufbauphase gehört auch das große Westfenster an, das die Maßwerkformen der Kölner Chorseitenschiffe vereinfacht wiederholt. Die Hauptbauzeit der Werdener Abteikirche ist demnach in Übereinstimmung mit der stilistischen Entwicklung im Rheinland im zweiten Viertel des 13. Jahrhunderts anzusetzen. In seiner ursprünglichen Planung stellt der Werdener Bau eine im gebundenen System gewölbte Emporenbasilika dar. Der in sich zentralisierte Ostbereich mit seinem offenen Vierungsturm schließt sich an die Tradition der Kleeblattchöre der Kölner Stiftskirchen (St. Aposteln, Groß St. Martin) an, die selbst wieder byzantinische Vorbilder zu bearbeiten scheinen. Ihre kuppeligen Domikalgewölbe zeigen Rippenzierscheiben, wie sie vor allem im spätromanischen Gewölbebau Westfalens (Dom in Münster) geläufig sind, während die sechsteilige Gewölbeform die rheinische Entwicklung reflektiert und letztlich auf die frühgotischen Kathedralen der Ile-de-France zurückgeht.
Der Langhausaufbau folgt mit seinen Emporen dem System des in den Neubau integrierten und zum Schiff vollständig geöffneten Westwerks, kombiniert mit dem neuen rheinischen Formenrepertoire. Als Vorbild ist deutlich die 1209 begonnene Stiftskirche von Neuß zu erkennen, deren „Schlüssellochfenster" im Obergaden hier zu Achtpaßfenstern vervollständigt wurden.

Abb. 68 Werden, Abteikirche. Innenraum nach Osten.

Dortmund, Marienkirche

Zusammen mit der nördlich benachbarten Reinoldikirche bildet die Dortmunder Marienkirche ein städtebauliches Ensemble, vergleichbar St. Patrokli und St. Petri in Soest, das durch die unterschiedliche Gründungssituation beider Kirchenbauten zu erklären ist. So geht die Marienkirche auf einen früheren Königshof zurück, während St. Reinoldi als Stiftskirche gegründet wurde.
Die heutige Pfarrkirche St. Marien entstand im zweiten Viertel des 13. Jahrhunderts als Gewölbebasilika im gebundenen System, aber ohne Querhaus. Die Proportionierung des Mittelschiffsraums mit niedrigen rundbogigen Arkaden und einer hohen Obergadenwand, in deren Fläche die Fenster ohne die sonst in der spätromanischen Sakralarchitektur übliche horizontale Einbindung eingeschnitten sind, legt einen Planwechsel und damit eine nachträgliche Aufteilung des Raumquerschnittes während des Ausführungsprozesses nahe. Die gleichmäßige Abfolge der Seitenschiffsjoche und die Gleichförmigkeit der Pfeiler zu den Abseiten läßt sogar den Schluß zu, daß der erste Bauzustand als Flachdeckbasilika geplant und nur in den Seitenschiffen auf Wölbung angelegt war.
Aber auch ohne diese hypothetische Erstplanung vertritt der Dortmunder Bau eine deutlich retrospektive Grundtendenz. Die Arkadenzone wird aus rundbogigen Öffnungen über quadratischen Pfeilern gebildet, denen auf den Laibungsseiten Halbsäulenpaare zur Aufnahme des Bogenunterzugs vorgelegt sind. Das östliche Halbjoch des Langhauses zeigt zudem noch die ältere romanische Form einer einfachen Halbsäulenvorlage. Mit der Entscheidung für die Einwölbung des Mittelschiffs wurde jedem zweiten Pfeilerpaar eine Halbsäule für den bereits spitzbogig geführten Gurtbogen vor Rechteckrücklage vorgelegt. Es entstand dadurch ein System, wie es ein Jahrhundert vorher in der 1138 begonnenen Prämonstratenserkirche von Knechtsteden angelegt war. Mit Knechtsteden hat Dortmund zudem die gratlose Kuppelform der Hochgewölbe gemeinsam, die dort auf die Ostteile – Chor und Querhaus – beschränkt waren. Die Dortmunder Stadtpfarrkirche St. Marien bediente sich also zur Visualisierung ihres Anspruchs eines feudalen Bautypus.
Ein erneuter Paradigmenwechsel ist an St. Marien im mittleren 14. Jahrhundert festzustellen, als der romanische Ostabschluß durch einen gotischen Saalchor ersetzt wurde. Mit seinen reichen Maßwerkformen, die die Obergadenfenster des Kölner Domchores vereinfacht nachbilden, wirkt er wie der Hochchor einer gotischen Kathedrale. Eine ähnliche Umsetzung war zuvor bereits in den Stiftschören von Mönchengladbach und St. Ursula in Köln erfolgt. Gleichzeitig mit Dortmund entstand der neue Chorbau des Aachener Münsters, begonnen 1355 unter Karl IV., der 1377 mit seinem Besuch in Dortmund dessen Reichsstadtcharakter unterstrich.

Dortmund, Reinoldikirche

Die zweite der Dortmunder Stadtpfarrkirchen, St. Reinoldi, folgt mit ihrem Neubau des mittleren 13. Jahrhunderts gleichfalls dem Typus der Gewölbebasilika, aber erweitert um ein Querhaus, das mit seinen Stirnwänden in der Flucht der Seitenschiffsmauern bleibt. Gegenüber der historisierenden Rückorientierung von St. Marien ist hier jedoch ein Raumtypus verwirklicht, der in einer Synthese die traditionelle Basilikastruktur mit der neuen Hallenraumform verbindet. Ähnlich wie beim gleichzeitigen Langhaus des Münsteraner Domes ergeben sich durch

Fortfall der Zwischenstützen des gebundenen Systems sehr hohe spitzbogige Arkaden, deren Scheitel oberhalb der Kämpferhöhe der Hochschiffswölbung liegen und daher nur eine sehr niedrige Obergadenzone ermöglichen. Der Pfeilertypus – ein kreuzförmiger Querschnitt mit vorgelegten Halbsäulen und eingestellten schlanken Diensten – folgt der spätromanischen Form wie in St. Andreas in Köln und dem Hallenlanghaus des Paderborner Domes, an das auch die Kapitellplastik erinnert. Im Vergleich mit den niederrheinischen Bauten der Spätromanik fällt der Verzicht auf die betonte Horizontalgliederung der Hochwände auf, so daß die Arkaden nun in eine unbestimmt belassene Mauerfläche einschneiden. Hier äußert sich bereits eine Gestaltungsform, wie sie für die sogenannte Reduktionsgotik in der zweiten Hälfte des 13. Jahrhunderts typisch ist. Gleiches gilt für die Obergadenfenster, die die Kreisform von Essen-Werden zu einem Halbkreis mit eingesetzter Maßwerkrose halbieren. Die Einwölbung, die im Vierungsjoch noch das ältere achtrippige Domikalgewölbe rezipiert, zeigt im Langhaus selbst die gotische Form von Kreuzrippen.

Wie St. Marien wurde auch St. Reinoldi in spätgotischer Zeit um einen Saalchor erweitert, errichtet 1421–50 durch Meister Roseer in einer reichen spätgotischen Formensprache und mit einer Folge von Sterngewölben. Nach dem fehlgeschlagenen kölnisch-märkischen Angriff auf die städtische Autonomie Dortmunds 1388/89 war die Errichtung eines solchen Stiftschores zugleich Symbol für die reichsunmittelbare Stellung der Stadt.

Dortmund-Brechten, Pfarrkirche

Den Typus der spätromanischen Hallenkirche, wie er vor allem im westfälischen Pfarrkirchenbau, aber auch im Dom von Paderborn und der Münsterkirche von Herford, Anwendung fand, vertritt Brechten. Hier wurde im dritten Viertel des 13. Jahrhunderts ein nur zweijochiger Hallenraum errichtet, konstituiert durch ein eingestelltes Paar kreuzförmiger Pfeiler mit eingestellten Eckdiensten zur Aufnahme der den Domikalgewölben unterlegten und mit Zierscheiben besetzten Rippen. Die Anordnung von jeweils zwei Fensterachsen pro Seitenschiffsjoch läßt darauf schließen, daß die Erstplanung noch eine Stufenhalle des gebundenen Systems wie im benachbarten, heute gleichfalls zum Dortmunder Stadtgebiet gehörenden Kirchderne in einem Joch ausgeführt und in der Pfarrkirche von Castrop in den Umfassungsmauern angelegt[13], vorgesehen hatte, um dann erst durch Auslassen der den Arkaden eingestellten Zwischenstützen zur heutigen Raumform zu gelangen, die ähnlich auch in der Soester Hohnekirche Anwendung fand.

In seiner restaurierten Fassung macht der Brechtener Kirchenraum deutlich, wie sehr mittelalterliche Sakralarchitektur von ihrer ursprünglichen Farbigkeit bestimmt war und die Architekturformen durch ein aufgemaltes Gliederungssystem ergänzt und interpretiert wurden[14]. So wurde das Rippenkreuz durch Ornamentbänder bereichert, die Scheitelringe und gegen diese anlaufende Scheitelrippen mit Lilienendungen ergaben, wie sie in plastischer Form in der Pfarrkirche von Billerbeck vorkommen. Eine Triforienzone aus Kleeblattbögen ist unterhalb der Fensterzone angelegt. Auffallendstes Architekturmotiv ist jedoch eine große Maßwerkrose, die der westlichen Schiffswand aufgemalt wurde und in ihrer architektonischen Formulierung genau der Maßwerkrose in der Westfassade von Notre-Dame in Paris entspricht.

Dortmund, Propsteikirche

Die Bauaufgabe einer städtischen Klosterkirche vertritt in Dortmund die Kirche des 1331 gegründeten Dominikanerkonvents[15]. Im Zweiten Weltkrieg bis auf ihre Umfassungsmauern zerstört, ist ihr Innenausbau heute eine Rekonstruktion des ursprünglichen Zustands, während am zuerst wiederhergestellten Außenbau formale Änderungen wie der Einbau eines gotisierenden Rosenfensters in der Westfassade vorgenommen wurden. Zum ersten Bauabschnitt der Kirche aus dem mittleren 14. Jahrhundert gehört der dreijochige, in fünf Seiten des Achtecks gebrochene Mönchschor, dessen reiche Maßwerkformen ihre Entsprechung in den Obergadenfenstern des Kölner Domchores finden. Wie der gleichzeitige Chorneubau von St. Marien wirkt daher auch dieser Chorraum wie der auf den Boden

Abb. 69 Dortmund Brechten, Pfarrkirche Innenraum nach Osten.

gesetzte Obergaden eines gotischen Kathedralchores. Nach Westen schließt sich an den Chorraum der Laienraum des Langhauses an, der aus topographischen Gründen asymmetrisch angelegt ist. So ist das sehr schmale Nordschiff im System einer Wandpfeilerhalle angelegt, indem die kämpferlos in Scheidarkaden übergehenden Rechteckpfeiler rückwärtig durch kurze Bögen mit der Umfassungsmauer verbunden sind und ein rippenloses Tonnengewölbe tragen. Die Pfeiler erscheinen dadurch nicht freistehend, sondern als durchbrochene eingezogene Strebepfeiler, und der ausgegrenzte Raum nicht als selbständiges Seitenschiff, sondern als schmale, den Hauptraum begleitende Raumschicht.
Demgegenüber sind zum vollständig ausgebildeten Südschiff kantonierte Rundpfeiler ähnlich wie in der Soester Minoritenkirche eingesetzt, aus deren vier Diensten die gleich dimensionierten Gurt- und Scheidrippen aufsteigen. Hier findet also keine deutliche Schiffsausgrenzung statt, und es entsteht ein offener Hallenraum, der an die doppelten Seitenschiffe des Kölner Domchores erinnert. In ihrem formalen Aufwand zwar gegenüber der Kathedralarchitektur reduziert, zeigt die Dortmunder Dominikanerkirche in ihren Formenzitaten deutlich den Anspruch als ein finanziell von der Bürgerschaft getragener Kirchenbau.

Abb. 70 Dortmund, Propsteikirche. Innenraum nach Osten.

Abb. 71 Unna, Stadtkirche. Chorraum nach Osten.

Dieser Anspruch äußert sich noch einmal in der Mittelschiffswölbung, die nach Ausweis ihrer heraldischen Schlußsteine im mittleren 15. Jahrhundert eingezogen wurde. Wie im Chor der Dortmunder Reinoldikirche und in der Pfarrkirche von Werne, die beide von Meister Roseer erbaut wurden[16], finden sich auch hier Sterngewölbe des norddeutschen Typus. Es ist dies eine Kombination des traditionellen Kreuzrippengewölbes mit Rippendreistrahlen, wie sie vor allem im Backsteingebiet begegnet, aber auch im Vierungsgewölbe der Kathedrale von Amiens vorgebildet ist.

Unna, Stadtpfarrkirche

Die Pfarrkirche der am Hellweg gelegenen Hansestadt Unna vertritt zusammen mit derjenigen der benachbarten Stadt Hamm den im 14. Jahrhundert gebräuchlichen Typus der dreischiffigen Hallenkirche, die hier über quadratischem Grundriß mit gleichbreiten Schiffen und dreijochiger Längenerstreckung konzipiert ist. In der relativ kurzen Zeitspanne von 1389 bis 1396 wurde dieser Hallenraum um eine Choranlage erweitert, die in einem scharfen Kontrast zum ursprünglichen Raumkonzept steht und keine Vorstufen in der westfälischen Architektur besitzt. Es handelt sich hierbei um einen Hallenumgangschor, bei dem innerer wie äußerer Chorschluß aus fünf Seiten des Achtecks gebildet sind. Der Binnenchor gewinnt gegenüber den jetzt schmalen Seitenschiffen deutlich an Breite, so daß zum Mittelschiff des Langhauses ein trapezförmiges Zwischenjoch eingefügt werden mußte. Auch durch die Höhenstaffelung der Raumabschnitte
mußte. Auch durch die Höhenstaffelung der Raumabschnitte
erhält die Raumstruktur eine Hierarchisierung. Eingewölbt ist der Chorraum über hohen Bündelpfeilern mit Kreuzrippengewölben, wobei die äußeren Kappen der Umgangsjoche um Rip-

pendreistrahle bereichert sind.
Hallenumgangschöre gelten in der Architekturgeschichte als Kennzeichen spätgotischer Stadtkirchen; ein erstes Beispiel dieses Typus war in Norddeutschland aber bereits im ausgehenden 13. Jahrhundert mit dem Verdener Domchor entstanden[17]. Die unmittelbaren Voraussetzungen für die Lösung in Unna befinden sich jedoch am Niederrhein in der Pfarrkirche von Rheinsberg und der Lambertuskirche von Düsseldorf[18]. Von beiden war erstere Residenzkirche der Kölner Erzbischöfe, und letztere die der Herzöge von Berg, so daß der Bautypus selbst schon eine höfische Funktion bezeichnet.
Die historische Voraussetzung für die Übertragung dieser niederrheinischen Raumform nach Unna ist darin zu sehen, daß im Jahre 1368 die Grafschaft (später Herzogtum) Kleve durch Erbschaft an die Grafen von Mark gefallen war, die ihre Stammlande seitdem von ihrer neuen Residenz Kleve aus regierten. Unna, ein Amtssitz der Grafschaft Mark, wurde dabei einer der Verwaltungsorte des Territoriums, und seine Pfarrkirche durch den Chorneubau für Besuche des herzoglichen Hofes eingerichtet.
Zur Rezeption des Umgangschores von Unna gehört der Chor der Marktkirche von Lippstadt, errichtet 1478–1506, dem Residenzort der Edelherren von Lippe, was noch einmal die Funktionsbildung dieses Bautyps belegt[19].

Duisburg, Salvatorkirche
Die Duisburger Salvatorkirche geht, wie schon ihr Patrozinium indiziert, auf die Kapelle einer karolingischen Pfalzanlage zurück, die 1290 in klevischen Besitz überging, während das Patronat der Pfarrkirche dem Deutschen Orden übertragen wurde. Diese Mehrfachfunktion als Stifts-, Hof- und Pfarrkirche bestimmte auch die Baugestalt der heutigen spätgotischen Kirche, eine dreischiffige Basilika mit Westturm, Querhaus und Saalchor[20].
Ein erster Turmbau war im mittleren 14. Jahrhundert einer älteren Kirchenanlage angefügt worden, nach Brandzerstörung 1467 aber in den Jahren 1479–1513 durch Johann Haller neuerrichtet worden. Kurz zuvor war noch ein Aufmaß der Brandruine angefertigt worden, das als Planungsgrundlage des Westturms der Weseler Stadtkirche diente. Somit ist hier das früheste Beispiel eines Turmbaus des niederrheinischen Typs zu greifen, dessen Leitmotiv, das mit einem großen Maßwerkfenster unter gemeinsamer Laibung zusammengefaßte Westportal, auf den 1321 begonnenen Utrechter Domturm zurückgeht.
Der Kirchenbau selbst setzte im beginnenden 15. Jahrhundert mit dem spätgotischen Saalchor ein, der noch, wie die Strebepfeilerstellung am Anschluß zum Querhaus zeigt, als Erweiterung des älteren spätromanischen Kirchenbaus wie an den beiden Dortmunder Stadtkirchen gedacht war. Seine reiche Strebepfeilergliederung, die Maßwerkgalerie am Dachansatz, und die horizontale Unterteilung der Maßwerkfenster gehen wie beim Dortmunder Reinoldichor auf den Aachener Stiftschor zurück.
Auch der Rückgriff auf die traditionelle Bauform der Querhausbasilika, wie wenig später auch in Wesel, dient der Bedeutungssteigerung des Kirchenbaus. Zum einen mag der wiederaufgenommene Weiterbau der (inzwischen klevischen) Stiftskirche von Xanten im basilikalen System des 13. Jahrhunderts den Ausschlag für die Typenwahl gegeben haben; zum anderen waren es sicher die großen Stadtkirchen der burgundischen Niederlande, die diese Raumform für Residenzkirchen ('s-Hertogenbosch) angemessen erscheinen ließen. Die starke Abschnürung des Querhauses zum Chor und Langhaus läßt auch in Duisburg vermuten, daß dieses als Sonderraum für die Hofhaltung reserviert war.

Abb. 72 Duisburg, Salvatorkirche. Ansicht von Südost.

In technischer Hinsicht ist die Duisburger Salvatorkirche dadurch bemerkenswert, daß hier die Steinarmut des Niederrheins zu einem ökonomischen Umgang mit dem Baumaterial führte. Errichtet wurde das Bauwerk in Backstein, dem eine äußere Tuffverblendung vorgesetzt wurde, während alle Formendetails in Sandstein ausgeführt wurden. Anstelle des mittelalterlichen Systems, bei dem der Bauherr möglichst im Besitz eines Steinbruchs für den Eigenbedarf sein mußte, setzt dieses eine funktionierende Geldwirtschaft und einen Fernhandel für normiertes Baumaterial (Tuff und Ziegel) voraus, das als Massengut leicht auf dem Rhein transportiert werden konnte.

Bochum, Propsteikirche
Bei einem Stadtbrand im Jahre 1517 war auch die Pfarrkirche von Bochum zerstört worden. Ihr Neubau wurde noch im selben Jahr an Henrik de Suer verdingt, der ihn bis 1525 im Rohbau vollendete[21]. Zahlungsschwierigkeiten seitens der Gemeinde führten jedoch dazu, daß er die Weiterarbeit aufkündigte. Mit der Einwölbung wurde im folgenden Jahr Bernhard Pothast beauftragt, der sie, wohl wegen anderer übernommener Arbeiten, erst 1535/36 ausführte. Eine Chorerweiterung fand 1872–74 statt, um den mittelalterlichen Kirchenbau den Raumbedürfnissen einer Großstadtgemeinde anzupassen.
Bei der Bochumer Stadtkirche handelt es sich um eine vierjochige Hallenkirche mit mächtigem Westturm, dessen Seiten eingetiefte Blendengliederungen aufweisen. Sein Hauptmotiv ist

Abb. 73 Bochum, Propsteikirche. Ansicht von Südwest.

wieder das niederrheinische Fensternischenportal, das hier die seit 1461 bestehende klevische Landeszugehörigkeit signalisiert. Während die Erstplanung des Hallenraums sicher noch einfache Kreuzrippengewölbe über den Rundpfeilern vorgesehen hatte, zeigt der Endausbau im Mittelschiff Netz- und in den Seitenschiffsjochen Sterngewölbe wie in der Lambertikirche in Münster, die 1525, wahrscheinlich ebenfalls durch Pothast, eingewölbt worden war[22]. Dieselbe Gewölbeform findet sich ein Jahrhundert zuvor, zurückgehend auf den Prager Domchor, in der Martinskirche von Landshut, doch dürften die unmittelbaren Vorbilder für Bochum nicht in Süddeutschland, sondern in den Niederlanden zu suchen sein, wo die Stiftskirche Sint Servaas in Mastricht in Mittelschiff und Vierung 1441 ein ähnliches Gewölbemuster erhielt. Bei betonter Schiffstrennung durch stärkere Scheidbögen entsteht hier ein längsorientierter Hallenraum mit figurierten Gewölben, wie er für die klevischen Stadtkirchen, etwa St. Nikolai in Kalkar, charakteristisch ist.

Die überlieferten Nachrichten zur Baugeschichte der Bochumer Kirche erlauben einen Einblick in die Veränderungen der Bauorganisation am Ausgang des Mittelalters. So wurde der Bau nicht mehr von einer ortsansässigen Hütte erstellt, sondern mit Henrik de Suer an einen frühkapitalistischen Unternehmer verdingt, der gleichzeitig an mehreren Kirchen- und Schloßbauten im Münsterland belegt ist[23]. Diese ökonomische Situation entspricht der Entwicklung am Niederrhein, wo der herzogliche Baumeister Gisbert Schairt im mittleren 15. Jahrhundert eine Mehrzahl von sakralen und profanen Bauprojekten betreute.

Anmerkungen

1 Wilhelm-Kästner, Kurt: Der Raum Westfalen in der Baukunst des Mittelalters, in: Petri, Franz (Hg.): Der Raum Westfalen, Bd. 2, Teil 1, Münster 1955, S. 370–460.
2 Maué, Hermann: Rheinisch-staufische Bauformen und Bauornamentik in der Architektur Westfalens, Köln 1975.
3 Borger, Hugo: Zur Baugeschichte des Werdener Westwerks, in: Zimmermann, Walther (Hg.): Die Kirchen zu Essen-Werden, Essen 1959, S. 71–159.
4 Möbius, Friedrich: Westwerkstudien, Jena 1968.
5 Zimmermann, Walther: Das Münster zu Essen, Essen 1956.
6 Untermann, Matthias: Die Kirchenbauten der Prämonstratenser, Köln 1984.
7 Claussen, Hilde: Zur Farbigkeit von Kirchenräumen des 12. und 13. Jahrhunderts in Westfalen, in: Westfalen 56 (1978), S. 18–72, hier: S. 22–31.
8 Esterhues, Friedrich J.: Zur ältesten Baugeschichte der evangelischen Pfarrkiche in Bochum-Stiepel, in: Westfalen 43 (1965), S. 57–69.
9 Thümmler, Hans: Ehemalige Stiftskirche Freckenhorst, in: Westfalen 43 (1965), S. 3–30.
10 Claussen (wie Anm. 7) S. 40f.
11 Bendmann, Günter: Die Werdener Abteikirche (1256–75), Bonn 1953.
12 Geimer, Maria: Der Kölner Domchor und die rheinische Hochgotik, Bonn 1937.
13 Röckener, Kurt: Die münsterländischen Hallenkirchen gebundener Ordnung. Diss. Münster 1980, S. 135–139.
14 Claussen (wie Anm. 7) S. 69–72.
15 Rensing, Theodor: Das Dortmunder Dominikanerkloster (1309–1816), Münster 1936.
16 Tenhagen, Friedrich: Zur Baugeschichte der Pfarrkirche zu Werne a. d. Lippe, in: Westfalen 9 (1934), S. 405f.
17 Kunst, Hans-Joachim: Die Entstehung des Hallenumgangschores. Der Domchor zu Vreden an der Aller und seine Stellung in der gotischen Architektur, in: Marburger Jahrbuch für Kunstwissenschaft 18 (1969), S. 1–104.
18 Böker, Hans J.: Die mittelalterliche Backsteinarchitektur Norddeutschlands, Darmstadt 1988, S. 201f.
19 Mundt, Eckhart: Die westfälischen Hallenkirchen der Spätgotik (1400–1550), Lübeck 1959, S. 117–119.
20 Schwartz, Heinrich M.: Die kirchliche Baukunst der Spätgotik im klevischen Raum, Bonn 1938.
21 Darpe, Franz: Geschichte der Stadt Bochum, Bd. 2, Bochum 1891, S. 119–135; Mundt (wie Anm. 19) S. 64f.
22 Böker, Hans J.: Die Marktkirche St. Lamberti zu Münster, Bonn 1989, S. 233.
23 Fischer, Kurt: Henric de Suer, Kirchenbaumeister aus Coesfeld, in: Westfalen 34 (1956), S. 141–144.

Stadtrat und Ratschor

Der Neubau des Dortmunder Reinoldichores im 15. Jahrhundert

Klaus Lange

Der Patronatsstreit um St. Reinoldi

Von alters her gebührte St. Reinoldi der erste Rang unter den Dortmunder Kirchen: Unbestritten war sie die Hauptkirche der Stadt[1]. Im Rahmen des Strebens nach kommunaler Selbstverwaltung war der patronatsrechtliche Besitz der Reinoldikirche, der die freie Wahl des Pfarrers garantierte, deshalb ein vordringliches Anliegen der Reichsstadt. Seit dem 13. Jahrhundert beanspruchte aber auch der Dekan des Kölner Mariengradenstiftes das Kollationsrecht in der Reinoldipfarre. In dem langwierigen Prozeß gegen den Dortmunder Rat, der sich von 1262 bis 1290 hinzog[2], behauptete er mit Hilfe einer gefälschten Urkunde, St. Reinoldi sei ursprünglich eine Stiftskirche gewesen, die Erzbischof Anno im 11. Jahrhundert in eine Pfarrkirche umgewandelt und Mariengraden inkorporiert habe. Die Dortmunder dagegen verknüpften ihre Patronatsansprüche mit ihrem Reichsstadtstatus. Karl der Große habe Stadt und Kirche gegründet; kraft kaiserlicher Verleihung seien sie deshalb die rechtmäßigen Patrone aller geistlichen Benefizien in der Stadt: „Cum igitur ius Patronatus omnium Ecclesiarum altarium et capellarum infra muros nostros a Divis Romanorum Imperatoribus et Regibus in prima fundatione nostrae civitatis usque in hodiernum diem habuerimus ex regia liberalitate . . .“, wie es in der Schrift 'De iure patronatus' des Dortmunder Rats heißt[3].

Der Prozeß endete mit einem Vergleich. Der Dekan von Mariengraden setzte sich als Patron der Reinoldikirche durch, allerdings mit der Auflage, nur gebürtige Dortmunder als Pfarrer zu investieren. Dagegen behielt der Rat das Pfarrwahlrecht in der Nikolai- und der Marienkirche, die infolgedessen zur Kirche des Rats wurde. Dieser Vergleich hatte im 14. Jahrhundert im wesentlichen Bestand, wenngleich sich Dortmund auch weiterhin patronatsrechtliche Optionen offenzuhalten versuchte, indem man sich die Vergabe aller kirchlichen Benefizien – so 1332 von Ludwig IV. – uneingeschränkt bestätigen ließ.

Die Dinge kamen erneut in Fluß nach 1400. Gelähmt durch den finanziellen Ruin im Gefolge der Großen Fehde, sah man sich dem Zugriff der Kölner geistlichen Gerichtsbarkeit relativ schutzlos ausgeliefert. Nicht gezahlte Leibrenten und der Prozeß gegen Heinrich Broke wegen der Benediktskapelle auf dem Ostentor riefen den Kölner Offizial auf den Plan, der Rat und Bürgerschaft wiederholt mit Exkommunikation und Interdikt belegte, was wiederum endlose Prozesse nach sich zog. Hinzu kam 1409 ein erneuter Patronatsstreit mit Mariengraden um die Jakobuskapelle auf dem Westentor.

Der Rat reagierte auf diese prekäre Situation, indem er den Reinoldipfarrer als allein zuständigen geistlichen Richter für Dortmund durchzusetzen versuchte. Zwar erteilte Papst Bonifatius IX. der Stadt 1402 das Privileg, daß sie nicht vor einen auswärtigen geistlichen Richter zitiert werden dürfe, aber 1412 mußte man sich dem Kölner Druck beugen und die erzbischöfliche Gerichtsbarkeit wieder anerkennen. Erst seit 1417 konnte der Rat mit königlicher Hilfe zu einer offensiveren Politik übergehen, um den Kölner Einfluß auf kommunale Belange zurückzudrängen. In die Reihe dieser Bemühungen, die die Freiheit der Reichsstadt sichern und ausbauen sollten, gehört auch der Versuch, die Reinoldipfarre in städtische Obhut zurückzubringen. Auf diesem Hintergrund ist wohl schon frühzeitig der Entschluß gereift, sobald es die Stadtfinanzen wieder zuließen, den Reinoldichor neu zu errichten und durch diese Bauleistung, kirchenrechtlich einer Neufundierung vergleichbar, die umstrittene Patronatslage der Hauptkirche zugunsten der Stadt zu revidieren[4].

Baugeschichte und Baustruktur

1421 legten Bürgermeister Conrad Berswordt und Meister Roseer, der für die Bauausführung verantwortlich war, den Grundstein zu dem zweijochigen Saalchor mit $^5/_8$-Schluß. Wahrscheinlich begann man den Bau mit den Ostteilen und konnte so den alten Chor weiterhin liturgisch nutzen. Gegen 1441 müssen die Polygonwände mit ihren aufwendigen Fenstern und Strebepfeilern gestanden haben, denn 1442 wurde der alte Reinold-Altar abgebrochen und gleichzeitig wohl auch der Vorgängerchor, von dem nur der Triumphbogen erhalten blieb. Im Anschluß daran dürfte zunächst die Langchorsüdseite errichtet worden sein, und seit 1446 folgten Sakristei und Langchornordseite, so daß die provisorisch abgedeckte Chorumwandung und der Hochaltar im November 1447 durch den damaligen Reinoldipfarrer Johann Schlechter geweiht werden konnten. 1449 waren Bedachung und Dachreiter fertiggestellt und 1450 schließlich die Gewölbe geschlossen.

In seiner architektonischen Substanz vollendet war damit ein einheitlicher Saalraum, der im Gegensatz zu traditionellen gotischen Steilräumen ein ausgewogenes Verhältnis von Höhe, Breite und Tiefe aufweist; ein Eindruck, der unterstützt wird durch das Gleichgewicht von Vertikalen und Horizontalen in den blickbeherrschenden Polygonfenstern. Jeweils zwei Maßwerkbrücken hemmen dort den Aufstieg der Fensterbahnen. Trotz der großzügigen Durchfensterung ist eine vollständige Wandauflösung bewußt vermieden worden, so daß eine eindeutig definierte, in die Fläche gespannte Raumgrenze entsteht; selbst die Ostfenster werden von Wandstreifen, in die die Laibungen nur leicht einschneiden, gerahmt. Abgerundet wird das einheitliche Raumbild durch die im Vergleich zu den plastischen Formen des Triumphbogens extrem linearisierten Dienste. Gleichsam auf die Wandfläche gezeichnet, umschreiben sie den Gesamtraum, ohne durch Kapitelle von Gurten und Rippen getrennt zu werden.

Andererseits sind im Chorinneren durch Wandaufriß und Gewölbestruktur klar unterscheidbare liturgische Bereiche voneinander abgesetzt. Erstens wird das Schlußpolygon mit seinem zentrierenden Sterngewölbe durch die tief hinabgezogenen Fenster als Altarraum ausgezeichnet, während im zweijochigen Vorchor über einem hohen Wandsockel nur die beiden oberen Fensterdrittel, aber mit vereinfachter Laibungsprofilierung, fortgeführt werden. Zweitens teilt die durchlaufende Scheitelrippe den Chor in eine Nord- und eine Südhälfte. Die Baustruktur wird somit von zwei kontrastierenden architektonischen Strategien bestimmt: Vereinheitlichung bei gleichzeitiger Differenzierung des Gesamtraums.

Abb. 74 (Seite 242) Dortmund, Reinoldikirche, Innenansicht.

Architekturikonographische Bezüge

Das nächste Vorbild des Reinoldichors findet sich in unmittelbarer Nachbarschaft: Zitiert wird der um die Mitte des 14. Jahrhunderts erbaute Chor der Dortmunder Marienkirche[5], der Kirche des Rats, ebenfalls ein zweijochiger Saalbau mit 5/8-Schluß. Von ihm übernimmt man die im Polygon umlaufende steinerne Sitzbank, das Wand-Dienst- sowie das Wand-Fenster-Verhältnis, die Verstärkung der Gurtbögen gegenüber den Rippen und den Verzicht auf Kapitelle, ein Motiv, das erstmals in der Südturmhalle des Kölner Doms auftaucht und durch die 1313 begonnene Soester Wiesenkirche an den Marienchor übermittelt worden ist. Besonders auffällig aber ist, daß nach 70 Jahren die Dienstprofilierungen des Marienchors exakt reproduziert werden. Diese Übernahme ist stilgeschichtlich nur schwer erklärbar, macht jedoch Sinn, wenn St. Reinoldi als neue Kirche des Dortmunder Rats gekennzeichnet werden soll.

Andererseits weist das reich entwickelte und differenzierte Formenrepertoire des Reinoldichors unübersehbar über den westfälischen Kunstkreis hinaus, wobei die Bauten, die im vorliegenden Argumentationszusammenhang Bedeutung gewinnen, im Rheinland zu suchen sind. So spielt die vergleichsweise seltene horizontale Dreiteilung der Fenster auf den 1414 vollendeten Aachener Münsterchor an[6], zu dem für das 15. Jahrhundert regelmäßige Wallfahrten aus Dortmund verbürgt sind. Mit dieser Bezugnahme stellte man sich einerseits in die Tradition der capella vitrea, die als Reliquiararchitektur verehrte Reliquien in Form eines zweiten steinernen Gehäuses barg, und andererseits knüpfte man an kaiserlich-imperiale Baukunst an, die in diesem Fall mit Karls- und Marienkult verbunden war.

Des weiteren hat man offensichtlich sehr genau die zeitgenössische Kölner Architektur studiert, denn dort errichtete das Mariengradenstift[7] seit 1394 nach einheitlichem Plan ein neues Ostquerhaus mit angeschlossenem 5/8-Schluß, und seit 1414 wurde der Chor des Andreasstifts als vereinfachte Replik der Aachener Chorlösung erneuert. Von St. Andreas wurde die Gliederung der Strebepfeiler angeregt[8], und hier findet sich ebenfalls in einer spitzbogigen Variante die obere Maßwerkbrücke des Reinoldichors. Die überlieferten Ansichten der 1817 abgerissenen Mariengradenkirche lassen zumindest die Vermutung zu, daß man beide Kölner Stiftschöre durch eine komplexere Fensterstruktur zu überbieten trachtete, indem die Aachener Dreiteilung in Anspielung auf den kathedralgotischen Wandaufriß zusätzlich überarbeitet wurde. Die unteren Fensterbahnen mit ihrer komplizierten Maßwerkbrücke aus steigenden und fallenden Fischblasen sollen den Arkadensockel repräsentieren, auf dessen oberem Horizontalabschluß sich quasi Triforium und Fenstergaden, vermittelt durch die einfachere zweite Maßwerkbrücke, erheben.

Die Funktion dieser Zitate liegt auf der Hand: Mit dem neuen Chor wird eine Synthese aus alter Ratskirche und Reliquiararchitektur für den Stadtpatron geschaffen. Gleichzeitig bindet der Bezug auf die kaiserlich-imperiale Architektur die Hauptkirche der Stadt an das Reich. Und man greift die damals für wahr gehaltene Überlieferung vom ehemaligen Stiftskirchenstatus der Reinoldikirche auf und wählt ein Anspruchsniveau, das mit den jüngsten Kölner Stiftsneubauten konkurrieren kann, ja diese in einzelnen Motiven sogar übertrifft.

Abb. 75 Dortmund, Reinoldikirche, Außenansicht.

Das Ausstattungsprogramm

Die Chorarchitektur findet ihre konsequente Fortsetzung in der weitgehend erhaltenen Ausstattung des 15. Jahrhunderts, deren Programm vor allem auf den Sujets 'Kaiser', 'Reinold', 'Maria' und 'Christus' basiert. Diese sind so miteinander verwoben, daß ein unauflöslicher Bedeutungszusammenhang zwischen politischer und religiöser Selbstdarstellung der Stadtgemeinde entsteht. Dazu an dieser Stelle nur folgende exemplarische Hinweise:

- Den ikonographischen Auftakt bilden die Skulpturen am Triumphbogen. Hier stehen als Garanten der Stadtfreiheit die riesenhaften Figuren Reinolds und Karls des Großen, als Schutzherren der Stadt legitimiert durch das ehemals über ihnen im Chorbogen hängende Triumphkreuz.
- Durch die vom Rat gestiftete Madonna über der Sakristeitür, die auf einer Konsole mit Stadtadler steht[9], wird das Patrozinium der alten Ratskirche einbezogen.
- Der heilige Stand des ritterlichen Stadtpatrons wird durch den traditionell zur Reliquiararchitektur gehörigen Apostelzyklus bezeugt und natürlich durch das Tabernakel im nördlichen

Langchor, in dem sich früher Schrein und Kopfreliquiar, das ebenfalls mit 12 Aposteln geschmückt war, befanden.

- Der Hochaltar ist zentralen Glaubensthemen vorbehalten; er kombiniert mit Kreuzigung und Aposteln die Bildzyklen des Marienlebens und der Passion. Doch auch im Sanktuarium wird nicht auf die Kaiser- bzw. Reichsikonographie verzichtet. Zusammen mit einer Marienkrönung ist 1450 in der östlichen Polygonseite, also optisch dem Hochaltar hinterlegt, das sog. Kaiserfenster mit Karl IV. und den sieben Kurfürsten eingesetzt worden.
- Bezeichnend ist das Spiel mit der sakral-profanen Doppeldeutigkeit der Adler- und Löwensymbolik, die zugleich der christlichen und der reichsstädtischen Ikonographie angehört, so beim Adlerpult, dem Kapitell der Reinoldsäule und dem Konsoladler der Himmelskönigin.

Abb. 76 Reinoldikirche, Engel mit dem Stadtwappen, Ostwange des nördlichen Chorgestühls.

Die Zielsetzung dieses Programms wird deutlich, wenn man berücksichtigt, daß der gesamte Bau einst mit Wappen überhäuft gewesen ist, die heute nur z. T. erhalten sind. Der Stadtadler erscheint am äußeren Westgiebel und im Inneren, von einem Engel gehalten, auf der Nordostwange des Gestühls; auf den Wandleuchtern und dem Taufbecken wechseln sich Adler und Löwe ab; das örtliche Patriziat hatte seine Schilde auf den Apostelkonsolen und im Fensterzyklus angebracht. Mit Adler, Löwe und Geschlechterwappen wird dem Chorhaus so der Stempel der Stadt aufgedrückt.

Indem Architektur und Ausstattung derart zum städtischen 'Besitz' deklariert werden, stellen sie die alte Rechtsposition der Reichsstadt aus dem Patronatsstreit des 13. Jahrhunderts sinnfällig vor Augen: Nur Stadtpatron und Kaiser untertan, ist der Rat ohne eine auswärtige Zwischeninstanz alleiniger Patronatsherr über alle Kirchen innerhalb der Stadt, auch und im besonderen über die Kirche des Dortmunder Stadtpatrons.

Zur Patronatslage im 15. Jahrhundert

Ob der Rat sich wirklich in den Besitz der erstrebten Rechtsgüter bringen konnte, ist angesichts der vorhandenen Urkunden nicht eindeutig entscheidbar. Doch sprechen alle Indizien dafür, daß er durch den Chorneubau eine veränderte Rechtslage als gegeben annahm und die Pfarrerwahl faktisch ausübte. Schon 1421, also noch im Jahr der Grundsteinlegung, verbot er unter Androhung gerichtlicher Verfolgung, bei irgendjemand anderem als bei ihm um die Verleihung kirchlicher Benefizien nachzusuchen. Nach dem Tode des Reinoldipfarrers Tidemann Wickede im Jahre 1439 wollte der Rat zunächst Segeboth Berswordt präsentieren, eine Wahl, die auch der Dekan von Mariengraden befürwortete. Jedoch wurde der Dortmunder Ratssohn Johann Schlechter Pastor an St. Reinoldi, „welche pastorij em gaff de raht uht dwange der borger", wie Johann Kerkhörde in seiner Chronik vermerkt[10]. Eine vorläufige Klärung scheint eine Bulle Eugens IV. im Jahre 1441 gebracht zu haben, in der der Stadt Dortmund das Präsentationsrecht in der Reinoldipfarre bestätigt wurde. Dies war allerdings nicht das letzte Wort. 1483 kam es erneut zum Prozeß zwischen Dortmund und dem Dekan von Mariengraden, dem übrigens in Dortmund geborenen Johann Husmann, der sich darüber beschwerte, daß Stadtrat und Stadt die mit seinen Vorgängern getroffenen Vereinbarungen über die Pfarrstellenbesetzungen nicht einhalten würden. Leider ist der Ausgang dieses Prozesses nicht bekannt. Doch einerlei, ob sich der Rat bereits im 15. Jahrhundert als rechtmäßiger Patronatsinhaber etablieren konnte oder ob der Chor nur als architektonisch-ästhetische Kompensation realer kirchenrechtlicher Defizite zu sehen ist, Bauwerk und Ausstattung lassen in keinem Fall einen Zweifel an der Rechtssicht des städtischen Bauherrn aufkommen.

6. Liturgische Nutzung durch den Rat

Über die konkrete Verwendungsweise des Reinoldichors sind wir nur unzureichend unterrichtet. Zwar ist beispielsweise urkundlich gesichert, daß seit dem 13. Jahrhundert juristische Schreiben und Verträge „in choro beati Reynoldi"[11] besiegelt wurden, aber über die Nutzung des Neubaus durch den Rat liegen keine entsprechenden Quellen vor[12]. Hier muß deshalb der Chor selbst als architektonisches Dokument befragt und gelesen werden.

Besonders aufschlußreich ist das für einen Sakralbau ungewöhnliche Ostfenster mit Kaiser und Kurfürsten, das eigentlich ein typisches Rathausprogramm[13] zeigt, wie es etwa 1405–10 am Bremer und 1481 auch am Dortmunder Rathaus auftaucht. Nimmt man hinzu, daß das nördliche Chorgestühl an der Ostwange durch Kaiser, Reinold und den Engel mit dem Stadtwappen als Ratsgestühl ausgewiesen ist, dann läßt sich folgende Deutungshypothese formulieren: Der Chor soll als Pendant zum

Rathaus, als das 'sakrale Haus des Rats', erscheinen.
Bezogen auf die Baustruktur des Chors bedeutet dies, daß das Polygon als Sanktuarium für den Altardienst reserviert ist, während der Vorchor durch die Scheitelrippe in eine nördliche Ratshälfte und eine südliche Klerushälfte unterteilt wird. Auf das Ratsgestühl folgen nach Osten die Skulptur mit der Schutzherrin der alten Ratskirche und – noch im Langchor – das Reliquienhaus des Stadtpatrons, zu dem nicht etwa die Geistlichen den Schlüssel besaßen, sondern die Bürgermeister. Anläßlich von Prozessionen, bei denen es den Ratsherren vorbehalten war, den Reinoldischrein zu tragen, ist deshalb unschwer eine liturgische Zeremonie vorstellbar, bei der der Rat von seinem Gestühl vorbei an der segnenden Madonna zum Reliquienhaus schritt, das der Bürgermeister sodann aufschloß; anschließend holten die Ratsherren Schrein und Kopfreliquiar aus dem Tabernakel und formierten sich zur Prozession. Eine derartige liturgische Praxis entsprach dem Verhalten des rechtmäßigen Patronatsherrn der Kirche, dem u. a. folgende Ehrenrechte[14] zustanden:

- das ius processionis, das Recht, bei Prozessionen der Gemeinde voranzugehen.
- der honor sedis, das Recht auf einen besonderen Kirchensitz, auch im Chor.
- das ius inscriptionis, das Recht, sein Wappen an bzw. in der Kirche anzubringen.
- der honor thuris, das Recht auf Weihrauchspende während der Messe.

Sollte diese Deutung zutreffen, dann erhält der Chor unübersehbare Züge einer Bühnenarchitektur. Flankiert von den beiden Beschützern der Stadtfreiheit, die sich am Choraufgang der Stadtgemeinde zuwenden, wohnt der Rat in seinem Gestühl den Gottesdiensten zu Ehren des Stadtpatrons im erhöhten Chor bei und läßt sich Weihrauch spenden: eine grandiose Selbstinszenierung des Rats als Patronatsherr und zugleich als religiös legitimierte Stadtobrigkeit.

Anmerkungen

1 Literatur zur Reinoldikirche: Lübke, Wilhelm: Die mittelalterliche Kunst in Westfalen, Leipzig 1853, S. 135–141; Ludorff, Albert: Die Bau- und Kunstdenkmäler des Kreises Dortmund-Stadt, Münster 1894, S. 29–32; Stein, Otto: Die Reinoldikirche in Wort und Bild, Dortmund 1906; Fritz, Rolf: Dortmunder Kirchen und ihre Kunstschätze, Dortmund o. J. (1933), S. 38–58; Lindemann, Hans (Hg.): St. Reinoldi in Dortmund, Dortmund 1956; Rinke, Wolfgang u. a.: Dortmunder Kirchen des Mittelalters, Dortmund 1987, S. 13–61.
2 Vgl. Rüschenschmidt, Anna: Entstehung und Entwicklung des Dortmunder Pfarrsystems, sein Dekanat und Archidiakonat bis zum Ausgang des 14. Jahrhunderts, in: Beiträge zur Geschichte Dortmunds und der Grafschaft Mark 33 (1926), S. 55–128; Kurze, Dietrich: Pfarrerwahlen im Mittelalter, Köln 1966, S. 372–384.
3 Zit. nach Rüschenschmidt, S. 120.
4 Zur städtischen Politik des Patronatserwerbs durch Kirchenneubau vgl. Philipp, Klaus Jan: Pfarrkirchen. Funktion, Motivation, Architektur, Marburg 1987.
5 Lorenz, Konrad (Hg.): Die Ev. St. Marienkirche zu Dortmund, Dortmund 1981.
6 Vgl. Appuhn, Horst: Dortmund, München/Berlin 1970, S. 20.
7 Zur Mariengradenkirche zuletzt: Fußbroich, Helmut: Untergegangene Kirchen, in: Kier, Hiltrud/Krings, Ulrich (Hg.): Köln: Die Romanischen Kirchen, Köln 1984, S. 546–568.
8 Böker, Hans Josef: Die Marktpfarrkirche St. Lamberti zu Münster, Bonn 1989, S. 43.
9 Appuhn (wie Anm. 6) S. 32.
10 Chronik des Johann Kerkhörde von 1405–1465, in: Die Chroniken der deutschen Städte vom 14. bis ins 16. Jahrhundert, Bd. 20, hrsg. v. Joseph Hansen, Leipzig 1887, S. 25–146, hier: S. 129.
11 Dortmunder Urkundenbuch, hrsg. v. Karl Röbel, Dortmund 1881 - 1910 Ergbd., Nr. 209; vgl. Dortmunder Urkundenbuch I, Nr. 113 u. 208.
12 Hinweise hierzu bei Fiebig, Paul: St. Reinoldus in Kult, Liturgie und Kunst, in: Beiträge (wie Anm. 1) 53 (1956), S. 3–200, hier: S. 62–66.
13 Vgl. Knappe, Karl-Adolf: „Nostra et sacri Romani imperii civitas". Zur reichsstädtischen Ikonologie im Spätmittelalter, in: kunstspiegel 2 (1980), S. 155–172.
14 Nach Hinschius, Paul: Das Kirchenrecht der Katholiken und Protestanten in Deutschland, Bd. III, Berlin 1883 (ND. Graz 1959), S. 64–67.

Spätmittelalterliche Bildwerke im heutigen Ruhrgebiet – Zwischen Köln und Westfalen

Eine Skizze

Reinhard Karrenbrock

Spätmittelalterliche Bildwerke im Bereich des heutigen Ruhrgebietes – noch heute zeugen sie in erstaunlich großer Zahl und Qualität von dem Kunstschaffen der damaligen Zeit. Zugleich lassen sie jedoch auch vielfältige künstlerische Verflechtungen und Wechselbeziehungen deutlich werden, die die territorialen Gegebenheiten dieser Region im späten Mittelalter widerspiegeln. Anders als im Gebiet des nördlich angrenzenden und künstlerisch recht geschlossen wirkenden Bistums Münster untergliederte sich das heutige Ruhrgebiet zur damaligen Zeit in verschiedene Herrschaften: das Vest Recklinghausen, die Grafschaft Mark und das Herzogtum Kleve, die Grafschaften Moers und Limburg sowie die Freie Reichsstadt Dortmund, das Reichsstift Essen und die Reichsabtei Werden. Vergleichbar differenziert erscheinen auch die aus diesem Gebiet erhaltenen bildhauerischen Arbeiten; deutlich ist an ihnen abzulesen, daß das heutige Ruhrgebiet im Spätmittelalter alles andere als eine einheitliche „Kunstlandschaft" war. Wie das kurkölnische Sauerland waren auch die Territorien des Ruhrgebietes damals – aus kunsthistorischer Sicht – „Randgebiet, das künstlerische Impulse vorwiegend von außen empfängt und in den gegebenen Grenzen verarbeitet". Dabei stehen „neben einheimischen Werken [. . .] immer mindestens ebenso viele, die importiert sind, und die im Land selbst entstandenen Arbeiten wiederum orientieren sich weitgehend an jenen Vorbildern" (Ausst. Kat. Attendorn 1972, S. 14).

In spätmittelalterlicher Zeit, im 14., besonders aber im 15. und frühen 16. Jahrhundert, zeigen sich diese Wechselbeziehungen besonders ausgeprägt und deutlich, wobei der Lippe als territorialer Grenze auch in künstlerischer Hinsicht eine Grenzfunktion zuzukommen scheint: In den nördlich der Lippe gelegenen, zum Oberstift Münster gehörenden Teilen des Ruhrgebietes finden sich vornehmlich Bildwerke westfälischer oder niederrheinischer Provenienz, in den südlich der Lippe gelegenen Regionen hingegen gehäuft kölnische Skulpturen oder aber Altarretabel aus Brabant. Hinzu kommen Arbeiten aus den nördlichen Niederlanden, vom Nieder- und Mittelrhein sowie einzelne Importstücke aus dem Lübecker oder Braunschweiger Raum. Schwierig zu beantworten, da weitgehend unerforscht, ist darüber hinaus die Frage der einheimischen Produktion: Gewisse Anzeichen lassen vermuten, daß in Dortmund in dieser Zeit Bildhauer beheimatet gewesen sein könnten; weitere Bildwerke weisen zudem auf eine Werkstatt, die unter stark kölnischem Einfluß sowohl in der Grafschaft Mark als auch im kurkölnischen Herzogtum Westfalen tätig war.

Betrachten wir zunächst die kölnischen und die von Köln abhängigen Bildwerke im heutigen Ruhrgebiet. Ein frühes, zugleich besonders schönes und charakteristisches Beispiel für die Verbindungen zur Kölner Kunst bildet die um 1340 entstandene thronende Madonna aus Dortmund–Huckarde, die heute im Diözesanmuseum Paderborn verwahrt wird. Die schlanke, überaus fein gearbeitete Figur Mariens vertritt einen im frühen 14. Jahrhundert häufigen Typus, der, wohl von Frankreich kommend, in Köln seine besondere Ausprägung erhielt und von dort aus weit verbreitet wurde. Die elegante, leicht ponderierte Figur aus Huckarde, deren Gesichtstypus Kölner Provenienz sogleich offenbart, gehört in diesen großen Zusammenhang. Eine zweite, ungefähr gleich große, ebenfalls thronende Figur des Kirchenpatrons Papst Urban I. ist noch heute in Huckarde vorhanden; wie die Marienfigur dürfte sie um 1340 in Köln entstanden sein.

Ebenfalls aus Dortmund-Huckarde stammen zwei weitere kölnische Figurengruppen, eine Anna Selbdritt und ein Vesperbild, die beide im späten 15. Jahrhundert in der Werkstatt des in Köln ansässigen Bildhauers Tilman van der Burch entstanden sind. Tilman van der Burch dürfte um 1500 wohl der wichtigste Bildhauer innerhalb Kölns gewesen sein; durch die Arbeiten seiner großen, sehr produktiven Werkstatt wurde der Kölner Lokalstil damals maßgeblich bestimmt und geprägt. Noch heute finden sich seine qualitativ hochstehenden, in engem Zusammenhang mit der Utrechter Bildhauerkunst entstandenen Werke in großer Zahl. Ein besonders typisches Beispiel für seinen Stil ist die heute im Diözesanmuseum Paderborn aufbewahrte Annengruppe aus Huckarde, deren zarte, verhaltene Innerlichkeit durch die alte, weitgehend erhaltene Farbfassung noch unterstrichen wird. Das durch ähnliche stilistische Merkmale ausgezeichnete Vesperbild in Huckarde erscheint dagegen einfacher und im ganzen nicht so prägnant; es wird kaum vom Meister selbst, sondern eher von seiner Werkstatt geschaffen worden sein.

Eine derartige Häufung qualitätvoller aus Köln stammender Bildwerke wie in Huckarde findet sich im Ruhrgebiet ansonsten kaum; ein Grund hierfür könnte in der Zugehörigkeit Huckardes zum Stift Essen liegen, zumal sich in Essen selbst noch weitere Arbeiten Meister Tilmans erhalten haben. Eines dieser Werke, eine spätgotische Chormantelschließe mit der Darstellung Mariens zwischen den heiligen Ärzten Cosmas und Damian, wird im Essener Münsterschatz verwahrt. In der Münsterkirche, der ehemaligen Stiftskirche St. Cosmas und Damian, befinden sich zudem zwei unterlebensgroße Holzstatuen dieser beiden Heiligen, die – wie die Chormantelschließe – ihrem stilistischen Erscheinungsbild nach zu den späteren Werken der Tilman-Werkstatt gehören; sie dürften demnach im ersten Jahrzehnt des 16. Jahrhunderts entstanden sein.

Weitere Arbeiten dieser Werkstatt wurden zur gleichen Zeit, um 1500 oder kurz danach, nach Duisburg und Wesel geliefert. Die ausdrucksvollen Gestalten der hl. Drei Könige, die für die Duisburger Minoritenkirche geschaffen wurden, befinden sich heute in Haus Koekkoek in Kleve; eine unmittelbar vergleichbare Dreikönigsgruppe im Schnütgenmuseum in Köln läßt, bei allen Gemeinsamkeiten, den großen Formen- und Variationsreichtum erkennen, der innerhalb der Werkstatt Meister Tilmans möglich war. Darüber hinaus wurden in dieser Werkstatt aber auch ganze Altäre mit kleinteiligen vielfigurigen Reliefs gefertigt. Die Fraterherren in Wesel erhielten, wohl gegen 1506, einen Schnitzaltar mit der zentralen Darstellung der Grablegung Christi, gerahmt von der Beweinung und der Auferstehung. Geschnitzte Altarretabel und Reliefs haben sich im Oeuvre Meister Tilmans – mit Ausnahme des Kreuzigungsreliefs in St. Kunibert in Köln – ansonsten kaum erhalten; die drei Weseler Passionsreliefs, die heute in der Pfarrkirche St. Martin verwahrt wer-

Abb. 77 Kruzifix, Dortmund, Kath. Propsteikirche St. Johannes Baptist.

den, sind für unsere Vorstellung von seinem Werk auch deshalb von besonderer Bedeutung.
Außer in diesen unmittelbar in der Nähe des Rheins gelegenen Orten finden sich auch weiter östlich im heutigen Ruhrgebiet Werke der Tilman-Werkstatt: in Dortmund, Recklinghausen und Schwerte, wobei sich in der Dortmunder Propsteikirche, der ehemaligen Dominikanerkirche, gleich mehrere Arbeiten dieses Kreises erhalten haben. Eines dieser Werke, ein überlebensgroßes steinernes Kruzifix, das sich früher auf dem Dortmunder Zentralfriedhof befand, wurde vor wenigen Jahren im Kreuzgang der Propsteikirche untergebracht. Ursprünglich bildete es den Mittelpunkt eines größeren Kalvarienberges, dessen Entstehung durch mehrere Chroniken für die Jahre 1500 bis 1503 belegt ist. Zwei weitere steinerne Gruppen dieser vielfigurigen monumentalen Anlage, die Darstellungen „Christus in der Rast“ und „Pilatus und seine Frau“, haben sich ebenfalls bis auf den heutigen Tag erhalten; auch sie befinden sich, nachdem sie zeitweise im Dortmunder Museum aufbewahrt wurden, heute im Kreuzgang der Propsteikirche. Neben diesen Arbeiten aus Stein besitzt die Dortmunder Propsteikirche zudem noch eine aus Holz gearbeitete Marienfigur, die sich bei näherer Betrachtung ebenfalls als Werk der Tilman-Werkstatt erweist.
Welch enge Beziehungen das Dortmunder Dominikanerkloster zu Köln und dessen Künstlern unterhielt, läßt sich darüber hinaus noch an zwei gemalten Altartafeln belegen, über die archivalische Quellen näheres Zeugnis geben. Ursprünglich waren diese Tafeln Teil eines Rosenkranzaltares, der 1519 in Köln bestellt wurde: die nicht mehr vorhandene geschnitzte Mitteltafel wurde von dem Kölner Bildhauer Wilhelm von Arborch gefertigt, die zugehörigen Flügel wurden von dem ebenfalls in Köln ansässigen Maler Meister Hilgardus geliefert. Von diesem Altar haben sich jedoch nur die gemalten Flügel erhalten.
Eine weitere charakteristische Arbeit Tilman van der Burchs besaß bis zum letzten Kriege auch die St. Petrikirche in Recklinghausen, deren lebensgroßes Triumphkreuz enge Übereinstimmungen mit dem Dortmunder Kreuz aufwies; insbesondere die Gestaltung des Oberkörpers, die Struktur des Lendentuches und die artikulierte, scharfkantige Durchbildung des Gesichtes stimmen mit dem Dortmunder Gekreuzigten nahezu überein. Seit einem Bombenangriff ist das Recklinghausener Kreuz jedoch nur noch als Torso erhalten.
Das Triumphkreuz der St. Viktorskirche in Schwerte, ein weiteres Kruzifix dieser Reihe, läßt sich nicht mit derselben Bestimmtheit der Bildhauerwerkstatt Meister Tilmans zuordnen; seine stilistische Nähe und seine kölnische Herkunft sind jedoch unverkennbar. Die beiden Assistenzfiguren, die sich getrennt von dem noch in Schwerte aufbewahrten Corpus im Landesmuseum Münster befinden, zeigen zudem noch deutlicher die Distanz zu den Arbeiten Meister Tilmans, was durch einen Vergleich mit zwei Hauptgruppen Tilman von der Burchs – den Assistenzfiguren im Suermondt-Museum Aachen und im Germanischen Nationalmuseum Nürnberg (zerstört) – nachhaltig unterstrichen wird.
Weitere als „kölnisch“ zu bezeichnende Bildwerke befinden sich in Essen und Datteln, so die große steinerne Grablegung des Essener Münsters, deren vielfiguriger Aufbau im Rheinland nicht ohne Parallelen ist. Die drei wahrscheinlich aus Lütgendortmund stammenden Figurengruppen in der St. Amanduskirche in Datteln (Beweinung, Mariengruppe und Reiter), die ursprünglich das Mittelfeld eines spätgotischen Altares bildeten, sind von ganz ähnlicher stilistischer Prägung. Lange Zeit wurden sie, wohl ihres kleinteiligen, lebendigen Charakters wegen, für flandrische Importstücke gehalten; die Gesichtstypen der Frauen und besonders der Kopf des Apostels Johannes lassen ihre Kölner Provenienz jedoch deutlich werden.
Neben diesen aus Köln importierten Bildwerken läßt sich um 1500 noch eine weitere Skulpturengruppe feststellen, deren einzelne beinahe ausschließlich in der Grafschaft Mark und im kurkölnischen Sauerland zu findenden Werke bislang teilweise ebenfalls für kölnische Arbeiten gehalten wurden. Das stilistische Erscheinungsbild dieser Bildwerke ist jedoch so homogen, daß man annehmen muß, daß sie in einer eigenständigen lokalen Werkstatt entstanden sind, die aufgrund der regionalen Verteilung innerhalb der Grafschaft Mark gelegen haben könnte.
Ein besonders wichtiges und prominentes Stück dieser Gruppe ist das Cappenberger Chorgestühl, dessen frühe, 1509 datierten Seitenwangen den charakteristischen Formenkanon dieser Werkstatt zeigen. Die länglichen Gesichter der zumeist als Relief gegebenen Figuren mit ihren gedrehten, oft aber auch in langen Strähnen herabfallenden Haaren sind ein wichtiges Kennzeichen dieser Werkstatt, deren Reliefs sich von den von anderen Bildhauern gearbeiteten späteren Teilen des Chorgestühls deutlich abheben. Für den Beginn der Arbeiten am Cappenberger Chorgestühl ist ein Meister Gerlach archivalisch bezeugt; inwieweit dieser ansonsten nicht faßbare Bildhauer auch für die anderen Werke dieses Kreises in Frage kommen könnte, bedarf – wie das gesamte Chorgestühl – einer genaueren Untersuchung.
Dieselben stilistischen Merkmale besaß auch der Schnitzaltar in Bausenhagen, von dem sich allem Anschein nach nur photogra-

Abb. 78 Schnitzaltar, ehemals Bausenhagen, Ev. Pfarrkirche.

phische Abbildungen erhalten haben. Zum Zeitpunkt der Aufnahme war nur noch der über dem Mittelfeld erhöhte spätmittelalterliche Schrein mitsamt seinen Reliefs vorhanden; die zugehörigen, möglicherweise bemalten Flügel fehlten bereits damals. In der Mitte des Retabels war der volkreiche Kalvarienberg dargestellt, zu beiden Seiten übereinander weitere Szenen der Passion Christi. Der vorbildhafte Charakter der im frühen 16. Jahrhundert sehr beliebten Brabanter Schnitzaltäre ist am Aufbau, aber auch an den kleinen, lebhaft agierenden Figürchen nicht zu übersehen. Aus einem ähnlichen Zusammenhang dürfte auch das seinem Bausenhagener Pendant in vielen Einzelheiten recht ähnliche Beweinungsrelief stammen, das in der Schloßkapelle des Museums Burg Altena gezeigt wird.
Neben diesen eher kleinteiligen Reliefs können dieser Werkstatt aber auch größere Einzelwerke zugeschrieben werden. Eine besonders anmutige Arbeit ist die aus zwei nahezu lebensgroßen Marienfiguren bestehende Doppelmadonna aus Unna (heute im Landesmuseum Münster), an deren Gewandbehandlung und Kopftypen der Zusammenhang deutlich abzulesen ist. Ähnlich prägnant zeigen sich diese Gemeinsamkeiten bei zwei nahezu identischen Kruzifixen, von denen eines in der katholischen Kirche in Unna, das andere in der evangelischen Kirche in Dellwig verwahrt wird. Die langgestreckten, von einzelnen Haarsträhnen gerahmten Gesichter und besonders die Lendentuchgestaltung dieser Kruzifixe unterstreichen zudem auch die Beziehung zur Kölner Kunst.
Sämtliche bislang genannten Arbeiten dieser Werkstatt stammen aus dem Bereich des heutigen Ruhrgebiets, die regionale Ausbreitung dieser Gruppe läßt sich jedoch nur fassen, wenn man auch das kurkölnische Herzogtum Westfalen in die Überlegungen miteinbezieht. Von besonderer Bedeutung erscheint in diesem Zusammenhang Kloster Oelinghausen, auf dessen Nonnenempore sich zwölf kleine Apostel und mehrere männliche Heilige aus dieser Werkstatt erhalten haben. Ein besonders schönes und qualitätvolles Bildwerk dieser Gruppe, das Vesperbild aus Hengsbeck, stammt ursprünglich ebenfalls aus Oelinghausen. Auf den (im 19. Jahrhundert stark ergänzten) Apostelaltar aus Meinerzhagen, der sich heute in Hohenbudberg bei Krefeld befindet, zwei Figuren aus Remblinghausen (Christus in der Rast und Jakobus) sowie die beiden wahrscheinlich aus Werl stammenden Altarflügel in Scheidingen sei an dieser Stelle nur verwiesen.
Zusammengefaßt läßt sich festhalten, daß kölnische oder kölnisch beeinflußte Bildwerke um 1500 im gesamten heutigen Ruhrgebiet weit verbreitet waren. Anders verhält es sich mit Skulpturen westfälischer Provenienz. Diese finden sich bevorzugt in den noch zum Bistum Münster gehörenden Teilen des Ruhrgebietes sowie in dessen unmittelbar angrenzenden nördlichen Bereichen; darüber hinaus ist festzustellen, daß diese Werke fast durchweg aus der ersten Hälfte des 15. Jahrhunderts stammen und zumeist aus Baumberger Sandstein, dem in der Nähe Münsters abgebauten, für die westfälische Skulptur so wichtigen Material, gefertigt sind.
Eine dieser Bildhauerarbeiten aus Baumberger Stein ist die überaus fein ausgeführte Grabplatte des 1398 gestorbenen Grafen Dietrich von der Mark in Dortmund-Hörde, die sich ursprünglich in der Stiftskirche Clarenberg befand und die nach der Auflösung des Stifts in die Hörder Pfarrkirche St. Clara gebracht wurde. Der nahezu vollplastisch gearbeitete Verstorbene liegt in voller Rüstung mit gefalteten Händen auf dem Sarkophag, zu seinem Haupt zwei Engel mit seinem Wappen und seiner Helmzier. Diese schöne, von der kunsthistorischen Forschung bislang eher vernachlässigte Arbeit dürfte kurz nach 1400 von einem Bildhauer gefertigt sein, dem der Skulpturenzyklus im Chor der Osnabrücker Stiftskirche St. Johann gut vertraut war – die Engel mancher Osnabrücker Figurenkonsolen zeigen enge stilistische Gemeinsamkeiten mit den wappenhaltenden Engeln am Grabmal Dietrichs von der Mark.
Ganz anderen Gestaltungsprinzipien folgt das recht kleinteilige, figurenreiche Kreuzigungsrelief der Recklinghausener Gastkirche, das im frühen 15. Jahrhundert, sicherlich vor der für 1421 bezeugten Altarweihe, entstanden sein dürfte. Das hochformatige, aus Baumberger Sandstein gefertigte Relief, auf dem unterhalb der drei Kreuze dichtgedrängt die am Kreuzigungsgeschehen beteiligten Personen dargestellt sind, scheint in Aufbau und Komposition von malerischen Vorstellungen geprägt, einzelne Gruppen weisen auf Beziehungen zur Malerei Conrads von Soest. In stilistischer Hinsicht steht das Relief, anders als die ungefähr zeitgleich entstandenen westfälischen Kreuzigungsretabel im Hanseraum oder die Kreuzigungsreliefs in Bentlage und Paderborn, jedoch eher singulär.
Als weitere westfälische Arbeiten sind zudem mehrere Einzel-

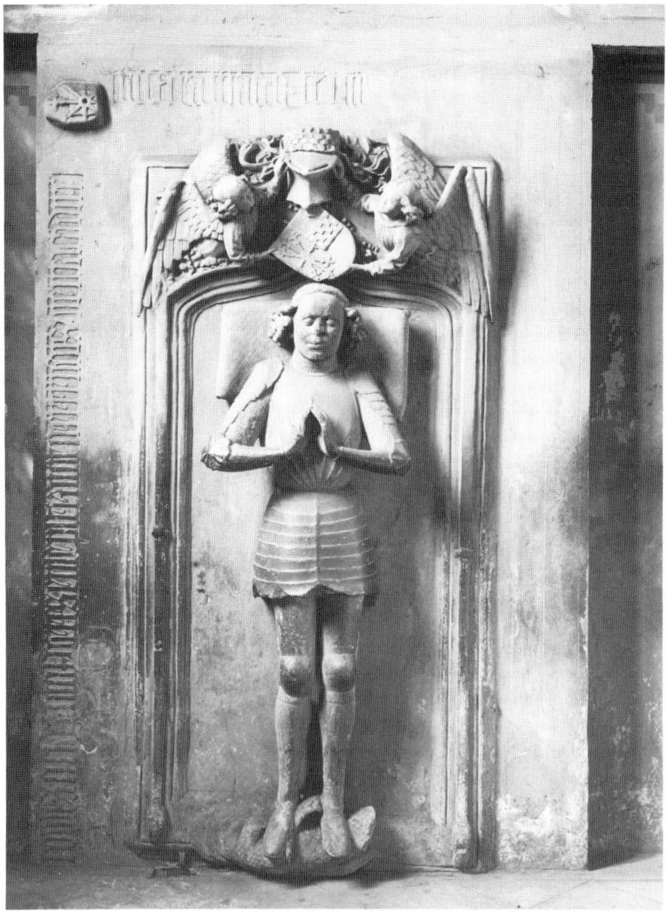

Abb. 79 Grabplatte des Grafen Dietrich von der Mark († 1398), Dortmund-Hörde, Kath. Pfarrkirche St. Clara.

Abb. 80 Kreuzigungsrelief, Recklinghausen, Kath. Gastkirche St. Fabian und St. Sebastian.

bildwerke anzusprechen, die zwischen 1420 und 1440, wahrscheinlich in einer in Münster ansässigen Werkstatt, geschaffen wurden. Ein charakteristisches Beispiel für diese Zusammenhänge ist die steinerne Marienfigur in Dorsten, deren schwer fallende, füllige Gewandbahnen, besonders aber ihr zartes, versonnenes Gesicht auf den Formenkanon der wohl wichtigsten westfälischen Werkstatt des frühen 15. Jahrhunderts, der Werkstatt um das Bentlager Kreuzigungsrelief, hinweist. Trotz mancher Beschädigungen zeugt sie noch heute von der hohen Qualität westfälischer Bildhauerarbeiten dieser Zeit. Aus derselben recht umfangreichen Werkstatt stammen im Bereich des Ruhrgebietes auch eine Elisabethfigur im Heimatmuseum Bottrop und die aus Holz gearbeitete thronende Maria mit Kind in der Evangelischen Pfarrkirche in Methler.

Ungefähr zeitgleich entstand auch die Steinfigur Johannes des Täufers aus Ahsen, die 1927 vom Vestischen Museum in Recklinghausen erworben wurde. Die monumentale, teilweise noch mit alter Fassung versehene Skulptur läßt Berührungen mit burgundischer Kunst, mit den Werken Claus Sluters, erahnen, vermittelt vielleicht durch so großartige Schöpfungen wie die weit in den Norden exportierte Johannesfigur im schwedischen Ludgo.

In der ersten Hälfte des 15. Jahrhunderts, zwischen 1420 und 1450, erhielt auch der gerade fertiggestellte Chor der Dortmunder St. Reinoldikirche seine noch heute weitgehend erhaltene Ausstattung. Zwischen den hohen Lichtbahnen der Maßwerkfenster wurden, wie oft in mittelalterlicher Zeit, steinerne Apostelfiguren aufgestellt; den Abschluß bildete eine hervorragend gearbeitete Marienfigur, in deren hart brechender Gewandbehandlung der realistische Stil der zweiten Jahrhunderthälfte bereits anklingt. Zwei der stilistisch recht unterschiedlichen Figuren sind, wenngleich wohl etwas früher entstanden, von ähnlich hervorragender Qualität; ihre Köpfe lassen zudem Gemeinsamkeiten mit der aus Unna stammenden Figur eines thronenden Christus (im Landesmuseum Münster) erkennen.

Weitere aus Baumberger Stein gefertigte Bildhauerarbeiten finden sich in Bochum-Harpen, wo sich eine Antoniusfigur und ein Relief mit der Anbetung der Könige aus der Zeit um 1460 erhalten haben. Wie die Bildwerke des frühen 15. Jahrhunderts ist auch das Bochumer Anbetungsrelief einer wohl in Münster beheimateten Werkstatt zuzuordnen, einer Werkstatt, die nach ihrem Hauptwerk, dem Molberger Altar, benannt werden könnte. Die Qualität der Arbeiten dieser Werkstatt ist jedoch verhältnismäßig gering.

Dies zeigt sich um so deutlicher bei einem Vergleich mit zwei ungefähr zeitgleich entstandenen Leuchterengeln in der evangelischen Kirche in Lünen, die dort seit Anbeginn an auf ihren originalen mittelalterlichen Sandsteinstützen angebracht sind, eine Aufstellungsart, die heute nur noch selten anzutreffen ist. Von ähnlicher Qualität, jedoch etwas später entstanden, ist eine Fran-

ziskusfigur in der Franziskanerkirche in Dorsten, die um 1500 im Umkreis des münsterschen Bildhauers Heinrich Brabender geschaffen wurde.
Betrachtet man diese westfälischen Arbeiten nun im Überblick, so wird deutlich, daß sie sich bis auf wenige Ausnahmen beinahe ausschließlich im nördlichen Bereich des Ruhrgebietes finden, während die kölnischen oder kölnisch beeinflußten Werke sehr viel gestreuter im gesamten heutigen Ruhrgebiet anzutreffen sind.
Neben diesen beiden Polen, Köln und Westfalen, darf aber ein weiteres Kunstzentrum nicht vergessen werden: die Brabanter Städtelandschaft mit ihren ganz auf den Export ausgerichteten großen Bildhauerwerkstätten in Antwerpen, Brüssel, Löwen und Mecheln. Schnitzaltäre aus Brüssel und Antwerpen haben sich im Ruhrgebiet auf relativ kleinem Raum in erstaunlich hoher Dichte erhalten, darunter Altarretabel von so herausragender Qualität, wie sie in ihren Ursprungsländern, bedingt durch zerstörerische Bilderstürme, kaum noch anzutreffen sind.
Wohl das wichtigste und zugleich auch früheste Retabel dieser Reihe ist der um 1420 in einer Brüsseler Werkstatt geschaffene Kreuzigungsaltar im Chor der St. Reinoldikirche in Dortmund. Mitsamt seinen bemalten Flügeln und seiner hohen maßwerkgeschmückten Predella hat sich der Altar bis auf den heutigen Tag vollständig erhalten. Im Innern des geschnitzten Schreins ist, ausgezeichnet durch ein deutlich erhöhtes Mittelfeld, die Kreuzigung Christi dargestellt; darunter zur Vergegenwärtigung des Kreuzigungsgeschehens zwei mehrfigurige, beinahe vollplastische Reliefs von hohem bildhauerischen Können: die Gruppe um die trauernde Maria sowie der Gute Hauptmann und seine Soldaten. Gerahmt wird diese vielfigurige Kreuzigungsszene durch virtuos und lebendig gearbeitete Figuren der zwölf Apostel unter hohen Maßwerkbaldachinen.
In den Proportionen und seinem äußeren Aufbau recht ähnlich ist der Kreuzigungsaltar der St. Vincentiuskirche in Dinslaken, der, gegen 1470 in Brüssel gearbeitet, eine etwas spätere Stilstufe vertritt. Wie in Dortmund ist der Dinslakener Altar in ein großes, die übrigen Teile des Schreins deutlich überragendes Mittelfeld und mehrere kleine, nebeneinander gereihte Seitenfelder gegliedert; auch die hohen Maßwerkbaldachine sind in Dinslaken noch vorhanden. Unterhalb dieser Baldachine finden sich in Dinslaken jedoch nicht mehr einzelne Figuren, die Felder wurden vielmehr genutzt, um neben der Kreuzigungsszene noch weitere Ereignisse der Passion darzustellen.
Neben diesen beiden herausragenden Stücken der frühen und mittleren Phase spätgotischer Brabanter Schnitzaltäre sind aus dem Ruhrgebiet noch mehrere Schnitzaltäre bekannt, die in der Spätzeit dieser Retabel, um 1520, entstanden sind. Anders als die beiden frühen Altäre in der Dortmunder Reinoldikirche und in Dinslaken sind diese Altaraufbauten jedoch nicht in Brüssel, sondern in Antwerpen entstanden, wo im frühen 16. Jahrhun-

Abb. 81 Kreuzigungsaltar, Dortmund, Ev. Pfarrkirche St. Reinoldi.

Abb. 82 Schnitzaltar, Dortmund, Ev. Pfarrkirche St. Petri.

dert eine umfangreiche Altarproduktion beheimatet war. Diese serienmäßig gearbeiteten Altarretabel, die sich durch eine Vielzahl kleinteiliger, zumeist vergoldeter Reliefs auszeichnen, wurden in Antwerpen in großer Zahl hergestellt und von dort bis nach Schweden und Spanien geliefert. Im deutschsprachigen Raum finden sie sich besonders gehäuft im linksrheinischen Gebiet zwischen Rhein und Mosel und im heutigen Ruhrgebiet. Zwei dieser Retabel, die Altäre in Haltern und Rhynern, haben sich bis zum heutigen Tage in ihren Kirchen erhalten; ein dritter Altar, der Schnitzaltar aus Dorsten, wurde im letzten Krieg zerstört. Drei weitere Antwerpener Altäre sind zudem aus der unmittelbaren Nähe des Ruhrgebietes bekannt: der 1524 für die St. Petrikirche in Soest geschaffene Altar, das Retabel aus Affeln und ein Schnitzaltar aus Valbert, der um die Jahrhundertwende nach Frankfurt verkauft wurde. Hinzu kommt der in seiner Gliederung für Antwerpener Retabel recht ungewöhnliche Altar in Dortmund-Kirchlinde, an dem neben den üblichen figurenreichen Reliefs in den Seitenfeldern je zwei stehende Heilige übereinander dargestellt sind. Drei dieser vier Figuren können als Franziskanerheilige identifiziert werden, man nimmt deshalb an, daß der Altar ursprünglich aus dem Dortmunder Franziskanerkloster stammt.

Den Höhepunkt und grandiosen Abschluß dieser Entwicklung bilden die beiden großen, aus einer Unzahl kleinformatiger

Figürchen und Reliefs bestehenden Retabel in der St. Petrikirche in Dortmund (1521), das ebenfalls einst zur Ausstattung der dortigen Franziskanerkirche gehörte, und in der St. Viktorskirche in Schwerte, für das als Entstehungsjahr 1523 überliefert ist. Wie eine goldene Bilderwand müssen diese prächtigen spätgotischen Retabel in spätmittelalterlicher Zeit dem gläubigen Betrachter erschienen sein.

Welch dominierende Stellung diese großen Brabanter Altäre zur damaligen Zeit besaßen, läßt sich auch am Kreuzigungsaltar der evangelischen Pfarrkirche in Lünern ablesen, der bis vor wenigen Jahren selbst als Antwerpener Import galt. In seinem Aufbau und in seiner inneren Gliederung wiederholt er das Schema des Rhynener Altares, zudem ist auch die Ikonographie beider Altäre einander sehr ähnlich; Komposition und stilistischer Befund weisen den Lünerner Altar jedoch als eine niederdeutsche Arbeit aus, die – wie Vergleiche zeigen – in unmittelbarer Nähe, wahrscheinlich in Soest, gefertigt sein dürfte.

Ebenfalls aus dem niederdeutsch-niedersächsischen Raum stammt der durch eine große zentrale Marienfigur ausgezeichnete Flügelaltar aus Hemmerde, der 1483 von dem Braunschweiger Bildhauer Conrad Borgentrik für die Pfarrkirche in Hemmerde gearbeitet wurde. Seit 1868 befindet sich der Altar, das einzige inschriftlich bezeichnete Werk Conrad Borgentriks, im Städtischen Museum in Braunschweig. Sein geschlossener, kastenförmiger Umriß entspricht ganz den Formprinzipien niederdeutscher Altaraufbauten, eine Herkunft, die im Figurenstil ebenfalls deutlich zu spüren ist.

Ein vergleichbarer Einzelfall im Bereich des Ruhrgebietes ist auch der gleichfalls kastenförmig angelegte Schnitzaltar der St. Jakobuskirche in Breckerfeld, der in seinem Schrein und an seinen Flügeln, anders als sämtliche bislang betrachteten Retabel, keine szenischen Reliefs, sondern (mit Ausnahme der Predella) ausschließlich stehende Heilige enthält. Zur Entstehungszeit des Altares, im frühen 16. Jahrhundert, waren derartige Retabeltypen mit stehenden Heiligen in Süddeutschland oder in Utrecht recht gebräuchlich, im näheren Umkreis erscheint der Breckerfelder Altar jedoch eher ungewöhnlich. Die genaue Herkunft des Altares ist nicht bekannt; er könnte, so vermutet man, in Lübeck entstanden sein – eine Überlegung, die angesichts der hansischen Verbindungen Breckerfelds durchaus naheliegend erscheint. Seine meisterhaft gearbeiteten Hauptfiguren, Maria, Jakobus und Christophorus, dürften den Auftraggeber bewogen haben, den Altar von weit her kommen zu lassen; zugleich spiegeln diese Heiligen, insbesondere der hl. Jakobus, die Bedeutung Breckerfelds als Pilgerstation auf dem Weg nach Santiago de Compostela.

Neben diesen Altären in Breckerfeld, Hemmerde und Lünern gibt es zudem einzelne zum Teil großartige Bildwerke, die aus verschiedenen bislang nicht genannten Regionen in die Kirchen des heutigen Ruhrgebietes gelangten, so aus den Nördlichen Niederlanden und den Kunstzentren am Mittel- und Niederrhein. Herausragendes Beispiel und sicherlich eines der bedeutendsten Bildwerke mittelrheinischer, ja der gesamten deutschen Kunst ist die berühmte Marienklage aus Unna (heute im Landesmuseum Münster), die nach neueren Untersuchungen wohl bereits um 1380 entstanden sein dürfte. Das tiefe, innige Verhältnis von Mutter und Sohn, das durch die ungewöhnlich geschlossene Komposition noch gesteigert wird, macht die – ikonographisch wie stilistisch höchst bemerkenswerte – Figurengruppe zu einem ergreifenden Abbild der gesamten Passion.

Eine zweite mittelrheinische Arbeit ist die um 1420/30 entstandene Marienfigur in der St. Petrikirche in Recklinghausen, deren monumentaler Charakter durch die schweren, den ganzen Körper umgreifenden Schüsselfalten noch unterstrichen wird. Von ähnlicher Plastizität erscheint auch ihr lebendig gearbeitetes Kind, das seiner Mutter einen Apfel entgegenhält.

Charakteristische Arbeiten vom Niederrhein haben sich hingegen vorwiegend aus der zweiten Hälfte des 15. Jahrhunderts erhalten. Von herausragender Bedeutung ist dabei die Figur eines lesenden Mönches aus Datteln, die heute zu den Glanzstücken des Landesmuseums Münster zählt. Der überaus feinnervige nachdenkliche Heilige, der mit der linken Hand ein geöffnetes Buch hält, auf das er gleichzeitig mit seiner rechten Hand hinzuweisen scheint, gehört zu den besten Werken des niederrheinischen Bildhauers Meister Arndt, durch dessen Arbeiten unsere Vorstellung von niederrheinischer Plastik dieser Zeit maßgeblich bestimmt wird. Zehn bislang übersehene Apostelfiguren aus seiner Werkstatt befinden sich noch heute in der katholischen Pfarrkirche St. Amandus in Datteln, die großartige Qualität des lesenden Mönches erreichen sie jedoch nicht. Eine weitere Figur aus dem Umkreis Meister Arndts, eine stehende Maria mit Kind, befand sich bis vor einigen Jahren noch in unmittelbarer Nähe Dattelns in der katholischen Kirche in Oer-Erkenschwick; heute wird diese Figur in Privatbesitz (in Stromberg) aufbewahrt.

Die vielfältigen Verbindungen zum Niederrhein werden zudem an weiteren, vorwiegend im Vest Recklinghausen zu findenden Bildwerken deutlich. Besonders schöne Beispiele hierfür sind zwei spätgotische Leuchterengel in der katholischen St. Pauluskirche in Hervest; zwei weitere stilistisch verwandte, aber wohl in einer anderen Werkstatt entstandene Leuchterengel aus dem benachbarten Lippramsdorf befinden sich heute im Landesmuseum Münster. Ebenfalls vom Niederrhein stammt auch die große monumentale Marienfigur im Vestischen Museum Recklinghausen, zu der sich unmittelbar vergleichbare Arbeiten in Kleve und Amsterdam erhalten haben.

Darüber hinaus bestanden aber auch Verbindungen zu den Nördlichen Niederlanden, wofür an dieser Stelle zwei Beispiele genannt seien. Eines dieser Werke ist die streng frontal gearbeitete, hoheitsvolle Madonna der katholischen Pfarrkiche in Sythen, die bislang meist für niederrheinisch gehalten wurde. Im Amsterdamer Rijksmuseum haben sich jedoch mehrere um 1470/80 entstandene Bildwerke des sog. Meisters von Koudewater erhalten, die ein ganz ähnliches stilistisches Erscheinungsbild zeigen. Dieser Figurengruppe, deren einzelne Werke zumeist noch große Teile ihrer originalen Fassung besitzen, läßt sich auch die Marienfigur in Sythen zuordnen – ein Vergleich, der aber auch das Fehlen der einst sicherlich vorhandenen mittelalterlichen Farbfassung schmerzlich bewußt macht.

Die Utrechter Herkunft der hl. Maria Magdalena aus Unna, die sich wie mehrere andere Ausstattungsstücke der Unnaer Stadtkirche im Landesmuseum Münster befindet, ist hingegen seit langem bekannt. Ihre modische Tracht und ihre reich verzierte Haube machen eine Entstehung um 1520/30 wahrscheinlich.

Vervollständigt werden muß das Bild schließlich durch Arbeiten, die nicht von auswärts eingeführt, sondern im Bereich des Ruhrgebietes selbst entstanden sind – ein wichtiger und interessanter Gesichtspunkt, der jedoch noch weitgehend unerforscht ist; an dieser Stelle können deshalb auch nur erste Überlegungen angestellt werden. Deutliche Hinweise für eine eigenständige Bildhauertradition gibt es vor allem in Dortmund, der freien und wohlhabenden Reichsstadt, deren Kirchen in erstaunlich hohem Maße bis heute große Teile ihrer mittelalterlichen Ausstattung

Abb. 83 Pietá aus der Stadtkirche in Unna (Münster, Landesmuseum für Kunst und Kulturgeschichte).

Abb. 84 Madonna, Sythen, Kath. Pfarrkirche St. Joseph.

erhalten haben. Als selbständiges städtisches Zentrum dürfte Dortmund wohl die besten Voraussetzungen für spätmittelalterliche Bildhauerwerkstätten geboten haben. Zwei Skulpturengruppen des späten 15. Jahrhunderts, die ihrer geographischen

Abb. 85 Triumph Kreuz, ehemals Dortmund, Ev. Pfarrkirche St. Petri (zerstört).

Verteilung nach wohl in Dortmund entstanden sein könnten, seien deshalb im folgenden vorgestellt.
Ausgangspunkt der einen Figurengruppe sind die beiden wohl in derselben Werkstatt entstandenen Triumphkreuze der Dortmunder Kirchen St. Marien und St. Petri (zerstört). Beiden gemein sind der massige, leicht untersetzte Körper, das kurze, hart knitternde Lendentuch und besonders der breite, leicht zur Seite geneigte Kopf mit den hohen, stark vortretenden Wangenknochen und den in lange, gedrehte Einzelsträhnen aufgelösten Haaren. Zudem ist auch die Gestaltung des Kreuzbalkens bei beiden Kreuzen gleich: hinter dem Haupt des Gekreuzigten ein großer Nimbus, an den Balkenenden Evangelistensymbole, gerahmt von einander durchdringenden Vierpässen und Vierekken. Dieselbe Kreuzform zeigt auch das stilistisch ebenfalls eng verwandte Triumphkreuz der Wiesenkirche in Soest, das als weitere Arbeit dieser Werkstatt angesehen werden kann. Im Landesmuseum Münster haben sich darüber hinaus fünf große monumentale Figuren einer Kreuzigungsgruppe aus Schwerte erhalten, die, auch wenn die Kreuzbalken dort fehlen, so ähnliche Stilmerkmale aufweisen, daß sie gleichfalls diesem Kreis zuzurechnen sind. Eine Apostelfigur des ehemaligen Bischöflichen Museums in Münster (BM 37, heute in Münster, St. Erpho), ein Kruzifixtorso des Vestischen Museums in Recklinghausen sowie das Vortragekreuz der katholischen Pfarrkirche in Dolberg runden das Bild dieser bislang völlig unbekannten Skulpturengruppe ab. Möglicherweise sind auch die Figuren Karls des Großen in Dortmund, St. Reinoldi, und die Darstellung des thronenden Gottvaters in Dortmund, St. Marien, zu diesen Stücken zu zählen – eine Frage, die jedoch genauerer Untersuchung bedarf.

Eine zweite Figurengruppe bilden die spätgotischen Vesperbilder der Klosterkirche in Cappenberg und der St. Aloysiuskirche in Iserlohn sowie die Figur der Anna Selbdritt in Recklinghausen, St. Petri, der eine kleine, etwas schwächere Darstellung in Dortmund-Kirchlinde anzuschließen ist. Die Zusammengehörigkeit dieser vier Bildwerke ist an den rundlichen Kopftypen und den ganz charakteristisch gelegten Kopfschleiern der Marien- bzw. Annenfiguren deutlich abzulesen – Übereinstimmungen, die durch den wenig lebendigen Faltenstil und die blockhafte Gesamtauffassung der Werke noch unterstrichen werden; daß sie in derselben Werkstatt entstanden sein dürften, ist deshalb recht wahrscheinlich. Wo diese Werkstatt innerhalb des heutigen Ruhrgebietes beheimatet war, läßt sich jedoch ohne weitere Hinweise letztlich nicht beantworten.
Betrachtet man die genannten, zum Teil höchst qualitätvollen Beispiele nun im Überblick, so ergibt sich folgendes recht komplexe und heterogene Bild: Die territoriale Kleinteiligkeit und Zergliederung der heute als „Ruhrgebiet" bezeichneten Region ist für das späte Mittelalter auch an den aus dieser Zeit erhaltenen Bildwerken deutlich abzulesen – eine einheitliche „Kunstlandschaft" hat es zu dieser Zeit im Ruhrgebiet nicht gegeben. Von den künstlerischen Zentren des Spätmittelalters aus betrachtet, lag diese Region stets am Rand: im Spannungsverhältnis, ja, an der Schnittstelle von Köln und Westfalen, wobei die kölnischen Arbeiten oder die unter kölnischem Einfluß entstandenen Werke in der Gesamtschau recht dominant erscheinen. Die in dem frühen 15. Jahrhundert eingeführten, im frühen 16. Jahrhundert besonders gehäuft auftretenden Altarretabel aus Brabant unterstreichen zudem die künstlerischen Verbindungen nach Westen, ergänzt durch einzelne Bildwerke vom Niederrhein, vom Mittelrhein und aus den Nördlichen Niederlanden. Die Bedeutung und Stellung der innerhalb des heutigen Ruhrgebietes hergestellten Arbeiten läßt sich hingegen noch kaum abschätzen – eine Frage, zu der gründliche Untersuchungen sicherlich weitere Hinweise beitragen könnten.

Literatur:

Appuhn, Horst: Dortmund, München/Berlin 1970.
Assmann, Wilhelm Georg: Das Breckerfelder Altarwerk, in: Zeitschrift für Kunstgeschichte 1955, S. 68–73.
Ausst. Kat. Attendorn 1972: Alte Kunst im kurkölnischen Sauerland, Kreisheimatmuseum Attendorn 1972.
Ausst. Kat. Hamm 1965: Aus Kunst und Kultur der Grafschaft Mark, Gustav-Lübcke-Museum Hamm 1965.
Ausst. Kat. Münster 1975: Konservieren – Restaurieren, Landesmuseum Münster 1975.
Ausst. Kat. Münster 1980: Köln – Westfalen, 1180–1980, Landesmuseum Münster 1980.
Ausst. Kat. Münster 1982: Monastisches Westfalen, Landesmuseum Münster 1982.
Ausst. Kat. Recklinghausen 1962: Christliche Kunst im Vest Recklinghausen, Städt. Kunsthalle Recklinghausen 1962.
Claussen, Hilde, u. a.: Die Gastkirche in Recklinghausen – Untersuchungen und Entdeckungen, in: Westfalen 67 (1989) (im Druck).
Clemen, Paul (Hg.): Die Kunstdenkmäler der Rheinprovinz, Düsseldorf 1911 ff.
Dehio, Georg: Handbuch der Deutschen Kunstdenkmäler, Rheinland, bearb. v. Ruth Schmitz-Ehmke, München/Berlin 1967.
Ders.: Handbuch der Deutschen Kunstdenkmäler, Westfalen, bearb. v. Dorothea Kluge und Wilfried Hansmann, München/Berlin 1969.
Didier, Robert/Krohm, Hartmut: Les sculptures medievales allemandes dans les collections belges, Brüssel 1977.
Fabian, Günther: Kruzifixe von Tilman, in: Kölner Domblatt 42 (1977), S. 267–276.
Fritz, Rolf: Alte Kunst im Kreis Unna, Köln/Berlin ^{2}1977.
Ders.: Meisterwerke alter Kunst aus Dortmund, Dortmund ^{2}1980.
Hilger, Hans Peter: Zum Werk des Kölner Bildhauers Tilman von der Burch, in: Zeitschrift des deutschen Vereins für Kunstwissenschaft 33 (1970), S. 61–78.
Ders.: Eine spätgotische Kölner Mantelschließe im Münsterschatz zu Essen, in: Pantheon 29 (1971), S. 323–325.
Jászai, Géza: Die Marienklage von Unna (Das Kunstwerk des Monats), Landesmuseum Münster Juni 1984.
Küppers, Leonhard: Die Grablegung im Essener Münster, Recklinghausen 1976.
Leeuwenberg, Jaap/Halsema-Kubes, Willy: Beeldhouwkunst in het Rijksmuseum, Amsterdam 1973.
Legner, Anton: Spätgotische Skulpturen im Schnütgen-Museum, Köln 1970.
Ludorff, Albert, u. a.: Die Bau- und Kunstdenkmäler von Westfalen, Münster 1880 ff.
Meier, Burkhard: Das Landesmuseum der Provinz Westfalen in Münster, Bd. I: Die Skulpturen, Berlin 1914.
Meurer, Heribert: Das Klever Chorgestühl und Arnt Beeldesnider, Düsseldorf 1970.
van Nostiz, Charles Eugene: Late gothic sculpture of Cologne, Diss. New York 1978, ed. 1981.
Paatz, Walter: Eine nordwestdeutsche Gruppe von frühen flandrischen Schnitzaltären aus der Zeit von 1360–1450, in: Westfalen 21 (1936), S. 49–68 mit Tafeln.
Pieper, Paul: Eine westfälische Bildhauerwerkstatt am Anfang des 15. Jahrhunderts, in: Westfalen 24 (1939), S. 56–79 mit Tafeln.
Rensing, Theodor: Das Dortmunder Dominkanerkloster, Münster 1936.
Rinke, Wolfgang: Dortmunder Kirchen des Mittelalters, Dortmund 1987.
Schuler, Wolfgang: Cord Borgentrik und sein Kreis, in: Niederdeutsche Beiträge zur Kunstgeschichte 22 (1983), S. 2–66.
de Smedt, Herman: Der Antwerpener Schnitzaltar zu Rhynern (Westf.) und eine Gruppe niederdeutscher Altäre aus dem 1. Drittel des 16. Jahrhunderts, in: Archivum Artis Lovaniensis (Festschrift für J. K. Steppe), Leuven 1981, S. 197–214 mit Tafeln.
Stiegemann, Christoph: Die Vesperbilder aus Hengsbeck und Peckelsheim – zur Frage ihrer Herkunft und typologischen Einordnung, in: Ausst. Kat. Paderborn 1980. Gotische Vesperbilder im Diözesanmuseum Paderborn, Paderborn 1980, S. 17–25 und S. 64 f.

Conrad von Soest, ein bedeutender Dortmunder Maler

Brigitte Corley

Den Hochaltar der Marienkirche in Dortmund schmücken heute noch Überreste eines prächtigen *Marienaltares,* der dort schon etwa im Jahre 1420 aufgestellt wurde. Zwar tragen die Bilder Zeichen des späten Reformationseifers, der wohl Bürgermeister Dethmar Wessel Nies im Jahre 1720 dazu veranlaßte, die allzu katholischen Bilder beschneiden, teilweise übermalen, und in einen groben Barockrahmen zwängen zu lassen. Heute strahlen fünf Bilder jedoch wieder – von fremden Rahmen, Übermalung und Schmutz befreit – in bezaubernder Schönheit. Trotz der teilweisen Zerstörung der Altartafeln, sind die Fragmente der Bilder inhaltlich verständlich und eindrucksvoll geblieben.

Um den Maler des *Marienaltars* als begabten Erzähler zu erkennen, beobachte man nur in der mittleren Tafel die zarten Engelshände, die der verstorbenen Maria sanft die Augen schließen, behutsam das Kinn heben, die herrlichen Locken ordnen, und die im innigen Gebet gefalten sind (Abb. 86). Wenn man dann das edle Gesicht der Gottesmutter betrachtet, von einem Tuch elegant und formschön umrahmt, und sieht, wie jede einzelne Locke des goldenen Haares liebevoll gemalt scheint, begreift man unschwer die künstlerische Qualität dieses Malers. Neben dem *Marientod,* zeigen die Flügel des Altares weitere Szenen aus dem Leben der Mutter Gottes, der Schutzpatronin der Kirche: die *Geburt Christi* und die *Anbetung der Könige* auf der Innenseite, die *Verkündigung* und die *Krönung Mariens* auf der Außenseite.

Der Künstler war sich wohl seiner Fähigkeit bewußt, denn er schrieb seinen Namen stolz in die Kante eines Buches, das auf dem Pult hinter der verstorbenen Maria liegt: *Conrad.* Eine ähnliche Signatur hat man auch in zwei Büchern des Wildunger Altares entdeckt[1], der auf seinem Rahmen heute noch Teile einer Inschrift aufweist, die laut Lehrer Dickius (1617) und Historiker Varnhagen (1778 und 1793) einst lautete: *Hoc opus est completum per conradum pictorem de susato, sub anno domini MCCCC tercio ipso die beati egidii confessoris* (dies Werk wurde im Jahre des Herrn 1403 am Tage des Bekenners Egidius (1. September) von dem Maler Conrad von Soest fertiggestellt).

Der große *Kreuzigungsaltar* in der Stadtkirche in Bad Wildungen – mit Szenen aus der Kindheit und Passion Christi auf der Innenseite und Heiligenfiguren auf der Außenseite der Flügel – ist heute noch in ungewöhnlich gutem Zustand. Eine Chronik auf der Rückseite der Haupttafel rettete wohl den Altar während des Bildersturms von 1532 in dieser Kirche, und er wurde dann wahrscheinlich rund 300 Jahre lang zugeklappt an einer Seitenwand aufgestellt, um den Besuchern die Chronik zu zeigen. Nachdem man im 19. Jahrhundert den künstlerischen Wert gotischer Tafeln erneut zu schätzen begann, wurde der große Flügelaltar, nach Renovierung des baufälligen Kirchenchores, 1850 wieder auf dem Hochaltar gezeigt[2].

Die Historikerin Luise von Winterfeld hat anhand der Kopie eines Ehevertrages (Morgensprache) aus dem Jahre 1394 nachge-

Abb. 86 Marientod, *Marienaltar,* Conrad von Soest (ca. 1420), Marienkirche Dortmund, Auszug.

wiesen, daß Conrad von Soest ein Dortmunder Bürger war[3]. Am 11. Februar 1394 bezeugten sechs der bedeutendsten Dortmunder Patrizier die Ehe zwischen Conrad von Soest und Gertrud von Münster und bestätigten, daß beide Partien einen Teil ihres jeweils beträchtlichen Vermögens mit in die Ehe bringen. Obwohl es nicht üblich war, den Beruf der Ehepartner zu nennen, darf man annehmen, daß dieser Conrad von Soest der gleiche ist, der in der Bruderschaftsliste der Marienkirche 1396 als Maler Conrad, am Hellweg wohnhaft, erwähnt ist. Es ist durchaus möglich, daß Conrad von Soest aus einer Malerfamilie stammte, denn ein *Wernerus pictor de Susato* (Maler Werner von Soest) ist schon 1331 und 1348 im Dortmunder Bürgerbuch erwähnt. Der Ehevertrag zeigt durch die Anwesenheit sechs prominenter Würdenträger der Stadt bei der Morgensprache (die üblicherweise von zwei oder drei Familienmitgliedern bezeugt wurde), daß Conrad von Soest ein für einen Handwerker im Mittelalter ungewöhnlich hohes Ansehen genoß. Der Umfang des rechtlich verfügbaren Vermögens deutet auf eine sehr erfolgreiche Werkstatt.

Die beiden Altäre in Wildungen und Dortmund dokumentieren selbst den hohen Rang dieser Dortmunder Werkstatt, nicht nur in der geübten Meisterhand des Malers, auch durch die ungewöhnliche Kostbarkeit der Objekte. Zu einer Zeit, in der 'auffallender Aufwand' vielleicht noch höher geschätzt wurde als meisterliche Kunstfertigkeit[4], sind die Altäre des Conrad von Soest mit kostbaren Goldschmiedearbeiten zu vergleichen, denn die benutzten Materialien und die aufwandreiche Ausführung beweisen die hohen Kosten der Produktion. In der spätgotischen Zeit legten die Verträge zwischen Auftraggebern und Malern meistens den genauen Wert und die Qualität des zu verwendenden Goldes und der teuren Farbe Ultramarin fest. Ultramarin war so kostbar, daß es nur selten, und dann gewöhnlich lediglich für den blauen Mantel der Gottesmutter, gebraucht wurde. Gold ist in beiden Altären von Conrad von Soest sehr großzügig benutzt, sowohl in den Hintergründen, als auch in den Brokatstoffen. Technische Untersuchungen haben erwiesen, daß das teuerste Ultramarin wahrhaft verschwenderisch auf beiden Seiten der Flügelaltäre für alle blauen Flächen verwendet wurde[5]. Conrad von Soest stand augenscheinlich bei den Stiftern als Maler in hohem Ansehen, da sie ihm so kostspielige Arbeiten anvertrauten.

Der Vergleich mit einer Goldschmiedearbeit liegt auch besonders nahe durch die detailierte und vorzügliche Punzierung in beiden Altären, die in der nordeuropäischen Malerei um 1400, soweit sie uns überliefert ist, nicht ihresgleichen findet. Nicht nur die Nimben sind mit Inschriften und Blütenwerk mit sicherer Hand dekoriert, ein punzierter Rahmen aus Dornenkronen umschließt die Szenen in Wildungen (Abb. 87), während in Dortmund Eichenblätter für die Umrahmung gewählt wurden. Ein Blütensaum, und hier und dort stilisierte Wolken und ätherische Engel schmücken den Goldgrund; die Engel flattern bei Kerzenlicht schier überirdisch. Soweit man die Werkstättenorganisation aus den spärlich überlieferten Urkunden erkennen kann, hat wohl ein Geselle mit besonderer Schulung die Arbeit der Punzierung übernommen.

Es scheint aber, daß Werkstätten in Westfalen im 15. Jahrhundert recht klein gehalten wurden. Die wirtschaftliche Situation nach der Dortmunder Fehde von 1388–89 läßt auch auf kleine Werkstätten schließen (selbst für noch wohlhabende Familien war es sicher vorerst nicht ratsam, in der verarmten Stadt durch großzügige Aufträge Aufmerksamkeit auf sich zu lenken). Kleinere Aufträge, Tafeln im Charakter der *hl. Dorothea* und der *hl. Ottilie* von Conrad von Soest (ca. 1410) aus dem Walpurgis Kloster in Soest im Landesmuseum Münster, oder verlorene *Madonnenbilder,* deren Komposition wir nur aus Kopien ahnen können, mögen während dieser Zeit auch in Dortmund bestellt worden sein, während die Werkstatt den großen Auftrag für den *Kreuzigungsaltar* aus dem entfernten Wildungen annahm. Um 1420 hatte sich die wirtschaftliche Lage Dortmunds so gebessert, daß die Stiftung eines Altares für die Marienkirche wieder möglich wurde. Die Pinselführung, sozusagen die 'Handschrift' des Malers, ist so einheitlich auf allen Tafeln beider Altäre, daß man annehmen muß, daß Conrad von Soest die Tafeln zum größten Teil mit eigener Hand gemalt hat. Man könnte vielleicht daraus schließen, daß die verlorenen Dortmunder Gilderegeln für Maler, wie anscheinend die Osnabrücker Regeln, die Anzahl der Lehrlinge und Gesellen auf höchstens je zwei beschränkten[6]. Für die zeitraubende Vorbereitung der Farben und Bereitung der Tafeln, sowie die mehr mechanischen Malarbeiten, wird der Meister sicher ein oder zwei Lehrlinge und einen weiteren Gesellen angestellt haben.

Die Farben in Conrads Altären sind von einer Subtilität und einem Nuancenreichtum, den, wie schon Kempfer bewies, keine andere norddeutsche Werkstatt bieten konnte[7]. Die Gewänder der Höflinge unter dem Kreuz in dem Wildunger *Kalvarienberg*

Abb. 87 Anbetung der Könige mit punziertem Dornenkronen-Rahmen, *Kreuzigungsaltar,* Conrad von Soest (1403), Stadtkirche Bad Wildungen.

Abb. 88 Kalvarienberg, *Kreuzigungsaltar*, Stadtkirche Bad Wildungen.

bilden eine Symphonie von roten und rosa Tönen, die durch den Kontrast der blauen und grünen Roben der Gruppe des Hauptmanns an intensiver Leuchtkraft gewinnen (Abb. 88). Auf der anderen Seite des Kreuzes ist das Rot wieder im Umhang des heiligen Johannes kurz aufgegriffen; hier aber nur in den schattigen Falten des Stoffes, in den lichteren Teilen ist dem Rot etwas Orangefärbung beigegeben, und in den Lichtpunkten der Falten dominieren die orangenen Töne. Wo die Stärke des Lichtes den Umhang voll erhellt, verwandeln sich die Farbtöne von hellem Rot durch das Gamut immer blasserer Zitronen-Gelbtöne, bis es im Zentrum der Illumination gelb-weiß leuchtet. Auch hier scheint dem Weiß noch ein Hauch Rosa beigemischt. Diese Farbtöne finden dramatischen Kontrast in dem Grün des Gewandes; ein Grün von dunkler und warmer Klangfarbe in den schattigen Stellen, aber blaß und kühl in den erhobenen Ärmeln. Kempfer erwähnt fünf grüne Töne in dieser Tafel, jeder jedoch mit reichen und subtilen Nuancen. Die Anwendung der Farben betont die Erzählkunst des Malers. Das Licht zum Beispiel, das den heiligen Johannes so dramatisch beleuchtet, hat seine Quelle in Christus selbst. Die emotionelle Verbindung zwischen dem verzweifelnd aufblickenden Lieblingsjünger und dem sterbenden Christus ist so durch Blick und Farbe bestätigt. Die leuchtend-helle Farbfläche leitet das Auge des Beschauers gleich auf das zentrale Ereignis dieser Geschichte, die Liebe Christi für diesen Jünger, der hier die gläubige Menschheit repräsentiert. In dem *Marientod* in Dortmund ist die zarte Verbindung zwischen dem heiligen Johannes und der Mutter Gottes durch das Kerzenlicht ausgedrückt, das die goldenen Locken des Jüngers zärtlich erleuchtet und sanft die Stirn der Maria erhellt.

Die verschiedenen Bilder beider Altäre sind auch farbkompositorisch miteinander verbunden, und Farbentsprechungen sind als abstraktes Muster verwendet. Die Farbflächen sind mit fast musikalischem Gefühl für Tonabstände über die Oberfläche der Tafeln verteilt. Dieser Sinn für den dekorativen Wert der Farben, und natürlich auch der Formen, ist eines der Merkmale des höfischen Stils, der sich um 1400 sehr in Europa verbreitete, und für den auch die Eleganz der Figuren in Conrad von Soests Werken verbindlich ist.

Die politischen und wirtschaftlichen Unruhen in der zweiten Hälfte des 14. Jahrhunderts bedrohten in Europa sowohl Fürsten und Lehnsherren wie Patrizier, und veranlaßten sie, ihre Privilegien durch strikte Etikette, exklusive und übertriebene höfische Eleganz und einen verfeinerten ritterlichen Kult zu betonen. Die Kunst beugte sich der höfischen Eleganz erst am Königshof von Paris und dann, gefördert durch die verwandtschaftlichen Beziehungen der Herrscherhäuser, in ganz Europa. Die Mobilität der Prinzen, Gelehrten und vermögenden Kaufleute (die oft fürstliche Privilegien genossen), sowie Künstlerwanderungen und der anwachsende Handel mit Kunstwerken, halfen der raschen Verbreitung des höfischen Stils in privilegierten Kreisen. Erst die wachsende wirtschaftliche und politische Selbständigkeit der Stände ermutigte im zweiten Viertel des 15. Jahrhunderts bürgerlichen Realismus in der Malerei.

Der höfische Stil war nicht etwa einheitlich in ganz Europa, aber Werke in dieser Art zeichnen sich durch die Eleganz der Figuren und der Linienführung, durch geometrische Oberflächenmuster aus Linien und Farben, durch die fürstliche Kleidung der Hauptdarsteller, und durch ein frühes Interesse an dem Realismus bukolischer Figuren und der Pflanzenwelt aus. Trotz aller Stilaffinität artikuliert jedoch jeder Künstler den höfischen Stil mit eigenem Akzent. Im Falle des Malers Conrad von Soest ist dieser Akzent in der Bildtradition wohl hauptsächlich westfälisch, im Stil aber fast ausschließlich dem französischen höfischen Stil nachempfunden. Es ist tatsächlich Conrad von Soest, der den europäischen höfischen Stil in Westfalen einführt.

Steinbart gehört zu den Kunsthistorikern, die Conrad von Soest als einen von der burgundischen Kunst um etwa 1400 abhängigen Maler sehen[8]. Abgesehen von der Tatsache, daß die von Steinbart zitierten Brüder Limbourg erst etwas später zu Prominenz gelangten, zeigen Vergleiche zwischen den Werken Conrads und der Brüder Limbourg eher Kontraste und vor allem ein anderes Kunstwollen auf. Die atmosphärischen Landschaften der Brüder Limbourg, sowie die Proportionen und der Stil ihrer Gestalten, bleiben dem Maler aus Westfalen fremd. Wir müssen daher sicher nach anderen Stilverwandtschaften suchen, wenn es gilt, die Einführung des höfischen Stils in Westfalen durch Conrad von Soest zu erklären.

Fritz hat schon 1953 durch seine Veröffentlichung der Infrarotaufnahmen beider Altäre beweisen können, daß Conrad von Soest durchaus nicht ein Imitator burgundischer Vorbilder war[9]. Die Aufnahmen zeigen kreative Entwurfszeichnungen, die sich mit der Idee der Nachzeichnung von Mustern nicht vereinbaren lassen (Abb. 89). Zwar bestätigen die wiederholten Handgesten, daß Conrad auch für seine Werkstatt, wie damals üblich, ein Musterbuch anfertigte, aber das war natürlich für die Einheitlichkeit eines Werkstattstils durchaus notwendig. Die energische Linienführung der lebhaften Entwürfe auf den Tafeln erweist Conrad als einen sehr begabten Zeichner, der vielleicht einem Abriß eigener Erfindung folgte, aber keineswegs ein Muster aus anderer Werkstatt kopierte, in der üblichen Umrißzeichnung auf die Leinwand übertrug. Man sollte daher nicht bei anderen Meistern nach Mustern für die Figuren in Conrads Werken suchen, sondern lediglich nach der Quelle der Inspiration für die stilistische Innovation.

Die höfische Eleganz in Conrad von Soests Werken ist häufig als ein sakrales Modebewußtsein gerügt worden, das dem Kern der Erzählung die religiöse Überzeugung raube[10]. Das Mißverständnis ist sicher schnell geklärt, wenn man bedenkt, daß es in der europäischen Malerei durchaus üblich war, durch Zeittracht dem Beschauer die Ereignisse näher zu bringen, ihn in das Geschehen gar mit einzubeziehen. Und es ist durchaus anzunehmen, daß die wohlhabenden Stifter der Altäre selbst die höfische Mode auch als Zeichen ihrer Privilegien trugen. In der Malerei des Conrad von Soest ist auch ein lyrisches Verständnis der sensiblen Menschlichkeit der Hauptfiguren ausgesprochen, das jede Beschuldigung oberflächlichen Empfindungsvermögens des Malers absurd erscheinen läßt. Nicht nur die schon beschriebenen sanften Gesten der Engel im *Marientod,* oder die Verzweiflung des Johannes in der *Kreuzigung* seien hier erwähnt, sondern auch zum Beispiel die hilflose Erschöpfung des schlafenden Petrus in der Wildunger *Ölbergszene,* oder die Hand des jungen Königs in der Dortmunder *Anbetung,* die so zögernd versucht, die Aufmerksamkeit der Gottesmutter auf sich zu lenken (Abb. 89). Ja selbst der kniende Verspotter in der Wildunger *Dornenkrönung* legt eine Hand fast entschuldigend auf den Arm des leidenden Christus. Diese stille Lyrik zieht den meditierenden Beschauer einfühlend mit in das Geschehen ein. Solch eine Darstellung steht im Einklang mit den religiösen Empfindungen um 1400.

Die Altäre des Conrad von Soest sind Werke des Hauptstroms europäischer Stilentwicklung um 1400. Durch ihre hohe künstlerische und technische Qualität, und wohl auch durch die ungewöhnliche Kostspieligkeit, hat sich der Ruhm des Malers schnell verbreitet. Sein Einfluß ist überall in Westfalen zu bemerken. Einige Maler kopierten seine Werke recht getreulich, wenn auch nicht mit gleicher Kompetenz, zum Beispiel der Meister des *Blankenberch* Altares (Landesmuseum Münster) oder der Lübecker Meister des Fragments einer *Kreuzigung* (St. Annen-Museum). Andere Tafeln reflektieren mehr allgemein den Werkstattstil, wie der Altar in der Pfarrkirche von Warendorf und der *Jacobi*-Altar in der Wiesenkirche in Soest.

Im ganzen Bereich hanseatischer Beziehungen der Stadt Dortmund, nah und fern, beeinflußte die Kunst des Conrad von Soest die Malerei; von Frankfurt *(Peterskirche Altar)* bis Stockholm *(Heimsuchung,* Nationalmuseum), von Darup (Pfarrkirchen-Altar) bis Göttingen *(Barfüßer* Altar, Landesmuseum Hannover) und weiter lassen sich die Spuren des Einflusses von Conrad von Soest nachweisen[11]. Künstler auf Wanderschaft wurden

Abb. 89 Anbetung der Könige. *Marienaltar.* Marienkirche Dortmund.

sicher durch den hohen Ruf des Malers nach Dortmund gelockt. Aber der Stil des Meisters könnte sich auch durch Muster der Werke, die möglicherweise von reisenden Händlern auf den Märkten feilgeboten wurden, durch kleinere Tafeln, die vielleicht die Häuser Dortmunder Kaufleute in fremden Städten schmückten, oder durch uns unbekannte größere auswärtige Aufträge verbreitet haben.
Ein Künstler, der wohl selbst die Werke Conrad von Soests besonders gut studiert hatte, ist der Meister der *Goldenen Tafel* aus Lüneburg, die jetzt im Landesmuseum in Hannover zu sehen ist. Nicht nur einzelne Motive scheinen direkt von Conrads Werken kopiert, auch Stil und Malweise des Hauptmeisters des Altares sind dem Dortmunder Maler eng nachempfunden. Versuche, den Maler aus Lüneburg als nur von der Kölner Malerei beeinflußt zu sehen, scheitern schon an der Tatsache, daß der Weg nach Köln den Maler direkt an der Dortmunder Marienkirche vorbeiführte[12]. Es ist einfach nicht zu glauben, daß ein Maler da nicht die Gelegenheit nutzte, den berühmten *Marienaltar* zu studieren. Die künstlerische Verwandtschaft deutet sogar eher auf einen Aufenthalt in Conrads Werkstatt hin.
Das Problem der Kölner 'Schule' um 1400 ist ja auch vorerst noch nicht gelöst. Der Kölner Stil ist von der Kunst des Veronica Meisters abhängig, der etwa 1395–1400 in Köln einwanderte. Seine Herkunft ist unbekannt. Die frappierende stilistische Ähnlichkeit zwischen der Malerei Conrads und frühen Werken des Veronica Meisters hat sogar dazu geführt, daß die *Notgottes* Tafel schon jedem der Meister zugeschrieben wurde. Solch ein verwechselbarer Stil kann kaum ein Zufall sein, und man kann ihn auch nicht etwa mit 'Zeitgeist' erklären[12]. Wohl war der höfische Stil in ganz Europa verbreitet, aber die Malweise der Künstler war nirgendwo sonst so einheitlich, daß die persönliche Handschrift der Maler unleserlich wurde. Man sollte daher doch ernstlich überlegen, ob es wirklich möglich ist, daß ein in Köln eingewanderter Maler, der zunächst anscheinend nur kleinere Aufträge erhielt, den erfolgreichen Dortmunder Maler stilwendend beeinflussen konnte. Es liegt wohl näher zu vermuten, daß der Veronica Meister Conrads Kunst auf dem Wege nach Köln kennenlernte. Solch eine Annahme würde natürlich bedeuten, daß die sogenannte 'Kölner Schule' von der Dortmunder Malerei abhängig wäre.
Es ist heute wegen der bedauerlichen Verluste von Tafeln aus der Zeit um 1400 nicht mehr zu klären, inwieweit die engen hanseatischen Verbindungen Dortmunder Kaufleute, oder auch Künstlerwanderungen, Malern in England und den Niederlanden einen Eindruck der Kunst des Conrad von Soest vermitteln konnten. Es ist jedenfalls nicht ausgeschlossen, daß die Kunst Conrads auch dort einen gewissen Anklang fand.
Die hervorragende künstlerische Leistung des Dortmunder Malers Conrad von Soest findet auch heute wieder Anerkennung. Angesichts der großen Verluste der Malerei um 1400 können wir daher besonders dankbar sein, daß uns die herrlichen Werke in Wildungen, Münster und Dortmund erhalten blieben.

Anmerkungen
1 Fritz, Rolf: Beobachtungen am Dortmunder Marienaltar Conrads von Soest, in: Westfalen 28 (1950), S. 107–122, hier: S. 113.
2 Curtze, Louis: Geschichte und Beschreibung des Fürstentums Waldeck, Arolsen 1850, S. 394.
3 Winterfeld, Luise von: Meister Konrad von Soest, ein geborener Dortmunder Bürger und andere Dortmunder Maler, in: Beiträge zur Geschichte Dortmunds und der Grafschaft Mark 32 (1925), S. 141–145.
4 Baxandall, Michael: Painting and Experience in Fifteenth Century Italy, Oxford 1972, S. 15.
5 Cennini gab Malern im Jahre 1437 Anweisung für die Herstellung dieser kostbaren Farbe: Cennini, Cennino d'Andrea: The Craftsman's Handbook 'Il Libro dell'Arte' (übersetzt von D. V. Thompson, Jr., 1933), New York 1960, S. 36–39. Die technischen Untersuchungen wurden von mir unternommen im Rahmen einer Dissertation am Courtauld Institute, London, deren Veröffentlichung für 1990–91 geplant ist.
6 Manske, Hans-Joachim: Osnabrücker Plastik und der Auftragsmarkt, die Produktionsbedingungen und die führenden Werkstätten, in: Stadt im Wandel, Kunst und Kultur des Bürgertums in Norddeutschland 1150–1650, Katalog Osnabrück 1985, Band III, S. 343–371, hier: S. 347–48.
7 Kempfer, Marie: Die Farbigkeit als Kriterium für Werkstattbeziehungen dargestellt an zehn Altären aus der Zeit zwischen 1370 und 1430, in: Gießener Beiträge zur Kunstgeschichte 2 (1973), S. 7–49, hier: S. 26.
8 Steinbart, Kurt: Konrad von Soest, Wien 1946, S. 20.
9 Fritz, Rolf: Conrad von Soest als Zeichner, in: Westfalen 31 (1953), S. 10–19.
10 Musper, Theodor: Gotische Malerei nördlich der Alpen, Köln 1961, S. 203.
11 Meier, Paul Jonas: Werk und Wirkung des Meisters Konrad von Soest, Münster 1921, S. 52–61.
12 Blaschke, Rainer: Studien zur Malerei der Lüneburger Tafel, Diss. Bochum 1976, S. 65.
13 Zehnder, Frank Günter: Der Meister der heiligen Veronika, Diss. Bonn 1974.

Die Goldschmiedekunst des Spätmittelalters zwischen Lippe, Rhein und Ruhr

Karl Bernd Heppe

Von den Städten des Ruhrgebietes besitzen nur vier eine archivalisch belegte eigene Goldschmiedeproduktion des Mittelalters, nämlich Dorsten, Dortmund, Duisburg und Essen. Am weitesten reicht die Überlieferung in Dortmund zurück, wo 1303 der „aurifaber Theodorus de Ludelsche" (Lüdenscheid?) Bürger wird und es 1376 zu einer Zwangs- und Monopolgesellschaft von 16 Meistern kam, deren Ziel es war, gegenseitiges Unterbieten zu verhindern. In Duisburg findet 1413 der Goldschmied Evert Pepersack Erwähnung, in Dorsten noch vor 1420 der Goldschmied Lambert als Mitglied der Marienbruderschaft. Während aus Dorsten vier und aus Duisburg nur zwei mittelalterliche Goldschmiedenamen überliefert sind, begegnen uns in Essen seit 1380/93 insgesamt 9 Meister. Dem stehen in Dortmund allein für das 14. Jahrhundert 44 Meister gegenüber, von denen Gerd Plater, von Kaiser Karl IV. 1373 „getreuer Goldschmied und Hoffreund" genannt, und Heinrich Snavel besondere Erwähnung verdienen, der um 1476 eine große Werkstatt in London besitzt, wo sich die bedeutendsten Hansekaufleute treffen.

Der urkundlichen Überlieferung darf entnommen werden, daß es in Dorsten zu Beginn des 15. Jahrhunderts mehrere Goldschmiede nebeneinander gegeben hat und daß für Duisburg mit der ständigen Ansässigkeit eines Goldschmiedes gerechnet werden darf, wie sie für Essen belegt ist. Als Sitz eines blühenden Goldschmiedegewerbes mit dem Höhepunkt des späten 14. Jahrhunderts muß die freie Reichs- und Hansestadt Dortmund angesehen werden, die zu dieser Zeit in Westfalen keine Konkurrenz hatte und in Westdeutschland nur von Köln übertroffen wurde, dem konkurrenzlosen Vorort des Gewerbes. Hier sind bis 1520 über 770 Meisternamen überliefert, davon rund 200 allein für das Jahr 1395.

Wie in Köln und vielen anderen großen Städten mit einem bedeutenden mittelalterlichen Goldschmiedegewerbe macht es allerdings große Schwierigkeiten, den überlieferten Meisternamen erhaltene Werke zuzuordnen. Das hat einmal seinen Grund in der bedauerlichen Tatsache, daß nur ein Bruchteil des ursprünglichen Bestandes überhaupt erhalten ist, so z. B. in Dortmund nur ein einziger gotischer Kelch, wohingegen in Soest 26 erhalten sind! –, zum anderen in dem bemerkenswerten Umstand, daß trotz der bis ins 13. und 14. Jahrhundert zurückreichenden Vorschriften über die Kennzeichnung aller Gold- und Silberschmeidearbeiten mit dem individuellen Meisterzeichen und dem städtischen Beschaustempel die überwiegende Mehrzahl aller erhaltenen Stücke diese „Marken", Merkzeichen, nicht trägt und z. B. für das Rheinland nicht ein städtisches Beschauzeichen des Mittelalters überliefert ist, für Westfalen nur zwei, nämlich für Bielefeld und Dortmund. Da zudem nur in Ausnahmefällen ein erhaltenes Werk mit Hilfe der urkundlichen Überlieferung auf seine Herkunft bestimmt werden kann, stehen die „Möglichkeiten und Probleme einer kunsthistorischen Einordnung" nicht bezeichneter oder archivalisch faßbarer mittelalterlicher Goldschmiedearbeiten seit langem in der Diskussion. Johann Michael Fritz hat dieser Fragestellung ein eigenes Kapitel seines Standardwerkes „Goldschmiedekunst der Gotik in Mitteleuropa" (München 1982) gewidmet und nachgewiesen, daß nicht einmal die Verwendung identischer Stempel, Gußformen und Modelle an mehreren Goldschmiedearbeiten als eindeutiger Beweis für die Herkunft aus einundderselben Werkstatt oder auch nur aus derselben Stadt oder Region beweist. Ferner darf der Umstand, daß noch heute rund 90 % der erhaltenen kirchlichen Werke am Orte oder in der Landschaft erhalten sind, für die sie ursprünglich bestimmt waren, nicht ohne weiteres als Hinweis auf ihre Entstehung am Ort oder in der nächsten größeren Stadt interpretiert werden.

Nur das Zusammentreffen mehrerer Indizien gestattet den Schluß, daß eine mittelalterliche Goldschmiedearbeit in einer bestimmten Gegend, einer bestimmten Stadt oder sogar in einer bstimmten Werkstatt entstanden ist. Nur weitestgehende Übereinstimmung in Typus, Gesamtform und zahlreichen Details, verbunden mit lokaler oder regionaler Konzentration einerseits und archivalisch oder durch Marken gesicherter Produktion andererseits, erlaubt die versuchsweise Zuschreibung an einen Meister oder an ein Zentrum der Gold- und Silberschmiedekunst.

Diese Situation ist Ursache dafür, daß wir uns bis heute nur in Ausnahmefällen ein leidlich ausreichendes Bild von der Goldschmiedeproduktion selbst der großen Zentren machen können. Als Beispiel mag hier das konkurrenzlose Oberzentrum Köln genannt werden. Möglichkeiten und Grenzen kunsthistorischer Bestimmung werden hier deutlich, wenn man den großen erhaltenen Bestand an gotischen eucharistischen Monstranzen des Rheinlandes durchsieht, den Lotte Perpeet-Frech publiziert hat. Die Zuschreibung an rheinische Regionen, Produktions- und Werkstätten überzeugt bei vielen der über 170 Stücke nicht, da sie sowohl nach Übereinstimmung in Typus und Gesamtform als auch nach Detailformen vorgenommen wurde, ohne daß eine ausreichende Bais eindeutig gesicherter Stücke existiert.

So muß auch der Versuch, die wenigen im Ruhrgebiet erhaltenen gotischen Monstranzen auf ihre Herkunft zu bestimmen, im Bewußtsein unzulänglicher Sicherheit bei den zum Vergleich herangezogenen rheinischen und bei den meist von diesen abhängigen oder mit diesen verwandten Stücken auf westfälischem Boden unternommen werden.

Die Monstranz von St. Agatha in Dorsten, von Perpeet-Frech noch in die Mitte des 15. Jahrhunderts datiert, weist sich bei genauerer Betrachtung als eine Arbeit vom Beginn des Jahrhunderts aus. In ihrem überbordenden Reichtum architektonischer Zierglieder, deren vielfältige Staffelung sich einer überschaubaren Beschreibung entzieht, übertrifft sie die frühen westfälischen Scheibenmonstranzen in solchem Maße, daß man den Vergleich scheuen muß. Doch finden sich an diesen Arbeiten viele charakteristische Details: die freistehenden Strebepfeiler und Säulchen, die plastischen Kielbogenrahmen der Fenster und Durchbrüche, die übereck gestellten Fialen, die Galerien und Simse mit Rundtürmchen an den Ecken. Weitere bezeichnende Details und Gestaltungsprinzipien finden sich an den rheinischen Monstranzen, deren Gruppe für die frühen westfälischen Stücke zum Vergleich herangezogen werden kann: die dreiteilige Bekrönung aus viergeschossig sich verjüngendem Mittelturm und seitlichem Strebewerk ist hier jedoch konsequenter, die einzelnen Turmgeschosse springen zurück und tragen immer winziger werdendes eigenes Strebewerk. Der Turm ist dem der Ratinger Monstranz von 1394 verwandt, an der – ebenso wie an der Gerresheimer Monstranz – auch die Figurenarkade wiederkehrt. Mit einer Vielzahl rheinischer Werke teilt das Dorstener Stück die Fassung

des Schauzylinders durch eine rosettenbesetzte Sträge mit Ornamentfriesen am Unterrand und eine ebensolche Hohlkehle am oberen Rand, ebenso die massiven Sockelblöcke unter den seitlichen Streben. Selbst winzige Details wie die abgetreppten Zinnen des Giebels über der Statuette des Hl. Nikolaus im Turm findet man an der Monstranz in Düsseldorf-Gerresheim wieder.
Von der Praxis rheinischer Goldschmiede weicht jedoch die Gestaltung von Fuß und Ständer in Dorsten entschieden ab: der vierteilige Fuß mit zahnschnitt-verzierter Zarge zeigt die ausgeschnittenen Rundungen zweier münsterländischer Monstranzen. Hier sitzen auf Thronen bekleidete Äffchen mit Eicheln. Die Ecken des Fußes ruhen auf vier Türmchen, aus denen Hunde als Wächter herausschauen. Die Flächen sind mit gravierten gegenständigen Rosenzweigen, Mariensymbolen, dekoriert. Das architektonisch gestaltete Sockelgeschoß ist mit plastischen Halbfiguren besetzt, die extrem kurzen Schaftstücke trennt als Knauf ein kleiner Zentralbau mit Apostelstatuetten. Diese Form ist ebenso wie der gesamte Fuß in der westdeutschen gotischen Goldschmiedekunst ohne Vergleich.
Die originelle und prunkvolle Dorstener Monstranz – sie hat zudem die stattliche Höhe von 87 cm – muß als Hauptwerk der Goldschmiedearchitektur des „weichen", „schönen" oder „internationalen" Stiles im ersten Viertel des 15. Jahrhunderts zwischen Köln und Münster entstanden sein. Die Bestimmung als Produkt einer kölnischen Werkstatt stünde jedoch ebenso auf tönernen Füßen wie die Lokalisierung nach Münster, da die zum Vergleich herangezogenen Werke zum einen sämtlich nicht für diese Städte gesichert sind und zum anderen den Gemeinsamkeiten mindestens ebenso viele Unterschiede gegenüberstehen. Dorsten gehörte zum Dekanat Xanten des Erzbistums Köln; so könnten auch diese Beziehungen, wie anderenorts nachweisbar, Anlaß für die Anfertigung des ungewöhnlichen Stückes am Niederrhein gewesen sein. Die Goldschmiedekunst in Kleve und Wesel ist für diese Zeit noch das sprichwörtliche Buch mit den Sieben Siegeln vor deren Eröffnung. Daß das aufwendige und anspruchsvolle Werk dagegen in Dorsten entstanden sein könnte, wo im ersten Drittel des 15. Jahrhunderts die Goldschmiede Lambert, Hilbrand und Lewe Hucker bezeugt sind, ist kaum wahrscheinlich, kann aber angesichts des Umstandes, daß selbst in kleinen Landstädten immer wieder einmal bemerkenswerte Leistungen des Goldschmiedekunsthandwerks möglich waren, nicht ausgeschlossen werden.
Keine Vorstellung haben wir auch von den Leistungen der Goldschmiede, die in Essen ansässig waren. Einer von ihnen, Johann Gam, stammte aus Dorsten, ein anderer, Johan Pottgeyter, aus Kleve. Die im Essener Münsterschatz bewahrten gotischen Goldschmiedewerke waren bislang noch nicht Gegenstand einer gründlichen Untersuchung auf mögliche einheimische Herkunft, Werkstattzusammenhänge oder eventuelle lokale Besonderheiten und Traditionen.
Perpeet-Frech hat die seit Stiftung einer neuen Monstranz im Jahre 1487 als Reliquienostensorium dienende, ursprünglich eucharistische Monstranz des Münsterschatzes, eine der ältesten westdeutschen Hostienmonstranzen überhaupt, einer vermutlich Essener Werkstatt zugeschrieben, aus der auch das 1385 gestiftete Kapselostensorium der Äbtissin Elisabeth von Nassau stammen soll: „Der Stilvergleich zwischen diesem Kapselostensorium ... und (der) ehemaligen Sakramentsmonstranz ... ergibt, daß beide einer Werkstatt entstammen müssen. Gemeinsam haben sie den kielbogig geschweiften vierteiligen Fuß mit dem Blattrankenschmuck, den mit Arkaden knaufähnlich verbreiterten Schaft, den Grundriß des Aufsatzsockels und die kaum gestaffelte Reihung der Pfeiler. Die straffe Ordnung der undadierten Monstranz ... erlaubt es, sie nach dem Heilig-Blut-Ostensorium anzusetzen, also um die Jahrhundertwende." Der Vergleich ist nicht tragfähig, da er sich auf Typus und Aufbauschema beschränkt, charakteristische Stilelemente und alle Details jedoch außer Acht läßt. Die Verwandtschaft in Typus und Aufbau beruht nicht auf gemeinsamer Werkstatt-Herkunft, sondern auf der Vorbildlichkeit des älteren Werkes für das jüngere, als das mit J. M. Fritz das Kapselostensorium gelten muß. Gerade der Vergleich eines charakteristischen Gestaltungselementes wie der Blattgravierungen auf den Füßen der beiden sakralen Schaugefäße macht dies deutlich: das achsialsymmetrische Blattwerk der Monstranz hat ein eigenes herzförmiges Feld, ist scharf und flächig, jenes des Reliquiares überzieht den gesamten Fuß, ist weich und plastisch. Es geht in seiner freien Gestaltung noch über das Blattwerk auf den Füßen der 1394 datierten Ratinger Monstranz und ihrer „Schwestern" in Düsseldorf-Gerresheim und Aschaffenburg hinaus. Der Goldschmied der Reliquien-Monstranz von 1385 muß die ältere eucharistische Monstranz gekannt haben und hat sie, sicher auf Verlangen der Äbtissin Elisabeth von Nassau, nach mittelalterlichem Verständnis wiederholt, nachgebildet in Schema und wesentlichen Elementen, abgewandelt und dem zeitgenössischen Stilideal angepaßt.
Ob dies in Essen geschehen ist, diese Frage ist damit noch nicht entschieden. Zwar weist das Ostensorium von 1385 Verwandtschaft mit der Gruppe um die vermutlich kölnische Monstranz von 1394 in Ratingen auf, doch läßt sie sich ihr nicht eingliedern, könnte also ebensogut außerhalb der übermächtigen Goldschmiedemetropole entstanden sein. Gegen Essen spricht jedoch schon die von Perpeet-Frech kurz angesprochene Beziehung zu den Aachener Kapellen-Reliquiaren, vor allem dem Dreiturm-Reliquiar von ca. 1370/80. Hier finden sich die auf einer durchlaufenden Sockelplatte stehenden, fialenbekrönten Pfeiler mit diagonal gestellten Eckstreben sowie die Zuordnung von Strebepfeilern-, -bögen und bekrönendem Turm, wie sie an keiner anderen der zahlreichen rheinischen Monstranzen wiederkehrt. Das Kapsel-Ostensorium in seiner Abhängigkeit von der älteren Essener Hostienmonstranz und dem Aachener Dreiturm-Reliquiar, deren beider Herkunft nicht geklärt ist – für das Aachener Werk werden die südlichen Niederlande, Lüttich und Köln gegeneinander geltend gemacht –, kann nicht mit ausreichenden Argumenten für Essen in Anspruch genommen werden. Bedacht werden muß auch, daß gerade die Goldschmiedearbeiten in bedeutenden Stifts- und Domkirchen von den hochgestellten Stiftern mit ihren weitreichenden familiären, kirchlichen und politischen Beziehungen häufig nicht am Orte, sondern in bedeutenden, nicht selten weit entfernten Zentren entstanden sind.
1487 wurde unter der Äbtissin Sophia von Gleichen die heute noch als solche dienende spätgotische Sakramentsmonstranz gestiftet, die sich im Gegensatz zu den beiden Schaugeräten des 14. Jahrhunderts gleich mit einer ganzen Reihe zeitgenössischer Monstranzen vergleichen läßt.
Für die Strebepfeiler mit den geschweiften Wasserschlägen benutzte der unbekannte Goldschmied den Kupferstich (Lehrs 306) des mittelrheinischen Meisters „E. S.", für den Kapellenknauf den Kupferstich mit dem Bischofsstab des Kolmarers Martin Schongauer, für die zwölf Apostel auf dem Fuß wieder eine Kupferstich-Folge des Meisters „E. S.". In ihrem Aufbau stimmt die Monstranz weniger mit rheinischen Werken als mit Mon-

stranzen in Baden (Kanton Aargau), Bamberg, Ostritz (Krs. Görlitz) überein. Vor allem an den nürnbergischen Monstranzen in Bamberg 1477, im westfälischen Arnsberg, in Feldkirch 1506 und Malesitz 1503 begegnen dieselben Architekturdetails wie die Wimperge über Schaugefäß und Laube, Strebefeiler- und -bögen. Doch wurden hierfür wohl ebensoweit verbreitete Modelle benutzt wie es die Kupferstiche des „E. S." und Martin Schongauer waren. Ob der Kapellenknauf eine bewußte Reminiszenz an die Monstranzen des 14. Jahrhunderts im Münsterschatz sind, kann nicht eindeutig entschieden werden. Offen bleiben muß auch die Frage, ob man die mangelnden Bezüge zu zeitgenössischen kölnischen und rheinischen Werken schon als Indiz für einheimische Herkunft der Essener Monstranz von 1487 deuten darf. Wie die ältere Hostienmonstranz dem Meister des Kapsel-Ostensoriums bekannt gewesen sein muß, so wird auch der Meister der 1521 datierten Monstranz der Essener St. Gerdrud-Kirche die jüngere Sakramentsmonstranz des Münsters gekannt und in das zeitgenössische Idiom umgesetzt haben. Wenn schon nicht Essener Werkstätten, so werden jedenfalls lokale Essener Traditionen greifbar.

Dortmund, die Stadt mit der bedeutendsten Goldschmiedetradition des Ruhrgebietes, ist eine von den beiden westfälischen Städten, aus der wir ein mittelalterliches Beschauzeichen kennen, den Dortmunder Wappenadler. Er findet sich zusammen mit dem Meisterzeichen, der Minuskel „i", auf dem Fuß der Monstranz von St. Lambertus in Castrop. Diese mit 68 cm recht bescheidene Monstranz verbindet konservative und moderne Züge: der Fuß mit seinem mehrstufig-sternförmig übereck gestellten Abschlußprofil und der Turmaufsatz mit seinem lichten Baldachin auf Strebepfeilern und gedrehten Säulchen spre-

Abb. 90 Eucharistische Monstranz, Mitte 14. Jhdt. (Essen, Münsterschatz).

Abb. 91 Kapsel-Reliquiar, 1385 (Essen, Münsterschatz).

chen die architektonische Formensprache der Zeit um 1500 ebenso wie die durchgesteckten Kielbögen und gedrehten Säulchen, mit denen das Strebewerk drapiert ist; dieses zeigt Aufbauschema und Einzelformen, die schon zu Beginn des 15. Jahrhunderts modern waren. Die Dortmunder Monstranz in Castrop gehört zum sogenannten Vierstreben-Typus, bei dem vier Strebepfeiler in den Diagonalachsen den Schauzylinder umstehen. Schon die Ratinger Monstranz von 1394 vertritt diesen Typus, der durch den Kupferstich des Meisters „W mit der Hausmarke“ um 1470 wiederaufgegriffen wurde und in Westfalen – neben der Castroper Monstranz – auch in Recklinghausen und Waltrop vorkommt.

Verwandtschaft im Typus und Übereinstimmung in Details wie Gußformen und gedrehten Säulchen, dazu räumliche Nachbarschaft der ursprünglichen Bestimmungsorte zum Sitz der Werkstatt verbindet nun die Waltroper Monstranz und die in Hagen wiederentdeckte Monstranz des ehemaligen Dortmunder Katharinenklosters mit der bezeichneten Dortmunder Monstranz in Castrop. Die reichere und größere Waltroper Monstranz hat jedoch einen schlichteren, ungewöhnlich hohen Fuß, der die Gravierung des Kirchenpatrones St. Petrus günstig sichtbar macht. Der Verlust des ursprünglichen Fußes der Monstranz in Hagen läßt uns im Unklaren darüber, ob der Castroper oder der Waltroper Fuß charakteristisch für Monstranzen aus der Werkstatt des Meisters „i“ oder ihres engsten Umkreises ist.

Die Monstranz von St. Peter in Recklinghausen erscheint durch ihre schlanke, gleichzeitig kompakte Gesamtform und den Vierstreben-Typus als Vorläufer der genannten Dortmunder Monstranzen. Jedenfalls setzt sie sich deutlich von den zahlreichen rheinischen Exemplaren ab. Auffällig ist wieder das Zusammengehen altertümlicher und fortschrittlicher Elemente: die plastische Kreuzigungs-Gruppe auf der Turmspitze stammt im Modell aus der Zeit des „Schönen Stiles“ um 1400, altertümlich wirken auch die sich wiederholenden symmetrischen Ranken auf dem Fuß, die an die Essener Monstranzen des 14. Jahrhunderts erinnern. Die Evangelistensymbole unterhalb des Schaugefäßes dagegen sind mit den entsprechenden Darstellungen auf dem Kupferstich „Patene“ von 1466 des Meisters „E. S.“ verwandt, dessen Werk, wie wir schon sahen, im letzten Drittel des 15. Jahrhunderts weithin bekannt war und auch auf den Goldschmied der jüngeren Essener Sakramentsmonstranz von 1487 anregend gewirkt hat. Die Frage, ob die Argumente für die Lokalisierung der Recklinghausener Monstranz nach Dortmund ausreichen, muß jedoch verneint werden.

Abb. 92 Eucharistische Monstranz 1487 (Essen, Münsterschatz).

Literatur

Perpeet-Frech, Lotte: Die gotischen Monstranzen im Rheinland. Bonner Beiträge zur Kunstwissenschaft Bd. 7, Düsseldorf 1964, bes. Nr. 39 – 41.

Fritz, Johann Michael: Gestochene Bilder. Gravierungen auf deutschen Goldschmiedearbeiten der Spätgotik. Beihefte der Bonner Jahrbücher Bd. 20, Köln und Graz 1966, bes. S. 80 – 115, 121 – 135, Nr. 167, 186, 187, 189, 192, 623, 745.

Fritz, Rolf: Dortmunder Goldschmiede des 17. und 18. Jahrhunderts. II. Teil, in: Westfalen. Hefte für Geschichte, Kunst und Volkskunde, 45 (1967), S. 172 – 184 (dort die ältere Lit. zu Dortmund).

Scheffler, Wolfgang: Goldschmiede Rheinland-Westfalens. Daten, Werke, Zeichen, 2 Bde., Berlin und New York 1973, bes. S., 118 – 135, 194 – 200, 223 – 232.

Heppe, Karl Bernd: Gotische Goldschmiedekunst in Westfalen vom zweiten Drittel des 13. bis zur Mitte des 16. Jahrhunderts. Diss. Münster 1973, bes. S. 199 – 201, 244 – 247; Nr. 69, 311, 377.

Fritz, Johann Michael: Goldschmiedekunst der Gotik in Mitteleuropa, München 1982, bes. S. 110 – 132; Nr. 145/35, 396, 879, 905 (mit umfangreicher Lit.).

Quellen zum Musikleben der mittelalterlichen Stadt.

Christian Ahrens und Annette Schulz-Bodmer

Obschon in den letzten Jahrzehnten zahlreiche Quellen zum mittelalterlichen Musikleben in Westfalen erschlossen wurden[1], ist unsere Kenntnis noch immer gering im Vergleich zu dem, was wir über die Musik in Städten wie Hamburg, Lübeck oder Basel wissen[2]. Zwar spielte die Kulturlandschaft Westfalen "innerhalb der deutschen und europäischen Musikentwicklung zu keiner Zeit eine tonangebende Rolle[3]", immerhin jedoch gab es ein vielfältiges Musikleben und einen regen Austausch von Musikern. Wenn es auch zutrifft, daß Instrumentalisten und Sänger aus weiter entfernt liegenden Gebieten nur selten ihren Weg nach Westfalen fanden[4], sind zahlreiche Reisen westfälischer Musiker innerhalb Deutschlands, aber auch in die benachbarten Gebiete Flanderns und anderer Teile der Niederlande urkundlich belegt. Besonders intensiv aber waren die Kontakte der Musiker aus den Städten Westfalens und des Rheinlandes untereinander, was sich in einer ausgedehnten Reisetätigkeit niederschlug.

Daß die Musik im Leben der Menschen des Mittelalters eine bedeutsame Rolle spielte, ist durch literarische und ikonographische Quellen hinreichend belegt. Dabei kam neben dem eher privaten Musizieren in den eigenen vier Wänden oder doch zumindest in geschlossenen Räumen dem öffentlichen Musizieren, meist im Freien, besonderes Gewicht zu. Bereits im ausgehenden 13. Jahrhundert gab es verschiedene Gruppen von Musikern, die sich sowohl hinsichtlich ihrer Funktionen als auch ihres gesellschaftlichen Ansehens und Ranges deutlich voneinander unterschieden. Es bleibt freilich weitgehend unklar, bis zu welchem Grade diese Differenzierung den jeweiligen musikalischen Qualitäten entsprach bzw. diesen Rechnung trug[5].

1. Turmwächter, Nachtwächter und dergl., deren musikalische Aufgabe sich zumeist im Signalgeben erschöpfte;
2. Spielleute, meist Pfeifer (Piper, Pijper), d. h. Spieler von Blasinstrumenten wie Flöten und Schalmeien sowie Trompeter (Trumpener) und Pauker (Tympanarii), die sowohl rein musikalische als auch gewisse politisch-soziale Funktionen zu erfüllen hatten. Pfeiffer und Trompeter sowie die Paukerstanden in Deutschland seit dem 14. Jahrhundert (in romanischen Ländern bereits rund 100 Jahre früher) zumeist im Dienst einer Stadt, eines Bischofs oder Adeligen und waren schon äußerlich an ihrer Dienstkleidung, einem Wappen, Wimpeln oder ähnlichen Zeichen als Repräsentanten ihres jeweiligen Herren zu erkennen.
3. Fiedler (Ioculatores), wohl auch Bläser und Sänger, die entweder als fahrende Musiker von Ort zu Ort zogen, um ihren Lebensunterhalt zu verdienen, oder an einem Ort ansässig waren, nicht aber dort in Diensten standen. Im Unterschied zu den städtischen Spielleuten verfügten sie nicht über ein festes, geregeltes Einkommen und erfüllten keine Repräsentationspflichten.

Abb. 94 Geleit eines Umzuges um 1455/60, französische Miniatur zu Giovanni Boccaccios „Theseide“ (Österreichische Nationalbibliothek, Cod. 2617 fol. 39).

Abb. 93 „Das Tutemännchen“, Horn blasender Spielmann von der Domuhr in Münster.

Aufgrund der besonderen Funktion und der spezifischen Quellenlage sollen nachfolgend Aktivitäten von Angehörigen der zweiten Gruppe geschildert werden.

Die Aufgabenbereiche der Spielleute in der spätmittelalterlichen Stadt waren vielfältig und beschränkten sich keineswegs auf den rein musikalischen Bereich. Dies läßt sich schon daran ablesen, daß die jeweiligen Herren ihnen das Material für eine einheitliche Kleidung überließen und überdies verzierte, nicht selten sehr kostbare Broschen, Schilde und dergleichen zur Verfügung stellten, auf denen deutlich sichtbar das Wappen der Stadt oder des Herren prangte[6]. Ähnlich wie später die fürstlichen Trompeter und Pauker repräsentierten die Spielleute in ihrer prächtigen, farbenfrohen Montur Wohlstand und Macht einer Stadt und ihrer Repräsentanten nach außen hin. Zu den musikalischen Aufgaben der Stadtpfeifer gehörte u. a.[7] „das Spielen bei Umgängen und Zunftaufmärschen, bei Ratsfesten und Richtfeiern, das Aufwarten an Markt- und Hansetagen, das Signalgeben und 'Anblasen' in die Stadt einziehender Fürsten oder städtischer Delegationen, die Darbietung von Ständchen, Tanz-, Tisch- und Turmmusiken oder das Musizieren in den Rats-, Zunft-, Wirts- und Bürgerhäusern und öffentlichen Badestuben." Sie waren für sämtliche musikalischen Aktivitäten innerhalb der Stadt zuständig und hatten gleichsam eine Monopolstellung im Bereich des Musizierens inne. Vielerorts war es den Bürgern ausdrücklich untersagt, andere als die stadteigenen Musiker zu engagieren, und man kann sich denken, daß diese eifersüchtig ihre Privilegien zu verteidigen suchten.

In ihrer Eigenschaft als Repräsentanten der Stadt begleiteten einzelne Spielmänner oder die Gesamtheit der Spielleute häufig die Notabeln, wenn diese in offizieller Funktion sich an andere Orte begaben[8]. „Alle diese Spielmannsgruppen wurden von Ihren Herren sehr häufig auf Reisen geschickt, sei es, daß sie von befreundeten Herrschern und Städten angefordert wurden, sei es, daß die Träger sich ihrer zu Kurierdiensten und Botschaften bedienten, sei es auch nur, um sich an fremden Orten beschenken – 'begaben' – zu lassen zur Entlastung ihrer Herren, sei es endlich zur auswärtigen Repräsentation". In den Stadtrechnungen von Wesel findet sich zum Beispiel 1425 folgender Eintrag[9]: „van den perde, daer mr. Peter der stad trumpener in den geledenen jare myt unsen h. mede to Colne gereden was". Ebenfalls in offizieller Mission, wenn auch offenbar allein, reiste 1423 der Trompeter Peter nach Kleve[10]: „wart Peter die trumpener gesant to Cleve to unsen h. van Cleve um sijnre bede wil myt eynen perde; hie was ut 11 dage". Ganz offenkundig handelte es sich hier nicht um Privatreisen zum eigenen finanziellen Vorteil, sondern gleichsam um Gesandtschaften. Einer solchen Pflicht durfte sich ein Spielmann auch dann nicht entziehen, wenn er

Abb. 95 Prozession, Anfang 16. Jhdt., Holzschnitt von Hans Burgkmair d. Ä. im Haller Heiltumbuch (Pfarrarchiv Hall, Tirol).

einen Ersatzmann stellen wollte. So heißt es um 1538 in einem entsprechenden Zusatz zum Eid der Pfeifer aus Münster[11]: „Und imfall ein erbar Raedt mi als einen trumbter an jenigen krigenden deil of sunst up andere orde to verschicken hedde oft mi verschicken wolde, dat ik sulkes in eigener persoen selbst und nit durch einen anderen na eines erbaren Raedes befelch unversumelig woll und gans trouwlich verrichten, verwaren und bestellen will".

Wie sich urkundlich belegen läßt, bestand zwischen den Spielleuten aus Dortmund, Münster und Wesel ein besonders reger Austausch. Bemerkenswerterweise erhielten die Pfeifer aus Dortmund und Münster, wenn sie in Wesel weilten[12], „im Verhältnis zu anderen Stadtpfeifern recht große Trinkgelder vom Rat". Ob man daraus auf herausragende musikalische Leistungen schließen darf, bleibt indessen zweifelhaft. Im allgemeinen dürfte sich die Entlohnung in einer fremden Stadt weniger nach dem Können der Musiker, als vielmehr nach dem sozialen Rang, der sich wiederum von dem ihrer Heimatstadt ableitete bzw. an diesem orientierte, bemessen haben, oder es wurden gleichsam pauschalierte Beträge gezahlt. So läßt sich den Kämmereirechnungen aus Münster[13] entnehmen, daß man dort den „pypern" aus Dortmund, Soest und Wesel 1447 resp. 1458/59 jeweils 9 oder 10 s ausbezahlte. Da sich 1458/59 der Eintrag „item twen piperen van Herforde 6 s" findet[14], scheint es sich in den anderen Fällen jeweils um drei Spielleute gehandelt zu haben, der Lohn betrug mithin pro Musiker 3 bzw. 3,3 s.

Im 15. Jahrhundert hatten kleinere Städte in Westfalen oft nur einen Spielmann angestellt, so zum Beispiel Bielefeld, Coesfeld, Recklinghausen, Hamm, Herford, Lippstadt[15]. Eine Formulierung in den Stadtrechnungen von Wesel[16] aus dem Jahre 1430 ist mehrdeutig („der stad pipers van der Lippe") und läßt immerhin die Möglichkeit offen, daß in Lippstadt seinerzeit zwei Pfeifer tätig waren. Jeweils zwei Spielleute hatten Duisburg, Essen und Unna in ihren Diensten, je drei Spielleute waren in Dortmund, Münster, Paderborn, Soest und Wesel tätig. Zwar nehmen sich diese Zahlen bescheiden aus, wenn man bedenkt, daß sich die freie Reichs- und Hansestadt Lübeck 1457 den Luxus leisten konnte, nicht weniger als 9 Ratsmusiker anzustellen[17], doch dürften seinerzeit nur wenige Städte über entsprechende finanzielle Ressourcen verfügt haben.

Daß die Spielleute westfäli scher und rheinischer Städte sich häufig in Orten außerhalb jenes Raumes aufhielten, läßt sich anhand zahlreicher Urkunden belegen. So wurden beispielsweise in Osnabrück zwischen 1469 und 1488 städtische Pfeifer aus Bielefeld, Dortmund, Herford, Köln, Münster und Paderborn für ihre Tätigkeit entlohnt, des weiteren die Spielleute der Grafen von der Mark und Berg, des Grafen von Bentheim, des Grafen von Riedberg, des Erzbischofs von Köln, des Bischofs von Minden[18]. Für 1447 sind in Münster die Besuche von Pfeifern aus Dortmund, Osnabrück und Soest verzeichnet[19], in Hildesheim hielten sich besonders häufig die Pfeifer „des byschuppes van Munster auf[20]", aber auch Spielleute „des rades van Munster", des Grafen von Bentheim, des Grafen von Kleve, des Grafen von Ravensburg, des van der Lippe, sowie „unses juncheren van Bueren piperen". In Braunschweig musizierten 1420 die Pfeifer der „heren van Rauensberghe", in Hannover erhielt 1481 „des bisscoppes van Minden trumitere" eine Entlohnung, 1483 ein Spielmann aus Lemgo, 1484 und 1490 „d. iuncheren van d. Lyppe spellude", 1493 zwei Stadtpfeifer aus Herford und 1500 schließlich „d. greven v. d. Hoie spelman[21]".

Auch in Hamburg lassen sich westfälische Spielleute nachweisen. Bereits 1369 wurden dort „ioculatores domini episocopi Myndensis" entlohnt, die auch späterhin mehrfach in Hamburg weilten, desgleichen die Pfeifer des Bischofs von Osnabrück und des Bischofs von Münster, Spielleute aus Lippe und der Herren von Bentheim[22]. Daß Spielleute aus Westfalen auch in die Niederlande zogen bzw. niederländische Pfeifer in den Städten Westfalens und des Rheinlandes musizierten, kann angesichts der engen politischen und wirtschaftlichen Verbindungen mit jenen Gebieten nicht verwundern.

Einen Hinweis auf Beziehungen zu Städten der engeren Umgebung geben zum Beispiel die Herkunfts- und Zielorte einiger in Wesel angestellter Spielleute. Magister Peter[23] „die trumpener" (in Wesel tätig 1419 – 1427) ging anschließend nach Nijmegen, trat aber 1440 wieder in den Dienst der Stadt Wesel ein, Magister Conrad (1428 – 1431) kam aus Münster, wohin er später offenbar auch zurückkehrte[24]: „gemeidt mr. Conrad trumpener; den gegeven alz oen die stad annam, daer hie umme her komen was van Monster ende daer weder toech up sijn beraed". 1437 erhielt ein „trumpener van Mechgelen die hiir komen was ende boet sijnen dienst der stad" eine Geldzuwendung, doch bleibt offen, ob er schließlich von der Stadt in Dienst genommen wurde, oder unverrichteter Dinge nach Mechelen zurückreiste[25].

Es verdient Beachtung, daß Spielleute einiger westfälischer Bischöfe häufiger Reisen in Städte außerhalb Westfalens und des Rheinlandes unternahmen. Mithin hatte um 1400 auch in jener Region die Kirche ihre zunächst ablehnende Haltung gegenüber den Spielleuten aufgegeben, sich dem neuen Trend angeschlossen und Musiker in ihre Dienste genommen, um sie, entsprechend der Praxis weltlicher Autoritäten, als Emmissäre in befreundete Städte zu senden. Überdies belegen die Quellen, daß nicht nur die kircheneigenen Spielleute bei religiösen Festen aufspielten, sondern daß sie sich gelegentlich auch mit ihren städtischen Musikerkollegen zu diesem Zwecke zusammentaten. Einer Eintragung in den Weseler Stadtrechnungen[26] vom 3.5.1421 ist zu entnehmen, daß „Henric die piper had myt mr. Rutger gepepen up des heligen cruces dage Mai 3. up des heligen sacraments dage Mai 22 ende to Xancten, doe men sente Victorem droech". Und 1435 findet sich folgender Eintrag[27]: „der stad piperen van Monster, die myt unsen piperen pepen vor den heligen sacrament alz men dat omme drogh".

In Wesel lassen sich Pfeifer (Fistulatores) seit 1349/50 urkundlich nachweisen (in Dortmund beispielsweise erst seit 1363): In der Rubrik „De propinatis" findet sich der Beleg von Zahlungen an[28] „(...) Leonio et filio, qui fistulabant". Bemerkenswerterweise gab es bereits damals einen dritten Spielmann, doch ist sein Name nicht überliefert. Seit 1357 standen die Stadtpfeifer (fistulatores opidi) in Diensten der Stadt und erhielten neben ihrem festen Sold u. a. Mietbeihilfen und 24 Ellen Tuch für ihre „tunica". Magister Harmann bekam 1360 eine Zuwendung[29] „in supsidium fistule vocate schalmeye; eidem in supsidium locaciones sue domus". Mindestens seit 1363 wurde statt des dritten Fistulators ein „tympanarius", also ein Pauker, beschäftigt. Obschon die Zahlungen des Gehaltes bereits 1359, des Kleidergeldes 1362 eingestellt wurden, scheint die Pfeifergruppe weiterhin bestanden zu haben. Bis 1374 lassen sich regelmäßige Zahlungen der Stadt nachweisen, danach wurden die Pfeifer offenbar jeweils für einzelne Dienste gesondert bezahlt[30]. Zumindest ein Teil ihres Lohnes scheint freilich aus Naturalien bestanden zu haben. So heißt es z. B. 1361: „Vynem, pro fistulatore tempore expediciones" und 1362: „Vinen, pro fistulatore[31]". Diese Praxis bestand bis weit ins 15. Jahrhundert hinein fort, wie die folgende

Eintragung von 1448 aus Münster beweist[32]: „Item twen nigen piperen to wynkope 4 s.". Seit 1412 finden sich Nachweise für die Beschäftigung von zwei Spielleuten in Wesel, für welche die Stadt neben der Livree auch silberne Broschen mit dem Stadtwappen bereitstellte, ab 1419 wurde statt eines dritten Pfeifers bzw. des Paukers ein Trompeter (trumpener) besoldet. Sein Einkommen stieg zwischen 1426 und 1450 von zunächst 10 auf 12 und 1442 schließlich 14 arnhemsche Gulden, und lag damit um 2 Gulden über jenem des ersten Pfeifers; der zweite Pfeifer erhielt sogar noch 4 Gulden weniger. Allen drei Spielleuten stellte die Stadt überdies je 7 Ellen Tuch jährlich sowie Besatz oder Schmuck für ihre Kleidung zur Verfügung[33]. Die höhere Besoldung des Trompeters entsprach dem besonderen Ansehen, welches die Spieler jenes Instrumentes in damaliger und späterer Zeit genossen, doch stand sie dem Wechsel von einem Amt in das andere nicht im Wege: So übernahm Albert Betten, der am 1.10.1447 als Trompeter angestellt worden war, nur ein Jahr später das Amt eines Pfeifers[34].

Die Stadtrechnungen von Wesel weisen für die Zeit zwischen ca. 1400 und 1440 Zahlungen an Stadtspielleute folgender Orte aus: Borken, Coesfeld, Dortmund, Duisburg, Essen, Kampen, Köln, Leiden, Lippe (Lippstadt), Mechelen, Münster, Neuss, Nijmegen, Osnabrück, Paderborn, Soest, Utrecht, Unna und Zwolle. Den Formulierungen der Rechnungsbelege läßt sich entnehmen, daß Duisburg erst relativ spät stadteigene Spielleute anstellte. Während es in der Regel heißt, Gelder seien „der stad piperen" gezahlt worden, findet sich 1403 die Formulierung „fistulatoribus de Dusborge"; 1437 werden hingegen „der stad van Duysborgh piperen" erwähnt[35]. Vermutlich handelte es sich 1403 lediglich um Pfeifer, die in Duisburg ansässig waren, nicht aber im Dienste der Stadt standen.

Über das Repertoire der Spielleute wissen wir ebensowenig Genaues wie über die Art der musikalischen Realisation. Ob und inwieweit mehrstimmig musiziert wurde, ob man die Musik improvisierte oder festgelegte „Kompositionen" vortrug, die in gewissen Grenzen aus dem Augenblick heraus verändert wurden, bleibt weitgehend im Dunkeln. Sicher trifft es zu, daß sich Spielmanns-Musik im allgemeinen[36] „nicht im Vortragen und Interpretieren von fest geformten Musikwerken, sondern in der lebendigen Ausgestaltung von zumeist allbekannten Modellformen" erfüllte. Angesichts der geringen Zahl von maximal drei Spielleuten blieb ganz sicher breiter Raum für ein improvisatorisches Umgestalten überlieferter Melodiemodelle. Wenn freilich, wie in Wesel 1435 bezeugt, die stadteigenen Spielleute gemeinsam mit denen aus Münster während einer Prozession musizierten, dann scheint dies nur möglich auf der Basis von relativ festgefügten Gestaltungsnormen und eines weitgehend einheitlichen Repertoires. Gerade der enge Kontakt der Spielleute westfälischer und rheinischer Städte untereinander sowie die vielfältigen Beziehungen zu Gebieten in den Niederlanden dürften zur Ausprägung allgemeingültiger Normen in Bezug auf die Realisierung von Musik sowie auf die Verbreitung bestimmter Melodien oder Stücke in jenem Raum beigetragen haben. Der Verzicht auf Kontakte zu weiter entfernt liegenden Gebieten Deutschlands wie der Nachbarländer könnte in diesem Sinne einen durchaus positiven Effekt gehabt haben.

Anmerkungen

1 Vgl. u. a. Salmen, Walter: Neue Beiträge zur Geschichte des Spielmanns in Westfalen, in: Westfalen 33 (1955), S. 210–211 und 36 (1958), S. 58; ders., Geschichte der Musik in Westfalen (bis 1800), Kassel 1963; ders.; Der Spielmann im Mittelalter, Innsbruck 1983; Nissen, Robert: Silberne Boten- und Spielmannsabzeichen und ihre Träger, II. Die Spielmannsabzeichen, in: Westfalen 47 (1969), S. 1–33; Zak, Sabine: Musik als Ehr' und Zier' im mittelalterlichen Reich, Neuss 1979.
2 Vgl. hierzu Ernst, Friedrich: Die Spielleute im Dienste der Stadt Basel im ausgehenden Mittelalter (bis 1550), in: Basler Zeitschrift für Geschichte und Altertumskunde 44 (1945), S. 80–236; Schwab, Heinrich W.: Die Anfänge des weltlichen Berufsmusikertums in der mittelalterlichen Stadt, Kassel 1982.
3 Salmen, Neue Beiträge I (wie Anm. 1) S. 210.
4 Ebd.
5 Vgl. Zak (wie Anm. 1) S. 122.
6 Vgl. hierzu Nissen (wie Anm. 1) S. 4 f.
7 Schwab (wie Anm. 2) S. 74.
8 Nissen (wie Anm. 1) S. 3.
9 Gorissen, Friedrich: Regesten zur Politischen Geschichte des Niederrheins, I. Stadtrechnungen von Wesel, Band 4, Bonn 1963, S. 43.
10 Ebd., Band 3, S. 229.
11 Offenberg, H.: Das Eid- und Huldigungsbuch der Stadt Münster, in: Quellen und Forschungen zur Geschichte der Stadt Münster i. W., Bd. I, Münster 1898, S. 273–321, hier: S. 304.
12 Rothert, Hermann: Mittelalterliche Spielleute in Westfalen, in: Westfalen 23 (1938), S. 91–94, hier: S. 92.
13 Jappe Alberts, W.: Die Kämmereirechnungen der Stadt Münster über die Jahre 1447, 1448 und 1458, Groningen 1960, S. 17 und 75 f.
14 Ebd., S. 75.
15 Nissen (wie Anm. 1) S. 3.
16 Gorissen (wie Anm. 9) Band 4, S. 92.
17 Schwab (wie Anm. 2) S. 2.
18 Nissen (wie Anm. 1) S. 4.
19 Ebd.
20 Salmen, Neue Beiträge II (wie Anm. 1) S. 58.
21 Ebd.
22 Salmen, Neue Beiträge I (wie Anm. 1) S. 211.
23 Gorissen (wie Anm. 9) Band 4, S. 18.
24 Ebd., S. 70.
25 Ebd., S. 169.
26 Ebd., Band 3, S. 214.
27 Ebd., Band 4, S. 147.
28 Ebd., Band 1, S. 69.
29 Ebd., S. 144.
30 Ebd., S. 23.
31 Ebd., S. 145 bzw. 149.
32 Jappe Alberts (wie Anm. 13) S. 37.
33 Gorissen (wie Anm. 9) Band 3, S. 21 und Band 4, S. 18.
34 Ebd., Band 4, S. 18.
35 Ebd., Band 3, S. 71 und Band 4, S. 169.
36 Salmen, Spielmann im Mittelalter (wie Anm. 1) S. 127.

Archäologie und Rezeption

Die Archäologie

Der unbekanntere Weg ins Mittelalter

Herbert Lorenz

Neulich unterhielt ich mich mit einer Mediävistin (Mittelalter-Historikerin) über das reich ausgestattete Frauengrab, das in den frühen 50er Jahren von Karl Brandt in Bochum-Langendreer erforscht worden ist. Da dieses Grab in eine Zeit datiert und in einem Raum liegt, für die die schriftlichen Quellen heftige Auseinandersetzungen zwischen Franken und Sachsen bezeugen, kamen wir bald auch auf die Frage zu sprechen, wer denn nun wohl hier bestattet worden sein mag: eine Fränkin oder eine Sächsin?

Aus Sicht des Historikers war die Antwort klar vorgezeichnet: aufgrund der zahlreichen Gegenstände, die bei der Toten angetroffen wurden, müßte es sich um eine Sächsin handeln, denn schließlich waren die Franken bereits christianisiert und sollten demzufolge ihren Verstorbenen keine Ausstattung für eine jenseitige Welt mehr mitgegeben haben. Der Grabfund von Bochum-Langendreer also als konsequente, in sich logische Ausdeutung schriftlicher Zeugnisse. Der Archäologe sieht dies allerdings völlig anders. Er untersucht die Art und Weise des Begräbnisses (Beisetzungsart, Gestaltung der Grabgrube, Orientierung der Toten usw.) und beschäftigt sich mit den im Grab entdeckten Fundgegenständen. Er stellt fest, daß es zu ihnen nur Parallelen in Regionen gibt, von denen man aufgrund vieler schriftlicher Zeugnisse sicher weiß, daß sie von Franken besiedelt waren; für Beziehungen zum sächsischen Raum findet er hingegen keinerlei Anhaltspunkte. Somit besteht für ihn kaum ein Zweifel, daß in Bochum-Langendreer eine Fränkin begraben worden ist; die Zusammensetzung des Fundensembles die Kostbarkeit des Materials und die Beisetzung in einer hölzernen Grabkammer weisen darauf hin, daß es sich um eine Angehörige einer gehobenen Schicht handelt. Das Grab unterstreicht analoge Beobachtungen in anderen Gegenden: Die christianisierte, fränkische Bevölkerung hört nicht sogleich auf, ihren Verstorbenen Dinge des alltäglichen Lebens mit auf die 'letzte Reise' zu geben, man beläßt den Toten auch Abzeichen (Schmuck, Waffen), die zu ihren Lebzeiten Rang und Stand nach außen dokumentiert haben werden.

Daß diese andere Bewertung des Bochumer Grabes Folgen hat, wenn es um die Rekonstruktion historischer Prozesse in unserem Raum geht, bedarf keiner besonderen Erläuterung, doch brauchen sie uns hier nicht zu interessieren. Dieses vereinfacht dargestellte Beispiel soll lediglich vor Augen führen, daß archäologische Forschungen auch für Zeiträume von Wichtigkeit sind, in denen die schriftlichen Zeugnisse in scheinbar ausreichendem Maße als Quellen zur Verfügung stehen.

Diese Erkenntnis ist relativ neu, denn eine Archäologie des Mittelalters und der frühen Neuzeit hat sich im Wesentlichen erst nach dem Zweiten Weltkrieg und verstärkt sogar erst in der letzten Dekade durchgesetzt. Und dennoch arbeiten die verschiedenen historischen Disziplinen nur selten in dem Maße zusammen, wie dies für den Fortgang der Forschung wünschens- und notwendig wäre; vielleicht nicht zuletzt als eine Folge der Ausbildungspolitik, die fächerübergreifende Zusammenarbeit nicht in dem erforderlichen Maße fördert. Die Region zwischen Lippe und Ruhr hat es in dieser Hinsicht sogar besonders schwer, denn archäologische Forschungen sind bisher hier kaum unter regionalem Bezug gesehen worden. Dabei zeigen beispielsweise die seit 1980 durchgeführten Stadtkerngrabungen in Duisburg, die über die Region und über den deutschsprachigen Raum hinaus internationale Beachtung finden, welche Möglichkeiten der Archäolgie hier bei uns nach wie vor gegeben sind, auch wenn der Raum in den letzten 200 Jahren tiefgreifend verändert worden ist. Die Duisburger Grabungen stehen mit in vorderster Reihe, wenn es um Fragen der Archäologie des Mittelalters und um Möglichkeiten einer interdisziplinären Zusammenarbeit geht. Nachfolgende Bemerkungen mögen helfen, dies etwas transparenter zu machen.

Vereinfacht gesagt, beschäftigt sich die Archäologie mit Spuren, die menschliche Tätigkeiten vergangener Zeiten im Boden zurückgelassen haben. Dies können bauliche Reste sein, die heute noch im Gelände sichtbar sind, wie beispielsweise die unter einem Erdwall verborgenen Mauerreste einer völlig verfallenen Burganlage. Es mögen Fundobjekte gegenständlicher Art sein, die von Vorfahren hergestellt und benutzt worden sind; es kann aber auch eine Erdverfärbung sein, die ein völlig vergangener hölzerner Pfosten im Boden hinterlassen hat. Die Archäologie hat im Laufe ihrer Wissenschaftsgeschichte vielfältigste Methoden und Verfahren entwickelt, um solche und andere stumme Zeugen der Vergangenheit zum Sprechen zu bringen; entscheidende Fortschritte ergaben sich insbesondere durch die Zusammenarbeit mit Naturwissenschaften. Bei der Entdeckung, der zeitlichen Einordnung und der Bewertung bedient man sich u. a. der Hilfe der Chemie, der Physik, der Botanik, der Zoologie, der Anthropologie und der Medizin. Diese sog. Hilfswissenschaften werden folglich auch eingebracht, wenn es um die archäologische Erforschung des Mittelalters geht.

Der Archäologe unterscheidet im allgemeinen zwei große Quellengruppen: die Siedlungen, in denen die Menschen einmal gelebt und die Friedhöfe, auf denen sie ihre Verstorbenen begraben haben. Die Gräber enthalten Fundobjekte, die den Toten aufgrund irgendwelcher Vorschriften seinerzeit mitgegeben worden sind; sie sind eine Auswahl des in der jeweiligen Zeit in Gebrauch befindlichen materiellen Gutes. Auch in den Siedlungen findet man nie einen objektiven Querschnitt von den Dingen, die einmal im Umlauf gewesen sind, sondern ebenfalls nur eine Auswahl: es sind in der Regel Gegenstände, die verlorengegangen oder als Abfallprodukte weggeworfen worden sind. Das archäologische Fundmaterial ist gleichsam gefiltert auf uns gekommen und da die Filterung bei Gräbern und Siedlungen auf verschiedene Gründe zurückzuführen ist, fordert die Bewertung der beiden Quellengruppen auch ganz unterschiedliche methodische Vorgehensweisen. Natürlich sind auch die Rückschlüsse, die beide Quellengruppen auf die Zustände in vergangenen Zeiten erlauben, unterschiedlich. Archäologische Forschungen allein auf der Grundlage von Grabfunden würden ein anderes Bild zeichnen als Untersuchungen auf der Basis von Siedlungsgrabungen; erst die Zusammenführung der Einzelergebnisse führt wirklich weiter.

Während im Bereich der prähistorischen Archäologie, d. h. jenem Wissenschaftszweig, der ohne jegliche Schriftquellen auskommen muß, der Begriff 'Siedlung' ganz summarisch verwendet wird, besteht durch die Verknüpfung mit schriftlichen Zeugnissen im Mittelalter die Möglichkeit einer Differenzierung:

man kennt verschiedene Typen ländlicher Siedlungen, man kennt städtische Siedlungen, man kennt Siedlungsanlagen sozial höherstehender Schichten wie Herrensitze, Burgen, Motten, Königshöfe oder Pfalzen. Alle diese, hier natürlich nur ganz grob gegliederten Siedlungstypen, sind auch im Ruhrgebiet belegt. Man denke nur an die Pfalzen in Duisburg und Dortmund oder die Königshöfe, die beispielsweise für Duisburg, Bochum, Hattingen, Castrop, Recklinghausen, Mengede oder Unna bezeugt sind. Archäologisch sind sie allerdings bis heute nicht nachgewiesen worden, wenn man einmal von den wenigen Spuren der Pfalz absieht, die im Rahmen der Duisburger Stadtkerngrabungen unter dem Rathaus angeschnitten worden sind.
Bei den übrigen Adelssitzen sieht die Situation kaum besser aus. Man kennt in unserem Raum zwar rund 150 'Burgen' deren bauliche Reste noch heute mehr oder minder deutlich im Gelände zu sehen sind, man vergißt aber leicht, daß sie nur einen Teil der Anlagen stellen, die einmal in Benutzung gewesen sind. Noch gibt es keine Auflistung all jener Plätze, von deren ehemaliger Existenz bestenfalls unscheinbare Erdwälle zeugen; wenn es zudem keine schriftlichen Aufzeichnungen gibt, dann helfen nur archäologische Grabungen weiter. Sie allein sind beispielsweise in der Lage, etwas über Zeitstellung und Funktion der in Essen-Werden gelegenen Alteburg oder der Wallanlage auf dem Pastoratsberg zu sagen. Die für das ungeübte Auge nur schwer erkennbaren Wälle der Burganlage Alteburg dürfen dabei nicht über eine möglicherweise wichtige Funktion der Anlage in vergangener Zeit hinwegtäuschen; wer würde sie für die Syburg bei Dortmund vermuten, wenn es nicht die entsprechenden historischen Quellen gäbe. Archäologische Untersuchungen eines Platzes, der auch aus historischen Quellen gut bekannt ist, haben natürlich ihren besonderen Reiz. Aus diesem Grunde verdienen auch die seit einigen Jahren auf dem Isenberg bei Hattingen durchgeführten Grabungen unsere Aufmerksamkeit. Schriftzeugnisse besagen, daß Graf Arnold von Altena Ende des 12. Jahrhunderts den Bau einer Burg auf dem Isenberg bei Hattingen veranlaßt hat. Er konnte nicht voraussehen, daß sie nur knapp eine Generation bestehen sollte, denn in der Folge politischer Auseinandersetzungen wurde die Burg bereits im Jahre 1226 geschleift und danach nicht mehr bewohnt. Wenn man einmal annimmt, daß diese historischen Überlieferungen exakt sind, es keine Vorgängersiedlung auf dem Isenberg gegeben hat und er tatsächlich nach der Zerstörung gänzlich unbewohnt geblieben ist, dann wäre das archäologische Fundmaterial ziemlich genau in das erste Viertel des 13. Jahrhunderts zu datieren: eines der wenigen Beispiele eines archäologischen Fundkomplexes der ohne Zuhilfenahme naturwissenschaftlicher Methoden aus sich heraus zeitlich so gut einzuordnen ist. In Verbindung mit anderen Anlagen, die aufgrund der schriftlichen Zeugnisse ähnlich präzise datierbar scheinen, beispielsweise die Essener Isenburg oder die Raffenburg bei Hagen müßten sich Leitfunde herausstellen lassen, die bestimmte Zeitstufen charakterisieren und somit in der Lage wären, auch die historisch nicht datierbaren Plätze zeitlich genauer einzuordnen. Die günstigsten Voraussetzungen hierfür bieten – wie so oft – die Tongefäße, deren Formen einerseits häufig schnellen Veränderungen unterworfen sind, deren Reste man andererseits stets in einem ausreichenden Maße vorfindet, so daß der Fehler einer zu kleinen „Stichprobe" vermieden werden kann. Die Untersuchung von Scherben und Gefäßen eröffnet natürlich eine Vielzahl weiterer Aufschlüsse. Es mag um die Frage gehen, welche Rolle die lokale Keramikproduktion spielt und wie es mit Importen bestellt ist, beispielsweise mit dem Siegburger Steinzeug, das seit dem 13. Jahrhundert in weite Teile Europas verhandelt wurde. Hier böte sich auch ein Vergleich des auf Adelssitzen, in städtischen und ländlichen Siedlungen gefundenen Materials an. Dabei kann auch der Geschirrbestand der verschiedenen Siedlungstypen miteinander verglichen werden: In welchem Maße hat man sich des Metallgeschirrs bedient und wie hoch ist der Anteil von Holzgefäßen zu veranschlagen, die archäologisch nur unter ganz besonders günstigen Bedingungen nachweisbar sind? Nicht vergessen werden sollte natürlich auch die Frage, ob die Geschirrzusammensetzung in einzelnen Arealen einer Stadt oder Bezirken eines Adelssitzes möglicherweise differiert und eventuell abgestufte soziale Schichtungen erkennen läßt. Daß solche Untersuchungen durchaus mit Erfolg durchgeführt werden können, hat die Hattinger Isenburg gezeigt und zwar bei der Bewertung der zahlreichen Tierknochenfunde: ein Abfallplatz beim Bergfried wies einen überdurchschnittlich hohen Anteil an Schweineknochen auf, einer an der Burgschmiede hingegen einen ungewöhnlich hohen an Hühnern und Tauben.
Tierknochen sind in aller Regel die mengenmäßig häufigsten Funde, die bei der Untersuchung von Siedlungen angetroffen werden. Früher vielfach unbeachtet geblieben und nicht selten sogar achtlos weggeworfen, weiß man sie heute als eine wichtige Informationsquelle zu schätzen. Aufgrund der Zerlegungsspuren an den Knochen kann man sicher nachweisen, daß es sich bei ihnen fast immer um Speiseabfälle handelt. Eine tierartliche Bestimmung der Knochen durch den Zoologen erlaubt Antwort auf die Frage, welches Fleisch denn nun vorzugsweise auf den 'Tisch des Hauses' gelangt ist. Wieder steht die Frage nach einer Gegenüberstellung der verschiedenen Siedlungstypen ebenso an, wie jene nach möglichen Unterschieden innerhalb eines Platzes; auch eventuellen Veränderungen im Verlaufe der Zeit wird Rechnung getragen. Eine Untersuchung des Schlachtalters ist ebenfalls nicht unwichtig, kann sie doch die Frage klären helfen, ob die Tiere primär als Fleisch- oder Rohstofflieferanten, z. B. für Wolle und/oder Milchprodukte, gehalten worden sind. In jüngster Zeit finden auch die Knochen von Kleinsäugetieren besondere Aufmerksamkeit. Nicht zuletzt gilt sie den Ratten, die im Zusammenhang mit der Ausbreitung der Pest eine nicht unwesentliche Rolle spielen. Die geringe Größe dieser Kleinsäugerknochen setzt allerdings besondere Grabungsmethoden voraus, z. B. Schlämmen des Erdreiches; entsprechendes gilt übrigens auch für die Fischknochen. Die zumeist geringe Zahl der archäologisch nachgewiesenen Fischreste sollte nicht darüber hinwegtäuschen, daß sie für die Ernährung der Menschen einen recht hohen Stellenwert besessen haben können.
Neben den Tierknochen sind auch botanische Reste oftmals sehr gut erhalten, vor allem, wenn sie in Brunnen, Abfall- oder Fäkaliengruben gelangt sind – die Duisburger Stadtkerngrabungen legen hiervon ein beredtes Zeugnis ab. Mehrere tausend Funde von über 150 verschiedenen Pflanzenarten konnten vom Botaniker nachgewiesen werden. Sie ermöglichen u. a. die Aussage, daß Roggen beim Brotgetreide eine weitaus wichtigere Rolle gespielt hat als der Weizen, und daß unter den Breigetreiden Hafer und Gerste die dominierende Rolle zukam; allerdings konnten auch verschiedene Hirsearten nachgewiesen werden: Rispenhirse, Kolbenhirse und Fuchshirse. Besondere Aufmerksamkeit verdienen die zahlreichen Buchweizenfunde, die vor allem in der Marktlatrine des 16. Jahrhunderts entdeckt wurden. Nachgewiesen werden konnten auch Gemüsepflanzen, wie Erbsen, Salatpflanzen wie Möhren, Sellerie, Rüben und Feldsalat,

Gewürzpflanzen wie Kümmel und Senf und nicht zuletzt eine Fülle von Kern- und Beerenobst: Brombeeren, Holunder, Süßkirschen,. Weinreben, Erdbeeren, Waldbeeren, Äpfel, schwarzer Holunder, Feigen, Pflaumen, Birnen, Pfirsiche, Himbeeren, Kratzbeeren, Schlehen, Maulbeeren, Sauerkirschen, Hagebutten – aufgelistet in der Reihefolge ihrer Häufigkeit.

Nicht vergessen werden dürfen natürlich die zahlreichen Wildpflanzenfunde – allein in den Stadtkerngrabungen Duisburgs wurden über 120 Arten nachgewiesen –, deren pflanzensoziologische Bindung, d. h. die Verknüpfung mit bestimmten Standorten, Rückschlüsse auf die Vegetationszusammensetzung der Umgebung und damit auf die Umweltverhältnisse ermöglichen. Zukunftsweisend sind sicherlich die Untersuchungen zu den Umweltbelastungen einer mittelalterlichen Stadt, die in Duisburg in die Wege geleitet worden sind. Nach ersten Ergebnissen sind die Phosphat-, Nitrat- und Schwermetallbelastungen selbst nach heutigen Maßstäben immer noch bedenklich; der Genuß von Fischen aus dem Stadtgraben dürfte gesundheitliche Schäden zur Folge gehabt haben.

Vielfach sind es einzelne Fundobjekte oder kleinere Fundensembles, die Einblicke in andere Bereiche des täglichen Alltags erlauben. Dies mögen Schleudersteine oder Steinkugeln sein, die uns die waffentechnische Entwicklung vor Augen führen, dies mögen Murmeln, Spielsteine oder Würfel sein, die wir mit dem modernen Begriff 'Freizeitgestaltung' verbinden, dies mögen Klappern sein, die als Spielzeug Verwendung fanden, dies mögen Punzen, Gußformen oder Gußtiegel sein, die uns, zusammen mit anderen, oft unscheinbaren Resten wie beispielsweise Schlackenbrocken, u. a. etwas über den technologischen Standard jener Zeit erzählen können. Man denke nur an die karolingische Bronzegießerei von Schwerte-Westhofen oder die beiden Glockengießereien, deren Überreste einerseits in Duisburg, andererseits bei St. Peter in Recklinghausen untersucht werden konnten. Nicht unerwähnt bleiben sollte die spätmittelalterliche Töpferei Groppenbruch in Dortmund-Mengede, wo u. a. die fast vollständigen Einzelteile einer hölzernen Töpferscheibe gefunden wurden.

Interessante Aufschlüsse zum Handwerk wie auch zur Bekleidung erbrachten einmal mehr die Grabungen in Duisburg, wo günstige Bedingungen auch zur Erhaltung von Lederresten geführt haben. Hierbei handelt es sich größtenteils um Schuhsohlen oder um Lederabfälle, die als Zuschneidereste angesprochen werden können; selbst Zwirnreste, die zum Vernähen der Lederteile verwendet wurden, hat man bergen können. Komplette Schuhe, wie sie beispielsweise bei den Grabungen auf dem Essener Burgplatz ans Tageslicht kamen, bleiben dagegen eine seltene Ausnahme.

Eine Besonderheit sind auch die hölzernen Trippen, die getragen wurden, um ein allzu tiefes Einsinken in den matschigen Untergrund von Wegen und Straßen zu vermeiden, die zum alltäglichen Erscheinungsbild städtischer Siedlungen gehörten. Ein beredtes Zeugnis für den Zustand der Verkehrsverbindungen innerhalb einer Stadt sind die in Duisburg freigelegten mittelalterlichen Laufhorizonte, in denen sich menschliche und tierische Spuren eingedrückt und bis auf den heutigen Tag erhalten haben; dies gilt auch für die Fahrzeugreifen, deren Spurbreite somit exakt festgelegt werden kann und dadurch Informationen zur Rekonstruktion von Fahrzeugen und dem Verkehrswesen beisteuert.

Natürlich geht es bei den Grabungen in den Siedlungen nicht um die bloße Bergung von Fundgegenständen und die Dokumentation von Fundzusammenhängen. Es geht gleichermaßen um die Bebauungs- und Infrastruktur, um die Gebäude, um die Raumaufteilung, um die Innenausstattung usw. Gerade hier steht die Forschung für den Raum zwischen Lippe und Ruhr noch ganz in den Anfängen. Dies wird sich erst ändern, wenn den Duisburger Stadtkerngrabungen vergleichbare Untersuchungen in anderen Städten an die Seite gestellt werden könnnen; Ansätze gibt es bisher nur in Dortmund, Recklinghausen, Haltern, Lünen und Hamm. Nicht minder wichtig wäre es, das Interesse auch auf die ländlichen Siedlungen auszudehnen. Diesbezügliche Untersuchungen der letzten Jahre in Hagen-Delstern, Hamm-Werries oder Hamm-Heesen, sind weniger als der vielzitierte 'Tropfen auf dem heißen Stein', denn die dichte Pfarrkirchenorganisation (vgl. Aufsatz Janssen), läßt schon frühzeitig einen eng besiedelten Raum vermuten. Nur mit Hilfe der Archäologie wird es künftig vielleicht einmal möglich sein, detaillierte Angaben über die Struktur von Einzelhöfen, Oberhöfen und Fronhöfen in Erfahrung zu bringen; nur die Archäologie wird Fragen nach dem zugehörigen Kulturland und dessen Nutzung möglicherweise einer Antwort näherbringen können. Auch Aufschlüsse zum Ackersystem, zu Anbau- und Erntemethoden sowie den hierbei verwendeten Gerätschaften, von denen zumindest metallene Beschlagteile noch zu finden sein müßten, verlangen die Mitarbeit der Archäologen.

Grabungen in Siedlungen haben den großen 'Nachteil', daß sie keine Angaben über die physische Beschaffenheit der Bewohner ermöglichen, denn menschliche Knochenteile werden in aller Regel nicht gefunden; hier bleibt nur die Untersuchung von Friedhöfen. Da diese zweite große, wichtige Quellengruppe archäologischer Forschungen in unserem Raum bisher keinerlei erwähnenswerte Rolle spielt, bleibt nur ein ganz allgemeiner Hinweis auf Aussagemöglichkeiten. Die Untersuchung von Skelettresten erlaubt heute nicht mehr nur die früher üblichen Angaben über Geschlecht, Körpergröße, Alter und Lebenserwartung, sondern beispielsweise auch über die Krankheiten, unter denen die Menschen zu leiden hatten: Schädelverletzungen, Knochenbrüche, Wirbel- und Gelenkerkrankungen, Knochenentzündungen, Tumore etc.; Heilungen ermöglichen Rückschlüsse auf den Stand der medizinischen Versorgung. Daß sich auch hier wieder die Frage nach eventuellen zeitlichen Veränderungen ebenso stellt wie jene nach möglichen Differenzen zwischen Land, tadt, Burg, bedarf wohl kaum mehr einer besonderen Erwähnung.

Die Archäologie des Mittelalters kennt noch eine dritte große Quellengruppe, die oft in Verbindung mit den Friedhöfen genannt wird: die Sakralbauten wie Kirchen oder Klöster. Eine Reihe von Kirchen des Reviers sind im Verlaufe der letzten Jahre archäologisch untersucht worden: St. Lambertus in Castrop-Rauxel, die evangelischen Pfarrkirchen von Dortmund-Brechten und Dortmund-Mengede, St. Sixtus in Haltern, St. Pankratius in Hamm-Hövel, die evangelische Pfarrkirche in Hamm-Herringen, St. Margaretha in Kamen, St. Peter und Paul in Oer-Erkenschwick, die Gastkirche St. Fabian und Sebastian in Recklinghausen, um nur einige zu nennen. Bis heute stehen kunstgeschichtliche oder bauhistorische Fragestellungen vielfach im Mittelpunkt. Dabei sind es auch hier die oft eher unscheinbaren Funde, die uns die Menschen und das religiöse Leben in jener Zeit ein wenig näher bringen können. Beispielsweise die vielen Münzen, die andernorts bei Grabungen unter dem Fußboden der Kirchen gefunden wurden und als Belege für die Sammlung von Opfergeld während des Gottesdienstes gedeutet werden.

Man denke an die Pilgerzeichen, die die Pilger als Zeichen ihrer Wallfahrt erwarben und mit sich führten. In diesen Zusammenhang gehört beispielsweise jene Muschel, die bei Schwerte gefunden wurde. Die Durchbohrungen weisen darauf hin, daß sie seinerzeit an der Kleidung des Pilgers befestigt gewesen sein könnte. Sie hätte sicherlich noch vieles zu erzählen...

Dies gilt auch für eine weitere, kleine archäologische Quellengruppe: die Versteckfunde. Sie begegnet uns in der Ausstellung in den Münzschatzfunden, die in Duisburg und Unna entdeckt worden sind. Auch hier ist der Archäologe gefragt, der aufgrund einer Analyse von Fundumständen, Fundzusammenhängen und Begleitfunden vielleicht zur Beantwortung der vielfältigen Fragen beitragen kann: wer konnte solche Werte zusammentragen, warum hat man sie versteckt und - vor allem - warum hat man sie nicht wieder geborgen?

Wenn man den vorgegeben Seitenumfang nicht selbstgefällig überschreitet, dann kann ein Überblick über Möglichkeiten der Archäologie zur Erforschung des Mittelalters im Ruhrgebiet nur eine ganz allgemeine, knappe Darstellung sein - sie kann sich nur als 'Appetitanreger' verstehen. Es wäre dennoch wünschenswert, wenn sie helfen würde, das Verständnis für die Notwendigkeit einer fächerübergreifenden Zusammenarbeit zu stärken. Sie hätte ein weiteres Ziel erreicht, wenn sie mit dazu beitragen könnte, die allenthalben in Zusammenhang mit der Ausstellung greifbaren Ansätze einer Erfolg versprechenden weiteren, intensiveren Erforschung der vorindustriellen Besiedlung des Ruhrgebietes zu verdeutlichen. Daß die Archäologie hierbei nicht immer der gebende Partner ist, sondern auch der nehmende sein kann, mag der Hinweis auf die Wikinger unterstreichen: es ist ein schriftliches Zeugnis, die Chronik des Abtes Regino von Prüm, das vermerkt, daß die Wikinger den Winter des Jahres 883/884 im Bereich der heutigen Stadt Duisburg verbracht haben. Gäbe es diese historische Quelle nicht, kein Archäologe würde ernsthaft behaupten können, die gefürchteten 'Nordmänner' hätten das Land zwischen Lippe und Ruhr erreicht. Bis heute gibt es keine archäologischen Funde oder Befunde, die den Hinweis des Abtes Regino bestätigen, es gibt kein Fundstück, von dem man zweifelsfrei behaupten könne, es sei von einem Wikinger hergestellt und/oder benutzt worden. Möglicherweise ist dies nur eine Frage der Zeit, eine Frage intensiverer archäologischer Forschungen, eine Frage des Interesses einer breiten Öffentlichkeit an der lokalen Geschichte.

Literatur

Fehring, Günter P.: Grabungsmethode und Datierung; zur Arbeitsweise von Bauforschung und Archäologie des Mittelalters in Deutschland,in: Deutsche Kunst und Denkmalpflege 10 (1971), S. 41 - 51.

Methodische Möglichkeiten und Grenzen der Mittelalterarchäologie, in: ders.: Blätter für deutsche Landesgeschichte 122 (1986), S. 193 - 206.

Einführung in die Archäologie des Mittelalters, Darmstadt 1987.

Archäologische Bodenfunde als Quellen zur Geschichte der Hanse, in: Die Hanse. Lebenswirklichkeit und Mythos. Ausstellungskatalog Hamburg, Bd. 2, Hamburg 1989, S. 17 - 24.

Hinz, Hermann: Mittelalterarchäologie, in: Zeitschrift für Archäologie des Mittelalters 10 (1982), S. 11 - 20.

Jankuhn, Herbert: Umrisse einer Archäologie des Mittelalters, in: Zeitschrift für Archäologie des Mittelalters, Bd. 1, Bonn 1973, S. 9 - 19.

Sage, Walter: Aspekte der Mittelalterarchäologie, in: Hermann, Bernd (Hg.): Mensch und Umwelt im Mittelalter, Stuttgart 1986, S. 10 - 23.

Schlesinger, Walter: Archäologie des Mittelalters in der Sicht des Historikers, in: Zeitschrift für Archäologie des Mittelalters 2 (1974), S. 7 - 31.

Mittelalter im „Ruhrgebiet“ aus archäologischer Sicht

Gabriele Isenberg

Einleitende Bemerkungen zum Thema

Der Bereich zwischen Ruhr und Lippe gehört heute zu einem der am dichtesten besiedelten Räume Deutschlands. Sein jetziges Gesicht ist weitgehend durch das 19. und 20. Jahrhundert geprägt, als mit zunehmender Industrialisierung eine immer größere Anzahl von Menschen in die selbst bis dahin nicht gerade dünn besiedelte Ruhr-Lippe-Zone strömte, die neben den neuen Arbeitsstätten auch entsprechenden Lebensraum beanspruchte.

Für die alte Landschaft zwischen Ruhr und Lippe bedeutete dieser Vorgang einschneidende Veränderungen. Die herkömmlichen Siedlungseinheiten wurden schon bald zu eng, so daß man großräumig ihre Grenzen überschreiten mußte, aber auch deren Innenräume derartig umformte, daß die gewachsenen Strukturen, ja die gesamte sachliche Hinterlassenschaft vorangehender Epochen weitgehend ausgelischt, in jedem Fall aber stark beeinträchtigt wurden.

Überlebt haben diesen tiefgreifenden Wandel vor allem die Kirchen und viele der ehemaligen Herrensitze. In beiden Fällen handelte es sich um bauliche Zeugnisse aus Mittelalter und Neuzeit, die aufgrund der Beschaffenheit ihrer materiellen Substanz allein schon den Anspruch auf eine höhere Beständigkeit erhoben, deren Besitzern oder Nutzern überdies in der Regel viel an der Bewahrung von Tradition und überlieferten Werten lag, und die schließlich auch wegen ihrer architekturgeschichtlichen und kunsthistorischen Bedeutung durch öffentliches Interesse vor schneller und leichtfertiger Aufgabe geschützt waren.

Mit dem Überleben dieser baulichen Zeugnisse aus Mittelalter und Neuzeit blieb in ihrem Umfeld im Boden auch das bewahrt, was in noch älteren Zeiten geschaffen, dann aber in nachfolgenden Epochen den veränderten Bedürfnissen und Moden entsprechend wieder aufgegeben wurde.

Aus diesem Grunde kann nahezu jede archäologische Untersuchung, die in einer Kirche oder auf einem Herrensitz zwischen Ruhr und Lippe angeboten wird, durchaus immer als erfolgversprechend angesehen werden, wenn es um eine Bereicherung an Erkenntnissen über die Vorbesiedlung des Orts, das Alter und die bauliche Entwicklung des betreffenden Objekts geht.

Als wesentlich problematischer muß dagegen die Situation in den Städten und ländlichen Siedlungen in der Ruhr-Lippe-Zone bewertet werden. Soweit die bauliche Hinterlassenschaft der Zeit vor 1800 dort nicht bereits im Zuge der großen Umwälzungen des 19. und 20. Jahrhunderts tiefgehend verändert worden ist, haben die Bomben des Zweiten Weltkriegs, die in diesem Gebiet in kaum vergleichbarer Konzentration Zerstörungen anrichteten, wie der schnelle Wiederaufbau nach 1945 und die mit Hilfe der Städtebauförderungsprogramme durchgeführten Altstadtsanierungen in den 60er und 70er Jahren den Rest weitgehend erledigt. Diesen Vorgängen und Ereignissen sind infolgedessen auch die archäologischen Denkmäler in einem bisher nicht gekannten Ausmaß zum Opfer gefallen. Hatten die oben angesprochenen Veränderungen mit tiefgreifenden Eingriffen im ehemals ummauerten Kern der alten Städte schon schwere Verluste an Erkenntnismöglichkeiten über deren Wachsen und Werden bewirkt, so brachten sie in Verbindung mit dem sehr weiträumigen Überschreiten der alten städtischen Begrenzungen mit sich, daß in dem ehemaligen Feldbereich noch bestehende dörfliche Siedlungen und Hofanlagen förmlich „aufgeschluckt“, verändert, im schlimmsten Falle sogar zerstört, wüstgefallene Handwerkersiedlungen sowie außerhalb der ehemaligen Befestigung der Stadt gelegene städtische Einrichtungen wie es Mühlen, Siechen- und Leprosenhäuser achtlos überbaut und damit deren Spuren weitgehend beseitigt wurden.

Trotz dieser insgesamt ziemlich negativen Bilanz erschienen immer wieder zu Hoffnung Anlaß gebende Perspektiven, wenn in Städten, bei Rettungsgrabungen im Vorfeld von Tiefgaragenneubauten oder U-Bahn-Anlagen noch unversehrte Befunde zur mittelalterlichen Stadt zutage traten, wie das kürzlich etwa in Dortmund der Fall war. Dort ließen sich im Bereich der Kreuzung Kampstraße/Kuckelcke bei der Vorbereitung des U-Bahnbaus die noch relativ gut erhaltenen Kelleranlagen einer wohl im 13. Jahrhundert durch Brand zerstörten Häuserzeile nördlich der St. Reinoldi-Kirche, überlagert von einer spätmittelalterlichen Erweiterung des zur Kirche gehörigen Friedhofs, fassen sowie Beobachtungen zur ursprünglichen Geländesituation zwischen der St. Reinoldi-Kirche und der Kuckelcke machen.

Diesem Beispiel ist zu entnehmen, daß durchaus noch vereinzelt sich für befundreiche archäologische Untersuchungen anbie-

Abb. 96 Dortmund, Friedhof. Blick von St. Reinoldi auf die Grabung.

tende Stellen in Altstädten und diese umgebenden alten Dorfkernen im Ruhr-Lippe-Raum vorhanden sind, deren Befunde sogar immer noch ausreichend sein dürften, um wichtige Aufschlüsse über die Geschichte einer Stadt oder dörflichen Siedlung zu erhalten. Doch steht auch diese archäologische Restüberlieferung immer wieder in Gefahr, ungesehen beseitigt zu werden. Denn es zeigt sich in jüngster Zeit in zunehmendem Maße, daß gerade in diesen kritischen Bereichen noch weniger als früher kommerzielles Denken mit den Vorstellungen der Archäologen in Einklang zu bringen ist. Als Ergebnis wieder häufiger auftretender wirtschaftlicher Strukturkrisen kommt es gegenwärtig allerorten zu einer mehr oder weniger hektischen Umorganisation von Wirtschaft, Handel und Verkehr, in deren Folge nicht nur die mit weitgehenden Veränderungen verbundene Umnutzung bereits bestehender Anlagen, sondern immer auch die bauliche und verkehrsmäßige Erschließung bisher landwirtschaftlich genutzter Flächen zu beobachten sind. In den Stadtkernen kommt es parallel dazu zur hastigen Einführung neuer Verkaufsstrategien, in deren Gesellschaft sich dann neben den Neubauten von Kaufhäusern auch die unvermeidlichen Tiefgaragen befinden, mit einiger Vorliebe gerade dort, wo sich ältere, meist verwahrloste Bausubstanz mit einer Teilunterkellerung nachweisen läßt, die durchweg noch am ehesten eine Garantie für das Antreffen unversehrter archäologischer Befunde bietet.
Zum Glück ist der Zeitraum, den der Stadtarchäologe zwischen Ruhr und Lippe zu bearbeiten hat, enger begrenzt als im Rheinland oder in Süddeutschland. Es fehlt hier allenthalben die römische Vergangenheit. Ihre Entstehung verdanken die Städte zwischen Ruhr und Lippe jeweils Sonderformen der mittelalterlichen Siedlungsentwicklung. Überhaupt bildet für diesen Raum die Eroberung und Christianisierung der heidnischen Sachsen und der ihnen benachbarten ostrheinischen Stämme durch Karl den Großen gegen Ende des 8. Jahrhunderts eine deutliche Epochengrenze zu früheren Zeiten hin. Durch die neue Religion mit ihren veränderten Anforderungen, die neue Herrschaft mit ihren andersartigen Verwaltungsformen und mit beiden zusammenhängenden Umstrukturierungen im Siedlungswesen ist eine Zäsur gegeben, die dem Archäologen die Möglichkeit gibt, östlich des Rheins das Mittelalter zur Frühgeschichte hin sauber abzugrenzen.
Schon wesentlich schwieriger stellt sich für ihn die Aufgabe dar, aus seiner Sicht das Ende dieser Epoche klar zu definieren. Gibt es aus anderen Bereichen begründete Argumente dafür, etwa mit der Entdeckung Amerikas, der Reformation, dem Dreißigjährigen Krieg, dem Humanismus oder der Aufklärung das Mittelalter enden und die Neuzeit beginnen zu lassen, zeigt sich für den Archäologen, der in den Gebieten östlich des Rheins tätig ist, eine einschneidende Veränderung von der Qualität der Zäsur des 8./9. Jahrhunderts frühestens in der ersten Hälfte des 19. Jahrhunderts. Tradition und Kontinuität im Bau- und Siedlungswesen, Erscheinungen in Religion, Gesellschaft und Kultur verändern sich so grundlegend, daß aus archäologischer Sicht das Mittelalter erst mit der beginnenden Industrialisierung endet, wobei diese Entwicklung zwischen Ruhr und Lippe – nun als „Ruhrgebiet“ ein fester Begriff für den frühen industriellen Ballungsraum – deutlicher und früher einsetzte als anderswo und damit einen kräftigeren Einschnitt zwischen alter und neuer Zeit als in anderen Regionen erzeugte.

Klöster und Kirchen

Die Einführung des Christentums und die Organisation der jungen Kirche im frühen Mittelalter sind für den Archäologen eindrucksvoll in der Entstehung eines völlig neuen Bauwesens und einer durchgreifenden Umstrukturierung der Siedlungsformen zu fassen. Klöster und Kirchen, die nun, von Friedhöfen umgeben, zum Mittelpunkt einer Siedlung wurden, errichtete man in Stein, der mit Kalkmörtel gebunden wird, deckte sie mit gebrannten Dachziegeln aus Ton, versah sie mit gläsernen Fenstern, stattete sie unter Verwendung verschiedener Edelmetalle mit einer hohen Kunstfertigkeit verlangenden Inneneinrichtung aus und überbrachte damit der bisher überwiegend bäuerlichen Bevölkerung ein vielfältiges Angebot zu weitgefächerter handwerklicher Tätigkeit und neue Handelsperspektiven.
Betrachtet man die Anfänge der kirchlichen Landschaft zwischen Ruhr und Lippe, so läßt sich zunächst feststellen, daß der Raum nach der Eroberung der heidnischen Volksstämme östlich des Rheins durch Karl den Großen nicht mit einem Bischofssitz ausgestattet worden ist. Diese finden sich weiter nach Norden und Osten vorgeschoben, als strategische Vorposten für die Erschließung neuer Missionsgebiete bei Friesen, Skandinaviern und Slaven. Das Gebiet zwischen Ruhr und Lippe erachtete man offenbar als unproblematisch. Vielleicht wollte man aber einfach auch nur in dem der Kölner Kirche zugeteilten Missionsbezirk keine Konkurrenz zur alten Metropole schaffen. Tatsächlich belegen archäologische Grabfunde im weiteren Hellwegraum schon im 7./8. Jahrhundert einen deutlichen fränkisch-christlichen Einfluß, auch wenn man die durch den englischen Kirchenhistoriker Beda Venerabilis († 735) bezeugten kurzzeitigen Missionsversuche seiner Landsleute Suidbert und der beiden Ewalde Ende des 7. Jahrhunderts in ihrer Wirkung, nicht überschätzen sollte. Denn die Vorarbeit christlicher Missionare dürfte kurze Zeit später mit dem Eindringen der heidnischen Sachsen in das zwischen Lippe und Ruhr gelegene Stammesgebiet der Boructuarier zunichte gemacht worden sein.
Dafür spricht auch die „Gründung eines der dann in der Folgezeit bedeutendsten Klöster des Raumes durch den friesischen Missionar und ersten Bischof von Münster, Liudger († 809) um das Jahr 800 in Werden an der Ruhr. Nimmt man der einschlägigen Forschungsmeinung entsprechend den Verlauf der fränkisch-sächsischen Grenze des 8. Jahrhunderts nordöstlich von Essen an, dann gab Liudger einem Klosterort den Vorzug, der trotz der kriegerischen und damit zwangsweise verbundenen missionarischen Fortschritte Karls des Großen bei den heidnischen Sachsen noch das sichere fränkisch-christliche Hinterland bevorzugte. Die überregionale geistesgeschichtliche Wirkung und die beträchtliche wirtschaftliche Macht Werdens machten die Bedeutung des seit 877 mit Immunität, Gerichtsbarkeit und Vogt ausgestatteten, später reichsunmittelbaren, unter fürstäbtlicher Leitung stehenden Klosters durch das gesamte Mittelalter hindurch aus. Daher nimmt es nicht wunder, daß man bereits gegen Ende des 19. Jahrhunderts daran ging, vor allem die noch schriftquellenarme Frühgeschichte der liudgerianischen Gründung auf archäologischem Wege zu erforschen. Die Untersuchungen haben bei der Aufdeckung der komplizierten Bauabfolge viele Fragen offen lassen müssen. Jedoch können folgende Ergebnisse mit einiger Sicherheit festgehalten und entsprechend bewertet werden: Liudger hatte 809 sein Grab zunächst im Osten außerhalb des Gründungsbaus seiner Werdener Klosterkirche gefunden. Damit ist angezeigt, daß er der strengen angelsächsischen Tradition, die er als junger Mann bei Alkuin in York ken-

nengelernt hatte, auch noch bis zu seinem Lebensende folgte. Diese Tradition forderte in enger Auslegung des geltenden Kirchenrechts, daß der eigentliche Kirchenraum nur Gott und den Heiligen vorbehalten blieb, das Begräbnis hoher kirchlicher Würdenträger und verdienstvoller Gläubiger dagegen in einer Krypta oder einem abgetrennten Seitenraum, der sog. porticus, sowie als Zeichen besonderer Demut außerhalb der Kirche zu erfolgen hatte.
Zwischen 827 und 839 wurde dann aber bereits die Kirche um ein Joch nach Osten verlängert, wobei das Grab Liudgers, durch eine Hallenkrypta zugänglich, in das Gebäude miteinbezogen wurde. Diese Umbaumaßnahmen zeugen von Notwendigkeiten, die durch eine früh einsetzende Verehrung des Missionars, Bischofs und Klostergründers erforderlich wurden, lange noch vor der eigentlichen Kanonisation zum Heiligen.
Daß Liudger seine Grabstätte nicht bei seinem Bischofssitz in Münster, sondern in seiner Klostergründung Werden suchte, entspricht ebenfalls angelsächsischer Tradition, wo man seine Grabklöster bevorzugt Familienmitgliedern übergab, damit die Sorge für das Totengedächtnis, das tägliche Gebet der klösterlichen Gemeinschaft für das ewige Heil des Verstorbenen, gewährleistet war. Der Familie Liudgers diente dem archäologischen Befund zufolge eine kleine rechteckige Außenkrypta, die sich im Scheitel der halbrundgeschlossenen Hallenkrypta nach Osten hin anschloß, als Bestattungsort, um im Tode in der Nähe des Klostergründers und Verwandten in der Hoffnung auf dessen Fürsprache bei Gott zu sein. Bereits nach 850/60 erfolgte ein erneuter erweiternder und modernisierender Umbau der Krypta, bei dem die heute noch zugängliche Ringform entstand. Konzentrierten sich die Baumaßnahmen des früheren 9. Jahrhunderts in Werden fast ausschließlich auf das Grab des Gründerheiligen und die Gestaltung von dessen Umgebung, so erfolgten dann gegen Ende des 9. Jahrhunderts größere Veränderungen am Kirchengebäude selbst, die offenbar vor allem im Dienste der klösterlichen Repräsentation standen. In den 70er Jahren des 9. Jahrhunderts konnte der Gründungsbau Liudgers durch eine dreischiffige, mit Stützenwechsel ausgestattete Basilika, der nur kurze Zeit später eine westliche Dreiturmfassade angefügt wurde, ersetzt werden. Ihre Weihe fand 875 statt.
Ausdruck klösterlichen Repräsentationswillens dürfte dann auch die Errichtung des 943 geweihten Westwerks gewesen sein, das Werden in die Nähe so bedeutender karolingisch-ottonischer Klosterbauten wie Corvey, dann aber auch Soest, St. Patrokli, Gernrode, Oberkaufungen, Freckenhorst, Neuenheerse, Köln, St. Pantaleon und Münstereifel rückt. Weitere Veränderungen an der Kryptenanlage im 11. Jahrhundert belegen zugleich eine unverändert anhaltende Verehrung Liudgers. Der Neubau der Kirche, der dem Brand von 1256 folgte, zeigt dann, wie sehr man sich der baulichen Tradition des Klosters verpflichtet fühlte. Man griff den basilikalen Grundtypus des karolingischen Vorgängers wieder auf und verblieb zugleich weitgehend bei einer romanischen Formensprache, während sich zu diesem Zeitpunkt entlang des Hellwegs selbst bei kleineren Eigenkirchen bereits die fortschrittlichere Form der Hallenkirche und überwiegend gotische Gestaltungselemente durchsetzten. Auf diese Weise stellt die Werdener Abteikirche des 13. Jahrhunderts in der Nachfolge von St. Quirinus in Neuß als Endpunkt einer baugeschichtlichen Epoche den letzten einheitlichen romanischen Großbau des Rheinlands dar.
Ein weiteres bedeutendes Familienkloster entstand dann um 850 in unmittelbarer Nachbarschaft Werdens. Auf eigenem Besitz gründete der Hildesheimer Bischof Altfrid an der Einmündung einer von Köln über Kettwig führenden Fernstraße in den Hellweg ein den hl. Cosmos und Damian geweihtes Kanonissenstift, dessen Entwicklung ähnlich wie die des Werdener Klosters verlief. 951 mit Immunität, Gerichtsbarkeit und Vogt ausgestattet, wurde Essen in der Folgezeit reichsunmittelbares Stift unter einer gefürsteten Äbtissin und erhielt früh einen beträchtlichen Besitz an Ruhr und Rhein. Ebenso wie von Werden ging auch von Essen eine große geistig-kulturelle Ausstrahlung aus.
Auf der Suche nach weiteren Aufschlüssen über die Frühgeschichte des Stifts wurden auch in Essen, hier allerdings erst im Vorfeld des Wiederaufbaus nach den Zerstörungen des Zweiten Weltkrieges, weitreichende archäologische Untersuchungen durchgeführt.
Urzelle des Stifts war demzufolge eigentlich eine an der Nordseite des Münsters gelegene kleine Eigenkirche zum Hof Essen, die, zwischen 835 und 852 in einer relativ ungewöhnlichen Baugestalt errichtet, dem heiligen Quintin geweiht wurde und nach dem Bau der ersten Stiftskirche der Gründeräbtissin und Altfrid-Schwester Gerswid als Grablege diente. Der Essener Gründungsbau, eine dreischiffige Basilika mit Ostquerschiff, an das sich auf gesamter Breite im Osten eine dreiteilige Choranlage anschloß, während der Westen des Langhauses in eine Vorhalle führte, blieb als Grundrißschema für alle späteren Um- und Neubauten bestehen. Das gilt ebenso für die Wiedererrichtung der Kirche nach dem Brand von 946, die man zum Anlaß nahm, in einer knapp zwanzigjährigen Bauzeit das Kirchengebäude zusätzlich mit einem Westbau auszustatten und im Scheitel der Chorapsis eine Außenkrypta anzulegen, als auch für einen weiteren Neubau, der unter der Äbtissin Theophanu (1039–58) in Angriff genommen wurde.
Wohl aus Repräsentationsgründen hatte die Enkelin Ottos II. für das von ihr geleitete Stift die Errichtung eines grundsätzlich neuen, modernen Kirchenbaus vorgesehen, ohne daß jedoch dabei die alten Strukturen aufgegeben wurden. Der markante Westbau, dessen an das karolingisch-ottonische Westwerk angelehnte Dreiturmgruppe und der aus dem Zentralbau hergeleitete Westchor als Zitat des Oktogons der Aachener Pfalzkapelle als Absicht der Erbauerin interpretiert wird, auf die Verbindung ihrer Familie zur karolingischen Dynastie hinzuweisen, bildet noch bis heute das Wahrzeichen des Essener Münsters und gibt jedem Besucher davon Zeugnis, daß hier einer der aufwendigsten Bauten unter den spätottonischen Kirchen des Niederrheingebietes vorhanden gewesen ist. Erneut führte dann ein Brand dazu, daß die Kirche der Theophanu nach 1275 grundsätzliche Umbauten erfuhr. Diese bezogen sich jedoch nun weitgehend auf das Schiff, wobei auch noch im 13. Jahrhundert die Abmessungen des karolingischen Gründungsbaus als Grundmuster unangetastet blieben. Doch anders als nur zwanzig Jahre früher in Werden, entschlossen sich die Essener Stiftsdamen zu der fortschrittlichen Bauform einer mit gotischen Formen ausgestatteten Hallenkirche nach dem Vorbild der Marburger Elisabeth-Kirche (1235–1285).
So hochbedeutend die beiden klösterlichen Gemeinschaften in Werden und Essen für den karolingisch-ottonischen Herrschaftsbereich auch sein mögen, mit dem 819 durch eine Verwandte Karls des Großen gegründeten Kanonissenstift Herdecke gehören sie zu den wenigen monastischen Niederlassungen im Gebiet zwischen Ruhr und Lippe für diesen Zeitraum. Blickt man etwa zum Vergleich auf das Wesergebiet, dann stellt sich die Ruhr-Lippe-Zone sogar als eine ausgesprochen kloster-

arme Gegend im Frühmittelalter dar.
Dieses Bild ändert sich auch im Hoch- und Spätmittelalter nicht grundlegend. Die Anzahl von Niederlassungen der Reformorden des 11./12. Jahrhunderts hält sich in Grenzen. Bei den spätmittelalterlichen Bettelorden fassen nur die Franziskaner stärker in den Städten des Ruhr-Lippe-Raumes Fuß.
Unter den späteren Klöstergründungen gewinnt aber nur eine Werden und Essen vergleichbare überregionale Bedeutung: Das Prämonstratenserkloster Cappenberg, am nördlichen Steilufer des unteren Lippetals bei Lünen gelegen.
Auch Cappenberg begann als Familienkloster. Es verdankt seine Entstehung allerdings nicht der Initiative geistlicher Herrscher, sondern dem sich von weltlicher Macht abwendenden Adel. 1122 übergaben die Grafen Gottfried und Otto von Cappenberg Norbert von Xanten und den ihm unterstellten Brüdern von Prémontre ihren gesamten Besitz mit ihrer Burg, an deren Stelle sie ein Doppelkloster gründeten, das zur ersten rechtsrheinischen Niederlassung der Prämonstratenser wurde. In der Folgezeit nahmen dann Gottfried und Otto selbst das Mönchsgewand. Ebenso wie Werden und Essen stand auch Cappenberg schon früh im Mittelpunkt archäologischen Interesses. Bereits 1941 wurden die Ergebnisse einer Grabung veröffentlicht, die aber ähnlich wie in Werden und Essen unter rein kunst- und bauhistorischen Fragestellungen durchgeführt wurde und die vorrangig der im Kern noch aus der Gründungszeit des Klosters stammenden, als kreuzförmige, flachgedeckte Basilika mit quadratischem Chor errichteten Kirche Beachtung schenkte. Fragen nach der Lage der älteren Burg, nach der Art und Weise des Übergangs von der weltlichen zur geistlichen Nutzung des Ortes sowie zur Situation und Gestalt des Frauenklosters, das am Fuße des Cappenberger Bergsporns gestanden haben soll, blieben weitgehend unbeachtet.
Erst 1987, als im Zuge der Nordwanderung des Kohlebergbaus zur Überprüfung einer möglichen Gefährdung von Kirche und heutigem Schloß Baugrunduntersuchungen vorgenommen wurden, fanden sich Überreste einer Burganlage aus dem 11./12. Jahrhundert. Da deren Mauern aber eine andere Flucht verfolgten als die der späteren Klosterkirche und überdies von mächtigen Bauschuttmassen überlagert wurden, muß davon ausgegangen werden, daß man bei der Klostergründung keine älteren Bauteile der Burg wiederbenutzte, sondern einen weitgehend von älteren Strukturen unabhängigen Neubau errichtete.
Diese Art einer deutlichen baulichen Trennung von weltlichem Vorgänger und klösterlichem Nachfolger vermittelt eindrucksvoll einen Einblick in die geistige Welt des 12. Jahrhunderts. Im gleichen Zeitraum, in dem mit der Verwaltung von Wirtschaftshöfen betrauten Meierfamilien zunehmend durch einen Aufstieg in den Ministerialenadel nach weltlicher Macht suchten, trennte sich der eingesessene Altadel von dieser und näherte sich den klösterlichen Idealen asketischer Weltflucht, wie sie in reiner Form in jenen Tagen vom Reformmönchtum vertreten wurde. Das Cappenberger Beispiel fand viele Nachfolger.
Zeichnet sich das Gebiet zwischen Ruhr und Lippe durch eine archäologisch wenig erforschte Klosterlandschaft, die überdies auch nicht gerade einen übermäßig großen Reichtum an monastischen Niederlassungen von Bedeutung aufzuweisen hat, aus, so läßt sich im Gegensatz dazu feststellen, daß die Organisation der jungen Kirche des Raums sehr früh ein dichtes Netz von Pfarrkirchen mit entsprechenden Sprengeln ausbildete, ganz abgesehen von der recht beträchtlichen Anzahl grundherrlicher Eigenkirchen, die zusätzlich eine solide seelsorgerische Betreuung der Christen zwischen Ruhr und Lippe gewährleisteten. Betrachtet man die Kartierung der Entwicklung der Pfarrorganisation in diesem Raum, wie sie A. K. Hömberg rekonstruierte, dann fällt auf, daß sich gerade hier eine größere Dichte an sog. Ur- und Stammpfarren als anderswo zeigt.
Diese Dichte spricht für ein frühzeitig relativ stark besiedeltes Gebiet zwischen Ruhr und Lippe. Sie mag auch ein Beleg dafür sein, daß der Ausbau der jungen Kirche hier ohne große Widerstände vonstatten ging. Vielleicht lag es sogar im besonderen Interesse der Kölner Kirche, hier sehr bald eine problemlos funktionierende Pfarrorganisation zu sehen, die die Gründung eines weiteren, möglicherweise konkurrierenden Bistums in diesem Raum überflüssig machte.
In den vergangenen drei Jahrzehnten bot sich nun reichlich Gelegenheit, diesen Rekonstruktionsversuch auf archäologischem Wege zu überprüfen. Die Erneuerung technisch veralterter Heizungsanlagen aus der Vorkriegszeit brachte es mit sich, daß in vielen Kirchen im Vorfeld der Baumaßnahmen archäologische Untersuchungen durchgeführt werden konnten, die umso erfolgreicher waren, je umfangreicher man das Bauvorhaben geplant hatte. Daß es dennoch nicht überzeugend gelang, zu einer Bestätigung, Ergänzung oder Modifikation der Entwicklungstheorie zu gelangen, hing mit Problemen zusammen, die die Datierung archäologischer Befunde im allgemeinen, in Kirchen aber noch verstärkt bereitet. Hier fehlt in der Regel der ohnehin nur grob datierbare Siedlungsabfall, der in erster Linie zu einer Zeitbestimmung der archäologischen Befunde führt. Ebenso wenig leistet die ergrabene Grundrißform, die Auskunft über die Baugestalt einer Kirche geben kann, einen Beitrag zu einer genaueren Datierung. Denn diese weist vom 8.–11. Jahrhundert bei Pfarr- und Eigenkirchen kaum individuelle Merkmale auf, mit deren Hilfe Aufschluß über die Bauzeit zu erwarten wäre.
Am frühesten zeigten sich bei den sog. Urpfarrkirchen, den Pfarrkirchen der ersten Generation nach Einführung des Christentums, Veränderungen zu einer aufwendigeren Baugestalt. Zwar sind von diesen sog. Urpfarrkirchen nur Dortmund, St. Reinoldi, Hagen, St. Johannes und Recklinghausen, St. Peter überhaupt, wenn auch nicht erschöpfend, archäologisch untersucht worden, während im Falle von Unna, St. Clemens, Dionysius und Nicomedes, und Bochum, St. Peter und Paul, entweder Gelegenheiten versäumt oder bisher noch keine gegeben waren. Doch ließ sich für Recklinghausen als unmittelbarer Nachfolger eines frühen, mit Rechteckchor ausgestatteten Saalbaus eine wesentlich aufwendiger gestaltete dreischiffige Basilika nachweisen, die mit einem Schmuckfliesenboden aus gebranntem Ton eingerichtet war, was bei einer einfachen Pfarrkirche außerordentlich bemerkenswert erscheint, zumindest für die Zeit ihrer Errichtung, denn der basilikale Neubau dürfte spätestens im frühen 12., wahrscheinlich aber bereits im 10./11. Jahrhundert entstanden sein. Unter der heutigen Reinoldikirche in Dortmund wurde beim Wiederaufbau 1948 als ältestes Gebäude ein Kreuzsaal mit Chorapsis und einer Kryptenanlage unter der Vierung entdeckt, den man in die zweite Hälfte des 10. Jahrhunderts datierte. Spuren von einem älteren Bau fand man nicht. Zum Zeitpunkt der Grabung stand jedoch noch zur Diskussion, ob St. Reinoldi überhaupt als die älteste Pfarrkirche Dortmunds anzusehen ist. Wegen des erst im 10. Jahrhundert Verbreitung findenden Reinoldus-Patroziniums ging man davon aus, daß möglicherweise zwei für die ältere Zeit bezeugte Kapellen, die St. Martins-Kapelle im sog. „Alten Dorf" und die St. Benediktus-Kapelle

Abb. 97 Bochum-Wattenscheid, Kath. Propsteikirche St. Gertrud: Blick auf die Fundamente der südlichen Seitenschiffswände der vorromanischen, romanischen und gotischen Kirche.

in der östlichen Feldmark diese Funktion im 8/9. Jahrhundert innegehabt hätten. Dieser Theorie ist später mit guten Gründen widersprochen worden, denn die Überlieferungssituation erlaubt nicht, den beiden Kapellen einen Pfarrkirchenstatus zuzuordnen. Eher kommt die Überlagerung eines älteren unbekannten durch das jüngere Reinoldus-Patrozinium in Frage. So muß man sich angesichts dieses Forschungsstreits fragen, ob bei der Grabung nicht die damals vorherrschende Theorie den Blick für den wirklichen Befund verstellt hat. Ähnlich schwierig ist auch die Situation in Hagen, wo sich im Zuge des Wiederaufbaus der Johanneskirche eine kleinere kreuzförmige Basilika mit Westturm, frühestens in der 2. Hälfte des 12. Jahrhunderts errichtet, ergraben, ein früherer Bau sich aber nicht ermitteln ließ.

Von den Pfarrkirchen der zweiten Generation, den sog. Stammpfarren, deren Entstehung in den Zeitraum zwischen 800 und 1000 gesetzt wird, wurden Herringen, St. Victor und Heribert, Castrop, St. Lambertus, Mengede, St. Remigius, Wattenscheid, St. Gertrud und Syburg, St. Peter archäologisch untersucht, wobei es sich jedoch nur in Castrop, Wattenscheid und Syburg um ausgedehntere Grabungen gehandelt hat. Allen gemeinsam ist, daß sie mit einer Saalkirche als Gründungsbau begannen. Dort, wo es meßbar war, lag das lichte Durchschnittsmaß für das jeweilige Langhaus bei 12,00 x 7,00 m, wobei vor allem Wattenscheid mit 14,50 x 8,00 m erheblich aus dem Rahmen fiel. Alle Gründungsbauten waren mit einem Rechteckchor ausgestattet mit Ausnahme Syburgs, das aus einem einfachen 11,50 x 7,30 m messenden Saal ohne besondere bauliche Hervorhebung des Chors bestand. In keinem einzigen Fall konnte ein genaues Baudatum ermittelt werden. Die schriftliche Überlieferung im Verbund mit der Patrozinienforschung lieferte meist die genaueren Anhaltspunkte für die Bauzeit, als der archäologische Befund es zu vermitteln vermochte. Lediglich in Mengede und Castrop gab es auch auf archäologischem Wege Hinweise auf eine Entstehung des Gründungsbaus im 9. Jahrhundert.

Noch weniger als über den Zeitpunkt der Kirchengründungen war durch die Grabungsbefunde etwas über die Frage der Vorbesiedlung der jeweiligen Stelle in Erfahrung zu bringen. Castrop und Mengede bildeten hier erneut eine Ausnahme. Dort wurden unterhalb der Bauhorizonte für die erste Kirche Reste einer ausgeprägten Siedlungstätigkeit mit Laufhorizonten, Brandschichten und Gruben angetroffen, die mit Siedlungsabfällen des 8. und 9. Jahrhunderts gefüllt waren. In Recklinghausen überzogen die ältesten Bauhorizonte unmittelbar die ungestörte alte Oberfläche, aber der stark begrenzte Befundausschnitt allein erlaubte die Interpretation nicht, die erste Kirche sei dort auf der grünen Wiese innerhalb oder am Rand einer bestehenden Siedlung errichtet worden. Überhaupt besteht bei Grabungen in Kirchenräumen in der Frage der Vorbesiedlung immer die Schwierigkeit, daß zur Untersuchung nur eine begrenzte Fläche zur Verfügung steht, die ohnehin schon stark gestört ist durch die überall üblichen jüngeren innerkirchlichen Bestattungen. So läßt sich zwar in der Regel die Existenz und vielfach auch das Alter der Vorbesiedlung feststellen, kaum aber eine Aussage zu ihrem Aussehen treffen. Darum sind die Möglichkeiten, Antwort auf die Frage nach den Veränderungen der Siedlungsstrukturen beim Bau der neuen Kirche zu finden, ziemlich eingeschränkt.

Ganz unterschiedlich verläuft dann bei den sog. Stammpfarrkirchen die baugeschichtliche Weiterentwicklung. Auffällig ist hier vor allem der „Trend" zur Hallenkirche, der sich gegen Mitte des 13. Jahrhunderts vor allem im weiteren Dortmunder Raum und dort vor allem bei Eigenkirchen verfolgen ließ.

Eine ganz ähnliche Bewegung läßt sich übrigens zeitgleich auch in Soest und seiner näheren Umgebung nachweisen, allerdings mit dem Unterschied, daß man in Dortmund selbst weiter konventionell baute, betrachtet man die noch heute bestehenden basilikalen Bauformen von St. Reinoldi und St. Marien, die ebenfalls im 13. Jahrhundert entstanden. Eine vergleichbare Häufung gleichartiger und -zeitiger Baukörper ließ sich sonst zwischen Ruhr und Lippe nicht ein zweites Mal beobachten, zählt man auch die archäologisch zwar noch nicht untersuchten, aber in der Baugestalt des 13. Jahrhunderts bis heute überlebenden Kirchen in Huckarde, Kirchlinde, Kirchderne, Eichlinghofen und Wickede hinzu. Ursprünglich dürften alle Kirchen im neuchristianisierten Sachsen als eigenkirchliche Gründungen entstanden sein. Man nimmt an, daß die Kirchen der Ur- und Stammpfarreien auf Besitz der Kölner Erzbischöfe oder auf Reichsgut errichtet worden sind. Je besser der öffentliche Zugriff auf eine Kirche möglich war, umso eher schien sie mit Pfarrechten ausgestattet worden zu sein. Andere blieben länger mit dem Hof ihres Eigenherrn eng verknüpft und übernahmen im Verlauf des Mittelalters nur zögernd Pfarrfunktionen, wobei die Aufnahme in die offizielle Pfarrorganisation ganz unabhängig vom Alter der Kirche war. Was die genaue zeitliche Einordnung des Gründungsbaus betraf, so ergaben sich aber auch bei der archäologischen Untersuchung solcher lange Zeit weiterlebenden eigenkirchlichen Einrichtungen die gleichen Schwierigkeiten. Lediglich die Gründung der Kirche in Wellinghofen ließ sich aufgrund des im rechtsrheinischen Gebiet sehr seltenen Patrozi-

niums St. Chrysanthus und Daria in Verbindung mit einigen archäologischen Indizien in die zweite Hälfte des 9. Jahrhunderts datieren.
In Brechten, St. Johannes, Methler, St. Margaretha, Bochum-Langendreer, St. Urbanus, Bochum-Harpen, St. Vinzenz und Bochum-Stiepel, St. Marien ließ sich aufgrund archäologischer Hinweise in Zusammenschau mit patrozinienkundlichen Überlegungen und archivalischer Überlieferung das 10./11. Jahrhundert als Bauzeit für die erste Kirche an diesem Ort annehmen. In Kamen, St. Paulus, Buer, St. Urbanus, Haltern, St. Sixtus und Hövel, St. Pankratius wurden bei der archäologischen Untersuchung zwar Spuren der Gründungsbauten erfaßt. Jedoch waren diese viel zu gering, als daß man auch nur grob über den Zeitpunkt ihrer Errichtung hätte einigermaßen verbindlich Auskunft geben können. Da aber bereits im 12. Jahrhundert in den meisten Fällen ein erster Nachfolgebau entstand, muß auch hier spätestens im 11. Jahrhundert, wenn nicht sogar früher, mit der Errichtung der ersten Kirche gerechnet werden.
Aus dieser Aufstellung ergibt sich, daß A. K. Hömbergs Theorie zur Entwicklung der Pfarrorganisation im Ruhr-Lippe-Raum auch nach der Durchführung zahlreicher archäologischer Untersuchungen im großen und ganzen keiner Modifikation bedarf. Blickt man bei den einzelnen Objekten zusammenfassend auf die Baugeschichte und die Entwicklung der Architekturformen, dann zeigt sich zwar durchweg im 12./13. Jahrhundert und noch einmal im Spätmittelalter der Wunsch nach baulicher Erneuerung, indem man jeweils auf die gerade gebräuchlichste Architekturform zurückgriff, die in vielen Fällen dem Gründungsbau gegenüber allein schon durch die Mehrschiffigkeit eine wesentlich aufwendigere Gestalt präsentierte. Doch begegnet man in der Regel einer wenig aufregenden Architektur. Offenbar ging es in der Landschaft zwischen Ruhr und Lippe weniger um kirchliche Repräsentation noch darum, in Stein neue spirituelle Ideen und Akzente zum Ausdruck zu bringen, sondern in erster Linie um praktische Gesichtspunkte zum Nutzen der seelsorgerischen Betreuung der dort siedelnden Menschen.
Eine gewisse Ausnahme bildet nur die bereits oben angesprochene Gruppe von Kirchen aus dem überwiegend eigenkirchlichen Bereich um Dortmund, die um die Mitte des 13. Jahrhunderts in der damals als fortschrittlich geltenden, recht aufwendigen Hallenbauweise errichtet wurden, Der Grund für diese Entwicklung läßt sich aufgrund der allgemein dürftigen Überlieferungslage im Nachhinein schwerlich feststellen. Daß sie als eine Art regionaler Modeerscheinung gelten muß, liegt auf der Hand. Daß ein gewisser Repräsentationszweck damit verbunden war, läßt sich angesichts der in der Regel zwar kleinen, aber mit hohen Ansprüchen an die Architektur gebauten Hallenkirchen, soweit sie bis in unsere Zeit überlebt haben, auch nicht leugnen. Soweit man über die Grundherren der Kirchen in diesem Zeitraum überhaupt etwas sagen kann, sind diese verschieden. Daraus ergibt sich, daß die einheitliche Architektur nicht auf die Bau- und Repräsentationsvorstellungen eines einzigen Grundherren zurückgehen dürften. Was den Grund für die Entwicklung betrifft, sind wir daher nur auf vage Vermutungen angewiesen. Könnte es nicht sein, daß die Veränderungen der politischen Verhältnisse seit dem 12. Jahrhundert mit dem Aufstieg des Ministerialenadels und dessen Aufbegehren gegen die alten Grundherrschaften auch bald die Suche nach Ausdrucksformen dieser neuen Macht mit sich brachten, wozu ebenfalls die repräsentative Ausgestaltung der zum Hofbesitz gehörigen Kirche gehören dürfte?

Herrschaft und Verwaltung

Die politische Landschaft zwischen Ruhr und Lippe sieht der kirchlichen im Mittelalter nicht ganz unähnlich. Vergebens sucht man nach herrscherlichen Zentralorten. Burganlagen als militärische Stützpunkte von überregionaler Bedeutung sind ebenso dünn gesät wie Pfalzen als herrschaftliche Repräsentations- und Administrationsmittelpunkte von besonderem Gewicht. Dagegen ist das Gebiet bereits in karolingischer Zeit mit einem Netz von Reichshöfen entlang der wichtigsten Fernstraßen überzogen, mit deren Hilfe die Verwaltung des neu eroberten Gebiets erfolgen konnte, sich vor allem auch eine Kontrolle aller fremden Bewegungen im Lande durchführen ließ. Mit zunehmend territorialstaatlicher Entwicklung entstanden in diesem Raum dann eine Fülle mittlerer und kleinerer Herrensitze, die sich im Spätmittelalter an Ruhr und Emscher aufreihten und größere Städte eng umsäumten.
Für Duisburg ist bereits im 8. Jahrhundert ein fränkischer Königshof belegt, bei dem sich eine Pfalzanlage entwickelte, zu der wohl auch die erst 1187 erwähnte Salvatorkirche gehört hat, obwohl Ausgrabungen hier nur recht undeutliche Befunde für die fragliche Zeit zutage brachten. Die erste und einzige Pfalz in dem durch die Sachsenkriege neu eroberten Gebiet zwischen Ruhr und Lippe wurde in ottonisch-salischer Zeit in Dortmund errichtet, während der Ort zuvor wie viele andere in diesem Raum auch mit einem Königshof, zwischen den beiden Dortmunder „Urdörfern" gelegen, ausgestattet gewesen war.
Die archäologische Fahndung nach der Dortmunder Pfalz, die nördlich der St.-Reinoldi-Kirche vermutet wird, ist allerdings bisher ohne Erfolg geblieben, während sich in Duisburg südlich der Salvatorkirche im Bereich des heutigen Burgplatzes ein der Pfalz zugerechneter Gebäudekomplex des 10. – 12. Jahrhunderts erfassen ließ. Ähnlich erfolglos wie in Dortmund blieb bisher auch die archäologische Suche nach den Reichshöfen, die für Recklinghausen, Castrop, Unna, Westhofen, Mengede, Bochum und Hattingen etc. belegt sind oder sich zumindest mit einiger Wahrscheinlichkeit erschließen lassen, wohingegen die Essener „Burg" vor und während des Zweiten Weltkrieges untersucht werden konnte. Eine frühe Ausnahme bildet auch der nördlichste Punkt in diesem Netz. 1904 wurde bei Ausgrabungen in Hamm-Bossendorf eine kleine rechteckige Befestigungsanlage des 9. bis 12. Jahrhunderts entdeckt und als karolingische „curtis" angesprochen, die zur Sicherung des Lippeübergangs gedient haben soll.
Im übrigen ist eine ähnlich negative Bilanz wie bei den Reichshöfen auch bei den zahlreichen Hofesverbänden als Wirtschaftseinheiten weltlicher und geistlicher Herrschaften im Ruhr-Lippe-Raum zu ziehen, in deren Bereichen kaum ordnungsgemäße archäologische Untersuchungen stattgefunden haben.
Die großen militärischen Anlagen sind dagegen früh in den Mittelpunkt archäologischen Interesses gerückt, auch wenn damals in manchen Fällen Ausgrabungen nicht gerade zur bestmöglichen Erforschung der Burgen und befestigten Stützpunkte beigetragen haben. Über die Alteburg bei Werden vermutet man aufgrund von Oberflächenbefunden und archäologischen Untersuchungen, daß diese in ihrer Anlage dem Büraberg bei Fritzlar ähnliche Burg im 7./8. Jahrhundert in den fränkisch-sächsischen Auseinandersetzungen als Ausgangsbasis für die fränkische Seite eine gewichtige Rolle gespielt hat. Für die Endphase dieser Auseinandersetzung ist dann im 8. Jahrhundert die große sächsische Volksburg Syburg bei Dortmund von besonderer Bedeutung, die 775 von Karl dem Großen erobert und mit

einer der frühesten Kirchen Sachsens ausgestattet wurde. Die 15 ha große, aus einer dreieckigen Hauptburg und einer breiten, durch einen Graben abgetrennten, nordöstlich vorgelagerten Vorburg bestehende Anlage ist bisher nur punktuell archäologisch untersucht und lediglich soweit kartiert worden, wie sie als Oberflächenbefund noch erkennbar war. Nur die karolingische Peterskirche im Vorburgbereich war Gegenstand einer größeren Ausgrabung im Zuge ihres Wiederaufbaus nach den Zerstörungen des Zweiten Weltkrieges.

Der nächsten großen Herausforderung, die der Ruhr-Lippe-Raum zu bestehen hatte, galt offenbar die Errichtung der Burg Broich im späteren 9. Jahrhundert. Die vermutlich auf den sächsischen Herzog Heinrich 883/4 zurückgehende Anlage war am Ruhrübergang bei Mülheim offenbar als Sperriegel für Ruhr und Hellweg gegen die Einfälle der Normannen gedacht, die sich, rheinabwärts kommend, in Duisburg festgesetzt hatten. Die großflächigen Ausgrabungen des Burgareals haben gezeigt, daß Broich offenbar nicht als Wohnburg gedacht war, sondern saisonbedingten Truppenunterkünften gedient hat, denn es fehlen wirtschaftliche Versorgungseinrichtungen und auch eine Kapelle. Bis zum 11. Jahrhundert dann weitgehend ungenutzt, erwarb Ende des 12. Jahrhunderts Philipp von Heinsberg von den 1093 zum ersten Mal erwähnten Edelherren von Broich die Burg und baute, ohne dabei die älteren Teile wiederzubenutzen, sie zu einer starken Festung aus, während die Vorburg, an deren Stelle auch das spätere Schloß entstand, zum Wohnbereich wurde. Die spätere Burg spielte dann eine bedeutende Rolle in den kriegerischen Auseinandersetzungen des Spätmittelalters zwischen den Territorialherrschaften Berg, Kleve, Limburg und Köln und galt allgemein als stärkste Festung des Niederrheins. Der Ausbau Broichs durch Philipp von Heinsberg dürfte Bestandteil der kölnischen Politik des ausgehenden 12. Jahrhunderts gewesen sein, die erzbischöfliche Macht in Westfalen weiter zu befestigen in einer Zeit, die unaufhörlich wegführte von der Zentral- zur Territorialherrschaft. Dieser Politik verdanken viele Burgen entlang der Ruhr ihre Entstehung, darunter Volmarstein, Wetter, die Raffenburg bei Hohenlimburg, aber auch die Isenburg bei Hattingen.

Diese muß wohl als die bedeutendste Anlage im Gebiet zwischen Ruhr und Lippe in ihrer Zeit angesehen werden, da von ihr aus politische Veränderungen eingeleitet wurden, die in der Folgezeit die Geschichte des Raums bis weit über seine Grenzen entscheidend bestimmt haben. Die Burg war kurz vor 1200 auf dem schmalen langgestreckten Sporn des Isenbergs über der Ruhr bei Hattingen durch Arnold von Altena mit Billigung der Kölner errichtet worden.

Arnold gelang es in kürzester Zeit, eine mächtige Herrschaft auszubauen. Er verfügte über beträchtlichen Grundbesitz vom Sauerland bis an die Ems und war Inhaber von Vogteien über so bedeutende Klöster und Stifte wie Essen, Werden, Kaufungen, Siegburg, Fischbeck und St. Pantaleon in Köln, deren Hofbesitz größtenteils im Ruhr-Lippe-Raum gelegen war. Diese Machtkonzentration dürfte der westfälischen Politik der Kölner Erzbischöfe ein Dorn im Auge gewesen sein. Als Engelbert I. die Vogteirechte zugunsten der Kölner Kirche neu ordnen wollte, kam es 1225 zu einem Anschlag gegen ihn durch den Nachfolger und zweiten Sohn Arnolds, Friedrich II. von Altena-Isenberg, weil dieser eine empfindliche Schmälerung der Macht der herrschenden Familien an Lippe und Ruhr befürchtete. Engelbert wurde bei dem Versuch der Gefangennahme in einem Hohlweg bei Gevelsberg ermordet. Die Folgen dieses Mordes ließen das Isenbergische „Imperium" zusammenbrechen.

Ein Ende fand damit auch die Burg, die entsprechend der Machtfülle ihrer Besitzer in dieser Region wohl einen der repräsentativsten Herrschaftssitze ihrer Zeit darstellte, folgt man den Ergebnissen der 1970 begonnenen Ausgrabungen. Der Höhenrücken des Isenbergs war besetzt mit einer 240 m langen zweiteiligen Burganlage, wobei die auf der Spitze des Sporns etwas tiefer gelegene Unterburg der wirtschaftlichen Versorgung, die Oberburg der Verteidigung und dem Wohnen diente. Für den die Anlage im Westen abschließenden Bergfried wurde eine Höhe von 30,00 m errechnet, für dessen Mauerstärke bis zu 10,20 m gemessen. Der Umfang der offenbar aus einer einzigen Bauphase hervorgegangenen Anlage und deren bauliche Qualität, wie sie selbst die Ruine noch erkennen läßt, hatte eine eigene Bauhütte verlangt, deren Spuren auf der Grenze zwischen Ober- und Unterburg in Form eines Kalkbrennofens, einer Schmiede, einer Eisenschmelze und einem Zuschlageplatz für die Schieferbedekkung der Dächer nachzuweisen waren. Als Baumaterial hatte man neben einheimischem Sandstein auch Tuff und Basalt aus der Eifel herbeigeschafft, die Säulen, Basen und Kapitelle als „Fertigprodukte" vermutlich sogar aus dem Maasraum an die Ruhr transportiert – ein für die damalige Zeit nicht gerade gewöhnlicher Vorgang.

Nach der Hinrichtung Friedrichs II. von Isenberg ging man 1226 sofort daran, die mächtige Burg zu schleifen. Es gelang auch den Erben der Isenberger nicht, das ansehnliche Bauwerk wieder zu errichten. Ein Ersatz entstand 1242 unter Friedrichs Erben bei Essen, erreichte aber den Ausgrabungsergebnissen eines Teilbereichs zufolge längst nicht mehr die Größe und Bedeutung der Stammburg und überdauerte die den Ereignissen von 1225 folgenden kölnisch-westfälischen Auseinandersetzungen nur bis zur Schlacht bei Worringen 1288, in deren Folge sie endgültig zerstört wurde. Als neuen Hauptsitz erwählte sich die Familie allerdings die Limburg an der Lenne bei Hagen, die immerhin mit wechselndem Geschick bis 1459 in den Händen der sich nun nach ihr benennenden Isenberger blieb.

Mit dem Versuch der Isenberger, an der Ruhr wieder Fuß zu fassen, veränderte sich die Burgenlandschaft auch noch in anderer Weise. Es entstanden nun mit Kölner Billigung Anlagen, deren Aufgabe es war, über die Isenbergischen Aktivitäten zu wachen

Abb. 98 Hattingen, Burgruine Isenburg, Blick in die sog. Wächterstube.

und es vor allem zu verhindern, daß die Familie ihre Stammburg bei Hattingen wieder einzunehmen und aufzubauen vermochte. Dazu gehört vor allem die Burg Blankenstein, die nur wenige Kilometer ruhraufwärts von der Isenburg entfernt zwischen 1227 und 1231 errichtet wurde, und die sich spätestens seit 1243 in der Hand der Märker befand, einer verwandten Linie der Isenberger, die durch ein geschicktes politisches Wendemanöver von deren Unglück am meisten profitierten. Die Stammburg der Märker lag an der Lippe bei Hamm. Ihr Ausbau zum märkischen Herrschaftsmittelpunkt verlief ähnlich wie bei der Isenburg für die Isenbergische Macht. 1198 ging eine bereits bestehende Anlage an den Grafen Friedrich von Altena über, einen Bruder Arnolds von Altena-Isenberg. Dessen Sohn Adolf benannte sich nach ihr und baute sie zum wichtigsten Sitz der Familienherrschaft aus. Von der seit dem 15. Jahrhundert dann zwar weiterhin bewohnten, aber weitgehend bedeutungslos gewordenen Burg, deren Gebäude im 18. Jahrhundert endgültig abgerissen wurden, ist heute nur noch der leicht oval umgräftete Burghügel sichtbar und die Ausdehnung der im Nordosten anschließenden, breit angelegten Vorburg zu erahnen. Jedoch ließ sich anläßlich von archäologischen Sondierungen 1973 nach überliefertem Kartenmaterial von 1688 und 1751 die Bebauung der Hauptburg rekonstruieren, während die Grabung selbst Einzelheiten zur Ausstattung der Vorburg erbrachte sowie aus der Gräfte als dem mittelalterlichen „Müllschlucker" der Adelssitze schlechthin einen Keramikkomplex zutage förderte, der eine Übersicht über die Haushaltsausstattung einer als Hauptwohnsitz eines führenden Adelsgeschlechtes ausgebauten Burganlage während ihrer Blütezeit im 13./14. Jahrhundert vermittelte.

Mit dem aufkommenden Ministerialenadel im 12. Jahrhundert, der mit Erblehen aus der zunehmenden Zersplitterung der großen territorialen Herrschaften langsam wachsenden Gewinn zog, ging einher, daß dieser seine ehemaligen Höfe zu Herrensitzen, aber auch ursprünglich militärische Stützpunkte wie die Turmhügelburg in Altendorf an der Ruhr zu festen Häusern ausbildete, die sich dann im Verlauf des Spätmittelalters in der Talaue von Ruhr und Emscher wie Perlen aufreihten oder sich um größere Städte des Gebietes wie Kränze schlossen.

Gerade in jüngster Zeit gab es und gibt es wieder vermehrt Gelegenheit, diese festen Häuser archäologisch zu untersuchen. Denn sie werden zunehmend bei der Gestaltung der immer großzügiger beimessenen Freizeit in das Angebot des Naherholungsbereichs zwischen Ruhr und Lippe mit neuer Nutzung einbezogen.

Nach den Ausgrabungsergebnissen von 1966–69 auf dem Gelände der Turmburg Altendorf wurde der über die Treppenanlage eines Halbturmes an seiner Nordostecke begehbare dreigeschossige Turm mit Wachstube im Untergeschoß, Wirtschafts- und Wohnetage nach 1288 in seiner Funktion verändert und erhielt bei der Umwandlung in ein festes Haus zusätzlich im Norden den Anbau eines zweigeschossigen Wirtschaftsgebäudes. Im 16. Jahrhundert erfolgte ein modernisierender Ausbau der Anlage. Der Wohnturm bekam ein zeitgemäßes Gesicht und die seit der Entstehungszeit vorhandene wie die Hauptburg umgräftete kleine Vorburg erfuhr eine wesentliche Vergrößerung. Anstelle des alten Torturms wurde nun eine große Toranlage mit flankierenden beheizbaren Kammern errichtet. Zusätzlich füllten geräumige Wirtschafts- und Wohngebäude den Innenhof des Vorburggeländes.

Auch in anderen festen Häusern an Ruhr und Emscher hat gerade das 16. Jahrhundert zu einem ähnlichen Wandel des baulichen Erscheinungsbildes geführt. So konnten zur gleichen Zeit eine repräsentative Ausgestaltung der Hauptburg und wesentliche Veränderungen an der Vorburg auch in Haus Herbede festgestellt werden, wenige Kilometer ruhraufwärts von Altendorf in der Talaue der Ruhr gelegen. Im Unterschied zu Altendorf ist Herbede jedoch nicht aus einem militärischen Stützpunkt, sondern aus einem Gräftenhof ohne Vorburganlage entstanden, der nach den Ausgrabungsbefunden von 1985–90 im 13. Jahrhundert allenfalls aus einem Ensemble von hölzernen Gebäuden bestanden hatte. Als erste auf Haus Herbede sind die Herren von Diedinghofen bezeugt, die durch die Märker mit dem Schultheißenamt und der Grundherrschaft Herbede belehnt worden waren. Durch Heirat übernahmen die von Elverfeldt Ämter und Sitz. Ob die 1343 an Burchhardt von Elverfeldt von seinem märkischen Dienstherren gegebene Zusage, die zusätzliche Belehnung mit der Vogtei Herbede sei auch für seine Erben verbindlich, ihren Ausdruck in größeren Bauaktivitäten auf Herbede fand, ist aufgrund des Grabungsbefundes durchaus vorstellbar. Die Umbaumaßnahmen begannen mit der Errichtung eines kleinen anderthalbgeschossigen steinernen Einraumgebäudes in der Südwestecke der Gräfteninsel, an das im Osten bald ein dreigeschossiger Turm angebaut wurde, während der Rest des vorhandenen Platzes vermutlich weiter mit Holzgebäuden besetzt blieb. Gleichzeitig bestanden auch im späteren Vorburgbereich einige kleinere, auf Steinfundamente gesetzte Gebäude, ohne jedoch eigens umwehrt gewesen zu sein.

Seine größte Zeit erlebte Herbede aber im 16. Jahrhundert. Es entstand eine repräsentative Dreiflügelanlage bei gleichzeitigem Ausbau einer Vorburg mit durch einen Mauerring befestigten Wirtschafts- und Wohngebäuden und der Umgestaltung der Torsituation zu einem Kammertor mit flankierenden Wachräumen.

Es ließ sich jedoch beobachten, daß die Umgestaltung Herbedes zu einem repräsentativen Herrensitz bei weitem nicht aus einem Guß erfolgte. Vielmehr zeigte sich, daß innerhalb von wenigen Jahrzehnten immer wieder bauliche Veränderungen vorgenommen wurden, solange bis man sein Ziel, ein möglichst eindrucksvolles, bedeutendes Erscheinungsbild des Hauses zu bieten, erreicht zu haben glaubte. Das 1576 fertiggestellte, den Endpunkt aller Bauanstrengungen in Herbede markierende Relief an der zum Innenhof gerichteten Wand des Ostflügels, mit einem aufwendigen antikisierenden Bild- und Inschriftenprogramm ausgestattet, gibt Zeugnis von den Bestrebungen der Elverfeldts, in jener Zeit selbständiger gegen ihre Lehensherren aufzutreten. Dieser Versuch scheiterte jedoch 1583, als Konrad von Elverfeldt seine Machtansprüche gegen die Grafen von der Mark nicht durchzusetzen vermochte. Und auch dem äußeren Erscheinungsbild des 1576 fertiggestellten Hauses läßt sich heute noch entnehmen, daß bei seinem Bau kein großer Entwurf zugrunde lag, sondern daß mit vielen kleinen und großen Versatzstücken gearbeitet wurde.

In diesem Zusammenhang ist allerdings ein Fund interessant, der schon vor dem 16. Jahrhundert eine gewisse Bedeutung der Herren auf Herbede belegt, wie sie sich nicht in der baulichen Gestalt widerspiegelt. Es geht um den Inhalt einer Rüstkammer, der in Verbindung mit einem Brand um 1500 in eine ausgemauerte, verliesartige Eintiefung in der Südwestecke des älteren Steinbaus auf Herbede in den Boden gekommen sein dürfte und überwiegend dem 14./15. Jahrhundert entstammt. Er setzt sich zusammen aus Turnierrüstungen und -waffen, Reiterzubehör, Fesselwerkzeugen und Schlössern aller Art. Der Fundkomplex

stellt nicht nur einen bemerkenswerten Querschnitt durch die Rüstausstattung eines kleineren Herrensitzes wie Herbede dar, sondern belegt auch gleichzeitig, daß die Bewohner des Hauses ein gewisses öffentliches Ansehen innerhalb ihres Standes genossen, es sei denn, die Fundstücke stammten aus einer Kriegsbeute.
Zwar sind in den vergangenen Jahren auch weitere archäologische Untersuchungen an Burgsitzen und festen Häusern bzw. Versuche zu deren Lokalisierung unternommen worden, wie bei Haus Lüttinghof, der Erdburg Oer, Haus Sienbeck, Haus Buer, Burg Hardenstein etc., doch waren die Aufschlüsse meist nur von sehr geringer Aussage, manchmal sogar mehrdeutig, oder nur ganz einseitig auf eine Bauperiode bezogen, als daß man zu einigermaßen gesicherten Ergebnissen über die Geschichte dieser Häuser hätte kommen können.
Vielleicht gelingt es im Zuge einer weiteren Erschließung des Ruhr-Lippe-Bereichs als Naherholungsgebiet auf dem Wege der Archäologie neue Erkenntnisse über Herrschaft und Verwaltung in diesem Raum zu gewinnen, um das bisher ermittelte Bild mit weiteren Mosaiksteinchen zu vervollständigen.

Stadt und Land

Dort, wo sich heute nahezu nahtlos Stadt an Stadt reiht, befand sich noch bis ins frühe 19. Jahrhundert ein Gebiet, dessen Charakter von überwiegend ländlichen Siedlungsstrukturen geprägt war und das nur wenige größere Städte aufzuweisen hatte.
Bis zum späten 12. Jahrhundert zählen wir mit Duisburg, Essen und Dortmund sogar nur drei voll ausgebildete Städte, wobei sich Duisburg und die spätere freie Reichsstadt Dortmund – übrigens die einzige, die es zwischen Ruhr und Lippe zu diesem Rang brachte – in Verbindung mit weltlichen Herrschaftszentren, Essen um einen geistlichen Mittelpunkt entwickeln konnten. Bis um die Mitte des 13. Jahrhunderts gesellten sich Werden, Recklinghausen, Kamen und Hamm, bis Ende des 13. Jahrhunderts dann Dorsten, Haltern, Dinslaken, Lünen und Unna dazu.
Das spätmittelalterliche Siedlungsbild ist weitgehend bestimmt durch die Entwicklung zahlreicher kleinstädtischer Anlagen. Bei diesen Siedlungen handelt es sich um Freiheiten, Flecken, Märkte oder Wigbolde, denen es nicht gelang, in den Besitz aller Stadtrechte zu kommen. Sie entwickelten sich häufig im Schatten von Burganlagen und wichtigen Höfen wie etwa Blankenstein, Wetter, Volmarstein, Westhofen, Schwerte etc., wobei der Burg- oder Hofherr verschiedene Rechts- und Schutzaufgaben behielt.
Erst zwischen 1800 und 1950 wuchsen mit zunehmender Industrialisierung des Raums eine Vielzahl von kleinen ländlichen Ortschaften zu Städten heran, die dann ihrerseits bei kommunalen Neugliederungen dieses Jahrhunderts bereits wieder zu Großkommunen zusammengelegt wurden, als sie sich über ihre alten Grenzen hinaus entwickelten.
Gerade die Veränderungen im Siedlungsbild der letzten 200 Jahre hat es der Archäologie in den Städten und im ländlichen Bereich zwischen Ruhr und Lippe besonders schwer gemacht. Trotzdem wurde immer wieder versucht, die letzten Reste und Spuren älterer geschichtlicher Vorgänge im Boden vor ihrer endgültigen Zerstörung zu untersuchen und zu dokumentieren. Die beiden frühesten Stadtgründungen der Region sind sogar in der glücklichen Lage, im Besitz einer eigenen Stadtarchäologie zu sein. In Dortmund war es, ausgehend von der 1100-Jahrfeier der Stadt, die Suche nach der Pfalz, aus der sich die Notwendigkeit eines ständig vor Ort arbeitenden Archäologenteams ergab. Bereits zum Zeitpunkt des Wiederaufbaus der im Zweiten Weltkrieg stark zerstörten Stadt hatte man nach Überresten der nördlich von St. Reinoldi vermuteten Pfalzanlage gesucht, war dabei aber das Opfer einer Fehldeutung geworden. Der fortschreitende U-Bahnbau erlaubte in den 80er Jahren eine Nachgrabung, die die vermutliche Pfalz als Reinoldi-Schule des 19. Jahrhunderts enttarnte, dafür aber Spuren von Häusern des 12./13. Jahrhunderts erfassen ließ, deren Brandzerstörung eine Erweiterung des Reinoldi-Friedhofs im 14. Jahrhundert zur Folge gehabt hatte.
Neben der St. Reinoldi-Kirche selbst, deren Baugeschichte Ende der 40er Jahre archäologisch erforscht worden war, bezogen sich die neueren Grabungen aber vorwiegend auf die mittelalterlichen Befestigungsanlagen wie das Kuckelcke-Tor und den Adlerturm sowie historische Wegeführungen im Kern der städtischen Siedlung und nur in Einzelfällen auch auf den bürgerlichen Wohnbau. Jedoch gelang es bisher nicht, parzellenübergreifende größere innerstädtische Freiflächen zu untersuchen, von denen bei einer Ausgrabung Hinweise auf die Entwicklung der Siedlungsstruktur zu erwarten wäre.
Wesentlich weiter ist in der archäologischen Erforschung der Siedlungsentwicklung bereits die Stadtarchäologie in Duisburg. Zwar stand auch hier zunächst die Untersuchung der Salvatorkirche und der Pfalzanlage im Bereich des Burgplatzes südlich davon im Vordergrund des archäologischen Interesses, doch in jüngerer Zeit konzentrierte sich die Aufmerksamkeit auch auf den Markt und mittelalterliche Siedlungs- und Wohnbauspuren am Innenhafen und an der Schwanenstraße sowie auf die mittelalterliche Befestigungsanlage der Stadt. Der fortschreitende U-Bahnbau hat die meisten der genannten Aufschlüsse wie in Dortmund möglich gemacht. Die Ergebnisse zeigen, daß die beiden Flüsse, in deren Winkel Duisburg gewachsen ist, mit dem Verlanden ihrer Altarme das Siedlungsbild und die Entwicklungsstufen vom 8./9. Jahrhundert an ganz wesentlich mitbestimmt haben. Die dritte der frühen Städte des Ruhr-Lippe Raums ist mit Ausnahme des Burgplatzes archäologisch bei weitem nicht so gut erschlossen wie Duisburg und auch Dortmund. Dieses Schicksal teilt Essen mit den meisten der anderen mittelalterlichen Städte zwischen Ruhr und Lippe. Dort waren es in erster Linie die mittelalterlichen Befestigungsanlagen, Brunnen und Abfallgruben, denen man seine Aufmerksamkeit schenkte, vielleicht auch gerade deswegen, weil ihre Spuren in der Regel noch besser im Boden faßbar sind als die Überreste kleinerer Fachwerkhäuser, die mit ihrer wenig ausgeprägten, flach gegründeten Substruktion leicht von nachfolgenden größeren Bauwerken „ausradiert" wurden. Im allgemeinen lesen sich die Berichte über zahlreiche Grabungseinsätze in den Städten zwischen Ruhr und Lippe wie das Bild eines Puzzles, bei dem noch zahlreiche Teile fehlen und von dem man nicht weiß, ob man es je zusammenhängend betrachten können wird.
Von ähnlichen Erfahrungen kann der Archäologe auch berichten, wenn er im ehemals dörflichen Bereich nach Spuren mittelalterlichen Lebens sucht. Es sei denn, sie haben sich in geringen Ausschnitten unter später errichteten Kirchen und Klosteranlagen oder aber unter einer nur spärlich unterkellerten alten Ringbebauung dörflicher Kirchhöfe fassen lassen. Zwar gibt es auch hier einige wenige Untersuchungsergebnisse, die aber im Hinblick auf die dörfliche Gesamtentwicklung von nur geringer Aussagefähigkeit sind. Am besten ist noch das ehemals ländliche Gebiet um Rheinhausen in Verbindung mit der Ortsnamensforschung für das frühere Mittelalter erschlossen, sonst ist die Bilanz durchweg negativ. Das trifft auch auf ein Gebiet der Archäologie zu, das gerade zwischen Ruhr und Lippe von ganz

besonderer Bedeutung ist, weil es die Wurzeln zu dem darstellt, was dann diesem Raum im 19. Jahrhundert seine besondere Prägung gab. Es geht um die archäologische Untersuchung von Stätten frühindustrieller Metallverhüttung, frühem Kohleabbau und damit in Verbindung stehenden Verarbeitungs-, Handels- und Verkehrseinrichtungen. Obwohl bereits der Versuch einer Inventarisation dieser frühen Stätten unternommen wurde, erfolgte der eigentliche archäologische Zugriff auf sie noch recht zögerlich. Hier liegt es nicht nur daran, daß die Erhaltungsbedingungen solcher Bodendenkmäler die gleichen wie für die des ehemals ländlichen Raums sind, sondern daß die Archäologen selbst mit Ausnahme einiger weniger Versuche sich noch schwer tun, dieses bislang weitgehend unbekannte Aufgabengebiet für sich zu akzeptieren. Versäumtes sollte schleunigst nachgeholt werden. Denn hier lassen sich die Grundlagen zu dem erfassen, was dem Gebiet zwischen Ruhr und Lippe zum ersten Mal in seiner Geschichte die Gelegenheit vermittelte, Macht in sich zu konzentrieren und auszuüben, neue Ideen zu produzieren und zu vermitteln, Anstöße zu geben und weit über seine Grenzen hinaus zu wirken, war es doch im Mittelalter mehr ein Grenz- und Durchgangsraum gewesen, der sich durch seine frühe Öffnung politisch wie kirchlich problemlos straff durchorganisieren ließ, dem aber mit wenigen Ausnahmen etwas an überregionalem Glanz und Höhepunkten fehlte.

Literatur

Albrecht, C.: Die Ausgrabungen in der Peterskirche auf der Hohensyburg bei Dortmund, in: Festschrift des Römisch-Germanischen Zentralmuseums in Mainz zur Feier seines 100-jährigen Bestehens 1952, Bd. 2, Mainz 1952, S. 81 - 84.

Ders., in: Beiträge zur Geschichte Dortmunds und der Grafschaft Mark 51 (1954), S. 127 - 135.

Archäologie in Nordrhein-Westfalen. Geschichte im Herzen Europas. Köln 1990.

Berghaus, P./Kessemeier, S. (Hg.): Köln-Westfalen 1180 - 1980. Landesgeschichte zwischen Rhein und Weser, Ausstellungskatalog, 2 Bde., Münster 1980.

Binding, G.: Die spätkarolingische Burg Broich in Mülheim a. d. Ruhr, in: Rheinische Ausgrabungen 4, (1968).

Böhner, K./Elbern, V. H. (Hg.): Das erste Jahrtausend. Kultur und Kunst im werdenden Abendland an Rhein und Ruhr, 3 Bde., Düsseldorf 1962 - 64.

Busen, H.: Die Klosterkirche Kappenberg und die Baukunst der Prämonstratenser, Diss. Stuttgart 1941.

Ders., Kappenberg und die Baukunst der Prämonstratenser im 12. Jahrhundert, in: Westfälische Zeitschrift 110 (1960), S. 184 - 187, ebd. 114, (1964), S. 371 - 373.

Dehio, G.: Handbuch der deutschen Kunstdenkmäler, Nordrhein-Westfalen, Bd. 1: Rheinland, München 1967, Bd. 2: Westfalen, München 1969.

Effmann, W.: Die karolingisch-ottonischen Bauten zu Werden, Bd. 1, Straßburg 1899, Bd. 2, hrsg. von E. Hohmann, Berlin 1922.

Ders.: Die Isenburg und der Isenberg in Hattingen an der Ruhr, Hattingen 1975.

Ders.: Die neue Stadt Hattingen. Landschaft und Geschichte, Hattingen 1980.

Eversberg, H.: Das mittelalterliche Hattingen. Kulturgeschichte und Siedlungsgeographie an der Ruhr, Hattingen 1985.

Führer zu vor- und frühgeschichtlichen Denkmälern, Bd. 15: Essen, Düsseldorf, Duisburg, hrsg. vom Römisch-Germanischen Zentralmuseum Mainz in Verbindung mit dem Nordwestdeutschen und dem West- und Süddeutschen Verband für Altertumsforschung, Mainz 1969.

Haase, C.: Die Entstehung der westfälischen Städte, in: Veröffentlichungen des Provinzialinstituts für westfälische Landes- und Volkskunde I, 11, Münster 1960.

Heitz, C.: L'architecture religieuse carolingienne, Paris 1980, S. 142 - 145.

Hinz, H.: Frühgeschichtliche Untersuchungen in Rheinhausen, Krs. Moers, in: Rheinische Ausgrabungen, Bd. 9: Beiträge zur Archäologie des Mittelalters II, Düsseldorf 1971, S. 134 - 173.

Hömberg, A. K.: Studien zur Entstehung der mittelalterlichen Kirchenorganisation in Westfalen, in: Westfälische Forschungen 6, (1953), S. 46 - 108.

Ders.: Ortsnamenskunde und Siedlungsgeschichte. Beobachtungen und Betrachtungen eines Historikers zur Problematik der Ortsnamenskunde, in: Westfälische Forschungen 8 (1955), S. 24 - 64.

Ders.: Kirchliche und weltliche Landesorganisation des südlichen Westfalen, in: Geschichtliche Arbeiten zur westfälischen Landesforschung, Bd. 10, Münster 1965.

Hömberg, R. Ph.: Untersuchungen an frühgeschichtlichen Wallanlagen, Diss. Münster 1972 (1980), S. 106 ff.

Jaszai, G. (Hg.): Monastisches Westfalen, Klöster und Stifte 800 - 1800, Ausstellungskatalog, Münster 1982.

Lobbedey, U.: Zur Baugeschichte von Haus Mark, in: 750 Jahre Stadt Hamm, hrsg,. v. H. Zink, Hamm 1976, S. 39 - 68.

Ludorff, A./u. a. (Hg.): Die Bau- und Kunstdenkmäler von Westfalen, Dortmund-Stadt 1894, Dortmund-Land 1895, Gelsenkirchen Stadt 1908, Krs. Gelsenkirchen 1908, Hagen-Stadt 1910, Stadt Hamm 1936, Krs. Hattingen 1909, Krs. Hörde 1895, Krs. Recklinghausen 1929, Krs. Schwelm 1910, Krs. Unna 1959.

Mühlen, F.: Zur Baugeschichte der Petruskirche in Recklinghausen, in: Vestisches Jahrbuch 5, (1949), S. 130 - 143.

Oppermann, A./Schuchardt, C. von: Atlas vorgeschichtlicher Befestigungen in Niedersachsen, Hannover 1888 - 1916.

Petry, F./u. .a. (Hg.): Handbuch der Historischern Stätten Deutschlands, Bd. 3: Nordrhein-Westfalen, Stuttgart 1970.

Reimann, N.: Vom Königshof zur Reichsstadt. Untersuchungen zur Dortmunder Topographie im Früh- und Hochmittelalter, in: Dortmund - 1100 Jahre Stadtgeschichte. Festschrift anläßlich der 1100-Jahr-Feier der Stadt Dortmund, Dortmund 1982, S. 23 - 51.

Schaefer, L./Claussen, H.: Neue Funde zur frühen Baugeschichte der Abteikirche Werden, in: Beiträge zur rheinischen Kunstgeschichte und Denkmalpflege II, Düsseldorf 1974, S. 293 - 334.

Sobotka, B. J. (Hg.): Haus Herbede in Witten. Umwelt, Denkmal, Bedeutung, Witten 1988.

Trier, B. (Hg.): Ausgrabungen und Funde in Westfalen-Lippe, Bd. 1 ff., 1983 ff.

Untermann, M.: Kirchenbauten der Prämonstratenser. Untersuchungen zum Problem einer Ordensbaukunst im 12. Jahrhundert, Köln 1984, S. 93 - 121.

Uslar, R. von: Studien zu frühgeschichtlichen Befestigungen zwischen Nordsee und Alpen, Beihefte der Bonner Jahrbücher 11 (1964), S. 40 ff.

Werdendes Abendland an Rhein und Ruhr, Ausstellungskatalog, Essen [4]1956.

Westfalen, Hefte für Geschichte, Kunst und Volkskunde 31 (1953) 43, (1965) 50, (1972) 55, (1977) 61, (1983).

Winterfeld, L. v.: Geschichte der freien Reichs- und Hansestadt Dortmund, Dortmund [7]1981.

Zimmermann, W.: Das Münster zu Essen, in: Die Kunstdenkmäler des Rheinlands, Beiheft 3, Essen 1956.

Ders.: Zur Rekonstruktion der Abteikirche zu Werden, in: Die Kirchen zu Werden, Essen 1959, S. 13 - 70.

Stadtarchäologie in Duisburg

Günter Krause

Allgemeine Voraussetzungen

Schon in vorgeschichtlicher Zeit war das Gebiet der Stadt Duisburg am Zusammenfluß von Rhein und Ruhr dicht besiedelt. Die Verkehrsverbindungen zu Wasser und zu Lande bildeten hier einen besonderen Knotenpunkt für den ganzen unteren Niederrhein. Bereits damals nahm der Bereich um den Burgplatz, das spätere Zentrum Duisburgs, durch seine Lage an einem günstigen Rheinübergang und unweit der Ruhrmündung einen bevorzugten Platz ein. Mindestens bis um 1200 floß der Rhein an Duisburg vorbei. Mehrere Rheinverlagerungen sind nachzuweisen (Abb. 1). Bis in den Zweiten Weltkrieg und die frühe Nachkriegszeit hinein hatte sich das alte Stadtbild mit etwa 80% der Stadtmauer, zahlreichen mittelalterlichen und frühneuzeitlichen Gebäuden und den alten Straßenzügen und Gassen erhalten. Der Neuaufbau Duisburgs nach dem Kriege – ohne Rücksicht auf gewachsene Strukturen – ist nicht untypisch für deutsche Städte. Verbunden damit war auch die Beseitigung von großen Teilen der Stadtmauer und alter Bausubstanz. Tiefe Bodeneingriffe bei Neubauten, Tiefgaragen, bei der Neuanlage von Versorgungsleitungen haben auch die noch unterirdisch erhaltenen Zeugnisse größtenteils zerstört oder gefährden sie in einem Ausmaß, daß am Ende – wie an vielen anderen Orten – eine archäologisch-historische Wüste stehen könnte. Dies trug viel zu dem allgemein vorherrschenden Bild von Duisburg als einer erst durch das 19. und 20. Jahrhundert geprägten, eigentlich geschichtslosen Industriestadt bei.

Bodenfunde und Ausgrabungen in der Duisburger Altstadt

Ausgrabungen bis 1980 (Abb. 100 und 101)
Gezielte Ausgrabungen, die den mittelalterlichen Resten galten, wurden erstmals von H. K.Plath 1898 beim Bau des neuen Rathauses in Angriff genommen. Bereits damals wurden Fundamente der mittelalterlichen Königspfalz freigelegt und in Zeichnungen und Fotos festgehalten. In den 20er Jahren wurde dann bei Ausschachtungsarbeiten ein Graben entdeckt, der zur Befestigung des Burgplatzes gehörte. Es dauerte bis in die Nachkriegszeit, ehe es, bedingt durch Kriegszerstörungen und Wiederaufbau, zu weiteren Untersuchungen kam. Sie wurden von F. Tischler durchgeführt und galten vor allem dem Burgplatz, der Salvatorkirche und der mittelalterlichen Stadtmauer.

Ausgrabungen auf dem Alten Markt seit 1980 (Abb. 101, Nr. 3)
Als die Stadtwerke Duisburg im Zuge des Stadtbahnbaus 1980 einen Leitungsgraben über den Burgplatz und Alten Markt legten, wurden nicht nur Reste der mittelalterlichen Pfalz freigelegt; im Leitungsgraben auf dem Alten Markt kamen völlig überraschend zahlreiche ältere Schichten zum Vorschein.

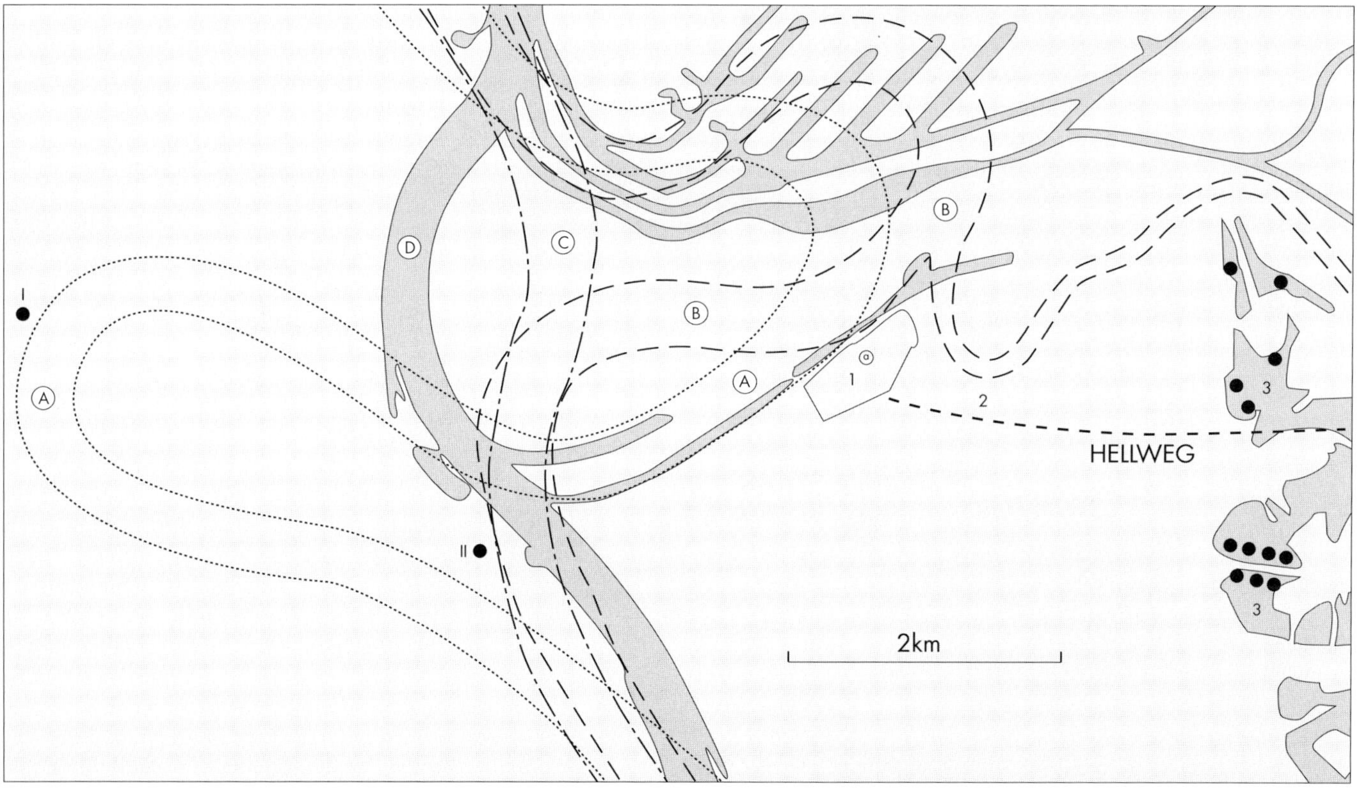

Abb. 99 Duisburg und Umgebung. Alte und moderne Rhein- und Ruhrverläufe. I. Auxiliarkastell Asciburgium, 1. Jahrhundert n. Chr. II. Kleinkastell Werthausen, 2. Jahrhundert n. Chr. **A** Rheinverlauf vor 200 n. Chr. **B** Rheinverlauf etwa zwischen 200 u. 1200 n. Chr. **C** Rheinverlauf nach dem Durchbruch bei Essenberg um 1200 n. Chr. **D** Heutiger Rheinverlauf. 1. Duisburg mit Burgberg (1a) in den Stadtmauern vom Ende des 13. Jahrhunderts. 2. Spätkarolingischer Töpferbezirk. 3. Tonlagerstätten und Tonentnahmegruben.

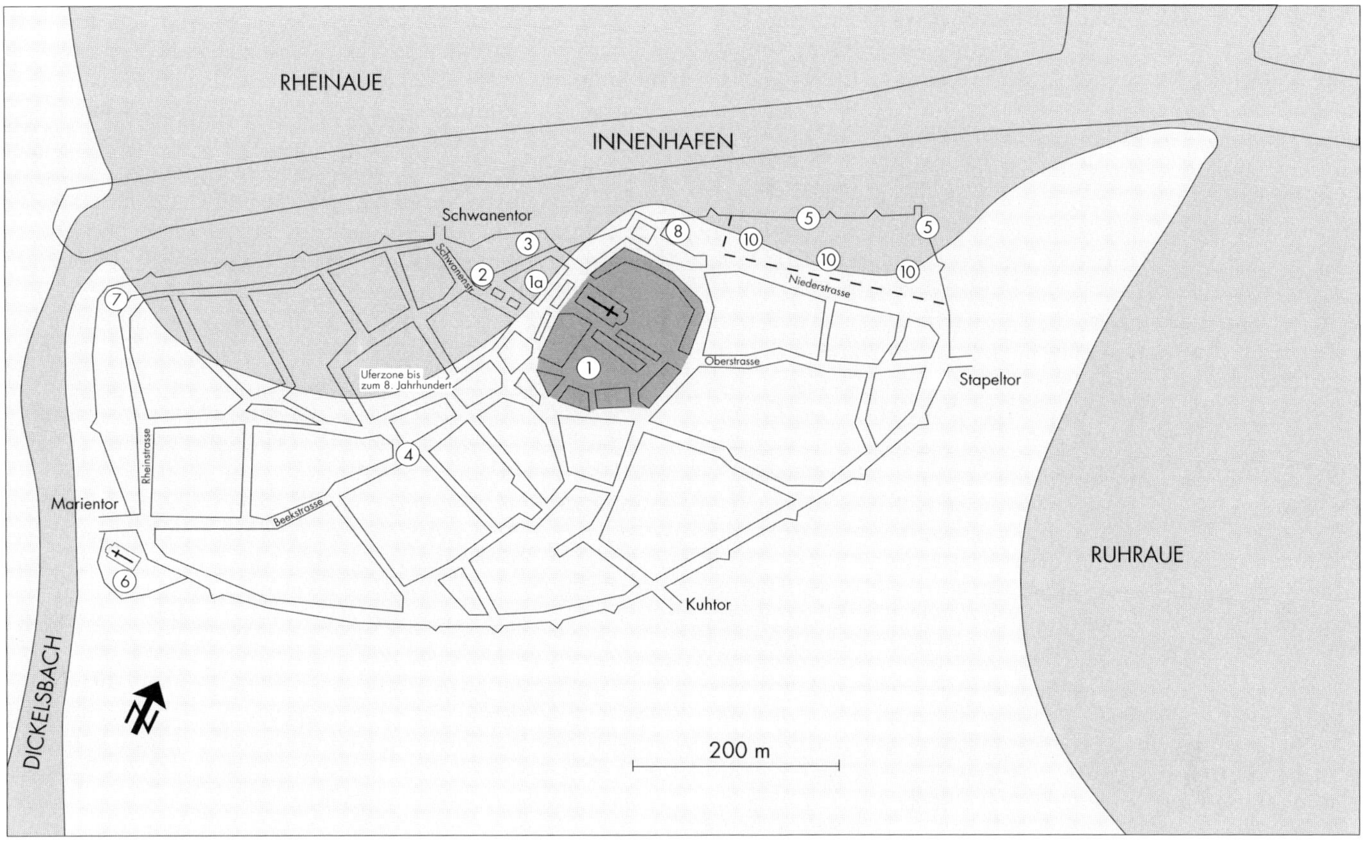

Abb. 100 Altstadt von Duisburg mit mittelalterlicher Rhein- und Ruhraue. Fund- u. Grabungsstellen: **1.** Burgplatz **1a.** Alter Markt **2.** Schwanenstraße **3.** Innenhafen **4.** Beekstraße (Fundstelle des 5. Jahrhunderts) **5.** Stadtmauer am Springwall mit Koblenzer Turm **6.** Marienkirche mit Johanniterkommende **7.** Hugenturm der Stadtmauer **8.** Minoritenkloster **9.** Fränkischer Friedhof Ecke Düsseldorfer/Friedrich-Wilhelm-Straße **10.** Eisenzeitlicher bis neuzeitlicher Bereich unterhalb der Niederstraße.

Die Entdeckungen auf dem Alten Markt 1980 gaben den Ausschlag für wissenschaftliche Ausgrabungen. Sie werden seit 1981 bis heute vom Niederrheinischen Museum im Auftrag des Rheinischen Amtes für Bodendenkmalpflege Bonn mit Mitteln der Stadt Duisburg und des Ministeriums für Stadtentwicklung, Wohnen und Verkehr des Landes Nordrhein-Westfalen fortgesetzt und durch die Mitarbeit zahlreicher Freiwilliger unterstützt. Sie dienten zuerst der Klärung der Schichtenabfolge, später der Freilegung größerer zusammenhängender Marktflächen und des Markthallenkomplexes, der etwa seit Anfang des 14. Jahrhunderts auf dem Alten Markt entstand. Seit 1983 wurden die Ausgrabungen auf weitere Bereiche der Altstadt ausgedehnt.

Auf dem Alten Markt ließen sich über 5 Meter mächtige Ablagerungen feststellen, die eine detaillierte Schichtenabfolge ergaben. Diese reicht vom 5. Jahrhundert, als hier das Ufer eines Altrheines lag, bis in die Gegenwart. Durch die Feuchtigkeit des Untergrundes des alten Rheinbettes, sind Holz, Leder, Knochen und Pflanzenreste gut erhalten. Der Alte Markt erwies sich tatsächlich als der Marktplatz des frühen Duisburg, der ehemals direkt vom Rhein aus zu erreichen war. Zahlreiche Strukturen des Marktplatzes wie Pflasterungen, Holzbaureste und Überreste handwerklicher Aktivitäten (Schuster- und Schmiedewerkstätten, Glockengießerei) und die meterhoch erhaltenen Fundamente der mittelalterlichen Markthalle wurden festgestellt.

In Schicht 4 (Ende des 13. Jahrhunderts) trat den Ausgräbern erstmalig ein Befund entgegen, der seitdem typisch für verschiedene Marktniveaus vom 19. bis zum 9. Jahrhundert geworden ist. Unter einer hellen Sand-Kies-Schicht, etwa 20–30 cm dick, traf man auf eine dunkle, feste, erdiglehmige Schicht mit einzelnen Steinen. Sie hatte ein unregelmäßiges Oberflächenrelief, das man erst nach einiger Überlegung erklären konnte: Durch Regen und Feuchtigkeit, die sich im schluffigen Untergrund staute, war die alte Marktoberfläche so aufgeweicht, daß Mensch und Tier bis über die Knöchel einsanken und Fuhrwerke nur schwer vorwärts kamen. Auf die Oberfläche wurde Sand aufgebracht, um sie wieder begehbar zu machen. Dieser drang in die Spuren von Menschen, Tieren und Fahrzeugen ein und füllte sie aus. So hat sich das Geschehen eines geschäftigen Markttages im Boden erhalten. Die Schicht mit den Abdrücken ist mit zahlreichen Funden wie Scherben, Knochen, Lederresten, Holzteilen, Metallgegenständen und vereinzelten Silbermünzen durchsetzt. Nach ihrem Abtragen stieß man auf eine weitere, bis zu einem halben Meter mächtige Sandschicht, unter der ein zweiter Spurenhorizont sichtbar wurde (Schicht 5). Seine Oberfläche ist noch stärker mit Abdrücken bedeckt als das vorige Niveau. Sie liegt auf einer Pflasterschüttung aus Kieselsteinen. Deutlich lassen sich menschliche Fußabdrücke, Hufe von Pferden, Eseln und Rindern sowie Wagenspuren erkennen (Abb. 102).

Der Markthallenkomplex (Abb. 101, Nr. 3)

Seit 1982 wurde auf dem Alten Markt ein zum Markt gehörender Gebäudekomplex untersucht. Erste Nachrichten von Einnahmen aus der „Halle", d. h. der Markthalle, stammen aus der Mitte

des 14. Jahrhunderts. Auf dem Stadtplan des Johannes Corputius von 1566 sind zwei Gebäudegruppen zu unterscheiden, die er als Markthalle bezeichnet: Auf der Marktseite ein Doppelhaus aus Fachwerk, zur Schwanenstraße hin ein Ziegelhaus mit gotischen Treppengiebeln. Erst im letzten Kriege wurde dieser Gebäudekomplex zerstört und danach einplaniert.
Die Ausgrabungen ergaben folgendes Bild: Gegen Ende des 13./Anfang des 14. Jahrhunderts wurde das marktseitige unterkellerte Doppelgebäude errichtet. Wohl noch in der ersten Hälfte des 14. Jahrhunderts kam es zum Anbau der großen, auf beiden Schmalseiten offenen zweischiffigen Halle mit gotischen Treppengiebeln, die nicht unterkellert ist. 1507 wurde nach der schriftlichen Überlieferung die Halle unterteilt und wohl auch die offenen Seiten geschlossen. Diesen Zustand zeigt der Corputiusplan. Bis ins 20. Jahrhundert wurden zahlreiche Umbauten durchgeführt, die das Aussehen der Gebäude stark veränderten.
Weitere archäologische Untersuchungen (Abb. 100, 101)
Seit Herbst 1983 ermöglichten zwei große Bauvorhaben an der Schwanenstraße und am Innenhafen Einblicke in die frühe Besiedlung um den Alten Markt. Im Zuge des Stadtbahnbaus begann man mit der Untertunnelung der Schwanenstraße. Die heutige, erst nach dem Kriege entstandene Straßenführung, schneidet die bis ins Mittelalter zurückreichende alte Wohnbebauung. Die Ausgrabungen auf dem Alten Markt hatten das Verständnis und das Interesse an der Duisburger Vergangenheit soweit gefördert, daß die Stadt Duisburg – zugleich Träger des Stadtbahnbaus und der Ausgrabungen in der Altstadt – begleitende archäologische Untersuchungen in die Ausschreibungen für den Stadtbahnbau in der Schwanenstraße einbezog.
Im Rahmen der Mitte der 80er Jahre begonnenen Altstadtsanierung erschien es sinnvoll, noch erhaltene Teile der Stadtbefestigung zu restaurieren. Fragen nach ihrer Erhaltung, ihrem ursprünglichen Zustand und ihrer Baugeschichte mußten geklärt werden, um Vorschläge für eine Einbeziehung der Stadtmauer in die geplante Umgestaltung zu erarbeiten. Die Ausgrabungen und baugeschichtlichen Untersuchungen begannen 1985 am Innenhafen und am Springwall (Abb. 100, Nr. 5) nördlich des Burgplatzes und sind noch nicht abgeschlossen. 1988 wurden auch die Reste des südwestlichen Eckturmes der Stadtmauer, des sog. Hugenturmes, freigelegt (Abb. 100, Nr. 7).
Ferner fanden 1987 und 1988 Ausgrabungen an der Marienkirche statt. Hier wurde in der Mitte des 12. Jahrhunderts die erste Niederlassung des Johanniterordens in Deutschland mit Kirche, Kommende und Hospital errichtet. Der heutige Kirchbau wurde 1802 geweiht. 1984 und wieder seit 1988 konnten Teile des Minoritenklosters untersucht werden. Das Kloster wurde in der zweiten Hälfte des 13. Jahrhunderts gegründet und bildete den größten zusammenhängenden Gebäudekomplex der mittelalterlichen Stadt (Abb. 100, Nr. 8).
1989 kamen schließlich Teile der Befestigung der Vorburg der Königspfalz oberhalb des Alten Marktes und ihre rheinseitige Zufahrt zum Vorschein. Im Sommer desselben Jahres stieß man bei Arbeiten unter dem Rathausbogen auf monumentale Reste eines Pfalzgebäudes des 12. Jahrhunderts.

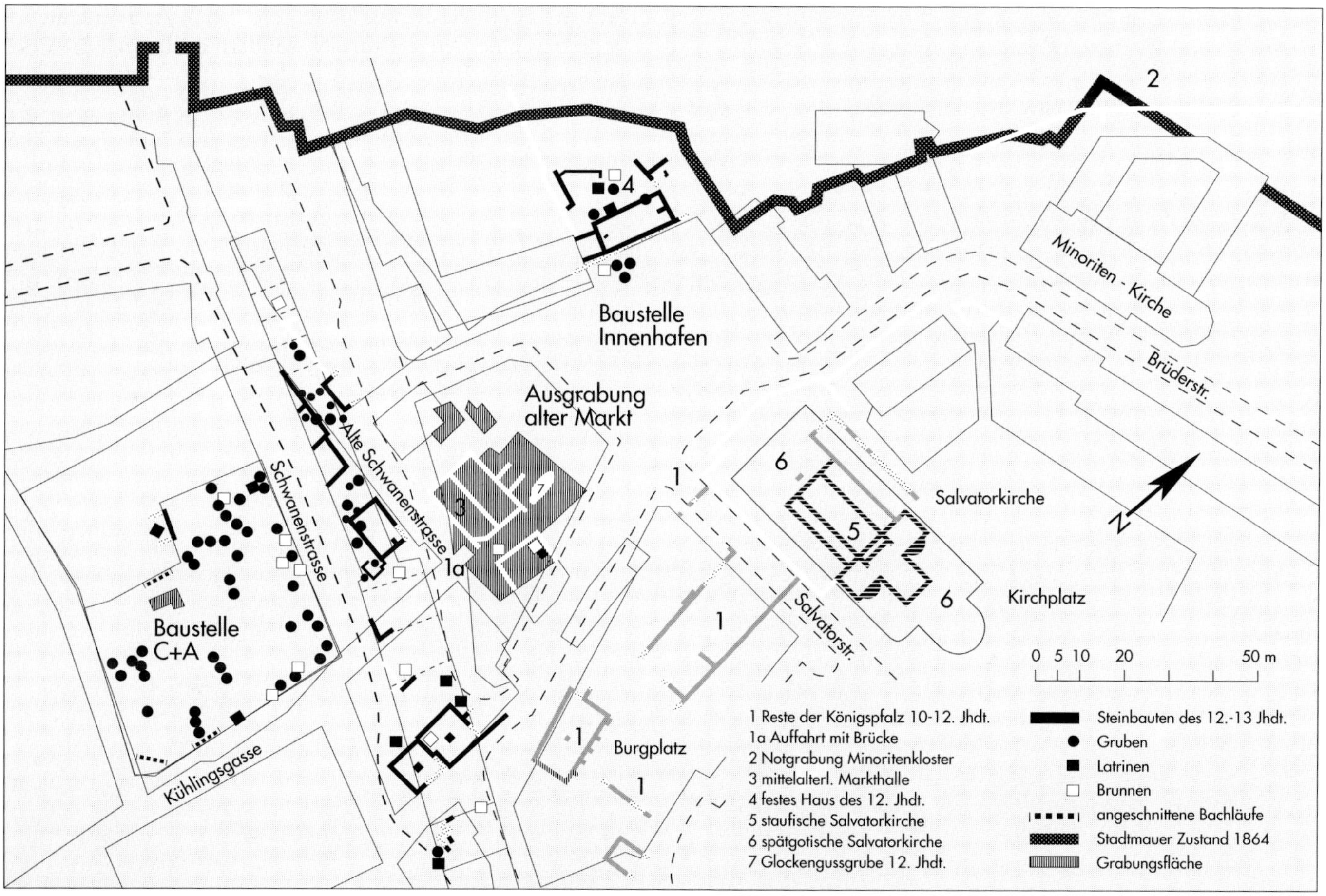

Abb. 101 Duisburg, Alter Markt und Schwanenstraße. Übersichtsplan zu den Ausgrabungen.

Ebenfalls Mitte 1989 begannen die Bauarbeiten zur Neubebauung des Geländes zwischen Niederstraße und Stadtmauer mit fünf Wohnblocks. Im Bereich der Baugruben werden seitdem intensive Fundbeobachtungen und Ausgrabungen durchgeführt (Abb. 100, Nr. 10).
Zudem werden zahlreiche systematische Beobachtungen und kleinere Grabungen seit 1980 bei Leitungsverlegungen und anderen Bauarbeiten im gesamten Altstadtbereich durchgeführt.

Ergebnisse der Duisburger Altstadtgrabungen

Siedlungs- und Baugeschichte
Die bisher ältesten Siedlungsfunde aus der Duisburger Altstadt gehören in die Mitte des 1. Jahrtausends v. Chr. Es handelt sich um einfache handgemachte Scherben, Hüttenlehmbrocken und Holzkohlespuren aus einer eisenzeitlichen Siedlung an der früheren Ruhrmündung unterhalb der Niederstraße. Eine durchlaufende Besiedlung läßt sich aber erst seit der mittleren römischen Kaiserzeit (2.–3. Jahrhundert) erkennen. Doch ist dieser Siedlungsbereich, oberhalb des verlandeten Rheinufers gelegen, bisher kaum untersucht worden. Zahlreicher sind fränkische Siedlungsfunde (5.–8. Jahrhundert), die in den letzten Jahren vor allem am Rande des Burgplatzes und an der Beeckstraße (Abb. 100, Nr. 4) ausgegraben wurden. Das Zentrum des fränkischen Duisburg ist auf dem Burgplatz und seiner Umgebung zu suchen. Möglicherweise lag auch der Sitz des ersten namentlich bekannten fränkischen Königs Chlodio (1. Hälfte 5. Jahrhundert) hier.
Im späten 9./10. Jahrhundert war Duisburg bereits ein wichtiger Handelsort, der die ganze Rheinfront der späteren mittelalterlichen Stadt einnahm. Unterhalb der Niederstraße wurde ein befestigter Teil dieser Siedlung ausgegraben (Abb. 100, Nr. 10). Hier fanden sich ferner zahlreiche Hinweise auf Metallverarbeitung. Schon 1980 war am Rande des Burgplatzes zwischen Rathaus und Salvatorkirche die Außenmauer des Pfalzbezirkes des 12./13. Jahrhunderts angeschnitten worden. Völlig überraschend kam die bedeutende Entdeckung einer befestigten Vorburg der Pfalz des 10. Jahrhunderts unterhalb des Burgplatzes mit Wall (?) und Wassergraben. Die Auffahrt zur Vorburg der Pfalz von der Rheinseite erfolgte über einen dammartigen Weg mit einer steinernen Brücke (Abb. 101, Nr. 1 a) in Richtung der späteren Schwanenstraße. Das Hangwasser wurde in einem gut 1 Meter hohen und 1,50 Meter breiten gewölbten Kanal aus Bruchsteinen unter der Brücke durchgeführt. Noch erstaunlicher ist das Auffinden der Südfront eines Pfalzgebäudes aus dem 12. Jahrhundert, das noch im letzten Jahrhundert als Rathausbau genutzt wurde. Seine Bruchsteinfundamente reichen noch bis drei Meter unter die Erdoberfläche.
Mehrere Adelshöfe, die später in die Stadtbefestigung einbezogen wurden, können bis ins 10./11. Jahrhundert zurückreichen. So das feste Haus, das dem königlichen Vogt Herzog Walram von Limburg im 13. Jahrhundert gehörte (Abb. 100, Nr. 4), der steinerne Wohnturm des Hermann Hugon, der später zum südwestlichen Eckturm der Stadtmauer wurde (Abb. 100, Nr. 7) und ein weiterer von einem Wassergraben umgebener Adelssitz, dem Vorgänger der Niederlassung des Johanniterordens (Abb. 100, Nr. 6). Ausgrabungen an dessen späterem Sitz erbrachten auch wichtige baugeschichtliche Erkenntnisse zur um 1150 geweihten Kirche der Johanniter.
Untersuchungen am Minoritenkloster führten zur Aufdeckung von Gebäudeteilen aus seiner Gründerzeit (2. Hälfte 13. Jahrhundert), die noch meterhoch erhalten sind. Direkt vor der Stadtmauer befand sich die große festungsmäßig ausgebaute viereckige Klosterlatrine, die in den Stadtgraben entleert wurde (bis 16. Jahrhundert) (Abb. 100, Nr. 8).
Besonders hervorzuheben ist die kompakte älteste Steinbebauung des 12.–13. Jahrhunderts zu beiden Seiten und oberhalb der Schwanenstraße, die vor allem beim Stadtbahnbau aufgedeckt wurde (Abb. 100, Nr. 2, Abb. 101). Darunter kamen z. T. noch Reste älterer Vorgängerbauten aus Holz und Lehm zum Vorschein, die bis ins 9. Jahrhundert zurückreichen. Weitere frühe Steinbauten stammen von der Niederstraße. Sie sind wichtige Zeugnisse des frühen Steinbaus im Rheinland und haben die Vorstellungen über das hochmittelalterliche Duisburg vollkommen verändert. Es wurde deutlich, daß die bis in die jüngste Vergangenheit bewahrte Gliederung der Duisburger Altstadt ins 12./13. Jahrhundert zurückreicht.
Ganz anderen Charakter hat die im Winter 1989 aufgedeckte bisher völlig unbekannte Steinbebauung kommerziell-gewerblichen Charakters unterhalb der Niederstraße aus dem 13. Jahrhundert (Abb. 100, Nr. 10). Sie besteht aus ebenerdigen aneinanderstoßenden Lagerhallen mit dünnen Wänden aus Naturstein oder Ziegeln, die schon am Ende des 15. Jahrhunderts verschwanden. Auf dem Stadtplan von 1566 gibt es in diesem Gebiet nur noch Gärten. Diese Bauten bestätigen die Vermutung, daß hier – unweit des Hafens – das Händlerquartier gelegen hat.
Die Untersuchung der sich über mehrere hundert Meter erstreckenden Stadtmauer am Innenhafen und Springwall (Abb. 100, Nr. 5) brachte überraschende Ergebnisse. Unter dem Koblenzer Turm der Stadtbefestigung kamen nicht nur die Fundamente mindestens eines älteren Turmes, sondern auch noch die Ecke der ältesten Befestigung, die noch keine Ecktürme hatte, zum Vorschein. Diese bisher nur urkundlich überlieferte Mauer aus der 1. Hälfte des 12. Jahrhunderts ist am Springwall noch zum Teil bis zu fünf Meter hoch erhalten. Andere Mauerabschnitte am Innenhafen aus dem 13. und 14. Jahrhundert erheben sich noch bis zur vollen Zinnenhöhe. Sie waren durch Geländeaufhöhung beim Bau des Innenhafens bis zu drei Meter tief verschüttet. Die sorgfältige Freilegung, baugeschichtliche Analyse und Dokumentation der Stadtbefestigung, ihre Erhaltung, vorsichtige Restaurierung und Freistellung ist inzwischen wichtiger Bestandteil der von Bund und Land geförderten Altstadtsanierung. Ein wichtiges Denkmal städtischer Geschichte hat somit wieder seinen Platz im Bewußtsein der Öffentlichkeit gefunden.

Geologische und ökologische Untersuchungen
Die zahlreichen Bodenaufschlüsse werden zu intensiven geologischen Untersuchungen genutzt. Flußlaufveränderungen des Rheins und der Ruhr, z. T. archäologisch gut datiert, sollen möglichst genau erfaßt und in ihrer Auswirkung auf die Entwicklung der Lebensbedingungen in Duisburg untersucht werden. Daten für eine historische Ökologie verspricht auch die begonnene Bestimmung von Umweltbelastungen, wie sie in den mittelalterlichen Marktschichten und an anderen Stellen der Altstadt faßbar werden (Nitrat- und Phosphatbelastungen, Schwermetalle). Diese bereits historischen Altlasten sind auch nach heutigen Maßstäben bedenklich. So waren z. B. die Fische, die regelmäßig in dem mit Fäkalien und anderen Abfällen belasteten Stadtgraben gefangen wurden, schwer nitrat- und phosphatverseucht und somit nach heutigen Maßstäben nicht zum Verzehr geeignet.

Abb. 102 Marktniveau der Schicht 5. Belag mit Abdrücken und darunterliegendes Pflaster.

Zu den Funden aus den Duisburger Stadtgrabungen

Die Ausgrabungen in der Duisburger Altstadt haben ein überaus umfangreiches Fundmaterial geliefert, das fast lückenlos die letzten 1500 Jahre umspannt (Abb. 102).

Die gute Erhaltung pflanzlicher Reste wurde schon 1980 erkannt. Dies führte zu intensiven botanischen Untersuchungen. Sie geben nicht nur Aufschluß über die pflanzliche Nahrung und die Entwicklung des Acker- und Gartenbaus, sondern auch über die Vegetationszusammensetzung in Duisburg seit dem 5. Jahrhundert n. Chr. Gleiche Aufmerksamkeit fanden tierische Überreste wie Knochen, Fischreste, Insekten usw. Die Untersuchung der Tierknochen bestätigt die Vermutung, daß bereits im 9. Jahrhundert Haustiere die wesentlichen Fleischlieferanten waren und die Jagd keine Rolle mehr spielte, während im 5. Jahrhundert noch über 20 % Wildanteil faßbar ist.

Vom Menschen hergestellte und benutzte Gegenstände aus Holz, Pflanzenfasern, Haaren, Leder, Knochen, Stein, Glas, Metall und Keramik sind überaus zahlreich und stammen aus vielen Lebensbereichen. Sie geben einen Einblick in die Alltagskultur, wie auch in den Wandel der Bedürfnisse und des Geschmacks der Menschen über einen Zeitraum von mehr als 1500 Jahren. Die Hilfe der Naturwissenschaften ist bei der Untersuchung dieser Materialien unerläßlich, z. B. bei der Analyse von Baustoffen, der Bestimmung und Datierung von Hölzern, bei Fragen nach der technischen Entwicklung der Keramik, der Bedeutung von Metallfunden und Abfällen der Metallproduk-

tion und Metallverarbeitung.
Am zahlreichsten findet sich Gebrauchskeramik. Töpfereierzeugnisse aus dem Rheinland waren über viele Jahrhunderte eines der wichtigsten Handelsgüter. Ihre Verbreitung reicht bis nach England, Skandinavien und in das Baltikum. Die Duisburger Grabungen ermöglichen es, für diese Waren und ihre Begleitfunde eine sichere Datierung zu liefern. Sie ist eine Grundlage zur Lösung vieler historischer und kulturgeschichtlicher Fragen in ihrem Verbreitungsgebiet.

Zusammenfassung

Die Ergebnisse der Untersuchungen und die Vielfalt des gesammelten Materials machen Duisburg nach knapp 10 Jahren zu einem der interessantesten Orte mittelalterlicher und neuzeitlicher Archäologie in Westdeutschland.
Mit Hilfe der Geschichts- und Naturwissenschaften hat die Stadtarchäologie begonnen, die Grundlagen für die ältere Geschichte Duisburgs neu zu erarbeiten. Das Rückgrat für alle weiteren, häufig unter ungünstigen Bedingungen durchgeführten Untersuchungen bildet der Alte Markt mit seiner Stratigrafie. Ein immenses Fundmaterial und zahlreiche Befunde lassen eine ununterbrochene Siedlungsabfolge mindestens seit dem 2./3. Jahrhundert erkennen. Es macht die wesentliche und einmalige Bedeutung der Ausgrabungen in Duisburg aus und ist von exemplarischer Bedeutung für die Erforschung menschlicher Lebensbedingungen in ihrem Wandel bis in unsere Zeit.
Das wachsende Interesse der Öffentlichkeit führte zur Rückbesinnung auf die Vergangenheit der Stadt. So gelang es, die Grabungsstätte auf dem Alten Markt als Denkmal zu erhalten und zu einer „Archäologischen Zone“ auszubauen. Zudem werden die noch vorhandenen umfangreichen Teile der Stadtmauer freigelegt und restauriert. In unmittelbarer Nähe des Alten Marktes und der Stadtbefestigung ist gleichzeitig am Innenhafen ein neues größeres kulturgeschichtliches Museum mit besonderer Berücksichtigung der Stadtgeschichte entstanden.

Literatur

Berghaus, Peter: Duisburger Münzen, in: Duisburg im Mittelalter. Begleitschrift zur gleichn. Ausstellung, Duisburg 1983, S. 89–113.
Binding, Günther und Elisabeth: Archäologisch-historische Untersuchungen zur Frühgeschichte Duisburgs. Duisburger Forschungen, Beiheft 12, 1969.
Böhner, Kurt: Die Franken im Raum zwischen Lippe und Wupper, in: Führer zu vor- und frühgeschichtlichen Denkmälern 15 (1969), S. 26–39.
Franke, Ursula: Die Keramik des späten 19. Jahrhunderts aus dem Stadtgraben am Springwall in Duisburg, in: Naumann, Joachim (Hg.): Keramik vom Niederrhein, Köln 1988, S. 75–87.
Gaimster, David: R. M.: Übersicht über die neuzeitliche Keramik vom Niederrhein (1550–1900) nach den Funden aus Duisburg, in: Volkstümliche Keramik vom Niederrhein. Ausstellungskatalog, Duisburg 1986, S. 29–44.
Ders.: Keramikproduktion am Niederrhein. Die Duisburger Abfolge von 1400–1800, in: Naumann, Joachim (Hg.): Keramik vom Niederrhein, Köln 1988, S. 55–74.
Genthe, Hermann: Duisburger Altertümer. Ein Beitrag zur Geschichte der Stadt Duisburg und zur prähistorischen Karte Deutschlands. Beigabe zum Programm des Gymnasiums zu Duisburg Nr. 377, Duisburg 1881.
Hoppe, Christa: Die großen Flußverlagerungen des Niederrheins in den letzten 2000 Jahren und ihre Auswirkungen auf die Lage und Entwicklungen der Siedlungen. Forschungen zur deutschen Landeskunde 189, 1970.
Kluge, Antje: Die Entwicklung der Keramikproduktion in Duisburg im 9. und 10. Jahrhundert. Ungedr. Diss. Frankfurt 1988.
Knörzer, Karl-Heinz: Mittelalterliche Pflanzenfunde unter dem Alten Markt, in: Duisburg im Mittelalter. Begleitschrift zur gleichn. Ausstellung, Duisburg 1983, S. 78–87.
Krause, Günter: Zu den Anfängen Duisburgs, in: Duisburg und die Wikinger. Begleitschr. zur gleichn. Ausstellung, Duisburg 1983, S. 15–29.
Ders.: Archäologische Zeugnisse zum mittelalterlichen Duisburg, in: Duisburg im Mittelalter. Begleitschr. zur gleichn. Ausstellung, Duisburg 1983, S. 23–77.
Ders.: Ausgrabungen im mittelalterlichen Duisburg in den Jahren 1983/84, in: Ausgrabungen im Rheinland 1983/84. Rheinisches Landesmuseum 1985, Köln/Bonn 1985, S. 188–196.
Ders.: Übersicht über die mittelalterliche Keramik am Unteren Niederrhein (ca. 800–1500) nach den Funden aus Duisburg, in: Volkstümliche Keramik vom Niederrhein, Ausstellungskatalog Duisburg, 1986, S. 7–28.
Ders.: Ausgrabungen und Fundbergungen in der Duisburger Altstadt, Ausgrabungen im Rheinland 1985/86, Rheinisches Landesmuseum und rheinisches Amt für Bodendenkmalpflege 1987, Köln/Bonn 1987, S. 176–183.
Ders.: Keramikproduktion am Niederrhein. Zur Duisburger Abfolge vom 5.–14. Jahrhundert, in: Naumann, Joachim (Hg.): Keramik vom Niederrhein, Köln 1988, S. 37–53.
Ders.: Duisburg im 5. Jahrhundert n. Chr. Archäologische Entdeckungen in der Duisburger Altstadt, in: Archäologie im Rheinland 1987, Köln/Bonn 1988, S. 98–100.
Ders.: Stadtarchäologie in Duisburg, in: Archäologie in Nordrhein-Westfalen, Begleitbuch zur gleichn. Landesausstellung in Köln 1990, Köln 1990, S. 294–303.
Ders.: Stadtarchäologische Untersuchungen in Duisburg. Arbeits- und Forschungsberichte zur sächsischen Bodendenkmalspflege Beiheft 19, Berlin 1990, S. 263–282.
Milz, Joseph: Untersuchungen zur mittelalterlichen Stadtmauer von Duisburg, mit einem Beitrag zu den archäologischen Funden von Krause, Günter, in: Quellenschriften zur westdt. Vor- und Frühgeschichte Bd. 10, Bonn 1982, S. 135–171.
Ders.: Die Entwicklung Duisburgs im Mittelalter (zu den Modellen der Ausstellung), in: Duisburg im Mittelalter. Begleitschr. zur gleichn. Ausstellung. Duisburg 1983, S. 115–135.
Ders.: Das Mittelalter (ca. 800–1500), in: Heid, Ludger/u. a.: Kleine Geschichte der Stadt Duisburg, Duisburg 1983, S. 37–108.
Ders.: (Bearb.): Duisburg, Rheinischer Städtealtas IV, 21, Köln ^{2}1985.
Ders.: Reichszins und Stadtentstehung. Untersuchungen zur frühen Topographie Duisburgs, in: Duisburger Forschungen 35 (1987), S. 1–12.
Roden, Günther von: Duisburg im Jahre 1566. Der Stadtplan des Johannes Corputius. Duisburger Forschungen, Beiheft 6, 1964.
Ders.: Geschichte der Stadt Duisburg, 1. Bd., Duisburg 1970.
Scheller, Hans: Der Rhein bei Duisburg im Mittelalter in: Duisburger Forschungen 1 (1958), S. 45–86.
Untermann, Matthias: Neufunde romanischer Häuser in Duisburg, in: Hausbau im Mittelalter, II. Jahrbuch für Hausforschung. Sonderband 1985, S. 127–137.
Siehe auch Duisburger Forschungen 38, 1990 (im Druck) mit zahlreichen archäologischen, baugeschichtlichen, historischen und naturwissenschaftlichen Beiträgen zu den Ausgrabungen in der Duisburger Altstadt.

Geschichte und Ergebnisse der mittelalterlichen Stadtgrabung Dortmunds

Karl Heinrich Deutmann

Als Dortmund im Jahre 1982 das 1100-jährige Stadtjubiläum feierte, war nicht nur den Historikern klar, daß diesem ein eher unsicheres Datum zu Grunde lag, nämlich der vage Zeitpunkt der ersten Erwähnung Dortmunds („Trotmanni") im Heberegister des Klosters Werden[1]. Denn die entsprechende Niederschrift ist nicht datiert, sie kann in jedem anderen Jahr zwischen 880 und 884 erfolgt sein[2]. Der Bestand an frühen schriftlichen Originalquellen, also zeitgenössischen Urkunden und Aufzeichnungen, ist wohl mit dem großen Stadtbrand von 1232 vernichtet worden, damit fehlen auch mögliche Aussagen zur räumlichen Entwicklung der Stadt.

Aus späteren Urkunden, aus Hinweisen und Schriftquellen anderer Städte geht aber die besondere Bedeutung Dortmunds im Mittelalter hervor. Damit erwuchs die Notwendigkeit, alle Quellen, die Licht in das Dunkel der städtischen Frühzeit bringen könnten, auszuschöpfen, auch die, welche die archäologische Forschung liefern kann.

Zwar kann Dortmund beispielsweise mit dem bedeutenden Schatzfund spätrömischer Goldmünzen und der römischen Tierschale gerade recht frühe und interessante Bodenfunde aufweisen, ihre Fundumstände sind, wie die fast aller z. T. prähistorischer Altfunde, aber kaum oder gar nicht archäologisch untersucht und dokumentiert worden.

Noch schlechter sieht es bei den wenigen mittelalterlichen Funden aus.

Als 1983 im Rahmen des U-Bahnbaus in unmittelbarer Nähe der Reinoldikirche große Ausschachtungen für eine unterirdische Haltestelle geplant wurden, setzte sich das Stadtarchiv dafür ein, daß unter der Fachaufsicht des zuständigen Westfälischen Museums für Archäologie, Referat Mittelalter, vom Museum für Kunst und Kulturgeschichte der Stadt Dortmund eine Stadtkerngrabung begonnen wurde[3].

Besonders diesem Bereich nördlich der Reinoldikirche hat die Stadtforschung schon immer ihr Interesse entgegen gebracht. Schon L. v. Winterfeld[4] vermutet hier die Dortmunder Königspfalz, deren Existenz und Standort bislang nur erschlossen, nie aber bewiesen werden konnten. Daß es sie gegeben haben muß, bezeugen die urkundlich belegten Besuche von 14 Königen und Kaisern zwischen 928 und 1377[5]. Auf ihre Lage an dieser Stelle weist ein unbebauter Platz mit annähernd rechteckigem Grundriß in Mülhers perspektivischer Stadtansicht aus dem Jahre 1610[6] und die Nähe zu der Kreuzung zweier wichtiger Handelsstraßen, nämlich dem Hellweg und der Wiß- bzw. Brückstraße, die Teil der Verbindung Köln und Bremen sind.

Heute ist dieses Gebiet mit einer meist tief unterkellerten Bebauung versiegelt, so daß Grabungen nahezu ausgeschlossen sind.

Bei der Untersuchung der Straße „Friedhof" als der südlichen Begrenzung des o. g. Bereiches traf man zunächst auf das Areal des Friedhofs der Reinoldikirche, das zu einer für das Jahr 1316 belegten Erweiterung gehört[7].

Unter diesen Grabschichten, deren Belegungen aufgrund fehlender Begleitfunde nicht im einzelnen zu datieren sind, tauchten mehrere Baubefunde auf. Starke Verziegelung des umgebenen Lösses, Holzkohle, Kupfer- und Bleireste ließen in einem Fall auf einen Schmelzofen (1085 ± 130 AD)[8], mehrere mit Rotlehm verfüllte Gruben auf die Nähe von Verhüttungsstellen schließen.

Die Reste von drei Häusern mit Steinkellern und separaten Kellereingängen sind später, wohl aber noch vor 1316 abgebrochen worden. In einem Fall konnten auf dem Kellerboden drei übereinanderliegende, von Lößschichten voneinander getrennte Laufhorizonte nachgewiesen werden, die auf längere Nutzung hinweisen.

Ob die zwischendurch freigelegten Brandschichten im Zusammenhang mit den großen Stadtbränden des 13. Jahrhunderts stehen, konnte bislang nicht geklärt weden. Die blaugraue Irdenware, die den größten Teil des keramischen Fundgutes ausmacht, weist aber im wesentlichen in diese Zeit.

Insgesamt reicht das keramische Spektrum von Badorfer Ware – ein kleines Stück verschliffener Terra Sigillata gehört zu den stratifizierten Streufunden – über Pingsdorfer Keramik, die hier in ihrer entwickelten, das heißt härter gebrannten Form vorkommt, bis zu Faststeinzeug und Siegburger Steinzeug, das aber erst am Rande des Friedhofsareals und außerhalb auftritt. Hier, also hinter der im Fundament nachgewiesenen Friedhofsmauer, wurden zahlreiche Hinterlassenschaften handwerklicher Tätigkeit gefunden. Dazu gehören in erster Linie immer wieder Knochen geschlachteter Tiere mit deutlichen Bearbeitungsspuren, seltener mißlungene Halbfabrikate. Meist sind es abgeschnittene Gelenkköpfe von Langknochen, aus denen Knochenkämme gesägt wurden.

Östlich der Reinoldikirche haben sich in humosen, dauerfeuchten Schichten in ca. 2 m Tiefe eine Menge Lederreste erhalten. Aus unbrauchbar gewordenen Schuhteilen wie Sohlen, Stücken des Oberleders und Teilen der Schnürung lassen sich z. T. Formen, Größen und Fertigungstechnik rekonstruieren. Ob die auch häufiger gefundenen Eisenschlacken mit dem o. g. Schmelzofen in Verbindung stehen, sollen gesonderte Laboruntersuchungen klären.

Als einfach gepflasterte Straßen sind parallel zur Friedhofsmauer verlaufende Steinlagen anzusehen, nicht nur wegen der auf ihnen gefundenen Hufeisen und Sohlenresten. In einem Fall wird dieser Schluß durch eine deutliche Fahrspur unterstrichen. Wenn auch noch nicht alle Funde und Befunde eindeutig geklärt sind, geben sie doch einen aufschlußreichen Einblick in das mittelalterliche Leben an dieser Stelle, die sicherlich als das alte Zentrum der Stadt anzusehen ist.

Kuckelketor

Der geplante Neubau eines großen Wohn- und Geschäftshauses in der Innenstadt im Bereich Burgwall, Kuckelke und Reinoldistraße ergab 1984 die Notwendigkeit für eine Notgrabung, die sich zu einer längerer Baustellenbeobachtung entwickelte[9].

Den Anstoß gab die Entdeckung einer Bruchsteinquadermauer in der Baugrube der für das Bauvorhaben erforderlichen Versorgungsleitungen. Dieses Mauerwerk in Ost-West-Ausrichtung am Rande des Burgwalls, Ecke Kuckelke konnte nach Vergleich mit der Urkatasterkarte von 1826 mit dem Kuckelketor in Verbindung gebracht werden.

Dieses Stadttor, das 1304 erstmals erwähnt wird, ist eines der sechs Ausfalltore der mittelalterlichen Stadt und liegt im nordöstlichen Abschnitt des alten Wallringes, dessen Verlauf der heutige Wallstraßengürtel folgt. Zwar war zur Zeit der Erstellung des Urkatasters das Kuckelketor nicht mehr existent – es wurde 1806

als erstes Stadttor bis unter Straßenniveau abgebrochen – die Parzellengrenzen konnten aber noch eingemessen werden.
Danach konnte die o. g. Bruchsteinmauer als Fundament des Zugbrückenauflagers gedeutet werden.
Die darauf vom Verfasser angeregte und von Mitarbeitern des Museums für Kunst und Kulturgeschichte begleitete Ausschachtung legte die Westfront der gesamten Toranlage frei.
In einer zwei Jahre später erfolgten Grabung[10] konnte dann die Ostseite untersucht werden. Der Bereich der Torgasse ist bis heute von umfangreichen Versorgungsleitungen blockiert, hier konnte mit kleinen Sondierungen nur die Begrenzung des Störungsverlaufs erfaßt werden.
Danach besteht das Kuckelketor aus dem Torturm mit fast quadratischem Grundriß (im Mittel 8 m lang, 9 m breit), dem knapp 13 Meter langen Vorwerk und dem stadtauswärts angelegten Zugbrückenauflager. Die Vorwerkskammer stellt sich mit einem unregelmäßigen Grundriß dar. Erstens ist die gedachte Mittelachse der Torgasse nach Osten hin verschwenkt, dann sind die beiden Mauerwangen des Vorwerks nicht durchgehend gemauert. Der Eindruck, daß es sich um zwei aneinandergebaute Vorwerkskammern handeln könnte, wird durch die auffallend verschiedene Mauertechnik und die unterschiedliche Gründungstiefe der beiden Mauerteilstücke bestätigt.
In der gleichen, im Mittelalter verbreiteten Zweischalenmauertechnik wie die Vorwerksmauer, d. h. mit zwei äußeren Schalen aus Quaderstein und mit Bruchsteinen und Mörtel ausgefülltem Zwischenraum, ist auch das Turmmauerfundament ausgeführt. Hier fällt aber die viel sorgsamere und gleichmäßigere Bearbeitung der Quader auf, die in getreppten Lagen hochgemauert sind.
An die Außenseiten des Turmes sind die Anschlußstücke der Stadtmauer angesetzt, die allerdings von rezenten Baumaßnahmen stark zerstört und nur rudimentär erhalten sind.
Eine Besonderheit der Toranlage ist die Gründung auf Holz. Die Mauern ruhen in 2,7 – 4 m Tiefe auf Balkenrosten, die auf senkrechten, in den Boden gerammten Pfählen liegen. Die teilweise schlechte Erhaltung der Eichenbohlen ließ nur einige dendrochronologische Untersuchungen[11] zu, die aber aufschlußreiche Hilfen zur Datierung brachten. So erlauben die Balken unter dem Tor eine Datierung um 1200, während die Meßdaten der Hölzer unter dem Vorwerk eine Korrelierung mit historischen Daten[12] zulassen, nach denen 1589 das Vorwerk umgebaut worden ist. Dieses zeigt, wie wichtig und fruchtbar die interdisziplinäre Zusammenarbeit zwischen Historikern und Archäologen ist.
Leider stehen keine aussagekräftigen Funde mit dem Kuckelketor direkt im Zusammenhang, abgesehen von dem Fundgut aus dem Bereich des umgebenden Stadtgrabens, das die generelle Nutzung vom 13. bis 18. Jahrhundert belegt.
Ein großer Teil des westlich sich anschließenden Bereichs, der

Abb. 103 Dortmund, Kuckelketor. Blick von Westen, rechts der Torturm, mitte und links die Vorwerksfundamente.

heute vom Burgwallcenter eingenommen wird, entspricht dem damaligen Stadtgraben, der an dieser Stelle im 17. Jahrhundert teichartig erweitert war. Eine Anzahl von Bohlen und Brettern, dendrochronologisch in die erste Hälfte des 15. Jahrhunderts datiert, deutet aber eine wahrscheinlich frühere und schmalere Ausdehnung dieses Grabens an. Dieses könnte auch einen Befund unter der Mitte der Toranlage erklären, der an einen verfüllten Graben erinnert.

Bei den laufenden Bauarbeiten konnten vier Teilstücke der Stadtmauer auf einer Länge von 100 Metern dokumentiert werden. Soweit nachweisbar, waren sie in der o. g. Zweischalenmauertechnik in einer Stärke von ca. 2,40 m errichtet und in 2 m Tiefe gegründet.

Während diese Befunde dem Neubau zum Opfer fielen, ist das Kuckelketor als Bodendenkmal eingetragen und liegt wieder geschützt im Boden. Die Pflasterung seines Grundrisses wird in diesen Tagen in Angriff genommen. Sie wird obertägig den originalen Standort anzeigen und damit die Ausdehnung der mittelalterlichen Stadt im heutigen Stadtbild verdeutlichen.

Im Verlauf der weiteren Baustellenbeobachtung konnte mit der Freilegung von sechs Brunnen ein Einblick in die mittelalterliche Wasserversorgung gewonnen werden. In dem Bereich, der südlich der Stadtmauer, also innerhalb der Stadt liegt, wurden drei verschiedene Bautypen beobachtet: drei aus Bruchstein trocken gemauerte, zwei hölzerne Faßbrunnen und ein Brunnenschacht. Letzterer muß aufgrund seiner Dendrodatierung (930 AD) vor Anlage der Stadtmauer errichtet worden sein; die verbesserte Bauweise der Steinbrunnen gegenüber den Faßbrunnen wie auch ihre wachsende Gründungstiefe mag auf den sinkenden Grundwasserspiegel infolge eines höheren Wasserverbrauchs hinweisen.

Die Keramik des 13.–15. Jahrhunderts aus den Verfüllungen wird man kaum zur Datierung der Brunnen selbst heranziehen können, da dieses Material größtenteils erst nach Aufgabe hineingelangt sein wird. In der Hoffnung auf weitere, vielleicht ergänzende Befunde soll das neue, große Bauvorhaben im westlichen Anschluß demnächst ebenfalls beobachtet werden.

Adlerturm

Während die beiden vorgenannten Untersuchungsbereiche im wesentlichen in die Zeit des Früh- bzw. Hochmittelalters gehören, handelt es sich beim Adlerturm um eine spätmittelalterliche Anlage.

Seine bei Leitungsverlegungen angeschnittenen Fundamente wurden 1986 auf Anregung des Historischen Vereins ausgegraben[13]. Die archäologischen Arbeiten erbrachten wichtige Ergebnisse zur Konstruktion, Bautechnik und Nutzung des Turmes. Danach wurde das aus Ruhrsandstein in 2 m starker Zweischalen-Mauertechnik errichtete Befestigungswerk zwischen der letzten Hälfte des 13. Jahrhunderts an die schon bestehende Stadtmauer als zusätzlicher Wachturm angebaut.

Der größte Durchmesser des dreiviertelrunden Turmes beträgt 12,80 m. Die Fundamente sind größtenteils bis in die Tiefe von ca. 6,00 m erhalten.

Die aus einer konzentrierten Fundschicht geborgenen Bodenfunden sind in erster Linie unbrauchbare oder verlorene Gegenstände aus den verschiedensten Bereichen des Alltagslebens. Von Haushaltsgeräten wie Scheren, Nadeln und Spinnwirteln über Trachtenzubehör wie Kämme, Gürtelschnallen und Schmuck bis hin zu Münzen, die die Nutzungszeit des Bauwerks vom 13.–17. Jahrhundert belegen, sind fast alle Fundgattungen vertreten.

Hinzu kommen größere Mengen von Keramikscherben aus Irdenware und Steinzeug, aus denen sich fast die gesamte Palette des mittelalterlichen Tongeschirrspektrums rekonstruieren läßt. Zu den Besonderheiten des Adlerturmes gehört die auffällige Bestattung eines Mannes. Nach der anthropologischen Untersuchung am Zentrum für Anatomie der Universität Göttingen[14] handelt es sich um einen senilen Mann, der allem Anschein nach zur oberen Sozialschicht gehörte. Jedenfalls weisen die Untersuchungsergebnisse darauf hin, daß er nicht schwer gearbeitet und sich gut ernährt hat.

Im Gegensatz zu der zu jener Zeit üblichen beigabenlosen christlichen Bestattungssitte waren dem Toten zwei Gefäße und ein in Resten erhaltenes, aufwendiges Wachstäfelchen mitgegeben worden.

Seine verdrehte Körperhaltung und die Art und Weise der Niederlegung in einer Abfallgrube stehen zu den o. g. Erkenntnissen im Gegensatz.

Der stadtgeschichtlich wohl interessanteste Befund ist eine Schicht mit Verhüttungsabfall, in die gegen 1200 die Stadtmauer gebaut wurde und die sich im Inneren des später an dieser Stelle errichteten Turmes erhalten konnte. Hieraus wurden größere Mengen von keramischen Tiegelbruchstücken und Schlacken geborgen, die nach ersten Untersuchungen im Deutschen Bergbaumuseum auf eine Blei-Silberverhüttung hinweisen. Geplant sind weiterhin Bleiisotopenanalysen, die vielleicht die Herkunft des verhütteten Erzes klären könnten.

Immerhin belegen diese Funde die Existenz einer in unmittelbarer Nähe gelegenen Metallverhüttungsanlage, die vor 1200 vor den Toren des mittelalterlichen Dortmunds gelegen hat – bislang völlig unbekannt in der Dortmunder Stadtgeschichte.

Eine weitere Grabungskampagne wurde durch das „Aufbauprojekt Adlerturm“ erforderlich.

Da das Originalmauerwerk von Turm und Stadtmauer heute nicht mehr in der Lage ist, die Drucklast des Neubaues zu tragen und nach Auflage der Denkmalpflege eine direkte Berührung von Alt und Neu vermieden werden muß, soll eine Bohrpfeilerkonstruktion im Turminneren das Gewicht des modernen Überbaues abfangen.

Um für diese Konstruktion Platz zu schaffen, ist der Innenraum des Adlerturms Schicht für Schicht ausgeräumt worden. Dann wurden der Schichtenaufbau wie auch die Baudetails dokumentiert.

Nach dem Ende der Grabungsarbeiten im Turminneren sollen im Außenbereich auch die Form der Grabenanlage und der Aufbau der Verfüllung untersucht werden, bevor mit der Rekonstruktion und der Sichtbarmachung begonnen werden kann.

Wenn die Befürworter und Betreiber dieses Projektes sich auch entschieden gegen den Begriff „Disneyland“ verwehren und beteuern, daß sich der Aufbau streng an Ausgrabungsbefund und historischen Belegen orientiert, darf nicht verschwiegen werden, daß der einzige Hinweis auf das Aufgehende aus dem 2 cm großen Ausschnitt des skizzenhaften Mulher-Planes[15] von 1610 kommt.

Mit der Sichtbarmachung des Kuckelketores und der Rekonstruktion bzw. dem Nachbau des Adlerturmes am Originalstandort werden zwar zwei völlig unterschiedliche Wege beschritten, sie verdeutlichen aber, daß das geschichtliche Interesse unter die Erinnerung an das Mittelalter hier im Ruhrgebiet zunehmend in den Blickpunkt des öffentlichen Lebens rücken und gerückt werden.

Abb. 104: Dortmund, Adlerturm. Blick von Südwesten gegen Adlerturm und Stadtmauer.

Und noch etwas anderes soll dieser Beitrag unterstreichen: Um Licht in das Dunkel dieser Zeit zu bringen, in der die schriftlichen Hinterlassenschaften noch sehr lückenhaft sind, können Fragen zur Geschichte, Wirtschaft und Sozialstruktur, überhaupt zum alltäglichen Leben, nur im Zusammenwirken zwischen historischer Archivarbeit, archäologischer Feldforschung und der Arbeit im naturwissenschaftlichen Labor beantwortet werden.

In Dortmund muß und wird intensiv weiter geforscht werden.

Anmerkungen

1 Hauptstaatsarchiv Düsseldorf, Werden, Akten (Xa, 1a).

2 Wisplinghoff, Erich: Dortmund in der Überlieferung des Klosters Werden, in: Luntowski, Gustav/Reimann, Norbert (Hg.): Dortmund. 1100 Jahre Stadtgeschichte, Festschrift, Dortmund 1982, S. 9 - 19.

3 Meyer, Diethard: Dortmund, Friedhof, in: Ausgrabungen und Funde in Westfalen-Lippe 3 (1985), S. 159 - 171; Deutmann, Karl Heinrich: Dortmund, Friedhof und Kuckelke, in: Ausgrabung und Funde in Westfalen-Lippe 5 (1987), S. 580 - 582.

4 Winterfeld, Luise von: Die Lage der Pfalz und die Befestigung der Stadt Dortmund, in: Beiträge zur Geschichte Dortmunds und der Grafschaft Mark 31 (1925), S. 24.

5 Reimann, Norbert: Königshof, Pfalz, Reichsstadt, Dortmund 1984, S. 13 - 36.

6 Original im Museum für Kunst und Kulturgeschichte der Stadt Dortmund.

7 Dortmunder Urkundenbuch, Bd. II, Dortmund (1881), S. 418 ff., Nr.432.

8 Paläomagnetische Datierung des Niedersächsischen Landesamtes für Bodenforschung, Hannover 1984.

9 Deutmann, Karl Heinrich: Dortmund, Alter Burgwall, in: Ausgrabungen und Funde in Westfalen-Lippe 6, im Druck.

10 Zieling, Norbert: Dortmund, Alter Burgwall/Kuckelke, in: Ausgrabungen und Funde in Westfalen-Lippe 6, im Druck.

11 Dendrochronologische Untersuchungen des Institutes für Ur- und Frühgeschichte der Universität Köln und des Planungsbüros Tisje, Neu-Isenburg.

12 Mulher, Detmar: Ausführliche Beschreibung von Grafschaft und Stadt Dortmund aus dem Jahre 1616, in: Seibertz, Johannes Suibert: Quelle der westfälischen Geschichte, Bd. 1 - 2 Arnsberg, 1857.

13 Zieling, Norbert: Der Adlerturm, in: Heimat Dortmund 1, (1986).

14 Freundliche Mitteilung von Dr. Dr. M. Schulz, Universität Göttingen.

15 Museum für Kunst und Kulturgeschichte der Stadt Dortmund; vgl. den Beitrag von Jürgen Zänker in diesem Band.

Wie ein früher nicht bewohntes Land?

Mittelalterliche Bauten im westfälischen Ruhrgebiet und der Beginn der amtlichen Denkmalpflege

Hans H. Hanke

Die gotischen Kathedralen galten als „krausborstige Ungeheuer[1]", als Beweis des Niedergangs der griechischen und römischen Kultur in den Zeiten des finsteren Mittelalters. Goethe scheint einer der ersten gewesen zu sein, der Leistungen wie das Straßburger Münster doch sehr ausdrucksvoll fand und seine Meinungsänderung auch öffentlich vertrat. Sein 1771 geschriebener Aufsatz „Von deutscher Baukunst" war eine frühe Aufforderung, die Architektur des Mittelalters neu zu sehen und zu schätzen [2]. Nun entstand auch der Gedanke der Bewahrung und Erhaltung geschichtsträchtiger Bausubstanz, genährt von solchen Befürchtungen wie der Schinkels 1815, „daß unser Vaterland von seinem Schmuck so unendlich viel verlor, was wir bedauern müssen, und wenn jetzt nicht ganz allgemeine und durchgreifende Maßregeln angewendet werden, so werden wir in kurzer Zeit unheimlich, nackt und kahl wie eine neue Colonie in einem früher nicht bewohnten Lande dastehen[3]".

Auch vor 1800 gab es eine Denkmalpflege. Meist diente sie dazu, die Rechte des jeweiligen Herrscherhauses sichtbar auf eine lange Tradition zurückführen zu können und so zu legitimieren. Ob das dabei vermittelte Bild der historischen Vorgänge der Wahrheit entsprach, war meist Nebensache. Im Preußen des 19. Jahrhunderts führten zum Teil ähnlich staatstragende Erwägungen zu einem amtlich geleiteten und nur dadurch halbwegs wirkungsvollen Denkmalschutz. Die vermeintlich urdeutschen gotischen Bauten wurden in der Zeit der Befreiungskriege als Nationalgefühl und Kampfgeist stärkende Monumente deutscher Kultur gegen eine von Franzosen bestimmte Gegenwart empfunden. Als Westfalen 1816 schließlich eine Provinz Preußens wurde, waren die westfälischen Bürger auch über die neuen Herrschaftsverhältnisse nicht begeistert. Preußische Politik wurde es darum, ein in der gemeinsamen Geschichte wurzelndes Zusammengehörigkeitsgefühl aller preußischen Untertanen heraufzubeschwören, indem man Bauten des mittelalterlichen Deutschen Reiches in das allgemeine Bewußtsein rückte. Die Geschichte der Vollendung des Kölner Doms im 19. Jahrhundert weist nacheinander beide ideologischen Ansätze auf.

Nachdem auf der Basis „Nationen-Kampf" und „Preußentreue" hauptsächlich Kirchen, Burgen und Schlösser in staatliche Obhut genommen wurden, erweiterte sich mit wachsender wissenschaftlicher Erkenntnis und durch die allmähliche Demokratisierung der Denkmalbegriff auf alle Bautypen bis hin zur ärmsten Hütte. Ein aufschlußreicher Querschnitt durch die Wohn- und Lebensverhältnisse aller Bürger kann nur so überliefert werden.

Neben dem, vom staatlichen Zweckdenken getragenen Denkmalbegriff gab es von Beginn des 19. Jahrhunderts an auch eine Auffassung über die Aufgaben und Objekte einer Denkmalpflege, die in vielem den heutigen Meinungen bereits damals entsprach. Sie wurde von einer großen Zahl von Architekten und Gelehrten vertreten, die ihre Auffassungen mit nicht zu verkennendem Idealismus erst in die staatliche Politik einbrachten und dann die neuen amtlichen Richtlinien gegen unverständige Beamte sowie bauwütige Haus- und Grundbesitzer durchsetzen mußten. Für den Bestand der denkmalwerten Bauten war der lange Weg vom Gedanken bis zur Praxis der Denkmalpflege verlustreich.

In diesem Beitrag soll an einigen Beispielen geschildert werden, welche mittelalterlichen Gebäude im Ruhrgebiet in etwa zu finden sind und wie sie in das Blickfeld der amtlichen Denkmalpflege gerieten. Der Überblick kann und soll nicht vollständig sein, zumal ich mich aus pragmatischen Gründen auf den westfälischen Teil des Ruhrgebietes beschränken muß.

Der Architekt Karl Friedrich Schinkel (1781 – 1841)[4], er ist oben bereits zitiert worden, hatte durch sein Amt als Oberbaurat und späterer Direktor der preußischen Bauverwaltung wesentlichen Einfluß auf die Entwicklung der Denkmalpflege. Unter anderem veranlaßte er die erste Erfassung aller Kunst- und Baudenkmäler in Preußen. Von 1819 bis 1823 forderte er die Bauräte bei den Regierungspräsidenten auf, Listen „merkwürdiger Gebäude und Monumente[5]" zu erstellen und nach Berlin zu schicken. Die Ergebnisse, die ihm zugingen, erschienen ihm aber, als habe er versucht, „aus taubem Gestein Funken zu schlagen[6]". Tatsächlich scheint die geringe Zahl der benannten Denkmäler zu belegen, daß man sein Anliegen nicht recht verstanden hatte und auch nicht besonders daran interessiert war. Aus dem späteren Ruhrgebiet wurden die folgenden Objekte nachgewiesen, deren späteres Schicksal hier gleich mit erwähnt wird[7]:

- Dorsten besaß eine spätgotische Hallenkirche, die 1945 bis auf den Turm zerstört wurde.
- In Dortmund verwies man auf die Reinoldikirche (13. Jahrhundert – 1671), die nach schwersten Kriegszerstörungen fast unverändert wieder aufgebaut worden ist. Außerdem wurden das Altarbild (1476) in der heutigen Propsteikirche, der Altar (1521), der jetzt in der Petrikirche steht, und der heute noch in Resten erhaltene Freistuhl angeführt.
- In Fröndenberg liegen nach wie vor die Grabstätten der Grafen von der Mark in der ehemaligen Stiftskirche, wurden dort aber in den Turm verlegt.
- Für Hamm wurde die Pauluskirche (1275 – 14. Jahrhundert) sowie die Agneskirche (1507 – 1512), eine ehemalige Franziskanerkirche, aufgelistet. Beide wurden im Krieg zerstört. Ein „in Stein gehauenes Monument, die Bildnisse der Familie Knipping wahrscheinlich vorstellend[8]", ging 1945 verloren.
- Den Horkenstein, „ein Koloß von unreifer Gesteinsart, dem Götzen Gurgo geweihet, dessen natürliche Festigkeit und Lage (denselben) übrigens noch Jahrtausende vor der Zerstörung sichert[9]", meldete man aus Hattingen. Der Stein lag früher im heutigen Bochum-Dahlhausen und befindet sich nun in der Hattinger Stadtmitte[10].
- Die Hohensyburg, eine große sächsische Wallburg, in der die Ruine einer Burg aus dem 11. Jahrhundert[11] steht, ist bis heute erhalten und wurde 1857 durch den Vincketurm und 1893 – 1902 durch ein Kaiserdenkmal ergänzt.
- Im Ort Syberg selbst befindet sich eine Saalkirche (1169 – 15. Jahrhundert), die nach sehr starken Kriegsschäden neu entstand.
- Horst in Gelsenkirchen besaß ein Vierflügelschloß als Wasseranlage (1552 – 17. Jahrhundert), von dem heute nur noch ein Teil erhalten und mittlerweile auch restauriert ist. Ein großer Teil des Schlosses wurde 1851 auf Befehl der preußischen Regierung in Münster abgebrochen ... trotz offizieller Kenntnis um den Erhaltungswert!

Abb. 105 Dortmund, Reinoldikirche, Zustand 1853 von Nordost.

An dieser Liste mit nur zwölf schützenswerten Objekten für das gesamte Gebiet an Ruhr, Emscher und Lippe wird nicht nur das anfängliche, sondern auch das konstante Problem jeder Denkmalpflege deutlich: Ohne ein ausreichendes Bewußtsein für die Bedeutung alter Gebäude kann ein wirkungsvoller Schutz nicht stattfinden, weil ihr Wert entweder erst gar nicht erkannt wird, oder die notwendige Sorgfalt im Umgang mit ihnen ausbleibt. Immerhin war mit der Liste von 1822/23 ein Anfang gemacht, die Ergebnisse konnten in der Folgezeit ausgebaut werden. Das von Schinkel verfolgte Prinzip, eine Erfassung sämtlicher vorhandener Baudenkmäler zur Grundlage einer Bewertung und Pflege einzelner Objekte zu machen, ist bis heute gültig und zuletzt Bestandteil des 1980 in Kraft getretenen Denkmalschutzgesetzes NRW geworden.
Für mangelndes historisches Verständnis gab und gibt es jederzeit genügend Beispiele:
1838 wurden vom Oberpräsidenten Westfalens, von Vincke (1774 - 1844), von allen Orten und Städten Chroniken eingefordert, deren Inhalt auch die vorhandenen historischen Bauten betreffen sollte[12]. Mit dieser Aufgabe wurde in Bochum 1842 der Rektor und Prediger Volkhart betraut, der innerhalb eines Jahres eine umfangreiche und detaillierte Stadtgeschichte und eine Karte der Stadt fertigstellte. Die Chronik ruht bis heute im Stadtarchiv Bochum und ist der Regierung in Münster von der Bochumer Stadtverwaltung niemals vorgelegt worden[13].
1833 reiste der Kunsthistoriker Gustav Friedrich Waagen durch Westfalen, um im Auftrag der preußischen Regierung unter anderem den Bestand an alten Gemälden zu erkunden. Er berichtete über Dortmund[14]:
„In der Provinz Westfalen ist dagegen der Zustand der Kunstdenkmale mit wenigen Ausnahmen höchst beklagenswert zu nennen. Nachdem noch in den letzten Deccennien an alten Bauwerken, Sculpturen und Gemälden unsäglich viel Wertvolles und Merkwürdiges zerstört, verdorben oder weggeschleppt worden, wird darin auch noch jetzt mit großer Lebhaftigkeit fortgefahren, so daß, insofern nicht durchgreifende Maaßregeln ergriffen werden, diesem Unwesen zu steuern, in wenigen Jahren der Untergang der noch übrigen, gegen den früheren Reichtum sehr spärlichen Reste von Werken bildender Kunst mit Sicherheit vorauszusehen ist.
Zum Belag dieser allgemeinen Behauptung werden folgende Facta dienen. Zu Dortmund in der St. Peterskirche befindet sich ein sehr großer Altar, dessen Mitte, wie meist in jenen Gegenden, von Schnitzwerk gebildet wird, dessen Flügel aber nicht weniger als 36 verschiedene Gemälde von einem achtbaren Lokalmeister aus der Mitte des 16. Jahrhunderts enthalten (s. o. Petrikirche, Do.; Vf.). Diese sind bis zum 1832 noch unberührt gewesen, im vorigen Jahr aber, wie man mir in wohlmeinender Unwissenheit rühmte, auf das Schönste von einem Feldwebel gewaschen und aufgemalt worden. Obgleich nun diese militärische Behandlung nicht ganz so verderbliche Folgen gehabt, wie man annehmen sollte, sind immer diese Bilder dadurch in großen Stellen verwaschen und teilweise roh übermalt. Da man mir in der katholischen Kirche, dessen Altar ungleich wichtigere Bilder enthält, den unscheinbaren Zustand derselben entschuldigend, die Versicherung gab, daß sie nächstens aufgefrischt werden sollten, und ich nicht wußte, ob meine Vorstellungen dagegen etwas fruchten würden, habe ich es für meine Pflicht gehalten, S. Excellenz des Herren Ober-Präsidenten von Vincke durch einen Kunstfreund in Münster von diesen Vorgängen, die dort noch unbekannt waren, in Kenntnis setzen zu lassen. Desgleichen war man in Dortmund im Begriff, die Hauptkirche des Orts, St. Reinaldi (s. o. Reinoldikirche, Do.; Vf.), einen sehr interessanten Bau aus der Übergangszeit des romanischen in den gotischen Baustyl, abreißen zu lassen. Sollte die Erhaltung ohne allzugroßen Kostenaufwand irgend möglich sein, möchte ich dieselbe dringend empfehlen. Um dafür nach mehreren Seiten nach Kräften zu wirken, habe ich auch bereits den Oberbaudirektor Schinkel dafür zu interessieren gewußt."
Ähnliche Vorgänge meldete Waagen zum Beispiel aus Soest, Münster und Paderborn. Auch Schinkel hatte auf Dienstreisen, die ihn 1816, 1824 und 1833 durch Westfalen führten, diese Mißstände bemerkt. Im uns interessierenden Gebiet hat er ohne besondere Bemerkungen in dieser Hinsicht nur Hagen und Schwelm berührt[15].
Die sich allgemein und alarmierend häufenden Berichte über den beständigen Verlust bedeutenden Kulturgutes veranlaßten Friedrich Wilhelm IV. schließlich, 1843 einen „Konservator der Kunstdenkmäler" für das Königreich Preußen zu ernennen. Die Wahl fiel auf den Architekten Ferdinand von Quast (1807 - 1877), einen Schüler Schinkels, der sich bereits mit der Pflege mittelalterlicher Bauten auseinandergesetzt hatte. Die von Schinkel eingeführte Methode der Inventarisierung und Pflege von Denkmälern konnte von Quast institutionalisiert und damit einen entscheidenden Schritt weiter gebracht werden. Er gilt als Pionier der deutschen Denkmalpflege, eine Bezeichnung, die auch insofern zutrifft, als er allein, mit unzureichenden Kompetenzen und wenigen Geldmitteln das gesamte Königreich Preußen zu bearbeiten hatte. Trotz zahlreicher Erfolge kam Quast nach zehnjähriger Tätigkeit zu dem Schluß: „Von einem Viertel von allem, was mein Ressort betrifft, erhalte ich Kenntnis; ein Minimum hiervon kommt zu Stande, und was zu Stande kommt, wird in der Ausführung meist noch verdorben, so daß ich oft wünsche, es käme noch weniger zu Stande[16]."
Ohne das bisher eine genaue Auswertung seiner Dienstreisen erfolgt ist, hat Quast diese Erfahrungen sicherlich auch in Westfalen gemacht. Er kam zwölfmal hierher und besuchte dabei Dortmund, wo er u. a. Zeichnungen für neue Glasfenster in der Reinoldikirche machte, sowie Fröndenberg, Hagen, Hamm, Herdecke, Hörde, Horst, Schwelm und Wetter[17]. Man kann

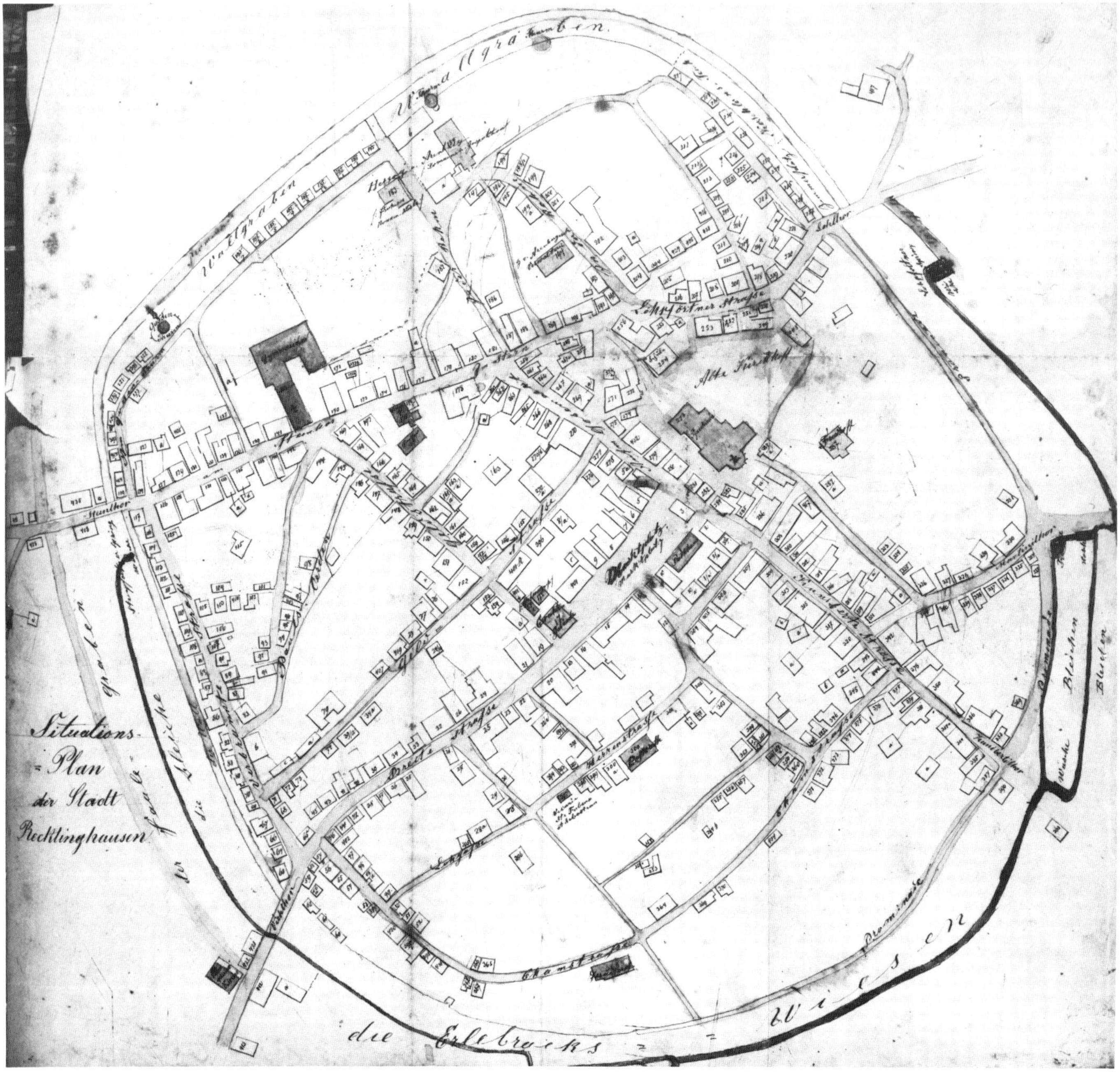

Abb. 106 Recklinghausen, heutige Altstadt. Plan von 1854 (Landschaftsverband Westfalen-Lippe Archiv, Bestand Westfälisches Amt für Denkmalpflege C 76 Nr. 77).

davon ausgehen, daß er sich dabei meist um die jeweiligen Kirchen kümmerte.

Von bisher ungewürdigter Bedeutung scheinen Quasts Unterlagen zur Inventarisierung zu sein[18]. Er versuchte anhand eigens entwickelter Fragebögen eine flächendeckende Erfassung der Bau- und Kunstdenkmäler zu erreichen, die gegenüber der von Schinkel eingeleiteten Aktion den Vorteil hatte, konkrete Fragen zu stellen und es nicht dem Verständnis und Willen der Befragten überließ, wie umfangreich sie antworten wollten. Die Fragebögen wurden 1844 entworfen und 1854 probeweise an die Städte und Gemeinden der Regierungsbezirke Königsberg und Münster versandt. Es ist dann zu weiteren Umfragen gekommen, bis 1864 die Versendung der Formulare schließlich durch einen Ministerial-Erlaß eingestellt wurde, in dem es zur Begründung hieß[19]: „... wenngleich ich nicht verkennen will, daß durch die Ausfüllung der Frageformulare p. schätzenswertes Material für die Erforschung der Kunst- und Baudenkmäler unseres Vaterlandes zu gewinnen ist, ... (stehen) die hierdurch entstehenden Kosten und Mühewaltungen mit dem zu erreichenden Nutzen nicht im Verhältnis." Eine Auswertung kam so auch nicht mehr zustande.

Die Formulare[20] enthalten 14 untergliederte „Fragen betreffend die geschichtlichen und Kunst-Denkmäler", sowie eine „Beilage" mit 50 ebenso differenzierten „Fragen in Bezug auf die Kirche (Kapelle)". Der Schwerpunkt des Interesses lag also eindeutig bei den Kirchengebäuden. Aus dem Kreis Recklinghausen liegen die Antworten von 31 Orten vor, die meist eine längere oder kürzere Ortsgeschichte bieten und manchmal auch Kirchen- oder

Gemeindesiegel, Baubeschreibungen und ähnliche kurzgefaßte Mitteilungen enthalten. Seltener sind Grundrisse, Ansichten von Kirchen, Orgeln, Angaben zu Glocken.
Für die Landgemeinde und die Stadt Recklinghausen befinden sich zwei „Situationspläne" bei den Fragebögen. Von den bisher bekannten Plänen Recklinghausens zeichnet sich der Altstadtplan dadurch aus, daß er noch die ursprüngliche Hausnumerierung angibt[21]. Im übrigen zeigt sich auch hier, wie gut der mittelalterliche Grundriß des Kernbereichs Recklinghausens bis heute erkennbar geblieben ist. Auch dieser Grundriß ist denkmalwert. Vom mittelalterlichen Aufbau hat sich vor allem ein Teil der alten Stadtmauer mit einem Rundturm und einem halbrunden Wachturm erhalten (14. Jahrhundert). Ein großer Teil der 1855 eingezeichneten Gebäude ist ebenfalls, wenn auch oft in stark veränderter Form, bewahrt geblieben.
Die für Quast nur mäßig brauchbaren Antworten scheinen für die heutige Forschung und Denkmalpflege von hoher Bedeutung zu sein, weil hier der Zustand Westfalens größtenteils so festgehalten ist, wie er sich unmittelbar vor der großen Umgestaltung durch die Industrialisierung – noch im mittelalterlichen Charakter – darbot.
Nach dem Tode Quast 1877 begann eine erneute Umstrukturierung der Denkmalpflege, die sich auch in einer Reihe von Gesetzen und Verordnungen niederschlug. Letztlich wurde die Zuständigkeit für die Denkmalpflege den Provinzialverbänden, den heutigen Landschaftsverbänden, zugewiesen. Es entstanden durch die Arbeit der Kommission zur Erforschung der Kunstgeschichts- und Naturdenkmäler Westfalens, die seit 1875 bestand, zwei gedruckte Inventarbände für die Kreise Hamm (1881) und Warendorf (1886). Damit ist der Band Hamm, nachdem die ersten Bemühungen Schinkels um eine Inventarisierung der Denkmäler Preußens auf das Jahr 1815 zurückgehen, das erste sichtbare, d. h. gedruckte und veröffentlichte Inventarisationsergebnis in Westfalen.
1887 wurde der Regierungsbaumeister Albert Ludorff (1848 – 1915) mit der Inventarisation, 1892 auch mit der bis dahin noch in Berlin zentralisierten Denkmalpflege beauftragt und zum Provinzialkonservator ernannt. Ludorff erhielt feste Mitarbeiter und konnte zwischen 1893 und 1915 37 Inventar-Bände unter dem Titel „Bau- und Kunstdenkmäler von Westfalen" veröffentlichen.

Abb. 107 Denkmalpfleger auf Dienstfahrt, vor 1927 (?).

Durch Ludorffs Werk und die Einordnung des Denkmalpflegeamtes beim Provinzialverband konnte die Inventarisation und Pflege der Denkmäler Westfalens bis in die Gegenwart hinein ununterbrochen fortgeführt und ausgebaut werden. Die Pflegetätigkeit des Amtes wird seit 1922 in den „Denkmalpflegeberichten" veröffentlicht, die Inventare wurden laufend erneuert. So sollte unter anderem eine kontinuierliche Öffentlichkeit für die Baudenkmäler gewährleistet werden, die – über die aktuelle Aufmerksamkeit im Baugeschehen hinaus – zur langfristigen Erforschung und Sicherung der einzelnen Objekte beiträgt.
Wertet man die vorliegenden Erkenntnisse über die Entwicklung und Arbeit der westfälischen Denkmalpflege im Hinblick auf das Ruhrgebiet aus, ist es auffällig, daß bis um 1890 alle Regionen Westfalens etwa gleich berücksichtigt wurden. Erst die dann erschienenen Inventar-Bände sind für die Orte im Ruhrgebiet unverhältnismäßig dünner als für andere Gebiete. Am Ende der Zwanziger Jahre dieses Jahrhunderts scheint das damit verbundene Problem deutlich geworden zu sein, das Inventar Recklinghausen fiel 1929 umfangreicher aus. Unter Hinweis auf die Bedrohung der Denkmäler durch die „vordringende Industrie" heißt es da, versäumtes entschuldigend[22]: „Schon heute war die Inventarisation der Denkmäler, die infolge der durch Wirtschaft und Verkehr bedingten Veränderungen oft nur schwer noch aufzufinden waren, hier weit mühevoller und zeitraubender als in anderen Gebieten". 1930 beklagte der damalige Provinzialkonservator Wilhelm Rave[23], man müsse „in den Großstädten des Ruhrbezirks schon ordentlich nach den Resten verschwundener Baupracht suchen. Sie scheinen wie durch ein Wunder der rastlosen, industriellen Entwicklung entgangen zu sein". Natürlich bestanden diese Klagen alte herrschaftliche und bürgerliche Bauten betreffend, zu Recht. Richtig ist aber auch, daß ein weit über die Jahrhundertwende hinaus verbreitetes Urteil, das Revier sei eine Art „Wilder Westen" – auch in kultureller Hinsicht – einer genauen Untersuchung dieses Raumes nicht eben förderlich war. Eigentlich braucht man zu den oben zitierten Beschwerden nur das – fälschlicherweise – an sommerliche Landpartien erinnernde Foto der Denkmalpfleger auf Dienstfahrt zu betrachten, um verstehen zu können, daß das rauchgeschwärzte, lärmdurchzogene und nicht zuletzt auch sozial obskure Ruhrgebiet für sie keine Anziehungskraft besaß.
Die fatale Konsequenz solcher fehlenden Aufmerksamkeit war sicherlich, daß viele wertvolle Bauten ohne das Wissen des Denkmalamtes, oder aber ohne hinreichende Kenntnis um den historischen Stellenwert des jeweiligen Objektes abgebrochen worden sind. Spektakuläre Fälle, wie der Verlust des ältesten erhaltenen steinernen Rathauses (1350) Deutschlands, dessen kriegsgeschädigte Ruine in Dortmund am Markt 1954 beseitigt wurde, oder die Einebnung größerer Bereiche mittelalterlicher Stadtkerne für Einkaufs- oder Verwaltungszentren wie etwa in Hattingen oder Lünen, sind aber mit Bestimmtheit nicht auf diese Ursachen zurückzuführen. Meist haben in solchen Fällen andere Entscheidungsträger den Vorrang gewonnen, wie so oft. Die zahlreichen Interessen, die auf den Bestand eines Baudenkmals Auswirkungen haben können, deuten sich in den folgenden konkreten Fallbeispielen oft nur an, können aber hier dennoch am Besten beobachtet werden. Der denkmalpflegerische Werdegang der Burg Blankenstein und des alten Rathauses in Werne werden im Katalog vorgestellt[24].
In der Ortsmitte Dortmund-Brackels steht der Ordenshof der St. Clemens-Kommende. Diese Ritterliche Ordensgemeinschaft gehörte dem Deutschorden an, der 1191 von Kreuzfahrern im

Heiligen Land unter karitativen und missionarischen Zielsetzungen gegründet wurde. Die Ordenshäuser, denen oft ein Spital angeschlossen war, wurden, wie die kleinste Verwaltungseinheit des Deutschordens, „Kommende“ genannt. Das Brackeler Haus ist seit 1290 urkundlich nachweisbar und war eine von insgesamt 10 Kommenden in Westfalen[25]. Im 15. Jahrhundert umfaßte der Grundbesitz der St. Clemens-Kommende nahezu die gesamte Umgebung Brackels.

Mit der Ausbreitung der Reformation sank der Einfluß des Deutschordens, in Brackel isolierte man sich zunehmend. Der Wunsch nach klösterlicher Abgeschiedenheit, aber möglicherweise auch handfeste Konflikte mit der reformierten Brackeler Gemeinde, führten im 16. Jahrhundert zur Errichtung einer Mauer um das Gebäude und seine unmittelbare Umgebung. Die nach wie vor wohlhabende Gemeinschaft richtete sich komfortabler ein, es entstanden um 1562 zwei Kamine und eine wohl besonders ausgeführte „Turmtreppe mit einem lustigen Ausguck“, eine steinernde Wendeltreppe[26]. Ab 1681 wurde der Ordenshof verpachtet, kam nach der Auflösung des Ordens 1809 durch Napoleon an den preußischen Staat, der den Bau 1821 verkaufte. Aus Privatbesitz fiel das Haus 1946 durch eine Schenkung zurück an die katholische Kirche. Daraufhin wurde das bis heute hier ansässige „Institut für katholische Sozialarbeit“ gegründet.

Das Gebäude war im Kern als spätmittelalterlicher Steinbau mit Fachwerkaufstockungen erhalten. Es galt als Denkmal. Für die Zwecke des Instituts sollten nun Unterkunfts-, Tagungs-, Studien- und Nebenräume entstehen. Wegen der hohen kulturellen Bedeutung und mit dem Antrag auf Förderungsmittel stimmte das Institut die Baumaßnahme mit dem Landeskonservator ab, der mit diesem Objekt jetzt erstmals näher befaßt wurde, nachdem es 1894 bereits inventarisiert worden war.

Das raumgreifende Bauvorhaben und erhebliche Bauschäden führten schließlich dazu, daß nur noch ein völliger Abriß verhindert werden konnte. Das Innere mitsamt der historischen Treppe und Teile der Außenwände mußten aus diesem oder jenem Grunde bis 1973 nach und nach aufgegeben werden. Im Zuge einer Straßenverbreiterung wurde auch die Mauer des 16. - 18. Jahrhunderts abgerissen. Ein Nachbau mit größerem Tor steht heute näher am Gebäude. Ob mit heutigen Maßstäben und technischen Möglichkeiten ein schonenderer Umgang mit der denkmalwerten Bausubstanz möglich wäre, läßt sich nicht mehr sicher beurteilen. Der Denkmalwert der Kommenden beruht heute jedoch im wesentlichen auf der wenigen verbliebenen Originalsubstanz, mehr aber auf dem restaurierten und nachempfundenen Erscheinungsbild des 16./17. Jahrhunderts, das den historisch bedeutenden Ort markiert.

Als 1854/55 eine der ersten Denkmäler-Inventarisierungen im Kreis Recklinghausen stattfand, antwortete der Kreis-Sekretaire Leppelmann für Waltrop auf Frage 9 des Formulars - „Gibt es Privatgebäude von einiger Auszeichnung durch Alter, Material und Ausschmückung?“ - : „Dergleichen Gebäude hier nicht vorhanden[27]“. Der Inventarband bildet 1929 ein zweigeschossiges, traufenständiges Fachwerkgebäude mit Stockwerksvorkragungen und Satteldach ab, das wegen seines hohen Alters schützenswert erschien. Der Bau wurde volkstümlich als „Tempel“ bezeichnet. 1926 und 1951 wurde er denkmalgerecht und umfassend renoviert. 1970 brachte die Stadt eine Tafel am Gebäude an, die besagt, der 'Tempel' sei 1499 erbaut. Das Gebäude ist seit langem städtisch genutzt.

1974/75 erfolgte eine zeichnerische Bauaufnahme durch die Fachhochschule Bochum, 1979 bis 1983 eine neuerliche Renovierung des sehr vollständig erhaltenen Baudenkmals. 1983 wurde dann auch eine dendrochronologische Untersuchung vorgenommen. Aufgrund der in ursprünglichen Teilen des Fachwerkgerüsts entnommenen Bohrkerne und dem Vergleich ihrer Jahresringe mit datierten Jahresringfolgen, konnte festgestellt werden, daß der „Tempel“ 1575 errichtet wurde. In größerem Zusammenhang veröffentlichte dann Christoph Dautermann 1988 erste Beobachtungen und konkrete Erkenntnisse zum Bau[28]:

Abb. 108 Waltrop, „Tempel“, Kirchplatz, Zustand 1925.

Abb. 109 Waltrop, „Tempel“, Kirchplatz, Zustand 1990.

Das Haus gehört zu einer relativ großen Zahl sogenannter Kirchhofspeicher in Westfalen. Sie dienten als Lager, Gewerberäume oder Wohnung und waren Bestandteil der ringförmigen Umbauung einer Kirche durch kleinere Gebäude. Solche Kirchenringe lagen auf kirchlichem Grundbesitz, dem Kirchhof. Alle Bauten, Personen und Handlungen befanden sich hier außerhalb weltlicher und innerhalb kirchlicher Gerichtsbarkeit. Hier wurden auch steuerliche Fragen berührt, und so war es wegen der geringeren kirchlichen Abgaben wohl reizvoll, sich hier anzusiedeln, während es wegen Unklarheiten über die tatsächlichen Zuständigkeiten und Abgabepflichten oft auch zu Streitigkeiten kam. Eigentümer solcher Bauten waren Kirche und Adel, Handwerker, Bauern und andere; soweit hier jemand wohnte, waren es ärmere Schichten, oder – gelegentlich – zum Markt kommende Bauern.

Der Speicher in Waltrop besitzt eine auffällige Gerüstonstruktion. An der dem Kirchhof zugewandten Traufseite ist jedes Geschoß einzeln verzimmert, dagegen hat die Rückwand wandhohe Ständer erhalten, die beide Geschosse bis zur Traufe durchlaufen. Eine Erklärung für den Systemwechsel ist vielleicht in der Vorkragung der Front zu sehen. Solche Vorkragungen dienten der repräsentativen Wirkung der Kirchhoffassade ebenso, wie die am „Tempel" verwendeten Andreaskreuze. Im Erdgeschoß wies der Bau höchstwahrscheinlich mindestens zwei Räume auf, üblich waren auch völlig ungeteilte Geschosse. Der Waltroper Speicher ist unterkellert, der Höhenvorsprung im Sockelbereich und – entsprechend – an der Fassade macht das bereits von außen ablesbar. Seit wann der Speicher bewohnt worden ist, bleibt offen, jedoch wies er längere Zeit anscheinend keine Feuerstelle auf, war demnach als dauerhafte Wohnung anfangs ungeeignet.

Dieser kurze erste Abriß der historischen Bedeutung des „Tempels" entstand etwa 60 Jahre nachdem er, ohne genaue Erkenntnisse, allein aufgrund einiger Erfahrung und Intuition, als Denkmal benannt wurde. Spätere Forschungen und moderne Untersuchungsmethoden haben gezeigt, daß dieses unscheinbare Fachwerkhaus tatsächlich geeignet ist, die Geschichte Waltrops und Westfalens im ausgehenden Mittelalter aufzuzeigen: Der Bau bezeugt eine historisch wichtige Konstellation zwischen weltlicher und kirchlicher Herrschaft.

Es bleiben aber noch viele Fragen offen, die ausschließlich an der originalen Bausubstanz beantwortet werden können, wie die Ergebnisse der dendrochronologischen Untersuchung gezeigt haben. Nur wenn die Substanz bisher vollständig erhalten geblieben ist, lassen sich vielleicht auch die verlorenen „Reste einer verwitterten Inschrift in gotischen Minuskeln[29]" wiederfinden und deuten, die 1926 noch feststellbar waren.

Zurück zur Eingangsfrage: Wirkt das Ruhrgebiet heute wie ein im Mittelalter noch nicht bewohntes Land? Ich meine nicht. Trotz einiger Schwierigkeiten, sich die Beispiele bewußt zu machen, finden sich unter den Baudenkmälern dieser Region zahlreiche Kirchen und einige wenige andere Bauten, die einen Einblick in das mittelalterliche Leben der Bewohner des Reviers vermitteln können. Eine gleichbleibend sorgfältige Pflege und möglichst intensivierte Auswertung der „gebauten Dokumente" wäre allerdings die Voraussetzung, sie auch der nächsten Generation als geschichtliche Bezugspunkte überliefern zu können. Wenn Schinkels Befürchtungen um ein geschichtsloses Land bis zur Gegenwart also nicht vollkommen wahr geworden sind, so gilt doch auch für die mittelalterlichen Bauten im Ruhrgebiet die bekannte Aussage[30]: „Für die Baudenkmäler ist es nicht Fünf vor Zwölf. – Es ist Fünf nach Zwölf, und wir schauen uns jetzt den Rest an!"

Anmerkungen

1 Huse, S. 23; zitiert ist Goethe: Von deutscher Baukunst, 1771.
2 Huse, S. 21 – 25.
3 Huse, S. 70.
4 Zu Schinkel s. Forssmann, S. 147 – 170.
5 Schreiner, S. 11 f.
6 Rave, P. 1953, S. 76.
7 Schreiner, S. 89 – 96, Beitrag Mummenhoff.
8 Schreiner, S. 28.
9 Schreiner, S. 34.
10 Lt. freundl. Auskunft von Eberhard Brand, Bochum.
11 Dehio, S. 140, Art. Hohensyburg.
12 Darpe, S. 551 f.
13 Bochum: Stadtarchiv, Sign. B 1738. Volkhard-Chronik.
14 Zitiert nach: Rave, P. 1934, S. 374 f.
15 Rave, W. 1933, S. 123 – 126, 253 – 261.
16 Jahn, S. 20.
17 Jahn, S. 16 f.
18 Jahn, S. 10 f, 24 f, 30 f; Buch.
19 Jahn, S. 30.
20 Münster: Landschaftsverband Westfalen-Lippe, Archiv, Akte Sign. C 76 Nr. 77: Ministerium der geistlichen, Unterrichts- und Medicinal-Angelegenheiten, Acta betreffend die Inventarisation der im Kreise Recklinghausen Rgbz. Münster vorhandenen Kunstdenkmäler. – Akten zu Einzelobjekten Sign. C 76.
21 Recklinghausen 1985.
22 BKW Recklinghausen 1929, Vorwort.
23 Rave, W. 1937, S. 51.
24 Vgl. dort die Literaturangaben.
25 Gastreich zur Geschichte der Kommende Brackel.
26 Zitiert: astreich, S. 7.
27 Kreis Recklinghausen, Formular Waltrop, s. Anm. 20.
28 Dautermann.
29 BKW Recklinghausen 1929, S. 452.
30 Zitat wird Tilmann Breuer zugeschrieben.

Literatur

Amt für Vermessung und Stadterneuerung der Stadt Recklinghausen (Hg.), Recklinghausen, Stiche, Karten, Pläne, Recklinghausen 1985.
Die Bau- und Kunstdenkmäler von Westfalen, hrsg. von Prov.-Verband der Provinz Westfalen, Bd. 1 – 40, Münster 1893 – 1930, bearb. v. A. Ludorff; Bd. 41 – 45, Münster 1932 – 1952, bearb. v. Wilh. Rave.
Buch Felicitas: Ferdinand von Quast und die Inventarisation in Preußen, in: Mai, Ekkehard/Waetzold, Stephan (Hg.): Kunstverwaltung, Bau- und Denkmalpolitik im Kaiserreich Berlin 1981.
Busen, Hermann: 75 Jahre Denkmalpflege in Westfalen, in: Westfalen 46 (1968), S. 2 – 27.
Darpe, Franz: Geschichte der Stadt Bochum, Bochum 1894.
Dautermann, Christoph: Kirchhöfe und Kirchhofspeicher in Nordwestdeutschland, in: Wigelmann, Günter/Kaspar, Fred (Hg.): Beiträge zum städtischen Bauen und Wohnen in Nordwestdeutschland, Münster 1988, S. 283 – 306.
Dehio, Georg, Begr./Gall, Ernst (Hg.): Handbuch der deutschen Kunstdenkmäler Nordrhein-Westfalen, Bd. 2 Westfalen, bearb. v. Dorothea Kluge/Wilfried Hansmann; unv. ND mit Nachtr. München/Berlin 1986.
Forsmann, Erik/Schinkel, Karl Friedrich, in: Ribbe, Wolfgang/Schäche, Wolfgang (Hg.): Baumeister, Architekten, Stadtplaner, Berlin 1987, S. 147 – 170.
Gastreich, Ferdinand: Ich Dien, St. Clemens-Kommende Dortmund-Brackel, Paderborn 1949.
Huse, Norbert (Hg.): Denkmalpflege, Deutsche Texte aus drei Jahrhunderten, München 1984.
Jahn, Franz: Ferdinand von Quast, Berlin 1936.
Kiesow, Gottfried: Einführung in die Denkmalpflege, Darmstadt 1982.
Kunst- und Geschichtsdenkmäler von Westfalen, i. A. d. Westf. Prov.-Vereins für Wissenschaft und Kunst, bearb. v. Joh. B. Nordhoff, 2 Bd., Münster 1881 und 1886.
Mühlen, Franz: Baukunst im Mittelalter und in der frühen Neuzeit, in: Kohl, Wilhelm (Hrsg.): Westfälische Geschichte Bd. 1, Düsseldorf 1985, S. 681 – 687.
Neumann, Eberhard G.: Ein Beitrag zum Stadtgrundriß und zur Bautypologie, ebd., S. 19 ff.
Pieler, F. J.: Das Ruhrtal, o. O. 1881, ND Mainz 1983.
Rave, Paul Ortwin: Gastav Friedrich Waagens Reise durch Westfalen und seine Vorschläge für die Denkmalpflege aus dem Jahre 1834, in: Westfalen 19 (1934), S. 373 – 378.
Ders.: Anfänge und Wege der deutschen Inventarisation, in: Deutsche Kunst und Denkmalpflege 11 (1953), S. 73 – 90.
Rave, Wilhelm: Schinkels Reisen durch Westfalen 1816 und 1824. Die große Dienstreise Schinkels 1833 durch Westfalen, in: Westfalen 18 (1933), S. 123 – 126, 253 – 261.
Ders.: Das westfälische Bürgerhaus. Erste Folge: Das klassische Haus, Dortmund 1937.
Schreiner, Ludwig: Karl Friedrich Schinkel und die erste westfälische Denkmäler-Inventarisation, Recklinghausen 1968.
Für Literaturhinweise danke ich Elfriede Noeldechen und Thomas Spohn.

Der Dortmunder Adlerturm

Mittelalter-Nostalgie und postmoderner Denkmalskult

Jürgen Zänker

In den Jahren 1986/87 wurde von den Archäologen des Museums für Kunst und Kulturgeschichte am Dortmunder Ostwall, in unmittelbarer Nähe des Verwaltungsgebäudes der VEW, das Fundament des ehemaligen „Adlerturms" ergraben und freigelegt. Die Anregung zu der Grabung hatte schon 1983 der pensionierte Ingenieur Heinrich Scholle gegeben, ein - im ursprünglichen Sinn des Wortes - dilettierender Heimatkundler[1]. Die Anregung hat der Historische Verein für Dortmund und die Grafschaft Mark aufgegriffen und mit dem Hinweis bekräftigt, daß nur diese Grabungsstelle im Verlauf der alten Stadtmauer gewährleiste, aufgrund der heutigen Situation den zu erwartenden Fund konservieren und der Bevölkerung auf Dauer zugänglich machen zu können. Durch Arbeitsbeschaffungs-Maßnahmen des Arbeitsamts und die Sachkostenübernahme durch die Baugewerbeinnung Dortmund und Lünen wurde die Grabung ermöglicht.

Um 1200 war Dortmund mit einer starken Befestigungsanlage bewehrt worden, bestehend aus einer mit einem Wall hinterfütterten Stadtmauer, einem Doppelgraben, einer Vormauer, Torburgen und Wehrtürmen. Nachträglich wurden noch einige weitere Türme hinzugefügt, wohl aus militärtechnischen Gründen, darunter auch der Adlerturm an der Südostseite der Stadtumwallung. Der auf der Spitze des Turmhelms überlieferte und namengebende Adler, das Wappentier des Heiligen Römischen Reiches, figurierte seit dem 13. Jahrhundert auch im Wappen und Stadtsiegel als Hinweis auf die Reichsunmittelbarkeit Dortmunds, der einzigen Freien Reichsstadt in Westfalen. 1722 stürzte der Turm ein, wurde aber kurz darauf wiederhergestellt. Allerdings ist das Ausmaß der Zerstörung ebenso wenig bekannt wie die Art der Wiederherstellung. Diese kann sich auf eine Reparaturmaßnahme beschränkt, kann den Turm aber auch erheblich verändert haben. Der Adlerturm hat - zuletzt nur noch als Stumpf - bis zur Mitte des 19. Jahrhunderts, bis zur Schleifung der Stadtmauer und Verfüllung der Gräben bestanden.

Die moderne Stadtentwicklung hat die einstigen Befestigungen gänzlich überformt. Die mittelalterliche Bewehrung zeichnet sich allerdings noch im heutigen Stadtgrundriß ab. Die modernen Wallstraßen umschließen, sechs- bis achtspurig asphaltiert, den Verlauf der alten Mauern, Wälle und Gräben und verfremden die Situation mit dem brandenden Großstadtverkehr erheblich. Buchstäblich kein Stein erinnert mehr an das Mittelalter, von mittelalterlicher „Anmutung" ganz zu schweigen.

Nur wenige Bildquellen bezeugen die Situation und das Aussehen des alten Adlerturms im Wandel seines etwa fünfhundert Jahre währenden Bestehens. Die älteste Quelle ist der Kupferstich von Detmar Mulher von 1610. Der in vieler Hinsicht ungenaue und summarische Vogelschauplan mit einer Stadtsilhouette von Norden verzeichnet neben allen Kirchen, Klöstern und den wichtigsten Häusern, Höfen und Straßen innerhalb der Stadt insbesondere die Stadtbefestigung mit allen Toren, Türmen und Bastionen, die zwar nur klein wiedergegeben, aber unterschiedlich charakterisiert sind[2]. Die Tore sind in einer beigefügten Legende namhaft gemacht: Wißstraßentor, Neutor, Ostentor, Kuckelketor, Burgtor und Westentor. Am unteren Rand, im Süden, erscheint rechts, also östlich vom Neutor der Adlerturm, als in dem Stich nur etwa 2 cm hohes Detail, deutlich

Abb. 110 Adlerturm, Detail aus dem Stadtplan vom Detmar Mulher von 1610, Vergrößerung (Museum für Kunst und Kulturgeschichte Dortmund).

zu erkennen an dem maßstäblich offensichtlich überdimensionierten Adler auf der Turmhelmspitze. Der Turm tritt nur mit seiner runden Außenseite in Erscheinung, er lehnt sich an die Mauer und überfängt sie. Auf dem durch Gesimse bzw. Vor- und Rücksprünge gegliederten Zylinder sind insgesamt sechs Öffnungen zu erkennen, Fenster oder Schießschachten, die sich auf vier Geschosse verteilen. Der Turm wird anscheinend von einem Zinnenkranz bekrönt, hinter dem der kegelförmige Helm emporsteigt, vielleicht mit einem Gaubenfenster besetzt, aufgipfelnd in dem Adler auf der Spitze.
Die nächste Bildquelle stammt erst vom Anfang des 19. Jahrhunderts. 1804 hat B. A. Berger die Süd-Ansicht von Dortmund in einem Gemälde festgehalten[3]. Die Stadttore und Wehrtürme erscheinen darauf bis auf die Höhe der Wallmauer gestutzt, also nur noch wie ausbuchtende Verstärkungen der Mauer, ohne sie zu überragen. Über den baulichen Bestand des Turms enthält die Gemäldewiedergabe indes keine genaueren Hinweise.
Darüber hinaus gibt es bildliche Darstellungen des Adlerturms in Stadt- bzw. Katasterplänen von 1826 und 1858, jedoch lediglich in Grundrissen, die die Position und die Grundmaße des Turmes beinhalten, die dagegen nichts über seine äußere Gestalt, den Aufriß und seine baulichen Details aussagen.
Die Freilegung des ansehnlichen Adlerturm-Fundaments am Ostwall, das als Bodendenkmal unter Schutz gestellt und in die Denkmalliste eingetragen wurde, war von Anfang an von dem Wunsch begleitet, den Fund in situ zu konservieren und öffentlich zugänglich zu machen, schon dies nicht unbedingt eine Selbstverständlichkeit und gewiß auch im Licht der modernen städtebaulichen Situation zu beurteilen. Die archäologische Untersuchung förderte Spekulationen über die ursprüngliche Form und ließ darüber hinaus unter heimatbewußten Dortmundern prompt den Wunsch nach Wiederaufbau des Turmes laut werden. Einflußreiche Dortmunder Kommunalpolitiker griffen diesen Gedanken dankbar auf, noch ehe eine wissenschaftlich fundierte Rekonstruktion des Turmes vorlag oder diskutiert worden wäre. Auch die Realisierbarkeit einer historisch gesicherten Rekonstruktion war keineswegs geprüft.
Begründet wurde das Baubegehren dennoch u. a. mit dem Argument, Geschichtsbewußtsein vermitteln zu wollen in einer historischen Stadt, von deren Vergangenheit, insbesondere der mittelalterlichen, die Geschichte selbst indes nur wenige sichtbare Zeugnisse übriggelassen hatte. Auch der Historische Verein für Dortmund und die Grafschaft Mark, dem neben Wissenschaftlern, Historikern und Kunsthistorikern, und Architekten, Honoratioren der Stadt und Journalisten angehören, setzte sich für den Wiederaufbau des Adlerturms ein, wenn auch nicht mit der ungeteilten Zustimmung seiner Mitglieder.
Nicht zuletzt deshalb wurde schließlich ein „Arbeitskreis Adlerturm“ mit der Rechtsform eines eingetragenen Vereins unter dem Vorsitz eines auf Publicity bedachten Altbürgermeisters gegründet, der als Bauträger fungieren, der Spenden einwerben, der das Objekt aus der politischen Verantwortung der Stadt Dortmund herauslösen und damit auch der ausschließlich öffentlichen Verantwortung und Kontrolle entziehen sollte und der den Historischen Verein vor einer Meinungsspaltung bewahrte. Der Arbeitskreis soll die Mittel zur Deckung der Kosten von rund 4,7 Mill. DM aufbringen, wozu Stadt und Land zwar erhebliche Zuschüsse gewährten, aber auch private Spenden notwendig sind, natürlich steuerlich voll abzugsfähig.
Das Projekt des Turmbaus wurde ziemlich rasch durch einen konkreten Entwurf vorangetrieben. Im Oktober 1987 legte Heinrich Scholle einen detaillierten Bauplan für den Adlerturm vor, auf der Grundlage allein der wenigen, oben vorgestellten Quellen und Befunde, ansonsten mit viel Phantasie und nicht weniger Ordnungssinn. Der neue Turm sollte sich unmittelbar über den alten, archäologisch ergrabenen Fundamenten erheben, wobei diese alten Fundamente durch einen abgeböschten Graben von außen sichtbar bleiben und Einblick in den Grabungsschnitt mit Mauer- und Grabenprofil gewähren sollten. Neben dem Turm sollte zu beiden Seiten ein Teil der alten Mauer und des Walls angestückt werden. Der Turmzylinder selbst sollte bei einer Gesamthöhe von dreißig Metern durch zwei Horizontalgesimse gegliedert werden und inklusive eines eingetieften Untergeschosses auf Fundamentniveau und des Turmhelms sieben Geschosse umfassen, mit fünf regelmäßig gegeneinander versetzt angeordneten Fensterreihen und drei Dachgauben, insgesamt mit 34 Fenstern bzw. Schießscharten.
Dieser Rekonstruktionsvorschlag muß über die Grundrißmaße und das Steinmaterial hinaus als Neuentwurf angesprochen werden, der in den meisten Details auf Spekulation beruht, jedenfalls keine historische Gewißheit, ja, nicht einmal Wahrscheinlichkeit für sich beanspruchen kann.
Nachdem sich die städtischen Archäologen vom Museum und die Bodendenkmalpfleger von der unteren Denkmalbehörde von vornherein gegen den Neubau ausgesprochen hatten, legte im Januar 1989 auch das Westfälische Amt für Bodendenkmalpflege, die vorgesetzte Denkmalbehörde in Münster, formell Widerspruch ein und machte im Rahmen seiner gesetzlichen Kompetenz Auflagen zum Turmbau, die letztlich darauf abzielten, den Bau zu verhindern. Auf keinen Fall dürfe das Bodendenkmal beeinträchtigt und in Mitleidenschaft gezogen, als Fundament mitbenutzt oder in den Neubau integriert werden. Außerdem müsse es sichtbar und zugänglich bleiben. Darüber hinaus sprach sich die Denkmalbehörde, zwar nur als Empfehlung, aber doch unmißverständlich gegen den Turmbau aus, da sich eine historische Rekonstruktion wegen mangelnder Quellen nicht verantworten lasse, Rekonstruktionen aufgrund von Vergleichen spekulativ seien und daher jeder „Wiederaufbau“ einem Neubau gleichkäme. Gewarnt wurde vor einer willkürlichen Idealisierung eines „Einheitsturms“, der nicht Geschichte widerspiegele, sondern Geschichtlichkeit nur vortäusche und den es nie gegeben habe.
Die fachlich fundierte Empfehlung löste eine lebhafte öffentliche Diskussion aus, die bald sachlich, bald satirisch, bald auch polemisch geführt wurde und im Frühjahr 1989 für einige Wochen die Leserbriefspalten der Lokalpresse füllte. Auch Fachleute, Historiker und Kunsthistoriker, äußerten unmißverständlich und nahezu einhellig Kritik am Turmbau: Die Dortmunder Archäologen Karl-Heinrich Deutmann und Dr. Norbert Zieling, der ehemalige Dortmunder Denkmalpfleger Werner Kleffmann, die Dortmunder Bauhistorikerin und Denkmalpflegerin Prof. Dr. Renate Kastorff-Viehmann, der renommierte und nicht zuletzt für sein Engagement für die Dortmunder Baugeschichte bekannte Dortmunder Architekt Will Schwarz, die auswärtigen Professoren Dr. Günter P. Fehring (Amt für Vor- und Frühgeschichte Lübeck), Dr. Heiko Steuer (Universität Freiburg), Dr. Bendix Trier (Leiter der Bodendenkmalpflegebehörde in Münster), Dr. Jörn Rüsen (Universität Bochum), Dr. Volker Schmidtchen (Uni Bochum). Nicht minder kritisch oder sogar spöttisch äußerte sich die auswärtige Presse[5].
Die innerhalb und außerhalb Dortmunds breit vorgetragene Kritik wurde von den zuständigen Gremien und Verwaltungs-

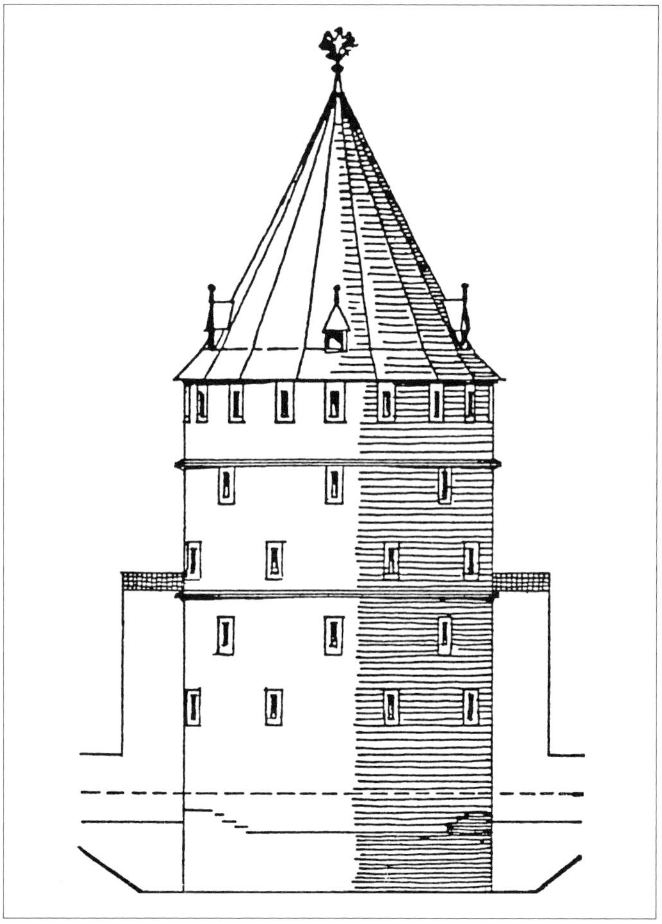

Abb. 111 Rekonstruktion des Adlerturms von Heinrich Scholle, Dortmund.

stellen jedoch in den Wind geschlagen und – wie es den Anschein hat – nicht mal mehr ernsthaft diskutiert. Der Turm war inzwischen zum Prestigeobjekt der Meinungsführer und Promotoren geworden, und mußte auf Biegen und Brechen durchgesetzt werden. Man hatte sich den Turm in den Kopf gesetzt, man wollte den Turm „unbedingt".

Um die Bedingungen der Denkmalbehörde kam man allerdings nicht herum. Deshalb wurde das Dortmunder Architekturbüro Gustav Schulze mit einer neuen Planung unter Berücksichtigung der denkmalpflegerischen Auflagen beauftragt. Die äußere Form des Turmes wurde weitgehend aus dem ersten Entwurf übernommen. Die gesamte Baumasse soll nun allerdings auf Betonpfählen innerhalb und außerhalb der alten Grundmauern aufgeständert werden, so daß das Bodendenkmal nicht gestört, das historische Fundament nicht belastet und nicht in den Neubau einbezogen wird. Der Grabungsbefund soll durch eine Böschung des Terrains zugänglich und durch eine verglaste oder vergitterte Fensterband-Öffnung unter dem Turmneubau auch sichtbar bleiben. Der Neubau soll also über den mittelalterlichen Grundmauern gewissermaßen abgehoben schweben, eine durchaus eigenartige Inszenierung eines massigen Wehrturms, aber in Übereinstimmung mit den Vorgaben der Denkmalbehörde.

Für den Außenbau wurde die Verwendung von Ruhrsandstein vorgeschlagen, aus dem auch die Steine der ausgegrabenen Fundamente und der im 19. Jahrhundert abgebrochenen Stadtmauer bestehen und von der noch einige Reste im Westfalenpark aufbewahrt werden. Im früheren Kaiserhain hatte man bereits 1901 ein Stück Stadtmauer aus echtem Abbruchmaterial der alten Mauer rekonstruiert und das „altdeutsch" heimattümelnde Gemäuer als malerische Parkruine mit einem neudeutsch-nationalen Bismarckturm in Bruchsteinmauerwerk verbunden. Turm und Mauerrest wurden erst 1959 im Zuge der Neugestaltung des Parks zur Bundesgartenschau entfernt[6].

Mit der Entscheidung für den Neubau, die in den städtischen Gremien und von den städtischen Verwaltungsspitzen mit großer Mehrheit mitgetragen wurde, mußte auch eine Nutzung für den Turm gefunden werden, paradox genug, denn üblicherweise wird bestimmten Nutzungsbedürfnissen und -ansprüchen durch geeignete Neubauten Rechnung getragen, nicht umgekehrt!

In dem neuen Turm soll eine ständige Ausstellung zur ehemaligen Stadtbefestigung eingerichtet werden, die neben dem originalen Turmfundament zeichnerische Darstellungen und textliche Erläuterungen, vielleicht auch verkleinerte Modelle umfassen und mit dem Lackabzug eines originalen Grabungsprofils auch die Grabung selbst dokumentieren soll. Der Adlerturm selbst wäre Hülle und zugleich als 1 : 1-Modell ein gewissermaßen nach außen gekehrtes Exponat eben der Ausstellung. Es ist allerdings zu befürchten, daß man das „Architekturmodell" Adlerturm, zumal wenn es erst mal „Patina" angesetzt hat, für echtes Mittelalter halten wird, also für das, worauf das Modell zwar verweisen, was es aber nicht ist oder ersetzen kann.

Die Neubauplanung des Adlerturms ermangelt jeder notwendigen historischen Absicherung und kann daher kaum als Rekonstruktion angesprochen werden, sie hat vielmehr als eine mehr oder weniger willkürliche Neuerfindung zu gelten, für die die Geschichte als Vorwand herhalten muß.

Der Neubau läßt sich auch nicht durch Vergleiche mit anderen gleichzeitigen Beispielen, etwa aus westfälischen Städten des Mittelalters, stützen und als Rekonstruktion absichern. Denn schon in Dortmund waren alle vierzehn Türme offenbar voneinander verschieden und könnten als Rekonstruktionshilfen nur bedingt gegenseitig in Anspruch genommen werden; wie viel weniger aber Stadttürme etwa in Soest, Recklinghausen oder Warendorf, die ihre je besondere Form anderen historischen, lokalen und funktionalen Bedingungen verdankten.

Auch der Wiederaufbau der Dortmunder mittelalterlichen Kirchen in der Innenstadt, die im Krieg mehr oder weniger zerstört waren, kann nicht als Argumentationshilfe für den Neubau des Adlerturms hergenommen werden; denn jene wurden unmittelbar nach dem Krieg aufgrund gut überlieferter Quellen, Planzeichnungen und Bilddokumente im ihnen zugewachsenen städtebaulichen Kontext als Ersatz für den Kriegsverlust wieder-aufgebaut, wobei allerdings auch moderne Baukonstruktionen und -materialien Verwendung fanden und Zugeständnisse an den modernen Gebrauch gemacht wurden. Die Kirchen funktionierten ja auch weiterhin als liturgische Räume.

In Dortmund hat man die „echte Ruine" des alten steinernen Rathauses des 13. Jahrhunderts noch 1955 beseitigt, zehn Jahre nach dem Krieg – um dann in den siebziger Jahren auf die abstruse Idee zu verfallen, das alte Rathaus doch vielleicht wieder aufzubauen – an anderer Stelle, da der alte Standort längst besetzt war. Aus guten Gründen hat man von dem Vorhaben abgelassen. Oder sollte man es nur verschoben und verdrängt haben, um es nunmehr mit dem Adlerturm nachzuholen?

Es sind nicht nur die Details der fragwürdigen Rekonstruktion zu kritisieren, sondern die Maßnahme insgesamt – selbst wenn sie vollkommen, genau und durch eindeutige Quellen gesichert wäre. Der Turmbau verbietet sich nicht nur aus Gründen eines geschichtlich verantwortungsbewußten Umgangs mit der Vergangenheit, sondern auch aus städtebaulichen Gesichtspunkten. Die Stadt hat sich seit der Schleifung der Mauern und Wehrbauten in völlig anderen Bahnen entwickelt und kein einziges Stück der mittelalterlichen Stadtmauer übriggelassen und in die moderne Planung einbezogen, wie das andernorts bisweilen geschehen ist.

Es bedeutet allerdings, die Geschichte auf den Kopf zu stellen, wenn man in eine moderne Gesamtsituation nachträglich einen pseudomittelalterlichen Solitär als Kulisse einflickt, der sich nachträglich nicht mehr motivieren und in den neuen Zusammenhang integrieren läßt. Die Entwicklung Dortmunds seit dem 19. Jahrhundert hin zur modernen Industrie- und Großstadt ist ein ebenso wie die einstige Stadtbefestigung geschichtliches und nicht weniger ortstypisches Faktum, das es zu bewahren und zu veranschaulichen gilt. Was soll der Adlerturm in der Umgebung des modernen, für seine Bauzeit typischen VEW-Gebäudes, das man vielleicht ganz anders gebaut hätte, wäre der alte Adlerturm noch vorhanden gewesen? Der Turm an einer sechsspurigen Verkehrsader wird sich noch als ein ärgerliches Verkehrs- und Entwicklungshindernis entpuppen, das sich Dortmunder Schildbürger selbst in den Weg gestellt haben.

Vergleichbare Wiederaufbau- oder Neubaumaßnahmen verlorener historischer Gebäude sind leider Mode und hat es in den letzten Jahren auch andernorts gegeben – keineswegs immer nachahmenswerte Vorbilder. Bereits Mitte der siebziger Jahre hat man in München als Ersatz für den Kriegsverlust den Turm des spätmittelalterlichen Alten Rathauses originalgetreu rekonstruiert, hat damit jedoch auch den ursprünglichen städtebaulichen Kontext wiederhergestellt und dem Marienplatz seinen östlichen Abschluß zum Tal hin zurückgegeben. Der Rathausturm macht auch im heutigen städtebaulichen Zusammenhang Sinn. Dagegen verdeutlicht die sog. Ostzeile am Frankfurter Römerberg, eine mit Holzfachwerk überkleidete moderne Betonnachahmung der Vorkriegsbebauung, die ganze Problematik solcher Pseudo-Rekonstruktionen. Die Ostzeile dient heute fast ausschließlich als touristischer Blickfang und fotografische Kulisse, deren Reproduktivität den Anforderungen eines abermals reproduzierten Bildes vielleicht genügt. Aber Geschichte bewahrt sich eben nicht in ihren Nach-Bildern, schon gar nicht in „Fälschungen", sondern bedarf der materiellen Überlieferung.

Die fatale Wirkung solch „falscher" Geschichtsbilder belegt erschreckend eindrucksvoll die Pseudo-Rekonstruktion der sog. „Colonia Ulpia Trajana" über den archäologischen Resten der alten Römerstadt beim mittelalterlichen Xanten am Niederrhein. Der in vieler Hinsicht fragwürdige Versuch einer Modell-Rekonstruktion im Maßstab 1 : 1, für den Archäologen und Historiker ohnehin überflüssig, suggeriert dem Publikum ein vermeintlich ganzheitliches Bild der Geschichte, das doch in Wirklichkeit immer fragmentarisch ist und auch als ein notwendigerweise fragmentarisches begreifbar gemacht werden muß.

Pseudo-Rekonstruktionen wie der in Dortmund geplante Neubau des Adlerturms vermitteln ein falsches Geschichtsbewußtsein. Sie klären nicht über die Geschichte auf, sondern ersetzen Aufklärung durch falsche Bilder, die letztlich Geschichte verunklären. Sie machen etwas vor, was es so nie gab, und vermischen unzulässig verschiedene Zusammenhänge und Zustände miteinander.

Grundsätzlich sind „Modelle im Maßstab 1 : 1" zur Demonstration von historischen Sachverhalten und für die Vermittlung von Architektur, also als pädagogisches Instrument, problematisch, da sie allzu leicht für authentisch und für die Wirklichkeit selbst gehalten werden. Eine Denkmaldidaktik müßte aber gerade das bauliche Original als materiellen historischen Befund erhalten und „zur Sprache bringen". Wo das nicht möglich ist, wenn die originalen Denkmäler fehlen, darf deren Verlust nicht einfach revidiert werden, sondern bedarf als historisch bedingter Verlust der Erläuterung. Geschichtsvermittlung ist dann auf andere, zeichnerich darstellende oder sprachliche didaktische Instrumente angewiesen.

Fragt man, was denn die Adlerturm-Promotoren so unbeirrt und gegen die fast einhellige Meinung der Fachleute an dem Turmbau festhalten läßt, so schließen sich jedenfalls denkmalpflegerische oder geschichtsdidaktische Motive aus. Angesichts solcher Hartnäckigkeit und Unbelehrbarkeit wird man vielmehr den Verdacht nicht los, daß sich mit dem Turmbau letztlich sachfremde, nämlich handfest ökonomische und vordergründig politische Ziele verbinden, in deren Verfolg sich die großen Parteien offenbar einig, sind nämlich um eine populistisch dem Wählervolk und möglichst vielen Besuchern sich anbiedernde Maßnahme der „Verschönerung" der Stadt zur Puppenstube, als Ablenkung von realen politischen und kulturellen Defiziten, als zirzensischer Politik-Ersatz, was man schon seit der Zarenzeit als „Potemkinsche Dörfer" bezeichnet.

Der Neubau – nicht „Wiederaufbau"! – des Adlerturms kommt einer „Hin-Richtung" des Mittelalters gleich. Vielleicht spiegelt sich darin eine unbestimmte Sehnsucht nach der vermeintlich „heilen Welt" eines „heimeligen" Mittelalters wider, eine nostalgische Flucht aus der Unwirtlichkeit unserer Städte und unserer Gegenwart. Der Adlerturm soll offenbar ein Gefühl von Geborgenheit, von Heimat bieten. Zur Befriedigung dieses Heimatgefühls kann vielleicht ein Mittelalter-Denkmal als Surrogat genügen. Es resultiert daraus jedoch weder Heimat noch Geborgenheit, noch irgendeine andere Realität.

Mit dem Adlerturm wird zugleich einem postmodernen neohistoristischen Denkmalskult gefrönt, der seit zehn Jahren allenthalben grassiert und charakteristisch ist für die politisch und kulturell neokonservative „Wendezeit". Der Kunsthistoriker und Kulturkritiker Otto Karl Werckmeister hat dies Phänomen erst jüngst sehr scharfsinnig auf den Begriff gebracht und treffend als „Zitadellenkultur" charakterisiert[6]. Die Dortmunder nehmen das Stichwort offenbar wörtlich, indem sie sich buchstäblich eine Zitadelle bauen.

Anmerkungen

1 Vgl.: Scholle, Heinrich: Dortmund im Jahre 1610. Maßstäbliche Rekonstruktion des Stadtbildes, mit einem einführenden Beitrag von Norbert Reimann, Monographien zur Geschichte Dortmunds und der Grafschaft Mark, im Auftrage des Historischen Vereins für Dortmund und die Grafschaft Mark, hrsg. von Gustav Luntowski und Norbert Reimann, Dortmund 1987, S. 42.

2 Zum Stadtplan von Mulher vgl. Anm. 1 und die Abb. 40 in diesem Band.

3 Bergers Gemälde ist abgebildet bei: Fritz, Rolf: Dortmund. Bilder aus vier Jahrhunderten, Dortmund o. J. ca. 1965.

4 Zu den archäologischen Grabungsbefunden vgl. den Beitrag von Karl Heinrich Deutmann in diesem Band.

5 „Die Zeit" vom 10.3.1989, die „Frankfurter Rundschau" vom 4.4.1989. und die „Bauwelt", H. 13/89, vom 1.4.1989.

6 Vgl. Zänker, Jürgen u. a.: Öffentliche Denkmäler und Kunstobjekte in Dortmund. Eine Bestandsaufnahme, Dortmund 1984, S. 261, Nr. 330.

7 Werckmeister, Otto K.: Zitadellenkultur. Die schöne Kunst des Untergangs in der Kultur der achtziger Jahre, München/Wien 1989, insbesondere das Einleitungskapitel S. 9–25.

Mittelalterliches in der neueren Sakralarchitektur des Ruhrgebietes

Vom Historismus zur Moderne

Michael Hesse

Gerade im deutschsprachigen Raum ist die Auffassung verbreitet, nach der Goethes Aufsatz „Von deutscher Baukunst“ (1772), der Hymnus auf Erwin von Steinbach als vermeintlichem Schöpfer des Straßburger Münsters, das Ende einer zwei Jahrhunderte währenden Verachtung mittelalterlicher Kunstleistungen ankündigt. Gewiß, mit Humanismus und Renaissance breitet sich die Vorstellung vom Mittelalter als finsterer Zwischenzeit und Periode des Kulturverfalls aus. Doch geht die Architektur von Renaissance und Barock stets schöpferisch mit dem Erbe um. Allerdings wird bis ins frühe 19. Jahrhundert durchweg die Gotik mehr geschätzt als die Romanik, die als grobe, ungeschlachte Verfallsform der antiken Baukunst erscheint. An gotischen Kirchen hingegen bewundert man handwerkliches Können und konstruktive Kühnheit. Das positive Urteil bezieht sich wohlgemerkt auf die architektonische Struktur. Detailformen und Ornament, malerische und plastische Ausstattung gelten am Maßstab antiker Vorbilder als korrekturbedürftig[1].

Die Auseinandersetzung mit mittelalterlicher Architektur ergibt sich auch, wenn Bauten dieser Epoche noch unvollendet sind, erweitert werden sollen oder wenn nach Kriegsschäden und Naturkatastrophen ihre Wiederherstellung ansteht. Die Prämonstratenser-Stiftskirche St. Johann in Duisburg-Hamborn, eine ursprünglich flachgedeckte romanische Pfeilerbasilika des 12. Jahrhunderts, die im 15. und 16. zur kreuzrippengewölbten spätgotischen Halle ausgebaut worden war, geriet während der Kriegswirren der Reformationszeit 1587 in Brand, wobei unter anderem sämtliche Gewölbe einstürzten. Wiederaufgebaut wurde die Kirche jedoch bis 1666 im alten Stil[2]. Die getreue Rekonstruktion hatte nicht nur praktische sondern auch ideologische Gründe. Sie sollte das historische Faktum der Reformation und ihrer Folgen aus der Erinnerung tilgen und eine tatsächlich nicht gegebene Kontinuität suggerieren. In ähnlicher Weise haben die Barockgotik in Böhmen, der pseudomittelalterliche Kirchenbau der jesuitischen Gegenreformation und die Initiative des Konvertiten Henri IV. zum Wiederaufbau der von den Hugenotten zerstörten Kathedrale von Orléans eine ununterbrochene rechtgläubige Tradition propagiert.

Der Abbau der normativen Ästhetik, der allein die Antike als nachahmungswürdig gilt, schärft im 18. Jahrhundert den Blick für den Eigenwert der künstlerischen Leistungen anderer Epochen. Empfindsamkeit und Romantik entdecken die Gotik als ehrwürdigen, geheimnisvollen, auch schaudererregenden und die Phantasie bewegenden Stil einer längst vergangenen Zeit. Doch werden die Baudenkmäler der heute als Ruhrgebiet bezeichneten Region kaum in die neue Mittelaltersicht einbezogen, da sie noch abseits des Kulturgeschehens liegen. Auch sind gotisierende Bauten oder pseudomittelalterliche Ruinen als Stimmungsträger in Landschaftsgärten mangels einer fürstlichen Parkkultur größeren Stils hier nicht zu finden. Im frühen 19. Jahrhundert ist die kirchliche Bautätigkeit in unserer Region begrenzt, die vorhandenen Räumlichkeiten reichen zumeist aus. Erst die Periode zwischen 1850 und dem Ersten Weltkrieg formt das Ruhrgebiet durch die Expansion von Kohleförderung und Stahlerzeugung, das Wachstum der Bevölkerung unter Zuwanderung auswärtiger Arbeitskräfte, und diebauliche Ausdehnung der alten Städte und Dörfer wie der neuen Siedlungskerne. In rascher Folge entsteht eine Vielzahl neuer Kirchen.

Erst mit dem historistischen Sakralbau ab der Mitte des 19. Jahrhunderts setzt im Ruhrgebiet eine das Kunstgeschehen prägende Auseinandersetzung mit den mittelalterlichen Vorbildern ein. Während die sogenannte klassische oder vitruvianische Architektur Aufgabe und Rang eines Gebäudes durch die je besondere Wahl antikisierender Formen kennzeichnet, erklärt der Historismus des 19. Jahrhunderts die historischen Epochenstile zu Gattungsmerkmalen und Bedeutungsträgern[3]. Man entleiht der Geschichte nicht nur Einzelformen sondern auch Bautypen in der Überzeugung, daß mit ihnen bestimmte Bauaufgaben ein für allemal angemessen gelöst seien. Kein Ensemble führt dies so eindringlich vor Augen wie die Wiener Ringstraße: das Parlament in griechischen Tempelformen als Verweis auf die Wiege der Demokratie, das Theater barockisierend als Ort feudaler Repräsentation, das Rathaus in spätgotischer Manier als Rückgriff auf die Monumente frühen bürgerlichen Selbstbewußtseins, die Kirche im Stil gotischer Kathedralen. Da nur im Mittelalter eine Einheit von Religiosität, Kirche und Kunst bestanden und insbesondere die Kathedralgotik der gesteigerten Volksfrömmigkeit angemessenen baulichen Ausdruck verliehen habe, wird die Gotik zum beherrschenden Kirchenstil. „Nun, im Himmel wird gotisch gebaut“, bemerkt naiv-scherzhaft der bedeutende Neugotiker Vincenz Statz[4]. Von zentraler Bedeutung für die deutsche Neugotik ist der Weiterbau des Kölner Doms ab 1842. In der Dombauinitiative finden ästhetische Gotikrezeption, romantische Mittelaltersehnsucht, katholische Restauration und patriotisch-nationalstaatliche Bestrebungen zusammen[5]. Entsprechend der auf einem historischen Mißverständnis beruhenden Verklärung der Gotik zum deutschen Stil soll die Vollendung der Kathedrale Symbol der deutschen Einheit, der Dom Nationaldenkmal werden; bei der Einweihung 1880 steht der Dom indes für die inzwischen politisch erzwungene Einigung unter preußischer Führung. Der Dombau vertieft die Kenntnisse der mittelalterlichen Bautechnik und ihrer Stilformen, beeinflußt die Methoden von Bauforschung und Denkmalpflege, ebnet den Weg zu immer genaueren Stilkopien. Darüberhinaus wirkt er in unserer Region direkt durch die in der Kölner Hütte geschulten oder mit ihr verbundenen Architekten.

Die hier versammelten Beiträge zur Kunst des Mittelalters führen aus, warum das Ruhrgebiet einst kein einheitlicher Kulturraum war. Im 19. Jahrhundert treten jedoch zunehmend landschaftliche Besonderheiten zurück. Vereinheitlichend wirkt in Deutschland zudem die Bildung des Nationalstaates, in der Region die besondere Wirtschafts- und Sozialstruktur.

Im katholischen Sakralbau des Historismus macht sich bei grundsätzlich einheitlichem Kunstwollen die Zugehörigkeit des Ruhrgebiets zu drei Kirchenprovinzen (Erzbistum Köln, Bistümer Münster und Paderborn) bemerkbar.

Zu den bedeutendsten Neugotikern, die aus der Kölner Bauhütte hervorgingen, zählt Friedrich von Schmidt, der dem Kölner Dombaumeister Zwirner in den entscheidenden Jahren assistierte und sodann in Mailand und Wien wirkte, dort ab 1863 als Dombaumeister von St. Stephan und ab 1868 als Architekt des berühmten neugotischen Rathauses[6]. Nach Plänen Schmidts entstand 1854 bis 1861 die Kath. Pfarrkirche St. Mauritius in

Hattingen-Niederwenigern. Der Westturm wurde vom romanischen Vorgängerbau übernommen, nur Obergeschoß und Helm stammen aus dem 19. Jahrhundert. Die aufwendige, bisweilen als Dom bezeichnete Kirche ist als dreischiffige Halle zu sechs Jochen disponiert, mit einem Fünfachtelchor und dreiseitigen Nebenchören. Besondere Bedeutung kommt der Kirche auch zu, weil sich hier in seltener Vollständigkeit eine qualitätvolle neugotische Ausstattung erhalten hat. Das Streben nach Stilreinheit führt in historistischen Bauten die verschiedenen Kunstgattungen – seit dem Klassizismus auf Abgrenzung bedacht – erneut im Sinne des Gesamtkunstwerks zusammen. Weitere eindrucksvolle Kirchen Schmidts finden sich in Dortmund und Oberhausen. Der Planauftrag zur Kath. Pfarrkirche Mariä Himmelfahrt, der Liebfrauenkirche, in Dortmund wurde bereits 1874 erteilt, der Bau der neugotischen Basilika jedoch erst 1881 bis 1883 ausgeführt. Nach erheblichen Schäden im Zweiten Weltkrieg konnte die Kirche weitgehend wiederhergestellt werden. Die Kath. Marienkirche in Oberhausen entstand 1891 bis 1894 als dreischiffige Basilika mit niedrigem Querhaus und eingezogenen Doppeltürmen. Das Innere präsentiert sich als originelle Auseinandersetzung mit der Architektur des Florentiner Doms. An der Neugotik Kölner Prägung orientierte sich ebenfalls Arnold Güldenpfennig, seit 1856 Diözesanbaumeister in Paderborn. Er entwarf die Kath. Pfarrkirche St. Clara in Dortmund-Hörde (1862 – 1865), eine stattliche Pfeilerbasilika mit Querhaus, Nebenchören und polygonalem Hauptchor, sowie die Propsteikirche St. Gertrud von Brabant in Bochum-Wattenscheid (1868 – 1870), eine wegen der Grundstücksverhältnisse in die Breite entwickelte fünfschiffige Anlage unter Beibehaltung des romanischen Westturms[7].

Als herausragende Vertreter des katholischen Sakralbaus im 19. Jahrhundert sind auch die Brüder Rincklake zu nennen. Von August Rincklake stammt die höchst eigenwillige Raumschöpfung der 1870 bis 1873 errichteten Pfarrkirche St. Laurentius in Essen-Steele[8]. Das basilika Langhaus des neugotischen Baus geht über in ein Vierungsoktogon, dem ein sechseckiger Chorraum folgt. Mit dem Westturm korrespondiert der Dachreiter der Vierungskuppel, der als stilisierte Kaiserkrone an den Hoftag erinnern soll, den Otto d. Gr. 938 in Steele abhielt. Wilhelm Rincklake (nach seinem Eintritt in das dann von ihm restaurierte Kloster Maria Laach führte er den Namen Pater Ludgerus OSB) schuf die Pfarrkirche St. Maria Himmelfahrt in Recklinghausen (1891 – 1893) im konventionellen Typus der dreischiffigen neugotischen Basilika mit Querhaus, einem Hauptchor mit Fünfzehntelschluß und Nebenchören[9]. Die Ausstattung fiel in den 1960er Jahren der Verachtung historistischer Kunst aus der Perspektive der Moderne zum Opfer.

Der kunsttheoretische und ideologische Hintergrund der Neuromanik deckt sich weitgehend mit dem der Neugotik[10]. Allerdings versteht das 19. Jahrhundert die Romanik als Derivat der antik-römischen Baukunst, insbesondere in Hinsicht auf das beiden gemeinsame Konstruktionselement, den Rundbogen. Ein der Neuromanik verwandter Versuch der Versöhnung antiker und mittelalterischer Bauformen ist daher der sogenannte Rundbogenstil, in dem römische, frühchristliche und romanische Stilmerkmale sich mit solchen der Renaissance zusammenfinden. Ein Zentrum der Neuromanik bildet sich in den 1830er Jahren in den Rheinlanden. Angesichts der heimischen spätromanischen Bautradition wird dieser Stil Ausdruck des rheinischen Separatismus. Die Neuromanik artikuliert, mehr noch als die Neugotik, im Verweis auf kunstlandschaftliche Besonderheiten das regionale Unabhänigigkeitsstreben katholisch-konservativer Kreise gegen Preußen, wo damals auch im Kirchenbau klassizistische Tendenzen noch den Vorrang haben. Bis weit über die Jahrhundertmitte hinaus läßt die antiliberale Haltung katholischer Führungskräfte neben neugotischen Bauten auch der Neuromanik Spielraum[11].

Abb. 112 Katholische Pfarrkirche St. Marien, Witten.

Ein frühes, qualitätvolles Beispiel neuromanischen Sakralbaus bietet die Pfarrkirche St. Marien der katholischen Diasporagemeinde in Witten. Nach einem Entwurf des Kölner Dombaumeisters Ernst Friedrich Zwirner entstand die gewölbte, in Ziegeln ausgeführte Basilika in den Jahren 1846 bis 1848[12].

Nach der Reichsgründung verliert die Neuromanik dann allerdings vollständig die Konnotation des Katholisch-Klerikalen und Regionalistisch-Antipreußischen. Im Gegenteil, das wilhelminische Deutschland bezieht die romanischen Bauten des Mittelalters als Monumente eines sogenannten ersten deutschen Kaiserreiches in die imperiale Legitimation ein. Wilhelm II. geht so weit, für Kirchen, die nach Angehörigen seiner Familie benannt werden, neuromanische Formen zu fordern. Bekanntestes Beispiel ist die ab 1891 errichtete Kaiser-Wilhelm-Gedächtniskirche in Berlin. Für die katholische Kirche dieser Zeit sind mittelalterliche Stilformen weniger Bedeutungsträger in Hinsicht auf diese oder jene politische oder weltanschauliche Position, sondern eher Ausdruck eines grundsätzlichen Konservativismus. Noch 1912 bestimmt ein Erlaß des Kölner Erzbischofs: „Neue Kirchen sind in der Regel nach nur im romanischen oder gotischen bzw. sog. Übergangsstile zu bauen. Für unsere Gegenden empfiehlt sich durchgängig am meisten der gotische Stil[13].“

Ein aufwendiges Werk der gründerzeitlichen Neuromanik ist die Kath. Pfarrkirche St. Joseph in Bochum. Hermann Wielers plante die im November 1892 eingeweihte Pfeilerbasilika im gebundenen System mit Querhaus, oktogonalem Vierungsturm, Chorflankentürmchen und einer Doppelturmfassade, von der ein Turm nach Kriegszerstörungen nicht wiederaufgebaut wurde; auch die Ausstattung ging bis auf Kanzel und Kreuzweg verloren[14]. Die Außenansicht der Josephskirche erinnert, wenngleich es sich um einen Ziegelbau handelt, an den Limburger Dom; die Einzelformen folgen allerdings der Werdener Abteikirche.

Die katholischen Kirchen der Neugotik und Neuromanik sind zumeist auch im Bautypus dem mittelalterlichen Vorbild verpflichtet. Der evangelische Kirchenbau des Historismus hingegen zeigt, daß mittelalterliche Stilformen und Raumlösungen, die nicht vom mittelalterlichen Sakralbau vorgegeben sind, durchaus überzeugende Verbindungen eingehen können. Übrigens ist zu dieser Zeit in der hier behandelten Region eine zentrale Beeinflussung des Bauwesens in der evangelischen Kirche wegen des Summepiskopats des Landesherrn leichter als bei den Katholiken, bei denen drei Generalvikariate eine Mitwirkung anstreben.

Die Evang. Kirche St. Georg in Duisburg-Meiderich entspricht weitgehend den Bestimmungen des Eisenacher Regulativs von 1861, das die Anwendung der überkommenen Sakralarchitektur auf die Besonderheiten des protestantischen Kultus umschreibt[15]. Zunächst wollte man dem Bevölkerungszuwachs im hochindustrialisierten Duisburger Norden durch eine Erweiterung des mittelalterlichen Vorgängerbaus Rechnung tragen. Doch bei den damit verbundenen Abbrucharbeiten im Chorbereich stürzte auch das spätgotische Langhaus ein. So wurde nur der 1502 begonnene Glockenturm erhalten und an diesen ab 1863 ein weiträumiger Kirchenneubau angeschlossen. Der Entwurf stammt von Carl Wilhelm Theodor Freyse, eine Beratung durch den Berliner Architekten Friedrich August Stüler gilt als wahrscheinlich. Die Außenansicht von St. Georg läßt eine neugotische Hallenkirche erwarten. Tatsächlich aber sind im Innern durch die Anordnung von Stützen, Emporen und Decken Momente des Zentral- mit solchen des Richtungsbaus vermittelt. Die Kirche wird so dem besonderen Rang der Predigt im protestantischen Gottesdienst gerecht. Die Vierung ist als achtseitiger Zentralraum ausgebildet und durch eine achteckige Rippenkuppel überfangen. Die Säulen im Innern des Backsteinbaus, die Flachdecken der Schiffe und die eingestellten Emporen sind aus Holz; im Zusammenklang mit der erhaltenen Originalausstattung stellt sich eine sehr einheitliche Gesamtwirkung ein.

Die radikale Abkehr von Raumlösungen nach mittelalterlichem Vorbild und damit zugleich die scharfe Abgrenzung von der katholischen Baupraxis ergibt sich aus den Forderungen des 1891 veröffentlichten Wiesbadener Programms[16]. Es soll ein weitgehend stützenfreier Gemeinderaum gebildet werden, dessen konzentrische Sitzreihen auf das Ensemble von Kanzel, Altar und Orgelempore ausgerichtet sind. Solche Innenräume stehen denen der protestantischen Predigtkirchen des deutschen Barock nahe, gleichwohl können sie mit neuromanischen oder neugotischen Stilelementen realisiert werden, wie einige mittelgroße Kirchen des Ruhrgebietes zeigen. Als ein Beispiel sei die 1900 von Heinrich Robert entworfene neugotische Petrikirche in Bochum-Wiemelhausen genannt[17].

Es wäre falsch, Neugotik und Neuromanik wegen der Wahl mittelalterlicher Stilformen hauptsächlich als retrospektive Kunstrichtungen zu betrachten. Vielen Architekten sind Gotik oder Romanik weniger Objekt ihrer Mittelaltersehnsucht oder Ausdruck deutsch-nationaler Gesinnung, sondern aus technischen, ökonomischen, klimatischen oder ästhetischen Gründen überlegene Stile, die sich konsequenterweise auch für nichtkirchliche Bauaufgaben eignen. Die neumittelalterlichen Stile und das Fortschrittsdenken des 19. Jahrhunderts passen durchaus zusammen. So wertet man die Verwendung von Backstein nach dem Vorbild der norddeutschen Architektur des Mittelalters als bautechnische Innovation. Dienste, Kapitelle, Gewändeleisten, Simse und Maßwerk können aus serienmäßig vorgefertigten Elementen erstellt werden, erheblich kostengünstiger als die von Hand bearbeitete Hausteinbauzier. Damit dringt die Industrialisierung in das Bauwesen ein.

In Deutschland eher schwach artikuliert ist die rationalistische Rezeption mittelalterlicher, insbesondere gotischer Architektur im Vergleich zu Frankreich, wo die Lehre Viollet-le-Ducs großen Einfluß ausübt. Ohne romantische Anwandlungen, gleichsam aus der Perspektive des Ingenieurs, analysiert man die kühne Konstruktion mittelalterlicher Wölbebauten, die nicht verworren oder geheimnisvoll erscheinen, sondern als Ausdruck des Strebens nach Klarheit, Systematik und Funktionalität. Eine zeitgemäße Umsetzung für die Bauaufgaben des 19. Jahrhunderts bietet sich an; im Gußeisen erblickt man ein ideales Material zur konsequenten Weiterführung vermeintlich mittelalterlicher Baugedanken. Gleichwohl gibt es nur wenige Gußeisenkirchen, denn Eisen empfindet man als unsakral. Es macht wohl nur allzu deutlich, daß die Kluft zwischen Religion und Alltagswelt kaum noch zu überbrücken ist.

Ausgiebig fand Gußeisen als Baumaterial in der 1857 geplanten und 1864 fertiggestellten Evang. Christuskirche in Oberhausen Verwendung[18]. Die Gemeinde, die sich mit der heimischen Industrieproduktion identifizierte, hatte dies gegen ablehnende Voten kirchlicher und staatlicher Behörden durchgesetzt. Der Architekt, Maximilian Nohl, erhielt 1857 vom Berliner Architektenverein eine Medaille für seine Anwendung von „Elementen neuerer Konstruktion namentlich durch die Verwendung des Eisens bei der Deckenkonstruktion.“ Das Innere der Backsteinkirche mit Rundbogenöffnungen und gotischen Stilelementen besaß ursprünglich Bündelpfeiler, Arkadenbögen und eine Dekkenkonstruktion aus Gußeisen; heute zeigt der im Krieg zerstörte Innenraum eine kassettierte Holzdecke.

Die Zeit des Übergangs zwischen Historismus und Moderne vertritt exemplarisch die Kath. Pfarrkirche St. Nikolaus in Essen-Stoppenberg, 1904 bis 1907 nach Entwürfen von Carl Moritz errichtet[19]. Zum einen tragen äußere Erscheinung und historisierende Einzelformen dem katholischen Konservativismus Rechnung, zum anderen präsentiert sich das Innere als einheitlicher Gemeinderaum mit einer jugendstilnahen Ausstattung recht unkonventionell. Die Raumdisposition ist kaum nach der herkömmlichen Typologie zu beschreiben; es verbinden sich Elemente des Zentralbaus, der Basilika, der Halle, der Saalkirche. Der beherrschende, tonnengewölbte Hauptraum gibt von jedem Platz den Blick auf die Altarapsis ungehindert frei. Die Seitenschiffe sind auf wenig tiefe Raumhüllen hinter den schlanken Rundpfeilern reduziert. Den Außenwänden, deren mittlere Zone innen in ungewöhnlicher Weise den Kreuzweg in einem triforiumartigen Fries zeigt, lagern Kapellen vor, die sich in niedrigen Arkaden zu den Seitenschiffen öffnen. Wegen Bergschäden wurde 1936 noch unter Mitwirkung des Architekten anstelle der

Abb. 113 Katholische Pfarrkirche Heilig Kreuz, Gladbeck-Butendorf.

Abb. 114 Katholische Kirche St. Joseph, Bottrop-Batenbrock.

Haupttonne eine hölzerne, kassettierte Decke eingezogen. Die Renovierung der 70er Jahre brachte zwar eine etwas schrille Neufassung, bewahrte aber weitgehend die originale Ausstattung und den ursprünglichen Raumeindruck der Kirche, die einst einen zeitgenössischen Kritiker an die Ausdrucksqualität der heimischen Industriebauten erinnerte und den Kölner Erzbischof so schockierte, daß er zunächst die Weihe verweigern wollte[20].

Eine künstlerisch eigenwillige Schöpfung stellt die Kath. Pfarrkirche Heilig Kreuz in Gladbeck-Butendorf dar, die an der Schwelle zur Moderne in romanisierenden Formen sehr unterschiedliche Typen abendländischer Sakralarchitektur zusammenzufassen sucht. Die Kirche ist 1912 bis 1914 nach Plänen von Otto Müller-Jena errichtet und besteht überwiegend aus eisenarmiertem Beton, so daß trotz Wölbung auf ein Strebewerk verzichtet werden kann[21]. Der Architekt versucht sich an einer grundsätzlichen Gestaltungsaufgabe, nämlich der Versöhnung von Zentral- und Richtungsbau. Der zentrale Kuppelbau, im Grundriß ein gestrecktes Zehneck, orientiert sich am Dekagon von St. Gereon in Köln, dem spätstaufischen Zentralraum über einem spätantiken Ovalbau. An den Kuppelraum schließen auf drei Seiten die kurzen, einschiffigen Kreuzarme von Querhaus und Chor an, auf der vierten das dreischiffige, basilikale Langhaus. Der seitliche Glockenturm läßt an den Kampanile von San Marco in Venedig denken. Überhaupt ist die Kirche deutlich der mittelalterlichen Sakralarchitektur Italiens verpflichtet: ausgewogenes Zusammenspiel klar begrenzter Baukörper, Ausgleich von Wandflächen und ebenmäßigen Fensteröffnungen, Balance der Richtungswerte, Harmonie der Proportionen. Man beachte nur, wie sich die mäßig geneigten Dächer von denen der mittelalterlichen oder neomittelalterlichen Kirchen unserer nördlichen Kunstlandschaften unterscheiden. Das antikische Moment, das die mittelalterliche Kunst Italiens nur selten aufgegeben hat, zeigt sich hier als latenter Klassizismus. Insbesondere die Fassade läßt an die Protorenaissance, aber auch an Alberti oder sogar Palladio denken. Zugleich kündigt sich die Moderne an durch die Reduktion der Bauelemente auf ihren reinen Formwert, durch glatte Ziegelflächen, nur angedeutete Profile, weitgehenden Verzicht auf Ornament und Bauzier. In der Heilig-Kreuz-Kirche gibt sich die Bauaufgabe durch Anklänge an den italienischen Kirchenbau des Mittelalters zu erkennen. Zugleich finden wir hier in der Sakralarchitektur aber ein Pendant zu den neoklassizistischen Tendenzen, die im Profanbau, in Fabriken, Verwaltungsgebäuden und Villen, den Weg zu einer neuen Architektur bereiten.

Der Expressionismus hat vor allem die spätgotische Architektur rezipiert. Als irrationale, auf malerische Wirkung abzielende Ausdruckskunst mißverstanden, kann sie zur Inspirationsquelle 'organhaften Bauens' im Einklang mit den vermeintlichen Wachstumsgesetzen der Natur werden. Eine expressionistische Deutung gotischer Sterngewölbe zeigt die Kath. Pfarrkirche St. Joseph in Bottrop-Batenbrock von Josef Franke, dessen Lebenswerk vom Jugendstil über den Expressionismus zur Neuen Sachlichkeit führt[22]. Der 1915 bis 1925 errichtet Bau folgt dem herkömmlichen Basilikatypus und ist vom Gesamteindruck her noch der Neugotik zuzurechnen, gibt sich aber in den

Abb. 115 und 116 Katholische Kirche St. Mariä Geburt, Mülheim.

gebärdehaften Pfeilern und mehr noch im kristallinen Gefüge der Zellengewölbe expressionistisch. Hauptwerk Frankes und einer der wichtigsten Sakralbauten des deutschen Expressionismus ist die 1929 geweihte Hl.-Kreuz-Kirche in Gelsenkirchen-Ückendorf[23]. Romanische oder gotische Einzelformen wird man hier zwar vergeblich suchen. Doch ist der Ausdruck der Turmfassade ohne die Wirkung mittelalterlicher Westwerke kaum zu verstehen und ebensowenig die pathetische Abfolge der Parabelbögen im Innern ohne den Gebärdewert der Jochfolgen in mittelalterlichen Wölbebauten.

Die Kath. Pfarrkirche St. Mariä Geburt in Mülheim in dieser Studie zu finden, mag überraschen, wird die Kirche doch für gewöhnlich und völlig zu Recht als frühes Beispiel modernen Sakralbaus in der Kölner Erzdiözese angeführt, als Vertreterin der avantgardistischen Strömungen der 20er und frühen 30er Jahre. Die Kirche wurde 1927 bis 1929 nach einem Entwurf Emil Fahrenkamps errichtet[24]. Nach schweren Kriegsschäden war das Innere bereits 1949 wiederhergestellt, 1958 folgte die Fassade. Die außen mit Backstein verblendete Kirche erhebt sich wirkungsvoll auf einem Hügel. Sie ist im Sinne des Neuen Bauens komponiert aus der kontrastreichen Balance der kubischen Baukörper wie auch der Einzelformen. Der in asymmetrischer Position aufragende Kampanile findet ein Gegengewicht im breit gelagerten Mittelschiffsbau. Mit dessen glattem Kubus wie auch mit dem des Turms kontrastieren die lebhaft gegliederten Seitenschiffe, die als überhöhte Kapellenblöcke mit je einem seitlichen Strebepfeiler in regelmäßiger Folge vorspringen. Appliziertes Ornament und herkömmliche Bauplastik entfallen ganz. Alles dies sind Baugedanken, die seinerzeit von der breiteren Öffentlichkeit und selbst unter Kennern als kühn und provozierend angesichts der Bauaufgabe empfunden wurden. Und doch ist diese Kirche erstaunlich traditionsgebunden, was Raumdisposition und Funktion der Bauteile angeht. Sie folgt dem ehrwürdigen, im 19. Jahrhundert für den katholischen Kultus nahezu verbindlichen Typus des basilikalen Richtungsbaus. Traditionsreiche, wenngleich im mittelalterlichen Sakralbau Italiens verbreitete Motive sind auch Kampanile und freistehendes Baptisterium. Fahrenkamps Lösung ist den überkommenen Typen nicht nur allgemein verpflichtet, man kann sie vielmehr als Umsetzung früh- bis hochmittelalterlicher Basiliken in gleichsam kubischer Abstraktion verstehen. An flachgedeckte mittelalterliche Kirchen gemahnt die Decke des Hauptschiffes mit ihrer kassettierten Mittelbahn, ein Element, das zudem nicht ohne

Pathos ist. Mehr noch läßt die Gestaltung des Obergadens an alte Basiliken denken: Hier wie dort begegnet das Motiv des Rundbogenfensters. Betrachtet man es rein formal, so fehlt zumindest im Innenraum den Rundbögen der rechte Bezug zu den ansonsten orthogonalen Baugliedern. Doch verkennt eine solche Wertung die semantische Funktion der Rundbogenfenster im Kontext moderner Achitektur, deren Sprachlosigkeit gerade in jüngerer Zeit oftmals kritisiert worden ist: Ohne die Rundbogenfenster des Obergadens könnte das Innere auch einem Profanbau angehören, einem Schwimmbad etwa oder einer Bibliothek. Erst das Rundbogenmotiv weist, natürlich im Zusammenspiel mit der basilikalen Disposition, auf einen Kirchenraum hin. Die Rundbögen geben dem Innern wie auch dem Turm und der monumentalen Eingangshalle die Aura des Sakralen.

Ein Beispiel für eine deutlich konventionellere, wenngleich in grundsätzlichen Problemen wie in Einzelformen mit Fahrenkamps Mülheimer Kirche vergleichbare Lösung bietet die Kath. Pfarrkirche St. Marien in Waltrop, entworfen von Josef Franke und erbaut in den Jahren 1932 und 1933.

Die Auseinandersetzung mit mittelalterlicher Sakralarchitektur bei Restaurierung oder Wiederaufbau kriegszerstörter Kirchen kann hier nicht angemessen diskutiert werden – deshalb nur so viel: Kirchen profitieren in dieser Zeit von einem Denkmalbegriff, der gemäß traditioneller Gattungshierarchie den Sakralbauten noch den höchsten Rang zumißt und zudem das Einzelmonument über das Ensemble stellt. Während der Historismus glaubte, ein mittelalterliches Gebäude durch Restaurierung und Neuausstattung zu vormals nie gegebener Perfektion führen zu können, besteht nun weitgehende Übereinstimmung darin, daß der Bau durch die Unterscheidung von Alt und Neu seine Geschichte zeigen müsse. Angesichts der Wiederaufbauideologie bieten vor allem Kirchen den gestalterischen Freiraum, Kriegszerstörungen gleichsam als Narben bewußt zu halten. Die Erfahrung von NS-Herrschaft und Krieg sucht man zum einen durch die Besinnung auf vermeintliche geistige Werte der Vergangenheit zu bewältigen: Mittelalterlichem Kirchenbau wird Urwüchsigkeit angesonnen. Er erscheint als echt und wahrhaftig, steht über den Leistungen späterer Epochen; Neuromanik und Neugotik werden als unwahrer Stilabklatsch ohne Kunstwert abgetan. Zum anderen gilt es als Zeichen geistiger Neubesinnung, die „reine" architektonische Struktur frei von Ausmalung, Ausstattung und späteren Zubauten zur Geltung zu bringen oder durch Steinsichtigkeit dem Ideal der Materialgerechtigkeit zu folgen. Ästhetische Postulate werden so zu ethischen Normen. Das oft traurige Ergebnis führt die Reinoldikirche in Dortmund vor Augen: unverputzte Wandflächen zeigen kleinteiliges, vielfach geflicktes Bruchsteinmauerwerk und befördern so den Charakter des Archaischen, die farbige Fassung der Bildwerke ist abgelaugt, Ausstattungsstücke sind funktionslos wie das jetzt an der Stirnwand des Südquerhauses aufgehängte spätgotische Triumphkreuz, Gewölbeputz, Verglasung und Beleuchtungskörper tragen bei zu einer insgesamt düsteren Raumwirkung.

Eine originelle Adaption gotischer Strukturprinzipien im filigranen Stil der 50er Jahre zeigt der Wiederaufbau der Kath. Pfarrkirche St. Engelbert in Mülheim[25]. Die 1903 errichtete neugotische Halle war bis auf die Außenmauern zerstört. Hans Schwippert zog 1953 ein flaches Gewölbe ein, dessen Stahlverspannungen wie Kreuzrippen verlaufen und dessen Stahlrohrstützen sich nach unten teleskopartig verjüngen. Hier scheint die Gotik aus der Perspektive der Kunstgeschichte gesehen, wobei sogar sehr gegensätzliche Deutungen zusammenfinden: Zum einen die rationalistische Gotikanalyse, die das mittelalterliche Vorbild dem modernen Ingenieur anempfiehlt, und zum anderen Hans Sedlmayrs expressive Gotikinterpretation, die – im 1950 erschienen Buch über die Kathedrale – gotische Dienste mit „Luftwurzeln" vergleicht und die Gewölbeeinheiten als sich herabsenkende „Baldachine" anspricht[26]. Als dreischiffige Halle ist Schwipperts Lösung allerdings im Typus höchst konventionell. Ebenso konventionell sind die meisten Nachkriegsbauten, selbst wenn sie in Anknüpfung an die Klassische Moderne das basilikale Schema in kubische Formen übersetzen oder in den 50er Jahren den gerichteten Saal mit aufgeregten Formalismen garnieren wie ondulierten Wänden, sphärischen Dachmembranen oder Pirouetten drehenden Türmen. Manche Kirchenvertreter bekämpften solche Tendenzen hauptsächlich aus unreflektiertem, dogmatischem Konservativismus. In ihrer Weltsicht war der mittelalterliche Sakralbau noch immer die Norm: „Der Bau formt den Menschen: Der gotische schafft den Ritter, der Seelensilo den Proletarier"[27]. Eine reflektierte, heute fast „grün" anmutende Gegenposition zu oberflächlichen Modernismen und Fortschrittseuphorie hat dagegen Emil Steffann entwickelt: Nicht herkömmliche Raumdisposition mit modischen Formeln bei aufwendiger Bautechnik sei zeitgemäßem Sakralbau angemessen, sondern die Realisierung moderner Baugedanken mit vertrauten Formen, bescheidenen Mitteln, traditionellen Materialien und Techniken.

Zum Abschluß sei der Blick auf einen der bedeutendsten Sakralbauten des 20. Jahrhunderts gerichtet, die 1953 bis 1955 von Emil Steffann wiederaufgebaute Kath. Pfarrkirche St. Bonifatius in Dortmund[28]. Der Bau spannt sich zwischen die erhaltenen Türme des kriegszerstörten neuromanischen Vorgängers und nutzt vorhandenes Trümmermaterial. Die Außenwände aus Haustein und die Innenwände aus Trümmerziegeln bilden eine gemauerte Schalung, die mit Schutt und Beton gefüllt ist. Heiter und lichterfüllt zeigt sich das Innere mit seinen großen Rundbogenöffnungen, weißgekälkten Wänden und den einst naturhellen Holzdecken. Als Einheit überschaubar, ist der Raum doch in Sonn- und Werktagskirche, Anbetungs- und Beichtraum gegliedert, wobei sich das Hauptschiff auf das Apsisrund richtet und der vorgerückte Altartisch bereits die Bestimmungen der Liturgiereform des Zweiten Vaticanums vorwegnimmt. Was hat diese Kirche ohne Stilanleihen mit Mittelalterrezeption zu tun? Steffanns Bauten sind frei von Verweisen, Nebenbedeutungen und symbolischen Befrachtungen, immer nur sie selbst, konkret also im Sinne der Moderne. Doch wie sollte man Armut und Einfachheit in Material und Technik, aber auch die Selbstbeschränkung des Architekten in den Gestaltungsmitteln, ohne den Hintergrund des franziskanischen Ideals verstehen. Nicht im Bautypus, wohl aber in der Baugesinnung kann man die Bonifatius-Kirche mittelalterlichen „Predigtscheunen" der Bettelorden zur Seite stellen. Die ausgewogenen Proportionen, der Ausgleich zwischen geschlossenen Flächen und Wandöffnungen, der Eindruck ruhiger Lagerung – man beachte nur die Dachneigung –, alles dies verdankt sich auch der Auseinandersetzung mit der italienischen Sakralarchitektur des Mittelalters. Die Ästhetik des weißen Steins und des hellen Lichts, Reinheit der Form, Klarheit des baulichen Gefüges, Materialgerechtigkeit – sämtlich Postulate der Moderne – führen hier zu einer aus der Askese gewonnenen Heiterkeit und Ruhe, wie sie jenseits aller Stilunterschiede in vergleichbarer Weise nur die Baukunst der Zisterzienser erreicht hat. Auch die Rundbögen sind nicht Stilzitat, sondern Aneigung einer elementaren und eben deshalb traditionsreichen Architekturform, hier jedoch zugunsten einer genuin modernen Raumauffassung. In St. Bonifatius sind die Traditionen abendländischen Sakralbaus und das Kunstwollen der Moderne ineinander vermittelt zum Archetypus einer Kirche. Die Kirche verleugnet ihre Entstehungszeit und ihre Geschichte nicht und steht doch da wie immer schon und wie immer fort.

Anmerkungen

1 Zur Mittelalterrezeption vgl. auch Hipp, Hermann: Studien zur 'Nachgotik' des 16. und 17. Jahrhunderts in Deutschland, Böhmen, Österreich und der Schweiz, 3 Bde., Diss. Tübingen 1979; Germann, Georg: Neugotik. Geschichte ihrer Architekturtheorie, Stuttgart 1974; Hesse, Michael: Von der Nachgotik zur Neugotik, Frankfurt M./Bern/New York 1980.

2 Horstkötter, Ludger: die Abteikirche in Hamborn, Duisburg 1975. Die im Zweiten Weltkrieg erneut zerstörten Gewölbe wurden beim Wiederaufbau 1951 durch Flachdecken ersetzt.

3 Brix, Michael/Steinhauser, Monika (Hg.): Geschichte allein ist zeitgemäß. Historismus in Deutschland, Lahn/Gießen 1978.

4 Zit. n. Pastor, Ludwig von: August Reichensperger, 2 Bde, Freiburg i. Br. 1899, Bd. 1, S. 172.

5 Borger, Hugo (Hg.): Der Kölner Dom im Jahrhundert seiner Vollendung, 2 Bde, Köln 1980.

6 Planner-Steiner, Ulrike: Friedrich von Schmidt, Wiesbaden 1978; Neumann, Erwin: Friedrich v. Schmidt, Diss. Wein 1952.

7 Kerber, Bernhard: Bochums Bauten 1860 – 1940, Bochum 1982, S. 129.

8 Ribbrock, Gerhard: August und Wilhelm Rincklake, Bonn 1985, S. 38; Haas, Raimund: 100 Jahre Laurentiuskirche in Essen-Steele, in: Das Münster am Hellweg 28 (1975), S. 201 – 264.

9 Ribbrock 1985, S. 99.

10 Bringmann, Michael: Studien zur neuromanischen Architektur in Deutschland, Diss., Heidelberg 1968.

11 Mann, Albrecht: Die Neuromanik. Eine rheinische Komponente im Historismus des 19. Jahrhunderts, Köln 1966; Trier, Eduard/Weyres, Willy (Hg.): Kunst des 19. Jahrhunderts im Rheinland. Architektur I. Kultusbauten, Düsseldorf 1980, S. 75.

12 Kluge, Dorothea: Kurzinventarisation der Kirchen und Kapellen des 19. und frühen 20. Jahrhunderts in Westfalen-Lippe, 1970 – 1973, in: Westfalen 53 (1975), S. 223 – 253, hier: S. 228.

13 Trier u. Weyres 1980, S. 77.

14 Kerber 1982, S. 135.

15 Hammer-Schenk, Harald (Hg.): Architektur. Kunsttheorie und Kunstgeschichte des 19. Jahrhunderts in Deutschland, Bd. 2, Stuttgart 1985, S. 331.

16 Hammer-Schenk 1985, S. 337.

17 Kerber 1982, S. 108.

18 Trier u. Weyres 1980, S. 318.

19 Dohmen, Heinz: Abbild des Himmels. Tausend Jahre Kirchenbau im Bistum Essen, Mülheim a. d. R. 1977, S. 102; Trier u. Weyres 1980, S. 185.

20 Creutz, Max: Die Architektur des XX. Jahrhunderts, Berlin 1910, 7. S. 10.

21 Parent, Thomas: Das Ruhrgebiet, Köln 1987, S. 227.

22 Kluge, Dorothea: Kurzinventarisation der Kirchen und Kapellen des 19. und frühen 20. Jahrhunderts in Westfalen-Lippe, 1974 – 1976, in: Westfalen 56 (1978), S. 260 – 300, hier: S. 271.

23 Kluge 1978, S. 271.

24 Parent 1987, S. 86.

25 Neumann, Michael: Ängstliche Gedanken über den Kirchenneubau der 50er Jahre, in: Architektur und Städtebau der Fünfziger Jahre. Bonn 1988, S. 27 – 48, hier: S. 30.

26 Sedlmayr, Hans: Die Entstehung der Kathedrale, Zürich 1950.

27 Beitrag des katholischen Vertreters Dr. Pinsk auf dem 3. Evang. Kirchenbautag, Berlin-Spandau, 1948 (hier zitiert n. Neumann 1988, S. 33).

28 Hülsmann, Gisbert: Emil Steffann, Bonn 1984, S. 70.

„Ritterburg“, Fabrikschloß und Industriekathedrale

Anmerkungen zur Rezeption mittelalterlicher Stilformen in der Bergwerksarchitektur des Ruhrreviers

Thomas Parent

Anfang 1899 lud die Stadt Dortmund das deutsche Kaiserpaar ein, der anstehenden Einweihung des Dortmund-Ems-Kanals beizuwohnen. Am 10.2.1899 stellten Wilhelm II. und die Kaiserin Auguste Viktoria ihre Teilnahme an den Feierlichkeiten in Aussicht[1].

Am 10.1.1899 reichte die „Gewerkschaft der Mengeder Steinkohlengruben“ ein Gesuch zum Umbau und teilweisen Neubau eines Komplexes für die Waschkaue und Verwaltung der Zeche Adolf von Hansemann in Mengede, nordwestlich von Dortmund, bei der zuständigen Behörde ein. Die beigefügte Planskizze[2] der Baufirma H. Walter aus Wanne zeigte u. a. auch den Vorentwurf für die Schaufassade, der bei klassizistischer Grundstruktur in bescheidenem Ausmaß auch neobarocke Schmuckelemente aufwies.

Am 1.5.1899 reichte die „Gewerkschaft“ eine Ausführungszeichnung[3] nach, die bereits auf den 15.2.1899 datiert und von dem Dortmunder Architekten Dietrich Schulze unterzeichnet worden war. Vorderfront und Seitenansicht des Gebäudes sind nun nach einem neogotischen Grundschema gestaltet und mit Wappenfeldern, Zinnen und Türmchen aufwendig geschmückt. Die am Kopf des Komplexes gelegene, dreifach gestaffelte Verwaltung wird von einem runden Turm gekrönt.

Für dieses Verwaltungsgebäude läßt sich ein spätmittelalterliches Vorbild festmachen: das Uenglinger Tor in Stendal in der Altmark, gut halbwegs zwischen Hannover und Berlin gelegen, nur 10 km von Schönhausen entfernt, wo Otto von Bismarck 1815 geboren worden war. Die Planzeichnung Schulzes folgt dem Stendaler Stadttor in wesentlichen Baudetails, modifiziert aber auch manches. Im übrigen wurde sie nicht in allen Einzelheiten exakt realisiert. So wies das Verwaltungsgebäude in Mengede schließlich runde Konsoltürmchen auf, die der Dortmunder Architekt so nicht vorgesehen hatte, die (in ähnlicher Form) ihr Vorbild hingegen beim Uenglinger Tor finden.

Die zeitliche Parallele zwischen den Dortmunder Vorbereitungen zum Kaiserbesuch und dem Bau der Bergwerksverwaltung in Mengede könnte leicht zu einer politischen Deutung verleiten. Etwa so: Die frappierende Ähnlichkeit des historistischen Zechengebäudes mit einem mittelalterlichen Stadttor aus dem Kurfürstentum Brandenburg dokumentiert eine ausgeprägte Loyalität des Bauherrn zum preußisch-deutschen Kaiserreich, d. h. die Aussöhnung der rheinisch-westfälischen Großindustrie mit der Hohenzollern-Dynastie im Bannkreis der Reichsgründung von 1871. Ein solches Treuebekenntnis aus Ziegelstein läßt sich gerade an dem ausgewählten Bauwerk schlüssig demonstrieren, denn Adolf von Hansemann, dem Bismarck u. a. die Finanzierung seiner Reichseinigungskriege von 1866 und 1870/71 maßgeblich verdankte, personifizierte geradezu diese Aussöhnung[4]: Der rheinische Großbankier, der 1903 als zweitreichster Mann Preußens verstarb, engagierte sich im deutschen Kaiserreich stark für die Stabilisierung des unzeitgemäßen „semi-absolutistischen“ Herrschaftssystems[5], das seine Legitimation aus einem metaphysischen Gottesgnadentum ableitete und dies optisch durch die Rezeption von Stilformen aus einem „romantisch“ verklärten Mittelalter zu untermauern suchte.

Es braucht an dieser Stelle nicht eigens betont zu werden, daß eine solche Interpretation von historisierender Bergwerksarchitektur nicht durch zeitgenössische Quellenzitate untermauert werden kann. Überdies hat Wilhelm II. die Zeche Hansemann am 11.8.1899 vermutlich auch gar nicht in Augenschein genommen. Auf der Fahrt zur Einweihung des Schiffshebewerks Henrichenburg passierte sein Hofzug zwar am frühen Morgen dieses Tages das Verwaltungs- und Kauengebäude, das damals wahrscheinlich noch nicht fertiggestellt war[6]. Die Bevölkerung von Mengede stand allerdings nicht hier, an der Bahnlinie Spalier, sondern jubelte dem Monarchen erst mehrere Stunden später zu, als er – nun auf einem Kanalschiff – die kleine Gemeinde zum zweiten Mal durchquerte, um der Stadt Dortmund einen dreieinviertelstündigen Besuch abzustatten[7].

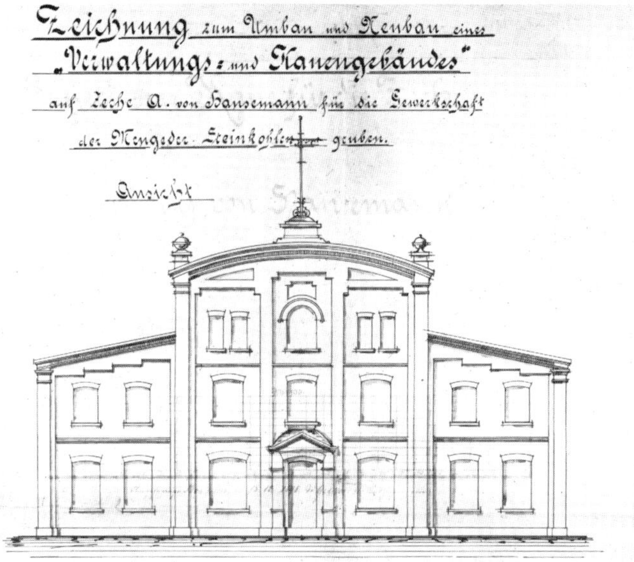

Abb. 117 und 118 Verwaltungs- und Kauengebäude der Zeche Adolf von Hansemann – Vorentwurf und Ausführungszeichnung.

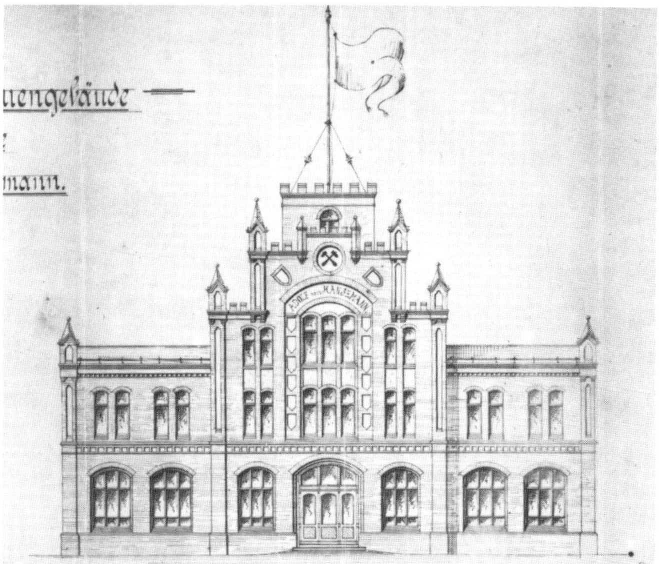

Bei der Fassadenarchitektur von Revierzechen kann die Rezeption von mittelalterlichen Schmuckformen vornehmlich für die Jahrzehnte zwischen 1850 und ca. 1910 beobachtet werden. Seit ca. 1890 sollte der historistische Stil in der Bergwerksarchitektur dann in wachsendem Ausmaß von nüchternem Stahlfachwerk und seit ca. 1910 auch von „expressionistischen" Stilformen der frühen Moderne abgelöst werden.

Ungefähr gleichzeitig mit dem Übergang zur historistischen Baugestaltung erfolgte im Ruhrgebiet um 1850 auch der Durchbruch zur industriellen Kohleförderung im großen Stil. Mit Hilfe von leistungsfähigen Dampfmaschinen war es in den Jahren zuvor endlich gelungen, die ergiebigen Lagerstätten des Emschertals in größerer Tiefe zu erschließen, die sich (im Gegensatz zu den leichter erreichbaren Flözen der Ruhrberge) auch zur Verkokung eigneten. Nach vielfacher Erprobung hatte man zudem inzwischen bei Erzverhüttung und Stahlerzeugung die traditionsreiche Holzkohle durch Steinkohlenkoks ersetzen können. Eine immens gesteigerte Nachfrage vervielfachte nun die Kohleförderung binnen kurzem[8]. Die Hellwegzone und die nördlich anschließende, ländlich karge Emscherregion gerieten seit 1850 zunehmend in den Rausch einer ersten industriellen Gründerzeit. Die neuen Großzechen, die häufig sogar in Sichtweite zueinander entstanden, waren durch ein geschlossenes, fabrikmäßiges Erscheinungsbild geprägt, bei dem die technische Funktion der einzelnen Bauten (Fördertürme, Maschinenhäuser, Kesselhäuser, Kohleaufbereitungs- und Verladeeinrichtungen etc.) z. T. auch optisch gut nachvollzogen werden konnte. Das unternehmerische Selbstverständnis und der – durchaus krisenanfällige – Reichtum der neuen Zechenbesitzer fanden allgemein ihren Ausdruck in einer aufwendigen Fassadengestaltung von gelegentlich gotischer, zumeist aber romanischer Grundstruktur mit häufig klassizistischen Einflüssen.

Zum markantesten Symbol dieser Epoche wurde der Malakoffturm: Über mehr als 100 Schächten entstanden zwischen ca. 1848 und 1897 steinerne Fördertürme, die (später) ihren Namen nach einem Fort der Festung Sewastopol erhielten, das am 8.9.1855 während des Krimkriegs durch französische Truppen spektakulär erstürmt worden war. Zur Führung der Förderkörbe montierte man im Innern der Schachttürme Gerüste aus Holz (später aus Stahl). Die Außenwände waren zumeist mit Lisenen, Blendbögen, Friesen, Gesims etc. reich verziert. Manches dekorativ anmutende Baudetail diente allerdings vorrangig der Betriebstechnik oder Betriebssicherheit: Ecktürmchen von oktogonalem Zuschnitt nahmen Fluchttreppen auf, damit die Belegschaft im Brandfall ungefährdet evakuiert werden konnte. Gegenüber dem Maschinenhaus fingen neogotische Strebepfeiler vor der Turmfront die Seilzugkräfte der Dampffördermaschine ab.[9]

Solche Strebepfeiler – sowie auch Spitzbögen als Fassadengliederung[10] – lassen an Sakralarchitektur denken. Bei manchem Malakoffturm wirkte auch ein angebautes Betriebsgebäude fast wie ein Kirchenschiff. Aus einer bestimmten Blickrichtung erschien z. B. die Essener Zeche Sälzer & Neueak geradezu als weitläufige Basilika mit Querhäusern und zwei Vierungstürmen[11]. Oktogonale Treppentürmchen erinnerten hingegen an den Bergfried einer mittelalterlichen Burg. Die gleiche Wirkung erzielten Zinnen, wie sie z. B. die Türme der Bochumer Zechen Constantin der Große, Hannibal und Hannover bekrönten[12]. Ein Zeitgenosse schrieb bereits 1882: „Mancher stolze, in reicherem Stile aufgeführte Schachtthurm ragt wie eine Ritterburg aus dem Wald oder Busch oder in lachendem Gefilde hervor...[13]".

Dieses Zitat bestätigt einen Eindruck, der sich noch heute unwillkürlich aufdrängt, wenn man Malakofftürme unbefangen betrachtet. Es wäre allerdings verfehlt, anzunehmen, die durchweg anonym gebliebenen Zechen-Baumeister hätten sich für ihre einzelnen Projekte jeweils einen bestimmten Bergfried zum Vorbild genommen. Auch ohne solche Projektionen ist es nicht ohne Reiz, z. B. die Ähnlichkeit zwischen dem mittelalterlichen Donjon aus Niort in Westfrankreich und den ausladenden Doppelschachtanlagen des Ruhrreviers auf sich wirken zu lassen, bei denen zwei baugleiche Malakofftürme auf symmetrische Weise ein langgestrecktes Betriebsgebäude flankieren. Wenn auch mittlerweile stark entstellt, blieb als einziges Beispiel für diese Bauart die Schachtanlage Holland I/II in Gelsenkirchen-Ückendorf erhalten. Um einen Turm amputiert zeigen sich darüberhinaus noch die Zechen Hannover I/II/V in Bochum-Hordel und Rheinpreußen I/II in Duisburg-Homberg. Die vielleicht eindrucksvollste Doppelschachtanlage stellte die Zeche Oberhausen dar. Der Verbindungstrakt zwischen den beiden Malakofftürmen wurde hier genau in der Mitte von einem Querhaus unterbrochen. Ein spitzer Dachreiter markierte die Nutzung des Obergeschosses als Betsaal für die Bergleute. Dahinter überragte der gigantische Kamin eines Kesselhauses dieses Querhaus in mehr als vierfacher Höhe[14].

Wie die inzwischen vollständig abgetragene Zeche Oberhausen wurden auch die übrigen Doppelschachtanlagen des Ruhrgebietes durch Ausbau- und Modernisierungsmaßnahmen in ihrem schloßartigen Erscheinungsbild bereits nach wenigen Betriebsjahren empfindlich beeinträchtigt. Stählerne Strebengerüste lösten seit den 1870er Jahren allmählich die Malakofftürme ab. Neue Zechen entstanden nun mehr und mehr als ein unübersichtliches Konglomerat von unterschiedlichen Bauten. Einen besonderen Gestaltungsaufwand widmete man hierbei vor allem den Verwaltungsgebäuden und den häufig daran angeschlossenen Lohnhallen und Waschkauen. Auch hier gab es wieder Schmuckelemente aus dem Repertoire der Ritterburgphantasie, z. B. Konsoltürmchen oder Zinnenbekrönungen. Der Lohnhallenkomplex der Zeche Bonifacius in Essen-Kray (1899) dokumentiert dies bis heute[15].

Um die Jahrhundertwende errichteten manche Zechengesellschaften auch wieder repräsentative Schachtanlagen „aus einem Guß". Die Harpener Bergwerks AG entschied sich bei ihren Zechen Scharnhorst in Dortmund und Preußen in Lünen für ein klassizistisches Grundschema Schinkel'scher Prägung[16]. Demgegenüber ließ die Gelsenkirchener Bergwerks AG ihre „Musterzeche" Zollern II/IV in Dortmund-Bövinghausen nach einem neogotischen Grundschema errichten, in das der Architekt Paul Knobbe romanische, barocke und klassizistische Elemente harmonisch einpaßte[17]. Auf Zollern II/IV erinnern Staffelgiebel an Werkstätten, Lohnhalle sowie namentlich am zentral postierten Verwaltungsgebäude an backsteingotische Bürgerhäuser in norddeutschen Hansestädten oder an ostelbische Ordensritterburgen. Ein flankierendes Turmpaar verleiht der Lohnhalle zudem den Charakter einer Kirchenfassade. Selbst die nachmals berühmte Maschinenhalle, die als Stahlfachwerk-Konstruktion mit Jugendstil-Dekor den Übergang vom Historismus zur frühen Moderne markiert, weist durch ihren kreuzförmigen Grundriß und parallele Reihungen gleicher, großer Fenster sakrale Akzente auf.

Die „Größe und Schönheit" dieser Maschinenhalle übertreffe „die meisten Prunksäle", merkte bereits 1905 ein Zeitgenosse an, während der „majestätische [...] Aufbau" der Zechenanlage „mehr einem feudalen Schloßhofe als einer Industriestätte"

Abb. 120 Donjon in Niort.

Abb. 119 (Seite 313) Malakoffturm der Zeche Hannover in Bochum-Hordel.

ähnele[18]. Demgegenüber sucht die aktuelle Interpretation einer Kunsthistorikerin für die Anordnung der historistischen Zollern-Bauten das Vorbild eher bei vorindustriellen Stadt- oder Marktplätzen als beim Ehrenhof von Barockschlössern[19].

Es ist sicher müßig zu betonen, daß sich eine historisierende Fassadengestaltung in der zweiten Hälfte des 19. Jahrhunderts nicht nur auf die Bergwerksbauten des Ruhrreviers beschränkte. Das pseudo-mittelalterliche Formenrepertoire kam auch keineswegs nur im Bergbaubereich vor. Allein im Ruhrgebiet finden sich die Dekorelemente der Malakofftürme in ähnlicher Form u. a. bei Brückentürmen, Hebetürmen und Wassertürmen wieder sowie auch bei den Fassadentürmen mancher Bahnhöfe, Verwaltungsgebäude und Villen, ganz zu schweigen von den Kirchtürmen der zahlreichen Gotteshäuser, die damals zur seelsorgerischen Betreuung der massenhaft zuwandernden Arbeiterfamilien in kurzer Zeit entstanden. Häufig wurden nahezu die gleichen Schmuckformen bei der Fassadengestaltung von unterschiedlichen Gebäuden wiederverwandt. So orientierte sich z. B. Paul Knobbe beim Entwurf der Staffelgiebel von Zollern II/IV augenscheinlich an einem Bürogebäude seines zeitweiligen Compagnons Carl Nordmann für das Rheinisch-Westfälische Kohlensyndikat sowie am Gelsenkirchener Rathaus des Architekten Heinrich Wiethase. Für die Lohnhalle des Bövinghauser Bergwerks nahm Knobbe manche stilistischen Anleihen bei der Christus-Kirche in Essen-Altendorf, die er zusammen mit Nordmann kurz zuvor entworfen hatte[20].

Zeitgenössische Baubeschreibungen oder Würdigungen von Zechenarchitektur sind für das Ruhrrevier nur ganz vereinzelt überliefert. So zählte z. B. die „Zeitschrift für Berg-, Hütten- und Salinenwesen" 1861 die Zeche Oberhausen zu „den großartigsten bergmännischen Anlagen des Kontinents[21]. Grundsätzlich

Abb. 121 Zeche Oberhausen.

Abb. 122 Zeche Zollern II/IV in Dortmund-Bövinghausen.

legt eine aufwendige Gestaltung die Vermutung nah, daß der Bauherr hiermit eine bestimmte „Botschaft“ ausdrücken will: „Die Darstellung von Macht und Machtansprüchen, von gesellschaftlicher Kraft oder ideologischer Botschaft gehört immer wieder mit zur Bauaufgabe“[22]. Kaum ein Bauherr hat allerdings seine „Botschaft“ konkret erläutert. Im Fall von Zollern II/IV bekannte sich der technische Direktor Paul Randebrock immerhin kurz nach der Fertigstellung des Bergwerks ausdrücklich dazu, man habe hier „die Schönheitsregeln der Baukunst zur Geltung kommen lassen“ wollen, und begründete dies auch: „Man sagt sich, daß der Bergmann, dem man in neueren Kolonien ein behagliches Heim zu schaffen bemüht ist, es angenehm empfinden müsse, auch an der Arbeitsstelle schöne Bauten und große, luftige Räume zu haben. Man wollte, ohne die Zweckmäßigkeit der Anlage zu beeinträchtigen, auf das ästhetische Empfinden der Leute fördernd einwirken[23]. „Daß die Zechengesellschaft gerade von einem gut gestimmten Bergmann eine hohe Arbeitsleistung erwartete, dokumentieren vier anfeuernde Sinnsprüche in der Lohnhalle dieser Zeche. Sie lauten: „Schaue vorwärts, nicht zurück!“ / „Frischer Mut bringt neues Glück“ / „Arbeit ist des Bürgers Zier!“ / „Segen ist der Mühe Preis![24]“
Ansonsten sind der Phantasie und Assoziationsfreude kaum Grenzen gesetzt, um die Botschaft von Industriebauten zu entschlüsseln. Hierzu nur wenig Beispiele: Die Übernahme von Stilformen aus der Feudalarchitektur der Schlösser und Ritterburgen spiegelt die gewünschte bzw. erreichte soziale Gleichrangigkeit der neuen Industriellenschicht mit dem alten Adel wider. Gegenüber der Belegschaft wird durch solche Elemente von „Herrschaftsarchitektur“ der Autoritätsanspruch der Werksleitung ausgedrückt. Sakrale Elemente überhöhen ihn auf suggestive Weise ins Metaphysische und entziehen ihn somit der rationalen Diskussion und Kritik. Durch ein optisch hervorgehobenes, von den übrigen Gebäuden separiertes Verwaltungsgebäude wird die Exklusivität des Managements betont. Die bei zahllosen Zechen exponiert angebrachte große Werksuhr steht als Pünktlichkeitssymbol für die Fabrikdisziplin usw.[25].
1930 schrieb Carl Koschwitz in seinem Büchlein „Die Hochbauten auf den Steinkohlenzechen des Ruhrgebiets“, die Ruinen mancher Malakofftürme würden „sogar einer gewissen romantischen Schönheit nicht entbehren“[26]. Dieses Zitat enthält ein zentrales Stichwort, um die Verwendung von historistischen Stilformen auch bei der Bergwerksarchitektur vor dem zeitgeschichtlichen Hintergrund des 19. Jahrhunderts zu deuten: Parallel zur anbrechenden Industriellen Revolution vollzog sich damals im Geiste der „Romantik“ eine umfassende Auseinandersetzung mit der mittelalterlichen Überlieferung, deren Erbe infolge der Säkularisation nun weitgehend zur Dispostion stand und seit der nationalen Emotion der Befreiungskriege gegen Napoleon I. eine besondere Wertschätzung genoß. Seit den 1820er Jahren sanierte man in Deutschland mit bemerkenswerter Energie mittelalterliche Bauten, vollendete gotische Kathedralen und baute Burgruinen wieder auf. Auf Jahrzehnte hin wurde der Historismus zum Universalstil und damit für (nahezu) alle Neubauten verbindlich. Dies galt neben Kirchen, Schulen, Kasernen etc. auch für die Repräsentationsbauten der Großindustrie sowie für neue Schlösser von Adeligen und regierenden Fürsten. Die auf Geheiß des „romantischen“ Preußenkönigs Friedrich Wilhelm IV. 1836 – 1842 neu erbaute Rheinburg Stolzenfels bei Koblenz stellt hier ein frühes, allgemein bekanntes Beispiel dar[27]. Der Bogen läßt sich dann weiter spannen bis zur „Gralsburg“ Neuschwanstein des psychisch kranken Königs Ludwig II. von Bayern und darüber hinaus. König Friedrich Wilhelm IV. nutzte Schloß Stolzenfels als stimmungsvolle Kulisse, um ein romantisch-überspanntes Lebensgefühl zu zelebrieren. Elemente einer Märchenwelt, großes Gefolge, Fackelzug, „altdeutsche“ Kostümierung, prägten bereits am 13.9.1842 seinen feierlichen Einzug in die kurz zuvor fertiggestellte Burg. Daß seine Vorliebe für das Mittelalter nicht nur selbstgefälliges Spiel war, sondern mehr

als nur ein Quentchen an politischer Utopie barg, läßt sich gut am Beispiel des gotischen Kölner Doms zeigen, zu dessen Weiterbau, nach fast dreihundertjähriger Unterbrechung, der König am 4.9.1842 den Grundstein legte. Bei diesem Anlaß verdammte er in einer programmatischen Rede „das ehrlose Untergraben der Einigkeit deutscher Fürsten und Völker" wie auch „das Rütteln an dem Frieden der Konfessionen und der Stände" und beschwor die Vision „von einem durch die Einigkeit seiner Fürsten und Völker großen, ja den Frieden der Welt unblutig erzwingenden Deutschland"[28]. Nicht nur von rückwärtsgewandten Dynasten und Klerikern wurde damals in der Besinnung auf das Mittelalter als einer vorgeblich heilen Welt der Weg zu einer konfliktfreien Gesellschaft gesucht. Kurzfristig gerieten auch bürgerliche Kreise und sogar „systemkritisch" eingestellte Intellektuelle wie Heinrich Heine in den Rausch der Kölner Dombau-Begeisterung[29].Das partei- und klassenübergreifende Engagement für die Kölner Domvollendung fand dann ein schnelles Ende, als sich offenbarte, daß die Hohenzollern-Dynastie dieses Projekt als Forum zur Popularitätswerbung für ihr eigenes, „reaktionäres" Herrschaftssystem mißbrauchte. Vor allem seit der deutschen Reichsgründung von 1871 äußerte sich dann die Aussöhnung zwischen den alten Eliten und der neuen Industriellenschicht u. a. auch in der weiterhin hartnäckigen Benutzung der gleichen historistischen Stilelemente beim Bau von Schlössern und „Fabrikschlössern". Daß man von der „romantisch"-patriotischen Suggestionskraft eines pseudo-mittelalterlichen Baudenkmals eine gesellschaftsharmonisierende Wirkung erhoffte, läßt sich zwar nicht am Beispiel der Zeche Adolf von Hansemann belegen. Entsprechende Zitate sind aber in Verbindung mit dem bekannten Kaiserdenkmal überliefert, das – von Ruhrindustriellen maßgeblich finanziert – 1893 bis 1902 auf einem bewaldeten Bergrücken im Dortmunder Süden errichtet wurde. Am 15.5.1890, d. h. ein Jahr nach dem ersten großen Bergarbeiterstreik des Ruhrreviers, formulierten die Verfechter dieses Standortes: „Ein Platz, der zum Standort eines vaterländischen Denkmals für eine volkreiche Nachbarschaft in so hohem Maße geschaffen ist wie die Hohensyburg, der sich für einen solchen ehernen Mahnruf zum Gemeinsinn geradezu als vorbestimmt erweist, – legt der uns in unseren Gegenden mit ihrer zahllosen Arbeiterbevölkerung nicht gerade im Hinblick auf die Vorgänge des letzten Jahres (!) den Gedanken nahe, hier der vaterländischen Begeisterung des umwohnenden Volkes eine Heimstätte zu bereiten? Auf diesem Festplatz werden zusammenströmen alt und jung, – Männer und Frauen, – Schüler und Schülerinnen, – ...die Arbeiter, deren schwielige Hände Zeugnis ablegen von ihrem täglich sich erneuernden harten Ringen und Mühen und Schaffen, wie die Arbeiter, denen die Einrichtung, Leitung und Förderung unseres Landes verantwortungsvolle und sorgenvolle Lebensaufgabe ist, – sie alle werden auf diesem Festplatze . . . durchdrungen von gehobener, vaterlandsbegeisterter Stimmung, ...der eigenen Tage und der eigenen Kraftbethätigung froh werden![31]" Zur Legitimierung des ausgewählten Standorts hoben die Befürworter u. a. hervor, daß die Hohensyburg bereits im achten Jahrhundert Schauplatz von Kämpfen zwischen den Sachsen und den Franken unter Karl dem Großen gewesen war. Der aufwendige Architekturprospekt des Kaiserdenkmals wurde bei neugotischer Grundstruktur mit Zinnen und Konsoltürmchen reich verziert[32].Diesen doppelten – historischen wie kunsthistorischen – Bezug zum Mittelalter darf man sicherlich als gewolltes Hilfsmittel zur Unterstützung der o. a. politischen Wirkungsabsicht interpretieren.

Anmerkungen

1 Dortmund 11.8.1899, Der Kaiser kommt zur Hafeneinweihung, Dortmund 1984, S. 119 f. Vgl. auch den Beitrag von Jörn Christiansen in diesem Band.

2 Stadtarchiv Dortmund, Bestand 163 – Zg. 8/1969 – Lfd. Nr. 280 – 1, Bl. 112.

3 Ebd., Bl. 114.

4 Vgl. u. a. Böhme, Helmut: Deutschlands Weg zur Großmacht, Köln 1974, S. 203.

5 Eine solche Interpretation pointiert bei: Wehler, Hans-Ulrich: Das Deutsche Kaiserreich 1871 – 1918, Göttingen 1975. Dagegen: Nipperdey, Thomas: Wehlers „Kaiserreich", Eine kritische Auseinandersetzung, in: Geschichte und Gesellschaft, 1 (1975), S. 539 – 560.

6 Das läßt sich daraus schließen, daß die Ausführungszeichnung erst am 1.5.1899 eingereicht worden war.

7 Dortmunder Zeitung vom 12.8.1899.

8 Zahlenangaben u. a. bei: Wiel, Paul: Wirtschaftsgeschichte des Ruhrgebiets, Essen 1970, S. 126 ff.

9 Hierzu zuletzt: Stemmrich, Daniel: Malakkowtürme, in: Biecker, Johannes und Buschmann, Walter (Hg.): Bergbauarchitektur, Bochum 1986, S. 26 – 45.

10 Z. B. an den inzwischen abgerissenen Malakofftürmen der Zechen Königin Elisabeth in Essen-Frillendorf und Dahlbusch in Gelsenkirchen-Rotthausen.

11 Vgl. die Abbildung in: Koschwitz, Carl: Die Hochbauten auf den Steinkohlenzechen des Ruhrgebiets, Essen 1930, S. 28.

12 Erhalten von diesen ist heute nur noch der Malakoffturm der Schachtanlage Hannover I/II/V in Bochum-Hordel.

13 Stahl und Eisen, Jg. 1882, S. 349.

14 Die starke bauliche Veränderung der Tagesanlagen dieser Zeche wird durch eine Serie von vier Fotos aus den Jahren 1880, 1904, 1914 und 1937 eindrucksvoll dokumentiert. Publiziert bei: Unverferth, Gabriele und Kroker, Evelyn: Der Arbeitsplatz des Bergmanns in historischen Bildern und Dokumenten, Bochum 1979, S. 26 f., Abb. 12 – 15.

15 Ein weiteres, prägnantes Beispiel stellte die Waschkaue der Bochumer Zeche Friederika dar. Abb. bei Koschwitz (wie Anm. 11) S. 56.

16 Beide Zechen sind inzwischen abgerissen worden. Abb. der Tagesanlagen u. a. bei: Menke, Annette: Funktion und Gestalt von Beamten- und Kauengebäuden auf Steinkohlenzechen 1850 – 1930, dargestellt an ausgewählten Beispielen der Harpener Bergbau-Aktiengesellschaft, Diss. Münster/München 1986, Abb. 57, 60, 61.

17 Zu dieser Zeche u. a.: Becher, Bernhard und Hilla, Conrad, Hans Günther und Neumann, Eberhard G.: Zeche Zollern 2, München 1977. Peters, S/Bogislav, Michael: Bau und Inbetriebnahme einer Zeche: Zollern II, Magisterarbeit Ruhr-Universität Bochum, Fakultät für Geschichtswissenschaft, (masch.) 1990.

18 Fiedler, Otto: Lüttich und die Weltausstellung 1905, Berlin 1905, o. S.

19 Dreckmann, Ute: Zeche Zollern II/IV, Ein Beispiel bürgerlicher Repräsentationsarchitektur im Industriebau, Dortmund (masch.) 1989 (Eine Publizierung dieser Studie in der Schriftenreihe des Westf. Industriemuseums ist für 1990 vorgesehen.).

20 Becher/Conrad/Neumann (wie Anm. 17) S. 230 f., 291.

21 Zitiert nach: Koschwitz (wie Anm. 11) S. 29

22 Suhrbier, Hartwig: Abseits von Villa Hügel, in: Kritische Berichte 4 (1976), S. 5.

23 Randebrock, Paul: Die Schachtanlage Zollern II der Gelsenkirchener Bergwerks-Aktien-Gesellschaft, in: Glückauf 41 (1905), S. 783.

24 Schinkel, Eckhard: Schiller, Schönheit und Zollern 2/4, in: TKD/ Technische Kulturdenkmale, Nr. 17, Hagen 1988, S. 18 – 23.

25 Vgl. u. a. Günter, Roland und Weisser, Michael: „Fabrikschlösser", in: Kunst und Unterricht 19 (1973), S. 33. Sturm, Hermann: Fabrikarchitektur, Villa, Arbeitersiedlung, München 1977. Menke, Annette: Verwaltungsgebäude und Waschkaue in der 2. Hälfte des 19. Jahrhunderts, in: Biecker/Buschmann (wie Anm. 9) S. 99 – 113, hier: S. 108 f. Stemmrich (wie Anm. 9) S. 44 f.

26 Koschwitz, S. 37.

27 vgl. u. a. Bornheim gen. Schilling, Werner: Schloß Stolzenfels, Mainz 1975

28 Hier zitiert nach: Ennen, Leonhard: Der Dom zu Köln von seinem Beginne bis zu seiner Vollendung, Köln 1880, S. 159 f.

29 Vgl. Dieckhoff, Reiner: Vom Geist geistloser Zustände, Aspekte eines deutschen Jahrhunderts, in: Borger, Hugo (Hg.): Der Kölner Dom im Jahrhundert seiner Vollendung, Bd. 2, Köln 1980, S. 62 – 105, hier: S. 64 ff., 73 ff.

30 Zitiert nach: Broicher, E. J. (Hg.): Das Kaiser-Denkmal auf Hohensyburg, Festschrift aus Anlaß der Enthüllung dieses Denkmals, Essen 1901, S. 31 f. Vgl. auch: ebd., S. 33f., 37, 45 f.

31 Der Architekturprospekt des Syburg-Denkmals wurde 1934/35 durch Umbaumaßnahmen erheblich verändert und seiner pseudo-mittelalterlichen Verzierungen beraubt. Vgl. zum ursprünglichen Zustand Abb. 125 in diesem Band.

Mittelalterrezeption in profanen Bauaufgaben des Historismus

Gefängnis, Rathaus, Nationaldenkmal

Michael Hesse

Architektur hat immer versucht, Funktion und Rang von Gebäuden in der Baugestalt zu verdeutlichen. Die bis ins 18. Jahrhundert verbindliche klassische oder vitruvianische Architektur hat dazu antikisierende Formen, feststehende Typen und Motive sowie mehr oder minder verschlüsselte Bildprogramme verwendet, ähnlich einer geregelten, durch Bedeutungskonventionen bestimmten Sprache[1]. Eben diese Architektursprache hat seit der Aufklärung ihre Verbindlichkeit verloren im Zusammenhang der großen Kulturrevolution, deren politische und gesellschaftliche Rahmenbedingungen wir kennen[2]. Der Historismus des fortschreitenden 19. Jahrhunderts strebt, nunmehr auch im Licht der sich etablierenden Kunstgeschichte, nach neuer Konventionalisierung durch Indienstnahme historischer Vorbilder[3]. Man übernimmt aus der Geschichte nicht nur Einzelformen sondern auch Gebäudetypen in der Überzeugung, bestimmte Bauaufgaben seien hier gültig gelöst. Stilmerkmale historischer Epochen und Kunstlandschaften werden zu Gattungskennzeichen und Bedeutungsträgern.

Für Gefängnisse erscheint das Vorbild mittelalterlicher Festungsbauten angemessen. Der Ausdruck von Verteidigungsbereitschaft beruhigt die Gesetzestreuen und schreckt die Gesetzesbrecher innerhalb wie außerhalb der Kerkermauern: „Die Türme, Warten, schmalen Fenster, Gitter und Zinnen, all das vermittelt den Eindruck von Macht, von der Aufhebung der Freiheit. Der Stil des Gefängnisbaus muß streng sein. Es ist sogar gut, wenn er als Schreckbild auf das Verbrechen wirkt. So will es das Gesetz, das die Einsperrung vorschreibt[4].“ Wie mittelalterliche Burgen der Abwehr äußerer Feinde dienen, wehren die mit pseudo-mittelalterlichen Versatzstücken ausstaffierten Strafanstalten das Verbrechertum als Feind der Gesellschaft ab. Neben der unmittelbaren Einstimmung durch die architektonischen Ausdruckswerte mag auch die Assoziation des finsteren Mittelalters bestimmend gewesen sein[5].

Als Strafanstalt wurden nach der Säkularisation die Abteigebäude in Werden genutzt; die ehemalige Klosterkirche ist seit dem Stadtpfarrkirche[6]. Die romantische Mittelaltersehnsucht des preußischen Kronprinzen und späteren Königs Friedrich Wilhelm IV. richtet sich auch auf die Werdener Kirche, deren Restaurierung er nach einem Besuch betrieb. Seinen Erwartungen hatte der Ausbau des Gefängnisses zu entsprechen, fertigte Friedrich Wilhelm doch selbst manche Pläne für Umbauten militärischer Anlagen und Zuchthäuser im sogenannten „normännischen“ Stil[7]. Die Strafanstalt wurde – 1845 bis 1847 im Süden, 1852 bis 1854 im Norden – durch Flügel erweitert, die den ehemaligen Ehrenhof schloßen und die Arme der spätbarocken Abteigebäude formal mit dem bei der Säkularisation noch unvollendeten klassizistischen Torhaus verbanden. Zwar wahrten die neuen Bauteile die barocke Symmetrie und sind zudem nicht umfangreich. Doch waren die Anlage des 18. Jahrhunderts motivisch völlig umgedeutet. Die neuen Trakte zeigten durchweg mittelalterliche Stilformen. Vor allem gaben die beiden zinnenbekrönten Türme, die ohne jeden praktischen Zweck das Torhaus flankierten, dem Ganzen eine neue Qualität: Der vormals schloßähnliche Bau erschien nun als burgartige Festung.

Burgähnliche Elemente und mittelalterliche Stilformen erklären sich also aus der Bauaufgabe. Doch hatten die Verantwortlichen zugleich aus noch romantischem Kunstwollen die malerische Fernwirkung des gesamten ehemaligen Abteikomplexes im Blick. So waren die neuen Türme schräggestellt, was aus der Fernsicht ihre Symmetrie verunklärte. Zudem wurde bei der Kirchenrestaurierung der Westwerksturm erhöht und mit einem Faltdach versehen, so daß er in wirkungsvollem Kontrast zum hohen oktogonalen Vierungsturm trat. Gemäß Schinkels Ideal einer „perspektivisch mannigfaltig gegeneinander verschobenen Ansicht“ bot sich einst, umgeben von bewaldeten Hängen, im Tal der Ruhr – dort aber auf einer Anhöhe über den Häusern der kleinen Stadt – das vieltürmige Ensemble aus mittelalterlicher Kirche und neumittelalterlichen Anstaltsbauten dem herannahenden Betrachter dar. Inzwischen haben leider denkmalpflegerischer Purifizierungswahn und stadtväterliches Prestigebedürfnis das historisch gewachsene Ensemble entstellt. Die Bauten des 19. Jahrhunderts, geschichtliche Dokumente und Teil einer eigenwertigen Kunstleistung, sind zu einem Großteil zerstört worden[9].

Unter den profanen Bauaufgaben kommt im 19. Jahrhundert eine besondere Rolle dem Rathaus zu. Die kommunale Selbstverwaltung, 1808 in Preußen eingeführt, schuf ein neues bürgerliches Selbstbewußtsein, das angemessene Räumlichkeiten für Stadtparlament und Stadtverwaltung forderte. Aufwendige Rathausneubauten entstanden vor allem im wilhelminischen Kaiserreich, um dem gewaltig angewachsenen Behördenapparat der expandierenden Kommunen und dem gesteigerten Repräsentationsbedürfnis Rechnung zu tragen[10]. Für kaum eine andere Bauaufgabe konnte der Historismus kunstgeschichtliche und kunstlandschaftliche Vorbilder so präzise als Gattungsstil benennen. Im allgemeinen knüpft monumentale Repräsentationsarchitektur dieser Zeit zwar an den barocken Schloßbau an. Doch gerade die Rathäuser sollten sich davon unterscheiden, ihre Repräsentation sich nicht höfisch-fürstlich sondern städtisch-bürgerlich artikulieren. Vorbilder aus den Zeiten und Zentren bürgerlicher Selbstbestimmung und bürgerlichen Selbstbewußtseins boten sich an. Nach einem Entwurfslehrbuch von 1884 zählt das Rathaus „... zu den wenigen Gebäudearten, für welche sich ein bestimmter architektonischer Typus ausgebildet hat. der in zahlreichen glänzenden Bauwerken des Spät-Mittelalters und der Renaissance in Italien, Frankreich, den Niederlanden und Deutschland seine historischen Vorbilder besitzt. Charakteristische Elemente desselben sind namentlich der Thurm, an dessen Stelle jedoch nicht selten eine besonders reiche Giebel-Entwicklung tritt – die Vorhalle, welche sich häufig zur Laube erweitert und der an hervorragender Stelle angebrachte, zu eventuellen Ansprachen an das Volk benutzte Balkon[11].“

Ein Neubau ganz im Sinne dieses Motivkatalogs war das seit 1870 geplante, zwischen 1878 und 1887 errichtete Rathaus in Essen nach einem Entwurf von Peter Zindel[12]: in den Formen der norddeutsch-niederländischen Spätgotik, eine Schauseite mit reichem Maßwerkschmuck und Balkon zum Marktplatz, zahlreiche Risalite mit Treppengiebeln, dazu steile Satteldächer mit Firstzier und, alles überragend, ein mächtiger Turm mit Uhrwerk und Glocken. „Die Wahl des Stiles ist in erster Linie seiner historischen Bedeutung für die Entwicklung des deutschen Städtewesens im Mittelalter ... zuzuschreiben“, führt der Verwaltungsbericht der Stadt aus[13].

Die einstige Freie Reichs- und Hansestadt Dortmund besaß mit dem damals ältesten Rathaus Deutschlands bereits ein traditionsreiches Monument bürgerlichen Selbstbewußtseins. Während noch 1869 der Abriß des 1241 errichteten Baus nicht ausgeschlossen war, wurde das Rathaus 1899 aufwendig restauriert und der gotische Stufengiebel rekonstruiert. Das Innere erhielt einen vergrößerten Festsaal mit reicher Ausstattung in neomittelalterlichen Formen[14]. Der Abriß kam erst 1952, obwohl nach den Bombenschäden des Krieges noch ausreichend Substanz für einen Wiederaufbau erhalten war. Der sich aufblähenden Verwaltung der Industriestadt wurde 1892 bis 1899 nach einem Entwurf des Stadtbaurates Friedrich Kullrich ein Stadthaus errichtet. Die prächtige Sandsteinfassade, in die Stilelemente des Spätmittelalters und der Renaissance in der Art des sogenannten altdeutschen Stils aufgreift, zeigt Kaiserporträts, Wappen befreundeter Hansestädte und im Giebel das Stadtwappen mit dem schwarzen Reichsadler.

Für das Rathaus in Duisburg war die städtebauliche Situation am Burgplatz neben der Salvatorkirche maßgeblich[15]. Der für Rathäuser ohnehin als angemessen erachtete spätgotische Stil hatte neben der bereits zwischen 1843 und 1852 regotisierend restaurierten Kirche des 15. Jahrhunderts seine besondere Berechtigung. Im rechten Winkel zum Langhaus der Kirche entstand zwischen 1895 und 1902 nach Plänen des Karlsruher Architekten Friedrich Ratzel ein mächtiger, mannigfaltig gegliederter Bau, dessen Hauptturm, Giebelspitzen und Dachreiter – unsymmetrisch gruppiert – im Zusammenspiel mit den mittelalterlichen Stadtkirchen eine malerische Gesamtwirkung anstrebten. Leider wurde gerade die Dachzone beim Wiederaufbau nach dem Zweiten Weltkrieg stark vereinfacht. Der Mittelpavillon mit Arkaden nach Art der mittelalterlichen Rathauslauben enthält den großen Sitzungssaal und zeigt reiche flamboyante, in den Jugendstil hinüberspielende Bauplastik. Zwei baldachinbekrönte Kaiserstatuen beherrschen die Fassadenmitte. Links Karl der Große, den man als Begründer eines ersten deutschen Reiches bezeichnete, rechts in pseudomittelalterlichem Ornat „Wilhelm der Grosse", der „Das neue Reich" als dessen erster Kaiser vertritt. Mit der überlebensgroßen Rolandstatue am Alten Markt ist das Motiv der mittelalterlichen Wahrzeichen städtischer Marktfreiheit und Gerichtshoheit aufgegriffen.

Ein Roland wacht auch am Portal des wilhelminischen Rathauses in Recklinghausen, 1905 bis 1908 von Otto Müller-Jena außerhalb des Stadtkerns am Erlbruchpark erbaut[16]. Reich an Türmen, Erkern und Giebeln präsentiert sich das Gebäude „altdeutsch" mit Stilelementen der Spätgotik und der gotisierenden deutschen Renaissance, aber auch mit Anklängen an den Jugendstil.

Abb. 123 Stadthaus Dortmund, erbaut 1892–1899.

Wenn es in wilhelminischer Zeit darum ging, Kaiser und Reich im Denkmal zu feiern, boten sich mittelalterliche Stilformen an, wurde doch das Bismarck-Reich als Erneuerung des alten, als „deutsch“ bezeichneten Kaiserreiches propagiert, als dessen Glanzzeit das Mittelalter erschien[17]. Besonders die Gotik wurde im 19. Jahrhundert als deutscher Stil vereinnahmt, zunächst aufgrund eines kunstgeschichtlichen Mißverständnisses, und dann, als sich seit der Jahrhundertmitte die französischen Wurzeln nicht mehr leugnen ließen, durch Verweis auf eine vermeintlich natürliche, in Rasse und Volkscharakter begründete Affinität[18]. Im Ruhrgebiet findet sich ein Nationaldenkmal aus wilhelminischer Zeit, weil die Provinz Westfalen ihre Kaisertreue gleich durch zwei Monumente unter Beweis stellen wollte. Nachdem der Landtag den Wittekindberg an der Porta Westfalica zum Standort des offiziellen Denkmals erwählt hatte, ließen märkische Großindustrielle nach dem Entwurf des Architekten Hubert Stier in den Jahren 1893 bis 1903 ein zusätzliches Monument der Kaisertreue auf der Hohensyburg errichten, auf der Kuppe des steil abfallenden Bergsporns über dem Mündungswinkel von Ruhr und Lenne, wo sich einst die alte sächsische Sigiburg befunden hatte, die Karl der Große 775 auf dem Zweiten Sachsenfeldzug eroberte[19]. Auf einer weiträumigen Terrasse, die als Ort patriotischer Feiern vorgesehen war, entstand ein aufgesockelter, burgartiger Architekturprospekt in neugotischen Formen als Hintergrund für die Bronzestandbilder, die der Bildhauer Adolf von Donndorf schuf: Vor dem großen Mittelturm Kaiser Wilhelm I. zu Pferde, die Hand im Segensgestus über das Ruhrtal erhoben, zu beiden Seiten vor den niedrigeren Flankentürmen die Standfiguren Bismarcks und Moltkes. Es war die ausdrückliche Absicht der Stifter, mit dieser nationalen Wallfahrtsstätte gerade auch unter den Arbeitern des Ruhrgebiets die patriotische Gesinnung zu wecken, politisches Wohlverhalten zu fördern und von sozialen Forderungen abzulenken[19]. Nach der Machtergreifung der Nationalsozialisten wurde das Nationaldenkmal durch die Vereinfachung der historistischen Architektur modernisiert und damit zugleich aktualisiert. Erhalten blieb der turmartige, im Dekor reduzierte Mittelbau, vor dessen östlichen und westlichen Seitenwänden nun die Assistenzfiguren das nach Süden gerichtete Kaiserbild begleiten. Doch immer noch sollten Spitzbögen und Strebepfeiler am Monument eines „zweiten“ deutschen Reiches auf ein erstes, im Mittelalter gestiftetes und angeblich deutsches Reich verweisen, in dessen Tradition zu stehen das sogenannte „Dritte Reich“ behauptet.

Abb. 124 Rathaus Recklinghausen, erbaut 1905–1908.

Abb. 125 Dortmund-Syburg, Kaiser-Wilhelm-Denkmal. Zustand vor der Umgestaltung von 1933.

Anmerkungen

1 Vgl. dazu z. B. Summerson, John: Die klassische Sprache der Architektur, Braunschweig u. Wiesbaden 1983.
2 Kruft, Hanno-Walter: Geschichte der Architekturtheorie, München 1985, S. 158 ff.; Germann, Georg: Einführung in die Architekturtheorie, Darmstadt 1980, S. 189 ff.
3 Brix, Michael/Steinhauser, Monika (Hg.): Geschichte allein ist zeitgemäß. Historismus in Deutschland, Lahn-Gießen 1978.
4 Journal d'architecture 1848; zitiert nach Mignot, Claude: Architektur des 19. Jahrhunderts, Stuttgart 1983, S. 224.
5 „Zur Herrstellung einer ernsten und derben Architektur, wie solche dem Charakter des Gebäudes entspricht, sind mittelalterliche Formen angewendet." (J. C. Raschdorff zum Kölner Munizipalgefängnis, in: Zeitschrift für Bauwesen 14 (1864), S. 528.
6 Fischer, Ludger: Über den Denkmalwert sogenannter Zweckbauten. Das Erbe der Abtei Werden. Die KöniglichPreußische Strafanstalt in Werden an der Ruhr, Aachen 1987.
7 Dehio, Ludwig: Friedrich Wilhelm von Preußen. Ein Baukünstler der Romantik, Berlin 1961.
8 Vgl. dazu Fischer, S. 61 ff.
9 Die Gebäude der 1927 aufgelösten Strafanstalt dienten in der NS-Zeit Institutionen der Partei und der Wehrmacht und nahmen nach dem Zweiten Weltkrieg die Folkwang-Hochschule auf. Zu Abriß und zweifelhaften Rekonstruktionen siehe Fischer, S.126 ff.
10 Mai, Ekkehard/Paul, Jürgen/Waetzold, Stephan (Hg.): Das Rathaus im Kaiserreich, Berlin 1982.
11 Baukunde des Architekten, Berlin 1884, Bd. 2, S. 487.
12 Trier, Eduard/Weyres, Willy (Hg.): Kunst des 19. Jahrhunderts im Rheinland. Architektur II. Profane Bauten und Städtebau, Düsseldorf 1980, S. 40 m. Anm. 16.
13 Die Verwaltung der Stadt Essen im XIX. Jahrhundert, mit bes. Berücksichtigung der letzten 15 Jahre. 1. Verwaltungsbericht der Stadt Essen, 1. Bd., Essen 1902, S. 237 ff.
14 Appuhn, Horst/Neumann, Eberhard: Das Alte Rathaus zu Dortmund, Dortmund 1963. Vgl. dazu den Beitrag von Jörn Christiansen in diesem Band.
15 Festschrift zur Einweihung des Rathaus-Neubaues der Stadt Duisburg am Rhein am 3. Mai 1902. Duisburg 1902; Trier u. Weyres, S. 43; Ausstellungskatalog „75 Jahre Rathaus Duisburg", Duisburg 1977.
16 Das neue Rathaus in Recklinghausen, in: Deutsche Bauzeitung 43 (1909), S. 197 - 199, 203 - 206.
17 Mittig, Hans-Ernst/Plagemann, Volker (Hg.): Denkmäler im 19. Jahrhundert. Deutung und Kritik, München 1972.
18 Vgl. dazu Hammer-Schenk, Harold (Hg.): Kunsttheorie und Kunstgeschichte des 19. Jahrhunderts in Deutschland. Bd. 2. Architektur, Stuttgart 1985, S. 55 ff.
19 Broicher, Ernst Jacob: Das Kaiser-Wilhelm-Denkmal auf der Hohensyburg. Essen 1901; Tittel, Lutz: Monumentaldenkmäler von 1871 bis 1918 in Deutschland, in: Mai, Ekkehard/Waetzoldt, Stephan (Hg.): Kunstverwaltung und Baupolitik im Kaiserreich, Berlin 1981, S. 215 - 275, hier: S. 238 ff.
20 Vgl. dazu Broicher, S. 27 f.

Stilfragen 1899

Wilhelm II. kommt zur Eröffnung des Dortmunder Hafens

Jörn Christiansen

Das Thema[1]

„Potemkin'sche Dörfer, Byzantinismus und Cäsarenthum“ schimpft die rheinisch-westfälische Arbeiterzeitung über das Fest, das die Stadt Dortmund zur Einweihung des Dortmund-Ems-Kanals und des Dortmunder Hafens und zu Ehren Kaiser Wilhelm II. am 11. August 1899 gibt. Sie macht damit Aufwand und Gestalt dieser Veranstaltung zur Stilfrage im moralischen Sinne: das Fest sei ein Täuschungsmanöver, die Festdekoration verhülle die alltäglich schlechten Zustände, der Festablauf offenbare die absolutistische Attitüde des Kaisers. Diese Kritik ist nicht allgemein, verbreiteter ist die Begeisterung derart wie sie der Oberbürgermeister rückblickend in seinem Rechenschaftsbericht formuliert: „Es war fürwahr ein Hochgenuß. Die Feststraßen, (...) zu betrachten,“ sie seien in „mittelalterlichem“ Stile gestaltet gewesen. Kritik und Begeisterung weisen, wenn auch nicht in gleicher Bewertung, auf das eigentümliche Verhältnis von Anlaß und Fest: ein hochmodernes technisches Projekt von zukunftsweisendem Wert wird in historischem Gewand gefeiert. Für diesen scheinbaren Widerspruch sollen Erklärungen versucht werden.

Abb. 126 Eintrittskarte zur Einweihungsfeier des Dortmunder Hafens.

Der Anlaß

Als am 11. August 1899 der Dortmund-Ems-Kanal und der Dortmunder Hafen eingeweiht werden, scheint damit eine nationale Tat begonnen, denn dieses Bauwerk wurde als Teilstück eines großen Kanalprojektes begriffen, das gerade im Reichstag, wenn auch kontrovers, diskutiert wurde. Die Kanalpläne der Regierung sahen eine Fortsetzung, Bau des Rhein-Herne-Kanals im Westen und des Mittelland-Kanals im Osten, vor, eine Verbindung zwischen den westlichen und östlichen Provinzen Preußens. Für die aufstrebende Industriestadt Dortmund bedeutete der neue Wasserweg den seit langem erstrebten Zugang zum Meer.

Kanal und Hafen waren ein technisch aufwendiges Projekt. Von Dortmund bis nach Emden war auf einer Gesamtlänge von 270 km ein erheblicher Niveauunterschied zu überwinden. Dazu wurden 20 Schleusen und als bedeutendstes Bauwerk das Schiffshebewerk Henrichenburg gebaut, drei Kanalbrücken für die Wasserstraße über die Flüsse Lippe, Stever und Ems. Hinzu kamen zahlreiche Wege und Eisenbahnbrücken, insgesamt waren es 185 Brückenbauwerke. Die Gesamtkosten des Projektes beliefen sich auf 79,43 Mill. Mark für den Kanal und 6,43 Mill. Mark für die Hafenanlage. Um den Kanal zu nutzen, wurde eigens eine Transportgesellschaft mit Kanalschiffen, Güter- und Schleppdampfern gegründet.

Die Feier

Als sich ein zuverlässiges Ende der Bauarbeiten am Dortmund-Ems-Kanal und am Dortmunder Hafen absehen läßt, wagt sich die Stadt an die Vorbereitung einer Einladung an Kaiser Wilhelm II. Es wird Dortmunds Bedeutung als Industriestadt, ihre Lage als Ausgangspunkt der Wasserstraße und ihre große planerische und finanzielle Beteiligung bei der Erstellung des Projektes aufgeführt. Neben dem modernen Hauptanlaß wird ein zweiter traditioneller genannt: „Ein zweiter Umstand, der uns die Anwesenheit Ihrer Majestäten in diesem Jahre besonders erwünscht macht, ist die der baldigen Vollendung entgegensehende Wiederherstellung des Dortmunder Rathauses. Es ist das älteste der noch erhaltenen Rathäuser Deutschlands, aus dem Ausgange des 13. Jahrhunderts stammend, schlicht und einfach, aber durch seine Bauart und die romanischen Formen vieler Bautheile, sowie durch seine Stellung in der Kunst- und in der Kulturgeschichte von anerkanntem, hohem Werthe; darf es sich mit der Burg Dankwarderode und dem Kaiserhaus in Gosslar vergleichen. In den Räumen des selben sind zur Zeit der Blüthe der Stadt als thatkräftiges Mitglied der Hansa einige der 11 deutschen Kaiser, welche mit Heinrich dem Ersten beginnend, häufig in Begleitung ihrer Gemahlinnen nach Dortmund kamen, empfangen worden. Für unsere Stadt würde es von hervorragender Bedeutung sein, wenn diesem Denkmal unserer Vorfahren bei seiner Wiederherstellung in der neuen Kaiserzeit die Weihe durch den Besuch Ihrer Majestäten zu theil würde, zu einer Zeit, in welcher die Stadt unter der segensreichen Regierung unseres Herrscherhauses einer neuen Blüthe entgegengeht.“

Die Verbindung von Altem und Neuem, von Fortschritt und Rückbesinnung auf weit zurückgehende Tradition, wie sie in der Zusammenlegung der Einweihung von Hafen und Rathaus zum Ausdruck kommt, ist bemerkenswert an diesem Brief. Hier wird eine Ambivalenz mit verschiedenen Aspekten formuliert, die in der Festrealisierung dann konkret umgesetzt wird. Sie entspricht der Interessenlage der Beteiligten, den Wünschen von Kaiser und Dortmunder „Volk“ zugleich. Es wird ein „traditional modernes Mischzeremoniell“ in Szene gesetzt, das in seiner Grundstruktur typisch für das Kaiserreich ist, das bei lokalen Spezifika exemplarischen Verlauf zeigt. „Mittelalter“ ist dabei ein Hauptmotiv der historischen Tradition. „Mittelalter“ ist allerdings in diesem Mischzeremoniell auch historischer Stile nur einer von vielen.

Da das gesamte Fest auf den Besuch des Monarchen zugeschnitten ist, sei mit diesem Aspekt begonnen.

Herrschaftsstil

„Am 11. august 1899, vormittags 9 uhr 30 minuten kommt kaiser wilhelm II. auf dem neuerbauten dortmund/emshaefen/kanal vom hebewerk bei henrichenburg zu schiff nach dortmund/eröffnet den dortmunder hafen und nimmt im wiederhergestellten rathause die huldigung der stadt entgegen/wobei ihm der oberbuergermeister schmieding einen ehrentrunk reicht. nach besichtigung des kaiser/wilhelm/hains verlaeßt der kaiser um 12 uhr 45 minuten die stadt." Dies ist das Kurzprotokoll des Ereignisses, niedergelegt auf den ersten Seiten des Gästebuches, das die Stadt Dortmund zusammen mit dem Ratssilber eigens anfertigen läßt. Stil und Gestaltung dieses Protokolls schlagen den Grundtenor des Festes an: Das Ereignis wird ausdrücklich in eine lange lokalhistorische Tradition gestellt, die man in besonderer Weise durch die Gestaltung hervorheben will. Der Einführungstext dieser Gästebucheinlage stellt diese Tradition inhaltlich als auch nach Sprachstil und grafischer Gestalt her. Aber weil die lokale Überlieferung nur wenige konkrete Details des Ablaufes solcher Festlichkeiten enthält, greift man auf die allgemeine Überlieferung zurück.

In der europäischen Geschichte hatte sich für Fürstenbesuche ein Schema herausgebildet, dessen wesentliche Bestandteile und Prinzipien sich bis in die römische Kaiserzeit zurückverfolgen lassen. In diese Tradition stellte man sich. Die Dortmunder holten sich Auskünfte über solche Festgestaltung, aber auch aus der allgemeinen historisierenden Gegenwart, indem Mitglieder der Planungskommission sich eingehend bei Städten informierten, die zuvor solche Ereignisse ausgerichtet hatten. Solche Orientierung führte überall zu einer Angleichung der festlichen Inszenierung. Nahezu unübersehbar ist die Schilderung solcher einander ähnelnden „Kaiserfeiern".

Demnach gehörte das Dortmunder Ereignis allerdings hinsichtlich Aufwand und Anlaß noch zu den kleinen Formen. Krönungen, Treffen von Monarchen oder der Triumphzug nach einem gewonnenen Kriege, wie ihn Wilhelm I. nach dem Frankreichfeldzug 1871 in Berlin hielt, wurden zu gigantischen Inszenierungen. Aber in Groß- und Kleinformen war immer das gleiche historisch überlieferte Grundmuster verwendet worden.

Das sieht in der Dortmunder Konkretisierung so aus:

- Empfang des Kaisers durch die Honoratioren
- Schmuck der Feststraße mit grünen Girlanden und Fahnen
- Aufbau von Ehrenpforten für den Durchzug des Gastes
- Spalier der Bevölkerung in bestimmter Anordnung
- Glockenläuten bei Annäherung und Betreten der Stadt
- festliche Bewirtung
- zum Schluß der Gunstbeweis des Herrschers, der im Mittelalter Verleihung von Privilegien an die Stadt, Geldausschüttung an die Bevölkerung und Strafbefreiung bedeutete, nun in der Verleihung von Orden und Broschen bestand.

Der Vergleich der formal fast identischen Festelemente und -abläufe fällt in der Beurteilung ihrer jeweiligen Bedeutung allgemein zu Ungunsten des 19. Jahrhunderts aus. „Sinnentleerung", „Bedeutungsverlust", „Theater", lauten die heutigen Urteile, die auf die herrschende Kultur Ende des 19. Jahrhunderts insgesamt zielen. Und auch ein Teil der zeitgenössischen Kritik hat sich in Dortmund ähnlich geäußert. Da die Organisatoren dieser Feste und gerade auch das Dortmunder Einweihungsfest sich ausdrücklich in die historische Tradition stellen wollten, scheint ein solcher Vergleich geradezu zwingend. Bereits vor dem 13. Jahrhundert läßt sich ein Bedeutungswandel der Fürstenbesuche feststellen, der vom politischen Agieren zu Anfang bis zu reinen Reklamebesuchen am Ende des 19. Jahrhunderts reicht.

Abschätzige Urteile liegen uns heute besonders nahe, denn wie eine Persiflage wirkt z. B. auch die Dortmunder Veranstaltung am 11. 8. 1899 auf den heutigen Betrachter. Besonders gilt es, wenn man an die Diskrepanz, z. B. zwischen den enormen Kosten von 169 201,18 Mark für das Fest und die Dauer des Kaiserbesuches von weniger als drei Stunden denkt. Nur solche Kritik verstellt allzu leicht den Blick, für die besondere dezitierte Perspektive auf die Geschichte, die dieser Kultur eigen war.

Rückblickend wurde 1913 anläßlich des 25-jährigen Regierungsjubiläums Wilhelm II. in einer anonymen sozialdemokratischen Flugschrift diese Ära als „Zeitalter der Feste" verspottet. Gemeint waren damit solche Kaiserfeiern, die sowohl zu verschiedenen Ereignissen, zu denen man den Kaiser einlud, als auch zu festen wiederkehrenden Terminen abgehalten wurden, wie Kaisers Geburtstag und Sedan-Gedenktag. Die monarchische Feier war dabei aber nur eine Form unter den noch zahlreicheren Festen, die den höchsten Anspruch an Integration erhob: die nationale Integration. Die Sehnsucht nach sozialer Wärme, die in der Hochzeit der Industrialisierung Vereine und Feste einen enormen Boom haben ließ, wurde hier wie allgemein in den bürgerlichen Festen durch Gemeinschaftsideologie aufgefangen, mit der über die tatsächlichen sozialen Gegensätze hinwegzutäuschen versucht wurde. Mit ihrem Aufwand waren sie zugleich auch Mittel, von dem durch reine Zweckrationalität bestimmten immer härter werdenden Alltag abzulenken.

Bei der Einrichtung solcher Feste trafen sich die Interessen von Kaiser und „Volk". Wilhelm II. konnte seine Auftritte dabei für die Bewältigung institutioneller wie persönlicher Probleme nutzen. Er betrieb Popularitätswerbung für die Monarchie, indem er permanent deren Personifizierung glanzvoll vorführen konnte. Und er versuchte eben auch durch den pompösen Auftritt die Unzeitgemäßheit seines „Absolutismus" zu überspielen und theatralisch eine monokratische Staatsführung vorzuspiegeln, die ihm weder institutionell noch von den persönlichen Fähigkeiten gegeben war. Durch die gleichsam direkte Akklamation des jubelnden Festvolkes versuchte er darüber hinwegzutäuschen, daß sein Amt wie seine Entscheidungen der parlamentarischen Zustimmung bedurften. Aber diese Veranstaltungen kamen auch seinen ganz persönlichen Motiven entgegen, indem pompöse Auftritte psychische und körperliche Probleme kompensieren halfen.

Obwohl die Mehrzahl dieser Kaiserbesuche in der wilhelminischen Ära nur solch allgemeine Gründe hatten und zu reinen Popularitäts-Werbeveranstaltungen geworden waren, gab es für den Dortmunder Besuch auch noch aktuelle politische Gründe: Wilhelm II. demonstrierte hier deutlich seinen Standpunkt in der nationalen Kanaldebatte, in der demnächst eine Entscheidung im preußischen Abgeordnetenhaus anstand.

Die Struktur des Dortmunder Festes ist einsträngig. Das Ereignis ist die Fahrt des Kaisers durch Kanal, Hafen und Stadt. So gibt es jeweils nur einen Schauplatz, den, wo der hohe Gast gerade ist; nur einen Programmpunkt, den, wo er gerade sich aufhält. An dieser Linie sind die Programmpunkte aufgereiht. Hierauf ist das gesamte Dekorationsprogramm bezogen.

An diesem Programmpunkt sind jeweils die Bühne für den monarchischen Auftritt und die Annäherung der Honoratioren sowie die Tribüne für die Zuschauer aufgebaut. Diese Struktur gewährleistet, daß die Bedürfnisse aller Gruppen optimal erfüllt werden können. Dies ist zugleich die Darstellung, daß es nur einen wirklich Handelnden gibt (Monokratiemotiv), auf den sich alle Blicke richten. So darf in der Phase, in der sich der Kaiser dem Volk aus der Nähe zeigt, beim Durchfahren der Feststraßen außer dem Oberbürgermeister sonst niemand dabei sein.

Wichtige Anfangs- und Übergangsstellen in der kaiserlichen Route sind durch Baldachine und Zelte überdacht. Sie sind trotz ihrer nur einmaligen Aufgabe besonders prächtig gestaltet, in Samt und Seide.

Die Strecken zwischen den Stationen der Route sind durch eine dichte Reihe von girlanden- und fahnenumwobenen Masten gerahmt. Wo Häuser stehen, werden sie in ähnlicher Weise geschmückt. Dadurch wird die Feststraße aus dem Alltäglichen ausgegrenzt, die tägliche Szenerie in eine „imaginäre Sphäre" gehoben.

Stellenweise soll die Dekoration Häßliches verdecken, indem eine Statue den Blick auf eine noch unfertige Straße verstellt, oder indem ein mit Fachwerk bemalte Kulisse vor einem verrotteten Haus einen mittelalterlich idyllischen Prospekt bildet.

Solche Kulissen wurden, wie oben zitiert, als „Potemkin'sche Dörfer" verhöhnt. Die in jener Kritik genannten Begriffe „Byzantinismus" und „Cäsarentum" wollen die monokratischen und auch absolutistischen Darstellungsformen des Monarchen und die kniefälligen Inszenierungen des Stadtbürgertums für ihn treffen. Dazu gehört auch das Motiv der „via triumphalia". Eine Straße war eigens bis zu diesem Festtage als gerade breite Straße angelegt worden und im Bereich der Festtagsroute asphaltiert worden. Um der noch nahezu unbebauten Straße Pracht und Monumentalität zu verleihen, erhält sie eine beidseitige dichte Reihe von girlandenumwobenen Masten und eine besondere Festarchitektur aus Latten und Leinwand, Gips und Brettern: bestehend aus mehreren, einfacheren Ehrenpforten aus girlandenumwobenem Gerüst und einem Hauptbau, einer viertürmigen Ehrenpforte und einer am Ende der Straße darauf ausgerichteten Großplastik von etwa 20 m Höhe, flankiert von zwei hohen Pfeilern und hohen Tannen.

Wenn für die Form solcher Anlage der Name „via triumphalis" benutzt wird, so ist damit ziemlich genau auf die historische Herkunft solcher Dekorationen verwiesen: die römische Kaiserzeit. Zu Ehren des aus dem Kriege siegreich heimkehrenden Feldherrn wurden in der Antike Ehrenbögen errichtet. Zu Beginn der römischen Kaiserzeit bildete sich dann die klassische Form der Triumphstraßen aus, die nun dem Kaiser aus verschiedensten Anlässen vorbehalten waren. Besonderes Element ihrer Architektur waren Triumphbögen, für den festlichen Durchzug erbaut, die sich zunehmend seit dem ersten nachchristlichen Jahrhundert zu Denkmälern der kaiserlichen Repräsentation entwickelten, und mit einem sorgsam konzipierten Bildprogramm, das die Insignien des Herrschers und Zeichen seines Sieges enthalten konnte, versehen waren. Dieses Festbrauchtum, das kultisch sakrale Funktionen hatte, fand Eingang sowohl in die päpstliche Repräsentation als auch in die deutscher Kaiser. Allerdings war in Deutschland die Verwendung dieses Festbrauchtums erst im Barock intensiv verbreitet. Es hat hier also besonders Bedeutung als Ausdruck absolutistischer Herrscherrepräsentation. Auch für die Aufstellungsorte entwickeln sich Regeln, die in Dortmund ebenfalls zur Geltung kommen. Der große, in Dortmund errichtete Ehrenbogen mit Vierecktürmen, ist auf zwei Prinzipien bezogen:

Erstens, das der Enfilade, das besonders im 17./18. Jahrhundert beliebt war, eine achsial hintereinander geordnete Flucht, an deren Ende und perspektivischem Fluchtpunkt zur Erhöhung der Tiefenwirkung ein attraktiver Blickfang errichtet wird.

Zweitens, die Position auf einer Kreuzung, so daß das im Grundriß quadratisch angelegte viertürmige Tor sowohl dem Durchzug des Kaisers dient als auch von den Nebenstraßen her eine monumentale Wirkung erzeugt.

Durch diese Ehrenpforte hindurch wird weit hinten, am Ende der Straße, eine hohe Figur sichtbar, als effektvoller Abschluß der Enfilade. Das 5 m hohe Frauenbildnis (in der festüblichen Manier aus Holz, Leinwand und Gips ausgeführt) personifiziert die „Industrie" dem Kaiser huldigend. In der Rechten reicht sie dem Kaiser den eisernen Eichenzweig, die Linke stützt sie auf einen mächtigen Hammer, neben welchem ein Amboß hervorschaut. Flankiert ist die Figur von turmartigen Bauten, die große Pflanzenkübel tragen. Hier wird durch die Dekoration ein Huldigungsgestus der Industrie inszeniert, der real in Dortmund an verschiedenen Schauplätzen während des Kaiserbesuchs stattfindet. Die personale Huldigung durch die Vertreter der Industrie und des Bergbaus geschieht am Hafen auf der „Union", dem größten Industriebetrieb der Stadt, und dem Rathaus, die allegorische auf der Feststraße. Sie drängt auch optisch die Huldigung des gemeinen Volkes, das nur die Straßen säumend und genau eingeteilt Spalier stehen darf, an den Rand, macht die Huldigung durch die Industriellen zur zentralen Geste.

Das traditionale Empfangs- und Einholungszeremoniell für den Kaiser setzt sich fort mit dem Betreten der „historischen Stadt". Durch eine „Rekonstruktion" der alten Burgpforte aus Latten und Leinwand, die selbst dem an historische Rückgriffe modisch gewöhnten Zeitgenossen sehr altertümlich vorkommt, soll der Kaiser in die „mittelalterliche" Stadt gelangen, deren mittelalterliches Zentrum, das Rathaus, sich als tatsächliche „Rekonstruktion" in Stein präsentiert. Eigens für den Kaiserbesuch wiederhergestellt, ist es als einziges Gebäude auf der Stadt-Route des Kaisers nicht dekoriert. Das paßt konsequent in das allgemeine Dekorationsprogramm, ist doch diese „Wiederherstellung" selbst eine historische Dekoration in Stein. Überdies will man natürlich die Leistung der Wiederherstellung unverstellt vorzeigen. Ein gleiches galt für ein anderes Bauwerk am Beginn des Besuchsprogramms, das ohne Dekoration geblieben war: das Schiffshebewerk in Henrichenburg. Auf besonderen Wunsch seiner Majestät, der ein Technikfan ist, hat man auch hier auf einen Schmuck verzichtet. Das Werk des technischen Fortschritts bedarf nicht der Drappierung, es ist für sich bewundernswert.

Nach einem kurzen Empfang im Rathaus, einem Begrüßungstrunk aus dem Kaiserbecher, Teil des für den Besuch angeschafften Ratssilbers, absolviert der Kaiser knapp den letzten Programmpunkt: den Besuch des „Kaiser Wilhelm Hains", eine Denkmäleranlage im Süden der Stadt. Hier haben Angehörige des Bürgertums (beamtete Akademiker, Geschäftsleute und Vertreter der Industrie) der Monarchie ihre plastische Referenz erwiesen.

Gleich nach dem Tod Kaiser Wilhelms I. setzte im März 1888 eine Denkmalerrichtungswelle für ihn ein. Träger dieser Bewegung ist das oben skizzierte Bürgertum, dessen Referenz an die Monarchie erstaunlich scheint, hatten doch die liberalen Vertreter des Bürgertums sich die Einigung Deutschlands als Gründung einer Demokratischen Republik vorgestellt und nicht als Reich, in dem den Bürgern politische Mitsprache weitgehend versagt blieb. Doch in dieser politischen Ohnmacht liegt die Erklärung: das Engagement in den Denkmalsausschüssen wird Ersatz für politische Entscheidungsbefugnisse. So tritt die Kunst an die Stelle der Politik.

Abb. 127 Ehrenpforte Mallinckrodtstraße/Ecke Schützenstraße, Dortmund.

Abb. 128 Nachbildung des Burgtores aus Latten und Leinwand am ehemaligen Standort der alten Burgpforte, einem Teil der mittelalterlichen Stadtmaueranlage.

Abb. 129 Das wiederhergestellte Dortmunder Rathaus, als einziges Gebäude auf der Route des Kaisers durch die Stadt nicht dekoriert. Die häßlichen Gebäude neben dem Rathaus sind verkleidet worden. Eine mit Fachwerk bemalte Kulisse macht ein verrottetes Haus zum Bild eines mittelalterlichen stattlichen Hauses.

Für solche untertänige Hinwendung wie sie in den Denkmalserrichtungen, oder solch einem Festakt sich äußert, hat der Kaiser die huldvolle Dankesgeste: die abschließende Verleihung von Orden und Ehrenzeichen.

Heimatstil

So sehr dem Monarchen die absolutistische Attitüde gefiel, die er in der Dortmunder „Via triumphalis" zelebrieren konnte, so sehr mußte ihm allerdings darüber hinaus eine historische Fundierung seiner Haltung entgegen kommen. Dies geschieht, indem der Kaiserbesuch 1899 in die lange, ortsgeschichtliche Tradition gestellt wird, nach der mit der Blütezeit als Hansestadt elf deutsche Kaiser Dortmund besucht haben. Die Benutzung dieser historischen Tradition kommt jedoch auch den Interessen des Dortmunder Bürgertums entgegen. Das Bezugnehmen auf die große historische Epoche dieser Stadt auf das Mittelalter und konkret den Status als Hansestadt, hat für das Bürgertum verschiedene Bedeutungsaspekte. Der Rathausbaumeister Kullrich: „(...) auch im Rauch und Ruß einer Industriestadt den Sinn für Schönheit, für das Ideale zu erhalten und zu kräftigen, und die Entwicklung des Gewerbefleißes gedeihlich zu befruchten", für solch ästhetische, ethische Zwecke soll ein sehr handfestes Aufnehmen der Tradition herhalten, die als „Wiederherstellung" angespriesene Neukonstruktion des mittelalterlichen Rathauses, des „einzigen Zeugen ihrer ruhmreichen Vergangenheit". Diese Mittelalterbegeisterung findet während der Eröffnungsfeier an verschiedenen Orten, entlang der Kaiserbesuchsorte, ihre Objektivierung: Straßenbauwerke, Dekorationen und Menschen sind mit den mittelalterlichen „Farben der Hanse, rotweißen Fahnen und Bändern" geschmückt. Festkulissen, wie das Empfangszelt am Hafen, die große Ehrenpforte mit den vier Türmen, die temporäre Rekonstruktion des Burgtores als Teil der alten Stadtbefestigungsanlage, die Wiedererrichtung des Rathauses mit romanischen und gotischen Stilelementen, die Anschaffung des Ratssilbers, belegen diese Dominanz. Allerdings verbinden sich diese mittelalterlichen Stilelemente durchaus mit Elementen aus anderen Epochen. In Bezug auf den absolutistischen Zeremonialstil des Monarchen, den das Bürgertum mit inszeniert, ist solche Verbindung von „Mittelalter" und sehr neuzeitlichen Elementen deutlich geworden. Dies mag zum einen das Motiv haben, den so unzeitgemäßen Monarchen eines Industriestaates über die Zeit des Absolutismus hinaus bis in das Mittelalter hinein zu fundieren, zum anderen ist bemerkenswert, wie Stilelemente einer dezidiert städtisch, bürgerlichen Epoche

in eine Art Unterwerfungsgestus dem absolutistischen Zeremoniell eingeordnet werden.
Das Nebeneinander verschiedener, historischer Stile, nicht nur heute unter dem vielfach kritisch gemeinten Begriff des „Historismus“ als Stilverwirrung beklagt, sondern schon von Zeitgenossen so eingeordnet, kennzeichnet die verschiedenen Orientierungen einer damaligen Fluchtbewegung aus der Gegenwart. Das Bürgertum hat sich zum überwiegenden Teil dem Neo-Absolutismus des „persönlichen Regiments“ Wilhelm II. geradezu hingegeben. Doch gehört solche Hinwendung zur Vergangenheit noch in einen anderen Motivationskontext. Am Beispiel des Dortmunder Rathauses kann das deutlich gemacht werden. Mit der wirtschaftlichen Expansion der Städte, gerade in der zweiten Hälfte des 19. Jahrhunderts, entstanden eine Reihe von Bedingungen, die es in Kommunen wichtig machten, neue Rathäuser zu bauen. Dabei waren es nicht nur die sprunghaft anwachsende Bevölkerung und die durch die Industrialisierung qualitativ neuen Infrastrukturprobleme, die eine größere Verwaltung nötig machten, sondern das städtische Selbstbewußtsein wuchs auch durch Änderungen im Bereich der Kommunalverfassung und des Steuerrechts, die den Gemeinden wieder neue Selbständigkeiten brachten. Dieses neue Selbstbewußtsein suchte nach angemessenen Ausdrucksformen. Eine große Zahl von Rathausneubauten im historischen Stil während dieser Epoche belegt das. In diesen Kontext gehört auch die „Wiederherstellung“ des alten Dortmunder Rathauses. Dabei ist „Wiederherstellung“ in zweifacher Weise in Anführungstriche zu setzen: Zum einen bedeutet dies einen Umbau, ja eine völlige Veränderung des ursprünglichen Baubestandes. Es war eine souveräne Leistung historisierender Architektur, nur auf der Grundlage des historischen Baus. Dabei spielte die Betonung und Überhöhung bestimmter Stilmittel eine wichtige Rolle. Zum anderen war dies nicht eine Wiedererrichtung in der Funktion Rathaus, sondern das neue Verwaltungsgebäude entstand an anderer Stelle. Hier, am historisch topografischen Rathausplatz, wurde ein Kulturgebäude errichtet, dessen Funktion Freizeit, Repräsentation und Kultur meinte: der Weinkeller wurde Ratsweinstube, die Tuchhalle Museum, das Obergeschoß, völlig verändert und überhöht, wurde städtischer Empfangs- und Festraum.
Die „Wiedererrichtung“ des alten Dortmunder Rathauses ist trotz der neuen Funktionszuweisung, angesichts der parallel dazu stattfindenden Errichtung eines neuen repräsentativen Gebäudes für die städtische Verwaltung, durchaus im Rahmen der allgemeinen Rathausneubauten des ausgehenden 19. Jahrhunderts zu sehen. Interessant ist in diesem Zusammenhang wiederum die Stilfrage.
1955 trug man die nach dem Zweiten Weltkrieg noch beachtlichen Reste des 1899 erneuerten, ältesten steinernen Rathauses in Deutschland, das geradezu typenbildend gewirkt hatte, ab. Es dürfte um 1232 errichtet worden sein, als Nachfolger eines älteren, hölzernen Bauwerkes. Für sich wandelnde Zwecke wurde das Gebäude im Laufe der Zeit verändert. Es wurde stilistisch der Mode unterworfen, wobei sich Veränderungen in der politischen Struktur der Stadt, auch in Ästhetik und Struktur des Gebäudes niedergeschlagen haben. Die Expansion der Stadt führte zur Auslagerung von Funktionen, der Niedergang der Stadt vom 17. bis zum 19. Jahrhundert zum Zerfall des Rathauses. Das Gebäude war mehrere Male Gegenstand von Abrißplanungen und sollte noch wenige Jahre vor seiner Wiederherstellung im Jahre 1899 einem echten Verwaltungsneubau Platz machen. Abrißarbeiten in der Nachbarschaft des Gebäudes legten das Rathaus teilweise frei und gaben wichtige Aufschlüsse über sein Alter und seine Bedeutung. Damit waren erste Impulse für seine Erhaltung gegeben. Es wird „mit einem Schlage zu einem der wichtigsten Denkmale profaner Baukunst aus den ersten Jahrzehnten des 13. Jahrhunderts. (...) Es ist wahrscheinlich das älteste erhaltene Rathaus von ganz Deutschland, das sich nach seinen Bauresten in allen Teilen völlig treu wiederherstellen läßt.“ (Kullrich) Es kann somit „als einziges von vielen Bauwerken Zeugnis (...) von der glanzvollen Vergangenheit der Blüthe und Macht unserer Stadt im Mittelalter (ablegen)“. Trotz dieser Betonung des Alters und somit seiner Herkunft aus der Romanik, trotz der Betonung getreuer Wiederherstellung, errichtet Kullrich das Gebäude im gotischen Stile. Eine Stilentscheidung, die auch auf die Gestaltung des für den Kaiserbesuch angeschafften Ratssilbers ausgedehnt wird.

Abb. 130 Entwurfszeichnung zum Dortmunder Kaiserbecher, Rudolf Mayer, datiert 1898 (Staatliche Kunsthalle Karlsruhe, Inventar-Nr. 1952-72).

Stil und Politik

Die Geschichte der Stilentscheidungen innerhalb des Historismus des 19. Jahrhunderts zeigt deutlich, daß die Wahl eines Baustiles vielfach dezidiertes politisches Votum gewesen ist. Die Entscheidung für historische Stilformen war dabei nicht nur ein Mittel des politisch ohnmächtigen Bürgertums, sich zumindest ästhetisch den Wendungen der staatlichen Politik anzupassen, sondern zuweilen auch ein Medium des Protestes gegen diese Politik. Ein hilfloser Protest, da er sich auf künstlerischem und nicht auf politischem Gebiet artikulierte.
Nach der Völkerschlacht bei Leipzig 1813 entsteht eine Koalition verschiedenster politischer Kräfte, geeint in vaterländischer

Begeisterung, die sich für die Gotik als den „deutschen, vaterländischen" Stil entscheidet. Dies ist auch eine Koalition verschiedenster Motive. Gotik steht da zum einen für den romantischen Gedanken der „Gemeinschaft", der auf eine Umstrukturierung der Gesellschaft auf der Basis von Kooperationen und Zünften zielt, wie man sie im Hochmittelalter der Zeit der Gotik verwirklicht glaubte. Ausgangspunkt dieser Reform soll die Bauhütte sein, eine Institution der Einheit von Leben und Kunst, Kunst und Handwerk. Dies ist ein Standpunkt der rheinischen-katholischen Zentrumspartei, wie sie duch Aktivitäten und Publikationen des Promotors des Kölner Doms, August Reichenspergers, sichtbar wird. Zu dieser vaterländischen, romantisch gemeinschaftlichen Qualifizierung der Gotik kommt auch bei Reichensperger wegen seiner regen Beziehungen zur neugotischen Reformbewegung in Frankreich und England deren Engagement für Liberalismus und Demokratie. Hieraus leitet Reichensperger auch eine stilistische Entscheidung für die Gestaltung von neuen Rathäusern ab: „Das Rathaus", so erklärt er in einer Stellungnahme zur Planung für einen Hamburger Rathausneubau 1856, „wurzelt seinem Wesen und seiner Stimmung nach im Mittelalter, (...) schon die Idee eines Rathauses oder Stadthauses ist gotisch." Allerdings in den vierziger Jahren setzt sich der radikalere Flügel des Liberalismus von der Neugotik deshalb ab, weil sie eben zuviel „Mittelalter", zuviel von der Einheit von Thron und Altar verkörpere. Mithin erschien sie ihm als keine geeignete Waffe im antifeudalen Kampf. Auch von anderer Seite entstand eine Distanz zur Gotik: Gemeinschaftspathos erinnerte die Kräfte eines neuen Machtbewußtseins im sich konsolidierenden zweiten Kaiserreich zu stark an romantischen Liberalismus. Deshalb wurde staatlicherseits in den 90er Jahren für repräsentative Bauten das Neubarock oder die Neuromanik bevorzugt. Wenn sich die Stadt Dortmund 1890 so deutlich für die Gotik entscheidet, so könnte sie damit etwas von dem Protestpotential des frühen liberalen Bürgertums des 19. Jahrhunderts aufgenommen haben. War man sich dieser Tradition bewußt? In seinem Einladungsschreiben an den Kaiser setzt der Oberbürgermeister die Akzente folgendermaßen: „Es ist das älteste der noch erhaltenen mittelalterlichen Rathäuser Deutschlands, aus dem Ausgange des 13. Jahrhunderts stammend, schlicht und einfach, aber durch seine Bauart und die romanischen Formen vieler Bautheile (...) von anerkanntem hohem Werthe". Staatlich wurde für repräsentative Bauten die Neuromanik gefördert. War es unter diesen Umständen ein Akt politischer Klugheit, wenn der Oberbürgermeister dem kaiserlichen Büro gegenüber die romanischen Relikte herausstreicht und die gotische Gesamtkonzeption schlicht unterschlägt?

Zumindest scheint Protesthaltung gegenüber dem Herrschaftsstil im Bürgertum nicht dominant. Wie sehr in der bürgerlichen Feiergemeinschaft die Festordnung auch Ausdruck einer sozialen Ordnung in harmonisch mittelalterlicher Weise ist, bringt die Dortmunder Zeitung Tremonia zum Festtage in Verse:

„Heil Kaiser", so schallt es aus jedem Munde.
„Willkommen! Hurra!" , ruft jeder Stand:
Der Bergmann, steigend aus dunklem Schlunde,
hebt freudig empor die schwielige Hand,
der Hüttenarbeiter auf roter Erde,
der Meister und Schmied der Maschinenfabrik,
der Ingenieur, der Monteur, sein Gefährte,
sie wünschen dem Kaiser Heil, Segen und Glück!

„Der Bauer (...), der Kaufmann, der Meister von Kunst und Gewerbe (...), von jeglichem deutschen Beruf und Stand", wird in den weiteren Strophen fortgefahren. Ein treues, nahezu repräsentatives Bild der modernen Industriegesellschaft scheint da entworfen, präzisiert im Hinblick auf diese Region. Doch es ist ein Wunschbild von einer geordneten Gesellschaft. Dieses Bild verwendet Einteilungen, die einem vergangenen Zustand entstammen: der bis Ende des 18. Jahrhunderts gültigen Ständeordnung. Diese Ordnung war statisch, und dieser Zustand wurde geradezu als „natürlich" gegeben behauptet. Der mit der Industrialisierung entstandene neue Bevölkerungsteil, Industrie- und Lohnarbeiterschaft, wird in seiner Dynamik gefürchtet. Um dieser Furcht zu begegnen, „baut" man ihn, wie in obigem Gedicht, einfach in das alte Ständesystem ein. So glaubt man, die alte Ordnung gerettet. Dieses Verfahren ist begründet in der Harmoniesehnsucht der Festbeteiligten; im Vollzug des Festes realisieren sie dann für kurze Zeit dieses harmonische Bild. Daß das gelingt, dafür sorgen die entsprechenden Festkommissionen, indem sie einladen, einteilen, ordnen; dafür sorgt der begeisterte Teil der Bevölkerung, in dem er sich eifrig um Beteiligung bemüht; dafür sorgt die Polizei, indem sie vorbeugend handelt. Durch solche Selektionen ist das dann eine Veranstaltung einer geschlossenen Gesellschaft. Diese Festgemeinschaft hier gliedert sich grob in das „Spalier", die an den Straßen stehende Bevölkerung, deren Rolle es ist, nicht aktiv teilzunehmen, lediglich jubelnde Kulisse zu sein, und die Ehrengäste. Im Mittelpunkt steht natürlich der hohe Gast Kaiser Wilhelm II.

Schlußbemerkung

Die Ambivalenz dieses Einweihungsfestes in Verbindung von Fortschritt und Vergangenheit, von aufwendigen technischen Neuheiten und Renovierung historischer Bauwerke, ist keine Dortmunder Besonderheit. Jene Norm des „traditional modernen Mischzeremoniells" ist geradezu typisch für das Kaiserreich, in dem großpreußische Monarchie und bürgerlich industrieller Nationalstaat eine labile Struktur bilden. Dabei sind diese beiden Faktoren auf beiden Seiten als Ambivalenz vorhanden: Wilhelm II. verkörperte nicht nur die alte feudale Macht, sondern er hatte auch den Nimbus des Oberhauptes einer aufstrebenden Industriemacht. Eine umgekehrte Ambivalenz galt für das Bürgertum: Obwohl Faktor der Industrialisierung, liebt es die Nachahmung vergangener Kulturformen, das zeigt seine mentale Doppelbildung. Rückbesinnung auf Vergangenheit bedeutet vielfach die betonte Anknüpfung an Epochen bürgerlicher Emanzipation. Dies war in der Regel Ende des 19. Jahrhunderts die Renaissance, in Dortmund allerdings als Variante konkret die Hansezeit. Zum anderen fanden sich zugleich im Festzeremoniell Imitationen feudaler Herrscherkultur als Ausdruck untertäniger Unterwerfung.

Ambivalenz scheint an dieser Stelle mehr formal: das Anknüpfen an historische, bürgerliche und feudale Epochen ist gesellschaftsideologisch kein Widerspruch. Damit wird nur versucht, ständische Stabilität „fortzusetzen".

Anmerkung

1 Dieser Beitrag basiert auf einem Ausstellungsprojekt, das der Verfasser 1984 im Museum für Kunst- und Kulturgeschichte der Stadt Dortmund geleitet hat und verwendet die in dem, die damalige Ausstellung begleitenden, Buch veröffentlichten Arbeiten des Verfassers und anderer Autoren. Siehe dort auch die verwendete Literatur und die benutzten Quellen: Museumshandbuch Teil 3. Der Kaiser kommt zur Hafeneinweihung, hrsg. vom Museum für Kunst- und Kulturgeschichte der Stadt Dortmund, Dortmund 1984.

„. . . und Waffen uns am treuesten verbrüdern“

Sozialimperalismus, soziale Realität und ein Ritterspiel im Jahre 1912*

Robert Laube

„Wo aus der roten Erde zu dem Sande / Des tiefen Rheins die Ruhr zu Tale irrt, / Erwächst ein Mann aus altem Bürgerstande, / Der Herrscher über deutsche Arbeit wird; / Nach drei Jahrhunderten soll er erscheinen, / Barbaras Kunst mit Georgsinn vereinen!“ [1]

Diese Zeilen sind dem Historienspektakel „Hie Barbara! Hie St. Georg!“ entnommen, das für die Zentenarfeier der Firma Krupp am 8./9. August 1912 vom Düsseldorfer Historienmaler Keller verfaßt wurde und mit gebotener Opulenz zur Aufführung gelangen sollte. Folglich ist oben von Alfred Krupp, dem 1812 geborenen „Kanonenkönig“ die Rede, und dessen Domizil befand sich bekanntlich auf den Höhen zwischen Essen und der „irrenden Ruhr“. Das Ritterspiel mit „welschem Stechen“ vor der Kulisse des Bürger-Schlosses auf dem Hügel hat allerdings nicht stattgefunden. Ein Grubenunglück auf der Bochumer Zeche Lothringen (Bergbau AG Lothringen) forderte 115 Todesopfer und das Turnier wurde abgesagt, ein anderes Stück wurde angesetzt: Die Spitzen der Gesellschaft kondolierten, allen voran der 'Landesvater', dessen 'Kindern' gestattet war, dankbar zu sein.

Es ist evident, daß das Auftreten von etwa 400 Rittern, Patriziern, Pagen, Knappen, Landsknechten, Edelfräulein für die Stadt Essen zu jener Zeit ein gesellschaftliches Ereignis sein mußte, zumal eine Begegnung der mittelalterlichen Art im Jahre 1912 eine neue Erfahrung versprach. Eine kulturgeschichtliche Auseinandersetzung mit diesem bemerkenswerten Vorgang bedarf mithin ebenso wenig der Legitimation wie die sozialgeschichtliche Aufarbeitung der Bochumer Katastrophe.

Zum Essener Jubelfest 1912 stellte sich Prominenz von internationalem Rang ein, und brachte ihre Sorgen mit: Kaiser und Kanzler sahen die militärische 'Arbeitsteilung' zwischen England und Frankreich; Versuche, durch „Kanonenboot-Politik“ [2] und diplomatische Anmaßungen[3] einen der Partner auf die deutsche Seite zu zwingen, hatten das Gegenteil bewirkt. Das russische Aufrüstungsprogramm[4] nahm schwindelerregende Züge an, und die Kriegsparteien in Wien und Petersburg drängten zum 'heißen Krieg' um die türkische 'Konkursmasse' auf dem Balkan. In Deutschland waren selbst bescheidene Versuche, die „politischen Verhältnisse seinen industriellen Zuständen anzupassen“, etwa beim Koalitions- oder beim preußischen Drei-Klassen-Wahlrecht am Widerstand der Konservativen gescheitert, wodurch sich die Polarisierung der Gesellschaft beschleunigte: In der katholischen Zentrumspartei setzte sich der reformorientierte 'linke Flügel' durch, und die SPD wurde bei den Reichstagswahlen 1912 stärkste Fraktion. Daß es der 'sozialdemokratischen' Bergarbeitergewerkschaft, dem „Alten Verband“, erstmals und vor dem Hintergrund des Richtungsstreits in der SPD gelungen war, einen Massenstreik zu initiieren, verdichtete das innenpolitische Trauma zum kommunistischen 'Gespenst'[5].

Etwas Zerstreuung war also willkommen, und so war die Freude auf das Festprogramm allgemein. Der Unterhaltungswert wurde von Seiner Majestät höchstselbst noch gesteigert, der die plebejischen Elemente des Programms deutlich zu kürzen verstand[6]. Nun konnte sich Wilhelm den zwei Höhepunkten widmen, die seinem widersprüchlichen Naturell sehr entgegen kamen. Seine Faszination für moderne Rüstungs- und Marinetechnik erhielt wohl an keinem Ort mehr Nahrung als auf dem neuen Essener

Abb. 131 Der im Textheft abgedruckte Kommentar zum Essener Ritterspiel endet mit dem Verweis auf die allegorische Qualität des Stückes; oben der fruchtlose Konflikt zwischen den Eliten, unten die sozialimperialistische Vision: Der Georgs-Drache mit Krupp'schem 'Brandzeichen' zieht die Krupp'sche Kanone, auf der der Reichsadler ruht.

Schießplatz der Firma Krupp; und das angekündigte Historienspiel traf die Neigung des Potentaten zur gelebten, bis zur Lächerlichkeit anachronistischen Operette exakt. Selbst die Besichtigung der Krupp'schen Sozialeinrichtungen brach nicht aus dem Rahmen dieses Spannungsfeldes aus Modernität und Rückständigkeit heraus: Der durchaus erfolgreiche Versuch der Firma, durch betriebliche Sozialpolitik den Klassenkampf 'stillzulegen'[7], entsprach dem Gesellschaftsideal 'Konfliktfreiheit' jener feudalistisch-kapitalistischen Chimäre 'Deutsches Kaiserreich', zu deren wesentlichen Eigenschaften eben das Fehlen eines schichtenübergreifenden Grundkonsenses gehörte[8].

Hätte Wilhelm das Ritterspiel sehen können, so hätte ihm das Haus Krupp verraten, wie sich dieses Nebeneinander ökonomischer Modernität und sozialpolitischer Rückständigkeit gesellschaftlich verbindlich festschreiben ließ. Dazu wurde eine historische Persönlichkeit bemüht, die in der Tat erstaunliche Parallelen zu Wilhelm aufzeigt.

Wie dieser war Kaiser Maximilian (1493 – 1519) ein Mann spontaner, teils abenteuerlicher Entschlüsse, und auch der Drang nach Selbstdarstellung war beiden gemein[9]. Als „letzter Ritter“ zelebrierte er ein höfisches Leben unter einem Ehrenkodex, der längst der Vergangenheit angehörte[10], als technikbegeisterter Feldherr beförderte er die Artillerie, bislang eher akustisches Ambiente der schweren Reiterei, zu einer strategischen Waffe[11], die das von ihm besungene Rittertum obsolet erscheinen ließ[12]. So aufwendig das höfische und militärische Leben Maximilians gewesen sein mußte, so war er doch de facto kein Autokrat, denn der durch Kredite finanzierte 'life-style' des Kaisers zwang zu Rücksichtnahmen und teuren Artigkeiten gegenüber 'dem Kapital'; auch das Wilhelminische Kaiserreich basierte im wesentlichen auf der teuren Loyalität von Kapital und Grundbesitz. Allerdings gilt Maximilian politisch als Begründer des Habsburgischen Weltreiches, ein Ruhm, der weniger auf militärisches, als auf diplomatisches Fortune[13] zurückzuführen ist – eine Tugend, die Wilhelm allerdings völlig vermissen ließ.

Kurzum: Der allegorische Vergleich der beiden Kaiser in Krupps Festspiel lag auf der Hand. Ebenso eindeutig war die Botschaft, die die Essener Waffenschmiede Seiner Majestät durch den Amtsvorgänger ausrichten ließ.

Blättern wir also etwas im Textbuch: Der Kaiser, schwankend zwischen traditionellem Werte- und modernem Waffensystem, bemüht ein Gottesurteil in Form eines Ritterturniers. Die retardierenden, 'radikal-konservativen' Kräfte sammeln sich unter dem Patronat des Hl. Georg und unter der Führung des Grafen Montfort-Werdenberg. Die 'fortschrittgläubigen' Edlen finden sich im Zeichen der Hl. Barbara, gleichermaßen Schutzheilige des Bergbaus wie der Artillerie, deren Partei Ludwig von Helfenstein anführt[14]. Als 'reform-konservativer Makler' steht der Nürnberger Patrizier Pirkheimer zwischen den Adelsfraktionen. Ganz Diplomat erweist er den ritterlichen Werten seine Reverenz, behält aber die Realität im Auge: „Ein andrer Drache fordert andre Waffen (S. 17)."

Helfenstein ist bereit, dem historischen Prozeß zu folgen[15], für Werdenberg führt bereits der erste Schritt zur Moderne in den Abgrund[16]. Pirkheimer findet sich in eine Entscheidungssituation gedrängt, die für ihn keine ist[17]. Weder Opportunismus noch Intransigenz bestimmen sein Handeln, sondern Flexibilität und Pragmatismus: „s'gibt Kräfte, die man leitet, nicht bekämpft (S. 17)." Das Turnier reduziert sich für Pirkheimer auf die öffentliche Gleichstellung des Bürgertums mit dem Ritterstand. Gerade daher ist es für ihn möglich und sinnvoll, demonstrativ für den Hl. Georg eine Lanze zu brechen, wiewohl er dessen Partei ob ihrer aggressiven Fortschrittsfeindlichkeit auf verlorenem Posten sieht[18]. Die Geschmeidigkeit, mit der Pirkheimer alte Werte mit neuen Wegen verknüpft, unterscheidet ihn von beiden Parteien. Er ist der 'homo novus', der alten Wein in neuen Schläuchen predigt, der alte und neue Eliten zusammenführt und damit die 'Lust auf Zukunft' dem Werdenberg'schen Pessimismus entgegenhält. So antizipiert der Auftritt Pirkheimers einen Teil der 'Moral von der Geschicht', die in Essen erzählt werden sollte, und hat damit seine Aufgabe erfüllt.

Die Folgen seiner Intransigenz bekommt Werdenberg zu spüren. Er lehnt die Dynamik der Entwicklung ab, weil er Entwicklung als solche mit Argwohn beäugt. Dünkelhaft erregt er sich über die Gleichsetzung des bürgerlichen Pirkheimer mit dem alten Ritterstand, ein Vorgang, der ihm Indiz des Sittenverfalls und Nahrung seiner Zukunftsangst ist[19]. Folgerichtig weigert sich der Georgs-Ritter, die bürgerlichen Kräfte, „die mit der neuen Zeit zur Höhe drängen (S. 14)", als Herausforderung zur Kenntnis zu nehmen, wie ihm überhaupt in seinem ständischen Weltbild die Vorstellung einer auf Gegensätze und deren Austragung basierenden Gesellschaft zutiefst wesensfremd ist. Daher sucht Werdenberg das Turnier, welches das Rittertum zur Disposition stellt, zu verhindern und greift letztlich zum erfolgreichen Mittel der Sabotage: In den ersten Durchgängen des Turniers hat sich keine Partei durchsetzen können; als der 'Abtrünnige' Helfenstein und der 'Überläufer' Pirkheimer die Turnierbahn betreten, krachen auf ein Zeichen des 'Intriganten' Werdenberg drei Kanonenschüsse. Eine Panik bricht aus.

„Ich dulde nicht die Kaiserliche Majestät hinaus-/Gezerrt in das Parteigewühl (S. 19)", in diesem ganz zentralen Ziel herrscht Konsens zwischen den Kontrahenten. Der Werdenberg'sche Weg führt allerdings in eine Sackgasse, wie den Worten des Souveräns höchstselbst zu entnehmen ist: „In anspruchsvollem Schmollen lebt Ihr hin / Und achtet nicht die neugewachsenen Kräfte (S. 35)." Der erhobene Zeigefinger Maximilians beendet zugleich Werdenbergs dramaturgische Aufgabe als 'in Schönheit sterbender Ewig-Gestriger'.

Der repressive Weg des Georgs-Ritters hat sich also selbst diskreditiert. Offen ist allerdings noch die 'Gretchen-Frage', welche Antworten die seit 1871 in Deutschland gelebte Variante „Bündnis der Eliten[20]" für die 'Zukunftsfragen der deutschen Geschichte': außenpolitische Isolation und innenpolitische Disparität, zu bieten hatte. An dieser Stelle wurde es für den Kaiser von Gottes Gnaden tatsächlich spannend, und entsprechend spannend arbeitet die Dramaturgie des Stückes: Gottvater selbst richtet das Wort an Wilhelms allegorisches Ebenbild; mitten im schönsten Chaos der Werdenberg'schen Sabotage haucht er den Statuen von Georg und Barbara Leben ein, sphärische Musik erfüllt den Hügeläther, der Kaiser hat eine Erscheinung. Und das Publikum kann an Maximilians Gesichten über eine kinematographische Projektion direkt teilhaben.

Deutlich ist auf der Leinwand ein Feldgeschütz zu erkennen. Eine Kugel wird abgefeuert. Ihr Ziel ist die deutsche Geschichte, in der sie eine leidvolle, bluttriefende Spur zieht. Doch dann passiert's: In mehreren Bildern werden die Geburt der Firma und Sohn Krupp, das zähe, häufig wenig erfolgreiche Ringen Alfreds um ökonomischen Aufschwung und allerhöchste Anerkennung[22], die von ihm als patriotische Tat des Bürgers verstandene Entwicklung und Produktion von Rüstungsgütern dargestellt. (S. 31)." Barbara und Georg kommentieren das filmische Geschehen: „Der Feuerkugel wirft er kühn entgegen / Die Kräfte der gebändigten Natur / ... / Die Wucht der Elemente wird er meistern, / Zu neuer Tat den Rittersinn begeistern! (S. 31)". Diese zugleich unternehmerische und intellektuelle Leistung macht für den „deutsche(n) Waffenschmied aus Essen (S. 32)", der das „Land umpanzert... mit Eisenwegen" und „Ums Schiff... den Eisengürtel" legt, einen außen- und innenpolitischen Sinn, denn er mahnt, „Daß stählern unsre beste Kleidung sei, / Daß Rüstung zieme deutschen Männergliedern / Und Waffen uns am treuesten verbrüdern." Das „Bündnis der Eliten", diese antisozialistische Wagenburg, erfährt hier seine Erweiterung und nationalchauvinistische Umdeutung; über die Hintertür eines nun nationalistischen Feindbild-Stereotyps kann – klassenübergreifend – jeder „Volksgenosse (S. 37)" teilhaben an dem Privileg, ein Deutscher zu sein. Seine 'verbrüdernde' Identität erlangt dieses Deutschtum auch nach dem Paradigmawechsel über den Mechanismus der „negativen Integration" (Wehler), über eine 'Wagenburg-Mentalität', die ein Feindbild braucht. In diesem Sinne ist das Ritterspiel hochpolitisch und hochaktuell: „Zweidutzend Völker sehen es mit Staunen, / Daß Englands Kunst nichts mehr vermag[22], / Nichts gegen Krupps Kanonen und Kartaunen!" Dieser Jubel Georgs wird bei Barbara zur Ekstase: „In allen Räumen, Erd- und Luftgebilden, Da rasseln unentrinnbar meine Blitze, Da singen: Barbara! im vollen wilden Triumphgesang die donnernden Geschütze!" Um wessen Geschütze es sich dabei handelt, zeigen die begleitenden Filmszenen vom Meppener Schießplatz der Firma Krupp wird der Blick zum Stapellauf eines Panzerschiffes und letztlich zum Aufgalopp einer Krupp'schen Feldbatterie geführt. Damit endet die kaiserliche Vision und Maximilian schwört die Seinen auf die neue Formel ein: „Bleibt Ritter wie Georg, so fromm und stark, / Und traut auf Barbaras gewalt'ge Waffen! (S. 36)" (Abb. 131). Das Stück endet mit einem Gruß des alten an das neue Reich und seinen Kaiser.

Das Festspiel griff das Bild der nationalistischen Volksgemeinschaft nicht nur inhaltlich auf. Vierhundert Laiendarsteller sollten das Stück aufführen, sie alle waren Freunde oder Angehörige der Firma und Familie Krupp, allen voran Bertha und Gustav Krupp von Bohlen und Halbach sowie ihr Sohn Alfried (Abb. 133). Ihnen standen Direktoren und Freunde in den Rollen der Adligen zur Seite, wobei eine Parallele zwischen Rolle und innerbetrieblicher Funktion offensichtlich war[23]. Nachgeordnet waren Angestellte der Firma, die Lakaien und Bürger darstellten. 'Das gemeine Volk' wurde von Arbeitern gestellt. So hatte jeder seinen Platz, im Spiel, im Betrieb, in der Gesellschaft. Die Struktur des Spiels spiegelte das ständische Gesellschaftsmodell, jene Utopie der Eliten, das in Essen Praxis zu sein schien[24].

Krupp 'verkaufte' hier eine 'Integrationsideologie', die sich ganz in das Nebeneinander von Modernität und Rückständigkeit fügte, welches das politische Klima Deutschlands im 19. Jahrhundert prägte. Wehler kennzeichnet diesen Sozialimperalismus als „sozialdefensive Strategie mit der binnengesellschaftlichen Zielsetzung einer konservativen Utopie, der es inmitten unaufhörlichen Wandels um die Verteidigung traditioneller Strukturen mit modernen Methoden ging[25]". Diese Utopie teilte Krupp mit politischen Vordenkern wie Friedrich Naumann oder Max Weber. Nationalchauvinistische Massenorganisationen popularisierten mit markigen Worten die Variante 'Pangermanismus'[26]. In der Rüstungspolitik, dem Flottenbau zumal, hatte sich der Sozialimperialismus bereits materialisiert und seiner Lobby um den Admiral Tirpitz gelang es, jede gegenläufige politische Initiative zu kippen[27]. Der politische Wille zur innenpolitischen Befriedung durch außenpolitische Aggressivität war vorhanden. Gustav Krupp von Bohlen und Halbach nahm die Gelegenheit der Zentenarfeier wahr, die versammelte gesellschaftliche Elite in ihrem sozialimperialen Kurs, der ihm die Auftragsbücher füllte, nach Kräften zu bestärken[28].

Eine Interpretation des Festspieles als 'sozialimperialistische Allegorie' (Abb. 131), wie sie hier versucht wird, kann an den Aktivitäten des Hauses Krupp anläßlich des Jubiläums im allgemeinen, anläßlich des Kaiserbesuches im speziellen, überprüft werden: Als 'Prinzgemahl' der reichsten Frau Deutschlands hatte Gustav Krupp von Bohlen und Halbach mit beachtlichen Statusdefiziten zu kämpfen[29]. Eigene gestalterische Initiativen ließen sich mit dem 'Moloch Krupp', zu dem sich das Unternehmen entwickelt hatte, kaum noch durchsetzen. Hügel und Familie waren selbst institutionalisiert, Grundsatzentscheidungen wurden im Direktorium getroffen[30]. Freundschaftliche Bande mit dem Hause Hohenzollern hatte bereits Friedrich Alfred Krupp geknüpft, und auch die Anlehnung der Firmenpolitik an das 'Steckenpferd' des Monarchen: die Marine, war schon vollzogen[31]. Gustav Krupp von Bohlen und Halbach konnte sich nur als „wahrer Krupp" (Wilhelm II.) beweisen, indem er den gestellten Weichen zunächst folgte – und das tat er.

Die Medaille, welche Jubilare der Firma anläßlich der Zentenarsfeier erhielten, zeigte die Tradition, in der sich Gustav Krupp von Bohlen und Halbach sah. Er ließ auf deren eine Seite das Konterfei des verehrten Alfred Krupp prägen; die andere Seite zeigte einen Athleten beim Schmieden eines Schwertes. Schmied und Schwert waren Symbole der deutschen Einigung bis 1871[32]. Krupp schmiedete das Schwert, Wilhelm wollte es für eine große deutsche Zukunft führen[33]. Dieser Geist nationaler Pflichterfüllung prägt das Besuchsprogramm, das Gustav Krupp von Bohlen und Halbach dem Kaiser gegenüber etwa mit den Worten kommentierte: „... ich (halte) es für meine Pflicht, ... Seiner Majestät bei Allerhöchstseiner ersten Anwesenheit hierselbst seit meiner

Abb. 132 Die 'Botschaft' des Ritterspiels: Die Eliten aus Feudalismus und Kapitalismus reiten gemeinsam über die Wiesen der Villa Hügel – gegen wen?

Abb. 133 Bertha und Gustav Krupp von Bohlen und Halbach sowie der 'Turniermarschall' während der Generalprobe am 11. Mai 1912.

Verheiratung die seither entstandenen Erweiterungen der Gußstahlfabrik in Essen zu zeigen. Es handelt sich in erster Linie um die großen Werkstattumbauten für die Lieferung von Geschützen und Türmen für Seiner Majestät Marine; ... Sodann lasse ich für die Jahrhundertfeier eine Sammlung artilleristischer Gegenstände vorbereiten, die in möglichst übersichtlicher Weise seiner Majestät einen Überblick über die Entwicklung der Artillerie bei Krupp geben soll. Endlich sind schon seit einiger Zeit Vorbereitungen für ein Ritterspiel im Gange ..." Wilhelm war mit dem vorgeschlagenen Programm ganz einverstanden[34].

Beobachten wir die Krupp'schen Festtage etwas genauer: „Herb und trüb ist die Witterung, die der Wettergott Essen für seinen heutigen Kaiserbesuch beschert hat." Gleichwohl hat die „Stadt der werktätigen Arbeit" am 8. August ihre Straßen in eine „via triumphalis" verwandelt; Kanonendonner und Glockengeläut künden von der Abfahrt des Autokorsos vom Hügel. An der Kreuzung Bismarckstraße/Friedrichstraße und unter den Türmen von Bergbaulichem Verein und Erlöserkirche steigt der Kaiser in Artillerieuniform aus seinem offenen Automobil und läßt die Huldigungen der Stadt über sich ergehen. Kurz angebunden bedankt sich die Majestät; er hätte darauf verzichten können, doch Gustav Krupp von Bohlen und Halbach war um Öffentlichkeit bemüht[35] und wollte die Stadt nicht übergangen sehen[36]. Der Auto-Korso setzt seinen Weg zum Verwaltungsgebäude der Firma fort[37]. Im Lichthof werden der Kaiser und weitere 450 Gäste mit der Ouvertüre aus Wagners Rienzi empfangen. Gustav Krupp von Bohlen und Halbach bringt in seiner kurzen Begrüßung in Erinnerung, „daß den Krupp'schen Werken auch große Bedeutung in der wirtschaftlichen und militärisch-politischen Machtstellung unseres Vaterlandes zukommt, ..." Der Kaiser nimmt den Gedanken in seiner Antwort auf: „Krupp'sche Geschütze haben in den Linien auf den Schlachtfeldern gedonnert, auf denen Deutschlands Einheit vorbereitet und erkämpft wurde. Krupp'sche Geschütze werden auch heute noch vom deutschen Heere und der deutschen Marine geführt, auf Krupp'scher Werft erbaute Schiffe führen die deutsche Kriegsflagge ..." Krupp und Kaiser sind beim Thema: Die Waffenschmiede als nationale Institution, der man das 'Projekt Marine' anvertrauen kann, ist auch die Waffenschmiede, die keine sozialen Konflikte kennt: „Das ... Werk war ... der erste Großbetrieb ..., der in Deutschland die sozial-politischen Probleme erkannte und zu lösen versuchte[38]." Da taucht sie auf, die Vorbildfunktion des 'Krupp-Staates', militärisch wehrhaft und 'ständisch organisiert'. Es bleibt Alfred Hugenberg, seit 1909 Vorsitzender des Krupp-Direktoriums, vorbehalten, diesen Gedanken in seiner Rede weiterzuführen: Am Anfang des 19. Jahrhunderts habe „der kategorische Imperativ des Philosophen – oder auf preußisch-deutsch: die verdammte Pflicht und Schuldigkeit –" ein Volk geprägt. Diese Pflicht verlange nun, „eine an Anzahl plötzlich riesenhaft gewordene Menschenklasse, ..., den großindustriellen Arbeiter, einzugliedern in den langsam aufwachsenden Bau unseres politischen Lebens." Er müsse für „individuelle Leistungsfähigkeit" statt 'Klassendiktatur' gewonnen werden, und diese Individualität sei die Kraft, die die „Glieder und Muskeln des Ganzen" in Bewegung hielten[39]. Die Umlenkung von sozialen Konflikten nach außen, auf die wirtschaftliche und politische Konkurrenz wird hier Programm.

Die Arbeitswelt des umworbenen Industriearbeiters entsprach jedoch vielfach nicht dieser Programmatik. Sozialpolitische Maßnahmen, wie sie in Hugenbergs Rede angedeutet werden, waren allzu häufig dem Profitinteresse nachgeordnet. Diese Realitäten holen die illustre Gesellschaft noch am gleichen Tag beim zweiten Frühstück ein: In die Unterhaltung platzt die Nachricht von der Bochumer Schlagwetterexplosion. Kurzfristig wird das Protokoll umgestellt, schweren Herzens verzichtet Gustav Krupp von Bohlen und Halbach auf das mühevoll vorbereitete, für den nächsten Tag anberaumte Festspiel[40]. Die telegraphische Bitte der Zechenverwaltung „um gnade eines kurzen besuchs zeche lothringen" bringt Seine Majestät in landesväterliche Stimmung[41]. Wilhelm schickt den Bochumer Polizeipräsidenten Gerstein zum Unglücksort. Er selbst begibt sich programmgemäß auf einen Rundgang durch die Modell-Siedlungen der Firma Alfredshof, Altenhof und Margarethenhöhe, und er nimmt sich Zeit[42].

Das abendliche Festbankett bekommt nun einen anderen Zungenschlag. Daß neben 130 Ehrengästen, 102 ausländischen Offizieren und Vertretern und 76 Mitgliedern der Firmenleitung auch je 10 Arbeiter und Pensionäre eingeladen worden sind, erweist sich nun als außerordentlicher Glücksfall[43]; Wilhelm hat so für die getragenen Worte seiner Ansprache direkte Adressaten, nämlich die Kollegen vom „Armeekorps der Kohle, im Kampf mit der Erde ..., ... von bösen Wettern dahingerafft ..., auf ihrem Felde der Ehre gefallen ..." Diese Tapferkeit entlohne Krupp durch soziale Einrichtungen, die Grundlage für das „ideale Verhältnis der Krupps ... zur Arbeitschaft" seien[44]. Gleichwohl verzichtet der Kaiser keineswegs auf die militärischen und rüstungstechnischen Demonstrationen, die das Programm am Morgen des 9. August vorgesehen hat. Von der Begeisterung für diese Materie ließ sich Wilhelm auch durch Gebote der Pietät nicht abbringen[45] und sicherlich hätte Gustav Krupp von Bohlen und Halbach auf einer Leistungsschau der unter seiner Ägide entwikkelten Waffen und Werkstätten kaum verzichten wollen.

Gegen 11 Uhr erreicht Gerstein den Kaiser im Werkslabor und erstattet Bericht. Nicht drei, sondern deutlich über 100 Tote habe das Unglück gefordert. Die von Explosion und Grubenbrand verstümmelten Leichen seien im Maschinenhaus aufgebahrt. Die Zeche werde von verzweifelten Familienangehörigen umlagert. Ob Gerstein den Kaiser zum Besuch Bochums drängt, drängen muß, oder ob Wilhelm selbst Gefallen an einem Auftritt „vor Ort" findet, lassen die Quellen offen; allerdings wird auch in der kaisertreuen Presse ein unmittelbarer Zusammenhang zwischen Kaiserbesuch und Unglück hergestellt – der Kaiser kann wohl nicht anders: Gegen Mittag des 9. August verläßt der gleiche Autokorso, welcher tags zuvor zum Jubelfest aufgebrochen ist, den Hügel in Richtung Bochum[46].

Die Essener Festgesellschaft hat keinen Anlaß, ihre 'Exkursion' zu bereuen, die kaiserliche Geste der Anteilnahme gerät zu einem Triumphzug. Die Bevölkerung feiert Wilhelm ausgiebig. Der Autokorso braucht für die kurze Strecke über vier Stunden[47]. Auch Gustav Krupp von Bohlen und Halbach ist ergriffen; rückblickend schreibt er, „daß der Eindruck, den Seine Majestät der Kaiser und König von der Wirkung Allerhöchstseines Besuches an der Unglücksstelle infolge der jubelnden Begeisterung der Bevölkerung gehabt hat, ein viel tieferer und nachhaltigerer sein wird, als wenn das Programm in der zunächst beabsichtigten Weise ausgeführt worden wäre[48]." Tatsächlich muß Wilhelm trotz aller Improvisation keineswegs auf theatralische, geradezu grotesk-makabre Inszenierungen verzichten: Während unter Tage die Toten im Grubenfeuer brennen, wird über Tage der Zechenplatz für den Kaiserbesuch geharkt[49]. Die Blumen, mit denen die Kondolierenden die Toten ehren, hatten tags zuvor noch die Tafel des Krupp'schen Banketts geschmückt[50]. Die

Abb. 134 Theodor Rucholls Darstellung des Kaiserbesuches auf der Zeche Lothringen erweckt den Eindruck, das Festspiel sei lediglich in neuer Kulisse und mit neuer Besetzung in Bochum improvisiert worden (Bild im Besitz des Eschweiler Bergwerksvereins, Herzogenrath).

„Ursachenaufklärung", die auch Wilhelm fordert, gerät zur kriminellen Farce, schuldig gesprochen werden die Opfer[51]. Der Sicherheitsmann des betreffenden Reviers, der Mitglied der 'sozialdemokratischen' Gewerkschaft ist, wird vom Zechenplatz gewiesen, als er den Kaiser sprechen will. Er ist der einzige Zeuge des Unglücks und der einzige aus den Rettungsmannschaften, der Wilhelm nicht sprechen darf (Abb. 134)[52].
Die „Potemkin'schen Dörfer", die dem Kaiser gebaut wurden, und die Begeisterung der Bochumer Bevölkerung geben Wilhelm die Illusion auf seinen Weg nach Kassel mit, die Vision vom innerlich befriedeten, äußerlich streitbaren Deutschland sei im Revier bereits Realität.
Die Bochumer Katastrophe konnte dieses Weltbild der Essener Festgesellschaft nicht erschüttern. Und doch brachte sich hier eine Realität in Erinnerung, die weit mehr den gesellschaftlichen Alltag prägte als Jubiläum und Kaiserbesuch. Erinnert sei an die Rede des Kaisers am Vorabend, an die militaristische Metapher und die idealisierende Perspektive des 'Krupp-Staates' getreu dem Motto Alfred Krupps „Der Zweck der Arbeit soll das Gemeinwohl sein". Sie entsprachen zwar den ständischen Idealen des Kaisers und seines Auditoriums, jedoch nicht der Welt 'abseits des Hügels' – und dessen war sich Gustav Krupp von Bohlen und Halbach durchaus bewußt. Denn nicht ohne Grund hatte er ein halbes Jahr zuvor – nach der Reichstagswahl und im Vorfeld des Bergarbeiterstreiks – eine Denkschrift zum „Schutz der Arbeitswilligen bei Streiks" gerichtet, die Wilhelm mit der Marginalie „Vor allem Schutz der Arbeitswilligen in der energischsten Form! Scharfschießen!" kommentierte[53].
Überhaupt blieb der soziale Konflikt, den der Kaiser besonders im Ruhrgebiet lokalisiert sah, von ihm unverstanden; Wilhelm II. interpretierte ihn als willkürliche Bedrohung seiner Stellung und Person[54]. Den Opfern von „Lothringen" kamen reiche Spen-

den zuteil[55]. Auch die 'Kruppianer' wurden aus Anlaß des Jubiläums reich beschenkt: Vierzehn Millionen Mark ließen Gustav und Bertha Krupp von Bohlen und Halbach an die Arbeiter, Angestellten und Beamten des Werkes verteilen. Eine Vielzahl von Stiftungen wurde zum Wohle der Belegschaft ins Leben gerufen. Und die Krupps ernteten für ihr Engagement durchaus den Dank der Belegschaft[56]. Aber die Akten beinhalten auch Stimmen aus der Arbeiterschaft, denen Geschenke der 'Patriarchen' nicht reichten; denn „dieselben Leute hätten noch vor kurzem gelegentlich des Streiks die Arbeiter eine begehrliche Masse genannt." Gewerkschafter demonstrierten die katastrophalen sicherheitstechnischen Verhältnisse in Bochum-Gerthe, systembedingte Defizite, die das starke Wort vom Massenmord nahelegen; doch „die wahren Schuldigen sässen höher und zwar so hoch, wo sie kein Staatsanwalt mehr erlangen könne[57]." Statt Trauerflor und Wohltätigkeit forderten die Arbeiter Rechte, „... keine Gnade, sondern Gerechtigkeit ..."; es sei „ein schöner Zug" vom Kaiser gewesen, an den Unglücksort zu eilen, „doch dass er im März d. J. Soldaten mit Gewehren und Säbeln herschickte, sei kein schöner Zug gewesen[58]."

Eben dies ist die Botschaft, die zu verstehen der Kaiser sich offenbar weigerte[59]: Im Revier lebte die Vorstellung vom Arbeiter, zumal vom Bergmann, als Protégé des Staates fort; „gebot der oberste Bergherr den Festlichkeiten Einhalt und eilte mitten ins Gebiet der werktätigen Arbeit", so war dem „ritterlichen (!) Kaiser" der Jubel der Massen gewiß[60].

Geradezu traumatisch wirkte dagegen die eindeutige Option des Staates in personam des Kaisers für die Zechenherren. Hätte das System soziale Gerechtigkeit walten lassen, die Loyalität der Arbeiter hätte außer Frage gestanden[61]. Dies gilt für die Arbeiter der Firma Krupp im besonderen Maße, wie wir aus Bittschriften erfahren: „... mit Stolz hört man oft diese alten Pensionäre sich als echte 'Kruppianer' nennen, und sie sagen dabei 'Wir haben das Werk in seinen Grundmauern aufgebaut, ...'", doch diejenigen, welche „nicht das Glück hatten, auf dem 'Altenhof' zu wohnen", müßten „blutenden Herzens ... abseits stehen"; viele Beamte und Arbeiter „müssen nebenbei verdienen, durch kellnern, schneidern, klavierspielen usw. das ist doch nichts bei der Firma Krupp? ... Allgemein sagt man, würde der alte Herr Krupp noch leben, wäre es anders, der sorgte anders für seine Leute[62]."

Staat und Unternehmertum hatten in der Tat die Chance, den Klassenkonflikt zwar nicht aufzuheben, aber doch zu regulieren. Modelle, die in diese Richtung weisen, lagen vor, etwa in Form einer Tarifpartnerschaft. Auch bei Krupp wurden Entwürfe diskutiert, die nicht nur auf die ökonomische Verbesserung, sondern auf einen Wandel des Arbeiter-Status in der Gesellschaft zielten. Der Direktoriumsvorsitzende Alfred Hugenberg wollte anläßlich der Jahrhundertfeier eine Stiftung zum Arbeiter-'Eigenhausbau' gründen zur „Vermehrung der Zahl von Leuten, die einen praktischen Eigentumsbegriff in sich tragen", eine Stiftung, an der die Arbeiter als Aktionäre beteiligt werden sollten. Hugenberg sah darin einen Weg, den Arbeiter an „unsere gemeinsamen Interessen heranziehen" zu können. Der 'Kruppianer' wäre durch eine Dividendenzuzahlung in den Genuß einer allerdings sehr beschränkten Gewinnbeteiligung gekommen. Rückblickend bilanzierte Hugenberg, er habe „in der Sache nichts im Sinne meiner Auffassung erreichen" können[63].

Die Chance wurde vertan, im System des Wilhelminismus wurden weder die Eigentumsverhältnisse noch die politischenStrukturen substanziell verändert, und es ist wahrscheinlich, daß sie systemimmanent nicht zu verändern waren[64]. Mithin blieb nur äußere Aggression als Ventil für die inneren Konflikte, auch wenn der 'große Krieg' eben nur ein Ventil und keine Lösung bot. Und in der Tat folgte das „Bündnis der Eliten" diesem gesellschaftlich vorgezeichneten, im Ritterspiel der Krupps antizipierten Weg: KAISER: „... Und deutsche Treu' und Lieb' und Gut und Blut / fürs Vaterland!" – ALLE: „Und Blut fürs Vaterland!" (S. 36).

Die Botschaft des Essener Ritterspiels: innenpolitische Konfliktfreiheit und außenpolitische Aggression, wurde durch die Realität überholt. Die nüchterne 'Entsorgung' des Spektakels spiegelt gleichsam dieses Scheitern: Die Leinwand-Kulissen wurden zerrissen und an Kunstmaler verschenkt, die Kostüme gingen – soweit sie nicht geliehen waren – zum Großteil an das Düsseldorfer Stadttheater, die Rüstungen wurden Museen und der UFA-Filmgesellschaft überlassen[65]. Das gescheiterte Projekt 'Sozialimperialismus' zeigt sich im Schicksal eines 1912 mit der Krupp-Medaille dekorierten Arbeiters. In wirtschaftliche Not geraten, versucht er 1936 die Auszeichnung an Gustav Krupp von Bohlen und Halbach zu verkaufen[66].

Offen ist allerdings noch die Frage, warum Gustav zu der uns grotesk anmutenden Form einer mittelalterlichen Allegorie griff. Zunächst: So ungewöhlich war der Griff zu mittelalterlichen Kostümen nicht. Mit dem Mittelalter wurde eine 'große Vergangenheit' assoziiert und ein Zeitgeist, der an diese Vergangenheit anknüpfen wollte, legte eine entsprechende Formensprache nahe. Die Identifikation des Mittelalters mit dem Ideal einer ständischen, konfliktfreien Gesellschaft geht zurück in das Genre der Ritterspielliteratur der Romantik[67]. Selbst an die Ritterturnier-Tradition wurde immer wieder angeknüpft: Von August dem Starken ist bekannt, daß er Ritterturniere in Dresden veranstalten ließ. Seit 1878 wird in Fürth im Wald der „Drachenstich" als „Deutschlands ältestes Volksschauspiel" aufgeführt und seit 1904 wird die „Landshuter Hochzeit" mit einem Ritterturnier gefeiert. Diese populären Varianten der Essener Festspielform drangen sogar bis zur Krupp'schen Jubelfeier 1912 vor: Das „Original Kölner Hänneschen Theater" bot an, auf 'dem Hügel' ein Stück über das Leben und Treiben im mittelalterlichen Köln aufzuführen[68]. Der Ritter war nicht nur ein schichten- sondern auch ein parteiübergreifendes Symbol. So feierte die SPD ihren Wahlsieg 1912 mit der allegorischen Darstellung des „roten Siegfried"[69]. Und auch im Alltag traf man immer wieder auf Ritter und Ritterspiele: Der Stukenbrock-Versandhauskatalog 1912 preist unter anderem eine „Burg zum Aufbauen" mit den Worten an: „Liebstes Weihnachtsgeschenk für kleine Knaben und als anregendes Spielzeug allgemein bekannt (S. 126)" und die „Dortmunder Brauereigesellschaft AG" heißt seit 1905 „Ritterbrauerei AG" (Abb. 135).

Ritterturniere werden von Reinhard Bentmann als eine Art „zweckloser Zweck" mit hohem Risiko formal in einem Zusammenhang mit dem spanischen Stierkampf, der englischen Fuchsjagd und der deutschen studentischen Mensur gestellt, als „gesellschaftliche Pflicht der müßigen Klasse" interpretiert[70]. Verbindet man diesen Oberschichten-psychologischen Erklärungsansatz der ritualisierten Form mit dem politischen Inhalt des Essener Textbuches, so konzentriert sich die Mittelalter-Rezeption, die in dem Festspiel geleistet wird, auf die Idealisierung der Ständegesellschaft schlechthin mit aktuell-politischem Bezug: Aus ihr ließ sich die Utopie innenpolitischer Konfliktfreiheit und Statik entwickeln, an die allerdings nur im Schutze der 'Wagenburg' nationalistischer Ideologie geglaubt werden konnte. Daß eine solche Konflikt-Umlenkung von innen nach außen ausgerechnet im Ruhrgebiet, genauer: in Essen, der Stadt der Arbeit und Kanonen, gefeiert wurde, erscheint folgerichtig. Doch hinter der politischen Instrumentalisierung mittelalterlicher Formen verbargen sich Ängste und Bewältigungsstrategien der Elite einer ganzen Gesellschaft, nicht nur einer bestimmten Region. Die Mittelalterrezeption dieser Elite mündete in eine Gesellschaftskonzeption,die „schon unter Maximilian nur noch Fassade und Kulissenzauber war[71]". Mit einem Wort: Die aktuellpolitische Interessiertheit der Verantwortlichen versetzte auch das vordergründig unpolitische Essener Ritterspiel „mit dem Salz der Utopie, aber auch mit dem scharfen Essig der Ideologie[72]".

Abb. 135 Die Dortmunder Brauereigesellschaft AG heißt seit 1905 'Ritterbrauerei AG'. Dies ist nur ein Beispiel für mittelalterliche Elemente in der Alltagskultur um 1900. Das Plakat entstand um 1910.

Anmerkungen

Für geduldige Unterstützung danke ich Frau Dr. Köhne-Lindenlaub und Herrn Müther/Hist. Archiv Fried. Krupp AG, Villa Hügel, Essen, Herrn Dr. Söchting/Schloß Burg, dem Eschweiler Bergwerksverein und dem Stadtarchiv Bochum.

1 Keller, Ludwig: Hie Barbara! Hie St. Georg! - Festspiel vor Seiner Majestät dem Kaiser und König auf dem Hügel, am 9. August 1912, aus Anlaß der Hundertjahrfeier der Firma Krupp, Essen [2] o. J. (1938), S. 38.

2 Siehe Mommsen, Wolfgang J.: Das Zeitalter des Imperialismus, Frankfurt/M. 1969, S. 228 - 232, 240 - 253.

3 Ebd. S. 195 - 198.

4 Scheibert, Peter: Das Petrinische Kaiserreich, in: ders./Goehrke, Carsten/Hellman, Manfred/Lorenz, Richard (Hg.): Rußland, Frankfurt/M. 1972, S. 175 - 270, hier: S. 246 - 258.

5 Engels, Friedrich: Die Rolle der Gewalt in der Geschichte, in: Institut für Marxismus-Leninismus beim ZK der SED (Hg.): Marx Engels Werke, Berlin (Ost) 1962, S. 404 - 461, hier: S. 454; zur Rolle der SPD im Deutschen Reich: Lehnert, Detlef: Sozialdemokratie zwischen Protestbewegung und Regierungspartei, Frankfurt/M. 1983, S. 79 - 119, Groh, Dieter: Negative Integration und revolutionärer Attentismus. Die Sozialdemokratie im Kaiserreich, in: Internationale wissenschaftliche Korrespondenz zur Geschichte der deutschen Arbeiterbewegung 15 (1972), S. 1 - 18; zum Zentrum: Morsey, Rudolf: die deutschen Katholiken und der Nationalstaat zwischen Kulturkampf und Erstem Weltkrieg, in: Ritter, Gerhard A. (Hg.): Deutsche Parteien vor 1918, Gütersloh 1973, S. 270 - 299.

6 Hierzu rechneten Empfänge der Stadt oder auch die Auszeichnung von 499 Personen mit Ehrenzeichen, Orden usw. Familien-Archiv Hügel, Essen (zitiert: FAH) IV A 22.

7 Hunter, R.: The Krupp's Model Town: A Type of German Feudalism, in: Review of Reviews (1915), S. 21 - 25.

8 Hierzu Groh, Dieter: Negative Integration und revolutionärer Attentismus, Frankfurt/M./Berlin/Wien 1973, S. 22 - 27 sowie Wehler, Hans-Ulrich: Das Deutsche Kaiserreich 1871 - 1918, Göttingen [5]1983, S. 134 f. Die Position des Kaisers charakterisiert sein Wahlspruch „Suprema lex regis voluntas", der seinen Anspruch auf bedingungslosen Gehorsam unterstreicht. Dieser als „persönliches Regiment" von Wilhelm apostrophierte Anspruch blieb uneingelöst und scheiterte an den politischen Realitäten; hierzu Röhl, John C. G.: Kaiser, Hof und Staat. Wilhelm II. und die deutsche Politik, München 1987, S. 10 f, 7 - 35.

9 Maximilian legte selbst die literarische Grundlage für seine Mythologisierung als „letzter Ritter".Ulman: Maximilian I., in: Allgemeine Deutsche Biographie (ADB), Bd. 20, Berlin 1885, S. 725 - 736, Reifenscheid, Richard: Die Habsburger in Lebensbildern, Graz/Wien/Köln 1982, S. 90 - 96.

10 Die Ritterturniere des Spätmittelalters waren professionelle 'sportliche' Großveranstaltungen, die den Vergleich mit dem 20. Jahrhundert nicht zu scheuen brauchten.

11 Egg, Erich: Die Anfänge der Artillerie bis zur Schlacht von Marigno (1515), in: ders, u. a. (Hg.): Kanonen. Illustrierte Geschichte der Artillerie, Bern/München/Wien 1971, S. 9 - 34.

12 Bentmann, Reinhard: Nachwort, in: Hans Burgmair, Turnier-Buch (1853), Dortmund 1978, S. 79.

13 „Bella gerant fortes, tu felix Austria nube!" (Mögen die Mächtigen Kriege führen, du, glückliches Österreich, heirate!).

14 Die historischen Vorbilder fast aller Rollen stammen aus dem südwestdeutschen Adel - ebenso wie die Hohenzollern und die Bohlen und Halbach.

15 „Wie uns die Welle trägt, so schwimmen wir!"; S. 15.

16 „Es bedeutet Aufruhr, ... die Geister sind entkettet und rütteln an dem heil'gen Bau der Welt!"; S. 17.

17 „Es ist dieselbe Kaisertreue, die vielleicht uns auf verschied'nen Wegen führt."; S. 16.

18 „Sorgt, daß Euch nicht das Herrenkleid verbrenne, und Gnade Gott, wer in die Flamme bläst!"; S. 17.

19 „Patrizier, die nach Ritterwappen geilen ... Ist so gering der Kampfpreis schon geachtet des guten alten Ritterspiels, daß man die Losung wechselt wie ein Wams? ... Der Ratsherr darf das rote Kreuz nicht tragen, und wenn's der Kaiser zehnmal ihm erlaubt!"; S. 14, 18.

20 Fischer, Fritz: Bündnis der Eliten. Zur Kontinuität der Machteliten 1871 - 1945, Düsseldorf 1979.

21 Hierzu Reusch, Erhard: Krupp und die Hohenzollern, in: Die Heimatstadt Essen 30 (1980/81), S. 123 - 129.

22 Erinnert sei nochmals an die im selben Jahr gescheiterte 'Haldane-Mission'.

23 So wurde der Habsburger Kaiser Maximilian von Freiherr Schenck zu Schweinsberg dargestellt, der in den Krupp-Akten als langjähriger Vertreter der Firma Krupp für Kriegsmaterial in Österreich-Ungarn ausgewiesen ist; FAH IV A 22.

24 Manchester, William: Krupp. Zwölf Generationen, München 1968, S. 261; siehe Anm. 29 zu der Qualität des Buches.

25 Wehler (wie Anm. 8) S. 173.

26 Weber, Max: Der Nationalstaat und die Volkswirtschaftspolitik, in: Winckelmann, Johannes (Hg.): Max Weber. Gesammelte politische Schriften, Tübingen [3]1971, S. 1 - 29, hier: S. 23; Naumann, Friedrich: Nationalsozialer Kathechismus, in: Schieder, Theodor (Hg.): Friedrich Naumann. Werke, Bd. 5, Köln/Opladen 1964, S. 199 - 233, hier: S. 201.

27 Hierzu Wehler (wie Anm. 8) S. 165 - 170; Wilhelm widmete diesen Vorgängen in seinen Memoiren ein ganzes Kapitel; Wilhelm II.: Ereig-

nisse und Gestalten. 1878 - 1918, Leipzig/Berlin 1922, S. 191 - 205.

28 Der erste Textentwurf wurde entsprechend von Finanzrat Dr. Haux redigiert; er mußte einige „Byzantinismen" überarbeiten, unter anderem eine „tolle Geschmacklosigkeit" des Autors Keller, die vorsah, das Turnier mit einer triumphierenden Ehrenrunde des kleinen Alfried, reitend auf einer Kanonenkugel, zu beenden; Haux, Ernst: bei Krupp 1890 - 1935. Bilder der Erinnerungen aus 45 Jahren, o. O. 1953, S. 91. Die sozialimperiale Ausrichtung findet sich in Gustav Krupp von Bohlen und Halbachs Annexionsdiskussion wieder, die er November 1914 in einem Memorandum zusammenfaßte; Reusch (wie Anm. 21) S. 136. Epkenhans, Michael: Zwischen Patriotismus und Geschäftsinteresse. F. A. Krupp und die Anfänge des deutschen Schlachtflottenbaus 1897 - 1902, in: Geschichte und Gesellschaft 15 (1989), S. 196 - 226, hier: S. 26 bezeichnet die Firma Krupp als „ökonomischen Hauptnutznießer des deutschen Flottenbaus", unterstreicht aber zugleich, daß Krupp nicht die Politik inspirierte, sondern auf den politischen Willen reagierte.

29 Manchester (wie Anm. 24) S. 244 - 248, 256 - 259 ist allerdings mit der gebotenen kritischen Distanz zu rezipieren. Manchester neigt in seinem romanhaften Stil zu holzschnittartigen Charakterbildern und sein Sinn für Dramatik läßt ihn auch dort fabulieren, wo die Quellen eine eindeutige Sprache sprechen; so läßt er die Schauspieler mit echten Waffen aufeinander losgehen (S. 261), obschon in den Quellen ausdrücklich von Holzimitationen die Rede ist (FAH 21/391), und Finanzrat Dr. Haux bekommt diverse effektvolle, allerdings nicht belegbare Tobsuchtsanfälle (ebd.).

30 Borchardt, Knut: Der Unternehmerhaushalt als Wirtschaftsbetrieb, in: Buddensieg, Tilmann (Hg.): Villa Hügel. Das Wohnhaus Krupp in Essen, Berlin 1984, S. 10 - 14.

31 Reusch (wie Anm. 21) S. 129 - 135; interessant hier Friedrich Alfreds Intermezzo als Reichstagsabgeordneter, der früh und konsequent die kaiserliche Flottenpolitik zu unterstützen suchte. So veröffentlichte er unter dem Titel „Was hat der Reichstag 1893/94 für die Flotte getan?" eine Sammlung leerer Seiten. Die Firma Krupp, Monopolist im Marinegeschütz- und Panzerplattenbau, nahm in dieser Politik eine prominente Rolle ein.

32 Zur Hundertjahrfeier der Firma Krupp 1812 - 1912, S. 72, 73; Das Relief am Essener Bismarck-Denkmal zeigt dabei die Rolle, die die Firma Krupp bei dieser Einigung gespielt hat: Bismarck erhält aus den Händen Krupps eine Kanone.

33 „... zu Großem sind wir noch bestimmt, und herrlichen Tagen führe ich euch noch entgegen," hatte Wilhelm versprochen, die Botschaft des Festspieles mahnt eben diese Zukunft an!; Rede Wilhelms II. vor dem Brandenburger Provinziallandtag am 24.11.1892, hier zitiert nach Balfour, Michael: Der Kaiser Wilhelm II. und seine Zeit, Berlin 1964, S. 167.

34 FAH IV A 20.

35 Insgesamt 39 Zeitungen und Agenturen waren akkreditiert; Werksarchiv Hügel, Essen (zitiert: WA) 41/2 - 171.

36 FAH IV A 20; Märkischer Sprecher vom 9.8.1912

37 Zur „Zitadelle der Arbeit", Manchester (wie Anm. 24) S. 258 f.

38 Krieger, Bogdan (Hg.): Die Reden Kaiser Wilhelms II., Vierter Teil 1906 - 1912, Leipzig 1913, S. 304 f. Tatsächlich hatte Alfred Krupp seit den 1850er Jahren Kranken- und Pensionskassen, Konsumanstalten für Nahrung und Kleidung, Kranken- und Erholungsheime, Badehäuser, Schulen und (bis 1912) etwa 6.000 Werkswohnungen einrichten lassen, deren Ziel die „wirtschaftliche Erleichterung und kulturelle Hebung der im Fabrikverband zusammengeschlossenen Belegschaft" war; Zitat nach Haux, Ernst: Wohlfahrtspflege und Gewinnbeteiligung, in: Krupp'sche Mitteilungen 1919, S. 61, Zusammenstellung nach Schöllgen, Gregor: Sozialpolitik im Kaiserreich. Eine Denkschrift Hugenbergs aus dem Jahre 1912 zum Wohnungswesen, in: Rheinische Vierteljahresblätter 44 (1980), S. 229.

39 Artikel „Die Begrüßung des Kaisers", in: Märkischer Sprecher vom 9.8.1912.

40 Krupp an Geheimrat v. Valentini am 18.8.1912, FAH IV A 18; Haux (wie Anm. 28) S. 93 f; auch hier will es Manchesters Dramaturgie, daß die Festgesellschaft bereits in vollem Wichs und „bis zu den Zähnen bewaffnet (!)" in den Logen Platz genommen haben muß, bevor die bittere Kunde an das kaiserliche Ohr dringt; ders. (wie Anm. 24) S. 261 f.

41 WA 41/2-171.

42 So etwa im Krupp-Wöchnerinnenheim; FAH IV A 17.

43 WA 41/2-174.

44 Krieger (wie Anm. 38) S. 306.

45 Reusch erwähnt ein vergleichbares Verhalten Wilhelms bei einem Demonstrationsschießen Krupps in Meppen 1892; Reusch (wie Anm. 21) S. 131.

46 Hierzu der Märkische Sprecher vom 9.8.1912.

47 Märkischer Sprecher vom 9./10.8.1912.

48 Krupp an Geheimrat v. Valentini am 18.8.1912, FAH IV A 18.

49 Märkischer Sprecher vom 10.8.1912.

50 Haux (wie Anm. 28) S.94.

51 In der ersten Meldung ist von einem „Bläser", einer Gasblase, die Rede, welche angeschossen worden sei; die Strecke sei an sich wetterfrei. Nach der Kontrolle des Fahrbuches habe die Zechenverwaltung das Vorhandensein von schlechten Wettern einräumen müssen; die Verantwortung wurde dem schießenden Steiger, der ebenfalls umgekommen war, gegeben, welcher nicht auf die Wetter geachtet habe; Märkischer Sprecher vom 9./10.8.1912.

52 Staatsarchiv Münster (zitiert: StaA Ms), Reg. Präs.Ms Abt. VII Nr. 62e; StaA MS, Reg. Präs. Ms Abt. VII Nr. 58, Bd. 2.

53 Boelcke, Willi A.: Krupp und die Hohenzollern in Dokumenten, Frankfurt/M. 1970, S. 210 - 214 (Dok. 117a).

54 Wilhelms Angst vor Attentaten war im Revier wohl besonders groß; beim Festakt im Hauptverwaltungsgebäude waren allein 56 Mann mit dem Schutz seiner Person beschäftigt; WA 41/2-172.

55 Dazu: Stadtarchiv Bochum LA 753, LA 754, AG 124/1.

56 So in: WA 41/2-171, passim.

57 Das Lothringen-Unglück gab Anlaß zur Grundsatzdiskussion in den Arbeiterorganisationen; sie verwarfen das System der Sicherheitsleute, da diese nicht staatlich gestellt und bei ausbleibender Willfährigkeit entlassen würden; im Bochumer Schacht seien die Eintragungen des Sicherheitsmannes in das Fahrbuch mehrfach vom Betriebsführer geändert worden. Der geforderte Wetterschacht sei nicht niedergebracht worden, die Berieselungsanlage sei eine Woche lang nicht in Betrieb gewesen, so daß die Wetterexplosion durch eine Kohlenstaubexplosion potenziert werden konnte; StaA MS, Reg. Präs. Ms Abt. VII, Nr. 62e, StaA MS, Reg. Präs. Ms Abt. VII, Nr. 58, Bd. 2.

58 StaA MS Reg. Präs. Ms Abt. VII, Nr. 62e.

59 Märkischer Sprecher vom 10.8.1912.

60 Siehe hierzu Anm. 54.

61 Zitat nach Märkischer Sprecher vom 10.8.1912. Die Lassalle'sche Tradition in der Revier-Arbeiterschaft und das Problem der sozialen Gerechtigkeit werden anschaulich beschrieben, in: Herzog, Arno: Die Entwicklung der Sozialdemokratie in Westfalen bis 1894, in: Westfälische Zeitschrift 121 (1971), S. 97 - 172, hier besonders S. 132 - 136, 151 - 153.

62 Petitionen an Krupp, WA 41/2-171.

63 Hugenberg nach: Schöllgen (wie Anm. 38) S. 228 - 236.

64 Wehler (wie Anm. 8) S. 17 f; Wehlers Position ist durchaus umstritten (W. Mommsen, E. Fehrenbach). Die Analyse dieses regionalen Ereignisses klärt die Frage nach der Reformierbarkeit des Systems nicht, liefert allerdings Indizien, die die Grenze der Reformierbarkeit ganz im Sinne Wehlers zwischen materiellen und sozialen Bedürfnissen lokalisieren.

65 FAH 21/391; auch in der Literatur hinterließ das Festspiel nur wenige Spuren, so etwa in Reger, Erich: Union der festen Hand. Roman einer Entwicklung (1931), (reprint) Kronberg/Ts. 1976, S. 622 f, 632 f und auch wissenschaftlich wurde es bislang erst einmal bearbeitet: Lichtwitz, Manuel: Die Auseinandersetzungen um den Stummfilm in der Publizistik und Literatur 1907 - 1914. Ein Beitrag zur Geschichte des Kulturbetriebes im Deutschen Reich vor dem Ersten Weltkrieg, Diss. Göttingen 1986, S. 226 - 243.

66 WA 41/2-171.

67 Siblewski, Klaus: Ritterlicher Patriotismus und romantischer Nationalismus in der deutschen Literatur 1770 - 1830, Diss. München 1981, S. 152.

68 WA 41/2-171; das mittelalterliche Kölner Bürgerleben wurde auch anläßlich der Domeinweihung 1880 mit einem historischen Festzug gefeiert, der eine Verbindung zwischen altem und neuem Reich knüpfte; Hartmann, Wolfgang: Der Historische Festzug zur Einweihung des Kölner Domes, in: Borger, Hugo (Hg.), der Kölner Dom im Jahrhundert seiner Vollendung, Bd. 2, Köln 1980, S. 142 - 149.

69 Abgedruckt in: Geschichte lernen. Geschichtsunterricht heute, Heft 14 (1990), Titelblatt und S. 46.

70 Bentmann (wie Anm. 12) S. 75 f

71 Der „letzte Ritter" Maximilian war nicht etwa ein 'Mehrer' des I. Reiches, sondern im Gegenteil eine zentrale Figur bei dessen Demontage. Pirkheimer, der in der Tat alte und neue Ideen verknüpfen wollte, starb in der Sache gescheitert und menschlich vereinsamt, Helfenstein, der den neuen Kräften so aufgeschlossen gegenüberstand, ließen die Bauern Spießrutenlaufen und Werdenberg, der tatsächlich Hauptmann der Ritterschaft zum St. Georgenschild war, scheiterte politisch, sein Geschlecht starb 1534 aus; nach: Stälin, H.: Graf von Helfenstein, in: ADB, S. 686 f, Ulmann: Maximilian I., in: ADB 20, S. 725 - 736, Geiger, Ludwig: Billibald Pirckheimer, in: ADB 11, S. 810 - 817, Wartmann, H.: Grafen von Werdenberg, in: ADB 41, S. 749 - 759, Reifenscheid, Richard: Die Habsburger in Lebensbildern, Graz/Wien/Köln 1982, S. 90 - 96; Zitat nach: Bentmann (wie Anm. 12) S. 82.

72 Ebd.

Personenregister

Ortsregister

Abkürzungsverzeichnis

Abb.: Abbildung
Abh. Westf. Museum f. Naturkunde: Abhandlungen des Westfälischen Museums für Naturkunde
Abschr.: Abschrift
ältere Lit.: ältere Literatur
altfranz.: altfranzösisch
a.a.O.: am angegebenen Ort
Anm.: Anmerkung
Art.: Artikel
Ausg.: Ausgabe
Ausst. Kat.: Ausstellungskatalog
B 1: Bundesstraße 1, heute A 430
Bd.: Band
Bearb.: Bearbeiter
bearb. v.: bearbeitet von
b.: bei
Beitrr G Essen: Beiträge zur Geschichte von Stadt und Stift Essen
Best.: Bestand
bes.: besonders
BKW Recklinghausen: Bau- und Kunstdenkmäler in Westfalen, Bd. Recklinghausen
bzw.: beziehungsweise
Bl.: Blatt
Bochumer Geogr. Arb.: Bochumer Geographische Arbeiten
BGB: Bürgerliches Gesetzbuch
c.: codex
ca.: circa (ungefähr)
d.: denarius (Pfennig)
d.h.: das heißt
ders.: derselbe
d.J.: der Jüngere
dies.: dieselbe
Diss.: Dissertation
Dok.: Dokumente
Dortmunder UB: Dortmunder Urkundenbuch
Dortmunder UB Ergbd.: Dortmunder Urkundenbuch Ergänungsband
dt.: deutsch
DUB: Duisburger Urkundenbuch
Düsseldorfer Geogr. Vorträge: Düsseldorfer Geographische Vorträge
ebd: ebenda
Ed.: Editor (Herausgeber)
erz.: erzählt
ev.: evangelisch
evtl.: eventuell
f.: für oder folgende
ff.: und folgende
fol.: folio (Seite)
Fortschr. Geol. v. Rheinland u. Westfalen: Fortschritte in der Geologie von Rheinland und Westfalen
Frankf. Geowiss. Arb. Ser. D: Frankfurter Geowissenschaftliche Arbeiten. Serie D
FS: Festschrift
Geogr. Rdschau: Geographische Rundschau
Geol. Jahrbuch: Geologisches Jahrbuch
gest.: gestorben
Gft.: Grafschaft
GJ: Germania Judaica
Großherzogl. Hess. Zeitung: Großherzoglich-Hessische Zeitung
GWA: Gräflich Westerholter Archiv
ha: Hektar
Hg.: Herausgeber
hg. v.d.: herausgegeben von der
Hist. Archiv: Historisches Archiv
hl.: heilige/r
HR: Handwörterbuch zur Deutschen Rechtsgeschichte
Hrsg: Herausgeber
hrsg. v.: herausgegeben von
Hs: Handschrift
HSTADÜ: Hauptstaatsarchiv Düsseldorf
HUB: Hansisches Urkundenbuch
i.J.: im Jahre
JB: Jahrbuch
Jes 11,6: Buch Jesaia; Kapitel 11, Vers 6
Jg.: Jahrgang
Jh.: Jahrhundert
Jr.: Junior
jur.: juristisch
Kap.: Kapitel
Kan. Abt.: Kanonische Abteilung
Karl d. Gr.: Karl der Große
kgl. preuß.: königlich preußisch
km: Kilometer
Kr.: Kreis
lat.: lateinisch
Lfd. Nr.: Laufende Nummer
Lfg.: Lieferung
Lief.: Lieferung
LK 1,52: Lukas-Evangelium, Kapitel 1, Vers 52
lt.: laut
MGH: Monumenta Germaniae Historica
MGH Capitularia: Monumenta Germaniae Historica, Reihe Capitularien
MGH Concilia: Monumenta Germaniae Historica, Reihe Concilia
MGH Constitutiones: Monumenta Germaniae Historica, Reihe Constitutiones
MGH DF I, 59: Monumenta Germaniae Historica. Diplome Friedrich I., Urk. 59
MGH DH I, 18: Monumenta Germaniae Historica. Diplome Heinrich I. Urkunde 18
MGH DH III: Monumenta Germaniae Historica. Diplome Heinrich III.
MGH DK III: Monumenta Germaniae Historica. Diplome Konrad III.
MGH DO: Monumenta Germaniae Historica. Diplome
MGH DO I. 20: Monumenta Germaniae Historica. Diplome Otto I. Urkunde 20
MGH DZ: Monumenta Germaniae Historica. Diplome Zwentibold
MGH, LL: Monumenta Germaniae Historica, Reihe Leges
MGH SS: Monumenta Germaniae Historica, Reihe Scriptores
MG SS in usum scol.: Monumenta Germaniae Historica. Scriptores in usum scholarum recusi
MGH SS rer. Germ.: Monumenta Germaniae Historica, Reihe Scriptores rerum Germanicarum in usum scholarum recusi
mit Lit.: mit Literaturhinweisen
Ms.: Manuskript
Ms. masch.: Manuscript maschinenschriftlich
n. Chr.: nach Christus
ND: Neudruck
NF: neue Folge
NN: Normalnull
Nrn.: Nummern
NW: Nordrhein-Westfälisch
NWHSA: Nordrhein-Westfälisches Hauptstaatsarchiv Düsseldorf
o.a.: oben angeführt
o.g.: obengenannt
o.J.: ohne Jahr
o.O.: ohne Ort
pass.: passim
Pfarr.: Pfarrei
Pfbll des HansGV: Pfingsblätter des Hansischen Geschichtsvereins
phil.-hist. Klasse: philosophisch-historische Klasse
Ps.: Psalm
reg.: regierte
Reg.Präs. MS: Regierungs-Präsident Münster
Reg. Präs. MS Abt.: Regierungs-Präsident Münster Abteilung
reprogr. Nachdr.: reprographischer Nachdruck
Rgbz. Münster: Regierungsbezirk Münster
Rh Vjbll: Rheinische Vierteljahresblätter
Rhein. Gesch.: Rheinische Geschichte
röm.: römisch
S.: Sanctus (heilig)
S.: Seite
s.: siehe
s.a.: siehe auch
SED: Sozialistische Einheitspartei Deutschlands
sign.: signiert
Slg.: Sammlung
s.o.: siehe oben
sog.: sogenannt
sol: solidus (Schilling)
Sonderveröff. Geol. Inst. Köln: Sonderveröffentlichung des Geologischen Instituts der Universität Köln
Sp.: Spalte
St.: Sankt
StaAMS: Staatsarchiv Münster
städt.: städtisch
s.v.: sub verbum (unter dem Stichwort)
T.: Teil
t: Tonne
t.: tome (Band)
u.: und
u.a.: unter anderem oder auch und andere
u.a.m.: und anderes mehr
u.ö.: und öfter
Urk.: Urkunde
usw.: undsoweiter
v.: vorne
v. Chr.: vor Christus
Verh. d. Naturhist. Ver. d. Preuß. Rheinlande u. Westfalens: Verhandlungen des Naturhistorischen Vereins der Preußischen Akademie der Rheinlande und Westfalen
Verh. Dt. Geographentag: Verhandlungen des Deutschen Geographentag
Vest. Zs.: Vestische Zeitschrift
vgl.: vergleiche
vgl. u.a.: vergleiche unter anderem
Werden a.d. Ruhr: Werden an der Ruhr
westf.: westfälisch
Westfäl. Geogr. Studien: Westfälische Geographische Studien
Westfälische UB: Westfälische Urkundenbücher
WJ: Westfalia Judaica
WUB: Westfälisches Urkundenbuch
z.B.: zum Beispiel
Z. Dt. Geol. Ges.: Zeitschrift der Deutschen Geologischen Gesellschaft
Z.f. Geomorph., Suppl.: Zeitschrift für Geomorphologie, Ergänzungsband
zit.: zitiert
ZK: Zentralkomitee
Zs.f.: Zeitschrift für
z.T.: zum Teil

Abbildungsnachweis

Bayerisches Geheimes Hausarchiv, München: 49
Bergbau-Archiv beim Deutschen Bergbau-Museum: 121
Peter Berhaus, Münster: 33, 34, 38
André Chatelain: Donjons Romains des Pays d'Ouest, Paris 1973: 120
Brigitte Corley, London: 86, 87, 88, 89
Die deutschen Volksbücher, wiedererzählt von Gustav Schwab, 1850, ND Frankfurt 1978, S. 180: 45
Domschatzkammer Essen: 53, 54, 55, 56, 57
Dortmunder Ritterbrauerei AG (Hg.): Bier, wie es sich gehört, Dortmund 1964, S. 33: 135
Siegfried Epperlein: Der Bauer im Bild des Mittelalters, Leipzig/Jena/Berlin 1975, Abb. 1: 31 und Abb. 3: 32
Eschweiler Bergwerksverein, Herzogenrath: 134
Wilhelm Ewald: Rheinische Siegel. Die Siegel der rheinischen Städte und Gerichte, Bd. III, Bonn 1931, Tafel 106: 42
Festspiel aus Anlaß der Hundertjahrfeier der Firma Krupp auf dem Hügel, o. O. o. J., S. 132: 133
Paul Fiebig: St. Reinoldus in Kult, Liturgie und Kunst, Dortmund 1956, S. 178: 44 und S. 172: 46
Hans H. Hanke, Bochum: 109
Heimatatlas für Dortmund, Braunschweig 1969: 12
Wilfried Heß, Kamen: 58, 59, 61, 62, 63, 64
Albert K. Hömberg: Westfälische Landesgeschichte, hg. v. Johannes Bauermann, Münster 1967, Karte im Anhang: 19
Katasteramt der Stadt Castrop-Rauxel: 28
Ludwig Keller: Hie Barbara! Hie St. Georg!, Essen o. J., S. 10: 131
Köln Westfalen 1180–1980, hg. v. Peter Berghaus und Siegfried Kessemeier, Lengerich 1981, S. 299: 20
Konrad Kyeser: Bellifortis, Düsseldorf 1967: 11
Landesvermessungsamt NRW, Bonn-Bad Godesberg: 30
Herbert Liedtke, Bochum: 13, 14
Museum für Kunst und Kulturgeschichte Dortmund: 40, 51, 96, 103, 104, 110, 111, 126, 127, 128, 129
Niederrheinisches Museum der Stadt Duisburg: 15, 16, 17, 18, 102
Robert Nissen: Silberne Boten- und Spielmannsabzeichen und ihre Träger. II Die Spielmannsabzeichen, in: Westfalen 47 (1969), S. 22, Abb. 15: 93
Rheinischer Städteatlas, Duisburg: 6, 7
Ruhrlandmuseum Essen: 1, 2, 5, 10, 22, 23, 24, 25, 26, 27, 29, 35, 36, 47, 48, 65, 66, 67, 68, 69, 70, 71, 72, 73, 76, 90, 91, 92, 99, 100, 112, 113, 114, 115, 116, 123, 124
Walter Salmen: Der Spielmann im Mittelalter, Innsbruck 1983, Abb. 91: 94 und Abb. 82: 95
Manfred Semrau, Lünen: 60
Staatliche Kunsthalle Karlsruhe: 130
Stadtarchiv Dortmund: 3, 4, 39, 43, 117, 118
Stadtarchiv Duisburg: 50
Stadtarchiv Soest: 52
Stadtbildstelle Essen: 37
Verlag Friedrich Wilhelm Rufus: 41, 74, 75
Westfälisches Amt für Bodendenkmalpflege, Münster: 97, 98
Westfälisches Amt für Denkmalpflege, Münster: 8, 9, 77, 78, 79, 80, 81, 82, 84, 85, 105, 106, 107, 108
Westfälisches Industriemuseum, Dortmund: 125
Westfälisches Industriemuseum, Dortmund/Thomas Stachelhaus, Bochum: 119, 122
Westfälisches Landesmuseum für Kunst und Kulturgeschichte, Münster: 83